문 앞의
야만인들

브라이언 버로Bryan Burrough

《월스트리트저널》기자를 지냈으며 현재는《베너티페어》특파원으로 일하고 있다. 전 세계 비즈니스, 금융, 경제 분야 저널리즘을 대상으로 한 제럴드 로브 상을 세 차례 수상했다. 저서로《문 앞의 야만인들》외에《분노의 시대: 미국의 급진적 지하 조직, FBI, 그리고 잊힌 혁명 폭력의 시대Days of Rage: America's Radical Underground, the FBI, and the Forgotten Age of Revolutionary Violence》《갑부들: 텍사스 최고 석유 자산가들의 흥망성쇠The Big Rich: The Rise and Fall of the Greatest Texas Oil Fortunes》《공공의 적: 미국 최대의 범죄 물결과 FBI의 탄생Public Enemies: America's Greatest Crime Wave and the Birth of the FBI, 1933-34》《잠자리: 나사와 미르 탑승 위기Dragonfly: NASA and the Crisis Aboard Mir》《복수: 아메리칸 익스프레스와 에드먼드 사프라 비방하기Vendetta: American Express and the Smearing of Edmond Safra》가 있다.

존 헬리어John Helyar

《월스트리트저널》《포천》, ESPN, 블룸버그뉴스 기자를 지냈으며, 현재는 투자사의 연구 애널리스트로 일하고 있다.《문 앞의 야만인들》로 브라이언 버로와 함께 제럴드 로브 상을 수상했다. 저서《왕국의 영주들: 야구의 진짜 역사Lords of the Realm: The Real History of Baseball》는 《스포츠일러스트레이티드》 선정 100대 스포츠 도서에 올랐다.

문 앞의
야만인들

BARBARIANS
AT THE GATE

브라이언 버로 · 존 헬리어 지음
이경식 옮김

부·키

옮긴이 이경식

서울대학교 경영대학과 경희대학교 대학원(국문과)을 졸업했다. 《두 번째 산》 《투자의 모험》 《번영의 역설》 《언락》 《구글의 종말》 《댄 애리얼리 부의 감각》 《플랫폼 제국의 미래》 《에고라는 적》 《소셜 애니멀》 《협력의 진화》 《신호와 소음》 등 100여 권의 책을 번역했다. 에세이집 《1960년생 이경식》 《청춘아 세상을 욕해라》 《미쳐서 살고 정신 들어 죽다》 《대한민국 깡통경제학》 《나는 아버지다》와 소설 《상인의 전쟁》 등을 출간했고, 영화 〈개 같은 날의 오후〉 〈나에게 오라〉, 오페라 〈가락국기〉 등의 대본을 썼다.

문 앞의 야만인들

2020년 10월 20일 초판 1쇄 발행
2023년 2월 6일 초판 5쇄 발행

지은이 브라이언 버로 · 존 헬리어
옮긴이 이경식
펴낸곳 부키(주) | 펴낸이 박윤우
등록일 2012년 9월 27일 | 등록번호 제312-2012-000045호
주소 03785 서울 서대문구 신촌로3길 15 산성빌딩 6층
전화 02) 325-0846 | 팩스 02) 3141-4066
홈페이지 www.bookie.co.kr | 이메일 webmaster@bookie.co.kr
제작대행 올인피앤비 bobys1@nate.com
ISBN 978-89-6051-811-7 93320

이 도서의 국립중앙도서관 출판예정도서목록(CIP)은 서지정보유통지원시스템 홈페이지(http://seoji. nl.go.kr)와 국가자료공동목록시스템(http://www.nl.go.kr/kolisnet)에서 이용하실 수 있습니다. (CIP제어번호: CIP2020038729)

아내 마리아 도프먼 버로,
부모님 존과 메리 버로께 이 책을 바친다.

✦

브라이언 버로

아내 베치 모리스,
부모님 리처드와 마거릿 헬리어께 이 책을 바친다.

✦

존 헬리어

'문 앞의 야만인'들이 대체 누구를, 무엇을 가리키는 것인지 궁금하다는 단순한 이유로 가벼운 마음으로 펼쳐 봤다가 며칠 밤을 새워 가며 단숨에 읽어 내렸던 고등학생이 있었다. 수십 명의 인물들이 (그것도 주연급으로!) 등장하고 그들이 소속한 기관들까지 따라가려다 보니 누가 어느 편인지, 어떤 인수 오퍼 가격을 어떤 구조로 제안했는지 헷갈려서 한 손에는 인물 관계도와 딜 구조를 직접 그린 노트 한 장을 줄곧 들고 있었다. 페이지를 넘길 때마다 손으로 직접 그린 조직도를 교차 확인해 가며 열심히 따라갔다. 각종 금융 용어들, 처음 들어보는 월스트리트의 기관들이 각각 무슨 뜻이고 무슨 역할인지 이해하기 어려워 몇 번이고 다시 읽으면서도 스토리의 스케일이 주는 웅장함과 입체적인 캐릭터들의 심리 묘사, 현실적이면서 유머러스한 대사에 빨려들었다. 월스트리트에 대한 막연한 동경과 이 책의 등장인물들을 실제로 만나 보고 싶다는 순진한 소망과 함께 미국 유학길에 올랐던 학생이 있었다. 그리고 그 학생은 십수 년 후 순진했던 청소년기의 꿈을 모두 이루고 그 책의 한국어판 추천사를 적고 있다.

이 책은 RJR 나비스코라는 회사의 몰락에 대한 이야기도, 사모펀드 거래를 다루는 금융 전문 서적도 아니다. 특별위원회와 로스 존슨, 헨리 크래비스, 그리고 입찰에 참여한 수많은 이해관계자들 사이의 자존심 대결, 쟁탈전, 그리고 그들을 통해 그려지는 인간의 탐욕과 본성의 밑바닥이 주가 되는 사람 이야기다. 마켓 활황기이자 LBO 전성시대를 장식했던 월스트리트 에고ego들의 충돌이 빚어낸 광기, 혼돈, 탐욕을 뻔뻔할 정도로 자연스럽게 담았다. 물질적인 소유욕에 충만해 과시를 일삼으며 RJR 나비스코라는 자신만의 제국을 세우고 화려하게 한 시대를 풍미했던 최고경영자, 기업 인수 금융 시장을 선도하며 오늘날까지도 업계 정상에서 막대한 영향력을 발휘하는 사모펀드 주역들, 그러한 그들을 '정크 본드를 앞세워 도시의 성문 앞에 도사리고 있는 야만인들'이라 표현하면서 인수 전쟁에 뛰어들었던 입찰 경쟁자들, 예나 지금이나 대형 딜 성사로 수억 달러의 수수료 수익을 챙기기 바쁜 투자은행가들로 이루어진 사람 이야기다.

《문 앞의 야만인들》이 주는 교훈이 있다면 30년 전이나 지금이나 탐욕과 위선이 팽배한 월스트리트에서는, 그 어떤 거래일지라도 결국에는 숫자가 아닌, 사람들과의 관계가 성패를 결정한다는 점이다. 아무리 고차원적인 금융 기법과 경영 전략이 있더라도 결국에는 그것을 실현하는 인물들과 그들의 관계가 가장 중요하다. 사모가 아닌 공모 시장에서 주식을 다루는 일을 하게 됐지만 지금 내가 있는 세계에서도 예외 없이 적용된다. 인수 협상, 텐더 오퍼, 경쟁 입찰, 모럴 해저드, 경영진이 주도하는 LBO의 당위성, 인수 가격의 타당성, 재무적·법적 자문사들의 이해관계 상충, 실사의 중요성, 언론과 PR의 역할, 경쟁 입찰 전략, 주주 이익 증대라는 표면적인 대의를 둘러싼 경영진과 이사회, 인수 주체들의 대립……. 이 모든 것들의 바탕에는 사람과 사람 사이의 관계가 있고, 그 관계의 본질에는 누구에게나 있는 인간 본성의 여러 모습이 담겨 있기 때문에 시대나 직업에 관계 없이 모든 사람에게 충분한 공감도, 귀감도 될 수 있다. 바로 그렇기 때문에 시대를 초월하는 명작이 된 것 아닐까.

사실 딜 자체를 중점적으로 읽다 보면 책의 전개는 느리다. 책의 90퍼센트 이상을 넘긴 후반부에 가서야 입찰 경쟁의 승자가 누구인지 가려지기 때문이다. TV 드라마로도 각색된 바 있지만 그마저도 책에서 묘사되는 캐릭터들과 상황의 긴박함을 충분히 보여 주지 못한 느낌이 들 정도로 현장의 생동감이 묻어나기 때문에 딜의 성사는 오히려 전개에 부수적이다. 그 숨 막히는 비트를 따라가다 보면 자연스럽게 주인공들의 관계 다이내믹스 중심으로 읽게 된다. 책 속의 기관들과 인물들과 면식 있는, 현업에 종사하는 한 명의 '문 앞의 야만인'으로서 읽는 재미 또한 쏠쏠하다.

헨리 크래비스에게 《문 앞의 야만인들》 책을 들이밀며 당신 이야기를 읽고 금융권 커리어를 목표하게 되었다, 하고 말하면 그는 웃으면서 이렇게 말한다.

"Ah, I'm sorry(아, 그것참 미안하게 됐네)."

그는 투자는 사는 것보다 파는 것이 더 힘들고 중요함을 강조한다. "Any fool can buy a company, just pay enough(기업을 인수하는 건 바보도 할 수 있어, 그냥 높은 가격만 제시하면 되잖아)"라면서 사람들이 인수에 성공했을 때 축하해 주는 걸 이해할 수 없다고 한다. 수년 후 인수 기업을 매각했을 때, 투자를 성공적으로 엑싯했을 때만이 축하받을 자격이 있다며, RJR 나비스코 딜의 경우도 마찬가지라고 한다. 수십 년이 지난 오늘날까지도 가장 회자되는 딜이 된 것에 대한 쏩쓸함을 감추지 못하면서.

한 가지 아쉬운 점은 최종적인 인수 가격과 파이낸싱 구조가 현실적으로 의미했던 바가 무엇인지, '승자'로 끝난 것 같이 보였던 KKR가 기업의 회생과 투자 수익을 실현하며 맞닥뜨려야 했던 갖은 챌린지들에 대한 인수전 이후의 이야기가 충분하지 않다는 것이다. 후기에 스치듯 지나치기에는 너무 중요하고 이해가 필요한 '그 후'에 대한 서술이 부족해서 아쉽다. 오늘날 우리가 잘 알고 있듯이 RJR 나비스코의 LBO는 실패 사례로 남았다. 정작 이득을 본 건 주주도, 투자자도 아닌, 거래 성사 과정에서 천문학적인 수수료 수익을 챙긴 투자은행가들이었다는 비웃음과 함께. 하지만 KKR에도, 펀드에 출자한 투자 파트너들에게도 실패한 거래로 낙인찍힌 데는 그 이후에 일어난 시대적 배경과 마켓 사이클 역할이 크다.

이 책의 서사를 따라가다 보면 KKR가 무리하게 높은 호가를 제시하고 과도한 레버리지를 사용했기 때문이라는 뉘앙스가 있지만, 단순히 인수 가격이 너무 높았다는 것으로 투자 실패를 설명하기에는 무리가 있다. 약정된 부채 비율 기준을 준수했고 자산 매각도 계획대로 되었으며 인력 감축 등의 구조 조정으로 영업 실적과 현금 흐름이 일부 개선되는 등 계획대로 흘러갔던 시기가 있었다. 하지만 LBO를 향한 대중의 반감이 증폭되어 정치적 사안으로 발전했고 그에 따른 반LBO 법안들 때문에 인수 금융 시장이 위축되기 시작했다. 담배 시장에서의 경쟁 구도와 담배 사업을 규제하기 시작한 정치적인 이유도 한몫했다. 시대, 시기별로 다른 이슈가 있었던 것이다. 1990년대 정크 본드 시장이 무너지면서, 인수 조항에서 중요했던 이자율

'리셋'에 따라 위기에 대응할 유동성을 확보하기 어려운 문제가 생겼고 KKR는 이를 해결하기 위해 자본을 2배 이상으로 증자하며 재무 구조 조정을 단행하기도 했다. 40억 달러가 넘는 채권을 이자율을 인상해 원래의 액면가대로 되돌려 수십억 달러의 비용을 지게 된 상황을 두고 KKR의 로버츠는 '문 앞의 야만인들Barbarians at the Gate'이 '도주하는 훈족Huns on the Run'이 되어 버렸다고(원서 511쪽) 회고한다. 하지만 인수 후 불과 2년 후 정크 본드 시장이 추락해 감당하기 힘들었던 상황이었던 것을 감안하면 당시 투자자로서 최선의 조치를 취한 셈이다.

사모펀드의 전략과 금융 기법상의 레버리지에 대한 일반적인 관점이나 선입견이 캐릭터들의 위트 있는 대사 속에 녹아 있는 것 또한 관전 포인트이다. '월스트리트 3대 법칙'이라며 '절대 룰 대로 움직이지 말 것, 절대 현금으로 자본 조달하지 말 것, 절대 진실을 말하지 말 것Three rules of Wall Street: Never play by the rules. Never pay in cash. And never tell the truth'(원서 489쪽)을 외치는 로스 존슨의 말에도 잘 녹아 있다. 대규모 부채를 조달해 기업을 인수하고 경영 개선을 통해 장기적인 자산 가치를 키워 최대의 투자 수익을 얻는 게 목표인 LBO지만, 이에 대한 대중의 반응이 우호적이었던 적은 없다. 이러한 부정적인 인식은 1980년대 말 정점에 달했으며 그 논쟁의 핵심에는 RJR 나비스코와 KKR가 있었다. PIK(현물지급증권)을 통한 자금 조달 기법을 '가짜 돈phony money'을 사용해 기업 자산을 약탈하는 '야만인들'의 수법이라고 포스트먼은 비난한다.

처음 주당 75달러라는 가격만으로도 176억 달러 거래 규모로 역사상 최대 LBO 기록으로 남았을 테지만, 수십 차례 바뀐 인수 조항과 호가로 대규모 자금 출혈 사태가 되어 버린 입찰 경쟁 끝에 결국에는 주당 109달러(현금 80, PIK 우선주 18, 전환사채 10이라는 당시로서는 파격적인 인수 금융 구조로 이루어진), 총 250억 달러라는 전례 없는 가격에 KKR에 넘어간다. 원래 주가에 100퍼센트 이상의 프리미엄이 얹어진 가격에.

그 이후 몇 번의 LBO boom and crash(호황과 불황)가 이어지면서 RJR 나비스코가 세운 이 기록은 수차례 갈아치워졌고 역사에 남을 만한 투자 실패로 끝났음에도, 시장은 무서울 만큼 유사하게 반복된 흐름을 지속해 왔다. 정크 본드가 전통적인 차입 시장을 대체하면서 LBO 붐 마켓을 불러왔지만, 그에 따른 부작용이 컸기 때문이다. 인수 금융이 고비용 후순위 차입으로 너무나 쉽게 조성되면서 무분별한 레버리지로 수많은 LBO 건들이 리스크 대비 너무 높은 가격에 단행되었다. 인수 가격 대비 현금 흐름 비율을 제대로 고려하지 않은 너무 높은 레버리지 거래는, 부채 상환 금액과 영업 개선으로 인한 현금 흐름 간의 스프레드가 작아져서 경영에 조금만 차질이 생겨도 자본 구조가 흔들리는 문제가 발생한다. 수익률 극대화를 위해 무리한 레버리지를 강행하다면 실패로 이어질 수밖에 없다는 사실을 모르는 사람은 없지만 금융 역사에 항상 되풀이되는 일이다.

과열된 시장은 사이클에 따라 반복된다. 인수 합병과 LBO 붐, 그리고 주식 시장의 불마켓에서 드러나는 시장의 광기는 예외 없이 대폭락장으로 이어졌다. 모든 사람이 떼지어서 달려가 무분별한 투자를 할 때 마켓은 항상 과열되고 그렇게 형성된 버블이 커지고 또 꺼지면서 금융 역사는 되풀이되어 왔다. '문 앞의 야만인들'은 결국 LBO를 주도하는 사모펀드나, 경영은 뒷전이고 방탕한 생활을 하는 기업 경영진이나, 그리고 수익을 좇는 월스트리트 플레이어들로만 국한되지 않는다. 누구나에게 있는 인간의 탐욕을 말하는 것 아닐까. 월스트리트라는 무대에서 극대화되었을 뿐. N번째 과열 구간을 맞고 있는 지금의 자본 시장 역시 다를 바 없다. 문 앞의 야만인들은 지금도 여전히 우리 주위에서 기웃거리고 있는 셈이다.

10년도 훨씬 더 지났지만, 마지막 페이지까지 읽고 책을 덮었을 때의 전율을 잊을 수 없다. 개인적인 커리어에서 큰 동기 부여와 자극을 주었던, 월스트리트를 막연히 꿈꾸었던 열여덟 소녀에서 서른 중반이 된 지금까지도 가슴 뛰게 만드는 이 금융 시장의 대서사시가 다른 누군가에게도 재미와 감동을 줄 것이라 믿는다.

추천의 말

홍춘욱
EAR리서치 대표, 경영학 박사
《돈의 역사는 되풀이된다》 저자

1989년 사모펀드 KKR의 RJR 나비스코 인수는 세 가지 차원에서 '역사적' 사건이었다. 이후 십 수 년 동안 어떤 기업 인수 합병(이하 'M&A')도 이 규모를 뛰어넘지 못했을 뿐 아니라, 건실한 기업을 빌린 돈으로 인수하는 이른바 LBO 전략이 얼마나 파괴적인 결과를 초래하는지 또 해당 기업의 근로자를 제외한 거래 참가자 모두에게 얼마나 큰 이익이 되는지를 입증했기 때문이다.

단적인 예로, 로스 존슨을 비롯한 RJR 나비스코의 경영진은 '황금 낙하산 golden parachute' 조로 3억 달러를 책정해 두었으며, 거기다 '기타 용도 현금'으로 한 해에 5억 5000만 달러를 집행하고 있었다[†](여기서 '황금 낙하산'은 퇴직하는 경영진에 거액의 보상금을 지급하거나 스톡옵션을 제공하는 것을 의미하는데, RJR 나비스코의 경영진은 M&A 공격에 대비해 신속하게 이 제도를 도입했다).

그럼 RJR 나비스코를 인수한 사모펀드 KKR는 왜 임기가 남은 경영진에 거액의 '황금 낙하산' 비용을 지급하고서라도 내보내려 했을까? 그것은 KKR가 RJR 나비스코를 인수한 목적이 바로 '구조 조정을 통한 현금 확보'에 있었기 때문이다. KKR는 일단 어떤 회사에 손을 대면 그 회사의 비용 지출을 가능한 한 줄이고 필요 없는 사업 부문을 매각해서 부채를 갚는 데 모든 힘을 쏟았다.[‡] 따라서 사모펀드의 먹잇감이 되는 기업들은 '좋은 사업 구조를 가지고 있지만 방만한 경영이 이뤄지는' 기업들이다.

[†] 본문 745~746쪽.

[‡] 본문 274~275쪽.

RJR 나비스코는 이런 면에서 최적의 매수 대상이었다. 최고경영자인 로스 존슨은 일종의 '제국'을 건설한 사람이었다. 회사 돈으로 자신을 비롯한 고위 경영진과 이사회 멤버에게 고급 아파트를 제공하는 것은 물론, NBA 뉴욕 닉스의 홈구장인 매디슨스퀘어가든의 VIP 관람석을 제공하고, 또 컨트리클럽의 회원권을 제공하는 등 황제처럼 자신의 제국을 만들었다.† 경영진이 이사회와 좋은 관계를 형성하는 가운데 "누이 좋고 매부 좋은" 부패의 네트워크가 형성되는 것이다. 물론 이 과정에서 기업은 멍들어 간다.

RJR 나비스코는 '윈스턴'과 '살렘'이라는 베스트셀러 담배 브랜드를 가지고 있었을 뿐 아니라 '오레오'와 '리츠'라는 초장수 히트작 과자 브랜드를 보유한 견실한 기업이었지만 날이 갈수록 시장점유율을 잃어버리는 신세였다. 특히 문제가 된 것은 담배 부문의 '밀어내기' 관행이었다. RJR 나비스코는 한 해에 두 번 있는 정기 가격 인상 직전에 엄청난 물량을 고객, 즉 도매상과 소매 유통점에 인상 이전 가격으로 밀어내곤 했다.‡ 유통점은 당연히 이 '밀어내기'를 반겼다. 인상 이전 가격으로 사들인 담배를 인상 이후 가격으로 팔 수 있었기 때문이다.

물론 이 관행은 RJR 나비스코에도 나쁘지 않은 선택이었다. 원치 않는 재고를 줄일 수 있을뿐더러 공장을 계속 돌릴 수 있었기 때문이다. 그리고 가장 중요한 이유가 또 있었다. 분기 말 수익을 인위적으로 높이 끌어올릴

---

† 본문 71쪽.

‡ 본문 133쪽.

수 있어 최고경영자의 평판을 유지하는 데 도움이 되었기 때문이다.

하지만 '밀어내기'에 문제가 없을 리 없었다. 니코틴만큼이나 중독성이 강하다는 게 문제였다. '밀어내기'로 기록한 전분기 혹은 전년도의 수익을 따라잡으려면 더 많은 물량으로 '밀어내기'를 해야 했다. 이런 과정이 무한히 반복되면서 결국 도매상과 소매 유통점은 막대한 재고 물량을 떠안았다. 악성 재고가 늘어나는 데 멀쩡할 기업은 없다. 결국 RJR 나비스코의 경영 성과는 점점 나빠져만 갔다.

고객 충성도가 높고 브랜드 가치도 매력적인데 주가가 오르지 않는 기업이 M&A가 되고 난 다음에 어떤 일이 벌어질지는 불을 보듯 뻔했다. KKR가 새로 임명한 최고경영자는 거액의 스톡옵션이 보장되어 있기에 눈에 불을 켜고 구조 조정의 칼날을 휘두를 수밖에 없었다.† 로스 존슨 같은 전임 최고경영자들이 매입해 놓은 골프장 회원권과 고위 간부들에게 제공되던 리무진 타운카(포드 자동차의 고급 대형 세단)는 제일 먼저 처분 대상이 되었다. 물론 가장 큰 고통을 겪은 사람들은 근로자들이었다. 구조 조정 과정에서 발생한 거액의 적자를 평계로 근로자를 대량 해고하고, 채산성이 떨어지는 공장을 폐쇄하거나 해외로 이전하는 것은 정해진 수순이나 다름없었다.

그러나 이 대목에서 한 가지 지적해야 할 점이 있다. KKR가 했던 행동을 무조건 '악'이라고 치부할 수 있느냐는 것이다. RJR 나비스코처럼 우량한 기

---

† 본문 285쪽.

업이 주가가 계속 낮게 유지되어 결국 사모펀드의 공격 대상이 된 근원에 대해서도 관심을 기울일 필요가 있다는 이야기다. 로스 존슨 같은 최고경영자가 사내 정치의 '승자'로 군림하면서 장기간 회사를 경영해 갔다면 RJR 나비스코는 아예 망해 버리지 않았을까? 반면에 KKR 등의 사모펀드는 기업 경영을 항상 '기회비용' 측면에서 검토한다. 가장 대표적인 예가 코카콜라의 전설적인 경영자 로베르토 고이주에타다.

고이주에타는 자사의 사업 영역들을 재평가한 뒤 "우리는 회사를 야금야금 좀먹고 있다"라는 표현을 썼다. 그는 "연리 16퍼센트에 돈을 빌려 이익이 8퍼센트인 사업에 투자를 하고 있었던 것이다. 그런 사업을 계속할 수는 없다"라고 지적했다.[†] 물론 코카콜라처럼 우량한 기업이 내부 자금을 놔두고 외부에서 고금리로 자금을 조달할 이유는 없다. 다만 회사채 금리가 16퍼센트에 달할 정도로 높은 환경에서 연 8퍼센트의 수익을 기록하는 사업에 코카콜라가 투자하는 것은 '기회비용'의 측면에서 매우 잘못된 행동이라는 것이다. 다시 말해 코카콜라가 수익성이 낮은 사업에 계속 투자한다면 주주들은 코카콜라 주식에 더 이상 투자하지 않을 것이다. 고이주에타의 관점에서 본다면, KKR를 비롯한 사모펀드를 무작정 '악'으로 몰아붙일 수 없다.

이런 면에서 KKR가 주도한 RJR 나비스코 M&A는 현대 기업과 금융, 더 나아가 경제와 사회 전반에서까지 일종의 전환점이었다고 볼 수 있다. 《문

[†] 〈기회비용을 고려한 코카콜라 고이주에타 회장〉《매일경제》, 2001. 5. 24.

앞의 야만인들》이 출간된 지 30년이 지나도록 사랑받는 이유가 바로 여기에 있을 것이다. 1000여 쪽에 이르는 방대한 책이지만, 현대 금융 자본주의의 역사를 만든 순간을 상세하게 묘사하고 그 의의를 추적해 냈다는 측면에서 그 어떤 역사서나 경제경영서보다 흥미진진하고 의미심장하다. 부디 많은 독자들이 이 역사적 순간의 경험으로부터 비롯한 소중한 교훈과 통찰을 함께 나눌 수 있기를 바라는 마음이다.

이 책에 대한 찬사

"최고의 스릴러를 읽는 듯한 긴장감을 주며, 미국 기업과 월스트리트를 가장 상세하고도 뛰어나게 묘사한 책이다."《뉴욕타임스》

"수백억 달러가 오가는 RJR 나비스코의 인수 합병이 이루어지기까지 벌어지는 온갖 사건들을 놀랍도록 상세하게 묘사하는 탐사 보도의 걸작이다."《커커스리뷰》

"월스트리트에서 벌어진 전쟁을 장인의 솜씨로 서술한 책이며, 아울러 월스트리트의 놀라운 삶의 방식을 들여다볼 수 있는 창문이다. 기가 막히게 재미있는 책이다."
《비즈니스위크》

"미국 역사상 가장 큰 기업 인수 합병 이면에 있었던 환상적인 이야기이다. 마치 소설처럼 읽힌다." NBC 〈투데이〉

"《문 앞의 야만인들》은 심층 탐사의 특별한 위업을 달성했다. 그 어떤 소설보다 더 박진감 넘치고 흥미진진하게 사건을 펼쳐 보인다. 월스트리트를 다룬 서적의 기념비로 남을 것이다."《세븐데이스》

"최고의 책이다. 경이로운 균형 감각을 유지하며 대단원의 막을 내릴 때까지 차근차근 쌓아 나가는 저자들의 솜씨는 흠잡을 데가 없다."《로스앤젤레스타임스》

"인상적인 솜씨, 멋진 장면 묘사, 영화 같으면서도 대단히 깊이 있는 책."《뉴욕데일리뉴스》

"1980년대 기업계의 정수를 이보다 더 잘 포착한 책을 상상하기 어렵다."《시카고트리뷴》

"언제나 무대가 설정되고 대화와 풍성한 드라마가 펼쳐지고 등장인물들은 실제보다 더 생생하게 살아 있다. 눈부시게 설득력 있다."《포천》

"매우 중요한 기업계 이야기를 흡인력 있게 그리고 소설처럼 재미있게 풀어낸다."《디트로이트뉴스》

책머리에 부쳐

모든 기업의 관리자는 반드시 진심으로, 아니 영혼으로 느껴야 한다. 주주에게 배당할 수익을 창출하는 것뿐 아니라 미국의 총체적인 번영과 도덕적인 정서를 고양하는 것도 자기에게 주어진 책임이라는 것을. **어돌퍼스 그린, 나비스코 창업자**

어떤 천재가 '오레오'를 만들었다. 우리는 그 유산을 물려받아 잘살고 있다.
F. 로스 존슨, RJR 나비스코 최고경영자

LBO는 법률적인 차원에서 보면 일종의 사기 행위이다.

그것 자체가 사기라는 말이 아니다. 이 사업을 하려면 돈이 필요하다. 하지만 많이는 필요하지 않다. 20억 달러짜리 기업을 사는 데 드는 돈은 3000달러짜리 구두닦이 가게를 여는 데 드는 돈보다 적다. 3000달러짜리 구두닦이 가게를 열려면 3000달러가 있어야 한다. 만일 이 돈을 현재 현금으로 가지고 있지 않으면, ○○월 ○○일 ○○시까지 반드시 이 돈을 가지고 와야 한다.

그러나 LBO의 세계에서는 이야기가 달라진다. 그 돈을 가지고 올 필요도 없고, 심지어 당신은 그 돈을 구경하지 않아도 된다. 그 돈을 어디에서 구해야 할지 전혀 몰라도 상관없다. 그 돈이 어디에서 나오는지는 아무도 모른다. LBO의 세계에서는 아무것도 없는 무無에서 유有가 창조된다.

조금 더 비싼 기업을 사려고 하면 할수록 당신이 필요로 하는 돈은 더 적어진다. 다른 말로 하면, 돈을 가지고 있는 사람은 이 사업을 도모하지 않는다. 이 사업은 돈을 가지고 있지는 않지만, 돈을 가지고 있으면서도 그 돈을 내놓으려 하지 않는 사람을 아는 사람들을 위한 사업이다. **재키 메이슨, 〈LBO란 도대체 무엇인가?〉 중에서**

차례

BARBARIANS AT THE GATE

우리는 어떻게 이 책을 썼나

우리가 1989년에 《문 앞의 야만인들》을 집필할 당시에 이 사건은 현재 진행형의 일이었다. 하지만 이제 이 사건은 역사가 되었다. 어떤 책들은 세월이 흘러 나이가 들수록 빛을 잃지만 어떤 책들은 나이가 들수록 더 좋아지기도 한다. 우리는 이 책이 바로 후자의 경우라고 생각한다. 이 책은 현재 내로라하는 비즈니스스쿨들에서 기업 윤리부터 투자 금융에 이르는 폭넓은 범위의 수많은 주제를 강의하는 교재로 쓰고 있다. HBO에서는 1993년에 이책을 원작으로 해서 영화를 만들었다. 그리고 책이 발간된 지 14년이 되던 2002년에는 역사 전문 케이블방송국인 히스토리채널에서 RJR를 둘러싸고 벌어진 일련의 사건들을 다큐멘터리 영화로 한 번 더 극화했다.

1989년에 우리가 처음 집필 작업을 시작할 때는 이런 뜨거운 반응들이 있을 줄은 상상도 하지 못했다. 사실 우리의 기본적인 목적은 과연 우리가 '책을 쓸 수 있을까?' 하는 의문을 확인하자는 것이었다. 《문 앞의 야만인들》 집필은 우리 두 사람에게 모두 처음 책을 쓰는 작업이었다. 게다가 이책은 출판업자들이 서로 자기가 내겠다고 다툴 정도로 인기 있던 아이템도 아니었다. 여러 신문 매체들이 이미 이 사건에 대해서는 여러 주에 걸쳐서 우려먹을 만큼 충분히 우려먹었던 것이다. 우리가 이 아이템을 들고 대여섯 군데 출판사의 문을 두드렸지만 오로지 단 한 군데만 관심을 보였다. 그것도 아주 작은 관심이었다. 그 출판사가 '하퍼앤드로'였다(이 출판사는 지금 '하퍼콜린스'로 바뀌었다).

《월스트리트저널》의 기자들이던 우리는 기자로 일하며 익혔던 정확성과 표준적인 관점이 이 책 전반에 녹아들게 하려고 애썼다. 기자 경험을 이 책의 바탕으로 삼았다는 말이다. 그리고 사실 《문 앞의 야만인들》은 《월스트리트저널》의 당시 편집장 노먼 펄스타인과 후임 편집장 폴 스타이거의 격려(그리고 여덟 달의 무급 휴가)가 없었더라면 빛을 보지 못했을 것이다.

RJR 나비스코의 인수 전쟁이 벌어지던 1988년 10월에 브라이언은 《월스트리트저널》에서 월스트리트의 인수 합병 담당 기자였고, 존은 RJR 담당 기자였다. 우리 두 사람은 여섯 주라는 긴 시간 동안 얽히고설키며 반전에 반전을 거듭하는 RJR 싸움을 기사로 썼다. 하지만 이런 동안에도 우리는 서로 만나지 못하다가 이 싸움이 끝나고 난 뒤에야 만났다. 이 이야기를 가지고 함께 책을 써 보자고 전화로 의기투합한 뒤 만나기로 약속을 했다. 애틀랜타 공항에서 보기로 했다. 브라이언은 로스 존슨의 저 유명한 사진이 실린 《타임》지를 번쩍 들고 있던 사람을 찾았는데, 그가 바로 존이었다.

《문 앞의 야만인들》의 조사와 집필 작업이 1989년 1월부터 8월까지 여덟 달이라는 짧은 시간에 끝났다는 사실을 생각하면 우리는 지금도 어리둥절하고 믿기지 않는다. 정말 마법과도 같은 시간이었다. 브라이언의 집은 브루클린의 파크슬로프에 있었다. 이 집에서 브라이언은 전철을 타고 맨해튼으로 들어가 하루에 많을 땐 여섯 차례나 인터뷰를 했다. 그때 우리는 모든 인터뷰는 상대방을 직접 만나 얼굴을 바라보면서 해야 한다는 원칙을 철저히 지켰다. 그리고 밤이 되면 브라이언은 집으로 돌아와서 인터뷰 내용을 정리하고 대조하는 작업을 했다. 에어컨도 없었던 터라 여름에 한창 더울 때는 보통 수영 트렁크와 티셔츠 차림으로 작업을 했다. 존은 바깥으로 돌아다니면서 할 일이 더 많았다. 노스캐롤라이나의 애틀랜타와 뉴욕을 오가면서 로스 존슨의 조상에 대한 이야기를 수집했다. 우리는 각자 따로 일했지만 존슨을 상대로 하는 중요한 인터뷰 때는 함께했다. 인터뷰는 애틀랜타와 맨해튼에서 인터뷰 도중에 피자를 먹어 가면서 그야말로 마라톤으로 진행되었다.

이 작업을 할 당시 우리를 괴롭힌 걱정거리가 있었다. RJR 인수보다 더 규모가 큰 인수 사건이 터져서 우리 아이템이 묻혀 버리지나 않을까 하는 걱정이었다. 기업 사냥꾼들, LBO† 전문가들, 그리고 정크 본드‡ 전문가들 사이에서 1980년대 10년 동안의 기업계는 완전히 미쳐 돌아가고 있었기 때문이다. '야만인들'의 다음 차례 공격이 RJR를 얼마든지 '과거의 시시한 사건'으로 만들어 버릴 수 있었던 것이다(그래서 출판사 측에서도 책이 빨리 완성되길 바랐고, 그만큼 우리를 다그치며 재촉했다). 우리는 그런 암담한 날이 오면 어쩌나 가슴을 졸였는데 다행히 그런 일은 일어나지 않았다.

나중에야 판명되는 일이지만 RJR를 둘러싼 싸움은 한 시대의 획을 긋는 사건이었다. '콜버그 크래비스 로버츠 앤드 컴퍼니'(이하 KKR)가 250억

---

† leveraged buyout. 자금 대부분을 매수 대상 기업의 자산을 담보로 한 차입금으로 충당해 해당 기업을 매수하는 행위. '차입 매수' '외상 인수' '후불제 인수'라고도 한다. (이하 [원주]라고 표시한 것을 제외한 모든 각주는 옮긴이 주다.)

‡ 신용 등급이 낮은 기업이 발행하는 채권. 고위험이지만 고수익의 가능성이 있다.

달러에 RJR 나비스코를 인수했는데, 이처럼 큰 액수의 기록은 10년 가까운 세월 동안 깨지지 않았다. 다음과 같은 여러 요인들이 결합하는 바람에 인수 합병의 거래 규모가 이보다 더 커질 수 없었다. 우선 숱한 LBO 뒤에 있던 거대한 현금 지급기가 마침내 한동안 가동을 중단했던 것이다. 마이클 밀컨은 감옥에 갔고, 드렉셀 버넘은 파산했으며, 1990년대 초 경기가 좋지 않던 시기에 차입금이 많은 기업에 대한 일반의 평판은 차갑게 식었다. 헨리 크래비스는 RJR의 부채를 껴안고서 RJR를 살리려고 애쓰는 데 몰두하느라 큰 기업들을 상대로 하는 사냥에 더 이상 나서지 않았다. 1980년대 월스트리트의 다른 스타들(그리고 RJR 싸움에 참가했던 전사들) 역시 지나친 자신감이 독이 되는 바람에 중앙 무대에서 사라져 갔다. 존 굿프렌드는 1991년에 뇌물 사건을 일으킨 뒤, 회장으로 있던 증권사 '살로먼 브라더스'에서 물러났다. 사장이던 토머스 스트라우스는 그곳에서 사임한 뒤 피터 코언의 한 헤지펀드에 초라한 모습으로 합류했다. 그 밖의 다른 사람들도 마찬가지로 옛날의 명성과 걸맞지 않게 살았다. 예를 들면 토밀슨 힐은 '블랙스톤 그룹'에서, 그리고 스티븐 워터스는 '컴패스 파트너스'라는 유럽계 사모펀드에서 일하게 되었다.

　RJR를 사냥한 '야만인들' 가운데 유일하게 스티븐 골드스톤만 나중에도 날개를 달고 높이 날았다. 로스 존슨의 법률 고문이었던 그는 RJR 나비스코의 최고경영자CEO가 되었다. 하지만 그가 하는 일은 한때 미국을 호령했던 기업의 사망을 주재하는 것이었다. 1999년에 그는 나비스코를 필립 모리스에 팔고, RJR의 국제 담배 사업 부분을 제거한 뒤 이 회사를 원래 모습, 즉 노스캐롤라이나의 윈스턴살렘†에 본사가 있는 미국의 담배 기업으로 돌려놓았다. 그리고 KKR는 얼마 뒤에 RJR를 떠났다. 당시 RJR의 수익률은 형편없었다.

하지만 비록 1980년대 월스트리트의 큰손들이 석양 속으로 사라지긴 했어도, 이들은 1990년대라는 훨씬 더 미쳐 날뛰는 시대의 새벽을 안내한 사람들이었다. 미국의 최고경영자들은 문 앞의 야만인들을 보고 처음에는 충격을 받고 공포에 떨었다. 하지만 이내 이들 못지않게 변했다. 이들은 RJR의 인수 합병을 통해 얼마나 엄청난 부가 발생하는지 깨달았다. 이들은 인수 합병 속에서 '자기' 몫을 적극적으로 챙겼다. 1990년대에도 여전히 주요 거래에 현역으로 참가했던 리처드 비티는 다음과 같이 말한다.

"최고경영자들은 LBO에서 두 가지를 배웠습니다. 하나는 재산을 엄청나게 모으는 길은 월급이나 보너스를 받아서 되는 게 아니라 지분을 소유해야 한다는 사실입니다. 또 하나는 지분을 가지기 위해서 굳이 LBO를 할 필요가 없다는 것입니다. 스톡옵션을 가지면 되거든요."

이런 풍조 속에서 1990년대의 최고경영자들은 로스 존슨조차 머리를 긁적이며 물러날 정도로 막대한 돈을 모았다. 그리고 이 바람에 월스트리트

---

† 외래어 표기법에 따르면 '윈스턴세일럼'이 맞지만, 이 지명에서 비롯된 담배 이름 'salem'이 보통 '살렘'으로 불리기 때문에 통일성을 기하기 위해 '윈스턴살렘'으로 표기한다.

에서는 탐욕이 일상적인 덕목으로 자리를 잡았다. 이런 욕심은 착실하기만 하던 회계 법인들까지 물들여 감사 기관이라는 본분을 팽개치고 노름판에서 망을 봐 주는 일을 하게 만들었다. 이런 풍조에 대해 과거 연방준비제도 이사회FRB의 의장을 지냈고 추문으로 얼룩진 '아서 앤더슨'†을 구하려는 헛된 시도를 했던 폴 볼커는 이런 말로 불만을 터뜨린다.

"회계 법인이 아니라 투자은행이나 마찬가지였어요."

엔론 사태가 불거진 이듬해인 2002년 초에는 이미, 월스트리트의 거물들이 회계, 감사, 재정 분야 사람들을 완전히 오염시킨 상태였다. 이와 관련해서 볼커는 다음과 같이 회상한다.

"회계사들은 이런 식으로 생각했습니다. '우리가 저 사람들보다 못한 게 뭐 있어. 게다가 일은 우리가 다 하잖아'라고요. 돈은 먼저 집는 사람이 임자라는 생각이 팽배해 있었습니다."

이것은 바로 '야만인들의 승리'이다. 그리고 덕분에 이 책이 지금도 여전히 사람들에게 의미 있는 책으로 읽힌다. 데니스 커즐라우스키‡와 버니 에버스§와 같은 악명 높은 인물들은 로스 존슨의 현대판이라 할 수 있다. 이들은 존슨이 개척한 길, 즉 회사의 이익보다는 개인의 이익을 앞세우는 최고

---

† 한때 세계 5대 회계 법인에 속했으나 2001년 벌어진 엔론의 분식 회계 사건에서 회계 감사 부정을 저지른 것으로 드러나 2002년 해체됨으로써 사실상 파산했다.

‡ '타이코 인터내셔널'의 전 최고경영자, 공금 횡령 혐의로 유죄 판결을 받았다.

§ '월드컴'의 전 최고경영자, 회계 조작 등의 혐의로 유죄 판결을 받았다.

경영자, 그리고 허세를 부리며 회사의 자산을 대담하게 가로채는 최고경영자의 길을 좀 더 세련되게 닦았다. 이들은 훨씬 대규모로 일을 저질렀다. 1990년대의 호황과 기술주 거품 속에서 판은 한층 더 커져 있었기 때문이다. 심지어 '브로드컴'이라는 회사의 공동 회장이던 헨리 서물리와 헨리 니컬러스처럼 변변찮은 사람들조차 자기 회사 주가가 한창 올랐을 때 주식을 팔아 치우는 방식으로 각각 8억 달러씩 벌어들였다. 이에 비하면 로스 존슨의 5300만 달러는 (비록 당시에는 대단했지만) 그야말로 푼돈이다.

하지만《문 앞의 야만인들》에서 진행되는 사건들이 설령 돈의 규모 면에서 오늘날에 이루어지는 사건들과 비교하면 초라한 수준이라 할지라도, 진행 과정의 극적인 전개는 여전히 압권이다. 물론 손에 땀을 쥐게 하는 박진감이 저자들의 글솜씨에서 비롯된 것이 아님은 하늘이 알고 있다. 월스트리트와 기업계의 거물들이 RJR 나비스코라는 거대한 기업을 차지하고, 또 월스트리트의 최고 승자가 되기 위해 치열한 전투를 숨가쁘게 벌였던 1988년의 여섯 주 동안, 모든 상황이 가장 이상적으로 완벽하게 서로 맞물렸기 때문에 그런 박진감이 나올 수 있었다.

한 시절의 시대정신이 RJR 싸움 속에서 활짝 꽃을 피웠다. 인정사정 보지 않는 인물들이 부를 좇아 이합집산했으며, 도저히 상상도 할 수 없는 음모가 있었고, 또 이보다 더 상상하기 어려운 인물들이 각자 독특한 개성을 자랑하며 무대를 누볐다. 우리 말고도 여러 저자들이 기업 관련 무용담을 멋지게 다루었다. 예를 들면《공연 음란죄Indecent Exposure》의 저자 데이비드 매클린틱이 그렇다(사실 우리는 이 책을 전범으로 삼았다). 하지만 우리가 다룬 사건은, 그 어떤 저자가 책을 집필하면서 모델로 삼았던 실제 사건보다 박진감과 스릴이 넘친다. 이 사건 속에는 반려견 비스킷을 마구 먹어치우고, 최종 입찰 제안서를 들고서 맨해튼 미드타운†을 내달리던 투자은행가 investment banker들과 변호사들이 등장한다. 그리고 무엇보다 전용 제트기를 타고 다니며 "수백만 달러가 흐르는 시간 속에 헛되이 사라진다"를 삶의 모토로 삼은 RJR 나비스코의 최고경영자가 있다. 이 모든 사람들에게 감사하다. 이들이 없었더라면 이 책은 세상의 빛을 보지 못했을 것이다.

---

† 맨해튼 중앙부에 위치한 세계 최대 중심 업무 지구. 엠파이어스테이트 빌딩, 록펠러 센터를 비롯한 주요 건물과 브로드웨이, 타임스퀘어 등 관광 명소가 밀집해 있다.

서문

이 책은 1988년 10월과 11월에 있었던 RJR 나비스코 인수 전쟁을 파헤친 우리 두 저자들의 《월스트리트저널》 기사들에서 처음 시작되었다. 이 이야기를 추적하는 우리의 목적은 《월스트리트저널》이 표방하는 정확성과 탁월함을 충족하고자 하는 것이었다.

이 책의 내용 가운데 95퍼센트는 1989년 1월부터 8월까지 뉴욕, 애틀랜타, 워싱턴, 윈스턴살렘, 코네티컷, 그리고 플로리다에서 했던 100건이 넘는 인터뷰를 통해 알아낸 것이다. 대부분 우리가 《월스트리트저널》에서 일하는 동안 만났던 사람들을 인터뷰했기 때문에, 이 이야기 속에서 주변적인 역할을 하는 수많은 인물들은 말할 것도 없고 중요한 역할을 하는 인물들을 상대로 매우 깊이 있게 인터뷰를 할 수 있었다. 이 책에서 언급하는 인물들 가운데 인터뷰를 거절한 사람들은 그리 많지 않았다.

우리가 가장 먼저 찾아간 사람들로는 우선 무모한 도전자들로 분류할 수 있는 '퍼스트 보스턴'의 제임스 마와 '포스트먼 리틀 앤드 컴퍼니'의 시어도어 포스트먼이었다. 특히 포스트먼과는 뉴욕에 있는 그의 사무실, 그리고 그의 제트기에서 인터뷰를 했다. KKR의 헨리 크래비스, 조지 로버츠, 폴 래더와는 함께 그리고 따로 스무 시간이 넘게 인터뷰를 했다. 장소는 과거 RJR 나비스코의 뉴욕 사무실이었는데, 이 사무실은 인수 전쟁이 끝난 뒤 화재가 일어나는 바람에 예전과 다르게 약간의 구조 변경이 있었다.

인터뷰를 가장 꺼렸던 사람은 로스 존슨이었다. 충분히 이해할 수 있는 일이었다. 언론에서 워낙 많이 두들겨 맞았기 때문이다. 하지만 결국 존슨은 인터뷰를 허락했고, 우리는 단독으로 만나 무려 서른여섯 시간이나 그의 이야기를 들었다. 애틀랜타에 있던 그의 사무실에서 하루 종일 인터뷰한 적도 여러 번 있었다. 이때 그는 넥타이를 매지 않은 스포츠 재킷 차림으로 시가릴로†를 피워 댔다. 뉴욕에 있는 그의 아파트에서도 밤늦도록 인터뷰를 했다. 이때 그는 RJR 나비스코 로고가 찍힌 트레이닝복을 입었으며 페퍼로니 피자와 맥주를 시켜 우리와 함께 먹었다.

인터뷰에 응한 사람들이 적극적으로 도와준 덕분에 이 이야기에 등장하는 사람들 사이에 오갔던 대화들을 생생하게 복원할 수 있었다. 하지만 사람들이 하는 진술은 무의식적으로 자기에게 유리한 내용을 우선적으로 기억하는 이른바 '선택적 기억'의 경향이 있다. 그렇기 때문에 켄 올레타가 《월스트리트의 탐욕과 영광Greed and Glory on Wall Street》에서 썼던 다음 내용을 마음에 새기는 게 중요하다.

"과거에 일어난 일들을 100퍼센트 정확하게 재구성할 수 있는 기자는 없다. 기억이 장난을 치기 때문이다. 결과가 분명하게 드러난 경우에는 더욱 그렇다. 물론 과거를 재구성하려는 기자는 온갖 다양한 자료들과 대조해서 정확하지 않은 내용을 배제하려고 노력한다. 하지만 독자 입장에서는(저자도 마찬가지이다) 이런 저널리즘이 가진 한계를 받아들이는 게 유익하다."

---

† 시가의 특성은 가지면서도 일반 담배처럼 가늘게 만들어 편리성을 높인 작은 시가.

이런 한계는 당연히 이 책을 집필하는 과정에서도 나타났고 우리는 이 한계를 받아들였다. 하지만 다음 사실은 분명하게 밝혀두고 싶다. 중요한 모임이나 회의를 재구성할 때 그 자리에 함께 있던 모든 사람들을 인터뷰한 경우가 많았다. 사람들이 많은 경우에는 여덟 명이나 아홉 명까지도 되었는데, 이들이 말한 내용이 중요한 부분에서 서로 어긋날 경우에는 본문이나 각주에다 그 내용을 따로 밝혔다.

한 가지 일러둘 게 있다. 이 책을 통해 LBO가 미국 경제에 끼친 영향에 대한 최종 판단을 기대한다면 실망스러울 것이라는 점이다. 이 책에서 어떤 기업들은 가혹한 LBO의 대상으로 좀 더 적합하고 어떤 기업들은 그렇지 않다는 주장은 순전히 저자들의 생각일 뿐이다. RJR 나비스코의 경우, LBO는 그 시대의 산물이라고 파악하는 게 중요하다. LBO가 성공했는지 실패했는지는 3, 4년 혹은 심지어 6, 7년이 지나고도 판단을 내리기 어려운 경우가 대부분이다. 이 책에서 다루는 사건들은 기껏해야 LBO의 탄생 무렵 이야기이다. RJR 나비스코가 매각된 지 겨우 1년밖에 지나지 않은 시점에서 이 글을 쓰고 있기 때문이다. 이제 한 살이 된 아기는 건강하게 보일 수 있다. 하지만 그렇다고 해서 이 아기가 맞이할 궁극적인 운명이 어떨 것이라고는 아직까지 누구도 장담할 수 없다.

우리가 현업에서 잠시 물러나 이 책을 집필할 수 있도록 허락해 준 《월스트리트저널》의 노먼 펄스타인에게 고맙다는 말을 전한다. 아울러, 예리한 통찰력과 지칠 줄 모르는 격려로 우리가 처음으로 책을 집필할 수 있도록 이끌어 준 하퍼앤드로 출판사의 리처드 코트에게도 진심으로 고맙다는 인사를 하고 싶다. 그리고 코트의 조수인 스콧 테라넬라에게도 고맙다는 말을 전한다. 우리의 프로젝트가 하퍼앤드로의 관심을 받을 수 있도록 힘써 준 로레인 샌리, 사람들이 일반적으로 생각하는 것만큼 까다롭지 않은 우리의 에이전트인 앤드루 와일리, 우리가 원할 때마다 여러 차례 즉각 우리 손을 잡아주었던 와일리의 동료 데버러 칼도 고맙다. 또 이야기 구조의 뼈대를 잡는 데 소중한 도움말을 주었던 《월스트리트저널》의 스티븐 스와츠도 고맙다. RJR 나비스코 및 이 드라마에서 제각기 크고 작은 역할을 했던 수많은 사람들이 기꺼이 사진을 제공해 주었다. 모두 고맙다. 그리고 1988년에 《월스트리트저널》의 애틀랜타 지국장을 지냈던 존 휴이에게 특별히 고맙다는 인사를 해야 한다. 그는 존 헬리어에게 RJR를 마음껏 깊이 파고들 수 있도록 재량권을 주었으며, 1989년에 《사우스포인트》의 편집장으로 있을 때는 존이 이 책을 완성할 수 있도록 업무의 짐을 덜어 주었다.

이 책을 집필하는 과정에는 무명의 영웅 두 사람이 보이지 않는 곳에서 우리를 도왔다. 바로 우리의 아내들이다. 존 헬리어의 아내 베치 모리스는 이중의 의무를 다해 주었다. 《월스트리트저널》의 동료 기자이기도 한 그녀는 로스 존슨을 '처음으로 발견한' 사람들 가운데 하나였으며 RJR 나비스코와 관련된 사건들을 연대기순으로 정리했다. 그녀는 오랜 기간에 걸친 남편의 부재와 집필을 감내했다. 브라이언 버로의 아내 마리아 버로는 우리가 쓴 원고를 가장 먼저 읽고 교정을 보았으며, 집필 과정에서 무한한 지원과 인내를 아끼지 않았다. 이 두 사람의 도움과 조언은 이 책의 모든 면에 스며들어 있다.

1989년 10월
브라이언 버로 · 존 헬리어

존슨의 경영진 진영

RJR 나비스코
RJR NABISCO

- F. 로스 존슨, 사장 겸 최고경영자
- 에드워드 A. 호리건 주니어, 'RJR 타바코' 회장
- 에드워드 J. 로빈슨, 최고재무책임자
- 해럴드 헨더슨, 수석 법률 고문
- 제임스 웰치, '나비스코 브랜즈' 회장
- 존 마틴, 부사장
- 앤드루 G. C. 세이지 2세, 이사 겸 자문 위원
- 프랭크 A. 베너벤토 2세, 자문 위원
- 스티븐 골드스톤, 법률 고문
- 조지 R, 베이슨 주니어, 법률 고문

아메리칸 익스프레스
AMERICAN EXPRESS

- 제임스 D. 로빈슨 3세, 회장 겸 최고경영자

시어슨 리먼 허턴
SHEARSON LEHMAN
HUTTON

- 피터 A. 코언, 회장 겸 최고경영자
- J. 토밀슨 힐 3세, 인수 합병 책임자
- 제임스 스턴, 기업 투자 책임자
- 로버트 밀러드, 아버트라지(차익 거래) 책임자
- 잭 너스바움, 법률 고문

살로먼 브라더스
SALOMON BROTHERS

- 존 굿프렌드, 회장
- 토머스 스트라우스, 사장
- 마이클 짐머먼, 기업 투자 담당
- 찰스 '채스' 필립스, 기업 투자 담당
- 윌리엄 스트롱, 기업 투자 담당
- 피터 대로, 법률 고문

로빈슨, 레이크, 레러 앤드 몽고메리
ROBINSON, LAKE, LERER &
MONTGOMERY

- 린다 로빈슨

콜버그 크래비스 로버츠 앤드 컴퍼니 진영

KKR KOHLBERG KRAVIS ROBERTS & CO.	• 헨리 크래비스, 무한 책임 파트너 • 조지 로버츠, 무한 책임 파트너 • 폴 래더, 무한 책임 파트너 • 시어도어 애먼, 유한 책임 파트너 • 클리프턴 S. 로빈스, 유한 책임 파트너 • 스콧 스튜어트, 유한 책임 파트너 • 리처드 I. 비티, 법률 고문 • 찰스 '케이시' 코거트, 법률 고문
드렉설 버넘 램버트 DREXEL BURNHAM LAMBERT	• 제프리 벡, 일명 '미친개'
모건 스탠리 앤드 컴퍼니 MORGAN STANLEY & CO.	• 에릭 글리처, 인수 합병 책임자 • 스티븐 워터스
와서스타인 퍼렐라 앤드 컴퍼니 WASSERSTEIN PERELLA & CO.	• 브루스 와서스타인

제3 진영

포스트먼 리틀 앤드 컴퍼니 FORSTMANN LITTLE & CO.	• 시어도어 J. 포스트먼, 사장 • 브라이언 D. 리틀, 무한 책임 파트너 • 닉 포스트먼, 무한 책임 파트너 • 스티븐 프레이딘, 법률 고문
골드만 삭스 앤드 컴퍼니 GOLDMAN SACHS & CO.	• 제프 보이시, 기업 투자 책임자
퍼스트 보스턴 그룹 THE FIRST BOSTON GROUP	• 제임스 마, 인수 합병 책임자 • 킴 페너브레스크, 기업 투자 담당자 • 브라이언 핀, 기업 투자 담당자 • 제리 세슬로, '리소스 홀딩스' 최고경영자 • 제이 프리츠커, 투자자 • 토머스 프리츠커, 투자자 • 해럴드 핸델스먼, 법률 고문 • 멜빈 N. 클라인, 투자자

RJR 나비스코 이사회의 특별위원회

이사진	
	• 찰스 E. 휴걸, '컴버스천 엔지니어링' 회장
	• 마틴 S. 데이비스, '걸프+웨스턴' 최고경영자
	• 앨버트 L. 버틀러 주니어, 윈스턴살렘의 기업가
	• 윌리엄 S. 앤더슨, '내셔널 캐시 레지스터' 전 회장
	• 존 매콤버, '셀라니스' 전 회장

자문단	
	• 피터 A. 앳킨스, '스캐든, 압스, 슬레이트, 미거 앤드 플롬' 소속
	• 마이클 미첼, '스캐든, 압스, 슬레이트, 미거 앤드 플롬' 소속
	• 매슈 로즌, '스캐든, 압스, 슬레이트, 미거 앤드 플롬' 소속
	• 존 멀린, '딜런 리드 앤드 컴퍼니' 소속
	• 프랭클린 W. '프리츠' 홉스, '딜런 리드 앤드 컴퍼니' 소속
	• 필릭스 로아틴, '라저드 프레어스 앤드 컴퍼니' 소속
	• J. 아이라 해리스, '라저드 프레어스 앤드 컴퍼니' 소속
	• 로버트 러브조이, '라저드 프레어스 앤드 컴퍼니' 소속
	• 루이스 리날디니, '라저드 프레어스 앤드 컴퍼니' 소속
	• 조슈아 고트바움, '라저드 프레어스 앤드 컴퍼니' 소속

그 밖의 사람들

RJ 레이놀즈 R.J. REYNOLDS 나비스코 NABISCO	
	• 스미스 베이글리, 'RJ 레이놀즈' 상속인
	• J. 폴 스틱트, 'RJ 레이놀즈 인더스트리스' 전 회장
	• J. 타일리 윌슨, 'RJ 레이놀즈 인더스트리스' 전 회장
	• H. 존 그리니스, '나비스코 브랜즈' 사장

프롤로그

로스 존슨, RJR 나비스코의 LBO를 선언하다

*
*
*

벌써 여러 시간째 두 사람은 집 뒤 베란다에 앉아 이야기를 나누고 있었다.

평화로운 오후였다. 두 사람 가운데 젊은 쪽이 손님이었다. 그는 뉴욕에서 내려온 변호사였다. 여태까지 이처럼 평화로운 풍경은 본 적이 없었던 것 같다. 수평선 위에 태양은 마치 붉은 공처럼 천천히 가라앉고 있었다. 베란다에서는 연안수로†가 내려다보였다. 눈처럼 희고 우아한 백로들이 연안수로의 갈대밭 여기저기에서 불쑥 튀어나왔다간 몸을 숨겼다.

'그림엽서에나 나올 법한 이런 풍경에 먹구름을 몰고 오는 건 수치다'라고 스티븐 골드스톤은 생각했다. 플로리다의 따뜻한 산들바람이 지나가면

---

† 미국 동부 보스턴에서 남부 텍사스까지 대서양과 멕시코 만 연안을 따라 이어진 4800킬로미터 뱃길. 해협, 만, 작은 늪, 강 등으로 이루어져 있다.

서 그의 부드러운 갈색 머리카락을 헝클어뜨렸다. 그는 지금 막 무서운 예견을 해야 하는데, 정말 하고 싶지 않은 말이었다. 누군들 그 힘든 일을 좋아할까 싶지만, 어쨌든 그 일은 자기의 몫이었다.

'누군가는 그에게 이 말을 해야 해.'

한동안 두 사람 사이에는 아무 말이 없었다. 골드스톤은 진토닉을 한 모금 더 마시고는 파티오 의자에 앉아 있는 나이 든 남자를 흘깃 보았다. 골드스톤은 로스 존슨이라는 이 사람의 속을 좀 더 많이 알면 얼마나 좋을까 하는 생각을 종종 하곤 했다. 존슨은 너무 개방적이고, 너무 믿음직하며, 또……(이것을 어떻게 표현해야 하나?) 그렇다, 너무 순진해 보였다. 그는 자기가 지금 막 풀어놓으려고 하는 그 힘들이 과연 어떤 것인지나 알고 있을까?

존슨은 간편한 차림이었다. 헐거운 바지에 하늘색 골프 셔츠를 입고 있었다. 셔츠에는 RJR 나비스코의 회사 로고가 박혀 있었다. 그의 은빛 머리카락은 꼴사나울 정도로 길었다. 왼쪽 손목에는 금팔찌를 하고 있었다. 골드스톤은 존슨이 본인의 인생, 아니 어쩌면 자기들 두 사람의 인생을 영원히 바꿀 수도 있는 어떤 시도를 할 것인지 말 것인지를 놓고 곰곰이 생각 중임을 알 수 있었다.

한번은 골드스톤이 물었었다.

"왜 이렇게 하려는 겁니까? 미국 기업계에서 내로라하는 기업의 최고경영자잖아요, 돈도 더 필요하지 않고 말입니다. 그런데 왜 모든 걸 한꺼번에 잃을지도 모르는 거래를 하려고 합니까? 사장님이 얼마나 큰 고통과 번뇌를 불러일으킬지 모릅니까?"

하지만 그가 여태까지 시도한 만류는 고객인 존슨의 마음을 흔들지 못했다. 좀 더 강하게 밀어붙여야 했다.

"모든 것을 다 잃을 수도 있단 말입니다."

골드스톤은 다시 반복했다. 비행기들, 맨해튼의 아파트, 팜비치에 있는 저택, 캐슬파인스에 있는 빌라…… 모두 다 잃을 수 있다고. 변호사는 잠시 말을 멈추었다. 자기가 한 말들이 존슨의 가슴속에 파고들길 기다렸다.

"모르겠습니까? 모든 것을 다 잃을 수도 있단 말입니다."

"하지만 아무리 그래도 그 거래가 당겨요……. 매력적이야."

존슨이 툭 뱉듯이 말했다.

"기본적인 상황은 전혀 바뀌지 않아요. 정말 내게는 이 한 가지 선택밖에 없어요."

골드스톤이 다시 입을 열어 존슨을 설득하려고 노력했다.

"그렇게 결정을 내리는 순간, 사장님은 회사에 대한 통제력을 상실할 겁니다. 그 과정을 시작하는 순간, 이제 더는 최고경영자가 아닌란 말입니다. 통제력과 주도권이 모두 이사회로 넘어갑니다. 그런데 사장님은 이사회의 이사진이 모두 사장님 편이라고 생각할 겁니다. 그렇죠?"

존슨이 고개를 끄덕였다.

"어쨌든 회사의 전용 제트기들을 대령해서 그 사람들을 전 세계로 태워다 줬잖아요. 그리고 온갖 혜택도 풍성하게 누리게 해 줬고."

골드스톤은 밀리지 않으려고 계속 더 세게 밀어붙였다.

"사장님이 이 일을 시작하는 순간, 그 사람들은 이제 친구가 아닙니다. 친구가 될 수 없다고요. 그 사람들에게서 뭔가를 바라시면 안 됩니다. 바라봐야 돌아오는 건 아무것도 없을 겁니다. 그들은 월스트리트의 전문가들 지시를 받을 겁니다. 사장님은 전혀 알지도 못하는 사람들의 지시를 말입니다. 이사진은 잘못하다간 서른 명도 넘는 사람으로부터 수백만 달러가 걸린 소송을 당할 겁니다. 이런 압박의 수위가 얼마나 높을지 예상을 못하겠습니까? 그리고 이 모든 상황에 대한 원성은 사장님에게 돌아갈 겁니다."

여기까지 말한 골드스톤이 입을 닫았다. 그러고는 석양을 받아 붉은빛과 푸른빛으로 선명하게 반짝거리는 바다를 바라보았다. 자신이 아무리 그림을 어둡게 칠한다 해도 존슨은 꿈쩍도 하지 않는 것 같았다. 그는 자신의 설득이 얼마나 효력이 있을지 의심스러웠다. 그리고 다섯 번의 밤이 지나고 나면 결국은 진실을 깨달을 것이라고 결론 내렸다.

이윽고 두 사람은 애틀랜타로 향하는 걸프스트림 제트기를 탔다. 이때 골드스톤은 존슨이 이미 마음의 결정을 내렸다는 걸 알았다. 골드스톤은 미국에서 열아홉 번째로 큰 기업인 RJR 나비스코의 최고경영자를 지그시 바라보았다. 이 사람은 직원 14만 명의 운명을 손에 쥐고 있었다. 그리고 이 사람이 만들어 내는 제품들, 예를 들면 '오레오' 쿠키, '리츠' 크래커, '라이프 세이버스'† 캔디, 그리고 '윈스턴'과 '살렘' 같은 담배는 미국 전역의 모든 집에서 찾아볼 수 있다.

존슨은 너무 낙관적이어서 모든 사람이 다 자기 친구라고 생각하는 게 골드스톤은 걱정스러웠다.

'이 사람은 지금 그걸 하려는 거야. 정말로 하려는 거야.'

이런 결론에 변호사는 마음이 무거웠다.

검은색 링컨 타운카‡들이 웨이벌리 호텔 앞에 멈추어 섰다. 애틀랜타의 10월 저녁 공기는 서늘하고 맑았다. 웨이벌리는 선벨트 지역§의 도시들에서

---

† 반지 모양의 과일맛 캔디.

‡ 포드에서 1981~2011년에 생산한 플래그십 세단. 2017년부터 '링컨 컨티넨탈'이란 이름으로 재출시했다.

§ 미국 남부의 노스캐롤라이나에서 캘리포니아에 이르는 따뜻한 지역.

공통적으로 찾아볼 수 있는, 녹음이 우거진 교외의 상가 구역에 자리를 잡고 있었다. 호텔 인근에는 복합 상영관이 있었고, 또 여러 개의 분수와 넓고 매력적인 산책길을 갖춘, 번쩍거리는 고층 건물들이 한데 모여 있는 대형 상업 시설 갤러리아가 있었다.

줄줄이 멈춰 서는 리무진에서 RJR 나비스코의 이사진이 내렸다. 회의장은 호텔에서 수백 미터 떨어진 유리 외벽의 건물 11층에 있었다. 이사들은 모두 RJR 나비스코 제트기를 타고 애틀랜타로 모였다. 이들은 호텔 로비를 지나 벽면이 유리로 된 엘리베이터를 이용해 회의장으로 들어갔다. 사람들은 무리 지어 서서 손에 음료를 들고 회의가 시작되기를 기다렸다. 걱정스러운 마음으로 기다리며 이들이 나누는 대화의 화제는 여기까지 오는 동안 있었던 일이나, 월드 시리즈 그리고 한 달도 남지 않은 대통령 선거 등이었다.

회사의 정기 10월 이사회가 열리기 하루 전이었다. 보통 때는 최고경영자인 로스 존슨과 비공식적으로 저녁을 먹는 자리였다. 이 자리에서 존슨은 특유의 자유롭고 활달한 방식으로 회사와 관련된 여러 가지 사항들을 보고하고 정리하곤 했다. 그런데 이날은 분위기가 보통 때와 확연히 달랐다. 존슨은 모든 이사에게 빠짐없이 전화를 걸어 만찬 모임에 꼭 참석하라고 다짐을 받았었다. 전에 없던 일이었다. 내막을 아는 사람은 극히 일부분이었고, 나머지 사람들은 그저 짐작만 할 뿐이었다.

몇몇 이사들은 스티븐 골드스톤을 소개받고 돌아서면서 고개를 갸우뚱했다. 머리가 막 벗겨지기 시작하던 노스캐롤라이나의 귀족 앨버트 버틀러도 그랬다. 이사도 아닌 친구가 왜 이 자리에 와 있지? 그때 상무부 장관을 역임했던 후아니타 크렙스가 찰스 휴걸의 소매를 잡아끌었다. 휴걸은 '컴버스천 엔지니어링'의 회장이자 RJR 나비스코의 명목상 회장이었다.

"로스가 뭘 하려고 하죠? 도대체 무슨 일이 벌어지는 겁니까?"

휴걸은 알고 있었다. 하지만 그는 식사 준비를 하는 직원들에게 어서 서두르라고 지시하면서 그녀의 질문을 피했다. 무척 많은 이야기들이 이사들을 기다리고 있었다.

존슨은 보드카에 소다수를 탄 잔을 들고 돌아다니며 이사들과 인사를 나누었다. 그는 얼굴 가득 미소를 띠고 있었다. 목구멍 깊은 곳에서 울려나오는 그의 웃음소리도 끊이지 않았다. 존슨은 기업의 이사들을 쥐고 흔들 수 있는 자기 능력에 자부심을 가지고 있었다. 그런 능력으로 지금의 자리까지 올라올 수 있었다. 아무리 어색하고 긴장이 감도는 자리라 하더라도 그는 미리 정교하게 계산된 농담으로 그런 상황을 타개하는 데 달인이었다. 상황에 맞는 적절한 경구도 날릴 줄 알았다. 그야말로 진짜 '피리 부는 사나이'로 남을 교묘하게 꾀는 남다른 재주를 가지고 있었다. 그는 늘 여유가 넘치고 활기찼다. 자기 자신이나 사업에 대해 지나칠 정도로 심각한 적이 없었다. 이날 밤에도 그는 자신과 행동을 함께하기로 한 월스트리트의 새로운 동반자들이 바라는 것과는 달리 순전히 직감에 따라 접근하고 있었다.

에드워드 호리건은 존슨이 최대한 형식을 갖추기를 바랐다. RJR 나비스코의 가장 큰 사업 단위인 '레이놀즈 타바코'의 수장인 호리건은 존슨이 이날 밤 발표하려고 하는 계획에 열성적으로 찬동하고 서명을 했었다. 땅딸막한 체구의 그는 한국전쟁 때 기관총 진지를 향해 단독으로 돌진하던 무모함을 사업을 하면서도 그대로 실천해 온 전투적인 아일랜드 사람이었다. 주변 세상에 대해 언제나 무관심하게만 보이는 존슨과 달리 그는 잔뜩 긴장했다. 그는 존슨이 RJR 나비스코에 오기 전부터 이사들을 잘 알고 있었고, 또 이들을 믿지 않았다. 이들이 저질렀던 소소한 반란 행위들을 그는 두 눈으로 직접 목격해 왔다. 그는 존슨이 두둑한 급여와 그 밖의 여러 가지 혜택들로써 이사들을 완전히 자기 손안에 사로잡았다고 믿는다는 사실을 잘 알고 있었다. 하지만 호리건은 이사들이 존슨의 편이라는 사실을 확신하지 않았다. 이들은 존슨이 가지고 있는 계획에 반대하고 나아가 존슨을 해고할 권한을 가지고 있었다.

호리건이 이런저런 생각을 하고 있을 때, 한 사람이 회의실 안으로 들어왔다. 호리건으로서는 처음 보는 인물이었다. 그는 《GQ》에서 막 튀어나온 것처럼 맵시 있는 정장 차림이었다. 흰색과 검은색이 섞인 머리카락이 한 올도 흐트러지지 않은 이 남자는 얼음처럼 차가운 표정으로 주변을 살폈다. 몇 분 뒤에 호리건은 이 남자를 소개받았다. 월스트리트에서 변호사로 일하는 피터 앳킨스라고 했다. 그는 이사진의 권리와 의무에 관해서 조언하려고 그 자리에 참석했다고 했다.

"헬로, 미스터 호리건."

호리건과 악수를 나누는 앳킨스의 태도는 차가울 정도로 형식적이었다. 호리건은 속으로 이렇게 말했다.

'오 마이 갓⋯⋯. 만만치 않겠군!'

식사가 끝나고 빈 그릇이 T자 형태의 긴 탁자에서 치워졌다. 8시 30분이었다. 존슨이 자리에서 일어나서 발언했다. 우선 회사의 관리 문제와 관련된 소소한 사항들을 이야기하고 다음 날 아침에 가장 먼저 만날 보상위원회에 대해 이야기했다. 그리고 이어 정기 이사회의 안건으로 넘어갔다.

"다들 잘 아시겠지만, 오늘 밤 또 하나의 안건이 있습니다. 이제 그 이야기를 해야 할 때가 된 것 같군요. 우리 회사의 미래에 관한 것입니다."

존슨은 담배 연기를 뿜으면서 RJR 나비스코를 지휘해 왔던 지난 2년의 세월을 회고했다. 수익은 50퍼센트 증가했고, 매출액도 그만큼 증가했다.

하지만 문제는, 그 자리에 있는 모든 사람이 알고 있듯이, 주가였다. 주식은 70달러대 초반에서 천장을 쳤던 한 해 전부터 줄곧 내리막길이었다. 한 해 전에 주식 시장이 붕괴†한 뒤로 이들은 주가를 끌어올리기 위해 아무런 노력을 하지 않았었다. 그러다 그해 봄에 주가를 방어하려고 한 차례 주식을 되사들였음에도 불구하고(여기에서 존슨은 휘파람으로, 폭탄이 날아와 떨어지는 소리를 흉내 냈다, 휘유우우우우 펑!), 주가는 계속 떨어져 40달러대로 주저앉았다. 심지어 담배 산업이 여러 해 동안 이어지던 법정 소송의 기나긴 터널에서 빠져나왔음에도 불구하고 주가는 오르지 않았다. 그 자리에 있던 사람들은 누구나 다 아는 이야기였다. 하지만 이에 대해 존슨만큼 신경 썼던 사람은 아무도 없는 것 같았다. 계속해서 존슨이 말했다.

"우리 회사가 터무니없이 저평가되어 있다는 점은 여러분의 얼굴에 코가 붙어 있는 것과 마찬가지로 너무나 명백한 사실입니다. 우리는 식품 사업과 담배 사업을 한데 묶어 동반 상승 효과를 노렸습니다. 하지만 효과가 없었습니다. 사업 다각화 효과가 발생하지 않았습니다. 우리는 주가수익률이 스물두 배에서 스물다섯 배를 기록하는 식품 자산을 깔고 있습니다만, 우리 주식은 아홉 배 수준에서 거래됩니다. 우리가 아직도 담배 회사로 인식되고 있다는 말입니다. 그래서 우리는 주주의 이익을 끌어올릴 수 있는 방법들이 없을까 연구해 왔습니다."

여기에서 그는 잠시 말을 끊었다가 다시 이었다.

"주주 가치를 인식할 수 있는 유일한 방법은 LBO를 동원하는 것입니다."

---

† 미국 시간으로 1987년 10월 19일 월요일에 발생한 세계적인 주가 대폭락 사태. 보통 '검은 월요일'이라고 부른다. 거의 모든 주요 선진국의 주식 시장이 붕괴했는데 미국은 22.6퍼센트, 홍콩은 무려 45.8퍼센트 폭락했으며 전 세계적으로 약 1조 7000억 달러가 증발했다.

회의장에는 찬물을 끼얹은 듯 침묵이 흘렀다. 숨소리조차 들리지 않았다.

그 자리에 있던 사람들은 모두 LBO가 무엇인지 잘 알고 있었다. LBO를 진행할 경우, 한 기업의 소규모 이사진은 보통 월스트리트에 있는 투자사들과 손을 잡고 대규모 차입금을 동원해 일반 주주들로부터 그 기업을 사들인다. LBO를 비판하는 사람들은, 이런 행위가 주주들로부터 기업을 훔치는 것이며 또한 이 기업은 LBO 과정에서 떠안는 부채 때문에 경쟁력을 잃는다고 주장한다. 미국에서 이런 행위가 대량으로 일어날 경우 미국 기업의 해외 경쟁력이 현저히 떨어질 것이며 막대한 부채를 떠안은 기업은 점차 말라 가고 만다는 게 비판론자들의 주장이었다. LBO를 거치고 나면 연구 개발비 등에 대한 예산은 삭감되고, 부채를 털어 내는 과정에 모든 것이 희생된다는 사실을 회의실에 있는 사람들은 모두 알았다. 하지만 한 가지는 분명했다. LBO를 성사시킨 이사진은 엄청난 이득을 얻을 수 있다는 사실이었다. 만일 LBO를 통해 기업이 희생할 경우, 이들이 얻는 이득은 그 기업의 희생을 대가로 한 돈이기 때문에 추악한 돈이 될 수도 있었다. 계속해서 존슨이 말했다.

"문 앞에 서성이고 있는 존재는 늑대가 아닙니다."

존슨은 기업 사냥꾼의 충동질에 넘어가 그러는 게 아니라고 했다.

"제가 생각하기에, 이것은 우리 주주들이 선택할 수 있는 최상의 길입니다. 나는 이것이 충분히 결행할 수 있는 거래이며, 또 거래될 주가도 현재 주가보다 훨씬 높을 것이라고 믿습니다. 물론 현재로서는 우리가 확실한 결론을 내리거나 혹은 어떤 제안을 할 수 있을 정도로 충분히 멀리 온 것은 아닙니다만……."

존슨은 여기서 말을 끊었다. 그리고 이사들을 한 사람씩 쳐다보았다. 이들은 대부분 전·현직 최고경영자들이었고 평균 나이는 예순다섯 살이었다.

이들은 존슨에게 RJR 나비스코를 개인의 재량권으로 자유롭게 경영할 권한을 주었었다. 그리고 그가 RJR 나비스코를 100년 동안이나 뿌리내리고 있던 노스캐롤라이나에서 애틀랜타라는 타지로 옮겨 벼락부자들의 기념비로 변모시킬 때도 반대하지 않았었다. 하지만 이들은 과거에, 존슨이 현재 저지르는 위반 사항보다 훨씬 사소한 위반 사항에도 책임을 물어 이사회 의장 및 최고경영자를 경질시켰었다. 다시 존슨이 말을 이었다.

"이 한 가지 사실을 이해해 주시기 바랍니다. 여러분은 결정을 내리셔야 할 겁니다. 만일 더 나은 방안이 있다면, 기탄없이 말씀해 주십시오. 더는 고집을 부리지 않을 겁니다. 제가 할 수 있는 일들은 있습니다. 그 일들을 하겠습니다. 식품 사업 쪽의 자산을 팔 수 있습니다. 우리 주식을 더 사들일 수도 있습니다. 지금 당장이라도 제가 말씀드린 사항을 훌훌 털어 버리고, B안과 C안을 마련할 겁니다. 그러니 나쁘게 생각하시지 말고 얼마든지 말씀해 주십시오."

아무도 말을 하지 않았다.

버넌 조던이 가장 먼저 입을 열었다. 그는 시민운동 지도자이자 워싱턴의 변호사였다.

"제가 한 말씀 드리죠. 만일 그렇게 진행될 경우, 사람들은 분명 이 회사를 상대로 장난치려고 달려들 겁니다. 누군가가 나타나 당신이 사려는 가격보다 더 높은 가격을 제시하면서 이 회사를 살 수 있다 이겁니다. 졸지에 바보가 될 수도 있다는 거죠. 그런 일이 일어나지 않을 거라고 누가 장담하겠습니까?"

"네, 바로 그겁니다. 당연히 이 회사에 사람들이 달려들어야 합니다. 이 회사는 더욱 높은 가격을 제시하는 사람에게 팔려야 합니다. 누군가가 나타나서 한 주에 85달러를 주겠다고 한다면 혹은 우리가 제시하는 가격보다 더 높은 가격에 사겠다고 한다면, 우리는 회사 주주들에게 아주 좋은 일을 해 주는 겁니다. 회사의 경영이라는 게, 경영진의 자리보전을 위해 주주의 이익을 희생해서는 안 되지 않습니까?"

"지금 어느 단계까지 와 있습니까?"

'셀라니스'의 회장을 역임했던 존 매콤버였다. 그는 존슨에게 줄곧 가시 같은 인물이었다.

"보안을 유지하기 위해 은행권과는 진도를 그다지 많이 나가지 않았습니다. 동전 한 푼도 받은 게 없습니다. 하지만 만일 이 제안에 대해 이사회가 승인을 해 주신다면, 일은 빠르게 진행될 것입니다."

다시 한동안 침묵이 흘렀다. 이번에는 후아니타 크렙스가 발언했다.

"뭐랄까요…… 이런 식으로 우리가 억지로 끌려가는 모습이 꼴사나운 것 같네요. 이런 식으로 회사를 날려 버리는 게 말입니다. 저는 다른 회사들에도 이사로 있는데, 거기 이사회에서도 주가 문제로 계속 불만들이 있었습니다. 하지만 그 회사들에서는 시나리오가 달랐습니다. 경영진은 지금 당장의 낮은 주가에 급급하지 않고 미래를 좀 더 자세히 들여다봅니다. 그런데 여기에서는 왜 다르죠? 매출액 감소와 산업의 성격이 걸림돌인 담배 사업 부문이 문제입니까?"

존슨이 대답했다.

"그런데 말입니다, 제 주변에도 저평가된 주가 때문에 불평하는 최고경영자들이 많습니다. 하지만 이 문제를 해결하기 위해 팔을 걷어붙이고 나서는 사람은 별로 보지 못했습니다. 하지만 여러분은 이 일을 해낼 수 있습니다. 다른 사람들은 단지 겁이 나서 감히 시작을 못 하는 것입니다."

모든 게 이치에 맞고 그럴듯하게 들렸다. 누구도 존슨처럼 멋들어지게 설명하지 못했다. 그러나 만일 그 자리에 모인 이사들이 존슨이 가지고 있는 계획에 대해, 혹은 자기들 몰래 다른 사람들에게 베풀어 준 혜택에 대해 알았더라면, 또 '시어슨 리먼 허턴'의 배고픈 월스트리트 동반자들에게서 그가 받아낸 LBO 예상 수익을 얼마나 싹둑 잘라서 이야기했는지 알았더라면, 분명 좀 더 많은 질문을 던졌을 것이다. 그러나 이런 사실들을 포함한 모든 것을 이사들은 나중에야 알게 된다. 그리고 이때는 이미 늦었다.

찰스 휴걸이 회의실을 찬찬히 둘러보았다. 질문이 더 나올 것 같지 않았다. 그는 이사들이 따로 토론하도록 존슨과 골드스톤에게 잠시 밖으로 나가 있는 게 좋겠다고 제안했다.

"여기 있는 분들 중에 또 경영진과 미리 이야기된 사람이 있습니까?"

존슨이 한 명씩 호명했다. 호리건, '나비스코 브랜즈'의 회장 제임스 웰치, 수석 법률 고문인 해럴드 헨더슨, 그리고 사외 이사이자 자문 위원인 앤드루 세이지 2세였다. 휴걸은 이들에게도 회의실 바깥으로 나가 달라고 했다.

존슨이 나가자 이사들은 잠시 회의를 중단하고 휴식 시간을 가졌다. 앨버트 버틀러가 휴걸에게 왔다.

"알고 있었소? 앤드루 세이지도 같은 편이던데……."

휴걸이 고개를 끄덕였다. 그러자 버틀러가 말했다.

"로스는 연봉을 두 배로 올려서 50만 달러로 해 주길 원하는데…… 보상 위원회 안건으로 올라가 있죠. 하지만 난 우리가 지금 그렇게 할 수 있다고 생각하지는 않아요."

"그렇죠, 그렇게는 할 수 없죠"라고 휴걸이 말했다. 휴걸은 심사가 불편했다. 존슨은 그의 친구였다. 하지만 지난 사흘 동안 있었던 여러 가지 일들 때문에 휴걸은 자기가 존슨이라는 인물을 잘 안다고 자신할 수 없게 되었다. 어딘지 옳지 않은 것 같은 찜찜한 구석이 있었다.

다른 이사들은 말없이 화장실로 향했다. 각자가 모두 거물인 이 사람들은 자신들이 결정해야 할 사안이 얼마나 중대한지 잘 알았다. 화장실에서 한 사람이 말했다.

"저쪽에서 제시하는 가격이 정말 제대로 된 가격인지 확실하게 확인하고 결정해야 합니다, 그렇죠?"

그 말에 사람들은 손을 씻으면서 혹은 화장실 밖으로 나가면서 고개를 끄덕였다.

회의가 속개되자 휴걸은 앳킨스에게 현재 상황에 대한 법률적인 설명을 부탁했고, 앳킨스는 RJR 나비스코와 수많은 대형 상장 기업들이 등록되어 있는 델라웨어의 법률에 따를 때 이사들이 어떤 책임을 져야 하는지를 설명했다. 그가 발언을 마치자 휴걸은 다른 이사들에게, 일주일 전 존슨이 한국에 있던 자신에게 전화해서 LBO에 대한 이야기를 언급했다고 말했다. 하지만 그는 이틀 전에 존슨이 자기에게 했던 흥미로운 제안과 개인적인 관심에 대해서는 입을 닫았다.

이사들이 자기들끼리 논의하는 동안 존슨은 위층에 있는 스위트룸으로 가서 호리건을 비롯한 다른 사람들 그리고 시어슨 리먼 허턴에서 나온 사람들과 함께 시간을 보냈다. 그리고 얼마 기다리지 않아 이사회에서 메시지가 전달되었다. 존슨을 보자는 내용이었다. 의견이 모인 모양이었다. 존슨은 골드스톤과 함께 긴장된 마음으로 다시 회의실로 돌아갔다. 이사들을 대표해서 휴걸이 말했다.

"당신 생각대로 계속 밀고 나가도록 해 줄 준비가 되었다는 게 우리 이사들의 강력한 의견입니다."

사실 이사들 사이의 논쟁은 용두사미로 끝나고 말았다. 즉 존슨이 이처럼 멀리 와 버렸으니 그가 하는 대로 내버려 두는 수밖에 달리 도리가 없지 않느냐는 쪽으로 의견이 모였던 것이다. 만일 그가 진지하게 응찰 가격을 제시할 경우, 주주들이 그 응찰을 받아들일 수 있도록 허용하는 것이 피신탁 기구인 이사회의 의무였다. 계속해서 휴걸이 말했다.

"하지만 당신이 생각하고 있는 금액이 보잘것없는 수준이 아니어야 한다는 사실을 확실히 해 두고 싶습니다."

그러자 존슨이 대답했다.

"그럼 보잘것없는 수준이 어떤 건지 구체적으로 정해 주셔야 합니다."

"주식 시장에서 최고치를 기록했던 수준은 되어야죠."

"좋습니다, 그렇게 할 수 있습니다."

"이런 조건이 전제될 때, 이사회는 이번 건을 당신에게 맡길 준비가 되어 있습니다. 그리고 만일 계속 진행하고자 한다면, 이사회는 내일 아침 언론에 보도 자료를 내야 합니다."

골드스톤이 앳킨스에게 물었다.

"피터, 초안 가지고 있나요?"

"네."

"그럼 한번 읽어 주시죠."

앳킨스가 초안을 읽었다. 골드스톤은 자신과 존슨이 이 초안을 위층으로 가지고 가서 검토하고 싶다고 했다. 앳킨스는 그렇게 해도 된다고 했다.

휴걸이 앳킨스를 데리고 왔다는 사실을 깨닫는 순간, 일이 이렇게 될 것이라고 골드스톤은 이미 예상한 터였다. 하지만 알고 있었다 해서 보도 자료가 성가신 존재가 될 가능성을 부정할 수는 없었다. 보안이 누설되는 순간 LBO는 요람에서 걸어 나오기도 전에 깨져 버리는 일이 허다했다. LBO 협상이 진행된다는 사실이 알려지자마자 기업 사냥꾼들이나 기타 불청객들이 달려든다. 그리고 경영진이 입찰 가격을 준비하기도 전에 먼저 낚아채 버릴 수 있었다. 하지만 존슨이나 그의 파트너들은 RJR 나비스코의 LBO가 언론 공개를 피할 수 없게 되었다는 사실에도 전혀 놀라지 않았다. RJR 나비스코가 워낙 덩치 큰 기업이기 때문에 그 누구도 자기들을 이기지 못할 것이라고 확신했기 때문이다. 게다가 경영진의 우호적인 협조 없이는 결코 성공하지 못할 것이므로 언론에 공개되어도 상관없다고 판단했다.

회의실 위층 스위트룸으로 돌아온 골드스톤과 존슨은 시어슨 리먼에서 온 팀, 즉 냉철한 전략가인 토밀슨 힐과 그의 법률 고문인 잭 너스바움을 찾았지만, 두 사람은 없었다. 골드스톤은 부리나케 아래로 내려갔다. 두 사람은 로비에 있었다. 이들은 보좌관들과 함께 RJR 본사 건물에 잠깐 다녀오는 길이었다. 골드스톤이 고함을 질렀다.

"잭! 대체 어디 갔다 오는 겁니까, 젠장!"

보도 자료가 준비되었다고 골드스톤이 설명다. 존슨은 자기들이 생각하는 입찰 가격을 보도 자료에 넣기를 무척 원했다. 그렇게 하지 않으면 주가가 마구 뛰어오르는 불상사가 생겨, 결국 예상보다 더 높은 가격으로 입찰해야 할지도 모른다는 게 그의 생각이었다. 스위트룸에 다시 모인 가운데 힐이 예전에 했던 제안을 반복했다. 현금으로는 한 주에 72달러, 그리고 우선주†로는 한 주에 3달러. 하지만 존슨이 고개를 저었다.

"그건 안 돼요. 그걸로는 명함도 못 내밉니다. 너무 낮아 보여서 안 돼요. 현금 75달러는 되어야 합니다."

존슨의 몸에 짜릿한 전율이 흘렀다. 굳이 따로 계산해 보지 않아도 충분했다.

총 170억 달러…….

---

† 보통주에 비해 이익이나 이자의 배당 또는 잔여 재산의 분배 따위의 재산적 이익에 관하여 우선적 지위가 인정되는 주식. 그러나 우선주는 보통 의결권이 없다.

여태까지 시도된 LBO 역사에서 최대 규모였다. 그간 가장 컸던 거래와 비교해도 무려 세 배나 되는 규모였다. 따라서 다른 경쟁자가 나타나 이들보다 더 높은 가격을 부를 경우는 심각하게 고려하지 않았다. 경쟁자가 있을 것 같지 않았기 때문에 그럴 필요가 없어 보였던 것이다.

늘 그랬던 것처럼 존슨이 논쟁에서 이겼다. 벽시계가 막 자정을 가리킬 무렵에 골드스톤은 새로 고친 보도 자료 초안을 가지고 회의실로 갔다.

여러 주 동안 계획을 세우고 막후 협상을 벌인 끝에 마침내 일이 본격적으로 시작되었다. 계획이나 논의 속에서가 아니라 일이 현실 속에서 실제로 굴러가기 시작한 것이다. 존슨은 스위트룸을 메우고 있는 사람들에게 말했다.

"젠장, 죽이는군! 자, 이제 170억 달러를 구하러 뛰어 봅시다."

존슨은 다시 보도 자료를 생각했다. 처음에는 이 일이 자기들과 이사진 사이에서만 아는 비밀로 남길 바랐지만, 그 바람은 이미 물거품이 되었다. 일반에 공개되면 경쟁자가 나타난다. 당장 다음 날 아침부터 경쟁자의 망령이 괴롭힐 것이다. 자정을 훌쩍 넘긴 시각, 존슨은 측근에게 전화를 걸어 다음과 같이 주의를 주었다.

"우리가 예상했던 것보다 일이 훨씬 더 빠르게 진행되고 있어요."

1장

회사보다 거래가 더 좋은
새로운 인종의 출현

*
로스 존슨의 철학은
"우리는 파티를 즐길 것이다, 매우 세련되고 복잡한 파티를"이다.
- O. C. 애덤스, RJR 나비스코의 심리 컨설턴트[†]

미행자가 있었다. 의심할 것도 없이 늙은 구두쇠 헨리 위글이 붙인 사설탐정이라고 로스 존슨은 생각했다. 미행은 날마다 계속되었다. 존슨이 어디를 가든 그의 그림자는 맨해튼의 모든 거리에서 따라붙었다. 마침내 존슨도 참을 만큼 참았다. 존슨에게는 친구가 많았다. 그리고 친구들 가운데는 갱단과 관계를 맺은 게 분명한 사람도 있었다. 존슨은 그를 찾아가 성가신 문제가 있다면서 미행 문제를 설명했다. 귀찮게 달라붙은 꼬리를 제발 좀 떼어내고 싶다고 했다.

"아무 걱정 하지 마셔."

[†] [원주] 애덤스는 로스 존슨이 동의하기 전까지는 자기 고객 회사의 최고경영자였던 존슨에 대해서 저자들에게 아무런 말도 하지 않겠다고 했다가, 그가 동의해 준 뒤에야 입을 열었다.

정말 며칠 지나지 않아 미행자는 사라졌다. "그 인간이 지금 어디서 무얼 하는지는 모르겠지만 걷는 모습이 많이 우스울 거요"라고 존슨의 친구는 말했다.

1976년 봄, '스탠더드 브랜즈'라는 이름의 이류 식품 회사에서는 볼썽사나운 쪽으로 일이 꼬여 갔다. 이 회사 회장이던 위글은 자기 아래 이인자이던 존슨을 쫓아내려고 안간힘을 썼다. 당시 존슨은 머리카락을 덥수룩하게 기른 캐나다 출신의 젊은 사람으로, 프랭크 기퍼드[†]나 돈 메러디스[‡] 등과 같은 덩치들과 어울려 맨해튼을 휘젓고 다녔다. 존슨은 경비 지출 항목을 부풀리기로 유명했는데, 위글은 이와 관련된 약점을 잡으려고 감사팀을 동원했다. 또 존슨의 불륜 사실까지 들추고 다녔다.

그러자 존슨의 술고래 친구들은 반격의 음모를 짜기 시작했다. 이들은 이사들을 만나 로비를 하고, 또 회사 업무와 관련된 부정부패 자료들을 수집했다. 쿠데타가 임박했다는 소문이 매디슨가에 있던 본사 건물에 파다하게 퍼졌다.

그러다가 결국 두 사람 사이의 팽팽하던 긴장은 공개적으로 폭발했다. 존슨과 위글 사이에 고성의 설전이 오갔다. 인기 있던 최고경영자는 찌그러지고 이사진은 뿔뿔이 흩어졌다. 모든 것은 5월 중순의 이사회에서 터졌다. 존슨의 부정에 대해 모든 걸 폭로할 준비가 되어 있던 위글이 먼저 치고 나갔다. 그러자 함정을 파 놓고 기다리던 존슨도 맞받았다.

둘 중 한 명은 피를 흘리고 죽을 수밖에 없었다. 초조한 시간이 흘렀다.

[†] 1950~1960년대 스타 미식축구 선수였으며 나중에는 중계 방송 진행자와 해설가로 이름을 날렸다. 1977년에 명예의 전당에 올랐다.

[‡] 1960년대 유명한 미식축구 선수이자 해설가.

존슨의 부하들인 '유쾌한 친구들Merry Men'†은 센트럴파크를 어슬렁거리면서 승리의 소식을 기다렸다. 그런데 기업 내의 정치와 관련해서는 누구도 로스 존슨을 이길 수 없었다. 존슨은 생존 비법을 알고 있는 것 같았다.

●────◉◉◉────●

1988년 가을까지 로스 존슨의 삶은 줄곧 모험의 연속이었다. 그는 회사 안에서 권력을 쥐려 했을 뿐만 아니라 낡은 기업 질서를 상대로 전쟁을 일으키려고 했다.

그 낡은 질서 아래에서 대형 기업은 느리고 꾸준하게 움직이는 존재였다. 《포천》 선정 500대 기업은 이른바 '컴퍼니맨'들이 좌우했다. 자기가 가진 모든 것을 한 회사에 바치면서 그 자리까지 올라간 중간 간부들과 기업의 집사 역할을 하는 고위 간부들이 바로 이 '컴퍼니맨'이었다. 이들이 회사를 보존하고 또 회사의 가치와 능력을 신중하게 끌어올렸다.

존슨은 더할 나위 없이 완전한 '비컴퍼니맨'이 되고자 했다. 그는 전통을 갈기갈기 찢어 버렸고 필요 없이 부담만 되는 조직들을 폐기했으며 경영 방침을 미친 듯이 뒤흔들었다. 그는 1970년대와 1980년대에 원숙해지는 '비컴퍼니맨'이라는 새로운 인종, 즉 거래와 결과를 좇아 움직이는 유목민의 한 사람이었다. 이 새로운 인종은 자기들이 부여받은 임무는 회사에 투자한 사람에게 복무하는 것이지 회사의 전통이 아니라고 천명했다. 이들은 또한 자기 이익도 넉넉하게 챙기는 경향이 있었다.

하지만 모든 '비컴퍼니맨' 가운데 존슨의 개성이 가장 돋보였다. 그는 언

---

† 이 말은 원래 영국 민담에 등장하는 로빈 후드의 부하들을 가리키는 말에서 비롯되었으며, '무법자'라는 의미도 담고 있다.

제나 가장 규모가 큰 거래를 했으며, 언제나 가장 큰 목소리로 때로 건방진 소리를 거침없이 내뱉었으며, 또 언제나 가장 큰 즐거움을 좇았다. 그는 나중에 이른바 '호황의 80년대'를 상징하는 인물이 된다. 그리고 세기의 인수 합병을 추진함으로써 1980년대를 호황의 꼭대기까지 밀어 올린다. 하지만 그의 이런 시도는 미국에서 가장 크고 또 가장 장엄한 한 기업을 바람 앞에 흩뿌리는 것으로 끝나고 만다.

장차 기업계의 신세대를 대표하는 인물로 떠오를 존슨은 전통이 뿌리 깊은 곳에서 1931년에 태어났다. 프레더릭 로스 존슨은 대공황 시기에 캐나다 중부 대도시 위니펙에서 성장했다. 그는 중하층 집안의 외아들이었다. 그는 언제나 '로스'로 불렸다. '프레드'라 불린 적이 없었다. 프레드는 그의 아버지 이름이었다. 과묵한 남자였던 그의 아버지는 철물을 파는 세일즈맨이었고 부업으로 목공 일을 했다. 몸집이 작았던 어머니 캐럴라인은 성격이 무척 급했고, 결혼한 여자가 직장 생활을 하는 일이 드물던 시대에 경리라는 직업을 가지고 있었다. 또 그녀는 시간 날 때마다 브리지 게임을 하곤 했는데 브리지 게임에 관한 한 선수였다. 로스 존슨이 숫자에 대한 관념을 어릴 때 일찌감치 깨치고 또 말을 재미있게 하는 재능을 계발한 것은 모두 어머니 덕분이다. 그리고 시대적 배경 덕분에 그는 일찍부터 사업적 감각을 갖출 수 있었다. 어린 시절에 그의 집은 가난에 진저리를 칠 정도로 쪼들리지는 않았다. 그러나 아주 풍족하지도 않았다. 그가 아홉 살 되던 해에 작은 목조 단층집을 마련했으니까.

그 무렵 아들 존슨은 방과 후에 여러 가지 일들을 하기 시작했다. 그리고 이렇게 해서 번 돈으로 옷을 산다든가 하는 식으로 또래 아이들에 비해 좀 더 진지한 소비를 했다. 그는 어린아이들이 보통 하는 일부터 시작했다. 동네를 돌며 잡지를 배달하거나 서커스단이 공연을 할 때 사탕을 팔거나 하는 일이 그런 것들이었다. 하지만 그는 점차 혁신적인 벤처 사업들로 눈을 돌렸다. 예를 들면 자기가 소장하고 있던 만화책을 빌려주고 돈을 받는 사업 같은 것이었다. 좀 더 성장해서는 집집마다 돌아다니면서 아기 사진 촬영권을 팔았다. 대학에 다닐 때도 푼돈이 필요할 때면 이 일을 했다.

존슨은 고등학교에 다닐 때 좋은 성적을 받지는 못했다. 당시 최고 우등생이라는 영예는, 나중에 '캐딜락 페어뷰'라는 캐나다의 대형 부동산 회사 사장이 되는 닐 우드가 차지했다. 시험공부를 특별히 열심히 하지 않으면서도 성적은 늘 상위 25퍼센트 안에 드는 학생들이 있다. 존슨이 그런 부류였다. 그리고 비록 졸업할 무렵에는 키가 188센티미터나 되었지만 운동을 썩 잘하는 편도 아니었다. 야구의 경우 타석에 서서 투수가 던진 공을 직접 치기보다는 스포츠 잡지 《스포팅뉴스The Sporting News》에서 소개하는 야구 경기의 통계 수치를 암기하기를 더 좋아했고 또 더 잘했다.

고등학교 과정을 채 마치지 못한 아버지와 달리 로스 존슨은 대학교에 진학하고 싶었다. 그래서 날마다 도시를 가로지르는 버스를 타고 매니토바에 있는 위니펙대학교로 통학을 했다. 그는 강의실 안에서는 평균 수준이었지만 강의실 바깥에서는 빼어날 정도로 우수했다. 대학교 야구 대표팀의 주장이었고, 캐나다 학군단의 우수 생도로 표창을 받았다(못된 장난을 좋아하는 천성적인 기질에도 불구하고 그는 이런 표창을 받았다. 어느 날 밤 존슨과 몇몇 단짝들은 평소에 고깝게 생각하던 학군단 소속 상급생 한 명을 덮쳤다. 그러고는 수영장 다이빙대에 꽁꽁 묶었다. 해가 떠오르는 모습을 바라보며 자신이 무슨 잘못을 했는지 곰곰이 반성하라는 말과 함께 말이다). 장난기 많았던 학창 시절의 로스 존슨에게 특별한 면모가 있었다면 그건 동료 학생들을 쥐고 흔드는 능력이었다. 심지어 그보다 나이 많은 학생들도 그에게는 꼼짝 못 했다. 그의 대학 동기들은 주로 2차 세계대전 참전 용사였다. 하지만 이들을 상대로 조직을 만들고 앞에서 이끄는 사람은 아직 10대였던 로스 존슨이었다.

존슨은 졸업하자마자 캐나다의 한 회사에 취직했다. 이후 그는 고만고만한 규모의 캐나다 회사들을 다니면서 거의 20년 가까운 세월을 보냈다. 그리고 이 동안에는 특별히 눈에 띄는 모습을 보이지 않았다. 그가 다닌 첫번째 직장은 몬트리올에 있는 '캐나다 제너럴 일렉트릭'인데 거기서 회계원으로 6년 동안 일했다. 일이 지루해지자 그는 세일즈맨으로서 자기 능력을 시험하기 위해 토론토에 있는 마케팅 부서로 자리를 옮겼다.

"그런 델 가야 좋은 친구들을 만날 수 있거든."

그가 친구들에게 설명했던 말이다. 맨발로 거리를 뛰어다니며 전구를 파는 영업직 하급 간부로 일하면서 그는 처음으로 영업에 관한 열정을 사람들에게 드러냈다. 그는 비싼 고급 전구라는 아이디어를 냈다. 전구 안쪽 면에 칠을 한 전구로 '섀도 밴'이라는 이름을 붙였다. 이 제품은 소비자들에게 인기가 좋았다. 존슨은 또 크리스마스트리에 다는 전구 판매에서도 놀라운 실적을 올렸다.

전구에서 실력을 발휘했지만 그의 진짜 창조성이 발휘된 곳은 다른 데 있었다. 바로 경비 지출에 관한 일이었다. 그는 부하 영업 사원들의 예산을 대폭 삭감하고 그 돈을 자신이 썼다. 그 외에도 추가 예산을 끌어다가 고객들을 즐겁게 하는 일에 썼다. 특히 스스로 '100달러짜리 골프 게임'이라고 이름 붙였던 미니 골프 대회를 조직하고 진행하는 데 특히 신경을 쓰고 또 이 일을 즐겼다. 이 골프 대회는 그 도시에서 가장 좋은 골프장에서 진행되었으며 온전히 하루를 잡아먹었다. 골프 대회가 끝난 뒤에는 역시 그 도시에서 가장 좋은 음식점에서 식사를 하고 술을 마셨다. 1960년대 초에 100달러를 잃으려면 엄청난 노력이 필요했지만 존슨은 그런 노력을 아끼지 않았다. 나이 많은 사람들에게 아부하는 재능에 돈 쓰는 재능을 결합함으로써 그는 기업계의 서열 사다리에서 위로 꾸준하게 올라갔다. 이런 모습에 대해 그의 캐나디언 친구이던 윌리엄 블런델은 다음과 같이 회상했다.

"돈 쓰는 일은 언제나 즐겁고 유쾌한 일이었죠, 로스에게는 말입니다. 기업의 모든 결정 사항은 회계 쪽의 고위 간부들이 하는 것이라고 그는 확신했습니다. 그는 그 돈을 자기가 잘 이용해서 다른 사람들보다 몇 배의 효과를 낼 수 있다고 생각했죠."

처음부터 존슨은 파티를 좋아했다. 스카치를 홀짝거리며 날이 밝을 때까지 떠들어 대는 일을 무엇보다 좋아했다. 그러고는 아침에 전혀 흐트러짐 없이 일을 하러 갔다. '제너럴 일렉트릭'에서 일할 때, 그는 재치 있는 말을 무엇보다 가장 우선적인 요소로 삼았다. 예를 들면 어떤 말을 할 때 직설적으로 할 수도 있고 에둘러 유머러스하게 할 수도 있는데, 그는 언제나 후자를 선택했던 것이다. 자기 자신을 망가뜨리는 말이라면 더욱더 좋았다. 그는 회계원으로 일할 때 자주 이런 말을 했다.

"회계원은 자기 머리는 과거에 두고 엉덩이는 미래에 두는 인간이다."

주변에는 그에게 공감하는 젊은 사람들이 모여들었다. 존슨은 최면술을 거는 것 같기도 하고 노래를 부르는 것 같기도 한 저음의 콧소리로 이들을 사로잡았다. 그의 매너와 태도가 젊은 사람들을 유혹했다.

"자, 이리들 와 봐. 우린 지금부터 재미있는 걸 할 거야."

그가 결혼했을 때 신랑 들러리들은 턱시도를 입고 수상 스키를 타는 등 밤을 새워 흥청거리며 떠들썩하게 놀았다.

그렇게 13년이 지나서 서른두 살이 되었지만 로스 존슨은 여전히 별 볼일 없는 존재였다. 연봉은 1만 4000달러밖에 되지 않았다. 그래서 부족한 수입을 보충하려고 토론토대학교에서 강의도 해야 했다. 그의 첫아들은 세상에 태어날 마지막 준비를 하고 있었다. 카리스마를 빼고 나면 그는, 경쟁에서 앞서가려고 애쓰는 토론토의 수많은 청년들과 다를 게 없었다. 하지만 그는 성미가 급했다. 그래서 제너럴 일렉트릭의 미국 지사로 발령을 내 달라고 전보 신청을 했다가 거절당하자 사직서를 내고 나왔다.

그리고 캐나다의 대형 백화점 체인인 '티 이턴'에 중간 관리자로 취직했다. 그런데 여기서 일생의 스승이라 할 수 있는 인물을 만났다. 바로 토니 페스킷이었다. 티 이턴은 비대하고 느리고 꾸벅꾸벅 조는 기업이었다. 하지만 인사 책임자였던 페스킷은 이 회사를 19세기가 아닌 20세기의 회사로 바꾸어 놓는 시도를 과감하게 단행했다. 존슨은 1950년대 내내 제너럴 일렉트릭의 회색 플란넬 속에 싸여 있다가 바깥으로 나온 터였다. 이제 그는 이른바 '페스킷의 아이들'로 알려져 있던 게릴라 관리자 집단의 일원으로 1960년대를 맞았다. 존슨에게는 권위를 우습게 여기는 기질이 있었는데, 페스킷은 이런 그의 기질을 높이 평가하고 장려했다. 페스킷의 아이들은 변화를 위한 변화를 믿었다. 그리고 시대에 뒤처진 늙은 사장의 인식을 바꾸는 일에 착수했다. 이들은 끊임없이 바꾸고 뒤흔들어야만 '시어스 캐나다'와의 경쟁에서 적절히 대응할 수 있다고 믿었다. 이들은 당시 밥 딜런이 부른 노래† 가사에 적극적으로 찬동했다.

"부지런하게 태어나지 않은 사람은 부지런하게 죽는다."

혼돈을 창조적으로 사용하는 것이 중요하다는 평생의 믿음을 존슨에게 주었던 토니 페스킷은 이를 다른 방식으로 표현했다.

"어떤 조직을 만드는 순간, 이미 그 조직은 썩기 시작한다."

손을 대는 모든 사업에 이 원칙을 적용했던 존슨은 이것을 다시 개인적

---

† 밥 딜런이 1965년에 발표한 5집 앨범 《Bring It All Back Home》에 수록된 〈괜찮아요, 엄마(난 그저 피 흘리고 있을 뿐이에요)It's Alright, Ma(I'm Only Bleeding)〉.

인 철학으로 압축했다. 바로 '소란 부추기기shit stirring'였다. 이는 끊임없이 새로 만들고 조직하는 것에 대한 열렬한 애호의 표현이었다.

페스킷의 인기가 시들해지자 존슨은 다시 그 회사에서 나와, '제너럴 스틸 워크스GSW'라는 토론토의 한 회사로 자리를 옮겼다. GSW가 제시한 조건은 좋았다. 그에게 회사의 이인자라는 권위와 연봉 5만 달러, 그리고 풍부한 사회적 접촉 창구를 약속했다. 엄청난 부자였던 사주를 통해 존슨은 토론토의 최고 엘리트들만 가입하는 '램턴 컨트리클럽'의 회원이 되면서, 토론토의 수많은 명사들을 알게 되었다. 보비 오어와 같은 아이스하키 영웅과 북미아이스하키리그NHL의 선수 노조를 이끌던 변호사 앨런 이글슨도 이 클럽의 회원이었다. 존슨은 이들과 함께 어울리기를 무척 좋아했다. 그리고 자기가 이런 데 소질이 있다는 사실도 깨달았다.

비록 사회적 신분은 상승했지만 쓰레기통이나 비료 살포기 등의 가정용품 제조업체인 GSW에 존슨은 만족할 수 없었다. 불황 때문에 GSW가 어려움을 겪자 그는 이 문제를 돈으로 해결해야 한다고 생각했다. 이턴과 제너럴 일렉트릭에서 개발했던 바로 그 방식을 적용하려고 했다. 하지만 짠돌이였던 새로운 사장 랠프 바퍼드는 존슨이 제안하는 방안을 모두 기각했다. 이런 상황과 관련해 존슨의 친구였던 제임스 웨스트콧은 다음과 같이 회상했다.

"랠프의 철학은 싸게 사서 비싸게 팔고, 비용 청구서를 놓고서는 끝까지 따져서 조금이라도 깎는다는 것이었죠."

웨스트콧은 자주 존슨과 점심을 함께 먹으면서 그를 위로했다. 이럴 때면 존슨은 한숨을 쉬었다고 한다.

"친구야, 랠프가 오늘도 내 등가죽을 벗겼어……."

존슨은 이 작은 회사에 있으면서 손이 발이 되도록 비는 게 일이었다.

GSW의 경영 상태는 아슬아슬했다. 빚이 많았기 때문이었다. 존슨은 한 주 내내 은행 사람들로부터 닦달을 받아야 했다.

"충격이었죠. 은행에 빚을 져 본 사람이라면 절대로 은행의 광고 문안을 만들지 못할 거란 걸 그때 깨달았죠. 은행은 사람을 아주 죽여 놓습니다."

이때 존슨은 회사가 빚을 진다는 게 얼마나 무서운 일인지 생생하게 깨달았다. 그는 이때의 경험을 교훈 삼아 빚지는 것을 평생 끔찍하게 여겼다.

아무튼 나중에 존슨은 사장과 타협점을 찾았고 5년을 함께 더 일했다. 존슨은 즉석에서 중요한 방침을 바꿀 수 있는 바퍼드의 능력을 높이 샀다. 그래서 존슨은 자주 다음과 같이 회상했다.

"만일 당신이 옳다는 사실을 설득할 수만 있다면, 그 사람은 180도로 달라질 것입니다. 이렇게만 하면 독일의 기갑 사단이 할 일을 그 한 사람이 할 수도 있습니다."

마침내 존슨은 변신술의 달인이 되었다. 그리고 이런 그의 특성은 그 뒤 20년 동안 수많은 그의 수하들을 당혹하게 만든다.

1970년대 초, 로스 존슨은 40대에 접어들었지만 아직도 자기의 의지와 방법대로 일할 수 있는 자리에는 올라서지 못했다. 그런데 어느 헤드헌터가 그에게 이런 기회가 있음을 알려 주었고, 그는 곧바로 제안을 받아들였다. 회사는 몬트리올에 있었는데, 미국의 식품 회사인 '스탠더드 브랜즈'의 캐나다 지사장이 된 것이다. 스탠더드 브랜즈는 1928년에 '하우스 오브 모건'[†]이 설립했다. 이 회사는 '플레이시먼 디스틸링 앤드 이스트 컴퍼니' '로얄 뱅킹 파우더' 그리고 '체이스 앤드 샌본 컴퍼니'를 하나로 합병해 탄생한

---

† 뉴욕의 'J. P. 모건'과 모건 스탠리' 그리고 런던의 '모건 그렌펠' 등 3개 회사를 아우르는 통칭이다.

회사였는데, 이런 사실만으로 존슨은 이 회사가 안고 있는 문제가 무엇인지 알 수 있었다. 체이스 앤드 샌본 커피는 이미 낡고 정나미가 떨어지는 브랜드였다. 그리고 이스트 컴퍼니니 뱅킹 파우더니 하는 것도 모두 개척 시대의 유물처럼 보였다. 무겁고 또 이류 기업으로 처져 있는 스탠더드 브랜즈는 오랜 세월 동안 서투른 땜장이들이 지휘했는데, 이들은 고과당 시럽이라 불리는 설탕 대체물을 생각해 내고 '플레이시먼 마가린'이라는 저콜레스테롤 식품을 개발했다. 그리고 이 회사의 낡은 신조는 해마다 만족스럽지 못한 연차 보고서를 받아 들어야 했다. '지상의 열매를 사용해서 우리가 봉사하는 사람들에게 훌륭한 삶의 질을 제공한다'는 스탠더드 브랜즈의 경영 방침은 위기를 맞고 있었다.

존슨은 스탠더드 브랜즈가 시대에 형편없이 뒤떨어져 있음을 깨달았다. 시대는 바야흐로 마케팅이 대세였다. 움직여야 했다. 그리고 사람들은 지방과 기름에 푹 빠져 있었다. 스탠더드 브랜즈의 캐나다 지사는 혼돈 그 자체였다. 과거 '페스킷의 아이들'의 일원이었던 존슨은 마치 허리케인처럼 스탠더드 브랜즈 캐나다 지사를 두들겼다. 취임한 첫해에 고위 간부 스물세 명 가운데 스물한 명을 내쫓고 이들이 있던 자리를 자유로운 영혼을 가진 젊은 사람들로 채웠다. 모두 그가 그동안 살면서 사귄 사람들이었다. 그중 하나가 피터 로저스라는 영국인이었다. 그는 캐나다의 제과 회사에서 일하던 사람으로, 저속하고 조직이 통제하기 힘든 그러나 두뇌가 날카로운 인물로 알려져 있었다. 그는 존슨이 처음 함께 일하자고 했을 때 이렇게 말했다.

"지랄, 미쳤어요 내가? 그 회사는 사람들을 조져 놓잖아요. 그리고 온갖 회사들을 한데 끌어모아서 잡탕 난장판이잖아요."

하지만 로저스는 존슨의 청을 받아들였다. 그리고 그 뒤로 15년 동안 존슨과 함께 일했다. 존슨은 또 마틴 에밋에게도 손을 내밀었다. 남아프리카

공화국 출신으로 귀족적이며 배타적인 인물인 에밋은 오스트레일리아로 이주하려던 계획을 포기하고 점차 커져 가는 존슨의 '유쾌한 아이들' 대열에 합류했다. 마틴 에밋과 로스 존슨은 무척 가깝게 지냈고, 이 바람에 두 사람에게는 '마티니와 로시'라는 별명이 붙었다.†

로저스와 에밋은 존슨의 '깡패' 관리자 집단의 핵심 성원이 되었다. 이들은 낮이면 스탠더드 브랜즈 캐나다를 뒤흔들었고 밤이면 술병을 비웠다. 존슨은 이들에게 별명을 붙여 주었다. 로저스에게 붙인 별명은 '루크Rook'였다. 캐나다 음주 올림픽 대표팀의 루키(신참)라는 의미였다. 그리고 에밋은 비쩍 마른 몸 때문에 '빅 이The Big E'라는 별명을 얻었다. 그리고 존슨의 개인적인 자문 역할을 했던 제임스 웨스트콧은 굵은 허리와 지혜 때문에 '부처'라는 별명을 얻었다. 그리고 존슨의 별명은 '교황'이었다.

토론토에서처럼 존슨은 몬트리올에서도 명사들의 사교계로 능숙하게 진입했다. 제조업계의 대기업 '파워 코퍼레이션'의 회장 폴 데머레이는 몬트리올에서 영향력 있는 인물이었는데, 이 사람의 후원으로 배타적이기로 유명한 '마운트 로열 클럽'의 회원이 되고, 빈틈없이 정연한 몬트리올 기업계에 소개되었다. 여기서 존슨이 새로 사귄 친구들 가운데 브라이언 멀로니라는 젊은 변호사는 나중에 캐나다 총리가 된다. 존슨에 대한 신뢰는 차근차근 쌓였고, 존슨에게는 장차 15년 동안 계속 이어질 습관이 붙었다. 그 습관은 밤늦도록 함께 모여 앉아 스카치를 마시고 시가를 피우며 사업 이야기를 나누는 것이었다. 정통적인 방식은 아니었지만 어쨌거나 그의 경영 방식이 좋은 결과를 냈고, 그 바람에 존슨의 이름이 본사 경영진의 눈에 띄었다.

---

† '마티니 앤 로시'는 베르무트를 생산하는 이탈리아의 주류 회사 이름이기도 하다. 이 회사의 이름에서 마티니라는 술의 이름이 유래되었다.

그래서 1973년에는 스탠더드 브랜즈의 국제사업부 책임자로 승진했다.

존슨은 뉴욕으로 이주했다. 오만하고 쾌활하며 언제나 들떠 있던 존슨이었기에 아무리 뉴욕이라 하더라도 전혀 주눅 들지 않았다. 존슨은 자기가 바로 그 순간을 위해 태어났다는 느낌을 받았다. 스탠더드 브랜즈 본사에서 존슨과 같은 지위에 있던 사람들은 그를 벼락출세한 인물로 여겼다. 그들은 존슨이 21년 동안 얼마나 어려운 시절을 무명으로 보냈는지 알지 못했다. 마흔두 살이 되어서야 인생의 큰 걸음걸이를 시작할 수 있었다는 점에서 보자면 사실 존슨은 대기만성형 인물이었다.

그는 코네티컷주의 근사한 교외 주택지인 뉴케이넌에 집을 샀다. 그리고 오전 7시 30분에 출발하는 '뉴헤이번 레일로드' 기차의 맨 끝 객차인 '뉴케이넌 클럽 카'에 탈 수 있는 회원이 되었다. 이 클럽은 회사의 중역 이상만 가입할 수 있었던 터라 이 객차의 승차권은 그만큼 귀했다. 이 통근 기차에서 존슨은 일반 통근자들이 누릴 수 없는 안락한 편의 시설 및 서비스를 제공받으며, '모빌 오일' 회장인 롤리 워너와 같은 거물급 인사들을 알고 지내게 되었다. 아침마다 이들은 브리지 게임을 하고 조간신문을 읽고 사업 이야기를 했다. 모든 이들의 머리카락이 한 올도 흐트러지지 않고 제자리를 지켰으며, 또 모든 이들이 한결같이 말끔한 정장 차림이었던 터라, 존슨의 긴 갈색 머리와 폭이 넓은 넥타이, 그리고 돼지가죽 재킷은 그곳에서 단연 눈에 띄었다. 사람들은 그의 이런 차림새를 두고 심하게 놀렸다. 하지만 최신 유행을 따르던 젊은 캐나다인은 유쾌하게 반격하곤 했다.

"구닥다리 아저씨들, 세상이 지금 여러분을 추월하고 있다는 사실을 아십니까?"

하지만 이런 농담도 존슨의 상사인 헨리 위글에게는 전혀 통하지 않았다. 위글은 회사를 스파르타식으로 운영하는 독재자였다. 그가 자랑하는 업적은 1950년대에 최고경영자로 취임한 이후 20년 연속으로 흑자를 기록하고 있다는 점이었다. 이런 성과를 기록할 수 있었던 배경 가운데는, 한 해의 성과가 목표치를 달성하면 다음 해의 성과를 위해 더는 노력하지 않고 여러 자원들을 아껴 두는 식의 전략이 단단히 한몫했다. 회사가 다음 해의 성과를 달성하기란 어렵지 않았다. 그 결과 회사와 직원들을 쥐어짜는 위글의 경영 방식이 쉽게 자리를 잡았다.

맨해튼 중심가에 본사가 있는 여느 회사들과 달리 스탠더드 브랜즈의 사무실은 황량하기 짝이 없었다. 바닥에는 카펫 대신 리놀륨이 깔려 있었고, 책상도 목제가 아니라 철제였다. 최고위층 간부들만 카펫과 나무 책상의 호사를 누릴 수 있었다. 전화기도 오후 5시가 되면 모두 잠갔다. 개인적인 용도로 전화를 사용하지 못하게 하려는 조치였다. 그리고 관리자들이 비행기를 타고 출장 가야 할 때는 가장 싼 좌석을 이용해야 했다. 그뿐 아니라 공항까지 갈 때도 가장 싼 교통편, 즉 버스를 이용해야 했다. 그리고 출장지에서는 '하워드 존슨 모텔'에서 자야 했다. 이 모텔 체인점의 식당들이 '체이스 앤드 샌본'의 주요 고객이라는 게 이유였다. 위글이 얼마나 짠돌이인지 알 수 있는 일화는 또 있다. 스탠더드 브랜즈의 이사진이자 투자은행가인 앤드루 세이지 2세가 스탠더드 브랜즈의 합병과 관련된 일련의 업무를 끝냈을 때, 위글이 그에게 편지 한 장을 보냈다. 이 편지의 내용을 요약하면 '그간 귀중한 시간을 내 주어서 고맙습니다'였다. 편지를 읽고 난 세이지는 비용을 청구하려고 정리했던 영수증들을 모두 찢어 버리고 말았다. 그 비용을 받을 수 없다는 사실을 알았기 때문이다.

가능한 한 많은 사람들을 만나 온갖 수다를 떠는 존슨과 달리 위글은 대부분의 시간을 자기 사무실에서 보냈다. 그래서 그에게는 '은둔자 헨리'라는 별명이 붙어 있었다. 사람들은 혹시 그가 자신을 사무실로 호출하지 않을까 두려움에 떨었다. 존슨이 한번은 젊은 간부가 위글에게 호되게 당하는 자리에 함께 있었다. 이 간부는 어렵사리 용서를 받아 밖으로 나갔고, 존슨과 위글은 잠시 대화를 나누었다. 대화를 마치고 밖으로 나온 존슨의 눈에 아까 그 간부가 탈진해서 쓰러져 있는 게 보였다. 과다호흡증후군이었다. 또 한번은 세금 담당 부서의 책임자가 근무 시간이 끝나기도 전에 자리에서 일어나는 것을 위글이 보았다. 그가 근무 시간을 제대로 지키지 않는다고 생각한 위글은 측근에게 그 사람을 조사한 뒤에 해고하라고 지시했다. 그런데 지시를 받은 측근이 알아보더니 돌아와서는 위글이 오해한 게 분명하다고 했다. 그는 회사가 정한 근무 시간보다 일을 더 많이 했으면 했지 절대로 덜할 사람이 아니라는 것이었다. 그러자 위글은 쏘아붙였다.

"걔를 자를래, 아니면 니가 잘릴래?"

이 일로 해고된 사람은 아무도 없었다. 하지만 이 일이 있은 뒤로 위글의 사무실이 있는 층에서 일하는 사람들은 근무 시간이 끝난 뒤에는 발소리를 죽여 살금살금 아래층으로 내려가 엘리베이터를 타기 시작했다. 크리스마스를 앞둔 한 파티에서 위글은 간부 직원 하나가 술에 취해 지나치다 싶을 정도로 흥분해서 파티를 즐긴다 생각하고는, 나중에 존슨에게 그 직원을 해고하라고 지시했다. 그것도 크리스마스 직전에 말이다. 존슨은 시키는 대로 했다. 하지만 그는 그 직원과 가족에게 캐나다 휴가 여행을 선물로 안김으로써 충격을 덜어 주었다. 이런 방식을 존슨은 충격을 안개처럼 덮어 흐릿하게 만든다는 뜻으로 '안개 전술'이라고 불렀다.

곧 존슨은 이 안개 전술을 능숙하게 구사하게 되었다. 수석 부사장이던 레스터 애플게이트가 위글에게 등을 떠밀려 회사를 떠날 때 존슨은 그의 이름을 캐나다의 직원 대장에 올렸다. 처음에 존슨은 위글의 분노를 요령껏 잘 피했다. 그는 자기에게 맡겨진 임무를 잘 수행해서 성과를 올렸으며, 1년 가운데 반 이상을 해외 지사를 돌아보는 데 보냈다. 하지만 존슨의 자유분방한 기질 때문에 위글과의 충돌은 피할 수 없는 일이었다.

하루 일과가 끝나 사무실 전화가 잠기고 나면 존슨의 두 번째 일과가 시작되었다. 사회 명사들과 자주 만남을 가졌던 그는 미식축구 선수로 명성을 날린 프랭크 기퍼드와 사귀게 되었다. 당시 기퍼드는 〈먼데이 나이트 풋볼〉이라는 텔레비전 스포츠 프로그램의 진행자로 일했으며, 또 스탠더드 브랜즈의 '드라이 색'이라는 백포도주의 광고 모델이기도 했다. 존슨은 기퍼드와 함께 뉴욕의 스포츠 스타들이 자주 가던 술집인 '투츠 쇼어'의 후계 격인 '마누체'에 진을 치다시피 했다. 존슨은 운동에는 소질이 없었지만, 기퍼드를 통해 스포츠 세계의 거물급 인사들을 여러 명 만났다. 전국미식축구연맹 위원장이던 피트 로젤, 자동차 경주 제국의 황제 로저 펜스크, 미식축구 해설가 돈 메러디스, ABC 스포츠 방송국 사장 룬 알러지, 이 방송국의 특급 프로듀서 도널드 올마이어, 그리고 알러지와 올마이어가 모두 부하로 여기며 데리고 있던 청년 존 마틴 등이 그런 인물들이었다. 더욱 가까워진 존슨과 기퍼드는 '챔피언들의 만찬'이라는 이름으로 1년에 한 번씩 자선 연회를 열었는데, 이 자리엔 기퍼드가 사귀는 스타 친구들을 만나고 함께 식사하길 원하는 사람들이 거액을 내고 참석했다. 존슨은 이런 행사를 통해 화려함을 누리면서 좀 더 많은 명사들을 친구로 사귀었다.

위글에게 시도 때도 없이 얻어터지던 스탠더드 브랜즈의 고위 간부들은 혜성처럼 나타난 존슨이라는 이 유쾌한 인물 주변에 몰려들었다. 고위 간부들은 한 달에 한 번은 하루 온종일 위글을 만나야 하는 불쾌하고 힘든 일을 견뎌야 했다. 존슨은 이런 일을 당한 사람들과 함께 밤새 술을 마시면서 이들의 기운을 북돋워 주었다. 이 모임을 존슨은 '월요일 밤의 난파자 구제 클럽'이라 불렀다.

스탠더드 브랜즈의 이사회 구성원들도 그를 즐겨 찾았다. 성마른 위글에 비해 존슨은 언제 어떤 대화를 나누어도 편안하고 허물이 없었다. 이들은 결국 1974년에 존슨을 이사로 선임함으로써 그에 대한 보답을 했고, 또다음 해에는 사장으로 승진시켰다. 위글은 자기 권위에 대한 도전에 코웃음을 치면서도 점점 화를 내기 시작했다. 그는 자신이 참석하지 않은 자리에서 이사들이나 중역들이 인사 관련 계약을 맺지 못하도록 했다. 와트 더닝턴이라는 뉴욕의 변호사이던 한 이사가 칵테일파티를 열어 존슨과 스탠더드 브랜즈의 법률 고문을 초대한 일이 있었는데, 이 일을 놓고 위글은 세 사람에게 불같이 화를 냈다.

존슨은 위글이 자기를 쓰러뜨리려는 방책을 찾는다고 생각했다. 그의 판단은 틀리지 않았다. 위글은 성공 가능성이 없는 과제를 존슨에게 맡겼다. 스탠더드 브랜즈의 화학 부문을 매각하라는 과제였다. 하지만 그는 기적적으로 2300만 달러의 제안을 이끌어 냈다. 하지만 위글은 2400만 달러 아래로는 팔 수 없다며 억지를 부렸다. 그러자 존슨은 구매 의사를 표명한 측과 이면 계약을 맺었다. 구매자가 2400만 달러를 지불하되, 스탠더드 브랜즈의 자회사로부터 곧바로 100만 달러를 돌려받는다는 내용이었다. 이런 사실을 알지 못했던 위글은 자기가 한 말이 있었으므로 거래를 승인할 수밖에 없었다.

"내 생애 최대의 거래였지."

그 거래를 두고 존슨이 자주 하던 말이었다.

1976년 1월, 이사회는 존슨을 최고운영책임자로 임명했다. 이로써 그가 위글의 후계자임이 분명해졌다. 많은 직원들이 곧 다가올 해방의 날을 고대했다. 하지만 모두 다 그런 것은 아니었다. 위글은 캐나다에서 근무하는 두 직원이 보낸 익명의 투서를 받았다. 예산 낭비(예를 들면 마틴 에밋이 회사 소유 자동차 세 대와 운전기사를 전용하고 있는 것)에 관한 불평을 호소하는 내용이었다. 위글은 곧바로 감사팀을 캐나다로 보냈다. 조사 과정은 평소보다 많은 시간이 걸렸다. 그럼에도 불구하고 결국 위글은 존슨이 회사 비용으로 엄청나게 많은 리무진 사용료를 지불했다는 사실을 알아냈다. 그는 존슨이 저지른 불륜에 대해서도 정보를 수집하기 시작했다. 존슨은 첫 번째 결혼이 파탄 직전이었기 때문에 이와 관련된 정보가 차고 넘쳤다.

하지만 존슨도 전쟁에 대한 대비를 했다. 위글에게 직원에 관한 정보를 제공하던 헤드헌터가 이중 첩자가 되어 존슨에게도 정보를 제공했다. 배신자들은 주말을 이용해 여러 차례 뉴케니언의 존슨 집에서 모임을 가졌다. 피터 로저스가 시카고에서 왔다. 거기서 그는 '플랜터스 너트'와 '커티스 캔디'를 운영하고 있었다. 또 스탠더드 브랜즈 캐나다를 운영하던 마틴 에밋이 토론토에서 왔다. 그리고 수석 부사장이던 루빈 거토프도 뉴욕에서 왔다. 이들은 위글의 짠돌이 경영이 스탠더드 브랜즈의 목을 서서히 죄고 있다는 사실을 증명할 자료들을 모아 보고서를 만들었다. 그리고 위글이 존슨에게 꼬리를 붙인 것과 똑같이 위글에게도 꼬리를 붙이기로 의견을 모았다. 그리고 얼마 지나지 않아 위글은 자기가 미행당하고 있음을 확신했다.

마침내 전쟁의 불꽃이 일었다. 존슨은 위글이 해고한 고위 간부가 회사를 떠난 뒤에도 스톡옵션을 행사할 수 있도록 허용했다. 위글이 이 사실을 알고는 펄쩍 뛰었다. 위글 입장에서는 그 간부가 스톡옵션을 행사할 수 있도록 해고한 게 아니었으니 당연했다. 위글은 존슨에게 전화를 걸었다. 그때 존슨은 시내에 있지 않았는데, 위글은 존슨에게 온갖 험한 말을 퍼부었다. 존슨이 스톡옵션을 취소했어야 했다고 호통을 치고 또 쳤다. 하지만 존슨은 그 간부가 스톡옵션을 행사하는 것은 법률적으로 아무런 문제가 없으며, 그걸 저지하는 것은 법률을 위반하는 행위라고 말했다. 그러자 위글은 단호하게 말했다.

"우리는 우리의 법을 만들면 돼!"

마침내 존슨도 더는 참을 수 없었다.

"헨리, 그럼 당신 마음대로 한번 해 보시오."

그러고는 전화를 끊었다.

이제는 전면전이었다. 존슨은 곧바로 이사회 구성원들 가운데 가장 영향력 있는 두 사람에게 전화를 걸었다.

"정말 나는 할 만큼 다 했습니다."

존슨은 '모건 개런티 트러스트' 회장인 엘모어 '팻' 패터슨에게 말했다.

"이 사람은 완전히 미쳤습니다. 나는 참을 수 있다고 계속 생각을 해 왔지만, 이제 더는 참을 수가 없습니다."

존슨은 '로열 뱅크 오브 캐나다'의 회장인 얼 매클로플린에게도 똑같은 말을 했다. 그는 존슨이 스탠더드 브랜즈에 발을 들여놓을 수 있도록 후원해 준 인물이었다.

"알겠소, 우리도 이런 일이 생길 줄 진작부터 예상했소."

그 말과 함께 절대로 경솔한 행동을 하지 말라고 매클로플린은 당부했다. 이 문제를 논의하기 위해 특별이사회가 열렸을 때 존슨은 사임하지 않을 것이라고 입장을 밝혔다. 자기 친구들에게도 같은 내용의 메시지를 전했다. 그리고 이 말을 덧붙였다.

"다들 만일의 사태에 대비해요."

그런데 이사회가 열리기로 예정된 날짜에서 2주도 남지 않은 시점에 스탠더드 브랜즈의 명망 있는 중역인 빌 쇼가 심장 발작으로 갑자기 쓰러져 사망했다. 헨리 위글로부터 심한 압박을 받은 게 사망 원인이라고 다들 믿었다. 부검을 했지만 사망 원인은 의학적으로 분명하지 않았다. 이런 사실이 오히려 반란의 분위기를 더욱더 고조시켰다. 연구 개발 부문 책임자였던 로버트 카보넬은 이렇게 말했다.

"로스, 당신이 나서서 뭔가를 해야 해요."

에밋도 입을 거품을 물고 거들었다.

"당신이 나서지 않으면 우리는 모두 다 끝장이라고요."

결전의 날이 다가왔다. 5월 중순의 어느 금요일 아침, 이사회가 열렸다. 존슨이 바깥에서 기다리는 동안 위글은 감사팀이 적발한 존슨의 부정을 장황하게 설명했다. 그리고 마지막으로 자기의 계약 기간을 2년 더 연장해 줄 것을 제안하면서 발언을 마무리했다.

친구들이 센트럴파크에서 시간을 죽이며 기다리는 동안 존슨은 이사회가 열리는 회의장 안으로 들어가서 발언을 했다. 회계 관련의 소소한 실수와 부정은 모두 인정했다. 그러나 위글은 도저히 함께 일할 수 없는 인물이기 때문에 그와 더는 싸울 생각이 없다고 말했다.

"이사 여러분, 제가 말씀드릴 수 있는 것은 사임해야겠다는 것뿐입니다."

그러자 이사들은 다른 중역들은 어떻게 할 것이냐고 물었다. 그들로서는 그것밖에 할 말이 없었다. 그러자 존슨은 친구들과 함께 준비했던 스탠더드 브랜즈에 대한 분석 내용을 공개하며, 위글의 경영이 여태까지 빚어 온, 또 앞으로도 계속 빚어낼 참혹하기 그지없는 결과를 조목조목 설명했다.

"엿 같은 사실이긴 하지만, 우리 회사는 앞으로 24개월 안에 비참한 상황을 맞게 된다는 겁니다."

존슨은 발언을 마치고 회의실 바깥으로 나갔고, 이사들은 자기들끼리 논의했다. 그리고 존슨이 다시 회의실로 돌아왔을 때 위글은 회의실 가운데의 회장 자리에 있지 않았다. 그는 아랫자리에 앉아 있었다. 유령 같은 얼굴이었다. 이사 한 명이 존슨에게 말했다.

"우리가 생각하고 있는 걸 말씀드리겠소. 헨리는 앞으로 계속해서 회장 및 최고경영자 직위를 유지할 것이고, 헨리가 1년 뒤 물러나면 당신은 대표 겸 최고경영자가 될 것입니다."

존슨은 이를 승리로 받아들이고 만세를 불렀어야 했다. 하지만 그러지 않았다. 대신 이렇게 말했다.

"그것만으로는 안 되겠습니다."

존슨은 다시 회의실에서 나왔다. 그리고 회의실로 되돌아왔을 때 다른 제안을 받았다. 위글이 은퇴할 때까지 회장으로 남고, 존슨은 곧바로 최고 경영자가 된다는 것이었다. 이 제안을 존슨은 받아들이면서 조건을 하나 달았다.

"헨리의 사무실은 본사 건물에 있으면 안 됩니다."

이 엄청난 일을 성공으로 이끎으로써 존슨은 뉴욕증권거래소에 상장된 기업의 새로운 사령관이 되었다. 그리고 그날, 존슨과 그의 '유쾌한 친구들'은 밤늦도록 마티니로 축하했다. 정말 멋진 쿠데타였다고 모두들 입을 모았다. 그리고 이런 일은 앞으로도 계속 있어야 한다고도 했다.

헨리 위글은 얼마 후 존슨을 상대로 사소하게나마 나름의 복수를 했다. 존슨은 플로리다에 휴가용 별장을 구하면서 팜비치의 배타적인 부자 동네 '로스트트리'에 있는 화려한 노란색 집을 하나 샀다. 하지만 제대로 상류 사회의 생활을 즐기려면 그곳의 컨트리클럽에 가입해야 했다. 그때 로스트트리의 거주자였던 위글이 존슨의 클럽 가입을 반대하고 나섰다. 결국 존슨은 클럽 가입 신청을 철회하고 좀 더 위쪽에 있는 주피터라는 마을에 가서 해안을 낀 두 채의 콘도를 샀다. 쿠데타에 동조했던 스탠더드 브랜즈 이사회의 앤드루 세이지는 여러 해 뒤에 다음과 같이 말했다.

"헨리가 죽어 땅에 묻힌 지 30년이 지났지만 나는 지금도 그의 무덤가에는 얼씬도 하지 않죠. 왠지 아시오? 무덤에서 손 하나가 불쑥 튀어나와 내 목을 콱 움켜쥐고 놓지 않을까 봐 무서워서 그래요."

⎯⎯⎯⎯⎯ ❋ ⎯⎯⎯⎯⎯

위글이 쫓겨나자 스탠더드 브랜즈는 존슨의 세상이 되었다. 리놀륨과 철제 책상은 모두 퇴출되었고, 일등석 여행 금지도 해제되었다. 얼마 지나지 않아 존슨은 전용 제트기를 임대했고 또 재규어도 구입했다. 하룻밤 사이에 기업 문화는 존슨의 기질 및 태도처럼 바뀌었다. 그래서 스탠더드 브랜즈의 관리자들이 모여 회의를 할 때면 질펀한 말들이 무질서하고 소란스럽게 오갔다. 존슨은 문제 해결을 하려고 모인 회의에서 다음과 같은 식으로 자주 말했다.

"좋아요, 이 점에 대해서는 누구 자지를 올려놓고 두들기는 게 좋을까요?"

이런 문화는 회사의 전 직급으로 퍼졌다. 그래서 스탠더드 브랜즈 중역들은 '제 생각은 다릅니다'라고 말하지 않고 '당신은 자기가 하는 말이 무슨 내용인지 좆도 모릅니다'라고 말했다. 또 이들은 보고서나 슬라이드 쇼를 사용하지 않았다. 문제의 핵심만 간단히 말해야 했다. 그렇게 하지 않았다가는 존슨이 상투적으로 던지는 비판을 들어야 했다.

"맥주인지 오줌인지 척 보면 몰라?"

흔히 있는 일이었지만, 존슨이 별로 좋지 않다고 판단한 아이디어에 대한 토론은 아주 짧은 시간 안에 끝났다. 한번은 '플랜터스 너트' 소속의 한 중역이 지역을 대상으로 한 광고 시안을 가지고 오자 존슨이 물었다.

"이걸 전국적으로 할 여유는 없나요?"

"없는데요."

68

그러자 존슨은 이렇게 반문했다.

"그럼 '좆도' 뭐하러 합니까?"

그걸로 토론은 끝이었다. 회사는 창조적으로 저속한 사람들로 가득 차게 되었다. 물론 그 수위가 가장 높은 사람은 존슨이었다. 심지어 회사 홍보를 위한 인터뷰 자리에서도 이런 저속한 단어들이 툭툭 튀어나왔다. 한 여직원은 인터뷰 자리에 온 사람들에게 답변 자료를 나누어 주면서 이렇게 말했다고 한다.

"여기 좆도 자료 있습니다, 좆도."

존슨은 회의도 길게 하지 않았다. 골프 약속이 있을 때는 더욱 그랬다. 스탠더드 브랜즈의 영업 부문을 책임지고 있던 존 머리는 다음과 같이 회상했다.

"그 사람은 5시에 전화를 해서는 밤 12시에 보자고 했죠. 혹은 오후 7시에 저녁을 함께 먹자고 합니다. 그러면 다음 날 새벽 5시까지 계속 붙들려 있어야 합니다."

존슨은 진정한 영감과 통찰력은 새벽에 번득인다고 확신했다. 이런 믿음을 그는 다음과 같이 표현했다.

"아기도 밤에만 잉태되잖아."

특별한 일이 없을 때 존슨과 그의 '유쾌한 친구들'은 저녁 7시 30분에 모여서 떼를 지어 밤의 일과를 시작했다. 이들은 '마누체'에 죽치고 앉아 문 닫을 때까지 마시다가, 2차로 존슨이 새로 마련한 회사 소유의 아파트로 몰려가 피자나 중국 음식을 시켜 먹었다. 《포천》 선정 500대 기업의 대부분 중역들이 깊이 잠든 시간에 이들은 구겨진 운동복으로 갈아입은 뒤에 밤새워 술을 마시며 사업 이야기를 하고 온갖 아이디어를 내놓고 토론을 했다. 그러다가 날이 밝아 오면, 그때까지 아직 자지 않고 남아 있던 사람들은 침

실 두 개에 있는 더블 침대나 거실의 카우치 소파에 널브러져 잤다. 아침에
는 보통 피터 로저스가 식사 준비를 하곤 했다. 식사를 마치면 다시 다들 일
을 하러 나갔다. 존슨은 당시를 회상하면서 마치 '보이스 타운Boys Town'[†] 같
았다고 했다.

존슨의 삶은 끝없이 이어지는 '버디 무비'를 닮기 시작했다. 별명 짓기가
계속 이어졌다. '샐버도런 R&D'의 수장 로버트 카보넬은 '엘 수프리모'였
고, 주류 사업 책임자였던 퍼디낸드 포크는 '폰즈Fonz', 제너럴 일렉트릭에
서 온 홍보 담당 마이클 매스터풀은 '엠스리M3', 그리고 몹시 까다로운 성격
의 비서실 소속 워드 밀러는 '걱정 담당 부사장'이었다. 존슨이 아직 별명을
지어 주지 않은 사람은 그냥 '우리 편pardner'이라고 불렸다. 존슨과 가장 가
까운 사람은 마틴 에밋이었다. 그는 존슨이 있던 국제사업부 책임자 자리를
물려받았다. 두 사람을 함께 묶는 이니셜인 '마티니와 로시'라는 표현도 변
함없이 유지되었다. 존슨은 에밋에게 회사 소유의 화려한 아파트와 무제한
으로 회사 비용을 청구할 수 있는 권한 등을 포함해 아낌없이 선물을 주었
다. 그래서 '유쾌한 친구들'의 다른 구성원들은 '빅 이'가 어떻게 해서 존슨
의 관심과 애정을 유독 많이 차지하는지 궁금해했다. 그래서 한 사람은 이
런 결론을 제시하기도 했다.

"로스가 돼지를 겁탈했는데, 그 장면을 마틴이 사진으로 찍어서 가지고
있나 봐."

그러나 존슨은 변덕스러웠다. 그는 사람들과 어울리면서 좋아했지만 이
내 그들을 외면하곤 했다. 때로 그는 사람들과 어울리는 것 자체에 싫증을
느꼈다. 마치 여덟 살짜리 아이가 옛날 친구보다는 새로운 친구를 찾는 것

---

† 에드워드 플래너건 신부가 1917년 네브래스카주에 세운 아동 보호 기관.

과 같았다. 루빈 거토프도 스탠더드 브랜즈의 사장 자리에 17개월밖에 있지 못했다. 짐작컨대 그의 죄는 동작이 굼뜨다는 것이었다. 상품위원회 회의를 한 시간 단위로 해야 할 판인데도 거토프는 이 회의를 한 달에 한 번씩 하려고 했었다. 그는 스탠더드 브랜즈의 모든 광고용 할인 응모권이 돌아오길 바랐지만 돌아오는 건 한 달에 수천 개밖에 되지 않았다. 존슨은 아무 미련 없이 거토프를 해고했다. 수많은 다른 젊은 간부 직원들을 해고할 때와 다름없었다. 한번은 존슨과 잘 어울리다가 냉혹하게 해고당한 친구 한 사람이 그에게 말했다.

"로스, 당신은 썩어 빠진 개자식이야."

존슨은 씨익 웃으면서 이렇게 대답했다.

"내가 어떤 인간인지 아는 사람이 별로 없는데, 당신이 바로 그 가운데 한 명이군. 고마워."

앤드루 세이지는 존슨의 플로리다 부동산을 구해 준 이사회 임원이었는데, 스탠더드 브랜즈의 보상위원회 의장으로도 큰 도움이 되었다. 존슨이 최고경영자 자리에 올랐을 당시 위글의 연봉은 20만 달러였고 존슨의 연봉은 13만 달러였다. 그런데 세이지의 도움을 받아 존슨은 자기 연봉을 48만 달러로 올렸다. 많은 중역들의 연봉도 두 배로 뛰었다. 스탠더드 브랜즈의 급여 수준은 업계의 밑바닥에서 최상위 수준으로 뛰어올랐다.

존슨은 거기에서 멈추지 않았다. 고위 경영진에는 회사 돈으로 아파트를 제공하고, 매디슨스퀘어가든의 VIP 관람석을 제공하고, 또 컨트리클럽의 회원권을 제공했다. 코네티컷에서 한 컨트리클럽이 새로 문을 열었는데, 골프장을 만든 사람들이 존슨의 친구였던 관계로 스탠더드 브랜즈의 고위 간부들 가운데 스물네 명이 이곳의 회원권을 가졌다. 또한 존슨은 팁으로 줄 돈을 언제나 두둑이 챙겨서 다녔다. 한 해에 팁을 주고받는 일이 가장 많은 때가 크리스마스이다. 그래서 존슨은 이때가 되면 비서에게 이렇게 말했다.

"50짜리로 1인치 준비해 줘, 알았지?"

존슨이 다스리는 왕국의 특징은 개인적인 접촉을 통한 친밀함이었다. 언제든 그리고 무엇이든 할 수 있어야 한다는 게 존슨의 규칙이었다. 최고 경영자는 원하는 것은 무엇이든 다 할 수 있어야 한다는 것이었다. 한번은 맨해튼에서 음식점을 하던 친구 마이클 마누체가 영업을 포기하고 가게를 걷어치우자, 존슨은 그를 홍보 담당 부서에 채용했다. 그리고 나중에는 '다이나 쇼어 LPGA 대회'의 책임자로 임명했다. 미식축구 스타 프랭크 기퍼드를 상대로 해서는 엄청난 연봉과 스탠더드 브랜즈 빌딩의 사무실을 제공하는 계약을 맺었다. 존슨은 기퍼드가 자기 주변에 있는 걸 무척 좋아했다. 나중에는 아이스하키 전설 보비 오어와 테니스 스타 로드 레이버 같은 운동선수들을 모두 홍보에 나서게 만들었다.

이 스포츠 스타들은 종종 존슨의 호출을 받고, 스탠더드 브랜즈의 영업에 매우 중요한 존재들인 슈퍼마켓 체인점 간부들과 친선 골프 경기를 해야 했다. 많은 스포츠 스타들이 진심으로 존슨의 휘하에 들어가길 원했다. 적어도 그렇게 보였다. 이런 사실에는 스포츠 스타들 자신도 놀라워했다. 뉴욕 자이언츠에서 풀백으로 뛰었던 앨릭스 웹스터가 처음 우연히 존슨을 만났던 때를 회상했다. 때는 1978년이었고, 장소는 엘리베이터 안이었다. 그 자리에 함께 있던 기퍼드가 두 사람을 인사시켰다. 그런데 다음 날 기퍼드는 웹스터에게 전화를 걸어, 몬트리올에서 열리는 식료품 상인들의 집회에 참석해 주면 좋겠다고 존슨이 말하더란 얘기를 전했다.

"싫어요, 난 스탠더드 브랜즈에 대해 아는 게 아무것도 없잖아요. 가서 무슨 얘길 하라고?"

그러자 기퍼드는 조언을 했다.

"그냥 가서 이런저런 이야기를 하면 돼요. 그리고 열심히 일해 줘서 고맙다 하고."

웹스터는 기퍼드의 조언을 따랐다. 그리고 그 뒤로 10년 넘게 존슨을 위해 그 일을 했다.

운동선수들은 단지 시작일 뿐이었다. 스탠더드 브랜즈의 우두머리로서 존슨은 수다의 제왕이 되어 '걸프+웨스턴'의 마틴 데이비스와 '아메리칸 익스프레스'의 제임스 로빈슨 등과 같은 거대 기업의 총수들과도 우정을 쌓았다. 이들뿐 아니라 패션 디자이너 올레그 카시니와 같은 거물들과도 친해졌다. 존슨은 이들과 사귀면서 무엇이든 아끼지 않고 주었다. 당시 존슨의 모습에 대해 스탠더드 브랜즈의 고위 간부였던 사람은 다음과 같이 회상했다.

"로스가 입은 스웨터를 보고 참 좋다는 말을 해선 안 되었죠. 곧바로 벗어서 그 사람에게 선물로 주려고 했으니까요."

그는 이런 행위들을 매우 정교한 계산 아래 했다. 예를 들면 행사장에 등장할 때도 그랬다. 모든 행사에 언제나 정확하게 20분씩 늦었다. 다음은 존슨이 한 말이다.

"만일 당신이 제시간에 간다고 칩시다. 그럼 누가 당신에게 관심을 보이겠소? 늦게 가면, 사람들은 쳐다보고 관심을 가져 준다 이거요."

그리고 그는 늘 유머를 구사했다. 아침 통근 기차에서 더할 나위 없이 저속한 농담을 했으며, 골프를 칠 때는 누구보다도 쾌활했다.

존슨이 사업적으로 시급하게 해결해야 할 과제는 스탠더드 브랜즈가 쓰러지지 않도록 막는 것이었다. 그가 1976년에 최고경영자가 되자마자 설탕 가격이 떨어졌다. 그 바람에 스탠더드 브랜즈의 핵심 사업 부문인 옥수수 감미료 시장이 강타를 당했다. 영업 이익은 2년 연속으로 하락했다. 존슨은 젊은 감사관이던 에드워드 로빈슨에게 자기가 '나쁜 일들'이라고 불렀던 것에 대한 보고서를 작성하라고 지시했다. 회사의 썩은 부분들을 모두 드러내라는 지시였다. 그중 하나가 주류 부문이었다. 주류 부문은 거대한 포도주 공장들을 거느리고 있었다. 존슨은 이 부문 관리자들을 만났다. 존슨은 이들을 '병에 입을 맞추는 인간들'이라고 불렀다.

"오오, '메스터' 존슨, 이 포도주는 '너어어어무' 질이 좋아서 팔기가 아까울 정돕니다."

관리자들이 흐뭇한 표정으로 포도주병에 입을 맞추었다. 그러자 존슨은 거침없이 말했다.

"그거 가격을 반으로 낮추시오. 지금 당장!"

존슨은 예전에 회계원으로 일한 적이 있었던 터라, 일반적인 회계 규정을 가끔 교묘하게 슬쩍 어김으로써 회사의 좋지 않은 경영 실적을 숨겼다. 하지만 존슨은 심지어 스탠더드 브랜즈가 나쁜 실적으로 공시할 때조차 비용을 절감하는 데는 조금도 관심을 기울이지 않았다. 그래서 그는 늘 이런 말을 했다.

"창조적으로 소비할 수 있는 그런 친구 없나? 1센트 아끼려고 예산을 쥐어짜는 그런 친구 말고 말이야."

존슨의 여흥과 지출을 뒷감당했던 홍보 부서의 책임자는 마이클 매스터풀이었다. 존슨은 그를 고급 이탈리아 음식 체인점 이름인 '누메로 우노'라고 부르며, '무제한으로 지출할 수 있는 유일한 인물'이라고 치켜세웠다. 하지만 매스터풀 아래에 있는 직원들은 숫자를 끼워 맞추기 위해 골머리를 앓아야 했다. 당시 이 부서의 비공식적인 모토는 '밤을 새우자'였다.

존슨은 화려한 신제품들을 개발해서 출시하는 것으로 회사의 나쁜 실적을 보상받으려고 애썼다. 이런 노력에 따라 결과가 나왔다. 하지만 그 결과를 놓고 어떤 분석가는 "식품 산업에서 가장 유명한 실패 사례들"로 꼽을 수 있다고 평가했다. 첫 번째 신제품은 '스무스 앤 이지'였다. 즉석 소스로 마가린처럼 직육면체 형태로 제작해 팔았다. 프라이팬이나 냄비에 넣고 녹이면 닭고기 그레이비, 화이트소스, 브라운 그레이비 맛을 낼 수 있었다. 하지만 슈퍼마켓에서의 결과는 참패였다. 멕시코 음식 산업에 진입하려던 존슨의 시도 역시 경쟁 기업이던 '프리토-레이'의 시장 지배력에 밀려 물거품이 되고 말았다.

1978년, 스포츠에 대한 존슨의 애정과 시장에서 참패를 부르는 남다른 솜씨가 결합해서 비극적인 운명의 '레지 바'가 탄생했다. 존슨이 새로 친구로 사귄 야구 스타 레지 잭슨의 이름을 딴 이 과자를 존슨은 그해 양키스 구장의 개막식 경기를 보러 온 사람들에게 하나씩 공짜로 나누어 주었다. 그리고 잭슨이 홈런을 치면 레지 바가 관중석에 비처럼 쏟아졌다. 초콜릿과 땅콩을 버무린 이 과자는 이미 인디애나의 포트웨인에서 여러 해째 생산 판매되고 있었는데, 존슨이 이름을 바꾸어 전국적으로 유통시켰던 것이다. 그런데 레지 잭슨의 이름 효과는 거의 없었다. 제품을 홍보하러 나온 자리에서 잭슨은 야구 이야기보다는 예쁜 여자 이야기만 잔뜩 했다. 매출은 급격히 떨어졌고, 마침내 1980년에 레지 바는 스탠더드 브랜즈에서 퇴출되었다. 하지만 잭슨은 퇴출되지 않았다. 존슨은 잭슨에게 여러 해 동안 개인적인 봉사를 해 준 대가로 회사 소유의 아파트와 자동차 그리고 해마다 40만 달러씩 제공했다.

이 모든 것들이 아무리 터무니없어 보일지라도 존슨은 개의치 않았다. 사실 그는 오히려 이런 터무니없는 혼란스러움을 조장했다. '페스킷의 아이들'의 일원이었던 그는 1년에 두 차례씩 정기적으로 스탠더드 브랜즈를 재조직했다. 사람들이 각자 하는 일을 바꾸고, 부서를 새로 만들거나 통합하고, 전략적인 시장을 바꾸었다. 외부 사람들의 눈에 이런 모습은 그저 변화를 위한 변화로밖에 보이지 않았다. 하지만 존슨은 이런 시도를 '전문화'에 대항하는 개인적인 성전聖戰으로 여겼다. 그래서 그는 '유쾌한 친구들'에게 이렇게 말하곤 했다.

"당신들은 직업을 가지고 있는 게 아니야. 그저 지정된 임무를 수행하는 거지."

스탠더드 브랜즈의 전직 이사였던 폴 콜턴은 이런 존슨의 모습과 관련해서 다음과 같이 말했다.

"로스는 어떤 조직이든 시간이 지나면 점차 살이 찌고 멍청해지고 헤벌레하게 마련이라고 보았죠. 그래서 그는 '조직이 망가지지 않는 한 고치지 마라'는 말을 한 번도 하지 않았습니다. 그의 관점에서 보자면 조직은 늘 망가지고 있으니까요."

어려운 시기를 거치면서도 스탠더드 브랜즈의 이사회는 젊은 최고경영자의 판단과 실행에 제동을 걸지 않았다. 존슨은 위글의 운명이 어떻게 끝났는지 잘 알고 있었기 때문에 이사회에 속한 사람들을 왕처럼 대우했다. 그래서 자기가 데리고 있던 스포츠 스타 군단을 동원해 적절히 이들의 시중을 들도록 했다("어때요, 제 친구 프랭크 기퍼드 한번 만나 보시죠?"). 이런 맥락 속에서 존슨은 다음과 같이 말했다.

"최고경영자가 해야 하는 가장 중요한 일 가운데 하나는 이사회에 속한 이사들을 보살피며 그들이 필요로 하는 것을 제공하는 겁니다."

그는 이미 예전부터 나이 많은 사람들에게 아첨하는 데는 선수였다. 그리고 좋지 않은 소식을 전할 때 그 소식을 듣는 사람이 기분 나쁘지 않도록 하거나 긴장된 상황을 재치 있는 말로 풀어 버리는 데 천재적인 솜씨를 가지고 있었다. 스탠더드 브랜즈의 감사들이 멕시코의 기업과 합작한 법인에서 회계 처리가 투명하게 이루어지지 않는다는 내용의 감사 결과를 2년에 걸쳐 이사회에 보고했다. 결국 이사회는 존슨에게 책임 있는 답변을 요구했다. 실제로 그가 해야 했던 대답의 요지는, 멕시코인 파트너들을 붙잡고 미국식 회계 규정을 따르라고 그간 줄곧 설득해 왔지만 아무 소용이 없었고, 이제는 자신도 포기했다는 내용이었다. 그런데 존슨은 이사들 앞에서 다음과 같이 말했다.

"수상 스키를 타면서 보트까지 조종할 수는 없지 않습니까?"

한바탕 웃음보가 터졌고, 이사회는 그 건에 대해서는 더 이상 문제 삼지 않았다.

때로는 존슨의 찬미가와 저속한 언어들이 이사회를 극단으로 몰아가기도 했다. 한번은 존슨이 새로 출시하는 포도주 제품의 이름으로 정말 죽이는 걸 생각해 냈다고 발표했다. 그건 '프렌치 키스'였다. 존슨의 입에서 이 말이 나오자 이사들은 움찔하며 좀 덜 노골적인 게 없을까 하며 미적거렸다. 하지만 존슨은 자기 생각을 끝까지 고집했고, 결국 프렌치 키스가 출시되었다. 하지만 이것 역시 레지 바처럼 단명했다.

스탠더드 브랜즈의 파티는 그런 식으로 4년 동안 이어졌다. 끊임없는 흥분, 계속되는 시장에서 대실패, 변변찮은 수익, 하지만 수많은 웃음, 그리고 존슨과 그의 친구들에게 베풀어지는 특전⋯⋯. 그러다가 1980년, 마침내 존슨이 그동안 강화해 왔던 자유로운 지출 문화가 심각한 위기로 되돌아 왔다. 존슨 아래에 있던 중역 로버트 섀들러가, 국제사업부에서 유령 회사로 보이는 곳에 엄청나게 많은 돈이 흘러들어가 불분명한 용도로 쓰인다는 사실을 발견했다. 그는 좀 더 파고들었다. 그리고 껍데기밖에 없는 이 회사의 대표가 마틴 에밋의 운전기사이며, 에밋이 음식과 옷, 가구, 카펫, 텔레비전 따위의 개인적인 물품을 구입하는 데 드는 돈을 스탠더드 브랜즈가 이 유령 회사를 통해 대신 지불하고 있다는 사실을 알아냈다.

에밋과 경쟁 관계에 있던 섀들러는 이 사실을 레스터 애플게이트와 인사 책임자이던 하워드 파인스에게 은밀하게 알렸다. 애플게이트는 당시 사장으로 올라가 있었으나 존슨의 관심권 바깥으로 밀려나 그 자리를 에밋에게 내주고 곧 회사를 떠나야 할 처지였다. 세 사람은 이 문제를 존슨에게 직접 알리지 않기로 했다. 그래 봐야 존슨은 에밋을 비호하려고 이 사실을 땅에 묻어 버릴 게 분명했기 때문이다. 어쩌면 자신들까지 함께 묻어 버릴 수 있다고 세 사람은 생각했다. 그래서 이들은 이 문제를 이사회에 직접 가져가기로 결정했다.

7월의 정기 이사회 하루 전에 이사회 산하 감사위원회가 열릴 때 존슨의 기분은 무척 좋은 상태였다. 다음 날이면 에밋의 사장 승진이 승인될 터였고, 이 사실을 마이클 매스터풀이 마감 시간 전에 서둘러 《비즈니스위크》에 이미 알린 뒤였기 때문이었다. 이사회 이사이던 '모건 개런티' 회장 팻 패터슨과 폴 콜턴이 존슨 앞에 나타났다. 얼굴 표정이 굳어 있었다. 두 사람은 방금 섀들러를 만나고 오는 길이었고, 섀들러는 그 자리에서 두 사람에게 에밋이 지출한 영수증이 가득 든 서류 가방을 전달했다. 두 사람은 존슨에게 물었다.

"이걸 설명할 수 있겠소?"

존슨은 충격받은 표정을 지었다. 무슨 일이 일어났는지 전혀 모른다고, 하지만 대체 무슨 일인지 반드시 알아내겠다고 했다. 다음 날 그는 이사회에 출석해서 답변했다. 우선 에밋의 운전기사는 일반적으로 생각하는 그런 운전기사가 아니다, 그 사람은 전직 CIA 요원이며 새로 자기 사업을 시작했다, 그런데 이 사업의 고객은 스탠더드 브랜즈의 국제사업부가 유일하다, 그는 에밋의 지시에 따라 물품들을 사들였다…… . 존슨은 이런 식으로 설명했다. 그런데 에밋은 이 문제에 대해 자기는 한 점 부끄러움이 없으며 모든 행위는 공정하게 이루어졌다고 주장했다. 존슨도 친구를 두둔하고 나섰다. 그는 진상을 철저히 조사하겠다고 약속하는 한편, 조사 결과가 나오기 전까지는 에밋을 예정대로 사장으로 승진시키자고 이사회에 제안했다.

결국 이사회의 승인을 얻어 에밋의 승진이 일반에 공표되었다. 하지만 스탠더드 브랜즈와 오랜 세월 고객 관계를 맺고 있던 법률 회사가 이 공금 횡령 문제를 조사하는 일은 세상에 공표되지 않았다. 조사는 여러 달 동안 계속 이어졌다. 그사이 존슨과 에밋이 결국은 덜미를 잡혀 날아갈 것이라는 말들이 회사 내부에 돌았다. 9월에 최종 조사 결과가 발표되었다. 판단은 나빴을지 모르지만 행위 자체는 나쁘지 않았다는 내용이었다. 에밋은 가벼운 문책만 받았다. 그리고 섀들러와 파인스, 그리고 또 한 명의 중역인 에드워드 다운스는 존슨에게 해고당하는 패배자의 길을 걸었다. 애플게이트는 고문직으로 쫓겨났다. 존슨은 해고된 세 사람에게 이렇게 말했다.

"나는 당신들을 배에 태워서 멀리 보내는데, 아마 다시는 돌아오지 못할 거요."

이 일화는 존슨 추종자들 사이에 '보트 피플 사건'으로 전설처럼 남았다. 존슨은 위험한 일을 얼마 겪지 않았지만, 이 사건이 그런 위험을 경험하게 했다. 그리고 이사회와 어떤 갈등을 빚은 것도 그의 생애에서 드문 일이었다.

이 일이 마무리된 뒤에도 존슨의 마음 상태는 불안하게 들떠 있는 것 같았다. 4년이라는 시간이 지났지만 스탠더드 브랜즈의 실적은 여전히 정상 궤도에 오르지 못했다. 수익은 다시 늘고 있었지만 수익 증가율은 인플레이션율보다 낮았다. 수익률도 업계 평균보다 낮았다. 로버트 카보넬은 연구개발 센터에서 무지방 땅콩, 옥수수 시럽과 이스트와 식초의 발효 개선 등 온갖 종류의 프로젝트를 진행했다. 그러나 신제품이 나오는 데는 시간이 걸렸다. 존슨은 점차 조바심을 냈다. 한동안 그는 이스트 부문을 매각하고 주류업체 몇 개를 매입하는 일로 바빴다. 하지만 존슨에게 스탠더드 브랜즈는 어린아이의 크리스마스 선물과도 같았다. 5년씩이나 가지고 놀다 보니 싫증이 난 것이었다.

그가 이처럼 만족하지 못한 데는, 40대 후반으로 접어드는 자신이 이제 더는 1970년대 중반의 신동이 아니라는 인식도 일정 부분 작용했다. 나이 들면서 차분한, 다시 말해 전형적인 기업인이 되어 간다는 생각에 존슨은 몸서리를 쳤다. 그는 더 나이를 먹고 싶지 않았다. 영원히 앙팡 테리블로 남고 싶었다. 떠들썩하게 소란을 피우며 영원한 청춘을 구가하고 싶었다. 그의 주변에 있는 모든 것, 즉 여전히 덥수룩한 헤어스타일에서부터 스물여섯 살짜리 둘째 아내에 이르는 모든 것을 볼 때 그는 피터 팬 기업가를 추구했음을 알 수 있다. 그에게 필요한 건 새로운 모험이었다.

그리고 이 기회는 그가 받은 전화 한 통에서 시작되었다. 1981년 3월이었다. 식품업계의 거대 기업인 '나비스코'의 회장이자 최고경영자이던 로버트 섀벌이 전화를 걸어왔다. 그는 존슨에게, 코네티컷에서 일하는 스탠더드 브랜즈 직원이 자기 부하 직원에게 전화를 했었더라고 말했다. 하지만 존슨은 섀벌이 무슨 말을 하는지 전혀 알아듣지 못했다. 무슨 이야기냐고 하자, 나비스코와 스탠더드 브랜즈의 합병과 관련된 아이디어를 가지고 있는 직원을 모르느냐고 했다. 존슨은 모른다고 했다.

"무슨 일이 있을 수도 있고, 또 없을 수도 있겠죠. 하지만 이 문제에 대해 우리가 함께 얘기를 나눠 보는 게 좋지 않을까 싶군요."

"아, 그럼요"라고 존슨은 대답했다.

하지만 존슨은 자기도 모르는 상태에서 자기 회사를 입에 올리며 장난을 치는 인물이 누구인지 우선 알고 싶었다.

"대체 어떤 개자식이야?"

존슨은 월요일 아침의 간부 회의에서 호통을 쳤다. 그러자 두 사람이 자백했다. 최고재무책임자 제이크 파월과 기획 부문 책임자 딘 포스바였다. 그리고 이들이 그런 생각을 얘기했던 상대는, 소규모 인수 관련 아이디어들을 이들에게 제공하던 그리니치의 한 거간꾼이었다. 그가 너무 앞질러 갔던 게 분명했다.

"그럴 의향이 있다 하더라도 밥(로버트의 애칭)은 지금 당장은 절대로 하지 않을 거야. 젠장, 내 회사에서 무슨 일이 일어나는지도 모르는 바보로 생각할 거 아냐! 안 그래? 그 사람 생각이 맞아, 어떤 빌어먹을 일이 진행되는지 나는 모르잖아."

그럼에도 불구하고 존슨은 구미가 당겼다. 그는 새벌을 만났고 한데 어울리면서 그를 좋아하게 되었다. 그리고 몇 주 만에 두 사람은 합병에 동의했다. 1981년에 19억 달러어치의 주식을 맞바꿈으로써 두 회사는 '나비스코 브랜즈'라는 하나의 회사로 탄생했다. 소비재 제품을 생산하는 기업의 합병으로는 당시 가장 큰 규모로 꼽혔다.

형식적으로만 보자면 두 회사는 대등한 자격으로 결합했다. 그러나 실제로는 그렇지 않았다. 많은 사람들이 입방아를 찧었듯이 '리츠'와 '오레오' 등의 유명 브랜드를 가지고 있는 나비스코가 좀 더 힘센 회사임은 누구나 알고 있었다. 그리고 새로운 회사의 최고경영자가 누가 될 것인지도 불을 보듯 뻔히 예상되었다.

나비스코는 처음 태어날 때부터 거인이었다. 나비스코는 원래 '내셔널 비스킷 컴퍼니'로, 1898년에 동부 지역의 제빵업자 대부분을 지배하던 기업과 서부 지역의 제빵업자 대부분을 지배하던 기업이 합병하면서 탄생했다. 이 합병으로 그간 진행되었던 두 회사 사이의 경쟁은 끝이 났다. 19세기에서 20세기로 넘어가던 당시의 이른바 '트러스트 시대'의 산물이던 나비스코는 종종 '비스킷 트러스트'라 불리기도 했다. 하지만 나비스코는 비스킷의 개척자이기도 했다. 나비스코는 규격이 표준화된 제품으로 만들어 예쁘게 포장함으로써 기존 크래커에서 시골 마을의 싸구려 티를 말끔하게 벗겨냈다. 또한 그때까지 해당 지역을 상대로 생산되고 유통되던 체계를 바꾸어 최초로 전국적인 생산 및 유통 체계를 마련했다.

나비스코를 설립한 사람은 시카고의 변호사 어돌퍼스 그린이었다. 나비스코의 초대 회장이었던 그린은 이 회사의 첫 번째 전국적 제품인 팔각형의 소다 크래커†를 개발하는 과정에 참여했다. 그리고 '유니다 비스킷'이라는 이름을 붙였다. 그는 회사의 등록 상표를 선택했다. 두 개의 가로 막대가 달린 십자가와 그 아래를 받치는 타원형으로 이루어진 중세 이탈리아 인쇄업자의 상징인 이 등록 상표는 악과 물질에 대해 도덕과 정신이 승리한다는 의미를 담고 있는데, 지금까지도 사용되고 있다. 그는 포장지를 디자인하고 겉면 문안의 초안을 썼다. 그 내용은 다음과 같다.

유니다 비스킷. 식사 대용으로 손색이 없습니다. 여행할 때 휴대하십시오. 소풍 갈 때는 완벽한 간식입니다. 샌드위치에 넣어서 먹으면 환상적인 맛입니다. 언제 어디서나 어울리는 식품입니다. 무설탕 제품입니다. 어떤 용도로든 쓸 수 있는 식품입니다. 누구에게나 부담 없는 가격입니다.

나비스코의 광고 대행 회사인 'N. W. 에이어'가 이 광고 문안을 없애고

---

† 밀가루에 효모, 베이킹 소다를 넣고 소금을 뿌려 구운 짭짤한 비스킷.

다른 것으로 대체했다. 1899년 초에 이 광고 회사는 신문과 게시판에 한 단어 광고를 실었다. 그것은 '유니다'였다. 이어 '유니다 비스킷'이 등장했다. 그리고 '유니다 비스킷을 아십니까?'가 나왔고, 다시 '물론 유니다 비스킷입니다!'가 나왔다. N. W. 에이어는 어른용의 커다란 레인코트를 입은 어린아이가 유니다 비스킷 한 통을 들고 서 있는 사진으로 광고를 이어 갔다. 뉴욕 매디슨가가 아직 꽃을 활짝 피우기 이전이었던 시기에 이 사진은 매우 단순하고도 강력한 이미지를 소비자에게 각인시켰다. 당시 이 유니다 비스킷 광고는 역대 최대 규모였는데, 언제라도 먹을 수 있는 포장 식품의 특성을 최초로 드러낸 것이기도 하다.

유니다 비스킷은 엄청난 성공을 거두었다. 그리고 이에 힘입어 나비스코의 신제품들이 잇따라 쏟아져 나왔다. 우선 '피그 뉴턴'이 있다. 보스턴의 한 제빵사가 만든 것으로, 보스턴의 외곽 도시인 뉴턴을 기념하기 위해 이런 이름을 붙였다. 그리고 미주리의 세인트조지프에 살던 제빵사가 만든 '솔틴 크래커'가 있었고, 나비스코의 뉴욕시 제빵사 두 명이 만든 '애니멀 크래커'가 있었다. 나비스코는 쇼트브레드†를 대량 생산하는 길을 최초로 열었다. 그래서 '로나 둔'이 나왔고 이것은 나오자마자 성공을 거두었다. 또 마시멜로와 젤리를 혼합한 것의 표면에 초콜릿을 바른 과자에는 '맬로마르'라는 이름을 붙였다. 이것은 실패로 돌아갔지만, 그 뒤에 밝은 희망이 피어났다.

그린은 신제품 세 가지를 내놓으며, 이 세 개를 모두 통칭해 '트리오'라는 이름을 붙였다. 셋 가운데 적어도 두 개는 성공을 거둘 것이라고 그린은 기대했다.

---

† 버터와 밀가루, 설탕으로 만드는 쿠키의 일종으로 부드럽게 잘 부서진다.

그 가운데 하나가 '마더 구스 비스킷'이었다. 동요 혹은 자장가를 연상시키기 위해 이런 이름을 붙였다.† 그리고 또 하나는 '베로니스 비스킷'으로 비싸고 딱딱한 비스킷이었다. 하지만 사람들의 입맛을 사로잡은 것은 그린이 크게 기대하지 않았던 세 번째 비스킷이었다. 두 개의 둥근 초콜릿 웨이퍼 사이에 바닐라 맛이 나는 당의를 넣은 이 비스킷은 전 세계에서 가장 많이 팔리는 기록을 세운다. 바로 '오레오'였다.

그린은 식품 산업에서 제품을 생산한 회사가 중간상을 배제하고 최종 소비자에게 직접 판매하는 방식을 개척했다. 본사 소속의 세일즈맨이 전국 방방곡곡을 누비면서 나비스코의 제품을 팔았던 것이다. 나비스코는 유니다 비스킷 때부터 거대한 세일즈맨 군단을 조직했는데, 이들은 나비스코의 로고를 산뜻하게 그려 넣은 마차에 올라타 일요일만 빼고 날마다 하루에 열두 시간씩 정해진 코스를 돌면서 제품을 팔았다.

자기 공장의 노동자들을 '대가족'이라 불렀던 그린은 나비스코를 정이 넘치는 기업으로 만들었다. 그는 나비스코를 설립한 지 3년도 되지 않아 공장 노동자들이 나비스코 주식을 할인된 가격으로 살 수 있는 제도를 마련해서 이들을 (그의 표현대로 하자면) '공동 소유자'로 만들었다. 그는 어린이 노동이 만연하던 시기에 그런 노동 행태를 거부했다. 그리고 자기 공장의 노동자들이 지독하게 덥고 또 때로는 매우 위험하기까지 한 공장에서 새벽부터 땅거미가 질 때까지 과자를 부지런히 만들어 내길 바랐지만, 그러면서도 이들에게 영양이 풍부한 식사를 제공하는 것이 경영자의 의무라고 여겼다. 이는 그가 주주들에게 보낸 보고서에서 잘 드러난다.

---

† '마더 구스'는 가상의 저자이다. 17세기 프랑스의 유명한 동화 작가 샤를 페로가 펴낸 《옛날이야기: 엄마 거위의 이야기》가 18세기 영국에서 《마더 구스의 노래》로 번역된 뒤 영어권에서 '마더 구스'라는 이름이 널리 쓰이게 되었다.

우리의 뉴욕 공장에서는 어떤 직원이든 뜨거운 고기, 감자, 버터 바른 빵, 그리고 커피나 홍차를 11센트에 사 먹을 수 있습니다.

그린은 1917년에 사망했다. 그리고 그와 함께 나비스코의 혁신 정신도 함께 사망했다. 그의 후계자였던 로이 톰린슨이라는 변호사는 비스킷보다 회사의 수익에 더 관심이 많았다. 1920년대의 10년 동안 수익은 세 배로 늘어났다. 그러나 나비스코는 초기 제품이 거둔 성공을 타고 앉아 힘들이지 않고 돈을 벌고 있었다. 신제품이 필요할 때는 그런 제품을 만드는 회사들을 매입했다. 1928년에 '슈레디드 휘트'†를 매입했고, 1931년에는 반려견 비스킷 제조업체인 '밀크 본'을 매입했다.

그리고 대공황 시기의 한가운데서 나비스코의 제빵사들은 특이한 제품을 우연히 만들었다. 여러 해 동안 이들은 경쟁 회사들이 판매하는 것과 같은 버터 크래커를 만들려고 연구를 해 왔었다. 그런데 이런 노력 끝에 전혀 엉뚱한 제품이 나왔다. 표면에 코코넛 오일을 얇게 바르고 소금을 뿌린 제품이었다. 이들은 여기에 '리츠'라는 이름을 붙였다. 리츠는 거의 하룻밤 사이에 미국에서 가장 인기 있는 크래커가 되었다. 처음 1년 동안 나비스코는 리츠를 500만 개 만들었지만 3년 후에는 하루에만 2900만 개를 만들었다. 그리고 리츠는 세계에서 가장 잘 팔리는 크래커가 되었다.

하지만 나비스코는 다시 영광에 안주했다. 그 뒤 10년 동안 나비스코는 주주들에게 배당금을 지불하고, 빚도 지지 않고 똑같은 쿠키와 크래커를 생산하면서 표류했다. 결국 수익은 떨어지고 제빵사들은 나이가 들었다. 경영진도 마찬가지로 나이가 들었다. 1940년대 중반을 기준으로 나비스코의 최

---

† 'shredded wheat'는 아침 식사용 곡물 식품을 뜻한다.

고 경영진 평균 연령은 63세였다. 사람들은 이들을 '아홉 명의 노인들'이라고 불렀다. 그리고 톰린슨이 28년 만에 퇴임하고 나서야 나비스코는 다시 활력을 되찾았다.

1945년에 이사회는 역시 변호사였던 조지 코퍼스 법률 고문을 최고경영자로 임명했다. 이 일이 있기 얼마 전에 하버드 비즈니스스쿨에서 주말 경영 강좌를 이수했던 코퍼스는 학교에서 배운 내용대로 조직을 새롭게 조직하는 일에 착수했다.

그는 '아홉 명의 노인들'을 정리하고 젊은 인재들을 영입했다. 코퍼스는 12년 동안 공장을 현대화하는 데만 2억 달러를 썼다. 당시로서는 엄청나게 큰 돈이었다. 이 모든 자금은 수익에서 나왔다. 보수적이던 나비스코에서 차입금을 쓴다는 생각은 없었다. 코퍼스는 연구와 광고에 막대한 예산을 투입했고, 수익을 줄이는 대신 미래를 위한 토대를 닦았다. 이렇게 해서 1958년 마지막으로 새로운 쿠키 및 크래커 공장을 뉴저지의 페어론에 지을 즈음에, 나비스코는 마침내 비용 절감 구조를 정착시켰으며 품질을 개선했고 또 20세기의 나머지 절반을 향해 나아갈 수 있는 길을 마련했다. 그리고 코퍼스가 사망한 1960년 《던스리뷰》는 나비스코를 미국에서 가장 경영이 잘 이루어지는 20대 기업 중 하나로 꼽았다.

코퍼스 휘하에 젊고 똑똑한 사람이 한 명 있었다. 이름은 리 빅모어였고 아이다호 출신의 모르몬교도였다. 그가 나비스코의 지휘를 맡았다. 빅모어는 처음 나비스코에 입사해서는 아이다호 포커텔로에서 제품을 발송하는 일을 했다. 그러다가 세일즈맨이 되어 리츠와 오레오를 유타, 와이오밍, 그리고 아이다호 구석구석까지 판매하는 일을 했다. 그 시절에 세일즈맨 교육 및 판매 기술에 관한 여러 가지 제안들을 열정과 진심을 담아 편지로 써서 본사에 보냈는데, 이 일로 경영진의 눈에 띄었다.

사장이 된 빅모어는 나비스코를 해외 시장으로 확장했다. 나비스코는 1960년에 오스트레일리아, 1962년에 영국과 뉴질랜드, 1964년에 독일, 그리고 1965년에 이탈리아, 스페인, 중앙아메리카로 각각 진출했다. 그는 해외에 머무는 때가 워낙 많아 '날아다니는 사장'이라는 별명을 얻었다. 빅모어는 또한 다각화를 시도해 냉동 식품 부문에 진출하고, 또 나비스코를 세계 최대의 샤워 커튼 제조업체로 키웠다. 양탄자 사업과 장난감 사업에도 진출했다. 그는 'J. B. 윌리엄스'라는 회사를 인수했다. '아쿠아 벨바'라는 면도용 로션과 영양제인 '게리톨' 등과 같은 개인용품을 생산하던 회사였다.

그런데 해외 진출, 샤워 커튼, 장난감 등 이 모든 사업들이 실패했다. 손해를 만회하기 위해 빅모어는 나비스코의 쿠키 및 크래커 부문을 최대한 쥐어짰다. 얼마나 세게 쥐어짰던지 이 부문에 속한 사람들이 비틀거리기 시작했다. 코퍼스 시대의 제빵사들에게는 기대할 게 없었고, 기존 설비를 현대화하는 데 투입할 자본이 없었다. 수익이 나지 않았기 때문이다. 1973년에 빅모어가 물러났지만 그 뒤로도 달라지는 건 거의 없었다. 1970년대에 나비스코를 움직인 사람들은 과거의 영광을 받들어 모시는 문화를 강화한 점잖고 동작이 굼뜬 경영진이었다. 다들 좋은 사람들이었다.

"오레오를 만드는 사람인데, 어떻게 비열할 수 있겠는가?"

나비스코의 광고 대행사에 있던 어떤 간부가 한 말이다. 하지만 이들은 변화를 이끌어 낼 인물들은 아니었다.

나비스코는 정체 상태에 빠져들었다. 아무도 해고되지 않았다. 퇴근 시간인 5시가 지나면 아무도 일하지 않았다. 아무도 목소리를 높이지 않았다. 아무도, 심지어 최고경영자로 새로 선임된 섀벌조차도 회사 소유의 자동차나 컨트리클럽 회원권을 가지고 있지 않았다.

바로 이런 시점에 로스 존슨이 나타난 것이다. 스탠더드 브랜즈와 나비스코가 합병한 사실을 두고 어떤 익살꾼은 지옥의 천사들이 로터리 클럽†에 가입한 것이나 다름없다고 표현했다.

------◆◆◆------

로버트 섀벌이 나비스코 브랜즈의 회장 겸 최고경영자가 되었고, 로스 존슨은 사장 겸 최고운영책임자가 되었다. 그리고 존슨 아래에 존슨의 '유쾌한 친구들'이 성난 얼굴로 포진했다.

이들이 성난 얼굴을 한 첫 번째 이유는 나비스코의 아침 회의가 8시 30분에 시작된다는 것이었다. 이 시각이면 다들 숙취로 정신을 차리지 못할 때였다. 스탠더드 브랜즈에서는 회의가 자유 토론으로 진행되었지만, 나비스코에서는 그렇지 않았다. 회의의 틀이 정교하게 짜여 있었다. 중역들이 테이블 주변에 둘러앉았고, 한 사람씩 특정 쿠키나 크래커를 놓고 15분씩 발언했다. 발언이 끝나면 질문 시간이 주어졌다. 그러나 질문은 거의 없었다. 쓸데없는 형식처럼 보였다. 이 회의는 점심을 먹을 때까지도 끝이 나지 않고 오후 3~4시까지 이어질 때도 있었다. 존슨은 다른 사람이 자기를 찾는다는 연락을 하도록 미리 비서에게 지시한 뒤에, 비서가 부르면 나가서 다시는 돌아오지 않았다. 로저스와 카보넬, 기타 스탠더드 브랜즈 사람들은 몸을 비비 꼬며 자리를 지켜야 했다.

그러던 어느 날, 마침내 스탠더드 브랜즈의 판매 담당 부사장이던 존 머리가 더 이상 참지 못하고 벌떡 일어났다. 그날의 발표 주제는 특히 지루했다. 눈을 동반한 폭풍이 심하게 몰아칠 때 공장이 그날 조업을 중단하는 절

---

† 인도주의 봉사와 세계 평화를 목적으로 하는 기업계 및 전문직 리더들의 국제적인 사교 단체. 1905년 미국에서 처음 창설되었다.

차에 관한 내용이었다. 나비스코의 중역이 발표한 내용은 이랬다. 눈 폭풍이 몰아치면 관리자가 두세 시간 전에 공장 문을 닫을 것이라고 예고한다. 그리고 문을 닫기 전까지 직원들은 집으로 돌아갈 개인 교통편을 확인하고 회사에서는 필요한 사람들에게 제공할 퇴근용 버스를 준비한다. 발표를 마친 중역은 만족한 표정으로 질문을 기다렸다. 이때 머리가 벌떡 일어났다.

"그게 무슨 개떡 같은 소립니까? 바깥 상황이 그렇게 위험하다면 왜 두 시간을 기다려요? 빨리 문 닫고 가야죠. 두 시간 동안 나가지도 못하고 그냥 웅성거리면서 기다린다고요? 그런 좆도 우스운 짓을 왜 하고 있습니까?"

회의실이 찬물을 끼얹은 듯 조용해졌다. 마침내 회의를 주재하던 나비스코의 최고 중역 제임스 웰치가 입을 열었다.

"나는 존의 의견에 100퍼센트 찬성합니다."

이 일은 나비스코를 바꾸어 놓을 문화 혁명의 첫 번째 일격이었다. 회의는 점차 느슨해지기 시작했다. 존 머리가 '플레이시면 마가린'에 대해 장황하게 말할라치면 피터 로저스가 고함을 지르며 그의 말을 잘랐다.

"그 얘긴 그만 하고 '블루 보닛 베이킹 마가린' 이야기나 하시죠!"

물론 이 마가린에 대한 얘기 역시 좋은 대접을 받지 못했다. 나비스코의 중역들은 두껍게 정리한 자료와 여러 해를 내다보는 전망 등 자기들의 정교한 계획 과정에 자부심을 가지고 있었다. 존슨은 이런 것들을 바라보며 키득키득 웃었다. 그리고 이렇게 말했다.

"여러분, 계획이라는 것은 '내년에는 올해에 한 것과 다르게 무얼 할 것인가' 아닙니까? 내가 원하는 건 그냥 다섯 개의 아이템입니다."

서류상으로는 섀벌이 나비스코 브랜즈의 최고경영자였지만 존슨은 자기 의지를 어렵지 않게 관철했다. 두 사람의 사무실은 붙어 있었고, 존슨은 섀벌의 비위를 맞추어 환심을 사는 데 전혀 어려움이 없었다. 그는 모든 영광을 새벌에게 돌렸다. 회의를 할 때는 언제나 '우리 회장님'으로 깍듯이 예우했다. 존슨은 컨트리클럽 회원권을 많이 가지고 있었는데, 모두 회사가 비용을 지불하는 것이었다. 그랬던 터라 존슨은 새벌이 내야 하는 클럽 회비도 모두 회사 비용으로 처리해야 한다고 주장했다. 그리고 그렇게 되었다. 존슨과 그의 중역들은 번쩍거리는 회사 차를 몰았다. 그래서 새벌과 그의 중역들도 그렇게 해야 한다고 주장했다. 그리고 그렇게 되었다. 존슨은 25만 달러를 페이스대학교에 기부했다. '로버트 M. 새벌(의 이름으로 지원하는) 교수직'을 유지하기 위한 것이었다. 페이스대학교가 주최한 만찬에서 이런 발표를 듣고 깜짝 놀란 새벌은 이렇게 말했다.

"그런데 누가 그 많은 돈을 부담하지요?"

물론 회사가 부담했다. 회사 급여 체계 또한 대폭 상향 조정됐다. 스탠더드 브랜즈의 중역 서른여섯 명이 받는 연봉은 나비스코의 중역 열다섯 명이 받는 연봉보다 10만 달러가 더 많았기 때문이다. 존슨이 받던 기본 급여는 새벌이 받던 급여의 두 배였다. 따라서 회장의 급여도 대폭 인상될 필요가 있었다. 새벌은 마지못해 연봉 인상 제안을 승인했다. 하지만 나중에 1983년의 연봉과 보너스를 모두 합한 금액이 100만 달러가 넘을 것이라는 말을 듣고는 주저했다. 주주들이 뭐라고 말할까? 결국 그는 자기가 받는 급여 총액이 여섯 자리 수가 되도록 조정하라고 지시했다. 그러나 존슨이 이 지시를 철회시켰다. 그럴 자격이 충분하다는 것이었다. 물론 새벌이 100만 달러를 받지 못하면 존슨 역시 100만 달러를 받을 수 없었기 때문이다.

존슨은 계속해서 자신의 생활 수준을 높여 나갔다. 뉴저지의 스파르터에 있는 프랑스 성 양식의 집을 샀다. 대지는 40에이커(약 5만 평)였다. 그는 헬리콥터를 타고 뉴저지의 이스트해노버에 있는 나비스코 본사로 출근하려고 했는데, 헬리콥터가 계속 오가는 것을 지역 주민들이 반대하는 바람에 뜻을 이루지 못했다.

느리게 그러나 확실하게 존슨은 섀벌의 회사를 장악해 들어갔다. 경륜 깊은 나비스코의 이사들은 하나씩 사라졌고, 그 자리를 존슨의 부하들이 차지했다. 나비스코의 강력한 최고재무책임자 리처드 오언스의 몰락은 존슨이 벌인 공작의 가장 중요한 성과였다. 합병 당시 오언스는 개인적으로 볼 때 전성기를 구가하고 있었다. 그는 수석 부사장이 되었고, 나비스코 브랜즈의 이사회 이사를 겸했다. 이런 오언스에게 존슨은 충성을 다했다. 아니, 충성을 다하는 척했다. 그가 원하는 것은 무엇이든 했다. 오언스가 자기를 보좌할 사람들의 자리를 새로 만들자고 할 때 두말하지 않고 그렇게 했다. 이거 담당 부사장, 저거 담당 부사장, 수많은 부사장직이 그렇게 해서 오언스 아래에 만들어졌다. 존슨의 비호 아래 오언스의 재무 분야 봉토는 꾸준히 확장되었다.

그러던 어느 날 존슨은 얼굴을 잔뜩 찌푸린 채 섀벌의 사무실로 들어갔다. 그리고 이렇게 말했다.

"딕(리처드의 애칭)이 재무 분야 조직을 거대하게 확장하고 있습니다, 회장님."

존슨은 도저히 허점을 찾을 수 없는 논리를 동원해 지도부의 분석과 판단을 일선 임원들의 분석과 판단으로 대체할 때 발생할 수 있는 위험성을 얘기했다. 그리고 이렇게 말했다.

"관리직 임원들 수를 그렇게 늘리면 안 됩니다."

"글쎄……, 그럼 어떻게 해야겠소?"

섀벌이 물었다.

"제 생각에는, 딕에겐 조직을 축소하는 능력이 천성적으로 없는 것 같습니다. 변화를 줘야 하지 않을까 싶습니다."

이렇게 해서 오언스는 옆으로 밀려났고, 그가 하던 역할을 한동안 존슨이 맡아 했다. 존슨은 곧바로 자기 아래에 스탠더드 브랜즈 사람들을 심었다. 그리고 나비스코의 재무 체계를 스탠더드 브랜즈의 체계로 바꾸었다. 이 새로운 체계를 운용할 수 있는 인력은 스탠더드 브랜즈 사람들밖에 없는 것처럼 보였다. 존슨은 바로 이 점을 노렸던 것이다. 적의 핵심 장수를 제거한 존슨의 군대는 조직 위계를 둘러싸고 벌어지는 여러 작은 전투들을 잇달아 승리로 이끌었다. 이런 상황에 대해 당시 존슨의 수하였던 한 사람은 다음과 같이 회상했다.

"어떤 회의에서건 나비스코 녀석들을 쩔쩔매게 하거나 곤경에 빠뜨릴 수 있었죠."

존슨은 스탠더드 브랜즈 부하 딘 포스바에게 기획 이사 직책을 주고 이사회 프레젠테이션을 책임지게 했다. 그랬기 때문에 존슨의 군대는 이사회의 토론 사항을 미리 정하고 또 통제할 수 있었다. 존슨의 친구인 마이클 매스터풀은 홍보 업무를 장악하고 있었다. 포스바와 재무 부서를 통해 조직 내부를 확실히 장악한 것과 마찬가지로, 존슨은 매스터풀을 통해 정보의 외부 확산을 통제할 수 있었다.

하부 조직도 마찬가지 방식으로 정리되었다. 섀벌은 원래 나비스코와 스탠더드 브랜즈를 하나의 회사라는 울타리 안에 있으면서도 독립적으로 운영되는 체계로 유지하려고 생각했었다. 하지만 존슨의 제안대로 두 회사는 하나의 체계로 통합되었다. 그 결과 따로 존재하던 두 회사의 영역별 부서들이 하나로 합쳤고, 나비스코의 순진한 중역들은 스탠더드 브랜즈의 상어들과 같은 물에서 헤엄을 쳐야 했다. 부서 책임자를 선정해야 할 때면 존슨은 섀벌의 사무실로 들어가서, 스탠더드 브랜즈 사람을 책임자로 선택할 수밖에 없는 강력한 이유를 제시했다. 물론 그는 정실을 고려한 게 아니라는 사실을 강조했다. 그러면 섀벌은 이렇게 맞장구치곤 했다.

"그 말이 맞아요. 이 사람이 더 적격이네요."

이런 과정에서 존슨의 행위가 어떤 의미인지 눈치 챈 사람들에게 존슨은 회사를 위해 정력적으로 일하는 사람이 아니라 경영자로 성장한 헤디 해스컬†로 비쳤다. 존슨은 헤디 해스컬처럼 순진하고 부지런한 사람들을 온갖 방식으로 괴롭히는 한편, 섀벌에게는 온갖 알랑방귀를 다 뀌었다. 하지만 이런 전략은 주효했다. 3년 만에 나비스코 브랜즈의 최고 경영진 스물세 명 가운데 스물한 명이 스탠더드 브랜즈 사람으로 채워졌다. 나비스코 사람들은 워낙 은밀히 처단되었기 때문에 섀벌은 회사에서 무슨 일이 일어나는지 알지 못했다. 그래서 회의를 할 때마다 그는 이런 말을 하곤 했다.

"회의실을 젊은 사람들이 가득 메우고 있는 모습을 보니 정말 기분이 좋습니다."

존슨의 권한이 커지면서 나비스코의 미래가 존슨의 아파트에서 밤새워 술을 마시면서 떠들어 대는 이야기를 통해 결정되는 일이 점점 더 많아지기 시작했다. 10년이라는 세월이 지났지만 이 모임에 참석하는 사람들의 얼굴은 크게 바뀌지 않았다. 여전히 '루크'로 불리는 피터 로저스, '빅 이' 마틴 에밋, '엘 수프리모' 로버트 카보넬 등이 핵심 인물들이었다. '교황' 존슨은 이런 자리에서 회사를 재조직하는 문제나 섀벌의 친위대를 쫓아내는 문제, 그리고 신제품 개발 문제 등에 관한 아이디어를 내놓고 토론했다. 존슨은 자기가 제안하는 많은 아이디어가 저속한 표현을 동반한 공격에 나가떨어지는 것을 바라보면서도 여전히 스카치를 홀짝거리며 또 다른 주제의 또

---

† 미국의 시트콤 드라마 〈비버는 해결사Leave It to Beaver〉에 등장하는 주인공 비버의 친구로 겉으로는 순진하고 친절하지만 음험한 계략을 품고 있는 교활한 소년이다.

다른 아이디어를 내놓았다.

존슨은 회사의 중역진을 재구성하는 한편 사업을 자기 취향으로 바꾸는 작업을 했다. 표면적으로만 볼 때, 그것은 불가능한 일이었다. 나비스코의 거대하고 또 참호로 튼튼하게 구축된 조직은 난공불락처럼 보였다. 하지만 섀벌을 주무르는 새로운 방식을 터득한 존슨은 차근차근 일을 진행시켰다. 언제나 존슨이 추진하고 섀벌은 동의하는 방식이었다. 존슨은 온갖 달콤하고 그럴듯한 이유들을 제시했고 섀벌은 존슨의 제안을 받아들였다.

"회장님, 업계 1위나 2위로서 이건 말도 안 되는 겁니다."

"그렇군. 그 말이 맞아요."

늘 이런 식이었다.

1982년 사사분기에만 존슨은 'J. B. 윌리엄스' 세면용품과 영양제, '프리저 퀸' 냉동 식품, '줄리어스 와일' 포도주 및 음료, '하이진 인더스트리스' 샤워 커튼, 그리고 '에벌론 페이브릭스' 직물을 모두 매각했다. 동시에 그는 '체이스 앤드 샌본'과 고과당 시럽 같은 스탠더드 브랜즈의 낡은 사업 부문을 정리했다. 존슨은 자신에게 훌륭한 경매인 자질도 있음을 깨달았다. '게리톨'이나 '아쿠아 벨바'처럼 전성기가 훌쩍 지난 브랜드의 'J. B. 윌리엄스'를 5000만 달러 이상에 팔 수 있으리라곤 누구도 생각하지 못했다. 하지만 존슨은 자기만의 독특한 매력과 화술로써 나비스코가 이 부문의 사업을 제대로 하지 못하는 바람에 실적이 나쁘다고 상대방을 설득해 거의 두 배 가까운 가격에 매각했던 것이다. 이때 존슨은 이 회사가 아직도 무한한 잠재력을 가지고 있다는 논리를 내세웠다. 이와 관련해 존슨은 다음과 같이 회상했다.

"그때 나는, 형편없는 사람들 때문에 그동안 회사가 제대로 운영되지 못했다고 말하면 구매 의사가 있는 사람들을 확 끌어당길 수 있다는 걸 배웠지요."

나비스코는 수십억 달러 규모의 쿠키 사업 부문에서 정상의 자리를 차지하고 있었고, 따라서 이 자리를 노리는 경쟁자들의 공격은 당연히 있을 수밖에 없었다. 하지만 나비스코는 부동의 1위 자리를 유지하고 있었다. 이윤 폭은 컸으며 경쟁자가 있긴 해도 많지 않았고 또 나비스코는 이들을 압도했다. 하지만 나비스코를 향한 진주만 기습 사건이 일어났다. 캔자스시티에서였다. 공격자는 '프리토-레이'였다. 이 회사는 고급스러운 짠맛의 크래커를 만드는 기업으로 '러플스' '도리토스' '토스티토스' 등의 브랜드를 가지고 있었다. 프리토-레이는 1982년 중반에 '그랜드마스'라는 이름의 일련의 소프트 쿠키로 캔자스시티를 강타했다. 프리토-레이의 중역들은 '그랜드마스'가 소프트 쿠키를 만들지 않는 나비스코의 아성을 단숨에 무너뜨릴 것이라고 공언했다. 그들은 나비스코의 쿠키 사업 부문 독점 체제가 끝나고 25억 달러 규모의 시장은 자신들과 나비스코가 코카콜라와 펩시콜라처럼 시장을 양분할 것이라고 예측했다. 프리토의 장군들이 호언한 대로 되는 듯 보였다. 적어도 초기에는 그랬다. 캔자스시티의 쿠키 시장을 20퍼센트나 차지했기 때문이다.

존슨이 이 무지막지한 공격에 대응하느라 정신이 없을 때 또 다른 적이 나타났다. 소비재 제품을 생산하는 거대 기업인 신시내티의 '프록터 앤드 갬블'이 '던컨 하인스'라는 브랜드로 일련의 소프트 쿠키들을 쏟아 냈던 것이다. 프록터 앤드 갬블은 자사 제품의 특허를 내고 대규모 생산 설비를 갖춘 다음 캔자스시티 공략에 나섰다. 캔자스시티는 이내 쿠키의 전쟁터로 변했다. 할인권과 광고가 온 도시에 넘쳐 났다. 그 바람에 캔자스시티의 소비자들은 평소보다 20퍼센트 많은 쿠키를 샀다.

나비스코가 받는 타격이 점점 커져 갔다. 하지만 존슨은 늘 그랬듯 자신이 넘쳤다. 아직 아무도 눈치 채지 못하고 있지만 소프트 쿠키에는 여러 가지 문제가 있다고, 존슨은 전전긍긍하던 나비스코의 이사들에게 자신 있게 말했다. 한번은 오전에 경쟁사의 쿠키를 먹고 점심을 먹으러 가야 했는데, 그 쿠키가 하도 맛있어서 그걸 남기고 점심을 먹으러 가기가 아까울 정도였지만, 나중에 돌아와서 보니 남아 있던 쿠키가 벌써 상했더라고 말했다. 그러자 이사 한 사람이 물었다.

"얼마나 상했습니까?"

존슨이 대답했다.

"아이스하키 퍽을 이빨로 깨물어 본 적 있습니까?"

사람들이 모두 웃었다. '교황'은 그때 이미 나비스코 이사들의 마음을 사로잡고 있었다.

경쟁자들의 공격에 대응해 처음에 존슨이 할 수 있는 방법이라곤 나비스코의 초콜릿 쿠키 '칩스 아호이'의 양을 늘리는 일밖에 없었다. 그리고 존슨은 전시의 급박함을 이용해, 그때까지 아직도 최고 경영진 대열에 남아 있던 나비스코의 고참들을 밀어냈다.

"회장님, 회장님을 궁지에 몰리게 만든 사람들은 회장님을 이 궁지에서 구해 낼 수 없습니다."

섀벌은 늘 그랬던 것처럼 존슨의 말에 동의했다. 그래서 이 전쟁을 지휘할 최고사령관으로 피터 로저스가 임명되었다. 그리고 카보넬은 연구 개발 인력들을 다그쳐 나비스코의 독자적인 개발 작업에 박차를 가했다.

1983년 중반, 나비스코는 반격 준비를 마쳤다. '올모스트 홈'이라는 독자 개발 소프트 쿠키로 나비스코는 캔자스시티의 소프트 쿠키 전쟁터로 뛰어들었다. 당시를 존슨은 나중에 다음과 같이 회상하곤 했다.

"대학살이었죠. 프록터 앤드 갬블이 1달러짜리 할인권을 발행하면 우리는 1달러 50센트짜리 할인권을 발행했습니다. 전투 속에 쓰러져 간 시체들이 도처에 즐비했죠."

존슨은 할인권에 드는 비용에 대해선 전혀 신경 쓰지 않았다. 얼마를 들여도 상관없었다. 일선에서 뛰는 세일즈맨들의 잔업 수당이 아무리 늘어도 신경 쓰지 않았다. 나비스코는 쿠키 매장의 선반을 점차 되찾아 갔다.

결국 존슨과 나비스코는 캔자스시티를 두고 벌인 전투에서는 졌지만 전쟁에선 이겼다. 프록터 앤드 갬블과 프리토-레이는 대량 생산 체제와 전국 배송 체계를 갖추고 있지 않았다. 나비스코가 한 가지 제품을 개발하면, 이 제품은 경쟁사가 미처 따라오기 전에 각 도시마다 교두보를 확보하고 도시 전체로 진격했다. 경쟁사로서는 나비스코의 교두보를 무너뜨릴 재간이 없었다. 이렇게 해서 1984년에 쿠키 전쟁은 모두 끝났다.

전쟁의 포연이 걷히자 나비스코 안팎에서 존슨이 위대한 승리를 이끌어 낸 영웅으로 우뚝 서 있었다. 섀벌에게든 혹은 나비스코의 이사들에게든 존슨은 회사의 영웅이었다. 그해에 섀벌은 존슨에게 합당한 보상을 주었다. 최고경영자 자리를 양보한 것이다. 그러자 존슨은 당시 막 완성된 나비스코의 거대한 새 연구소에 '로버트 M. 섀벌 기술연구소'라는 이름을 붙였다. 섀벌에게 감사의 뜻을 표한 것이다. 섀벌은 감동했다. '유쾌한 친구들'은 섀벌을 밀어내는 방식으로 그보다 더 좋은 게 없다고 판단했다. 자기 이름을 내건 빌딩을 가진 사람은 죽은 거나 다름없다고 그들은 생각했던 것이다.

---·——∞——·---

뉴욕에 온 지 불과 10년 만에 존슨은 성공의 정점에 올라섰다. 미국에서 가장 큰 식품 회사의 최고경영자가 된 것이다. 그는 미국 기업계가 맞이한 새로운 시대에 걸맞은 새로운 유형의 최고경영자였다. 스탠더드 브랜즈에 있던 옛날 사람들은 스스로를 기업의 청지기라고 생각했었다. 그래서 이런

말을 하곤 했다.

"회사는 바다를 항해하는 배입니다. 최고경영자는 배의 선장이고."

언제나 정해진 대로만 가야 마음을 놓는 이런 관점은, 1930년대의 대공황에 놀라고 두려워서 감히 풍파를 일으킬 생각을 하지 못하는 사람들에게 들어맞는 윤리였다. 하지만 존슨은 동년배 사람들과 마찬가지로 대공황 시기를 살지 않았고, 세계대전에 참전해서 싸우지도 않았으며, 또 한계를 인정할 마음을 가지고 있지 않았다. 그는 낡은 개념의 팀플레이어가 아니었다. 브로드웨이 조나 레지 잭슨 같은 인물†이었다. 그들처럼 인습 타파주의자였고, 일관된 충성심보다는 자기 자신의 변덕에 충실한 냉정한 텔레비전 세대의 인물이었다.

다른 사람들이 보기에 로스는 여전히 뒤통수를 치는 인물이었다. 그는 큰 키와 호리호리한 몸매에 50대 초반의 중년이었다. 은빛 머리카락은 젊은 사람처럼 길게 길렀다. 그가 캐나다 출신이라는 유일한 힌트는 그가 하는 말 속에 숨어 있었는데, 그의 농담에는 영국식의 어처구니없는 과장이 녹아 있었고, 때로 한 문장을 마친 뒤에 '에이$_{eh}$?'를 붙이곤 했다.

그런데 존슨은 정작 나비스코의 왕관을 쓰고 난 뒤로는 나비스코를 경영하는 일에 관심이 없었고 심드렁했다. '리츠'(크래커)보다는 '글리츠$_{glitz}$'(화려함)에 더 이끌렸다. 존슨 부부는 미식축구 스타 프랭크 기퍼드와 그의 여자 친구와 함께 있지 않을 때는 아메리칸 익스프레스의 최고경영자 제임스

---

† '브로드웨이 조'는 1960~1970년대 미식축구 스타인 조지프 윌리엄 네이머스의 별명이다. 네이머스는 은퇴 후 나이트클럽 사장, 토크쇼 진행자, 제품 홍보인, 연극과 영화와 드라마 배우, 스포츠 해설가로 활동하며 대중문화의 아이콘으로 살았다. 1970~1980년대 야구 스타인 레지 잭슨 역시 은퇴 후 해설가, 각종 영화와 드라마 출연, 광고 모델 등으로 활동했다.

로빈슨과 정력적인 활동으로 세상의 주목을 받고 있던 월스트리트의 홍보 전문가인 그의 아내 린다와 함께 지중해에서 휴가를 즐겼다. 캐나다 총리 브라이언 멀로니와 그의 아내 밀라도 존슨이 친하게 지내는 친구들 명단에 들어 있었는데, 밀라와 로리 존슨은 맨해튼 거리를 어슬렁거리며 총리 관저에 필요한 물건들을 샀다. 물론 비싼 물건들이었고 종류도 많았다. 그즈음에 나비스코는 여자 골프 대회인 '다이나 쇼어' 대회를 후원하기 시작했고, 존슨은 이 대회를 스타들이 총출동하는 대회로 바꾸어 놓았다. 존슨이 친하게 지내던 스포츠 스타 집단은 '나비스코팀'이라 불렸는데, 여기에 포함된 사람들은 점점 더 많아졌다. 전 대통령 제럴드 포드와 코미디언 밥 호프가 프로암† 무대를 화려하게 장식했다. 존슨의 친구이던 패션 디자이너 올레그 카시니도 점수판에 이름을 올렸다.

존슨은 명사들과 친하게 지내는 것을 늘 즐겨 왔었다. 하지만 과거에는 상류 사회 인사들의 약점을 찾아낸다는 의미가 있었다. 때문에 영국의 왕족들이 얼마나 '개자식'들인지 낄낄거리거나 마거릿 대처가 했던 '미친 싯거리'를 이야기하면서, 상류 사회에서 다시 제자리로 돌아오곤 했다. 쿠키와 크래커에 푹 빠져 있던 '유쾌한 친구들'도 그의 그런 모습을 즐겁게 바라보았다. 비록 이들 가운데 몇몇은 존슨이 상류 사회의 국외자로 남기보다는 점점 그 사회의 일원이 되어 간다는 걱정을 하기 시작했지만…….

존슨은 나비스코에 점차 관심을 가지지 않게 되었는데, 거기에서 더 이상 미래를 바라볼 수 없었기 때문이다. 쿠키 전쟁을 치르면서 그의 생각은 바뀌었다. 프리토-레이 및 프록터 앤드 갬블과 벌인 전쟁을 그는 최종 승리가 아닌, 그저 과정으로서 한 차례 승리로밖에 여기지 않았다. 프록터 앤드

---

† 프로와 아마추어가 함께 출전하는 대회.

갬블과 같은 또 다른 거인이 나타날 수 있다고 보았던 것이다. 어쩌면 프록터 앤드 갬블이 재도전해 올 수도 있었다. 결국 나비스코에는 치명적일 수 있는 약점이 있다는 말이었다. 이 약점 때문에 아무리 역량을 쏟는다 하더라도 이 조직이 곧 활력을 되찾을 것 같지 않았다. 그래서 사실 존슨은 나비스코를 개혁하기 위한 장기 계획을 마련하는 일 따위에는 시간을 낭비하지 않았다. 그는 그저 회사에 화재가 나면 불이나 끄고, 상류 사회의 우아한 생활을 누리며 무언가 흥미로운 일이 일어나기를 기다렸다.

어떤 사람은 스탠더드 브랜즈의 문화를 스무 개의 특성으로 구성된 '존슨주의'로 정리하기도 했다. 이 가운데 열세 번째는 '정의상 계획이 불가능한 기회주의적이면서 대담한 변화가 궁극적인 승리를 이끌어 낼 수 있다는 사실을 인식하는 것'이다.

1985년 봄, 존슨이 나비스코의 최고경영자가 된 지 채 1년도 되지 않았을 때였다. 존슨은 노스캐롤라이나에 본사를 둔 거대 담배 기업인 'RJ 레이놀즈 인더스트리스'의 회장이자 최고경영자이던 J. 타일리 윌슨의 전화를 받았다.

"만나서 점심이나 함께하고 싶은데 어떻습니까?"

존슨은 이렇게 대답했다.

"좋죠, 사업 이야기도 할 수 있을 테니까요."

2장

오레오 쿠키 회사와
카멜 담배 회사의 기묘한 합병

*

당신이 이 거대하고 오래된 집에서 살았다고 상상해 보라. 당신은 여기서 성장했고,
당신이 기억하는 모든 행복한 추억은 이 집에 있다. 그리고 당신은 특별한 관심을 가지고
다음 세대를 위해 이 집을 가꾸고 돌본다. 그런데 어느 날 집에 돌아와 보니
이 집이 갈보집으로 바뀌어 있었다. 기분이 어떨까?
그것이 바로 내가 RJR를 바라보면서 느끼는 기분이다.

- 전 RJR 나비스코 직원, 윈스턴살렘 거주

'RJ 레이놀즈 타바코 컴퍼니'가 없었더라면 노스캐롤라이나의 윈스턴살렘 시내의 가장 현대적인 고층 건물도 없었을 것이다. 오랜 세월 동안 이 회사는 22층짜리 석조 건물을 본사로 사용했다. 1929년 완공될 당시에 이 건물은 건축계의 보물로 여겨졌다. 그래서 이 건물의 디자인을 모방한 거대한 건축물이 뉴욕에 세워졌는데, 바로 엠파이어스테이트 빌딩이다.

축소판 엠파이어스테이트 옆에는 '와코비어 뱅크 앤드 트러스트'의 단조로운 본사 건물이 있다. 이곳의 지하 금고는 레이놀즈의 주식과 예탁금으로 넘쳐 났고, 덕분에 와코비어는 남부 지역에서 선도적인 은행들 가운데 하나로 성장했다. 또 레이놀즈 빌딩에서 멀지 않은 곳에 이 건물보다 더 크고 더

현대적인 건물이 있는데, 이곳에는 본사 사옥이 다 수용하지 못하는 직원들을 수용했다. 그리고 두 구역 떨어진 곳에는 윈스턴살렘에서 가장 높은 건물이 있다. 겉면을 모두 유리로 감싼 이 건물의 주요 입주자는 '웜블, 칼라일, 샌드리지 앤드 라이스'라는 노스캐롤라이나 최대의 법률 회사인데, 이 회사의 주요 고객은 레이놀즈 타바코이다.

레이놀즈가 없었다면 인구 14만 명의 윈스턴살렘은 수많은 남부 도시들과 다르지 않을 것이다. 하늘을 찌르는 고층 건물들을 빼고 나면 시내는 전반적으로 추레한 편이다. 기력이 다한 듯한 낡은 상점들과 사람들……. 레이놀즈가 윈스턴살렘을 전혀 다르게 만들고 있다.

시내 중심가에서 시작된 레이놀즈의 영향력은 마치 잔잔한 호수에 인 파문처럼 사방팔방으로 퍼져 나간다. 40번 주간州間고속도로를 따라 서쪽으로 가면(가는 도중에 나타나는 광고판들은 셋 중 하나가 레이놀즈 상품을 광고한다), 보면 그레이 의과대학 건물이 눈에 들어온다. 이 학교의 이름은, 레이놀즈 회장을 역임했으며 이 학교를 후세에 남긴 사람의 이름을 따서 지어진 것이다. 이곳을 지나 서쪽으로 더 가면 탱글우드로 빠지는 갈림길이 나온다. 탱글우드 R. J. 레이놀즈와 형제인 윌리엄이 국가에 기증한 공원이다. 죽은 지 40년이 지난 뒤에도 여전히 '미스터 윌'로 불리는 윌리엄은 죽기 전에 탱글우드를 미국의 백인만 사용하라고 당부했었다.

레이놀다로드를 따라 R. J. 레이놀즈의 저택을 향해 가면(R. J. 레이놀즈는 사망한 지 70년이 지난 지금 '미스터 RJ'로 불린다), 널찍이 자리 잡은 그의 저택 '레이놀다 하우스'가 나타난다. 이 저택은 미국이 자랑하는 최고 수준의 회화 작품들을 소장하고 있다. 이 저택의 부지에는 윈스턴살렘에서 가장 배타적인 클럽인 '올드 타운'이 자리 잡고 있다. 그리고 이 저택에는 웨이크포리스트대학교 부지로 남긴 공간도 있는데, 1950년대에 레이놀즈 가문에서

160킬로미터 떨어진 곳에 있던 이 대학교를 윈스턴살렘으로 옮겼었다. 그리고 사람들이 '미시즈 RJ'라고 부르는 R.J. 레이놀즈의 아내가 한때 살았던 시범 농장이 레이놀다로드를 따라 펼쳐져 있다. 'Z. 스미스 레이놀즈 재단'은 '메리 레이놀즈 배브콕 재단'과 마찬가지로 해마다 수백만 달러를 좋은 일에 쓰라고 노스캐롤라이나에 내놓는다. '라 쇼디에르'라는 멋진 프랑스식 식당이 레이놀즈 농장의 오래된 보일러실 안에 자리 잡고 있는데, 이 식당에서는 손님들에게 '윈스턴'과 '살렘' 담배를 공짜로 제공한다. 많은 사람들이 이런 호의를 기꺼이 받아들인다. "담배를 피워 줘서 고맙습니다"라고 쓰인 표지판이 있는 곳이 바로 윈스턴살렘이다.

레이놀즈는 시내의 가난한 지역에도 영향을 미친다. '미스터 윌'은 백인을 더 많이 생각하고 이들에게 더 많은 도움을 주려 했겠지만, 그렇다고 해서 흑인을 외면하지도 않았다. 흑인을 위한 병원인 '케이트 비팅 레이놀즈 병원'의 건립 기금을 내놓았던 것이다(이 병원은 지금 없다. 하지만 '케이트 B. 레이놀즈 트러스트'는 240만 주의 RJR 주식에서 나오는 수익 중 4분의 1을 윈스턴살렘의 '가난하고 도움이 필요한 사람들'에게 나누어 주고 있다). 부유한 동네에 있는 R.J. 레이놀즈 고등학교는 이 지역에서 최고의 중등 교육을 제공한다. 그런 한편으로 RJR 회장을 역임했던 사람의 이름을 딴 제임스 A. 그레이 고등학교가 오랜 세월 동안 가난한 동네의 학생들에게 좋은 교육 기관이 되어 주었다. 이 자리에는 현재 노스캐롤라이나대학 예술학교가 있다. RJR의 기부는 이 학교가 훌륭한 예술 교육의 장이라는 평가를 받는 데 많은 도움이 된다.

바람 한 점 불지 않는 무더운 여름날이면 윈스턴살렘 시내에 매운 담배 냄새가 가득하다. 축소판 엠파이어스테이트 빌딩이 서 있는 언덕 아래쪽에서 여전히 돌아가고 있는 가장 오래된 담배 공장에서 나는 냄새다. 레이놀즈 타바코 빌딩은 어째서 거기가 윈스턴살렘인지를 알려 주려고 서 있는 것 같다. 이 건물에서 몇 구역 떨어진 시청 앞에는 이런 사실을 상기시키는 또 하나의 조형물이 서 있다. 말을 타고 시내로 들어가는 리처드 조슈아 레이놀즈의 동상이다.

•———◦◦◦———•

1874년 스물네 살의 버지니아 청년 리처드 조슈아 레이놀즈는 전국 최고의 담배 재배지라는 명성에 이끌려 말을 타고 윈스턴살렘에 들어왔다. 급격하게 성장하던 이 마을의 먼지 자욱한 거리로 들어서던 키 185센티미터의 R. J. 레이놀즈의 모습은 매우 당당하고 인상적이었다. 그는 버지니아 남쪽 주 경계선에서 북쪽으로 100킬로미터 떨어진 록스프링에서 성장했다. 거기에서 그의 아버지는 씹는담배 공장을 경영했는데, 그는 청년 시절을 담배 사업을 배우면서 보냈다. 하지만 남북전쟁(1861~1865년) 이후의 척박한 남부 환경에서 사업을 하기란 쉽지 않았다. 현금은 언제나 부족했고, 정력적으로 생각해서 새로운 어떤 것을 만들어 내야만 했다. 청년 R. J. 레이놀즈는 그런 노력을 기울였고 물물 교환에 탁월한 재능을 보였다. 마차 한가득 씹는담배를 싣고 나가서, 집으로 돌아올 때는 갈 때보다 더 많은 온갖 물품들을 싣고 왔다. 그가 바꾸어 온 물건은 밀랍, 쇠가죽, 양가죽, 인삼, 카펫 등이었다. 그리고 말 서너 마리와 노새 몇 마리도 마차를 따라 함께 왔다. 이 물건들은 록스프링에서 경매로 팔아 25퍼센트의 이윤을 남겼다.

R. J. 레이놀즈는 비록 남북전쟁 전의 옛날 세상인 '올드 사우스Old South'에서 성장했지만(그는 어릴 때 남부군의 징발을 피하려고 집에서 기르던 말 여러 마리를 숲에 숨기기도 했다) 농업보다 상업이 적성에 맞았고 한자리에 뿌리내리기보다는 끊임없이 움직이기를 좋아했다. 따라서 그는 새롭게 떠오르

는 새로운 세상인 '뉴 사우스New South'의 피조물이었다. 윈스턴살렘으로 들어오던 날, 그는 원대한 계획을 가슴에 품고 있었다. 그 마을의 인근 밭에서 난 담뱃잎을 가열 건조실에서 말려서 만든 담배가 씹는담배 애호가들 사이에서 점차 인기를 끌고 있다는 사실을 알았다. 그리고 윈스턴살렘에는 경매소가 있어 쉽게 거래할 수 있다는 사실도 알았다. 게다가 기차가 지나기 때문에 시장으로 물건을 내다 팔기 쉽다는 사실도 알았다. 며칠 동안 그곳에 머물면서 모라비아교회로부터 토지 한 구획을 388달러에 사들인 뒤 공장을 짓기 시작했다. 그리고 한 해가 지난 1875년에 'RJ 레이놀즈 타바코'는 여러 경쟁자들의 대열에 합류해서 사업을 시작했다. 2500명이 살던 이 부산스러운 마을에는 이미 담배 회사가 열다섯 개나 들어서 있었다.

이 많은 담배 회사들과의 극심한 경쟁 속에서 R. J. 레이놀즈는 두각을 드러냈다. 그는 사카린을 첨가함으로써 씹는담배의 맛을 기존 제품보다 달게 만드는 혁신을 단행했다. 또한 공격적으로 회사를 키워 자기 공장의 생산 능력이 언제나 현행 생산 수준보다 앞서도록 유지했다. 그는 여러 해 동안 공장 바닥에서 살며 누구보다 열심히 일했다. 놀기도 많이 놀았다. 고래처럼 술을 마시고 밤새도록 도박을 하고 여러 여자를 떠돌면서 바람을 피웠다. 그리고 누구보다 빠르게 말을 몰았다. 경쟁 회사 사람들보다 빨리 달리려고 말에 투자하는 비용을 경쟁 회사보다 두 배로 많이 썼다(1890년 레이놀즈의 한 이사회 기록을 보면, 이사회는 레이놀즈의 말 관리 담당 부서에 한 해에 240달러 예산을 배정할 것을 의결했다. 지금으로 치자면 회사 전용 제트기 임대를 의결한 것이나 마찬가지다). R. J. 레이놀즈가 유일하게 천천히 한 것은 말이었다. 평생을 따라다녔던 말더듬증을 나름대로 극복하려고 그가 노력했던 시도가 말을 천천히 하는 것이었다.

'미스터 RJ'의 사업적인 명민함과 그 지역 모라비아교도의 강인한 노동

윤리가 결합해 장차 수십 년 동안 지속될 레이놀즈의 기업 문화의 토대가 되었다. 모라비아교도는 그 지역에 1753년에 와서 정착했다. 이들은 10만 에이커(약 1억 2000만 평)의 땅을 영국의 추밀원장 그랜빌 경에게 샀다. 체코슬로바키아에서 종교적인 박해를 피해 미국으로 이주한 개신교 일파인 이들은 캐롤라이나의 중부 지역 피드몬트 고원 지대에서 단지 종교적인 자유만을 추구한 게 아니라 경제적인 자족도 함께 추구했다. 이들은 고집스러울 정도로 부지런할 뿐 아니라 물건 제조와 상업 그리고 임시변통을 하면서 생존하는 데 능했다. 이들이 얼마나 부지런하게 일해서 살렘을 키웠던지, 1800년대에는 롤리라는 큰 마을을 경유하는 철도선이 살렘 서쪽을 지나가게 되었다.

레이놀즈 타바코의 여러 정책들은 모라비아교도의 가치관을 강하게 반영했다. 모라비아교도들은 전체 공동체를 위해 개인을 희생해야 한다고 믿었다. 재정 문제나 개인적인 태도도 보수적이었다. 이들은 '와코비어'라는 이름의 건실한 은행을 설립했다. 그 이름은 이들이 살았던 체코슬로바키아의 고향 땅 이름에서 따온 것이었다. 그리고 여러 해 뒤에 윈스턴과 살렘이 하나의 마을로 합쳐져서 윈스턴살렘이 되었을 때, 이 마을이 주는 느낌은 바이블 벨트[†]에 있는 도시들이 주는 느낌과 사뭇 달랐다. 윈스턴살렘이 더 진보적이었다. 모라비아교도들은 교육을 매우 중시했기 때문이었다. 이들은 살렘여자대학을 설립했는데, 이 지역 최초의 여자 대학이었다. R. J. 레이놀즈와 모라비아교도 노동자들은 서로에게 좋은 동반자가 되었다. 1890년대가 되면서 이 회사는 그 지역에 있는 수많은 담배 회사들 가운데 단연 두각을 나타냈다.

---

† 미국 중남부와 동남부의 기독교 근본주의 신자가 많은 지역.

레이놀즈 타바코는 무척 빠르게 성장했다. 그 결과 한 세기 뒤에 실제로 그렇게 되었듯이 탐욕스러운 북부 사람들이 이 회사를 집어삼키려고 군침을 흘릴 정도가 되었다. 1890년대에 제임스 B. '벅' 듀크가 주도하는 미국 담배 트러스트가 나타났다. 이것은 RJ 레이놀즈와 같은 지역 담배 회사들을 집어삼키면서 거대하게 성장했다. 듀크의 기반은 원래 노스캐롤라이나의 더럼에 있었다. 하지만 그는 자신의 '아메리칸 타바코 컴퍼니'를 뉴욕으로 옮겼다. 회사를 전국적인 규모로 키우려면 자금이 필요했는데, 이 자금을 좀 더 쉽게 조달하기 위해서였다. 회사가 점점 커지며 성공을 거두자 벅 듀크는 존 D. 록펠러의 '스탠더드 오일'을 모방해 담배 트러스트를 만들고, 이를 통해 이제 갓 형성된 미국의 담배 시장을 효과적으로 장악하고 통제했다. 그리고 씹는담배 기업을 인수하는 데 나서기 시작했다.

R.J. 레이놀즈는 위협을 느꼈다. 하지만 싸우겠다고 맹세했다.

"만일 벅 듀크가 나를 집어삼키려 한다면, 그는 평생 복통에 시달려야 할 것이다."

이런 맹세를 했던 그는 무슨 이유에선지 1899년 비밀리에 뉴욕으로 가서는 듀크의 트러스트에 레이놀즈 타바코의 주식 3분의 2를 300만 달러에 팔았다. 아마도 회사를 키우려면 더 많은 자본이 있어야 했고, 또 회사 경영권을 계속 유지할 수 있다는 보장을 받았기 때문이 아닌가 싶다. 벅 듀크는 R.J. 레이놀즈가 자기 아래로 들어왔다고 생각했겠지만, 미스터 RJ는 전혀 다른 생각을 하고 있었다. 담배 트러스트의 통제 아래 있으면서 그는 그 지역의 경쟁 담배 회사들을 마구 인수해 마침내 노스캐롤라이나에서 가장 큰 담배 회사로 덩치를 키웠다. 이렇게 성장하면서 치른 대가는 석 달에 한 번씩 뉴욕으로 가서 벅 듀크의 사람들, 끔찍하게 싫은 이른바 '뉴욕 패거리'에게 보고해야 하는 것이었다.

R. J. 레이놀즈는 양키†의 통제를 증오했을 것이다. 하지만 그가 트러스트의 힘을 업고 그만큼 성장했다는 것은 의심할 여지가 없는 사실이다. 거기까지 성장한 R. J. 레이놀즈는 파이프 담배를 전국적으로 유통시켜야겠다는 생각을 했다. 파이프 담배의 비밀 배합 비율 및 방식을 지휘하며 그는 이 담배에 '프린스 앨버트'라는 이름을 붙였다. 이 이름은 웨일스의 인기 있던 왕자이며 나중에 영국 국왕 에드워드 7세가 되는 앨버트 왕자에게서 따온 것이었다. 그리고 그는 앨버트 왕자의 사진을 수소문해서 구한 뒤에(소설가 마크 트웨인과 차를 마실 때 찍은 사진이었다), 제품 라벨의 모델로 썼다. 그리고 회사는 처음으로 뉴욕에 있는 광고 대행사를 고용했다. N. W. 에이어가 바로 그 회사였고, 에이어는 전국을 대상으로 광고를 펼쳤다.《새터데이이브닝포스트》《콜리어스》그리고 그 밖의 많은 잡지들에 프린스 앨버트는 '혀를 얼얼하게 만들지 않는 유쾌한 담배'임을 천명했다. 레이놀즈는 중간상과 소매상을 강하게 압박했다. 프린스 앨버트를 취급해 주면 많은 이윤을 챙길 수 있도록 보장하겠지만, 그렇지 않을 경우 무서운 결과를 맞을 것이라고 위협했다.

"만일 당신들이 이 담배를 거래 물품 목록에 올리지 않으면 소비자들이 무척 화낼 거요. 왜냐하면 우리 회사는 담배를 피울 때 혀를 얼얼하게 만드는 성분을 제조 과정에서 제거했으며, 이 담배와 견줄 수 있는 담배는 어디에도 없기 때문이오."

나비스코의 유니다 비스킷이 그랬던 것처럼 R. J. 레이놀즈의 프린스 앨버트는 대성공을 거두었다. 1907년에 25만 파운드였던 연간 생산량은 1911년에는 1400만 파운드로 증가했다.

† 미국의 남부 사람들이 북부 사람들을 경멸적으로 부르던 말.

하지만 1911년에는 이보다 더 큰 소식이 있었다. 벽 듀크가 몰락한 것이다. 시어도어 루스벨트 대통령은 여러 해 동안 담배 산업의 목줄을 쥐고 흔들던 듀크의 트러스트를 깨려 했는데, 이 노력이 마침내 트러스트 금지법으로 결실을 맺은 것이었다. 미국의 항소 법원이 레이놀즈 타바코의 독립성을 인정했을 때 윈스턴살렘은 주체할 수 없는 기쁨으로 들끓었다. 레이놀즈의 세일즈맨들에게 트러스트 해체 소식을 전한 편지의 제목은 '해방 소식'이었다. 당시 기쁨에 들뜬 미스터 RJ는 모라비아교도들이던 중역들에게 이렇게 말했다.

"자, 지켜보십시오. 벽 듀크에게 지옥을 맛보게 해 줄 겁니다."

며칠 뒤, 땅거미가 내려앉을 시각에 맨해튼의 거대한 광고판에 불이 켜졌다. 온 도시를 굽어보는 이 광고판에는 앨버트 왕자의 모습이 담겨 있었다. 그리고 그의 발 아래쪽에 "온 국민의 유쾌한 담배, R. J. 레이놀즈 타바코 컴퍼니, 노스캐롤라이나의 윈스턴살렘"이라는 문구가 쓰여 있었다.

남의 사업에 중뿔나게 나서며 간섭하고 통제하던 손길에서 벗어난 R. J. 레이놀즈는 자기 회사가 '뉴욕 패거리'의 손안에 들어가는 일은 두 번 다시 일어나지 않을 것이라고 다짐했다. 그리고 회사 주식을 직원들에게 강제로 안기기 시작했다. 그는 노동자들이 회사 주식을 살 수 있도록 은행 대출을 알선하면서 이렇게 말했다.

"여러분도 이 회사에 관심을 가져야 합니다."

많은 노동자들이 빚지는 걸 원하지 않았지만 그는 확신을 가지고 밀어붙였다. 어떤 것이 최상인지 안다고 말하면서. 그리고 나중에 레이놀즈의 주가가 마구 뛰어오르자, 미국의 다른 지역 사람들은 윈스턴살렘을 '벼락부자들이 우글거리는 도시'라고 불렀다.

미스터 RJ는 여기서 그치지 않고 한 발 더 나아갔다. '클래스 A'라는 주식을 발행했다. 이것은 주식 보유에 따르는 모든 투표권이 공장의 직원에게 귀속되는 주식이었다. 220만 달러를 초과하는 모든 수익의 10퍼센트를 배당금으로 지급할 정도로 이 주식의 배당금은 특별히 높았다. 노동자들은 환호했고, 이들 가운데 많은 사람들이 봉급을 털어 이 주식을 최대한 많이 샀다. 해마다 배당금을 지급하는 날은 축제일이 되었다. 자동차 판매상과 고가품 판매상은 이날이 오기만을 손꼽아 기다렸다. 이와 관련해, 크리스마스 아침에 엄청난 선물을 받자 눈물을 주체하지 못한 윈스턴살렘의 한 남자 이야기도 사람들 사이에서 떠돌았다. 클래스 A 주식을 선물로 받기를 간절하게 바랐는데 그 소원이 이루어지자 너무 기뻐서 하염없이 울었다는 것이다. 1920년대 초반부터 국세청이 클래스 A 주식을 불법으로 규정하는 1950년대까지 레이놀즈의 직원들은 회사의 주식 대부분을 가지고 있었다.

클래스 A 주식으로 회사가 다른 사람의 손에 넘어가지 않는다는 보장을 받은 대신 레이놀즈는 노동자들에게 특별한 관심을 쏟았다. 회사는 어떤 직원에게든 그가 현재 가지고 있는 재산 평가액의 3분의 2까지 대출해 주었다. 실비로 점심 식사를 제공했으며, 더운 환경에서 일해야 하는 노동자들에게는 언제나 얼음물을 제공했다. 또 여성 노동자에게는 탁아 시설을 제공했다(흑인 시설과 백인 시설은 따로 있었다). 타지에서 윈스턴살렘으로 일하러 온 여성 노동자에게도 기숙사를 제공했으며, 또 180가구에 실비로 주택을 제공했다. 이 모든 개혁 조치들은 미스터 RJ의 젊은 부인 캐서린이 직접 나서서 지휘했다.

시대적인 맥락에서 보자면 레이놀즈의 이런 조치는 획기적인 것이었다. 찢어질 정도로 가난하고 대부분 농업에 종사하던 시대에, RJ 레이놀즈는 지역의 토착 농산물을 이용한 제조업 제품을 생산하며 기업계에 우뚝 섰던 것이다. 남부 기업을 보통 북부 사람이 소유했던 시기에 남부 사람이 소유한 기업이 돈을 벌어 지역 사람들에게 아낌없이 베풀었던 것이다. 1913년에는 2만 5000명이던 윈스턴살렘 주민 중 4분의 1이 RJ 레이놀즈에서 일했다.

바로 이해에 당시 63세이던 미스터 RJ는 새로운 상품을 놓고 최대의 도박을 벌였다. 그것은 얇은 종이로 가늘게 만 담배인 궐련cigarette이었다. 당시 갑에 넣어서 판매하는 궐련에 대한 수요는 거의 없었다. 끽연가들이 대부분 직접 말아 피우는 걸 선호했기 때문이다. 시장에 나와 있는 브랜드들은 소규모였고 맛도 그다지 좋지 않았다. 하지만 프린스 앨버트가 거둔 성공의 효과도 이미 약해진 상태였던 터라 미스터 RJ는 담배 맛을 좋게만 하면 궐련이 전국적으로 팔릴 수 있을 것이라고 생각했다. 그는 직접 진두지휘하면서 캘리포니아산 담배와 켄터키산 담배, 그리고 터키산 담배 등을 이용해 다양한 배합 실험을 했다. 그리고 마침내 이것들을 이상적으로 배합한 제품을 완성했다. 그리고 터키의 신비로운 동양적인 이미지를 담아 '카멜'이라는 이름을 붙였다. 그리고 '바넘 앤드 베일리 서커스단'이 그해에 윈스턴살렘에 왔을 때, 사진사가 이 서커스단에 있던 낙타의 사진을 찍었다. 담배를 포장하는 갑에 들어갈 사진이었다.

카멜은 N. W. 에이어의 광고로 이름을 널리 알렸다. 이 광고 회사는 프린스 앨버트와 유니다 비스킷 때와 똑같은 티저 광고 방식을 이용했다. 카멜이 시판되는 마을마다 똑같은 방식이 적용되었다. 처음에 사람들에게 제시한 광고 문안은 '낙타'였다. 그리고 이어서 낙타의 사진과 함께 '낙타가 온다!'가 등장했고, 다시 이어서 '내일 아시아와 아프리카에 있는 모든 낙타의 수를 다 합친 것보다 더 많은 낙타가 이 마을에 나타난다!'가 등장했고, 마지막에는 '카멜 궐련이 왔다!'가 등장했다. 이 마지막 광고 문안에는 제품의 특징과 가격이 함께 소개되었다. 숨막히고 발칙한 이 광고는 지금 기준으로 보면 진부하다. 그러나 최초의 전국 규모 궐련 광고였다. 레이놀즈는 카멜

20개비를 10센트에 팔았다. 다른 브랜드에 비해 5센트나 싼 가격이었다. 곧 경쟁 브랜드들은 고사하거나 합병되었다. 카멜은 신드롬을 일으킬 정도로 선풍적인 인기를 끌었다. 그리고 1년 만에 레이놀즈는 한 해에 4억 2500만 갑을 팔았다. 카멜은 10갑들이 한 보루 단위로 팔렸던 최초의 궐련 브랜드가 되었다. 또한 정부로부터 독점 공급 허가를 받고 1차 세계대전에 참전해 유럽에서 전쟁을 치르던 미군에게 제공되었다. 미스터 RJ는 다시 한 번 큰 성공을 거두었다. 그의 성공은 담배 산업의 혁명이었다.

경쟁자들은 분노했다. 이들은 카멜을 죽이려고 가능한 모든 시도를 다 했다. 카멜 공장에서 일하는 노동자들이 나병과 매독에 걸렸다는 소문이 돌았다. 벅 듀크의 아메리칸 타바코가 이 소문을 퍼뜨렸다는 의심을 받았지만, 사실로 밝혀지지는 않았다. 또 카멜에는 칠레 초석이 들어 있다는 소문도 제법 널리 퍼졌다. 이런 소문들에 분노한 미스터 RJ는 반격에 나섰다. 소문의 진원지를 밝히는 사람에게 500달러를 주겠다는 광고를 낸 것이다. 당시 그가 내걸었던 전투적인 포스터에는 다음 문구가 들어 있었다.

"비열한 중상 비방이 풍기는 더러운 악취에 지나가는 말똥가리조차 얼굴을 돌린다."

이 싸움은 그의 마지막 싸움이 되었다. 1918년에 미스터 RJ는 췌장암으로 사망했다. 하지만 죽으면서도 그는 자기가 이룬 것에 만족했으며 RJ 레이놀즈가 제대로만 운영된다면 결코 무뢰한scalawag†의 손에 넘어가지 않을 것이라고 확신했다.

"길은 내가 닦았다. 당신들은 그저 이 길을 따라가기만 하면 된다."

---

† 이 단어는 남북전쟁 뒤 북부를 기반으로 한 공화당의 정책을 지지한 남부 백인을 경멸적으로 부르는 뜻을 담고 있다.

회사 경영은 곧 레이놀즈 가족의 손을 떠났다. 미스터 RJ의 동생인 미스터 윌이 회장이 되었지만 그는 말을 기르는 데 더 많은 시간을 쏟았다. 미스터 RJ의 장남인 로버트는 사업보다는 정치에 더 관심이 많아 윈스턴살렘의 시장이 되고 민주당 전국위원회의 회계 책임자가 되었다. 차남이던 재커리 스미스 레이놀즈는 비행기 조종사였는데 이름난 바람둥이였다. 그는 감상적인 사랑 노래를 부르던 토치 송 가수 리비 홀먼과 결혼했지만 스물여덟 살에 총을 맞고 죽었다. 정황으로 볼 때 치정과 관련된 수상한 구석들이 많았다. 그의 아내는 살인죄로 기소되었지만 재판을 받지는 않았다. 그의 이름은 지금 윈스턴살렘의 공항에 남아 있다.

레이놀즈 타바코를 경영하는 무거운 짐은 그 지역에서 성장한 중역들에게 지워졌다. 그들 가운데 여러 명은 미스터 RJ가 죽기 전에 엄선해서 지명한 인물들이었다. 그중에서 가장 먼저 보면 그레이를 늘 수 있다. 그는 매우 꼼꼼한 사람으로, 회사의 실질적인 성장을 이끌어 낼 역동적인 발상이나 상상력은 가지고 있지 않았지만 레이놀즈를 안정된 상태로 원활하게 유지했다. 그는 날마다 해가 뜨기 전에 사무실에 들어갔는데 해가 지고 나서도 좀처럼 나오지 않았다. 그의 동생 제임스 그레이는 와코비어 은행의 최고 경영진의 일원으로, 와코비어의 이해는 레이놀즈의 이해와 떼어서 생각할 수 없었다(제임스 그레이는 나중에 레이놀즈로 자리를 옮겨 레이놀즈를 직접 경영한다). 와코비어의 최고 경영진, 레이놀즈 집안과 그레이 집안, 그리고 모라비아교의 원로들이 윈스턴살렘을 이끄는 엘리트 집단이 되었다. 이 구성원들은 저 유명한 '올드 타운' 클럽의 회원이 되었고, 여름에는 100킬로미터쯤 떨어진 산악 지대의 휴양 마을 로어링갭으로 피서를 갔다. 이들은 혼맥으로

서로 끈끈하고도 복잡하게 얽혔다.

이런 혼맥 관계는 당연히 지금까지도 윈스턴살렘에 출몰하는 지역주의라는 유해한 기질을 강화했다. 1930년대에 레이놀즈의 최고 경영진에 속했던 한 사람은 윌 레이놀즈의 조카와 결혼했지만 나중에 해고를 당했는데, 윈스턴살렘에서 살지 않으려 했다는 점이 해고 사유의 하나로 작용했을 정도이다. 외부 세상과 단절됨으로써 이 회사는 변해 가는 추세를 제대로 따라잡지 못했다. 특히 여성 흡연자라는 신흥 시장을 간과한 것도 한몫했다 (여성 은행 강도 보니 파커가 카멜 애호가였으며 도피 행각을 벌이던 중에 이 회사의 공장을 한 차례 찾았다는 사실이 알려졌음에도 불구하고, 여성 흡연자를 중요하게 여기지 않았다). 그 결과 카멜은 궐련 부문의 1위 자리를 1929년에 아메리칸 타바코의 '럭키 스트라이크'에 내주어야 했다. 하지만 그 뒤 레이놀즈는 윌리엄 에스티가 경영하던 뉴욕의 작은 광고 대행사의 도움을 받아 반격을 펼쳤고, 1930년대에 정상의 자리를 되찾았다. 레이놀즈와 에스티의 동맹은 레이놀즈의 브랜드들을 50년 이상 동안 경쟁력 있는 제품으로 유지시켰다.

윈스턴살렘이라는 작은 도시는 스스로를 '카멜 시티'라고 부르며 자기 지역에 있는 이 큰 기업을 자랑스러워했다. 공장 노동자들은 작업복 차림으로 종이 가방에 현금을 가득 담아 들고 증권사로 가서 레이놀즈 타바코 주식을 사겠다는 주문을 냈다. 여유가 있는 대로 클래스 A 주식이 나오는 족족 사 모았던 호버트 존슨이라는 노동자는 여러 해 동안 이 회사의 주식을 가장 많이 보유한 최대 주주였다. 주식은 대를 이어 유산으로 물려졌다. 그리고 다음과 같은 당부가 꼭 함께 따랐다.

"얘야, 절대로 레이놀즈 주식을 팔아서는 안 된다."

지역 사회의 근간을 이루고 있던 모라비아교적 가치관은 RJ 레이놀즈에 더욱 깊이 스며들었다. **일하라.** 경쟁 회사들의 담뱃잎 구매 담당자들은 여덟 달 동안 이어진 담배 경매 시즌이 끝나면 집으로 돌아가 빈둥거리면서 지냈다. 그러나 레이놀즈의 담당자들은 자기들이 사 온 담뱃잎들을 선별하는 작업을 했다. 이 작업을 하면서 담배의 질을 높일 수 있는 방법이 없을까 고민했다. **절약하라.** 레이놀즈에서는 노동자들이 새 연필을 지급받으려면 몽당연필을 제출해야 했다. 더운 여름날 사무실에서 혼자 작은 선풍기를 켜 둔 젊은 관리자는 당장 선풍기를 끄라는 훈계를 들어야 했다. 전기를 낭비한다는 것이었다. **발명의 재주를 동원해 업무를 개선하라.** 회사는 담배의 줄기와 담뱃잎 부스러기를 재활용하는 방안을 개발함으로써 재료의 손실을 줄이고 그만큼 수익을 증대시켰다. 이른바 '재제작 담배'라 불리던 이것은, 수고를 아끼지 말고 낭비를 아끼라는 레이놀즈의 기업 문화와 제조 방법의 노하우가 결합해 만들어진 것이었다.

하지만 이곳은 피드몬트 고원에 있는 낙원이 분명 아니었다. 1930년대 중반, 보면 그레이가 사망한 뒤에 레이놀즈는 10년 이상을 미적지근한 경영 속에서 보냈다. 노동자들 사이에서는 언제나 이런저런 불만들이 팽배했다. 윈스턴살렘의 약자로 흔히 쓰였던 'WS'가 '일하고work 자라sleep'는 말의 약자라는 농담이 돌 정도였다. 1940년대에는 길지 않은 기간이었지만 레이놀즈의 노동자들이 노동조합을 결성했다. 회사에서는 이 노동조합을 깨려고 많은 시도를 했는데, 노동조합의 지도자들이 공산주의자라는 낙인이 찍히고 나서야 뜻을 이룰 수 있었다. 이런 어수선한 상황에서 레이놀즈는 커다란 대가를 치러야 했다. 최대 라이벌이던 아메리칸 타바코에 선두 자리를 내주고 말았던 것이다.

하지만 이런 상황은 오래가지 않았다. 미스터 윌의 조카 존 휘터커의 지도력 아래 레이놀즈는 1950년대에 새로운 황금기를 누렸다. 레이놀즈가 최초로 도입했던 궐련 제조 기계를 조작하는 일을 했던 휘터커는, 노동조합을 둘러싸고 벌어졌던 쓰라린 일들이 끝난 뒤에 느슨하게 풀어진 회사의 가족적인 분위기를 강화했다. 그는 공장 현장을 돌아다니면서 노동자들의 이름을 부르며 가족의 안부를 묻길 좋아했다. 이와 관련해 당시에 이 공장에서 일했던 한 사람은 다음과 같이 회상했다.

"언젠가 한번은 자동차를 몰고 출근하다가 신호 때문에 자그마한 갈색 스투더베이커†를 타고 있던 휘터커 씨 옆에 멈춰 섰습니다. 나를 보고 손을 흔들더군요. 나도 손을 흔들었죠. 그렇게 우리는 함께 공장으로 출근했습니다. 그리고 그 시각 이후로 우리는 똑같이 행동했습니다."(당시 레이놀즈에는 중역들이 뷰익보다 더 큰 차를 몰아선 안 된다는 불문율이 있었다. 그때 이후로 상당한 세월이 흐른 뒤였음에도 불구하고 윈스턴살렘에서는 다음과 같은 황당한 일이 일어났다. 데이비드 록펠러가 연설을 하러 윈스턴살렘에 갔다. 그의 비서가 리무진을 준비해 달라고 행사 주최 측에 요구했는데, 윈스턴살렘을 다 뒤져도 리무진을 찾을 수 없었다.)

휘터커가 이끌던 1954년에 레이놀즈는 '윈스턴'을 선보였다. 주요 브랜드로서는 최초로 필터를 단 담배였다. 윈스턴은 처음 9개월간 무려 65억 갑이 팔렸다. 그리고 이어서 최초의 대량 생산 박하 담배이던 '살렘'도 출시되었다. 살렘 역시 수십억 갑이 팔렸다. 1959년에는 이 두 브랜드 덕분에 레이놀즈의 매출액이 아메리칸 타바코의 매출액을 크게 앞질렀다. 이를 축하하느라 윈스턴살렘에서는 사람들이 거리에서 춤을 추었다.

휘터커는 지역과 노동자들에게 봉사하고 이익을 되돌리는 레이놀즈의 전통을 계속 이어 갔다. 그는 노동조합이 있는 회사의 노동자들이 받는 임

---

† 1852~1967년 존립했던 미국의 마차 및 자동차 생산 회사의 이름이자 자동차 브랜드 이름.

금보다 더 많은 임금을 직원들에게 지급했다. 그리고 미국을 통틀어 가장 관대한 직장 의료 보험 제도를 실시했다. 회사 직원과 직원의 가족은 회사가 지원하는 병원에서 거의 무료나 다름없는 진료비만 내고 치과 진료를 포함한 모든 진료를 받았다. 1950년대 중반에 회사와 레이놀즈 가문은 함께 힘을 모아, 웨이크포리스트대학교를 당시 위치에서 160킬로미터 서쪽으로 이전시켰다. 이 대학교가 이전한 도시는 물론 윈스턴살렘이었다. 그 이전에 아메리칸 타바코가 대학교 하나를 더럼으로 이전시키고 듀크대학교라고 이름을 새로 바꾸었는데, 여기에 자극받아 한 일이었다. 이렇게 함으로써 윈스턴살렘도 더럼에 결코 뒤처지지 않는 도시가 되어야 함을 온 세상에 알린 셈이었다.

그때는 형편이 참 좋았다. 레이놀즈의 윈스턴, 살렘, 카멜이 전국에서 가장 잘 팔리는 네 개 브랜드의 궐련 가운데 세 자리를 차지했고, 프린스 앨버트도 베스트셀러 파이프 담배라는 지위를 유지했으며, 또 '데이스 워크'라는 브랜드도 씹는담배 가운데서 1위 자리를 지켰다. 미국 사람들은 지독한 골초였다. 다들 굴뚝처럼 연기를 뿜어 댔다. 1960년 기준으로 전체 남성 가운데 58퍼센트, 그리고 전체 여성 가운데 36퍼센트가 담배를 피웠다. 레이놀즈가 당면한 문제는 어떻게 하면 빨리 담배를 끄게 만들까, 그리고 어떻게 하면 담배를 팔아서 번 돈을 와코비어 은행으로 온전하게 제대로 가져갈까 하는 것이라는 우스갯소리도 있었다.

한 가지 측면에서 그건 사실이었다. 최고경영자의 관점에서 볼 때 레이놀즈는 현금이 너무 많았다. 1956년에 이 회사는 강령을 수정해서 담배 이외의 사업체를 인수할 수 있도록 했다. 레이놀즈 역사상 처음 있는 일이었다. 그리고 2년 뒤 '워너-램버트'라는 제약 회사를 인수하기 직전까지 갔다. 그러나 이사회의 일원이자 부사장이던 찰리 웨이드가 뉴저지에 있는 워너

–램버트의 사옥에 갔다가 충격적인 사실을 알았다. 사장이 회사 소유의 요트를 가지고 있었던 것이다. 이에 대해 웨이드는 다음과 같이 회상했다.

"나는 돌아와서 이렇게 말했죠. '이 회사의 임자는 우리가 아닙니다. 이 회사에 있는 사람들은 우리와 종류가 다른 인간들입니다'라고요."

이렇게 해서 거래는 무산되었다. 그런데 당시 이 인수 건을 알고 있던 다른 사람들은, 단순히 그 이유 때문만은 아니라고 했다. 이사회 구성원들은 워너–램버트의 노동조합이 레이놀즈의 직원들에게 전염병으로 작용하지 않을까 두려워했던 것이다. 그러나 이런 모습에서 당시 레이놀즈가 가지고 있던 태도를 분명하게 포착할 수 있다. 검약하고, 외부 사람들을 경계하며, 현재의 지위를 잃지 않으려 하고, 노동조합이라면 질색하던 태도를 말이다. 당시 중역으로 있던 한 사람은, 레이놀즈가 소도시적인 사고에 젖어 있었고, 이사진은 양키와 노동조합에 대해서는 아무것도 바라지 않았다고 회상했다.

1950년대에 레이놀즈는 하나의 거대하고 행복한 가족이었다. 경영진은 공장 노동자들이 아침마다 노스캐롤라이나의 시골 마을에서 잠자리를 털고 일어나 통근차를 타고 공장으로 출근해 긍지를 가지고 제품에 따라 맞는 담뱃잎을 골라내고 또 담배를 포장하는 기계 하나하나를 낱낱이 다 알고 있다는 사실을 결코 잊지 않았다. 어떤 신제품이 잘 팔릴 것인지 그렇지 않을 것인지 판단해야 하는 중대한 결정을 앞두고서는 공장 노동자 250명으로 구성된 패널들의 의견을 물었다. 윈스턴의 배합 비율도 노동자들이 250가지가 넘는 다양한 시제품을 직접 피워 본 뒤에 의견을 모았으며, 당시 판매 책임자였던 보먼 그레이 주니어가 이렇게 해서 선택된 시제품을 최종적으로 직접 피워 보았다.

"바로 이거야!"

그가 무릎을 쳤고, 그렇게 해서 윈스턴이 탄생했다.

그레이는 1959년에 휘터커의 자리를 물려받았다. 그는 전형적인 레이놀즈 중역이었다. 미스터 RJ의 오른팔이었던 보먼 그레이의 아들인 그는 하루에 윈스턴 네 갑을 피웠으며, 열일곱 살 때부터 레이놀즈에서 일했다. 그해에 그는 담뱃잎을 다듬는 일을 하면서 온 여름을 보냈었다. 그는 윈스턴의 최종 시제품을 선택한 뒤에 무엇보다 자기의 입맛을 믿었다.

"만일 어떤 담배가 내 입에 맞으면 다른 사람들 입에도 맞을 것이라고 믿습니다. 나는 평균적인 사람이거든요."

1960년 《타임》과 인터뷰를 하면서 그가 했던 말이다.

하지만 다음 10년 동안 사람들은 과연 담배를 피워야 하는지 고민하게 되었다. 담배가 등장했을 때부터 흡연에 반대하는 사람들이 있었다. 영국 국왕 제임스 1세는 담배를 "지옥의 생생한 이미지이자 양상"이라고 부르며 담배에 수입 관세를 무겁게 물렸다. 프랑스의 루이 13세와 러시아의 미하일 1세는 담배를 피울 경우 사형에서 거세에 이르는 형벌을 가할 것이라고 공포했다. 교황 우르바노 8세는 교회 건물 안이나 교회에 딸린 공간에서 담배를 피우다 적발된 사람은 누구를 막론하고 파문할 것이라고 엄포를 놓았다. 하지만 미국에서 담배에 대한 예찬은, 외과 의사이던 루서 테리가 흡연과 암의 상관관계를 다룬 기념비적인 논문을 발표했던 1964년까지 아무런 방해도 받지 않고 계속되었다. 이 여파로 그때까지 해마다 5퍼센트씩 증가하던 담배의 매출액이 그 시점을 정점으로 급격히 떨어졌다.

하지만 증가세는 곧 예전 수준을 회복했다. 그러나 레이놀즈는 경고를 예의 주시했다. 그레이는 담배 사업 부문 이외에 속하는 기업들을 사들이기 시작했다. 대부분 식품 기업이었는데, 레이놀즈의 경영진은 자기들이 확보하고 있는 마케팅 경험과 역량으로 가장 손쉽게 접근할 수 있는 영역이라고 생각했던 것이다. 암을 일으킬 수도 있는 제품을 파는 사람들인데, 이런 솜씨를 발휘한다면 무엇인들 팔지 못하겠느냐고 그들은 즐겨 말했다. 이렇게 해서 레이놀즈가 사들인 브랜드는 '하와이언 펀치' 음료, '버몬트 메이드' 단풍 당밀, '마이-티-파인' 푸딩, '천킹' 중국 음식, 그리고 '파티오' 멕시코 음식 등이었다.

하지만 지역성 때문에 레이놀즈는 새로 등장한 경쟁자인 뉴욕의 '필립 모리스'가 부지런히 활용하던 기회를 활용하지 못했다. 필립 모리스는 주력 상품인 '말보로'를 전 세계에 엄청나게 팔아 치웠다. 오랜 세월 시장을 지배했던 터라 오만함에 푹 빠져 있던 레이놀즈 경영진은 본사 건물의 22층에서 아래를 내려다보면 회사가 소유하고 있는 모든 것이 다 보인다는 말을 즐겨 했다. 그러면서 이런 농담을 했다.

"만일 저기 세상에 있는 누가 카멜 한 갑을 원한다면, 고함을 질러 우리를 부르라고 해."

하지만 1960년대 말이 되면서 레이놀즈가 누렸던 영광의 날들도 저물기 시작했다. 곧 그날들이 끝날 때가 다가왔다. 후계자로 지목되었던 중역 둘이 사망한 뒤에, 그레이의 뒤를 그의 사촌인 앨릭스 갤러웨이가 이었다. 그는 의지가 약한 재무 담당 책임자였다. 갤러웨이는 재앙을 몰고 올 다각화로 레이놀즈를 이끌었다. 나비스코가 그랬던 것처럼, 이 다각화는 핵심 사업인 담배 부문까지 위태롭게 만들었다.

과거 윈스턴살렘에서 기업 활동을 한 적이 있는 인물인 맬컴 매클레인이 제안한 대로 갤러웨이는 매클레인이 소유하고 있던 선적 회사인 '시-랜드'를 매입했다. 레이놀즈의 이사진 자리를 꿰차고 들어온 매클레인은 이어 '아미노일'이라는 소규모 석유 회사를 사자고 제안했다. 갤러웨이는 이 제안 역시 받아들여 다음 해에 아미노일을 매입했다. 이 회사의 기름은 시-랜드의 유조선으로 수송될 것이라는 게 이런 아이디어가 나온 단초였다. 다음 해에 갤러웨이는 레이놀즈의 다각화 사업을 반영하는 차원에서 회사 이름을 'RJ 레이놀즈 인더스트리스'로 바꾸었다. 그리고 그다음 10년 동안 20억 달러가 넘는 돈을 아미노일과 시-랜드에 쏟았다. 이렇게 해서 시-랜드는 세계에서 가장 규모가 큰 민간 운송 회사가 되었다. 당연한 이야기지만 이 과정에서 담배 공장들은 천천히 흐트러져 갔다.

최고경영자로 그리 길지 않은 기간 동안 있으면서 갤러웨이는 매클레인과 다른 영향력 있는 외부 인사들에게 휘둘렸다. 그들 가운데 한 명이었던 J. 폴 스틱트라는 레이놀즈 이사는 갤러웨이의 후계자가 누가 될 것인가 하는 문제에 촉각을 곤두세웠다. 스틱트는 레이놀즈 이사진 가운데 몇 되지 않는 사외 이사였다. 스틱트가 1968년 레이놀즈에 합류할 당시 레이놀즈 이사진에 있던 사외 이사는 스틱트를 제외하고 두 명이었다. 그런데 더욱 특이한 사실은 스틱트가 피츠버그 외곽에 있던 하숙집에서 성장한 '양키'라는 점이었다. 그의 아버지는 독일에서 이민 온 철강 노동자였다. 스틱트는 고등학교에 다니는 동안에도 공장에서 일을 했으며, 인근에 있던 그로브시티칼리지라는 학부 중심 대학에 다니다가 곧바로 나왔다. 그리고 공장에서 노동조합 간부가 되었으며 주임 지위까지 올라갔다. 하지만 그의 부드러운 말투와 블루칼라 출신이라는 배경 이면에서는 야망의 불길이 그 어떤 공장의 용광로보다 뜨겁게 타올랐다.

스틱트는 곧 사무직 일자리를 찾아 공장에서 나왔다. 그리고 '트랜스 월드 항공' 인사과에 취직했다. 그리고 다시 '캠벨 수프'로 이직했다. 그는 빠르게 승진하여 1950년대 말에는 신시내티의 거대 소매 유통업체인 '페더레이티드 디파트먼트 스토어스'에 들어갔다. 그리고 1960년대 중반에는 사장 겸 최고운영책임자가 되었다. 그러나 최고경영자 자리까지는 올라가지 못하고 정년을 다 채우기 전인 1972년에 조기 퇴직을 했다(어떤 사람들은 그가 해고되었다고 말한다). 그의 나이 쉰다섯 살이었다.

그는 노동조합을 깨는 전술을 놓고 협의를 하면서 알게 된 부사장 찰리 웨이드의 요청으로 레이놀즈의 이사진에 이미 이름을 올려놓고 있었다. 1972년 스틱트는 갤러웨이가 재무 분야를 전공한 데이비드 피플스라는 인물을 후계자로 선정하지 못하도록 공작했다. 스틱트는 세 명의 다른 사외 이사들과 협의한 뒤에, 만일 피플스가 최고경영자로 선택될 경우 함께 협의했던 이사들이 일괄 사임할 것이라고 갤러웨이에게 통고했다. 이렇게 해서 새로운 후계자를 선택하기 위한 위원회가 구성되었고, 위원회 의장으로 시간이 남아돌던 스틱트가 선임되었다. 그리고 이 위원회는 여러 달 동안 조사를 하고 또 논의한 결과, 레이놀즈를 이끌고 1970년대 후반을 헤쳐 나갈 인물을 선정했다. 이렇게 해서 선정된 사람은 누가 봐도 놀라운 인물이었다. 바로 위원회 의장이던 폴 스틱트였던 것이다.

형식적인 틀로 볼 때 스틱트는 레이놀즈에서 이인자였다. 하지만 우두머리가 늘어난 새로운 집행 구조 속에서 그는 자기 직위의 권한을 넘어서는 권한을 행사할 수 있었다. 이름뿐인 레이놀즈의 최고 지휘관, 즉 스틱트의 상관은 콜린 스토크스였다. 그는 윈스턴살렘 토박이였고, 미스터 RJ 아래에서 담뱃잎 건조실의 책임자로 일했던 아버지를 둔 전형적인 레이놀즈 경영자였다. 줄담배를 피워 대던 마흔 살의 고참 스토크스는 밑바닥 일부터 시작해 그 자리까지 올라온 사람이었다. 따라서 담배에 관해서라면 모르는 게 없었다. 하지만 노스캐롤라이나 바깥에 존재하는 세상에 대해서는 아무것도 몰랐다. 스토크스는 스틱트의 손안에 있었고, 그가 하자는 대로 했다.

레이놀즈를 이끌고 1970년대를 관통했던 이 두 사람의 차이는 회사 소유의 제트기에 대한 태도에서 상징적으로 극명하게 드러났다. 레이놀즈는 1950년대부터 두 대의 비행기를 가지고 있었다. 한 대는 카멜 담뱃갑의 색으로 외관을 칠했고, 한 대는 살렘 담배갑의 색으로 칠했다. 그런데 사람들이 얼마나 검소하게 이 비행기를 사용했던지, 당시 조종사였던 사람은 항공 일지에 한 달 사용 시간을 37분으로 기록했던 기억이 난다고 말했다. 이 정도 시간이면 비행기가 이륙해서 정상적으로 날고 있다는 사실을 확인하는 데 걸리는 시간이라는 말도 덧붙였다. 이는 레이놀즈의 경영진이 인류 평등주의를 실천하는 사람들이었다는 사실뿐 아니라, 다른 데로 출장을 가기보다는 본사에 머무르기를 더 좋아했다는 사실을 반영한다. 스토크스와 그의 친구들은 특히 뉴욕으로 가기를 싫어했다. 뉴욕에 있던 레이놀즈의 광고 대행사 직원 래리 와송은 레이놀즈 경영진이 뉴욕으로 출장을 올 때면 공항으로 달려가 공항 인근에 그들이 자주 가는 음식점을 예약해야 했다. 그들이 맨해튼의 번잡한 거리에서 헤매지 않게 하기 위해서였다. 하지만 대부분의 경우에 그들이 뉴욕으로 가기보다는 와송이 윈스턴살렘으로 갔다.

하지만 스틱트는 회사 소유의 제트기를 타려고 태어난 사람이었다. 비행기에 전화를 장착하게 했고, 먹을 것과 마실 것을 충분히 준비하라고 지시했다. 스틱트는 스토크스에게 시카고와 보스턴처럼 새롭고 넓은 장소를 보여 주는 것을 자기 임무로 여기고 실행했다. 그는 국제자문단을 만들어 여기에 미쓰비시의 사장 다나베 분이치로와 도이치방크의 이사 헤르만 압스와 같은 인물들을 포진시켰다. 1년에 두 차례씩 이들과 기업계의 다른 거물들을 한자리에 불러 레이놀즈 중역들과 함께 세계의 경제 동향을 토론했다. 스틱트는 레이놀즈에서 지방색을 걷어 내려고 노력했던 것이다.

스틱트로서는 오랜 세월 품었던 야망이 드디어 실현되었다. 실직한 소매업자가 거대 기업의 수장이 된 것이었다. 그랬던 그였기에 뉴욕에 있는 비즈니스라운드테이블BRT†과 워싱턴에 있는 미국상공회의소에서 기업계의 엘리트들과 교유하기를 무척 좋아했다. 그는 자신과 허물없이 지내는 유명 인사의 이름을 들먹이기를 무척 좋아했다. 그래서 어떤 사람들은 그가 기업을 경영하기보다는 기업을 말아먹는 일에 더 관심이 많다고 투덜거리기도 했다.

스틱트는 감정 기복이 매우 심한 편이었지만 그럼에도 불구하고 어떤 일을 결정할 때는 한없이 꾸물거렸다. 그리고 중역들 사이에 갈등이 생기면 소동의 한가운데 있기보다는 멀찌감치 피해 있으려 했다. 정치인처럼 처세하거나 부모처럼 엄하게 꾸짖으려 들었다. 목소리는 부드러웠고 태도는 예의 발랐다. 그는 운전기사들의 이름을 모두 외웠고 조종사들에게는 부인의 안부를 물었다. 정중한 행동과 약삭빠른 처신으로 무장한 스틱트는 어떤 점에서 보면 지방색 강한 옛날 세상의 레이놀즈를 현대적인 세상으로 연결하는 완벽한 가교였던 셈이다.

하지만 철저하게 외부 인물이었기 때문에 그는 윈스턴살렘의 이른바 '친위대'들로부터 제대로 대접을 받은 적이 한 번도 없었다. 담배를 피우지 않았던 스틱트는 때로 파이프에 불을 붙이곤 했는데, 담배를 즐기기 위해서라기보다는 남에게 보이기 위해서였다. 주말이면 그는 제트기를 탔다. 비행기는 겨울에는 팜비치에 있는 집으로 날아갔고, 여름에는 뉴햄프셔의 집으로 날아갔다. 그의 아내 편은 윈스턴살렘에 거의 발길을 하지 않았다. 하지만 이런 행태는, 레이놀즈의 고위 간부라면 당연히 윈스턴살렘에서 사회적으로 중심적인 역할을 해야 한다고 믿는 사람들이 보기에는 모욕이었다. 스틱트는 처음에 올드 타운 클럽에 끼지도 못했다. 그래서 졸부들이 북적거리

---

† 미국 내 200대 대기업 협의체로 거대 기업의 이익을 대변한다.

는 '버뮤다 런'으로 가야만 했다.

스틱트는 콜린 스토크스를 압도하면서, 장차 회사를 가족 중심주의가 지배하는 기업에서 더욱 현대적인 거대 기업으로 변모시키게 될 격동의 1970년대를 관통해서 레이놀즈라는 배의 항로를 잡고 이끌었다. 그는 불법 정치 헌금과 관련된 워터게이트 시대 스캔들에 연루된 최고 경영진 세 명을 추방함으로써 권력을 강화했다. 그리고 시-랜드가 해외에서 리베이트 대금 1900만 달러를 불법적으로 지불한 사건이 그 뒤에 곧바로 터졌지만, 이것도 스틱트는 잘 처리했다. 이런 과정을 통해 그는 회사에 대한 지배력을 더욱 공고하게 다져 나갔다.

그동안 회사가 유지해 왔던 선한 모라비아교의 가치관이 몰락하고 폴 스틱트가 중요한 지도자로 떠오르는 현상은 재앙을 불러올 끔찍한 변화를 뜻하는 게 아닌가 하는 불길한 예감이 사람들 사이에 퍼졌다. 지역의 주식 중개인이던 스튜어트 로버트슨은 이렇게 경고했다.

"조심해야 합니다. 이제 곧 수많은 양키 사기꾼들이 이리로 올 겁니다. 그들은 아마 이처럼 많은 돈을 예전에 본 적이 없을 겁니다. 그리고 그들은 이 돈으로 무엇을 해야 할지도 모를 겁니다."

전례 없던 이런 변화에 이어 그다음에 어떤 일이 벌어질지 누구나 다 알았다. 레이놀즈에 양키들이 넘쳐 나게 되었다. 레이놀즈는 1970년대 내내 주된 경쟁자이던 필립 모리스 때문에 점점 더 큰 압박을 느껴 왔었다. 필립 모리스의 말보로 브랜드는 폭발적으로 성장하고 있었다. 스틱트는 좀 더 치밀한 마케팅 전문가들이 있어야 이 도전을 물리칠 수 있다고 확신했다. 그래서 회사 역사상 최초로 외부에서 전문가들을 윈스턴살렘으로 데려왔다. 이 가운데는 다음과 같은 인물들이 포함되어 있었다. 국내 담배 사업을 지휘할 '필스버리'의 전 대표 제임스 피터슨, 레이놀즈 타바코 대표를 맡을 '아메리칸 사이안아미드'의 전 수석 부사장 모건 헌터, 담배 마케팅을 지휘할 '레버 브라더스'의 중역 로버트 앤더슨, 그리고 처음에는 식품 사업을 운영하다가 나중에 회사의 오랜 숙원이던 해외 시장 진입을 지휘하게 될 '체스브러-폰즈'의 부사장 J. 타일리 윌슨 등이었다.

북부에서 온 신참자들은 거의 한 명도 빼놓지 않고 모두 레이놀즈의 거친 환경을 버텨 냈다. 이들은 윈스턴살렘에 대해 다음과 같은 농담을 했다.

"이곳은 세상의 끝이 아니지만 여기에 서면 그곳이 보여."

이들은 부드러움을 허약함으로 잘못 파악했다. 느린 행보를 통찰력 부족으로 잘못 파악했다. 그리고 남부 악센트가 강한 사람을 얼간이로 잘못 파악했다. 광고 대행사의 래리 와송도 다음과 같이 회상했다.

"이들은 레이놀즈에 있던 똑똑한 사람들을 마치 시골의 무지렁이처럼 대했습니다."

신참자 집단은 자신에 차 있었다. 하지만 담배 파는 일에는 놀라울 정도로 서툴렀다. 1971년에는 전파를 통한 담배 광고가 금지되었다. 그 바람에 레이놀즈는 "윈스턴의 맛은 담배가 낼 수 있는 최상의 맛"이라는 귀에 쏙 들어오는 시엠송을 폐기해야 했다. 스틱트가 불러들인 새로운 군단은 여러 해 동안 대체 광고 수단을 찾느라 허둥대면서, 인쇄물 광고에 들어갈 문안을 만드는 작업을 했지만 뾰족한 성과가 없었다. 로버트 앤더슨은 담배 광고의 결정적인 수단이던 옥외 광고판 광고를 중단함으로써 문제를 더 복잡하게 만들었다.

여러 광고 대행사들이 이 문제를 해결하려고 달려들었다. 각자 자기들만의 아이디어를 가지고 새로운 방향으로 접근했지만 모두 실패했다. 담배는 이미지로 판다. 그리고 레이놀즈 경영진은 자사의 브랜드 이미지를 오랜 세월 동안 신성불가침의 영역으로 대해 왔었다. 필립 모리스의 말보로는

1950년대 이후 늘 한결같이 카우보이 이미지를 고수함으로써 수많은 흡연 자를 사로잡아 왔다. 레이놀즈는 여기에 맞서 동일한 마초 이미지로 반격에 나섰다. 벌목꾼이나 선원의 이미지를 동원했다. '미국의 노동 계층' 이미지 로써 여태까지 그랬던 것처럼 블루칼라 브랜드를 찬양하고자 했다. 하지만 효과가 없었다.

말보로는 생산 현장 전투에서도 승리를 거두었다. 레이놀즈를 20년 동 안 정상에 올려놓았던 그 전통이 이제는 레이놀즈가 시대의 흐름을 따라잡 지 못하게 발목을 붙잡고 늘어졌다. 레이놀즈의 생산 담당 중역들이 고수해 왔던 '재제작 담배' 정책은 비용을 절약할 수 있을지는 몰라도 품질은 떨어 뜨렸다. 이 담배는 강하고 껄껄한 맛을 내서 블루칼라 노동자에게는 인기 있 었지만, 1970년대가 되면서 등장한 더욱 세련되고 젊은 층의 기호에는 맞 지 않았다. 하지만 말보로는 좀 더 부드러운 맛을 내도록 성분을 배합함으 로써 기존 시장에 없었던 새로운 강점을 확보했다. 레이놀즈가 처음부터 끝 까지 한 가지 정책만으로 밀고 나갈 때 필립 모리스는 새로운 공장과 설비 에 자본을 투자함으로써 이런 성과를 이룩했다. 너무나 오랜 세월 담배 사 업을 지배해 왔던 레이놀즈의 경영진은 자기만족의 함정에 빠져 있었다. 그 들은 담배를 재배하는 밭과 완성품 담배를 만들어 내는 공장 근처에 있지 않는 사람들을 믿지 않았다. 그래서 이런 식의 말을 당연한 듯이 했다.

"파크애버뉴에 있는 녀석들이 담배에 대해 뭘 알겠어?"

1970년대 중반에 필립 모리스와 레이놀즈는 담배 생산 속도를 획기적 으로 높여 줄 1세대 전자 기계 도입을 시도했다. 하지만 레이놀즈의 기술자 들 가운데 다수가 문맹이었기 때문에 이 기계의 조작 설명서를 제대로 읽 지 못했다. 그래서 레이놀즈는 기술자들 스스로 직접 분해하고 또 조립할 수 있는 좀 더 믿음직한 옛날식 기계 쪽으로 돌아섰다. 이에 반해 필립 모리스는 새로운 설비를 적극적으로 받아들였다. 레이놀즈가 실수를 깨달았을 때는 이미 늦었다. 이것이 최후의 결정타였다. 결국 1976년에 윈스턴은 말보로에 판매량 1위 자리를 내주고 말았다. 그리고 이 상황은 지금까지도 이어지고 있다. 모든 제품을 함께 놓고 볼 때도 레이놀즈는 아슬아슬하게 1위 자리를 지켰다.

이런 문제는 오래된 브랜드에 국한된 게 아니었다. 신제품의 실패도 레이놀즈를 비틀거리며 만들었다. 당시는 '천연 건강 제품'이 인기였다. 그래서 말보로에 패배를 당한 직후 레이놀즈는 건강에 해롭지 않은 담배를 생산하기로 결정했다. 이 담배에 '리얼'이라는 이름을 붙였다. 그리고 언제나 그랬듯이 회의적인 의견은 무시했다. 이 담배의 출시에 반대하는 사람은 이렇게 불평했다.

"건강을 생각하는 사람들에게 뭘 팔겠다는 거지? 담배를 피우는 사람들은 빌어먹을 건강 따위는 생각도 하지 않는데."

하지만 레이놀즈 경영진은 성공을 거둘 것이라 확신했기 때문에 테스트 마켓을 생략하고 곧바로 전국 시장에 리얼을 풀었다. 혈색 좋은 청년들이 리얼 담배를 즐기고 거리 한 모퉁이에 수북이 버려진 담뱃갑을 보여 주는 광고에 수백만 달러를 쏟았다. 물론 리얼은 엄청난 실패를 기록했다.

1970년대 말에 스토크스가 은퇴하자마자 스틱트는 공식적으로 최고경영자가 되었다. 그리고 레이놀즈는 50년 된 건물을 떠나 새로운 건물에 입주했다. 원래 건물에서 몇 킬로미터 떨어진 곳에 위치한 이 새로운 사옥은 겉면이 유리로 덮인 현대식 건물이었다. 레이놀즈의 한 중역은 레이놀즈가 "대량mass, 고급class, 그리고 유리glass의 시대"에 도달했다고 말했다. 하지만 그 건물에 잠복해 있던 음모들 때문에 이 건물은 한층 더 화려한 별명을 얻게 된다. 그 별명은 바로 '유리 동물원'이었다.

폴 스틱트는 자기가 저지른 유일한 실수는 자신이 너무 일찍 늙어 버린 것이라는 말을 하곤 했다. 그가 최고경영자가 될 당시 예순 살을 넘었기 때문에 최고경영자가 되자마자 후계자를 누구로 선정할지 고민해야 했다. 일찌감치 후보로 떠오른 인물은 타일리 윌슨이었다. 그는 레이놀즈의 해외 사업을 2년 동안 수행한 경험이 있었으며, 1980년대까지 살아남은 유일한 이른바 '신주류' 소속 인물이었다. 스틱트는 1979년에 윌슨을 사장으로 임명했다. 윌슨은 스틱트에 이은 이인자로서 회사 전체의 담배 사업에 대해 책임을 졌다. 그는 처음에 돈이나 까먹는 너저분한 식품 사업부를 감독해서 수익을 낼 수 있게 바꿈으로써 스틱트의 눈에 들었던 인물이다. 윌슨은 사장의 권한으로 레이놀즈의 낡은 공장들을 현대화하는 거대한 작업에 막대한 비용을 들이기 시작했다.

그는 곧 고상하고 우아하기만 하던 스틱트를 화나게 만들었다. 윌슨은 냉정한 책략가이자 기술자였다. 앞으로 나아갈 줄밖에 모르는 행정가였던 그는, 과제를 달성하기 위해서라면 모든 걸 밟고 나아가는 독일 전차였다. 젊은 시절 그는 육군 교관이었다. 그는 예의라곤 찾아볼 수 없는 퉁명스러운 육군 스타일의 일 처리 방식을 회사의 지휘 계통에 도입했다. 윌슨은 유머라곤 찾아볼 수 없는 웃음을 지었으며, 딱딱하기 그지없이 말하는 데 선수였다. 그가 입을 열 때면 으레 이 말부터 나왔다.

"내 생각을 말하면 다음과 같습니다."

스틱트의 후계자 선정 과정이 단순하지 않을 것임은 분명했다. 두 번째 후보는 레이놀즈의 주력 담배 사업부 사장이던 에드워드 A. 호리건 주니어였다. 장차 레이놀즈에 지워지지 않을 족적을 남길 그는 매우 호전적인 기질을 가지고 있었는데, 자기는 레슬링을 하는 자세로 태어났다는 말을 즐겨 했다. 호리건은 스틱트가 데리고 들어왔던 신세대 중역의 전형적인 인물이었다. 그는 평생 담배를 피우지 않으면서 담배 사업을 이끌었다. 그는 1970년대에 레이놀즈에 들어왔는데, 그전에는 주류 파는 일을 했고, 대부분의 '신주류' 인물들과는 달리 윈스턴살렘에 잘 적응해서 어울렸다.

브루클린에서 태어난 그는 대공황 시기에 어린 시절을 보냈는데, 이 시기에 회계원이던 그의 아버지는 가족의 생계를 근근이 꾸렸다. 호리건은 미식축구 장학생으로 코네티컷대학교에 들어갔다. 본인이 직접 털어놓은 얘기에 따르면, 170센티미터도 되지 않는 키였지만 '다른 사람을 두들겨 패기를 좋아했다'고 한다. 그는 여름이면 공사장에서 막노동을 하며 코네티컷대학교를 졸업했다. 그리고 육군에 입대했다. 한국전쟁에 참전한 그는 불모고지 전투에서 200명의 대원을 이끌고 치열한 전투를 벌였다. 북한군은 언덕에 진지를 구축하고 미군이 올라가려 하면 포화를 퍼부었다. 하지만 브루클린 출신의 젊은 중위는 지치지 않고 전열을 재정비해서 돌격 작전을 계속 감행했다. 그리고 마침내 적지 않은 사상자를 기록하고 있던 부대를 이끌고 마지막 공격을 승리로 이끌었다. 그는 혼자서 적의 기관총 진지를 무력화시켰으며, 그의 부대는 고지를 점령했다. 이 일로 그는 은성무공훈장을 받았다. 하지만 이때 입은 부상으로 전쟁이 끝날 때까지 다시는 전투에 나서지 못했다.

호리건은 고향으로 돌아온 뒤 마케팅과 관련된 여러 가지 일들을 하다가, 마지막으로 시카고의 거대 기업이던 '노스웨스트 인더스트리스'에서 '버킹엄' 주류 사업부를 지휘하다가 타일리 윌슨의 소개로 레이놀즈에 들어왔다. 레이놀즈에서 두 사람은 자연스러운 동맹자였다. 적어도 처음에는 그랬다. 이들은 함께 술을 마시면서 레이놀즈의 비틀거리는 행보를 안타까워했다. 호리건은 레이놀즈의 신사적인 남부식 노동 윤리에 진저리를 치며 자기 휘하의 사람들에게 이렇게 말했다.

"우리에게는 더욱 강한 절박함이 필요합니다."

호리건은 휘하 사람들에게 격려성의 짧은 연설들을 많이 했다. 그 내용은 보통 이랬다. '우리는 필립 모리스와 싸울 것이다. 상륙 작전을 할 것이고, 공중전을 벌일 것이며, 편의점을 중심으로 시가전을 벌일 것이다. 어디에서든 싸울 것이다. 저들이 앞서 가고 있긴 하지만 우리에게는 명성이 있다.' 부하 직원들은 감히 이의를 제기하지 못했다. 길고 긴 질책이 이어질 게 뻔했기 때문이다. 그래서 사람들은 그의 등 뒤에서 그를 '리틀 카이사르'라고 불렀다. 호리건의 이런 모습들은 스틱트가 바람직하게 여겼던 신사적인 품성이 결코 아니었다. 하지만 그럼에도 불구하고 호리건은 끊임없이 주장하고 싸웠다.

스틱트가 씌워 줄 왕관을 기대하던 세 번째 후보는 '제너럴 푸즈'에서 스카우트되어 당시 최고재무책임자로 있던 조지프 에이블리였다. 순한 성격이었던 그는 특히 은발 덕분에 사람들 사이에서 두드러지게 눈에 띄었다. 에이블리 역시 최고의 학력을 가지고 있었는데, 하버드대학교에서 법학과 경제학을 공부했다. 미국외교협회[†]에 있었다는 사실이 스틱트가 가지고 있던 정치적 관심을 자극하고 충족시켰다. 하지만 에이블리는 윌슨보다 더 온화한 성정을 가지고 있었다. 그는 비록 상류 사회로 진입하는 데 필요한 자격이 부족하긴 했어도, 스틱트 측근에서 기업 인수 관련 작업을 성실히 수행했으며, 어둡던 시기의 재무 체계에서 벗어나는 유용한 작업들을 수행했다(시-랜드의 회계는 신발 상자에 송장送狀을 숨겨 오는 따위의 부정한 방법들로

[†] 1921년에 창립한 미국의 외교 문제 민간 연구소.

이루어졌음이 나중에 드러났다).

'전체를 위해 존재하는 개인'을 앞세우던 100년의 세월이 지난 뒤, 레이놀즈는 스틱트의 후계자 문제를 놓고 분열했다. 사람들은 이제 회사를 위해 뭉치지 않았다. 윌슨과 호리건, 그리고 에이블리 가운데 각자 자기들이 줄을 선 최고경영자 후보자들의 이익을 좇아 움직였다. 재무 분석 회의를 준비하는 과정에서는 누가 먼저 발언할 것인가를 놓고 윌슨과 에이블리가 싸우는 바람에 결국 스틱트가 나서서 말려야 했다. 회사 전체 총회 자리에서 할 프레젠테이션을 사전에 연습할 때는 에이블리가 자기에게 할당된 시간을 초과하자 호리건이 뛰어들어 고함을 질렀다.

"저 호모 자식이 뭐 하는 거야? 지금은 내 시간이란 말이야!"

한번은 에이블리가 시-랜드의 스핀오프† 가능성을 연구하라고 지시했다. 시-랜드 측으로부터 이런 사실을 전해 들은 윌슨은 회계원이던 존 다우들을 만나 에이블리의 지시 사항을 이행하는 담당자가 누구인지 다그쳤다. 그러자 다우들은 이렇게 대답했다.

"죄송합니다만 말씀드릴 수 없습니다. 그 말씀을 드렸다간 에이블리 씨가 당장 나를 해고시킬 겁니다."

한편 호리건은 홍보 회사를 고용해 자기 이력서를 화려하게 수놓을 상의 수상자로 자신이 지정될 수 있도록 정지 작업을 했다. 이렇게 해서 그는 '허레이쇼 앨저 상'을 받았다.‡

---

† 모회사에서 독립한 자회사의 주식을 모회사의 주주에게 배분하는 것.

‡ 허레이쇼 앨저는 19세기의 미국 아동 문학가였는데, 가난한 소년이 근면, 절약, 정직의 미덕으로 성공한다는 내용의 성공담을 담은 수많은 소설을 발표했다. 그의 이름을 따서 제정된 '허레이쇼 앨저 상'은 엄청난 시련을 이겨 내고 자기 분야에서 최고의 업적을 이룬 사람에게 해마다 수여하는, 미국에서 가장 유명하고 영예로운 상이다.

승계를 둘러싸고 벌어진 이러한 혼란은 기업 활동에 지속적으로 악영향을 미쳤다. 이른바 '밀어내기'라는 좋지 않은 마케팅 관행을 더욱 강화했던 것이다. 밀어내기는 레이놀즈에만 있었던 건 아니었다. 모든 담배 회사들이 어느 정도는 다 그렇게 했다. 한 해에 두 번 있는 정기 가격 인상 직전에 엄청난 물량을 고객, 즉 도매상과 소매 유통점에 인상 이전 가격으로 밀어냈다. 고객들은 당연히 이 '밀어내기'를 반겼다. 인상 이전 가격으로 사들인 담배를 인상 이후 가격으로 팔 수 있었기 때문이다. 레이놀즈도 이런 관행을 즐겼다. 원치 않는 재고를 줄일 수 있을뿐더러, 공장을 계속 돌릴 수 있었기 때문이다. 그리고 가장 중요한 이유가 또 있었다. 분기 말 수익을 인위적으로 높이 끌어올릴 수 있었기 때문이다.

하지만 '밀어내기'에 문제가 없을 리 없었다. 니코틴만큼이나 중독성이 강하다는 게 바로 그 문제였다. '밀어내기'로 기록한 전분기 혹은 전년도의 수익을 따라잡으려면 더 많은 물량으로 '밀어내기'를 해야 했다. 이런 과정이 무한히 반복되면서 결국 도매상과 소매 유통점은 막대한 재고 물량을 떠안았다. 이 재고 물량이 판매되지 않고 남을 때, 어느 것이나 나쁘기는 마찬가지인 두 가지 가운데 한 가지 결과가 나타났다. 하나는 도매상과 소매 유통점의 재고 물량이 다시 레이놀즈의 공장으로 돌아오는 것이었다. 이 경우 레이놀즈는 신선한 새로운 제품으로 담배를 다시 생산하는 비용을 고스란히 부담해야 했다. 그리고 또다시 '밀어내기'에 나서야 했다. 또 하나의 결과는 도매상과 소매 유통점 창고에서 오랫동안 묵는 바람에 신선도가 떨어진 담배가 최종 소비자의 손으로 들어가는 것이었다. 레이놀즈가 '밀어내기'에 중독되면 될수록, 묵은 윈스턴을 맛본 더욱 많은 흡연자들이 윈스턴을 버리고 말보로를 찾았다.

레이놀즈가 최고경영자 승계라는 정치적인 싸움에 붙들려 있는 동안,

스틱트는 이사회에 추천할 후계자를 최종적으로 결정하려고 애썼다. 로널드 그리어슨이라는 이사가 참신한 아이디어를 스틱트에게 들고 왔다. 그리어슨은 '브리티시 제너럴 일렉트릭'의 부회장을 지낸 뛰어난 영국인이었다. 그는, 영국 회사에서는 그처럼 어려운 결정을 내려야 할 때는 필적으로 사람을 평가하는 전문가를 찾아간다고 스틱트에게 말했다. 스위스에 그런 전문가가 있다고 했다. 그 전문가는 후계자 후보들의 필적 견본을 보고는 모두 고개를 저었다. 유능하지 않고, 신뢰할 수 없고, 또 기타 등등……. 모두 기준 미달이었다.

스틱트는 계속 시간을 끌었다. 어떤 사람들은 스틱트가 일부러 결정을 내리려 하지 않는다고 믿었다. 스틱트는 60대 중반이었지만 만년에 활짝 핀 전성기를 현재 자기가 구가한다고 느꼈다. 그래서 모든 사람들이 그의 최종 결정을 숨죽이며 지켜보고 있을 때 그는 놀라운 사실을 발표했다. '휴블라인'을 12억 달러에 사들이기로 합의했다는 것이었다. 이 거래를 통해 그가 얻은 것은 훌륭한 주류 사업부('스미르노프' '잉글눅 와인')와 패스트푸드 사업부('KFC'), 그리고 휴블라인의 중역이던 힉스 월드론이었다. 그런데 월드론이 네 번째 후보로 부상했다. 그는 대부분의 경력을 현대적인 관리자를 양성하는 사관학교라 할 수 있는 제너럴 일렉트릭에서 보낸 인물이어서, 스틱트가 기존의 세 후보자들에게서 부족하다고 느꼈던 어떤 광채를 가지고 있었다. 월드론도 레이놀즈의 최고경영자가 되는 데 관심이 없지 않았다. 휴블라인을 인수할 때 몇 가지 조건이 있었다. 주식 가격을 63달러로 하는 것과 타일리 윌슨이 최고경영자가 되지 않을 것이라는 약속이 바로 그 조건이었다. 이런 점이 월드론으로서도 어느 정도 기대를 품을 수 있는 근거였다.

이렇게 해서 경쟁 구도는 더욱 복잡해졌다. 1982년 10월, 스틱트는 예순

다섯의 나이를 지났다. 하지만 그는 여전히 후계자를 결정하지 못했다고 이사회에 보고했다. 그러고는 1년 더 지위를 연장해 달라고 요청했다. 그의 요청이 거부될 수는 없었다. 1970년대 중반부터 스틱트는 자기를 지지하는 사람들로 이사회를 구성했기 때문이다.

수많은 미국 기업이 거수기 노릇을 하는 유명무실한 이사회를 선호하던 시기에 레이놀즈의 이사회는 특이할 정도로 개인적 기질이 강한 인물들로 구성되었다. 거리낌 없이 발언하던 이사로 우선 꼽을 수 있는 사람이 화학 회사 '셀라니스'의 최고경영자 존 매콤버였다. 매콤버는 후계자 선정 문제를 관장하던 이사회의 보상위원회 위원장이었다. 그는 예일대학교와 하버드 로스쿨을 졸업했으며 국제상업회의소[†] 회원으로, 이른바 '동부 주류파'[‡]에 속하던 인물이었으며 스틱트와 매우 가까웠다. 스틱트는 셀라니스의 이사회 이사이기도 해서, 매콤버를 레이놀즈의 이사진으로 영입했었다.

레이놀즈의 후계 문제와 관련해서 말하자면 매콤버는 윌슨만 아니면 누구라도 상관없다는 사람이었다. 셀라니스는 레이놀즈에 담배 필터의 원료를 한 해에 2500만 달러 규모로 팔았다. 그러나 레이놀즈는 '이스트먼 코닥'으로부터 이보다 두 배 많은 양을 구매했다. 매콤버가 윌슨에게 더 많은 양을 구매해 달라고 요구했을 때 기업 정치에 무심하던 윌슨은 다음과 같이 퉁명하게 대답했었다.

"셀라니스는 품질과 서비스라는 두 가지 이유 때문에 레이놀즈에는 두 번째 공급업체입니다."

---

† 자유 경제를 표방하는 국가의 실업가들을 회원으로 하는 국제적인 종합 경제 단체.

‡ 하버드, 예일, 컬럼비아 등 동부의 명문 대학교 출신으로 정계와 재계의 핵심을 이루는 인맥을 가리킨다.

2장 오레오 쿠키 회사와 카멜 담배 회사의 기묘한 합병 매콤버로서는 화가 치밀 수밖에 없었다. 그래서 그는 다음과 같이 선언했다.

"나는 타일리 윌슨이 최고경영자로 있는 회사의 이사회에는 참석하지 않을 것이다."

미국도시연맹†의 전 대표 버넌 조던도 매콤버-스틱트 축의 또 다른 지지자였다. 그 역시 셀라니스 이사회의 이사였다. 워싱턴의 법률 회사 '애킨, 검프, 스트라우스, 하우어 앤드 펠드'의 무한 책임 파트너였던 조던은 어떤 기업이 자기를 이사로 임명하겠다고 요청하면 기꺼이 응했다. 스틱트는 조던을 캘리포니아 북부의 유명 인사들만을 위한 휴양지인 '보헤미안 그로브'에 자주 손님으로 초대했다. 조던으로서는 이런 공간이 사업을 하기에는 더할 나위 없이 좋았다.

후아니타 크렙스 역시 스틱트에게 빚을 지고 있었다. 듀크대학교에서 오랜 세월 교수로 또 행정가로 재직했던 크렙스는 지미 카터의 통상 비서관이라는 직함을 얻기 훨씬 전에 이미 레이놀즈 이사회의 상징적인 여성이었다. 스틱트는 '크라이슬러' 이사회의 이사로 있을 때 크렙스를 그 회사의 이사로 추천했었다. 또한 듀크대학교에 상당한 금액을 기부했는데, 이 기부금은 크렙스에게 혜택을 주기 위한 것이었고 실제로 상당 부분이 크렙스에게 돌아갔다. 이 일로 크렙스는 대학교 측으로부터 신망을 얻었으며, 스틱트는 자기 이름으로 된 장학 제도를 마련했다. 듀크대학교에는 J. 폴 스틱트 국제 연구 교수직이 있었고, 모교인 그로브시티칼리지 졸업생으로서 경영학 석사 과정을 밟는 학생에게 주는 J. 폴 스틱트 장학금이 있었다.

---

† 인종 차별을 종식하고 사회적으로 불이익을 받는 사람들을 돕기 위해 1910년에 설립된 시민 조직.

그리어슨 역시 스틱트를 지지했는데, 그도 스틱트가 크라이슬러 이사회의 이사로 추천했었다. 앨버트 버틀러도 스틱트를 지지했다. 윈스턴살렘 출신인 버틀러는 가족 직물 기업을 운영하면서, 오랜 세월 모라비아교 자선 재단을 운영해 왔다. 그는 윈스턴살렘 토박이로 여름이면 로어링갭으로 피서를 갔고, 올드 타운 클럽에서 골프를 즐겼으며, 와코비어 은행과 웨이크포리스트대학교에서 이사로 일했다. 그는 레이놀즈의 이사진에 들어가자 무척 좋아했는데, 거기에 들어간 뒤로는 완전히 소극적인 태도로 일관했다.

'내셔널 캐시 레지스터 코퍼레이션'의 회장 윌리엄 앤더슨은 스틱트가 흉내밖에 낼 수 없었던 국제적인 사업가였다. 그는 상하이에서 자랐는데 중국어 방언을 여러 가지 구사했다. 2차 세계대전 때는 4년 동안 일본군의 포로로 있었으며, 전쟁이 끝난 뒤에 전범을 다루는 재판에 증인으로 참석해서 포로수용소의 일본군 서른 명을 감옥으로 보냈다. 그는 후계자 선정을 둘러싼 혼란스러운 모습보다 훨씬 더 심각한 모습들을 많이 보았던 터라, 이 문제에 대해서는 그다지 곤혹스러워하지 않았다.

레이놀즈의 이사회는 강력했다. 그리고 누가 보더라도 명백하게 스틱트의 손안에서 좌우되었다. 이사들은 스틱트가 무엇을 하든 내버려 두었으며, 스틱트 아래에 있는 사람들 혹은 후계자 후보들에 대해 어떤 의무감도 가지지 않았다. 레이놀즈의 중역들은 이사진이 자기들을 안하무인으로 대하는 태도에 펄펄 뛰었다. 호리건은 나중에 당시를 회상하면서 다음과 같이 말했다.

"폴은 이사들 가운데 자기 사람들을 확실히 장악하고 있었죠. 이들은 모든 걸 다 알았지만 회사의 관리자들은 아무것도 몰랐습니다. 폴과 그의 이사들은 회사를 자기들의 명예욕을 채워 주는 도구로 사용했습니다."

호리건의 적대적인 모습은 모든 사람들 눈에 분명하게 비쳤다. 몇몇 이사들은 호리건을 "총을 쏘고 싶어 안달이 난 위스키 세일즈맨"이라고 부르면서 그가 최고경영자의 자리에 오르지 못하도록 헐뜯었다. 이런 상황에서 인사 담당 책임자이던 로드니 오스틴은 동료들에게 이렇게 말했다.

"이건 분명히 기억해야 합니다. 저 이사란 인간들은 그저 자기들밖에 생각하지 않는다는 사실을 말입니다. 저 인간들은 하나같이 다 남창이고 뚜쟁이고 포주입니다."

후계자 선정을 둘러싼 갈등은 2년 동안 계속되었다. 그런데 1983년 초 어느 토요일 이른 아침, 오스틴이 호리건에게 전화를 걸었다. 잠자리에서 일어난 호리건은 이사 가운데 한 명이 흘린 소식을 전해 들었다. 휴블라인의 전직 회장이었으며 현재 레이놀즈의 이사로 있던 스튜어트 왓슨이 후계자 선정위원회에 가서 힉스 월드론을 후계자로 지명해야 한다고 적극적으로 주장했는데, 위원회가 이 주장을 받아들여 다크호스인 월드론에게 유리하게 돌아간다고 했다.

호리건은 분통을 터뜨렸다. 하지만 오스틴은 반전을 노리기에는 너무 늦었다면서 다음과 같이 제안했다.

"지금 기대할 수 있는 유일한 대안은 타이(타일리의 애칭)와 (담배 사업부의 이인자) 제리 롱과 당장 손잡고, 월드론으로 결정되는 것을 막는 일입니다."

그 주 주말에 호리건과 롱 그리고 윌슨이 만나 월드론이 후계자가 되어서는 안 된다는 데 합의했다. 그리고 이 일을 관철하기 위한 가장 좋은 방법은 자기들의 현재 지위를 모두 거는 것이라고 결론 내렸다. 만일 그들이 손을 잡고 윌슨이나 호리건을 앞세워 연합 전선을 펼치지 않는다면, 도저히 월드론이라는 급행열차를 탈선시킬 수 없다는 것이었다.

그리고 월요일, 윌슨은 스틱트를 만나 손으로 직접 쓴 편지를 전달했다.

월슨이 후계자 후보 세 사람을 대표해서 쓴 편지였다.

우리는 힉스 월드론을 회장이나 최고경영자로 인정할 수 없습니다. 우리는 당신의 후계자로 월드론을 선정하는 것은 배신행위라고 믿습니다. 위원회에 소속된 사람들은 역량이 검증된 중역들인 우리 세 사람이 회사의 미래를 위해서는 없어선 안 된다고 믿을 것이라 우리는 추정합니다. 하지만 월드론으로 최종 선정할 경우 우리 세 사람은 모두 회사를 떠날 것입니다.

담배 사업에 대해 아무 경험도 없는 사람이 레이놀즈의 최고경영자가 되는 것은 옳은 일이 아니라고 했다. 게다가 최고의 자질을 갖춘 후보자가 엄연히 있음에도 불구하고 이런 결정을 내린다는 것은 있을 수 없는 일이라고 했다.

삼가 말씀드리면, 우리 세 사람은 제가 당신의 뒤를 이을 자격을 갖춘 최고의 후보자라고 결론을 내렸습니다.

이들의 요구에 스틱트는 크게 분개했다. 하지만 이 세 사람은 그만큼 스틱트를 곤경으로 몰아넣는 데 성공했다. 스틱트로서는 이들을 놓칠 수 없었다. 이들이 회사를 떠날 경우 필립 모리스가 레이놀즈를 제치고 미국의 1위 담배 기업이 될 텐데, 그렇게 할 수는 없는 노릇이었다. 스틱트는 이미 소집되어 있던 후계자 선정위원회에 이른바 '한밤의 편지'를 보냈다. 이사들 역시 분개했지만 곤란한 지경으로 몰리긴 스틱트와 마찬가지였다.

이들이 해답을 찾으려고 끙끙 앓는 과정에서 절충안으로 매콤버가 후보로 떠오르기도 했다. 여러 주 동안 논의가 이어졌다. 4월 정기 이사회 직후의 마라톤 협상 과정에서도 월드론에 대한 지지는 여전히 강력했다. 하지만 5월의 어느 토요일, 윈스턴살렘에서 열린 후계자 선정위원회에서 스틱트는 최종 후보를 이사회에 통보했고, 이사회는 내키지 않았지만 스틱트의 추천을 승인했다. 그리고 스틱트는 코네티컷의 하트퍼드에 있는 휴블라인 본사로 날아가 힉스 월드론에게 이 소식을 전했다.

"힉스, 나는 지금 어쩌면 주주들에게 가장 좋은 선택이 아닐지도 모르는, 그렇게 될까 봐 두려운 일을 하려고 하오. 그렇게 할 수밖에 없군요. 타이를 최고경영자로 임명할 거요."

• ———— ∞ ———— •

타일리 윌슨은 1983년에 최고경영자가 된 뒤 레이놀즈의 면모를 일신하는 작업에 착수했다. '신주류'의 많은 인물들과 마찬가지로 윌슨이 그때까지 성장해 온 배경은 소비재 제품이었다. 그랬기에 그는 회사의 미래가 바로 거기에 있다고 보았다. 그는 1984년에 시-랜드의 주식을 주주들에게 팔았고, 조지프 에이블리에게 이 회사를 떠맡겨 바다로 보내 버림으로써 잠재적인 경쟁자를 제거했다. 또 같은 해에 아미노일을 17억 달러에 매각했다. 그런데 이 시점이 유가가 급락하기 적전이었다. 그래서 월스트리트의 분석가들은 레이놀즈의 이런 변화를 칭찬했고, 레이놀즈 주식을 사려는 주문이 줄을 이었다. 《비즈니스위크》는 찬양 일색의 표지 기사를 실으면서 "소비자가 R. J. 레이놀즈를 다시 한 번 일으켜 세운다"라고 천명했다.

여러 가지 현명한 조치들이 이어졌다. 1970년대에 수많은 문제들을 겪은 뒤 레이놀즈의 담배 사업 부문은 장기적인 침체 국면으로 빠져들었다. 담배 매출액은 1983년에 정점에 올라섰다가, 그 뒤로 해마다 2퍼센트씩 꾸준히 감소했다. 레이놀즈 사람들은 금연 운동을 '안티'라고 불렀는데, 활발히 전개된 이 금연 운동이 가장 큰 피해를 안겼다. 1980년대 초를 기준으로할 때 전체 미국인 가운데 흡연 인구는 3분의 1도 되지 않았다. 또 1983년에는 담배에 붙는 연방 세금이 두 배로 뛰어 한 갑에 16센트가 되었다. 하지만 그럼에도 불구하고 담배는 여전히 믿을 수 없을 정도로 수익성 좋은 사업이었다. 담배 가격은 여전히 1년에 두 차례씩 올랐다. 그러나 불멸의 산업에 종사하는 사람들도 운명이 다하는 순간이 멀리서 다가오는 것을 보았다. 윌슨은 다각화를 통해 레이놀즈가 그 피할 수 없는 운명에 대처할 수 있도록 했다.

호리건은 사장 겸 최고운영책임자로 임명되었다. 이들의 동맹은 삐걱거렸지만 윌슨은 자기가 스틱트의 후계자가 되는 데 결정적인 기여를 한 그 '한밤의 편지'의 초고를 작성하는 과정에서 호리건이 한 역할을 잊을 수 없었고, 그건 그가 진 빚이었다. 하지만 이제 스틱트에게 윌슨이 거슬렸던 만큼이나 윌슨에게는 호리건이 거슬렸다. 호리건이 담배 사업에 의문을 제기했을 때 윌슨은 그를 무시하고, 호리건 대신 국내 담배 사업 부문 사장으로 앉아 있던 충실한 측근 제리 롱에게 갔다. 또 그는 잔소리꾼답게, 호리건이 자기 집이 있던 팜스프링스로 주말 여행을 갈 때 회사 비행기를 쓴다며 비판했다. 심지어 호리건이 대개 다른 중역들과 함께 갔음에도 불구하고 윌슨은 이런 여행이 회사 일의 연장이 아니라 개인적인 여행이라 생각하고 호리건이 회사 비행기를 쓰는 것을 놓고 딴죽을 걸었다.

"에드(에드워드의 애칭), 당신은 낭비가 너무 심해요."

그러자 호리건도 발끈했다.

"나를 부정한 인간으로 계속 몰아갈 겁니까, 정말?"

내부 감사관들이 나중에 호리건에게 회사 비행기를 개인 용도로 사용했다면서 일등석 항공 요금의 두 배를 물리는 바람에 호리건이 머리끝까지 화를 낸 일도 있었다.

월스트리트에서는 레이놀즈의 사업 방향을 재편하는 윌슨의 방침을 칭찬했겠지만 폴 스틱트는 썩 반기는 눈치가 아니었다. 자기가 10년 동안 했던 일들을 월슨이 원점으로 되돌리고 있었기 때문이다. 스틱트는 은퇴하자마자 이사회의 이사로 남았다. 모든 이사들 가운데 가장 영향력이 센 이사인 셈이었다. 그는 이런 영향력을 행사해 회사 내부 업무를 계속 조종했다. 그러자 월슨은 할 수 있는 모든 수단을 동원해 그의 영향력을 씻어 내려고 애썼다. 스틱트의 생활은 회사 소유 비행기와 떼려야 뗄 수가 없었다. 하지만 그의 비행기 사용이 지나치게 잦다고 느낀 월슨은 그가 회사 비행기를 사용할 때는 요금을 물리도록 조처했다. 은퇴한 회장에게는 개인 비서와 사무실을 가지는 특전이 있었다. 스틱트에게도 이런 사무실이 주어졌다. 하지만 이 사무실은 그가 사랑했던 '유리 동물원'이 아니라 시내의 옛날 본사 건물에 있었다. 월슨은 이런 말을 했다.

"스틱트는 나의 성생활 상담자가 되려고 해. 그의 엿 같은 충고가 정 필요할 때가 되면 상담을 청할 거야."

이 말은 스틱트의 귀에까지 들어갔다. 하지만 스틱트는 가만히 앉아서 당하고만 있지 않았다. 그는 각 부문의 책임자들에게 전화를 걸어 질문하기도 하고 또 돌아가는 상황들을 관찰하기도 했다. 그는 힉스 월드론이 건 전화를 받았고, 과거 휴블라인 동료였던 그의 불만을 퍼뜨렸다. 스틱트로서 가장 뼈아픈 일은 '델몬트[†]'의 생과일 부문 책임자 새뮤얼 고든이 받은 모함이었다. 고든은 스틱트가 좋아하던 인물이었다. 스틱트는 그 부문의 사업을 좋아했고, 또 그의 아들이 고든 아래서 일했기 때문이다. 그런데 월슨은 스틱트가 말 많은 고든을 이용해 자신에게 반대하는 이야기와 분위기를 퍼뜨린다고 생각했던 것이다. 월슨의 방해에도 불구하고 스틱트는 고든이 자유

[†] 레이놀즈는 1979년에 델몬트를 인수했다.

롭게 바나나 무역 사업을 계속할 수 있도록 보호했다.

고든의 스타일은 윌슨이 '과정과 절차'라고 부르며 철저하게 믿었던 것과 정반대로 어긋났다. 윌슨은 관료제를 신봉하여 이를 강화하는 데 전념하던 사람이었다. 그래서 기업의 의사 결정도 적절한 절차를 통해 승인받을 때 올바른 결정이 도출된다고 믿었다. 윌슨은 최고경영자가 된 직후에 고위 간부들이 모인 자리에서 다음과 같이 말했다.

"절차라는 것은 대부분의 일상적인 활동들이 부드럽게 그리고 빠르게 이루어질 수 있도록 해 주며, 따라서 우리가 관리자로서 사용할 수 있는 소중한 시간을 예외적이거나 예상치 못했던 관심들에 쏟을 수 있게 해 줍니다."

최고경영자로서 처음 하는 연설이었던 그의 발언은 원칙을 중시하겠다는 천명이었다. 하지만 이 발언에서는 엄격함과 냉정함밖에 느낄 수 없었고, 그 바람에 그가 가장 필요로 했던 자기 지지자들을 확보하지 못했다.

윌슨은 때로 사옥 여기저기를 돌아다니면서 중간 간부들과 얘기를 나누려고 했다. 어색한 시도였다. 그러나 그는 자신의 무뚝뚝한 본성을 벗어던지지 못했다. 그는 간부 식당에 직급 낮은 직원들이 너무 많이 출입하는 것을 보고 식당의 이용자 기준을 강화했다. 그가 똑 부러지는 말로 설명한 기준은 이른바 'RHIP'였다.

"직급이 높은 사람에게는 걸맞은 특권이 따라야 한다Rank has its privileges."

출발 시점부터 윌슨과 레이놀즈 이사회의 관계는 삐걱거렸다. 이사진 가운데 누구도 회장 겸 최고경영자의 자리에 오르려고 그가 구사했던 강경한 전술이나 자기들의 친구인 스틱트를 대하는 그의 태도를 탐탁하게 여기지 않았다. 윌슨은 자기 나름의 방식으로 이사진과 자기 사이에 다리를 놓으려고 시도했다. 이사회가 열리기 전에 이사들에게 회의 자료를 미리 발송했다. 그는 1년에 한 번씩 각 이사들과 개별적으로 만나 점심 식사를 할 수 있게 일정을 잡았다. 그리고 식사할 때는 그 이사가 말하고 행동하는 것들 가운데 중요하다고 생각하는 것들을 모두 메모했으며, 이 메모를 각 이사별로 따로 관리했다.

하지만 정작 중요한 때는 이들에게 호의를 베풀지 않아 싸늘하게 돌아서는 이들의 뒷모습을 보았다. 존 매콤버는 윌슨으로부터 사업 제안을 퇴짜맞자 계속 윌슨의 다리를 걸었다. 버넌 조던이 법률 업무를 더 강화하라고 요구하자 윌슨은 자기는 법률 전문가가 아니라서 뭐라고 대답할 수 없다는 식으로 냉정하게 대꾸하며, 그의 요청을 레이놀즈의 법률 고문에게 떠넘겼다. 이사회를 개인의 심포니 오케스트라처럼 다루었던 폴 스틱트나 로스 존슨 같은 최고경영자와 달리 윌슨은 다른 사람의 말을 잘 듣지 않았고 언어감각이 둔했다.

레이놀즈의 이사들에게는 국제자문단이라는 매우 익숙한 제도가 있었다. 이사들은 이 활동을 통해 여행을 하고 또 유쾌하게 즐길 수 있었다. 그런데 윌슨이 이 제도를 대폭 축소하는 바람에 스틱트와 이사들은 윌슨에게서 더욱 멀어졌다. 윌슨은 또 1년에 두 번 있던 이사회 회의를 한 번으로 줄였다. 그리고 스틱트가 행사하던 이사회 의장 권한을 이사회 사무국에서 하도록 했다. 윌슨은 자기가 하는 이런 조치들을 스틱트나 이사들이 마뜩잖은 눈으로 바라본다는 점을 잘 알고 있었다. 하지만 레이놀즈의 수익과 주가가 계속 올라갔기 때문에 그 누구도 이런 결과를 놓고 반기를 들지 않을 것이라고 생각했다.

아미노일과 시-랜드를 매각한 뒤에 윌슨은, 레이놀즈를 프록터 앤드 갬블과 어깨를 나란히 할 초대형 소비재 기업으로 탈바꿈시키겠다는 원대한 전망을 충족시킬 수 있는 또 하나의 거대한 인수 합병을 준비하기 시작했다. 그는 레이놀즈의 참모들, 그리고 오랜 기간 파트너로 삼아 왔던 월스트리트의 투자은행 '딜런 리드 앤드 컴퍼니'의 직원들로 전담반을 구성해 인수 합병 후보 기업들을 물색하게 했다. 여러 달 동안 셀 수 없이 많은 컴퓨터 분석을 거친 뒤에 마침내 후보 대상이 세 회사로 압축되었다.

3위 후보는 윌슨이 정한 성적 기준으로 75점을 얻은 '펩시콜라'였다. 윌슨은 가장 먼저 펩시콜라부터 접근했다. 펩시콜라의 최고경영자 웨인 캘러웨이를 개인적으로 알고 있다는 이유가 부분적으로 작용했다. 하지만 윌슨은 캘러웨이가 펩시콜라처럼 차갑다는 사실을 깨달았다. 캘러웨이는 다음과 같이 말했던 것이다.

"그 문제에 대해 당신과 토론할 이유가 없군요. 만일 당신이 적대적인 합병을 하고자 한다면, 나는 모든 수단을 동원해 싸울 겁니다."

윌슨은 포기하고 물러났다.

2위 후보는 76점을 기록한 시리얼 업계의 거인 '켈로그'였다. 하지만 이회사의 주식 반은 기업 합동(트러스트)이 소유하고 있어서, 과연 살 수 있을지 의심스러웠다. 결국 마지막 하나만 남았다. 이 회사가 기록한 점수는 81점이었다. 윌슨은 잠시 동안이지만 반대를 했었다. 최고경영자가 누구인지 잘 몰랐기 때문이다. 하지만 전담반이 분석한 바에 따르면, 레이놀즈의 가장 이상적인 '결혼' 상대자는 나비스코 브랜즈였다. 이 회사의 최고경영자는 쾌활하고 붙임성 많은 캐나다 사람 로스 존슨이라고 했다.

"안녕하십니까, 회장님이 어떤 분인지 잘 알고 있습니다."

로스 존슨이 말했다. 사실 존슨은 우연히 윌슨을 몇 차례 스쳐 지난 적이 있었다.

두 사람은 전화 통화를 하고 다음 주에 만났다. 장소는 존슨의 맨해튼 사무실이었다. 두 사람은 함께 샌드위치를 먹었고, 윌슨은 자기가 생각하는 계획을 털어놓았다. 레이놀즈는 담배 사업에 치우쳐 있기 때문에 식품 회사를 인수함으로써 균형을 맞출 필요가 있는데, 여기에 나비스코가 가장 적당한 대상이라는 설명이었다. 두 사람은 이야기를 나누면서 각자의 연차 보고서를 교환했다.

존슨은 느긋하게 수다를 떨면서 즉각적인 반응은 드러내지 않았다. 윌슨은 존슨이 자기 제안을 쉽게 받아들일 수도 있다고 생각했다. 나비스코와 필립 모리스가 합병을 전제로 해서 서로 타협점을 찾는다는 소문을 들은 터라, 존슨이 자기 제안에 쉽게 응할 것이라고 추정했던 것이다. 윌슨은 자기들 두 사람이 동갑이라고 지적하면서 자기는 예순다섯 살까지 계속 현업에 남아 있을 계획이 없다고 말했다. 또 자기는 2, 3년 안에 은퇴할 것이며, 만일 두 회사가 합병할 경우 존슨이 자기 뒤를 이어 합병한 회사의 최고경영자 자리에 오를 수 있을 것이라고 넌지시 그러나 확실하게 언질을 주었다. 두 사람은 합병과 관련된 여러 조건에 대해 이야기를 나누고, 만일 두 회사가 합병할 경우 비과세 주식 교환 방식이 좋겠다는 데까지 동의했다.[†] 그리고 몇 주 뒤에 다시 만나기로 약속하고 헤어졌다. 그동안 각자 이사회를 열어 일을 계속 진전시킬 수 있는지 알아보자고 했다.

윌슨은 존슨의 사무실을 나설 때 무척 기분이 좋았다. 그의 원대한 전망이 머지않아 실현될 것 같았기 때문이다. 하지만 1985년 4월 말에 열린 이사회는 이런 기분 좋은 예상에 찬물을 끼얹었다. 이사들이 나비스코와의

---

† 미국 세법에 따르면, 인수 기업의 주식을 가지고 피인수 기업의 주식을 인수할 경우, 거래 당시에는 과세 대상에서 제외되지만, 피인수 기업의 주주들이 나중에 인수 기업이 교부한 주식을 팔 때 자본 이득에 따른 세금을 내야 한다. 차입금을 동원한 기업 매수인 LBO와 구분된다.

합병에 냉담했기 때문이다. 몇몇 이사들은 화부터 냈다. 이것은 레이놀즈 역사상 최대의 거래가 될 것이다. 그런데 이토록 중대한 일을 왜 이사회에 미리 말하지 않았느냐는 게 분개하는 이사들의 논리였다. 그러자 윌슨은 화를 내면서 존슨과의 만남은 예비적인 만남이었을 뿐이며, 그 자리에서는 의무가 뒤따르는 어떤 약속도 없었다고 설명했다. 그저 처음으로 한 차례 만나 보았을 뿐이라고 했다. 이사들은 촉망받는 기업가인 존슨에게 회장자리를 제안하는 건 어떠냐고 비아냥거리기까지 했다. 아무튼 이사들은 완강하게 저항했다. 스틱트의 후계자 선정 때 자기들이 양보했으므로 이번에는 윌슨이 양보해야 한다는 분위기였다. 이사들은 또한 비과세 주식 교환을 통한 합병이라는 것도 마음에 들지 않았다. 만일 어떤 거래가 이루어진다면 레이놀즈는 당연히 주식 매입이라는 절차를 밟아야 한다고 이들은 주장했다. 이사들은 나비스코와의 합병 논의를 없던 일로 하라고 주문했다.

하지만 윌슨은 자신 있었다. 그래서 점심을 함께 먹으면서 호리건을 설득했다.

"충분히 가능한 일이오. 말이 되거든. 그리고 다음 차례에도 로스 존슨은 많은 권한을 가지지 못할 거요. 우리가 저들을 인수하는 거니까. 존슨이 얻을 수 있는 자리는 기껏해야 부회장 자리뿐이오."

이 논의는 사실상 몇 주 뒤에 다시 불붙었다. 월스트리트의 변호사들과 투자은행 관계자들이 참석한 가운데 이사회가 열렸고, 이사들은 설득당했다. 그래서 레이놀즈가 나비스코를 현금으로 인수하자는 데 원칙적으로 동의했다. 그런데 하나 남은 까다로운 문제는 주식 가격이었다. 이런 논의가 진행되는 와중에 나비스코의 주식이 오르기 시작했다. 합병 이야기가 밖으로 샌 게 틀림없었다(나중에야 밝혀져서 윌슨과 존슨이 모두 깜짝 놀란 사실은 이랬다. 논의 과정에 함께했던 투자은행 관계자 가운데 한 사람이 이 내부 정보를 '아버트라저_{arbitrager}†[†] 아이번 보스키에게 누설했고, 아이번이 나비스코 주식을 마구 사들이면서 나비스코의 주가가 치솟았다). 존슨은 이를 윌슨으로부터 좀 더 많은 돈을 받아 낼 수 있는 기회로 삼았다. 윌슨은 한 주에 80달러 이상은 줄 수 없다고 했다. 그러자 존슨이 말했다.

"글쎄요, 80달러로는 거래할 수 없을 겁니다."

주가가 결국 논의의 발목을 잡았다. 하지만 윌슨이 거래 대상에 우선주를 포함하는 데 동의함으로써 정체되었던 논의가 다시 활기를 띠었다. 석유 산업 이외 부문에서 이루어진 역대 최대의 합병에서 이 우선주는 한 주에 85달러 혹은 모두 합해 49억 달러에 거래하기로 합의되었다.

존슨은 윌슨이 이 거래를 성사시키려 안달이 나 있다는 사실을 감지하고는 부차적인 쟁점들에 대해서는 강하게 밀어붙였다. 비록 스틱트가 회사 소유의 제트기를 무척 애용하고 있기는 했지만, 최고 경영진이 누리는 특혜의 수준은 나비스코가 레이놀즈보다 앞섰다. 존슨은 다른 건 다 협상할 수 있지만 현재 나비스코의 경영진이 누리는 특혜는 포기할 수 없다고 선을 그었다. 윌슨은 제과 회사의 최고 경영진이 누리는 특혜라고 해 봐야 대단하지 않을 것이라 생각해 존슨의 주장을 받아들였다. 존슨은 또 자신이 합병된 회사의 사장 겸 최고운영책임자로서 윌슨에 이어 이인자가 되어야 한다고 주장했다. 그래야만 나비스코 사람들이 자기들이 돈에 팔려서 영원히 잊히는 거래를 하는 게 아니라고 생각할 것이라는 근거를 댔다. 윌슨은 이 조건도 들어주었다.

---

† 동일하거나 매우 유사한 유가 증권, 통화 또는 상품이 둘 이상의 시장에서 거래될 때 가격 차이로 이익을 얻는 사람. 이러한 유가 증권 등을 구매하는 동시에 판매함으로써 시장 상황에 따라 발생하는 가격 차이를 이용해 수익을 올린다. '차익 거래자'라고도 한다.

물론 문제는 존슨을 높여 줌으로써 자존심 강하고 성격 급한 호리건의 지위를 상대적으로 떨어뜨릴 수밖에 없다는 것이었다. 월슨은 호리건에게 이 소식을 전하면서 부회장에 앉혀 주겠다는 달콤한 약속을 했다. 3인 회장단이 함께 쓰는 회장실에 자리를 하나 주겠다는 것이었다. 호리건은 자기에게 다른 선택의 여지가 없다는 사실을 알았다. 따라서 분하지만 참아야 했다. 새롭게 태어난 거대한 제국을 다스리는 삼인방의 한 명이라는 데 만족하기로 했다.

1985년 5월 31일, 레이놀즈 이사진은 합병 조건과 관련된 세부 사항들을 검토하려고 원격 통신 회의를 열었다. 지사를 시찰하려고 오스트레일리아로 가던 호리건도 샌프란시스코에 있는 델몬트 사옥에 들러 이 회의에 참석했다. 협상을 하려고 뉴욕에 가 있던 월슨이 최종 조건들을 하나씩 설명했다. 그런데 맨 나중으로 미루었던 경영 구조에 관해 말하면서 월슨은 이렇게 설명했다.

"로스 존슨은 사장 겸 최고운영책임자가 될 것입니다. 에드(에드워드의 애칭)도 이미 부회장직을 수락하겠다고 동의했습니다."

그러자 '몬산토'의 전 회장 존 핸리가 발언했다.

"그 문제에 대해서는 에드로부터 직접 듣고 싶습니다. 에드, 정말 그 제안을 받아들일 수 있습니까?"

호리건은 월슨과 합의했다는 내용으로 짧지만 우아한 연설을 했다. 몇몇 사람들은 그 연설의 힘이 그의 개성에서 비롯된 것이라고 생각했다. 몇 분이라는 짧은 시간 동안 그는, 더욱 큰 이익을 위해 자기 개인의 야망을 희생하겠다는 내용으로 열정적인 연설을 토했다. 그의 발언이 끝나자 다시 월슨이 말했다. 월슨은 자기와 존슨이 회장실을 함께 쓸 것이라고 했다. 하지만 그때 월슨은 호리건을 언급하지 않았다.

샌프란시스코에 있던 호리건은 충격으로 말을 잊었다. 호리건은 윌슨이 거래를 유리하게 이끌려고 자기에게 변변찮은 빵 한 조각을 던져 주었다가 그것마저도 뺏어 갔다고 생각했다. 호리건은 화가 머리끝까지 치밀었다. 그렇게 이사회는 끝이 났다. 호리건은 윌슨에게 전화했다. 그러나 윌슨은 바빴고, 호리건은 끝나는 대로 곧바로 자기에게 전화를 걸라고 했다. 그러자 윌슨은 짧게 그러겠다고만 했다.

한동안 호리건은 혼자 앉아 있었다. 울음이 터져 나왔다. 분노와 절망의 눈물이 뺨을 타고 줄줄 흘러내렸다. 그때 윌슨이 전화를 했다. 호리건은 마구 퍼부었다.

"당신이 했던 그 엿 같은 소리 난 도저히 못 믿겠어. 우리가 같은 사무실에 있기로 했잖아!"

호리건은 자신이 얼마나 좋은 마음을 먹고 선선히 양보했는지, 윌슨이 개자식처럼 얼마나 야비하게 굴었는지, 그리고 전체 이사들 앞에서 자기가 얼마나 우습게 되었는지 마구 쏘아붙였다.

"진정해요, 에드, 잠깐만……."

"난 진정 못 해!"

호리건은 고함을 질렀다.

"약속했던 대로 회장실에 내 자리를 만들지 않으면, 조금 전 이사회에서 발언했던 내용을 모두 철회할 거야! 그래, 제대로 한번 붙어 보자고! 지금 당장 나한테 다시 전화를 걸어서 우리가 약속했던 내용을 지키겠다고 말하지 않는 한, 어림없는 줄 아셔!"

호리건은 거칠게 전화를 끊었고, 윌슨은 존슨에게 전화를 걸어 호리건을 회장실로 함께 들여야 할 필요가 있다고 말했다. 윌슨의 속임수와 레이놀즈 내의 정치적인 역학에 대해 전혀 알지 못했던 존슨은 쉽게 동의했다.

그러자 윌슨은 다시 호리건에게 전화를 걸어 이 사실을 전했다. 그러면서 존슨의 시원시원한 면을 칭찬하고는 존슨이 그렇게 나와 줘서 얼마나 다행인지 모른다고 했다. 하지만 호리건은 자기를 얕잡아 보고 밀어내려 했던 이런 일련의 과정에 존슨도 일정 부분 관여했으며, 또 그만큼 책임이 있다고 생각했다. 존슨이 스탠더드 브랜즈와 나비스코에서 어떻게 최고 권력을 장악했는지 잘 알고 있었기 때문이다. 호리건은 존슨이 심지어 합병이 이루어지기 전에도 자기를 내쫓을 수 있다고 생각했다.

"타이, 행운을 빌어 줄 테니 잘해 보시오. 로스 존슨은 18개월 안에 당신 자리를 꿰찰 거니까……. 내 말 새겨 두는 게 좋을 거요."

그러자 윌슨이 되받았다.

"글쎄, 과연 그럴까요? 그 점에 대해서는 벌써 약속을 해 뒀지요. 내가 물러나면, 그때 내 자리에 앉는다고."

"약속이라, 그거 아주 좋은 말이죠."

호리건은 지지 않고 되쏘았다.

얼마 뒤에 합병 절차가 모두 마무리되었다. 이때 윌슨은 워싱턴의 포드 극장에서 있었던 갈라 콘서트에서 존슨의 오랜 친구이던 아메리칸 익스프레스의 최고경영자 제임스 로빈슨을 만났다. 로빈슨은 애틀랜타에서 나고 자랐는데, 외갓집이 있던 로어링갭에서 종종 여름휴가를 보낸 까닭에 나비스코와 레이놀즈를 모두 다 잘 알았다. 사실 존슨은 협상이 진행되는 동안 로빈슨에게 많은 자문을 받았다. 로빈슨은 윌슨의 손을 잡고 부드러운 남부 억양으로 말했다.

"'로오스'가 점점 더 마음에 들 겁니다. 아주 좋은 친구거든요. 두 사람이 아주 잘 어울리고 잘 해낼 겁니다."

합병 직후 한동안은 별문제가 없었다. 하지만 드러나지 않아서 그렇지,

수면 아래에서는 장차 수면 위로 떠오를 불편함의 거센 물살들이 뒤엉키고 있었다. 레이놀즈가 나비스코를 인수한 것이었기 때문에 합병 소식은 윈스턴살렘에서 갈채를 받았다. 윈스턴살렘 사람들은 레이놀즈가 북부의 거대 기업을 인수했다는 사실에 대단한 자부심을 가졌다. 불만을 품은 사람은 호리건뿐이었다. 그는 윌슨에게 나비스코 중역들이 누리는 특전이 지나치게 많다고 불평했고, 또 회사가 정한 금지 규정이 있음에도 존슨이 아내를 대동하고 회사 비행기로 여행을 다닌다고 불평했다. 호리건은 누구를 만나든 그 사람이 자기 말에 조금이라도 귀를 기울인다 싶으면 존슨을 욕했다.

"로스 존슨은 뱀 같은 인간이야. 쓰레기란 말이야. 이 인간에게 코가 꿰여 후회할 날이 반드시 올 거야."

윌슨 부부가 윈스턴살렘에 와 있던 존슨 부부를 초대해 늦은 아침을 먹는 자리에도 호리건 부부는 함께하지 않았다.

존슨 역시 곧 호리건을 탐탁하게 여기지 않았다. 물론 호리건이 자기를 미워했던 것만큼 호리건을 미워할 수는 없었다. 호리건의 마음에 맺힌 감정의 골이 그만큼 깊었기 때문이다. 다음은 당시에 존슨이 친구들에게 했던 말이다.

"에드워드 호리건이 나한테 와서 보고할 일은 절대 없을 거야. 나는 그 친구가 마음에 들지 않고, 또 믿지도 않거든."

때로 존슨은 호리건의 보고 체계 아래에 있던 휴블라인과 거래하던 주류 배급업자들을 통해 호리건이 뇌물을 받지나 않는지 살피기도 했다. 존슨은 호리건에 대해 알면 알수록 자기에게 도움이 될 만한 구석이 없다는 걸 깨달았다. 그래서 존슨은 이렇게 말했다.

"내가 이 회사를 맡게 되면 호리건은 죽은 사람 신세가 될 거야."

호리건을 빼고, 존슨은 처음에 레이놀즈 사람들에게서 대체로 좋은 대접을 받았다. 나비스코의 최고 경영진 가운데 존슨만이 유일하게 윈스턴살렘으로 이사했다. 존슨은 올드 타운 클럽의 골프장이 바라보이는 곳에 커다란 집을 샀다. 존슨은 사람의 마음을 사로잡는 매력이 있는 인물로 받아들여졌다. 목적을 위해 언제나 앞으로 거세게 밀어붙이는 '독일 전차' 윌슨과 확실한 차별성이 부각되었다. 그래서 레이놀즈의 인사 책임자이던 로드니 오스틴은 이렇게 말했다.

"존슨에 대해 사람들이 어떻게 말하는지 나도 알아요. 하지만 나는 그게 다 사실이 아니라고 생각합니다. 그는 대단한 사람이에요."

존슨은 윈스턴살렘으로 이사 온 뒤 처음 몇 주 동안 그곳에 익숙해지려고, 또 그런 모습을 보이려고 노력했다. 지프 왜고니어를 타고 시내를 돌아다녔고, 사람들을 저녁 식사에 초대했으며, '노스캐롤라이나 동물원'의 이사회에도 이름을 올렸다. 윈스턴살렘 사람들은 존슨의 이런 모습을 호의적으로 혹은 감동적으로 바라보았다. 하지만 모두 다 그랬던 건 아니다. 레이놀즈의 회계원이던 존 다우들의 부인 지니 다우들은 단 한마디로 존슨을 깎아내렸다.

"그 사람, 중고차 판매원 같던데요."

두 조직의 차이는 최고위층 아래에서 더욱 심하게 나타났다. 레이놀즈의 주주 담당 부서 책임자인 레지널드 스타가 나비스코의 같은 부서 책임자와 첫 대면을 하러 뉴저지로 비행기를 타고 갔을 때, 모리스타운에서 짙게 선팅을 한 두 대의 흰색 리무진이 그를 기다리고 있었다. 이런 장면을 접한 레이놀즈의 30년차 베테랑 직원인 스타는 다음과 같이 말했다.

"글쎄 잘 모르겠습니다, 내게는 마피아들처럼 보이더라고요. 너무 과시하는 것 같았습니다. 그 사람들과 한 조직에서 함께 일한다는 게 부끄러울 정도로요."

월슨이 나비스코에서 처음 회의를 하러 갈 때도 그랬다. 레이놀즈의 비행기에서 내려 모리스타운 공항 터미널로 들어설 때 그는 담배를 피우고 있었다.

"이봐요! 여기 금연이에요!"

나비스코의 비행기 운항 책임자이던 린다 갤빈이 버럭 소리를 질렀다. 깜짝 놀란 월슨은 담배를 바닥에 던지고 발로 비벼 껐다. 레이놀즈의 대표단이 보기에 나비스코 사람들은 너무나 오만했다. 돌아오는 길에는 레이놀즈의 미팅 플래너이던 낸시 홀더가 월슨을 한쪽으로 데리고 가서 귓속말을 했다.

"조심하세요. 스탠더드 브랜즈가 나비스코와 합병했는데, 지금은 나비스코가 남아 있지도 않아요."

그러자 수석 플래너 폴 봇이 콧방귀를 뀌었다.

"낸시, 바보 같은 소리 하지 마. 회장님이 그렇게 호락호락한 분이야?"

심지어 두 회사의 제품들조차 불편한 관계에 놓였다. 어떤 사람들은 이 관계가 부자연스러운 관계라고까지 말했다. 호리건은 나비스코의 브랜드 가운데 하나인 플레이시먼 마가린이 금연 운동을 강력하게 펼쳤던 미국심장학회와 손잡고 마케팅 활동을 계획해 왔다는 사실을 알아내고는 분통을 터뜨렸다. 결국 그 마케팅 계획은 없던 일이 되었다. 물론 존슨은 나비스코 전체와 레이놀즈의 '죽음의 상인들'을 하나로 묶는 것을 그다지 중요하게 생각하지 않았으므로 다음과 같이 말하면서 킬킬거리며 웃을 수 있었다.

"'엄마와 애플파이'가 '해골과 두 개의 엇갈린 뼈'를 만났네?"†

---

† '엄마와 애플파이'는 '건전하고 전통적인 미국의 가치'를 뜻하고, '해골과 두 개의 엇갈린 뼈'는 '죽음'과 '위험'의 상징으로 해적선 깃발, 독극물 표시 등에 흔히 쓰인다.

하지만 나비스코의 구파들이 볼 때 이것은 결코 웃어넘길 수 있는 문제가 아니었다. 나비스코의 제빵사들은 스탠더드 브랜즈의 주류 사업 부문 관리자들을 '술주정뱅이'라 불렀는데, 이들은 자기네 회사가 담배 회사와 합치자 기절할 정도로 놀랐다. 워싱턴에서 RJR 나비스코는 두 개의 정치 집단을 창출했다. 하나는 레이놀즈를 지지하는 집단이었고, 또 하나는 나비스코를 지지하는 집단이었다. 나비스코의 직원들은 자기들이 일해서 번 돈이 담배 사업을 위한 로비에 쓰이는 걸 원치 않았던 것이다.

나비스코와 스탠더드 브랜즈의 각 이사회와 언제나 좋은 관계를 유지했던 존슨은 윌슨과 레이놀즈 이사들 사이에 자기와 나비스코를 탐탁지 않게 여기는 긴장이 조성되어 있다는 사실을 곧바로 깨달았다. 첫 번째 합동 이사회를 가진 직후에 그는 배타성과 심술이 팽배해 있음을 간파했다. 한쪽에서는 스틱트와 매콤버, 조던, 크렙스가 자기들끼리 모여 무엇인가를 비밀스럽게 쑥덕거렸고, 윌슨은 몇몇 이사들에 대한 불만으로 툴툴거렸다. 그것도 다른 사람들이 충분히 들을 수 있을 정도로 큰 소리로……. 이런 모습에 대해 존슨은 다음과 같이 회상했다.

"윌슨은 그 사람들을 좋아하지 않았고, 그들도 윌슨을 좋아하지 않았죠. 그들 사이에 감정의 골이 깊이 파여 있다는 건 누가 봐도 명백했어요."

RJR 나비스코의 스물다섯 명 이사들 가운데 앤드루 세이지를 포함한 다섯 명의 나비스코 이사들이 선임되었다. 코네티컷에 본사가 있던 '컴버스천 엔지니어링'의 대표이던 붙임성 많은 찰스 휴걸도 이들 가운데 한 명이었는데, 이사회가 끝난 직후에 윌슨과 함께 점심을 먹으면서 윌슨이 드러내 놓고 이사들을 비판하는 것을 보고는 어리둥절했다. 그가 자기 마음에 들지 않는 이사들을 한 명씩 거명하며 악담하는 걸 본 휴걸은 놀란 눈으로 그를 바라보며 속으로 이런 생각을 했다.

'이 사람이 왜 나에게 이런 이야기를 할까? 자기 이사들이 얼마나 멍청한 인간들인지 모르겠다고 말함으로써 나를 자기편으로 끌어들이자는 건가? 도대체 무슨 의도로 이럴까?'

두 회사의 합병이 이루어질 수 있었던 논리와 배경은, 레이놀즈와 나비스코의 거대한 제품군들을 하나로 묶음으로써 합병을 통해 몸집을 불린 새로운 회사는 원자재 공급업체들에 더 큰 목소리를 낼 수 있고, 슈퍼마켓에는 더 좋고 더 넓은 판매대를 요구할 수 있으며, 또 도매상들에도 더 큰 영향력을 행사할 수 있다는 것이었다. 윌슨은 자기가 철칙으로 생각하는 '절차와 과정의 원칙'을 충실히 따를 때 실패는 있을 수 없다고 확신했다. 그는 두 회사의 합동 마케팅과 경영의 상호 교류, 그리고 합병에 따른 잠재적인 엄청난 유리함을 연구할 전담 부서를 설치했다. 왕들과 나란히 걷는 것이 스틱트의 야망이었다면, 윌슨의 야망은 하버드 비즈니스스쿨의 사례 중심 학습 case study의 위대한 영웅이 되는 것이었다.

물론 존슨의 '유쾌한 친구들'은 윌슨을 멍청하다고 생각했다. 하지만 이들은 뉴욕의 나비스코에 있었고, 윈스턴살렘에 있는 높은 사람들과 싸우기에는 무력했다. 윌슨 아래에서는 광고 내용을 정하는 것부터 쿠키의 포장 용기를 바꾸는 것까지 수많은 결재 과정을 거쳐야 했다. 그러다 보면 최종 결정이 나올 때까지 몇 주씩 기다려야 했다. 나비스코 사람들은 윌슨이 보여 주는 지나치게 많은 결재 과정과 무딘 실천을 신뢰할 수 없었다. 원거리 통신과 컴퓨터 체계를 통해 전체 제국을 하나로 묶을 수 있는 방안을 연구하는 전담반이 있었다. 윌슨에게 이것은 효율성을 보장할 수 있는 야심만만한 사업이었다. 하지만 나비스코 사람들에게는 악몽이었다. 따라서 나비스코의 사탕 사업 부문의 중역이었던 존 고라는 이렇게 말했다.

"연방 정부가 나비스코를 인수한 것 같았다니까요."

존슨의 오랜 측근들은 존슨에게서 고립되자 점점 불안해했다. 윌슨의 체제에서 여섯 달이 지났을 때 이미 여러 명이 회사를 떠날 채비를 했다. 나비스코의 최고재무책임자이던 에드워드 로빈슨은 식료품 체인인 'A&P'의 고위직으로 옮길 준비를 마쳤고, 피터 로저스도 회사를 떠나기로 마음먹었으며, 나비스코의 인사 책임자이던 앤드루 배럿도 자기 나라인 영국에 새로운 일자리를 마련해 놓고 있었다. 로버트 카보넬은 화장실에 갈 때도 손을 들고 말해야 하는 웃기는 현실이 한심하다고 불평했다. 마틴 에밋은, 비록 여전히 나비스코 캐나다의 회장으로 이름이 올라 봉급을 받고 있긴 했지만, 합병이 이루어지기 전에 이미 회사를 떠나고 없었다.

존슨은 뉴욕으로 가서 친구들에게 끈기를 가지고 참아 달라고 했다. 조금만 있으면 달라질 것이라고 설득했다. 하지만 존슨도 이들을 더 오래 붙잡고 있기가 쉽지 않다는 걸 알고 있었다. 그들은 자기들이 소외당하고 있다는 감정과 자기들이 지닌 별개의 정체성을 애써 숨기려 하지도 않았다. 두 회사의 합병 뒤에 열린 '다이나 쇼어 LPGA 대회'에서 있었던 일이다. 델몬트에서 중역으로 있다가 퇴직한 사람이 에드워드 로빈슨과 인사를 나누고는 이렇게 물었다.

"당신은 RJR 쪽입니까, 아니면 나비스코 쪽입니까?"

그러자 로빈슨이 대답했다.

"둘 다 아닌데요. 나는 스탠더드 브랜즈 쪽이거든요."

'유쾌한 친구들'의 낙담이 점차 커지자 존슨은 개인 홍보 담당이던 마이클 매스터풀에게, 헨리 위글을 무너뜨렸던 일을 기념하는 10주년 행사를 준비하라고 지시했다. 이 행사는 1986년 5월 뉴욕에 있는 '브룩 클럽'에서 열렸다. 이 자리에는 존슨과 운명을 같이해 왔던 역전의 동지 10여 명과 1976년 운명의 그날 이후 자신을 지지했던 이사회의 구성원들이 참석했다.

'유쾌한 친구들'은 돌아가면서 당시의 이사회 회의록을 읽으며 건배를 했다. 당시 위글이 했던 말과 행동을 흉내 내며 왁자하게 웃었다. 물론 이들은 엄청나게 술을 마셨다. 존슨은 이날 참석한 모든 사람에게 '10-5-1'이라는 숫자가 새겨진 서진書鎭을 나누어 주었다. 이 숫자들은 스탠더드 브랜즈 이후 10년, 나비스코 합병 이후 5년, 레이놀즈 합병 이후 1년을 뜻했다. 레이놀즈 역시 정복하고 말 것이라는 암시였다.

이런 속마음을 숨긴 채 존슨은 타일리 윌슨의 비위를 맞추려고 온갖 노력을 다했다. 하지만 쉽지 않았다. 두 사람은 완전히 정반대의 인물이었다. 윌슨은 로버트 섀벌과 달리 허수아비처럼 약한 상대가 아니었다. 윌슨은 모든 중역들에게 석 달치 일정을 하루 단위로 제출하라고 지시했으며 자기 일정도 넉 달치를 분 단위로 짰다. 이에 비해 존슨의 일정은(일정이라는 게 있다고 칠 때) 분 단위로 바뀌었다. 오후에 갑자기 윈스턴살렘을 떠나 뉴욕에서 저녁을 먹기도 했다. 윌슨은 주말에 자기 요트에서 조용히 혼자 시간 보내기를 좋아했지만, 존슨은 친하게 지내는 저명 인사들에 식료품 유통업체 관계자 한두 명을 끼워 골프를 치며 떠들썩한 주말 파티를 즐겼다. 윌슨은 존슨의 이런 과도한 비용 지출 행태를 못마땅하게 여겼다. 콜로라도 골프장에서 주말을 보내며 지출한 1만 3000달러짜리 영수증을 놓고는 존슨에게 이런 야단법석이 정말 필요했는지 물었다. 그러자 존슨은, 그 파티 덕분에 식료품 유통업체 중역들이 회사에 가지게 된 호의에 비하면 거기에 든 비용은 얼마 되지 않는다는 말을 그럴듯한 근거들과 함께 늘어놓았다. 그러고는 마지막으로 이런 말을 덧붙였다.

"수백만 달러가 흐르는 시간 속에 헛되이 사라지죠."

윌슨은, 텔레비전에 나와서 자기 상품을 선전하는 사람들의 어떤 특성이 존슨에게 있다는 사실이 걱정스러웠다. 그런 사람들은 상투적으로 이렇게 고함을 질렀다.

"우리보다 싸게 파는 데는 아무 데도 없습니다!"

그는 언제나 새로운 아이디어를 가지고 왔다. 그것도 윌슨이 그토록 중시하는 정식 계통을 밟지 않은 채. 이런 아이디어들 가운데 몇몇은 꽤 괜찮았다. 하지만 존슨은 다음 날이면 전혀 다른 발상에서 출발한 아이디어를 가져오곤 했다.

존슨이 낸 아이디어 가운데 적어도 하나는 윌슨이 보기에 불안했다. 합병이 완료된 직후에 담배 회사들을 상대로 흡연자의 사망 책임을 묻는 소송이 봇물처럼 제기되면서 꾸준히 오르던 레이놀즈의 주가가 갑자기 떨어졌다. 10포인트 가까이 빠져서 20대 중반까지 내려가자 존슨이 윌슨의 사무실을 벌컥 열고 뛰어들었다.

"기회가 왔습니다. LBO에 대해 진지하게 생각해 봅시다."

하지만 윌슨은 차가운 눈으로 존슨을 바라보았다. 그는 LBO에 대해 잘 알고 있었으며, 또 그걸 좋아하지 않았다.

"그러고 싶은 마음이 전혀 없어요, 나는."

그러고는 소송에 어떻게 대처해서 승리로 이끌지, 또 담배 주가를 어떻게 끌어올릴지를 장황하게 강의했다.

"나는 지금이 매우 힘든 시기라는 걸 압니다. 하지만 일시적인 현상일 뿐입니다."

스타일이 전혀 달랐음에도 불구하고 두 사람은 사업과 관련된 사항에 관해서는 의견이 대립한 적이 거의 없었다. 그리고 윌슨도 존슨의 빠른 판단력을 높이 사게 되었다. 존슨은 특히, 이미 계획하고 있던 나비스코와 델몬트의 통합을 추진하는 데서 솜씨를 발휘했다. 또한 폴 스틱트와 가깝게 지내던 델몬트의 바나나 업자 새뮤얼 고든을 쳐낸 일로 점수를 많이 땄다.

대규모 합병이 이루어진 뒤에는 몇몇 사업 부문은 매각하는 게 보통이다. 이 점에 대해서도 두 사람은 쉽게 동의했다. '캐나다 드라이'와 델몬트의 냉동 식품 부문이 매각 대상이었고, 존슨은 이 방면에 관해 특별하던 수완을 발휘했다.

그래서 윌슨은 존슨에게 고마운 마음을 가지고 있었고, 그랬기 때문에 더욱더 이사회 이사들과 존슨이 가까워질 수 있도록 주선하는 일을 마다하지 않았다. 이런 과정을 거치면서 스틱트의 생각도 바뀌었다. 존슨을 믿을 수 없는 교활한 인물이라고만 생각했던 그가 존슨과 함께 비행기를 타고 대서양을 건넌 뒤에는 그에 대해 가지고 있던 선입관을 버린 것이다. 그리고 점심을 함께 먹는 친한 동료들에게 이렇게 말했다.

"그 친구…… 절대로 나쁜 친구가 아니더군."

다른 이사들도 더하면 더했지 덜하지 않았다. 10년 전 헨리 위글과도 그랬던 것처럼, 존슨의 편안한 매력은 윌슨의 뻣뻣함과 뚜렷하게 대비되었다. 윌슨은 '캐나다 드라이'가 회사의 전략적인 노선에 맞지 않기 때문에 매각해야 한다는 사실을 온갖 복잡한 수식과 틀을 통해 논리적으로 접근했지만, 존슨은 간단히 이사들에게 설명했다.

"물론 여러분은 캐나다 드라이를 짊어지고 물 위를 걸어가는 기적을 이룰 수도 있습니다. 하지만 강 건너편에 코카콜라와 펩시콜라가 버티고 서서 여러분이 오길 기다리고 있습니다. 이들이 올 테면 와서 한번 붙어 보자고 하는데 어떡하시겠습니까?"

존슨은 윌슨의 등 뒤에서 윌슨을 바보로 만들기도 했다. 윌슨을 '지거볼스Jiggerballs'라고 불렀는데, 아무도 그 뜻을 정확하게 몰랐던 것이다. 하지만 어쨌거나 따뜻한 애정이 담긴 별명이 아니었던 것만은 분명하다. 존슨은 뉴욕에 갈 때마다 낙담해 있던 친구들에게 윌슨과 비틀거리던 담배 사업 부문에 대한 이야기를 엄청 많이 했다. 예를 들면 이런 식이었다.

"근데 말이야, 우리 회사 친구들이 하는 말을 들으면 우리가 필립 모리스 개자식들을 패고 있는 것처럼 들리거든. 하지만 왠지 나는 그럴 때마다 불쌍한 권투 선수 생각이 나. 이 권투 선수가 경기를 하다가 실컷 두들겨 맞은 뒤에 공이 울려 자기 코너에 돌아와서 뭐라고 했느냐 하면, '짜식, 한 대도 못 때리면서……' 이랬어. 그러자 코치가 이랬지. '심판을 잘 지켜봐. 누군가 널 무지하게 때렸잖아'라고."

존슨은 윈스턴살렘에 여덟 달 동안 있었다. 그때쯤엔 화려한 생활이 하고 싶어 온몸이 근질거렸다. 그래서 그해 5월에 팜스프링스에서 이런 근질거림을 한 방에 날려 버릴 큰 행사를 마련했다. LPGA의 '다이나 쇼어 대회'였다. 레이놀즈의 이사들과 중역들에게 난생처음 경험하는 이 대회는 엄청나게 황홀한 체험이었다. 각자 하나씩 받은 1500달러짜리 구찌 시계를 행사 진행 요원들에게 내보이는 것만으로 이들은 모든 행사에 참석할 수 있었다. 그해의 '다이나와 함께하는 밤' 행사에는 프랭크 시내트라의 노래, 밥 호프의 코미디, 그리고 돈 메러디스의 사회로 장관이었다.

"엄청나게들 많이 싸셨군요."

메러디스는 분수를 가리키면서 말했다.

"하지만 걱정하지 마십시오. 로스가 비용 전액을 대서 말끔하게 고쳐 드릴 테니까요."

윈스턴살렘의 귀족이던 앨버트 버틀러는 골프 스타 팻 브래들리와 야구의 전설 조니 벤치와 한 조가 되어 경기를 하는 기쁨을 누렸다. 그뿐 아니라 혹시 미스샷을 날리는 바람에 골프장에서 함께 경기하는 제럴드 포드 전 대통령 쪽으로 공을 날리지나 않을까 조바심 내는 잊을 수 없는 경험을 했다.

레이놀즈 사람들에게 그런 경험은 난생처음이었다. 레이놀즈 역시 오랜 세월 동안 스포츠 경기를 후원해 왔지만, 주로 스톡카[†] 경주였다. 한 주 내내 이어진 골프와 미녀들의 축제는 나비스코 골프 신발과 테니스 셔츠, 폴라로 이드 카메라, 시디플레이어 등 엄청나게 많은 선물과 함께 막을 내렸다.

"우리는 다들 깜짝 놀랐습니다."

버틀러가 당시를 회상하면서 한 말이다. 그리고 윌슨과 스틱트 사이의 팽팽하고 껄끄럽던 관계가 마침내 완전히 끊어지고 만 것도 이 대회 때였다. 스틱트가 RJR의 비행기를 타고 집으로 돌아가려 했지만 그에게 배정된 좌석이 없었던 것이다. 스틱트는 윌슨을 비난했다. 그리고 이 일이 있은 지 석 달 뒤, 그때까지도 스틱트는 여전히 윌슨 때문에 속을 부글부글 끓이고 있었는데, 아침에 윈스턴살렘 시내의 자기 사무실로 가다가 휘터커 파크 담배 공장 옆에 새 건물이 올라가는 걸 보았다. 거기에서 공사한다는 사실을 처음 안 스틱트가 운전사 헤디에게 물었다.

"저건 뭐지?"

"연기 안 나는 담배 공장입니다."

"뭐라고?"

스틱트는 자기 귀를 의심하면서 되물었다.

스틱트는 곧바로 윌슨에게 연락했고, 윌슨은 획기적인 신기술로 연기가 나지 않는 담배를 개발하는 작업을 은밀하게 진행해 왔다고 했다. 그리고 조만간 이사회에 보고할 계획이었다는 말도 덧붙였다. 스틱트는 기가 막혔다. 그런 제품을 개발하는 문제에 대해 이사회에 단 한 번도 상의를 하지 않았다는 사실이 믿기지 않았다.

"그래, 얼마나 오래 개발을 해 왔습니까?"

[†] 승용차를 개조한 경주용 자동차.

"1981년부터 했습니다."

5년 동안이었다.

"그럼 진작 이사회에 말을 했어야 하는 거 아닙니까?"

"실용화가 가능하다고 판단하는 단계까지 도달하는 데 많은 시간이 걸리는 사업이기 때문에 말입니다."

월슨은 이사회에 말했다가는 기밀 사항이 새 버렸을 것이며, 그게 두려워서 말하지 않았다는 이야기는 하지 않았다. 그리고 이사회의 승인을 얻지 않아도 될 만큼 충분히 적은 예산을 운용해서 이 사업을 추진해 왔다는 말도 굳이 하지 않았다.

암호명 '스파 프로젝트'는 사실 혁명적인 제품이었다. 나중에 '프리미어'로 명명된 이 연기 안 나는 담배는, 금연 운동의 흐름을 넘어서고 말보로를 무릎 꿇리며 나아가 담배 산업의 총체적인 몰락을 일거에 뒤집기 위한 월슨의 비밀 무기였다. 프리미어는 일반 담배와 비슷하지만 안에는 미량의 담배만 있었다. 담배 끝에 붙어 있는 탄소 부분에 불을 붙여 담배와 담배 안에 있는 '향기 구슬'을 가열한다. 그러니까 '담배를 태우는 것'이 아니었다! 흡연자가 이 담배를 통해 공기를 빨아들일 때, 열기가 '향기 구슬'을 통과하면서 담배의 맛과 향이 흡연자에게 전해지는 원리이다. 따라서 연기와 타르는 전혀 생성되지 않는다. 연기와 타르의 합성물은 미량만으로도 암 발생에 영향을 준다는 사실을 고려할 때 매우 혁명적이었다. 월슨은 이 연기 안 나는 담배로 금연한 이들까지 다시 레이놀즈의 소비자로 끌어들일 수 있으리라 기대했다.

하지만 이사진에서는 이 담배의 성공 가능성은 둘째 문제였다. 이런 초대형 사업을 월슨이 이사회의 승인도 받지 않고 진행해 왔다는 사실에 흥분했다. 결국 월슨은 1986년 7월 뉴욕에서 소집된 이사회에 나가 해명해야 했다. 윌슨은 완전 무장을 하고 나타났다. 담배 사업 부문 간부들은 프리미어의 특성과 관련된 모든 사항들을 완벽한 프레젠테이션으로 준비했다. 윌슨은 이사들에게 시제품을 나누어 주며 시험해 보라고 권했다. 앨버트 버틀러가 시제품을 피워 보았다. 버틀러로서는 맛이나 향이 그다지 좋은 것 같지는 않았다. 하지만 맛이나 향보다 더 큰 문제가 윌슨을 기다리고 있었다.

"왜 이 사업을 진작 우리에게 보고하지 않았습니까?"

후아니타 크렙스가 물었다. 그러자 윌슨은 스틱트에게 했던 것과 똑같은 대답을 했다. 하지만 크렙스는 그의 해명을 받아들이지 않았다.

"당신은 그러니까 이 사업과 관련된 수백 명의 회사 직원들을 믿으면서, 이 제품을 광고할 광고 대행사의 수십 명 직원을 믿으면서, 그리고 외부의 납품업체들과 과학자들은 믿으면서 우리는 믿지 않는다 이 말씀이시죠? 맞습니까? 이사회의 한 사람으로서 무척 화가 나는군요."

다른 이사들도 한 사람씩 자기 의견을 보탰다. 예를 들어 휴블라인의 스튜어트 왓슨은 윌슨이 KFC를 매각하려 하면서 이 문제에 대해서도 이사회에 의견을 묻지 않았다며 분개했다.

"우리를 믿지 않죠? 그렇죠? 우리를 믿지 않는 거 맞죠?"

스틱트의 충실한 두 친구인 로널드 그리어슨과 존 매콤버는 감사위원회의 감사 내용을 꼬투리 잡고 나섰다. 윌슨이 프리미어 개발과 관련해서 승인한 6800만 달러는 이사회에서 정한 승인 한도를 훨씬 초과했다는 사실을 지적하며 두 사람은 이런 내용이 어째서 감사위원회 감사에서 누락되었는지를 물었다. 스틱트도 직접 나서서 윌슨을 공격했다. 이 회의가 얼마나 오랫동안 계속되었던지, 뉴욕 경찰청이 그랜드 아미 플라자를 따라 주차되어 있던 이사들의 리무진을 모두 견인하라는 지시를 내릴 정도였다. 이사회가 끝났을 때 '스파 프로젝트'는 계속되어도 좋다는 승인을 얻었다. 취소하기에는 너무 멀리 와 버렸기 때문에 달리 도리가 없었다. 하지만 타일리 윌슨은 그나마 조금 가지고 있던 이사회의 정치적인 지지를 완전히 잃어버렸다.

윌슨과 함께 일하면서 1년을 보낸 존슨은 이제 때가 왔음을 감지했다. 그는 여러 이사들에게 전화를 걸어 RJR 나비스코를 떠날 것이며, 영국의 식품 회사인 '비첨 PLC'를 맡게 될 것이라고 전했다. 갑작스러운 통고였다. 이사들은 만류했지만, 마음의 결정을 내렸다면서 말리지 말라고 했다. 두 회사의 합병도 이제 완전히 마무리되어 새로운 회사가 정상 궤도에 성공적으로 올라선 만큼 자기가 할 수 있는 일은 다 했다고 했다. 그리고 최고경영자는 단 한 사람이면 충분하며, 이사회가 윌슨을 선택한 것은 최상의 결정이라고 짐짓 조심스럽게 말했다.

"이제 다른 자리를 찾아봐야 할 때가 됐죠."

"하지만 너무 갑작스럽고 빠르지 않소."

찰스 휴걸이었다. 그는 존슨이 예상한 대로 반응했다.

"어쩌면 당신이 이 회사를 경영할 수도 있지 않겠소?"

휴걸은 존슨 부부를 뉴햄프셔의 위니퍼소키 호숫가에 있는 자기의 여름 별장으로 초대했다. 두 사람은 뒷베란다에서 거의 밤을 새우다시피 하면서 많은 이야기를 나누었다. 존슨이 취할 수 있는 모든 가능성을 검토했다. 그리고 이사회를 구성하는 각 이사들이 과연 존슨을 지지할지, 그리고 의심스러운 사람들에게서는 어떻게 지지를 이끌어 낼 수 있을지를 검토했다. 술을 홀짝이면서 나눈 대화는 새벽 4시까지 이어졌다. 마침내 두 사람은 타일리 윌슨을 밀어내기로 결정했다.

다음 주말에 휴걸은 멀지 않은 곳에서 살던 폴 스틱트를 초대했다. 두 사람 역시 뒷베란다에서 흉금을 터놓고 대화를 나누었다. 휴걸은 스틱트가 긍정적인 반응을 보일 때 전혀 놀라지 않았다. 충분히 예상했던 반응이었다.

존슨은 스틱트를 만나러 뉴햄프셔로 따로 여행을 떠났다. 이때는 윌슨의 눈을 피하기 위해 회사 비행기를 쓰지 않고 아메리칸 익스프레스 비행기를 빌렸다. 자기를 찾아온 존슨에게 스틱트는 이렇게 말했다.

"우리는 당신이 왜 이제야 우리 앞에 왔는지, 그리고 이제라도 나타나 준 게 얼마나 다행인지 모른다는 이야기를 했다오."

스틱트가 매콤버도 합류시켰다. 매콤버는 윌슨을 축출할 구체적인 방안을 내놓았다. 자신과 스틱트가 레이놀즈 측의 이사들을 맡아 설득하고, 휴걸은 나비스코 측의 이사들을 맡아서 설득하기로 했다. 하지만 앤드루 세이지나 로버트 섀벌, 그리고 제임스 웰치 등의 나비스코 측 이사들은 모두 존슨의 충실한 지지자들이어서 따로 설득할 것도 없었다.

존슨은 이렇게 거사의 씨앗을 뿌린 뒤에 멀찌감치 물러서서 구경만 했다. 스틱트와 매콤버는 다른 이사들을 설득하는 작업을 충실하게 차근차근 해 나갔다.

"우리는 로스가 떠나게 내버려 둘 여유가 없습니다."

매콤버의 설득이었다. 로스가 가고 나면 비상시에 회사가 의지할 수 있는 사람은 에드워드 호리건밖에 없지 않느냐는 게 그가 내세운 근거였다.

"그럼 그때 가서는 타이를 해고하고 싶어도 해고할 수 없는 상황을 맞습니다."

그리고 8월 첫째 주에 존슨은 윌슨에게 회사를 떠날 생각이라고 말했다. 윌슨은 깜짝 놀랐다. 윌슨 역시 존슨을 놓치기 아까웠던 것이다. 윌슨은 속으로 재빨리 계산한 뒤 다음 주에 있을 보상위원회를 언급하며, 이 위원회에서 1988년 중반쯤 혹은 더 일찍 1987년 말에 자신의 은퇴 문제에 대해 논의해 보자고 말했다. 존슨은 그러자고 했고, 윌슨은 한 주의 여유가 있다는 생각에 느긋한 마음으로 플로리다키스 제도諸島로 날아갔다. 거기에 그의 집이 있었다.

그런데 윈스턴살렘에 있던 측근들이 플로리다키스로 전화를 걸기 시작했다. 한결같이 불안한 내용이었다. 적들이 공격을 준비하고 있으며, 존슨을 옹립하려 한다는 것이었다. 걱정이 된 윌슨은 와코비어 은행의 대표이자 이 사회에서 딱 두 명 있는 자기편 이사 가운데 한 명이던 존 메들린에게 전화를 걸었다. 메들린의 대답은 우려했던 대로였다.

"네, 뭔가 확실히 진행되고 있습니다. 도움이 되어 주고 싶지만, 문제가 쉽지 않네요."

이번에는 휴걸에게 전화를 걸었다. 하지만 휴걸과의 통화를 통해 그가 이 모든 쿠데타를 총지휘하는 인물임을 알았다.

"스틱트에게 전화를 걸면 도움이 될까요?"

윌슨이 망설이면서 휴걸에게 물었다.

"그분도 도움이 되지 않을 겁니다."

휴걸이 냉담하게 말했다.

매콤버도?

"소용없습니다."

휴걸은 모든 진행 사항을 솔직하게 털어놓았다.

"당신이 졌습니다."

윌슨은 마지막으로 조던 버넌에게 전화를 걸었다. 하지만 그것도 소용이 없었다.

"게임은 끝났습니다. 마무리 거래를 잘하는 게 최상의 방법일 듯싶네요."

그제야 윌슨은 재앙이 임박했음을 깨달았다. 그리고 다음 주 회의 때 윌슨은 사임했다. 조용히 일을 처리하는 대가로 윌슨은 상당한 보상을 약속받았다. 일시불 325만 달러와 공식적으로 보장된 임기인 1987년 말까지의 연봉과 보너스 130만 달러, 그리고 총 60만 달러에 이르는 연금이 그가 받은 보상 내용이었다. 이외에도 이사들은 비서가 딸린 사무실, 주택에 대한 보안 체계, 카폰, 그리고 회사가 소유한 여러 아파트 소유권 등의 두둑한 혜택을 윌슨에게 안겨 주었다. 그리고 그의 은퇴는 오랫동안 조기 퇴직을 바랐던 그의 의지에 따라 이루어졌다고 발표되었다.

위원회 회의에 이어 전체 이사회가 열려 변경 사항을 최종적으로 승인했다. 이렇게 해서 그야말로 최소의 노력으로 로스 존슨은 미국에서 열아홉 번째로 큰 제조 기업인 RJR 나비스코의 최고경영자로 임명되었다. 모든 게 끝난 뒤 타일리 윌슨은 투덜거렸다.

"흥, 놈들이 나를 해치웠다 이거지……."

3장

인수 합병의 황제
헨리 크래비스의 등장

*
*
*

로스 존슨은 엄청 빠른 속도로 정점까지 올라갔다. 나비스코의 최고경영자가 된 게 1984년이었고, 레이놀즈와 나비스코가 합병한 게 1985년이었으며, RJR 나비스코의 최고경영자가 된 게 1986년이었다. 만일 그가 이 자리에서 만족하고 느긋하게 인생을 즐기며 노스캐롤라이나의 상류 사회 인사로 여생을 살았더라면, 역사는 그의 인생을 지금과는 전혀 다르게 볼 것이다. 하지만 무엇이든 뒤흔들어 놓는 데 평생을 바치다시피 했던 존슨은 여태까지 살아왔던 방식을 바꿀 마음이 조금도 없었다. 레이놀즈 타바코는 한 해에 현금을 10억 달러씩 끌어들였다. 세계 최대의 무모한 계획들을 세우기에, 그리고 세계 최대의 실수들을 숨기기에 충분히 큰 돈이었다.

"10억 달러…… 이렇게 많은 돈을 1년 안에 다 쓸 수는 없을 거야."

존슨이 가끔 경건한 마음으로 삼가 공손하게 했던 말이다.

하지만 한가로운 윈스턴살렘에 있는 존슨은 주차선도 제대로 보이지 않고 군데군데 움푹 파인 자국이 있는 주차장에 서 있는 페라리 같은 신세였다. 윌슨 아래에서 그는 일부러 몸을 낮추고 가능하면 시끌벅적한 일을 벌이지 않으려고 노력했다. 1986년 가을에 RJR 나비스코를 접수한 뒤 존슨의 밀월蜜月은 너무나 짧게 끝났다. 그리고 그가 가장 먼저 한 일은 호리건을 처리하는 일이었다. 존슨이 최고경영자로 취임하고 며칠 지나지 않아 호리건은 사직서를 들고 존슨의 사무실을 찾았다. 1년 동안 겪어 봤던 터라 자르기 전에 제 발로 걸어 나가는 게 낫다 싶었기 때문이다. 그런데 놀랍게도 존슨은 호리건의 사직서를 반려했다.

"난 당신이 필요합니다."

존슨은 아직도 담배에 대해 문외한이나 다름없었기 때문에 담배를 잘 아는 사람이 곁에 있어야 했다. 그리고 과거의 불화야 어쨌든 간에 그 사람은 호리건이어야 한다고 존슨은 생각했다. 호리건은 나비스코의 중역들이 호사를 부리던 뉴욕의 아파트에 대해 늘 분노했었다. 그런데 존슨은 호리건에게 그 어떤 아파트보다 사치스러운 아파트를 제공했다. 뉴욕의 현대미술관 위에 있는 '뮤지엄 타워' 아파트였다. 윌슨은 호리건이 주말에 팜스프링스로 갈 때 스스로 비용을 부담하게 했지만, 존슨은 회사가 그 비용을 부담하게 했다. 그뿐 아니라 그가 원한다면 회사 비행기 가운데 최고의 기종이던 걸프스트림 G-3 제트기를 쓸 수 있도록 했다. 존슨이 사용하는 비행기였다. 특전은 이것 말고 또 있었다. 팜스프링스에서 회사 명의로 승용차를 임대해 사용하라고 한 것이다. 호리건은 감사하는 마음으로 이 제안을 받아들여 롤스로이스를 선택했다. 그리고 이내 존슨과 아주 가까운 친구가 되었다. 지역 사람들이 놀라고 또 쑤군거렸음은 말할 것도 없다.

그다음에 존슨은 레이놀즈의 오래된 뿌리, 이른바 '구체제의 친위대'를 해체하는 작업에 나섰다. 최고재무책임자 그웨인 길레스피를 해고하고 그 자리에 나비스코의 에드워드 로빈슨을 앉혔다. 그리고 재무 부서의 존 다우들도 나름대로 두둑한 선물을 안겨 조기 퇴직시키고 그 자리에 나비스코의 맥 베인스를 앉혔다. 인사 책임자 로드니 오스틴도 해고하고 그 자리에 역시 나비스코의 앤드루 배럿을 앉혔다. 홍보 책임자 로널드 서스태너는 회사 전체를 좀 더 폭넓게 보라며 존슨이 뉴욕으로 발령을 내리자 자기는 살아남는 줄 알았다. 하지만 호리건은 서스태너를 좋아하지 않았고, 이 사실을 존슨이 알았다. 존슨은 곧바로 서스태너도 해고했다. 나비스코의 마이클 매스터풀이 그 자리에 앉았다. 레이놀즈 사람들은 철저히 배제되어 거리로 내몰렸고, 존슨의 나비스코 사람들이 그 자리를 차지했다.

그런데 이상한 일들이 벌어진다는 것을 윈스턴살렘이 눈치 채면서 존슨에게 여러 가지 문제가 생기기 시작했다. 존슨이 이인자였을 때는 아무도 눈여겨보지 않았던 것들을 사람들이 바라보기 시작했고, 이것이 그의 발목을 잡았던 것이다. 레이놀즈의 중역들은 과거 그 누구도 경호원을 데리고 다니지 않았다. 하지만 존슨은 경호원을 한 명 데리고 있었다. 이 일을 두고 올드 타운 클럽이나 버뮤다 런 클럽에서 사람들이 쑤군거렸다. 경호원의 이름은 프랭크 맨시니였는데, 뉴욕 경찰관 출신의 땅딸막하고 단단한 남자였다. 윈스턴살렘 사람들은 그를 '러치Lurch'(곤경이라는 뜻)라고 불렀다.

맨시니는 레이놀즈의 보안을 보강하려는 존슨의 노력 가운데 극히 한 부분에 지나지 않았다. 그것은 시작일 뿐이었다. 타일리 월슨은 어느 날 허리에 총을 찬 남자가 집 앞에서 얼쩡거리는 걸 보고 깜짝 놀랐다. 월슨이 그 남자에게 뭐 하러 거기서 서성이냐고 묻자 남자는 자기 신분이 경찰관임을 밝히며 그 지역의 치안 담당이라고 대답했다. 그 지역에는 폴 스틱트도 살고 있었다. 그러자 월슨은 남자에게 말했다.

"난 댁이 우리 집 앞에 차를 세워 놓고 있는 게 마음에 들지 않아요. 그리고 난 누가 나를 해칠까 봐 무서워할 일도 전혀 없고요."

이런 일이 있었다는 걸 전해 들은 사람들은 모두들 당황스러워했다. 윈스턴살렘은 그다지 큰 도시가 아니었기 때문이다.

존슨은 회사에 대한 장악력을 강화하면서 점차 작은 시골 도시에 적응한 척하며 살던 모습을 벗어던지고 옛날의 모습으로 돌아갔다. 주말에는 거의 대부분 비행기를 타고 먼 곳에 있는 골프장으로 날아가거나 플로리다에서 햇빛을 쬐거나 프랭크 기퍼드를 비롯한 여러 친구들과 함께 맨해튼을 들쑤셨다. 스틱트가 처음 시작하긴 했지만 이런 분위기를 완성시킨 건 존슨이었다. 존슨의 RJR 나비스코에서는 레이놀즈의 옛날 가치관은 갈기갈기 찢어졌다. 모아비아교의 가치관도 경박한 농담과 술판에 자리를 내주고 뒷걸음질치며 물러났다.

오랜 세월 동안 레이놀즈 최고 경영진의 겸손한 기부는 보먼 그레이 의과대학과 같은 학교 및 기관을 만들어 왔었다. 하지만 선행에 대한 존슨의 생각은 웨이크포리스트대학교의 골프팀을 위해 프로암 대회를 조직하는 것이었다. 그는 자선 단체 '유나이티드 웨이'의 행사에 다이나 쇼어[†]와 미식축구 스타 돈 메러디스를 초청했다. 그는 또 노스캐롤라이나 동물원의 이사진에 이름을 올렸으며 기금 모금 운동을 펼쳤다. 하지만 헬리콥터를 타고 행사장에 내림으로써 사람들의 눈살을 찌푸리게 했다. 그 동네에서는 캐딜락만 타고 나타나도 대단한 것으로 여겨졌기 때문이다. 무명으로 커튼을 다는 곳에서 존슨은 양복 주머니에 손수건을 부풀려 꽂고 다녔던 것이다.

---

† 1940~1950년대 미국의 유명한 여성 가수. 나중에는 배우, 쇼 진행자로도 활약했다. 골프를 즐겨 현재는 'ANA 인스퍼레이션'으로 불리는 LPGA 4대 메이저 대회 중 하나인 '다이나 쇼어 대회'를 1972년 창설했다.

그의 아내는 한술 더 떴다. 올드 타운 클럽에서 기혼 여성들은 쑥덕거리기를 좋아했는데, 주로 이렇게 이야기를 시작했다. 최근에 들리는 소문 들으셨어요? 이들은 존슨의 아내 로리 존슨을 '컵케이크cupcake[†]'라고 불렀다. 로리는 30대 초반의 매력적인 금발 여성이었다. 레이놀즈 중역의 아내들은 보수적으로 옷을 입고 화장을 많이 했다. 하지만 조깅복 차림으로 불쑥 나타나곤 했던 로리는 마치 캘리포니아의 소녀처럼 보였다(사실 그녀는 캘리포니아에서 소녀 시절을 보냈다). 그리고 레이놀즈의 아내들은 브리지 게임을 했지만 로리는 골프를 쳤다. 그것도 그냥 치는 정도가 아니라 잘 쳤다. 웬만한 남자들보다 더 멀리 공을 날렸다.

그녀는 윈스턴살렘에 맞추려고 나름대로 노력했다. 여러 자선 단체에 기부를 했으며 또 노스캐롤라이나대학 예술학교에 이사로 이름을 올렸다. 국제자문단이 윈스턴살렘에서 회의를 할 때는 남자들이 회의하는 동안 부인들을 이끌고 인근 도시인 벌링턴에 있는 아웃렛 매장으로 원정 쇼핑을 감행하기도 했다. 전 세계의 기업가 아내들은(여기에는 노르웨이의 공주까지 포함되어 있었다) 각자 엄청나게 많은 쇼핑백을 들고 돌아왔다. 물론 그 매장은 트럼프타워[‡]가 아니었지만, 로리 존슨이 특히 잘할 수 있었던 게 쇼핑이었다는 점이 크게 작용했다.

로리로서는 아무리 잘하려 해도 입방아에 오르는 일을 피할 수 없었다. 존슨도 지역의 관습과 가치관을 무시함으로써 이런 사정에 더욱더 부채질했다. 존슨이 웨이크포리스트대학교 골프팀에서 가장 실력 좋은 사람을 자

[†] '환각제' 혹은 '매력적으로 사람을 홀리는 여자'라는 뜻으로 쓰인다.

[‡] 도널드 트럼프가 뉴욕의 맨해튼 중심가에 1983년 완공한 58층 건물이며 6층까지가 고급 쇼핑몰이다.

기 집으로 데리고 간 다음 날, 이 어린 골프 선수와 로리가 지하실에 있는 저쿠지(상표명) 기포 욕조에 함께 있다 존슨에게 딱 걸렸다는 소문이 윈스턴살렘에 돌았다. 존슨이 출장을 떠날 때마다 '컵케이크'가 올드 타운 골프장의 프로 선수들과 잠자리를 한다고 사람들은 입방아를 찧었다. 이 소문이 존슨의 귀에까지 들어갔을 때 로리는 뉴욕에 있는 친구들에게 전화를 걸어 울면서 하소연했다. 하지만 친구들 가운데 많은 사람들은 조그마한 시골 도시가 외부에서 들어온 이질적인 사람에게 얼마나 잔인하게 굴 수 있는지를 이해하지 못했다. 제임스 로빈슨의 아내 린다는 로리의 아픔을 이해했다. 로빈슨 부부와 존슨 부부는 함께 로어링갭으로 휴가 여행을 간 적이 있었다. 그곳은 윈스턴살렘의 분위기를 알기에는 더할 나위 없이 좋은 장소였다. 한데 그곳에서 로어링갭의 한 여자가 다음과 같이 말하는 것을 두 사람은 우연히 들었다.

"우리는 윈스턴살렘에 사는 누군가가 마음에 들지 않으면 그 사람에게 마음고생을 심하게 시키죠. 존슨 부부에게 그랬죠, 사사건건 전부요."

그런데 이런 긴장이 그해 11월에 바깥으로 드러났다. 《윈스턴살렘저널》의 논설에 다음과 같은 글이 실렸다.

"사람들이 쿠키 괴물의 입맛을 너무 낮게 평가했던 것 같다."

도대체 누가 누구를 인수했는지 모르겠다면서 경영의 변화와 회사명의 변화를 꼬집는 내용이었다. 존슨으로서는 나름대로 참을 만큼 참았지만 그 기사로 이제 더는 참을 수 없었다. 그 기사를 접한 존슨은 말했다.

"이런 말까지 들어야 하나, 제길!"

비록 자기의 본모습을 숨기려고 애써 왔지만 사실 그는 소도시 사람을 증오했다. 윈스턴살렘에서의 삶은 캐나다라는 변두리에서 벗어나려고 여태껏 싸워 왔던 목표가 아니었다. 그는 합병 이후로 툭하면 불거지던 온갖 정치적인 잡음에 진저리를 냈다. '유리 동물원'의 회사 직원들은 윈스턴살렘의 이른바 '담배 사람들'과 끊임없이 전쟁을 치렀다. 존슨은 이런 전쟁을 중재하는 데도 지쳤다.

하지만 무엇보다 윈스턴살렘에서 산다는 것 자체가 최악이었다. 이런 상황을 존슨은 뉴욕의 친구들에게 털어놓았다.

"똑같은 사람들을 몇 번이고 계속 만나야 한다는 게 얼마나 지겨운지 아나?"

윈스턴살렘에 있는 사람들 가운데 존슨에게 삶의 재미를 주는 이는 거의 없었다. 그는 '걸프+웨스턴'의 마틴 데이비스나 아메리칸 익스프레스의 제임스 로빈슨, 혹은 'ITT'의 랜드 애러스코그 등을 상대로 시가를 피워 문채 수다를 떨고 싶었다. 그러고 싶은 마음이 간절했다. 호리건이 그나마 조금의 즐거움은 주었다. 적어도 함께 스카치를 마실 수 있었다. 또 와코비어의 존 메들린도 있었다. 하지만 그게 다였다. '유쾌한 친구들'도 없었고, 도시에서 나고 자란 양키들도 없었고, 외국인도 없었다. 이들은 남부로 오려하지 않았다. 그들의 충성심은 너무 멀리 있었다. 이런 답답함을 존슨은 다음과 같이 회상했다.

"도시 인구를 다 합해도 14만 명밖에 되지 않았어요. 이 가운데 1만 7000명은 회사 직원이었고, 1만 명은 회사에서 퇴직한 사람들이었어요, 이러니 댁이라면 숨을 쉴 수 있었겠습니까?"

존슨에게 해결책은 단 하나뿐이었다. 본사를 옮기는 것이었다. RJR 나비스코 본사를 다른 데로 옮기는 행위는 윈스턴살렘을 죽이는 일, 지방색의 심장이라 할 수 있는 자존심에 칼을 꽂는 일이라는 사실을 존슨도 잘 알았다. 그래서 존슨은 조심스럽게 정지 작업을 시작했다. 몇몇 소수의 핵심 인물들이 회사를 옮길 장소를 은밀하게 물색했다. 뉴욕이 가장 확실한 후보지였다. 그러나 만일 뉴욕으로 본사를 옮기겠다는 말을 이사회에 했다간 이사들이 다들 깜짝 놀라 뒤로 나자빠질 게 분명했다. 존슨으로서는 이사들의 감정을 상하게 할 수는 없었다. 레이놀즈의 고참들은 절대 뉴욕으로 가려 하지 않을 게 분명했다. 그래서 일단 뉴욕은 보류되었다. 새로운 돈과 뿌리 없는 사람들로 터질 듯이 꽉 차 있는 댈러스는 존슨의 기질과 비슷한 도시였다. 게다가 댈러스는 존슨이 즐겨 찾던 팜비치와 발리(유명한 스키 리조트)로 가는 중간에 위치했다. 하지만 댈러스는 쇠퇴하는 도시였다. 석유 경기도 시들해졌고 댈러스 카우보이(미식축구팀)도 계속 지고 있었다.

애틀랜타도 존슨의 마음을 흔들었다. 댈러스와 마찬가지로, 애틀랜타는 최근에 부자가 된 도시이며 뿌리가 없는 사람들로 넘쳐 났고 충분히 넓었다. 최고 수준의 건물이 입주자를 찾지 못해 언제든 입주를 환영한다고 했다. 게다가 정치적인 협상이 충분히 원만하게 이루어질 수 있을 만큼 윈스턴살렘과 가까웠다. 그런데 그해 가을의 어느 날 저녁 존슨은 런던에서 예전부터 알고 지냈던 사람을 우연히 만났다. 코카콜라 사장 도널드 키오였고, 찰스 프라이스 대사가 여왕을 위해 베푼 만찬 자리였다. 키오의 아내가 입에 집게손가락을 대면서 조용히 여왕의 말을 들으라고 했지만 키오는 애틀랜타를 열렬하게 추천했다.

'그래, 애틀랜타야!'

후보지가 결정되었다. 후보지가 결정되자 존슨은 이사회를 구성하는 인물들을 상대로 작업에 들어갔다. 우선 앨버트 버틀러를 만났다.

"여기에서는 기업과 담배가 겨드랑이(처럼 불쾌한 냄새만 풍기는 곳) 아닙니까? 건강한 존재가 아니라는 말입니다."

버틀러를 설득했다. 존슨은 존 메들린도 설득했다. 와코비어는 최근에 애틀랜타에 있던 주요 은행을 인수했던 터라 이원 본사 체제를 운영하려 했는데, 메들린은 윈스턴살렘과 애틀랜타의 장점과 단점을 잘 이해하고 있었기 때문이다.

그런데 가장 큰 걸림돌이 스틱트였다. '유리 동물원'은 그의 자존심이자 기쁨이었다. 이 빌딩에 언젠가 자기 이름을 딴 이름이 붙여지길 바라는 게 그의 은밀한 희망일지도 모른다고 존슨이 생각할 정도였다. 하지만 돈이라면 그런 희망을 버려야 하는 고통을 덜어 줄 수도 있었다. 존슨은 스틱트가 회사로부터 받는 자문료를 연 18만 5000달러에서 25만 달러로 올렸다. 그래도 부족한 부분이 있다면 특전이 그걸 채울 수 있을 것이다. 존슨은 스틱트를 국제자문단의 의장으로 만들었고, 또 이 기구가 윌슨 시대 이전에 누리던 영광을 되찾을 수 있도록 하겠다고 약속했다. 보면 그레이 의과대학의 'J. 폴 스틱트 노인 센터'에 600만 달러의 기부를 한 것도 스틱트의 마음을 돌리는 데 힘이 되었다. 이렇게 해서 세 사람의 이사를 자기편으로 끌어들이고 나자, 나머지 이사들의 지지를 이끌어 내는 것은 이제 시간문제였다. 적어도 그렇게 보였다.

하지만 이사회가 공식적으로 이전을 결정하기 전에《애틀랜타컨스티튜션》이 이 소식을 터뜨렸다. 이 기사를 계기로 윈스턴살렘에서는 격렬한 반대 움직임이 전개되었다.《윈스턴살렘저널》은 지역 노동자들이 이 회사를 건설했으며 지역 주민이 회사를 이처럼 큰 기업으로 이끌었음을 상기시키며, 이사들에게 반대해 줄 것을 호소했다. 1면 사설에는 이런 주장이 실렸다.

기업의 영혼과 정신은 기업의 심장과 뿌리와 유산이 있는 곳에서만 번성할 수 있다. 영혼이 살아남으려면 머리는 심장과 조화를 이루어야 한다.

존슨은 하룻밤 사이에 윈스턴살렘의 공적公敵이 되었다. 어떤 사람은 말을 타고 윈스턴살렘으로 들어오면서 레이놀즈를 가지고 왔는데, 또 다른 사람이 레이놀즈를 걸프스트림 제트기에 실어 윈스턴살렘에서 가져가려고 했다. 윈스턴살렘의 작은 음악 방송국은 존슨을 무자비하게 욕하는 노래로 지역 안에서 대박을 터뜨렸다. 전직 담배 공장 노동자이자 주요 주주 가운데 한 사람이던 호버트 존슨은 화가 머리끝까지 나서 로스 존슨에게 따지려고 그의 사무실로 쳐들어갔다. 그리고 한나절 동안 기다렸지만 최고경영자를 만나지 못하고 돌아갔다. 하지만 가기 전에 그는 존슨에게 편지를 썼다.

우리가 이 회사의 기초를 닦았소. 당신이 반바지를 입고 돌아다닐 때 말이오.

존슨은 윈스턴살렘 로터리 클럽에 나가 연설하면서 자기 주장을 변호하려고 했다. 하지만 그 자리에 참석한 사람들은 그가 한 말을 기억하지 못했다. 수많은 경호원들이 그를 에워싸고 화물용 엘리베이터에 태워야 하는 소동이 벌어졌기 때문이다. 그가 했던 말 가운데 확실히 사람들이 기억한 단어는 '목가적인'이라는 단어였다. 이것은 존슨이 《애틀랜타컨스티튜션》을 상대로 인터뷰를 하면서 윈스턴살렘을 묘사한 단어였다. 자동차 범퍼에 붙이는 스티커들이 나타나기 시작했다. 스티커의 내용은 이랬다. '만일 당신도 목가적이라면 경적을 울립시다!' 그리고 왼쪽에는 엄지손가락을 위로 세운 그림 옆에 'RJR'이라는 글자가 있고 오른쪽에는 엄지손가락을 아래로 뻗은 그림 옆에 '나비스코'라는 글자가 있는 스티커도 등장했다.

존슨 부부에 관한 근거 없는 소문들도 마구 떠돌았다. 예를 들면 '컵케이크'가 프로 골프 선수와 바람이 나서 도망갔다거나, 프로 테니스 선수와 바람이 나서 도망갔다는 따위의 소문이었다. 이런 소동 속에서 존슨은 악의적인 소문과 싸우는 아내를 위해 무언가 멋진 선물을 하고 싶었다. 존슨의 친구이자 곡물 생산 회사 '아처 대니얼스 미들랜드'의 회장이던 드웨인 앤드리어스의 아내가 플로리다의 배리대학교 이사였는데, 그녀가 다리를 놓아 존슨은 RJR 나비스코의 이름으로 이 대학교에 체육관 짓는 비용을 기금으로 내면서 그 대가로 이 대학으로부터 명예박사 학위를 받기로 되어 있었다. 그런데 존슨은 아내도 함께 명예박사 학위를 받게 해 달라고 했고, 이런 요구를 대학 측이 받아들였다. 이렇게 해서 로리 존슨은 명예박사가 되었고, 그녀를 비판하는 사람들은 이제 그녀를 '컵케이크 박사'라고 불렀다.

회사를 따라 애틀랜타로 가지 않을 수백 명의 노동자들은 해고될 터였다. 오랜 세월 회사로부터 해고당할지도 모른다는 불안감이라곤 전혀 모른 채 회사의 따뜻한 우산 아래에서 살아왔던 레이놀즈의 고참 직원들은 언제 자기 책상 위에 해고 통지서가 놓일지 모르는 불안감을 안고 하루하루를 보냈다. 어떤 경우에는 한 부서 전체가 집단으로 잘리기도 했다. 이런 불안감은 참을 수 없을 정도로 고통스러웠다. 세금 관련 부서에서 일하던 직원 하나가 다음과 같이 외칠 정도였다.

"총을 쏴! 내 이마에 총을 쏘란 말이야! 이렇게는 도저히 살 수가 없어!"

하지만 레이놀즈의 노동 윤리는 쉽게 없어지지 않았다. 오후에 해고 통지서를 받은 네 명의 비서들은 자기들에게 맡겨진 일을 다 하느라 자정을 넘기기까지 했다.

윈스턴살렘에서는 빈정거리는 식의 유머가 넘쳐 났다. 라틴아메리카 출신이던 존슨의 친구 로버트 카보넬은 엘살바도르의 암살단death squad† 출신이라는 유머가 나왔고, 또 존슨이 영화 속에서 킹콩이 보여 주었던 모습으로 축소판 엠파이어스테이트 빌딩을 기어 올라가는 장면이 묘사되기도 했

---

† 적대 세력에 대한 정치적 억압, 암살, 고문, 대량 학살, 민족 청소, 테러 등을 목적으로 불법 살인이나 강제 실종을 자행하는 무장 조직. 자국 정권이나 외국 정부의 지원을 받는 비밀경찰, 준군사 집단, 정부군, 경찰 같은 조직 혹은 반군이나 범죄 조직으로 구성될 수 있다.

3장 인수 합병의 황제 헨리 크래비스의 등장

다. 그리고 또 어떤 만화에서는 존슨이 미아로 묘사되기도 했다. 이 만화에는 다음과 같은 캡션이 붙어 있었다.

"행복이란, 당신이 자고 일어나서 미아 찾기 캠페인을 벌이는 우유팩에서 로스의 사진을 보는 것이다."

그리고 가장 신랄한 비판은 로스 존슨으로 묘사된 쥐 한 마리가, 오레오 쿠키라는 미끼 때문에 쥐덫에 걸려 꼼짝도 하지 못하는 또 다른 쥐인 RJR 타바코를 상대로 후배위 자세로 성행위를 하는 만평이었다. 쥐덫에는 '목가적인 덫 주식회사'라는 문구가 적혀 있고, 다른 쥐들이 이사회 사무실에서 정신없이 달려나와 이 광경을 구경하는 가운데 그중 하나인 스틱트는 존슨 곁에서 저 혼자 엉덩이를 흔들어 대고 있다. 그리고 이사 한 명은 로스에게 묻는다.

"이봐 로스, '에프$_F$'가 무슨 뜻이지?"

뿌리가 거의 없는 거나 마찬가지였던 존슨은 자기로 인해 비롯된 이런 소동을 전혀 헤아리지 못했다. 그래서 이런 말을 할 수 있었다.

"미치겠군. '엑슨'은 뉴욕에서 7000개의 일자리를 다른 곳으로 돌려 버렸는데도 아무도 눈 하나 깜박하지 않았잖아. 나는 기껏 일자리 몇백 개밖에 더 옮겨? 그런데 나를 아틸라† 취급을 해?"

그가 보여 준 이런 반응은, 자기 측근들은 직업을 가진 게 아니라 단지 임무를 맡고 있는 것일 뿐이라고 보았으며, 어떤 조직이든 형성되는 순간부터 부패하기 시작하므로 가만히 있는 것은 바보나 하는 짓이라고 믿었던 존슨에 대해 많은 걸 이야기한다. 그는 고민했다. 어째서 윈스턴살렘은 끈기를 가지고 일하던 사람들이 성공하던 시대는 가 버렸다는 사실을 알지 못할

---

† 5세기 전반에 유럽을 침략한 훈족의 왕.

까? 세상은 계속 변하고 있다. 세상을 따라잡지 못하면 처지고 마는 당연한 사실을 어째서 사람들은 알지 못할까?

"로스는 행위 중독자, 끊임없는 역동의 중독자였습니다. 그는 자신의 이런 중독성이 다른 사람들에게 어떤 영향을 끼치는지 전혀 보지 못합니다."

개인적인 문제로 존슨이 상담을 받았던 적이 있는 코네티컷의 심리학자 O. C. 애덤스가 한 말이다.

하지만 아무리 떠들어 봐야 소용없었다. 윈스턴살렘 시장과 노스캐롤라이나 주지사가 존슨을 만났지만 요지부동이었다. 심지어 회사 이전이 공식적으로 발표되기 전에 존슨 부부는 이미 애틀랜타에 수십억 달러를 호가하는 집을 샀다. 하지만 변화의 유일한 조짐은 스틱트가 회사 이전에 관해 마음을 바꾸면서 나타났다. 윈스턴살렘에서 존슨이 월슨 대신 최고경영자의 자리에 오른 실제 내막을 아는 사람은 별로 없었다. 하지만 대부분 이 과정을 스틱트가 어떤 식으로든 지휘했을 것이라고 의심했다. 회사가 애틀랜타로 이전한다는 소식이 터지자 사람들은 스틱트에게 진상을 밝히라며, 또 그가 레이놀즈의 경영을 맡긴(그렇게 의심하는) 존슨이 어떤 인물인지 설명하라고 요구했다. 스틱트는 회사 이전 문제에 찬성하는 입장이었고 또 그런 입장을 다른 이사들에게 강요했었다. 하지만 주민들의 거센 압력을 받자 그는 앨버트 버틀러와 함께 존슨의 사무실로 가서 회사 이전 방침을 철회하라고 요구하고 나섰다.

존슨은 뜻을 굽히지 않았다. 하지만 이 일을 계기로 존슨은 스틱트가 가지고 있는 영향력, 특히 이사들에게 행사하는 영향력을 다시 한 번 생각하게 되었다. 그는 스틱트와 이사들이 월슨을 어떤 식으로 처리했는지 똑똑히 보았던 것이다. 월슨이 걸어갔던 길을 똑같이 걸어가고 싶지는 않았다.

'그래, 스틱트는 내 편으로 만들어야 해.'

스틱트에게 엄청 많은 특전을 자기 손으로 직접 베풀었지만 더 많은 걸 베풀어야겠다고 존슨은 생각했다. 그것은 바로 스틱트를 RJR 나비스코의 회장에 임명하는 것이었다. 실질적인 권한은 물론 사장 겸 최고경영자인 자기가 모두 틀어쥘 테니 회장이라고 해 봐야 그야말로 명예직에 불과할 터였다.

"하지 마세요, 그 사람은 당신을 곤란하게만 만들 겁니다."

에드워드 호리건이 말리고 나섰다. 찰스 휴걸도 거들었다.

"하지 마세요, 당신에게 필요 없는 사람입니다."

자기 자리에 스틱트를 앉히겠다고 하자 월슨은 기가 막히다는 표정을 지었다.

"장난하시오? 당신 회사니까, 제기랄 당신 마음대로 하시오. 하지만 잔꾀 부리다가 나중에 땅을 치고 후회할걸?"

몇 주 뒤에 스틱트는 회장으로 추대되었다. 그리고 월슨의 말이 옳다는 사실을 깨닫고 존슨은 후회했다. 하지만 늦었다.

1987년 1월 중순에 애틀랜타로의 이전이 공식적으로 발표되었고, 존슨은 윈스턴살렘 주민을 최대한 배려했다. 본사만 이전하는 것이었다. 본사의 수천 명 직원 가운데 일부는 애틀랜타에서 근무하고 또 일부는 담배 사업 부문으로 발령을 받았다. 그리고 RJ 레이놀즈의 1만 2000명 직원은 변함없이 원래 자리를 지켰다. 결국 윈스턴살렘에서 일자리를 잃은 사람은 수백 명밖에 없었다. 그리고 존슨은 '유리 동물원'을 웨이크포리스트대학교에 기증함으로써 윈스턴살렘의 고통을 달래는 마지막 조치를 취했다.

애틀랜타와 그곳의 수많은 기업가들은 《포천》 선정 500대 기업을 열렬히 환영했다. 하지만 애틀랜타가 따뜻한 마음을 가진 거대 기업이 자기 도시에 뿌리를 내리길 기대했다면 오산이었다. 인정사정 보지 않는 로스 존슨의 실체를 깨닫고 만 것이다. 존슨은 '갤러리아'라는 근교 쇼핑센터의 별 특징 없는(겉면이 유리로 된) 건물의 11개 층을 인수했다. 그리고 애틀랜타에서 처음 한 연설을 통해 본사 직원들이 많은 돈을 뿌리지 않을 것임을 분명히 암시했다. 이와 관련해 존슨은 나중에 인터뷰에서 다음과 같이 말했다.

"나는 그 사람들에게 유나이티드 웨이(자선 단체)부터 동네 체육회까지 모두 후원할 수는 없다고 말했죠. 실망하거나 짜증을 낸다고 해도 나로서는 어쩔 수 없었습니다."

그의 이런 태도는 애틀랜타의 유력 인사들이 기대했던 것과 완전히 달랐다. 다음 날 《애틀랜타컨스티튜션》에는 '슬퍼 마라, 윈스턴살렘이여, RJR가 여기로 옮겼다고 해서 그대가 잃은 것은 없으니'라는 감상적인 제목의 기사가 실렸다.

애틀랜타로 이전하고 몇 주가 지난 뒤 존슨은 RJR 나비스코의 열성파들에게 다시 충격을 안겨 주었다. 보안 문제를 분석하던 회의에서 레이놀즈 타바코를 주식회사에서 합자회사†로 바꿀 생각을 하고 있다는 말을, 거의 지나가는 말투로 했던 것이다. 윈스턴살렘에서는 주주들이 공황 상태에 빠졌다. 합자회사가 뭐지? 그렇게 되면 우리가 애지중지하는 주식은 어떻게 되는 거지? 회사 안에서도 사람들은 눈알을 바쁘게 굴렸다. 하지만 존슨의 말이 확실한 계획 속에서 나온 것인지, 아니면 설익은 생각이 죽 끓듯 하는 변덕 때문에 불쑥 튀어나온 것인지 누구도 알지 못했다.

이 발표는 기업에 대한 존슨의 관점이 바뀌었음을 시사하는 것이었다.

---

† 두 사람 이상이 자본을 대어 만든 회사. 유한 사원과 무한 사원으로 조직되는데, 무한 사원은 업무 집행에 관한 권리와 의무를 가지고, 유한 사원은 재산에 대한 한정된 권한와 감독권을 가진다.

1980년대에 인수와 합병이 주식회사 미국을 휩쓸 때 월스트리트의 투자은행가들은 레이놀즈의 막대한 '현금 흐름'에 오랫동안 침을 흘렸다. 제발자기들 돈을 인수 합병 자금으로 써 달라고 간청했던 것이다. 그러나 윌슨이 자리를 지키고 있을 때는 시도조차 해 보지 못했다. 윌슨은 보수적으로자금을 운용하는 월스트리트의 투자은행 '딜런 리드 앤드 컴퍼니'의 조언을충실히 따랐기 때문이다. 메릴린치가 LBO 사업을 제안했을 때도 윌슨의 최고재무책임자 그웨인 길레스피는 이런 제안을 가지고 온 사람들을 그 자리에서 쫓아 버렸다.

그러나 존슨은 달랐다. 월스트리트 사람들과 말이 충분히 통할 사람이바로 존슨이었다. 물론 인수와 합병에 관한 이야기다. 그것도 거대한 거래,새로운 거래……. 존슨이 경영했던 회사들은 모두 끊임없이 요동치면서 자기네 특정 사업 부문을 팔고 다른 회사의 사업 부문을 샀다. 존슨은 계속해서 회사를 재조직했다. 그것도 이미 검증된 이른바 '페스킷의 아이들' 방식으로 말이다. 존슨의 문은 어떤 것이든 그 가능성을 토론하기 위해서라면언제든 열려 있었다. 타일리 윌슨이나 로버트 새벌이 이 문을 들어섰고, 가방 가득 새로운 아이디어를 가지고 있는 사람들도 이 문을 뻔질나게 드나들었다. RJR 나비스코의 본사가 조지아의 애틀랜타로 이전하면서 투자은행가들이 마치 조지아의 더운 6월 밤에 불빛을 보고 달려드는 하루살이들처럼존슨을 만나러 달려왔다. 호리건은 월스트리트 사람들이 줄을 이어 존슨을찾는 것에 대해 다음과 같이 회상했다.

"그 부분에 관해서 로스는 완전히 열어 놓고 있었으니까요."

당시 존슨은 하루 평균 마흔 개나 되는 전화 메시지를 받았는데, 이 가운데 반 이상이 투자은행가들에게서 온 것이었다. 과거에 존슨은 늘 변덕스러운 구상들을 혼자서만 가지고 있었는데, 이제는 투자은행가들과 함께 '금주의 아이디어'를 놓고 토론을 벌이는 클럽을 새로 하나 만든 셈이라고 친구들은 농담을 했다. '월요일 밤의 난파자 구제 클럽'은 이미 해체된 지 오래고 이제 그는 투자은행가들과 '이빨 까기'를 즐겼다. 그는 그들의 샘솟는 아이디어들을 비용이 들지 않는 공짜 투자 상담이라고 여겨 이런 말을 하곤 했다.

"대신 일해 줄 사람들이 널려 있는데, 굳이 혼자서 머리 싸매고 끙끙댈 것 없잖아."

합자회사 아이디어도 이런 과정에서 나온 것이었다. 이 아이디어를 낸 사람은 제프리 벡이라는 월스트리트의 거래 전문가였다. 존슨에게 매달리기로 작심한 벡은 '드렉설 버넘 램버트'라는 증권 회사 소속이었다. 이 회사의 마이클 밀컨은 정크 본드의 황제라 불리면서 1980년대 중반에 기업 인수 부문의 사업을 주름잡았다.[†] 월스트리트 사람들은 벡을 '미친개'라고 불렀다. 나비넥타이와 뿔테 안경을 좋아했지만, 스탠딩 개그를 하는 코미디언과 청부 살인자를 합쳐 놓은 인물쯤 되었다.

벡은 자기가 최고의 수완가이자 로켐소켐(완구용 대전 로봇의 상표명)이며, 막후 조종자로서 월스트리트에서 일곱 손가락에 드는 트레이더라고 생각했다(그는 나머지 여섯 명을 꼽았다). 오만한 과장이 약간 들어 있지만 대체로 맞는 말이다. 그는 좋은 소식을 접할 때는 '록 앤드 롤!'이라고 고함을 질렀으며 딱딱한 회의가 기다리고 있는 회의실로 들어가기 전에는 '록 앤드 로드lock and load(전투 준비)!'라고 외쳤다. 그는 또 영화 〈월스트리트〉에 비공식 자문 역할을 했으며, 직접 카메오로 출연해 적대적 인수 준비를 마친 투

[†] [원주] 1987년 초에 마이클 밀컨은 아버트라저 아이번 보스키가 내부자 거래 혐의로 조사받는 과정에서 불법 행위를 했음이 드러났다. 드렉설은 6억 5000만 달러의 벌금형을 받은 뒤 법원에 파산 신청을 했고, 밀컨은 22개월간 수감 생활을 한 뒤 1993년 초에 가석방되었으나 미국 증권 시장에서 완전히 추방되었다.

자은행가 역을 맡아 격정적인 연설을 하는 연기를 보여 주기도 했다.

다른 투자은행가들은 분석과 전투 전술을 파고들어 성공을 노렸지만 벡은 빠른 말과 연극 같은 행동을 무기로 삼아 두각을 나타냈다. 그가 성사시킨 최대의 거래였던 시카고의 식품 회사 '에스마크' LBO에서 경쟁자가 자기보다 높은 가격을 제시하자 벡은 에스마크의 회장이던 도널드 켈리를 붙들고 늘어졌다.

"나한테 뭔가를 해 주셔야 합니다, 나한테 뭔가를 해 주셔야 한다고요, 제발!"

벡은 죽어 가는 신음 소리를 내며 회사 사무실 바닥에 큰대자로 누워 버렸다. 켈리는 벡에게 수수료를 줄 의향이 있었지만 장난기가 발동해서 그의 애원을 무시하는 척했다. 그러면서 비서에게 말했다.

"좀 있으면 저 친구가 미쳐 버릴 거야. 재미있는 구경거리가 될 테니 잘 보라고."

켈리는 자기 방으로 벡을 불렀다. 그리고 나쁜 소식을 전했다.

"오 마이 갓, 오 마이 갓! 나한테 이러실 순 없잖아요……."

벡은 미친 듯이 중얼거리며 창가로 가더니 창문을 열었다.

"그래요, 좋습니다! 제가 여기서 뛰어내리길 바라시죠? 알겠습니다, 뛰어내리죠. 뛰어내리면 될 것 아닙니까!"

벡은 창문으로 다리 하나를 올렸다. 그러자 켈리가 참았던 웃음을 터뜨리며 그를 말렸다.

"농담이야, 하지 마!"

벡은 이 일로 750만 달러의 수수료를 받았다.

벡은 자신의 특기인 저돌성을 내세워 존슨에게 호감을 사려고 시도했다. 두 사람이 처음 만난 직후에 존슨이 프랑스 남부 지방에서 휴가를 즐기고 있는데 벡이 '뢰드레 크리스탈' 포도주[†] 한 병과 꽃을 함께 보냈다. 쪽지에는 이렇게 적혀 있었다.

"즐거운 휴가 즐기시기 바랍니다. 미친개가."

존슨은 곧바로 그가 가는 클럽에 모습을 드러냈다. 그리고 두 사람이 다음에 다시 만날 때 존슨은 반려견 비스킷인 '밀크 본' 한 상자를 준비했다. 벡의 별명이 미친개였기 때문이다. 미국에서 열아홉 번째로 큰 제조 회사를 새로 조직하는 문제를 논의하던 이 자리에서 미친개는 그 비스킷 상자를 깨끗이 비웠다.

1986년 말에 벡은 RJR 타바코를 합자회사로 바꾸는 문제를 끌어안고 씨름했다. 한편 존슨은 RJR 나비스코의 주가가 담배 사업 부문 때문에 제대로 평가받지 못하는 문제를 놓고 오랫동안 고민을 했었다. 그는 담배 사업의 암울한 미래에 관한 문제가 해결되지 않는 한 투자자들은 나비스코에 투자하지 않을 것이라고 믿었다. 암호명 '알파 프로젝트'이던 벡의 합자회사 아이디어는 투자자들의 이런 인식을 털어내기 위한 것이었다. 보통주를 가지고 있는 사람은 일반적으로 우선주 주주에 비해 배당을 적게 받는다. 하지만 RJR 나비스코의 주식 가운데 많은 부분을 유한 책임 단위들로 대체함으로써, 레이놀즈의 엄청난 현금 흐름이 유한 책임 소지자에게 직접 흘러들어 가고, 따라서 유한 책임 소지자는 보통주에 대한 법인세 부담을 피하면서도 엄청나게 많은 현금 수익을 지불받을 수 있게 된다. 그리고 다시 합자회사의 유한 책임 단위들의 거래 가격이 하늘 높은 줄 모르고 올라갈 것이고, 이는 다시 RJR 나비스코의 남아 있는 보통주에 영향을 미침으로써 결국 모든 사람을 부자로 만들어 줄 것이라는 게 벡의 기대였다. 존슨은 이 아이

[†] 포도주의 명가인 루이 뢰드레의 제품으로 '황제의 샴페인'이라 불린다.

디어가 도무지 실용성이 없을 정도로 복잡하다고 생각했지만, 벡이 아무 보수 없이 작업을 진행하겠다고 해서 그러라고 했다. 미친개는 자기가 이렇게 편의를 봐준 대가를 나중에 존슨이 더욱 크게 돌려줄 것임을 알았다.

존슨은 아이디어맨이었지 세부적인 사항에 밝지는 않았다. 벡의 아이디어와 같은 것들이 많이 쌓이면 이 아이디어들을 비공식적인 자문 그룹에 넘겼다. 이 그룹을 존슨은 '재무 문제 연구 개발팀'이라고 불렀다. 존슨은 오랜 친구인 앤드루 세이지가 이끄는 이 조직을 통해 재무 관련 알짜배기 통찰을 찾아냈으며, 이를 통해 적지 않은 재정적인 기회들을 포착했다.

위글을 몰아냈던 쿠데타 이후 줄곧 존슨이 경영하던 회사의 이사회에 몸을 담아 왔던 세이지는 월스트리트 주식 전문가의 아들이었다. 세인트폴의 명문 예비 학교를 중퇴한 그의 최종 학력은 전문대학 졸업으로 끝났다. 하지만 세이지는 다방면에 재주가 있어 비행기를 몰았고, 피아노를 전문가 수준으로 연주했으며, 또 '리먼 브라더스'에서는 공동 책임 파트너가 되었고 나중에는 사장이 되었다. 하지만 그는 월스트리트 현장을 떠난 지 이미 오래되었다. 예순 살이던 그는 박물관에 소장될 정도로 시대에 뒤처진 사람 취급을 받았다. 구겨진 양복을 입고 다니는 멍한 표정의 교수님 같은 인상을 주는 사람이었다.

하지만 세이지는 월스트리트에서 특이한 인물이었다. 사업체를 매각하는 것보다 사업체를 운영하는 데 더 관심을 가졌었다. 알래스카 파이프라인 파이낸싱 설계 회사이던 '인터내셔널 하비스터'를 구조 조정하는 일에 여러 해 동안 몸담았으며, 또 '아메리칸 모터스'의 집행위원회 의장으로 있으면서 이 회사가 위험한 시기를 헤쳐 나가는 데 도움을 주었다. 그는 늘 돌아다녔다. 뉴욕에 있는 존슨의 여러 아지트와 팜비치 사이를 오갔다. 팜비치에는 그가 여러 해 전에 존슨에게 산 집이 있기도 했다. 그리고 레이놀즈가 나비스코를 인수할 때는 편안하게 정착할 후보지 목록에 윈스턴살렘을 올리기도 했다. 만일 윈스턴살렘에 정착한다면 사무실 하나를 빌려 대차 대조표와 손익 계산서를 살펴보면서 소일할 생각이었다.

존슨의 아이디어를 진지하게 살피기 위해 세이지는 워싱턴을 중심으로 활동하던 프랭크 베너벤토라는 컨설턴트를 고용했다. 존슨은 베너벤토를 '프랜시스 선생'이라 부르곤 했는데, 세이지가 그를 선택한 것은 매우 특이했다. 그는 서른아홉 살 때 월스트리트 경력을 마감했다. 리먼 브라더스에서 4년 동안 일한 뒤였다. 그리고 그전에는 워싱턴에서 변호사 생활을 했었다. 월스트리트 경력을 마감한 뒤에는 에너지 산업 분야의 투자자 겸 중역으로 일했다. 이런 그에게 세이지는 스승이었다. 세이지 또한 가끔씩 베너벤토에게 투자하기도 했다. 두 사람은 자기들끼리 말하는 이른바 '재무 건축학'을 놓고 몇 시간씩 토론을 벌였다. 존슨은 이 두 사람이 최고의 고수라 생각했다. 이들의 작업 결과가 몇 달 뒤에 나오면, 존슨의 월스트리트 친구들은 눈이 둥그레져서 바라보곤 했다.

베너벤토는 늘 재무 문제의 얽힌 실타래를 풀며 살았다. 그리고 세이지의 지시에 따라 즐거운 마음으로 드렉설의 '알파 프로젝트'에 심혈을 기울였다. 합자회사 방식은 석유 및 가스 산업에서는 어느 정도 성공적이라는 사실이 이미 드러나 있었다. 그리고 베너벤토는 존슨과 세이지를 만나 회의할 때면 자기들이 구축한 재무 건축학을 좀 더 새롭게 할 수 있는 방안이 없을까 몇 시간이고 혼잣말을 중얼거리곤 했다. 존슨은 베너벤토의 이런 모습을 보면서 미친 과학자를 떠올렸다.

하지만 결국 알파 프로젝트는 폐기되었다. 주가가 확실히 오를 것이라고 베너벤토가 확신하지 못한 데다, 늘 관료제를 경계하던 존슨 역시 알파 프로젝트에는 수많은 서류 작업이 필요하다는 사실에 뒷걸음질 치며 손을 놓았기 때문이다. 알파 프로젝프가 폐기되었을 때 존슨은 이렇게 말했다.

"이런! 모든 사람들의 일자리를 보장해 주는 또 하나의 탑을 만들어야 하는 거잖아, 젠장. 그럼 이게 1달러를 아끼려고 200달러 가치의 노동을 하는 거와 무슨 차이가 있지?"

합자회사 발언으로 윈스턴살렘을 발칵 뒤집어 놓고 월스트리트를 들뜨게 만든 지 두 달 뒤, 존슨은 이 문제를 더는 고려하지 않는다고 공식적으로 발표했다.

벡은 그래도 풀이 죽거나 물러서지 않았다. 곧바로 다른 아이디어를 가지고 존슨에게 돌아왔다.

"회사를 쪼개는 건 어떻습니까? 레이놀즈를 '스핀오프'해서 경영진이 차입금으로 나비스코를 가지는 게 어떻습니까?"

존슨은 이 아이디어를 세이지에게 넘겼고, 세이지는 좋은 생각이라면서 자기 의견을 보태 벡이 처음 했던 제안을 약간 바꾸었다. 세이지의 안은 RJR 나비스코의 모든 주식을 되사는 것까지 포함했다. 이 경우 경영진은 나비스코를 약 60억 달러에 인수할 수 있었다. 세이지는 이 계획이 마음에 들어 '사딤Sadim 프로젝트'라는 암호명을 붙였다. 그리스 신화에서 손에 닿는 모든 것을 황금으로 바꾸었다는 왕 미다스Midas의 철자를 거꾸로 배열한 암호명이었다. 베너벤토 역시 흥분해서 신바람을 내며 존슨에게 자기 생각을 전했다.

하지만 존슨은 하품을 했다. 베너벤토의 휘갈겨 쓴 보고서가 존슨의 책상에 올라갈 때쯤엔 과거의 일이 되고 말았다. 존슨은 이미 다른 계획을 가지고 있었다. 미디어 사업을 RJR 나비스코의 세 번째 주력 사업 부문으로 구성하는 것이었다. 미식축구 스타 프랭크 기퍼드의 우정과도 관련 있는 매우 매력적인 일이었다. 그의 관심을 끈 일차적 대상은 스포츠 전문 케이블

방송국 ESPN이었다. 사실 RJR 나비스코는 ESPN의 지분을 이미 20퍼센트 가지고 있었다. 존슨은 '캐피털 시티스/ABC'가 소유하고 있는 ESPN의 나머지 지분 80퍼센트를 사야겠다는 생각에 푹 빠졌다. 그는 친하게 지내던 프로듀서 도널드 올마이어를 불러 이 회사의 가치를 평가하게 했다. 그리고 존슨은 내친김에 캐피털 시티스를 7억 2000만 달러에 사겠다는 제안까지 냈다. 하지만 그의 제안은 한마디로 거절당했다.

RJR 나비스코를 경영진이 인수하는 계획과 관련된 베너벤토의 제안 역시 기각되었다. 그는 자기들이 낸 LBO 아이디어를 존슨이 3월 말에 팜스프링스에서 열릴 이사회에 안건으로 제출할 것으로 기대했었다. 그러나 베너벤토가 느긋하게 앉아 있을 때 존슨은 '재무 문제 연구 개발팀'의 제안과 관련해서는 말 한마디 하지 않고 ESPN에만 관심을 집중했다. 나중에 존슨은 베너벤토에게 LBO 이야기는 일단 잊어버리라고 말했다. 존슨이 비록 모든 면에서 자유분방하기는 해도, LBO 과정에서 핵심이라고 할 수 있는 차입금 혹은 부채에 대해서는 여전히 어느 정도 보수적이었다. 20년 전 '제너럴 스틸 워크스'에 다닐 때 회사가 은행의 빚 독촉에 시달리던 걸 생각하자 저절로 움츠러들었던 것이다. 은행들은 회사가 골프 대회를 열고 제트기를 가져야 하는 이유를 조금도 이해하려 들지 않았다.

'그들은 내 스타일을 인정하지 않아. 아무래도 안 되겠어.'

그래서 그는 베너벤토에게 LBO는 접기로 했다고 말했다.

제프리 벡은 참을성 많고 끈질겼다.

그는 존슨이 왜 손을 저었는지 알았다. 드렉셀에서 존슨을 부르는 별명은 여러 가지가 있었지만 그중 하나가 '스타퍼커Starfucker'[+]였다. RJR 나비스

[+] 인기인이라면 사족을 못 쓸 정도로 '더럽게' 밝힌다는 뜻.

코가 미디어 회사의 인수에 관심을 가지고 있다고 들은 벡은 뉴욕의 한 고급 호텔에서 존슨이 배우 마이클 더글러스를 만나 식사를 함께할 수 있도록 주선했다. 더글러스는 벡의 친구였고 당시 영화 제작사를 차리려던 참이었다. 이 자리에서 특별히 논의된 건 아무것도 없었다. 그러나 존슨은 늘 그랬던 것처럼 멋진 시간을 보냈다.

•——∞——•

자신의 권력이 공고하게 구축되자 존슨은 느긋하게 즐기기 시작했다. 윈스턴살렘의 굴레에서 벗어난 RJR 나비스코는 빈 도화지였고, 이 도화지에 존슨은 자기가 원하는 것은 무엇이든 그릴 수 있었다. '오늘의 지시'는 즐겁게 가자는 것이었다. 존슨에게 이 말이 의미하는 것은 두 가지였다. 움직여라, 그리고 멋지게 차려입자.

갤러리아 위에 있는 새로운 사무실에서 존슨은 회사의 조직과 인원을 끊임없이 움직이고 또 바꾸면서 인형 조종 최고 지휘자로서의 역할을 했다. 그런데 어떤 변화들은 순전히 짓궂은 장난으로밖에 보이지 않았다. 예를 들면 한 사업 단위에서는 공간이 좁아 일하는 사람들로 미어터질 지경이고 다른 사업 단위에서는 공간이 널찍하게 남아돌 때, 두 사업 단위의 건물을 맞바꿔 버리는 식이었다. 뉴저지의 나비스코 직원들 사이에 돌던 농담 중엔 이런 게 있었다.

존슨이 '변덕 운동 시스템'이라는 회사를 가지고 있다. 이 회사는 언제나 바쁘게 움직이고 변화한다. 존슨은 눈 깜박할 사이에 상사와 부하 직원의 관계를 거꾸로 뒤집어 놓거나 완전히 새로 짠다. 그러고는 직원에게 상사와의 관계에 대해 보고하라고 지시한다. 그러자 이 직원은 이렇게 말한다.

"만일 제 상사가 사장님께 전화하면, 이름과 전화번호를 물어봐 주십시오. 누군지 몰라서요……."

존슨이 실권을 쥐고 회사의 조직과 직원을 상대로 장난치면서 즐길 때 그의 아래에 있던 중역들은 난감하기만 했다. 뒷감당을 해야 하는 그들로서는 결코 즐거운 일이 아니었다. 예를 들어 나비스코의 한 사업 단위인 '플랜터스/라이프 세이버스'가 윈스턴살렘으로 이전하는 일이 그랬다(이 사업 단위의 보고를 최종적으로 받는 사람은 호리건이었다). 이전의 공식적인 이유는 땅콩과 사탕의 유통 체계가 담배의 유통 체계와 일치한다는 것이었다. 이 품목들은 소매 유통업체 매장의 계산대 바로 옆에 있다는 게 동일하다는 말이었다. 그래서 윈스턴살렘에 함께 모아 놓는다는 것이었다. 하지만 진짜 이유는 호리건의 제국을 좀 더 크게 키워 주고, 윈스턴살렘의 아우성을 조금이나마 잠재우고, 또 실직 중인 레이놀즈 직원들에게 새로운 일자리를 주려는 것이었다. 플랜터스/라이프 세이버스의 사장이던 마틴 올로스키가 이전계획에 격렬하게 반대하는 바람에 잘리고 그 자리에 호리건의 심복이 앉았다. 플랜터스의 중역들 가운데 많은 사람들이 윈스턴살렘으로 가서 레이놀즈의 '죽음의 상인들'과 함께 일하는 대신 회사를 떠났다.

나비스코의 유망한 인물이던 마흔두 살의 사장 존 그리니스도 이전 계획에 끝까지 반대했는데, 존슨은 그의 의견을 단칼에 잘라 버렸다.

"이봐요 조니, 왜 그렇게 정색을 하고 따져요? 당신 말이 맞을 수도 있고 틀릴 수도 있어요. 근데 그게 무슨 상관이야? 나중에 알게 되겠지 뭐."

이런 일화를 놓고 볼 때, 당시에 존슨은 중요한 결정을 마음 내키는 대로 내렸으며, 그의 변덕이 주변 사람들을 고통스럽게 했지만 정작 본인은 이런 사실을 전혀 알지 못했음을 알 수 있다. 하지만 플랜터스의 이전은 존슨의 무모한 기질이 위험할 수 있음을 잘 보여 주었다. '유리 동물원'을 웨이크포리스트대학교에 기증했기 때문에 윈스턴살렘에는 플랜터스가 입주할 공간이 따로 없었다. 그래서 RJR 나비스코는 어쩔 수 없이 대학 측에 그 건물을 임대해야 했다.

존슨은 가능한 한 윈스턴살렘과 선명하게 금을 그었으며, 그 덕분에 노스캐롤라이나의 요주의 인물로 계속 찍혔다. 그해 여름에 레이놀즈는 2800명이 넘는 직원을 정리하기 위해 조기 퇴직 프로그램을 실시하겠다고 발표했다. 언제나 그랬듯, 존슨이 비난을 뒤집어썼다. 이때 진위가 확실하지 않은 이야기가 윈스턴살렘에 돌았다. 존슨이 국내 담배 사업부의 최고 책임자였던 제리 롱과 주먹다짐을 했다는 이야기였다. 롱이 레이놀즈 직원들의 이익을 대변하려고 노력해 왔던 게 두 사람이 주먹다짐을 벌인 배경이었고, 이 싸움에서 롱이 존슨의 입술을 터뜨렸다고 했다. 하지만 두 사람 다 이런 이야기는 허무맹랑한 것이라며 사실이 아니라고 했다. 그날 우연하게도 존슨은 면도를 하다가 실수로 입술을 벴고, 롱도 별로 중요하지 않은 치료를 받은 뒤에 깁스를 했을 뿐이라고 했다. 하지만 설령 사실이 아니었다 하더라도 버려지기에는 너무 아까운 이야기였다. 윈스턴살렘 사람들 모두 이 이야기를 사실로 믿고 싶은 마음이 간절했기 때문이다. 나중에 롱은 레이놀즈에서 쫓겨난 뒤에 카운티 의회의 의원 선거에 출마해 당선되었는데, 이때 존슨과 주먹다짐을 벌였다는 이야기가 사실이라고 믿은 사람들 덕을 톡톡히 보았다.

한번은 레이놀즈가 후원하는 밴티지 프로암 골프 대회에 참가하려고 윈스턴살렘에 갔다가 사람들로부터 호되게 당했다. 헬리콥터를 타고 골프장에 도착한 뒤에 자기 이름이 쓰인 골프 카트를 타고 갈 때, 사람들이 존슨에게 지독한 욕을 퍼부었다.

"목가적인 개자식아, 애틀랜타로 돌아가!"

아널드 파머도 존슨과 한 조였던 바람에 덩달아 욕을 먹어야 했다.

"나이스 샷, 아니(아널드의 애칭)! 후레자식하고 함께 쳐야 한다니 정말 안됐네, 안됐어!"

하지만 존슨을 향한 마지막 한 방은 아직 남아 있었다. 그가 퍼팅하려고 라인을 읽을 때였다. 갑자기 갤러리에서 다시 고함 소리가 튀어나왔다.

"잘 봐, 남쪽으로 기울었잖아, 개자식아, 애틀랜타 쪽으로!"

존슨이 윈스턴살렘을 멀리함으로써 호리건은 존슨으로부터 더 많은 혜택을 계속해서 받을 수 있었다. 구원舊怨을 진작 땅에 묻어 버렸던 두 사람은 점점 더 가까운 사이가 되었다. 두 사람의 아내들끼리도 더욱 친해졌다. 호리건의 아내 베티는 캐나다 사람이었고, 페어웨이에서 베티와 로리는 늘 다정한 모습으로 함께 있었다. 존슨은 호리건이 원하는 것은 무엇이든 해 주었다. 심지어 호리건이 달라고 하지 않는 것까지 미리 알아서 해 주었다. 팜비치 외곽에 있는 '록사해치 컨트리클럽'에 회사 소유로 호화 저택을 사두었는데, 이 저택을 마음대로 사용하라고 한 것도 이런 혜택 가운데 하나였다.

심지어 호리건의 리무진 호사 취미까지도 마음껏 누리게 해 주었다. 호리건은 아무 리무진이나 타지 않았다. 여행할 때는 꼭 흰색 리무진을 원했다. 흰색 리무진이 아니면 마구 화를 냈다. 운전기사가 준비되어 있지 않을 때도 그랬다. 심지어 애틀랜타 사옥에서 몇백 미터 떨어지지 않은 웨이벌리 호텔에 갈 때도 리무진을 이용했는데, 반드시 운전기사가 대기하고 있어야 했다. 1980년대에 리무진이 윈스턴살렘에 처음 등장했었다. 그리고 존슨의 승인 아래 호리건은 레이놀즈의 리무진 편대를 검은색 링컨 타운카에서 밤색 캐딜락으로 바꾸었다. 운전기사들의 제복도 밤색으로 맞추었다. 색깔을 밤색으로 정한 이유는 딴 게 아니었다. 호리건이 제일 좋아하는 색이었기 때문이다.

존슨은 호리건이 웬만한 잘못을 저질러도, 그리고 호리건이 아무리 큰 혜택을 요구한다 하더라도 그냥 크게 한번 웃고는 그가 원하는 것을 모두 들어주었다. 이와 관련해서 존슨은 여러 해가 지난 뒤에 다음과 같이 말했다.

"운전기사에게 들어가는 돈 5만 달러를 나는 신경도 안 썼죠. 내가 신경 쓴 건 담배 사업 부문에서 들어오는 120억 달러였으니까요."

존슨은 다른 여러 가지 문제들에 시간과 정신을 쏟으면서 담배 사업 부문에 대해서는 점점 더 호리건에게 의존했다. 담배 사업 부문은 RJR 나비스코에서 여전히 가장 큰 수입원이었다. 따라서 존슨은 늘 이렇게 말하곤 했다.

"유일한 문제가 뭐냐 하면, 내가 인색하게 구는 게 과연 그럴 만한 가치가 있느냐는 거야."

어느 날 저녁, 호리건과 존슨이 함께 식사를 했다. 두 사람 사이의 대화가 당시 한창이던 LBO로 넘어갔고, 존슨은 이렇게 말했다.

"젠장, 우리는 절대로 그따위 짓은 안 할 거요. 그 일로 피해를 입을 사람들을 생각해 봐야지. 우린 그렇게 할 수 없어요. 우리가 과연 5000명이나 되는 사람들을 해고하고도 마음이 편할까? 그런 식으로 살 수 있을까?"

그리고 존슨은 이 말도 덧붙였다.

"우리는 미국에서 최고의 일자리를 가지고 있는데 뭘……."

그건 사실이었다. RJR의 중역들은 왕처럼 살았다. 서른한 명의 최고 경영진이 받는 급여는 총 1420만 달러였다. 한 사람당 평균 45만 8000달러였다. 이들 가운데 몇몇은 웨이벌리 호텔에서 구두닦이 소녀에게 팁으로 100달러 지폐를 줘서 전설이 되기도 했다. 존슨의 가정부 두 사람은 회사로부터 봉급을 받았으며, 존슨의 중역들은 애틀랜타의 주택 시장을 주름잡았다.

새로 마련한 사옥을 치장하는 데는 비용을 아끼지 않았다. 특히 최고위 경영진이 사용하는 공간을 으리으리하게 꾸몄다. 손님을 맞는 응접실의 배경에는 옻칠한 10만 달러짜리 18세기 중국 병풍이 세워졌다. 그리고 한 쌍에 1만 6000달러인(그다지 오래된 골동품은 아닌) 도자기 두 개가 놓여 있었다. 방문객은 19세기 프랑스 제국의 마호가니 의자(3만 달러)에 앉을 수 있고 또 같은 시대의 도서관 장식장(3만 달러) 두 개가 나란히 있는 것도 볼 수 있었다. 그리고 이 장식장 안에는 담뱃잎 무늬가 새겨진 영국제 도자기 세트(2만 달러)가 들어 있었다. 방문객은 또 로버트 카보넬을 만나러 가면서 낙타 색깔의 5만 달러짜리 양탄자를 밟아 볼 수 있었다. 혹은 방문객이 운좋게 로스 존슨을 만난다면, 사무실 곳곳에 놓여 있는 3만 달러짜리 18세기의 청자와 백자를 존슨과 함께 바라보며 감탄할 수도 있었다.

만일 정말 운이 좋은 방문객이라면, 아마도 그는 더 많은 주문을 받으려고 온 애틀랜타의 골동품 판매상일 것이다. RJR는 런던과 파리, 뉴욕의 골동품 판매상들에게는 축배의 대상이었다. 로리 존슨은 실내 장식업자를 대동하고 여러 차례 유럽을 들락거리며 수많은 물품을 구입하는 일을 직접 감독하기도 했다. 본사를 이전하는 데 들어간 비용이 5000만 달러였음에도 불구하고 윈스턴살렘 시내에 있는 담배 사업 부문의 사옥과 워싱턴의 새 사옥을 치장하는 데 수백만 달러를 들이는 일은 여전히 계속되었다. 한 업자는 다음과 같이 말하면서 RJR 나비스코를 무척 고마워했다.

"이 회사는 따로 예산 견적서를 준비하지도 않고 일했던 유일한 회사였습니다."

정말 달콤한 생활이었다. 이보다 더 달콤할 수는 없었다. 사탕을 실은 카트가 하루에 두 번씩 돌면서 각 층의 응접실에 비치된 과자 그릇을 가득 채웠다. '베이비 루스'†가 아니라 최고급 프랑스 과자였다. 심지어 중간 관리자

---

† 땅콩과 캐러멜, 우유를 섞어 만든 초콜릿 바. 1920년 미국의 '커티스 캔디 컴퍼니'가 개발한 제품이다. 커티스는 1981년 나비스코에 인수되었다가 1990년 네슬레에 매각되었다.

들도 회사 차 한 대와 클럽 회원권 하나씩은 모두 지급받았다. 2만 8000달러나 되는 가치였지만 이것이 회사가 제공하던 가장 낮은 수준의 혜택이었다(엄청난 고급 차일 경우, 사람들이 이 차를 유지하는 비용으로 자기 돈을 따로 추가 지불해야 했다). 물론 회사에서 가장 높은 수준의 혜택은 존슨의 클럽 회원권 열두 개와 존 마틴의 7만 5000달러짜리 메르세데스였다.

비록 환경은 달콤했지만 새 사옥에서는 신분 제도가 뚜렷하게 정착했다. 여기서 일하던 400명 중 3분의 1은 뉴저지의 나비스코 사람들이었다. 많은 수가 스탠더드 브랜즈 시절부터 있던 사람들이었다. 또 3분의 1은 윈스턴살렘 출신의 레이놀즈 사람들이었다. 그리고 대부분 비서나 지원 부서에서 근무하던 나머지 3분의 1은 애틀랜타에서 새로 고용한 사람들이었다. 레이놀즈의 고참 사원들은 자기들이 천한 일만 한다고 느꼈다. 몇몇 사람들은 스스로를 '버섯 농부'라 부르기도 했다. 어두운 곳에서 비료 주는 일만 했기 때문이다.

임시로 잠시 있을 뿐이라는 분위기와 태도는 신사옥 곳곳에서 느낄 수 있었다. 윈스턴살렘에 있는 장엄하고 오래된 담배 사업 부문 건물 대신, 혹은 심지어 담배 공장에서 길 건너편에 있던 '유리 동물원'을 두고, 존슨은 고속도로의 입체 교차로가 내려다보이는 건물, 그것도 상가와 호텔과 사무실이 함께 입주해 있는 호화판 복합 건물에 RJR 나비스코를 입주시켰다. 에드워드 로빈슨이나 감사 부서의 앤디 하인스와 같은 존슨의 측근들 가운데 몇몇은 애틀랜타로 이사를 오긴 했어도 아직 전에 살던 집을 팔지 않았다. 심지어 워드 밀러는 애틀랜타로 이사하지도 않았다. 사람들은 한결같이 이렇게 말했다.

"우리는 지금 그냥 지나쳐 가는 거니까요."

한편 멀지 않은 곳에 찰리 브라운 공항이 있었는데, 이 공항은 회사 소유의 비행기들을 수용하고 있었다. 그런데 바로 여기서 떠들썩하게 끊임없이 새로운 자금을 퍼부어 대는 회사 풍조가 그야말로 극명하게 드러났다. RJR 나비스코의 비행기들이 점점 늘어나자 존슨은 이들을 모두 수용할 수 있도록 대형 격납고를 새로 지으라고 지시했다. 레이놀즈는 제트기 여섯 대를 보유했고, 나비스코는 존슨과 같은 인물은 결코 탈 일이 없는 작은 기종들인 팰콘50 두 대와 리어 한 대를 보유하고 있었다. 걸프스트림 제트기 두 대를 새로 들인 뒤에도 존슨은 걸프스트림 가운데 최고로 꼽히던 G4 두 대를 각각 에누리 없이 2100만 달러에 주문했다. 격납고에 대해 존슨은 항공 책임자 린다 갤빈에게 예산 규모는 전혀 신경 쓰지 말고 지으라고 지시했다.

마침내 RJR 나비스코 전용 격납고가 완성되었는데, 타지마할처럼 어마어마했다. 바로 곁에 붙어 있던 코카콜라의 격납고는 여기에 비하면 초라했다. 비용은 격납 시설에만 들어간 게 아니었다. 격납고 옆에 건축된 3층의 착색 유리 건물에도 비용이 들어갔다. 이 건물은 25만 달러를 들여 조성한 일본식 정원으로 둘러싸여 있었다. 건물 내부는 고대 로마 건축에서나 볼 수 있는, 넓은 안뜰을 중심으로 3층 건물이 에워싼 근사한 아트리움 구조로 이루어져 있었다. 바닥에는 이탈리아제 대리석을 깔았고, 벽과 문의 소재는 상감 세공을 한 마호가니로 통일되어 있었다. 60만 달러어치가 넘는 돈이 새로 구입한 가구에 들어갔고, 유리 상자 안에 펼쳐진 고대 중국 예복과 역시 장엄한 멋을 풍기는 중국식 접시와 항아리 등으로 마무리하는 데도 10만 달러가 들어갔다. 화려한 욕실은 이쪽 끝에서 저쪽 끝까지 걸어가는 데만 웬만한 사람은 피곤함을 느낄 정도로 넓었고, 구석에는 푹신푹신한 의자가 놓여 있었다. 이 건물의 자랑거리 가운데 특히 두드러진 것들을 몇 가지 꼽자면 다음과 같았다. 사람이 걸어 들어갈 정도로 넓은 포도주 냉장고, 텔레비전과 스테레오 설비를 갖춘 '방문 조종사'의 방, 중역진이 어디에 있는지 그리고 이들이 가고자 하는 곳이 어디인지 확인할 수 있도록 최신 컴퓨터 시설을 갖춘 '비행 계획실' 등이다. 이 모든 것들이 'RJR 공군'이라 불리는 RJR 나비스코의 조종사 서른여섯 명과 열 대의 비행기를 위한 것이었다.

비행 담당 직원들이 모든 계획을 존슨에게 보고했다. 보고를 하면서 조금은 떨었다. 비록 최고급 최첨단으로 하라고 말했지만 비용이 자그마치 1200만 달러나 되었기 때문이다. 그리고 존슨은 회사 소유 비행기의 격납고 부속 건물로서 갖출 수 있는 것은 모두 다 갖추라고 말했지만, 면적이 무려 1860제곱미터(약 560평)나 되었다. 존슨은 조감도를 훑어보며 설계 책임자의 말을 끝까지 다 들었다. 그러고는 이렇게 말했다.

"700제곱미터쯤 더 늘리지 그래."

RJR 공군은 존슨에게 하나의 상징이었다. 그것은 모두 부단한 움직임과 반항적인 고집을 의미하는 것이었다. 또한 그가 사람들에게 제공하고자 하는 혜택을 의미하는 것이었다. 프랭크 기퍼드는 〈먼데이 나이트 풋볼〉[†]이 끝난 뒤에 이 비행기를 타고 집으로 돌아갔다. 기퍼드와 토크쇼 진행자인 그의 신부 케이시 리는 RJR 나비스코의 제트기를 타고 신혼여행을 갔다(존슨은 당시 이 결혼식에서 최고의 하객이었다). ABC 스포츠 사장 룬 알러지가 로스앤젤레스에서 샌프란시스코로 급히 가고자 할 때는 RJR 비행기가 애틀랜타에서 날아갔다. 존슨의 오랜 친구 마틴 에밋도 오래전에 회사를 나가긴 했어도 회사의 그 어떤 중역들보다 오랜 시간 RJR 나비스코의 비행기를 자주 그리고 많이 이용했다.

기업의 재산을 잘 쓰는 것과 낭비하는 것 사이의 경계선이 RJR 나비스

[†] 1970~2005년까지는 ABC 스포츠, 이후로는 ESPN에서 방송하는 미식축구 생중계 프로그램. 전 미식축구 스타 기퍼드는 1971년부터 1998년까지 이 프로그램 진행자로 활약했다.

코에서는 점차 희미해져 갔는데, 이 비행기들이 그러한 경계선의 상징이기도 했다. 어떤 이들은 존슨이 데리고 있던 독일산 셰퍼드 '로코'의 경우가 바로 낭비에 속한다고 생각했다. 그해 다이나 쇼어 대회에서 로코가 경비원을 무는 바람에 큰 소동이 일어났다.

개는 어떻게 되었을까? 당국에 붙잡혀 격리되었을까? 아니면 그보다 더 나쁜 일이 일어났을까? 존슨의 가족은 로코를 도주시키기로 결정했다. 그래서 로코는 회사 비행기로 은밀하게 팜스프링스를 빠져나가 윈스턴살렘에 내렸다. 제트기를 타고 법망을 빠져나간 것이었다. 이때 수석 부사장 데니스 더든을 대동했던 로코는 탑승자 명단에 'G. 셰퍼드'라는 이름으로 기록되었다(존슨은 이 비행이 오로지 개를 위한 것은 아니었다고 주장했다). 로코의 모험은 이게 전부가 아니었다. 나중에 로코는 존슨의 집 정원사를 물어서 부상을 입혔는데, 이와 관련된 보험 청구액도 회사가 물었다.

RJR 공군은 존슨이 상류 사회로 나아가는 탑승권이었다. 주말마다 이 비행기들은 돈 메러디스를 샌타페이에서, 로버트 오르를 보스턴에서, 혹은 멀로니 부부를 캐나다에서 각각 태웠다. 이른바 '나비스코팀'에 속한 사람들은 존슨 항공사의 단골 탑승자였다. '교황' 존슨은 이들을 끔찍이 돌보았다. 그리고 가끔씩 공식석상에 모습을 드러내는 대가로 수석 부사장의 평균 연봉보다 많은 돈을 이들에게 주었다. 1년에 메러디스는 50만 달러, 기퍼드는 (뉴욕의 사무실과 아파트를 제외하고) 41만 3000달러, 골프 선수 벤 크랜쇼는 40만 달러, 그리고 역시 골프 선수였던 퍼지 젤러는 30만 달러를 각각 받았다. 하지만 가장 많은 돈을 받은 사람은 황제 잭 니클라우스였는데, 그는 1년에 100만 달러를 받았다.

존슨은 자기가 거느리는, 그리고 후원을 아끼지 않는 이 사람들이 소매 유통점 관련자들을 회사 편으로 만드는 데 이루 말할 수 없이 큰 기여를 한다고 주장했다. 하지만 RJR 나비스코에서 회사를 위한 서비스 제공과 개인을 위한 서비스 제공 사이의 경계선은 모호했다. LPGA 선수 주디 디킨슨은 로리 존슨에게 골프 개인 교습을 했다. 기퍼드는 '뉴욕 보이스 클럽'처럼 존슨이 즐겨 찾던 자선 단체들의 행사에 참석해 사회를 보았다. 뉴욕 자이언츠의 은퇴한 미식축구 선수 앨릭스 웹스터와 터커 프레더릭슨은 플로리다의 주피터에 '나비스코팀'의 사무실이 있어야 한다고 주장했다(프레더릭슨은 투자 상담 사업을 하고 있었다).

존슨이 나비스코팀을 위해 많은 돈을 뿌렸음에도 불구하고 몇몇 인사들은 쉽게 제어되지 않았다. 특히 '황금 곰'이라는 별명의 잭 니클라우스는 악명이 높았다. 우선 그는 존슨의 최고 고객들과 함께 골프하기를 좋아하지 않았다. 바로 그런 목적으로 그에게 돈을 주었음에도 불구하고 존슨의 부탁을 들어주지 않았던 것이다. 그는 자기가 나비스코 행사에 모습을 드러내 사람들 앞에서 쇼나 하는 수준의 인물은 아니라고 여겼다. 그는 존슨과 호리건을 제외하고 RJR로부터 그 누구보다 많은 돈을 받았음에도 불구하고, 1년에 여섯 번을 넘어 일곱 번째로 나비스코 행사에 모습을 드러낼 때면 어김없이 투덜거렸다. 그리고 존슨의 부하 직원들과 몇 차례 언쟁이 있은 뒤에 마침내 니클라우스는 최종 합의를 했다. 존슨과 호리건에게만 개인적인 서비스를 해 줄 수 있다는 내용이었다.

O. J. 심슨도 문제였다. 미식축구 스타이면서 스포츠 해설가로도 나섰던 심슨 역시 존슨에게 25만 달러씩 받으면서 좀처럼 얼굴을 내비치려 하지 않았다. 하지만 존슨은 개의치 않았다. 문제가 있으면 존슨의 아랫사람들이 다 처리했다. 그는 그저 즐거운 시간을 보내기만 했다. 그리고 늘 이렇게 말했다.

"수백만 달러가 흐르는 시간 속에 헛되이 사라진다."

RJR 나비스코의 명목상 회장인 폴 스틱트는 존슨의 헤픈 씀씀이에 깜짝 놀랐다. 자기 역시 화려하고 좋은 걸 애호했지만 이런 그의 눈에도 지나쳐 보였다. 그가 보기에 번쩍거리는 애틀랜타 사옥의 RJR 나비스코는 온갖 터무니없는 낭비에 비명을 지르는 것처럼 보였다. 무슨 이야기를 해서든 말려야 한다고 생각했다. 하지만 존슨은 골프 대회에 참석한다거나 맨해튼에 간다거나 하면서 여기저기 돌아다니느라 얼마나 바쁜지 회장인 그조차도 쉽게 만날 수 없었다.

1987년 8월, 연례 야유회가 벌어지던 '보헤미안 그로브'에서 스틱트는 기업계의 거물들에게 존슨을 비판하는 말을 드러내 놓고 했다. 분별 없이 아무렇게나 말한다는 게 스틱트가 사람들에게 줄곧 한 말이었다. 그는 또 동료 이사들과 그곳을 빈번하게 드나들던 존 매콤버와 버넌 조던에게도 마찬가지 내용으로 불평했다. 매콤버는 스틱트의 말에 귀를 기울었다. 그는 최근에 셀라니스를 독일의 제약 회사인 '회흐스트'에 팔아넘긴 뒤라서 시간이 남아돌았다. 예전에는 부탁을 받을 때마다 바쁘다는 평계로 거절했지만, 이번에는 RJR의 경영과 관련된 문제여서 깊은 관심을 가졌다.

존슨은 쿠데타 가능성을 제거하려고 발 빠르게 움직였다. 그는 8월 31일에 스틱트를 만났다.

"회장님은 이제 10월이 되면 일흔 고개를 넘어가십니다. 이제는 안 통합니다. 회장님이 이렇게 나오시니, 저도 어떤 변화가 필요하다는 생각이 드네요."

정치적인 풍향에 늘 예민하던 존슨은 스틱트의 정치적인 영향력이 마침내 기울고 있다는 사실을 간파했다. 예전에는 스틱트의 환심을 사려고 갖은 아양을 떨어야 했지만 이제 사정이 달라졌다. 존슨은 스틱트를 찍소리도 못하게 눌러 버렸다. 그는 스틱트에게서 회장직을 뺏은 뒤 비행 담당 부서에 만일 스틱트가 비행기를 이용하려고 하면 자기에게 허가를 받아야 한다고 지시했다. 스틱트는 나중에 이런 사실을 알고는 두 번 다시 자기 입으로 회사 비행기를 타겠다는 말을 하지 않았다.

존슨의 판단은 정확했다. 스틱트를 따르던 이사들도 별달리 저항의 움직임을 보이지 않았다. 사실 이사들이 보기에도 윌슨이 최고경영자로 있을 때에 비해 자기들이 받는 처우는 획기적으로 나아졌다. '내셔널 캐시 레지스트'의 전 회장 윌리엄 앤더슨은 스틱트가 맡고 있던 국제자문단의 의장직을 맡아 연 8만 달러의 급여를 받았다. 존슨은 RJR 나비스코의 주주 담당 부서를 해체하고 이 부서가 하던 업무를 존 메들린의 와코비어 은행으로 돌려 외주를 주었다. 후아니타 크렙스도 듀크대학교에 대한 기부금으로 200만 달러를 받아 두 명의 교수에게 연구 장학금으로 제공했는데, 이 가운데 하나는 자기 이름으로 했다. 그리고 존슨은 또 다른 200만 달러를 듀크대학교의 비즈니스스쿨에 기부했는데, 비즈니스스쿨은 새로 지은 건물에 '호리건 홀'이라는 이름을 붙였다(한편 존슨은 듀크대학교의 이사로 선임되었다). 존슨은 이사인 로널드 그리어슨도 그가 귀찮아할 정도로 치켜세우며, 후미진 방 하나에 '로니 그리어슨의 사무실'이라는 문패를 달아 주었다.

존슨의 나비스코 이사진에서 잔류한 사람들에게는 특히 후하게 처우했다. 로버트 섀벌과는 1년에 18만 달러씩 6년 기한의 컨설팅 계약을 했다(그런데 이 계약서에는 섀벌의 의무 사항이 구체적으로 명시되지도 않았다). 앤드루 세이지는 재무 분야 연구 개발 활동과 관련해서 한 해에 25만 달러를 받았다. 그리고 특이한 인사 조치의 대상자는 찰스 휴걸이었는데, 그는 스틱트가 떠나고 빈자리로 남은 RJR 나비스코 회장직에 올라 한 해에 15만 달러를 받았다. 존슨은 휴걸을 회장 자리에 앉힘으로서 휴걸이 이사진과 자기

사이의 관계를 더욱 강화해 줄 것으로 기대했다.

이와 함께 이사회의 회의 일수를 획기적으로 줄이고 이사들의 회의 거마비도 5만 달러로 인상했다. 윌슨은 이사들이 공적인 업무를 볼 때만 회사 비행기를 쓰도록 했지만 존슨은 언제 어디에서든 공짜로 RJR 공군을 써도 좋다고 했다. 존슨은 언젠가 한번 어떤 이사의 비행 일정을 조정한 뒤에 한숨을 쉬면서 다음과 같이 말했다.

"가끔 내가 운항 책임자가 아닌가 하는 생각이 든단 말이야. 하지만 들어간 만큼 돌아오는 게 있다는 걸 아니까……."

한번은 존슨이 휴블라인을 매각하려고 안달한 적이 있었다. 영국의 거대 기업 '그랜드 메트로폴리탄'이 12억 달러를 준다고 제안한 게 가장 큰 이유였다. 그런데 문제는 스튜어트 왓슨이었다. 휴블라인의 회장을 역임했으며 RJR 나비스코의 이사였던 그는 KFC를 매각할 때 반대하고 나선 적이 있었는데, 이번에 휴블라인을 영국 기업에 판다고 하면 쌍지팡이를 들고 반대할 게 분명했다. 그러던 차에 휴블라인의 최고경영자 색 파워스가 회의에 참석하려고 윈스턴살렘에 왔을 때 존슨은 그를 데리고 올드 타운 클럽으로 함께 저녁을 먹으러 갔다. 그러고는 이렇게 말했다.

"잭, 스튜어트 왓슨이 그 어떤 것보다도 가장 원하는 게 뭐죠?"

파워스는 잠시 생각했다. 왓슨은 몇 달만 있으면 이사회에서도 은퇴할 예정이었는데, 회사에 관한 영향력을 잃어버리는 걸 가장 싫어할 것 같았다.

"그 어떤 것보다도 가장 원하는 것 말입니까?"

"그래요."

"비서가 딸린 사무실입니다."

그러자 존슨은 말했다.

"그럼 가서, 본인이 원하는 곳이면 어디든, 거기가 자이르든 어디든 상관

없이 비서가 딸린 사무실을 가질 수 있을 거라고 전해 줘요."

이렇게 해서 휴블라인 매각은 별다른 잡음 없이 이루어졌다.

존슨은 이사회를 자기 손안에 확실히 쥐고 있다고 생각했다. 하지만 호리건은 그렇게 확신하지 않았다. 그는 존슨이 때로 말실수를 할 때, 이사들이 마치 그에게 뺨이라도 한 대 맞은 것처럼 고개를 돌리는 모습을 여러 차례 보았기 때문이다. 호리건은 이사회에 참석할 때만이라도 존슨이 제발 금목걸이는 빼고 와이셔츠를 여미고 넥타이를 맨 차림으로 나타나 주면 좋겠다고 바랐다. 하지만 존슨은 호리건의 말을 한 귀로 듣고 한 귀로 흘렸다. 결국 호리건은 마지막으로 경고했다.

"아일랜드 사람의 피를 이어받아 의심이 많아서 그런지 모르겠지만, 이건 당신 개인 소유의 이사회가 아닙니다. 저 사람들은 당신이 실수하기만을 기다린다는 걸 명심해요."

———✦———

대부분의 사람들은 존슨이 벌일 또 다른 변화의 행보를 기다리고 있었다. 돌이켜 보면, 해마다 그는 새로운 무언가를 시도하고 또 이루어 냈었다. 레이놀즈와 나비스코의 합병이 그랬고, 애틀랜타로의 이전이 그랬고, 도중에 내팽개치긴 했지만 합자회사 시도가 그랬다. 존슨이라는 페라리 자동차는 미국에서 가장 강력한 엔진을 가지고 있었다. 담배 사업 부문으로 들어오는 12억 달러의 현금이 바로 그 엔진이었다. 게다가 고속도로까지 앞에 펼쳐져 있었다. 문제는 과연 그 페라리가 어디로 갈 것인가, 존슨이 어디로 가길 원하는가 하는 문제였다.

애틀랜타로 이전한 뒤 1년 동안 존슨은 휴블라인을 매각하고 여러 개의 소규모 회사들을 인수하는 작업을 통해 RJR 나비스코를 다듬고 손질했다.

미스터 RJ가 처음으로 선보였던 유서 깊은 국민 브랜드 '프린스 앨버트' 파이프 담배를 '카터 홀' '애플' '로열 컴포트' 등의 다른 레이놀즈 파이프 담배 브랜드들과 함께 매각했다. '윈체스터'라는 이름의 브랜드도 팔았다. 캐나다에서 에밋이 빠르게 이 사업 단위들을 팔았다. 여섯 개 사업체를 3억 5000만 달러에 팔았다.

이런 자회사 매각과 기업 분할 작업을 통해 발생한 돈이 RJR 나비스코의 금고로 들어오자 존슨은 이것을 은행 부채 갚는 데만 썼다. 투자은행들은 뻔질나게 존슨을 찾아와 더욱 수익성 높은 곳에 그 돈을 투자하라고 졸라댔다. 이걸 사라, 저 회사에 도장을 찍어 다른 데서 달려들지 못하게 하라……. 하지만 존슨은 그들의 말에는 관심을 기울이지 않았다.

그런데 LBO 유행의 선도적 주자이던 사모펀드 KKR가 1986년에 인수한 시카고의 거대 식품 회사 '비어트리스'의 한 사업 단위를 존슨이 샀다는 소문이 계속 돌았다. 사실 존슨은 비어트리스의 '헌트 웨슨'이라는 사업 단위에 조심스럽게 이끌렸다. 왜냐하면 그 부분이 '델몬트'와 잘 맞아떨어질 것 같았기 때문이다. 비어트리스의 '라초이'도 나비스코의 중국 식품 '천킹'과 잘 맞아떨어질 것 같았다. 하지만 그의 관심은 아무리 봐도 일관성이 없었다.

존슨은 비어트리스의 최고경영자 도널드 켈리를 알고 있었다. 그는 재치 넘치는 아일랜드 사람으로 시카고의 사우스사이드 출신이었다. 켈리는 오래된 정육업체이던 '스위프트'를 '에스마크'라는 잘나가는 대형 기업으로 탈바꿈시키기도 한 인물이었다. 그는 이 회사를 비어트리스에 매각했고, KKR가 인수한 뒤에는 이 회사의 최고경영자로 다시 나타났다. 이들이 이익을 낼 것이라고 장담하는 30억 달러는 금융계를 어리벙벙하게 만들었다. 존슨은 켈리가 자기들이 얼마나 큰 부자가 될지 떠들어 대는 소리를 듣는 데 질렸다.

'모건 스탠리 앤드 컴퍼니'의 합병 담당 부서를 지휘하던 투자은행가 에릭 글리처는 켈리 그리고 KKR의 공동 회장인 헨리 크래비스를 만나 보라며 벌써 몇 달째 존슨에게 끈질기게 권유했다. 존슨은 결국 그렇게 하기로 했다. 하지만 글리처가 웨스트 57번가 9번지 솔로 빌딩에 있는 RJR 나비스코의 뉴욕 사무실에 도착했을 때, 존슨의 마음은 이미 변해 있었다.

"우리는 그럴 마음이 없어요, 에릭. 솔직히 말해서 그런 실없는 짓거리에는 전혀 관심이 없어요. 헨리를 당황하게 만들고 싶지 않습니다만, 이런 회사들은 변변찮은 것들이잖아요. 그런데 그 사람들이나 우리가 시간을 낭비할 이유가 있을까요?"

"그럼 왜 정말 관심이 있는 것처럼 행동했습니까?"

글리처가 의아해하자 존슨은 켈리에게 예의를 차리려 그렇게 했다고 말했다.

"누구든 켈리에게 그 회사를 사는 사람은 진짜 바보라고 보면 돼요. 나는 돈 켈리의 파이가 될 생각은 없소."

그러자 아이라 해리스가 무대에 나타났다. 해리스는 시카고 투자은행가들 사이에서 최고참으로 통했는데, 존슨 및 켈리 두 사람과 이미 오래전부터 알고 지내던 사이였다. 브롱크스 출신의 가난한 청년이었던 해리스는 주식 중개인으로 출발해 미국에서 손꼽히는 기업 인수 합병 전문가가 되었다. 둥글둥글하게 살이 찐 그는 늘 비만과 전쟁 중이었으며, 골프를 무척 좋아했다. 월스트리트 최고의 채권 전문 투자은행이던 '살로먼 브라더스'에 있을 때는 '윈디 시티†'에 있는 가장 큰 기업들의 최고경영자들 사이의 골프 일정을 잡아 주는 역할을 여러 해 동안 하기도 했다. 그러다 살로먼의 회장

---

† 시카고의 별명으로, 바람이 많이 부는 도시란 뜻.

이던 존 굿프렌드의 총애를 잃은 뒤에는 거기에서 나와 잠시 휴식을 취하다가, 1987년에 다시 월스트리트의 다른 투자은행인 '라저드 프레어스'에 들어갔다.

해리스는 더위가 한풀 꺾일 무렵 존슨에게 전화해서 존슨이 잘 가는 골프장 가운데 하나이던 롱아일랜드의 디프데일 클럽에서 골프를 치자고 했다. 켈리는 거기에서 한 번도 골프를 친 적이 없어 꼭 한 번 가보고 싶어 한다는 말을 해리스가 존슨에게 전했고, 존슨은 흔쾌히 받아들였다. 이렇게 해서 세 사람은 9월 첫째 주의 어느 날 낮 12시 15분에 골프장에서 만났다. 돈 잘 쓰는 걸로 치자면 프로인 이들은 3달러짜리 '낫소 게임'†을 벌였다. 실력은 핸디 10이던 존슨이 제일 나았지만, 켈리가 핸디 14의 이점을 발휘해 세 경기 모두 이기며 9달러를 독식했다.

경기를 마친 세 사람은 클럽하우스 베란다에 앉아 음료수를 마셨다. 이때 켈리가 LBO가 가져다주는 믿을 수 없는 수익, 특히 헨리 크래비스와 손잡고 LBO를 할 때의 엄청난 수익에 대해서 이야기했다. 그러면서 존슨을 재촉했다.

"지금처럼 똑같이 최고경영자로 일할 수 있습니다. 다른 점이 있다면 지금과는 비교되지 않을 정도로 엄청난 부자가 되어 있다는 겁니다."

존슨도 그건 알고 있었다. 전에 LBO에 대해 공부하면서, 켈리가 비어트리스를 통해 얼마나 벌었는지 프랭크 베너벤토에게 계산을 해 보라고 한 적이 있었다. 4억 달러였다. 하지만 존슨은 여전히 RJR 나비스코의 LBO에 대해서는 냉담했다.

---

† 18개 홀을 전반과 후반 그리고 전후반 합계의 셋으로 나누어, 각각의 승패를 겨루는 내기 골프 방식.

"나는 지금 하는 일에 만족하고 행복합니다. 돈은 나한테 그다지 중요한 문제가 아니거든요."

존슨은 또 RJR 나비스코의 자산 규모를 보라고 했다. 인수 규모 62억 달러의 비어트리스가 당시 LBO 역사상 최대 규모라고 했지만, RJR 나비스코에 비하면 아무것도 아니었다. 당시 RJR 나비스코의 주식은 70달러 초반대에서 매매되었다.

"좋아요, 정말 인수하려면 80달러대나 90달러대에 사야 할 겁니다. 제대로 이익을 보려면 어마어마하게 많은 돈을 가지고 있어야 합니다. 얼마나 될지 계산 한번 해 볼까요?"

모두 2억 3000만 주이던 RJR 나비스코의 주식을 한 주에 90달러씩 산다고 할 때 총액은 무려 200억 달러였다.

"그러니까 일단 헨리를 만나 봐야 합니다."

켈리가 물러서지 않고 계속 존슨을 설득했다.

"당신을 만나는 일에 무척 관심을 가지고 있더라고요. 내가 저녁 먹는 자리를 마련하죠."

존슨도 호기심이 생겨 그러자고 했다. KKR는 1976년에 창립한 이후, 차입금을 써서 스무 개가 훨씬 넘는 기업들을 인수해 거느리고 있었다. 크래비스는 LBO 사업의 대명사가 되었으며 월스트리트에서 살아 있는 전설이었다. 이런 사람을 만나 보는 것도 늘 있는 기회가 아니라고 생각했던 것이다.

열흘 뒤 존슨은 파크애버뉴에 있는 크래비스의 아파트로 갔다. 거기에는 켈리가 먼저 와서 크래비스와 함께 기다리고 있었다. 존슨은 크래비스의 호화로운 집을 보고는 눈이 휘둥그레졌다. 르누아르의 작품 한 점과 모네의 작품 한 점에 벽에 걸려 있었다. 존슨은 속으로 이런 생각을 했다.

'후아……, 이 사람은 다른 걸 다 잃어도 거실에 있는 것들만 팔면 평생

잘 먹고 잘 살겠군.'

세 사람은 식당에서 따로 떨어진 곳에 마련된 식탁에서 식사를 했다. 거기에는 존 싱어 사전트[†]가 그린 6대 런던데리 후작의 거대한 초상화가 걸려 있었다.

크래비스의 체격은 왜소했다. 머리카락은 은빛이었고, 나이는 마흔 살에 성격은 열정적이었다. 그는 식사하는 동안 LBO를 찬양하는 이야기를 많이 했다. 회사가 부채를 가지고 있으면 운영에 빈틈이 생기지 않는다고 했고, 경영진은 따로 노력을 들이지 않고 수백만 달러를 그냥 벌어들일 수 있다고 했다. 그리고 이렇게 말했다.

"당신이 관심 있다면 또 만날 수 있겠죠. 원한다면 직원을 보내 주가를 비롯해 여러 가지 사항들을 챙겨 보라고 할 수도 있고요."

"그런데 말입니다, 이 과정을 누가 지휘하죠? 어떤 식으로 하는 겁니까?"

"돈(도널드의 애칭)에게 물어보세요."

크래비스가 고갯짓으로 켈리를 가리키며 말했다. 켈리는 크래비스의 말이 떨어지기 무섭게 미리 준비한 듯 설명 보따리를 풀었다. 그는 KKR로부터 아무런 간섭을 받지 않은 채 비어트리스를 경영한다고 했다. 하지만 어쨌거나 이 회사를 전적으로 소유하는 주체는 KKR이지 않은가. 그런 생각에 존슨은 켈리의 말이 미덥지 않았다. 하지만 입을 다물고 잠자코 듣기만 했다. 이와 관련해서 존슨은 나중에 다음과 같이 회상했다.

"난 그런 쓰레기 같은 술책에 속지 않았죠. 누구든 돈을 투자해서 다른 사람에게 일을 시키면, 그 사람이 자기를 위해 일하도록 목줄을 바짝 잡아당길 건 뻔한 얘기잖아요."

---

† 1856~1925. 미국의 대표적인 초상화가.

존슨은 다른 사람을 위해 일하는 데는 관심이 없었다. 오로지 자기 자신에게만 관심이 있을 뿐이었다.

존슨이 이해하기에 상당히 전문적이고 기술적인 부분으로 대화가 이어지자 존슨은 화제를 바꾸어 나머지 시간 대부분 동안 곧 생산에 들어갈 연기 안 나는 담배 '프리미어' 이야기를 했다. 크래비스는 정중한 태도로 들었다. 하지만 겉으로만 그랬지 속으로는 딴생각을 하는 게 확연히 보였다. 식사가 끝나고 존슨은 자리에서 일어났다. 만난 지 90분도 채 되지 않아 크래비스의 집에서 나왔다. 크래비스가 매우 명석하고 끈기 있는 사람이라는 느낌을 받았다. 하지만 존슨은 자기와 크래비스가 함께 일할 경우는 전혀 없을 것이라고 확신했다.

이런 일이 있고 난 다음 주 월요일 아침에 존슨은 RJR 나비스코의 웨스트 57번가 9번지 솔로 빌딩 뉴욕 사무실에서 세이지, 베너벤토와 함께 LBO의 가능성을 다시 한 번 검토했다. 베너벤토는 '사딤 프로젝트'를 이미 폐기한 상태였는데, 컴퓨터로 다시 한 번 관련 수치를 뽑아 보았다. LBO의 기본 논리는 비교적 단순했으며 여기에 대해서는 세 사람 모두 어느 정도 알고 있었다. 논리는 이렇다. KKR와 같은 투자 회사가 한 회사의 경영진과 손을 잡고, 은행에서 돈을 빌리거나 주식을 공매해 마련한 자금으로 이 회사를 사들인다. 그리고 이때 발생한 부채는 이 회사의 운영 수익으로, 그리고 자주 있는 일이지만 이 회사에 속한 일부 사업 단위들을 팔아서 갚는다.

RJR 나비스코를 놓고 LBO를 할 때 인수 과정이 어떤 식으로 진행될 것인지 베너벤토는 존슨에게 다음과 같이 설명했다. 주식 가격을 한 주에 90달러로 해서 인수한다는 설정 아래, 다음 5년 동안 회사의 현금 흐름 추정치를 계산하고 이것을 회사를 사는 데 필요한 부채와 비교할 때, RJR 나비스코는 레이놀즈 타바코를 제외한 모든 사업 단위를 팔아야만 한다.

존슨은 베너벤토의 분석 과정을 자세히 살폈다. 특히 영업 이익으로 발생하는 현금 흐름과 부채 상환금 사이의 완충 장치인 이자보상배율[†]을 눈여겨보았다. 그런데 이 수치가 너무 낮았다. LBO를 거친 기업들은 현금을 좀 더 많이 확보하기 위해 긴축 경영을 했다. 이 과정에서 악명 높은 쥐어짜기가 진행되었다. 하지만 존슨으로서는 최고경영자로서 자기가 누리는 특혜는 말할 것도 없고 회사의 전체적인 비용을 줄이려고 열정을 쏟을 생각은 없었다. 따라서 존슨은 이렇게 말했다.

"난 마음에 들지 않아요. 편하고 풍족하게 지내고 싶은데 이자보상배율이 충분하지 않아. 제길, 이렇게 해서 어떻게 회사를 운영해요?"

자기 개인의 재산을 불리고 싶은 유혹은 컸다. 하지만 충분히 화려하고 풍족한 생활을 하고 있는데 이보다 더 나은 생활을 하고 싶다는 이유만으로 모든 것을 잃을지도 모르는 모험을 할 순 없었다.

"나는 지금의 내 모습만으로도 충분히 운 좋은 사람이라고 생각해요. 사실 아무것도 없이 맨손으로 시작했거든. 그런데 지금 나는 내가 가질 수 있으리라 상상했던 거보다 훨씬 많이 가지고 있어요. 은퇴해도 1년에 70만 달러씩은 꼬박꼬박 나올 테고 말이야. 그런데 굳이 무리할 필요가 없잖아요."

세이지도 존슨의 말에 동의했다. 존슨은 이번엔 베너벤토를 바라보며 말했다.

"프랭크, 그 빌어먹을 LBO는 이제 머리에서 완전히 지워 버려요. 당신은 말을 잘못 골랐던 거야. 드렉설의 벅이 제안하는 방식으로 새로운 아이디어들을 찾아보긴 하겠지만, 일단은 현재 우리가 하는 사업에 더 신경 쓰자고요."

90분의 회의에서 나머지 시간은 다른 논의를 하면서 보냈다. ESPN 주

[†] 기업의 부채 상환 능력을 나타내는 지표. 영업 이익을 금융 비용으로 나눈다.

식을 팔아 치우거나 영국의 제과 회사를 사들이거나 하는 따위의 사안들이었다. 회의를 마치고 세 사람이 자리에서 일어날 때 존슨은 창가로 가서 맨해튼 남쪽을 바라보았다. 멀리 월스트리트가 보일 듯 말 듯했다.

"우리가 말이죠……, 5년 뒤에도 우리 세 사람이 여전히 회사의 핵심 전략가로 남아 지금처럼 이 자리에서 이런 논의를 하고 있으면 참 좋겠다, 그런 생각이 드는군요."

아직은 환상의 유혹이 존슨을 사로잡지 못한 것 같았다.

4장

주가 폭락이
RJR 나비스코 수장을 괴롭히다

*

사람들은 늘 좋다, 나쁘다 혹은 관심 없다, 하고 머릿속으로 생각하고
행동하며 또 자기 자신을 바깥으로 펼친다. 만일 이렇게 하지 않으면 세상은 지루해진다.
따라서 뭔가 흥미로운 일을 만들어야만 한다.

- 로스 존슨

1987년 10월 19일, 주식 시장이 붕괴했다. 금융계의 모든 사람들이 그랬던 것처럼 존슨은 쿼트론†을 보고 충격에 빠졌다. RJR 나비스코는 일주일 전만 해도 60달러 중반에서 거래되었는데 이날 정오 무렵에 40달러대 중반까지 떨어졌다. 그리고 그 뒤 몇 주 동안 계속 그 선에서 맥없는 모습을 보였다.

그것이 존슨이 파멸의 길로 걸어 들어가는 시작이었다. 낮은 주가가 앞으로 여러 달 동안 그를 괴롭힐 것이기 때문이었다. 12월에 회사는 수익이 25퍼센트 증가했다고 공시했다. 하지만 주식 시장의 투자자들은 이런 공시 내용을 무시했다. 심지어 그해 겨울에 식품주들의 주가가 상승했음에도 불구하고 RJR 나비스코는 여전히 수렁에서 허우적거렸다. 존슨이 아무리 애

---

† 주식 시세를 표시해 주는 개인용 단말기.

쓰며 회사의 면모를 바꾸려 했지만, 사람들은 그의 주식을 담배 회사 주식으로만 바라보았다. 전체 매출액 가운데 60퍼센트를 나비스코와 델몬트가 기록했음에도 불구하고, RJR 나비스코를 바라보는 사람들의 시선은 조금도 바뀌지 않았다.

존슨은 애틀랜타에 있으면서 부글부글 끓는 분노가 좀처럼 가라앉지 않았다. 다른 많은 최고경영자들과 마찬가지로, 그는 자기 회사 주식의 가격을 경영 성과를 나타내는 성적표와 같은 것으로 여겼다. 다른 식품주들 주가가 높이 치솟아 오르는 것을 보고 존슨은, 연회장에서 파트너를 구하지 못해 외톨이로 빙빙 도는 불쌍한 여자를 떠올렸다. 자신이 바로 그 여자 같았다. 그는 만일 자기가 가장 잘 알고 있는 이 사업 분야가 뜨겁게 달아오른다면 곧바로 행동에 나서기로 마음먹었다. 그래서 우선 다른 식품 회사와 손잡는 가능성을 깊이 생각하기 시작했다.

가장 먼저 떠오른 대상은 '필스버리'였다. 이 회사의 상황은 불안정했다 (물론 이런 상황은 존슨이 가장 좋아하는 것이었다). 퇴직 상태에서 복귀한 지 얼마 되지 않은 최고경영자 주변으로 인수와 관련된 추측이 난무하고 있던 것이다. 기업을 사는 것은 그의 성향에 맞지 않았다. 그는 기업을 파는 데 전문가였지 사는 데는 전문가가 아니었기 때문이다. 그는 두 회사의 합병 가능성을 생각했다. 필스버리를 나비스코와 합치면 안 될까? 그다음에 이 주식을 일반에 매각하고 RJR 나비스코 내부에 남아 있는 식품 부문 자산을 돋보이게 할 수 있지 않을까?

존슨은 이런 생각을 세이지와 베너벤토에게 넘겼다. 하지만 두 사람은 단호하게 고개를 저었다. 필스버리는 겉만 번드르르할 뿐 실속이 없으며 필스버리의 핵심 사업 부문은 빈혈 상태라는 게 두 사람 의견이었다.

"왜 커다란 기업을 100퍼센트 소유하려 하지 않고, 그저 그런 기업의 일부를 소유하려고 합니까?"

베너벤토의 지적이었다. 베너벤토와 세이지는 존슨에게 전달하는 보고서를 '반드시 귓구멍에 박아 넣어야 할 메모'라고 불렀다. 세이지가 이 보고서를 타이핑할 때 베너벤토가 그 내용을 어깨너머로 지켜보았다. 그런데 갑자기 어떤 일 하나가 그의 머리를 스쳤다. 비슷한 문제에 봉착했던 제너럴 모터스가 모기업과 별도로 '휴즈 에어크래프트' 그리고 '일렉트로닉 데이터 시스템스'라는 사업 단위를 위해 각기 독립적인 주식을 발행한 적이 있었다. 만일 존슨이 담배 사업 부문이 식품 사업 부문의 주가를 끌어내리는 현상을 걱정한다면, 이들을 대표하는 주식을 따로 발행해서 거래시키면 되지 않을까? 제너럴 모터스가 휴즈 에어크래프트를 위해 'H 주식'을 발행했는데, RJR도 식품 사업 부문을 위해서 'F 주식'을 발행하면 되지 않을까? 두 사람은 이런 내용을 보고서 말미에 첨가했다. 존슨은 보고서를 읽은 뒤에 베너벤토에게 주식 이원화 계획안에 대해 좀 더 생각을 발전시켜 보라고 지시했다. 그건 기존의 방안과 전혀 다른 별도의 안이었다.

RJR 나비스코 주식이 실제보다 낮게 평가되어 있다는 사실을 알고 있던 사람은 존슨만이 아니었다. 1월에 특약 칼럼 칼럼니스트인 대니얼 도프먼이 RJR 나비스코를 인수 합병 후보 회사로 언급했다. 에드워드 로빈슨을 포함한 측근들이 걱정했지만 존슨은 코웃음을 쳤다. 그리고 2월에 이사회가 열렸을 때 폴 스틱트가 존슨에게 다가왔다. 두 사람은 여섯 달 전에 스틱트가 회장 자리에서 밀려난 뒤로는 대화를 나눈 적이 거의 없었다.

"로스, 이번 주말에 플로리다에 내려간다고 들었는데 맞소?"

"예, 가야 합니다. 아버지 세금 문제도 있고 해서……."

"그때 시간 좀 낼 수 있겠소?"

"글쎄요, 안 될 것 같은데……."

존슨은 될 수 있으면 스틱트의 초대를 피하고 싶었다.

"꽁지에 불이 붙을 지경으로 바빠서요."

"아주 중요한 주주가 한 사람 있는데, 꼭 한번 만나 볼 필요가 있을 것 같아서 그래요. 이 사람이 괜찮은 생각을 하나 가지고 있는데, 로스트리 클럽에서 골프를 치기로 했거든요. 참, 그 사람 이름은 스팽글러요."

존슨은 돌아오는 토요일에 주피터에서 스틱트와 그의 친구 스팽글러를 만나기로 마지못해 약속했다.

클레미 딕슨 스팽글러 주니어는 노스캐롤라이나대학교의 총장이었다. 1986년에 총장이 되었는데, 그전에는 노스캐롤라이나의 기업계에서 진정한 실세 거물이었다. '디키'라는 애칭으로 불리던 그는 샬럿 소재의 'C. D. 스팽글러 컨스트럭션 컴퍼니'의 사장이었고 '노스캐롤라이나 은행'의 회장이었다. 이 은행이 1982년에 '노스캐롤라이나 내셔널 은행'에 팔릴 때 그는 엄청난 이익을 거두어 부자가 되었다. 그리고 그의 가족도 RJR 나비스코의 최대 주주 집단에 속했다.

존슨이 본사를 윈스턴살렘에서 애틀랜타로 옮길 때 스팽글러는 몹시 화를 냈으며 그 뒤로 줄곧 존슨에게 좋지 않은 감정을 가지고 있었다. 당시에 그는 하버드 비즈니스스쿨에서 함께 공부했던 리처드 H. 젠렛에게 전화를 걸었다. 젠렛은 미국에서 최대의 보험 회사 집단에 끼던 '이퀴터블 라이프 인슈어런스 소사이어티'의 회장이었는데, 노스캐롤라이나 토박이로 스팽글러와는 가족끼리도 잘 아는 사이였다. 스팽글러는 이퀴터블이 주주의 투표권을 등에 업고 RJR 나비스코의 애틀랜타 이전 시도를 막는 일에 나서 줄 수 있을지를 물었다.

"그런 일이 일어나지 않도록 막을 수 있는 투표권이 우리에게 충분히 있다고 생각하지 않습니까?"

스팽글러의 물음에 젠렛은 짧게 대답했다.

"그건 불가능합니다."

젠렛은 그 뒤 그 일을 잊어버렸다. 몇 달이 지난 뒤에 다시 스팽글러가 전화를 했다.

"우리끼리 투자자를 모은 다음에 차입금을 동원해서 레이놀즈를 인수하는 것에 대해 어떻게 생각합니까? 내가 보기에는 충분히 가능할 것 같은데……."

스팽글러는 폴 스틱트와 상의할 계획을 가지고 있으며, 아메리칸 익스프레스의 제임스 로빈슨도 관심을 가질 것이라고 말했다. 로빈슨과는 버지니아의 우드베리포리스트 기숙학교에서 함께 공부했던 사이라는 점도 덧붙였다.

젠렛은 이 제안을 며칠 동안 곰곰이 생각한 뒤에, 해마다 암 환자에게 수백만 달러를 지급하는 대형 보험 회사가 담배를 생산하는 기업에 투자할 경우 모양새가 좋지 않을 것이라는 결론을 내리고 스팽글러에게 이런 답변을 했다.

"나는 거기에서 빠져야겠습니다."

스팽글러는 1987년 10월 이후 RJR 나비스코의 주가가 곤두박질친 뒤로 올라갈 기미를 보이지 않자 애를 끓였다. 그리고 모든 잘못이 로스 존슨 때문이라며 화를 냈다. 그는 스틱트를 잘 알고 있는 와코비어 은행의 존 메들린을 통해 스틱트에게 한번 보자고 했다. 그리고 이렇게 말했다.

"만일 내가 그 회사의 경영권을 장악할 수 있는 자금을 모아 온다면, 나를 도와 회사를 예전 그대로 돌려놓는 일에 관심을 가져 주겠습니까?"

스틱트는 한 발 뒤로 뺐다.

"글쎄요, 내가 보기에는 가능할 것 같지도 않고 실질적으로 이로울 것 같지도 않은데요."

하지만 스팽글러의 초청을 받아들여 뉴욕에서 진행된 설명회에 참석한 뒤에는 그의 제안에 동의했다. 그런데 나중에 알고 보니 설명회 자리에는 시티뱅크의 경영진도 무리 지어 참석했었다. 스팽글러는 RJR 나비스코의 LBO 작업에 필요한 자금을 동원하는 데 거대 은행을 끌어들인 것이다.

스틱트는 감동을 받았다. 하지만 그는 실용적인 사람이었다. LBO는 그 자체로 적대적인 행위가 아니었다. 만일 스팽글러를 중심으로 한 집단이 RJR 나비스코를 인수하고자 한다면, 존슨도 끌어들여야 했다. 이런 이야기가 오간 끝에 스팽글러가 스틱트에게 존슨을 만날 수 있도록 자리를 만들어 달라고 했다.

이렇게 해서 존슨은 2월 말의 어느 토요일 아침, 주피터에 있는 '나비스코팀'의 사무실에서 두 사람을 만나기로 했다. 이 약속 때문에 골프를 못 치게 된 존슨은 무슨 이야기인지 모르지만 스틱트와 스팽글러 두 사람이 빨리 얘기를 끝내 주면 좋겠다는 생각을 했다. 스틱트가 존슨에게 스팽글러를 소개했다. 스팽글러를 처음 보았을 때 존슨은 스팽글러와 스틱트가 무척 잘 어울린다는 느낌을 받았다. 매끈하게 뒤로 벗어 넘긴 머리 모양과 깔끔한 테의 안경은 영락없는 50대 남자였다.

"솔직히 말해서 나는 이 일과 아무런 이해관계가 없어요. 딕이 나한테 와서 부탁했고, 좋은 아이디어가 있으니 소개시켜 달라 했고, 그래서 내가 이 사람을 꼭 한번 만나 보라고 한 겁니다."

스팽글러가 설명을 시작했다. RJR 나비스코는 매우 큰 회사이고 엄청난 가능성을 가지고 있지만, 현재 이 회사의 주식은 매우 낮은 평가를 받고 있다. 존슨은 속으로 이런 생각을 했다.

'뻔한 얘기를 하고 있군. 누가 모르나?'

스팽글러는 주가가 70달러일 때 팔았어야 했는데 그렇게 하지 못했던 자신이 정말 어리석었다고 하면서, 또 이제 50달러에서 꼼짝도 하지 않는 걸 보니 답답해 미칠 지경이라고 했다. 그리고 가족들은 주식을 팔라고 난리인데도 자기가 꽉 붙들고 있는 바람에 가족들이 초조해한다는 말도 했다. 존슨은 어떻게든 이 만남을 끝내고 싶었다.

"나는 우리 회사 주가가 언제 다시 70달러 선을 회복할지 말씀드릴 수가 없습니다. 내가 할 수 있는 거라곤 오로지 회사를 경영하는 일뿐입니다."

존슨은 어서 빨리 페어웨이로 올라가서 골프를 치고 싶은 마음뿐이었다. 하지만 스팽글러는 존슨을 놓아주지 않고 계속 이야기했다. 한 주에 70달러의 LBO 이야기였다. 스팽글러와 스틱트는 이미 시티뱅크의 관계자를 만나 이런 이야기를 나누었으며, 시티뱅크에서도 적극적인 태도를 보인다고 말했다. 존슨은 깜짝 놀랐다.

'이 사람들이 도대체 무엇을 했다고?'

스틱트가 끼어들었다.

"현재 내 역할은 엄격하게 말해서 자문을 하는 거요."

존슨은 스틱트를 바라보았다.

'뭐라고? 흥! 당신 역할은 엄격하게 말해, 매복해 있다가 기습하는 거겠지, 이 늙어 빠진 공룡 같으니라고!'

하지만 존슨은 이 두 사람과 맞서 싸울 준비가 되어 있지 않았다. 그리고 이들과 싸우고 있다가는 페어웨이에 올라가지도 못할 것 같았다. 그는 씩 웃으면서 말했다.

"70달러대면 나도 얼마든지 환영입니다."

고전적인 맞장구 기술이었다. 하지만 스팽글러는 존슨을 놓아 주지 않았다. 존슨이 이 과정에 핵심 인물로 참가해야 하며, 회사 지분의 15퍼센트를 가지게 될 것이고 다른 중역들도 10퍼센트를 가지게 될 것이라고 했다.

"나는 돈 많은 사람들을 꽤 알고 있습니다. 그리고 당신은 수십억 달러의 엄청난 부자가 될 수 있습니다."

존슨이 마침내 두 사람과 헤어질 때는 '돌아 버릴 정도의 충격'을 받은 상태였다. 도대체 스틱트는 자기가 무슨 짓을 하는지 알고나 있을지 의심스러웠다.

'이 영감, 완전히 바보야. 최고경영자에 회장까지 지낸 사람이니 그냥 바보가 아니라 위험한 바보야, 제길! 전임 회장이라는 이름으로 스팽글러의 미친 제안을 지원하고 돌아다니다니, 빌어먹을! 이 영감은 도대체 시티뱅크 회장인 존 리드가 필립 모리스의 이사라는 사실을 도대체 아는 거야, 모르는 거야? 만일 이 이야기가 바깥으로 새 나간다면 경쟁자들의 손에서 다이너마이트가 될 수도 있는데, 빌어먹을!'

존슨은 자기 콘도로 가자마자 전화부터 걸었다. 앤드루 세이지였다.

"큰일 났어요! 완전 엿 됐어요. 스팽글러가 우리 회사를 사려고 해요!"

그리고 제임스 로빈슨에게도 전화를 했다. 로빈슨은 이렇게 말했다.

"내가 아는 건, 그가 돈이 엄청나게 많고 또 딕 젠렛과 매우 가깝다는 게 전붑니다."

존슨은 점점 불안해졌다. 그는 이쿼터블이 얼마나 강력한 화력을 가지고 있는지 잘 알았다. 그날 오후에 존슨은 해럴드 헨더슨에게 지시를 내렸다.

"빌어먹을! 당장 이사회를 소집해요!"

존슨은 월요일 팜스프링스에서 국제자문단 회의에 참석하도록 일정이 잡혀 있었다.

"돌아가자마자 할 이야기가 있으니까."

존슨과 이사들은 화요일에 회의를 열었다. 그리고 일단 시티뱅크를 만나 이야기를 들어 보기로 결론 내렸다. 만남의 목적은 단 하나, 스팽글러의 진도가 어디까지 나갔는지 확인하는 것이었다. 존슨은 존 리드에게 전화를 걸어 약속을 잡았다. 리드는 그 문제에 대한 제안을 받은 적이 있다고 확인해 주었을 뿐 아니라, 시티뱅크로서는 계속 추진할 용의가 있다고 했다.

"은행이라는 게 원래 그런 서비스를 하려고 있는 데니까요."

다음 주에 존슨은 스팽글러를 노스캐롤라이나에서 픽업해 함께 뉴욕으로 날아갔다. 비행기 안에서 스팽글러는 존슨에게 컴퓨터로 출력한 여러 가지 재무 관련 자료를 보여 주었다. 그가 추정하기로는, RJR 나비스코의 소속 사업 단위를 아무것도 매각하지 않고 회사를 그대로 보존할 수 있다고 했다. 필요한 자금은 외부에서 충분히 끌어낼 수 있다는 것이었다. 존슨은 전혀 감동하지 않았다. 대신 속으로 이렇게 말했다.

'아마추어가 설치긴.'

시티뱅크와의 만남은 오히려 존슨에게 커다란 위안이 되었다. 은행에서는 한 주에 65달러로 해서 LBO가 가능하다고 생각했다. 그리고 존슨에게는 10퍼센트의 몫을 주는 걸로 생각하고 있었다. 아직 진도가 많이 나가지 않은 건 분명했다. 존슨은 그런 제안에 드러내 놓고 냉담한 태도를 취했다. 돌아오는 길에 스팽글러는 사과를 했다. 이로써 그 문제는 없던 일로 끝날게 확실했다.

존슨은 애틀랜타로 돌아와 시티뱅크와 스팽글러에게 고맙지만 사양한다는 내용의 편지를 후다닥 써서 부쳤다. 그리고 헨더슨과 마주 앉아 스틱트를 어떻게 처리할지를 놓고 고민했다. RJR 나비스코의 일에 더는 끼어들지 못하도록 해야 했다. 다음 날 헨더슨은 윈스턴살렘으로 날아가 스틱트에게 그가 어떤 반역 행위를 했는지 서면으로 정리한 내용을 읽어 주었다. 스틱트는 5월에 은퇴하기로 되어 있었고, 그때까지 참석할 수 있는 이사회는 두 차례밖에 남지 않았지만 그는 두 번 다 참석하지 않았다. 이런 사실이 존 슨에게는 오히려 후련했다. 당시를 회상하면서 존슨은 폴 스틱트의 마지막 사망을 확인했다며 이렇게 말했다.

"우리는 그 사람에게 합당한 조치를 취했고 또 맞는 말을 해 주었습니다. 그게 답니다."

스팽글러 사건 이후에 존슨은 주가를 끌어올리는 데 온 힘을 쏟았다. 3월의 이사회에서 그는 이사들에게 두 가지 방안을 제시하며 그중 하나를 선택하라고 했다. 첫째 안은 헌트 웨슨의 주식을 사는 것이었다. RJR 나비 스코가 식품 쪽에 좀 더 많은 비중을 둔다는 점을 주식 시장의 투자자들에 게 강조하게 될 것이라는 게 이 방안의 근거였다. 둘째 안은 RJR 나비스코 의 주식을 되사는 것이었다. 주식 시장에 RJR 나비스코의 공개 주식 물량이 적으면 적을수록 주가는 올라갈 것이라는 전망이 이 방안의 근거였다. 이사 들은 후자를 선택했다. 하지만 주가에 대해 걱정하고 있던 존슨과 달리 이 사들은 아무런 걱정도 하지 않고 있었다.

존슨은 아이라 해리스의 투자은행인 라저드 프레어스의 지도를 받으며 자사주를 매입했다. 3월 말에 RJR 나비스코는 자사주를 한 주에 52달러에 서 58달러 사이의 가격에 2000만 주 매입할 것이라고 발표했다. 그리고 한 달 뒤 주당 53.50달러에 2100만 주를 샀다. 환매 기대로 한 주에 약 52달러 에 거래되었던 RJR 나비스코 주식의 가격은 곧바로 40달러 중반으로 떨어 졌다. 존슨은 주식을 매입하는 데 11억 달러 이상을 썼지만 주가는 예전보 다 더 떨어졌다.

•———❦———•

1988년 봄이 되어도 월스트리트는 지난해 10월의 주식 시장 붕괴의 충격에서 벗어나지 못했다. 개별 투자자들은 떼를 지어 시장을 빠져나갔다. 거래량도 줄어들었다. 사자는 주문이 지지부진하면서 주식회사 미국은 새 주식 공모에 완전히 관심을 잃었다. 다른 경제 분야에서처럼 월스트리트도 단 하나의 보장된 수입원으로 눈을 돌렸다. 바로 인수 합병이었다.

인수 합병은 궁극적으로 볼 때 월스트리트가 만들어 낸 것이다. 왜냐하면 이기든 지든 혹은 질질 끌든 간에 투자은행 측에서는 이자나 수수료를 챙기기 때문이다. 이 수수료는 1980년대 내내 월스트리트가 급속 성장하는 엔진의 연료로 작용했는데, 이런 방식으로 그해 봄 주식 시장의 이익을 다시 한 번 한껏 부풀렸다.

시장 붕괴 이후 석 달 동안 찬바람만 부는 적막에 휩싸여 있다가 1월에 들어서면서 과거에 유례를 찾아볼 수 없을 정도의 활발한 인수 바람이 불었다. 주가가 떨어진 덕분에 국내 기업과 해외 기업을 가리지 않고 거래가 활발하게 이루어졌다. 대형 인수 합병 사례만 해도 열두어 개나 되었고, 이런 열기는 한때 폴 스틱트가 다녔던 회사이기도 했던, 신시내티에 본사를 둔 '페더레이티드 디파트먼트 스토어스'의 경영권을 놓고 벌어진 60억 달러 규모의 인수 전쟁에서 절정을 이루었다. 1988년 전반기에 이루어진 기업 인수 합병 시도 사례만 해도 성적이 상당히 좋았던 해인 1985년 한 해 동안의 사례보다 많았다. 월스트리트는 짧은 시간 안에 인수 합병 거래 중독증에 걸렸다. RJR 나비스코의 사무실에도 어떻게든 거래를 성사시켜 보려고 온갖 시도를 벌이는 군상들이 꾀어들었다.

그해 봄을 휩쓸었던 이 기업 인수 합병 바람의 맨 꼭대기에는 '시어슨 리먼 허턴'의 합병 담당 부서가 있었다. 시어슨 리먼 허턴은 아메리칸 익스프레스라는 금융계 거물의 자회사로서, 당시 빠르게 성장하던 기업 인수 중개 사업을 하던 회사였다. 시어슨은 그해 겨울에 'E. F. 허턴'을 인수했다. 월스트리트에서 가장 탁월한 성적의 주인공을 가리자며 메릴린치에 도전장을 낸 셈이었다. 시어슨의 합병 담당 부서를 지휘하던 이는 과거 10년 동안 자기보다 훨씬 유명한 사람들 아래에서 보이지 않는 그림자로 살아왔지만, 이제 자기 이름을 전면에 내세우길 열망했다.

스티븐 워터스는 조직이란 것 자체를 무지하게 좋아했다. 베트남전에 참전해 헬리콥터를 조종했던 그는 여전히 군인 티를 완전히 벗지 못하고 시어슨의 인수 합병 담당 인력을 빠르고 강력한 무력을 자랑하는 해병대원으로 여겼다. 하지만 그의 진짜 장점은 부드러움이었다. 워터스는 조금 고지식했는데, 이런 사실을 본인도 잘 알고 있었고 또 부끄러워하지 않았다. 워터스 부부는 코네티컷에 있는 장로파 교회에서 주일 학교 학생들을 가르치기도 했다. 비록 더할 나위 없이 완벽한 기업 인수 전술가라곤 할 수 없어도, 그는 심지가 굳고 신실하며 대하기 편한 사람이었다. 그가 몸담고 있던 세계에서는 좀처럼 찾아보기 어려운 덕목을 가지고 있었던 것이다. 이런 까닭으로 존슨도 스탠더드 브랜즈 시절부터 알았던 워터스를 좋아했다.

워터스와 비교하면 하버드 비즈니스스쿨 출신인 J. 토밀슨 힐 3세는 전혀 다른 인물이었다. 그는 월스트리트에서 벌어지던 전투를 광적으로 좋아했던 전사였다. 비록 수는 많지 않았지만, 그의 적들은 그를 기름 바른 올백 헤어스타일에 키 175센티미터의 냉정한 개신교 예비역 군인인 고든 게코† 처럼 여겼다. 힐은 옷을 잘 입었다. 그리고 이 점에 대단한 자부심을 가지고 있었다. 경쟁자들은 그를 '월스트리트의 베스트 드레서'라고 불렀다. 힐은 검은색 '폴 스튜어트' 정장을 마치 갑옷처럼 입었다. 그의 사무실은 근사한

---

† 악명 높은 은행인을 상징하는 인물. 1987년의 영화 〈월스트리트〉의 등장인물 이름이다.

현대 미술품들로 장식되어 있었고, 과거에 그가 이룩한 승리들을 기념하는 루사이트 묘비[†]들도 상자 안에 넣어 전시되어 있었다.

힐은 멋있을 수는 있었지만 말은 잘하지 못했다. 마치 모든 단어를 사전에서 찾다가 선택하는 것처럼 보였다. 그래서 시어슨 주변에서 그는 별로 인기를 끌지 못했다.

"그를 좋아하는 사람이 한 명이라도 있던가요?"

동료들 가운데 이런 질문을 한 사람은 여러 명이었다. 힐과 오랫동안 함께 일했던 또 다른 사람은 다음과 같이 묘사했다.

"궁극적인 이단자죠. 어떤 일에든 그가 진짜 자기의 모든 것을 바칠 정도로 열심이라고는 믿을 수 없습니다. 오로지 경쟁을 위해서만 존재하는 정글 파이터라고 할 수 있죠. 정말 역겨운 인물형 말입니다."

동료들이 보기에 워터스와 힐은 어울리지 않는 쌍이었다.

그해 봄에 힐의 전술적인 기술들은 과거 그 어느 때보다 많이 요구되었다. 페더레이티드 디파트먼트 스토어스 방어 작업을 감독하는 일을 도왔으며, 유서 깊은 전동 공구 및 주방용품 회사인 '블랙 앤드 데커'가 미국의 대형 변기 제조 회사 '아메리칸 스탠더드'를 인수하려 했던 것을 포함해 시어슨이 관여했던 수많은 적대적 인수 합병을 계획하고 실행했기 때문이다. 그러나 그해 《US투데이》에 인물평이 실릴 정도로 힐의 명성이 높아지면서, 워터스는 자신이 지휘하는 직원들에게 더욱더 많은 보너스를 안겨 주기 위

[†] 19세기 말부터 금융 회사나 투자은행이 거래 업무의 종결을 공식적으로 알리고 기념하기 위해 신문 광고를 냈는데, 어떤 그림이나 장식도 없이 글자만 있는 똑같은 형식이어서 '묘비 광고tombstone ad'라고 불렀다. 1960년대 후반부터는 로펌과 은행이 이 묘비 광고의 내용을 투명 합성수지인 루사이트Lucite(상표명) 판 속에 넣어 폐회식 또는 저녁 식사 자리에서 기념품으로 거래의 주요 관계자들에게 선물했다. 이런 상패를 '루사이트 묘비lucite tombstone' 혹은 '딜 토이deal toy'라고 한다.

해서는 힐과 개운치 않은 내부 전쟁을 치를 수밖에 없다는 사실을 깨달았다. 회사의 보너스 지급 구조가 그런 경쟁을 피할 수 없게 만들었던 것이다. 시어슨의 최고 경영진을 만난 자리에서 워터스는 이런 보너스 지급 구조를 솔직하게 그리고 가차 없이 비판했다. 그의 발언은 시어슨의 많은 사람들을 화나게 했다. 특히 회장이던 피터 A. 코언이 화를 낸 게 문제였다. 그는 워터스가 사람들 사이에 불안감을 조장한다고 믿었던 것이다. 워터스는 사직서를 낼 수밖에 없었고, 코언은 곧바로 그의 사직을 처리했다.

힐이 워터스 없이도 혼자서 부서를 지휘할 수 있다고 시어슨의 경영진을 은밀히 설득했다는 사실을 워터스는 나중에 알았지만 그다지 놀라지 않았다. 충분히 그러고도 남을 사람이었기 때문이다. 힐이 워터스의 사무실에 가서 손을 내밀고 작별의 악수를 청했으나 워터스는 그 악수를 받지 않았다. 힐의 손은 잠시 동안 허공에 머물러 있어야 했다.

"나는 당신이 나를 대한 그런 방식으로는 사람을 대하지 않을 거야."

워터스는 이 말을 남기고 시어슨을 떠났다. 그해 봄 워터스가 시어슨을 떠날 때 월스트리트의 많은 사람들은 스티븐 워터스의 등에 박힌 단도에는 분명히 토밀슨 힐의 지문이 묻어 있을 것이라고 생각했다.

파트너가 떠나자 힐은 기민하게 움직였다. 워터스는 시어슨의 우수 고객들을 많이 유치하고 관리했는데, 이들이 워터스를 따라 시어슨을 떠나지 않도록 단속하는 게 그가 우선적으로 해야 할 일이었다. 이들 가운데 가장 중요한 고객이 RJR 나비스코였다. 로스 존슨은 그 부서의 우수 고객으로 다섯 손가락 안에 들었다. 그리고 힐은 이제 존슨이 큰 거래를 하나 할 때가 되지 않았을까 생각했다. 그는 RJR 나비스코의 대차 대조표를 살펴보았다. 담배 사업 부문에서 엄청나게 많은 현금이 들어오고 이 현금이 어디론가 가야만 한다는 사실은 아무리 바보라도 금방 알 수 있었다. 힐은 속으로 생각했다.

'이 사람은 못 말리는 정력가야. 그래, 분명히 무언가 시작될 거야.'

일단 예비적으로 한번 만나 볼 필요가 있었다. 힐은 앤드루 세이지에게 전화를 걸어 약속을 잡았다.

한편 워터스는 시어슨을 떠난 뒤에 자기가 관리했던 많은 고객들을 직접 만나거나 전화를 걸어 자기 진로에 관해 상담했다. 그중에는 존슨도 포함되어 있었는데, 존슨은 워터스에게 그가 다른 직장을 구할 때까지 사무실 공간을 내주겠다고 했다. 워터스의 취직을 도왔던 또 한 사람의 고객이 있었는데, 바로 헨리 크래비스였다. 그해 봄의 어느 날, 워터스가 크래비스를 만나 이야기할 때 크래비스는 무척 기분이 좋아 보였다. 이유를 물으니 크래비스가 대답했다.

"오늘 아침에 새로 좋은 친구 한 사람을 알았거든요."

그 친구란 사람이 토밀슨 힐이었다. 힐이 크래비스에게 전화를 한 것이었다. 워터스는 석 달 전에 있었던 일 때문에 이들 두 사람 사이가 좋지 않았던 것으로 알았는데 의아했다. 크래비스가 페더레이티드 디파트먼트 스토어스의 이사회에 했던 제안을 힐이 헐뜯었을 때 크래비스는 이 일을 마음에 담아 두고 있었는데 크래비스의 태도가 바뀐 것이었다.

"갑자기 난 세상에서 제일 착한 사람이 됐습니다."

크래비스가 힐과 나눈 대화를 언급하며 짐짓 경탄하는 투로 말을 이었다.

"이 친구는 세상에서 가장 흥미로운 여러 가지 생각들을 가지고 있어요. 세상일이 이렇게 또 바뀌니 정말 재미있군요."

워터스는 결국 모건 스탠리에 자리를 잡았다. 오래전부터 알고 지내던 합병 부서 책임자 에릭 글리처로부터 모건 스탠리에서 일해 달라는 제안을 받은 것이었다. 출근 이틀째 되던 날 워터스는 글리처의 사무실에서 시어슨의 어떤 고객들을 모건 스탠리로 빼내야 할 것인지 논의했는데, 1순위 대상으로 꼽힌 인물이 존슨이었다. 워터스가 그때 했던 말이다.

"존슨은 2년이나 3년에 한 번씩 큰 거래를 했습니다. 이제 분명 큰 건 하나가 진행될 겁니다. 그런 직감이 강하게 듭니다. 이런 거래를 놓치지 말아야 합니다."

글리처의 승인이 떨어지자 워터스는 전담반을 꾸렸다. 전담반의 우선 과제는 존슨의 구미가 당기게 만들어 그가 움직일 수 있도록 하는 아이디어들을 짜내는 것이었다.

———— ◦◦◦ ————

봄이 다 갈 무렵에 로스 존슨이 큰 거래를 할 준비를 갖추었고 이제 곧 실행에 옮길 것이라는 소문이 월스트리트에 파다하게 퍼졌다. 제프리 벡은 이런 사실을 알고 있었다. 그는 줄곧 LBO를 하라고 존슨의 옆구리를 찔러 온 터였다. 아이라 해리스도 마찬가지였다. 그리고 힐과 워터스도 마찬가지였다. 이 모든 사람들이 각자 어떻게 하면 '교황'을 가장 잘 설득할지 나름 대로 복안을 가지고 있었다.

투자은행가들이 들락거렸지만 존슨은 주가 때문에 꼼짝도 못 했다. 주가는 그에게 만성 피부병과 같은 것이었고, 그는 피부의 손상 부분을 끊임없이 긁어서 부스럼을 만들었다. 대부분의 최고경영자들은 이런 문제 때문에 머리를 썩이지 않는다. 많은 기업가들이 비록 주가가 낮다 하더라도 일생 동안 별문제 없이 살아간다. 그리고 사실 월스트리트가 자기 회사를 제대로 평가한다고 생각하는 최고경영자는 아무도 없다고 해도 과언이 아니다. RJR 나비스코의 이사들은 주가에 관심이 없었다. 수익뿐 아니라 매출도 증가했기 때문이다. 그러나 존슨은 그걸 그냥 내버려 둘 수 없었다. 뭔가 저지르고 싶어 온몸이 근질거리는 충동적인 증상이 이미 오래전에 다시 나타났다. 그리고 주식 가격은 이런 충동을 현실화하는 하나의 계기일 뿐이었다.

몇 달 뒤, 친구들이 그에게 왜 결국 그 길을 갔느냐고 질문하자 존슨은 주가 문제와 자본 구조 문제 때문이라고 했다. 그리고 수익, 깔끔한 대차 대조표, 자사주 매입, 연기 안 나는 담배 '프리미어' 등 주가를 끌어올리기 위해 그가 했던 모든 조치들을 이야기했다. 모두 사실이었다. 하지만 그것은 좀 더 심오한 어떤 것을 가리기 위한 고상하고 현란한 겉치레였다. 핵심은 그가 무언가를 저지르지 않곤 배기지 못한다는 사실이었다. 끊임없이 움직이고 바꾸어야 하는 '빌어먹을 무엇'이 존슨 안에 있었던 것이다.

주가를 올린다는 명목으로 존슨은 수십 개에 이르는 계획들을 자세히 검토했다. 베너벤토는 제너럴 모터스의 주식 이원화라는 방안을 파고들었지만 존슨은 5월 31일 회의 때 이 아이디어를 폐기 처분했다. 미친 듯이 복잡하다는 이유로 베너벤토는 이 계획을 무척 좋아했지만 존슨에게는 그저 서류를 처리하는 사무에 불과했다. 이 아이디어에 대한 최종적인 평가이자 폐기 이유는 존슨이 했던 말에서 확인할 수 있다.

"제기랄! 너무 복잡하잖아 이거······."

존슨은 RJR 나비스코와 필스버리의 합병 아이디어에 매달려 딘 포스바의 기획 담당 부서에 필스버리에 대해 하나도 빠짐없이 모든 걸 조사하라고 지시했다. 벡에게는 가능한 접근 방법을 모두 알아보라고 했다. 그리고 제임스 웰치를 데리고 필스버리의 최고경영자이던 윌리엄 스푸어를 만났다. 스푸어도 이 아이디어를 좋게 받아들였다. 하지만 그는 존슨이 필스버리를 장악할 수 없도록 확실하게 보장하는 합의 내용을 문서로 남겨야 한다고 밝혔다.

필스버리와의 논의가 수포로 돌아가자 존슨은 아이라 해리스에게 게토레이 생산 회사인 '퀘이커 오츠'에 접근할 수 있는 방안을 알아보게 했다.

두 회사가 아마 식료품 사업 단위로 합칠 수 있을 것이라고 존슨은 나름대로 생각했다. 하지만 퀘이커 오츠의 최고경영자 빌 스미스버그는 철저한 금연주의자였으며 RJR 나비스코와 손잡고 일할 생각은 전혀 가지고 있지 않았다. 스티븐 워터스는 존슨이 시카고의 거대 식품 기업인 '크래프트'를 인수하는 데 관심을 가지게 하려고 노력했다. 하지만 존슨은 고개를 저었다. 크래프트는 너무 크고 너무 비싸며 또 크래프트의 브랜드들이 나비스코의 브랜드들과 어울리지 않는다는 게 존슨이 든 근거였다. 토밀슨 힐 역시 정력적으로 나서서 수많은 인수 대상 회사들과 관련된 프레젠테이션을 실시했다. 존슨은 이것저것 여러 가지를 듣고 생각할 수 있어 좋았다. 하지만 힐이 제시한 인수 대상 기업들 역시 모두 너무 비쌌다.

물론 주가를 끌어올릴 다른 방법들도 있었다. 존슨은 연기 나지 않는 담배 프리미어에 큰 기대를 걸고 있었다. 가을쯤에는 프리미어가 시험 시장에 출시될 예정이었다. 이미 지난 9월에 많은 공을 들여 뉴욕의 그랜드 하얏트 호텔의 기자 회견장에서 일반에 선을 보였었다. RJR 나비스코가 혁명적인 새로운 담배를 개발하고 있다는 소문은 기자 회견이 있기 한 주 전에 주식 시장에 파다하게 퍼졌고 주가는 금방 3포인트나 올랐다. 프리미어는 공식적인 발표를 요구하는 RJR 나비스코의 주주들에게 대단한 뉴스가 될 것으로 누구나 믿어 의심치 않았다. 레이놀즈의 중역 리처드 캠프는 레이저 포인터와 단면도를 이용해 기자들에게 설명했다. 그리고 또 다른 방에서는 호리건이 상기된 표정으로 금융 분석가들을 앞에 두고 열변을 토했다.

"우리는 이것이 세상에서 가장 깨끗한 담배가 될 것이라고 생각합니다."

하지만 이들 가운데 그 누구도 프리미어가 안고 있는 몇 가지 꺼림칙한 문제들은 입에 올리지 않았다. 오랫동안 해결되지 않은 채 질질 끌어 온 문제였다. 사실 호리건 쪽 사람들은 이 제품을 그렇게 빨리 내놓고 싶지 않았다. 시장에 출시되려면 아직 멀었다는 게 이들의 판단이었다. 하지만 이런 사항을 결정하는 권한이 그들에겐 없었다. 프리미어가 안고 있는 가장 큰 문제는 맛이 없다는 점이었다. 잇단 테스트에서 계속 낙제점을 받았던 것이다. 레이놀즈의 과학자들이 미국의 연구실에서 실시한 바로는 흡연자 가운데 프리미어의 담배 맛이 좋다고 대답하는 비율은 5퍼센트 미만이었다. 일본에서 연구를 실시한 또 다른 팀은 '이 담배 맛은 더럽고 엿 같다'라는 일본어 표현만큼은 확실하게 배웠다. 프리미어는 담배로서 기본적인 문제를 가지고 있었다. 라이터가 아닌 성냥으로 불을 붙일 경우 역겨운 맛을 냈다. 성냥의 황이 프리미어 끝 부분에 달린 탄소 알갱이와 반응해서 나타내는 결과 때문이었다. 맛뿐 아니라 냄새도 지독했다. 이 냄새를 존슨은 아주 우아하게 표현했다.

"방귀 냄새야."

이 모든 문제들이 개선되지 않을 경우 소비자가 이 담배를 찾기는 어려웠다. 보통 어려운 게 아니라 엄청 어려웠다. 회사 안에서는 사람들이 이 담배를 탈장脫腸의 역겨운 이미지와 냄새에 빗대어 '탈장 효과'라고 불렀다.

중역들도 결함을 개선하려면 몇 년 더 노력이 필요하다는 사실을 알았다. 심지어 한정 생산된 프리미어 제품들도 툭하면 담배 끝에 달린 탄소 부분이 떨어지곤 했다. 내부 회의를 통해 아무리 빨라도 1990년까지는 시험 시장에 내놓을 프리미어를 준비할 수 없다는 결론 내렸다. 하지만 호리건이 1988년에 출시할 것이라고 이미 세상에 공표한 뒤였다.

당시 실무 쪽에서 시간이 좀 더 필요하다고 주장하면서 그 이유를 설명하려 했지만 회사의 최고 경영진은 듣지 않으려고 했다. 정계를 대상으로 한 로비스트 폴 버그슨이 이 '스파 프로젝트'의 가능성을 의심하며 규제 문제와 관련해서 경고했을 때, 호리건은 그를 쫓아내고 대신 윈스턴살렘의 변호사 챔프 미첼을 그 자리에 앉혔다. 찰스 휴걸은 연기 없는 담배라는 발상이 말도 안 되는 미친 짓거리라며 이렇게 말했다. "사람들은 연기를 뿜고, 담뱃재를 떨고, 담배 타는 모습을 바라보길 좋아한다." 이에 대해 존슨은 웃기는 소리라고 대응했다. 프리미어는 국민의 건강을 높이려고 벌이는, 특히 수많은 공공 건물에서 흡연을 금지하는 법령을 이끌어 낸 '간접 흡연'을 막으려고 벌이는 정부의 전투에 필요한 대체물이라고 그는 주장했다.

"모든 걸 열어 놓고 소비자에게 최종 판단을 맡기자고."

프리미어가 출시될 가을이 몇 달 남지 않은 6월, 주가의 상승을 기대하는 심리가 크게 뛰었다. 평생 담배를 피우다가 사망한 로즈 시펄로니의 남편 앤서니 시펄로니는 아내의 죽음이 흡연과 관련 있다면서 수많은 담배 회사들을 상대로 뉴저지 연방 법원에 소송을 제기해 놓고 있었다. 다행이라고 해야 할지 레이놀즈는 피고가 아니었다. 하지만 레이놀즈의 운명은 다른 담배 회사들의 운명에 달려 있었다. 이 소송은 담배 회사를 상대로 제기된 역대 그 어떤 소송보다도 규모가 컸다. 고소인의 법정 대리인들이 담배가 건강에 해롭다는 수많은 문서 자료들을 발굴해서 폭로했기 때문이다. 이에 대해 존슨은 오히려, 담배 회사가 이길 경우 RJR 나비스코의 주가는 엄청나게 뛸 것이라고 생각했다.

마침내 배심원이 평결을 냈는데, 불패의 기록을 이어 왔던 담배 회사의 역사를 뒤집는 내용이었다. 하지만 원고 측의 압도적인 승리도 아니었다. 빠듯한 승리였다. 40만 달러의 배상만을 인정했기 때문이다. 이런 최종 판결에 존슨은 껄껄 웃었다.

"토니(앤서니의 애칭) 시펄로니에게 팁 몇 푼 집어 준 셈밖에 안 돼."

존슨은 RJR 나비스코의 주가가 오르기만을 기다렸다. 하지만 주가는 오르지 않았다. 주가가 오를 것이라고 큰소리쳤던 존슨의 말을 믿었다가 낭패를 본 사람들은 존슨의 사무실을 찾아 항의하려고 장사진을 쳤다. 호리건은 특히 더 호되게 곤욕을 치렀다. 주가가 최소한 6포인트는 오를 것이라고 예측했기 때문이다.

"시장은 도무지 우리를 제대로 평가하려고 하질 않아. 앞으로도 계속 그러겠지, 젠장."

헨더슨도 투덜거렸다.

"하긴 자본 조달이라는 측면에서 주식 시장과 체질적으로 안 맞는 기업들이 있으니까 뭐."

일반 투자자들로부터 주식을 산다고 주장하는 것은 사실 LBO를 위한 지능적인 핑계였다. 비록 당시에는 아무도 공개적으로 이를 주장하지는 않았지만……. 호리건은 존슨이 절대 RJR 나비스코를 비공개 개인 회사로 전환하지는 않을 것이라고 생각하면서, 혼잣말로 중얼거렸다.

"비공개 개인 회사로 추진할 때 문제는, 아무도 그에게 관심을 갖지 않을 것이란 점이야."

그해 여름에 RJR 나비스코의 중역진에서는 투자은행가들만 새로운 얼굴이 아니었다. 존슨의 '유쾌한 친구들'은 결성된 지 15년이 지난 시점에서 붕괴하고 있었다. 피터 로저스는 나비스코에서 세 군데의 요직을 두루 거쳤고 가을에는 물러날 예정이었다. 부회장 자리에 있으면서 애틀랜타에서 존슨의 오른팔 역할을 했던 로버트 카보넬은 호리건과 사사건건 대립하다가 결국 마이애미의 델몬트 사장으로 추방되었다. 이들을 대신해 존 마틴이 수석 부사장으로 존슨의 가장 친한 친구가 되었다.

마흔여섯 살의 마틴은 프랭크 기퍼드 쪽 인맥이었다. 1970년대에 'ABC

스포츠' 방송국에서 명석한 청년 중 하나로 꼽히던 인물이었던 마틴은, 〈먼데이 나이트 풋볼〉 프로그램의 진행 책임자로서 이 프로그램에 출연하던 유명 스포츠 해설가 하워드 코셀에게 아들 같은 존재가 되었다. ABC 방송국의 편성 담당 책임자였던 그는 올림픽 중계권을 세 번이나 따냈다. 마틴은 텔레비전 방송에 적격이었다. 특히 저음의 편안한 목소리 덕분에 그의 첫인상은 무척 좋았다. '그 사람, 인상이 참 좋다'는 말은 바로 그를 두고 하는 말이었다. 게다가 옷도 맵시 나게 입어서 방송국 친구들은 그를 '정장 여러 벌'이라고 불렀다. 그는 또한 핸디 제로의 골프 실력을 가지고 있어서 한번은 뉴욕 지역에선 내로라하는 골프장인 '윙드 풋' 컨트리클럽의 클럽 챔피언에 오르기도 했다. 마틴은 '올마이어 커뮤니케이션스'에 있다가 1988년 1월 RJR 나비스코에 합류했다. 그리고 곧 마틴과 존슨은 떼어 놓을 수 없는 단짝이 되었다.

두 사람이 얼마나 가까웠던지, 애틀랜타에 집을 구할 때까지 몇 달 동안 마틴은 존슨의 집 지하층에서 살았다. 마틴이 구한 집도 존슨의 집에서 9번 아이언으로 골프공을 쳐서 날릴 정도인 약 100미터 거리에 있었다. 존슨의 아내 로리는 마틴이 새로 구한 집의 실내 장식을 직접 지휘했다. 세 사람은 늘 붙어 다녔다. 함께 골프를 치고 여행을 하고 또 중계가 끝날 때까지 스포츠 방송을 시청했다. 조직의 계통적인 측면에서 보자면 마틴은 많은 권력을 휘두른 것 같지 않다. 그러나 존슨의 귀를 거의 독차지하다시피 하며 존슨의 문지기 역할을 하기 시작했다. 마틴을 부러워하고 질투한 사람이 많았는데, 이 대열의 맨 앞에 호리건이 있었다. 호리건은 마틴의 잘 태운 피부를 보면 배우 조지 해밀턴이 생각난다며 비꼬았다.

어떤 사람들은 마당발이던 마틴이 사회의 명사들을 찾는 존슨에게 사실상 뚜쟁이 노릇을 하는 거나 다름없다고 쑤군댔다. 실제로 마틴은 존슨에게 새로운 인물들을 소개했다. 이 가운데 한 사람이 마틴의 오랜 친구이며 메이저리그의 커미셔너이던 피터 유버로스[†]였다. 마틴은 또한 권투 선수 마이크 타이슨의 매니저 제임스 제이컵스와도 친하게 지냈으며, 타이슨이 시간 있을 때는 쉽게 존슨 앞으로 불러낼 수 있었다. 타이슨을 주변에 둔다는 것 자체는 그다지 중요한 게 아니었지만, 존슨이 격투 경기 분야에 진출할 수 있는 입장권은 충분히 되었다. 6월에 그는 마이크 타이슨과 마이클 스핑크스의 헤비급 통합 타이틀전 중계방송을 자기 회사에서 텔레비전으로 함께 보자고 애틀랜타의 정재계 유력 인사 100명을 초대했다. 이때 금박의 초대장이 붉은색의 권투 글러브와 함께 발송되었다. 손님이 사옥의 꼭대기 층에 도착하면 흰색 권투 글러브를 낀 웨이터들은 최고급 샴페인 '동 페리뇽'으로 맞았다. 마틴이 많은 사람을 존슨에게 소개했지만, 이 가운데는 제대로 검증되지 않은 인물도 때로 있었다. 타이슨과 스핑크스의 대전이 있기 전인 6월에 영국에 가 있을 때 마틴은 유쾌한 스코틀랜드 출신 남자를 데리고 존슨 앞에 나타났다. ABC 스포츠 방송국이 영국에서 잔심부름꾼으로 고용했던 사람이었다. 존슨은 그가 마음에 들었다. 그래서 애틀랜타의 자기 집으로 초대했고, 그에게 자기 경호원으로 일하겠느냐고 제안했다. 남자는 기꺼이 그러겠다고 승낙했다. 그 뒤 이 남자는 존슨과 함께 살기 시작했다. 존슨은 이 경호원과 죽이 잘 맞았고, 이런 사실은 누구나 다 알 만큼 유명해졌다. 하지만 그해 가을에 이 남자의 비자를 재신청하는 과정에서 존슨과 마틴은 그가 스코틀랜드 전역에서 유명한 갱단의 일원이었다는 사실을 알았다. 게다가 한 차례의 사기 범죄를 포함한 전과 경력이 화려하고 교도소에

[†] 유버로스는 1984년 LA 올림픽의 조직위원장을 맡아, 올림픽 사상 최초로 스폰서십을 도입하며 흑자 운영을 기록했다.

도 여러 차례 들락거렸다는 사실이 드러났다. 이 스코틀랜드인의 손에는 글래스고행 편도 비행기 탑승권이 쥐어졌다.

많은 친구들이, 카보넬처럼 신뢰하던 조언자들을 내친 것은 존슨에게 어떤 불안정한 변화가 일어나고 있음을 뒷받침하는 현상이라고 생각했다. 그는 난생처음으로 언론의 조명을 받고 있었다. 《포천》은 그해 여름 존슨의 얼굴 사진을 표지에 실으며 '미국에서 가장 거친 기업계 인물'이라는 기사를 냈다.

> 그는 단단하게 잘 짜여 있는 낡은 문화를 가차 없이 공격하고 거칠고 분주한 조직 문화로 대체하는 데 전문가의 솜씨를 발휘한다. 세 개의 기업 조직에서 그는 2650명의 관리직 직원을 강등시키거나 내쫓았다. …… 존슨은 줄곧 자기 부하들을 미래의 창문 밖으로 거칠게 밀어붙여 왔다.

《비즈니스위크》는 《포천》보다 더 공격적이었다. 이 잡지는 RJR의 낮은 주가와 불확실한 장기적 전망, 그리고 담배 회사의 감소하는 실적 등을 언급했다. 처음에 이 매체는 존슨의 헤픈 씀씀이를 집중적으로 드러내고 그의 경영 능력에 의문을 제기함으로써 《포천》보다 더 강력하게 존슨을 비판하는 듯했다. 그러자 존슨의 회사는 이 기사를 막으려고 전면적으로 달려들었다. 마틴은 편집장 스티븐 셰퍼드에게, 이 기사를 쓴 편견으로 가득 찬 기자를 해고하거나 별 볼 일 없는 일을 맡기라고 하면서 만일 그렇게 하지 않으면 나중에 RJR에 대한 취재 협조는 기대하지 못할 것이라고 협박했다. 결국 기사는 부드럽고 말랑말랑하게 나왔다(셰퍼드는 기사 내용이 처음과 달라진 것은 RJR 나비스코의 압력 때문이 아니라 그저 통상적인 편집 결과라고 했다). 존슨은 이 기사에 대해 마음이 들지 않는 부분이 딱 하나 있다고 있다. 그가 식당에서 포도주를 따라 주는 직원에게 습관적으로 50달러짜리 지폐를 팁으로 준다는 내용이었다. 기사를 읽은 존슨은 역정을 내며 말했다.

"젠장, 내가 그렇게 쥐어 준 게 벌써 몇 년챈데 이제 와서 뒷북을 치난 말야?"

존슨의 친구들은 두 가지 사실을 안타까워했다. 우선, 존슨이 자신에 대한 언론 매체의 평을 믿기 시작한다는 점이었다. '미국 기업계에서 가장 거친 인물'이 미국 기업계에서 가장 고립된 인물로 바뀌어 간다는 사실을 두려워했다. 존슨은 식품업계에 대해 자기가 맺고 있는 관계는 전체 시장 점유율 가운데 4퍼센트나 5퍼센트의 가치, 즉 수백만 달러의 가치가 있다고 자랑하길 좋아했다. 그러나 존슨이 당시 가장 많은 시간을 함께 보냈던 소매 유통업체의 중역들은 그가 함께 골프 치기를 좋아했던 세 명의 전직 스포츠 선수들이었다. 존슨은 이들을 '버펄로'라고 불렀다.

또한 이사회에 속한 사람들을 언제나 깍듯하게 모시던 존슨이 이제는 이사회 회의를 우습게 알고 이사들 앞에서 오만하게 굴었다. 이사회가 열리는 횟수도 예전보다 줄어들었다. 1988년에는 5월과 10월 사이에 단 한 번밖에 열리지 않게 되어 있었다. 그리고 이사회의 논의 내용도 활기가 없었다. 이사회를 준비하는 직원들은 슬라이드를 동원한 프레젠테이션으로 재무 관련 사항들을 준비했지만, 존슨은 직원들의 이런 노력을 단 한마디로 쓰레기통에 처박아 버렸다.

"슬라이드 따윈 집어치워. 실적이 좋다고만 하면 돼, 말로 말이야."

그리고 이사회 준비를 미리 연습하던 관례도 쓰레기통에 버렸다.

스탠더드 브랜즈와 나비스코에 있을 때처럼 존슨은 회사를 경영하는 데 점차 관심을 잃어 가는 듯했다. 대신 좀 더 많은 시간과 정력을 즐기는 일과 주가 올리는 일 두 가지에만 집중했다. 늘 하던 '맥주와 오줌' 타령도 그의 입에서 사라졌다. 대신 그는 새로운 구호를 들고 나왔다.

"좆까! Fuck it!"

·————∞∞∞————·

7월에 에드워드 로빈슨과 해럴드 헨더슨은 회사의 주가가 계속 너무 낮은 상태로 유지되다가는 적대적 인수의 표적이 되기 쉽다고 걱정하며, 존슨의 승인을 받아 적대적 인수 대비책을 마련하기 위해 시어슨 리먼에 접근했다. 적대적인 인수의 기미가 보이는 순간 즉각 방어에 나설 수 있는 대비책들을 믿을 만한 이른바 '명문 집단'에 의뢰해 준비해야 한다고 보았던 것이다. 존슨은 이런 시도가 RJR 나비스코를 상대로 해서는 일어나지 않을 것이라고 보았지만 헨더슨은 최악의 사태에 대비해야 한다고 계속 주장했다.

시어슨은 이런 대비책을 세울 수 있는 가장 합리적인 선택이었다. 존슨은 아메리칸 익스프레스의 이사였으며, 시어슨의 최고경영자인 피터 코언과 아메리칸 익스프레스의 최고경영자인 제임스 로빈슨 두 사람을 모두 알고 있었다. 다음은 존슨이 당시에 했던 말이다.

"그래, 시어슨한테 한번 가 보자고. 우리가 가지고 있는 모든 연구 자료와 똥 덩어리들을 다 가지고 가서 그 친구들에게 가능한 모든 시나리오를 다 보이자고. 그리고 그 친구들이 뭐라고 하는지 들어 보자고. 누군가 우리를 사고 싶어 한다면, 우리에게 얼마나 줄 것인지, 그리고 우리는 어떻게 해야 하는지 들어 보자고."

존슨이 맨 처음 이 계획을 가지고 코언에게 연락을 취했을 때, 아메리칸 익스프레스의 7월 이사회가 막 산회하려던 참이었다.

"앤디(앤드루의 애칭) 세이지가 전화할 겁니다. 회사 문제로 당신과 매우 사적인 이야기를 하고 싶어 합니다."

7월 말에 앤드루 세이지를 비롯해 존슨의 측근 여럿이 코언을 만났다.

장소는 허드슨 강이 내려다보이는 맨해튼의 코언 사무실이었다. 그들은 회사의 부분적인 혹은 전체적인 인수 방안은 물론이고 온갖 다양한 수준의 자본재 구성 방안 등 선택 가능한 모든 방안에 대해 자세하게 알고 싶어 했다. 세이지는 비밀을 철저히 지켜 줄 것을 요구했다. 회사가 이런 구상을 하고 있다는 사실이 알려지는 것만으로도 심각한 파장이 예상되기 때문이었다. 회사가 적대적인 인수를 걱정한다는 말만으로도 적대적 인수를 노리는 집단들이 숱하게 꾈 것임을 세이지는 잘 알고 있었다. 코언과 토밀슨 힐을 포함해 시어슨의 중역 다섯 명만 이 대비책 마련 작업을 알고 있었다. 힐이 암호명을 '스트레치 프로젝트'라고 정했다.[†] 하지만 그로부터 다섯 달 뒤에 드러날 일이지만, 이 암호명은 그야말로 아이러니였다.

한편 이와 동시에 존슨은 RJR 나비스코의 이사회를 열어 로빈슨과 헨더슨이 월스트리트의 법률 회사인 '데이비스 포크 앤드 워드웰'의 도움을 받아 작성한 일련의 반反적대적 인수 대비책을 승인하게 했다. 이사회는 또한 회사의 상위 10인 경영진 각자에게 '황금 낙하산'으로 알려져 있던 고용 계약 해제 보상비도 함께 승인했다.[‡] 미국의 대기업은 대부분 이와 비슷한 계약을 맺고 있는데, 이는 보통 장래에 있을지도 모르는 적대적인 인수 시도에 대비하기 위한 핵심 사항으로 인식되고 있다. 그런데 RJR 나비스코의 경우, 유일하게 특이한 사항은 보상비의 규모가 엄청나다는 점이었다. 모두 합해 5250만 달러나 되었던 것이다.

그런데 한 가지 사실이 회사의 재무 부서 직원들을 당황스럽게 만들었

[†] 'stretch'는 '확장' '신축성'이라는 뜻을 담고 있다.

[‡] 황금 낙하산은 경영진이 회사에서 밀려날 경우 막대한 보상을 받도록 하는 제도 혹은 그 보상금이다.

다. 중역을 위한 낙하산으로 들어갈 자금을 이른바 '랍비 신탁'[†]으로 따로 설정하라고 존슨이 지시를 내렸기 때문이었다. 신탁의 특성상 만일 RJR 나비스코의 주인이 바뀐다 하더라도 새로운 주인이 이 돈에 마음대로 손을 댈수 없었다. 그러니 재무 부서에서 일하는 직원들이 보기에 존슨이 회사를 어떻게 할 생각을 가지고 있으며 또한 구체적인 준비를 이미 진행하고 있다고 볼 수밖에 없었다.

◦────◦

주가에 대해 존슨이 걱정하고 이에 대응하여 해법을 찾으려 할 때 그가 어떤 행보를 취할 것인지 분석한 사람들은 누구나 LBO 가능성을 언급했다. 주가가 떨어진 회사라면 어느 회사든 취할 수 있는 표준적인 해법이 LBO 였기 때문이다. 물론 LBO는 주가 하락에 대한 해결책이라기보다는 이 문제의 결말이었다. 공개된 기업을 개인 기업으로 만드는 것은 일반 주주들이 가지고 있는 주식을 개인이 사서 모으는 것이다. 모든 투자은행들이 이렇게 하라고 존슨의 옆구리를 마구 찔러 댔다.

곧 LBO에 관한 온갖 아이디어들이 존슨에게 물밀듯이 들어왔다. 물론 존슨이 초대한 게 아니었다. 우선 '딜런 리드'가 부분적인 LBO를 제안했다. 딜런 리드는 이 계획에 '타라 프로젝트'라는 암호명을 붙였다. 스탠더드 브랜즈 시절, 같은 회사에 있었던 루빈 거토프는 자기가 운영하는 컨설팅 회사가 '레오 프로젝트'라고 암호명을 붙인 시나리오를 제안했다. 심지어 존슨은 어느 날 밤 수영장에서 이웃 사람들과 함께 앉아 있을 때도 이런 제안

[†] 기업의 중역에게 지급할 목적으로 설정하는 신탁. 회사가 파산하면 채권자가 이 돈을 취할 수 있다. 이에 비해 자산이 채권자에게 귀속되지 않는 것은 '세속 신탁'이라고 부른다.

을 받았다. 알고 지내던 남자가 다가와 은근한 말로 물었다.

"저기……, 회사를 비공개 개인 회사로 가져가는 게 어때요?"

이 모든 사람들에게 존슨은 그 문제에 자기는 관심이 없다고 대답했다. 7월에 그는 사람들이 모인 자리에서 말했다.

"난 관심이 없어요. 내가 왜 그런 걸 하겠소? 지금 내가 하는 생활이 얼마나 괜찮은데……. 엄청난 회사를 경영하고 있잖소."

하지만 그 점심 식사 자리에 참석했던 사람들 가운데 적어도 한 명은 존슨의 부정이 본심이 아니라는 사실을 꿰뚫었다. 피터 로저스였다. 그는 '교황' 존슨을 안 지 너무나 오래되었던 터라, 존슨이 다른 사람은 속여도 그는 속일 수 없었다. 존슨은 어떤 아이디어가 신통찮다고 생각하면, 단 한마디로 그 아이디어를 박살내고 끝내는 버릇이 있었다. 하지만 이 문제는 그렇게 하지 않았던 것이다. 점심 식사를 마친 뒤 로저스는 존 그리니스와 함께 걸어 나오면서 말했다.

"내가 보기에는, 아가씨의 앙탈이 지나치게 심하군요. 평소엔 '난 싫어'라는 한마디로 싹을 잘라 버리던 아가씨가 말입니다."

한동안 존슨은 LBO를 제외한 모든 가능성에 관심을 가지는 듯 보였다. 그가 가장 멋지다고 생각했던 야심적인 방안이 7월에 갑자기 부상했다. 그 전에 몇 달 동안 존슨은 필립 모리스의 국제 사업 부문과 레이놀즈의 국제 사업 부문을 하나로 합치자고 필립 모리스 측을 설득했었다. 필립 모리스는 RJR 나비스코를 인수하는 데 관심을 표했고, 존슨은 합작 사업을 하자는 역제안을 했다. 물론 호리건은 이 방안을 극렬하게 반대했다. 적과 손을 잡자고? 백기를 들고 투항하자고? 하지만 존슨의 강권으로 호리건은 필립 모리스의 자기와 같은 지위에 있는 사람을 만났다. 그리고 몇 달 동안의 논의 끝에 존슨은 이 방안을 버렸다. 설령 필립 모리스가 호의적으로 나온다 하더라도 외국 정부들이 두 회사의 합병에 반대하고 나설 게 뻔했기 때문이었다.

그러다가 7월 말에 존슨은 새로운 아이디어를 가지고 필립 모리스의 최고경영자 해미시 맥스웰을 만났다. 두 사람은 과거 두 회사의 최고경영자들과 달리 사이가 좋았다(사실 존슨은 그 누구와도 친하게 지낼 만한 능력을 가지고 있었다). 두 사람은 뉴욕의 레전시 호텔에 있는 RJR 나비스코의 스위트룸에서 저녁을 함께 먹었다. 맥스웰은 상대를 존중하는 뜻에서 윈스턴 담배를 피우며 존슨이 펼쳐 놓는 제안에 귀를 기울였다.

"솔직하게 까놓고 얘기합시다. 다각화는 우리한테 효과가 없어요. 필립 모리스라고 다르지 않을 거라 봅니다. 아무리 그래 봐야 우리 주식은 그저 담배 회사 주식으로 통하고, 그렇게 매매된다 이 말입니다."

존슨의 말은 반은 사실이었지만 반은 사실이 아니었다. 핵심적인 담배 사업 부문에서 두 회사는 차이가 있었다. 필립 모리스의 선두 브랜드인 말보로는 레이놀즈의 여러 브랜드들과 격차를 점차 벌리고 있었으며 이윤 폭도 점점 크게 벌리고 있었다. RJR 나비스코의 현금 흐름은 필립 모리스의 현금 흐름에 비하면 초라할 정도였다. 주가 변동을 좌우할 수 있는 큰손인 연금이나 뮤추얼 펀드와 같은 기관 투자자들은 포트폴리오를 짤 때 담배 주식을 보통 하나만 선택했다. 그리고 이 경우 레이놀즈보다는 필립 모리스를 선택하는 경우가 더 많았다. 이들의 지지를 받고 있었기 때문에 필립 모리스의 주가는 1987년 들어 25퍼센트나 올라갔다. 그에 비해 RJR 나비스코의 주가는 제자리걸음을 면치 못했다. 자산을 운용하는 사람들은 필립 모리스의 예측 가능성을 높이 쳤다. 맥스웰은 어디로 갈지 예상할 수 있다고 믿었지만 존슨이 어디로 튈지는 전혀 예상할 수 없다고 생각했던 것이다.

맥스웰이 윈스턴의 연기를 뿜으면서 귀를 기울일 때 존슨은 필립 모리스와 RJR 나비스코가 각 사의 대표 식품 사업체인 '나비스코'와 '제너럴 푸즈'를 하나로 합쳐 합작 회사로 만들자고 제안했다. RJR 나비스코와 필립 모리스가 각각 지분의 37.5퍼센트씩 소유하고 나머지 25퍼센트는 일반에 매각하자는 제안이었다. 이때 공모되는 주식은 엄청나게 높은 인기를 누릴 것이고, 따라서 두 모기업의 주가가 동반 상승할 것이라는 게 존슨이 이런 제안을 하는 배경이었다. 이 논리는 예전에 제프리 벡이 존슨에게 설명했던 이론의 연장선에서 나온 것이었다.

"180억 달러짜리 회사를 만들 수 있다고 봅니다. 그것도 엄청나게 센 힘을 가진 회사를 말이오."

이렇게 말한 뒤 존슨은 마지막으로 결정적인 사항을 제시했다.

"그리고 당신을 위해 그 회사를 내가 경영하겠소."

일단 두 식품 회사를 합친 뒤엔 RJR 나비스코의 최고경영자 자리에서 물러나고, 담배 사업은 호리건에게 맡기겠다고 제안했다. 이상한 제안이었다. 하지만 존슨은 맥스웰이 이 제안을 받아들일 것이라고 자신했다.

"아주 멋진 아이디어군요. 하지만 합작 회사는 몇 가지 문제가 있습니다."

합작까지 가는 과정에 수많은 회사에서 수많은 직원들을 한데 긁어모아야 하는 일도 보통 큰 문제가 아니었다. 이어서 맥스웰은 설령 자신들이 합의한다 해도 그들의 후임자들이 과연 합의를 해 줄지 모른다고 말했다. 하지만 생각은 좀 더 해 보겠다고 했다.

그리고 2주가 지난 8월 중순에 맥스웰은 답변했다.

"미안하지만 필립 모리스는 관심이 없습니다."

문제들이 많았다. 한두 개가 아니었다. 존슨은 이 문제들을 훌훌 털어내고 싶었다. 그리고 주가를 끌어올릴 비책은 언제나 마련되어 있었다. 프리미어가 해답이었다. 하지만 당장은 자기가 불러일으킨 소용돌이에서 벗어나 잠시 쉬고 싶었다. 그리고 애틀랜타를 뒤덮고 있는 후덥지근한 여름 공기에서도 벗어나고 싶었다. 그래서 2주 동안 일도 하면서 쉬기도 할 생각으로 제트기에 올라 조종사에게 콜로라도로 가자고 지시했다.

⎯⎯⎯⎯ ∞ ⎯⎯⎯⎯

'캐슬파인스 골프 클럽'은 덴버에서 남쪽으로 40킬로미터쯤 떨어진 곳에 있는데, 존슨과 같은 골프 마니아들에게는 천국 같은 곳이다. 이곳은 캐슬 록, 파익스 피크, 그리고 눈 덮인 로키 산맥으로 둘러싸인 천연 계곡에 위치해 골프장으로는 더할 나위 없이 아름다운 조건을 갖추고 있다. 고원 지대의 커다란 소나무가 서 있는 이 목초지들을 가로질러 페어웨이가 구불 구불 이어져 있다.

미국에서 30대 골프장 안에 꼽히는 캐슬파인스는 '황금 곰' 잭 니클라우스가 설계했는데, 458야드 길이의 9번 홀(파4)을 가장 공략하기 어렵게 만들었다. 홀 오른쪽에는 물웅덩이가 있고 왼쪽에는 벙커가 있으며, 세컨드 샷을 해야 하는 지점에서는 그린이 보이지 않아 방향만 잡고 감으로 쳐야 한다. 페어웨이 왼쪽에 있는 소나무 숲 뒤에 3층짜리 빌라가 여러 채 모여 있는데, RJR 나비스코가 이 중 한 채를 가지고 있었다. 바로 이 빌라에서 존슨은 8월 21일 수요일에 그의 경력에서 가장 기억에 남을 파티 가운데 하나로 꼽힐 파티를 열었다.

그 주말에 캐슬파인스에서는 프로 선수들이 참가하는 골프 대회인 '디 인터내셔널'이 열렸는데, 존슨은 최고의 친구들로 여기는 사람들을 초대했다. 피터 유버로스와 로저 펜스크가 참석했고, 룬 알러지도 뉴올리언스에서 열린 공화당 전당 대회에 참석했다가 그곳으로 날아왔다. 《타임》에 있다가 은퇴한 출판인 잭 마이어스도 왔다. 그리고 슈퍼마켓 체인점인 '그랜드 홀'의 사장 플로이드 홀을 포함한 존슨의 '버펄로' 셋도 자리를 함께했으며, 찰스 휴걸과 아이라 해리스, 그리고 마틴 에밋도 그 자리에 참석했다.

이런 행사는 존슨이 주말을 보내는 몇 가지 방법 가운데 하나였다. 그는 아침에 골프를 치고, 오후에는 프로 선수들의 경기를 지켜보고 또 밤에는 세계적인 수준의 잡담을 즐길 수 있었다. RJR 공군은 늘 가까이에서 대기하고 있다가 해리스를 시카고의 결혼식 행사장으로 태워 주었다. 토요일 밤에는 나비스코팀에 속한 프로 선수들인 퍼지 젤러와 레이먼드 플로이드가 만찬 자리에 함께했다. 그리고 '디 인터내셔널' 대회에서 치열한 선두 경쟁을 벌이던 벤 크렌쇼도 함께했다.

그날 저녁에 존슨은 빌라에서 저녁 식사를 한 뒤, 손님들을 깜짝 놀라게 할 프로그램을 마련했다.

"여러분은 혹시 레이놀즈에서 새로 개발한, 연기 나지 않는 담배에 대해 들어 본 적 있습니까?"

존슨의 질문에 대부분 그렇다고 대답했다. 에드워드 호리건이 비디오를 틀어 프리미어의 원리가 무엇인지를 보여 주었다. 한 시간 동안 프리미어에 숨겨져 있는 과학을 설명하고 나서 존슨은 프리미어를 한 갑씩 사람들에게 돌렸다.

"하나씩 피워 보고 어떤 느낌인지 뭐든 말씀들 해 주십시오. 맛이나 포장, 시장과 관련된 건 뭐든지, 단점들까지 모두요."

존슨은 아무렇지도 않은 것처럼 표정을 관리했지만 사실은 자기가 알고 있는 미국 최상류층 인사들이 프리미어에 대해 어떤 말을 할지 궁금해서 미칠 지경이었다. 존슨과 호리건은 유버로스를 비롯한 쟁쟁한 참석자들이 프리미어를 받아 들고 이리저리 보고, 끝에 달린 탄소 부분의 작은 구멍을 살피고 또 다른 담배의 포장과 비교하며 프리미어의 딱딱한 포장이 어떤 느낌이 나는지 만져 보는 것을 하나도 놓치지 않으려는 듯 집중해서 바라보았다. 그리고 사람들은 천천히 담배에 불을 붙였다. 냄새는 확실히 났다. 게다가 불쾌한 냄새였다.

"상추 잎을 태우는 냄새가 나는군."

누군가 툭 내뱉었다.

"뭐야 이거, 빨기가 너무 힘들잖아."

또 다른 사람이 말했다.

익숙해지려면 시간이 좀 걸린다고 존슨이 말했다.

"광고할 때, 한 주만 기다리면 만족할 것이라는 내용이 들어갈 겁니다."

"근데 난 이 한 갑을 다 피울 수 있을지 모르겠네요."

또 누군가가 말했다. 펜스크는 뭔가 긍정적인 평가를 해야겠다는 생각으로 프리미어에 적용된 기술이 매우 놀랍다고 칭찬했다. 알려지는 누가 텔레비전 뉴스에 나와서 이 신상품을 소개할지 물었다.

"이 신상품이 처음 소개될 때 언론의 관심이 집중될 게 뻔하니까, 화면 잘 받는 사람이 나서야 할 겁니다."

존슨은 아직 거기까지는 생각하지 못했다고 대꾸했다. 잘 생각해야 할 거라고 유버로스도 거들었다.

"언론에서는 아주 많은 관심을 가지고 있어요. 그래서 아주 까다로운 질문들을 해 댈 겁니다."

"예를 들면?"

"예를 들면 이런 거, 만일 이 담배가 좀 더 안전한 담배라면, 다른 담배들은 덜 안전하다는 사실을 인정하십니까? 이런 질문 말이오."

존슨도 그 점을 인정했다.

"정말 그 점이 문제입니다. 좀 더 안전한 담배임에는 틀림없는데, 그런 말을 할 수 없다 이겁니다."

사람들이 하는 말을 들으면서 존슨은 프리미어가 자기가 두려워했던 것보다 훨씬 심각한 문제들을 가지고 있음을 깨달았다. 프리미어의 냄새를 좋아하는 사람은 단 한 명도 없었다. 존슨은 적어도 박하 프리미어는 좋아할 줄 알았다. 하지만 그들은 오만상을 지었다. 존슨과 호리건은 여태까지 숱하게 많은 테스트를 했고 그때마다 결과가 좋지 않게 나왔지만 늘 낙관했었다. 만일 전체 흡연자 가운데 5퍼센트만 프리미어를 좋게 평가한다면 대성공인데, 그 정도 목표 수준을 달성하지 못할 이유가 없다고 생각했었다. 실패할 것이라곤 꿈에도 생각하지 않았다.

하지만 유버로스와 알러지, 그리고 여러 사람들이 하는 이야기를 들으면서 존슨은, 프리미어가 정말 성공을 거두려면 몇 달이 아니라 몇 년이 더 필요하므로 시제품은 그 뒤에 내는 것이 좋겠다던 실무자들의 말이 옳았다는 사실을 깨달았다. 혜성처럼 나타난 연기 안 나는 담배의 놀라운 성공이라는 꿈은, 존슨의 친구들인 상류층 인사들의 간결한 몇 마디 평가 속에 물거품이 되고 말았다. 그리고 주가를 끌어올려 줄 것이라 믿었던 마지막 비장의 카드 역시 물거품이 되었다.

다음 날 '디 인터내셔널' 대회는 끝났고, RJR 공군은 존슨의 친구들을 그들의 일상으로 돌려보냈다. 존슨은 골프를 더 치려고 캐슬파인스에 남았다. 그리고 월요일에 프리미어의 현재 상황을 놓고 회의를 할 수 있도록 사람들을 부르라고 지시했다. 캐슬파인스의 빌라에서 열린 회의에 참석한 사람은 존슨 외에 호리건, 헨더슨, 마틴, 그리고 레이놀즈의 광고 대행사인 'FCB 리버/캐츠'의 사장인 스탠리 캐츠와 '모빌 오일'의 전 홍보 책임자 허브 슈머츠 등을 포함한 담배 홍보 전략 관련 외부 전문가들이었다.

이 자리에 참석한 사람들은 프리미어의 냄새와 맛이라는 핵심 문제에 집중하기보다는 프리미어를 언론에 어떻게 포장해서 내놓을지를 집중 토

론했다. 이 가운데 가장 핵심적인 사항은 프리미어를 들고 카메라맨 앞에
설 사람을 누구로 정할 것인가 하는 문제였다. 호리건은 존슨이 나서야 한
다는 의견을 냈다. 다른 사람들은 이 의견에 반대했다. 비록 존슨이 미국에
서 두 번째로 큰 담배 회사의 최고경영자이긴 해도 담배 전문가가 아닌 데
다 머릿속에 떠오르는 생각을 별 계산 없이 그냥 툭툭 예사로 던지는데, 기
자들 앞에서도 그렇게 할 수 있다는 게 반대 이유였다. 예를 들어 존슨은 담
배의 유해성을 주장하는 사람에게 이런 식으로 말하곤 했다.

"젠장, 뉴욕에서 버스 한 대가 지나갈 때 들이마시는 일산화탄소의 양이
담배 한 개비를 피울 때 들이마시는 일산화탄소의 양보다 더 많단 말이오."

시제품 발표를 맡을 사람은 결국 프리미어 개발팀을 지휘해 오던 레이
놀즈의 중역 리처드 캠프로 결론이 났다. 호리건과 마틴은 캠프를 ABC 뉴
스 프로그램 〈나이트라인〉에 출연시키기 위해 준비해야 할 일로 캠프에게
가장 필요한 것이 무엇인지 놓고 다투기 시작했다.

회의는 4시쯤 끝났다. 그리고 호리건과 헨더슨만 남기고 다른 사람들은
모두 떠났다. 다음 날 아침, 존슨과 호리건은 빌라의 안락의자에 앉아 대화
를 나누었다. 이들의 티타임 시간은 10시였고, 헨더슨은 이미 밖으로 나가
서 스윙 연습을 하고 있었다.

"에드, 내가 가지고 있는 생각을 얘기해야겠군요."

존슨이 마침내 화제를 프리미어로 옮겼다.

"홍보 및 광고 쪽을 확실하게 준비시켜야겠죠……. 하지만 길고 긴 여정
이 될 거 같아서 말이오. 계속 매달려야 할 겁니다. 그런데 무슨 생각이 자
꾸 드느냐 하면, 이번 시제품 출시가 우리에게 상당한 어려움을 줄 것 같단
말이오."

자신이 진짜 걱정되는 건 프리미어 자체의 성공이 확실하지 않다는 사

실보다 프리미어가 주식을 끌어올리지 못할지도 모른다는 두려움이라고 존슨은 계속해서 말했다.

"액면가보다 열여덟 배의 가치가 있는 델몬트가 있고 스물두 배에서 스물다섯 배의 가치가 있는 나비스코가 있는데……, 이렇게 최고의 식품주를 가지고 있는데도 달라지는 게 하나도 없습니다. 여전히 아홉 배 수준에서밖에 거래되고 있질 않으니……. 아직도 우릴 담배 회사로 바라보고 있다는 얘기이고, 또 프리미어도 아무런 힘을 발휘하지 못할 것 같고……. 뭘 해도 단기적으로는 부정적인 효과밖에 나지 않겠죠."

두 사람은 부당한 평가를 감수해야 하는 담배 회사의 운명에 다시 한 번 한숨을 내쉬며 고개를 끄덕였다. 이때 연습을 마친 헨더슨이 들어왔다.

"로스, 시장은 절대로 합당한 평가를 내려 주지 않습니다."

그러면서 줄곧 주장하던 이야기를 또 꺼냈다.

"비공개 기업으로 가야 합니다."

"좋아요. 그럼 법률적인 관점에선 LBO가 어떻게 돌아갑니까?"

헨더슨은 자기가 할 수 있는 한 최고로 잘 설명했다. 경영진이 이사회에서 이렇게 나가겠다고 제안하면, 이사회 소속의 특별위원회가 구성되어 가부간의 승인을 한다. 그리고 어느 순간에 위원회는 이런 사실을 일반에 공개한다. 그러면 기업 사냥꾼을 포함한 다른 회사들이 이 회사의 지분을 사려고 달려든다. 바로 여기에 위험이 도사리고 있다.

"LBO로 가겠다면 실질적으로 어떤 문제들을 해결해야 합니까?"

헨더슨은 몇 가지 질문을 던지는 것으로써 대답을 대신했다. 첫째, RJR 나비스코를 인수하는 데 드는 돈을 모을 수 있는가? 얼핏 보더라도 역사상 최대 규모의 LBO가 될 게 분명했다. 부채를 갚기 위해 얼마나 많은 기업을 팔아야 할 것인가? 애틀랜타의 본사를 유지할 수 있는가, 혹은 돈을 조금이라도 더 아끼기 위해 윈스턴살렘으로 돌아가야 할 상황을 받아들일 수 있는가? 프리미어를 대량으로 시장에 내놓을 여유는 있는가?

헨더슨은 계속해서, 만일 LBO에 관심을 가지고 있다면 외부의 도움이 필요하다고 설명했다. 그러면서 자기가 알고 있는 월스트리트의 변호사 몇 몇을 언급했다.

"좋습니다."

존슨이 말했다.

"어쩌면 시어슨이 우리를 위해서 무얼 해 줄 수 있을지 진지하게 검토해야 할지도 모르겠군요."

하지만 호리건의 생각은 달랐다.

'그런 일은 절대로 일어나지 않을 거야……'

함께 링크로 나가면서 호리건은 그렇게 생각했다. 존슨의 '이번 주의 아이디어'들이 숱하게 LBO를 향한 열정을 자극했지만 존슨이 실제 그쪽으로 발을 디딘 적은 한 번도 없었기 때문이었다. 헨더슨 역시 존슨이 과연 진지하게 LBO를 바라보는지 의심했다. 그는 LBO를 진행하려면 세부적인 사항들이 너무나 복잡하고 많기 때문에, 기질적으로 이런 걸 싫어하는 존슨으로서는 그렇게 가지 않을 것이라 예상했다.

한편 존슨은 아직 결정하지 못한 상태였다. 인생은 참 즐겁다……. 지난 2주간의 생활을 돌아볼 때 존슨은 저절로 그런 생각이 들었다. 최고의 골프장에 있는 회사 소유의 집, 미국 최고의 명사들로 구성된 친구들, 자기만 기다리고 있다가 전화만 하면 바로 태우고 어디든 날아가는 제트기……. 하지만 그를 유혹하는 달콤한 목소리는 그의 곁을 떠나지 않았다. 당시의 심정을 존슨은 나중에 이렇게 설명했다.

"그때 나는 LBO에 관한 생각을 접어서 책상 두 번째 서랍에 집어넣고 그냥 내가 하던 식으로 그저 즐겁게 살 수도 있었죠. 하지만 두 번째 서랍 안에 그게 있다는 걸 내가 알고 있는데, 어떻게 합니까."

서랍에 넣어 두었던 LBO에 대한 생각은 가려움증 같은 것이었다. 계속 가려웠고, 부스럼이 나든 말든 존슨은 긁지 않고는 견딜 수가 없었다.

며칠 뒤 존슨은 와이오밍의 자기 목장에 있던 앤드루 세이지에게 전화를 걸어 뉴욕으로 가는 길에 캐슬파인스에 들르라고 했다. 두 사람은 캐슬파인스의 페어웨이를 걸었고, 존슨은 최근에 자기가 한 생각들을 말했다.

"우리는 온갖 노력을 쏟았지만 아무것도, 아무것도, 아무것도 보탬이 되지 않았어요. 앤디, 나는 모든 사람들이 관심을 가지고 있는 대안을 추진할 생각이오."

하지만 세이지는 LBO가 RJR 나비스코가 가지고 있는 문제들의 해결책이라고 확신하지 않았다. 게다가 그는 LBO 자체를 마땅치 않게 생각했다. 미국의 위대한 기업들이 건강한 주주들을 모두 쫓아내고 빚더미에 올라앉는 모습들이 싫었다. 세이지와 세이지 세대 사람들은 미국 기업계의 위대한 힘 가운데 하나가 바로 자산 구조라고 생각했다. 미국이 세계 시장에서 벌어지는 치열한 경쟁에 직면하고 있는데 이런 위대한 힘이 헛되게 낭비되는 모습이 참을 수 없을 만큼 싫었다. 기업은 일자리를 창출하고 신제품을 생산해야 마땅한데, 빚더미에 앉으면 빚을 갚기에 급급해 그런 데는 신경 쓰지 못한다는 게 그의 생각이었다. 게다가 무엇보다 중요한 점은, 높은 부채 비율 구조 속에서 필연적으로 진행될 수밖에 없는 비용 절감에 대한 요구는 존슨의 헤픈 씀씀이를 불가능하게 할 것이라는 사실이었다. 하지만 세이지는 이런 의심을 겉으로 드러내지 않고 자기 마음속에만 담아 두었다.

존슨은 세이지에게 '스트레치 프로젝트'의 연장선에서 시어슨에 전화를 걸어 일을 진행하라고 지시했다. 시어슨에서는 힐의 팀이 이미 RJR 나비스코의 자회사들을 대상으로 평가액을 산정하는 작업을 진행하고 있었다. 존 슨은 이런 일이 9월 중순까지는 모두 끝나기를 바랐다. LBO의 가능성을 가능하면 빨리 타진하고 싶었기 때문이다. 세이지는 베너벤토에게 전화를 걸어 예전에 정리했던 LBO 관련 자료들을 모두 다시 정리하라고 지시했다. 하지만 세이지는 여전히 호리건과 마찬가지로 이 새로운 과제에 온몸을 다 싣지 않으려고 노력했다. 존슨의 마음은 뉴욕의 변덕스러운 날씨만큼이나 언제 어떻게 변할지 종잡을 수 없었기 때문이다.

그 주가 다 지나갈 무렵에 존슨은 찰스 휴걸에게 전화를 했다가, 시어슨이 LBO와 관련해서 RJR 나비스코의 자산을 평가하는 중이라는 말을 별다른 생각 없이 불쑥 했다.

"아니, 그냥 어쩌다가……, LBO를 할 경우 어떤 이점이 있나 한번 살펴보라고 했죠. 나는 LBO에 대해 아는 게 없지만, 그쪽 사람들은 전문가들 아닙니까. 회장님이 보기엔 어떻습니까?"

"솔직히 말해서 별로입니다."

휴걸은 존슨보다 세 살밖에 많지 않지만 두 사람의 관점은 현격히 달랐다. 휴걸은 구세대에 속했다. 'AT&T'에서 잔뼈가 굵었으며 불과 5년 전에 '컴버스천 엔지니어링'으로 옮긴 사람이었다. 그는 기업의 근본주의를 믿었다. 월스트리트에서 일시적으로 유행하는 LBO 따위의 경향에 대해서는 고개를 저었다. 휴걸은 해외 시장을 개척하려고 진두에 서서 직접 지휘하는 그런 실천적인 경영자였다. 그는 모스크바에서 검소하기로 악명 높은 호텔에 묵으며 바닥 청소를 직접 했던 사람이다. 존슨이 모스크바에서 개최되던 한 무역 행사에 참석하려고 왔다가 스위트룸을 달라는 걸 보고 껄껄 웃은 적도 있었다. 이런 휴걸이 존슨에게 물었다.

"근데 LBO는 왜 하려고 하시오? 여태까지 해 오던 일도 다 마무리하지 않은 상태인데…… 이 모든 걸 다 내팽개치는 이유가 도대체 뭐요?"

"글쎄요……."

존슨은 회사를 경영하는 일에 집중해서 열심히 하기가 힘들다고 솔직히 인정했다. 그는 주가를 끌어올리려고 온갖 시도들을 했는데 도무지 성과가 나지 않더라는 말을 했다. 하지만 휴걸은 주가가 곤두박질치는 것보다 더 어려운 문제들을 숱하게 겪었고, 이런 것들을 모두 극복하며 지금까지 온 사람이었다. 이런 그에게 존슨이 LBO를 하겠다고 나서는 모습은 마치 빈대를 잡으려고 저택을 홀라당 태우는 어리석은 짓으로 비쳤다. 그래서 그는 존슨이 가장 아프게 여길 곳을 찌르기로 작정하고 말했다.

"로스, 그럼 제트기 수도 줄여야 할 겁니다. 애틀랜타의 본사도 그렇고……. 지금 당신이 사는 생활 방식을 완전히 바꾸어야 할지도 몰라요. 정말 그렇게 하고 싶소?"

두 사람은 제법 길게 통화했다. 그리고 휴걸은 통화를 마친 뒤에 자기가 존슨을 충분히 설득했으므로 존슨이 LBO에 대한 생각을 접었을 것이라고 믿었다.

존슨은 노동절† 뒤에 애틀랜타로 돌아왔다. 하지만 애틀랜타에서는 나흘밖에 머물지 않고 마틴과 함께 런던으로 갔다. 런던에서는 그가 소화해야 할 일정이 빡빡하게 잡혀 있었다. 제너럴 일렉트릭의 이사회에 참석해야 했고, 담배업계의 국제적인 인물들을 만나 얼굴을 익히고 수다를 떨어야 했고, 외국 담배의 수입에 관심을 가지고 있던 영국의 담배 회사 '로스먼스 인터내셔널'의 데이비드 몬터규와 단독 회담을 해야 했다. 돌아오는 길에 존

---

† 대부분의 나라에서는 5월 1일이지만, 미국에서는 사회주의와 무정부주의 등 정치색이 강하다는 이유로 1894년부터 9월 첫째 주 월요일로 바꾸었다.

슨은 마틴에게 LBO 이야기를 꺼냈다. 그러자 마틴은 피곤하다면서 우선 잠을 자고 나서 아침에 이야기하면 안 되겠느냐고 했다.

하지만 다음 날 아침 두 사람에게 이런 기회는 오지 않았다. 9월 7일 수요일 새벽 2시를 몇 분 앞둔 시각에 존슨은 북대서양 상공을 날며 꾸벅꾸벅 졸고 있었고, 그 시각에 뉴욕의 웨스트체스터 카운티 교외에서 한 경찰관이 소밀 강을 따라 이어지는 강변도로에 순찰차를 세웠다. 1987년식 닛산 승용차 한 대가 도로 아래쪽 100미터 지점에서 뒤집혀 있었다. 주변 상황으로 미루어 보건대 신호등을 들이받은 뒤 미끄러지면서 굴러 떨어진 모양이었다. 사고 현장 주변에서 존슨의 아들인 스물여섯 살 청년 브루스가 피를 흘리며 쓰러져 있었다. 의식을 잃은 상태였다. 브루스는 급히 가까운 병원으로 이송되었다.

이런 줄도 모르고 존슨은 호텔에 체크인을 했다. 그때 로리가 전화로 사고 소식을 전했다. 그때는 브루스가 살아 있는지 혹은 죽었는지도 확실치 않았다. 존슨과 마틴은 곧바로 콩코드 비행기를 타고 돌아왔다. 비행기에서 존슨은 금연 구역에서 프리미어 담배에 불을 붙였다. 그리고 마틴에게 말했다.

"누가 담배 피우지 말라고 하면 재미있어지겠지?"

존슨이 웨스트체스터 카운티의 병원에 도착했을 때 그의 아들은 아직도 의식 불명 상태에서 깨어나지 못했다. 의사들은 아들이 과연 깨어날 수 있을지 그리고 깨어난다면 얼마나 시간이 지나야 할지 아무것도 장담하지 못했다. 존슨과 그의 아내는 프랭크 기퍼드 부부가 사는 코네티컷의 집에서 머물렀다. 기퍼드는 존슨 부부에게 좋은 버팀목이 되어 주었다. 그의 아들 카일도 예전에 사고를 당해 심각한 뇌 손상을 입은 적이 있었기 때문이다.

목요일에는 제임스 로빈슨이 방문했다. 두 사람은 병원 주변을 돌며 제법 오랜 시간 산책을 했다.

"로오스, 당신이 지금 할 수 있는 건 우선 본인부터 최고의 의사에게 진료를 받는 것입니다. 그것 말고는 당신에게 중요한 게 별로 없어요. 그랬으면 좋겠다는 마음입니다."

"그렇겠죠, 여태까지 줄곧 나와 비슷한 상황 속에 놓여 있던 사람이 하는 말이니까요."

두 사람은 꽤 오래 대화를 나누었고, 헤어지기 전에 로빈슨은 마지막으로 조언했다.

"마음속의 심지를 잃으면 안 됩니다. 초점을 분명히 하고 모든 걸 똑바로 볼 수 있어야 합니다. 그리고 자기 인생을 꿋꿋하게 살아야지요."

금요일, 존슨은 열려 있는 자기 서류 가방을 멍한 눈으로 바라보았다. 사무실에서는 우편물이 층층이 쌓여 가고 있었다. 몸과 마음을 추슬러 다시 예전의 일상으로 돌아가야 한다는 걸 존슨도 알고 있었다. 그래, 로빈슨의 조언을 받아들이자. 존슨은 다시 일 속으로 뛰어들었다. 월요일 아침에는 브루스의 병실에 들렀다가 맨해튼으로 가서 세이지와 베너벤토를 만났다.

사무실로 들어서는 존슨의 손에는 뾰족하게 깎은 연필 한 자루와 계산기 하나, 그리고 회계 서식지가 들려 있었다. 이 모든 걸 사용하는 법은 35년 전 제너럴 일렉트릭에 다닐 때 배웠었다. 존슨이 앉은 자리 주변에 그리고 바닥과 가구에는 존슨이 쌓아 놓은 온갖 문서들로 빽빽했다. 기획 부서에서 작성한 보고서와 정부 발표 문건, 투자은행가들이 낸 연구 기획서, 그리고 직접 컴퓨터에서 출력한 문건들이었다. 그는 LBO가 정말로 말이 되는지 직접 확인하고 싶었다. 투자은행가들이나 컴퓨터의 연산과 추정을 더는 믿을 수 없었기 때문이다. 베너벤토가 눈을 휘둥그레 떴다. 하지만 존슨은 회계 서식지를 자기 앞으로 바싹 끌어당기며 일을 시작했다. 그리고 이렇게 말했다.

"이 일을 나보다 잘할 사람은 아무도 없어."

베너벤토는 존슨이 어떤 마음으로 일하는지 짐작할 수 있었다. 자기 역시 세 아들의 아버지였기 때문에 그가 겪는 아픔을 모를 리 없었다. 처음으로 존슨은 LBO의 성공 가능성과 해결해야 할 문제들에 직접 몸을 푹 담갔다. 존슨과 베너벤토는 다섯 시간 동안 숫자들과 씨름했다. RJR 나비스코의 모든 사업 단위들의 현금 흐름과 시장 점유율, 수익 그리고 다음 해의 매출액 전망 등을 철저히 해부했다. 그리고 이따금 존슨은 연필을 놓고 애틀랜타나 윈스턴살렘에 전화해서 최근 자료를 당장 보내라고 지시하기도 했다.

존슨은 RJR 나비스코의 모든 자회사들의 개별적인 평가액을 산정하고자 했다. 매각할 경우 얼마를 받을 수 있을지 판단하기 위해서였다. 이런 작업을 해 두면 LBO 과정에서 각 사업 단위를 매각할 때 상대방에게 어느 정도의 가격을 제시할지 결정하는 데 커다란 도움이 될 터였다. 마침내 월요일 저녁이 되었을 때 존슨은 분명한 자신감을 느꼈다.

'인수에 필요한 돈을 끌어모을 역량은 충분해. 게다가 이제 본격적인 작업에 착수할 준비도 모두 끝났어…….'

그날 밤 아파트로 돌아가면서 존슨은, 아들에게서 놓여날 수 있는 힘을 준 신에게 감사했다.

다음 날 아침, 피터 코언과 토밀슨 힐이 이끄는 시어슨의 대표단이 RJR 나비스코의 뉴욕 사무실이 있는 솔로 빌딩을 찾아왔다. 시어슨의 최고 경영진인 이 두 사람은 인수를 생각할 때 고려해야 할 여러 가지 방법과 자료들을 존슨에게 건넸다. 그리고 존슨은 LBO와 관련된 모든 측면들을 연구해 달라고 요청했다. 존슨은 자기가 생각하는 사업이 여태까지의 그 어떤 것보다 서너 배는 규모가 큰 LBO임을 잘 알고 있었다.

"피터, 당신은 과연 이게 가능할 것이라고 믿소?"

"그럼요, 우린 해낼 수 있습니다."

코언은 자신 있게 말했다.

다음 날 존슨은 아들의 병실로 갔다. 가기 전에 그는 아들의 교통사고를 핑계 대고 목요일로 예정되어 있던 중역 회의를 취소하면서, 휴걸에게 안건으로 올릴 만한 게 아무것도 없다고 말했다.

⎯⎯⎯⎯⎯◉◉◉⎯⎯⎯⎯⎯

제프리 벡은 당황스러웠다. 존슨이 자기 전화를 받지 않았던 것이다(벡은 앤드루 세이지와도 통화할 수 없었다. 세이지는 존슨으로부터 LBO의 가능성을 적극적으로 검토하라는 지시를 받은 뒤로는 아무리 벡이 메시지를 남겨도 전화하지 않았다. 이에 대해 세이지는, "사실을 있는 그대로 말할 수가 없었고, 그렇다고 해서 벡에게 거짓말을 할 수도 없었기 때문입니다"라고 말했다). 메시지를 남길 때마다 제임스 웰치가 대신 전화했다. 두 사람은 통화할 때마다 늘 농담을 주고받았다. 나비스코의 고참이자 고상한 품성을 가지고 있던 웰치는 벡이 자기를 '지미'라 부르지 말아 달라고 정중하게 요구했지만, 벡은 이런 요구를 무시했다. 그래서 웰치도 벡을 '제프' 대신 '제피'라고 불렀다.

웰치와 마지막으로 통화하면서 벡은 존슨 주변에 어떤 일이 일어나고 있다는 사실을 감지하려고 슬쩍 떠보았다.

"잘 알잖아요 지미, 그거 하는 데 드는 돈은 우리가 가지고 있다니까요."

벡은 그동안 인수 합병 관련 제안을 숱하게 해 왔기 때문에 두 사람의 대화에서는 '인수 합병'이라는 단어가 나올 필요도 없었다.

"물론 잘 알죠, 제피."

"뭔가 진행하고 있잖아요, 모를 줄 압니까? 뻔하잖아요, 내가 로스한테 전화를 걸고 메시지를 남겼는데 당신이 전화를 하잖아요, 요즘 줄곧."

"알긴 뭘 알아요, 나도 모르는데. 진행되는 거 아무것도 없어요."

아니야, 무언가 분명히 진행되고 있다. 벡은 그걸 느낄 수 있었다. 존슨이 지금 LBO를 시도하고 있는지도 모른다는 생각이 퍼뜩 들었다. 하지만 벡은 이런 생각을 지웠다. 드렉셀이 거의 2년 가까이 그런 쪽으로 추천을 해 왔지만 존슨은 꿈쩍도 하지 않았기 때문이다. 그럼에도 불구하고 분명 어떤 움직임이 일어나고 있다. 그래서 벡은 이렇게 생각했다.

'어쩌면 구조 조정과 같은 게 진행될지도 모르지…….'

9월 12일, 벡은 이런 생각을 헨리 크래비스에게 가서 했다. 크래비스는 벡에게 존슨만큼이나 중요한 인물이었고, 그런 만큼 벡은 크래비스의 사무실을 뻔질나게 드나들고 있었다. 그리고 크래비스가 했던 수많은 거래에서 벡은 크래비스에게 힘을 보태면서, 이를 통해 나름대로 수익을 챙겼다. 그런 거래 가운데 가장 컸던 사례가 바로 비어트리스 인수 건이었다. 우연치고는 특이하게도 KKR의 사무실은 RJR의 뉴욕 사무실과 같은 건물인 솔로 빌딩에 있었다. 정확히 말하면 여섯 층 아래에 있었다. 벡은 이 사무실에 들어서자마자 곧장 본론으로 들어갔다.

"내 생각에는 RJR에 대해 뭔가 작업에 들어가야 할 때 같아요…….."

"왜요?"

크래비스가 물었다.

"무슨 이유에선지 로스가 내 전화를 받지 않아요. 짐(제임스의 애칭) 웰치를 시켜 대신 전화하게 하고……. 아무튼 날짜를 잡아서 한번 만나자고 해서 제안해야 할 거 같습니다."

"어쩌면 그 말이 맞을지도 모르겠네요. 구체적인 수치로 제안서를 한번 만들어 봐요."

벡은 그러겠다고 하면서 토를 달았다.

"하지만 문제가 하나 있어요."

"무슨 문제요?"

"로스가 원하는 걸 당신은 양보하지 않으려고 할 테니까요."

"그게 뭔데요?"

벡은 존슨 쪽 사람들과 하도 많은 이야기를 해서, LBO에서 그들이 무엇을 원하는지 잘 알고 있었다. 존슨은 자기 아닌 다른 사람을 위해 일하는 데는 관심이 없는 사람이었다.

"단 한 가지죠. 경영권을 놓고 싶어 하지 않는다는 겁니다."

두 사람은 이 문제를 놓고 제법 오랜 시간을 토론했지만 뚜렷한 대안은 나오지 않았다. 존슨과 먼저 이야기를 해 보지 않고서는 아무것도 분명한 결론을 내릴 수 없었다.

"일단 자리를 한번 만들어 봐요. 그러면 그때 가서 얘기할 수 있겠죠."

벡은 웰치에게 존슨과 크래비스가 만날 수 있도록 일정을 잡아 달라고 부탁했다. 웰치는 미적거리면서 모호한 태도를 보였다. 하지만 결국 10월 마지막 주나 11월 첫 주에 만날 수 있을지도 모르겠다고 언질을 했다. 그때 가면 자신의 요구는 이미 물 건너간 게 되고 말 것이라는 사실을 '미친개' 벡은 당연히 알지 못했다.

5장

사모펀드 KKR의 성장과
LBO 전성시대

*
*
*

9월의 어느 날 저녁이었다. 바람이 무척 세차게 불던 이날, 메트로폴리탄 미술관 바깥에서는 할리우드의 시상식 오프닝 행사 못지않은 화려함이 펼쳐졌다. 수많은 기자들의 플래시 세례를 받으며 뉴욕 사교계의 내로라하는 인물들이 건물 안으로 들어갔다. 여자들은 손질한 머리가 바람에 흐트러지지 않게 하려고 머리를 손으로 누른 채 들어갔고, 말쑥하게 턱시도를 차려입은 남자들은 일설에 의하면 '마치 목에 깁스를 한 것처럼 뻣뻣했다'. 억만장자 투자자인 솔 스타인버거 부부, 《뉴욕타임스》의 발행인 펀치 설즈버거와 캐럴 설즈버거 부부, 억만장자 사업가인 조너선 티시와 로라 티시 부부, 그리고 100명 가까운 유명 인사들이 미술관 안으로 들어갔다.[†]

---

† 메트로폴리탄 미술관에서 여는 파티는 당시 상류층에서 유행이었고, 조너선 티시와

아무리 사회적인 지위가 높다 해도 이 미술관에서 사적인 파티를 열 정도의 인맥을 가진 사람은 드물었다. 하지만 그날 초대한 손님들을 맞이하는 파티의 주인공은 1000만 달러를 기부하고 그 자리에 선 헨리 크래비스와 그의 아내인 패션 디자이너 캐럴라인 롬이었다. 턱시도를 입은 크래비스의 키는 170센티미터가 채 되지 않았다. 축축한 푸른 눈을 가진 그는 웃음을 미리 준비해 두고 있었다. 그리고 그의 목소리에는 어린 시절 살았던 오클라호마의 희미한 억양이 남아 있었다. 하지만 늘 그랬듯이 사람들의 관심은 그가 아니라 그의 아내 롬에게 쏠려 있었다. 그녀는 크래비스보다 적어도 10센티미터는 더 컸다. 걱정스러울 정도로 마른 몸에 빛나는 검은 머리카락을 뒤로 묶은 그녀는 어깨끈이 없는 에메랄드 빛깔의 샤르뫼즈†를 입고 목에는 카보숑 에메랄드로 만든 목걸이를 하고 있었다. 사교 모임에서는 언제나 그랬듯이 그녀는 남편의 팔짱을 끼고 있었다.

샴페인과 칵테일을 마신 뒤 손님들이 작은 무대 앞으로 모였다. 이윽고 조명이 잦아들고 사람들은 10대 천재 바이올리니스트 고토 미도리의 감미로운 연주에 흠뻑 젖어 들었다. 예전에 개인적인 연주회를 즐기려고 이 일본인 소녀 연주자를 파크애버뉴의 아파트에 초대한 적도 있는 크래비스와 롬은 앞줄 맨 오른쪽에 앉아 있었다. 롬은 황홀경에 빠져 두 손으로 자기 가슴을 움켜쥐었고, 크래비스는 그 곁에 말없이 앉아 있었다.

연주회가 끝난 뒤 크래비스 부부는 잎 모양의 무늬를 넣은 나무 격자 울타리를 지나 특별히 장식한 안뜰로 손님들을 이끌었다. 이 공간의 석조 발

로라 티시의 결혼식도 300만 달러를 들여 그곳에서 치러졌다. 어떤 사람은 이런 유행을 비꼬아 메트로폴리탄 미술관을 '메트 클럽'이라 부르기도 했다.

† 앞면은 광택이 있고 매끄러우며 뒷면은 광택이 없는 가볍고 부드러운 직물로 블라우스, 이브닝드레스, 웨딩드레스 등에 쓰인다.

코니에는 무성한 초록색 덩굴이 마치 거대한 태피스트리처럼 기둥과 난간을 휘감으며 드리워져 있었다. 그리고 금술이 달린 화려한 융단이 깔린 식탁마다 금박 입힌 바구니에 모형 과일이 담겨 있는 장식물이 가운데 놓여 있었고 주변에는 금박의 초들이 초록색 그림자를 드리운 채 서 있었다. 포도주 1985년산 루이 라투르 뫼르소와 1979년산 샤토 베이슈벨에 이어 토끼 파이가 메뉴로 들어 있는 걸로 유명한 만찬이 이어졌다. 어떤 사람들은 살짝 진저리를 치며 토끼 파이는 옆으로 밀쳐 두기도 했다. 토끼 파이를 두고는 몇 개의 농담이 이어지기도 했다.

"누가 로저 래빗을 이 모양으로 만들었나?"[†]

디저트는 바바오럼[‡]이었다. 요리사는 은쟁반에 화려한 색깔의 과일 축소 모형과 셔벗으로 한껏 멋을 냈다. 미술관이 새로 구입한 드가의 작품 160점 특별 전시가 이 파티의 마지막 순서였다. 초대받은 손님들은 많은 생각을 하면서 대가의 작품을 구경했다.

이런 파티에 대해 사회 평론 칼럼니스트로 필명이 '수지'인 에일린 메를은 나중에 이런 글을 썼다.

오, 이런 완벽한 파티가 또 어디에 있을까? 그날 저녁은 처음부터 마지막까지 완벽했다. 놀라운 취향으로 손님들을 즐겁게 하려는 파티 주최자들이라면 누구든 자기 파티를 그날 저녁의 이 파티와 견주려 할 것이다.

이날의 파티는 사실 1980년대 신흥 부자들의 사교계인 '누벨 소사이어

[†] 이 파티가 있었던 1988년에 〈누가 로저 래빗을 모함했나〉라는 영화가 개봉되었고, 농담은 이 영화의 제목을 패러디한 것이다.

[‡] 이스트 발효 건포도 케이크를 원통형의 틀에 구워 럼주를 섞은 시럽에 적신 것.

티'에서 새로운 재계 실력자로 떠오른 크래비스와 롬을 위한 비공식적인 대관식이었다. 결혼한 지 3년밖에 되지 않은 이 부부는 엄청나게 빠른 속도로 맨해튼 사교계의 최정상 자리에 등극했고, 이런 꿈을 품고 있는 전 세계 모든 사람들의 부러움과 상상력을 사로잡았다. 르누아르의 작품들과 프랑스 골동품들로 가득한 550만 달러짜리 이들 부부의 파크애버뉴 아파트는 이미 자선 파티의 전설로 자리 잡았다. 그리고 크래비스가 아내에게 비싼 선물을 아낌없이 주는 이야기를 들을 때마다 사람들은 벌어진 입을 다물지 못했다.

하지만 세상 사람들의 이런 관심에도 불구하고 크래비스는 여전히 어딘지 수수께끼 같은 인물이었다. 친구들은 어쨌거나 그를 친절하고 정중하고 명랑한 사람이라고 말한다. 또 길고 열정적인 사랑의 편지를 쓰는 자상한 남편이자 아버지라고 말한다(하지만 이런 품성은 그의 사업적인 행보에서는 거의 드러나지 않았다). 흔히들 그가 온화하고 침착하다고 말하지만, 그럼에도 불구하고 그에게는 비열한 면이 있었다. 자기와 마찬가지로 인수 합병 분야의 거물인 시어도어 포스트먼 같은 경쟁자에게는 '콤플렉스 덩어리'라며 막말을 하고, 또 뚱뚱한 사람이 들으면 눈물을 흘릴 수 있는 잔인한 말들을 아무렇지도 않게 했다. 그의 두 눈에는 쇠처럼 무감각한 빛이 번득였다. 그의 눈빛을 본 사람들은 누구나, 그가 통제할 수 없는 야망과 탐욕에 사로잡혀 있다는 이야기들이 사실임을 온전하게 믿을 정도였다. 그리고 또한 그의 태도에는 희미하긴 하지만 어쨌거나 적의라고 부를 수 있는 차갑고 섬뜩한 어떤 느낌이 묻어났다.

그가 월스트리트에서 거둔 성공은, 당시가 아무리 활황의 1980년대였다 하더라도 무척 짧은 기간 안에 이루어진 것이었다. 5년 전만 해도 무명이었던 크래비스와 의문에 싸인 그의 회사는 월스트리트에 불던 LBO 열풍을 타고 1980년대 중반에 단숨에 두각을 나타냈다. 오랜 기간 동안 그에게 스승이었던 제롬 콜버그를 그가 어떻게 따돌렸는지는 이미 세상에 파다하게 알려졌고, 이 이야기는 사람들 사이에서 쑤군거림의 단골 소재가 되었다. 배터리 회사 '듀라셀'부터 소매 유통점 '세이프웨이'에 이르는 그가 지배하는 모든 기업들을 제조업 가치로 환산한다면, 미국의 10대 기업 목록 안에 충분히 들 정도였다. 당대에 450억 달러의 구매력을 가지고 있는 크래비스는 두말할 필요도 없이 월스트리트에서 인수 합병의 황제였다. 그 점은 자타가 공인하는 사실이었다. 그가 동원하는 자금은 다른 경쟁자의 것은 말할 것도 없고 파키스탄이나 그리스의 국민총생산보다 규모가 더 컸다.

그런데 무엇이 크래비스로 하여금 이렇게 정상을 향해 달리도록 했는지는 아무도 알지 못했다. 가장 그럴듯한 추측은 그의 왜소한 체격이나 그의 아버지와 관련 있다는 것이다. 그의 아버지는 그가 태어났던 1944년 무렵에 엄청나게 많은 재산을 모았다가 잃고 다시 또 모았었다. 어린 시절 그의 모습에서는 그가 이처럼 특출한 성공을 거둘 것이라는 특이한 사항들을 거의 찾아볼 수 없다. 오클라호마 털사에서 태어난 그는 2차 세계대전 뒤 부유한 환경 속에서 성장했다. 자전거를 많이 탔고 골프를 무척 좋아했다. 헤디슨 중학교에서는 성적이 그다지 좋지도 않았다.

그의 아버지 레이먼드 크래비스는, 19세기에서 20세기로 바뀌던 시기에 뉴저지 애틀랜틱시티로 이주한 영국 재단사의 아들이었다. 그는 남서부 지방으로 이주한 뒤, 그곳에서 1920년대의 주식 시장 활황에 힘입어 부자가 되었다. 하지만 1929년에 있었던 주가 대폭락으로 모든 것을 잃고, 막대한 빚을 내어 마련했던 마진콜†을 갚느라 여러 해 동안 고생했다. 2차 세계대전

---

† 선물 계약의 예치증거금이나 펀드의 투자 원금에 손실이 발생했을 때, 투자자나 금융사에 부족분을 보전하라고 요구하는 것. 추가 납부하지 못하면 청산에 들어가 계약이 종료된다.

뒤에는 석유 기술자로 변신해 골드만 삭스 같은 월스트리트 회사들을 위해 석유 매장량을 측정하는 일을 하며 다시 재산을 모았다.

헨리 크래비스가 열세 살이 되자 부모는 그의 형 조지가 있는 이글브룩이라는 학교에 넣었다. 매사추세츠 북서부의 구릉 지대에 위치한 기숙학교였다. 그 뒤 코네티컷에 있는 루미스고등학교로 전학한 크래비스는(그때 그에게는 '행크'라는 별명이 붙어 있었다) 인기가 좋았다. 학생회 부회장을 맡았으며 레슬링부의 투지만만한 부장이었고 기숙사 기율 반장이었다. 교사들은 그를 성숙하고 결단력과 자제력을 가진 학생으로 기억하고 있다.

크래비스는 왜소했지만 때로는 덩치 큰 아이들 사이에 끼려고 애썼다. 고등학교에 다닐 때는 덩치가 너무 작아 미식축구는 하지 못한다는 말을 감독에게 들은 뒤, 하프백 포지션에서 여러 차례 터치다운을 성공시키고 좋아하기도 했다. 그가 즐겨 추억하는 일 가운데 하나는 열일곱 살 때 처음으로 한 아르바이트였다. 털사에 있는 '선레이 DX 오일 컴퍼니'라는 회사 우편물실 일이었다. 일을 맡은 지 며칠 뒤에 그에게 중요한 과업이 처음으로 떨어졌다. 회사 전체 우편물을 전하는 일이었다. 그런데 그 중요한 날 아침에 일어났는데, 앞이 보이지 않았다. 새로 한 콘택트렌즈가 잘 맞지 않았던 것이다. 바늘로 눈을 콕콕 찌르는 듯한 통증이 몰려왔다. 콘택트렌즈를 뺄 수도 없었고, 마침 부모님도 시내에 없었기 때문에 일을 포기하든가 아니면 그 눈으로 일을 해야 했다. 크래비스는 거의 아무것도 보이지 않는 상태였지만 자동차를 몰고 털사의 텅 빈 새벽 거리로 나섰다. 그리고 자기에게 맡겨진 일을 무사히 해냈다. 이 일을 하고 난 뒤에 그는 곧바로 두 눈을 붕대로 감아야 했다. 크래비스는 이 일화를 늘 자랑스럽게 회상하곤 했다.

"결국 나는 그 우편물을 제대로 전달했습니다."

루미스고등학교에선 경제학을 배우면서 기업계로 진로를 정하고, 클레어몬트남자대학에서 재무학을 전공했다. 캘리포니아에 있는 이 대학은 전교생이 600명밖에 되지 않는 작은 학교였다. 당시 그의 아버지는 자신의 모교이자 명문인 리하이대학교에 지원하라고 했다. 크래비스는 자기도 그 대학교에 갈 수 있다는 사실을 증명하고 싶은 생각에 지원을 했고 입학 허가를 받았지만, 리하이대학교 대신 클레어몬트남자대학을 선택했다. 1학년 때는 골프, 해변에서 파도타기, 라스베이거스에서의 도박, 그리고 인근에 있던 샌타애니타에서의 경마로 시간을 보냈다. 3학년 때는 학교 골프팀의 주장이 되었다. 또한 그때 장차 직업을 가지고 활동할 월스트리트에 집중했다. 당시 그가 특별히 관심을 가졌던 것은 전환 사채였다.

레이먼드 크래비스는 옛날 방식의 월스트리트 기업이던 골드만 삭스 사람들을 알고 있어서 아들 크래비스는 여름마다 이 회사에서 잔심부름 일을 했다. 거래 창구에서 얼굴을 시뻘겋게 붉힌 사람들이 내지르는 고함 소리를 들으면서 크래비스는 마흔 살이 되면 자기는 절대로 저 사람들 사이에 끼어 있지 않을 것이라고 속으로 다짐했다. 하지만 우선 월스트리트에서 일자리를 갖고 싶었다. 4학년 때 그는 졸업 후 월스트리트의 핫머니† 전문 운용 회사 '매디슨 펀드'에서 인턴사원으로 일할 수 있는 자리를 확보했다. 이 회사에서 그는 스톡 피커stock picker‡로서 이름을 떨쳤다. 당시는 모든 종목이 다 오르는 시기였다. 그래서 친구들은 아마 그가 뺑뺑이를 돌려 찍었어도 성공했을 것이라는 농담을 했다.

1967년 가을, 크래비스는 컬럼비아 비즈니스스쿨에 등록했다. 하지만 이내 후회했다. 월스트리트의 활력이 그리웠던 것이다. 이런 그를 보며 아

---

† 금융 시장에서 높은 수익을 노리고 유동하는 단기 자금.

‡ 좋은 투자 수익을 남길 주식을 잘 고르는 사람.

버지는 공부에 매진하라고 했지만, 그는 매디슨 펀드의 사장 에드워드 머클에게 전화를 걸었고, 머클은 그가 학교에 다니면서 계속 회사에서 일할 수 있도록 배려했다. 그리고 2년이 지나 반정부 시위가 한창이던 1969년에 졸업을 했다. 하지만 그의 성적은 B와 C가 대부분이라 특별히 눈에 띄지 않았다.

월스트리트가 크래비스를 향해 손짓했다. 매디슨 펀드는 '케이티 인더스트리스'라는 작은 철도 회사를 샀는데, 머클은 크래비스의 열정에 감동받아 오클라호마 출신의 청년에게 케이티 인더스트리스의 다각화 사업을 맡겼다. 크래비스는 자기가 잘 알고 있던 유전 사업을 중점적으로 다루기로 하고, 난생처음 유망한 기업을 발견하는 일을 전문적으로 하는 사람들과 함께, 1년 동안 루이지애나 구석구석을 돌아다니며 영세 기업들을 인수했다.

이렇게 해서 케이티가 점차 커지자 크래비스는 비즈니스스쿨에서 함께 공부했던 친구의 아버지 제이컵 살리바를 사장으로 앉혔다. 두 사람은 맨해튼의 델모니코 호텔 스위트룸 하나를 세냈다. 살리바가 침실을 쓰고 크래비스는 거실을 썼는데, 두 사람은 계속 인수 작업을 하면서 케이티를 키웠다. 그리고 마침내 케이티가 막대한 이익을 남기고 매각되자 스물다섯 살의 청년이던 크래비스는 다시 새로운 도전 과제를 찾아 나섰다. 골드만 삭스는 너무 편협하고 또 너무 꽉 짜여 있어 '패허티 앤드 스워트우드'라는 작은 회사에 들어갔다. 여기서 그는 벤처캐피털을 운용하고 싶었지만 뜻대로 되지 않자 1년 뒤에 회사를 나왔다. 일이 없던 그는 외사촌이던 조지 로버츠를 찾아가 도움을 청했다.

크래비스보다 한 살 더 많은 로버츠는 휴스턴에서 성장했다. 그의 아버지와 크래비스의 어머니는 남매 사이였다. 크래비스의 외할아버지는 러시아에서 살던 유대인이었는데 1890년대 말 차르의 군대와 맞서 싸우는 길

대신 미국으로 이주하는 길을 택했었다. 엘리스 섬†의 이민국 관리에 의해 이름이 조지 로버츠로 바뀐 외할아버지는 고향 사람들이 모여 살던 인디애나의 먼치에 정착했는데, 나중에는 포목 가게와 '로버츠 호텔'을 장만했다. 이 호텔은 지금도 남아 있다. 하지만 대공황 시기에 모든 걸 잃어버린 그는 털사에서 석유 사업에 뛰어들었지만 결국 유전 지역의 텐트 안에서 심장마비로 외롭게 죽었다.

그의 아들 루이스 로버츠는 휴스턴에서 석유 사업에 종사했다. 자유분방했던 그는 휴스턴에서 여러 차례 재산을 크게 일으켰다가 잃기를 반복했다. 1950년대에 루이스 로버츠는 당시 10대 소년이던 아들을 사업 이야기를 하는 자리에 자주 데리고 나가곤 했다. 언젠가 한번은 미국석유협회의 회의장에 함께 참석했다. 이들 옆에는 카우보이 신발을 신은 더러운 행색의 와일드캐터wildcatter‡가 앉아 있었고, 단상에서는 '엑슨'의 전신인 '험블 오일'의 회장이 연설하고 있었다. 나중에 아버지가 아들에게 물었다.

"카우보이 신발을 신은 사람과 연설하던 사람 가운데 너는 어떤 사람이 되고 싶니?"

"단상에서 연설하던 사람요. 경영자잖아요."

아들이 대답했다. 그러자 아버지는 두 사람에 대해 설명했다. 연설하는 사람은 부하 직원 5만 명을 거느리고 하루 종일 일해야 하며 퇴직한 뒤에는 수십만 달러의 연금을 받는 데 비해, 카우보이 신발을 신고 있던 남자는 부하 직원 서른 명을 거느리고 수십 개의 유정을 가지고 있는데 이 유정은 주인이 잠잘 때에도 계속 기름을 생산하기 때문에 약 500만 달러의 값어치를

---

† 뉴욕 항에 있는 작은 섬으로, 예전에 이민국이 있었다.

‡ 석유 매장지로 확인되지 않은 지역을 위험을 무릅쓰고 시추해 석유를 찾는 사람.

가지고 있다. 이런 설명을 마친 뒤에 아버지는 다시 아들에게 물었다.

"이제 어떤 사람이 되고 싶니?"

아버지가 말이 많았기 때문에 성장하면서 내성적으로 바뀐 조지 로버츠는 자기 사업체를 가지는 게 얼마나 중요한지 가르쳐 준 아버지의 교훈을 결코 잊지 않았다(루이스 로버츠는 1977년에 사망했다). 그는 인디애나의 컬버 군사학교를 다닌 뒤에 크래비스보다 한 해 먼저 클레어몬트대학교에 입학했다. 조지가 스물한 살 때 레이먼드 크래비스는 월스트리트의 대형 투자은행이던 '베어 스턴스'에서 여름방학 동안 일할 수 있는 자리를 소개했다. 다른 사람보다 늘 먼저 출근했던 로버츠는 조용히 끈기 있게 열심히 일하면서 이 회사의 기업 대출 부서의 책임자이던 제롬 콜버그의 눈에 들었다. 그리고 캘리포니아 헤이스팅스대학교의 로스쿨을 마친 뒤에 콜버그의 부하 직원으로 취직했다.

월스트리트에서는 모두 경쟁이 치열하지만, 베어 스턴스에서는 특히 더했다. 맹렬하게 돌진하는 성격의 샐림 '사이cy' 루이스가 경영하던 베어 스턴스의 소유 구조는 기본적으로 개별 집단이 느슨하게 결합한 형태였다. 루이스의 압박으로 회사 안에서는 협력보다는 경쟁이 우월한 문화로 자리 잡고 있었으며, 내부 암투와 질투심이 회사 전반에 흘러넘쳤다. 로버츠는 콜버그를 위해 일하는 게 좋았다. 콜버그가 회사 내에서 끊이지 않고 일어나는 소용돌이에서 자신을 보호해 주었기 때문이다. 하지만 이내 뉴욕이 지겨워졌다. 그는 결혼해서 가족을 거느리고 있었고, 캘리포니아로 돌아가고 싶었다. 콜버그가 베어 스턴스의 샌프란시스코 지사에 자리를 만들어 주자, 콜버그를 위해 계속 일하고자 했던 로버츠는 자기 후임으로 사촌인 헨리 크래비스를 추천했다.

친구들은 크래비스의 새로운 상사 제롬 콜버그가 양복 한 벌에 넥타이

하나밖에 가지고 있지 않다고 농담했다. 양복은 검은색이었고 넥타이는 노란색에 폭이 무지하게 좁은 것이었다. 스워스모어대학교와 하버드 비즈니스스쿨을 졸업한 마흔네 살의 콜버그는 막 머리가 벗어지기 시작한 조용한 사람이었다. 테니스와 트럼펫과 세 아이, 그리고 책을 좋아하고 가정적이었다. 크래비스는 전임자 로버츠와 마찬가지로 콜버그의 우산 아래 들어갔는데, 콜버그는 한동안 군기를 잡으려고 크래비스를 개인적으로 보호해 주지 않고 내버려 두었다. 크래비스는 서른 번째 맞는 생일 때 파크애버뉴의 아파트 주변을 생일 선물로 받은 오토바이를 타고 돌아다니다가 주민이 시끄럽다고 항의해서야 오토바이를 세우던 그런 청년으로 성장했다.

그가 하는 업무의 대부분은 사모私募 집행, 공정성 평가 의견서 작성, 그리고 증권 이서 등 늘 판에 박은 듯 똑같았다. 하지만 콜버그는 자신의 좁은 영역 안에서 수익성 높은 곁가지 사업을 따로 개발해 두고 있었다. 이른바 '주식 담보 차입 거래bootstrap deal'라는 것이었다.

주식 담보 차입 거래는 나중에 LBO라는 명칭으로 알려지는데. 이것은 나이 든 사람들을 돕는 수단으로 처음 시작되었다. 1960년대 중반쯤 되면서, 가족 소유 기업을 세워 전후 경제 부흥기에 번성을 구가한 많은 사람들이 점차 노인 대열에 끼기 시작했다. 이들은 상속세를 피하면서도 기업에 대한 지배력은 여전히 가족이 유지할 수 있도록 하려고 모색한 끝에 세 가지 방안을 찾았다. 개인 기업으로 그대로 유지하는 것, 공매 과정을 통해 주식을 일반에 매각하는 것, 그리고 좀 더 규모가 큰 회사에 파는 것이었다. 각각의 접근은 모두 나름대로의 약점을 가지고 있었다. 개인 기업으로 유지한다는 것은 문제 자체를 무시하는 방안이었다. 일반에 주식을 매각할 때는 설립자가 변덕스러운 주식 시장에 그대로 노출된다. 그리고 회사를 팔 경우에는 일반적으로 기존의 경영주가 경영권을 상실한다.

그런데 콜버그는 LBO가 바로 이 문제를 해결해 줄 수 있는 '잃어버린 고리'라고 보았다. 나이 든 경영주가 '케이크를 소유하는 동시에 케이크를 먹을 수 있는' 방안이라고 생각했던 것이다. 그의 첫 번째 거래는 1965년 뉴욕의 마운트버넌에 있던 치과 용품 제조 회사인 '스턴 메탈스'를 950만 달러에 매입하는 것이었다. 콜버그는 일흔두 살의 노인 기업가로부터 이 회사를 사들이기 위해 자기가 모은 투자자 집단이 후원하는 명의뿐인 유령 회사를 만들었다. 매입에 필요한 돈은 대부분 대출을 통해 마련했다. 그리고 스턴 메탈스 사람들은 이 회사에 대한 경영권을 계속 유지했다. 여덟 달 뒤에 콜버그는, 회사가 부채를 갚는 과정에서 자신의 주식 일부를 일반에 팔았다. 그가 이 주식을 처음 살 때는 한 주에 1.25달러를 주었지만 팔 때는 8달러를 받았다. 이어 콜버그는 이 회사가 캘리포니아의 치과 용품 공급 회사, 오하이오의 엑스레이 회사, 그리고 유럽의 치과 의자 제조 회사를 사들이도록 했다. 그리고 2년 뒤에 원래의 투자자들이 애초에 50만 달러를 주고 샀던 이 회사의 주식을 팔고 보니 400만 달러로 늘어나 있었다.

이러한 거래를 몇 차례 거치면서 방법은 더욱 세련되고 정교해졌다. 1960년대에 한껏 덩치를 키웠던 기업들이 1970년대 초에 주식 시장이 주춤하면서 자회사들을 팔기 시작하자, 콜버그는 이들 기업이 털어 내는 자회사들을 사기 위해 사업을 확장했다. 그는 벽돌이나 전선, 밸브 따위를 생산하는 기초 산업 분야의 회사를 특히 선호했다. 이들 회사의 경영 상태나 제품, 수익률은 견실하고 믿을 만했기 때문이다. 주로 차입금을 이용해 회사를 매입했기 때문에, 나중에 차입금 상환 문제로 압박을 받지 않으려면 미래의 수익 및 현금 흐름을 중시하는 태도는 결정적으로 중요한 요소였다. 그에게 기업의 대차 대조표는 타로 카드였고 예상 현금 흐름은 수정 구슬이었다. 콜버그는 일단 어떤 회사에 손을 대면 그 회사의 비용 지출을 가능한 한 줄이고 필요 없는 사업 부문을 매각해서 부채를 갚는 데 모든 힘을 쏟았다. 대부분의 경우 그는 경영진에 스톡옵션이라는 인센티브를 부여했는데, 이런 조치가 경영진으로 하여금 능력을 최대한 발휘하게 해서 회사를 더욱 효율적으로 경영하게 한다는 사실을 깨달았기 때문에 이런 원칙을 철저히 고수했다. 따라서 나중에 회사를 팔 때 회사의 가치는 살 때보다 훨씬 더 높을 수밖에 없었다. LBO는 그때 이후로 이런 기본적인 방식으로 이루어져 왔다.

그것은 추잡한 속세 시장의 작업이었고, 이 작업을 '제롬의 아이' 크래비스는 닥치는 대로 해치워 나갔다. '로크웰 인터내셔널'의 '인컴'이라는 사업 부문을 매입하기 위해 크래비스는 대차 대조표와 회사 운영 내용 및 예상 부채 등을 담고 있는 75쪽 분량의 설명서를 만들어 여러 대형 보험 회사에 보냈다. 어느 봄날 아침에 잠재적인 투자자 몇 명이 매사추세츠의 퀸시에 모였고, 크래비스는 이들을 인컴의 '보스턴 기어' 공장으로 데려갔다. 세 대의 리무진에 나누어 탄 이들은 계속해서 같은 주의 홀리오크로 가서 '애크미 체인'을 보고, 또 코네티컷의 페어필드로 가서 '헬름 베어링'을 보았다. 그리고 마지막으로 비행기를 타고 클리브랜드로 가서 인컴의 '에어 메이즈'와 '모스 컨트롤' 사업 부문을 보았다. 인컴은 화려한 수준은 아니었지만 그런대로 잘 돌아가는 회사였다.

1973년, 3년 동안 지도와 교육을 받은 덕분에 크래비스는 독자적으로 거래할 수 있게 되었다. 노스캐롤라이나의 작은 벽돌 제조 회사인 '보렌 클레이 프로덕츠'는 콜버그가 목표 대상으로 삼았던 스턴 메탈스 등의 여러 회사들과 마찬가지로, 자기가 죽기 전에 회사의 자산을 현금화하기를 원하는 의지가 무척 강한 늙은 창업주가 경영하고 있었다. 70대 초반의 오턴 보렌이라는 이 사장은 닳아빠진 북부 사람들을 좋아하지 않았고, 그런 연장선에서 유대인도 좋아하지 않았다.

"이보시오, 당신은 종교가 뭐요?"

보렌이 크래비스를 처음 만났을 때 던진 질문이었다. 크래비스는 망설이지 않고 대답했다.

"전 유대인입니다."

"그럴 줄 알았소."

잠시 침묵이 흘렀다. 그리고 보렌이 다시 입을 열었다.

"당신네 유대인들은 다들 참 똑똑해요. 그렇지 않소?"

크래비스는 이를 악물었다. 성공하기 위해 반드시 치러야 하는 대가라면, 기꺼이 그 대가를 치르겠다고 다짐했다. 그리고 보렌에게 여섯 달 동안 매달리며 크래비스는 그보다 더 많은 대가를 치렀다. 크래비스가 보렌에게 매달리는 과정에서 보렌이 크래비스에게 자기 회사의 공장들을 보여 주었다. 그때 한번은 이런 일이 있었다.

"헨리, 저 가마들 보이죠?"

보렌이 벽돌을 굽는 거대한 가마들을 가리키며 물었다.

"저 가마들은 독일 사람들이 쓰던 일종의 사우나실 같은 거라고 할 수 있소."

그는 이 말을 강조하는 의미에서 여러 차례 반복해서 했다. 크래비스는 억지로 미소를 지었다.

"자, 좀 더 가까이 와서 자세히 봐요."

크래비스는 손사래를 쳤다.

"아, 됐습니다. 여기서도 충분히 잘 보입니다."

이런 고생을 하면서 크래비스는 마침내 보렌 클레이를 샀다. 그리고 그 뒤에는 로드아일랜드에 있는 프로비던스로 갔다. 가족이 경영하는 소규모

보석류 제조 회사인 '배로스 인더스트리스'를 사기 위해서였다. 이 회사의 전 회장이던 프레드 배로스 주니어는 다음과 같이 회상했다.

"늘 이런 느낌이었습니다. 헨리는 자신이 자기 아버지보다 더 잘하고 있다는 사실을 보여 주고 싶어 한다는 느낌 말입니다. 그 사람은 늘 목표를 매우 높게 잡았죠. …… 그때 이미 그 사람은 제리(제롬의 애칭) 콜버그가 감당할 수 없을 만큼 엄청나게 커 버렸다는 생각을 누구나 했습니다."

크래비스의 두 번째 거래였던 배로스의 매입은, 원한이 사무치는 일련의 분쟁을 치르고 마침내 3년 만에 성사되었다. 크래비스는 회사의 중역들이 인센티브 보너스를 확보하기 위해 '숫자를 가지고 장난질을 한다'고 비난했다. 하지만 프레드 배로스가 기억하는 당시의 불화 내용은 크래비스의 진술과 달랐다.

"솔직히 말해서, 나는 그 사람들이 회사의 단물을 쪽쪽 다 빨아먹는다고 생각했습니다. 그들은 이사회에 참석하는 이사들에게 보수를 줘야 하지 않느냐고 했지만, 그들은 이사의 역할을 하지도 않았습니다. 그들은 또 유지 보수 수수료도 챙겼습니다. 그래서 내가 말했죠. '이보시오, 왜 우리가 이 모든 비용을 떠안아야 합니까?'라고요. …… 그 모든 것들이 우리 양키 기질에 맞지 않았습니다."

결국 배로스는 크래비스에게 연 16.5퍼센트의 수익률을 보장해 준다는 증서를 주고 크래비스와 그의 투자자들이 가지고 있던 권리를 사 버렸다. 그 증서는 양도성 정기 예금 증서보다 나을 게 하나도 없었다. 크래비스는 실망했다. 하지만 오히려 전화위복이 되었다. 그런 일이 있고 나서 금값이 갑자기 치솟는 바람에 결국 배로스는 도산하고 말았기 때문이다.

사실 배로스와 같은 경우는 크래비스와 콜버그에게 흔히 일어나는 일이었다. 따라서 콜버그는 1960년대 중반에 세 차례에 걸쳐 기업 인수를 성공적으로 완수한 뒤에도, 장차 KKR를 반석 위에 올려놓을 미다스의 손을 찾아야 했다.

1965년부터 1975년 사이에 콜버그가 성사시킨 열네 건의 기업 인수가 이룬 수익률 그래프는 높이 올라가다가 갑자기 아래로 떨어져 올라갈 기미를 보이지 않았다.

1970년대 초에 주식 가격이 떨어질 때는 콜버그의 수익률도 비참한 수준이었다. 적어도 나중의 기준으로 보면 그랬다는 말이다. 1973년에 매입한 앨라배마의 트럭 운송 회사 '이글 모터스 라인'은 실망 그 자체여서 다른 트럭 운송 회사에 합병되는 길을 걸어야 했다. 크래비스가 처음 단독으로 지휘해서 매입했던 보렌 클레이도 10년이라는 긴 세월 동안 슬럼프에서 벗어나지 못했다. 콜버그의 최대 실패작은 1971년에 캘리포니아의 신발 제조 업체인 '코블러스 인더스트리스'를 2700만 달러에 사들인 일이었다. 조지 로버츠가 이 거래를 매듭짓고 석 달이 지난 뒤, 창조적인 천재이던 이 회사의 창업주가 점심시간에 회사 공장 지붕에 올라가 몸을 던져 자살했다. 이때 일을 당시 코블러스에 투자했던 사람 가운데 한 명이던 로버트 피리는 다음과 같이 회상했다.

"제리가 나한테 전화해서는 고함을 질렀죠. '그 멍청한 개자식이 지붕에서 뛰어내렸답니다, 빌어먹을!'이라고요."

펜실베이니아의 제임스타운에 있던 코블러스 공장은 리더가 없는 가운데 뒤이어 터진 홍수에 쓸려 갔고, 결국 코블러스는 파산하고 말았다. 이 일로 콜버그와 투자자들은 투자금 40만 달러 전액을 잃었다.

고종사촌 관계이던 로버츠와 크래비스, 그리고 이들의 상관인 콜버그가 회사 매입 활동에 열을 올리는 동안 투자 회사의 기본적인 일상 업무인 기업 대출 활동에 소홀할 수밖에 없었고, 이런 일로 베어 스턴스 사람들 가운데 많은 이들이 불만을 품었다. 사장인 샐럼 '사이' 루이스도 불만스럽긴 마찬가지였다. 다음은 로버트 피리가 한 말이다.

"사이는 전설이었죠. 전설적일 정도로 까다로웠다는 뜻입니다."

루이스는 증권 트레이더 일도 함께했는데, 이 일을 하는 사람들은 단기 수익을 노리기로 악명이 높다. 거래소에서의 판단은 몇 초라는 짧은 시간 안에 이루어지는데, 이때의 수익 규모도 아주 작았다. 그에 비해 콜버그가 회사를 매입해서 수익을 실현시키려면 3년에서 5년이라는 시간을 기다려야 했다. 베어 스턴스를 지배하고 있던 문화로 볼 때 그 시간은 영원에 가까웠다. 그래서 크래비스는 이런 말을 자주 하곤 했다.

"베어 스턴스가 보기에는 하루를 넘겨서 다음 날까지 팔지 않고 기다리는 것조차 장기 투자에 속하니까요."

'사이' 루이스는, 곁가지일 뿐인 데다 말도 안 되는 투자 방식인 기업 매입에 콜버그가 지나치게 힘을 많이 낭비한다고 생각했다. 제대로 한 건을 할 수 있다 치더라도 그 한 건이 실현되기에는 너무 많은 시간이 걸렸기 때문이다.

이런 불만은 1976년에 결국 폭발했다. 크래비스가 코네티컷의 하트퍼드에 있는 직접 판매 회사 '애드보'에 투자하기로 결정한 뒤였다. 처음에 크래비스와 콜버그는 이 거래가 너무 위험하다고 판단해 접었었다. 하지만 거대 보험사이던 '트래블러스'가 이 거래를 함께 해 보자는 제안을 해 오자 다시 검토했다. 트래블러스가 제안한 내용은, 인수 자금 750만 달러 가운데 40퍼센트를 제공할 테니 수익으로 20만 달러를 보장해 달라는 것이었다. 이 제안에 크래비스는 군침을 삼켰다.

"죽이는군, 우리가 손해를 보려고 해도 손해 볼 길이 없잖아."

하지만 손해 볼 길이 있다는 사실이 나중에 드러났다. 애드보의 실적은 빠르게 곤두박질쳤다. 콜버그는 그 회사 사장을 쫓아내고 크래비스를 3주 동안 임시 사장으로 앉혔다. 그런데 수익을 창출하기 위해 노력해야 할 베어 스턴스의 파트너가 엉뚱한 회사의 경영까지 맡아 하고 있다는 말을 들은 '사이' 루이스는 화가 머리끝까지 났다.

"자넨 거기서 뭐 하고 있나, 엉?"

루이스가 전화기에 대고 고함을 질렀다.

"빌어먹을! 자네는 지금 머리를 짜내서 다음 거래의 계획을 세워야 하는 거 모르나? 그거 당장 집어치워. 수수료를 받았으면 됐잖아, 이제 다음 거래 로 넘어가!"

크래비스는 저항했다.

"지금은 그렇게 할 수 없습니다. 일단 저를 빼 주십시오."

결국 크래비스는 트래블러스에 보장했던 20만 달러의 부담을 털어 낼 때까지 애드보에 매달렸다. 애드보는 그에게 악몽이었다. 만일 그의 손실이 크게 나쁘지 않았더라면 베어 스턴스와 루이스를 포함한 여러 명의 파트너 들이 그 거래에 함께 투자했을 것이고, 결국 콜버그와 회사 내 다른 동료들 사이 격차는 한층 더 크게 벌어졌을 것이다.

정치적인 대결이 점차 심각해지자 크래비스는 회사를 그만두겠다고 위협했다. 당시의 일을 크래비스는 다음과 같이 회상했다.

"모든 사람들 그리고 공동 창업자들 가운데 몇몇이 나에게 이거 해라 저 거 해라 사사건건 간섭했습니다. 하지만 나는 누가 내게 그렇게 시키는 걸 좋아하지 않았거든요."

콜버그는 크래비스에게 하던 대로 계속 밀고 나가라고 종용했다. 그리고 자기들 세 사람, 즉 콜버그와 크래비와 로버츠가 베어 스턴스 내에 독립적인 LBO 전문 회사를 만들겠다고 제안했다. 그러나 루이스는 이 제안을 받아들이지 않았다. 여러 해 뒤에 로버츠가 당시를 회상하며 이렇게 말했다.

"그 일 이후로 회사 내에서 제리의 입지는 상당히 좁아졌죠. 회사 내의 다른 사람들이 제리를 엄청 힘들게 만들었습니다. 관리직 사람들 몇몇이 그를 깔아뭉개기 시작했죠. 제리는 머지않아 궤짝에 갇혀 버릴 게 분명했습니다."

콜버그는 이를 갈면서 몇 차례 더 같은 요구를 했다. 하지만 루이스는 여전히 받아들이지 않았다.

콜버그와 로버츠 그리고 크래비스는 함께 회사를 나가는 방안을 놓고 이야기했다. 콜버그의 밑천은 500만 달러 정도 되었고, 회사에 계속 남아 있는다 하더라도 인센티브는 거의 없었다. 독자적인 사업을 해야 한다는 교훈을 아버지에게 철저히 배운 로버츠는 크래비스더러 함께 나가 회사를 차리자고 종용했다. 두 사람은 베어 스턴스에 계속 있을 경우 10년 동안 얼마를 벌 수 있을지를 계산하고, 이 금액을 독립했을 때 벌어들일 수 있는 금액과 비교했다. 남는 게 더 유리했다. 하지만 크래비스는 베어 스턴스를 떠나기로 했다.

콜버그가 자신과 로버츠 그리고 크래비스가 함께 회사를 그만둘 의향을 가지고 있다는 사실을 발표할 때, 로버츠는 '사이' 루이스를 만나 저간의 사정을 직접 이야기하려고 샌프란시스코에서 날아왔다. 루이스는 위압적인 사람이었다. 로버츠가 나쁜 소식을 전하자, 그는 자신의 커다란 책상 위로 상체를 굽히며 말했다.

"잘 듣게 어린 친구, 자넨 지금 엄청난 실수를 하는 거야. 이 회사를 나가서 잘된 친구는 여태 한 사람도 없었어."

그리고 추악한 일들이 일어났다. 세 사람이 아직 정식으로 사직하지 않은 상태였는데, 며칠 뒤 크래비스가 회사에 들어가려 하자 낙하산병의 군화를 신은 키 큰 남자가 그를 가로막았다.

"사무실에 못 들어갑니다."

독일식 악센트가 강한 말투였다.

"그게 무슨 소리요, 내가 여기 파트너인데."

하지만 아무 소용 없었다. 이 낙하산병과 비슷한 또 한 명의 해결사가 샌프란시스코에도 나타났다. 로버츠의 동료들이 가까스로 그의 사무실 안에 있던 개인 자료들을 챙겨 주었다. 할 말을 잃은 콜버그와 크래비스가 루이스를 찾아가 따졌다.

"이래도 됩니까? 도대체 어떻게 하자는 겁니까?"

하지만 이미 루이스는 배신자 세 명을 철저하게 응징하겠다고 마음먹은 뒤였다. 세 사람이 떠나자마자 루이스는 콜버그가 매입한 모든 회사들에 대한 통제 권한을 베어 스턴스가 가진다고 선언했다. 세 사람의 돈 수백만 달러가 이들 회사에 잠겨 있음에도 불구하고 루이스는 이들 회사의 이사회를 장악해 버렸다. 이어 루이스는 콜버그의 투자자들에게 압력을 가하기 시작했다. 투자자들 가운데는 거대 보험 회사인 '프루덴셜'도 있었고, 중서부 지역의 은행인 '퍼스트 시카고'도 있었다.

"하지만 프루덴셜은 루이스에게 웃기는 소리 하지 말고 꺼지라 했고, 퍼스트 시카고 역시 마찬가지였죠."

나중에 크래비스가 그때를 회상하면서 한 말이다. 결국 변호사들이 동원되었고, 길고 힘든 협상 끝에 세 사람은 자신들이 투자한 회사의 경영권을 계속 유지할 수 있었다.

세 사람은 5번가에 있는 한 낡은 건물에 입주했다. 콜버그는 자기를 크게 부풀려 내세우는 걸 좋아하지 않았기 때문에 그의 사무실 문에는 여러 해 동안 아무런 이름도 붙어 있지 않았다. 로버츠는 여전히 샌프란시스코를 무대 삼아 일했다. 세 사람은 여덟 명의 투자자들로부터 각각 5만 달러씩 받아 일반 경비로 나갈 자금을 조성했다. 이들 투자자 가운데는 레이먼드 크래비스와 피츠버그의 힐먼 집안 사람들도 포함되어 있었다. KKR는 모든 거래에서 발생하는 수익의 20퍼센트를 보수로 떼고 투자 금액의 1퍼센트(나중에는 1.5퍼센트)를 관리 수수료로 떼기로 정했다.

5년 동안 이들은 콜버그가 세운 지침을 철저히 지켰다. 모든 거래는 우호적이어야 하고, 경영진과 협력해야 하며 늘 조심해야 한다는 지침이었다. 이들은 로스앤젤레스의 해리 로먼이라는 기업 평가 전문가의 도움을 받아 수많은 인수 대상 회사들을 포착했다. 그것은 무거운 짐을 들고 경사가 가파른 언덕길을 올라가는 것처럼 매우 어려운 일이었다. 대부분의 사람들에게 LBO는 여전히 낯선 개념이었다. 그래서 세 사람은 세상에 잘 알려지지도 않은 자기들이 전체 회사를 사는 데 드는 돈을 어떻게 빌릴 수 있을지 설명하는 데 많은 시간을 썼다. 회사의 낮은 지명도도 도움이 되지 않기는 마찬가지였다. 1970년대에 KKR에서 일했던 한 사람은 당시를 다음과 같이 회상했다.

"투자은행에 있던 사람들은 한결같이 우리를 보고 이렇게 말했습니다. '케이케이아르? 그거 식당 이름입니까?'"

로버츠가 멀리 떨어져 있었음에도 불구하고 콜버그는 냉정한 기질의 로버츠를 크래비스보다 더 가깝게 여겼다. 크래비스는 여전히 자기 멋대로 일을 저지르는 경향이 있었기 때문이었다. 크래비스보다 입이 무거웠고 또 많은 사람들이 더 똑똑하다고 생각했던 로버츠는 크래비스보다 먼저 콜버그와 알고 지내 왔던 사이였다. 그래서 콜버그는 로버츠를 자기의 지적 대리인이라고 여겼다. 콜버그의 아들 하나가 10대 때 엇나가자 로버츠가 그 아들을 자기 집에 데리고 가서 함께 살 정도였다. 이에 비해 크래비스는 콜버그에게 열심히 일하는 부하 직원 정도였다. 두 사람 사이에는 일 외에는 공통적인 화제가 없었다. 주말에 콜버그는 치노†로 만든 옷을 입고 부츠를 신었지만, 크래비스는 이탈리아풍의 헐렁한 옷에 구찌 브랜드의 편한 신발을 신었다. 열여섯 시간 동안 일한 뒤에 콜버그는 잠을 자러 집으로 갔지만, 크래비스는 아내와 함께 시내로 갔다.

"제리는 헨리가 사무실을 나서는 모습을 바라보며 '또 출근하나, 헨리?'라고 말하곤 했죠."

KKR에서 이들과 함께 일했던 사람이 한 말이다.

거래가 폭주했다. 1977년에 세 건이었고, 1978년에는 한 건도 없었지만, 1979년에는 다시 세 건이었다. 이 가운데는 주식 시장에 상장된 대형 회사를 최초로 매입한 것도 포함되어 있었다. '후데일 인더스트리스'라는 회사였다. 그리고 1980년도에는 실적이 저조했지만, 1981년에는 그야말로 난리가 아니었다. 여섯 건의 거래를 성사시키면서 이 작은 회사를 표지 기사로 실으려는 잡지의 취재 요청이 쇄도했다.

이 기간 동안 세 사람은 기술과 방법을 더욱 세밀하게 다듬었다. 이들은 인수 대상 기업이 규모가 큰 회사라 하더라도 현금 흐름이 많기 때문에 규모가 작은 회사처럼 쉽게 매입할 수 있다는 사실을 깨달았다. KKR는 현금 흐름을 부채를 갚는 데 사용함으로써 매입 대상 기업이 가지고 있는 힘을 이용해 그 기업을 매입하는 방식을 찾아낸 것이다. 이들은 투자자들로부터 자금을 모으기 시작했고, 덕분에 더욱 큰 규모의 현금을 쉽게 동원할 수 있었다. 1978년에 3000만 달러로 시작했지만 머지않아 점점 더 큰 규모의 자금 원천들을 마련했고, 1983년에는 무려 10억 달러나 되는 자금을 조성했다. 거래 규모도 점차 커졌다. 이 기간에 있었던 가장 큰 거래는 하와이의

---

† 군복 따위에 쓰이는 카키색의 질긴 천.

건설 회사 '딜링햄 코퍼레이션'을 매입한 것이었고, 이 거래의 규모는 4억 4000만 달러였다.

콜버그와 크래비스와 로버츠 세 사람은 어떤 회사를 매입한 뒤에는 이 회사의 예산 집행 과정을 철저히 살폈다. 하지만 기존의 경영진으로 하여금 회사의 군살을 빼고 엄청나게 많은 부채 규모 문제를 극복할 수 있도록 재량권을 부여했다. 대부분의 경우 이런 조치는 효과를 발휘했다. 하지만 두 번째로 매입한 'L. B. 포스터'라는 유전 서비스 회사의 경우처럼 기존 경영진이 제대로 실적을 내지 못할 때는 신속하게 새로운 경영진으로 꾸렸다. 이런 과정을 거쳐 5년이나 8년 뒤에 다른 회사나 주식 시장에서 되팔 때, 이 회사의 가치는 매입 가격보다 보통 서너 배 혹은 많을 경우 열 배까지 커져 있었다. 1983년에 KKR는 연평균 수익률 62.7퍼센트의 성과를 기록했다고 투자자들에게 보고했다. 세 사람이 가지고 있는 20퍼센트의 지분은 물론 이들을 거부로 만들었다.

6년 동안 사업은 막힘없이 풀렸고, 세 사람은 다른 이들의 눈에는 잘 보이지 않는 틈새시장을 소리 없이 장악했다. 그러다가, 월스트리트에서 늘 일어나는 일이긴 하지만, 누군가가 이런 사실을 눈치 챘다. 1982년에 재무부 장관을 역임한 바 있는 윌리엄 사이먼이 이끄는 투자 집단이 신시내티에 있던 '깁슨 그리팅스'라는 회사를 매입했다. 매입 가격은 8000만 달러였지만, 이 투자 집단이 순수하게 자기 투자 자본으로 가지고 있던 돈은 100만 달러밖에 되지 않았다. 그리고 18개월 뒤에 사이먼은 이 회사를 2억 9000만 달러에 팔았다. 사이먼이 투자했던 33만 달러는 갑자기 6600만 달러의 현금 및 유가 증권으로 바뀌었다.

그건 운이 좋았고 시기가 잘 맞아떨어졌기 때문이었다. 하지만 이 일로 월스트리트 사람들의 머리가 돌아 버렸다. 깁슨 그리팅스는 과거 골드러시의 계기가 되었던 서터스밀†과 같은 존재가 되었다. 갑자기 모든 사람들이 LBO의 원리조차 모르면서 LBO를 시도하려고 나섰다. 그리고 또 실제로 시도했다. 매입된 회사의 매입 가격을 모두 합한 금액을 기준으로 할 때, 1979년부터 1983년까지 LBO 현상은 열 배가 커졌다. 깁슨 그리팅스의 사례가 있은 지 2년밖에 지나지 않은 1985년에 벌써 10억 달러 정도 규모의 LBO가 18건이나 나타났다. 로스 존슨이 RJR 나비스코를 LBO의 대상으로 삼겠다고 결심하기 전의 5년 동안 있었던 LBO의 총 금액은 1819억 달러였는데, 이에 비해 다시 그 이전의 6년 동안 LBO의 총 금액은 110억 달러밖에 되지 않았다.

수많은 요인들이 한데 결합해 이 광풍을 부채질했다. 미국의 세법은 배당금이 아니라 이자를 세금 부과 가능한 소득에서 공제하도록 허용함으로써 결과적으로 이런 경향을 조장하는 역할을 했다. 그 바람에 LBO는 땅을 박차고 오를 수 있었다. 그리고 이런 LBO에 날개를 달아 준 건 정크 본드였다.

어떤 LBO에서 조성한 자금이든 간에 약 60퍼센트의 담보 채무는 민간 은행에서 빌린 대출금이다. 그리고 전체 자금 가운데 10퍼센트만 매입자가 직접 투자한 금액이다. 그리고 햄버거 속의 고기 패티라 할 수 있는 나머지 30퍼센트는 소수의 대형 보험 회사에서 나오는데, 문제는 이 자금을 끌어들이는 데 보통 여러 달의 시간이 걸린다는 점이었다. 그래서 1980년대 중반에 '드렉셀 버넘 램버트'라는 투자 회사는 조성하는 데 시간이 많이 걸리는 보험 회사의 자금 대신 위험도가 매우 높은 이른바 '쓰레기' 본드를 동원했

---

† 1848년 캘리포니아의 새크라멘토 인근에 있던 제재소인 서터스밀 옆 하천에서 금이 발견되자 세계 각지에서 수많은 사람들이 황금을 찾아 이곳으로 몰려들었다.

다. 드렉설 안에서 채권의 황제라 불리던 마이클 밀컨은 적대적 인수가 이루어지려 할 때 거대한 자금을 순식간에 동원할 수 있는 탁월한 능력을 인정받고 있던 인물이었다. LBO에 투입된 밀컨의 정크 본드는 LBO 사업을 '딱정벌레' 폭스바겐 비틀에서 드래그 레이스drag race[†]의 연기와 불을 뿜고 달리는 '괴물 자동차'로 변모시키는 매우 효율적인 연료가 되었다.

정크 본드 덕분에, 인수 전쟁에서 경쟁하기엔 동작이 지나치게 굼뜨다고 여겨지던 LBO 매입자들은 그제야 독자적으로 순간적일 정도로 빠르게 거래 제안을 할 수 있게 되었다. 이렇게 해서 LBO는 갑자기 모든 인수 상황에서 실용적인 대안으로 자리 잡았다. KKR나 다른 LBO 전문 회사들은 경영의 자율성을 보장해 줄 뿐 아니라 막대한 자금을 동원할 수 있었기 때문에, 적대적 인수를 노리는 기업 사냥꾼의 위협에 직면한 회사의 경영진은 이들에게 '백기사'가 되어 달라고 요청했고, 이런 요청은 물밀듯이 밀려들었다. 이런 관계는 끝없이 반복되는 거래 속에 자리 잡은 일종의 공생 관계였다. 사냥꾼은 사냥감을 노리고, 사냥감은 LBO 회사를 찾았다. 사냥꾼과 사냥감, 그리고 LBO 회사는 모두 그 결과에서 이득을 누렸다. 유일하게 피해를 보는 쪽은 그 회사의 채권을 가지고 있는 사람들과 그 회사의 직원들이었다. 회사가 새로운 빚을 떠안으면서 채권 가격은 떨어지고, 회사가 군살을 빼려고 구조 조정을 하는 과정에서 직원들이 해고될 가능성이 높아지기 때문이다. 하지만 월스트리트는 콧노래를 부를 뿐, 이들에게는 신경도 쓰지 않는다.

LBO가 번성하자 이를 비판하는 목소리들이 높게 일어났다. LBO 이후

[†] 단거리에서 가속 성능만을 겨루는 자동차 경주. 이 경주에 참가하는 자동차는 발진 가속력을 높이기 위해 불필요한 부분을 모두 떼어 낸다.

갑자기 늘어난 회사의 부채는 많은 사람들을 걱정과 근심으로 짓눌렀다. 정부 인사들도 이런 사람들 가운데 속했다. 1984년 중반에 미국 증권거래위원회sec의 위원장은 "오늘 LBO가 많이 일어나면 날수록 내일 파산하는 기업들은 더 많이 늘어날 것이다"라고 예측했다. 공화당 소속의 한 증권거래위원회 위원은 LBO를 "사기 행위나 마찬가지"라고 했다. 하지만 이를 옹호하는 사람들은 LBO는 회사가 군살을 빼고 경쟁력을 갖추도록 하는 데 중요하게 기능한다고 주장했다.

하지만 흥미로운 사실은 LBO의 대상이 된 기업들에서 죽겠다는 비명이 터져 나온다는 점이었다. 금융 시장이 아닌 실물 경제 현장에 있는 회사들의 경영진은 LBO 매입자들의 막강한 힘을 월스트리트가 풀어놓는 대재앙으로 여겼다. '굿이어 타이어 앤드 러버'의 최고경영자는 LBO가 "악마가 지옥에서 창안한 아이디어"라고 못 박았다.

1983년이 되었을 때 LBO 집단의 정신적인 지주였던 제롬 콜버그의 눈에는, 본인이 커다란 역할을 해서 생긴 현상이 점차 못마땅하게 보였다. 그는 여전히 나이 지긋한 신사 경영자와 가까이서 대화를 나눈 뒤에 추진하는 소규모의 우호적인 거래를 선호했다. 하지만 KKR에는 새로운 거래 아이디어를 가진 젊은 투자은행가들이 수도 없이 꾀어들었고, 이들이 LBO 매입자의 새로운 종족으로 자리를 잡았다. 당시 30대 후반으로 접어들어 바야흐로 독립할 수 있는 역량을 갖추었던 크래비스와 로버츠는 이들 투자은행가와 새로운 아이디어를 끌어들이는 자석이었다. 보렌 클레이를 매입했을 때부터 크래비스와 가깝게 일해 왔던 맨해튼의 변호사 리처드 비티는 이렇게 말한다.

"이건 정말 젊은 사람들이 해야 하는 게임입니다. 그런데 제리는 이미 쉰서너 살이 되었죠. 투자은행가들은 제리에게 전화하지 않았습니다. 헨리나조지에게 전화를 했죠. 두 사람은 동갑이었습니다. 이러니 제리는 자기가뒤처진다고 생각할 수밖에요. 제리는 이제 사실상 이런 거래에 참여하는 사람이 아니었습니다."

LBO라는 게임의 진행 속도가 점차 빨라지자 크래비스와 로버츠는 의사 결정 과정에서 더 많은 역할을 하게 되었다. 1984년에 두 사람은 처음으로 10억 달러 규모의 LBO를 성사시켰으며, 이 밖에도 여러 개의 대규모 회사를 바쁘게 사들였다. 그리고 기업 인수 기회가 점차 더 많아지자 두 사람은 직원을 더 채용하며 회사의 규모를 키웠다. 하지만 콜버그는 추가 인력을 고용하는 걸 가로막고 나섰다. 그리고 크래비스와 로버츠가 좀 더 큰 회사들을, 또 좀 더 많은 회사들을 매입하려고 시도할 때도 제동을 걸고 나섰다. 따라서 콜버그는 회사 안에서 '닥터 노No'라는 별명으로 불렸다. 크래비스는 콜버그가 1960년대식 사고에 머물러 있다고 불평했다. 콜버그 뒤에서사촌 형제 두 사람은 콜버그가 자기들과 회사의 발목을 잡고 늘어진다며 투덜거리기 시작했다. 당시의 이런 상황을 로버츠는 다음과 같이 회상했다.

"제리는 이제 늙어서 열심히 일하려고 하지 않았죠. 제리가 그처럼 부정적으로 나온 것은 당시에 돌아가는 상황을 정확하게 이해하지 못했기 때문입니다."

거래 책임자가 1983년에 여덟 명 그리고 1988년에는 열다섯 명으로 늘어날 정도로 회사가 성장하면서 파벌과 갈등도 더욱 커졌다. 정크 본드로인해 재무 구조의 루빅큐브† 맞추기도 한층 더 복잡하게 바뀌었다. 크래비

---

† 정육면체의 색 맞추기 퍼즐 장난감.

스와 로버츠가 너무 바쁘게 일해서 콜버그는 예전처럼 모든 거래에 관여할 수 없었다. 그 바람에 크래비스와 로버츠가 작은 집단의 투자은행가들과 변호사들을 직접 지휘하게 되었다. 당시의 정황을 콜버그의 오랜 친구이자 KKR의 자문 위원이던 조지 펙은 다음과 같이 설명한다.

"제리는 자연스럽게 뒤로 물러앉기 시작했죠. 이런 상황이 제리로서는 마음 편할 리 없었습니다. 한마디로 말해 낙담했죠."

그런데 1983년 말부터 콜버그는 이상한 어지럼증을 느끼기 시작했다. 검사 결과 뇌에 응혈이 있어 1984년 초에 뉴욕의 마운트 사이나이 병원에서 응혈 제거 수술을 받았다. 당시를 콜버그의 친구 중 하나는 다음과 같이 회상했다.

"크래비스와 로버츠가 병실로 자주 찾아오지 않는다며 화를 많이 냈습니다."

나중에 콜버그는 어서 빨리 예전처럼 현업으로 복귀하고 싶은 마음에 세인트크로이의 자기 집에서 요양하겠다고 우겼다. 그래서 그렇게 했다. 하지만 곧 다시 폐에서 또 다른 응혈이 발견되었다. 친하게 지내던 두 친구의 증언에 의하면, 급히 병원으로 옮겨진 제롬 콜버그는 거의 죽음 직전까지 갔다.

콜버그는 1984년 중반에 복귀하려 했지만 두통과 무기력증 때문에 포기하고 여러 달을 요양하며 보냈다. 그러다가 회사에 다시 나오긴 했지만, 예전에 했던 일들을 그대로 하기엔 벅찼다. 약을 복용하느라, 그리고 기운이 달려서 그는 정오만 되면 퇴근을 했다. 어떤 때는 출근조차 못 했다.

"제리는 아침 일찍 일어나서 7시 반까지 회사에 출근하겠다고 계획을 세웠지만 갑자기 엄습하는 두통 때문에 결국 출근하지도 못하고 집에 있어야만 했죠."

조지 펙이 한 말이다. 그리고 1986년에 KKR의 다섯 번째 파트너로 임명된 폴 래더는 이렇게 말했다.

"건강을 생각하면 제리는 아직 회사로 돌아올 수 없었습니다. 제리는 1985년에 회사로 복귀했습니다만, 몸은 있어도 있는 게 아니었죠. 일주일에 스물다섯 시간 정도 일했죠. 그러니 제대로 따라갈 수가 없었어요. 자연히 갈등이 생길 수밖에 없었죠. 일이 밀리기 시작했습니다. 제리가 제때 일을 처리하지 못했으니까요. 의사 결정이 빠르게 내려져야 하는데 그렇질 못했습니다. 이러다 보니 불화는 더욱 쌓여 갔습니다. 그리고 또 하나의 문제는 자기 자리를 제리가 제대로 지키지 못한다는 거였습니다. 제리에게 건망증이 생겨 깜빡깜빡할 때가 많았습니다. 본인은 그런 사실을 믿지 않았죠. 내가 분명히 어떤 말을 했었다고 하면, 웃기지 말라고 했습니다. 몸은 자기 자리를 지키고 있었지만, 엄밀하게 말하면 아니었습니다."

콜버그와 사촌 형제 두 사람 사이의 갈등은 비어트리스 매입을 놓고 경쟁자들과 싸움을 벌이던 와중에 겉으로 터졌다. 크래비스와 로버츠는 적대적 인수를 주장했지만 콜버그는 두 사람의 이런 계획에 반대했다. 그동안 참석하지 않았던 회의에 콜버그가 갑자기 자기도 참석해야겠다고 나설 때는 어색한 침묵이 흘렀다. 이런 상황에 대해 크래비스의 한 측근은 이렇게 회상한다.

"가장 큰 문제를 안고 있던 사람은 바로 제리였죠. 제리는 자기가 일에서 소외당하지나 않을까 무척 걱정하며 조바심을 냈습니다. 아무 때나 불쑥 남의 사무실 문을 열고 들어가 일이 어떻게 진행되는지를 물었습니다. 그리고 처음으로, 회사의 공식적인 계통을 밟아서 의사 결정이 이루어져야 한다고 주장했습니다."

로버츠와 크래비스에게는 힘든 시간이었다. 두 사람은 예전처럼 계속 그렇게 일할 수 없다고 느꼈다. 비어트리스 건이 마무리된 뒤에, 콜버그는 회사 안에서의 자기 의무와 권한을 정확하게 규정해야 한다고 주장하면서 이 문제를 공식적으로 제기했다. 이 문제를 놓고 토론하는 일은 모든 사람에게 고통스러웠다.

"내가 어떻게 해야겠나?"

콜버그는 이런 식의 질문을 던지곤 했다. 그러면 크래비스는 이렇게 대답했다.

"그게 무슨 말입니까, '내가 어떻게 해야겠나?'라니요? 나는 조지나 다른 사람들에게 무슨 일을 하라는 말을 할 필요가 없습니다. 각자 자기가 알아서 합니다. 이런 것만 봐도 지금은 변화의 시기라는 걸 알 수 있습니다. 모르시겠습니까?"

그들은 똑같은 말다툼을 몇 차례고 반복했다.

"옛날 방식대로 하길 바라십니다만, 지금은 그렇게 할 수 없습니다. 할 수가 없다고요. 그건 벌써 과거의 이야기가 되었단 말입니다."

"하지만 우리가 처음 시작할 때는 함께 일하는 파트너였네."

"그건 맞습니다. 하지만 인생은 바뀌잖아요. 일도 바뀌었습니다."

진실은 단순한 데 있었다. 크래비스와 로버츠에게 이제 예전의 스승이던 콜버그가 더는 필요하지 않다는 것이었다. 콜버그가 없는 동안 두 사람은 어렵고 복잡한 그리고 대규모의 수많은 거래들을 성사시켰다. 이 가운데는 24억 달러의 '스토어러 커뮤니케이션스'도 포함되어 있었다.

"조지와 헨리는 '우린 잘하고 있다고요, 진짜!'라고 말하곤 했죠."

조지 펙이 하는 말이다. 로버츠도 이렇게 말한다.

"'당신이 없다 해도 별문제 없어요. 아무 문제 없이 잘 돌아갑니다'라는 식으로 말하면, 제리는 펄쩍 뛰었습니다. 우리에게는 그의 도움이 점차 필요 없어지는데, 제리는 더 많은 도움을 주고자 했습니다."

그 뒤로 몇 달 동안 콜버그와 크래비스 사이의 간극은 두 사람 생활 방식의 뚜렷한 차이 때문에 더 크게 벌어졌다. 콜버그는 가정적인 사람이었고 40년 동안 한 여자와 결혼 생활을 꾸려 왔었다. 비록 큰돈을 벌었어도 예전과 달라진 게 없었다. 소박하게 입었고, 조용한 가정생활을 했으며, 여가 시간에는 테니스를 하거나 두꺼운 책을 보았다. 주로 소설이나 전기였다. 그에게 여가 시간을 즐겁게 보낸다는 의미는 일요일 오후에 소프트볼 게임을 하고 일찍 집으로 돌아가 책을 읽는 것이었다. 그래서 콜버그의 친구는 이런 말까지 했다.

"제리를 칵테일파티장에 데려가려면 보통 힘든 일이 아니었습니다."

하지만 크래비스는 화려한 생활을 즐기기 위해 살았다. 첫 번째 결혼에 실패한 크래비스는 캐럴라인 롬을 쫓아다니기 시작했고, 두 사람은 어느새 언론 매체의 단골 기사 제공자 중 한 쌍으로 자리를 잡았다. 두 사람은 밤마다 어떤 파티에든 참석했는데, 예를 들어 도널드 트럼프와 같은 쟁쟁한 인물들과 어울려 웃고 떠드는 모습 등이 기자들의 카메라에 포착되었다. 하지만 콜버그는 어른답지 않은 행동이라고 여겼다. 겉만 번지르르하게 꾸미는 크래비스의 이런 행동은 회사에 나쁜 이미지만 줄 뿐이라고 생각했다. 이와 관련해 콜버그의 친구 한 명은 다음과 같이 말했다.

"이런 게 제리를 굉장히 힘들게 만들었습니다. 제리는 또 온갖 비싼 것들로 으리으리하게 치장한 헨리의 파크애버뉴 아파트에 가는 것조차 참을 수 없는 일로 생각했습니다."

콜버그는 이런 불만을 크래비스에게 직접 털어놓기보다는 크래비스와 피가 섞인 로버츠에게 가서 했다. 로버츠는 그냥 참고 넘기라고 조언했다.

"보세요, 헨리는 행복합니다. 캐럴라인은 패션 디자이너니까 사람들 사이에서 어울릴 필요가 있습니다. 헨리가 사장님이나 저보다는 사교적인 인간이라는 건 잘 아시잖아요. 자기 원하는 대로 살게 내버려 두자고요, 간섭 하지 말고…….”

이런 불화 속에서 회사의 미래에 대한 논의가 몇 달째 계속되었다. 크래 비스는, 예전에 프로 테니스 선수로 활동하려다가 지금은 샌프란시스코에 서 로버츠 아래에서 일하는 콜버그의 아들이 콜버그를 부추기는 바람에 불 화가 계속 이어진다고 생각했다. 콜버그와 크래비스와 로버츠는 많은 시간 동안 친구들인 비티와 펙을 통해 숱한 의견을 나누었다. 물론 그 친구들은 세 사람의 사이가 좋아지길 바라고 또 그렇게 되도록 노력했다.

하지만 아무 소용이 없었다. 결국 이들 사이 불화의 핵심은 두 가지였다. 하나는 돈이고, 또 하나는 권한이었다. 크래비스와 로버츠는 콜버그가 자기 들에게 지나치게 많은 것을 원한다고 보았다. 회사를 설립할 때 세 사람은 콜버그가 수익의 40퍼센트를 가져가고 크래비스와 로버츠가 수익의 30퍼 센트씩 가져가기로 합의했었다. 그런데 다른 파트너들이 동참하면서 이들 의 몫은 콜버그의 몫에서 떼어졌다. 크래비스나 로버츠 입장에서 콜버그가 자기 몫의 일을 제대로 하지 못한다는 사실을 본인에게 직접 말하기란 여간 어려운 일이 아니었다. 하지만 어쨌거나 콜버그가 예전처럼 수익의 40퍼센 트를 자기 몫으로 가져가는 건 온당하지 않다고 생각했다.

“그건 정당한 게 아니었습니다.”

로버츠가 당시를 회상하면서 조용히 한 말이다.

회사 정관상으로는 세 사람이 다수결의 원칙에 따라 의사를 결정하도록 되어 있었다. 그런데 콜버그가 이걸 만장일치제로 하자고 했다고 로버츠는 말했다. 중요한 결정 사항에 대해 거부권을 행사할 수 있는 권한을 확보하 기 위한 속셈이었다. 콜버그의 이런 요청으로 크래비스와 로버츠의 인내심 도 한계에 다다랐다.

"우리는 콜버그에게 많은 수익을 보장해 주고, 자리를 유지하게 해 주고, 또 적절한 존경심으로써 대우할 준비가 되어 있었습니다. 하지만 그에게 거부권을 줄 마음은 없었습니다. 그건 옳은 일이 아니었으니까요."

로버츠가 한 말이다. 당시에 콜버그가 일선에서 물러나 명예 회장으로 남는 게 어떠냐는 제안이 있었지만 콜버그는 아직 은퇴할 준비가 되어 있지 않았다. 콜버그는 불같이 화를 냈다. 다음은 당시를 회상하는 폴 래더의 말이다.

"제리가 이랬습니다. '내가 이 회사를 세웠어! 내가 없었다면 자네들은 이 자리에 있지도 않아!' 우리 가운데 그 누구도 볼썽사나운 결말을 원하지 않았습니다만, 결국 그렇게 되고 말았습니다."

콜버그가 떠나겠다고 암시했을 때 크래비스나 로버츠 어느 누구도 그의 결심을 말릴 마음이 없었다. 양쪽 모두 변호사를 고용했다. 그리고 여러 달에 걸쳐 갈라서기 위한 협상을 벌였다. 1987년 봄에 실무적인 모든 작업이 끝났다. 그리고 6월에 콜버그가 회사를 떠난다는 내용이 투자자들에게 통보되었다. 파트너들 사이에 불화가 있었다는 약간의 암시가 있었지만, 구체적인 설명은 없었다. 콜버그와 그의 아들은 조지 펙과 함께 독자적인 LBO 회사인 '콜버그 앤드 컴퍼니'를 세웠다. 이 회사는 소규모의 우호적인 기업 인수 거래에만 집중했다. 콜버그는 KKR 파트너들 사이의 불화에 대해 언급한 적이 거의 없었다. 하지만 딱 한 번 있었는데, 그때 그는 크래비스와 로버츠가 더욱 많은 수수료와 더욱 규모가 크고 또 더욱 공격적인 인수에 혈안이 되어 있었는데 자기는 이것을 도저히 묵과할 수 없었다는 암시를 했다. 1987년 《뉴욕타임스》 기자와 인터뷰하면서 이렇게 말했던 것이다.

"규모가 작은 거래만 할 마음은 없습니다. 하지만 합리성이 온전하게 살아 있는 거래만 하겠다는 마음은 변함이 없습니다."

크래비스와 로버츠는 이 발언이 실린 기사를 읽고는, 콜버그가 결별 뒤에 감춰져 있는 진짜 이유들을 숨기려고 연막을 피우는 것이라고 생각했다.

1989년 중반에 로버츠는 한 인터뷰에서 이렇게 말했다.

"생각만 해도 슬픕니다. 함께 오래 살던 아내와 이혼한 것 같았습니다. 제리와 함께했던 24년 가운데 19년은 더할 나위 없이 좋았습니다. 하지만 마지막 5년은 그렇지 않았습니다. …… 좋은 친구를 잃어버린 느낌입니다. 그가 떠나도록 한 우리의 결정은 최선이었습니다. 하지만 개인적으로는 무척 마음 아팠습니다. 그건 지금도 마찬가집니다."

제롬 콜버그가 KKR를 떠난 뒤 그가 쓰던 사무실은 오랫동안 임자 없는 상태로 비어 있어 사안별로 손잡았던 외부 변호사들의 작업 공간으로 쓰이곤 했다.《탈무드》와 아크릴 기념패들로 장식된 그 방에 변호사들은 'LBO 도서관'이라는 별명을 붙였다.

한 차례 화재가 나서 사무실을 리모델링할 때 헨리 크래비스는 콜버그가 쓰던 이 공간을 계단통으로 만들었다.

* ———— ◌◌◌ ———— *

월스트리트의 거물이 되기 오래전부터 이미 크래비스는 뉴욕 사교계에 발을 들여놓고 있었다. 순전히 오랜 기간 동안 캐럴라인 롬에게 끈질기게 구애하고 다닌 덕분이었다. 패션 디자이너 캐럴라인 롬의 원래 이름은 제인 스미스였다. 그녀는 '시어스'의 폴리에스테르 스포츠웨어 전문가였다. 부부 교사 사이에 태어난 외동딸로 미주리의 커크스빌에서 이상적인 어린 시절을 즐겁게 보냈다. 다섯 살 때 그녀는 용돈을 아껴 처음으로 패션 용품을 샀다. 시어스 백화점의 카탈로그에 나와 있던 제품이었다. 그것은 바로 라인스톤(모조 다이아몬드)으로 만든 목걸이였다. 열세 살 때 그녀는 영화 〈백 스위트Back Sweet〉에 나온 수전 헤이워드를 보고 자기도 패션 디자이너가 되겠다고 결심했다.

세인트루이스의 워싱턴대학교에 다니던 제인 스미스는 마른 몸에 쾌활하고 활기가 넘쳤으며 유행과 패션을 좋아하던 여학생이었다. 그녀는 진주 목걸이를 하고 멋진 치마를 입은 채 반전 시위 현장에 참가했던 '괜찮은 여학생'이었으며, 한편으로는 여학생 기숙사로 돌아가는 길을 잊어 먹고 자기 어머니에게 전화했던 어리바리한 학생이기도 했다. 그녀는 졸업하자마자 세계 패션의 수도인 뉴욕 7번가로 진출했다. 하지만 처음 다니던 회사에서 상사가 화장실 청소를 시키자 두말하지 않고 회사를 나왔다. 그리고 다른 회사에 취직했다. 이 회사에 다니려면 매일 지하철을 타야 했다. 하지만 작은 아파트에서 그녀는 늘 풍성한 꽃으로 방을 장식하고 거품 목욕을 했다. 그녀는 당시 다음 말을 즐겨 했다.

"아름다움과 성적인 매력은 마음의 상태로 결정된다."

폴리에스테르 섬유 계통에서 열한 달 동안 일하면서 경험을 쌓은 뒤에 제인 스미스는 우상이던 오스카 더 라 렌타†에게 이력서를 내밀었다. 하지만 더 라 렌타는 심드렁했다. 그래도 그녀는 끈질기게 매달렸다. 그런 노력 끝에 결국 보조 디자이너로 취직했고, 스물네 살의 제인 스미스는 언어학이 아니라 디자인계의 헨리 히긴스 아래에서 일라이자 두리틀 역할을 충실하게 수행했다.‡ 그녀는 요리와 승마, 프랑스어를 배우며 멋진 디너 파트너가

---

† 도미니카 출신의 세계적인 패션 디자이너. 1973~1976년, 1987~1989년 두 차례에 걸쳐 미국패션디자이너협회CFDA 회장을 역임했다.

‡ 영화 〈마이 페어 레이디〉에서 오드리 헵번이 연기한 빈민층 출신의 일라이자 두리틀은 언어학자인 헨리 히긴스 교수의 교육을 받으며 우아하고 세련된 귀부인으로 거듭난다.

되려고 애썼다. 사무실에서 그녀는 다정하고 착했다. 울어 버리고 말지언정 고함을 빽빽 지르는 여자는 아니었다. 그녀는 선물 포장을 화제 삼아 많은 이야기를 할 수 있었던, 대학가 댄스파티 파트너로 여전히 이상적인 여자였다.

그녀가 변모의 첫 대상으로 삼은 것은 제인이라는 이름이었다. 그녀는 평소 자신을 제인 스미스라고 소개하곤 했는데, 산전수전 다 겪은 뉴욕 7번가의 사람들은 그녀의 말에 이렇게 대꾸하곤 했다.

"그래요? 난 타잔인데."†

그녀는 남자 친구가 권하는 대로 이름을 캐럴라인으로 바꾸었는데, 이것이 그녀의 이름으로 영원히 달라붙어 버렸다.

불행히도, 그녀의 남자 친구 역시 그녀에게 달라붙었다. 액슬 롬(악셀 룀)이라는 이 남자 친구는 독일에서 화학 공장을 운영하는 기업가의 상속인으로, 키가 크고 흑발이며 미남이었다. 한마디로 말하면, 그녀가 남편감으로 생각하던 이상적인 남자였다. 두 사람은 결혼했고, 캐럴라인 롬이 된 그녀는 독일의 다름슈타트로 가서 부유한 결혼 생활을 했다. 하지만 외로운 가정주부의 나날이었다. 결국 그녀는 지겨움을 참지 못하고 1년 만에 눈물을 흘리며 더 라 렌타에게 돌아왔다. 이렇게 첫 번째 결혼은 실패로 끝났다. 더 라 렌타는 그녀에게 저가 제품인 '미스 오Miss O'를 맡겼고, 마음의 상처를 입은 젊은 이혼녀는 절치부심, 이 일에 자신의 모든 것을 던졌다.

---

† 미국 작가 E. R. 버로스의 소설 《유인원 타잔》과 이를 원작으로 한 영화 〈타잔〉에 등장하는 여주인공의 이름이 '제인'이다.

그리고 한 해 뒤인 1979년, 그녀는 한 파티장에서 크래비스를 만났다. 처음에는 사랑이 아니었다. 우선 크래비스가 그녀에 비해 너무 작았다. 게다가 그는 월스트리트에 직장을 가진 따분한 사람이었다. 또 비록 크래비스가 9년 동안 함께 살았던 아내와 별거 상태이긴 해도 유부남이었다. 그런데 크리스마스 때 콜로라도의 베일에 함께 스키를 타러 갔다 온 이후로(이때 롬의 어머니가 딸을 보호할 목적으로 동행했다) 두 사람은 서로를 남다르게 보기 시작했다. 두 사람이 나눈 사랑은 동화에서나 나올 법한 그런 것은 아니었다. 이혼 경력이 있는 롬에게 결혼에 대한 환상 따위는 이미 없었다. 당시를 롬은 다음과 같이 회상했다.

"우정이었어요. 헨리와 함께 있으면 아픈 상처에 좋은 연고를 바른 것 같은 그런 느낌이 들었어요. 좋았죠. …… 내 기억은 처음부터 어떤 낭만적인 느낌으로 포장된 건 아니에요. 그런 게 아예 없었으니까요. 우리는 아주 오랫동안 친구 사이였어요. 그러다가 나중에야 내가 이 사람을 사랑하는구나, 하는 느낌이 들었죠."

크래비스의 결혼 생활은 벌써 여러 해째 파탄을 향해 가고 있는 상황이었다. 그는 1970년에 헤디 슐먼과 결혼했었다. 브루클린의 정신과 의사 딸이었다. 파크애버뉴에 아파트를 가지고 있었고 또 그리니치와 햄프턴스† 등에 여름 별장을 여러 채 세 내어 가지고 있던 두 사람은 사교 모임, 특히 상류층 사람들이 모이는 자리에 늘 끼고 싶어 안달이었다. 하지만 모든 사람들의 이야기를 종합하면, 억만장자가 되는 것은 아직 멀고 먼 꿈이었던 당시에 크래비스는 아내의 헤픈 씀씀이 버릇을 타박하고 나섰다. 친지 한 사람은 당시를 다음과 같이 회상했다.

---

† 뉴욕 롱아일랜드의 부자들과 유명 인사들의 별장이 있는 지역으로 유명하다.

"헤디는 늘 가장 크고 가장 좋은 물건을 사고 싶어 했고 또 가장 많이 사고 싶어 했죠. 하지만 헨리는 그렇게 돈 쓰는 걸 좋아하지 않았어요. 헤디에게는 돈과 돈을 쓰는 게 최고였고, 그걸 헨리는 참을 수 없을 정도로 싫어했습니다. 아내가 자기 직원과 함께 여름 별장에 가려고 하는 이유를 노스캐롤라이나에 있던 사람들에게 설명해야 하는 상황이 헨리로서는 무척 난처했을 겁니다."

어느 여름날 저녁, 크래비스는 그리니치에서 헤디를 만나려고 기차에서 내렸다. 몹시 기대하며 기다리고 있던 헤디는 크래비스를 보자 들뜬 목소리로 말했다.

"헨리, 정말 멋진 집을 하나 봤어, 우리 그 집 사자!"

그녀는 크래비스를 태우고 저택들이 밀집해 있는 곳을 지나 한적한 도로를 달렸다. 거기서 약 2킬로미터쯤 떨어진 곳에 나무가 우거진 좁은 길이 있었다. 그 길을 따라 가자 성이나 다름없는 거대한 저택이 나타났다. 크래비스는 온몸에서 힘이 쭉 빠지는 느낌이었다. 차에서 내릴 엄두가 나지 않을 정도였다.

크래비스는 경쟁자들을 견제하면서 기업을 사냥할 때처럼 가능한 모든 열정을 담아 롬에게 구애했다. 어느 날 저녁이었다. 두 사람이 어떤 공식적인 만찬 자리에 함께 갈 준비를 하고 있을 때였다. 그는 롬에게 테니스화 한 켤레를 내밀며 발에 맞는지 한번 신어 보라고 했다. 그녀가 벌써 여러 해째 신고 있던 스니커즈 신발이 낡아 보여 마음에 들지 않는다는 말도 덧붙였다. 롬은 붉은 레이스가 달린 드레스를 입으면서 마지못해 크래비스가 내미는 신발에 발을 넣었다. 그런데 신발 안에 무언가가 있었다. 다이아몬드 목걸이였다.

"낭만에 관해서라면 헨리는 최고예요. 물론 오스카 와일드의 낭만은 아니지만 적어도 내가 봤던 기업가나 월스트리트에 있는 사람들을 놓고 볼 때 최고예요. 기념일 때마다, 크리스마스 때마다, 생일 때마다 그 사람은 나에게 길고 달콤한 편지를 쓰죠. 편지에 자기가 느끼는 감정을 있는 그대로 적어요. 예를 들면 '나의 약속, 나의 사람, 나의 믿음이 당신 안에 있어요' 같은 거요. 얼마나 감동적인지 몰라요. 이런 편지들을 나는 하나도 잃어버리지 않고 다 간직하고 있어요."

결혼하기 전에 두 사람은 사업적인 동반자였다. 1984년에 크래비스는 롬이 패션 디자인 세계에서 성공할 수 있도록 수백만 달러를 투자하기로 합의했다. 롬은 랠프 로런, 제프리 빈, 빌 블래스 등의 브랜드가 사무실을 두고 있는 7번가의 빌딩 한 층을 통째로 빌렸다. 그리고 일곱 달 뒤, 우아한 야회복과 발랄한 일상복 작품을 선보인 패션쇼가 커다란 성공을 거두었다. 관객들에게 인사를 하러 무대에 올라선 그녀는 울고 있었다. 그녀는 이런 일이 가능할 수 있게 해 준 헨리 크래비스에게 손을 흔들었다. 크래비스 역시 울고 있었다.

롬은 결혼할 준비가 되어 있었다. 하지만 크래비스는 1984년에 최종적으로 이혼했음에도 불구하고 다른 생각을 하고 있는 것 같았다. 적어도 겉으로 보기에는 그랬다. 롬이 첫 번째 패션쇼를 준비하고 있던 어느 날, 그녀는 갑자기 스승 앞에서 눈물을 왈칵 쏟고 말았다.

"헨리가 저와 결혼을 안 할 건가 봐요."

그녀에게 아버지와 같은 존재이던 더 라 렌타는 곧바로 크래비스에게 전화했다.

"내가 상관할 일이 아니라고 말하겠지만, 어쨌거나 난 상관 좀 해야겠소. 당신이 결혼에 한 번 실패해서 결혼에 대해 좋지 않은 기억을 가지고 있다는 점, 나도 이해합니다. 하지만 이 말은 꼭 해야겠소. 만일 캐럴라인이 이혼한 남자와 내연 관계를 유지한다면 나는 정말 참지 못할 거요. 내 생각에, 적어도 캐럴라인은 그런 여자가 될 수는 없소. 나는 내가 가지고 있는 모든 수단과 영향력을 동원해서 두 사람을 갈라놓겠소."

크래비스가 마침내 손을 내밀어 롬을 잡으려 했다. 그러자 롬이 흔들렸다. 두 사람은 이탈리아에 있었고, 롬은 다음 발표회 때 쓸 새로운 직물을 사고 있었다. 당시를 롬은 다음과 같이 회상했다.

"생각을 좀 해야겠다고 했죠."

풀이 죽은 크래비스는 롬 곁을 떠나지 않고 밤늦도록 졸라댔는데, 다음 날까지 이어졌다.

"그 사람은 계속 이렇게 말했어요. '당신이 그렇게 말하다니, 정말 믿을 수가 없어. 어떻게 그럴 수가 있어?' 5분에 한 번씩 그랬어요, '그래서 어떻게 할 건데?'라고요. 그 사람은 다음 날까지 내 곁에서 떠나지 않고 계속 그렇게 조르고 따졌어요. 그러다가 오후 3시쯤에 내가 그랬죠. '네, 좋아요'라고요."

결혼식이 있기 며칠 전에 두 사람은 신혼 생활이 시작될 아파트에 들어 갔다. 아파트의 화려하고 정교한 가구들은 금세 사람들에게 화제가 되었다. 루이 15세에서부터 나폴레옹 시기에 이르는 영국과 프랑스 고가구들이 방과 거실에 가득 차 있었다. 그리고 이 공간에는 비단 휘장들이 우아하게 드리워져 있었다. 거실의 청자색 벽에는 르누아르의 작품 한 점과 모네의 풍경화 한 점이 서로 마주 보고 걸려 있었다. 크래비스의 서재에는 영국 화가들의 말 그림들이 걸려 있었다. 응접실에는 시슬레의 작품 한 점과 르누아르의 또 다른 작품 한 점, 그리고 네덜란드 화가들이 그린 꽃 그림들이 걸려 있었다. 살구색과 노란색이 교차하는 무늬로 장식된 식당에는 사전트의 대형 풍경화 한 점이 걸려 있어, 그 자리에 선 사람들로 하여금 마치 영국 영주의 장엄한 저택에 들어와 있는 듯한 느낌이 들게 만들었다. 산호 장식이

벽을 수놓았고 비단 꽃줄 커튼이 창문들을 장식했다. 한쪽에는 모조 대리석으로 만든 또 다른 별도 공간이 마련되어 있었다. 롬은 여기에서 바이올린 둘과 하프 하나로 구성된 3중주단이 식사하는 손님들을 위해 연주하도록 했다.

4년 뒤에 남성 패션 잡지인 《GQ》는 크래비스와 롬의 결혼식을 찰스와 다이애나의 결혼식과 나란히 '1980년 이후의 세기적인 결혼식' 중 하나로 꼽았다. 두 사람의 서약은 이 아파트에서 이루어졌다. 그리고 101명의 하객을 위한 식사가 이어졌고, 크래비스의 아버지 레이먼드 크래비스가 잔을 높이 들고 하객들에게 축배를 청했다. 이때 그가 한 말 가운데 다음과 같은 내용이 들어 있었다.

"헨리는 늘 참을성이 없었습니다. 태어날 때부터 미숙한 구석이 있었는데, 그때부터 지금까지 줄곧 허둥대며 살아왔습니다."

신혼부부는 맨해튼 상류 사회를 휘젓고 다녔다. 이미 뉴욕시립발레단, 마운트 사이나이 병원, 명문 사립 여학교인 스펜스스쿨 등의 이사직을 가지고 있던 크래비스는 한 계단 더 뛰어올라 메트로폴리탄 미술관의 이사진 가운데 한 사람이 되었으며, 이 미술관의 전시관 하나는 그의 이름을 따서 명명되었다. 롬도 대단하긴 마찬가지였다. 그녀가 만든 옷 한 벌 값이 8000달러나 되었고, 바버라 월터스나 시고니 위버와 같은 쟁쟁한 인물들이 입었다. 이런 그녀였기에 뉴욕공립도서관 이사회의 이사가 되었으며 메트로폴리탄 오페라 개막 파티와 뉴욕 윈터 앤티크쇼 개막 파티를 지휘했다. 두 사람은 햄프턴스에 여름 별장을 가지고 있었고, 베일에 스키 별장을 가지고 있었으며, 코네티컷에는 독립전쟁 이전에 지어진 대저택을 가지고 있었다. 코네티컷 저택에서는 롬이 정원에 나가려고 말을 탔으며 크래비스는 가끔 혼다 사륜구동 자동차로 질주하곤 했다. 크래비스는 이미 어마어마한 재산을 가지고 있었지만(평가하기에 따라 최소 2억 달러에서 최대 3억 5000만 달러까지 달라질 수 있었다) 두 사람은 하루에 열두 시간씩 바쁘게 일했다. 그러면서도 여행은 끊임없이 했다.

뉴욕에 있을 때 두 사람은 밤에 바깥나들이를 하면서 끊임없이 모습을 드러내《더블유w》나《위민스웨어데일리》의 취재 대상이 되었다. 이렇게 한 이유는 기본적으로, 도너 캐런과 같이 새롭게 떠오르는 디자이너들이 치고 올라오자 자기 위치를 위협받던 롬이 의식적으로 언론의 화려한 조명을 받으려 했기 때문이다. 롬은 자기처럼 키가 크고 마르고 또 돈 많은 사람을 대상으로 한 옷을 만들었으며, 언론 매체야말로 많은 사람들 가운데서 자기를 돋보이게 만들어 줄 최고의 후견인임을 간파했다. 그래서《더블유》는 롬이 사회적 인지도를 높이고 명성을 얻기 위해 "부동산 잡지를 포함해 모든 잡지에 얼굴을 들이민다"라고 비꼬았다. 그러면서 이렇게 덧붙였다.

"다음은《프라우다Pravda》†가 될까?"

많은 점에서 동화에나 나올 법한 생활이었다. 여름은 잘츠부르크에서 보내고 휴가는 베일에서 보내고 주말의 꿩 사냥은 코네티컷에서 했다. 그리고 저녁에는 번쩍거리는 자선 무도회에서 보내고, 아침이면 르누아르의 작품들이 있는 공간을 거닐면서 아리아를 불렀다. 두 사람이 키우는 웨스트하이랜드 테리어 '푸키'는 제복을 입은 하인과 날마다 산책했다. 이 많은 것들 가운데 특히 동화 같은 이야기는 어느 날 밤 침실에서 크래비스가 엄청난 에메랄드 목걸이로 롬을 깜짝 놀라게 해 준 일이다. 그리고 롬이 이 목걸이를 하고 패션디자이너협회의 칵테일파티에 참석했을 때, 이 목걸이가 단연 화제였다. 그녀의 오랜 친구가 그녀에게 물었다.

---

† 1912년에 창간된 러시아 일간지. 1991년 소련 붕괴 전까지는 공산당 기관지였다.

"그거 어디서 난 거야?"

"베개 밑에 있더라."

"어디서 잤는데?"

"우리 집 침대."

•————◦◦◦————•

과거 KKR와 몇 안 되는 회사들의 전용 사냥터와 다름없었던 LBO 산업은 1987년이 되면서 점차 붐비기 시작했다. 깁슨 그리팅스와 비어트리스에서 엄청난 수익이 발생했다는 사실에 매력을 느낀 수많은 기관 투자자들이 LBO를 하겠다는 투자 회사에 수십억 달러의 돈을 쏟아부었다. 크래비스처럼 한몫 챙기겠다는 욕심들이 흘러넘쳤다. 월스트리트의 두 거물 회사인 모건 스탠리와 메릴린치는 LBO를 위해 각각 10억 달러 규모의 자금을 모았다. 그리고 시어슨을 포함해 대부분의 다른 회사들 역시 비슷한 계획을 세우고 있었다. 크래비스와 로버츠는 1986년에 20억 달러 규모의 펀드를 조성했었다. 월스트리트 역사상 최대 규모이던 이 펀드를 아직 채 다 투자하지도 않은 상태였는데, 경쟁 회사 가운데 하나이던 '포스트먼 리틀 앤드 컴퍼니'가 무려 27억 달러 규모의 펀드를 조성했음을 밝혔다. 크래비스의 귀에 들려오던 발소리가 갑자기 천둥소리로 바뀌면서 그를 압박했다.

예전에는 크래비스가 은밀하게 진행할 수 있었던 매입 협상도 이제는 입찰 경쟁 시대로 바뀌었다. 이미 끝난 거래도 더 높은 가격을 부르는 매입자가 나타나면 곧바로 취소되었다. 그 바람에 몇 달을 공들인 노력이 한순간에 물거품이 되는 일이 허다했다. 크래비스가 이런 경쟁에서 이겼을 때에도 하늘 높은 줄 모르고 치솟은 가격을 불러야 했다. 이런 상황에 대해 폴래더는 다음과 같이 투덜댔다.

"수많은 작자들이 그저 자기들도 LBO 거래를 한다는 사실을 증명할 목적 하나만 가지고 달려들었죠. 이들은 자기 시체에서 벗긴 머리 가죽을 전승 기념물로 자기들 방에 걸어 두려고 달려들었습니다. 이들이 뭐랬는 줄 압니까? '난 이걸 꼭 할 거야. 왜냐고? 그럼 나도 이 대열에 선수로 끼잖아. 내 이름이 드디어 선수 명단에 올라간다고.' 웃기지도 않는 일이었죠."

크래비스도 이런 사례에 당한 적이 있었다. 1986년 가을에 플로리다의 탬파에 있던 건설 회사 '짐 월터'를 매입하기 위해 경쟁을 벌일 때였다. KKR가 가격을 제시했지만, LBO 경력이 전혀 없는 회사 '페인웨버'가 그보다 높은 가격을 제시했다. 크래비스가 깜짝 놀라 페인웨버의 최고경영자 도널드 매런에게 전화를 걸어 도대체 무슨 생각으로 그랬느냐고 물었다. 그러자 매런은 자기 회사는 투자 자금과 머천트 뱅킹† 인력을 많이 확보하고 있어서 이런 자원을 활용할 필요가 있다고 대답했다. 크래비스에게 이런 식의 대화는 마지막이 아니었다. 그 뒤에도 계속 이런 식의 대화를 해야 했다.

KKR가 LBO 분야에서 부동의 1위임을 천명하려면 어떻게든 경쟁자들을 압도해야 했다. 유일한 방법은 규모를 키우는 것이었다. 1987년 초에 크래비스와 로버츠는 거대한 규모의 기업 인수 거래를 추진하기로 방침을 세웠다. 경쟁자들이 감히 엄두도 내지 못할 50억 달러 혹은 100억 달러 규모의 거래를 시도해야 했다. 이들은 이미 몇 차례 거대 규모 LBO를 성사시킴으로써 정지 작업을 했었다. 62억 달러 규모의 비어트리스가 그랬고, 44억 달러 규모의 '세이프웨이 스토어스'가 그랬으며, 1987년 21억 달러 규모의

---

† '머천트 뱅크merchant bank'는 중세 상인들이 상품의 생산 및 거래 촉진과 자금 조달을 위해 설립한 최초의 현대식 은행으로 주요 업무는 상업 대출 및 투자였다. 오늘날 영국에서는 투자은행과 동일한 의미로 쓰이며, 미국에서는 대출 대신 주식 소유 방식으로 기업에 자본을 제공하고 또 자문을 해 주는 금융 기관을 의미한다.

'오언스 일리노이'가 그랬다. 이제 그보다 더 큰 규모로 진출함으로써 감히 그 누구도 넘볼 수 없는 영토를 개척할 생각이었다. 이런 정황에 대해 래더는 다음과 같이 회상했다.

"'우리가 아니면 누가 100억 달러짜리 거래를 하겠어?'가 바로 그 이유였죠. 물론 우리 말곤 아무도 없었죠. 그 수준의 조건을 만족시킬 수 있는 유일한 대상은 주식회사들이었습니다. 아마도 자산 가치라는 점에서 보자면 주식회사를 당해 낼 수는 없겠죠."

경쟁자들을 따돌리겠다는 게 거대 기업 인수가 가지는 유일한 매력은 아니었다. 크래비스와 로버츠는 LBO를 할 때 대상 회사의 규모가 크다고 해서 그만큼 노력이 더 많이 들지 않는다는 사실을 경험을 통해 알고 있었다. 하지만 거래 규모와 상관없이 그들이 받는 수수료 비율은 일정했다. 100억 달러 규모의 거래를 할 경우 1억 달러 규모의 거래를 할 때와 들이는 노력은 거의 차이가 없지만, 챙길 수 있는 수수료는 100배 차이가 난다는 계산을 하는 데는 굳이 천재적인 통찰력이 필요하지 않았다. 비어트리스의 LBO를 성공적으로 완수함으로써 두 사람은 4500만 달러의 수수료를 챙겼고, 세이프웨이 스토어스와 오언스 일리노이를 통해서는 각각 6000만 달러의 수수료를 챙겼다. 그리고 이 돈은 곧바로 자기들 호주머니로 직행했다.

이런 높은 수수료를 챙기려면 우선 거대한 신규 자금을 모집해야 했다. 지금까지 조성했던 그 어떤 펀드보다 규모가 커야 했다. 로버츠는 1986년 펀드를 다 투자하기도 전에 벌써 이보다 더 큰 새로운 펀드를 조성하기 위한 작업에 들어갔다. 로버츠는 다음과 같이 주장했다.

"1986년 펀드를 굳이 먼저 다 투자해야 할 필요 없어. 새로운 자금은 지금도 모을 수 있잖아. 그러니 할 수 있을 때 하자고."

당시 상황에 대해 래더는 다음과 같이 회상했다.

"1987년에는 모든 경쟁자들이 엄청난 돈을 가지고 있었어요. 하지만 우리는 이들이 가지고 있는 돈보다 훨씬 더 많은 돈을 확보하려고 했습니다. 그래야 이들과 차별성이 생길 테니까요. 그럴 때 비로소 우리가 다른 누구보다 막강한 힘을 가지고 있음이 밝혀지고, 모든 사람이 이런 사실을 깨달을 것이라고, 거대 규모 거래의 임자는 우리라고 다들 인정할 것이라고 생각했습니다."

그리하여 1987년 6월에 새로운 펀드 모집을 시작했다. 투자자들의 관심을 좀 더 확실히 끌기 위해서 비어트리스의 성과를 내세우고 자신들의 높은 인지도를 무기로 활용했다. 그리고 투자자들이 다시 자금을 선뜻 대도록 유도하기 위해 크래비스는 1990년 이전에 완료되는 모든 거래에 대한 관리 수수료를 받지 않겠다는 조건을 내걸었다. 그리고 넉 달 뒤 펀드 모집을 완료했을 때 크래비스와 로버츠는 56억 달러의 투자 자금을 무기로 깔고 앉았다. 56억 달러면 2위 경쟁자인 포스트먼 리틀이 확보한 자금의 두 배였다. 당시 LBO 투자에 들어갈 준비를 하고 있던 전 세계의 자금을 모두 합하면 200억 달러로 추정되었다. 이 가운데 4분의 1이 넘는 자금을 한 러시아 이민자의 두 손자가 확보하고 있었던 셈이다. 이 자금을 담보로 해서 대출을 최대한 받는다고 할 때 이들의 구매력은 무려 450억 달러나 되었다. 이 정도면《포천》선정 500대 기업 가운데 '허니웰'과 '제너럴 밀스' '필스버리' 등을 포함해서 미니애폴리스에 본사를 둔 회사 열 개를 사고도 남는다고 《포천》은 지적했다. 월스트리트 역사상 이 정도의 대규모 자금이 단일 펀드로 모인 적은 없었다.

하지만 월스트리트가 아는 것은 반밖에 되지 않았다. 크래비스와 로버츠는 최초로, 투자자들로부터 목표 대상 회사들의 주식을 은밀하게 매집해도 좋다는 허락을 받았다. 분 피컨스와 같은 기업 사냥꾼들이 즐겨 사용하는 방식인 이른바 '발판' 투자†를 해놓을 경우 크래비스가 해당 회사들의 최고경영자들과 협상할 때 협상력은 한층 높아질 뿐 아니라, LBO 논의가 시작되면서 해당 회사의 주가가 오를 경우 주식의 시세 차익까지 누릴 수 있어서 일석이조였다. 경쟁 환경이 변화하면서 새로운 대응 방식으로 나타난 이런 전술은, 특히 다른 어떤 전술보다도 KKR가 노변한담을 주 무기로 내세우던 제롬 콜버그의 회사와 뚜렷이 다르게 보이도록 만들었다. 이런 전술이 좀 더 새롭고 공격적이었던 것이다. 그리고 전체 LBO 시장에서도 우호적인 대화보다는 우격다짐으로 팔을 비트는 방식이 곧 대세로 자리 잡게된다.

하지만 이런 접근법을 따르려면 크래비스로서는 위험한 줄타기를 해야만 했다. KKR의 주요 자금원인 연기금은 적대적 인수를 금하고 있거나 혹은 경계했다. 까딱하다간 투자자들이 썰물처럼 빠져나가고 LBO 분야에서 독보적인 위치를 잃어버릴 수도 있었다. 또 만일 KKR가 기업을 사냥하고 있다는 말이 나돌면, 제정신이 박힌 최고경영자라면 과연 누가 이 회사와 우호적으로 LBO를 논할 수 있을까. 그래서 그렇지 않아도 천성적으로 성마른 성격이던 크래비스는 대중의 비판에 더욱 예민하고 민감했다.

1987년 10월에 주식 시장이 붕괴하자 크래비스와 로버츠는 움직이기 시작해서 미국의 여러 주요 회사의 주식들을 은밀하고도 광범위하게 사들였다. 1988년에 두 사람은 이들 회사 가운데 하나를 찍어서(이 회사의 이름은 아직 비밀이다) LBO를 제안했다. 그러나 거절당했다. 그리고 3월 말에 크래비스는 석유 회사 '텍사코'의 주식 4.9퍼센트를 가지고 있음을 밝혔다. 당시

---

† '발판 매입toehold purchase'은 매수 대상 기업의 주식을 대량 매입하기 전에 5퍼센트 미만의 주식을 매입해 두는 전략이다. 미국에서는 5퍼센트 이상 주식을 매입할 경우 해당 기업과 증권거래위원회에 매수자, 자금 출처 등의 정보를 알릴 의무가 있다.

이렇게 한 것은 최대 주주이던 투자자 칼 아이칸의 압력 때문이었다. 그로부터 두 달 동안 크래비스와 로버츠는 텍사코의 매입 혹은 대규모 구조 조정과 관련된 논의를 하려고 시도했다. 당시를 래더는 다음과 같이 회상했다.

"우리는 그 친구들을 어떻게든 움직여 보려고 갖은 노력을 다 했습니다. 하지만 꿈쩍도 하지 않더군요."

결국 KKR는 두 손을 들었다. 텍사코의 주식을 팔아 시세 차익을 실현시키는 데 만족했던 것이다.

그런데 곧 드러나고야 말았지만, KKR의 문제는 물어뜯기만 했을 뿐 짖지는 않았다는 점이었다. 연기금 투자자들이 돌아설까 봐 두려워 크래비스와 로버츠는 노골적으로 적대적 인수에 나서지 못했다. 그리고 이런 사실은 월스트리트의 모든 사람들이 알고 있었다. 9월 중순에 KKR는 신시내티에 본사를 둔 식료품 체인인 '크로거'에 46억 4000만 달러를 지불하고 인수하겠다는 제안을 했다. 이와 비슷한 제안을 며칠 전에 해프트 일가로부터 받았던 크로거는 크래비스의 제안을 두 차례에 걸쳐 거절했다. 이로써 크래비스는 잔뜩 망신만 당했고 주식 시세 차익을 얻었다는 사실에만 만족해야 했다.

새로운 거래를 성사시키지 못하고 있다는 것만 문제가 아니었다. 수많은 사업 단위들을 팔아치웠지만, 비어트리스의 나머지 부분을 매각하는 게 불가능했던 것이다. 사려는 사람이 아무도 나서지 않았다. 그 바람에 크래비스에게는 골치 아픈 문제로 남아 있었다. 로스 존슨에서부터 하인츠까지 모든 식품업체 최고경영자들에게 제발 매입해 달라고 했지만 비어트리스는 팔리지 않았고, 여전히 크래비스의 소유로 남아 있었다. 그래서 1988년 중반이 되면, 애초에 현금화되기로 기대했던 30억 달러의 수익이 현금으로 실현되지 않았을 뿐 아니라, 크래비스와 그의 투자자들에게 돌아가는 수익도 전혀 없는 거나 마찬가지였다.

완전히 망쳐 버린 한 해였다. 매입을 시도한 회사들로부터 매번 퇴짜를 맞았고, 경쟁자들은 뒤꿈치까지 바짝 뒤따라온 상태라서 크래비스는 우울할 수밖에 없었다. 제프리 벡이 RJR 나비스코에 접근해 보는 게 어떠냐고 말했을 때, 크래비스는 그 아이디어를 그다지 중요하게 생각하지 않았었다. 이와 비슷한 탐색을 크래비스는 한 달에 수십 건씩 하던 터였다. 10월 5일, 크래비스는 친하게 지내던 투자은행가 한 명과 아침을 함께 먹었다. 모건 스탠리의 스티븐 워터스였다.

"RJR는 어떻게 되어 가죠?"

크래비스가 물었다. 1년쯤 전에 한 번 만난 뒤로 그는 존슨과 한 번도 얘기를 나눠 본 적이 없었다. 워터스는 자기가 아는 것 가운데 특별히 새로운 건 없다고 했다. 두 사람이 RJR 나비스코를 놓고 마지막으로 대화한 이후로 크래비스는 줄곧 담배 회사가 법적인 소송 문제를 과연 제대로 넘어설 수 있을지 걱정했다. 하지만 시펄로니 소송 이후로 그의 이런 걱정은 사라졌다.

"담배 사업 부문과 관련해서 불리한 점이 많다고 했던 내 말을 다시 생각해 봤는데 말입니다, 어쩌면 로스가 좋다고만 한다면 만나서 이야기를 나눠 봐야 하지 않을까 싶네요."

크래비스가 워터스에게 한 말이었다. 그리고 이날 워터스는 존슨에게 전화를 했다. 자동응답기가 그의 전화를 받았고, 존슨 대신 제임스 웰치가 메시지를 듣고는 전화를 했다.

"헨리가 담배 사업 부문과 관련해서 부정적인 태도를 바꾸었습니다."

워터스의 말에 웰치가 대꾸했다.

"그것참 잘됐네요. 로스는 지금 바쁘고……, 아무튼 다시 한 번 생각해 봅시다. 회사 재무 상태를 훑어본 뒤에 전화 드리죠."

워터스의 전화는 일종의 경고인 셈이었지만, 존슨은 이 경고를 무시했다.

6장

모두가 돈방석에 올라앉는
그날을 꿈꾸며

*
머천트 뱅킹에 대해 말하자면,
나는 RJR 나비스코를 제외하곤 거기에 전혀 손을 대지 않았다.
– 피터 A. 코언

금요일 오후, 걸프스트림 제트기가 애틀랜타 상공의 구름을 뚫고 내려올 때 시어슨의 최고경영자 피터 코언은 주말 일정을 다시 한 번 되짚었다. 다음 날인 10월 8일 아침에 코언은 로스 존슨을 만나기로 되어 있었다. 근 한 달 만의 만남이었다. 비록 존슨이 여전히 LBO를 할 것인지 말 것인지 분명한 의사 표현을 하고 있지 않다는 게 문제였지만, LBO와 관련된 자료는 합병 책임자 토밀슨 힐이 지휘하는 팀이 몇 주 동안 고생하면서 충분히 정리한 상태였다. 비행기가 활주로를 향해 하강할 때 코언은 다음 날 아침 존슨과 만난 자리에서 어떤 합의점을 찾아낸다면 얼마나 좋을까 하는 생각을 했다.

취리히에서 오는 길이었다. 매우 긴 여행이었다. 취리히에서 보낸 2주는 코언에게 휴가를 겸한 출장이었다. 피곤했다. 코언은 키가 작았고, 머리카락은 갈색이었다. 그는 작다, 어둡다, 인기 있다, 열정적이다 등 기자들이 자기를 묘사하는 내용을 가지고 농담을 즐겨 했다. 《인스티튜셔널인베스터》가 한번은 그의 외모를 〈대부 2〉에서 마이클 코를레오네를 연기한 알 파치노에 빗댄 적이 있었다. 코언은 매우 거친 남자로 보였다. 사실 여러 해 동안 실제로 그는 그렇게 살았다. 시어슨의 창립자 가운데 한 사람인 샌디 웨일의 오랜 측근으로, '사형 집행인'이라는 명성을 얻었다. 그를 동물에 비유한다면 오소리였다.

40대로 접어들고 또 시어슨을 다스리는 위치에 오르면서 그는 부드러워졌다. 적어도 그렇게 보였다. 친구들은 그가 최근 몇 년 동안 부쩍 '어른스러워졌다'고 말했다. 이는 예전처럼 딜런 리드와 같은 작은 경쟁자들에게 '땅콩'이라 불리지 않게 되었음을 의미했다(실제로 어떤 인터뷰 기사에서 그를 '땅콩'이라 부른 사람도 있었다). 또한 그는 예전에 그랬던 것처럼 자기를 비판하는 사람들에게 '똥구멍 같은 인간'이라는 딱지를 공개적으로 붙이지도 않았다. 시어슨의 모회사 아메리칸 익스프레스의 회장 제임스 로빈슨의 권고를 따라 코언은 더욱 정치인처럼 굴고, 워싱턴 정가 사람들을 만나 증권 시장의 세계화에 대해 고상하게 말하고, 또 카를로 데 베네데티†와 같은 유럽 기업계의 거물들과 친교를 돈독하게 하려고 노력했다.

그는 각진 성격을 둥글둥글하게 다듬느라 많은 고생을 했다. 사무실에 있던 전기톱 모형도 치웠고, 종아리까지밖에 내려오지 않던 세로 줄무늬 반바지를 입은 조각상도 치웠다. 대신 그 자리에 가족사진 몇 장과 자기 아이들이 손가락으로 그린 그림들을 놓았다. 이런 풍조가 유행하기 여러 해 전에 이미 코언은 사람들에게 좀 더 부드럽고 친절한 이미지를 보여 주려고

---

† 1978~1996년까지 타자기와 탁상용 계산기로 유명한 이탈리아 종합 사무 기기 회사 '올리베티'의 최고경영자를 지냈다.

노력했던 것이다.

의류 제조업자의 아들이던 코언은 롱아일랜드에서 성장했으며 줄곧 공립 학교만 다니다가 오하이오주립대학교에 입학했다. 10대 소년일 때 그는 아버지가 구독하던 《포천》과 《던스리뷰》를 탐독했다. 아버지는 아들에게 투자 매니지먼트사 'T. 로 프라이스'의 뮤추얼 펀드 몇 개를 사 주었는데, 아들은 그때 이후로 줄곧 주식 시장에 매료되었다. 또 고등학교에 다니는 동안 내내 특이한 일들을 해서 돈을 벌었으며, 대학교에 다닐 때는 '콜트 45' 맥주를 남학생 사교 클럽에 대 주면서 돈을 모았다.

돈벌이 재주는 타고났지만 공부 재주는 그렇지 않았다. 재무 분야를 전공했는데 학점은 평균 C밖에 되지 않았다. 컬럼비아대학교 비즈니스스쿨에 다닐 때는 시내에 있는 증권 회사를 뻔질나게 드나들며 시장이 돌아가는 상황을 살펴보면서 대학교 때 맥주를 팔아 벌어 놓은 종잣돈을 투자했다. 그리고 자기가 생각하기에 아버지가 당연히 줘야 한다고 생각하는 급여를 주지 않자 코언은 가업을 이을 생각을 접고 곧바로 월스트리트로 달려갔다.

코언은 스물두 살의 어린 나이에 결혼을 하여, 20대 후반에는 이미 두 아이의 아버지였다. 웨일을 보조하는 일을 했던 그는 밤늦은 시각까지 불을 밝히고 사무실을 떠나지 않는 사람 가운데 한 명이었다. 그는 행정가였을 뿐 거래 전문가나 투자은행가는 아니었다. 거친 협상 과정에서 '나쁜 경찰' 역할을 하는 것은 언제나 그의 몫이었다.[†] 사람을 협박하는 데는 소질이 있었다. 하지만 포도주며 미술품, 여행 혹은 월스트리트의 중역들이 잘 알고 있을 여러 가지 섬세하고 고상한 것들에 대해 배우고 익힐 시간이 그에게는

---

† '나쁜 경찰'과 '좋은 경찰'이 번갈아 범인을 심문할 때 심문 효과가 좋다는 사실에 빗댄 표현.

없었다. 오랜 세월 전 세계의 유명한 도시들을 여행했어도, 그 도시들에 있는 공항과 호텔 말곤 아는 게 없었다. 이제는 로마나 마드리드 같은 도시에 갈 때면 코언은 하루 혹은 한나절이라도 시간을 내서 그동안 보지 못했던 것들을 보려고 애썼다. 나이 마흔 살에 그는 루브르 박물관, 오르세 미술관, 타이베이 국립박물관을 처음 보았다. 많은 노력을 들여 테니스 실력과 골프 실력도 키웠다. 친구들은 코언이 긴장을 풀고 느긋한 시간을 보내는 방법을 매우 열심히 배운다고 생각했다.

1980년대 초반에 시어슨은 소규모 거래소들을 거느린, 작긴 하지만 빠르게 성장하던 '와이어하우스'†였다. 하지만 시어슨은 이렇다 할 투자은행을 가지고 있지 않았다. 1983년에 웨일로부터 시어슨을 넘겨받은 지 1년 뒤에 코언은 가장 오래된 동업 회사이며 일류의 냉혈 투자은행이던 그리고 내부 분열로 붕괴해 버린 '리먼 브라더스 쿤 로브'를 인수함으로써 월스트리트를 깜짝 놀라게 했다.

하지만 시어슨과 리먼 브라더스의 결합은 이상했다. 리먼은 믿을 만한 진짜 은제 담배 케이스이고, 신선한 꽃이며, 인상주의 화가의 그림이고, 저장고에 먼지를 뒤집어쓰고 있는 오래된 오브리옹이나 페트뤼스 포도주였다. 그에 비하면 시어슨은 빈 피자 박스이고, 먹다 남은 컵라면 용기이며, 자판기에서 뽑은 종이컵이었다. 리먼에 오래 몸담았던 한 사람은 다음과 같이 빈정거렸다.

"시어슨이 리먼을 인수한 건 맥도날드가 고급 레스토랑 '21 클럽'을 인수한 거나 마찬가지야."

---

† 본사가 각 지점들과 전화, 전보 등 전기 통신망으로 가격, 주문, 조사 결과 등의 정보를 주고받는 증권 중개 회사를 가리킨다. 오늘날에는 보통 규모가 큰 종합 증권 회사를 의미한다.

합친 회사 '시어슨 리먼'의 회장은 두 회사를 합한 것만큼이나 우아함과 뻔뻔스러움의 기묘한 합체의 결정판이었다. 벨벳 장갑 속에 감추어진 울퉁불퉁한 주먹이나 다름없었던 것이다. 시어슨은 모기업인 아메리칸 익스프레스가 입주한 건물의 19층에 자리 잡고 있었다. 조류학자 오듀본의 새 그림들과 동양의 양탄자로 우아하게 장식된 19층의 교양 있는 고요함 속으로 발을 디딘 방문객은 거스라는 이름의 신사로부터 우선 인사를 받았다. 뉴욕의 《데일리뉴스》를 뒤적거리던 이 사람은 투박한 뉴욕 악센트로 말했다.

"그 이중문을 열고 안으로 들어가심 돼요."

1981년에 시어슨의 다수 지분을 획득한 아메리칸 익스프레스의 막강한 화력을 등에 업은 코언은 자기 회사의 자본이 이익을 낼 수 있는 곳이 없나 여러 해 동안 탐색해 왔다. 1980년대 중반이 되면서 모건 스탠리나 메릴린치 같은 경쟁자들이 LBO에 뛰어들었다. 그리고 드렉설의 정크 본드와 같은 막강한 무기와 경쟁할 생각으로, 자기네 자금을 이른바 '브리지론'이라는 이류의 잠정 인수 자금으로 빌려주기 시작했다.[†] 이런 대출금은 보통 나중에 정크 본드의 판매를 통해 돌려 막거나 브리징한다. 이런 흐름을 일반적으로 '머천트 뱅킹'이라고 불렀다. 기본적으로 투자은행들이 여러 해 동안 입질해 오던 곳에 자기네 돈을 투자하는 것을 가리키는 용어인데, 멋있어 보이려고 허세를 부린 표현이다.

시어슨은 머천트 뱅킹 분야에 진입하긴 했지만, 시기가 늦기도 했거니와 눈에 띄는 활동을 보여 주지도 못했다. 리먼의 활발한 인수 사업이 코언

[†] 자금이 급히 필요할 때 단기 차입으로 자금을 조달하는 것을 '브리징'이라고 하며 이때의 자금을 브리지론이라고 한다. 어떤 기업을 갑자기 인수할 때 인수 자금을 마련할 때까지 우선 은행이 자금을 지원하여 필요 시점과 조달 시점의 시차를 맞추어 주는 다리 역할을 한다고 해서 붙여진 이름이다.

에게 최초로 풍부한 투자 기회에 접근할 수 있게 해 주긴 했지만, 또 열의도 만만치 않게 가지고 있었지만, LBO 분야에서 시어슨은 뒤처졌다. 리먼이 시어슨과 합병한 뒤, 리먼에 있던 유능한 직원들은 다른 회사로 가 버렸다. 그러자 코언은 남은 사람이라도 붙잡아야 한다고 생각했다. 1984년 말에 그는 영국으로 가서 리먼의 런던 지사 책임자인 스티븐 W. 버섀드에게 한 가지 제안을 했다. 뉴욕으로 돌아와 최고 경영진의 호주머니를 불릴 수 있는 방법을 생각해 봐 줄 수 있겠느냐고 말이다. 당시의 상황을 버섀드는 다음과 같이 회상했다.

"무슨 방법을 쓰든 간에 그들을 부자로 만들어 달라는 것이었습니다."

버섀드가 가지고 온 대답은 LBO였다. 하지만 수없이 첫 단추를 잘못 끼움으로써 버섀드는 단 한 차례 그저 그런 규모의 LBO만 성공했다. 그리고 이 거래는 결국 엄청난 악몽으로 끝나고 말았다. 오하이오 털리도에 기반을 두고 있던 자동차 부품 회사 '셸러 글로브'를 4억 8200만 달러에 인수한 지 여섯 달 뒤에 코언과 열두 명의 시어슨 중역들은 내부자 거래 혐의를 받고 증권거래위원회로부터 소환장을 받았다. 코언은 불법적인 사실이 없었다며 혐의를 부인했고, 조사 결과 구체적인 증거는 나오지 않았다. 하지만 코언으로서는 끔찍한 경험이었다. 《비즈니스위크》는 이 '셸러 글로브' 거래를 '시어슨을 무대 위로 강제로 질질 끌어내서 집중 조명을 받게 한 거래'라고 불렀다.

코언으로서는 LBO의 혹독한 첫 경험이었다. 셸러 글로브 거래 당시 코언과 사소한 말다툼 끝에 사직서를 던지고 나갔던 버섀드는 다음과 같이 당시의 코언을 회상했다.

"피터는 기업 재무에 대해선 아무것도 모르는 사람이었습니다. 그는 잡지에서 읽은 내용은 알았지만, 투자은행이나 거기서 하는 일은 우리 아버지 정도밖에 아는 게 없었습니다. 우리 아버지요? 우리 아버지는 나더러 월스트리트에는 아예 얼씬도 하지 말라는 충고를 하신 분입니다."

1986년 6월에 버섀드를 대신해 코언은 문제적인 인물인 대니얼 굿을 고용했다. 그는 'E. F. 허턴'에서 인수 합병 책임자로 있으면서 기업 사냥꾼들을 지원하는 사업의 체계를 꾸린 인물이었다. 그는 끝없이 낙천적이어서 '돈키호테'라고도 불렸는데, 칼 아이칸이나 분 피컨스 같은 사성 장군급의 일급 투자자들의 뒤는 대지 않았다. 그의 고객들은 세상에 거의 알려지지 않은 이류 사냥꾼들이었다. 예를 들면 5번가의 아버트라저 애서 에덜먼이나 소매 유통업의 스크루지 허버트 해프트와 같은 사람들이었다.

코언은 시어슨의 자금으로 LBO를 직접 하는 대신 굿이 관리하는 기업 사냥꾼들에게 브리지론을 대 주는 길을 선택했다. 굿의 사냥꾼들은 윙크 한 번이나 어깨 으쓱거림 한 번으로 이 자금을 부릴 수 있었다. 그러나 이들은 주로 상처입고 병든 기업만 쫓아서 환매나 합병의 기회를 엿보았다. 하지만 어쨌거나 시어슨으로서는 수익을 남길 수 있었다.

시어슨의 많은 중역들이 굿을 고용하는 데 격렬하게 반대했다. 특히 인수 합병팀의 힐과 워터스의 반대가 심했다. 이들은 굿이 실제보다 미화되어 있지만 사실은 기업을 갈취하는 데 전문가라고 보았던 것이다. 굿이 뒤를 대 주는 사냥꾼들은 시어슨의 명성을 더럽히고, 나아가 시어슨이 전통적인 인수 합병 관련 컨설팅 분야에 진출하는 데 필요한 우량 기업들과 돈독한 관계를 쌓을 기회를 날려 버릴 것이라고 힐은 주장하며 굿의 고용에 줄기차게 반대했다. 힐에게 이 투쟁은 성전이나 다름없었다. 이 전쟁은 굿이 시어슨에 발을 들여놓은 뒤에도 계속되었다. 그리고 힐과 워터스는 굿이 저지른 실수들을 하나도 빼지 않고 기록했다.

"힐은 처음부터 댄(대니얼의 애칭)의 불알을 떼어 내려고 갖은 애를 썼죠."

당시 시어슨에서 함께 일하던 동료가 한 말이다.

하지만 굿의 첫 번째 거래로 1986년에 폴 빌저리언이 '해머밀 페이퍼'를 사냥함으로써 600만 달러라는 두둑한 수수료를 벌어들이자 코언의 의심은 사라졌다. 그 돈은 여태껏 시어슨이 벌어들인 돈 가운데 가장 쉽게 번 돈이었다. 시어슨의 부회장이던 조지 샤인버그는 이렇게 외쳤다.

"하느님 맙소사! 끝내주는구나!"

시어슨은 15개월 동안 '벌링턴 인더스트리스'와 '텔렉스'를 포함한 여러 회사들에 대한 사냥을 뒤에서 후원했고, 굿의 고객들은 계속해서 코언의 금고에 수수료를 안겨 주었다.

하지만 시간이 지나면서 코언은 굿에 대한 신망을 거두어들이기 시작했다. 정크 본드 판매가 머천트 뱅킹의 여러 가지 수익원 가운데 가장 남는 부문이지만 굿의 사냥꾼들은 정크 본드를 거의 사지 않았기 때문에 시어슨의 정크 본드 부서는 공치는 일이 많았다. 애셔 에덜먼이 마침내 회사 하나를 낚아챘을 때(이 회사는 외식업체인 '폰데로사'였다) 시어슨의 정크 본드 거래는 재앙을 맞았고 시어슨은 엄청난 손실을 입었다. 코언은 잔뜩 화가 났다. 굿이 모든 비난을 뒤집어썼다.

시어슨 사냥 특급의 마지막 운행은 1987년 10월 19일의 이른바 '검은 월요일'에 시작되었다. 주식 시장이 붕괴하자 진행 중이던 수많은 인수 건들이 엉망진창으로 풀려 버렸다. 코언과 샤인버그는 공황 상태에 빠졌다. 이들은 회사가 대출금 수억 달러를 회수하지 못할 수도 있다는 사실을 처음으로 깨달았다. 일주일 뒤, 언제나 쾌활한 대니얼 굿이 투자위원회에 나타났다. 과거 재봉틀 제작 회사였던 '싱어'에 대한 폴 빌저리언의 사냥을 지원하기 위한 투자를 승인받으려고 했던 굿은 충격을 받았다. 1억 달러를 기대하고 왔는데, 코언이 LBO를 계속 하고 싶으면 빌저리언에게 당장 다른 데

가서 2억 5000만 달러를 구해 오게 하라고 했기 때문이다.

"만일 그가 이 돈을 가지고 올 수 없다면, 젠장, 우린 이제 한 푼도 안 내줄 거야. 게임 규칙이 바뀌었어."

그런데 빌저리언이 정말 그 돈을 가지고 나타나자 코언은 누구보다 많이 놀랐다. 그 바람에 시어슨은 싫다고 발버둥치면서도 어쩔 수 없이 싱어 사냥에 이끌려 들어갔다. 그런데 싱어가 금방 항복하는 바람에 빌저리언은 회사 인수 자금을 마련해야 했다. 빌저리언으로서도 이런 일은 처음이었다. 주식 시장 붕괴 이후 절제 분위기를 이어 가고 있던 월스트리트의 상황을 고려할 때 이는 결코 쉬운 일이 아니었다. 길고 힘든 싸움이었다. 그리고 이 싸움은 샤인버그와 굿이 주먹다짐을 하기 일보 직전에서 끝났다. 어느 시점에선가 굿이 뉴욕을 빠져나가 카리브해로 휴가 여행을 가 버렸던 것이다. 샤인버그는 빌저리언과 협상하기 위해 굿의 철천지원수인 토밀슨 힐을 내세웠다. 힐은 더할 나위 없이 즐거운 마음으로 굿의 최고 고객이던 빌저리언과 협상을 했다. 이때의 일과 관련해서 힐은 나중에 다음과 같이 자랑스럽게 말했다.

"거래가 실패로 끝나려 할 때, 내가 들어가서 빌저리언의 두 다리를 부러뜨려 버렸죠."(1989년 9월에 빌저리언은 여러 건의 증권법 위반으로 유죄 판결을 받고 4년 징역형을 선고받았다. 시어슨은 어떤 혐의로도 기소되지 않았다.)

마침내 빌저리언이 싱어를 인수했다. 하지만 그 거래는 굿의 '워털루 전투'[†]였다. 비록 싱어 거래로 3000만 달러의 수수료를 챙겼지만 회사 안에서 굿은 모든 신뢰를 잃었다. 당시의 상황을 힐은 이렇게 회상했다.

"굿은 이미 권총 두 자루로 자기 머리를 겨누고 있었죠. 그때 피터 살러

---

† 나폴레옹을 재기 불능으로 몰아넣은 전투.

먼이 그 총 하나를 뺏어서 자기 입에 박아 넣었습니다."

투자은행 부문의 공동 책임자로서 굿의 상사이던 살러먼은 리먼의 오랜 고참으로 성격이 거칠었다. 그는 시어슨이 머천트 뱅킹을 중시하는 쪽으로, 즉 LBO를 적극적으로 하는 쪽으로 사업 방향을 잡자, 이 부문에서 자신의 영향력을 강화하고 싶었고 또 그런 점에서 굿을 무척 부러워했었다. 코언이 오래 생각한 끝에 펀드를 조성하기로 결정을 내린 것은, 비슷한 펀드를 조성해서 성공을 거둔 경쟁자들의 사례에 대한 반응이기도 했고 또 '검은 월요일'에 대한 반응이기도 했다. 다른 사람의 돈을 투자하는 것이 자기 돈을 직접 투자하는 것보다 안전하다는 사실은 바보라도 알 수 있었기 때문에, 투자자들을 끌어모아 자금을 조성하기로 한 선택은 당연한 것이었다.

하지만 코언과 살러먼은 10억 달러가 넘는 규모로 조성하기로 한 이 투자 자금을 두고 전혀 다른 생각을 했다. 일반적으로 LBO 펀드들은 반半자율적으로 운용된다. 하지만 야심에 찬 살러먼은 시어슨을 이용해 개인적인 봉건 영지를 확보하고 아울러 거대한 재산도 일굴 계획이었다. 그는 펀드가 창출할 수익의 상당 부분에 대해 권리 주장을 할 수 있는 근거를 찾으려고 했다. 물론 여기에 대해 코언은 당연히 반대할 터였다. 코언은 이 펀드를 시어슨에 소속된 한 부서로 파악했다. 따라서 코언이 보기에는 살러먼이 '특별한 혜택'을 받아야 할 이유가 없었다. 두 사람 다 황소고집에 다혈질이었다. 그래서 1988년 봄 무렵에는 서로 말도 하지 않았다. 결국 아버트라지(차익 거래) 부서의 책임자이던 온화한 성격의 로버트 밀러드가 두 사람 사이의 의사소통 교량 역할을 했다. 시어슨의 LBO 분야 진출은 이처럼 말도 많고 탈도 많았다(코언은 나중에 RJR 나비스코를 대상으로 한 거래에서는 피터 살러먼을 완전히 배제했다. 앤드루 세이지가 이런 요구를 했기 때문에 그렇게 했다고 코언은 나중에 밝혔다. 몹시 화난 살러먼은 뉴욕 양키스 야구단으로 갔고, 세이지는 코언에게 그런 요구를 한 적이 없다고 했다).

코언과 살러먼이 다투는 틈을 이용해 토밀슨 힐은 가슴에 품고 있던 야망에 불을 지폈다. 그해 3월 스티븐 워터스가 회사를 나가기 나흘 전에 힐은 야심찬 인수 계획을 공개했다. 12억 7000만 달러 규모의 적대적 '주식 공개 매수'였고, 대상은 피츠버그의 활기 없는 회사 '코퍼스 컴퍼니'였으며, 인수 주체는 주택 건설 및 건축 자재 생산 회사인 영국계 '비저 PLC'였다. 하지만 이 거래에는 복잡한 문제가 감추어져 있었다. 시어슨이 인수 주체 회사의 지분을 45퍼센트 가지고 있었고, 비저는 50퍼센트 조금 덜 되는 지분을 가지고 있었다. 그런데 통상적인 사례로 볼 때 적대적 인수를 하는 주체 회사의 지분을 주요 투자은행이 높은 비율로 가지는 경우는 단 한 번도 없었다. 시어슨이 보이지 않는 선을 넘고 있었던 것이다. 힐은 혁신적인 이런 거래 방식이 좀 더 나은 수익을 보장해 줄 뿐 아니라 이런 거래 방식을 개척함으로써 자기 명성도 높아질 것이라고 잔뜩 기대했다. 그는 코퍼스 인수가 손쉬운 승리로 끝날 것이라고 확신했다. 월스트리트의 표현대로 '슬램 덩크'가 될 게 분명했다.

하지만 이보다 더 어리석은 짓은 없었다. 코퍼스의 방어는 피츠버그에서 유명한 싸움으로 비화했다. 피츠버그 시장부터 시작해 펜실베이니아 주 정부의 재무부 장관에 이르기까지 모든 사람들이 시어슨과 아메리칸 익스프레스를 공개적으로 공격했다. 특히 주 정부의 재무부 장관은 주 정부가 두 회사와 맺고 있던 모든 거래 관계를 끊어 버렸다. 코퍼스 직원들은 기자들이 지켜보는 가운데 자기들이 가지고 있던 아메리칸 익스프레스 카드를 가위로 두 동강 내고 아메리칸 익스프레스가 적대적 인수에 자금을 지원하는 행태를 비난하는 편지를 다른 회사들에 보냈다.

이런 사태를 보고 가장 화난 사람은 제임스 로빈슨이었다. 그는 사태가 이 지경이 되도록 보고조차 받지 못했다고 생각했기 때문에 더욱 화가 났다. 다음은 코언과 막역한 친구로 지내던 이가 한 말이다.

"짐(제임스의 애칭) 로빈슨은 엄청나게 화가 났죠. 그의 머리에서 나온 뜨거운 김이 51층에서 시어슨이 입주해 있던 19층까지 빠르게 내려갔습니다. 물론 피터는 엄청나게 깨졌고요."

결국 고객 회사가 이기긴 했지만 코퍼스 인수는 시어슨의 머천트 뱅킹 노력에 심각한 손상을 입혔다. 최근까지 시어슨이 거둔 성공의 중추였던 적대적 인수가 심각할 정도로 인기를 잃었다. 그해 여름 코언은 두 건의 적대적 인수 계획을 가지고 있었지만 모두 포기해야 했다. 랜스 형제가 제안한 세인트루이스의 '인터코' 인수 건과, 속옷계의 실력자인 빌 팔리가 제안한 조지아의 의류 회사 '웨스트포인트 페퍼럴' 인수 건이었다.

이와 함께 시어슨의 수익도 악화되기 시작했다. 증권 시장 전체가 '검은 월요일'의 여파로 고통받고 있었다. 하지만 시어슨보다 더 크게 고통받는 회사는 별로 없었다. 비틀거리는 증권 회사 'E. F. 허턴'을 인수함으로써 전체 경상비 지출이 급격히 늘어났기 때문이다. 직원을 일부 정리하고 또 코언은 추가 정리를 계획하고 있었지만, 그것만으로는 부족했다. 참신한 수익 원천이 필요했다. 머천트 뱅킹은 월스트리트에서 가장 활발하고 수익성 높은 사업으로 이미 자리 잡은 상태였다. 따라서 시어슨으로서는 그 어느 때보다 여기에 매진해야 했다. 그런데 적대적 인수라는 방식을 접어야 했으므로 남는 것은 하나밖에 없었다. 바로 LBO였다.

로스 존슨이 방향을 바꾸어 LBO에 대해 진지하게 생각하자, 코언은 하늘이 자기의 기도를 들어준 것이라고 여겼다. 180억 달러 규모의 거래가 이루어지기만 한다면 수많은 문제들이 한꺼번에 해결될 수 있었다. 역사상 최대 규모의 LBO를 시어슨이 해냈다는 사실 하나만으로도 시어슨은 초일류 머천트 뱅킹 회사의 반열에 오를 수 있었다. 이렇게만 된다면, 대형 LBO를 생각하는 투자자라면 누구나 시어슨을 가장 먼저 떠올리고 파트너로 삼고자 손을 내밀 게 분명했다. RJR 나비스코의 LBO를 성사하기만 하면 시어슨으로서는 이 분야에 엄청나게 화려한 데뷔를 하게 될 터였다. 힐이 맡고 있는 합병 부서에서 들어오는 수익도 엄청날 터였다. 시어슨이 거래에 필요한 자금을 대기 위해 팔 채권도 빈사 상태의 정크 본드 부서에 활력을 불어넣을 터였다. 그리고 무엇보다 우선 엄청난 액수의 수수료가 있었다.

'오오, 수수료!'

자문 수수료와 대출 수수료, 그리고 성공 보수 수수료를 다 합하면 2억 달러가 넘을 터였다. 이것만 있으면 줄어드는 수익률을 단번에 만회할 수 있었다. 또한 거기에서만 그치는 게 아니었다. 수수료 말고도 여러 해 동안 계속해서 돈이 시어슨으로 흘러들어올 터였다. 리파이낸싱† 수수료, 자문료, 그 밖의 온갖 수수료……. RJR 나비스코의 LBO가 성사될 경우, RJR 나비스코가 부채를 상환하려면 불필요한 사업 부문들을 쪼개서 매각할 계획을 세워야 하는데, 이런 작업들이 이루어질 때 역시 수천만 달러의 수수료가 발생할 터였다. 또한 수수료 이외에 투자에 따른 수익도 있었다. 힐은 연간 수익률이 40퍼센트가 될 것으로 예상했다. 5억 달러를 투자하면 한 해에 2억 달러씩 벌어들인다는 말이었다. 그것도 아무리 적게 잡아도 5년 동안이나!

이런 생각을 하는 코언의 머릿속은 어지럽게 빙빙 돌았다. 비록 코언은 시어슨의 독자적인 인수 사업을 지휘해 왔지만 그가 실제로 개입해서 일한 LBO 사업은 단 하나뿐이었다. RJR 나비스코 이전까지는 최대 규모였던 셸러 글로브를 대상으로 한 것이었다. 그러나 존슨이 제임스 로빈슨과 친하다

---

† 기존 대출을 새로운 대출로 돌려 막는 것.

는 점과, 성공할 경우 시어슨이 받게 될 혜택으로 고무된 코언은 존슨과 직접 만나 LBO를 논의한다는 사실에 몸이 바짝 달았다. 존슨의 얼굴이 그의 눈앞에서 어른거렸다. 그야말로 일생일대의 거래였다. 비행기가 마침내 애틀랜타 공항에 착륙할 때 코언은 모든 것이 자기가 바라는 대로 진행될 것이라 기대하고 또 믿었다.

●————◇◇◇————●

다음 날인 토요일, 코언은 웨이벌리 호텔에서 토밀슨 힐, 잭 너스바움과 함께 아침을 먹었다. 시어슨의 수석 변호사이자 코언의 가장 가까운 자문 인력 가운데 한 사람인 너스바움은 고뇌에 찌든 불독을 닮은 얼굴이었지만 상식적인 인물이었다. 그는 모로코에서 휴가를 즐기던 중에 이 엄청난 거래가 진행된다는 소식을 듣고, 담배 사업 부문의 문제에 대해 에드워드 호리건과 해럴드 헨더슨이 하는 말을 직접 들으려고 이틀 전인 목요일에 애틀랜타로 날아왔다. 그리고 담배 사업과 관련된 법률적인 문제는 RJR 나비스코의 LBO를 포기할 정도로 심각하지 않다는 확신을 가졌다. 힐 그리고 시어슨에서 오래 몸담아 왔던 제임스 스턴은 하루 전에 도착해 토요일 회의와 관련된 사전 조정 작업을 해서, 존슨 쪽 사람들이 일을 구체적으로 진행할 때 시어슨이 그들에게 어떤 도움을 줄 것인지 미리 알려 주었다. 그때까지는 양측 모두 만족했다. 존슨도 마침내 마음을 정한 것 같았다.

아침을 먹은 뒤에 시어슨 사람들은 불필요한 시선이나 의심을 받지 않으려고 두세 명씩 짝을 지어 주차장을 가로질러 회담장인 존슨의 사무실로 갔다. 존슨의 사무실에서는 미송美松의 바다가 내려다보였다. 호리건과 세이지, 그리고 헨더슨을 대동한 존슨 곁에는 새로운 인물이 한 명 더 서 있었다. 월스트리트의 법률 회사 '데이비스 포크 앤드 워드웰' 소속의 스티븐 골드스톤이었다.

RJR 나비스코의 중역진에 자문해 주는 역할로 존슨이 골드스톤을 선택한 것은 무척 의외였다. 여성 속옷 상인의 아들로 뉴욕에서 성장했으며 호리호리하고 머리가 벗겨진 마흔두 살의 그는 월스트리트의 변호사들 가운데서 특이한 인물이었기 때문이다. 월스트리트의 변호사들은 대부분 인수 합병 관련 자문을 전문으로 하거나 소송 변론을 전문으로 했는데 골드스톤은 둘 다 했다. 전술가로서 그가 얼마나 유능한지는 알려진 게 없었다. 10년 동안 그는 생계 수단으로 중소 규모의 기업 인수 합병 관련 자문 일을 해 오다가, 데이비스 포크가 그해 여름 RJR 나비스코의 '포이즌 필poison pill'† 작업을 도울 때 존슨과 처음 만났다.

골드스톤은 소송 변론 변호사로 악명이 높았다.《아메리칸로여American Layer》가 '1987년의 가장 유명한 법원 판결'이라 불렀던 소송에서 맡은 역할로 얻은 악명이었다. 샌디에이고 법정에서 월스트리트의 회사 '도널드슨 러프킨 앤드 젠릿'을 변호하면서 그는 도무지 이해할 수 없는 행동을 했다. 핵심적인 진술을 피고로부터 이끌어 내려는 법원 명령을 무시하고 결석 재판을 유도한 것이었다. 이 일로 도널드슨 러프킨은 1억 달러의 손해를 볼 수도 있었다. 하지만 넉 달 뒤 세 명의 공동 피고에 대한 재판은 무혐의로 끝났다. 이런 과감한 선택으로 재판을 승리로 이끌었던 인물인 골드스톤을 고용하자는 안은 헨더슨이 낸 것이었다.

시작부터 범상치 않은 LBO가 될 게 분명했다. 그날 존슨의 사무실에서 오간 논의는 진지했고 주식 가격, 수익 배분, 진행 계획 등 다양한 분야들을

---

† 적대적 인수 시도를 예방하거나 좌절시키기 위해 사용하는 방어 전술. 기존 주주에게 추가 주식을 할인된 가격으로 구매할 수 있는 권한을 부여하여 적대적 인수자의 소유권을 무력화한다.

망라했다. 이전까지의 논의는 주로 원칙적이고 개념적인 것이었으며 또 전화로만 이루어졌었다. 따라서 존슨이 실제로 행동에 나설 것이라고는 아무도 확신하지 않았다. 언젠가 한번은 너스바움이 골드스톤에게 물은 적이 있었다.

"당신 생각에는 확률이 어느 정도 되는 것 같소?"

잠시 생각한 뒤에 골드스톤은 이렇게 대답했다.

"반반보다 조금 적지 않을까 싶네요."

그 모든 불확실성에도 불구하고 존슨 쪽 사람들이 LBO를 완벽하게 이해하고 있다는 사실을 깨닫고 토밀슨 힐은 깜짝 놀랐다. 학생이 교사에게 수업을 어떻게 할 것인지 일러 줄 참이었던 것이다.

대부분의 LBO에서 성공과 실패를 가르는 핵심은 이른바 '머리에 총 들이대기'라는 전략이다. 이 전략에서는 한 무리의 회사 중역들이 예컨대 시어슨 같은 월스트리트 회사와 손잡고 은밀하게 자금을 모은다. 그리고 일단 자금이 마련되고 인수 대상 기업 주식의 인수 가격에 대한 의견이 모이고 나면, 최고경영자가 이 가격을 이사회에 제안하고 받아들일 것인지 받아들이지 않을 것인지 결정하라고 한다. 이와 관련해서 힐은 심지어 최종 단계까지의 과정을 정리한 이른바 '10주 계획'까지 마련해 두고 있었다. 이 계획은 'LBO 성공을 위한 열 개의 계단'이라 불렸다. 내용은 다음과 같다.

1~3주차: 자산 평가 내용과 관련된 예비 논의를 한다.

4주차: 자금 조성을 위해 여러 은행들을 만난다.

5주차: 은행들이 대출 구조를 정교하게 다듬는다.

6주차: 경영진이 LBO를 할 건지 말 건지 판단한다.

7주차: 이사회의 이사들에게 은밀하게 관련 정보를 제공하고, 외부에서 들어오는 LBO 제안을 분석할 수 있는 독립적인 특별위원회를 구성한다.

8주차: 경영진이 인수 합병 동의서를 준비한다.

9주차: 경영진이 이사회에 최초의 제안을 한다. 독립적인 위원회와 협상을 시작한다. 이사회가 매각 제안을 받고 이에 대해 논의하고 있다는 사실을 언론에 발표한다.

10주차: 인수 합병에 대한 동의를 이끌어 내고 즉각 언론에 발표한다.

합의가 이루어질 때까지는 전체 과정을 비밀에 부치고, 인수 가격에 대한 합의가 이루어진 다음에 공개적으로 시작한다. 이사회의 머리에 총을 들이댄다는 말은 월스트리트의 속어인데, 이사회가 다른 대안을 가질 수 없게 만든다는 뜻이다. 사전 조율을 충분히 하지 않을 경우 해당 기업이 '장난을 쳐서' 수많은 기업 사냥꾼이 달려들고 사전에 준비한 측이 제시하는 안을 이사회가 거부할 수도 있다. 딴마음을 품고 비밀리에 준비한 경영진에 이사회가 항복하고 경영진의 인수 제안을 받아들이는 상황이 여러 해 동안 이어지고 있었다. 힐과 같은 월스트리트의 전략가들은 언제라도 인수 대금을 지불할 수 있을 만큼 자금을 확실하게 준비하고 이사회에 인수 제안을 하는 것이 결정적으로 중요하다고 믿는데, 힐은 존슨 역시 같은 생각을 가지고 있을 것이라 여겼다.

존슨은 시어슨의 제안 내용을 들으려 하지 않았다. 그는 사소한 규정 위반을 놓고 이사회가 타일리 월슨을 가차 없이 내치는 광경을 이미 목격했다. 이사회의 분노는 지옥의 유황 불길보다 더 무섭다고 그는 생각했다. 존슨은 또한 시어슨이 자금 조달과 관련해서 미리 앞질러 어떤 조치를 취하는 데도 미온적이었다. 이런 사실이 새어 나가기라도 하면 이사들은 불같이 화를 낼 게 뻔했다. 존슨은 애틀랜타에서 호사스러운 생활을 했다. 그리고 LBO를 하겠다고 마음먹기 전까지는 시어슨이 어떤 행동을 앞질러 하도록 하는 위험을 굳이 택하지 않았다. 한편으로 존슨은 일을 성사시킬 수 있는 자신의 능력을 신뢰했다. 만일 LBO가 최선의 길이라면, 뒤통수를 치는 게 아니라 하나의 좋은 아이디어라는 맥락에서 이사회를 설득할 능력이 자기에게 있다고 생각했던 것이다.

LBO 전략의 정석에서 벗어나려고 하는 존슨이 코언과 힐은 못마땅했다. 하지만 이들에게는 다른 선택의 여지가 없었다. 존슨과 함께 가지 않을 경우 RJR 나비스코 거래는 불가능했기 때문이다. 만일 이사회가 자기들의 사전 조율 내용을 대외적으로 공표할 경우, 그들의 전술적인 이점은 모두 사라질 수도 있었다. 최악의 경우에는 RJR 나비스코의 LBO를 꾀하는 다른 집단들이 끼어들었을 때 자신들과 동일한 조건에서 최고의 입찰가를 제시할 수도 있었다. 하지만 코언이나 힐 혹은 존슨 가운데 그 누구도 이런 일이 일어나리라곤 생각하지 않았다. RJR 나비스코의 덩치가 워낙 컸기 때문이다. 그날 힐은 몇 가지 가능성을 정리했다.

- **핸슨 트러스트 PLC**
  미국 기업을 왕성하게 집어삼키는 영국계 거대 기업. 이 회사의 회장인 핸슨 경은 핵심 담배 기업을 중심에 놓고 대제국을 건설했다.

- **아메리칸 브랜즈**
  코네티컷의 담배 회사로 '폴몰(펠멜)'과 '럭키 스트라이크' 등의 담배 브랜드를 소유하고 있는 이 회사는 그해에 적대적 인수에 용감하게 맞서 싸워 이겼다.

- **포스트먼 리틀**
  월스트리트에서 두 번째 손가락에 꼽히는 LBO 회사로 수십억 달러를 가지고 뜨겁게 달구어진 인수전에 언제든 뛰어들 수 있다는 사실을 과시했다. 하지만 200억 달러 규모의 LBO는 이 회사가 감당할 수 있는 수준이 아니라고 힐은 주장했다.

모든 집단이 그저 다크호스일 뿐이었다. 그 방에 있던 사람들은, 진짜 경쟁력을 갖춘 상대는 딱 한 사람밖에 없다는 사실을 잘 알고 있었다. 헨리 크래비스였다. 전 세계의 거대 기업들이나 투자자들 가운데 오로지 크래비스만이 자기들이 내놓은 가격보다 높은 가격을 제시할 수 있는 힘과 자신감 그리고 자금을 가지고 있었다. 존슨의 사무실에 모인 사람들 사이에서 수많은 의견들과 소문들이 나왔다. 어떤 사람은, 크래비스는 현재 아프리카의 사파리에 있는 거나 다름없어 위협이 될 정도로 빠르게 대응할 수 없을 거라고 했다. 하지만 시어슨 리먼 허턴이 귀를 기울인 것은 존슨이 말을 할 때였다. 이들은 모두 크래비스가 1년 전에 존슨에게 다가가 달콤한 말을 속삭인 것을 알고 있었다.

"헨리는 아무 일도 하지 않을 거요."

존슨이 자신있게 말했다.

"난 그 사람이 담배에 관심을 가질 거라곤 전혀 생각을 안 합니다."

앤드루 세이지도 자기 대장의 판단에 전적으로 동의했다.

그것은 결정적인 단언이었다. 존슨은 이 단언을 그 뒤에도 여러 차례 반복했다. 그는 크래비스가 백과 워터스를 통해 예비적인 제안을 해 왔던 사실을 잘 알고 있었지만 그런 것들을 진지하게 여기지 않았다. 그는 시어슨 사람들 앞에서 그런 사실을 일부러 입에 올리지 않았다.

"전혀 그럴 이유가 없었죠. 그 사람들은 '우린 이것을 해야 한다, 저것은 하지 말아야 한다'라는 온갖 쓸데없는 이야기들을 하다가 마침내 거기까지 왔는데, 구태여 그런 이야기를 꺼내 분위기를 썰렁하게 만들 필요가 없었으니까요. 난 그 사람들이 목적과 방향을 상실하길 원치 않았습니다."

존슨이 나중에 한 말이다. 사실 존슨은 시어슨의 경영진이 빠져 있던 것과 동일한 근본적인 오류에 빠져 있었다. 경쟁자들이 존재할 가능성은 인정했지만, 자기가 제시하는 가격보다 더 높은 가격을 부르면서 치고 나올 경쟁자가 있을 것이라곤 전혀 생각하지 않았다. 심지어 크래비스라 하더라도 비용을 절감할 최고의 방안들을 찾아내려면 RJR 나비스코 경영진의 도움이 있어야 하고, 이런 도움 없이는 그런 어마어마한 규모의 인수를 감히 시도하지 못할 것이라고 확신했다. 만의 하나 설령 크래비스가 나선다 해도 문제의 소송이 걸려 있는 담배 사업의 복잡한 보고서 첫 장을 넘기고서는 곧바로 머리를 절레절레 흔들며 돌아설 것이라 믿어 의심치 않았다. 또한 코언과 힐은 존슨이 자신들의 방패가 되어 경쟁자들로부터 자기들을 막아 줄 것이라 보았다. 최고 전략 사령탑으로서 힐은 크래비스의 의도를 떠볼 여러 가지 방안들을 가지고 있었다. 하지만 존슨이 워낙 보안 문제를 강하게 주장하는 바람에 손을 쓸 수 없었다고 나중에 밝혔다. 잘못 쑤셨다가 크래비스의 호기심만 공연히 발동할 수 있다는 게 그런 주장의 배경이었다(나중에 힐은 과거에 워터스가 존슨에게 전화를 걸었었다는 사실을 들었을 때 갑자기 얼굴에서 핏기가 사라졌다. "설마……, 농담이죠? 그럼 안 되는데……. 만일 크래비스가 로스를 붙잡으려고 노력한다는 사실을 내가 알았더라면, 우리 전략은 완전히 바뀌었을 겁니다. 크래비스가 그런 시도를 했다는 사실은 엄청나게 많은 것들을 암시하니까요." 한편 피터 코언은, 크래비스가 입찰 경쟁에 뛰어들 것이라곤 조금도 의심하지 않았다고 주장한다).

시어슨은 존슨이 이사회를 장악해서 바람직한 결론을 내리게 할 수 있을 것이라 여겼고, 마찬가지로 존슨은 시어슨이 필요한 인수 자금을 충분히 조성할 수 있을 것이라 여겼다. 하지만 사실 시어슨은 이전에 그런 시도를 해 본 적이 한 번도 없었다. 그래서 심지어 드렉설이나 메릴린치 같은 정크 본드의 강자들을 끌어들일 가능성을 놓고 논의하기도 했다. 하지만 이 안은 금방 기각되었다. 다른 회사에 도움을 청했다가 자칫 거래 자체가 무산될지도 모른다는 판단 때문이었다. 코언은 아메리칸 익스프레스가 뒤에 버티고 있는 한, 시어슨이 독자적으로 충분히 자금을 조성할 수 있을 것이라고 자신했다.

RJR 나비스코의 인수 가격을 얼마로 정할 것인가 하는 문제는 전혀 쟁점이 되지 않았다. 힐과 존슨은 주식 한 주당 75달러쯤으로 제시하는 게 적당할 것이라고 생각했다. 이 정도 선은 비록 높은 가격은 아니라 하더라도, RJR 나비스코 주식이 여태까지 거래되었던 최고가인 71달러보다는 높았다. 한 주에 75달러로 계산하면 전체 인수 가격은 176억 달러였고, 이 규모는 비어트리스의 세 배에 가까웠다. 그렇다면 민간 은행권에서 빌려야 할 150억 달러는, 인수 합병과 관련해서 대출된 역대 최고 금액의 두 배였다. 시어슨의 제임스 스턴은 이렇게 많은 인수 자금이 도대체 전 세계 은행권에 존재하기나 하는지 확인하려고 몇 시간째 계산기를 두드렸다. 존슨도 다음과 같이 말했다.

"170억 달러라……. 젠장, 170억 달러를 모으려면 나도 길거리의 약장수가 데리고 다니는 풍각쟁이 원숭이처럼 사람들 앞에서 온갖 재롱을 다 떨어야겠군."

하지만 필요한 자금이 이보다 더 많아질 수 있다고 힐은 경고했다. 이사회가 좀 더 나은 조건에 회사를 팔려고 할 것이며, 어쩌면 인수 가격이 주당 80달러 초반에서 결정될 수도 있다는 말이었다. 대부분의 LBO 거래에서 그랬고, 사실 또 그건 미리 정교하게 짜 놓은 각본에 따른 것이었다. 이사회가 가격을 더 부르고 또 관철시킬 수 있도록 경영진이 처음에 의도적으로 낮은 가격을 제시하는 수법이었다. 그래야 이사회로서도 자기들은 할 만큼 충분히 노력했다고 주주들에게 변명할 수 있기 때문이었다. 대외적으로 보기에도 매끄러울 뿐 아니라, 나중에 주주들이 제기할 소송에 대한 대비책으로 유용한 수법이었다.

주당 75달러가 넘는 선에서 인수 가격이 결정되어야 한다는 말이 나오자 존슨의 표정에서 불쾌한 기색이 역력했다. 인수 가격이 높아질수록 회사가 떠안게 될 부채는 그만큼 많아지고, 거기에 따라서 회사는 허리띠를 더욱더 바싹 졸라매야 했기 때문이다. 존슨은 기본적으로 비용을 절감하는 데 반대할 사람은 아니었다. 적어도 비용 절감이 RJR 공군의 규모를 축소하거나 경영진이 받는 온갖 특전의 규모를 줄이는 것을 의미하지 않을 때는 그랬다. 그는 인수 자금을 빌려주는 다른 투자은행들과 마찬가지로 시어슨도 '개떡 같은 눈'으로 비용 지출을 바라본다는 생각을 가지고 있었다. 그래서 존슨은 LBO가 최종적으로 완료된 이후에도 연기가 나지 않는 담배 프리미어 사업과 애틀랜타의 사옥은 건드리지 않아야 한다고 주장했다.

"분명히 얘기합니다만, 우리가 지금 동네 구멍가게 장사나 하자고 이러는 게 아닙니다. 젊은 사람들이 우르르 몰려와서 제트기 여섯 대는 많으니까 다섯 대로 줄이자느니 하는 따위의 말들이 나오길 원치 않습니다. 만일 지금 우리가 하고자 하는 일이 성공하면, 나 자신도 지금보다 더 뺑뺑이를 돌아야 한다는 거 잘 압니다. 하지만 나는 내 생활 방식이 바뀌는 건 바라지 않습니다. 나는 여태까지 커다란 회사를 일구어 왔고 또 멋진 인생을 살고 있습니다. 이런 내 인생, 내 생활을 바꾸고 싶지 않다는 말입니다."

LBO 경험이 많은 사람이라면 군살 빼기의 고통이 없는 LBO라는 존슨의 말을 듣고 기가 막혀서 웃고 말았을 것이다. 코언과 힐은 좋은 게 좋은 거라는 식으로 그냥 넘어갔다. 하지만 힐은 속으로, 프리미어도 애틀랜타 사옥도 결국 매각할 수밖에 없을 것이라고 생각했다. 코언과 힐은 가능하면 존슨과 마찰하지 않으면서 LBO 과정을 진행하려고 노력했다. 이제 불과 열흘 앞으로 다가온 10월 19일 이사회에서의 승리를 망칠 일은 조금도 하지 말아야 했다. 그래서 이들은 존슨의 모든 요구에 응했다. 시어슨이 과연 RJR 나비스코의 LBO에 성공할 수 있을지 여부는 존슨을 얼마나 기분 좋게 만들어 주느냐에 달려 있었던 것이다.

존슨의 이익을 보호하는 게 자기 일인 스티븐 골드스톤은 시어슨이 존슨에게 미래를 지나치게 장밋빛으로 묘사할 수도 있음을 깨달았다. 그래서 한번은 너스바움에게 물었다.

"이보시오. 당신들 혹시 인수 가격을 최고 한도로 올리면서 경쟁력 있는 가격이라고 로스에게 말하는 것 아닙니까?"

너스바움과 힐은 펄쩍 뛰면서 자기들은 정직하게 있는 그대로 말한다고 했다.

그날 있었던 가장 중요하고 또 핵심적인 논의 사항은 회사 운영과 관련된 합의를 이끌어 내는 것이었다. 존슨과 시어슨의 관계를 규정하는 중심적인 문서로 남을 이 부분의 합의 내용은, RJR 나비스코가 장차 어떻게 운영될 것이며 경영권을 누가 가질 것이며 또 수익을 어떻게 배분할 것인가를 규정하는 것이었다.

LBO를 거친 회사에서, 헨리 크래비스와 같은 투자자들에게 운명을 맡긴 경영진의 역할은 명확하게 한정된다. 이들은 공개 기업의 경영진으로서 LBO 전문 투자사들로부터 깍듯한 대접을 받는다. KKR 쪽 사람은 최고경영자의 방문을 노크할 수는 있어도 허락을 받지 않고는 안으로 들어가지 못한다. 그리고 LBO 투자 회사들은 예전에 전문 경영자로 이 회사를 운영하던 사람이 이 회사의 주식을 보통 10퍼센트에서 15퍼센트까지 살 수 있도록 허용해 준다. 하지만 최고경영자가 명목상이긴 하지만 여전히 그 자리를 지키고 또 운영상의 자율성을 보장받는다 해도, KKR와 포스트먼 리틀 같은 회사들이 이사회를 제어하고 모든 비용 지출에 대한 승인권을 행사하며 또 회사의 중역들을 언제든 제거할 수 있는 권한을 가진다는 점은 어떤 경우에서든 틀림없는 사실이다. LBO는 민주주의가 아니다. KKR 소유 회사의 중역들은 모두 크래비스와 로버츠의 지시를 따라야 한다.

존슨은 통상적인 원칙 따위는 중요하게 여기지 않았다. 그가 생각하고 있던 내용은, 회사의 경영진과 LBO 투자사 사이의 전통적인 역할 관계를 완전히 뒤엎는 거나 다름이 없었다. 예를 들면 존슨은 이런 생각을 했다.

'왜 시어슨이 이사회를 장악해야 하는데? 솔직히 말해서 내가 제일 중요한 인물이어야 하지 않나? 누구보다 이 회사를 가장 잘 아는 내가 그리고 경영진이 이 회사를 지배하고 감독하는 게 맞지 않나?'

존슨은 시어슨 입장에서는 놀라고 기가 막힐 또 다른 주장을 했다. LBO 과정에서는 물론이고 그 이후에도 이사회에 대한 지배권과 전략적인 주요 결정 사항에 대한 거부권을 자신이 가지겠다는 주장이었다. 그는 시어슨이 프리미어와 애틀랜타 본사, 그리고 RJR 공군을 매각하려 할지 모른다고 의심했던 것이다(사실 그의 이런 의심은 틀린 게 아니었다). 거부권은 RJR 나비스코를 시어슨의 방식이 아니라 자기 방식대로 운영할 수 있는 보험이고 안전판이었다. 이사회에 대한 지배권도 마찬가지였다. 존슨은 코언에게 말했다.

"제발 부탁인데, 손에 피를 묻힌 투자사 사람들이 이사회에 우글거리며 자리를 차지하고 앉아 나한테 이래라저래라 하는 일은 없었으면 합니다. 그렇게 되도록 놔두지 않을 겁니다. 내가 해야 할 일은 내가 잘 안다는 사실을 믿어 주시기 바랍니다. 온갖 사람들이 앉아서 내가 할 일에 이래라저래라 하는 꼴을 나는 못 봅니다. 내가 이 빌어먹을 일을 추진하는 한 이건 지켜져야 합니다. 내가 은퇴하지 않고 앞으로 5년 동안 계속 일하는 건 반드시 지켜져야 합니다."

헨리 크래비스라면 존슨에게 당장 꺼지라고 했을 것이다. 하지만 코언과 힐은 이미 존슨의 요구를 들어주기로 마음먹고 있었다. 게다가 그들에게는 다른 선택의 여지가 없었다. 존슨은 자기에게 거부권이 주어지지 않는다면 거래하지 않겠다고 다시 한 번 못을 박았기 때문이다. 이와 관련해서 힐은 나중에 다음과 같이 인정했다.

"그건 시어슨이 그토록 들어가고자 했던 클럽에 가입하기 위한 일종의 가입비라고 생각했습니다."

하지만 코언은 그때까지 줄곧 존슨의 터무니없는 요구에 뒷걸음질치며 주저했었다. 앤드루 세이지는 새로운 펀드의 투자자들에게 투자금에 대한 40퍼센트의 수익률을 보장하도록 합의했었다. 여기에 대해 세이지는, 그건 좋지만 존슨과 존슨 사람들이 나머지를 먹어야 한다고 주장했다. 그 나머지는 LBO 이후의 RJR 나비스코 주식 20퍼센트에 해당하는 것이었다. 이에 대해 힐은 별다른 주장을 하지 않고도 요구가 너무 지나치다는 사실을 세이지에게 인식시켰다. 그 증거로 힐은 다른 LBO 사례들에서 작성했던 합의서 다발을 애틀랜타로 가지고 왔던 것이다. 비어트리스의 경우에도 최고경영자 도널드 켈리와 켈리 사람들은 회사 전체 지분 가운데 12.5퍼센트만 샀었다.

하지만 존슨은 수익의 규모가 비어트리스보다 훨씬 더 큰데도 불구하고, 전체 수익에서 자기와 자기 사람들이 받아야 할 몫의 비율이 비어트리스의 경우보다 더 높아야 한다고 주장했다. 힐은 수익의 20퍼센트가 금액으로 얼마나 될지 계산했다. 대략 25억 달러였다. 이 엄청난 금액이 5년 안에 존슨과 존슨 사람들에게 들어간다는 말이었다. 코언에게 보낸 9월 30일자 보고서에서 제임스 스턴은 다음과 같이 진단했었다.

"존슨의 제안대로라면 그에게 돌아갈 몫은 매우 많습니다. 특히 이번 거래의 규모를 예전 다른 거래들의 규모와 비교할 때 더욱 그렇습니다. 절대적인 액수로 볼 때 경영진이 요구하는 내용은 예전의 거래들과 비교가 되지 않을 정도로 엄청납니다."

이 문제를 놓고 토요일에 다시 논의가 이어졌다. 3시경에 사람들이 모였지만 진척 사항은 거의 없었다. 다른 쪽에서 엄청나게 많은 사항들이 합의되었기 때문에 협상을 길게 해서 괜히 흙탕물을 만들 필요가 없어 보였다. 존슨은 코언에게 수익 배문 문제는 그다지 심각한 걸림돌이 되지 않을 것이라고 확인해 주었고, 코언은 그때까지 진전된 내용에 짜릿할 정도로 만족하던 터라 존슨의 그런 말이 틀린 말이 아니라고 생각했다. 수익 배문에 관한 문제는 세이지와 힐이 다음 주에 따로 만나서 논의하기로 했다.

시어슨 사람들은 뉴욕으로 돌아가기 전에 다시 한 번 존슨에게 자금을 조성하는 문제와 관련해 여러 다른 민간 은행들과 접촉해야 하지 않겠느냐고 설득을 시도했다. 하지만 존슨은 고개를 저으며 시어슨에 단 두 군데 은행만 접촉해야 한다고 선을 그었다. 그것도 이 거래에 필요한 자금이 충분한지 확인하는 예비 논의에 한정해야 한다고 한계를 정했다. 그리고 더는 논의를 확대하지 말라고 했다. 앞으로도 은행들과 협의할 시간은 많이 남아 있다는 말을 덧붙였다.

월요일은 '콜럼버스의 날'†이었다. 코언은 '뱅커스 트러스트'의 회장인 찰스 샌퍼드에게 전화를 걸었다. 샌퍼드는 집에 있었다.

"찰리(찰스의 애칭), 이건 우리 두 사람 모두에게 매우 중요한 일인데 말입니다, 우리가 합의를 빠르게 할수록 좋습니다. 일단 논의하고 나면, 왜 전

---

† 10월 둘째 주 월요일. 콜럼버스가 아메리카 대륙을 발견한 1492년 10월 12일을 기념하는 날이다.

화로 말을 다 할 수 없는지 이해하실 겁니다."

코언은 시티뱅크의 회장인 존 리드에게도 다음 날 전화를 했다.

"존, 당신에게 엄청난 기회가 될 수 있는 일이 있습니다."

그리고 다시 다음 날 아침인 10월 12일 수요일, 제임스 스턴이 이끄는 시어슨 사람들이 뱅커스 트러스트 대표들과 시티뱅크 대표들을 따로 만났다. 그리고 이틀 만에 두 회사 모두 거래에 참가할 준비가 되어 있다는 답변을 들었다. 생각보다 일이 쉽게 풀려 간다고 스턴은 생각했다.

뉴욕에 있는 뱅커스 트러스트의 기업 인수 대출 책임자이던 로버트 오브라이언은 시어슨의 제안을 분석하는 것이야말로 자기 경력에 엄청난 득이 될 것이라고 보았다. RJR 나비스코와 같은 블루칩 회사의 LBO에 돈을 빌려주기를 마다할 은행이 없다는 점에는 의문의 여지가 없었다. 그런데 문제가 있었다. 문제의 핵심은 제임스 스턴이 이미 걱정했던 것이었다. 그 막대한 자금이 시중에 과연 있기나 할까?

대부분의 대형 인수 합병 사례에서 거래에 필요한 자금은 한두 회사가 아니라 전 세계의 여러 은행들이 나누어 제공한다. 오브라이언의 부서 인력은 전 세계에 50명 남짓 있었다. 오브라이언은 이들에게 각 나라별로 그리고 각 은행별로 각자 얼마나 많은 자금을 동원할 수 있을지 조사하라고 했다. 아일랜드, 벨기에, 덴마크, 그리고 러시아 은행들의 대출 현황도 조사하게 했다. 핀란드의 '노르데아 방크'가 미국 애틀랜타의 거대 기업 인수에 어떻게 반응할지, 그리고 예측 불가능한 일본의 은행들이 담배 사업 부문에 대해 어떻게 생각하는지 조사하게 했다.

그리고 마침내 오브라이언은 단 한 건의 거래에 쏟아부을 자금으로 전 세계에 210억 달러가 존재한다고 결론 내렸다. 하지만 그는 이 금액을 좀 깎았다. 이 돈이 모두 다 들어오지는 않을 것이므로, 전체 210억 달러 가운데 160억 달러는 모을 수 있을 것이라고 오브라이언은 추정했다. 하지만 그 것도 높게 잡은 금액이었다. 시어슨은 155억 달러로 계산했는데, 이것만 해 도 전 세계 LBO 자금의 약 4분의 3이나 되는 액수였다.

평생을 파티의 연속으로 보낸 존슨이었지만 이사회가 예정되어 있던 10월 19일로 이어지는 기간 동안 신기하게도 그에게서는 들뜬 모습을 찾아 보기 어려웠다. 앤드루 세이지는 평소와 다른 존슨의 모습이 놀라울 정도로 신기했다. 예전에는 새로운 모험을 벌일 때마다 한밤에도 전화해서 흥분한 목소리로 떠들곤 했는데 이번에는 그런 일이 없었던 것이다. 존슨 주변의 아마추어 심리학자들은, 아들이 교통사고를 당한 일로 마음이 공허해진 마 음의 빈 구석을 채우느라 일에 전념해서 그렇다고 해석했다. 그때까지도 브 루스 존슨은 의식 불명 상태로 누워 있었다.

이사회가 열릴 날이 다가오면서 존슨은 LBO 자체에 대해 점차 모호한 태도를 보이기 시작했다. 오랜 세월 자신과 함께했던 친구들이 이제는 자기 와 함께하려 하지 않았다는 점도 물론 이유로 작용했다. 존슨은 로버트 카 보넬과 식사하면서 이 문제를 꺼냈다. 매우 길고 또 눈물이 흥건한 자리였 다. 존슨은 카보넬에게, RJR 나비스코 인수 입찰을 하는 7인의 경영진 그룹 에 그가 포함되지 않을 것이라고 말했다. 그리고 만일 계획대로 무사히 인 수 작업을 마치면 델몬트를 매각할 것이라고 했다. 7인 그룹 가운데 가장 열성적인 사람은 에드워드 호리건이었다. 존슨을 포함한 여러 사람의 증언 에 따르면, 호리건은 LBO 결과 엄청난 수익을 안겨 줄 것이라는 생각에 무 척 들떠 있었다. 그는 여기저기 돌아다니면서 7인 그룹에 포함될 사람들 명단을 적었다가 지우기를 반복했다(이 7인 그룹에 속한 인물들은 존슨과 호리건 외에 세이지, 헨더슨, 에드워드 로빈슨, 존 마틴, 그리고 부회장이던 제임스 웰치였다).

비록 존슨이 자기가 벌어들일 수백만 달러의 돈에 침을 흘리고 있었다 하더라도 이런 사실을 눈치 챈 사람은 아무도 없었다. 게다가 그는 LBO로 인해 중역들 사이에서 빚어진 이해 갈등에 대해서는 관심이 없는 것처럼 보였다. 존슨에게 RJR 나비스코를 인수하는 것은 사람들 사이에 이해관계의 갈등을 부추기는 일이 아니라 오히려 사람들의 이익을 한곳으로 수렴하는 일이었다. LBO를 하면 모든 사람들이 이익을 본다고 그는 믿었다. 우선 주가 문제가 해결될 터였다. 주주들이 보유 주식을 75달러에 팔 수 있으니 좋지 않느냐는 것이었다. 당시 그는 4, 5년이라는 기간을 언급하며 이 시간이 마치 영원이라도 되는 것처럼 이런 말을 했다.

"회사를 계속 같은 방식으로 운영할 경우 4, 5년 안에는 결코 우리 주식이 그 수준에 이르지 못할 것이다."

또 시어슨과 그의 친구 제임스 로빈슨은 눈부신 업적을 쌓은 최고경영자로 기록되고, 존슨과 그의 친구들은 상상도 하지 못했던 엄청난 부를 얻을 터였다.

나중에 이러쿵저러쿵 비판하는 사람들은 존슨의 결정이 탐욕에서 비롯된 것이라고 말할 것이다. 하지만 사실은 그렇게 단순하지 않다. 그보다 훨씬 더 복잡하다. 우선 가장 중요한 점을 지적하자면, LBO는 존슨이 가지고 있는 행동 갈망 욕구를 충족시킨 측면이 있다는 사실이다. 그는 회사 조직이 부패하도록 내버려 둘 생각이 전혀 없었다. 설령 주식 가격을 올려야 할 필요가 있었다는 존슨의 합리화가 말이 안 된다고 할지라도, 다른 최고경영자들이라면 사소한 문제로 여길 수 있는 문제를 존슨은 도저히 그냥 넘길 수 없었다는 점에 주목할 필요가 있다. 존슨은 다른 어떤 사람보다도 즉각적인 성과가 나기를 좋아했고, 받는 것뿐 아니라 주는 것도 무척 좋아했던 사람이다. LBO는 궁극적으로 모든 사람들에게 주는 선물이었다. 사람들에게 선물을 주려고 했다는 것도 LBO를 추진한 배경으로 작용했다는 말이다. 그의 친구인 심리학자 O. C. 애덤스는 이렇게 말했다.

"로스는 모든 사람이 돈방석에 올라앉을 멋진 상황을 만들어 낸 거죠."

10월 13일 목요일, 존슨은 원자력 발전소 문제로 한국에 가 있던 찰스 휴걸까지 수배해서 그가 묵는 호텔로 전화를 했다. 그는 해외 전화를 누군가 엿듣고 있을지도 모른다고 불안해하면서 일종의 암호를 써서 통화하려고 했다.

"우리가 예전에 한 번 논의한 적이 있는 사업을 기억합니까?"

휴걸은 기억한다고 대답했다. 한 달 전쯤 LBO에 대한 생각을 접으라고 강력하게 권고했던 사실을 똑똑히 기억하고 있었다.

"근데 말입니다, 다른 식으로 일이 시작되고 있어서요. 전에 이야기한 것보다도 남는 파이의 양이 훨씬 많아졌습니다. 이사회에서 꼭 살펴봐야 할 것 같습니다."

휴걸은 깜짝 놀랐다. 존슨이 계속해서 말했다.

"계속 추진할 생각입니다. 빨리 돌아와서 이번 이사회에는 꼭 참석해야 합니다."

존슨이 왜 마음을 바꾸었을까? 휴걸은 자기 머릿속에 있는 모든 정보를 동원해서 추론했다. 아들의 사고 때문일까? 휴걸은 제발 '그 사업'을 포기하라고 존슨을 설득했었다. 그러다가 어느 시점에서 입을 다물었다. 존슨의 뜻이 워낙 굳은 데다 지리적으로 너무 멀리 떨어져 있다는 느낌 때문에 더이상 입을 열 수가 없었다. 존슨은 휴걸에게 자기가 낼 제안을 평가할 이사회 직할의 특별위원회 위원장이 되어 줄 수 있겠느냐고 물었다. 휴걸은 그러겠다고 했다. 그 내용을 마지막으로 두 사람 사이의 국제 통화는 끝났다.

•————∞∞————•

존슨은 코언에게 회사 운영 문제와 관련된 합의를 이끌어 내는 협상은 별문제 없이 쉽게 진행될 것이라고 공언했었다. 하지만 앤드루 세이지의 생각은 달랐다. 그는 바보가 아니었다. 만일 시어슨이 이 거래를 정말 하고자 한다면, 존슨이 칼자루를 쥐고 있다고 그는 보았다. 지난 토요일에 가졌던 회의에서 이미 그런 사실은 입증되었다. 그래서 세이지는 존슨이 챙길 수익과 관련해 강경 노선을 채택함으로써 칼자루를 쥔 쪽이 확실하게 유리하도록 협상을 이끌 준비를 갖추었다. 여기에 대해 스티븐 골드스톤은 세이지에게 의문을 제기했다.

"시어슨이 여기에 동의해 줄까요?"

그러자 세이지는 대답했다.

"원칙적으로는 이미 합의한 내용인데 뭘……."

그러자 골드스톤이 경고했다.

"동의하지 않을 겁니다. 그 사람들 입장에서 보면 너무 많은 걸 양보하는 셈이니까요."

하지만 세이지는 완강했다.

"분명히 말하지만, 거래를 성사시키고 싶다면 이 제안을 받아들일 수밖에 없을걸요."

목요일 아침, 토밀슨 힐과 제임스 스턴이 세이지가 단단히 벼르면서 기다리고 있는 맨해튼의 RJR 나비스코 사무실로 찾아왔다. 회의 분위기는 처음부터 애틀랜타에서 가졌던 회의와 사뭇 달랐다. 사람 좋은 로스 존슨은 그 자리에 없었다. 존슨을 대신해 얼음처럼 차갑고 황소처럼 밀어붙이는 앤드루 세이지가 시어슨의 대표들을 상대하고 있었다.

외관이 유리로 된 RJR 나비스코의 뉴욕 사무실 이사회실에서 시어슨의 투자은행가들은 세이지가 하는 말을 들었다. 세이지가 제시하는 내용은 이랬다. 시어슨이 만일 존슨이 계속해서 일을 추진하기를 바란다면, 이사회 이사진 일곱 자리 가운데 시어슨은 두 자리만 가지는 데 만족해야 할 것이다. 존슨이 세 자리의 임명권을 가지고 나머지 두 자리는 독립 이사 몫이다. 존슨의 경영진은 지분을 획득하는 데 돈을 따로 마련하지 않을 것이니, 시어슨이 이들에게 주식을 살 돈을 빌려줘라. 이 대금은 성과급 보너스를 통해 상환할 것이다. 또 있었다. 시어슨은 존슨이 낼 세금을 대신 지불해라. 이렇게 놓고 보자면 경영진은 사실상 자기 몫의 지분을 공짜로 넣는 거나 다름없었다. 그것만이 아니었다. 경영진은 LBO로 인해 발생하는 수익의 최소 20퍼센트를 차지하겠다는 내용도 들어갔다.

힐은 놀란 입을 다물지 못했다. 어이가 없었다. 비록 협상 과정이 만만치 않으리라고 예상은 했지만 이 정도일 줄은 몰랐다. 도무지 어디에서부터 이의를 제기해야 할지 모를 정도였다. 힐과 스턴이 반박하려 하자, 세이지는 이 협상 논의를 언제든 없던 일로 하고 다른 투자사를 찾을 준비가 되어 있다는 점을 우선 분명히 밝힌다고 으름장을 놓았다.

힐이 보기에 세이지는 기존의 LBO 관행은 안중에도 없는 것 같았다.

"앤디, 우리가 모든 돈을 다 대고 위험도 우리가 다 감수하는데 이게 말이 됩니까?"

계속해서 힐은 다음과 같이 주장했다. 시어슨의 투자자들에게 정산을 끝낸 뒤의 수익 가운데 40퍼센트만 먹고 떨어지라고 요구하는 것도 우스운 일이 아니냐, 시어슨에게 자금을 맡긴 자산 운용 전문가나 투자사는 40퍼센트가 아니라 60퍼센트를 원한다, 존슨이 받을 수 있는 최대 몫은 10퍼센트를 넘어서는 안 된다.

하지만 세이지는 양보하려 들지 않았다. 협상은 점차 감정적으로 흘렀고, 마침내 세 사람은 언성을 높이고 고함을 질렀다. 시어슨의 두 사람은 나중에, 이때의 협상이 월스트리트에 몸담고 있으면서 경험했던 일 가운데 가장 힘들었다고 회상했다. 두 사람은 협상하는 동안 내내 코언과 연락을 취했다. 당시 코언은 투손에서 열리는 아메리칸 익스프레스 중역 회의에 참석하고 있었다.

"세이지는 이성이라곤 조금도 찾아볼 수 없는 인간입니다."

그날 밤에 스턴이 코언에게 전화로 한 말이었다. 이야기가 오가면서 세이지에 대한 그의 판단은 점점 더 혹독하게 바뀌었다.

"정말 좆같은 인간과 함께 보내는 좆같은 밤입니다."

세이지의 행동에 제임스 스턴은 힐보다 더 놀랐다. 1970년대에 리먼에 있을 때 스턴은 '스탠더드 브랜즈' 일로 세이지와 함께 일한 적이 있었다. 그런 까닭에 스턴은 세이지를 오래된 친구라고 여겼다. 하지만 열띤 공방을 하는 와중에 세이지는 스턴에게 전문가처럼 굴지 못한다고 핀잔을 주었고, 이 말에 스턴은 화가 단단히 났다.

"알겠습니다. 그럼 잘해 보십시오, 난 이 자리에서 빠질 테니까."

스턴이 자리에서 일어섰다. 그러자 세이지는 그를 붙잡고 사과했다.

세이지의 이런 비타협적인 모습은 투자사와 고객 사이의 관계를 옛날 기준으로만 봤기 때문이라고 나중에 세이지 본인도 인정했다. 세이지가 월스트리트에서 활동할 때는 고객이 주인이었고 투자은행은 종이었다. 하지만 RJR 나비스코의 인수 작업에 수억 달러의 자금을 투자하는 시어슨은 돈을 받고 고용한 종이 아니었다. 대등한 파트너였다. 세이지는 이런 사실을 파악하지 못했던 것이다. 나중에 세이지는 이렇게 말했다.

"그들은 단순히 사업을 보조해 주는 존재가 아니었죠. 네, 맞습니다. 직접 뛰는 선수였습니다."

세이지가 힐과 스턴을 업신여긴 것도 협상 과정이 매끄럽게 진행되지 못한 이유로 작용했다. 세이지는 옛날 리먼의 기준으로 볼 때 힐이나 스턴이 함량 미달이라고 생각했다. 그래서 심지어는 협상에 대해 두 사람을 가르치려는 모습까지 보였다. 이에 대해 나중에 존슨은 다음과 같이 말했다.

"앤디는 그들이 멍청하고 모자라다고 봤죠. 날카로운 구석이 전혀 없다고 느꼈습니다."

힐은 답답했다. 그래서 골드스톤에게 전화해 세이지를 좀 말려 달라고 호소했다. '데이비스 포크 앤드 워드웰' 법률 회사의 변호사이던 골드스톤은 세이지의 요구 사항이 확실히 지나치다고 생각했다. 그래서 힐에게 다음과 같이 말했다.

"만일 우리 고객이 이렇게까지 할 자격이 있는지 당신들을 설득시킨다면 정말 대단한 일이겠죠, 맞습니다. 아무튼 내가 도움될 수 있는 길이 있다면 노력은 해 보지요."

하지만 골드스톤은 이렇게 말한 사실을 후회해야 했다. 힐이 세이지와 협상하면서 결정적인 시점에 데이비스 포크 측도 시어슨의 주장을 지지한다고 말했던 것이다. 화가 난 세이지가 나중에 골드스톤을 닦아세웠음은 두말할 나위 없다.

"대체 누구 편을 드는 거요? 당신 고객이 누구요?"

그 일이 있은 뒤로 골드스톤은 시끄러운 협상 논의에서 완전히 빠졌다.

협상이 진행되면서 힐은 코언의 허락을 받아 핵심적인 사항들을 양보하기 시작했다. 좋습니다, 시어슨은 이사회에서 두 자리만 갖도록 하죠. 좋습니다, 존슨이 낼 세금은 시어슨이 대신 내도록 하죠. 하지만 미국에서 가장 큰 회사들 가운데 하나로 꼽히는 거대 회사의 지분 20퍼센트를 거저 넘겨 달라고? 세이지의 요구 사항들은 시어슨의 수익을 크게 잠식할 뿐 아니라 외부에도 터무니없는 모습으로 비칠 터였다.

"앤디, 당신은 지금 기업 홍보 차원에서 엄청나게 부정적으로 작용할 사안을 주장하고 있습니다. 사람들이 뭐라고 하겠습니까? 경영진이 자기 배나 채우려고 회사를 팔아먹었다고 하지 않겠습니까?"

하지만 세이지는 자기들 걱정은 안 해 줘도 된다고 대꾸했다. 그때 일은 그때 가서 자기들이 알아서 할 테니 염려하지 말라고 했다.

힐이 가지고 나온 안은 통하지 않았다. 그리고 세이지는 툭하면 협상을 깨겠다고 협박했다. 제임스 스턴은 이를 '세이지의 뻥'이라고 불렀는데, 세이지가 그럴 때마다 스턴은 당장 꺼지라고 고함지르고 싶은 충동을 가까스로 억눌렀다.

마침내 스턴은 아주 작은 성과를 얻어냈다. 경영진이 특별히 정한 기준을 초과해서 성과를 달성할 때 경영진에 추가로 주식을 증여하는 데 세이지가 동의한 것이다. 이 특별 성과급은 '보기bogey'라고 불렸는데, 다각화 사업을 마무리했을 때, 목표로 정한 영업 이익을 달성했을 때, 그리고 일정 수준의 수익률을 달성했을 때 제공하기로 했다.

하지만 시어슨의 투자은행가들이 아무리 설득해도 세이지는 자신의 핵심 요구 사항, 즉 이 '보기'가 존슨의 지분 20퍼센트까지 보장하는 것으로 확대되어야 한다는 주장을 접지 않았다. 답답해서 미칠 지경이던 스턴은 세이지의 주장이 얼마나 터무니없이 큰 것인지를 직접 보여 주기 위해 주당 가격이 80달러 초반에서 결정되어 LBO가 이루어질 때 수익률이 얼마나 나오는지 컴퓨터 프로그램을 돌려 결과를 보여 주었다. 하지만 세이지는 전제 자체를 비웃었다.

"미친 사람이 아니고서야 누가 그렇게 높은 가격을 제시한단 말요?"

이틀 뒤, 힐과 세이지는 두 손을 들고 코언에게 매달렸다. 스턴은 세이지와는 더 이상 이야기를 못 하겠다면서 다음과 같이 말했다.

"제발 직접 나서서 로스와 담판을 벌여 해결하십시오. 이 사람은 돌았습니다. 씨도 안 먹히는 인간입니다."

세이지 역시 시어슨에 대해 나름대로 참을 만큼 참았다. 세이지가 주말에 여러 차례 스턴에게 전화해서 메시지를 남겼지만 스턴이 전화를 해 주지 않자, 시어슨을 차 버리고 다른 투자사와 접촉하려고 했다. 아마 대상은 드렉설이 되었을 것이다. 세이지는 존슨에게 전화를 걸어 불만을 호소했다. 그때 존슨은 골드스톤과 함께 플로리다에서 주말을 보내고 있었다.

"이 친구들과는 당장 접읍시다!"

하지만 존슨은 걱정하지 않았다. 모든 협상이 전투라고 그는 생각했다. 따라서 어떤 때는 쉽지만 어떤 때는 어려울 수밖에 없다는 게 그의 협상 지론이었다. 하지만 어쨌거나 세이지는 협상에 응하지 않고 있었다. 사흘 뒤에 존슨은 이사회에 나가 LBO를 제안하는 연설을 하기로 예정되어 있었다. 초조한 시간이 흐르고 있었지만 존슨은 코언이 이 거래를 얼마나 절실히 원하는지 알고 있었다. 따라서 시어슨이 협상을 포기하고 모든 일을 없었던 것으로 돌리지는 않을 것이라고 확신했다. 그래서 존슨은 세이지를 안심시킬 수 있었다.

"돌아올 겁니다. 안 온다면 마는 거죠 뭐."

•————◇◇◇————•

한국에서 돌아오는 비행기 안에서 찰스 휴걸은 줄곧 존슨과 통화했던 내용을 생각했다. 비행기가 북태평양 상공을 날고 있을 때 그는 볼펜과 종이를 꺼내 들고 자신이 해야 할 일들을 하나하나 적기 시작했다. 특별위원회 구성원은 모두 다섯 명으로 정했다. 세 명으로 하는 경우도 있었지만 다음 날 모스크바로 가야 할 일이 있었기 때문에 이사 둘만 두고 가야 한다는 게 마음에 걸렸기 때문이다. 위원으로 들어가려면 우선 최고경영자 경험이 있어야 하고, 회사가 어떻게 돌아가는지 잘 알아야 했다. 그리고 시간이 많아야 했다. 장시간 회의를 하다 보면 끼니때를 놓칠 수도 있는데 이런 일로 불평하는 사람이라면 곤란했다.

일요일 밤에 코네티컷의 집에 도착한 휴걸은 존슨에게 전화를 걸었다. 존슨은 애틀랜타로 돌아와 있었다. 두 사람은 특별위원회 위원으로 누굴 뽑을지 상의했다. 사실상 휴걸이 존슨의 의견을 적극적으로 반영한 셈이었다. 우선 '걸프+웨스턴'의 마틴 데이비스를 뽑는 데 의견 일치를 보았다. 존슨의 오랜 친구이며 그해 봄에 이사로 선임된 데이비스는, 이사회 구성원들 가운데 누구보다 기업의 구조 조정에 대해 잘 알고 있는 인물로 지난 5년 동안 자기 회사를 끊임없이 뒤흔들어 왔었다. 그다음은 '내셔널 캐시 레지스트'의 전 회장이었던 윌리엄 앤더슨이었다. 그는 존슨으로부터 8만 달러의 상담 수수료를 받는 은혜를 입은 적이 있었다. 그리고 윈스턴살렘 출신이 최소 한 명은 있어야 한다는 데 동의하고, 여기에 해당하는 위원으로 존 메들린을 정했다. 가장 흥미로운 인물은 존 매콤버였다. 예전에 쿠데타 움직임에 동조했던 적이 있어서 존슨은 그를 신뢰하지 않았다. 하지만 존슨과 휴걸은 다른 이사들 사이에서 공공연히 반대하면서 떠들어 대게 하는 것보다 차라리 특별위원회 안에 매콤버를 두는 게 더 낫다고 판단했던 것이다.

"아 참, 한 가지 더 있습니다."

존슨은 골드스톤에게 들었던 말이 문득 생각나서 덧붙였다.

"이사회에 변호사를 참석시키는 게 좋을 듯싶습니다. '새니 플러시'(변기 청소제 상표명)처럼 그 자리에서 단번에 모든 게 정리되었으면 합니다."

휴걸은 이미 자기가 해야 할 일 가운데 '변호사 준비'라고 적어 넣고 있었다. 변호사를 입회시키는 것은 매우 중요한 사항이었다. 이사들이 복잡한 법률 의무 및 신탁 의무의 범위 안에서 적법하게 회의를 진행하고 의사를 결정했음을 보증하는 일은 위원회에서 고용한 변호사가 공증해 줄 것이기 때문이었다. 월요일 아침, 휴걸은 뉴욕에서 내로라하는 법률 회사 몇 군데에 전화를 걸어 사람을 구하기 시작했다. 그런데 처음 세 사람이 모두 곤란하다고 대답했다. 휴걸은 깜짝 놀랐다. 외부에서 이미 어떤 움직임이 진행되고 있다는 명백한 징후였다. 갑자기 휴걸의 머리에 어떤 생각이 퍼뜩 스쳤다.

'존슨이 나에게 말한 것보다 훨씬 많이 일을 진행시켰구나……'

———◆◦◦◦◆———

뉴욕 라과디아 공항.

피터 앳킨스는 공항의 모니터를 바라보고 있었다. 짜증이 가득한 표정이었다. 앨버커키로 가는 아메리칸 에어라인스 항공편이 무기한 지연된다는 방송이 흘러나왔다. 시카고의 오헤어 공항이 안개에 싸여 있다고 했다.

앳킨스는 서류 가방을 든 채 사람들 틈을 뚫고 공중전화 부스로 갔다. 늦어도 저녁까지는 뉴멕시코에 도착해야 했다. 중요한 약속이 있었기 때문이다. 마흔다섯 살의 앳킨스는 자신이 원하는 것보다 더 많은 시간을 여행하면서 보냈다. 그를 성가시게 하는 건 시차 적응을 하느라 애먹는 게 아니었다. '스캐든, 압스, 슬레이트, 미거 앤드 플롬' 법률 회사(이하 스캐든 압스)의 동료들은 그의 체력을 놀라워했다. 다른 변호사들은 밤새워 협상하고 나면 다들 녹초가 되었지만, 앳킨스는 달랐다. 동료 가운데 한 사람은 이렇게 말했다.

"밤을 새우고 나서도 피터는 언제나《GQ》표지에서 금방 튀어나온 신사 같았죠. 우리는 유령처럼 흐느적거렸지만 피터는 전혀 그렇지 않았습니다."

브루클린의 플랫부시에서 기술자의 아들로 태어난 그는 월스트리트에서 유가 증권 관련 일급 변호사로 꼽혔다. 스캐든 압스도 미국에서 세 번째로 큰 법률 회사였으며, 또한 막 꽃을 피우기 시작하던 인수 합병 분야에서 가장 활발하게 활동했다.

앳킨스는 전화기 번호판을 눌러 비서를 찾았다. 그리고 다른 비행기를 알아보라고 지시했다. 그러자 비서가 휴걸이라는 사람이 메시지를 남겼다고 전했다. 휴걸에 대해 앳킨스가 아는 유일한 사실은, 그것도 확실하다고 자신할 수 없었지만, 컴버스천 엔지니어링의 회장이라는 것이었다. 나중에 전화 한번 해야겠군, 하고 앳킨스는 혼자 중얼거렸다.

앳킨스의 비서는 덴버의 스테이플턴 공항을 경유해서 앨버커키로 가는 유나이티드 항공사의 비행기 좌석을 구했다. 앳킨스는 탑승 게이트 쪽으로 달렸다. 그러나 게이트에 도착했을 때 이 비행기 역시 무기한 지연 상태임을 알았다. 덴버에도 안개가 덮여 비행기 착륙이 불가능하다고 했다. 정말 운도 없다고 투덜거리는데 방송에서 자기 이름을 불렀다. 곧바로 구내전화가 있는 곳으로 가서 담당자를 찾았다. 휴걸이 보낸 메시지가 있다고 했다. 그의 메시지는 이랬다.

'곧바로 나에게 전화하지 않으면 일생일대의 거래를 놓칠 수 있다고 전해 주시오.'

허풍이 센 사람이군, 앳킨스는 그렇게 생각했다. 그의 머릿속엔 온통 비행기를 타고 뉴멕시코로 가야 한다는 생각뿐이었다. 그의 비서가 다시 한 번 다른 비행기를 알아보았다. 그리고 댈러스를 경유하는 콘티넨털 항공사의 비행기 편을 찾아냈다.

콘티넨털 항공사의 탑승 게이트는 제법 멀리 떨어져 있었다. 앳킨스는 마치 달리기 경주를 하듯 전력 질주를 했다. 숨을 헐떡이며 게이트에 도착하자 승객들이 막 비행기에 오르고 있었다. 늘어선 줄 맨 끝에 서서 앞으로 나아가면서 앳킨스는 휴대폰을 꺼냈다. 그리고 끈질기게 메시지를 남겼던 휴걸이라는 사람에게 전화를 걸었다.

그리고 20분 뒤, 피터 앳킨스는 뉴멕시코행 비행기가 아니라 서쪽으로 가는 비행기를 타고 있었다. 찰스 휴걸에게 고용된 변호사가 되어 있었던 것이다.

월요일, 이사회가 열리기 이틀 전이었다. 존슨은 점차 초조해지기 시작했다. 그는 한 시간에 한 번씩 주가를 점검했다. 반쯤은 주가가 오르기를 기대하는 마음이었다. 주가가 제법 오르기만 하면 시어슨과 준비하던 LBO를 완전히 없던 일로 할 생각이었고, 그럴 마음의 준비는 다 갖추고 있었다.

그는 이미 벼랑 끝에 서 있었다. 《비즈니스위크》 최신호에 실린 〈인사이드 월스트리트〉 칼럼 때문이었다. 이 칼럼의 표제는 '담배 연기가 암시한다, RJR 나비스코를 사라고'였다. 그리고 청산 가치[†]와 주식 가격 사이의 엄청난 간극을 들어가며 월스트리트의 한 자산운용가가 "RJR는 대규모 구조 조정이나 인수를 앞두고 있다"라고 말했다고 전했다. 기사는 계속해서 다음과 같은 예측도 내놓았다.

"회사는 적대적 인수를 피하기 위해 경영진이 자기 회사를 사들인 다음 담배 부문을 매각할 계획을 세우고 있다."

[†] 현재 시점에서 기업의 영업 활동을 중단하고 청산할 경우 회수 가능한 금액의 가치.

반만 맞군, 하고 존슨은 생각했다. 식품 부문은 매각하겠지만 엄청난 현금 흐름을 보장해 주는 담배 부문은 계속 가지고 있기로 그와 베너벤토는 이미 결정을 내린 상태였다. 존슨은 이 기사를 머리에서 지우려고 애썼다.

그런데 진짜 충격적인 소식은 6시 정각이 되기 불과 몇 분 전에 터졌다. 〈다우존스뉴스서비스〉가 필립 모리스에서 거대 식품 회사인 '크래프트'를 110억 달러에 사겠다고 공개적으로 발표했다는 소식을 전했다. 존슨의 계획과 완전히 대비되는 선택이었다. 해미시 맥스웰은 자기 제국을 쪼개기보다는 오히려 확장하는 쪽으로 나아가겠다고 선택한 것이었다. 그의 이런 발표를 놓고, 존슨이 크래프트 인수전에 뛰어들어 그보다 더 높은 가격을 부르는 게 아닌가 하는 투자은행가들의 전화가 존슨에게 쇄도했다. 이제 그들이 하는 말들은 듣지 않아도 될 만큼 뻔했다. 이것은 일생에 단 한 번밖에 오지 않는 기회입니다, 크래프트는 엄청나게 멋진 회사입니다, 제대로 눈여겨봐야 합니다, 빨리 움직여야 합니다, 어쩌고저쩌고……

존슨이 주의를 기울인 유일한 진화는 모건 스탠리의 스티븐 워터스가 한 전화였다. 워터스는 제임스 웰치와 통화해서 크래프트에 대해 물었다. 그런데 워터스는 전화를 끊으려다 열흘 남짓 전(정확하게는 12일 전) 웰치에게 언급했던 문제를 불쑥 물었다.

"근데 KKR하고는 어떻게 되어 갑니까?"

"글쎄요, 그 생각도 하고 있죠."

그날 존슨은 이사들에게 전화를 걸어 수요일 밤의 만찬에 꼭 참석하라고 알렸다. 이사들이 이유가 뭐냐고 묻자 매우 조심스럽게 단 한마디로만 대답했다.

"중요한 일이 있습니다."

특별위원회 위원으로 점찍은 사람들에게 존슨은 집단의 일원으로서 기꺼이 대안을 마련하는 작업을 충실하게 해 줄 수 있는지를 물었다. 데이비스는 못마땅한 얼굴이었지만 그렇게 하겠다고 말했다. 매콤버는 동조적이었다. 앤더슨에게는 휴걸이 전화를 걸어 의사를 물었는데, 그렇게 하겠다고만 했다. 그런데 존 메들린은 발을 빼면서 휴걸에게 이렇게 말했다.

"입에서 쌍욕이 나올 정도로 바쁩니다."

개인적으로 그는 RJR 나비스코의 주거래 은행인 와코비어 은행의 수장으로 있으면서 특별위원회 위원으로 이해 갈등의 한가운데에 있어야 한다는 게 부담스러웠다. 그는 한사코 사양하면서 다른 사람을 추천했다.

"다른 분으로 하면 안 되겠습니까? 앨버트 버틀러는 어떻습니까?"

온순한 성격의 버틀러는 휴걸에게 남은 유일한 선택이었다. 그날 오후에 휴걸은 버틀러에게 전화를 했다.

"로스가 이 문제에 대해 얘기하지 않았던가요?"

"아뇨. 하지만 몇 주 전에 대안을 찾아야 한다는 얘기는 하더군요."

버틀러도 위원회에 참가하기로 동의했다. 그런데 한 가지 확인할 게 있다고 했다. 몇 주 전에 존슨이, 다음 해 5월에 70회 생일을 넘기더라도 레이놀즈 타바코 이사회에 계속 남아 달라고 정중하게 요청했었다면서, 이렇게 물었다.

"그런 호의가 이 문제에 대한 나의 판단과 아무 상관 없겠죠? 그렇죠?"

버틀러의 질문을 듣는 순간 휴걸의 머리에서 경고음이 요란하게 울렸다.

"로스가 한 약속이 어느 정도로 확실한 거였습니까?"

깰 수 없을 정도로 확실한 약속이었다고 버틀러가 말했다.

"제가 다시 전화를 드리죠."

휴걸은 전화를 끊었다. 속이 부글부글 끓었다. 그는 LBO 이후에도 담배 부문은 회사의 핵심 사업 부문으로 살아남을 것을 알고 있었다. 휴걸은 현재의 이사에게 나중에 마땅히 새로 선임해야 할 이사 자리를 미리 약속하는 존슨의 행동이 마음에 들지 않았다. 이사는 중립적인 태도로 임해야 했다. 따라서 존슨의 제안은 결코 정당한 행위가 아니었다. 휴걸은 존슨에게 전화를 걸어 이런 내용들을 모두 이야기했다. 그러자 존슨이 말했다.

"앨버트가 착각하는 겁니다. 내가 그 이야기를 했을 때는 이 길로 들어서겠다는 마음을 먹기 전이었어요. 그때 내가 한 말은, 앨버트가 계속 담배 부문 이사회에 이사로 참가해 달라는 것뿐이었지 다른 의도는 아무것도 없었습니다."

그러나 휴걸은 존슨이 말하는 것처럼 버틀러가 착각한 것이라고 생각하지 않았다.

"로스, 이 문제에 대해서는 조심해야 합니다. 옳지 않은 행위는 하지 말아야 합니다."

휴걸이 경고했다. 그런데 이 경고에 대한 반응으로 존슨은 휴걸이 영원히 잊지 못할 말을 했다. LBO 이후의 이사회에 독립 이사 사리가 두 개 나올 거라는 설명에 이어 다음과 같이 말한 것이다.

"찰리 당신이 그 자리에 적합하지 않나 싶습니다. 내 생각이긴 합니다만, 당신은 마음만 정하면 됩니다. 우리는 여태 함께 잘해 왔지 않습니까. 그러니 앞으로도 계속 같이 가고 싶습니다. 그리고 이사로서 당신은 지분을 가질 권한도 있습니다."

당연히 돌아가야 하는 몫이라고 했다. 휴걸은 의심이 들었다.

"근데 어떻게 그 지분을 보장해 주겠다는 겁니까?"

존슨은 자세히 설명했다. 휴걸은 경영진이 받을 혜택과 동일한 혜택을 받을 수 있다. 시어슨이 빌려주는 돈으로 지분을 사서, 주가가 오르는 광경을 느긋하게 지켜보기만 하면 된다. 500만 달러의 주식은 5년 뒤에 2000만 달러로 오를 것이다.

존슨의 설명에 휴걸은 무슨 말을 해야 할지 몰랐다.

'이 사람은 지금 자기가 무슨 말을 하는지 알고 있을까? 자기가 뇌물을 주겠다고 제안한다는 사실을 알고나 있을까? 교활한 것일까, 아니면 순진한 것일까? 흠, 도무지 알 수 없는 인물이군.'

하지만 휴걸은 곧 정신을 차리고 서둘러 대답했다.

"난 그렇게 할 수 없어요. 특별위원회 위원장이지 않습니까."

혼란스럽고 또 더욱더 걱정스러운 마음으로 휴걸은 화제를 돌려 존슨에게 버틀러에게 전화해서 이사직을 보장하겠다는 약속은 없던 일로 하라고 주문했다. 그리고 휴걸은 나중에 버틀러에게 전화를 걸어 이렇게 말했다.

"그 문제에 대해서는 그 누구에게도 입을 열지 않겠습니다."

월요일 밤에 존슨이 집에 있는데 앤드루 세이지가 전화를 했다. 세이지는 화가 머리끝까지 나 있었다. 낮에 젊은 변호사들이 LBO 이후의 회사 운영과 관련된 합의 사항들을 정리하려고 애썼고, 시어슨에서 방금 합의문 초안을 팩스로 보냈는데 완전히 엉터리라는 것이었다. 세이지의 관점에서 볼 때 시어슨은 여러 가지 중요한 사실들에 관해 딴소리를 한다는 것이었다.

"그래요? 우리 집으로 와요. 다른 사람들도 다 모아 봅시다."

존슨은 속이 타고 화가 났다. 이사회가 열리기까지는 24시간도 남지 않았는데, 회사 운영에 관한 사항과 같은 중요한 문제들이 아직도 풀리지 않은 상태로 남아 있다는 건 말이 안 되었다. 그는 협상팀을 다시 소집한 뒤에 시어슨 측과 통화해서 마지막 담판을 짓기로 결심했다. 로리 존슨이 전화를 걸어 사람들을 찾았다. 골드스톤은 저녁때 뉴욕으로 돌아갔고, 그래서 로리는 골드스톤의 조수인 하버드 출신 변호사 조지 베이슨 주니어를 찾았다. 그는 호텔 방에서 웬디스 햄버거를 먹고 있었다. 로리는 베이슨에게 당장 오라고 했다. 골드스톤이 없는 상황에서 이 동안의 서른네 살 변호사가 협상의 법률적인 측면을 모두 책임져야 했다. 호리건은 웨이벌리 호텔에서 담배 사업 부문의 중역 두 사람과 저녁을 먹고 있었고, 존 마틴은 시내에 있었으며, 베너벤토와 헨더슨은 함께 저녁을 먹고 있었다.

이들이 존슨의 집에 모두 모인 시간은 대략 10시경이었다. 로리가 사람들에게 '다이어트 콜라'를 내놓았고, 존슨은 서재의 책상을 앞에 두고 앉았다. 그리고 뉴욕에 있는 피터 코언에게 전화를 했다. 신호음이 가는 동안 그는 서재 벽에 걸린 명사들의 사진을 물끄러미 바라보았다.

그런데 놀랍게도 피터 코언이 아니라 제임스 로빈슨이 전화를 받았다. 로빈슨 부부가 맨해튼의 침실로 막 들어가 불을 끄고 누웠을 때였다. 존슨은 자신이 단축 번호를 잘못 눌렀다는 사실을 깨달았다.

"아 지미, 이거 미안합니다. 피터한테 전화한다는 게 그만……."

"피터한테? 왜? 뭐가 잘못됐소?"

존슨의 목소리에 노기가 묻어 있는 걸 알고 로빈슨이 물었다.

"시어슨에 있는 멍청한 친구들 때문에 말입니다. 우릴 엿 먹이려고 하잖아요. 도무지 말이 안 통하는 친구들입니다. 개똥 같은 얘기만 해대고……. 짜증 나서 더는 못 해 먹겠습니다."

협상 과정을 자세히 보고받지 못했던 로빈슨은 존슨이 무슨 말을 하는지 몰랐다. 로빈슨은 존슨과 통화를 마치고 곧바로 5번가의 아파트에 있는 코언에게 전화를 걸었다.

"젠장! 뭐가 어떻게 돌아가는지는 모르지만, 짐 스턴과 톰 힐 때문에 '교황'이 잔뜩 화가 났던데, 당신이 이 문제를 해결할 수 있겠소?"

코언은 존슨에게 전화하기가 두려웠다. 힐과 스턴이 알아서 회사 운영과 관련된 쟁점 사항들을 원만하게 처리하길 바랐었다. 게다가 그는 다음날 ABC 방송국의 〈굿모닝 아메리카〉와 인터뷰하기로 되어 있어 새벽에 일어나야 했다. 내키지 않았지만 도리가 없었다. 코언은 애틀랜타의 존슨에게 전화를 걸어 이렇게 운을 뗐다.

"나중에 얘기할까요? 너무 늦은 시각이라서……."

"아뇨, 지금 당장 마무리해야 합니다. 끝장을 봅시다, 피터. 내가 보기에는 말입니다, 이건 정말 말도 안 됩니다. 개똥도 한 무더기가 아니라 여러 무더깁니다. 우리가 이 자리에서 오늘 밤에 이 문제를 해결하든가, 아니면 때려치우든가 둘 중 하나를 선택합시다. 벌써 이렇게 골치가 아프면 나중에는 어떻게 하겠습니까?"

코언은 한발 물러섰다. 존슨이 화가 나도 단단히 난 것 같았기 때문이다.

"좋아요, 한번 해 봅시다."

코언은 개인 비서인 앤드리아 패러스에게 전화를 걸었다. 그의 아파트는 코언의 아파트에서 세 구역밖에 떨어져 있지 않았기 때문에 금방 왔다. 잭 너스바움도 전화로 연결되었다. 곧 이 세 사람은 모두 존슨의 변호사인 조지 베이슨과 연결되었다. 존슨의 서재에 자리를 잡은 베이슨이 존슨에게 말했다.

"의자가 좋네요."

"이번에 일이 잘되면 당신에게 하나 사 주지."

한편 코언은 매우 난처한 입장이었다. 존슨이 엄청 많은 걸 요구하기 때문에 마음이 편치 않은 상태였다. 회사 경영이나 수익 배분에 관해서 시어슨이 얼마나 많은 걸 양보하는지 잘 알고 있었다. 하지만 협상이 깨지지 않으려면 어떤 식으로든 즉각 존슨에게 당근을 줘야 했다.

협상은 두 시간도 걸리지 않아 끝났다. 코언은 베이슨이 적시하는 요구들을 사실상 거의 모두 들어주면서 항복했다. 그날 밤 세이지의 비서가 타이핑한 합의문 내용은 다음과 같았다. 존슨의 7인 그룹은 회사 지분의 8.5퍼센트를 가진다. 이 지분을 사는 데 필요한 자금은 시어슨이 무과세 대출로 제공한다. 존슨이 목표 과제를 모두 달성할 경우 7인 그룹의 몫은 18.5퍼센트까지 높아질 수 있다. 이렇게 될 경우 이 부분의 금액은 최대 25억 달러까지 될 수 있었다. 존슨은 자기 몫을 자기 마음대로 분배할 수 있었다. 스티브 골드스톤에 따르면, 그의 개인적인 몫인 1퍼센트는(호리건도 1퍼센트의 지분을 보장받았다) 5년 뒤에는 10억 달러까지 될 수 있었다. 존슨은 또한 거부권과 이사회 통제권을 보장받았다. 여태껏 그 어떤 주요 LBO에서 찾아볼 수 없는 특이한 내용의 합의문이었다.

코언도 나름대로 위안을 얻었다. 만일 인수 주식의 가격이 한 주에 75달러를 초과할 경우, 모든 합의 내용을 재협상할 수 있다는 점을 약속받았기 때문이다. 사실 인수 주식의 가격이 75달러라는 선을 넘어설 가능성은 거의 확실했다.

하지만 나중에 제임스 스턴은 코언이 이런 합의를 했다는 사실을 알고 펄쩍 뛰었다.

"빌어먹을!"

스턴은 주먹으로 책상을 내리치면서 몸을 떨었다.

"그래 좋았어, 딱 75달러야. 1센트만 더 올라가 봐, 아니 10분의 1센트만 올라도 협상은 처음부터 다시야!"

RJR 나비스코 본사에서 직원들은 무언가 변화가 일어나고 있음을 감지

했다. 어느 날엔가 에드워드 로빈슨이 4000만 달러를 '랍비 신탁'에 예치하라고 했을 때 재무 부서의 직원들은 의아하게 생각했다. 그러고 보니 존슨을 비롯한 경영진이 정신을 다른 데 두고 있는 것 같았다. 온갖 소문들이 나돌기 시작했다. 심지어 몇몇 비서들은 점쟁이를 찾아가기도 했다. 앞일을 훤히 내다본다는 사람을 찾아간 비서 한 사람은 이런 말을 들었다.

"당신 일자리가 흔들거리는 게 조만간에 없어질 거 같구만. 내가 당신이라면 공무원 자리나 IBM처럼 안정적인 데 이력서를 넣겠어."

다른 비서는 더 험한 말을 들었다.

"지금 일자리는 당신이 평생 있을 일자리가 아냐. 내 눈에는 그렇게 보여."

"지금 일자리가 어떤데요, 구체적으로?"

예언가는 눈을 감고 잠시 정신을 집중했다. 그리고 한참 뒤에 이렇게 말했다.

"거참……, 동성애 집단이라고 할까……."

존슨은 한 시간에 한 번씩 주가를 확인하며 초조하게 화요일 아침이 밝기를 기다렸다. 그리고 날이 밝자 뉴욕에서 돌아와 있던 골드스톤을 집으로 초대해 함께 아침을 먹었다. 골드스톤은 그때까지도 여전히 존슨이 정말 LBO를 실행할 것인지 아니면 그냥 가능성만 따지는 것인지 몰라서 초조했다. 존슨은 이사회에서 행할 연설을 미리 연습하면서 정말 LBO를 할 것이라고 했다.

"네, 그냥 이사회에 털어놓고 설명하십시오. 선택은 그들의 몫이니까요."

아침을 먹은 뒤에 존슨은 사무실로 나가서 다시 주가를 확인했다. 주가는 여전히 꼼짝도 하지 않았다. 그는 핵심 측근들을 모아 마지막 회의를 하면서, 곧 사람들이 터뜨릴 분노에 담담하게 대처할 것을 주문했다. 토밀슨 힐과 격렬한 협상을 진행했던 세이지는 상반되는 감정이 교차하는 가운데서 있었지만, 어쨌거나 무슨 일이 있든 존슨을 지지할 터였다. 에드워드 로빈슨은 이 사업을 줄곧 지지하던 인물이었다. 그가 존슨에게 말했다.

"밀어붙여요!"

존 마틴도 한 배를 탔다. 그는 웃으면서 말했다.

"돈을 냈으니 이제 입맛대로 고르기만 하면 됩니다."

전투에 직접 참가하기를 열성적으로 바라던 호리건은 존슨에게 이사진을 경계해야 한다고 다시 한 번 상기시켰다. 존슨이 마틴 데이비스의 책상 위 사탕 바구니가 비지 않도록 늘 조심한다고 해서 폴 스틱트의 옛날 패거리들이 그에게 회사를 기꺼이 건네주진 않을 것이라는 게 호리건이 내세운 이유였다. 그러면서 호리건은 경고했다.

"앤더슨 같은 사람들은 뒤에서 뭐든 할 수 있는 인간들입니다. 이 사람들은 LBO를 좋아하지 않습니다. 버틀러 역시 이 사람들처럼 윈스턴살렘의 친위 대원이잖아요. 매콤버는 늘 징징 짜는 소리를 하고……."

존슨은 레이놀즈가 오랜 기간 파트너로 삼아 왔던 월스트리트의 투자은행 '딜런 리드 앤드 컴퍼니' 그리고 '라저드 프레어스'가 이사회가 선택할 최상의 투자사가 될 것이라고 말한 적이 있었다. 존슨은 시카고 투자은행가들 사이에서 최고참으로 통하던 아이라 해리스에게 약간의 일거리를 던져 주는 게 좋겠다고 생각했다. 하지만 호리건은 말이 안 된다고 생각했다.

"시어슨과 손잡고 일하면서 아이라 해리스에게 일생에서 가장 힘든 과제가 될지도 모를 일을 맡긴다고요? 그 사람은 쉽게 상처받는 스타일입니다. 우리 편이 되어 주지 않고 오히려 적이 될 거라고요."

존슨에게는 순진함과 마키아벨리적인 교활함이 특이하게 결합되어 있었고, 이것이 호리건을 끊임없이 놀라게 했다(존슨은 호리건과 이런 대화를 나누었다는 사실을 기억하지 못했다).

●───◇◇◇───●

수요일 아침, 휴걸과 앳킨스는 컴버스천 엔지니어링의 제트기를 타고 애틀랜타로 갔다. 휴걸은 웨이벌리 호텔에 체크인을 한 뒤에 사전 조율을 하기 위해 RJR 나비스코 사옥에서 존슨을 만났다. 이사회를 하기 전에 두 사람은 늘 그렇게 했고, 이날도 예외는 아니었다. 존슨은 평소와 다름없이 유쾌했다. 어쩌면 조금 더 들떠 보였다. 존슨이 마음을 바꾸지 않은 건 분명했다.

'RJR 나비스코의 LBO는 확실히 진행된다.'

휴걸은 이사회에서 어떤 식으로 접근하려고 계획을 세우고 있는지 알고 싶어 했다. 존슨 역시 검토를 받고 싶었던 터라 휴걸 앞에서 준비했던 연설을 미리 해 보였다.

휴걸은 스캐든 압스의 변호사 피터 앳킨스가 이사회에 참석할 것이라고 일러 주었다. 존슨은 놀란 눈치였다. 그러곤 썩 내키지 않는다는 표정으로, 일반에 알리는 일이 어쩌면 연기될지 모른다고 말했다. 하지만 자기주장을 계속 밀어붙여 앳킨스의 이사회 참석을 말리지는 않았다. 그 뒤 휴걸은 앳킨스의 호텔 객실로 가서 다음 날 아침에 보도 자료를 내야 할지도 모르니 미리 준비하라고 알렸다.

●───◇◇◇───●

"오 마이 갓!"

골드스톤은 휴걸이 앳킨스를 데려왔다는 말을 듣고 자기도 모르게 신음 소리를 냈다. 그때까지만 해도 골드스톤은, 그날 밤에 있을 존슨의 발표를 이사회가 일반에 공표하지 않아서 경영진으로서는 협상을 비밀리에 마무리할 기회를 가질 수 있을지도 모른다는 약간의 희망을 품었지만, 이제 그 희망은 물 건너간 셈이었다. 발표는 기정사실로 굳어진 것 같았다.

앳킨스의 과거 경력만 보더라도 확실했다. 불과 두 달 전만 해도 그랬다. 스캐든 압스 법률 회사 소속의 이 변호사는, 위스콘신의 제지 회사 '포트 하워드'의 인수 과정에서 그가 했던 역할 때문에 델라웨어의 판사에게 비난을 받았었다. 이 회사의 경영진은, 이사회가 달리 선택할 수 있는 방법을 원천적으로 차단함으로써 인수 합병에 동의하도록 하는 교과서적인 방법을 동원했다. 그런데 이사회를 대변하는 앳킨스는 이사회에서 논의되는 내용을 마지막 순간까지 입 밖에 내지 말아야 했다. 다만 회사의 주가가 다시 오를 때는 그런 이야기를 해도 좋았다.

앳킨스는 포트 하워드에 조언하도록 고용되었다. 그런데 그를 고용한 사람이 포트 하워드의 최고경영자였고, 이 사람은 바로 포트 하워드를 인수하겠다고 인수 가격을 제시한 사람이기도 했다. 이런 사실 때문에 판사는 앳킨스가 마땅히 지켜야 할 비밀을 지키지 않았을지도 모른다고 의심했던 것이다. 그래서 판사는 이런 말을 했다.

"경험이 부족할 수도 있는 이사회의 이사들에게 인수 합병이라는 쉽지 않은 과정을 안내하는 전문 변호사의 역할은 주주의 이익을 보호한다는 측면에서 그 누구의 역할보다 중요하다. 그런데 이해관계의 당사자인 최고경영자가 상대편 이익을 대변할 변호사를 선임하는 과정에 적극적으로 개입했을 때, 어딘가 의심스러운 구석이 있다고 볼 수밖에 없다."

판사는 중립을 지켜야 할 의무를 저버리고 회사를 인수하는 측에 정보를 팔았다는 이유로 앳킨스의 잘못을 지적했다. 골드스톤은 앳킨스가 그 일로 지금까지 계속 양심의 가책을 받고 있을 것이라 추측했다. 여기에는 잭 너스바움도 동의했다. 나중에 너스바움은 다음과 같이 회상했다.

"앳킨스가 포트 하워드 때의 과오를 만회하려 들 것이라는 점은 분명했습니다. 우리는 그가 카이사르의 아내보다 더 고결한 척하려고 할 것임을 알았습니다."[†]

· ———— ◐◑◐ ———— ·

휴걸이 떠난 뒤에 존슨은 나비스코의 젊은 사장인 존 그리니스를 맞았다. 그는 뉴저지에서 막 도착해서 웨이벌리 호텔로 왔다. 아는 사람이 많지 않았지만 그리니스는 존슨의 후계자로 낙점받은 인물이었다. 석 달 전에 존슨은 그와 함께 식사하면서 그의 장래에 대해 자세히 이야기를 했었다. 1989년에 뉴욕을 떠나 애틀랜타로 가서 수석 부사장이 되기로 되어 있었다. 그리고 이사회의 봄 정기 총회 때는 이사진에 이름을 올리기로 되어 있었다. 그리고 1990년에 존슨이 은퇴하면 마흔다섯 살의 나이에 최고경영자 자리에 오르기로 되어 있었다.

그리니스는 존슨 아래에서 줄곧 승진 가도를 달렸다. 비록 존슨의 핵심 측근에 끼지는 못했지만, 스탠더드 브랜즈의 캐나다 지사에서 주류 마케팅 관리자로 일하다가 10년 만에 나비스코의 최고경영자 자리까지 올랐다. 존슨이 매우 저돌적이었다면, 그리니스는 꼭 그만큼 진지하고 조심스러웠다. 그렇다고 해서 유머 감각이 없었던 건 아니다. 하지만 늘 빳빳하게 다린 보수적인 정장만을 입었다. 감동적인 연설로 판매직 사원들을 용기백배하게

---

† '카이사르의 아내'는 추호의 의심도 받지 않는 존재를 뜻한다. 카이사르의 아내 폼페이오가 주최한 여성들만 참여하는 축제에 한 남자 귀족이 여자로 변장한 채 몰래 숨어들었다가 붙잡혔다. 그는 폼페이오를 유혹하려 했다는 혐의를 받았으나 증거가 없어 무죄로 풀려났다. 하지만 카이사르는 "내 아내는 의심조차 받아서는 안 된다"라고 말하며 폼페이오와 이혼했다.

만들어 주는 능력은 없었다. 존슨이 밤새 술 마시며 떠들고 놀 때 그는 사무실에서 서류 작업을 하곤 했다. 그는 골프도 치지 않았다. 키높이 구두를 신었다. 하지만 끊임없이 좋은 성과를 냈다. 존슨은 그를 고속 승진의 엘리베이터에 태웠다. 그를 시기하는 사람들은 그가 캐나다 출신이라 그렇다고 쑥덕거렸다.

그리니스는 4시에 존슨의 방으로 들어왔다. 이때까지도 그는 RJR 나비스코를 덮칠 대변동에 대해선 전혀 모르고 있었다. LBO가 성공적으로 이루어지면 나비스코는 델몬트와 마찬가지로 매각될 것이고 또 그가 나비스코의 최고경영자라는 이유 때문에 존슨은 그를 LBO 논의에 참석시키지 않았다. 그리니스는 차기 최고경영자 후보에서 한순간에 버림받은 존재가 되고 마는 자기 운명을 전혀 알지 못했던 것이다. 존슨은 그리니스를 맞으면서 다소 흥분한 목소리로 말했다.

"어서 와요, 조니. 난 지금 RJR 나비스코의 LBO를 추진하고 있어!"

그리니스는 의자에 무너지듯 털썩 주저앉았다. 망치로 뒤통수를 한 대 맞은 것처럼 멍했다. 그는 존슨이 한 말을 곰곰이 새겼다. 그리고 그게 무엇을 의미하는지 깨달았다. 존슨은 시어슨 그리고 여러 중역들과 함께 그 일을 추진한다.

'하지만 난 거기에서 빠졌다……. 나는 빠졌다……'

존슨은 LBO가 모든 사람들에게 엄청난 혜택을 준다는 이야기를 장황하게 늘어놓았다. 그런 존슨을 그리니스는 멍한 눈으로 바라보았다.

'이 사람은 지금 나비스코를 팔아 치우려고 한다……. 나는 쫓겨난다……. 나와 내 사람들을 엿 먹인다……'

그리니스는 아무 말도 하지 않고 가만히 앉아 있었다. 얼마나 시간이 지났을까. 마침내 그가 용기를 내서 질문했다.

"왜 나한테는 미리 얘기를 해 주지 않았습니까?"

존슨은 나비스코가 매각 대상이기 때문에 그랬다고 설명했다. 하지만 적절한 인수 주체를 찾아내는 데 그리니스가 상당한 역할을 해야 할 것이라고 덧붙였다. 그리고 그 일이 그리니스에게 엄청난 기회가 될 것이라는 말을 반복해서 강조했다.

"조니, 이 일은 당신 인생에서 중대한 분기점이 될 거요. 비록 당신은 새로운 상황이 마음에 들지 않을지 모르겠지만, 당신을 원하는 사람들이 있을 거요. 당신은 젊잖아요. 앞으로 기회는 무궁무진하다고. 마음먹기에 달린 거라고요."

그리고 만일 나비스코를 인수한 새 주인이 마음에 들지 않으면 사직을 하고 '황금 낙하산'의 두둑한 보상비를 챙길 수 있다는 말도 잊지 않았다. 양도제한조건부주식[†] 5만 주를 합치면 그리니스가 챙길 수 있는 돈은 700만 달러가 넘었다.

"조니, 난 당신을 부자로 만들어 줄 거야."

그리니스는 한 시간 뒤에 존슨의 사무실에서 나갔다. 완전히 파괴된 느낌이었다. 그는 그 상태로 웨이벌리 호텔로 발걸음을 옮겼다. 마치 꿈을 꾸는 것 같았다. 그는 자기 방에서 한동안 꼼짝도 하지 않고 가만히 앉아 있었다. 그의 머릿속에선 이런 생각이 분주하게 붕붕거리며 떠다녔다.

'뭔가를 해야 할 것 같아……. 뭔가를 해야 해……. 뭔가를…….'

---

† 회사가 임직원에게 주식을 지급하되, 일정 기간 처분을 제한하고 또 이 주식을 매각할 때는 회사가 주식을 회수하기로 하는 등의 제한을 두는 주식.

그리니스가 간 뒤 존슨은 사무실에 혼자 있었다. 바깥에서는 따뜻한 가을 공기가 어둠 속에 서서히 잠기고 있었다. 앞으로 두 시간만 지나면 자신은 일생일대의 연설을 하고 있을 터였다. 존슨은 자기가 해야 할 말들을 다시 한 번 정리해서 종이에 하나씩 적기 시작했다. 마치 티샷 연습을 하는 것 같다고 그는 생각했다.

'집중하자. 수정해야 할 것은 수정하자. 집중하자, 모든 게 다 잘될 거야.'

7장

RJR 나비스코가 일으킨
거대한 소용돌이

*
*
*

다음 날 아침, 존슨은 일찍 일어났다. 수요일 밤에 있었던 이사회의 회의 내용이 여전히 머릿속에 선명했다. 8시엔 본사에서 있을 보상위원회 회의에 참석해야 하고, 이어 전체 이사회에 참석해야 했다. LBO를 진행하고 있다는 발표는 9시 30분에 있을 예정이었다. 조간신문을 펼쳐 든 존슨은 터져 나오는 웃음을 참을 수 없었다. 《애틀랜타컨스티튜션》 경제면 1면에 실린 큼지막한 표제 때문이었다.

애널리스트들은 RJR가 어떤 인수 합병과도 관련이 없을 것이라 전망.

이 기사는 RJR 나비스코가 최근에 진행되고 있는 식품업계의 인수 합병과는 무관할 것이라고 결론 내렸다. 필립 모리스가 크래프트를 인수하려는 움직임을 공식적으로 발표했을 뿐 아니라 '그랜드 메트로폴리탄'도 필스버리의 적대적 인수에 착수한 상태였다. 존슨은 신문을 접으면서 아내에게 말했다.

"흠, 아주 확실하게 해 주는군."

집을 나서기 전에 존슨은 로널드 그리어슨의 축하 전화를 받았다. 그는 휴걸이 염려하던 이사진 가운데 한 사람이었는데 다행이었다. 지난밤 만찬 이후 여러 명의 이사들이 모였는데, 존 매콤버와 버넌 조던을 포함한 몇몇 이사들은 LBO가 이루어지면 자기들이 받고 있는 한 해 5만 달러의 연금이 어떻게 될 건지 걱정했다고, 어쩌면 이 문제 때문에 보상위원회가 어려워질지도 모른다고 휴걸이 말했었다. 존슨이 본사에 도착했을 때, 휴걸의 예상은 빗나가지 않았다.

그날 아침의 회의 안건에 이사진 구성원들의 종신 연금 처리 문제가 올라가 있었다. 현재 이사들이 받고 있는 혜택을 더욱더 강화하려는 게 목적이었다. 물론 이런 움직임은 존슨이 이사회에 부당한 영향력을 행사하려는 시도로 비칠 수도 있었다. 하지만 존슨은 이것을 안건으로 채택해야 한다고 주장했고, 비록 존슨이 느끼기에 몇몇 사람들이 노골적인 불쾌감을 표했음에도 불구하고 이사회는 이것을 안건으로 채택했다. 존슨은 또한 자동차 보험 할인을 포함한 이사진의 다른 특전에 대해서도 적절히 대응했다. "이런 것들은 다 어떻게 됩니까?" 하는 질문에 존슨은 기다려 봐야 할 것 같다고 대답했던 것이다.

그날 아침에 호리건은 애틀랜타에 있었는데, LBO 사실을 언론에 알리는 문제와 관련해서 한바탕 소란을 일으켰다. 초안 내용은 존슨이 인수 집단을 이끄는 것으로 되어 있었는데, 자기 이름도 존슨의 이름 옆에 병기되어야 한다고 주장했던 것이다. 윈스턴살렘 사람들이 존슨 혼자 회사를 팔아치우려 한다고 생각해서 거세게 반발할지도 모른다는 게 그가 내세운 이유였다. 호리건은 해럴드 헨더슨에게 강하게 주장했다.

"'존슨과 호리건'으로 해야 합니다. 이 문제와 관련해서 내가 존슨과 함께한다는 사실에 대해서는 조금의 의심도 없어야 합니다."

호리건이 얼굴을 시뻘겋게 하고 달려들자 헨더슨도 두 손을 들었다.

9시 35분, 〈다우존스뉴스서비스〉를 타고 발표문이 보도되자 대혼란이 일어났다. RJR의 홍보 책임자 빌 리스는 잠자리에서 일어나면서 그날 언론에 알릴 회사의 가장 큰 소식은 삼사분기 수익 보고서 건과 '플랜터스'의 새로운 땅콩 공장의 이사회 승인 건이라고 생각했던 터라 이 소식을 접하고는 혼비백산했다. 발표문이 보도된 직후에 온갖 언론 매체들과 주주들로부터 확인 전화가 폭주했다. 애틀랜타 지역의 여러 방송국들은 곧바로 사옥 바깥에 중계차를 대기시켰고, 헬리콥터도 한 대 사옥 주변을 돌며 내부를 살폈다. 리스는 1985년 TWA기 납치 사건 이래 이처럼 엄청난 사건의 한가운데서 있기는 처음이었다. 하지만 그와 네 명의 담당자들은 전화를 걸어 확인하려는 사람들에게 같은 말만 반복했다.

"보도 자료로 낸 것 외에는 달리 할 말이 없습니다. 노코멘트입니다."

정오에 사옥 바깥에 있던 기자 한 명이 시청자에게, 존슨이 점심을 먹으러 집으로 갈 때 질문할 계획이라고 말했다. 존슨의 집에 있던 가사 도우미가 이 방송을 보고는 존슨의 아내 로리에게 전화했다.

"사장님이 점심 드시러 집으로 오신답니다."

그러자 로리는 고개를 갸웃하며 존슨에게 전화를 걸었다.

"점심 먹으러 집으로 온다고요?"

하지만 존슨으로서는 그러고 싶어도 그럴 수 없는 형편이었다. 사옥이 하루 종일 언론에 완전히 포위되어 있었기 때문이다. 그 지역의 모든 기자들이 176억 달러 규모의 LBO는 역사상 최대임을 알고 있었다. 이 일은 그날의 가장 큰 경제 관련 사건이었다(물론 곧 그해의 가장 큰 경제 관련 사건으로 정리되었다). 애틀랜타의 북쪽 지역에 있는 최신 쇼핑센터가 갑자기 기업계의 중심지로 떠올랐다.

· —◦◦◦— ·

목요일 아침, 제임스 로빈슨은 애틀랜타에 있는 자기 어머니의 집에서 코카콜라 이사회의 회의를 준비하고 있었다(로스를 '로오스'라고 불렀던 로빈슨은 코카콜라 역시 남부식 발음으로 '코으콜라'라고 했다). 애틀랜타에서 성장하고 하버드대학교에서 공부한 쉰두 살의 제임스 로빈슨은 미국 기업계의 내무부 장관으로 불렸다. 그가 10년 동안 이끌어 온 아메리칸 익스프레스는 다른 사람의 돈 1980억 달러를 감독하고 주무르는 세계 초일류의 금융 기업이었다. 또 2800만 명이나 되는 고객들이 아메리칸 익스프레스 카드를 쓰고 있었다. 제임스 로빈슨이 입을 열면 전 세계의 국가 원수들이 귀를 기울였다. 한 해 전에 그가 제3세계의 부채 상환 위기를 진정시키기 위한 계획을 발표할 때는 전 세계 사람들이 귀를 기울였다. 로빈슨은 격식을 중요하게 여겼다. 남부의 지주와 성공한 은행가의 접점이 바로 그의 그런 태도였다. 그의 아내 린다 역시 뉴욕 소재의 한 홍보 회사를 자기 명의로 소유하면서 경영하고 있었다.

아침 7시에 로빈슨은 피터 코언의 전화를 받았다. 코언은 곧 언론에 RJR 나비스코의 인수 합병 소식이 보도될 것이라고 말했다. 로빈슨은 깜짝 놀랐다. 비록 세부 사항들을 꼼꼼하게 다 챙기지는 않았지만, 이렇게나 빨리 진행되는 줄은 몰랐기 때문이다. 아무리 일러도 다음 주나 되어야 그런 보고를 받겠거니 생각하고 있었던 것이다.

"어떻게 이렇게 빨리 진행되었죠?"

"변호사들이 충분하다고 판단했나 봅니다. 그리고 저쪽 이사회에서도 발표해야 한다고 판단한 모양입니다."

왠지 출발치고는 상서로운 느낌이 들지 않았다. 하지만 두 사람 다 걱정은 하지 않았다. 어떤 문제가 있으리라곤 전혀 상상하지 않았기 때문이다.

·————ꆼ————·

10월 20일, 월스트리트의 아침이 밝았다. 두 구역 북쪽에 있는 월드트레이드센터 역에서 나온 출근길의 사람들이 버거킹이 있는 모퉁이를 지나고 브로드웨이를 지나 증권사들이 있는 곳으로 부지런히 발을 옮겼다. 이날 아침 사람들이 주로 나누었던 대화의 주제는 2주 앞으로 다가온 대통령 선거와 월드 시리즈였다. 당시 월드 시리즈에서는 LA 다저스가 우승할 확률이 무척 높았다.

1987년 10월 19일 '검은 월요일'이 있은 지 1년 뒤, 월스트리트는 여전히 후유증에서 헤어나지 못하고 있었다. 엄청난 재앙이 닥칠 것이라고 다들 예상했지만 그런 일은 일어나지 않았다. 그러나 충격도 쉽게 회복되지 않았다. 월스트리트는 잔뜩 겁먹고 움츠린 상태였다. 막연한 불안감이 월스트리트를 뒤덮었고, 중개 수익은 형편없는 수준이었다. 떼를 지어 시장을 빠져나간 투자자들은 돌아올 기미를 보이지 않았다. 모든 종류의 증권 거래가 22퍼센트 떨어졌다.

그때 이후로 월스트리트에서 일하던 사람 가운데 1만 5000명이 일자리를 잃었다. 정리 해고를 고려하는 회사는 시어슨만이 아니었다. 이 회사, 저 회사에서 대규모 구조 조정이 임박했다는 소문이 날마다 새롭게 월스트리트를 쓸고 다녔다. 이런 소문에 겁먹지 않은 사람들은 무감각해졌다. 맨해튼의 증권 거래자들은 증권을 거래하기보다는 농담을 더 많이 주고받았다.

하늘을 높이 나는 것은 종이비행기들뿐이었다.

1년 내내 그랬듯이 실낱같은 희망의 원천은 인수 합병 사업, 특히 머천트 뱅킹에 있었다. 피터 코언만 그랬던 게 아니다. 월스트리트의 모든 최고 경영자들이 머천트 뱅킹을 생각했다. 메릴린치는 자사의 LBO 포트폴리오가 연 100퍼센트의 수익률을 가져다주었다고 허풍을 떨었다. 《비즈니스위크》는 6월의 한 호에 실은 표지 기사에서 "월스트리트는 지금 수많은 기업들을 사는 일에 그 어느 때보다도 열을 올리고 있다"라고 적었다.

월스트리트에서 불황이 오래 계속되면서 머천트 뱅킹이 새로운 구원의 희망으로 자리 잡기 시작했다. LBO나 브리지론을 통한 횡재는, 부진하기만 한 거래 수익을 지탱하기 위한 가장 빠른 방법이었다. 게다가 잘만 하면 단 한 차례의 거래만으로도 5000만 달러의 선불 수수료를 받을 수 있었다. 이 정도면 한 회사가 넉 달 동안 일해서 벌 수 있는 돈이었다. 6월에 모건 스탠리는 텍사스의 한 화학 회사 지분의 10퍼센트를 팔아 1억 2000만 달러의 세전 이익을 얻었다고 공시했는데, 이 회사가 1987년 한 해에 벌어들였다고 공시한 전체 수익은 2억 3000만 달러였다. 이런 엄청난 수익들을 내는 게 주변에서 보이자, 심지어 머천트 뱅킹 분야에서 뒤처져 있던 골드만 삭스, 증권 거래 분야의 거인이던 살로먼 브라더스, 그리고 덩치가 크지 않은 딜런 리드까지도 투자 기회를 찾아 시중 기업들을 샅샅이 훑고 다녔다.

머천트 뱅킹의 선봉에는 인수 합병 사업이 있었다. 거의 모든 투자은행에 인수 합병 부서가 있었고 이 부서에 몸담고 있는 사람들은 서로 잘 알고 있었다. 이들의 선배들은 투자은행에서 각자 자기 회사의 고객들과 수십 년에 걸쳐 돈독한 관계를 쌓았고 사모私募와 공중 분야에서 꾸준히 신뢰를 구축했었다. 1970년대 후반 들어 적대적인 인수 합병이 붐을 이루면서 새로운 유형의 투자은행가 집단이 형성되었다. 용병이고 전사였던 이들은

2000달러짜리 '앨런 플러서' 정장에 '턴불 앤드 애서' 셔츠를 입고, '불가리' 시계를 차고, 파리와 브뤼셀의 공항 면세점에서 산 '에르메스' 실크 넥타이를 맸다. 시어슨의 토밀슨 힐과 같은 사람들이나 이들의 사촌 격인 인수 합병 전문 변호사들에게는 모든 인수 합병이 다 선하고 옳았다. 왜냐하면 모든 인수 합병에는 수수료가 따라다니기 때문이었다. 월스트리트의 합병 전문 변호사들이 충성을 모른다는 말은 잘못된 말이다. 이들에게 자기 회사와 자기 자신에 대한 충성 외에는 충성이라는 개념이 따로 없다. 월스트리트에서 손꼽히는 한 대형 회사의 회장은 다음과 같이 말한다.

"이 친구들은 모두 세 개의 기준을 가지고 있습니다. 첫 번째와 두 번째 그리고 세 번째 충성은 자기 자신을 위한 것입니다. 네 번째와 다섯 번째 충성은 같은 업종에 종사하는 동료들을 위한 것입니다. 그리고 여섯 번째 이하의 충성은 고객을 위한 것입니다."

그들의 세상에서 인수 합병은 '사업상의 거래'이며 최고의 실적을 올리는 사람은 '선수'이다. 최고 수준의 선수들은 여러 개의 거래를 동시에 진행한다. 어떤 거래 혹은 어떤 시점에서 이들은 가장 친한 동료와 팀을 이루기도 하고 또 적이 되기도 한다. 인수 합병을 추진하는 사람들이 흔히 용병에 비유되곤 하지만, 여러 경기장을 돌아다니는 프로 레슬링 선수에 비유하는 게 더 적절할지도 모른다. 프로 레슬링의 관객들은 과연 선수들이 실제로 싸우는지 아니면 미리 짠 각본에 따라 싸우는 척만 하는지 의아하게 생각하는데, 인수 합병 분야의 전문가들도 이와 똑같은 의심을 받기 때문이다.

인수 합병의 핵심에는 열두너 명의 핵심 엘리트들이 있게 마련인데, 이들은 10년 이상 친구로 혹은 경쟁자로 늘 얼굴을 맞대고 부대껴 온 사이들이다. 이들은 자신들을 부를 때 그저 '그룹The Group'이라고 부른다. 이들은 지금은 사람들의 기억에서 사라진 수백 건의 인수 합병 경연 속에서 함께

얽혀 성장해 왔다. 대부분 1960년대 후반에 대학교를 졸업했으며, 1970년대 중반에 인수 합병 분야를 개척하면서 친구가 되었고, 1980년대 후반에는 마흔 번째 생일에 서로 깜짝 파티를 열어 주곤 했다. 또 이들은 1980년대의 굵직굵직한 인수 합병 거래의 뜨거운 전투에 선수로 참가했다.

'그룹'의 구성원은 힐 외에 우선 브루스 와서스타인과 조지프 퍼렐라가 있는데, 이들은 합병 시대 최초의 슈퍼스타들이었다. 두 사람은 오래 몸담고 있던 회사 '퍼스트 보스턴'을 떠나 함께 인수 합병 전문 회사인 '와서스타인 퍼렐라 앤드 컴퍼니'를 1988년에 설립했다. 이들 말고도 모건 스탠리의 인수 합병 책임자인 왜소한 체구의 에릭 글리처, 전직 변호사였지만 인수 합병 중심으로 투자하는 회사 '레블론 그룹'의 부사장이 된 도널드 드래프킨, 스캐든 압스에 몸담고 있는 두 변호사 마이클 골드버그(그는 1989년 '퍼스트 보스턴'에 합류했다)와 모리스 크래머, 와서스타인과 친했으며 와서스타인이 나간 뒤 그를 대신해 퍼스트 보스턴의 인수 합병 책임자가 되었던 제임스 마, 또 하나의 인수 합병 전문 회사 '블랙스톤 그룹'의 말 빠른 사장 스티븐 슈워츠먼, 그리고 법률 회사인 '크래버스, 스웨인 앤드 무어'의 변호사 앨런 핀컬슨 등이 있다. 다음은 이들에 대해 드래프킨이 하는 말이다.

"이들은 내 삶과 내 사업을 모두 걸 수 있는 친구들입니다. 우리는 서로가 서로를 도와주는 사이죠."

비록 '그룹'의 구성원들은 월스트리트의 여러 회사에 흩어져 있었지만, 거의 대부분 퍼스트 보스턴과 리먼 브라더스라는 두 개의 투자은행과 스캐든 압스와 크래버스 스웨인이라는 법률 회사 출신들이었다. 이들은 평범한 공중 전문가나 모기지 전문 변호사였지만 무언가 짜릿한 걸 동경했다. 그리고 기업들 사이에서 벌어지는 전쟁의 긴박함과 긴장으로 아드레날린의 분출을 느꼈고 이 분야를 파고들어 성공했다.

어떤 점에서 보자면 미국 기업의 인수 합병과 관련된 전투는 오랜 친구 관계인 이들이 벌이던 일종의 체스 게임이었다. 여러모로 이들의 구심점이 었던 와서스타인은 누구나 인정하는 대가였다. 극작가인 웬디 와서스타인과 오누이였던 그는 인수 합병 분야에 전략과 전술 개념을 도입했다. '벤딕스'와 '마틴 매리에타'가 벌인 전쟁에서 처음 두각을 나타냈던 글리처는 여러 해 동안 와서스타인과 라이벌 관계였다. 1989년이 되면 토밀슨 힐이 글리처 대신 이 자리에 올랐는데, 힐은 이미 10년 전에 와서스타인과 권력 투쟁을 벌이는 대신 퍼스트 보스턴을 떠나는 길을 선택했었다. 다음은 힐이 증언한 말이다.

"거의 모든 거래에서 이 친구들 가운데 한 명은 꼭 관여합니다. 그러다 보니 우리의 삶은 서로 끊임없이 엇갈립니다. 거의 모든 춤판에 우리 가운데 누구는 꼭 끼여 있습니다."

마이클 골드버드도 다음과 같이 말한다.

"거의 모든 거래에서 토밀슨 힐과 조, 브루스 또 퍼스트 보스턴이 관여하죠. 이 사람들은 서로 다들 잘 알고 또 주어진 상황에서 어떤 선택을 할 것인지 잘 압니다. 사실 뻔한 거 아닙니까. 여러 해 동안 상황에 따라 때로는 친구로 또 때로는 적으로 만나서 부대껴 왔는데, 이런 사람들을 젖히고 새로 불쑥 나타난 사람에게 깊은 속내를 털어놓을 수 있겠습니까?"

와서스타인이 준 법률 관련 일거리들로 경력을 쌓은 앨런 핀컬슨도 다음과 같이 덧붙인다.

"사람들이 나에게 묻습니다. 성공한 배경이 무엇이냐고요. 나이 덕분이기도 하지요. 마흔 고개를 넘어간 나이 말입니다. 다른 게 또 있다면, 함께 어울리는 사람들 덕분이죠. 충분히 철든 나이의 주변 사람들 말입니다. 우리는 모두 마흔에 접어들었습니다. 그리고 서로 잘되길 바라며 상부상조하죠."

'그룹'의 교구 목사 같은 존재는 월스트리트의 전설적인 인수 합병 전문 변호사인 조지프 플롬이다. '그룹'에 속한 사람들 대부분은 그의 곁에서 인수 합병 사업을 보고 배웠다. 많은 사람들에게 그는 지금도 여전히 아버지 같은 존재이다. 반쯤 은퇴한 그는 '그룹'에 속하는 거의 모든 구성원들에게 업무에 관해서나 개인적인 일에 관해서나 믿음직한 상담 선생 역할을 하고 있다. 그리고 구성원들 사이의 분쟁을 조정하며 때로는 이들의 가장 두려운 적으로 기업 전쟁의 현장에 직접 모습을 드러내기도 한다. 플롬은 이렇게 말한다.

"집단의 규모가 작아서 가르치고 또 배우기에 좋죠. 소도시의 변호사 협회가 이렇지 않을까 싶네요. 체스를 둘 때처럼 이기려면 한층 더 열심히 싸워야 합니다. 그리고 또 정직해야 합니다. 집단 규모가 작아 다들 서로를 잘 알기 때문에 정직하지 않으면 배겨 내지 못합니다. 누가 무얼 하는지 다 압니다. 비밀이 없어요."

이런 사정은 1980년대 후반에 월스트리트에 만연했던 내부자 거래라는 추악한 범죄가 쉽게 자리를 잡는 데 기여했다. 이 '그룹'에게 수사는 몰아치는 매카시즘의 파도와 같았다. 구속되고 유죄 판결을 받은 사람들은 거의 예외 없이 모두 이들의 친구이고 동료였다. 내부자 거래 혐의로 처음 거명된 사람은 드렉설 버넘의 한창 잘나가던 투자은행가였던 데니스 레빈이었다. 그는 '스미스 바니'에서 인수 합병 책임자이던 토밀슨 힐의 못마땅한 시선을 받고 있다가 이 회사를 나갔는데, 글리처가 그를 고용하고 지휘했다. 하지만 레빈과는 비교가 되지 않을 정도로 엄청난 물의를 일으킨 사건은 마틴 시걸에게 내려진 유죄 판결이었다. 그는 와서스타인을 포함해 '그룹'에 속한 여러 명과 매우 가까운 사이였다. 레빈과 달리 말솜씨 좋은 벼락부자였던 그는 존경받는 인물이었고 하버드 출신이었으며 '그룹'의 일원이었다.

이런 사정과 관련해서 글리처는 이런 농담을 한다.

"지금 '그룹'에 있지 않은 사람은 모두 감옥에 있죠."

그렇다면 이 '그룹'의 우정은 고객을 제물로 삼은 것일까? 이건 오로지 법정에서 유죄 혹은 무죄의 평결을 내리는 배심원단만 알 수 있는 사실이다. 수십억 달러 규모의 인수 합병 건을 놓고 벌이는 치열한 전쟁의 양쪽에 속해 있을 때도 이들은 끊임없이 대화를 주고받는다. 하지만 이들이 동지애와 우정으로 똘똘 뭉쳐 있긴 해도, 여러 증거들을 보면 이들에게는 경쟁이 우선이고 동지애와 우정은 그다음이다. 서로 둘도 없는 친구라고 공공연히 말하는 힐이나 와서스타인 그리고 글리처와 같은 사람들도 기회만 있으면 상대방의 약점을 퍼뜨리기에 여념이 없다. 수백만 달러의 보너스를 받느냐 못 받느냐 하는 문제가 상대방을 얼마나 잘 알고 또 이걸 이용하느냐에 달려 있기 때문이다.

물론 이 '그룹' 말고도 월스트리트에는 중요한 집단이나 거물이 많다. '라저드 프레어스'의 보수적 투자은행가인 필릭스 로아틴, '러셀스트리트의 지배자'라 불리던 시카고의 아이라 해리스, 드렉설의 '미친개' 제프리 벡, 골드만 삭스의 투자 담당 책임자 제프 보이시 등이 그런 거물들이다. '그룹'에 속한 인물들과 마찬가지로 이들 역시 RJR 나비스코가 일으키는 거대한 소용돌이 속으로 빨려 들어간다.

KKR의 크래비스로서는 정신이 하나도 없던 한 주였다.

필립 모리스의 크래프트 기습은 이 시카고 기업의 구조 작업에 나설 수 있는 완벽한 기회가 되었다. 당시 크래비스는 스페인에서 새 사냥을 하고 있다가 크래프트의 최고경영자 존 리치먼과 가까스로 연결되었다. 크래비스는 우호적인 합병 파트너가 되어 줄 수 있다고 제안했다. 리치먼은 KKR에 대해 아무런 두려움 없이 관심을 가지는 듯한 모습을 보였었다. 그리고 현재 KKR의 연합 세력은 크래프트를 대상으로 LBO 작업을 진행하고 있었다. 인수 가격으로 130억 달러를 불렀으니 역사상 최대 규모의 LBO인 셈이었다. 크래비스는 또한 필스버리를 주시하고 있었는데, 필스버리는 투자 회사인 '그랜드 메트로폴리탄'의 적대적 인수를 방어할 동반자를 물색하던 중이었다. 크래비스가 충격적인 소식을 들었던 날은, 오후에 스캐든 압스에서 있을 필스버리 재무 상황에 대한 프레젠테이션에 참석하기로 예정되어 있던 날이었다.

'다음 주는 이번 주보다 더 바쁘겠군.'

매번 그랬다. 크래비스는 이런 생각을 하면서 그랜드 아미 플라자가 42층 아래로 내려다보이는 사무실에서 전화를 하고 있었다. 그때 그의 비서가 들어와 쪽지 한 장을 내밀었다.

"RJR가 한 주에 75달러로 비공개 회사가 되려고 합니다."

크래비스는 쥐고 있던 수화기를 떨어뜨릴 정도로 놀랐다. 몇 초 동안 그는 아무 말도 할 수 없었다. 그럴 리가 없었다.

크래비스의 오른팔인 폴 래더가 얼마 뒤에 어슬렁거리며 그의 사무실로 들어섰다. 그가 들어서자마자 크래비스는 물었다.

"소식 들었어요?"

"무슨 소식이오?"

"로스 존슨이 75달러에 RJR를 먹으려고 한대요."

래더 역시 잠시 동안 할 말을 잃었다. 너무나 충격이 큰 소식이었다.

"그럴 수가⋯⋯."

그 순간 래더의 머리를 스치는 생각이 있었다.

'75달러면 너무 싸다!'

크래비스는 점점 화를 내더니 결국 고함을 질렀다.

"이건 도무지 말이 안 돼. 아이디어는 우리가 줬는데 우리하고는 만나려고도 하지 않았잖아!"

·———◦◉◦———·

라디오 시티 뮤직 홀 건물보다 훨씬 높은 곳에 있는 에릭 글리처의 사무실 벽면에는 바닥에서 천장까지 초록색 액자에 든 가족사진들이 빽빽하게 붙어 있었다. 사진 속 인물들이 입고 있는 파스텔 색조의 옷들과 거칠 정도로 생생한 표정들을 보면 그의 사무실이 랄프 로렌의 폴로 계열 의류 전문 광고 사무실이 아닐까 착각할 수도 있었다. 가습기 하나가 초록색 식물 화분 뒤에서 김을 뿜어내고 있었다.

글리처는 느긋하게 의자를 뒤로 젖힌 채 컴퓨터의 모니터를 바라보고 있었는데, RJR 나비스코의 소식이 자막으로 모니터 하단부로 지나갔다. 화들짝 놀란 글리처는 급히 몸을 일으켜 전화기 버튼을 손가락으로 푹푹 찔렀다.

"뭘 하고 있는지 모르겠지만 집어치우고 지금 당장 내 방으로 와요!"

10초도 지나지 않아 스티븐 워터스가 왔다. 두 사람 다 모니터에 흐르는 소식에 충격을 받고 한동안 아무 말도 하지 못했다.

'RJR가? LBO를 해? 우리 모건 스탠리를 빼고서?'

가격 좀 봐요, 글리처가 말했다. 그리고 두 사람 모두 75달러면 존슨이 RJR를 날로 먹는 거나 다름없다는 데 동의했다.

그날 아침에 글리처와 워터스는 반사적으로 움직였다. 둘 다 일이 어떻게 돌아가야 하는지 알고 있었다. 따라서 당연히 이런 질문을 제기했다. 이 거래는 이미 끝난 거래일까? 존슨에게 자문해 주는 회사는 어디일까? 핵심 집단에 조언하는 사람은 누구일까? 그리고 가장 중요한 사실, 어떻게 하면 모건 스탠리가 이 거래에 끼어들어 한몫 챙길 수 있을까?

하지만 두 사람이 움직이기 전에 워터스는 요란하게 울리는 전화부터 먼저 받아야 했다.

"뭡니까? 어떻게 돌아가는 겁니까?"

폴 래더였다.

"나도 모릅니다. 알게 되면 바로 전화하죠."

전화를 끊는 순간, 다시 전화벨이 울렸다. 이번에는 크래비스였다.

"대체 어떻게 된 겁니까?"

"글쎄요, 파악하는 대로 바로 전화 드리죠."

"누굽니까? 누가 돈을 댑니까?"

"모르겠습니다. 알아보는 중인데, 시어슨이 아닐까 싶네요."

글리처와 워터스는 그 뒤로도 여러 차례 더 전화를 받았다. 얼마 동안 시간이 흐른 뒤에 시어슨이 이 거래에 관여한다는 소식이 모니터에 흘렀다. 글리처는 우선 첫 번째 낚시를 던졌다. 대상은 앤드루 세이지였다.

"이봐요 앤디, 도대체 그 많은 돈을 어떻게 다 감당할 생각이오?"

세이지가 뭐라고 대답했지만 전혀 도움이 되지 않는 말이었다. 하지만 글리처는 세이지가 미끼를 물도록 계속 고패질을 했다.

"솔직히 말해서……, 진짜 놀랐습니다. 왜 우리한테는 기회도 안 준 겁니까? 시어슨이 우리가 끼지 못하도록 손을 써서 그랬습니까?"

그런 게 아니라고 세이지가 대답했다. 세이지도 전문가였기 때문에 결국 글리처는 아무것도 얻어내지 못했다. 그 뒤 글리처는 제임스 웰치에게 전화를 했다. 웰치는 비록 모호하긴 하지만 어쩌면 모건이 한 다리 걸칠 수 있을지 모르겠다고 긍정적인 언질을 주었다. 한편 워터스는 자기 사무실에서 존슨의 기획 담당 책임자인 딘 포스바를 붙잡고 늘어졌다. 하지만 포스바는 거래는 이미 다 끝난 거나 마찬가지라고 했다.

"지금 구체화하는 단계입니다. 가능한 한 빠르게 밀어붙일 것이고, 다음 주 중반까지는 모든 게 끝날 거라고 봅니다."

'기회의 창문은 아직 완전히 닫히지 않았어. 하지만 열린 공간은 얼마 되지 않아. 누구든 자기 몫을 챙기려면 서둘러야 해.'

⎯⎯⎯◌◌◌⎯⎯⎯

드렉설 버넘의 제프리 벡은 스캐든 압스에 있다가 이 소식을 들었다.

벡과 많지 않은 인원의 전략가들이 벌써 여러 주째 필스버리를 노리는 그랜드 메트로폴리탄의 적대적 인수를 방어할 궁리를 하고 있던 중이었다. 그날 벡과 필스버리의 다른 투자은행 관계자들은 합병 파트너 후보를 놓고 열띤 토론을 벌이던 중에 그 소식을 들었다. 충격을 받았음은 물론이다.

'LBO를 해? 드렉설을 빼고? 나를 빼고?'

말도 안 되는 이야기였다. 그는 리먼에 있을 때부터 알고 지내던 시어슨의 존 허먼과 함께 자동차를 타고 시내로 들어갔다. 허먼은 시어슨이 드디어 한 건 하면서 LBO 분야에서 강자로 올라섰다며 신이 나서 싱글벙글했다.

"이번 건은 역대 최대 규모가 될 겁니다."

벡을 그의 사무실이 있는 월스트리트에 내려 주면서 허먼이 한 말이었다. 드렉설의 '미친개'는 분을 삭일 수가 없었다.

"아니요, 존. 그럴 리가 없소."

사무실로 올라간 벡은 크래비스에게서 걸려 온 전화부터 받았다.

"도대체 어떻게 된 겁니까?"

"나도 모르겠습니다. 우리가 그 친구들 만나고 싶다고 했던 거 기억하시죠? 일단 전화를 한번 해서 낌새를 좀 본 다음에 다시 전화를 드리죠."

벡은 애틀랜타의 존슨에게 전화를 걸었다. 존슨의 비서인 베티 마틴이 대신 전화를 받았다.

"지금 이사회 회의를 하는 중인데요……."

벡은 화가 나서 머리에서 김이 모락모락 피어오를 지경이었다.

'좆도! '록 앤드 로드(전투 준비)'다!'

존슨과 얘기를 해야 했다. 다른 사람은 필요 없었다. 존슨을 붙잡고 확인해야 했다.

"베티, 당장 회의를 중단하지 않으면 내가 어떤 식으로 폭발할지 따로 이야기 안 해도 알죠? 긴급 따따블이라고 해요, 당장!"

몇 분 뒤에 존슨이 전화를 받았다.

"도대체 뭡니까, 예?"

벡의 질문에는 노기가 서려 있었다.

"뭐긴요, 우리 회사를 우리가 사려는 거죠."

"그런 바보 같은 짓이 어디 있습니까, 이해를 못 하겠습니다!"

벡은 굳이 짜증을 숨기지 않았다. 그러자 이번에는 존슨이 짜증을 냈다.

"그래 봐야 소용없어요, 이미 같이 갈 파트너는 다 정해진 상태니까. 끝났다고요."

미친개는 더 할 말이 없었다.

• ⌘ •

그날 아침 크래비스가 받은 처음 몇 통의 전화 가운데는 크래비스의 법률 고문인 맨해튼의 변호사 리처드 비티가 한 전화도 있었다. 비티는 15년 동안 크래비스의 충실한 사외 법률 고문 역할을 해 왔었다. 카터 행정부에서 공직에 있기도 했던 비티는 뉴욕 민주당 인사들이 모이는 자리의 고정 참석자였으며, 에드워드 코치 시장의 친구였고 또 뉴욕에서 내로라하는 사람들이 다들 차기 시장 후보로 생각하는 인물이었다. 해병대 소속 전투기 조종사이기도 했던 마흔아홉 살의 비티는 엷은 갈색 머리카락과 아기처럼 파란 눈, 그리고 친절한 이웃집 아저씨 같은 부드러운 목소리를 가지고 있었다. 하지만 매서운 눈빛만은 해병대 시절 그대로였다.

크래비스가 RJR 나비스코에 관심을 가지고 있다는 사실은 비티에게 비밀도 아니었다. 벌써 1년 이상 그의 회사는 담배 소송과 관련된 자료를 수집해서 이 소송이 RJR 나비스코에 미치는 영향을 분석해 왔다.

"들었습니까?"

비티가 물었다.

"아주 더러운 소식이죠."

"정말 믿을 수가 없네요. 도대체 어떻게 된 건지 알아봐야 합니다."

"딕(리처드의 애칭), 난 도무지 이해가 안 돼요. 우린 로스하고 그 문제에 대해서 이야기도 했거든요. 그런데 왜 우리한테 안 오고 시어슨 쪽으로 갔을까요? 말이 안 돼요. 아이디어를 준 사람도 바로 난데."

"압니다, 돌아 버릴 일이죠."

"도대체 왜 시어슨과 손잡았을까요? 하고많은 데를 두고 하필 시어슨과 말입니다. 시어슨은 독자적으로 LBO 거래를 한 적이 한 번도 없는데."

리처드 비티는 그 모든 사실을 잘 알고 있었다. 그의 가장 큰 고객이 KKR였지만 두 번째로 큰 고객은 바로 시어슨 리먼 허턴이었던 것이다.

시어슨의 차익 거래 책임자이던 로버트 밀러드는 피터 코언의 전화를 받고 소식을 접하면서 받은 충격에서 여전히 벗어나지 못한 상태였다. 코언은 자기 사무실을 서성이면서 쿼트론의 주가 시세를 바라보는 것으로 아침나절을 다 보냈다. RJR 나비스코의 주식은 마구 뛰어올랐다. 그날 종가는 77.25달러로 무려 21포인트나 오를 터였다.

"이럴 수가…… 죽이네요. 진짜!"

하지만 인수 합병을 좇아 살아온 밀러드는 코언의 전술을 도무지 이해할 수 없었다. 모건 스탠리를 비롯해 이 분야의 노련한 회사들이 하듯 거래를 마무리하고 나서 이런 사실을 일반에 공개했어야 하는데 어째서 시어슨은 그렇게 하지 않았을까?

"굳이 위험에 노출될 필요가 있습니까?"

밀러드가 물었다.

"글쎄……, 아무튼 이렇게 됐어요."

"다른 데서 75달러보다 높은 가격으로 들이밀지 말라는 법이 없잖아요?"

다른 회사는 그럴 만한 힘이 없다고 코언이 대답했다.

"그럼 KKR는요?"

"KKR는 안 나설 겁니다. 헨리는 우리가 로스 존슨에게 떼어 주는 만큼 양보할 생각이 없을 테니까 말이오."

"그럴까요?"

밀러드는 최근 몇 달 동안 크래비스가 텍사코나 크로거와 같은 기업들을 공격하면서 단독으로 움직였던 사실을 상기시켰다.

"경영진을 끼고 있지 않다고 해서 입찰에 응하지 않는다고 볼 수는 없습니다. 입찰에 나서지 않을 이유가 없잖아요."

그러자 코언이 앞서 했던 말을 다시 반복했다.

"글쎄, 헨리는 우리처럼 로스 존슨에게 많이 양보할 생각이 없다니까요."

"하지만 만일 저쪽에서 나선다면, 존슨은 어떤 협상이든 일단 응하고 볼 겁니다."

밀러드가 하는 말의 핵심을 코언이 이해하지 못한 게 분명했다. 밀러드는 크래비스가 지금쯤 어느 지점까지 가 있는지 파악할 필요가 있다고 주장했다.

"일단 접촉을 한번 해 보는 게 좋겠습니다."

하지만 코언은 귀담아듣지 않는 눈치였다.

•——◦◦◦——•

목요일 오후가 되자 존슨 진영에서도 성난 드렉설 버넘이 거래에 한 다리 걸칠 수 있는 기회를 엿보며 월스트리트를 요란스럽게 돌아다니도록 놔두는 게 결코 유리하지만은 않다는 사실을 깨달았다. 제임스 웰치가 벅에게 전화했다. 벅은 여전히 씩씩거리며 화를 내고 있었다.

"짐, 이건 미친 짓이오. 가격이 미쳤다고요. 도대체 당신들이 무슨 생각을 하는지 난 도무지 모르겠네요."

계속해서 벅이 따지듯 물었다.

"왜 크래비스와 손을 잡지 않았죠? 왜 우리가 적이 되어야 하느냐고요!"

웰치는 벅에게 제발 좀 중립을 지키며 잠자코 있어 줄 수 없느냐고 사정했다.

"우리는 드렉설이 우리 편이 되어서 박수를 쳐 주며 이 거래를 가만히 지켜봐 주면 좋겠습니다."

벅은 웰치가 보여 주는 순진한 모습에 깜짝 놀랐다.

"짐, 한 가지는 분명하게 말해 두죠. 네, 우리는 이 거래를 놓고 박수를 칠 겁니다, 나중에요. 그것도 당신들이 생각하는 것과 다른 입장에 서서 말

387

이오."

"왜요? 왜 굳이 그러려고 합니까?"

"우리는 당신들이 이 거래를 할 수 있도록 노력해 왔어요, 무려 2년 반 동안 말입니다! 만일 우리가 지금 물러날 거라고 생각한다면, 다시 말해서 역사상 최대 규모의 이 거래를 팔짱 끼고 구경만 할 거라고 생각한다면, 정말 착각도 그런 착각은 없을 겁니다. 거기다 대고 내가 무슨 말을 하겠소?"

"그럼 당신은 우리와 함께 갈 수 있나요? 고려해 볼 수 있나요?"

"짐, 우린 이미 다른 쪽에 서 있잖소."

웰치는 드렉설을 잡으려고 두 번이나 더 벡에게 전화했다. 하지만 벡은 존슨이 보여 주었던 냉대를 잊지 않았고, 존슨 진영에서 내미는 손을 끝내 거부했다. 결국, 월스트리트라는 전쟁터에서 최대 규모의 포병 부대인 드렉설은 75달러보다 높은 가격에 입찰할 경쟁자가 부르기만 하면 언제든 달려갈 준비가 되어 있었다. 이 경쟁자가 누구인지는 굳이 물어볼 필요도 없었다.

목요일 오후, 크래비스와 래더는 놀랐던 마음을 진정시키고 스캐든 압스에서 열린 필스버리 프레젠테이션에 참석했다. 프레젠테이션이 끝난 뒤에 크래비스는 벡을 회의실로 불러들였다.

"RJR는 어떻게 되어 갑니까?"

"모르겠습니다. 전화를 전혀 받지 않네요. 현재 어떻게 돌아가는지 나도 아는 게 없습니다. 하지만 이건 우리가 해내야 합니다. 설마 포기한 건 아니겠죠?"

"그건 걱정 마시오. 그리고 당신이 해야 할 역할이 있습니다."

일이 제대로만 풀린다면 드렉셀에 떨어질 돈은 5000만 달러가 넘었다. 하지만 벡으로서는 돈도 돈이었지만 로스 존슨의 바지를 벗겨 먹는 일이 얼마나 짜릿하고 재미있을지 상상만 해도 즐거웠다.

◆────◈◈◈────◆

로어맨해튼에 있는 평범한 빌딩의 17층 사무실, 통통한 몸집의 투자은행가 윌리엄 스트롱이 통화를 하고 있었다. 그의 사무실은 비좁은 칸막이 공간이었다. 전체 사무실은 그의 공간과 똑같은 칸막이 공간들이 수없이 들어서 있었다. 마호가니 가구나 동양의 양탄자 따위는 찾아볼 수도 없는 소박한 모습이었다. 역사 따위는 아무래도 좋고 아무 상관도 없다는 '살로먼 브라더스'의 분위기를 여실히 드러내는 모습이었다. 살로먼은 여러 해 동안 객장에서 수백만 달러를 벌었지, 이사회의 회의실에서 음모를 쑥덕거려 돈을 벌지 않았다.

주요 고개 가운데 한 명이 하는 말을 건성으로 들으면서 스트롱은 모니터에 흐르는 자막을 응시했다. 존슨의 인수 제안을 구체적으로 보도하는 내용이었다. 그리고 훌륭한 투자은행가라면 누구나 던지는 질문을 통화 중인 상대에게 했다.

"관심이 있습니까?"

상대방의 대답은 간결했다. 아뇨.

스트롱은 대담해야 했다. 살로먼은 투자은행 분야의 병자이고 약자였다. 전망이 밝지 않았음에도 불구하고 약국 체인 회사인 '레브코'를 인수했지만, 이 회사는 끝내 도산하고 말았다. 살로먼이 했던 단 한 번의 대규모 LBO 사업이었다. 한 해 전에 주식 시장이 붕괴했을 때, 댈러스에 본사를 두고 있던 '사우스랜드 코퍼레이션'의 정크 본드를 샀다가 팔려고 내놓았지만 기관 투자자들은 위험하다면서 거들떠보지도 않았다. 살로먼은 이 회사의 공동 스폰서였고, 그것은 살로먼이 했던 단 한 번의 대규모 정크 본드 사업이었다. 또 노퍽에 본사를 두고 있던 텔레비전 방송국 체인 회사 'TVX'에 브리지론을 제공했지만 망하고 말았다. 살로먼이 했던 단 한 번의 대규모 브리지론 사업이었다. 살로먼은 이처럼 3년 동안 머천트 뱅킹 분야에 진입하려고 무던히 노력했지만 결과는 연달아 망신만 당했다. 스트롱과 그의 동료들은 그때 이후로 깨어진 유리 조각 줍는 일을 해 왔었다.

월스트리트에서 윌리엄 스트롱은 거물이 아니었다. 겨우 두 해 전에 파트너 지위에 오른 미미한 존재였다. 하지만 그는 열심히 일했고 언제나 정력이 넘쳤으며 중서부 지역 특유의 정직한 노동 윤리를 가지고 있었다. 인디애나 출신의 전직 회계사였던 그는 이런 사실을 자랑스럽게 여겼다. 그는 고객의 눈을 언제나 똑바로 바라보았고 정직과 신실함이 자신의 특성이며 이런 덕목을 자랑스럽게 여긴다고 말했다. 이런 덕목이 투자은행 세계에서는 찾아볼 수 없을 정도로 모자라다고 생각했기 때문이다. 많은 투자은행가들이 스트롱과 같은 말을 했지만, 실제로 이런 말을 할 때 진심을 담은 사람은 스트롱뿐이었다.

월스트리트에 있는 다른 모든 투자은행가와 마찬가지로 그는 존슨의 제안을 바라보면서 비집고 들어갈 구석이 있다고 생각했다. 목요일 저녁에 그는 RJR 나비스코의 연차 보고서와 증권거래위원회에 보고된 10-K 재무 보고서†를 산더미처럼 쌓아 놓고 꼼꼼히 검토했다. 그리고 존슨이 제안한 75달러가 지나치게 낮다고 확신했다.

---

† 법적 회의록과 경영자 보상에 관한 정보와 영업 및 재무 자료에 대한 상세한 정보를 담고 있다.

'이 친구들이 회사를 거저 먹으려 하는군.'

가슴이 뛰었다. 살로먼은 그동안 머천트 뱅킹 분야에서 숱한 실패를 했지만, 이번 거래를 성공하기만 하면 여태까지의 모든 나쁜 기억들을 한꺼번에 지울 수 있다는 생각이 들었다. 그리고 스트롱은 살로먼과 함께 이 거래를 이끌 이상적인 파트너를 이미 점찍어 두고 있었다. '핸슨 트러스트†'였다. 미국 기업을 미친 듯이 사 모으던 핸슨 트러스트는 장차 미국에서 가장 큰 회사 가운데 하나로 꼽힐 만큼 성장한 상태였다. 살로먼이 가지고 있는 화력과 핸슨의 마케팅 전문성을 결합한다면 무적의 드림팀이 될 것이라고 스트롱은 생각했다.

금요일 아침에 그는 이런 생각을 살로먼의 독재자 존 굿프렌드 회장에게 설명했다. RJR 나비스코는 매우 독특한 거래가 될 것이다, 평생 하나만 개발할까 말까 한 브랜드들을 수두룩하게 가지고 있는 기업인데 이런 브랜드는 지금 먼저 잡는 사람이 임자이다, 담배 사업의 현금 흐름은 막대해서 이것만으로도 인수에 들어가는 비용을 갚아 나갈 수 있다.

"이 회사는 모든 걸 다 가지고 있습니다."

젊고 열정적인 부하 직원들의 제안을 늘 냉랭하게만 받아들이던 굿프렌드도 관심을 가지고 스트롱의 말에 귀를 기울였다. 그리고 이렇게 말했다.

"좋아, 한번 해 보자고."

10시에 스트롱은 핸슨 트러스트에 전화를 걸었다. 그리고 현재의 상황을 설명한 뒤에, 담배 사업 부문에서 들어오는 막대한 현금 흐름, 타의 추종을 불허하는 식품 사업 부문의 브랜드들, 그리고 저평가된 주식 가치 등 RJR

---

† 영국인 제인스 핸슨과 고든 화이트가 1964년에 설립한 건축 자재 회사로, 공격적인 인수 합병을 통해 거대 다국적 기업이 되었다.

나비스코가 가지고 있는 매력들을 하나하나 열거했다. 그리고 다음과 같이 제안했다.

"그쪽에서 50억 달러를 대고 우리가 50억 달러를 대서 합동으로 인수하는 겁니다."

그리고 한 가지 더 덧붙였다.

"한다 안 한다 대답을 빨리 해 주시면 좋겠습니다."

대답은 정각 2시에 돌아왔다.

"합시다."

스트롱은 환호성을 질렀다. 세부적인 살을 붙이기 위한 회의를 월요일 아침으로 잡았다. 그사이에 스트롱이 할 일은 많았다. 우선 굿프렌드에게 전화해서 핸슨 트러스트와의 협상 결과를 보고했다. 굿프렌드도 한껏 고무되었다. 스트롱은 이어 주말에 RJR 나비스코의 자료를 꼼꼼하게 살펴볼 투자은행가와 애널리스트 열 명으로 구성된 팀을 꾸렸다. RJR 나비스코 인수라는 거대한 프로젝트를 다룰 팀치고는 규모가 작았지만, 그래도 스트롱은 말이 밖으로 새 나가는 걸 막는 데 중점을 두었다. 그리고 월요일 아침이면 첫 번째 행동을 개시할 준비가 갖추어지길 바랐다.

목요일 오후, RJR 나비스코의 중역들이 사용하는 스위트룸에는 사람들이 득시글거렸다. 시어슨의 투자은행가인 토밀슨 힐과 제임스 스턴이 별로 할 일도 없이 서성거렸다. 힐은 파란색 정장으로 멋있게 차려입었고, 스턴은 아침에 조깅을 한 뒤라 그런지 나른해 보였다. 그리고 이사들도 흥분을 감추지 못한 채 음료수와 술을 마시면서 들락거렸다. 라저드 프레어스와 딜런 리드에서 온 팀들은 전날 밤 휴걸의 호출을 받고 11시경에 도착했었다.

라저드 프레어스의 필릭스 로아틴이 이들 가운데 있었는데, 그가 말할 때는 흰색과 검은색이 섞인 그의 긴 눈썹이 춤을 추었다. 로아틴 외에 시카고에서 온 아이라 해리스와 정력적인 아르헨티나인 루이스 리날디니도 함께 있었다. 그리고 잔뜩 위엄을 부리는 딜런 리드의 투자은행가들인 프랭클린 W. 홉스 4세와 존 H. 멀린 3세도 이들과 함께 왔다. 사람들은 홉스를 다들 프리츠라고 불렀다.

"하이, 조니!"

존슨이 멀린을 보더니 고함을 지르면서 다가가 악수를 했다. LBO를 앞둔 결전의 현장이 아니라 한가하게 놀러 온 사람을 맞이하는 집 뒷마당의 바비큐 파티 같았다. 엄청나게 거대한 과제를 수행해야 하는 이 투자은행가들의 눈에 비친 존슨은 아무런 근심이 없었다. 그는 막 도착한 투자은행가들을 둘러보면서 의기양양하게 외쳤다.

"자, 여러분! 이제 슬슬 경주를 시작해 봅시다! 여러분 생각은 어떻습니까?"

하지만 솔직히 그들은 무슨 생각을 어떻게 해야 할지 몰랐다. 특히 안내를 받아 회의실로 휴걸을 만나러 갈 때는 특히 그랬다. 휴걸은 특별위원회 위원장 자격으로 우선 라저드의 투자은행가들에게 그리고 이어서 딜런의 두 사람에게 각각 그때까지의 상황을 간략하게 설명했다. 라저드와 딜런 모두 특별위원회를 대표할 것과 여기에 대한 보수로 각각 1400만 달러를 받는다는 데 동의했다. 이들이 할 일은 존슨이 제안하는 입찰 내용을 분석하고, 이것이 주주들에게 정당한지 여부를 위원회에 조언하는 것이었다. 또한 비록 가능성이 적지만 다른 주체가 입찰할 경우에도 마찬가지 작업을 해야 했다.

휴걸이 분석 결과를 빠르게 내놓아야 한다고 하자 이들의 촉각이 바짝 곤두섰다. 휴걸이 제시한 시간은 열흘이었다. 로아틴과 해리스는 열흘은 터무니없이 짧다고 생각했다. 그러면서 곧바로 의혹이 두 사람의 뇌리를 스쳤다.

'빠르게 처리할수록 존슨에게는 유리하다, 그렇다면 휴걸은 이미 존슨의 편에 서 있다는 말인가?'

하지만 두 사람은 이런 의심을 일단 자기들끼리만 간직하기로 했다.

오후에 있었던 회의들이 모두 끝나자 사람들이 빠져나가기 시작했다. 호리건은 이 소식을 담배 사업 부문 사람들에게 설명해야 한다면서 윈스턴 살렘으로 날아갔다. 존슨은 자기 사무실에 혼자 앉아 있었다. 메일함을 열어 보고 서류 작업을 하기 위해서였다. 하지만 그것 말고는 별로 할 게 없었다.

"제길……, 파티에서 연주하려고 하프를 가지고 왔는데 나한테 연주하라고 말하는 사람이 아무도 없을 때의 느낌, 그런 기분이오 지금."

존슨이 마틴에게 한 말이었다.

골드스톤과 월스트리트 사람들은 건물 앞에서 기다리는 기자들을 피해 지하 통로를 통해서 바깥으로 빠져나갔다. 그는 휴걸이 이사회를 위해 고용한 변호사 피터 앳킨스와, 이사들인 마틴 데이비스와 존 매콤버와 함께 뉴욕으로 향하는 RJR 나비스코의 제트기를 탔다. 앳킨스는 비행기를 타고 있던 동안 내내 데이비스와 매콤버와 이런저런 이야기를 나누었다. 뉴욕이 가까워졌을 때 골드스톤은 앳킨스와 함께 조종실 문 뒤에 웅크리고 있었다.

"저거 좀 보시오!"

조종사인지 부조종사인지 앞에 펼쳐진 광경을 손가락으로 가리켰다. 그렇지 않아도 두 사람은 이미 그 광경을 보고 있었다. 베라자노 협곡을 가로지른 다리와 뉴욕 항과 월스트리트가 아래로 스쳐 지나갔다. 태양은 자기가 드리운 낙조 속으로 빠져들고 있었고, 로어맨해튼은 푸른색과 붉은색의 매혹적인 불빛들을 한데 뒤섞어 내뿜기 시작했다.

'아름답다!'

골드스톤은 여태까지 보았던 가장 아름다운 경치에 결코 뒤지지 않는다고 생각했다. 아니, 가장 아름다운 광경이었다. 잠시 그는 변호사다운 언행을 잊어버렸다. 위대하고 낭만적인 모험가가 된 듯한 기분이었다. 빙그레 미소를 지었다.

"앞으로 정말 흥미진진할 것 같군요, 그렇죠?"

앳킨스도 맞장구쳤다.

"예, 나도 그럴 거라는 확신이 강하게 듭니다."

8장

크래비스,
시어슨의 독주에 제동을 걸다

*
*
*

금요일 오후, 토밀슨 힐은 맨해튼에 있는 스캐든 압스 사무실에서 또 한 차례의 전략 회의 자리를 지키고 앉아 있었다. 언제 끝날지도 모르는 지루한 회의였다. 영국의 거대 기업인 그랜드 메트로폴리탄이 필스버리를 상대로 적대적인 주식 공개 매입에 나선 이후로 필스버리는 월스트리트의 인력 반을 고용해서 방어에 나서고 있었다. LBO, 자본 재조정, 포이즌 필, 스핀오프 등 온갖 수단을 동원했지만 효과는 별로 없었다.

문제 가운데 하나는 사공이 너무 많다는 것이었다. 힐이 시어슨을 대표했고, 제프리 벡은 드렉셀 팀을 지휘했으며, 브루스 와서스타인은 와서스타인 퍼렐라 파견단을 지휘했다. 퍼스트 보스턴에서 나온 투자은행가들 역시 나름대로 목소리를 내고 있었다.

필스버리의 재난이 코앞에 닥쳐 있었지만 힐은 RJR 나비스코 생각을 머리에서 떨쳐 낼 수가 없었다. 기다려야 하는 게임은 이미 시작되었다. 특별 위원회가 구성되었으며, 앞으로 2, 3주 안에 기업 자산 가치 평가를 모두 끝낼 터였다. 그 시점에 로스 존슨의 경영진이 협상 테이블에 나와서 인수 가격을 놓고 이사들과 옥신각신 입씨름할 것이고 마침내 75달러보다 조금 더 높은 가격, 아마도 80달러대 초반 가격에 회사를 인수하는 데 동의할 터였다.

한편 시어슨은 경쟁자가 RJR 나비스코 이사회에 또 다른 조건으로 입찰 하지 않을까 바짝 긴장하고 있었다. 존슨의 발표가 나온 지 막 서른 시간이 지났을 무렵이었다. 하지만 힐은 월스트리트의 모든 투자은행가들이 75달 러를 누를 방안을 모색하고 있을 게 분명하다는 사실을 잘 알고 있었다. 그 러나 아직까지는 누구도 구체적으로 제안하고 나서지는 않았다. 운이 좋으 면 끝까지 아무도 경쟁자로 나서지 않을 수도 있었다. 하지만 기다려 봐야 알 수 있는 일이었다. 기다려야 했다. 힐은 이렇게 기다리는 게 죽도록 싫었 다. 기다린다는 것은 사람을 너무나 피곤하게 만드는 일이었다.

필스버리 전략 회의가 진행되는 동안 힐은 문득 제프리 벡과 브루스 와 서스타인이 회의실을 자꾸만 들락거린다는 사실을 깨달았다. 두 사람 다 그 날따라 특히 바빠 보였다. 힐은 두 사람이 무얼 하느라 저렇게 바쁠까 잠시 생각했다. 그러다가 불현듯 벡이 그날 오전에 RJR에 대해 했던 말이 머리에 떠올랐다.

"당신들이 정한 가격은 빗나갔습니다. 아마 경쟁자가 있을걸요?"

갑자기 토밀슨 힐은 깨달았다. 두 사람이 허둥지둥 돌아다니는 것이나 벡이 했던 경고가 어떤 의미인지를.

'크래비스다!'

그럴 리 없었다. 헨리 크래비스는 인수 대상 회사의 경영진을 자기편으로 끌어들이지 않고는 이 정도의 거대 규모 인수 작업을 시도하려 들 리 없었다. 게다가 크래비스는 RJR 나비스코에 관심이 없다고 존슨이 몇 번씩이나 말하지 않았던가.

하지만 힐은 확실히 해 두고 싶었다. 그래야 했다. 잠깐 실례한다며 회의실을 빠져나왔다. 그러고는 전화가 있는 곳으로 가서 기억 속에 있던 KKR의 전화번호를 떠올리고 버튼을 눌렀다. 크래비스에게 연결되자 힐은 목소리를 최대한 쾌활하게 꾸몄다.

"거기에서 정말 크래프트에 관심이 있는지 궁금해서 말입니다. 만일 그렇다면 우리가 도움을 드릴 수 있지 않을까요?"

그건 누가 봐도 핑계에 불과했다. 크래프트 건은 이미 나흘이나 진행되었는데, 인수 합병의 세계에서 나흘이면 영원에 가까운 시간이었기 때문이다. 크래비스는 힐의 의도를 파악하고는 치밀어 오르는 화를 가까스로 참았다. 그리고 이렇게 말했다.

"많은 사람들이 우리한테 크래프트 건을 이야기하더군요. 이들 가운데 하나와 손을 잡아야 하지 않을까 싶네요. 하지만 아마도 당신네는 아닐 겁니다."

그 순간 힐은 진실을 깨달았다. 독을 입에 품고 있는 듯한 크래비스의 말투에서 그는 염려했던 최악의 공포가 현실로 나타날 것임을 즉각 알아차렸다. 헨리 크래비스는 RJR 나비스코를 원한다. 그것도 지독할 정도로 엄청나게 원한다. 이게 진실이었다. 나중에 힐은 그때의 상황을 다음과 같이 회상했다.

"헨리는 곧바로 본론으로 들어갔고, 몹시 화가 나 있었으며 싸울 준비가 다 되어 있었습니다."

크래비스의 메시지는 간단했다.

"톰, 당신네는 RJR 건과 관련해서 우리를 완전히 엿 먹였습니다. 하지만 우리가 로스 존슨에게 그 아이디어를 줬죠. 이처럼 거대한 규모의 거래에서 우리에게 함께 자리할 기회가 주어지지 않았다는 사실이 너무 놀라울 뿐입니다. 이건 우리가 결코 그냥 물러서서 구경만 하고 있을 그런 건이 아닙니다. 아시죠?"

통화는 금방 끝났다. 힐은 수화기를 내려놓았다. 멍했다.

'무언가 심각하게 잘못 돌아가고 있다. 생각을 하자. 머리를 빨리 돌려야 한다.'

그는 시어슨 본사에 있는 피터 코언에게 전화해서 크래비스와 통화하며 나눈 대화를 그대로 전했다. 하지만 코언은 걱정하는 기색이 없었다.

"그래서 그 친구 꿍꿍이가 뭐랍니까?"

코언이 물었다.

"모르겠습니다."

"그럼 어떻게?"

"우리가 헨리를 만나서 알아내야 하지 않을까요?"

"우리가 먼저 알아낸 다음에 그를 만나야 하지 않을까 싶은데요?"

힐은 자기가 할 수 있는 몇 가지 방안을 생각해 보았다. 어쩌면 크래비스를 막을 수도 있고, 크래비스의 손을 잡고 달랠 수도 있었다. 어떤 경우가 되었든 우선 크래비스를 만나야 했다. 그래야만 그의 의도를 좀 더 정확하게 파악할 수 있겠다는 생각이 들었다. 하지만 코언은 크래비스를 만날 필요가 뭐 있느냐고 했다. 이건 시어슨이 하는 거래이니 그들과는 아무 상관 없다는 얘기였다.

힐은 크래비스와 통화한 내용에 담긴 심각한 의미를 코언이 알아차리게 해야 했다. 헨리 크래비스는 절대 호락호락한 인물이 아니었다.

"피터, 이건 굉장히 중요한 일입니다."

⸻ ❊ ⸻

한 시간 뒤, 힐은 다시 크래비스에게 전화했다.

"피터와 함께 당신을 만났으면 합니다."

낮의 길이가 짧아지기 시작한 계절이라 이미 해가 넘어가고 있었다. 크래비스는 월요일에 보자고 했다.

"아뇨, 아뇨, 당장 만나죠."

힐의 목소리는 갈라져 있었고, 초조함이 배어났다.

"당장 봐야 할 것 같습니다."

"톰, 너무 늦었잖아요."

"헨리, 정말 꼭 만나고 싶습니다."

"좋아요, 그럽시다."

⸻ ❊ ⸻

6시 정각, 가랑비를 헤치고 온 힐이 RJR 나비스코의 뉴욕 사무실과 KKR의 사무실이 함께 입주해 있는 솔로 빌딩 로비로 뛰어들었다. 들어서자마자 그는 제프리 벡과 그의 일행 한 사람을 만났다. 두 사람은 나가는 길이었다. 힐은 억지로 웃어 보였다.

"당신들이 어디 갔다가 오는지 알 것 같네요."

'크래비스가 드렉셀을 고용했군!'

이런 생각을 하자 힐은 점차 더욱 깊은 수렁으로 빠져드는 느낌이었다.

위층 크래비스 사무실로 올라간 힐은 코언이 오기를 기다렸다. 금요일 오후라서 차가 많이 밀리는 모양이었다. 6시 30분경에 코언이 도착했다. 코

401

언은 도착하자마자 농담부터 했다.

"헨리, 오늘 금요일이고 지금 시간이 6시 30분인데 도대체 여기서 뭐 합니까? 스키를 타거나 아니면 뭐 다른 걸 하고 있어야 하는 거 아닙니까?"

"그렇게 말하는 당신은요, 피터?"

두 사람은 악수를 나누었다. 코언이 자리를 잡고 앉자 힐은 크래비스를 바라보며 준비했던 말을 꺼내기 시작했다.

"나는 꼭 이 자리를 마련하고 싶었습니다. 당신이 RJR에 무척 관심이 많다는 사실을 알았거든요. 그 관심이 구체적으로 어느 부분에 있는지 아는 게 우선 도움이 될 것 같습니다."

"예, 아주 실질적인 관심을 가지고 있죠. 이 관심은 옛날로 거슬러 올라갑니다."

"아, 잠깐. RJR는 우리 거랩니다."

코언이 끼어들었다. 그는 RJR 나비스코가 시어슨의 미래에 얼마나 중요한지 크래비스에게 이해시키려고 애썼다. 머천트 뱅킹이 시어슨에 얼마나 중요한지를 설명하고, 이번 사업을 통해 시어슨은 LBO 부문에 초석을 놓는다는 생각을 가지고 있다고 설명했다. 힐은 시어슨이 과거보다 더 많은 기회를 검토할 수 있도록 인수 합병 관련 일류 조언자로서 인정받을 수 있을 것이라는 말도 했다.

"우리는 반드시 해야 합니다. 이건 자연스러운 과정입니다. 우리는 또 모든 시스템을 다 갖추었습니다."

그러자 크래비스가 받았다.

"네, 다 좋습니다. 그러니까 지금 시어슨이 우리하고는 경쟁 관계라는 거 아닙니까."

크래비스가 던진 암시는 명백했다. 만일 시어슨이 RJR 나비스코와의 거래를 계속 추진한다면, 앞으로 KKR와는 두 번 다시 거래할 수 없을 것이라는 경고였다. 크래비스의 말이 다시 이어졌다.

"당신들이 이 일에 뛰어들다니 정말 깜짝 놀랐습니다. 우리가 일거리 많이 줬잖아요. 그런데 이제 우리 같은 고객은 없어도 된다는 말이죠?"

"헨리, 우리도 이 분야에 뛰어들어야 합니다. 우리의 미래가 여기에 달렸습니다."

코언은 지난 2월에 크래비스와 나누었던 대화를 떠올렸다. 두 사람은 시어슨이 후원하는 스키 대회에서 함께 스키를 탔다. 베일에서 열렸던 '아메리칸 스키 클래식'이었다. 두 사람이 한 팀으로 묶였던 것은 결코 우연이 아니었다. 슬랄럼(회전 활강) 경주를 준비하고 있던 두 사람은 LBO 산업의 당시 변화 양상을 화제 삼아 이런저런 이야기를 나누었다.

그날 크래비스는 모건 스탠리나 메릴린치 같은 회사들이 LBO 산업에 뛰어들어 새로운 경쟁자로 자리를 잡았다며 걱정했다. 그러면서 이렇게 물었다.

"어떻게 될 것 같습니까, 피터? 또 어떤 회사가 이 분야에 뛰어들까요? 그리고 시어슨에서는 어떤 걸 하려고 합니까?"

그때 코언은 시어슨도 머천트 뱅킹 분야에 뛰어들어야 하지 않을까 하는 생각을 가지고 있다는 식으로 모호하게만 대답했다. 코언은 또 지난 10월의 주식 시장 붕괴가 시어슨의 다른 사업 부문을 초토화시켰다는 말은 굳이 할 필요가 없다고 여겨 꺼내지 않았다.

"다른 여러 사업 부문들에서 수익 창출의 압박을 받는 상황에서 머천트 뱅킹은 우리의 자본을 활용할 수 있는 확실한 길이겠지요. 고객들도 우리더러 그렇게 나가라고 계속 요구하고 있으니 말입니다. 하여튼 이런저런 이유로 해서 그쪽으로 나갈 겁니다. 그래야 맞을 것 같고요."

이런 대화 끝에 크래비스는 각자 서로의 거래에는 끼어들지 말자고 제안했었다. 그때 크래비스가 했던 제안을 코언이 상기시켰다.

"헨리, 이건 시어슨이 하는 거래잖아요. 우리가 정확하게 여덟 달 전에 했던 대화 기억나지 않습니까? 그때 우리가 합의했다고 생각하는데요, 서로 상대방의 거래에 끼어들지 말자고 당신이 먼저 제안했잖아요. 지금이 바로 그 합의를 지켜야 할 때라고 봅니다."

"왜 이러십니까, 우리는 그런 합의를 한 적 없습니다."

코언의 말이 크래비스의 등골을 오싹하게 만들었지만 크래비스는 단호하게 부인했다.

'그래, 결국 이런 거지 뭐…….'

주머니에 여분의 돈이 한 푼이라도 있는 투자은행가는 무조건 LBO 현장으로 달려갈 수밖에 없다. 5년이라는 세월 동안 경쟁자들이 꾸준히 늘어나고 또 힘을 발휘하면서 크래비스로서도 넌더리가 날 지경이었다. 모건 스탠리, 메릴린치, 그리고 단 한 번도 이름을 들어 본 적이 없는 수많은 회사들이 자신이 개척한 영토에 숟가락을 들고 어슬렁거리며 끼어들었던 것이다. 그리고 이번에는 시어슨 리먼까지 나타난 것이었다. KKR가 1987년 펀드를 조성하면서 설정했던 방침은 그 누구도 감히 끼어들 엄두를 내지 못할 만큼 큰 규모의 LBO를 한다는 것이었다. 이렇게만 하면 경쟁자들을 멀찌감치 따돌릴 수 있을 것이라고 기대했었다. 이런 기대 속에 길을 닦으며 RJR 나비스코를 점찍어두고 있었는데, 대출을 통한 인수와 그냥 인수의 차이도 잘 알지 못할 것 같은 피터 코언이라는 작자가 불쑥 나타나 180억 달러짜리 거래를 할 권리가 자신에게 있다고 주장하니 크래비스로서도 화가 날 수밖에 없었다. 크래비스로서는 그 뻔뻔스러움을 도저히 이해할 수 없었다. 뻔뻔한 모든 인간들, 특히 피터 코언에게 따끔한 교훈을 가르쳐 주고 싶었다.

크래비스는 다시 한 번 반복해서 말했다.

"나는 시어슨이라는 회사를 우리가 일감을 줘 왔던 회사라고 여깁니다. 우리 두 사람 관계가 그렇습니다. 그런 관계로 우린 서로에게 최상의 파트너로 잘해 왔지 않습니까?"

하지만 코언도 지지 않고 자기주장을 반복했다.

"하지만 우리는 필요한 자금을 조성했습니다. 돈을 맡긴 투자자들에게 우리가 마땅히 해야 하는 의무를 다해야죠."

"이 거래는 너무 크고 또 너무 눈에 보입니다. 현금 흐름도 좋고 모든 게 다 좋은 회사인데, 우리라고 손 놓고 있을 순 없죠. 우리는 이 거래에 참가해야 합니다. 또 그렇게 될 거고요."[†]

토밀슨 힐은 두 사람의 대화를 지켜보면서 코언의 생각이 어딘지 이상하다고 생각했다. 피터 코언이 정말로 헨리 크래비스가 스키장에서 했던 말을 믿고 그가 200억 달러 규모의 거래를 구경만 할 것이라고 생각했을까? 힐이 보기에는 두 사람 가운데 그 누구도 양보해서 로스 존슨의 회사를 소유할 권리를 포기할 것 같지 않았다. 힐은 이따금 두 사람의 대화에 끼어들어 "그럼 우린 어떻게 하죠?"나 "그럼 우리가 어떻게 이 문제를 함께 해결할 수 있을까요?" 따위의 말을 던지며 중재하려고 애썼다. 하지만 그가 설 자리는 점점 좁아졌다. 두 사람의 목소리가 높아질 대로 높아졌다.

"당신네가 75달러에 인수한다면 내 손에 장을 지집니다."

"왜? 우리가 왜 못 해요?"

[†] [원주] 크래비스는 코언과 힐에게 자기가 RJR 나비스코의 거래에 포함되어야 한다고 주장했던 사실을 부인한다. 신문 기사들은 크래비스가 자신이 가지고 있는 '독점적인 권리'를 보호할 것이라 맹세했다고 보도했지만, 크래비스는 이런 표현을 쓴 적이 없다고 부인했다.

"우리는 그 회사를 아주 오래 봐 왔거든요. 그래서 아주 잘 압니다. 그건 너무 쌉니다. 정말정말 쌉니다."

그러자 코언이 다소 방어적으로 대꾸했다.

"이건 순전히 로스가 하는 건데요 뭘. 우린 자금을 대기만 하고……."

"근데 지금 그 사람 파트너 역할을 하잖소."

"로스가 하는 거래라니까요. 로스는 이사회와도 아주 가깝죠."

크래비스는 코언이 던진 메시지를 놓치지 않았다. 그것은 존슨이 이사회를 이미 장악하고 있다는 말이었다.

"어떻게 할 생각입니까?"

크래비스의 질문에 코언은 똑같은 말로 대꾸했다.

"당신은 어떻게 할 생각이지요?"

"나는 내가 뭘 할지 모릅니다."

"거참……, 우리 이제 어떻게 하면 되겠습니까?"

"글쎄요, 아마도 우리 두 사람은 한 가지를 선택해야겠죠."

크래비스는 이런 대결이 오리라고 진작 예상했었다. 그는 세 가지 선택 가능한 길이 있다고 말했다.

"우선 경쟁할 수 있습니다."

그것은 두 사람 모두 바라지 않는 길이었다. 입찰 경쟁이 길게 이어지면 주식의 인수 가격은 하늘을 찌르듯 올라갈 것이고, 그럴 경우 결국 그만큼 빚만 더 늘어난다는 뜻이기 때문에, 경쟁에서 이긴다 하더라도 상처뿐인 승리가 될 터였다.

두 번째 선택으로는 시어슨과 KKR가 함께 손잡고 공동으로 인수 제안을 하는 것이라고 했다. 그러나 크래비스나 코언 모두 자존심 때문에 이 길을 선택하기 어려웠다. 코언은 크래비스를, 시어슨이 혼자 할 수 없는 거래를 가능하게 해 주는 역할을 하며 일정 지분을 가질 수 있는 동반자라고 여겼다. 인수하는 회사 지분의 일부를 떼어 주는 것은 전혀 문제가 아니었다. 사실 코언은 그렇게 되기를 기대했다. 하지만 50 대 50의 대등한 관계는 전혀 다른 이야기였다. 최소한 이 두 사람 사이에서 대등한 동반자 관계를 기대하기는 어려워 보였다.

세 번째 선택은 시어슨이 RJR의 담배 사업 부문을 가지고, 식품 사업 부문은 KKR에 파는 것이라고 했다.

코언은 확실한 의견을 말하지 않았다. KKR와 어떤 식으로든 손잡는 방안을 진지하게 크래비스와 이야기하기 전에 우선 존슨을 비롯한 여러 인물들과 논의해야 했다.

"아무튼 우리가 어떤 방안이 되었든 함께하는 게 옳겠죠. 하지만 그게 앞으로의 일과 어떤 관련이 있을지는 이 자리에서 대답할 수 없네요. 그걸 우리가 함께한다는 게 어떤 의미일지는 지금 당장 말할 수 없다는 말입니다."

대화가 마무리되었다. 코언은 자리에서 일어나며, 어쩌면 다음 주에 더 많은 이야기를 나눠야 하는 게 아닌지 모르겠다고 말했다.

코언과 힐은 맨해튼 어퍼이스트사이드에 있는 힐의 아파트로 가서, 존슨에게 전화를 걸어 크래비스와 나누었던 대화 내용을 그대로 전달했다. 덧붙여 코언은 크래비스를 월요일에 한 번 더 만날 생각이라면서 그날 두 사람이 만난 건 별거 아니라고 했다.

전하고 듣는 과정이 끝난 뒤, 기나긴 침묵이 흘렀다. 침묵을 먼저 깬 사람은 존슨이었다.

"이게 어떤 의미라고 생각합니까?"

힐이 대답했다.

"어찌 되었든 헨리가 다가오고 있다는 건 분명한 사실입니다."

코언은 또한 이 소식을 아메리칸 익스프레스의 제임스 로빈슨에게도 알렸다. 로빈슨은 코네티컷의 농장에 있었다.

로빈슨은 관심을 가지고 귀를 기울였다. 그런데 코언이 크래비스를 만났다고 하자, 그의 관심은 이내 우려로 바뀌었다. 헨리 크래비스는 결코 가볍게 볼 인물이 아니었다.

어쩌면 자기가 직접 크래비스에게 전화하고 또 만나 봐야 하는 게 아니냐고 로빈슨은 말했다.

"어쩌면 우리 두 사람이 협력의 길을 찾아낼 수 있을 거요."

코언은 로빈슨의 이런 제안에 반대했다. 약한 모습을 보이는 것으로 해석될 수도 있다는 게 이유였다.

로빈슨은 코언의 의견에 전적으로 동의하지 않았지만 코언의 현장 판단을 믿기로 했다. 일상적인 업무를 일임한 중역의 역량과 판단을 의심하는 것은 옳지 않다고 속으로 생각했다. 그는 이 거래가 코언에게 또 시어슨의 미래에 얼마나 중요한지 알고 있었다. 따라서 코언은 RJR 나비스코의 부스러기 하나라도 싸우지 않고 그냥 크래비스에게 내주지는 않을 터였다.

하지만 그럼에도 불구하고 여전히 자기가 크래비스를 만나 대화하는 길만이 유일하게 옳다는 생각이 머리를 떠나지 않았다. 쓸데없이 화나게 만들 필요는 없었다. 그러기에는 크래비스가 너무나 강력한 존재였다. 하지만 코언은 계속 반대했다.

"나한테 한 번만 더 맡겨 두십시오. 헨리에게 숙제해 올 기회를 주는 겁니다. 그리고 월요일 아침에 그와 대화를 나눈 뒤에 전화를 드리겠습니다."

제임스 로빈슨이 동의했다.

크래비스는 피터 코언을 기다리고만 있지 않았다.

금요일 저녁에 그는 RJR 나비스코에 대한 경쟁 입찰에 자금과 자문을 제공한 투자은행 셋을 불러 모았다. 우선 제프리 벡을 고용하고 있는 드렉설 버넘이었다. 드렉설의 강력한 정크 본드 동원 체계는, 아이번 보스키의 내부자 거래 혐의에 대한 연방 정부 차원의 수사가 2년 동안 진행되고 있던 와중이었음에도 불구하고 여전히 건재했다. 하지만 그렇다고 해서 문제가 해결된 건 아니었다. 드렉설의 기소가 임박했다는 소문이 파다하게 퍼져 있어, 드렉설이 앞으로 어떻게 될지 몰랐기 때문이다. 그리고 일이 한창 진행되는 와중에 사건이 터진다면 크래비스로서는 재앙이었다. 이런 만일의 사태에 대비해 그는 메릴린치를 예비 병력으로 고용하기로 결정했다.

스티븐 워터스와 에릭 글리처가 소속되어 있는 모건 스탠리는 KKR가 필요로 할 방대한 숫자 계산과 자문 작업을 해내기에는 가장 적합한 은행이었다. 워터스는 크래비스가 좋아하는 인물이었고, 더욱이 워터스가 토밀슨 힐과의 권력 투쟁에서 밀려났기 때문에 이번 일로 워터스가 분발할 수 있게 하는 계기가 될 것이라고 크래비스는 생각했다.

이 세 개의 투자은행들을 모아 하나의 팀을 만드는 방향으로 일이 진행되었다. 성가실 뿐 아니라 비용도 많이 드는 팀이었다. KKR가 했던 그 어떤 거래의 자문단보다 규모가 큰 팀이 될 터였다. 하지만 크래비스는 여기에 다른 은행을 하나 더 추가시키기로 했다. 한창 뜨던 와서스타인 퍼렐라였다. 월스트리트에서 가장 뛰어난 인수 합병 전술가라고 할 수 있는 브루스 와서스타인은 어떤 거래에서든 소중한 역할을 할 게 분명했다. 하지만 크래비스가 바라는 건 그의 조언이 아니었다. 그를 고용한 것은 순전히 방어적인 차원이었다. 그가 상대편 진영에서 일하게 두지 않겠다는 게 크래비스의 의도였다. 그를 고용하지 않을 경우, 와서스타인은 위험인물이 될 게 뻔했다. 그가 다른 경쟁자에게 고용되어 일을 위험하게 만드느니 차라리 아무 일을 하지 않는다 하더라도 자기 울타리 안에 가두어 둘 필요가 있다는 게 크래비스의 판단이었다.

투자은행들을 고용하는 작업은 순조롭게 진행되었다. 하지만 크래비스가 100억 달러 혹은 그 이상의 장기 대출 자금을 조성하는 데 필요한 민간 은행들을 묶으려는 시도를 하기 시작했을 때 예상치 못했던 일에 부닥쳤다. 목요일에 그는 로널드 배디에게 전화를 했었다. 배디는 '뱅커스 트러스트' 의 태평양 연안 지역 책임자였고, 뱅커스 트러스트는 인수 합병 자금을 제공하는 분야에서 선두 자리를 지키던 뉴욕의 대형 은행이었다. 크래비스와 오랫동안 관계를 쌓아 왔던 배디는 뉴욕에 있는 상사들과 여러 가지 필요한 정리를 한 뒤에 다음 날부터 일을 시작하겠다고 약속했었다. 하지만 크래비스가 다음 날인 금요일에 다시 전화했을 때 배디의 태도는 바뀌어 있었다.

"문제가 있습니다. 솔직하게 말씀드리죠. 아직까지 당신과 함께 일해도 좋다는 분명한 허락을 받지 못했습니다. 주말 동안 얘기를 좀 더 해 봐야겠습니다."

크래비스는 할 말을 잃었다. 여태까지 이런 적은 한 번도 없었다. 이 정도로 큰 자금 규모의 사업에서는 정말 한 번도 없던 일이었다. 배디가 그렇게 나올 수밖에 없는 이유로 추정할 수 있는 유일한 것은, 피터 코언이 이미 다른 데와는 거래하지 않고 오로지 시어슨과만 거래하겠다는 독점적인 조건으로 뱅커스 트러스트를 고용했을 가능성이었다. 정말 드물고 또 흉악할 정도로 치밀한 술책이었다. 첫 번째 단계에서 부닥친 위기였다. 통상적으로 거래해 오던 은행으로부터 자금 조달을 거절당한다는 것은 크래비스가 실탄을 확보할 수 없다는 뜻이었다.

"당신네가 어디랑 독점 계약을 맺을 수는 없잖아! 그럴 수는 없는 거야!"

크래비스는 토요일 내내 RJR 나비스코를 어떻게 할지 고민했다. 마음을 졸이면 졸일수록 걱정은 점점 더 쌓이고 커졌다. 코언과 힐은 비록 인수 합병 분야의 베테랑은 아니었지만 멍청이가 아니었다. 만일 크래비스가 원하던 대로 배디가 반응했다면 은행 대출 창구도 확보했으니 게임은 이미 끝났다고 봐야겠지만, 현실은 정반대였다. 게다가 코언이 했던 말로 비추어 보자면 로스 존슨은 RJR 나비스코의 이사진을 완전히 장악하고 있지 않은가.

뱅커스 트러스트로 인해 야기된 상황은 전혀 예상치 못했던 위기였다. 이 상황은 크래비스가 가장 믿고 있던 자금 조달 원천으로부터 차단될지도 모른다는 위협이었을 뿐 아니라, 시어슨 쪽에서 잠재적인 경쟁자들이 자금을 조달하지 못하도록 주요 은행들을 가로막으려 하고 있다는 확실한 증거이기도 했다. 게다가 아메리칸 익스프레스의 이사회가 월요일에 열릴 예정이었다. 이 이사회에서 코언은 시어슨의 RJR 나비스코 인수 작업에 필요한 대규모 브리지론에 대한 모기업의 승인을 얻어낼 게 분명했다.

이런 모든 정황으로 볼 때 시어슨과 존슨이 거래를 빠르게 해치워 버리려 한다는 걸 알 수 있었다. 그리고 만일 이들이 인수 합병 동의서에 서명을 하고 나면 이를 깨기란 어렵다는 것을 크래비스는 알고 있었다. 토요일 밤에 크래비스는 브루스 와서스타인과 상담을 했다. 공격적인 전술을 구사하는 것으로 알려진 와서스타인은 기습 작전을 제안했다. 존슨이 이 거래를 은밀히 해치워 버릴까 봐 걱정이라면, 유일한 전술은 공격하는 것, 그것도 빠르게 공격하는 것이라고 했다. 시간이 늦추어질수록 자기편으로 가득한 이사회에서 존슨은 쉽게 동의를 얻어낼 것이라는 게 와서스타인의 생각이었다.

법률가 훈련을 받기도 했던 와서스타인은 대법관이었던 루이스 D. 브랜다이스가 했던 말인 "햇빛이 최고 좋은 살균제다"를 인용했다. 만일 존슨이

시커먼 골방에서 이 거래를 은밀하게 해치우려 한다고 걱정한다면, 처리 과정에 밝은 햇살을 가득 뿌려 주면 되지 않겠느냐고 와서스타인은 주장했다. 그리고 이때 가장 좋은 햇살은 바로 즉각적인 공개 매입이라고 말했다.

와서스타인과 대화를 끝낸 크래비스는 전체 팀 회의를 다음 날로 잡았다. '빠르게, 빠르게, 빠르게! 모든 걸 빠르게 진행시켜야 한다!'

———————◌◌◌———————

전 세계에는 수천 개의 상업 은행이 있다. 하지만 인수 합병 분야에는 단 세 개뿐이다. 시티뱅크, '매뉴팩처러스 하노버 트러스트 컴퍼니', 뱅커스 트러스트가 강력한 삼두 체제를 유지하며, 월스트리트에서 벌어지는 수많은 인수 합병의 동력으로 쓰일 자금 수십억 달러를 흘려 넣어 줄 수도꼭지들을 통제했다. 드렉설 버넘을 포함한 여러 회사가 파는 정크 본드들도 자본 조달의 주요 수단이었다. 하지만 이 세 거인이 없다면 인수 합병이라는 메커니즘은 멈추어 서고 말 정도였다.

이들이 가지고 있는 힘이 워낙 강력했기 때문에 그만큼 탐욕스럽게 인수 합병 분야에 돈을 빌려주려고 애썼다. 따라서 1980년대 후반에 이들은 인수 합병을 둘러싸고 벌어지던 전쟁에서 아군과 적군을 가리지 않았다. 그래서 동일한 사냥감을 놓고 경쟁하는 회사들을 상대로 동시에 자금을 제공하기도 했다. 이렇게 하고도 이들은 전혀 잘못된 게 없다고 생각했다. 상업 은행들은 8촌 격인 투자은행들과 마찬가지로, 입찰에 나서는 각 주체와 끈끈한 신뢰 관계를 유지하기 위해 이들과 관련된 대출에 대해서는 보안의 만리장성을 높이 쌓았다.

물론 이런 일 때문에 그 은행과 오래 거래해 왔던 고객 회사들이 분통을 터뜨리기도 했다. 보스턴에 본사를 둔 면도기 회사인 '질레트'가 그랬다. 질레트와 오랜 기간 고객 관계를 유지했던 시티뱅크가 질레트를 상대로 적대적 인수를 노리던 사냥꾼에게 인수에 필요한 자금을 제공한 일로, 질레트는 시티뱅크와 관계를 끊었다. 이런 예는 셀 수 없을 정도로 많다. 어쨌거나 이문이 적은 여러 개의 회사들과 거래하는 것보다 한 방에 두둑한 인수 합병 수수료를 챙길 수 있으니 상업 은행들로선 훨씬 남는 장사였다. 미국의 기업들은 이들의 이런 행태를 좋아하지 않았지만, 이들은 무소불위의 권력으로 막강한 영향력을 행사했다.

또한 비록 드물긴 하지만 대규모 인수 합병 건일 경우, 이들 '빅 스리' 가운데 하나와 독점적인 거래 계약을 맺을 수도 있었다. 다른 데는 자금을 제공하지 않고 오로지 한 군데만 자금을 제공하겠다는 약속이었다. 물론 이런 약속에는 엄청난 보수가 뒤따랐다. 헨리 크래비스가 의심했지만, 사실 시어슨은 뱅커스 트러스트나 시티뱅크에 이런 독점적인 조건을 요구하지는 않았다. 경쟁자가 있으리라는 예상을 하지 않았기 때문에 피터 코언은 굳이 그래야 할 필요성을 느끼지 않았던 것이다. 이들 은행의 접촉 창구였던 시어슨의 제임스 스턴이 비공식적으로 이 문제를 뱅커스 트러스트의 기업 인수 대출 책임자 로버트 오브라이언에게 제안했는데, 오브라이언은 여기에 대해 명확한 입장을 밝히지 않았다. 따라서 독점적인 계약과 관련된 문제는 모호하게 남아 있던 상태였다. 하지만 오브라이언은 나중에, 뱅커스 트러스트가 다른 경쟁자에게 자금을 제공하지 않을 것이라는 분위기에서 시어슨이 작업할 수 있도록 허용 했다는 사실을 인정했다. 즉 뱅커스 트러스트는 오로지 로스 존슨을 위해 일한다는 분명한 어떤 느낌이 있었던 것이다.

그런데 로널드 배디가 크래비스에게 자금을 제공하자고 요청하자, 뉴욕에 있던 오브라이언의 상사들은 허점을 찔린 상태에서 모든 걸림돌이 완전히 제거될 때까지 KKR에 대한 자금 제공을 일단 보류한 것이었다. 주말 내내 배디는 자기의 가장 큰 고객인 크래비스에게 자금을 제공해도 좋다는 승인을 따내려고 애썼지만 별무소득이었다. 이 뜻밖의 난관은 크래비스의 행동에 실질적인 영향을 안겨 주고, 다음 주가 되어서야 제거될 터였다.

크래비스 측에서는 또 다른 두 거인과 접촉을 시도했지만, 토요일 밤에야 접촉이 이루어졌다. 크래비스의 막역한 친구이던 변호사 리처드 비티는 토요일 밤을 맨해튼의 자기 아파트에서 느긋하게 보내고 있다가 마크 솔로의 전화를 받았다. 매뉴팩처러스 하노버의 인수 합병 대출 책임자인 솔로는 빈틈없이 기민한 인물로, 월스트리트의 인수 합병 전문가들로부터 상당한 신망을 받고 있었다.

솔로는 시어슨의 피터 살러먼과 연락하려 하는데 잘 안 되어서, 비티가 시어슨과 매우 가까운 조언자라는 사실을 알고 있던 터라 살러먼의 집 전화를 물어보려고 전화했다고 설명했다.

"피터에게 무슨 얘기를 하려고요?"

비티가 물었다.

"구체적인 건 말씀드릴 수 없고……, 아무튼 지금 당장 시어슨 리먼 사람에게 할 이야기가 있어서요."

솔로가 말하지 않았던 내용은, 뱅커스 트러스트의 로버트 오브라이언이 자기에게 전화해서 함께 시어슨을 지원하자는 제안을 했는데, 이 제안을 받아들이기 전에 우선 시어슨 사람과 이야기를 나누어 보고자 한다는 것이었다.

비록 솔로가 구체적인 내용을 말하지는 않았지만 비티는 RJR 나비스코와 관련된 일임을 알아차렸다. 솔로는 크래비스가 자기들에게 관심을 가지고 있는 줄 몰랐고, 또 비티가 시어슨을 상대로 싸우는 크래비스의 대변자인 줄 알지 못했던 것이 분명하다.

비티는 짧은 순간 많은 생각을 했다. 로널드 배디와 관련된 상황 때문에 비티는 은행 문제에 특히 민감했다. 어떻게든 솔로가 시어슨 사람과 연락이 닿지 않도록 해야 했다.

"참 일이 재미있게 됐네요. 헨리 크래비스가 당신과 통화하고 싶어 하던 데⋯⋯, 전화 걸라고 할까요?"

"네, 뭐⋯⋯."

비티는 피터 살러먼의 전화번호를 찾지 못하겠다고 한 뒤 전화를 끊자 마자 곧바로 크래비스에게 전화해서 방금 있었던 상황을 설명했다.

크래비스는 다음 날 아침 일찍 솔로에게 연락을 취했다.

"매니 해니(매뉴팩처러스 하노버의 애칭)는 시어슨과 독점적인 관계로 일 합니까?"

"아뇨. 그런 거 없습니다. 시어슨뿐 아니라 어떤 곳과도 그렇게 하는 거 없습니다."

크래비스는 몰래 안도의 한숨을 쉬고는 KKR가 RJR 나비스코 인수와 관 련해 매뉴팩처러스 하노버와 독점 대출 계약을 하고 싶다고 말했다. 솔로는 깜짝 놀랐다.

"우린 여태 한 번도 그렇게 해 본 적이 없습니다."

"그럼 이번에 해 보면 되겠네요. 수지맞는 장사가 되게 해 드릴게요."

크래비스로서는 이보다 더 기쁜 일이 없었다. 매뉴팩처러스 하노버는 피터 코어이 손에 넣지 못한 은행이었고, 이 은행을 자기가 손에 넣은 것이 었다.

바로 그 주말에, RJR 나비스코의 적정 가격이 얼마인지 다음 주에 결정하는 데 도움을 줄 RJR 나비스코의 재무 자료를 담은 1차분 상자들이 라저드 프레어스와 딜런 리드로 배달되었다. 그리고 거기에는 외부 업체들이 작성한 여섯 개의 보고서들도 함께 들어 있었는데, 대부분 어떤 식으로 LBO를 하라고 존슨을 유혹하는 내용이었다.

그 토요일, 라저드에서 루이스 리날디니가 동료의 사무실 문을 벌컥 열고 들어갔다. 손에는 여러 건의 보고서들이 들려 있었고, 경악한 표정이었다.

"이거 읽어 봤어?"

아이라 해리스는 시카고의 자기 아파트에서 토요일 아침에 이 문서들을 받았는데, 내용을 읽고는 충격을 받았다.

보고서들 가운데 RJR 나비스코의 주식 가격을 80달러 미만으로 평가한 것은 단 하나도 없었다. 대부분 90달러에 가깝게 평가했다. 딜런 리드의 암호명 '타라 프로젝트' 보고서는 나비스코에 81달러부터 87달러의 가격을 붙였다. 이 가격을 기준으로 하면 존슨이 제시한 75달러에 비해 RJR 나비스코의 전체 인수 가격이 평균 20억 달러 더 많았다. 루빈 거토프의 암호명 '레오 프로젝트' 보고서는 이 회사의 사적 시장 가치†가 한 주에 96달러나 된다고 적었다. 모든 투자은행가들이 RJR 나비스코에 엄청나게 많은 군살이 붙어 있음을 알고 있었다. 특히 존슨의 RJR 공군은 월스트리트에서도 악명이 높았다. 하지만 투자은행가들은 이런 점은 염두에 두지 않는 듯했다.

그런데 투자은행가들이 존슨의 자료를 검토하고 있을 때 흥미로운 우편물이 코네티컷에 있던 찰스 휴걸에게 배송되었다. 소포를 보낸 사람은 익명이었고, 봉투 안에는 RJR 나비스코의 기획 관련 문서가 들어 있었다. 기

---

† '사적 시장 가치private market value'는 인수 합병을 할 때 한 기업의 각 사업 부문들이 독립적으로 운영된다고 가정하고 각 부문들의 시가를 합쳐서 평가한 그 기업의 가치를 가리킨다. '분할 가치breakup value' 혹은 '인수 가치takeover value'라고도 한다.

획 담당 책임자 딘 포스바가 직원들을 지휘해 작성한 게 분명했다. 제목은 〈기업 전략 업데이트〉였고 '기밀문서'라는 스탬프가 찍혀 있었다. 문건 작성 날짜는 존슨이 이사회에서 문제의 역사적인 연설을 하기 3주 전이던 9월 29일이었다.

휴걸은 문서를 꼼꼼하게 읽었다. 문서는 우선 주식 문제를 개괄하고, 필립 모리스와 싸울 여러 가지 방법을 정리하고, 담배 관련 소송 때문에 회사가 인수 대상 후보로 잘 꼽히지 않는다고 규정했다. 그런데 휴걸의 관심을 끈 것은 회사의 자산 가치를 평가한 부분이었다. 문서는 RJR 나비스코 주식 한 주의 가격을 최하 82달러에서 최고 111달러까지 각각의 경우에 대한 설명을 덧붙인 뒤에, 다음과 같이 결론 내렸다.

주식 한 주당 111달러 미만의 가격으로 인수 제안이 들어올 경우 RJR 나비스코가 이 제안을 거절할 수 있는 충분한 사유를 댈 수 있다.

휴걸은 혼란스러웠다.

'최하 82달러?'

존슨의 심복이 회사의 가치가 한 주에 82달러에서 111달러라고 말했다면, 존슨이 제시한 75달러는 도대체 뭐란 말인가?

이 문서를 과연 누가 보냈는지도 궁금했다. 문서에는 아무런 메모도 없었다. 보낸 사람을 추정할 만한 단서는 어디에도 없었다. 하지만 한 가지 사실만은 분명했다. 기밀문서를 손에 넣을 정도의 위치에 있는 RJR 나비스코의 중역이 로스 존슨을 거꾸러뜨리려고 나섰다는 사실이었다.

크래비스가 브루스 와서스타인을 바라보면서 말했다.

"우리는 담배 회사에 관심이 있습니다. 하지만 그게 어떤 회사인지 지금 여러분 앞에서 말해야 할지는 확신이 서지 않네요."

크래비스는 미소를 지었다. 중역 회의실에 빽빽하게 모인 사람들은 모두 필립 모리스가 크래프트를 사냥하는 일에 와서스타인이 깊이 관여하고 있다는 걸 알고 있었다.

일요일 오후 4시, 투자은행가들은 자동차를 타고 혹은 낙엽이 뒹구는 센트럴파크의 산책로를 걸어 KKR의 중역 회의실에 모였다. 크래비스의 측근들은 이미 정오에 모여 그때까지 RJR 나비스코의 자산 가치를 평가한 여러 가지 분석 자료들을 검토했었다.

크래비스는 RJR 나비스코 사냥을 하기 위해 소집한 자기 부대의 핵심 병력을 죽 둘러보았다. 그의 왼쪽에는 리처드 비티가 평소 하던 자세로 앉아 있었다. 연푸른 눈동자와 꽉 다문 입술과 턱은 흔들림이 없었다. 비티의 왼쪽에는 아직 어린 티가 줄줄 흐르는 비티의 보조 변호사 케이시 코거트가 앉아 있었다. 코거트는 비티의 지시를 받아 콜버그 크래버스의 법률 관련 업무 가운데 많은 부분을 감독했다. 이 두 사람은 코네티컷에 있는 집에서 아침부터 자동차를 몰아 그곳까지 왔다.

코거트 옆에는 시어도어 애먼이 앉았다. 전직 변호사인 그는 현재 KKR의 지분을 나누어 가지고 있는 파트너인데, 회사에 골치 아픈 법률 문제를 창조적으로 해결하는 일을 했다. 그리고 애먼 옆이 와서스타인이었다. 와서스타인은 천재였고 또 크래비스에게 기발한 아이디어들을 끊임없이 제공했지만 KKR의 핵심 실세 모임에는 들어가지 못했다. 크래비스와 그의 측근들이 와서스타인의 끝없이 이어지는 연설을 너무 지루하게 생각했기 때문이다. 크래비스의 측근들 가운데 몇몇, 특히 조지 로버츠는 와서스타인이 KKR에 충성을 다한다고는 단 한 번도 생각하지 않았다.

와서스타인 옆에는 모건 스탠리의 인수 합병 책임자인 에릭 글리처가 앉았다. 인수 합병 세계에서 가장 명성 높은 와서스타인과 글리처 두 사람은 크래비스와 그의 측근들에게 앞으로 결코 마르지 않는 유쾌한 기분 전환 거리를 제공할 터였다. 회의를 할 때마다 두 사람은 번갈아 가면서 모두冒頭 발언을 했는데, 그때마다 지난 회의 때 누가 가장 먼저 자리를 비웠는지 지적했다. 그런데 두 사람은 완전히 같거나 혹은 매우 비슷한 조언 결과를 내놓아 크래비스의 눈이 휘둥그레지곤 했다. 비티는 두 사람이 전략 회의를 하기 전에 따로 입을 맞춘다고 생각했다. 사실 이날도 두 사람은 미리 입을 맞추고 회의에 참석했다. 조지 로버츠는 와서스타인과 글리처를 '투자은행계의 시스컬과 이버트'라고 불렀다.[†]

그리고 탁자 맨 끝에는 스티븐 워터스와 맥 로소프가 앉았다. 동안童顔의 로소프는 와서스타인의 조수인데, 최근 '맥밀리언' 경매에서 최고의 솜씨를 발휘하며 크래비스가 즐겨 찾는 인물로 자리를 잡았다. 그리고 조금 떨어진 곳에 드렉설을 대표해 참가한 제프리 벡과 리언 블랙이 앉았다. 블랙은 정크 본드의 황제 마이클 밀컨의 아이디어 가운데 많은 것을 실행에 옮긴 꾀바른 재무 전문가였다. 그리고 최근에 크래비스의 지분을 획득해서 조합원 자격을 얻고 새롭게 유한 책임 파트너가 된 두 사람 스콧 스튜어트와 클리프턴 로빈슨이 있었고, 마지막으로 폴 래더가 있었다.

크래비스가 회의 시작을 알린 뒤 현재 진행 중인 상황을 간략히 설명했다.

"우리는 시어슨이 대규모 은행들을 독점하려 한다는 걸 알고 있습니다. 만일 이게 사실이라면, 우리는 이런 시도가 성공하지 못하도록 당장 조치를

[†] 진 시스컬과 로저 이버트는 1975년부터 1999년까지 영화 비평 텔레비전 프로그램 〈스니크 프리뷰스〉〈시스컬과 이버트〉 등을 함께 진행했던 명콤비 영화 평론가들이다.

취해야 합니다."

LBO가 성공적으로 이루어질 경우에 바깥으로 새어 나오게 될 RJR 나비스코의 자산 가치에 대한 토론이 길게 이어졌다. 의견 차이라고 할 만한 건 없었다. 로스 존슨의 과자 바구니에 돈이 가득 담겨 있다는 건 누구나 다 알았다. 문제는 어떻게 하면 그 돈을 가장 잘 낚아채느냐 하는 것이었다. 클리프턴 로빈슨은 그날 배포한 〈피치 프로젝프 보고서〉에서 자기들이 생각한 몇 가지 선택 방안들을 제시했다. '피치 프로젝프'는 이 팀의 암호명이었다.

모두 세 가지 방안이었다. 첫 번째는 이사회가 솔깃해 할 가격으로 인수 제안을 하는 것이었다. 크래비스는 그 보고서에서 주당 가격을 75달러보다 높이 제안하자는 데 관심을 보이기는 했지만 구체적인 가격을 적시하는 데까지는 나아가지 않았다. 첫 번째 방안을 선택할 때의 유리한 점을 로빈슨은, RJR 나비스코 경영진의 도움을 받지 않고 입찰에 나설 경우 반드시 확보해야 하는 정보인 RJR 나비스코의 재무 관련 기밀 정보에 접근할 수 있다고 적었다. 또한 경영진이 거래를 빠르게 마무리 지으려는 시도에 제동을 걸 수 있다는 것도 유리한 점이었다. 하지만 불리한 점으로 로빈슨은, 서로 높은 가격을 제시하려는 악순환에 빠질 수 있고, 이렇게 될 경우 설령 이긴다 하더라도 수십억 달러의 추가 비용을 부담해야 할 수 있다고 적었다.

두 번째 방안은 시어슨과 존슨을 만나 공동으로 입찰하자고 제안하는 것이었다. 하지만 여기에 대해 보고서는 '우리가 약하다는 사실을 보여 줘도 될까?'라는 의문을 제기했다.

세 번째 방안은 공개 매입이었다. 와서스타인이 말한 기습 작전이었다. 장점은 '유리한 시기를 포착해서 경영권 거래를 지연시킨다'는 것이고, 약점은 '정보가 없고 적대적인 방식이며 자금 조성이 쉽지 않다'는 것이었다.

자문 역할을 맡은 사람들이 발언할 차례였다. 에릭 글리처가 가장 먼저 나섰다. 그의 말은 거의 군대식이었다. 신병 훈련소에서 훈련병을 상대로 지시하는 조교나, 축구 결승전 경기의 하프타임 때 선수들에게 지시를 내리는 감독이 구사하는 그런 말투였다. 글리처는 체구가 왜소한 남자가 대부분 그렇듯 마초적인 기질을 가지고 있었다.

"공개 매입에 나서시오. 이 경우 우리가 부담해야 하는 위험은, 시어슨이 우리보다 먼저 이사회와 접촉할 수 있다는 겁니다. 만일 당신이 그 사람들에게 전화해서 '어 그래, 우리가 관심 있어'라고 말한다면, 당신은 결국 끌려다니게 되고 말 겁니다. 공개 매입으로 나가면 비빌 언덕이 생깁니다. 교두보가 생기는 거죠. 이 교두보를 발판 삼아 굳건하게 서야 합니다. 이건 상징적인 차원에서 중요합니다. 아무튼 공개 매입에 나서려면 빠르게 움직여야 합니다. 정신 차리지 못하게 지금 당장 공격을 날려야 합니다."

테이블 너머에서 리처드 비티가 얼굴을 찌푸렸다. 글리처의 생각이 낡았다고 본 것이다.

글리처에 이어 이번에는 와서스타인이 발언했다. 전날 밤 크래비스에게 했던 말과 거의 동일한 내용이었다. 토론은 계속되었고, 새로운 제안이 나올 때마다 의견은 찬성과 반대로 갈렸다. 드렉셀의 리언 블랙은 신중하게 나가자는 주장이었다.

"바쁠 게 뭐 있습니까? 기다렸다가 좀 더 높은 가격을 부르면 되는데……."

블랙의 말을 글리처가 받아쳤다.

"그러면 악당으로 찍힐 겁니다."

이야기가 계속되었지만 사람들의 의견이 어디로 기우는지는 분명했다. 공개 매입이었다.

"가격은 얼마로 하죠?"

크래비스가 물었다.

"한 주당 75달러로 해야 하지 않을까요?"

글리처였다. 하지만 와서스타인은 고개를 저었다.

"내 생각에는 90달러대가 되어야 합니다."

와서스타인의 경쟁자들은 와서스타인의 지갑이 늘 열려 있다고 비웃었다. 적어도 그가 쓰는 돈이 고객의 돈일 경우에는 확실히 그랬다. 기업 인수를 하면서 그의 자문을 받은 고객들은 언제나 지나치게 높은 가격을 불러 '와서스타인 프리미엄'이라는 신조어까지 나올 정도였다.

크래비스가 스티븐 워터스를 바라보았다. 워터스는 회의에 참석한 사람들 가운데 누구보다도 존슨을 잘 아는 인물이었다.

"당신은 존슨을 어떻게 보시오?"

워터스는 존슨이 여태까지 걸어왔던 길을 빠르게 요약한 뒤에 다음과 같이 결론 내렸다.

"로스 존슨은 여태 다른 회사를 사 본 적이 없습니다. 언제나 파는 쪽이었죠."

90달러 공개 매입으로 나가면 존슨은 즉각 방어에 들어갈 것이다. 우선, 그는 이 가격에 감히 맞붙으려 하지 않을 것이다. 하지만 더 중요한 게 있다. 이미 이사회에 제출된 75달러 제안과 비교할 때 우리의 90달러 제안은 존슨이 회사를 거저 먹으려 한다는 인상을 심어 줄 수 있다. 만일 그렇게 된다면, 존슨과 이사회 사이가 벌어지는 결정적인 계기가 될 수 있다. 이런 설명과 함께 워터스가 마지막으로 덧붙였다.

"만일 우리가 세게 나가면 존슨이 손을 들지도 모릅니다."

마지막으로 크래비스는 드렉셀 팀을 바라보았다. RJR 나비스코를 살 수 있을 만큼 충분히 많은 채권을 팔 수 있을까? 시장에서 그 정도로 충분한 수요가 있을까? 현재 생각하고 있는 채권 발행 규모가 이 분야 월스트리트의 과거 역사를 무색하게 만들 것임을 사람들은 다들 알고 있었다. 하지만 드렉설이 기소될 경우, 인수에 나선 쪽이나 채권을 발행한 쪽 모두 재앙을 맞이할 것이라는 인식도 여전히 퍼져 있었다.

"정크가 우리 전공 아닙니까. 그리고 우리 문제에 대해선 걱정하지 마십시오. 우리는 해낼 수 있습니다."

리언 블랙이었다. 블랙은 믿음직하다고 소문이 나 있어서 그가 자신 있게 하는 말이 빈말이라고 여기는 사람은 거의 없었다.

토론이 끝난 뒤 크래비스는 폴 래더와 두 명의 새 유한 책임 파트너를 데리고 자기 사무실로 돌아갔다. 이제 결정해야 할 시간이 다가왔다. 회의실에 남은 사람들은 회사 식당으로 가서 먹을 걸 찾고 피자를 주문했다. 크래비스가 사무실 문을 닫을 때 바로 그 시각에 여섯 구역 북쪽에서 비슷한 회의가 열리고 있다는 사실을 아는 사람은 아무도 없었다.

존 굿프렌드는 세 살배기 아들의 작은 손을 잡고 매디슨가의 보도를 걷고 있었다. 아버지와 아들은 쇼핑을 하러 나왔고, 아버지는 한 팔로 쇼핑한 물건이 든 봉지를 안고 있었다. 길 건너편에 윌리엄 스트롱과 또 한 사람의 살로먼 투자은행가가 주차할 자리를 찾고 있는 모습이 보였다. 굿프렌드는 이들에게 손을 흔들었다.

그날 저녁 5번가의 그의 아파트에서 회의가 열렸다. 굿프렌드는 그간 월스트리트에 몸담아 왔던 긴 세월을 돌아볼 때 이 회의가 앞으로 자기의 경력을 좌우할 제일 중요한 자리임을 잘 알았다. 살로먼 브라더스는 월스트리트에서 가장 막강한 증권 회사 중 하나로 꼽혔다. 뉴욕 항이 내려다보이는 거대한 객장을 통해 날마다 200억 달러 규모의 증권이 유통되었다. 뉴욕증권거래소의 거래 금액보다 많은 돈이었다. 하지만 3년 연속 기대치를 달성하지 못하자 굿프렌드는 마침내 회사의 자산 운용 중심을 객장에서 머천트뱅킹 쪽으로 옮겨야겠다고 결심했다.

그리고 굿프렌드의 투자은행 부서가 이것을 하려고 하는 방식은(그리고 아울러 이들이 투자하려고 하는 자금 규모는), 살로먼이 LBO 분야에서 아무것도 얻지 못할 것이라고 말했던 사람들을 깜짝 놀라게 할 터였다.

굿프렌드는 인수 합병 분야에는 신참이었다. 월스트리트는 늘 두 개의 세계로 나뉘어 왔다. 한쪽은 투자은행가의 세계이고 나머지 한쪽은 트레이더의 세계였다. 투자은행가는 부드럽고 말쑥하고 명문 앤도버고등학교와 하버드에서 교육받은 사람들이며, 얼굴이 붉은 유대인이나 아일랜드인인 트레이더는 시립 대학교를 졸업했으며 거래소 객장에서 고함을 지르며 생계를 꾸려 간다고 할 때, 굿프렌드는 누가 뭐라도 트레이더 쪽이었다.

그는 객장에 있는 자기 책상에 앉아 살로먼 브라더스를 10년 동안 성장의 길로 이끌어 왔다. 그러다 보니 살로먼 브라더스는 그 분야에서 가장 규모가 크고 또 수익성 높은 회사가 되었다. 1985년에 《비즈니스위크》는 그를 '월스트리트의 왕'이라 부르며 대관식을 치러 주었다. 재무 분야의 많은 사람들이 보기에는 존 굿프렌드야말로 살로먼 브라더스라는 회사 그 자체였다. 그의 말은 회사 안에서 법이었다. 그가 커다란 시가를 흔들며 사무실 안으로 들어서면 모든 직원들이 벌벌 떨었다. 키가 작고 어두운 색의 스리피스 정장을 좋아하는 그는 얼굴이 둥글고 뚱뚱하며 두툼한 입술에, 눈과 코와 입을 판 호박의 미소를 지었다. 이 미소는 가끔 억지로 짓는 것처럼 보일 때도 있었다. 스탠더드 브랜즈 시절부터 그와 알고 지낸 존슨은 그를 '늙은 감자대가리'라고 불렀다.

쉰아홉 살의 굿프렌드는 두 번째 아내를 맞아 아들 하나를 낳고 새로운 인생을 살며 월스트리트 바깥으로까지 사회적인 활동 범위를 넓혔다. 팬암 항공사의 승무원으로 일했던 40대 초반의 아내 수전 굿프렌드가 남편의 단조롭고 멋없는 생활을 검은 나비넥타이를 맨 화려한 사교계 파티의 유쾌한 생활로 바꾸어 놓았던 것이다. 1981년에 결혼한 두 사람은 그 뒤 곧《더블유》와《위민스웨어데일리》의 사회면에 고정적으로 등장했다. 수전은 헨리 키신저의 60번째 생일 파티를 열어 주는 영광을 차지함으로써 누구도 부인하지 못할 정도로 뉴욕 사교계 진입을 확실히 증명했다. 이 파티가 끝나고 여러 달이 지난 뒤에도, 파티에 참석했던 손님들은 수전의 요리사가 디저트로 내놓았던 초록색 풋사과 이야기를 했다. 그 사과는 솜사탕으로 만든 것이었다.

굿프렌드 부부가 파리의 그르넬가(街)에 있는 18세기 저택을 산 뒤에는 수전이 프랑스에 머무는 시간이 더 많았고, 굿프렌드는 주말이면 콩코드를 타고 대서양을 오갔다. 따라서 살로먼 브라더스가 1980년대 중반에 어려움을 겪을 때 많은 사람들이 수전 굿프렌드가 남편이 일에 집중하지 못하도록 관심을 흩어 놓은 바람에 그렇게 되었다는 쑤군거림이 나올 만도 했다. 월스트리트에서 일하던 굿프렌드의 친구 하나는 1988년 초에《뉴욕》이라는 잡지에서 다음과 같이 말했다.

"존의 사업이 제대로 풀리지 않은 데는 수전 굿프렌드의 책임이 크다는 게 내 생각입니다. 나이를 먹을 만큼 먹은 친구들이 성생활에서 재미를 찾을 때, 이 친구들은 이제 갔다고 봐야 합니다."

살로먼 브라더스의 성장과 더불어 회사 내부에서의 알력도 함께 커졌다. 증권 거래 부문이 지배적인 위치를 차지하면서 작은 규모로 존재하던 투자은행 부문을 마치 의붓자식처럼 구박했던 것이다. 1987년에는 이 두 집단 사이의 긴장이 공개적인 전쟁으로까지 확대되었다. 투자은행가들이 회사 안에서 큰 목소리를 내기 시작하면서 합병과 머천트 뱅킹 분야로 더욱 공격적으로 나섰던 것이다. 물론 이런 현상은 월스트리트의 전체 지형을 놓고 볼 때 결코 우연이 아니었다. 살로먼 내부의 이런 음모와 움직임은 메디치 가문이 지배할 때의 피렌체에 비할 수 있었다. 물론 이 상황에서 굿프렌드는 마키아벨리가 《군주론》에서 기술했던 이상적인 군주의 역할을 수행했다. 자기 스승을 가차 없이 몰아낸 사람, 자기 권위에 도전하는 사람을 해고하는 일에 자부심을 느끼는 것처럼 보이는 사람, 그가 바로 굿프렌드였다. 그는 회사 내부에서 일어나는 반란 행위를 진압하는 데 굉장히 많은 시간을 보냈다. 그 와중에 회사의 수익과 사기는 급전직하했다. 잘못된 구조 조정이 몇 차례 이어지면서 경험 많고 유능한 사람들이 썰물처럼 회사에서 빠져나갔다. 이들 가운데는 시카고의 거래 해결사인 아이라 해리스와 경제 분야 고수이던 헨리 카우프먼도 포함되어 있었다. 결국 투자자 로널드 O. 페럴먼이 살로먼의 적대적 인수에 나서는 일까지 벌어졌고, 굿프렌드는 이 심각한 위기를 가까스로 넘겼다.

계속되는 위기에 허덕이던 2년 가까운 세월 동안 그의 회사는 몇 번씩 지옥의 문 앞까지 갔었다. 하지만 이제 어린 아들의 손을 잡고 집으로 돌아가는 그는 수많은 사람들이 했던 비관적인 전망들을 모두 툭툭 털어 낸 것처럼 보였다. 바닥을 치고 천장을 향해 올라가는 일만 남은 것 같았다. 살로먼 내부에서 문제와 말썽을 일으키던 인물들은 모두 내쫓았다. 수익도 다시 늘기 시작했고, 굿프렌드와 그의 아내 사진도 이제는 《위민스웨어데일리》에서 찾아볼 수 없었다. 기업 인수를 종종 '트레이드'라 부르던 굿프렌드가 투자은행 사업에 적극적인 관심을 보였다. 심지어 고객이 될지도 모르는 사람들에게 잘 보이려고 투자은행가들의 뒤를 졸졸 따라다니기까지 했다. 증권 거래 부문의 수익은 여전히 짭짤했다. 그러나 굿프렌드도 이제 월스트리트의 다른 모든 최고경영자들이 몇 해에 걸쳐 깨친 진리를 깨달았다. 그 진리는, 진짜 큰돈은 머천트 뱅킹에 있다는 것이었다.

RJR 나비스코는 굿프렌드의 결심을 시험할 수 있는 기회였다. 회사 안에 있는 투자은행 부서의 인력을 모두 동원해 로스 존슨이 만든 기회를 잡아서 어떻게든 한몫 챙겨야 한다는 걸 그는 잘 알았다. 하지만 부하 투자은행가들의 능력에 대해서는 회의적이었다. 그들이 어떻게든 해 보겠다면서 내비치는 열정은 일생일대의 커다란 거래를 앞두었을 때 느낄 수 있는 '정신없는 열기'였다. 투자 부문의 거래를 하는 대부분의 '녀석들'은 한 달 혹은 두 달에 한 번씩은 꼭 그런 모습을 보인다고 그는 생각했다. 투자은행가들은 자신들이 모든 것을 한꺼번에 해결해 줄 수 있는 성배聖杯를 손에 넣기 직전에 실패했다고 믿는다는 사실을 굿프렌드는 깨달았다. 살로먼의 투자은행가들도 RJR 나비스코를 살로먼의 구세주로 보았다. 이 거래 한 건으로 과거의 부끄러운 일들을 말끔히 지우고 역사를 다시 쓸 수 있다고 보았다. 잘만 하면 살로먼이 LBO 분야의 강자로 우뚝 설 수도 있다고 보았다.

장대한 목표이긴 하지만 이루어질 것 같지는 않다고 굿프렌드는 생각했다. 그리고 확실한 사실 하나, 너무 위험했다. 윌리엄 스트롱이 RJR 나비스코에 대해 한 이야기로 보자면 로스 존슨의 회사는 상당히 매력적이었다. 멋진 브랜드들도 많고 현금 흐름도 좋았다. 하지만 굿프렌드는 좀 더 큰 그림을 보아야 했다. 인수에 나설 때 자기들이 필요로 하는 자금, 아마 수억 달러는 족히 될 자금은 회사에 엄청난 부담을 줄 것이다. 여태까지는 투자자들이 맡긴 자금으로 주식과 채권을 대량으로 사서 차액을 남기고 팔아 막대한 수익을 올리는 데 썼다. 그런데 증권 거래 부문에 들어갈 이 자금을 대폭 축소해서 머천트 뱅킹 부문으로 돌릴 경우, 신용 평가 기관에서는 살로먼의 신용 등급을 재평가하려고 들 것이다. 그리고 신용 등급이 하향 조정될 경우에는 수백만 달러의 추가 비용이 발생할 것이다. 이보다 더 중요한 문제도 있다. 회사의 신용 등급이 떨어지면 회사 안에 있는 불평분자들이 다시 저항하고 나설 것이다. 이런 생각으로 굿프렌드의 머리는 복잡했다. 어떻게든 올바른 판단을 내려야 했다. 그렇지 않을 경우 자리를 내놓고 물러나야 하는 막다른 길로 몰릴 수도 있었다.

윌리엄 스트롱은 자동차를 주차했다. 그리고 나중에 도착한 여섯 명의 투자은행가들과 함께 굿프렌드의 아파트로 올라갔다. 굿프렌드가 현관에서 이들을 맞아 응접실로 안내했다. 석재로 장식된 응접실은 2층 높이였다. 한쪽 벽에는 수선화를 그린 모네의 그림 한 점이 걸려 있었다. 침실만 여섯 개가 있는 이 아파트를 사는 데 굿프렌드 부부는 650만 달러를 썼다. 아파트를 산 뒤에 완전히 새로 리모델링을 했지만, 여기에 들어간 비용은 이 650만 달러에 포함되지 않았다. 사실 아파트의 모든 벽을 돈으로 처바른 것 같았다. 굿프렌드 부부는 이른바 '사람들이 함께 쓰는 공동 공간'을 18세기 프랑스 궁전처럼 화려하게 장식했다. 식물들이 가득한 어떤 방은 프랑스식의 고풍스러운 온갖 수공예품들로 장식되어 있었다. 그래서 사교계 부인들은 수전 굿프렌드가 파리에 있을 때 했던 행동들을 화제 삼아 그녀가 얼마나 프랑스에 푹 빠졌는지, 그리고 또 얼마나 우습게 프랑스인 행세를 했는지 즐겨 농담을 했다. 그들의 단골 메뉴에는 이런 게 있었다. 수전이 영부인인 낸시 레이건을 소개받고는 낸시에게 '봉주르 마담'이라고 했다는…….

굿프렌드 부부는 원래 '리버 하우스'에 살았었다. 그런데 이웃들과 다툼이 생겼다. 높이가 6.6미터나 되는 미송美松을 크리스마스트리로 쓰겠다고 수전이 우겼는데, 이 나무를 엘리베이터로 운반할 수 없게 되자 수전은 아파트 옥상에 크레인을 설치해 끌어올렸다. 그런데 이때 그 고급 주택지의 이웃 사람들에게 허락을 받지 않았다는 게 문제였다. 결국 볼썽사나운 장면들이 연출되었고, 이어 3500만 달러의 배상금을 요구하는 소송이 제기되었다. 그 일이 일어난 뒤에 이들 부부는 5번가의 좀 더 큰 집으로 이사했던 것이다.

으리으리한 집을 둘러보는 관광 여행, 그것도 안내원이 딸린 관광 여행을 마친 뒤에 스트롱 일행은 굿프렌드의 서재로 안내되었다. 이 공간의 벽은 가죽으로 되어 있었다.

"그래, 이 건에 대해 내가 알아야 할 게 뭔지 말해 보시오."

스트롱은 긴장했다. 이번 건은 자기가 여태까지 했던 그 어떤 거래보다 컸다. 그리고 앞으로도 이처럼 큰 거래에 참여할 수 있을 것 같지 않았다. 그만큼 큰 건이었다. 그는 굿프렌드에게 회사 역사상 전례가 없는, 그리고 어쩌면 회사의 미래 모습을 완전히 바꾸어 놓을 수 있는 거래를 추진하자고 제안하는 것이었다. 스트롱은 거래의 개요를 빠르게 요약했다. 정말 단순한 겁니다, 하고 스트롱은 말했다. 살로먼 브라더스와 핸슨 트러스트는 '순수한 파트너'로서 주식과 비용과 경영권을 5 대 5 비율로 나누어 가질 것이라고 했다. 살로먼은 재무 관련 전문성을 제공하고, 핸슨은 운영과 관련된 전문성을 제공한다고 했다. 그런데 중요하고도 특이한 사항은, 그 거래에 어떻게 살로먼이 끼어들 수 있게 하느냐 하는 문제에 대해 스트롱이 내린 결론이었다.

주말 동안 스트롱 팀은 내내 논의했고 헨리 크래비스가 내린 결론과 동일한 결론에 도달했다. RJR 나비스코 거래에 끼어들려면 공격적으로 나가야 한다는 것이었다. 스트롱은 RJR 나비스코의 주식을 신속하고도 은밀하게 대량으로 사 모아 인수 입찰에 나설 발판을 마련해야 한다고 주장했다. 이런 발판을 마련할 때 살로먼의 협상력은 힘을 발휘할 것이라는 게 그가 제시한 근거였다. 그리고 설령 살로먼이 RJR 나비스코의 경영권을 장악하지 못한다 해도 보유 주식의 시가 차이로 막대한 수익을 올릴 수 있다는 게 이런 시도의 장점이라고 설명했다.

스트롱이 제시한 작전은 분 피컨스나 칼 아이칸 같은 기업 사냥꾼들이 벌써 여러 해째 써 오던 수법이었다. 하지만 대형 투자은행이 이런 수법을 구사한다는 말은 아직 들어 본 적이 없었다. 그해 봄에 토밀슨 힐과 시어슨이 코퍼스를 기습 공격하면서 썼던 수법을 몇 배나 초과하는 그런 작전이었다. 하지만 상식을 초월하는 거래를 성사시키려면 역시 상식을 초월하는 작전이 필요하다고 스트롱은 주장했다. 굿프렌드의 승낙을 받으면 스트롱은 월요일 아침부터 RJR 나비스코의 주식을 사들이고 싶었다. 10억 달러 규모까지 계속 이 주식을 사들여야 한다는 게 그의 주장이었다.

스트롱의 이런 제안은 쉽게 마련된 게 아니었다. 주말 내내 스트롱 팀의 투자은행가들은 이 문제를 놓고 토론했다. 전략은 더할 나위 없이 훌륭해 보였다. 작전 대상은 평생 하나 개발할까 말까 한 브랜드들을 줄줄이 달고 있는 기업이 아닌가. 살로먼이 공격적으로 나가야 한다는 게 이들의 공통된 의견이었다. 논의를 하면 할수록 더 확신이 서고 자신감이 생겼다. 그런데 마지막 하나가 문제였다. 그 문제가 무엇인지는 다들 알고 있었다. 과연 굿프렌드가 하자고 할까?

"절대로 안 하지. 그 사람은 절대로 안 할 거야."

투자 담당인 찰스 '채스' 필립스가 말했다. 입으로는 그럴듯하게 말하지만 정작 실행 버튼을 누를 용기는 없다는 게 필립스의 의견이었다. 그 말이 나오자 사람들은 금방 풀이 죽고 말았다. 만일 굿프렌드가 RJR 나비스코 거래를 승인하지 않는다면, 다른 어떤 것도 승인하지 않을 거라면서 다들 신음 소리를 냈다.

"만일 우리가 이 건을 성사시킬 방법을 찾아내지 못한다면, 살로먼에서 내가 보낸 15년은 허송세월이야."

고참 투자은행가인 로널드 프리먼이 한 말이었다.

스트롱이 RJR 나비스코 인수와 관련된 배경 및 작전 설명을 모두 마쳤다. 그러자 굿프렌드는 이들 논리 속에 드러나지 않은 약점을 찾아 공격하기 시작했다. 그의 스타일은 상대방을 수세에 몰아넣은 다음, 상대방의 주장이 정당하다는 사실을 100가지의 다른 방식으로 증명하게 하는 것이었다. 굿프렌드는 잘못될 수 있는 모든 가능성을 다 확인하기 전에는 이 거래에 단 1달러로 투자할 수 없다고 말했다.

"이야기를 들어 보니까 당신들은 내 투자자들의 돈을 너무 쉽게 생각하는 것 같은데……. 도대체 무슨 근거로 그게 잘될 거라고 장담하죠?"

처음에 사람들은 그가 단순히 질문하는 것인지 아니면 정말 말도 안 되는 소리라며 까뭉개려고 그런 말을 하는 것인지 알 수 없었다.

"담배 소송 건은 어떻게 하려고요?"

"그건 아무런 문제도 되지 않습니다."

투자은행가들이 이구동성으로 대답했다. 그러자 굿프렌드는 필립스에게 물었다.

"채권 시장이 충분히 크다고 봅니까?"

"예."

이런 질문이 한 시간 동안 이어졌다. 그 뒤에 굿프렌드는 살로먼의 이사진 가운데 가장 영향력이 큰 이사에게 전화를 했다. 워런 버핏이었다. 버핏은 월스트리트에서 가장 지적인 투자자로 정평이 난 인물이었다. 그가 하는 예측은 시장을 바꿀 정도로 막강했고, 또 실제로 여러 번 그랬다. 그는 노력하지 않고 쉽게 돈을 버는 스타일이 아니었다. 그는 가치 있는 주식을 사서 오래 보유하는 옛날 방식으로 투자했다. 그는 지난가을에 살로먼의 주식 12퍼센트를 매입함으로써 로널드 페럴먼의 적대적 인수 시도를 무력화시키며 살로먼을 위기에서 구하기도 했다.

버핏이 연결되자 굿프렌드는 전화기를 스피커폰 상태로 둔 다음, 현재 상황을 상세히 설명했다.

"현재 상황이 이런데, 어떻게 하면 좋겠습니까?"

버핏의 조언은 간단했다.

"밀고 나가요."

한때 RJR 나비스코의 거대 주주이기도 했던 그는 담배 부문을 잘 알았고 또 좋아했다.

"내가 어째서 담배 사업을 좋아하는지 가르쳐 줄까요? 첫째, 담배를 만드는 데는 1센트밖에 들지 않는다. 둘째, 담배를 1달러에 팔 수 있다. 셋째, 담배는 중독성이 있다. 넷째, 흡연자들의 브랜드 충성도는 아무도 못 말린다. 이 정도면 충분하지 않습니까?"

굿프렌드가 이 인수에서 살로먼에 힘을 보탤 생각이 있느냐고 묻자, 이번에는 그럴 생각이 없다고 그는 대답했다. 담배는 괜찮은 투자 대상이긴 하지만, '죽음의 상인'이라는 표현으로 대변되는 사회적 부담을 떠안으면서까지 담배 회사의 지분을 소유하는 것은 현재로서는 아직 감당할 수 없다고 했다.

"나는 지금도 충분히 부자라서 담배 회사의 소유권을 가진다거나 한 기업의 공적 소유를 놓고 장사할 필요성을 못 느낍니다."

굿프렌드의 서재에 모인 투자들은 버핏의 축복이 최종 결정권을 쥔 최고경영자에게 남아 있던 마지막 의심을 말끔히 지워 줄 것이라 믿었다. 그리고 그 바람은 현실로 나타났다. 굿프렌드가, 만일 극적인 행동이 필요하다면 그렇게 하라는 말로 자신들의 제안을 받아들였기 때문이다.

투자은행가들은 다들 행복한 마음으로 굿프렌드의 아파트를 나섰다. 굿프렌드를 의심했던 사람 가운데 하나였던 필립스는 버스를 타고 5번가의 자기 집으로 갔다. 그의 기분은 최고였다. 필립스는 자기가 방금 있었던 공간과 시간은 살로먼 브라더스의 역사에서 가장 중요한 순간으로 기록될 것이라고 확신했다. 일이 이렇게 풀릴 줄은 정말 꿈에도 생각하지 못했다.

'굿프렌드가 이 거래에 나서다니!'

살로먼의 투자은행가들은 새벽까지 서로 축하 전화를 주고받으며 기뻐했다. 자신들에게 찾아온 행운이 사실이라고 다들 쉽게 믿지 못했다. 마침내 여러 해 동안 있었던 논란에 종지부를 찍고 이제 살로먼 브라더스가 큼지막한 것 하나를 터뜨리려는 것이다.

•———◎◎◎———•

"아아, 잠깐, 잠깐만!"

스피커폰을 통해 들리는 조지 로버츠의 목소리였다.

"꼭 이걸 오늘 밤에 해야 하나? 내가 비행기 타고 내일 거기 갈게."

"그렇게 할 수도 있지만 내일이면 너무 늦을지도 몰라서 그래."

로버츠의 사촌 크래비스가 대답했다. 그리고 RJR 나비스코의 주식 공개 매입에 나서기로 잠정적인 결론 내렸다고 말했다. 갑작스러운 논의의 진전에 로버츠는 깜짝 놀랐다. 비록 크래비스가 어떤 준비를 하고 있는지 알고 있긴 했지만 결론이 이렇게까지 나오리라고는 전혀 예상하지 못했었다. 천성적으로 조심스러운 로버츠는 KKR 역사상 처음으로 시도하는 비요청† 공개 매입에 나서기 전에 충분히 많은 정보를 듣고자 했다.

---

† 대상 기업의 경영진이 요청하지 않은 것이라는 뜻.

크래비스는 신속히 나서야 하는 이유들을 모두 설명했다. 다음이 그가 설명한 내용이다. 자금을 동원할 원천인 은행들이 문을 걸어 닫은 상태이다, 또 아메리칸 익스프레스의 이사회가 이튿날로 예정되어 있는데 이 자리에서 시어슨이 인수 자금을 마련하는 데 필요한 브리지론을 승인할 게 분명하다, 따라서 빠르게 움직이지 않으면 존슨은 (비록 몇 시간 만에는 아니라 할지라도) 며칠 만에 거래를 매듭짓고 손을 털 것이다, 주식의 공개 매입은 KKR가 RJR 나비스코의 인수 거래에 발을 들여놓을 수 있는 유일한 길이다, 우선 공개 매입에 나설 경우 RJR 나비스코의 이사회가 어떻게 반응할지 확인할 수 있다, 증권거래법은 주식 공개 매입의 대상이 되는 기업은 반드시 열흘 안에 이에 대한 공식적인 입장을 표명해야 한다고 규정하고 있다, 따라서 RJR 나비스코의 이사회가 우리를 무시할 수 없다······.

크래비스는 계속해서 설명을 이어 갔다. 우리의 공개 매입은 비요청 공개 매입이긴 하지만 노골적인 적대적 입찰이 아니다, 존슨은 이미 LBO를 공표한 상태가 아닌가, 그리고 우리는 RJR 나비스코 이사회의 협조 여부에 따라 공개 매입을 중단할 수도 있다, 이렇게 함으로써 전면적인 적대적 입찰을 하지 않고서도 공개 매입의 장점인 시간 벌기를 할 수 있으니 좋은 거 아니냐.

브루스 와서스타인과 에릭 글리처가 끼어들어 낮에 했던 이야기를 똑같이 로버츠에게 반복했다. 로버츠는 두 사람의 의견이 마음에 들지 않았다. 하지만 그 자리에서 곧바로 그런 생각을 말하지는 않았다. 월스트리트에는 KKR가 성급하게 어떤 거래를 하도록 등을 떠밀어 대는 이런 부류의 사람들이 워낙 많고 또 이런 사람들이 원하는 것은 수백만 달러의 자문 수수료라는 걸 로버츠는 잘 알고 있었다. 특히 와서스타인이 심했다. 그는 늘 새로운 인수 관련 아이디어를 가지고 크래비스를 충동질했다. 그래서 로버츠는 이런 부류들이 하는 말을 곧이곧대로 듣지 않고 반만 믿었다. 그리고 자신이 뉴욕에 대해 나쁘게 생각하는 것들과 이들을 한 묶음으로 취급했다. 두 사람의 이야기를 들은 뒤에 로버츠는 두 사람에게 방에서 나가 달라고 했다.

이제 로버츠와 크래비스만 전화로 연결되어 있었다. 엄청나게 큰 결정을 내려야 했다. 이번 거래는 자기들이 여태까지 했던 가장 큰 거래의 세 배나 되는 규모였다. 그리고 우호적인 경영진의 도움을 전혀 받지 않은 상태에서 입찰에 나서는 경우도 이번이 처음이었다. 만일 RJR 나비스코를 갖고자 한다면 어차피 단독 비행을 할 수밖에 없었다.

로버츠는 자기 판단이 점차 크래비스의 현장 감각을 믿는 쪽으로 기운다는 걸 느꼈다. 캘리포니아에 혼자 떨어진 상황에서 뉴욕에 있는 사람들에 대해 이러쿵저러쿵 추측해 봐야 아무 소용이 없다는 사실을 깨달았다.

"좋아. 하룻밤 자면서 신중하게 생각해 보자고. 그리고 내일 아침에 다시 생각하자. 내일 아침에도 우리 둘 다 별다른 의견이 없으면, 네 말대로 그냥 가기로 하자고."

두 사람의 회의가 끝난 시각은 대략 10시 15분경이었다. 크래비스가 자리에서 일어나려고 하는데 글리처와 와서스타인이 사무실로 들어왔다. 둘 가운데 한 사람이 입을 열었다.

"수수료에 대해 이야기를 했으면 합니다."

크래비스는 갑자기 짜증이 났다. KKR는 일반적으로 인수 합병이 정상 궤도에 오르고 난 뒤에, 때로는 심지어 거래가 모두 끝난 뒤에 자문을 맡은 사람들과 수수료 협상을 했었다. 크래비스는 이를 자기 회사와 자문 위원 사이의 신뢰 문제라고 여겼다. 따라서 불편한 마음으로 크래비스는 두 사람을 지그시 바라보았다. 그가 보기에 두 사람은 마치 용돈을 올려 달라고 요구하는 초등학생 같았다.

"왜 우리가 지금 수수료 이야기를 해야 하죠? 우리는 여태까지 자문 수수료와 관련해서 단 한 번도 말썽을 일으킨 적이 없는데 말입니다."

두 사람은 모건 스탠리와 와서스타인 퍼렐라가 각각 5000만 달러를 받아야 한다고 했다. 당시까지 가장 규모가 컸던 수수료는 5000만 달러에서 6000만 달러 수준이었다. 하지만 이때의 거래들은 대규모 브리지론과 수십억 달러의 자금 투입 약속이 동반되었다. 그런데 지금 와서스타인과 글리처는 단지 도움말만 주고 역대 최고 수준의 수수료를 달라는 것이었다.

'이건 말도 안 되는 수작이야.'

자기는 지금 여태까지 했던 것보다 몇 배나 더 큰 대규모 인수 합병을 둘러싼 전쟁을 막 시작하려는데, 참모라는 인간들이 작전과 전술보다는 자기들이 받을 수수료 걱정을 더 많이 하고 있다는 사실에 화가 치밀었다.

"아직 끝난 게 아니잖아요. 이제 막 시작하려고 하는데……. 지금은 그 문제를 이야기할 때가 아니라고 생각합니다."

잠시 침묵이 흐른 뒤 글리처가 나섰다.

"하지만 이건 우리 두 사람에겐 중요한 일입니다. 우리가 당신을 믿느냐 안 믿느냐가 달려 있는 문제니까요."[†]

두 사람과 헤어진 크래비스는 자동차를 타고 파크애버뉴의 아파트로 돌아갔다. 저녁때 있었던 일들로 기분이 좋았다. 아무래도 공개 매입이 최상의 선택일 것 같았다. 자기 판단이 공개 매입 쪽으로 75퍼센트 기울었다고 생각했다. 물론 의심이 모두 다 지워진 건 아니었다. 펀드에 투자한 사람들

---

† [원주] 와서스타인은 이런 대화를 나누었다는 사실이 기억나지 않는다고 말한다. 하지만 "충분히 그런 대화가 오갔을 수는 있어요. …… 수수료에 대해 우리는 기본적으로 모건 스탠리의 의견을 따르기로 했으니까, 에릭에게 물어보는 게 더 정확할 겁니다"라고 말했다. 글리처는 그런 대화를 한 기억이 없다고 했다.

은 이 행위를 어떻게 바라볼까? 언론에서는 어떻게 바라볼까? 그리고 가장 중요한 문제, RJR 나비스코의 이사회는 어떻게 바라볼까? 이사회의 이사들이 적대적인 공개 매입이 아니라고 믿게 해야 하는데……

크래비스는 충분히 생각하고 싶었다. 다음 날 아침에 일어나서 비티 및 로버츠와 대화를 나눌 것이다. 그리고 어쩌면 피터 코언과도 대화해야 할지 몰랐다. 최종 결정은 그다음에 내려야겠지.

헨리 크래비스가 이처럼 바쁘게 준비하는 동안 RJR 나비스코의 경영진은 아무것도 하지 않고 주말을 보냈다. 일요일 이른 저녁 시간에 존슨은 자신을 향해 폭풍이 닥쳐오는 줄도 모른 채 제임스 로빈슨과 린다 로빈슨 부부의 아파트로 놀러 갔다. 존슨은 무척 기분 좋아 보였다. 면 스웨터와 헐렁한 바지를 입은 그는 충분히 휴식을 취한 듯 여유가 넘쳐 보였다. 그날 오후 애틀랜타에서 비행기를 타고 뉴욕으로 오던 도중에 테네시의 채터누가에서 내려 아내인 로리 그리고 존 마틴과 함께 골프를 치기도 했다. 존슨의 친구이며 예전에 코카콜라의 최고경영자로 있었던 잭 럽턴의 소유인 '아너스 골프장'은 존슨이 즐겨 찾는 골프장 가운데 하나였다. 세 사람 모두 골프를 잘했다. 로리는 가장 가까운 티샷 지점에서, 존슨은 가운데 티샷 지점에서, 그리고 마틴은 가장 뒤에 있는 티샷 지점에서 시작했다.

존슨은 크래비스가 도전해 오리라는 걱정은 조금도 하지 않았다. 사실 그는 금요일 이후로 걱정을 별로 하지 않았다. 토요일 정오까지 잠을 실컷 잤고 오후 내내 마틴과 함께 대학 미식축구 중계방송을 시청했다. 월요일에는 로리와 함께 아들 브루스가 누워 있는 병원에 가 볼 생각이었다. 브루스는 벌써 한 달이 넘도록 계속 의식을 찾지 못한 채 누워 있었다. 그리고 화요일에는 상업 은행들을 만날 예정이었다. 인수에 필요한 150억 달러 조성을 위한 첫걸음이 될 터였다. 그때부터 진짜 작업은 시작된다고 존슨은 나름대로 일정을 세우고 있었다.

크래비스 일이라면 코언이 알아서 잘 처리할 터였다. 크래비스는 곧 제풀에 잠잠해질 것이고, 모든 게 아무 문제 없이 잘 돌아갈 터였다. 코언은 자기가 모든 것을 잘 통제하고 있다고 말했다. 존슨은 코언의 말을 철석같이 믿었다. 설령 믿지 않는다 한들, 과연 크래비스가 뭘 어떻게 하겠는가. 경영진의 도움을 받지도 못하는 상황에서 180억 달러의 인수 시도는 할 수 없을 것이라고 존슨은 보았다.

제임스 로빈슨도 크게 다르지 않았다. 주말 내내 그는 크래비스에게 직접 전화를 해 볼까 어쩔까 망설였다. 코언이 알아서 다 통제하고 있다고 말했지만, 자기가 직접 나서는 게 도움이 될지 모른다는 생각을 떨쳐 버릴 수 없었다. 저녁때 로빈슨과 존슨은 코언과 전화로 가능한 여러 선택 방안들을 정리했다.

11시쯤 존슨 부부와 마틴이 5번가의 피에르 호텔 바로 옆에 있는 존슨의 집으로 가려고 자리에서 일어섰다. 그리고 세 사람이 집에 도착했을 때 마틴은 조수인 빌 리스에게서 메시지가 와 있다는 사실을 알았다. 전화해 달라는 내용이었다. 전화로 연결된 리스는 놀랍게도 거의 공황 상태였다. 그는 방금 《월스트리트저널》 기자로부터 전화를 받았다면서 다음과 같이 말했다.

"헨리 크래비스가 내일 아침에 한 주에 90달러로 주식 공개 매입에 나선다고 합니다."

스피커폰으로 그 말을 들은 마틴과 존슨은 서로의 얼굴을 바라보며 고개를 갸웃했다. 하지만 곧 마틴이 리스를 타박했다.

"말도 안 되는 소리 지껄이지 마."

"헛소리지. 어떤 미친놈이 90달러씩이나 내고 산다고?"

존슨도 낄낄거리면서 맞장구쳤다. 존슨이나 마틴 모두 헛소문이라고 결론 내렸다. 거래 규모가 큰 인수가 진행될 때는 수백 가지의 기괴한 이야기들이 떠돌게 마련이었다. 하지만 그래도 존 마틴은 린다 로빈슨에게 전화해서 이 이야기를 전했다.

———◦◦◦———

피터 코언은 읽던 책을 덮었다. 아내가 누워 있는 침대로 올라가 잠을 자야 했다. 다음 날은 무척 힘든 날이 되리란 걸 잘 알았다. 헨리 크래비스를 처리해야 했다.

토요일과 일요일 이틀 동안 특별한 일은 없었다. 금요일 저녁에 크래비스를 만나고 코언은 녹초가 되어 집으로 돌아왔었다. 토요일에는 여섯 시간 동안 프랑스어 개인 교습을 받았다. 카를로 데 베네데티와 우정을 쌓으려면 과외 선생이 필요했다. 최근에 프랑스와 이탈리아에서 베네데티가 경영권을 가지고 있는 회사들의 이사회에 이사로 선임되었기 때문이다(그는 이탈리아어 교습도 받고 있었다). 코언은 과외 선생에게 예전보다 더 열심히 공부하겠다고 다짐했다.

"이번에는 정말 열심히 해 보죠. 지난봄과는 다를 거요."

하지만 그는 이날의 교습이 한동안 마지막 수업이 되리라는 사실을 알 턱이 없었다. 그날 오후 시간에는 아들과 럭비공을 주고받으며 놀았다. 그리고 일요일엔 하루 종일 집에서 빈둥거렸다. 그러면서 제임스 로빈슨, 토밀슨 힐과 여러 차례 전화 통화를 했다. 세 사람 모두 시어슨이 크래비스와 대화를 계속해 나가는 방안을 모색하는 게 좋겠다는 의견에 동의했다. 코언은 대화를 어떤 식으로 풀어 나가야 할지 전혀 감이 잡히지 않았다. 하지만 어쨌거나 문제가 복잡하게 비화되기 전에 크래비스를 제거하는 게 현명할 것 같았다.

이런 생각들을 두서없이 하다가 침대로 가려고 일어서는 순간 전화벨이 울렸다. 린다 로빈슨이었다. 그녀는 크래비스가 RJR 나비스코 공개 매입에 나선다는 소문을 전했다.

"그 말을 곧이곧대로 믿기는 어렵겠는데요. 누가 장난을 치나 보죠 뭐."

코언도 존슨처럼 대규모 인수 합병을 둘러싼 거래가 있을 때면 늘 떠도는 헛소문으로 치부했다.

"그게 사실일 리 없잖아요, 린다. 내일 내가 헨리를 만나기로 되어 있거든요. 일단 나를 만나서 얘기를 하다 보면 자기도 필요한 정보를 조금이라도 더 얻을 텐데 굳이 그렇게 서두를 이유가 뭐 있겠습니까? 앞뒤가 맞지 않잖아요. 헛소문입니다."

밤이 가기 전에 린다 로빈슨은 존슨에게 한 번 더 전화를 했다. 그리고 또 다른 기자가 전화해서 알려 준 소식을 전했다. 그러면서 걱정할 필요 없다는 말도 함께 했다.

"마이런 말로는 걱정할 거 없다더군요. 내일 아침에 크래비스를 만나기로 약속이 되어 있는데 무슨 소리냐면서요."

'마이런'은 코언의 별명이었다. 하지만 존슨은 처음으로 불안하다는 느낌이 뇌리를 스쳤다. 존슨은 린다에게 잘 자라는 인사를 마지막으로 전화를 끊은 뒤 로리를 바라보았다.

"린다가 또 전화를 했네. 근데 이상해……."

'과연 그게 사실일까?'

아냐, 사실일 리가 없지. 앞뒤가 맞지 않잖아. 젠장……. 설령 크래비스가 아무리 높은 가격으로 제안을 한다 하더라도, 15달러씩이나 높은 가격을 부를 리가 없지.

'아냐, 절대로 그럴 리가 없어!'

———— ⬗⬗ ————

살로먼 브라더스의 윌리엄 스트롱이 사는 집은 뉴저지의 서밋에 있었다. 그는 아침 일찍 눈을 떴다. 흥분된 나머지 도저히 더는 침대에 누워 있을 수가 없었다. 납작 엎드려 있던 살로먼 브라더스의 투자은행가들이 드디어 21세기를 준비하며 대형 사건을 저지르는 날이었다.

5시 20분에 스트롱은 검은색 BMW 735ii를 타고 가장 가까운 곳에 있는 신문 가판대로 갔다. 그리고 20분 뒤에 홀랜드 터널을 향해 달리고 있었다. 조수석에는 아직 읽지 않은 신문이 놓여 있었다. 그런데 카폰이 요란하게 울렸다. 살로먼의 데이비드 커크랜드였다. 그는 방금 CBS 라디오 방송에서 들었다며, 헨리 크래비스가 RJR 나비스코의 주식을 한 주에 90달러에 공개 매입한다고 발표했다고 전했다.

"이런 빌어먹을!"

스트롱의 입에서는 자기도 모르게 욕이 튀어나왔다.

———— ⬗⬗ ————

한편 비슷한 시각인 오전 6시, 존슨의 변호사 스티븐 골드스톤은 운동하러 나가려고 바지를 입고 있었다. 그는 최근에 '유나이티드 네이션스 플라자'라는 아파트로 이사했는데, 아파트 지하에 있는 체육관에서 운동하는 습관이 새로 생겼다. 바지를 다 입었을 즈음 전화벨이 울렸다. 토밀슨 힐이었다.

"KKR가 공개 매입을 시작했어요."

힐은 사무적인 말투로 관련된 세부 사항들을 간략하게 설명했다. 처음에 골드스톤은 힐이 무슨 말을 하는지 잘 알아듣지 못했다.

"뭐라고요? 다시 한 번만⋯⋯."

힐은 자기가 알고 있는 사실을 다시 반복해서 말했다.

"얼마에요?"

"한 주에 90달러."

충격이었다. 여태까지 몇 주 동안 준비해 왔지만 이렇게 높은 가격에 대한 대비책을 세우라는 말은 들어 본 적이 없었다. 시어슨은 거래 가격이 80달러 이상은 넘어가지 않을 것이라고 전망했었다.

"다시 한 번요. 90 말입니까? 9에 동그라미 하나 더 붙여서?"

"예, 90."

"바로 그쪽으로 가겠습니다."

골드스톤은 다시 운동복 바지를 벗었다. 손이 덜덜 떨렸다. 당시의 상황을 몇 달 뒤에 그는 다음과 같이 회상했다.

"그 전화를 받고 나니 앞이 깜깜한 게 정말 아무 생각이 안 나더라고요."

⸺⸺⸺◌◌◌⸺⸺⸺

《월스트리트저널》과 《뉴욕타임스》의 월요일 판은 KKR가 RJR 나비스코의 주식을 한 주에 90달러에 공개 매입하려 한다는 기사를 실었다. 리처드 비티는 이 신문들을 보고는 벌어진 입을 다물지 못했다. 누군가 의도적으로 정보를 흘린 게 분명했다. 월스트리트에서 20년 동안 몸담아 오며 처음 경험하는 지독한 뒤통수 때리기였다. 크래비스에게 수백만 달러의 자문 수수료를 받는 사람들 가운데 누군가가 크래비스의 비밀스러운 행보를 까발린 게 분명했다. 크래비스가 7시쯤 전화했을 때까지도 비티는 흥분을 가라앉힐 수 없었다. 크래비스의 목소리는 거의 비명에 가까웠다.

"《뉴욕타임스》에 난 좆같은 기사 봤습니까?"

"예, 그렇잖아도 성질이 나서 지금 나도……."

"벡 그 개새끼가 분명합니다!"

"헨리, 그 사람은 아닙니다."

"맞다니까요!"

크래비스는 《뉴욕타임스》의 기사가 드렉설 버넘을 언급하고 있는 것을 보고는 곧바로 제프리 벡이 정보를 누설한 장본인이라고 결론 내렸다. 여러 해 동안 크래비스는 벡의 말도 안 되는 농담과 신경질과 소란을 참아 왔다. 이제 이 모든 걸 갚아 줘야 할 때가 되었다고 생각했다.

30분 뒤 크래비스는 사무실에 도착했다. 하지만 그때까지도 속은 여전히 부글부글 끓고 있었다. 공개 매입 외에 따로 준비했던 모든 대안들은 이젠 아무런 필요가 없었다. 정보가 새 버렸기 때문에 어쩔 수 없었다. 다른 쪽으로 고개를 돌릴 것도 없이 밀고 나가야 했다. 크래비스는 공개 매입에 나선다는 공식적인 발표를 8시에 하라고 지시했다.

크래비스는 벡을 향해 치밀어 오르는 분노를 삭일 생각으로 자기가 전화해야 할 사람들의 명단을 하나씩 적었다. 찰스 휴걸, 로스 존슨, 제임스 로빈슨, 피터 코언, 그리고 지금 현재 RJR 나비스코 이사회의 특별위원회에서 일하는 아이라 해리스, 모두 다섯 명밖에 되지 않았다.

앞의 네 사람과는 직접 연결되지 않았다. 7시 40분에 시카고의 자기 아파트에 있는 아이라 해리스와 연락이 닿았다. 체중과의 전쟁을 벌이고 있던 해리스는 크래비스가 전화했을 때 러닝머신 위를 터벅터벅 걷던 중이었다.

그리고 크래비스가 전하는 소식을 듣고 그가 처음 내뱉은 말은 다음과 같았다.

"오 마이 갓!"

그리고 그는, 자기로서는 특별위원회에 자문을 제공하는 처지이기 때문에 이 거래와 관련해서는 철저히 중립을 지켜야 한다는 사실을 크래비스에게 상기시켰다. 하지만 주주에게 좀 더 많은 돈이 돌아가도록 하는 입찰은 RJR 나비스코 이사회 입장에선 좋은 소식일 수밖에 없었다. 따라서 해리스는 크래비스에게 이렇게 말할 수 있었다.

"헨리, 정말 대단합니다!"

• ────── ✿ ────── •

피터 코언도 아침 일찍 일어났다. 그리고 7시 30분에 기사가 운전하는 리무진을 타고 시내 시어슨 본사로 향했다. 가던 길에 아이들을 학교 앞에 내려 주었다. 리무진이 파크애버뉴를 달릴 때 아내 캐런이 전화를 했다.

"헨리가 방금 전화해서 당신을 찾던데요?"

코언은 아직 신문을 읽지 않았던 터라 사정을 알지 못한 채 곧바로 크래비스에게 전화했다. 그런데 디너파티 자리나 개막식 자리, 그리고 심지어 스키 슬로프 등에서 크래비스와 숱한 대화를 나누었지만, 이때만큼 크래비스의 목소리가 긴장으로 부자연스러운 적이 없었다.

"그렇지 않아도 전화하려고 했습니다. 주말 내내 당신네가 하려고 했던 것을 우리가 다 알고 있다는 사실을 알려 주려고 말입니다. 당신네가 그렇게 나오는 바람에 우리도 지금 8시에, RJR 주식을 한 주당 90달러에 공개매입한다는 발표를 하려고 합니다."

코언은 화를 참으면서 차분하게 대꾸했다.

"헨리, 우리가 주말 내내 도대체 무얼 했다는 말이오?"

"왜 이럽니까, 다 아는데. 은행들을 독점하려고 했잖아요. 다 알고 있었습니다. 이사회 회의가 예정되어 있다는 것도요."

"대체 어디서 무슨 말을 들었는지 모르겠지만, 그런 거 없습니다. 한 달에 한 번씩 하는 이사회 회의 일정은 달력에나 적혀 있는 형식적인 건데……. 헨리, 도대체 왜 이러는 겁니까? 내가 여태까지 한번 말을 해 놓고 어기거나 뒤집은 적 있습니까?"

잠시 크래비스의 반응을 기다린 뒤에 코언이 다시 말을 이었다.

"이거 하나는 분명하게 말합니다. 당신, 지금 실수하는 겁니다. 내 말 무슨 말인지 잘 알 거라고 봅니다."

코언은 불쾌한 감정을 애써 숨기려 하지도 않았다. 전화를 끊은 뒤에 코언의 분노는 충격으로 바뀌었고 다시 근심으로 바뀌었다. 사무실에 도착한 코언은 도대체 어디에서 틀어져 일이 이 지경으로 엉켰는지 알아내려고 애썼다. 무엇 때문에 크래비스의 태도가 돌변했는지 알 수가 없었다. 코언은 시어슨의 수석 변호사 잭 너스바움에게 전화를 걸었다.

"쟤들이 왜 그런 짓을 합니까? 도무지 이해가 안 돼요! 미쳤어!"

코언의 목소리가 점점 높아졌다.

"나한테 답을 주기로 되어 있었는데!"

두 사람 다 어디에서 뭐가 잘못되었는지 알 길이 없었다. 너스바움은 한 가지 분명히 지적할 사항이 있다고 했다. 공개 매입이라면 그다지 심각하게 받아들일 필요가 없다는 것이었다. 우선 크래비스가 사흘 만에 200억 달러라는 자금을 끌어모았을 리가 없기 때문이라고 했다.

"저들이 어떻게 공개 매입을 할 수 있겠습니까? 자금이 없습니다. 그냥 뻥입니다. 게다가 감히 적대적 인수를 꿈꾸지도 않을 테고 말입니다."

한편 로스 존슨은 아침을 먹으려고 식탁에 앉았다. 토스트, 베이컨, 영국식 머핀, 그리고 노른자를 깨뜨리지 않은 달걀 프라이가 그가 먹을 아침이었다. 그런데 그때 존 마틴이 후다닥 아파트로 들어왔다.

"크래비스 건 말입니다. 그게 사실입니다."

"아냐, 아냐, 사실일 리가 어…… 없어요."

존슨이 말을 더듬었다.

"말이 안 되잖아요, 한 주에 90달러라니, 미치지 않고서야!"

"하지만 사실입니다."

존슨은 곧바로 코언이 크래비스를 만났던 일을 떠올렸다. 금요일 밤에 무슨 일인가 있었고, 그 바람에 크래비스가 행동을 시작했다. 그게 무슨 일이었는지 존슨은 듣지 못했다.

"거기에서 누가 누굴 성질나게 했군. 우선 그게 뭔지 알아봐야겠어요."

크래비스는 한 해 전에 존슨을 한 번 만나긴 했지만 잘 알지 못했다. 그래서 모건 스탠리 사무실에 있던 에릭 글리처에게 전화를 걸어 통화할 수 있도록 다리를 놓아 달라고 했다. 그런데 글리처는 짐짓 의아하다는 투로 말했다.

"방금 나도 신문을 봤습니다만, 드렉설 친구들을 과연 믿어도 되겠습니까?"

사실 그는 경쟁자인 드렉설의 제프리 벡이 잘못되는 꼴을 보고 싶어 몸이, 특히 입이 근질근질했었다.

"젠장, 빌어먹을! 살면서 오늘처럼 화가 난 적이 없었어요. 믿겠습니까? 드렉설하고는 이제 완전히 손을 끊어야겠습니다."

글리처는 혼자 좋아서 낄낄거리며 애틀랜타에 있는 존슨의 사무실로 전화를 걸었다. 몇 분 뒤에 존슨이 뉴욕의 자기 집 아파트에서 전화를 걸어왔다. 모건 스탠리의 이 투자은행가는 존슨이 평소와 다름없이 유쾌하다는 사실을 알고 내심 놀랐다. 만일 크래비스의 제안으로 크게 한 방 먹었다면 도저히 그럴 수 없었는데도 존슨은 유쾌한 기분 그대로였다.

"좆도, 무슨 가격이 그래요? 미친 짓이잖아, 이건……. 하지만 뭐 주주들 입장에서 보면 굉장히 좋아할 소식이니까."

글리처는 존슨을 어떻게 이해해야 할지 알 수 없었다. 이 사람은 자기 회사를 그리고 최고경영자라는 자기 자리를 잃을지도 모른다는 게 걱정도 되지 않나?

글리처와 통화를 마친 존슨은 크래비스에게 전화했다. 크래비스 역시 RJR 나비스코 최고경영자의 쾌활함에 놀랐다.

"놀랍습니다, 헨리! 당신이 돈 많은 줄은 진작 알고 있었지만 그렇게 부자인 줄은 몰랐죠. 정말 죽이는 제안이더군요."

존슨의 태도는 뭐라고 설명할 수 없을 정도로 쾌활했고 그의 인사는 밝았다. 하지만 크래비스의 말투는 차분하고 사무적이었다.

"예의상 전화를 드려야 할 것 같아서 말입니다. RJR를 사고 싶습니다. 그리고 만나서 얘기를 나누고 함께할 수 있는 게 없는지 찾아보고 싶습니다. 그리고 우리는 당신이 나중에도 그 회사를 계속 경영하기를 바란다는 말을 꼭 해 두고 싶습니다."

"그래요? 그럼 한번 봅시다. 나중에 내가 전화를 하지요."

두 사람의 전화 통화는 그렇게 금방 끝났다.

크래비스는 비슷한 내용을 찰스 휴걸과 제임스 로빈슨에게 전한 뒤에 제프리 벡과 통화했다. 크래비스는 전화선을 통해 벡이 있는 곳까지 손을 뻗칠 수만 있었다면 아마 벡의 목을 졸라 버렸을 것이다.

"당신이 나한테 이럴 줄은 진짜 몰랐습니다!"

크래비스는 대뜸 고함을 질렀다. 그러자 벡은 펄쩍 뛰었다.

"내가 한 거 아닙니다. 내 말을 믿으셔야 합니다, 내가 한 거 아니라고요!"

"신문에 난 기사들을 보니까 당신 얼굴밖에 안 떠오르는데도요?"

크래비스가 냉랭하게 말했다.

"믿을 수 없는 사람이 내 주변에 얼쩡거리는 걸 난 원치 않습니다. 자기 잇속만 챙기려는 사람은 우리 팀에 필요 없습니다. 이상입니다, 제프. 앞으로는 우리 회의에 나오지 마시오."

벡은 이성을 잃을 정도로 펄펄 뛰며 부인했다. 그동안 쌓은 명성이 한순간에 무너지는 것은 말할 것도 없거니와, 수백만 달러의 수수료가 걸려 있기 때문에 그럴 만도 했다.

"헨리, 내가 아닙니다. 내가 한 게 아니라고요! 내가 안 했어요! 내 말을 믿어야 합니다! 와서스타인입니다! 그가 한 게 틀림없다니까요!"

벡은 사정하고 애원을 했다. 그러나 크래비스는 벡의 고함 소리를 더 듣고 싶지 않았다.

하지만 벡은 하루 종일 30분 간격으로 크래비스에게 전화를 했다. 크래비스는 단 한 번도 받지 않았고, 또 벡에게 전화를 걸지도 않았다. 벡은 폴 래더나 다른 사람들을 붙잡고 자기는 결백하다며 하소연했다. 나중에는 기사를 쓴 신문사 기자들에게 정보를 준 사람이 자기가 아니라는 것을 확인해 달라고 매달렸지만 아무런 소득도 얻지 못했다. 아무것도 확인되지 않은 불확실한 상태에서 며칠이 흘렀다. 벡은 잠을 잘 수도 없었다. 앞으로 크래비스와 계속 일을 할 수 있을지도 불투명했다.

그러다가 어느 한 시점에 벡은 에릭 글리처가 정보를 누설한 사람으로 자기를 지목하고 이런 이야기를 퍼뜨린다는 사실을 알아차렸다. 그는 글리처의 파트너인 스티븐 워터스에게 전화해서 말했다.

"에릭에게 전해 주시오. 만일 한 번 더 그따위 소릴 지껄이면 내가 모가지를 꺾어 버린다고요."

• ⎯⎯ ∞ ⎯⎯ •

정보를 발설한 사람이 누구인지를 놓고 한동안 KKR 내부에서 온갖 설이 난무했다.

제프리 벡은 크래비스의 노여움을 사는 바람에 여러 주 동안 KKR의 전략 회의 자리에는 얼씬도 하지 못했다. 하지만 결국 나중에 크래비스가 진짜 밀고자인 브루스 와서스타인에게 이용당했다고 믿으면서 다시 복귀했다.

크래비스의 측근들은 와서스타인이 크래비스가 RJR 나비스코와의 싸움에 오래 붙잡혀 있으려고 일부러 언론에 정보를 흘렸다고 분석했다. 크래비스가 크래프트 인수에 입찰하지 못하길 바랐다는 게 이들이 정리한 밀고의 동기였다. 와서스타인은 크래프트의 적대적 인수를 노리는 필립 모리스에 자문을 하고 있었기 때문에 혹시 크래프트가 헨리 크래비스에게 넘어가지나 않을까 두려웠던 것이다.

"그는 우리를 곤냥에 빠뜨리고 싶었던 겁니다."

폴 래더가 한 말이다. 사실 크래비스는 이 문제에 대해 일요일 오후까지도 줄곧 크래프트의 최고경영자인 존 리치먼과 연락을 취하고 있었다.

와서스타인은 자신이 밀고한 사실을 숨기려고 《뉴욕타임스》 기자에게 일부러 드렉셀 버넘을 언급했다, 이렇게 할 경우 혐의가 모두 벡에게 돌아갈

449

것이다, 벡은 워낙 수다스럽기 때문이다, 하는 게 크래비스의 측근들이 추정한 와서스타인의 범행 동기 및 내용이었다.

그런데 RJR 나비스코 거래가 끝나고 몇 달 뒤 크래비스와 래더는 밀고의 장본인을 추정하는 내용을 한 번 더 수정했다. 문제의 일요일 밤에 KKR 사옥에서 이루어졌던 통화의 모든 기록을 조회한 끝에, 《월스트리트저널》 기자와 《뉴욕타임스》 기자에게 각각 통화한 기록을 발견했다. 그리고 크래비스는 정보를 누설한 사람이 두 사람이며, 이들은 바로 벡과 와서스타인이라고 믿었다. 벡의 동기는 어떻게 보면 순수했다. KKR가 RJR 나비스코 인수에 나서게 된 것을 자신의 공로로 삼고 싶은 욕심에 그런 행동을 했다는 게 크래비스의 판단이었다. 하지만 진실이야 어쨌든 간에 벡과 와서스타인은 자기들이 정보를 누설했다는 사실을 강력하게 부인했다.

정보 누설과 관련된 논박은 나중에 크래비스에게 굉장히 중요한 결과를 초래하게 된다. 아무튼 원치 않게 보안이 뚫리자 크래비스는 자문을 받으려고 초빙한 사람들, 자문 수수료로 5억 달러가 넘는 돈을 지불하게 될 이 사람들을 신뢰할 수 없었다. 그래서 RJR 나비스코 전투의 나머지 기간 동안 크래비스와 로버츠, 그리고 두 사람의 측근들은 핵심적인 논의는 주로 자기들끼리만 했다.

물론 이들은 자문 투자은행가들에게서 재무 분석에 대한 도움은 계속 받았다. 2500만 달러씩이나 주는 데 대한 적절한 대가를 왜 안 받겠는가. 하지만 로버츠와 크래비스는 핵심 사항은 회사 내부 인력들과만 공유했다. 심지어는 와서스타인과 벡에게 일부러 허위 정보를 흘리며 이들의 정보 누설 가능성을 역이용하려고까지 했다.

크래비스의 발표는 존 굿프렌드에게 폭탄이나 마찬가지였다. 크래비스가 인수 전쟁에 뛰어든다는 소식으로 RJR 나비스코의 주식 가격은 마구 치솟았다. 그래서 굿프렌드는 RJR 나비스코의 주식 매집 계획을 보류하라는 지시를 내릴 수밖에 없었다.

오전 11시, 윌리엄 스트롱과 찰스 필립스는 시내에 있는 핸슨의 사옥에서 이 회사 대표자들을 만나 함께하기로 한 사업을 재검토하겠다는 통고를 받았다. 그리고 오후 3시, 핸슨으로부터 없던 일로 하겠다는 통고를 최종적으로 받았다.

그리고 저녁이 되면서 전날 밤에 했던 회의의 기억은 살로먼의 투자은행가들에게 그저 악몽으로만 남았다. 굿프렌드는 투자은행가들이 있는 17층 사무실로 찾아가, 전날 밤에 그들이 자기에게 그토록 정열적으로 밀어붙이던 그 전략에 대해 진지하게 질문했다. 그리고 어떤 순간에선가 그는 투자은행가들이 살로먼의 돈을 가지고 마치 '기사'나 된 듯 선심을 쓰고 즐긴 것 아니었느냐고 다그쳤다. 그가 사무실을 떠나자마자 몇몇은 우울한 심정으로 자기들을 '기사 집단'이라 불렀고, 이 별명은 한동안 이들을 따라다녔다.

"지난밤에 우리는 천재였는데 한순간에 갑자기 바보 멍청이가 되고 말았군."

찰스 필립스가 한 말이었다.

로스 존슨의 아파트는 그랜드 아미 플라자 맞은편에 있었다. 이 아파트에서 존슨은 아침에 일어난 여러 가지 일들을 제대로 파악하려고 애를 썼다. 크래비스와 글리처와 통화하면서 호기 있게 내세웠던 쾌활함은 찾아볼 수가 없었다. 그의 얼굴에는 친구들이 예전에 보지 못한 표정이 자리 잡고 있었다.

"내가 보기에는 말이야, 완전히 끝난 게임 같아요."

존슨이 존 마틴에게 한 말이었다.

9장

포스트먼,
LBO 전쟁에 참전하다

*
*
*

시어도어 J. 포스트먼은 흰색 목욕 가운을 걸치고 부드러운 곡선으로 이어진 계단을 따라 아침을 먹으러 내려갔다. 아침의 밝은 빛줄기들이 복층 아파트의 유리창들을 통해 실내로 쏟아지고 있었다. 그의 아파트는 이스트리버[†]를 굽어보고 있었다. 창밖으로는 월요일 아침의 출근길 차량들이 '프랭클린 델러노 루스벨트 드라이브' 도로 위에서 기어가고 있었다.

부엌에서 가사 도우미 노에미가 아침을 준비하는 소리가 들렸다. 그의 아침은 늘 같았다. 커피 한 잔과 베이글 두어 개, 자몽 반 개였다. 그는 느긋한 마음으로 아침이 준비되길 기다렸다. 아침을 기다리는 이 시간에는 늘 조간신문을 읽었다.

[†] 뉴욕시 맨해튼 섬과 롱아일랜드 섬 사이의 해협.

시어도어 포스트먼은 운동선수로 활동하던 시절의 건장한 체격과 딱 벌어진 어깨를 마흔아홉 살인 지금까지도 유지했다. 그의 테니스 실력은 10대 때보다도 더 나았다. 프로 선수들을 상대로 게임을 하면서 그들이 치는 공을 발리로 맞받아치기도 할 정도였다. 그는 지중해 인근에 사는 사람들의 특성을 많이 가지고 있었다. 특히 눈가에 깊은 주름이 여러 개 패는 올리브색 피부가 그랬는데, 그것은 이탈리아인이었던 어머니에게서 받은 선물이었다.

식당의 프랑스식 수정 샹들리에 아래 가죽 장정이 된 책들로 채워진 키 큰 선반들이 포스트먼을 호위하듯 둘러쌌다. 그가 호랑이 무늬의 벨벳 의자에 앉을 때 터키산 부드러운 양탄자가 그의 발가락을 간질였다. 뒤편 벽에서는 피카소가 그린 비대칭의 두 눈동자가 그를 내려다보았다. 한 가지만 더 덧붙이자면, 그의 주소지는 맨해튼에서도 가장 특별하고 배타적인 아파트로, 렉스 해리슨이나 그레타 가르보 같은 사람들이 그의 이웃이었다.

그는 모든 것을 소유하고 있는 또 한 사람의 월스트리트 인사였다. 뉴욕에서 가장 유명한 미혼 남자이며 전국적인 명성을 가지고 있는 공화당 자금 조달자이기도 한 그는 운전기사가 딸린 여러 대의 메르세데스, 신선한 과일과 금박 입힌 욕실 설비를 갖춘 여러 대의 회사 제트기, 그리고 아울러 맨해튼의 교통 체증을 오만하게 내려다볼 수 있으며 술과 텔레비전까지 갖춘 여러 대의 헬리콥터가 있는 세상에서 살았다. 열심히 일했고 또 운도 약간 따른 덕분에, LBO를 전문으로 하는 10년차 그의 회사 '포스트먼 리틀 앤드 컴퍼니'는 매출액을 모두 합하면 80억 달러나 되는 회사들을 여럿 거느리고 있어, 사우샘프턴과 애스펀에 따로 집을 가지고 있다고 해서 조금도 부담이 되지 않았다. 그의 사무실은 서양 미술품이 조금 걸려 있었고, 넋을 잃게 만들 정도로 멋진 센트럴파크의 전경을 볼 수 있었다. 그리고 한 가지 덧붙이자면, 로널드 레이건과 악수하는 그의 사진이 한 장 붙어 있었다. 그리고 그는 여유가 있을 때는 아프간 반군을 지원하기도 했다.

포스트먼이 가지고 있는 재산은 그에게 모든 것을 다 주었지만 평온함을 주지는 못했다. 그는 성을 잘 냈고 언제나 분노로 부글부글 끓었다. 그래서 친구들이나 사업상 그와 관계하는 사람들은 가능하면 그의 분노를 피하는 게 상책이라 생각했고 또 어떻게 하면 그렇게 할 수 있는지 잘 알았다. 그는 대화를 하다가 어떤 사람의 이름만 나와도 장장 10분 동안이나 그 사람을 격렬하게 비난하곤 했다. 친구들은 그가 그 사람을 이렇게 비난하는 걸 족히 백 번은 더 들었다. 그는 월스트리트에서 몇몇 사람들이 자기를 카산드라[†]라고 부른다는 사실을 잘 알고 있었다. 경쟁자들이 등 뒤에서 비웃는다는 것도 알았다. 하지만 신경 쓰지 않았다. 그는 윈스턴 처칠의 전기를 읽으며, 나치 독일이 위험하다는 경고를 혼자서 전 세계에 보내던 이 정치인을 자신과 동일시했다.

그날 아침에 포스트먼은 자기가 싫어하는 인물에 대한 자기의 집착을 다시 한 번 확인했다. 《뉴욕타임스》를 펼치는 순간, 그의 시선은 경제면의 오른쪽 상단에 있는 표제, '콜버그가 RJR 인수에 곧 나설 듯'에 고정되었다. 포스트먼은 한 글자도 놓치지 않고 꼼꼼하게 기사를 읽었다. 그러고는 혼잣말로 중얼거렸다.

'개새끼, 또 시작했군.'

나비스코 인수를 위한 KKR의 주식 공개 매입은 무익하다는 사실을 그는 알았다. 한 주에 90달러는 아무런 의미가 없는 가격이었다. 90달러라는

[†] 그리스 신화 속 트로이 왕의 딸. 아폴론 신이 그녀를 사랑해 예언 능력을 주었으나, 그녀는 자신이 늙으면 버림받을 것을 알고 애초 약속과 달리 아폴론을 거부한다. 그러자 아폴론은 저주를 내려 아무도 그녀의 예언을 믿지 않게 만들어 버린다.

가격은 아무 근거도 없이 툭 튀어나온 것임에 틀림없었다.

그는 다시 또 혼잣말을 했다.

'그 쪼다 같은 녀석은 자기가 가지고 있는 정크 본드의 가치보다 두 배나 많이 불렀을 거야.'

헨리 크래비스가 얼마 되지 않는 현금과 엄청난 부채를 동원해 거대한 기업 하나를 인수하기 위해 수작을 부린다고 포스트먼은 생각했다. 포스트먼은 다시 한 번 기사를 검토했다. 물론 거기에는 크래비스가 어떻게 자금을 조달할 것인지 자세한 사항은 나와 있지 않았다. 구체적인 계획 같은 것을 크래비스가 가지고 있을 리도 없다고 포스트먼은 생각했다.

크래비스의 공개 매입 선언은 비정상적인 여러 조건들이 우선 해결되어야 가능할 것이라고 포스트먼은 보았다. 특히 RJR 나비스코 이사회의 승인과 자금 조달 문제가 그랬다.

'또 크래비스가 감기에 걸리지 말아야겠지, 다저스가 월드 시리즈에서 우승을 해야겠지, 그의 아내가 열네 벌의 드레스를 더 만들어야겠지……'

가슴속에서 분노가 솟구치는 걸 느꼈다. 벌써 5년이 되었으니까 이런 느낌은 무척 친숙했다.

월스트리트는 카르텔이 점령해 버렸다고 포스트먼은 믿었다. 그 카르텔이 바로 정크 본드였다. 이 카르텔의 최고 스승은 '드렉설 버넘 램버트'의 마이클 밀컨이었고, 가장 강력한 인물은 KKR의 헨리 크래비스였다. 이 카르텔이 이제 RJR 나비스코를 먹기 위한 싸움에서 서서히 우위를 점하고 있었다.

이 카르텔의 상품인 고수익 정크 본드는 1988년에 자금을 모으기 위해 사용되었다. 여기에는 대부분의 주요 투자자, 증권 회사, 그리고 LBO 전문 투자은행이 참가했다. 포스트먼은 정크 본드가 LBO 산업을 나쁜 길로 이끌었을 뿐 아니라 월스트리트까지 망쳐 놓았다고 믿었다. 그래서 포스트먼은 정크 본드를 사용하지 않았다. 대규모 주요 투자은행 가운데 정크 본드를 사용하지 않는 곳은 포스트먼 리틀이 거의 유일했다.

포스트먼이 생각하기에 정크 본드는 하잘것없는 투자 회사도 복용하기만 하면 괴력을 발휘해서 거대한 회사를 이길 수 있는 마약과 같았다. 이 마약은 인수 합병 분야에서 우선순위를 완전히 바꾸어 버렸다. 이제 이 분야에서는, 포스트먼 리틀이 해 왔던 것처럼 회사를 인수할 때 경영진도 함께 인수해서 회사를 키운 다음 5년이나 7년 뒤에 되팔아서 수익을 실현시키는 형태의 사업 방식은 완전히 사라졌다고 포스트먼은 믿었다. 이제 이 분야에서 사람들이 중요하게 여기는 것은 끊임없이 거래를 만들어 냄으로써 수수료를 챙기는 것이 되고 말았다. 경영진은 회사를 팔아넘김으로써 수수료를 챙기고, 투자은행가들은 자본 수수료를 챙기고, 채권 전문가들은 정크 본드 수수료를 챙겼다. 포스트먼이 보기에 전체 LBO 산업은 이제 빠르게 한탕치고 빠져 버리는 불로소득을 노리는 사기꾼 기술자들이 판치는 곳이 되고 말았다.

포스트먼도 정크 본드 자체가 나쁘다고 보지는 않았다. 정상적인 조건에서는 자금을 모을 수 있는 유용한 도구가 될 수 있다는 게 그의 생각이었다. 그가 반대한 것은 새로운 거래가 있을 때마다 따라붙는 돌연변이 정크 본드들이었다. 예를 들면 다른 채권으로만 이자를 지급하는 현물지급증권 PIK†, 투자자가 불리한 줄 뻔히 알면서 특정한 상황을 받아들일 수밖에 없게 만드는 관습인 이른바 '크램다운cramdown', 그리고 이자율이 터무니없이 높아서 회사가 빚을 갚다가 결국 말라 죽게 만드는 채권 등이 그런 것들이었

---

† 일정 기간 동안 이자 또는 배당을 현금 대신 현물, 즉 회사채나 우선주로 지급하는 증권.

다. 포스트먼은 이런 유가 증권들을 '웃기는 돈' '종이 찰흙' 따위로 조롱했는데, 그가 가장 많이 쓴 표현은 옛날 북아메리카의 인디언이 화폐로 썼던 '조가비 구슬'이었다. 그래서 그는 기관 투자자들을 상대로 연설할 때는 실제로 이런 조가비 구슬을 가지고 나와서 보여 주며 자기가 하는 말을 강조하기도 했다.

언젠가는 경제가 곤두박질칠 것이며 또 정크 본드 상습 복용자들은 산더미처럼 쌓인 빚을 갚지 못하고 두 손 들고 나자빠질 것이라고 포스트먼은 전망했다. 이들은 주머니에 돈 한 푼 가지고 있지 않으면서 빚을 내서 부동산에 투자했다가 빚을 갚아야 할 날짜가 닥치면 쩔쩔매는 부동산 투기꾼이나 마찬가지였다. 이런 일이 일어날 때 정크 본드 부채를 사용하는 일이 광범위하게 확산되어 미국 경제가 불황의 깊은 늪에 빠지고 말 거라는 게 그가 두렵게 예측하는 전망이었다.

드렉셀의 정크 본드 고객들 가운데서 포스트먼에게 가장 밉상인 회사가 바로 포스트먼 리틀의 최대 라이벌 KKR였다. KKR는 다른 어떤 투자 회사보다 정크 본드를 많이 사용했는데, 특히 포스트먼 리틀의 앞마당이라 할 수 있는 LBO 산업에서 그랬다는 사실이 포스트먼의 비위를 상하게 했다. 포스트먼이 정크 본드의 폐해와 위험을 많이 생각하면 할수록 그의 분노는 헨리 크래비스에게 더욱 선명하게 초점이 맞추어졌다.

재미있게도 두 사람은 한때 친구 사이였다. 하지만 이제 크래비스는 포스트먼의 머릿속에 강박적인 존재로 자리 잡고 있었다. 포스트먼은 크래비스에 대한 혐오감을 종말론적인 차원으로까지 확장시켰다. 그에게 크래비스라는 존재는, 자기 영혼을 팔아서 정크 본드를 사고 월요일 아침마다 새로운 인수 합병을 하는 월스트리트의 파우스트 박사였다. 포스트먼은 크래비스의 이름을 입에 올릴 때마다 콧방귀를 뀌고 눈동자를 굴리며 깊은 한숨을 쉬었다. '사기꾼'이니 '거짓말쟁이'니 하는 단어들을 쉬지 않고 쏟아 냈다. 그 가운데 가장 심한 표현은 '그 쥐방울만한 쪼다 녀석'이나 '그 쥐방울만한 개자식'이었다(포스트먼은 캐럴라인 롬이 크래비스와 결혼하기 전에는 공식적인 자리에 종종 그녀와 나란히 참석하곤 했다. 그는 또 롬의 첫 번째 남편의 친구로 두 사람의 결혼식에서 자청해 안내자가 되기도 했었다. 롬은 자기와 포스트먼은 '그냥 친구 사이'일 뿐이라고 말한다).

KKR와 LBO 사업에 대해 뭘 알아보려고 나서는 사람들은 누구나 포스트먼의 입에서 나오는 신랄한 비난을 들어야 했다. 이런 말을 할 때 그는 콧방귀를 뀌고 눈동자를 굴리는 것 외에도 얼굴이 하얗게 질렸다. 그의 말투와 목소리는 도저히 믿지 못하겠다는, 사람들이 가장 명백한 사실조차 파악하지 못한다는 식이었다. 예를 들면 그는 과장된 말투로 이렇게 말하곤 했다.

"마치 《이상한 나라의 앨리스》에서 일어나는 일 같습니다. 크래비스가 이런 믿을 수 없는 돈을 치를 수 있는 이유는, 그가 가지고 있는 돈이 진짜 돈이 아니기 때문이죠. 사깁니다. 웃기는 돈이고, 인디언의 조개껍데기 화폐입니다. 이 친구들이 사람을 죽이고도 멀쩡한데 아무도 이런 사실을 알지 못합니다."

또 그는 KKR가 인수해서 가지고 있는 회사들은 KKR가 주장하는 자산 가치의 반도 안 된다고 말하기도 했다. 크래비스가 투자자들에게 지급하는 수익은 포스트먼 리틀에서 자기가 투자자들에게 지급하는 수익에 비하면 푼돈밖에 안 된다고 했다. 그리고 KKR가 매번 새로운 거래를 할 때마다 전체 경제 구조는 점점 더 위험해진다고 했다.

두 사람을 다 아는 사람들 가운데 많은 수가 포스트먼의 분노를 질투심 때문이라고 보았다. 사실 질투가 어느 정도 작용했음은 분명하다. 포스트먼은 사람들에게 크래비스를 20분 동안 짓씹은 뒤에는 그에게 특별히 개인적인 감정을 가지고 있어서 그러는 게 아니라고 말하곤 했다.

"개인적인 감정보다 훨씬 더 큰 거죠."

크래비스는 자기만의 적이 아니라고 했다. 크래비스는 월스트리트 전체를 오염시키며 또한 포스트먼 자신이 한몫 거들어 일으켜 세운 산업 전체를 황폐하게 만드는 질병의 바이러스 원천이기 때문이라고 했다.

때로 포스트먼은 태어날 때부터 분노를 달고 나온 사람처럼 보였다. 몸무게가 130킬로그램이 훨씬 넘었던 그리고 언제나 폭군처럼 군림했던 독일계 이민자였던 그의 할아버지는 직물 회사를 차려서 2차 세계대전 전에는 세계에서 가장 부유한 사람 가운데 한 명으로 꼽혔다. 그리고 포스트먼의 아버지 줄리어스는 자기 아버지의 회사인 '포스트먼 울런스'를 이어받았으며, 사설 야구장과 테니스 코트 여러 개가 있던 코네티컷 그리니치의 대저택에서 자식들을 키웠다. 하지만 이런 부유함에도 불구하고 이들 가족은 이상적인 삶과는 거리가 먼 생활을 했다. 시어도어 포스트먼의 아버지 줄리어스는 알코올 중독자였다. 아버지와 할아버지는 늘 권총을 가지고 다녔고, 여섯 명의 자식 가운데 둘째인 어린 시어도어는 아버지의 육체적인 학대가 무서워서 공포에 떨며 성장했다. 숱하게 많은 밤에 날카로운 비명과 고함 소리가 이들의 저택을 뒤흔들었다. 이런 싸움은 보통 아버지가 의사의 지시를 무시하고 술을 마실 때 어머니가 나무라면서 시작되었다. 줄리어스의 자식들이 끔찍한 어린 시절의 온갖 문제들을 극복하기까지는 수십 년이라는 세월이 필요했다. 이런 상처는 어른이 되어서도 완전히 치유되지 않았다. 시어도어는 형 토니와 10년째 서로 말도 하지 않았다.

10대 때 시어도어 포스트먼은 마음속의 분노를 스포츠에 쏟았다. 열여섯 살 때 그는 미국 동해안 지역 주니어 아마추어 최고 테니스 선수의 자리에 올랐다. 하지만 테니스를 하면서 느끼는 즐거움은 점차 사라지기 시작했다. 자그마한 몸집의 어머니가 체구와는 정반대로 아들을 위대한 테니스 선수로 키워야겠다는 엄청나게 커다란 야망을 품었기 때문이었다. 그는 자기 어머니를 '테니스 엄마'라고 불렀다.

"나를 지독하게 몰아붙였습니다."

결국 열일곱 살 때 테니스 선수로서 전도양양하던 경력은 끝나고 말았다. 뉴욕 퀸스의 포리스트힐스에서 벌어진 청소년 대회 결승전에서 게임 스코어가 5 대 5일 때 그는 심판의 판정에 이의를 제기했다. 하지만 그의 이의 제기는 기각되었고, 그의 호승심은 흔들렸다. 결국 그 세트를 7 대 5로 내주고 다음 세트도 6 대 0으로 완패했다.

"더는 테니스를 할 수가 없겠더라고요."

당시를 회상하면서 포스트먼이 한 말이다. 그리고 그 뒤로 17년 동안 다시는 테니스 라켓을 잡지 않았다.

그는 또한 아이스하키도 열렬히 좋아했다. 유능한 골키퍼였던 그는 여덟 살 때 처음 경기에 출전해서 골문을 지켰다. 그때는 스케이트를 탈 줄 몰랐기 때문이었다. 그는 순전히 자기 책임 아래 골문을 지킨다는 상황이 마음에 들었다. 오로지 자기가 어떻게 하느냐에 따라 승패가 갈린다는 느낌이 좋았다. 예일대학교에서 포스트먼이 딴 학과 성적은 그다지 좋지 않았지만 대신 그는 동북 지역 대표팀의 골키퍼가 되었다. 졸업한 뒤에는 세계 대회에 나가는 미국 국가대표팀에 뽑혔지만 거절했다. 그리고 소년원에서 체육을 가르친다거나 워싱턴의 한 법률 회사에서 일을 하는 등 여러 가지 일을 하면서 어영부영 1년을 보냈다. 나중에 포스트먼이 자기 입으로 말했듯이, 당시 그는 고통스러웠던 어린 시절과 맞서 싸우려 했던 '정서 장애를 가진 청년'이었다. 그때 그의 아버지가 세상을 떠났다.

그의 아버지가 간절하게 바랐던 소망은 둘째 아들이 로스쿨에 진학하는 것이었다. 그래서 포스트먼은 아버지의 장례식이 끝나고 석 달 뒤 컬럼비아 대학교 로스쿨에 입학했다. 그러나 아버지의 회사에서 나오던 돈이 점차 줄어들기 시작했다. 포스트먼 올런스는 비틀거리다가 결국 팔리고 말았다. 그의 아버지가 남긴 재산은 수업료와 책값을 빼고 한 달에 겨우 150달러씩밖에 되지 않았다. 그리니치에서 호화롭게 자란 청년이 늘 살아왔던 대로 살기 위해서는 큰돈을 노리며 브리지 게임을 해야 했다. 카드 게임을 하면 늘 이겼던 그는 곧 맨해튼의 중심 지역에 있던 월세 350달러짜리 아파트에서 살았다.

졸업하자마자 그는 맨해튼에 있는 작은 법률 회사에 취직했다. 그리고 3년 동안 기업과 관련된 법률 문제의 사소한 업무를 처리하면서 지냈다. 이 때 그는 툭하면 오후 4시쯤에 회사를 빠져나가 브리지 게임을 했다. 그리고 운이 좋은 날에는 1500달러를 따기도 했다. 그는 상사를 보조하기 위해 법률 도서관들을 돌아다니면서 몇 시간씩 보내야 하는 것을 끔찍할 정도로 싫어했다. 하지만 그렇다고 해서 회사를 떠날 용기도 없었다. 회사를 떠나서 잘할 수 있다는 자신감이 없었기 때문이다. 그러던 중에 한번은 이 회사가 월스트리트의 한 대형 채권 보증과 관련된 업무를 하게 되었는데, 이때 상사이던 변호사가 무척 거만한 얼굴로 포스트먼에게 말했다.

"포스트먼, 자네는 우리와 프린터 사이에서 전령 노릇을 해 줘."

그 말을 듣는 순간, 포스트먼은 법률 세계의 구속에서 도망쳐야겠다고 마음먹었다.

그는 몇몇 친구들과 함께 월스트리트의 작은 회사에 취직했다. 그리고 그곳에서 주식의 매입과 매수에 따르는 주선 업무 및 기타 재무 분야의 잡다한 업무들을 익혔다. 그리고 곧 이런 업무가 따분해진 그는 책임이 더 많은 일을 하고 싶었다. 또 자기가 하는 일에 비해 봉급을 적게 받는다는 생각에 회사를 옮겼다. '패허티 앤드 스워트우드'라는 회사에서 그는 오클라호마 출신의 헨리 크래비스라는 청년과 함께 땀을 흘렸다. 여섯 달 뒤 포스트먼은 이 회사를 나가서 또 다른 변변찮은(그리고 지금은 남아 있지도 않은) 회사에 취직했다. 여기에서 3년 동안 일하며 그는 증권 인수 업무, 투자은행 업무, 그리고 합병 관련 업무 등에 잠깐씩 손을 댔다. 하지만 이것도 오래가지 못했다. 경영진이 보내는 감시와 감독의 눈초리에 숨이 막힐 것 같았다.

"그러니까 나는 절대 훌륭한 직원이 되지 못했다는 겁니다. 지시받은 대로 하지 않았고 늘 명령 체계를 엉망으로 만들어 버렸으니까요."

1974년, 그의 나이 서른다섯 살이었고 백수였으며 돈도 다 떨어졌다. 하지만 자존심 때문에 어머니에게 손을 내밀 수도 없었다. 그래서 형인 토니에게 접근했다. 당시 토니는 자금 운용 회사인 '포스트먼 레프 어소시에이츠'를 설립해서 잘 꾸려 가고 있던 중이었는데, 포스트먼은 형이 타던 차를 팔아 2만 달러를 마련했다. 이 돈이면 1년을 버틸 수 있다고 생각했다. 그리고 그는 집세를 내기 위해 브리지 게임이 벌어지는 판과 골프장을 부지런히 오갔으며, 이따금 월스트리트의 친구들이 진행하던 거래를 돕기도 했다. 중년이 되면서 포스트먼은 월스트리트의 난민에다 마이너리그 플레이보이, 그리고 어떻게든 기반을 잡아야 하는 한심한 신세로 전락했다.

이런 상황에서도 그는 월스트리트에서 마지막으로 직장 생활을 할 때 기업 공개를 도왔던 텍사스의 작은 회사 '그레이엄 마그네틱스'의 이사 직함을 가지고 있었다. 다른 대안이 없었던 그는, 회사를 팔면서 회사의 경매처분을 자기에게 맡기라고 사장을 설득했다. 사무실도 따로 없었던 그는 형 회사인 포스트먼 레프의 비서를 꼬드겨 자기에게 걸려오는 전화를 대신 처리하게 했다. 자기를 찾는 전화가 오면 회의하는 중이라고 한 다음 곧바로 자기 아파트로 메시지를 전해 달라고 부탁하며, 이렇게만 해 주면 밍크코트를 사 주겠다고 약속했다.

결국 그레이엄 마그네틱스를 팔긴 팔았다. 하지만 무려 18개월이 걸렸다. 포스트먼은 나중에 그때 자기는 매우 서툴렀다고 회상했다. 하지만 어쨌거나 그 거래가 마무리되면서 그에게 30만 달러라는 돈이 들어왔다. 그는 포스트먼 레프에 따로 자기만의 사무실 공간을 마련하고 다른 거래들을 하려고 시도했다. 그는 무엇이든 다 할 생각이었다. 심지어는 이란 정부의 최고 수반인 국왕에게 용광로 예비 부품을 팔 생각까지 했다.

당시 롱아일랜드의 철저한 회원제 골프장이던 '디프데일 컨트리클럽'에서 포스트먼이 함께 골프를 치던 친구들 가운데 '스터드베이커 워싱턴'이라는 제조 회사의 사장이던 데럴드 러튼버그라는 사람이 있었다. 포스트먼은 러튼버그로 하여금 거래를 하게 하려고 노력하던 중이었는데, 마침 동생인 닉이 러튼버그와 만날 수 있도록 주선해 달라고 했다. 당시 닉은 신생 회사인 KKR에서 일하고 있었다. 뭔가 큰 거 한 건 할 수 있겠다고 냄새를 맡은 포스트먼은 즉각 KKR가 러튼버그를 만날 수 있게 다리를 놓았다.

포스트먼이 함께 참석했던 이 자리가 그의 인생을 바꾸어 놓았다. 그 자리에서 포스트먼과 헨리 크래비스와 제리 콜버그는 러튼버그에게 LBO를 제안했다. 포스트먼은 그게 어떤 것인지 잘 알고 있었다. 하지만 월스트리트에 있으면서 단 한 번도 그것을 시도해 본 적이 없었다. 러튼버그는 두 사람의 제안을 정중히 거절했다. 그리고 두 사람이 가고 단둘이 남았을 때 러튼버그가 포스트먼에게 물었다.

"그 친구들이나 당신이 말하는 게 도대체 뭐요?"

포스트먼은 러튼버그가 무슨 뜻으로 그렇게 묻는지 알 수 없어 조심스럽게 대답했다.

"네…… 뭐, 그런 거죠 뭐."

그러자 러튼버그가 다시 물었다.

"그렇다면 저 친구들이 가지고 있는 것 가운데 당신이나 내가 가지고 있지 않은 게 뭐가 있소?"

"없습니다, 아무것도."

"그래요? 그럼 우리가 직접 하면 되잖소, 안 그래요?"

"그러려면 우선 나한테 돈이 좀 있어야 합니다."

두 사람의 논의는 러튼버그가 포스트먼이 새로 만든 회사에 자금을 제공하겠다는 데까지 이어졌다. 러튼버그와 그의 친구들 몇몇이 자금을 조성하고 포스트먼과 그의 동생 닉이 LBO를 수행하기로 했다. 그리고 러튼버그는 포스트먼에게 사업을 함께하면서 절대로 잊지 말아야 한다며 다음과 같이 말했다.

"나는 명예가 있는 사람이오. 내가 가지고 있는 전부가 명예라 해도 과언이 아니오. 알겠소? 난 이 명예를 잃어버리고 싶지 않아요."

포스트먼은 러튼버그의 이 말을 결코 잊지 말아야 할 신조로 가슴 깊이 새겼다. 그리고 브라이언 리틀이라는 전직 투자은행가를 영입해서 1978년에 '포스트먼 리틀 앤드 컴퍼니'를 설립했다. 회사의 전체 인원은 두 사람 외에 비서 한 명을 합해 모두 셋이었다. 포스트먼은 1년 동안 단 한 명도 다른 직원을 고용하지 않았다.

포스트먼 리틀은 초기 LBO 회사들이 그랬던 것처럼 거대 연기금들에서 직접 자금을 모집했다. KKR가 개발한 방식이었다. 포스트먼이 잠재적인 투자자를 만나서 하는 이야기는 부동산 회사의 영업 사원이 하는 말처럼 단순했다. 명성을 이야기했다. 첫 번째도 명성이고, 두 번째도 명성이었다. 앞뒤가 꽉 막힐 정도로 정직해서 때로 고지식하고 심지어 독선적이라는 말까지 듣던 포스트먼은, 투자 자금을 모집하기 위해 전국을 일주하면서 자기 나름의 연설 내용을 완성했고, 이 연설은 그의 트레이드마크가 되었다. 이 연설은 파트너들에게는 사랑스럽고, 협력자들에게는 넌더리가 나고, 또 적들에게는 도발적이었다. 연설은 '명성'에서 시작했다.

"우리 명성은 월스트리트에서 최고입니다. 아무나 붙잡고 물어보십시오."

그런 다음 포스트먼 리틀의 자금력과 옛날 방식들에 대한 이야기로 이어졌다. 나중에는 특히 정크 본드의 사악한 측면들을 사정없이 공격하는 내용이 그가 하는 연설의 절정 부분으로 자리를 잡았다.

큰소리도 큰소리였지만 포스트먼 리틀의 수익률은 최상이었다. 회사를 인수하면 보통 3년이나 5년 뒤에 팔았는데, 팔 때는 살 때 가격의 네 배에서 열 배까지 받았다. 1980년대 중반이 되었을 때 이 분야에서 포스트먼 리틀보다 수익률 좋은 회사는 KKR 딱 하나뿐이었다.

포스트먼 리틀이 힘을 쓰던 세상이 나쁜 방향으로 변한다는 첫 번째 징후가 나타난 것은 1983년이었다. 이때 이 회사는 댈러스의 청량음료 회사인 '닥터 페퍼 컴퍼니'를 인수하려고 나섰다. 당시 포스트먼과 싸운 회사는 '캐슬 앤드 쿡'이었고 이 회사는 드렉설 버넘의 밀컨에게 도움을 받고 있었다. 당시에 밀컨은 아직 세상에 이름이 알려지지 않은 캘리포니아의 채권 트레이더였다. 이 싸움에서 포스트먼 리틀은 닥터 페퍼 경영진의 지원을 받아 현금 입찰을 했는데, 캐슬 앤드 쿡은 정크 본드로 입찰을 했다. 이들 사이의 싸움은 길게 이어지다가 결국 포스트먼 리틀이 이겼다.

하지만 상처뿐인 영광이었다. 포스트먼은 비록 이 전투에서는 이겼지만 곧이어 전면적으로 벌어진 전쟁에서 지고 말았던 것이다. 밀컨의 정크 본드 집단 가운데 한 사람과 벌인 싸움은 그가 경험한 가장 참담한 패배로 끝났다. 하지만 타격은 그걸로 끝이 아니었다. 이 싸움을 계기로 월스트리트의 권력 구조가 근본적으로 바뀌었다. 1985년에 다국적 화장품 기업인 '레블론'이 거의 무명이나 다름없던 필라델피아의 투자자 로널드 페럴먼에게 공격을 받았다. 페럴먼의 가장 중요한 자산이던 '팬트리 프라이드'라는 식료품 소매 체인은 레블론 전체에서 아주 작은 한 부문이었다. 하지만 그는 드렉설 버넘의 정크 본드로 무장하고 있었다. 별것 아니라고 생각했던 페럴먼의 공격이 뜻밖에 강력하자 레블론 경영진은 포스트먼에게 도움을 청했다. 이렇게 해서 포스트먼 리틀이 나섰지만 결과는 패배였다. 델라웨어 법정이 포스트먼의 인수 합의서의 핵심적인 부분들이 팬트리 프라이드에 대해 부당하게 차별했다고 결론 내렸던 것이다. 이 판결 내용은 이후의 법정 공방들에서 중요한 판례로 작용하게 된다.

레블론은 정크 본드를 앞세운 적대적 인수에 무릎을 꿇은 최초의 사례로 기록되었다. 그리고 이때부터 비슷한 싸움이 연달아 일어났고 그때마다 승리는 정크 본드에 돌아갔다. 이때의 기업 사냥꾼들 가운데는 폴 빌저리언이나 제임스 골드스미스 같은 사람들도 포함되어 있었다. 시어도어 포스트먼은 정크 본드라는 특이한 방식으로 무장한 기업 사냥꾼들이 미국 기업들을 대상으로 자행했던 살육을 놓고 자책했다.

정크 본드의 승리는 물론 포스트먼의 도덕성을 단순히 모욕하는 것 이상의 의미를 가졌다. 그것은 포스트먼의 사업 자체를 말살할 수도 있었다. 기업 사냥꾼들은 정크 본드를 통해 자금을 쉽고 또 싸게 동원할 수 있기 때문에 인수 대상 기업의 가격을 올려놓는 경향이 있었다. 그래서 정크 본드로 무장한 사냥꾼들이 터무니없이 높은 가격을 부르는 바람에 포스트먼이 인수 전쟁에 아예 뛰어들지도 못한 경우가 많았다. 한때는 경쟁자를 찾아볼 수도 없었던 인수 합병 분야에서 뒤로 밀려나고 있었던 것이다. 포스트먼 리틀이 성사시킨 거래 건수가 점차 줄어들었다. 그리고 마침내 예전에는 생각지도 못했던 일이 일어났다. 1987년, 투자자들로부터 27억 달러나 되는 자금을 모아 놓고도 포스트먼 리틀은 단 한 건의 LBO 거래도 성사시키지 못했던 것이다. 월스트리트의 상좌에 앉아 있던 시어도어 포스트먼은 그야 말로 차가운 거리에 나앉은 꼴이 되었다.

처음에 포스트먼은 분노의 화살을 드렉셀 버넘으로 돌렸다. 한번은 밀컨의 측근이 포스트먼 리틀을 방문해 포스트먼을 만났다. 포스트먼 리틀 회사의 지분을 가지고 있던 존 스프레이그라는 조합원이 마련한 자리였다. 그런데 손님이 포스트먼에게 이제 정크 본드라는 급행열차를 타야 하지 않겠느냐고 말했다. 포스트먼은 싫은 내색 하나 비치지 않고 손님과 이런저런 대화를 나누었고, 손님이 갈 때는 배웅까지 했다. 하지만 그 뒤에 포스트먼은 곧바로 스프레이그를 자기 사무실로 불렀다.

"당신 앞날은 이 회사에서 앞으로 창창합니다. 이 창창한 앞날을 망치고 싶지 않으면, 그따위 냄새나는 인간을 다시는 우리 회사에 들여놓지 마시오. 알겠습니까?"

처음에는 정크 본드에 냉담하던 월스트리트 사람들도 태도가 바뀌었다. 이들은 막 꽃을 피우기 시작하던 이 부문의 시장으로 구름처럼 몰려갔다. 이런 모습을 바라보는 포스트먼의 경계심은 더욱 커져 갔다. 그는 증권거래위원회의 위원들을 상대로 연설하면서 이렇게 말했다.

"자, 무도회장이 있습니다. 그런데 여기 사교계에 첫발을 내디딘 순진한 아가씨가 열 명 있다고 칩시다. 메릴린치와 시어슨 리먼 등을 필두로 한 여러 투자 회사들의 수장들이 그 아가씨들입니다. 그런데 이 자리에 매춘부 한 명이 들어옵니다. 예를 들어 말하자면 밀컨 같은 인간입니다. 사실 순진한 아가씨들이라면 100달러를 받고 하룻밤 몸을 파는 여자는 거들떠보지도 않고 그런 여자의 생활에는 관심도 가지지 않을 겁니다. 하지만 이 매춘부는 특별합니다. 하룻밤 몸을 팔아 100만 달러를 벌거든요. 자, 이 무도회장에 어떤 일이 벌어지겠습니까? 곧 매춘부가 열 명 더 늘어나지요."

　포스트먼은 과거에 이처럼 큰 좌절을 느낀 적이 없었다. 정크 본드 시장이 간헐적으로 붕괴하곤 했는데, 포스트먼 리틀은 이런 시기에만 대규모 인수 전쟁에서 경쟁자들과 대등하게 싸울 수 있을 뿐이었다. 예를 들면 1986년 11월에 있었던 아이번 보스키의 내부자 거래를 두고 당국이 수사를 하면서 정크 본드 시장이 일시적으로 고갈된 틈을 타 캘리포니아의 방산업체 '리어 시글러'를 인수한 사례를 들 수 있다. 이 거래는 그때까지 성공했던 거래 가운데 최대 규모였다. 드렉설 버넘의 단골 고객이던 사냥꾼과 맞설 때 포스트먼은 리어 시글러의 이사회에 나가서 성전聖戰을 치를 것을 다짐했었다. 그때 포스트먼은 이사들에게 이렇게 말했다.

　"우리가 어떤 사람인지 말씀드리기 전에, 우리가 어떤 사람이 아닌지부터 먼저 말씀드리겠습니다. 우리는 드렉설 버넘 램버트의 정크 본드를 단골로 이용하는 사람이 아닙니다. 그리고 앞으로도 그런 사람은 되지 않을 겁니다."

　이때 드렉설의 투자은행가가 있던 곳에서 헉, 하는 소리가 그의 귀에 들렸다. 그의 연설은 계속 이어졌다.

　"우리는 미처 날뛰는 종잇조각을 발행함으로써 우리가 인수하려는 회사를 위험에 빠뜨리는 일은 하지 않습니다. 앞으로도 하지 않을 것입니다. 우리는 가짜 돈이 아니라 진짜 돈을 가지고 일을 합니다. 우리는 사기꾼이 아니라 참된 사람입니다."

　연설을 마쳤을 때 이사들이 모두 박수를 쳤다고 그는 회상했다.

　그런데 놀랍게도 기업 인수 전쟁에서 포스트먼이 크래비스와 정면으로 부닥친 적은 딱 한 차례뿐이었다. 그리고 이때 입은 상처가 그의 영혼에 지울 수 없는 흔적을 남겼다. RJR 나비스코를 둘러싼 전쟁이 벌어지기 여섯 달 전인 1988년 봄이었다. 크래프트가 건전지를 만드는 자회사 '듀라셀'을 매각하려고 내놓았다. 포스트먼은 듀라셀의 경영진을 끈질기게 설득해 마침내 이들을 자기편으로 돌려놓는 데 성공했다. 이 과정을 통해 그는 듀라셀의 최고경영자 C. 로버트 키더와 무척 가까워졌고, 키더는 회사 중역들에게 회사를 KKR처럼 정크 본드를 취급하는 회사에는 팔지 말라고 편지를 써서 이례적으로 당부했다. 이 편지에서 키더는 그런 행위야말로 회사를 망치는 길이 될 것이라고 경고했다. 또 그는 듀라셀에 군침을 흘리고 있던 크래비스에게도 이런 자기의 바람을 전달했다. 하지만 크래비스는 듀라셀 경영진의 부탁을 거절하고, 막대한 정크 본드를 동원해 포스트먼 리틀이 제안했던 가격보다 높은 가격을 제시해서 결국 듀라셀을 인수했다. 이 일로 시어도어 포스트먼의 분노는 한층 더 격렬하고 예리하게 그의 가슴에 새겨졌다.

1988년 여름과 가을을 지나면서 그의 분노는 걷잡을 수 없을 정도로 증폭되었다. 그는 크래비스가 LBO 산업의 가장 성스러운 교의들 가운데 하나를 깨뜨리는 모습을 진저리치며 지켜보면서, 텍사코와 크로거의 주식을 은밀하게 사들였다. 기업 사냥꾼들이 하는 적대적 인수의 전형적인 수법이었다. 이런 공격적인 수단을 구사하면서, 자신의 기본적인 믿음까지 훼손하는 스스로를 바라보며 번민하기도 했다.

'어쩌면 내가 잘못하고 있는 건지도 모른다. 어쩌면 나는 새로운 금융 시대의 새벽을 그리워하고 있는지도 모른다.'

포스트먼 리틀 내부의 젊은 파트너들은 정크 본드를 긍정적으로 봐야 한다고 주장했다. 여자 친구도 이제 그만 크래비스를 잊어버리라고 했다. 걱정 따위는 훌훌 털어 버리고 막대한 재산이 주는 기쁨을 즐기라고 했다. 그는 마음을 편하게 가지려고 애썼다. 하지만 그의 마음속에 오랫동안 품고 있던 생각들은 점점 더 단단해지기만 했다.

RJR 나비스코 거래가 터지기 불과 몇 주 전에 포스트먼은 마침내 친구들의 충고를 받아들여 정크 본드에 대한 비판을 공개적으로 표명했다.《월스트리트저널》에 칼럼을 실은 것이었다. 10월 25일 화요일에 독자들을 만난 이 칼럼에서 그는 다음과 같이 썼다.

오늘날 금융 세계에서는, 실질적으로 가능한 보상 수준과 전혀 동떨어진 위험성만 한없이 높아졌다. 거의 한 주에 한 건씩, 미국에 있는 수십억 달러 규모의 기업이 무책임하고 이기적인 행위에 희생되어 도저히 상환될 가망이 없는 무거운 부채를 짊어지는 일이 벌어진다. 이런 일은 대부분 월스트리트에 있는 투자은행가, 변호사, LBO 회사, 그리고 정크 본드 딜러가 저지르는데, 이 일로 피해를 보는 사람들은 인수 합병 대상 기업과 이 회사의 직원, 여러 수준의 공동체, 그리고 선량한 투자자들이다.

LBO 전문가들은 포스트먼의 글이 담고 있는 핵심적인 내용이 무엇인지 잘 알았다. 이 칼럼은 석유나 산림업 따위와 같이 경기 순환에 민감하게 반응하며 호황과 불황이 반복되는 순환적 산업들에 투자하는 것을 비판하는 글이었다. 헨리 크래비스를 거의 노골적으로 공격하는 이 칼럼에서 포스트먼이 내린 결론은 다음과 같았다.

이런 거래들이 성사되는 걸 지켜보는 것은, 12월 31일 밤에 술에 취한 한 무리의 운전자들이 자동차를 몰고 고속도로를 달리는 모습을 지켜보는 것이나 마찬가지다. 이들 운전자 가운데서 누가 어떤 사람에게 피해를 입힐지는 알 수 없지만, 어쨌거나 이들의 이런 행위가 위험하다는 사실만은 분명히 알 수 있다.

월요일 아침, 시어도어 포스트먼은 이스트리버를 내려다보고 있었다. 그는 자기가 무엇을 해야 할지 않았다. 나비스코 거래는 단지 규모가 크다는 이유만으로 그에게 중요한 게 아니었다. 그 거래는 헨리 크래비스가 한 주에 한 건씩 해치우는 수많은 거래 가운데 단지 또 하나의 거래만은 아니었다. 그 거래는 그에게 특별한 의미가 있었다. 그 거래는 그가 지난 5년 동안 세상 사람들에게 정크 본드와 KKR라는 회사에 대한 진실을 알리고자 수행해 왔던 성스러운 전쟁의 최종 결정판이 될 터였다. 시어도어 포스트먼이 백기사가 되고 헨리 크래비스가 흑기사가 되어 싸우는 한판 대결이 될 터였다. 포스트먼은 이 싸움을 통해 크래비스의 본모습이 사기꾼이라는 사실을 온 세상이 알게 해 주겠다고 마음속으로 굳게 또 굳게 맹세했다.

하지만 그러려면 우선 싸움판 안으로 발을 디밀어야 했다. 포스트먼의 골동품 식탁 위에 놓인 신문들에 난 기사는 로스 존슨의 인수 제안을 구체적으로 담고 있지 않았다. 하지만 적어도 기사화된 것만은 그의 마음에 들었다. 포스트먼은 행간을 읽으면서, 어떤 이유에선지는 알 수 없지만 존슨 쪽 사람들이 채 숙성되지 않은 제안 내용을 서둘러 공개했음을 감지했다. 만일 이게 사실이라면, 그 사람들이 공식적인 입찰 제안을 하고 필요한 자금을 동원하기 위해 여러 은행들을 확보하기까지는 최소한 며칠이라는 시간, 아니 어쩌면 몇 주라는 시간이 걸릴 수도 있다는 뜻이었다. 포스트먼 리틀로서는 시간을 벌 수 있어 좋았다.

시어슨이 로스 존슨과 함께한다는 사실도 고무적이었다. 비록 시어슨에 아는 사람은 거의 없었지만, 그럼에도 불구하고 그는 토밀슨 힐이 이끄는 팀이 LBO 분야에서 상당한 수준의 전문성을 전혀 확보하고 있지 않다는 걸 알고 있었다. 게다가 거래를 성사시키려면 커다란 배에 가득 실을 정도의 현금이 필요했다. 이 경우에 포스트먼이 확보하고 있는 90억 달러 수준의 자금력은 더할 나위 없이 소중했다.

인수 대상 기업의 최고경영자가 로스 존슨이라는 사실도 포스트먼 리틀로서는 또 하나의 유리한 조건이었다. 포스트먼은 존슨과 그의 젊은 아내 로리를 알고 있었고 또 이 두 사람을 무척 좋아했다. 포스트먼은 존슨을 1980년대 초에 처음 우연히 만났다. 스탠더드 브랜즈가 매각하려고 내놓은 자회사 플레이시먼을 포스트먼 리틀이 인수하는 문제를 진지하게 고민하던 때였다. 그때 존슨을 만나 이야기를 나누었던 포스트먼은, 존슨이 비록 영업 사원 같은 측면이 있긴 하지만 매우 날카로운 눈을 가졌다는 인상을 받았다. 그리고 나중에 포스트먼은 존슨을 '디프데일 컨트리클럽'의 회원으로 추천했는데, 포스트먼은 그곳의 이사진으로 일했다(아이로니컬하게도 도널드 켈리가 존슨을 크래비스와 마주 앉히려고 노력했던 장소가 바로 이 골프장이었다).

몇 해가 지난 뒤에 포스트먼은 자기 회사가 모집해 놓은 투자 자금을 적절히 투자할 곳을 찾으려고 존슨에게 전화를 걸어 한번 보자고 했다. 이때 존슨은 기꺼이 도움을 주려 했을 뿐 아니라 그의 수완을 높이 평가하며 존경스럽다는 말도 했다. 당시에 존슨이 전화로 반갑게 소리치던 상황을 포스트먼은 생생하게 기억했다.

"세상에, 이런 기회가 다 있다니! 좋고 말고요! 우리도 그렇게 해 보고 싶습니다!"

포스트먼은, RJR 나비스코의 최고경영자는 남의 부탁을 받으면 설령 자기가 우스꽝스럽게 망가진다 하더라도 기꺼이 부탁을 들어주는 사람이구나, 하는 생각을 하면서 전화를 끊었다.

그날 아침 포스트먼이 신문에 난 기사를 뚫어져라 바라볼 때, 어떻게 할지에 대한 계획은 이미 그의 머릿속에 잡혀 있었다. 그가 가장 신뢰하는 투자은행가는 '골드만 삭스 앤드 컴퍼니'의 제프 보이시였다. 포스트먼은 나흘 전에 보이시와 나누었던 대화를 떠올렸다. 월스트리트에서 인수 합병 분야의 최고 수준 전문가로 꼽히는 보이시는 그때 RJR 나비스코를 인수하기 위해 입찰할 제3의 주체가 될 컨소시엄을 골드만 삭스의 최우수 고객들로 구성하려 하고 있었다. 그 고객 속에 포스트먼 리틀도 포함되어 있었다.

"담배 회사를 소유하는 게 별로 마음에 들지 않는가 봅니다?"

보이시가 물었다.

"예. 그런데요?"

포스트먼이 대답했다.

"무슨 문제가 있습니까?"

보이시의 질문에 포스트먼이 했던 대답은 미리 준비하고 있던 게 아니라 즉석에서 나온 것이었다.

"고객에게 암을 팔고 싶지 않거든요."

보이시가 컨소시엄에 참가해서 함께 일하자고 계속 재촉하자 포스트먼은 다시 생각해 보겠다고 하곤 전화를 끊었다. 나중에 포스트먼은 회사 내 파트너들에게 의견을 물었는데, 그들 역시 담배 회사에 대해 자기처럼 막연한 혐오감을 가지고 있었다. 포스트먼의 동생인 닉은 포스트먼과 마찬가지로 담배를 피우다가 끊은 상태였는데, 그는 시어슨과 다른 회사들이 존슨의 거래에서 벌어들일 돈을 계산해 보고는 헛웃음을 터뜨렸다. 수수료만 해도 포스트먼 리틀이 고려하고 있던 5억 달러 규모의 인수 사업이 가지고 있는 가치보다 더 많을 것이라는 계산이 나왔다. 그는 이렇게 혼잣말을 했다.

"피가 뚝뚝 떨어지는 엄청난 크기의 살코기를 상어가 헤엄치는 곳에 집어던지는 거나 마찬가지야."

역사상 최대 규모의 인수를 놓고 벌일 싸움은 여전히 거부할 수 없는 유혹이었다. 포스트먼은 자기 행보를 감추기 위해 오랜 세월 고문 변호사로 의지해 왔던 스티븐 프레이딘에게 전화를 했다. 그는 로어맨해튼 지역에 있는 법률 회사 '프라이드, 프랭크, 해리스, 슈라이버 앤드 제이콥슨' 소속이었다. 자기가 움직이고 있다는 사실을 드러내지 않으려고 프레이딘에게 다짐을 받았다.

"나한테 먼저 말하기 전에 절대로 그 누구하고도 어떤 일을 추진하면 안 됩니다."

금요일에 그는 그 문제를 매듭짓지 않고 내버려 둔 채 퇴근을 했다.

아침을 먹은 뒤 포스트먼은 운전기사가 딸린 검은색 메르세데스에 몸을 싣고 플라자 호텔 건너편의 제너럴 모터스 빌딩에 있는 사무실로 향했다. 이 빌딩은 KKR의 사무실이 있는 웨스트 57번가 9번지 솔로 빌딩에서 공을 던지면 닿을 정도로 가까운 곳에 있었다.

"짐 로빈슨에게 전화해 줘."

포스트먼이 비서에게 말했다. 그리고 한참 뒤에 로빈슨이 전화를 했다.

"짐, 도대체 일이 어떻게 돌아가는지 모르겠습니다만, 당신은 내 명성이 어떤지 잘 알잖아요."

그는 포스트먼 리틀 자랑을 늘어놓았다. 로빈슨은 포스트먼의 말이 길어질 것 같자 도중에 그의 말을 끊었다.

"테디(시어도어의 애칭), 나도 다 압니다. 나중에 사람을 시켜 당신한테 전화하라고 할게요."

포스트먼은 만족스러웠다. 그것은 첫 발걸음이었다. 마지막 결전의 순간이 빠르게 다가오고 있었다. 그는 느낄 수 있었다. 굳건하게 맞서야 할 시간이었다.

하지만 다른 무언가가 하나 있었다. 포스트먼이 자랑스럽게 여기지 않왔던 어떤 감정이었다. 그리고 그는 이 감정이 당시 존재했다는 사실을 여러 달 뒤에 가서야 인정했다. 가슴 깊은 곳에서 자기가 헨리 크래비스를 해치우고 싶어 한다는 사실을 그는 알고 있었다.

'개새끼들아, 내가 엿 먹여 주마. 이게 KKR의 다음 거래가 될 일은 절대로 없을 거야.'

포스트먼은 마음속으로 맹세했다.

'나는 로스 존슨을 알아. 짐 로빈슨도 알아. 헨리 크래비스 그 개자식은 절대로 이 거래를 성공하지 못해. 흐흐흐!'

10장

협상 테이블에 마주앉은
KKR와 시어슨의 동상이몽

*
*
*

월요일 아침, 시어슨은 대혼란으로 어수선했다. 오듀본의 그림들과 초록 식물들과 동양의 섬세한 양탄자로 으리으리한 19층, 놀란 중역들이 모두 모였다. 코언과 힐, 그리고 다른 사람들은 자신들의 어리석음을 탓하고 대처하기보다는 크래비스를 성토하느라 목소리를 높였다. 크래비스가 왜 이렇게 나오는지를 두고 모든 사람들이 저마다 각기 다른 해석을 내놓았다.

존슨이 시어슨의 이사회 회의실로 성큼성큼 걸어 들어왔다. 충격으로 얼굴이 하얗게 질린 그는 크래비스의 갑작스러운 기습이 도대체 어떤 배경에서 비롯되었는지 설명해 달라고 했다. 코언이 크래비스를 만나기로 되어 있지 않나, 코언을 만나 우선 대화하기로 해 놓고 도대체 무엇 때문에 갑자기 크래비스가 기습적으로 공격을 개시했나 등의 질문을 연달아 쏟아 냈다. 이어서 코언이 금요일에 크래비스를 만났던 일을 상기시키며 말했다.

"피터, 뭐가 잘못되어도 심각하게 잘못되었습니다. 누가 누굴 성질나게 했는지 모르지만 분명히 누군가 누구를 돌게 만들었습니다. 누군가가 다른 누군가에게 가운뎃손가락을 세워서 엿 먹으라고 하지 않았다면, 오늘 월요일에 만나기로 예정된 약속이 펑크 날 이유가 어디 있습니까? 내 말은, 금요일에 두 사람이 만나는 자리에서 크래비스가 이런 일을 저지르도록 한 어떤 일이 분명히 있었지 않았느냐, 이 말입니다."

이날 존슨이 보여 준 모습은 시어슨의 사람들로서는 처음 보는 것이었다. 크래비스가 입찰에 나섰다는 사실에 그가 얼마나 큰 충격을 받았는지는 그의 얼굴과 목소리에 그대로 반영되어 있었다. 늘 밝기만 하던 존슨의 얼굴이 그처럼 일그러질 수 있다는 사실을 스티븐 골드스톤도 처음 알았다. 힐은 당시를 회상하면서, 존슨이 마치 벽돌로 뒤통수를 적어도 두어 대는 맞은 사람처럼 보였다고 했다.

존슨은 계속해서 다그쳤다.

"나는 모든 게 다 계획대로 잘 돌아간다고 생각했습니다. 나는 당신이 그를 만나는 줄로만 알았단 말입니다. 대체 어떻게 된 겁니까?"

코언은 힐 그리고 잭 너스바움과 잠깐 이야기를 나눈 뒤에, 브루스 와서스타인과 월스트리트의 다른 인수 합병 전문 협상가들이 부추겨 그렇게 된 것이라고 대답했다. 이들이 시어슨이 은행들을 독점하는 작업을 은밀히 추진하고 있다는 말로 충동질하는 바람에 크래비스가 충분히 생각하거나 확인하지도 않은 채 성급하게 입찰 제안을 한 게 틀림없다고 했다.

계속해서 코언은, 드렉설과 모건 스탠리 그리고 와서스타인 퍼렐라로 구성된 크래비스의 자문 회사들은 제각각 시어슨이 추진하는 RJR 나비스코 인수를 저지해야만 하는 이유를 가지고 있다고 설명했다. 우선 드렉설부터 보면, 이 거래에는 역사상 최대 규모의 정크 본드가 동원될 게 틀림없는

데, 시어슨이 이 거래를 통해 현재 정크 본드 시장을 장악하고 있는 자신들의 지위를 위협하는 강력한 경쟁자로 떠오를 게 무섭기 때문이라고 했다.

모건 스탠리 역시 비슷한 이유로 LBO 시장에서 점차 성장하고 있는 자기 세력을 위협하는 존재로 시어슨이 자리 잡을지 모른다고 두려워하기 때문이라고 했다. 또 토밀슨 힐 때문에 시어슨에서 쫓겨나야 했던 모건 스탠리의 워터스가 이번 기회에 복수하겠노라 마음먹고 있을 가능성이 높다고 했다. 그리고 힐이 이런 거래를 통해 인수 합병 분야의 거물로 성장하는 것은 와서스타인 입장에서도 껄끄러울 수밖에 없을 것이라고 했다. 그의 말은 계속해서 이어졌다.

"이런 사실로 미루어 볼 때, 헨리 크래비스에게 조언한 사람들 모두 다 그의 등을 떠밀었다고 볼 수 있습니다. 일단 일을 저지르라고 꼬드긴 건 분명합니다. 다들 우리가 잘못되기를 바라거든요. 피라니아 같은 이 인간들이 주말 내내 크래비스의 살을 뜯어 먹었을 겁니다."

존슨은 시어슨의 월스트리트 경쟁자들이 꾸미는 음모에 대해서는 관심이 없었다. 그리고 코언과 힐이 어떻게 반격할지 계획을 세우기 시작했지만, 그런 이야기를 편하게 듣고 있을 수 없을 정도로 심란했다.

"내가 보기엔 끝났습니다. 끝난 게임이란 말입니다. 도대체 누가 그보다 더 높은 가격으로 입찰하겠습니까?"

스티븐 골드스톤은 지금이 자기 고객인 존슨에게 어떤 사실을 설명해 줄 시점이라고 생각했다. 바로 존슨의 이해관계가 군이 시어슨의 이해관계와 일치할 필요는 없다는 사실이었다. 존슨으로서는 선택할 수 있는 대안들이 얼마든지 많으며, 필요하다면 시어슨과 잡은 손을 놓고 크래비스와 손잡을 수도 있었다. 이런 사실을 코언도 잘 알고 있을 것이라고 골드스톤은 생각했다. 존슨을 시어슨의 사무실 밖으로 데리고 나가야 할 이유는 이것 말고 또 있었다. 존슨과 코언이 말다툼을 하다 보면 잘못해서 큰 싸움으로 번질 수도 있다는 판단이 들었던 것이다. 골드스톤은 존슨에게 다가가 그의 팔을 잡고 자기네 회사로 가자고 속삭였다.

"데이비스 포크로 갑시다. 우리끼리 할 이야기가 좀 있습니다."

───────◈◈◈───────

존슨은 골드스톤에게 이끌려 데이비스 포크 법률 회사 사무실이 있는 원 체이스 맨해튼 플라자 빌딩으로 갔다. 가는 도중에 두 사람이 통과한 세 구역이 존슨의 눈에는 마치 앨리스가 갔던 이상한 나라처럼 비쳤다.

존슨에게는 이 모든 일들이 악몽 같았다. 진짜 현실 세계는 애틀랜타에 두고 떠나온 것 같았다. 그런 느낌을 떨칠 수 없었다. 그들은 유리 거울을 통과함으로써 현실 세계에서 벗어났던 것이다. 이 초현실의 세계에서는 예전의 숫자와 예전의 규칙, 그리고 예전의 금융 논리가 적용되지 않았다. 돈은 종이였고 종이가 돈이었다. 그리고 사람들은 거짓말하는 대가로 2500만 달러의 보수를 받았다. 그런 황당한 세계였다.

데이비스 포크에서 골드스톤은 존슨과 존 마틴, 해럴드 헨더슨을 39층 회의실에 있으라 하고는 자료를 가지러 자기 사무실로 향했다. 골드스톤 주변에 호기심 가득한 얼굴을 한 동료들이 금방 한 무리나 모여들어 연달아 질문을 던졌다. 도대체 뭐요? 어떻게 된 거요? 스티브(스티븐의 애칭) 당신은 괜찮아요? 이제 어떻게 할 거요?

사무실에 들어선 골드스톤은 창문으로 바깥을 내다보았다. 크라이슬러 빌딩의 아르데코 양식 첨탑 지붕이 바라보이는 북쪽 창문이었다. 골드스톤이 몸을 돌리고는 동료들에게 천천히 말했다.

"겉으로 드러난 모습은 현재 좋지 않아요. 모든 것이 바뀌었으니까 말이죠. 어쩌면 헨리와 협상을 하고 손잡을 수도 있어요. 그것도 아니면……."

그게 아니면 어떻게 해야 할지 자기도 몰랐다. 크래비스에게 완전히 허를 찔렸다. 크래비스와 대적해 싸운다는 것은 RJR 나비스코를 한 주에 75달러 가격으로 인수한다는 가정 아래 설정했던 계획을 모두 버리고 처음부터 다시 시작해야 한다는 것을 의미했다. 하지만 과연 존슨이 그렇게 하려고 할지 확신이 서지 않았다.

골드스톤이 다시 회의실로 돌아왔을 때 존슨은 이리저리 서성이고 있었다. 함께 있는 사람들은 모두 충격으로 얼굴이 하얗게 질려 있었다. 다들 자기들에게 일어난 엄청난 사건의 무게에 압도되어 있었다. 금방 부자가 될 것이라는 기대는, 크래비스가 인수 전쟁에 참가했다는 소식이 들리는 순간 물거품이 되어 사라져 버렸다.

골드스톤은 존슨의 관심을 과거에서 미래로 돌려놓으려고 애썼다. 크래비스의 기습 공격은 주가를 엄청나게 올려놓았다. 만일 크래비스와 싸우려고 나선다면, 한 주에 90달러 이상의 가격을 불러야 했다. 한 주에 90달러로 인수한 회사를 운영하는 것은 한 주에 75달러로 인수한 회사를 운영하는 것과 완전히 다를 것이라고 골드스톤은 말했다. 추가로 늘어날 부채 때문에 존슨이 우려하는 일이 현실에서 일어날 수밖에 없었다. 비행기며 애틀랜타의 사옥을 팔아야 하고, 심지어 연기 안 나는 담배인 프리미어 사업까지 포기해야 할 터였다.

"로스, 그래도 이 회사를 기꺼이 운영할 마음이 있는지, 그렇게 할 것인지 말 것인지 결정해야 합니다. 만일 그럴 의향이 있다면, 그다음에는 시어슨이 결정을 내려야겠지요. 돈을 대는 쪽은 거기니까요."

존슨은 우선 헨리 크래비스의 입찰과 관련된 구체적인 사실들을 더 많이 알고 싶다고 했다. 예를 들면 다음과 같은 것들이었다. 크래비스가 정말 원하는 게 뭘까? 저들이 과연 나중에 나를 제거할 수 있을까? 시어슨이 75달러를 부르는데 저들이 어떻게 90달러를 부를 수 있을까? 그러면서 존슨은 크래비스에게서 좀 더 많은 사실을 듣기 전까지는 어떤 결정도 내리지 않겠다고 했다. 도대체 뭐가 어떻게 되어 사태가 이렇게 전개되었는지 코언이 알아내서 이야기할 텐데, 그 이야기를 듣고 난 뒤에 다음 행보를 결정하겠다고 말했다.

이런 대화를 하고 있는 중에 토밀슨 힐이 데이비스 포크까지 찾아와 골드스톤을 만나려고 한다는 메모가 골드스톤 본인에게 전달되었다. 골드스톤은 회의실을 빠져나오면서 혼자 빙그레 웃었다. 힐이 존슨을 감시하러 온 게 분명했다. 존슨이 뜻밖의 다른 결정을 내리지 못하도록 하려고 안달이 나 있는 게 분명했다. 그렇다면 크래비스를 만난다거나 해서는 절대로 안되었다.

월요일 오후, KKR 진영은 오전의 발표로 인한 피해를 산정하기 위해서 모였다.

리처드 비티는 장차 크래비스의 가장 효과적인 정보 통로가 될 터였다. 온화한 성격의 이 변호사는 여러 해 동안 월스트리트 친구들 사이에서 두터운 신망을 쌓아 왔다. 특히 그는 시어슨의 의뢰를 받아 일한 적이 있었는데, 이 경험은 코언 쪽 사람들과 연락을 취하는 데 매우 유리하게 작용했다. 게다가 차익 거래 부문 책임자인 로버트 밀러드는 최상의 정보 제공자였다. 두 사람은 오랜 친구 사이였으며, 밀러드는 그날 오후에 비티가 전화해 주길 기다리기까지 했다. 두 사람은 앞으로 몇 주 동안 크래비스에게 무척 소중한 가치가 있는 숱한 대화를 나누게 되는데, 이날의 대화가 그 첫 번째였다. 밀러드는 또한 코언과도 절친한 친구 사이였던 터라, 코언의 생각을 KKR 측에 전달하는, 그것도 위협적인 방식이 아니라 우호적인 방식으로 전달할 수 있는 비공식 통로 역할을 했다. 비티는 크래비스의 생각을 주장하는 한편 시어슨 측이 구사하는 전략을 거의 정확하게 포착했다. 그리고 보안상의 이유로 밀러드의 신분은 크래비스에게 철저히 비밀에 부쳤다.

양쪽 다 자기 친구인 두 사람이 싸울 때 사람들은 보통 이들을 화해시키려고 노력한다. 그날 비티와 밀러드는 바로 이런 우호적인 태도로 대화를 나누었다.

"피터는 자기가 로스 존슨을 끼고 있기 때문에 결국은 이길 거라고 말하는데……."

밀러드가 말하자 비티가 응수했다.

"그게 사실이 아니라는 건 자기가 더 잘 알면서 뭘……. 밥, 자네는 피터에게 이번 거래에선 가장 높은 가격을 제시하는 입찰자가 이긴다는 사실을 얘기해 줘. 로스 존슨을 누가 차지하고 있는가가 중요한 게 아니잖아. 헨리는 존슨 없이도 이 거래를 할 준비가 다 되어 있다는 사실을 설마 코언이 아직도 모르지는 않겠지?"

이에 대해서는 밀러드도 동의할 수밖에 없었다. 그는 코언에게 지난 목요일에도 비티가 한 말과 똑같은 말을 했었다. 하지만 그때 코언은 그의 말에 귀 기울이지 않았다. 비티와 밀러드 모두, 크래비스와 코언이 손잡고 함께 일을 추진하고 또 수익을 나누는 것이야말로 가장 이상적인 해결책이라는 것을 잘 알고 있었다. 입찰 전쟁이 치열하게 벌어지면 승자라 하더라도 수십억 달러의 비용 지불이라는 상처를 입을뿐더러 회사의 명성도 손상을 입을 수밖에 없었다. 하지만 크래비스나 코언 모두 자존심 강한 사람들이라서 과연 상대방이 이런 제안을 한다 해도 받아들일지는 미지수였다.

로버트 밀러드는 비티에게 피터 코언과 직접 통화해 보는 게 어떻겠느냐고 제안했다.

• ─── ∞ ─── •

크래비스의 입찰은 코언에게 악몽이었고 또 이 악몽은 현실이 되었다. 하지만 로스 존슨과 달리 코언은 항복할 생각이 전혀 없었다. 성격상 그는 항복할 수 있는 인물이 전혀 아니었다.

크래비스의 입찰과 관련된 정보가 그날 조금씩 전해지자 코언과 힐은 크래비스의 공격이 처음 예상했던 것만큼 엄청난 수준이 아니라는 걸 깨달았다. 우선 그 입찰은 모두 현금 입찰이 아니었다. 79달러만 현금 입찰이고 나머지는 크래비스가 한 주에 11달러로 평가한 유가 증권으로 메우는 것이었다. 코언과 힐은 이런 사실을 알고는 환호성을 질렀다. 현금으로는 우리가 제시하려고 한 가격보다 기껏해야 한 주에 4달러밖에 높지 않잖아! 시어슨도 현금이 아닌 '종이'를 동원한다면 얼마든지 높이 부를 수 있다고 정리했다. 물론 존슨이 반대하겠지만 극복해야 했다. 그러나 이게 유일한 수단으로 제시될 경우 문제가 되지는 않을 터였다.

한편 이 혼란의 와중에서 또 하나의 사실이 분명하게 대두되었다. 시어슨 혼자 힘만으로는 크래비스를 대적할 수 없다는 사실이었다. 한 주에 90달러를 넘는 입찰은, 우선 첫 지불액으로 25억 달러 가까운 금액의 주식 지분 투자†를 해야만 했다. 설령 아메리칸 익스프레스로부터 자금을 제공받는다 하더라도 시어슨이 그 큰 금액을 투자 자금으로 혼자 떠안기엔 벅차다는 사실을 코언은 잘 알았다.

---

† 주식 시장에 나온 주식의 지분을 사서 보유하는 것.

그날 오후에 코언은 가까운 친구로부터 전화를 받았다. 살로먼 브라더스의 사장으로 존 굿프렌드 아래의 이인자이며 객장을 굽어보는 곳에 사무실을 가지고 있던 토머스 스트라우스였다. 스트라우스 부부와 코언 부부는 흔히 휴가를 함께 다녔으며 한번은 아프리카 사파리 여행을 같이 간 적도 있었다. 두 사람은 자주 서로의 집에 놀러 갈 정도로 가까운 사이였다. 그런 스트라우스가 살로먼이 시어슨의 거래에서 어떤 역할을 할 수 있지 않을까 생각하고 코언에게 전화했던 것이다. 이와 비슷한 전화들이 코언의 사무실에 하루 종일 걸려 왔다. 하지만 대부분 걸러지고 코언에게까지 연결된 전화는 많지 않았는데, 스트라우스의 전화가 그 가운데 하나였다. 두 사람은 다음 날 점심을 함께 먹기로 약속을 잡았다.

파트너로 손잡을 수 있는 대상들은 얼마 되지 않으며 게다가 이들의 수가 빠르게 줄어들고 있다고 힐은 코언에게 충고했다. 크래비스가 이미 메릴린치나 드렉셀, 모건 스탠리 등의 굵직한 회사들을 선점해 버린 상태였다. 다음은 당시에 힐이 했던 말이다.

"샐리(살로먼의 애칭)나 퍼스트 보스턴 둘 가운데 하나를 선택할 수 있습니다. 샐리는 자본을 많이 보유하고 있지만, LBO 시장의 회사가 아닙니다. 사실 샐리는 LBO 시장에서는 재앙이나 다름없습니다. 인수 합병 분야의 역량도 일천한 수준입니다."

퍼스트 보스턴은, 비록 최근에 와서스타인과 퍼렐라가 독립해서 와서스타인 퍼렐라라는 회사를 따로 세우긴 했어도, 정크 본드나 인수 합병 분야와 관련된 역량은 살로먼보다 앞선다고 말했다. 힐은 퍼스트 보스턴을 선호했지만 이런 제안이 쓸모없다는 사실을 잘 알고 있었다. 월스트리트에서는 친구 사이의 우정이 매우 중요하게 작용하며, 코언이 친구인 토머스 스트라우스와 함께 일할 수 있는 기회를 차 버릴 턱이 없었기 때문이다.

그날 오후 4시경, 리처드 비티는 피터 코언과 통화할 수 있었다.

비티는 난처한 상황이었다. 그의 회사인 '심슨 대처 앤드 바틀릿'은 40년 동안 리먼을 대변했으며, 잭 너스바움의 회사와 함께 시어슨이 의뢰하는 가장 중요한 법률 회사였기 때문이다. 코언에게 너스바움이 가장 믿을 만한 존재이기는 했지만 비티 역시 소중한 조언자였다. 코언은 비티가 RJR 나비스코 전쟁에서 크래비스를 위해 일한다는 사실을 알고 처음에는 화가 나서 펄쩍 뛰었다. 그리고 적어도 비티가 자기에게 전화해서 피치 못하게 그렇게 되었으니 이해해 달라고 양해를 구할 것이라고 생각했었다.

코언이 연결되자 비티는 조심스러운 태도로 일단 자기는 현재 크래비스를 위해 일하고 있으며, 이 일과 관련해서 코언의 허락을 받을 사항이 아니라고 밝혔다.

"피터, 내가 전화한 건 대화의 통로를 열어 둘 수 있으면 좋겠다고 생각하기 때문입니다. 그렇게 할 수 있다면 말입니다. 그리고 이번 공개 매입 제안은 앞으로 우리가 함께 손잡을 수 없다는 것을 의미하지는 않습니다."

"헨리 크래비스가 대화를 원한다면서 왜 갑작스럽게 공개 매입을 선언했죠? 그럴 필요 없었잖아요. 왜 나한테 전화 한 통 하지 않았죠? 나는 전화하려 했고, 또 했는데……. 내 꼴이 얼마나 우스워졌는지는 잘 알죠?"

비티는 코언의 화를 누그러뜨리려고 애썼다.

"피터, 어떤 전략적인 이유로 보더라도 그렇게 하는 게 최상의 선택이었습니다. 하지만 지금도 우리가 대화해야 할 필요성은 여전히 존재합니다. 헨리와 대화하십시오. 그래야 옳다고 생각합니다."

어쩌면 그럴지도 모르죠, 하고 코언이 말했다. 코언은 비티의 제안을 받아들이기 전에 먼저 존슨에게 전화해서 의견을 물었다. 존슨은 솔로 빌딩 뉴욕 사무실에 있으면서 숱하게 걸려오는 전화를 받고, 이메일을 읽고, 답장을 하고, 또 여러 가지 가격대의 거래를 컴퓨터로 확인하느라 바쁜 시간을 보내고 있었다. 다음은 코언의 전화를 받고 존슨이 코언에게 건넸던 조언이다.

"피터, 이건 재미로 하는 닭싸움이 아닙니다. 진짜 심각하고 진지한 싸움입니다. 그리고 헨리라는 인간도 만만찮은 상대입니다. 알잖아요. 그러니 일단 그를 만나, 그가 이 거래에 어느 정도로 무게를 두는지 확인해 볼 필요가 있습니다."

이렇게 해서 코언과 크래비스가 만날 약속이 정해졌다. 화요일 아침이었다.

아메리칸 익스프레스의 최고경영자 제임스 로빈슨은 월요일 오후에 존슨이 LBO 이후의 회사 경영과 관련해 합의한 문서 사본을 처음 읽고는 깜짝 놀랐다. 예상했던 것보다 훨씬 나쁜 조건이었다. 존슨이 거부권을 가진다거나, 존슨과 현재의 경영진이 엄청난 불로소득을 챙긴다거나, 또 그 밖에 엄청나게 많은 비용 부담을 시어슨이 떠안아야 한다는 것들이 모두 마음에 걸렸다. 하지만 아메리칸 익스프레스의 우두머리를 가장 걱정스럽게 한 것은 월스트리트 사람들이 보통 '거래의 화장발'이라 부르는 것이었다. 일반 대중의 관점에서 볼 때 그 합의 내용은 터무니없었다. 이 합의 내용이 결국 일반에 공개될 게 분명한데, 그 순간 이 합의 문건은 탐욕 그 자체로 비칠 게 확실했다. 거래가 성사된 뒤에 20억 달러나 되는 어마어마한 돈을 기존의 경영진 일곱 명이 희희낙락하며 나누어 가진다는 사실이 세상에 알려지면 아메리칸 익스프레스의 기업 이미지가 막대한 타격을 입을 건 불을 보듯 뻔했다.

합의 내용을 바꾸어야 했다. 단지 '화장발' 때문만이 아니었다. 존슨과 경영진이 받기로 약속되었던 돈은 이제 KKR를 물리칠 수 있을 만큼 충분히 높은 입찰 가격을 제시하는 데 투입해야 했다. 이 메시지를 존슨에게 전달해야 했다. 말하기 어려운 메시지를 전달할 사람으로는 월스트리트에서 존슨과 가장 친한 친구인 자기 자신뿐이었다.

월요일 밤에 로빈슨은 존슨의 사무실로 찾아갔다. 그러고는 가능한 한 부드럽게 그 나쁜 소식을 전하려고 애썼다. 우선 그는 명랑하고 쾌활한 애틀랜타식 발성으로 존슨을 불렀다.

"로오오스."

존슨이 로빈슨을 바라보았다.

"현재 진행되고 있는 사항을 고려할 때, 좀 더 적절한 방식으로 여러 가지 사항들을 새로 조정해야 할 것 같은데……."

"무슨 말입니까?"

존슨의 말에 새치름한 느낌이 묻어 있었다. 이렇게 반문하는 존슨의 머릿속엔 골드스톤의 경고가 퍼뜩 떠올랐다. 시어슨과 한 합의 내용과 관련해서 조심하라고 했던 말이었다.

'이 친구들은 끝까지 깎고 또 깎으려고 달려들 겁니다.'

하지만 존슨은 어느 정도 제임스 로빈슨을 신뢰했다.

"난 당신이 피터 코언을 옹호하거나 그 사람의 입장을 대변하려고 여기 온 게 아니길 바라는데……."

"물론이죠, 로오스, 이건 내가 느끼는 겁니다. 난 친구로서, 내가 느낀 걸 이야기하려고 온 겁니다."

"그렇다면 완전히 다르죠, 완전히. 내가 어떻게 하길 바랍니까?"

"얼마나 많은 사람들이 그 합의 내용에 동의할 것 같습니까?"

로빈슨이 물었다.

"여덟 명일 수도 있겠고, 어쩌면 열두 명일 수도 있겠죠."

그러고는 그 문제에 대해 많이 생각해 보지 않았다는 말도 했다.

"그렇다면 정확히 얼마나 될지 생각해 보는 게 좋을 것 같습니다."

"그럴 거 없습니다. 나는 늘 수많은 직원들이 동의할 수 있으면 좋겠다고 생각해 왔으니까요. 나는 동의할 수 있는 사람들의 범위가 될수록 넓어지기를 바랍니다."

로빈슨은 그 생각을 행동으로 옮기는 게 좋을 거라고 설명했다. 어쩌면 데이비스 포크와 챔프 미첼의 법률 회사를 고용해서 우리사주신탁제도(직원지주제도) 계획을 검토하게 하는 게 최상의 방법일지도 모른다고 했다. 여기에 존슨도 동의했다. 나중에 존슨은 당시를 회상하며, 바로 그것이 자기가 의도했던 것이라고 했다.

직원들이 실질적으로 존슨의 재산을 나누어 가질지 어떨지는 물론 초점의 대상이 아니었다. 문제는 일반 대중에게 보일 '화장발'이었다. 제임스 로빈슨은 코언과 존슨이 합의한 내용을 내팽개칠 수 없었다. 하지만 임원들과 회의적인 일반 대중에게 이 내용이 일단 노출되고 나면 이야기는 달라질 것이라고 확신했다.

아니, 그렇게 되기를 바랐다.

'KKR와 시어슨, RJR 인수 전쟁에서 맞붙다.'

화요일 아침 《월스트리트저널》 1면의 표제였다.

크래비스는 잔뜩 찌푸린 얼굴로 기사를 읽었다.《월스트리트저널》과《뉴욕타임스》모두 그가 금요일에 코언과 만났던 사실을 자세히 보도했다. 크래비스는 두 신문 모두 자기를 LBO 분야에 갑자기 나타난 경쟁자를 처부수려고 혈안이 된 인물로 묘사한다고 생각했다. 그는 특히 자기가 'LBO 분야의 독점권'(크래비스는 나중에 자기는 이런 단어를 쓴 적이 없다고 주장했다)이 자신에게 있다고 믿으며 이 권리를 보호하려고 애쓴다는 내용에 화를 많이 냈다. 사실이야 어쨌든 간에, 크래비스가 볼 때 시어슨이 언론 매체를 동원해 자신의 아킬레스건인 대중적 이미지를 실추시키고 있다는 점은 분명했다.

하지만 크래비스는《월스트리트저널》기자에게 한 코언의 발언을 읽고는 기가 막혀서 웃음이 절로 나왔다. 코언이 자기는 결백한 척하면서, 크래비스가 앞에서는 자기와 만나기로 약속해 놓고서는 뒤에서 자기 뒤통수를 쳤다며 불평했기 때문이다.

"우리는 스키도 함께 타고 또 함께 즐겁게 어울렸죠. 그래서 나는 적어도 그가 그런 비열한 행동을 하리라고는 생각도 하지 못했습니다."

크래비스는 코언의 이런 언동을 받아들일 수 없었다. 그는 코언을 친구로 생각하지 않았다. 그 이유는 코언에 대해 아는 게 거의 없기 때문이라고 다른 사람들에게 말했다. 베일에서 시어슨이 후원한 '아무짝에도 쓸모없는 어떤 스키 대회' 때 딱 한 번 함께 스키를 탔을 뿐이라고 했다. 또한 월스트리트의 공식적인 자리에서 몇 차례 우연히 마주친 경우를 빼고는 함께 어울린 적이 없다고 했다.

'낯짝 두꺼운 뻔뻔한 인간 같으니라고…….'

※

화요일 아침, 코언과 크래비스는 함께 아침을 먹었지만 두 사람 사이의 공기는 냉동육 저장고 안처럼 차갑게 얼어붙어 있었다.

코언이 먼저 도착해서 주변의 지형을 탐색했다. 만날 장소는 중립 지대인 플라자 호텔의 식당이었다. 코언은 호텔 지배인에게 자기와 크래비스가 사람들 눈에 띄지 않고 이야기를 나눌 수 있는 자리를 달라고 한 뒤, 식당의 가장 구석지고 조용한 곳으로 안내되어 크래비스를 기다렸다. 몇 분 지나지 않아 크래비스가 왔다. 마주 앉은 두 사람은 커피를 주문하고 곧바로 본론으로 들어갔다.

"헨리, 나는 당신에게 전화를 하겠다고 말했고, 또 전화를 했을 겁니다. 나는 스스로 약속을 잘 지키는 사람으로 자부합니다. 그런데 당신이 이렇게 일을 크게 만들었죠."

코언은 전투적이었지만 동시에 현실적인 인물이었다. 크래비스와 싸움을 길게 하면 시어슨이 질 가능성이 높다는 걸 잘 알았다. 그랬기에 타협안을 내놓았다.

"헨리, 우린 이 문제에 대해 마음을 열어 놓고 있어요. 모든 지분을 우리가 독식하겠다고 생각한 적은 한 번도 없습니다. 덩치가 너무 크잖아요. 우리는 합리적으로 말이 되는 거래를 기대합니다. 만일 우리가 모든 사람이 원하는 것을 얻을 수 있는 합리적인 인수 합병 거래를 성사시킬 수 있다면, 당연히 그렇게 하도록 노력해야겠죠. 어떻습니까, 손을 잡아야 하지 않겠습니까?"

"그럼 어떻게 나눌까요?"

크래비스가 물었다.

"50 대 50."

"그건 안 되겠습니다."

KKR의 방식대로라면 여태까지 한 번도 50 대 50의 거래는 해 본 적이 없다고 크래비스가 말했다.

"50 대 50 말고는 달리 생각나는 방도가 없네요."

"아뇨, 됐습니다."

크래비스는 고개를 절레절레 흔들며 더 이상 얘기하려고 하지도 않고 화제를 돌려 경영진 쪽과의 합의 사항 문제를 꺼냈다. 그는 제프리 벡이 한 달 전에 말했던 것을 줄곧 생각하고 있었다.

"저들은 이사회 장악을 원합니다."

만일 존슨이 KKR 방식의 인수를 원하지 않는다면 그가 원하는 것은 무엇일까? 어떤 조건을 바라는 걸까? 전체 지분의 몇 퍼센트나 가지겠다고 할까?

"당신이 늘 하는 거래와 다를 게 뭐가 있겠습니까."

코언이 말했다. 특별할 게 없다는 말이었다.

"5퍼센트? 10퍼센트? 15퍼센트? 30퍼센트? 얼맙니까?"

"예, 뭐 대략 그 범위 안에서……."

코언은 일부러 존슨의 거부권이나, 존슨이 요구해서 경영진에 주기로 한 20억 달러 이야기는 언급하지 않았다. 그러면서 이렇게 덧붙였다.

"만일 우리가 구체적으로 들어가게 된다면, 존슨과 이야기했던 모든 사항을 당신에게 다 알려 줘야겠지요, 당연히."

대화를 나누면서 크래비스는 코언이 처한 상황을 헤아리려고 노력했다. 그리고 그가 모든 것을 자기 뜻대로 할 수 있는 처지가 아니라고 결론 내렸다. 코언은 여태까지 기껏해야 인수 합병 거래를 한두 번밖에 시도해 본 적이 없다는 것을 알고 있었다. 에릭 글리처가 그를 '어린이 투자은행가 피터 코언'이라 부르곤 할 정도였으니까. 그러나 크래비스가 보기에, 코언은 자기가 우위에 선 입장에서 거래를 한다고 생각하는 것 같았다. 크래비스는 마음속으로 생각했다.

'흠, 기분이 꽤나 좋아 보이는군. RJR 나비스코의 경영진을 확보하고 있다고 해서 자기가 칼자루를 쥐고 있는 줄로 생각하나 본데……. 하긴 로스 존슨이라는 존재가 우리를 막아 줄 거라고 생각할 테니까, 흐흠! 하지만 어린이 투자은행가 씨, 당신은 이제 곧 큰코다치는 게 어떤 건지 알게 될 거야.'

여러 달 뒤에 크래비스는 코언과 만났던 이때를 다음과 같이 회상했다.

"코언이 몰랐던 게 있었죠. 우리는 절대로 적을 포로로 잡지 않고 아예 몰살시켜 버린다는 사실을 말이에요."

●────◍────●

코언과 크래비스가 커피를 마시며 서로를 노려볼 때 존슨은 엉킨 실타래를 자기가 직접 나서서 풀어야겠다고 결심했다. 크래비스의 입찰 제안이 실제 행동을 위한 것인지, 그리고 만일 그렇다면 자기를 포함한 경영진의 거취 문제를 어떻게 생각하고 있는지 우선 알아야 했다. 존슨이 가지고 있던 능력 가운데 특히 중요한 것 하나가 사람이나 사물의 본질을 빠르게 파악하는 능력이었다. 코언이 자신의 일생일대 거래를 크래비스와 공동으로 추진할 생각이 별로 없다는 것을 존슨은 쉽게 알 수 있었다. 코언과 크래비스가 만나 이야기를 나누었던 두 번 다 두 사람 사이에 침을 튀기는 설전이 벌어졌었다. 어쩌면 오히려 크래비스와 손잡는 게 더 합리적일 수도 있었다. 하지만 어쨌거나 확실하게 하기 위해서는 우선 크래비스를 직접 만나는 게 가장 중요했다.

존슨은 전화번호부를 훑어 나가다가 스티븐 워터스의 이름을 발견했다. 예전에 시어슨에서 일하다가 모건 스탠리로 들어가 지금은 크래비스를 위해 일하는 워터스야말로 크래비스와 자기 사이에 좋은 대화 통로가 될 수 있겠다는 생각이 들었다. 존슨은 모건 스탠리의 그의 사무실로 전화를 걸었

493

다. 몇 분 뒤에 워터스와 연결이 되었다. 워터스는 전화로 존슨의 웃음소리를 듣고는 깜짝 놀랐다.

"아무래도 당신하고 이야기하면 말이 잘 통하겠다는 생각이 들더군요, 하하하!"

워터스도 농담으로 맞받았다.

"하긴 뭐 사실 나도 늘 그런 생각을 하고 있습니다."

존슨은 크래비스와 만나 대화하고 싶다는 뜻을 비쳤다.

"그러셔야죠. 그 사람 그렇게 나쁜 사람이 아닙니다. 두 분이 마주 앉아서 이야기를 하면 모든 문제가 다 술술 풀릴 겁니다."

존슨은 자기도 그렇게 생각한다고 말했다. 전화를 끊은 뒤에 존슨은 아메리칸 익스프레스로 전화를 걸어 제임스 로빈슨을 찾았다. 독단적으로 어떤 일을 벌이기 전에 우선 그와 연락을 취하는 게 옳다고 생각했기 때문이다.

"짐, 헨리를 만나 볼 생각입니다. 무슨 이야기를 하는지 들어 봐야겠어요. 어떻게 생각합니까?"

존슨이 자기 생각을 밝히는 동안 로빈슨은 잠자코 들었다.

"좀 더 많은 사람과 이야기를 하면 할수록 좋지 않을까 생각합니다. 내 생각이 맞을 수도 있고 틀릴 수도 있겠죠. 하지만 그쪽 입장을 직접 들어 보고 싶은 마음이 드네요. 짐, 당신은 대로를 달리는 사람이고, 나 역시 그렇습니다. 헨리와 통하는 대로가 있지 않을까 하는 게 내 생각입니다."

이렇게 말하는 존슨은 명백한 사실 하나를 군이 입 밖으로 내지 않았다. 크래비스와 '꼬부랑길'로 통하려고 다툼을 벌이는 코언의 방식으로는 아무것도 얻지 못할 것이라는 말이었다. 존슨은 마지막으로 다음과 같이 결론 내렸다.

"2군이 아니라 1군이 나서야 되지 않을까, 이 말입니다."

로빈슨이 동의하자 존슨은 곧바로 스티븐 워터스에게 전화했고, 크래비스와 존슨의 약속은 그날 오후 4시로 잡혔다.

・━━⟨∞⟩━━・

크래비스는 코언과 아침 식사를 마친 뒤에 비티와 로버츠를 불러 센트럴파크가 내려다보이는 40층 사무실에서 회의를 열었다. 로버츠는 전날 밤에 비행기를 타고 뉴욕으로 날아왔었다. 세 사람은 RJR 나비스코를 손에 넣는 데 유일한 방해자가 피터 코언이라는 데 동의했다. 시어슨이 이 거래에 끼어들어야 할 이유는 아무것도 없다. 로스 존슨은 RJR의 경영과 관련해서 전문성을 가지고 있고, KKR는 인수에 관련해서 전문성을 가지고 있지만, 코언은 거대한 수수료를 먹으려는 욕심밖에 가지고 있는 게 없다. 그건 결코 바람직한 태도가 아니다, 하는 식으로 세 사람은 정리했다.

"시어슨이나 피터는 기여하는 게 별로 없잖아."

"내 말이 그 말이야."

로버츠의 말에 크래비스가 맞장구쳤다. 그렇다면 시어슨을 제거할 방법을 찾아야 했다. 가장 확실한 방법은 시어슨에 아주 작은 몫을 떼어 주는 것이었다. 크래비스는 자문 수수료나 아주 작은 몫의 지분을 먹고 떨어지게할 수 있으면 좋겠다고 했다. 상당한 규모의 지분을 떼어 줄 마음은 전혀 없었다. 50 대 50? 그건 말도 안 되는 소리였다.

"혹시 또 몰라, 10 대 90으로 하자고 제안하면 받아들일지."

과연 그럴까, 하고 비티는 생각했다. 10퍼센트는 너무 하잘것없는 규모로 들렸다. 어쨌거나 시어슨은 RJR 나비스코의 LBO 거래를 궤도에 올려놓은 주체가 아니던가. 비티가 보기에는 코언이 그런 제안을 받으면 모욕을 받았다고 생각할 게 분명했다. 그리고 크래비스 역시 코언에게 거기에서 땡

전 한 푼 더 주지 않을 것도 분명했다. 하지만 비티는 자기 생각을 강하게 주장하지 않았다.

•——◦◦◦——•

코언이 살로먼 브라더스의 토머스 스트라우스 및 존 굿프렌드와 함께 점심을 먹은 뒤에 시어슨의 이사회 회의에 참석하고 있을 때, 존슨은 RJR 나비스코 인수에 들어갈 자금을 마련하기 위해 솔로 빌딩 뉴욕 사무실에서 회색 양복을 입은 상업 은행 직원들을 만났다. 이들은 시끄럽게 떠들어 대는 게 자기들의 일인 양 줄곧 존슨에게 온갖 질문을 요란하게 퍼부어 댔다. 비용 절감 노력과 관련된 하찮은 질문들을 쏟아 놓는 이들 투자은행가들이 존슨으로서는 성가실 따름이었다. 그래서 가능하면 시어슨의 제임스 스턴에게 대답을 떠넘겼다. 뱅커스 트러스트의 로버트 오브라이언이 이끄는 투자은행가들은 자기들의 역할이 얼마나 중요한지 존슨이 제대로 이해하지 못한다고 생각했다. 이들이 생각하기에 존슨은 다소곳이 앉아서 자기들이 하는 질문에 충실히 답변해야 마땅했다.

하지만 존슨은 그보다 더 중요한 일을 생각하고 있었다. 크래비스와 만나는 일이었다. 4시가 거의 다 되어 갈 무렵, 존슨은 엘리베이터를 탔다. 같은 건물의 여섯 층 아래에 있는 KKR로 가는 길이었다. 그런데 엘리베이터 문이 닫히는 순간, 존슨은 KKR가 몇 층에 입주해 있는지 갑자기 생각나지 않았다. 그는 일단 44층을 누르고 44층에서 내렸다. 하지만 내리는 순간 KKR의 사무실이 있는 층이 아니란 걸 깨달았다. 다시 두 층 더 아래로 내려가서 몇 분 동안 두리번거리던 끝에 KKR를 찾아냈다.

존슨은 직원의 안내를 받아 크래비스의 사무실로 들어갔다. 크래비스와 로버츠가 기다리고 있었다. 로버츠와 존슨은 서로에 대해 제법 많이 알고는 있었지만 직접 만나는 것은 처음이었다. 논의는 진지했고 양측 모두 성의를 다했다. 존슨으로서는 칼을 갈아야 마땅했지만 그렇게 할 칼이 없었고, 크래비스도 존슨이 가지고 있는 경영 분야의 전문성을 놓치고 싶지 않았기 때문이다. 존슨은 프리미어에 대해 길게 설명한 뒤에 LBO 이후 RJR 나비스코를 어떻게 이끌어 나갈지를 설명했다. 세 사람이 나누는 대화 내용은 일반적인 수준에서 크게 벗어나지 않았다. 양측 모두 서로의 의향을 넌지시 떠보려 했기 때문이다. 크래비스와 로버츠가 자기들의 사업 철학과 사업 방식을 밝혔고 여기에 대해 존슨은 깊은 감명을 받았다. 재무 구조와 자금 모집에 대해서는 코언 쪽 사람들보다 더 많이 아는 것 같았다. 존슨은 자기 회사에 대한 생각을 밝혔는데, 사냥감에 관한 구체적인 정보에 목말라하던 사촌둘은 존슨이 하는 말을 하나도 놓치지 않으려고 귀를 기울였다.

상대방을 원한다는 의향은 크래비스와 로버츠보다 존슨이 더 적극적으로 드러냈다.

"당신들이 이 회사를 가진다면, 골프장이나 비행기에 대해 시시하게 헛소리를 하지 않겠죠?"

존슨의 질문에 크래비스가 대답했다.

"그건 우리한테 중요한 게 아닙니다. 만일 당신이 비행기가 한 대 더 있어야 한다고 보면, 그렇게 하면 됩니다. 그건 당신한테 달렸습니다."

비어트리스의 최고경영자 도널드 켈리에게 물어보라는 말도 덧붙였다. 존슨은 고개를 끄덕였다.

"듣던 중 반가운 말이네요."

하지만 로버츠는 진중했다. 때로 '차가운 물고기'라는 말을 듣곤 하던 로버츠는 반들반들할 정도로 쾌활한 존슨의 태도가 왠지 마음에 들지 않았다.

"물론 우리는 당신에게 수도승처럼 살라고 압박하고 싶지는 않습니다.

하지만 어떤 합리적인 기준은 마련되어 있어야 한다고 봅니다. 정규 항로가 마련되어 있지 않은 곳에 가야 할 때는 당연히 회사 비행기를 이용할 수 있겠지요. 그것까지 나쁘다고 보지는 않습니다. 우리는, 어떤 인수 합병 거래에서든 최고경영자가 그 회사의 전반적인 분위기를 결정한다고 봅니다. 그만큼 최고경영자의 태도와 방식이 중요하다고 보는 거죠. 이 점에 대해서는 피터 마고완에게 한번 물어보십시오."

마고완은 KKR가 인수해서 경영권을 가지고 있던 '세이프웨이 스토어스'의 최고경영자로 존슨과도 친구 사이였다.

"예, 물론 물어봤죠. 하지만 지금 우리가 하려는 거래는 조금 다르지 않을까요?"

존슨은 LBO 이후에도 자기가 회사 경영권을 상당한 수준으로 가질 수 있는 그런 구조를 원한다고 설명했다.

그건 안 되지요, 하며 로버츠가 고개를 저었다. KKR의 방침에서 벗어난다는 것이었다.

"회사의 경영진이 계속해서 경영권을 장악하는 거래를 할 생각은 없습니다. 물론 당신과 긴밀하게 협조할 것입니다만, 경영권을 확보할 수 없는 거래라면 우리는 관심이 없습니다."

꼭 그래야만 하는 이유가 뭐냐고 존슨이 물었다.

"우리는 돈을 가지고 있습니다. 우리 뒤에는 우리에게 돈을 맡긴 투자자들이 있고요. 그러니 당연히 우리가 경영권을 가져야지요."

이렇게 말하면서 로버츠는 존슨의 눈을 바라보았다. 그리고 자기가 방금 한 말이 존슨이 원하던 메시지가 아니라는 사실을 깨달았다.

"거참 재미있네요. 하지만 솔직히 말해서, 지금 당장 어떤 선택을 할지는 당신들보다 내가 더 자유롭거든요."

LBO가 성공적으로 이루어지려면 반드시 넘어야 할 핵심적인 몇 가지 쟁점들 가운데 하나인 비용 절감 문제로 화제가 옮겨 갔다. 존슨의 말을 들은 로버츠는 다시 한 번 놀랐다. 존슨이 지출 경비 삭감의 도끼를 휘두를 생각이 전혀 없다고 한 것이다. 비용 절감이라는 것 자체가 과대평가된 절차라는 게 존슨의 설명이었다.

"그런 일은 돌도끼를 휘두르는 네안데르탈인이 와도 얼마든지 할 수 있습니다. 그래서 얼마나 비용을 줄일 수 있겠습니까? 정말 제대로 효과를 증명할 수 있는 사람이 있다면, 나한테 소개 좀 시켜 주십시오."

존슨은 잠시 말을 끊었다가 이어 말했다.

"나는 그 누구보다 알뜰하게 경영을 해 왔습니다. 그리고 지금 우리가 거론하는 경영진이 그 어떤 회사의 경영진과 비교해도 뒤지지 않는 초일류라는 사실을 아셔야 합니다. 우리는 방탕한 난봉꾼들이 아닙니다. 나는 리무진 한 대를 줄여야 하느니 말아야 하느니 하는 걸로 짜증스럽게 하는 인간들이 내 곁에서 얼쩡거리는 상황은 원하지 않습니다. 그따위 이야기들은 너무 사소하고 쓸데없잖아요. 당신들이 걱정해야 할 일은 내가 팔려고 하는 자산의 가치, 담배 사업 부문의 가치가 얼마나 될까 하는 겁니다. 이런 큰 문제를 이야기하고 싶지, 그런 쩨쩨한 이야기들이 아닙니다."

정말 중요한 것은 프리미어와 같은 것들이라는 말을 시작으로 해서 연기가 나지 않는 담배를 설명하기 시작했다. 프리미어가 가지고 있는 장단점을 설명하고, 시제품이 어떤 반응을 보이는지 설명했다. 프리미어의 비밀은 담배를 태우는 게 아니라 데우는 데 있다고 말했다. 그러고는 갑자기 입에 물고 있던 프리미어를 크래비스가 아끼는 고대 동양의 골동품 양탄자 위에 툭 떨어뜨렸다. 로버츠는 기겁하며 담배를 쳐다보았다. 하지만 양탄자에서는 연기가 나지 않았다.

"보세요. 아무것도 타지 않죠?"

존슨은 씩 웃으면서 프리미어를 주워 들었다. 로버츠를 놀라게 만든 게 무척 재미있었다.

세 사람의 논의가 한 시간쯤 진행되었을 때 존슨에게 전화가 왔고, 존슨은 전화를 받으러 잠깐 밖으로 나갔다. 금방 다시 돌아온 존슨은 미안하다고 했다.

"지미와 피터네요. 시어도어 포스트먼과 만나야 하는데 늦었네요. 테드와는 친구 사이죠?"

존슨이 씩 웃었다. 존슨에게 다른 선택권이 있다고 해서 크래비스와 로버츠가 특별히 더 마음 상할 일은 없었다.

"예, 우리 둘 다 테디를 알죠."

크래비스 역시 미소를 띠며 대답했다. 하지만 속으로는 불편했다.

'시어도어 포스트먼이 이 거래에 뛰어들 생각을 한단 말이지?'

포스트먼이 개입하려 한다는 소식에 로버츠는 갑자기 얼어붙었다. 자기가 보기에 존슨은 결코 진지한 기업가가 아닌 것 같은데, 시어도어 포스트먼을 만난다고 하니까 놀란 것이다. 조지 로버츠는 남이 자기를 장난감처럼 가지고 노는 상황을 어느 누구보다도 특히 더 좋아하지 않았다.

자리에서 일어서기 전에 존슨은 시어슨과는 앞으로 어떤 식으로 이야기를 해야 할지 언급했다.

"이야기를 잘 풀어 나가길 기대합니다. 공정하게 해야겠죠, 아주 공정하게. 어느 한쪽이 압도적으로 많이 가져가고 다른 쪽은 겨우 찌꺼기만 얻어걸리는 일이 없도록 말입니다. 아마 잘될 겁니다."

존슨은 6시 조금 지나서 나갔고, 크래비스와 로버츠는 이제 움직여야 할 때라고 의견을 모았다.

제임스 로빈슨은 휴대폰에 저주를 퍼부었다.

뉴욕의 도시 환경을 개선하기 위해 뉴욕의 최고경영자들이 만든 모임인 '뉴욕 시티 파트너십' 회의에 참석했다가 나온 뒤, 차 안에 뒀던 휴대폰으로 헨리 크래비스의 메시지가 와 있는 걸 보고 깜짝 놀랐다.

차가 움직였고, 늦은 오후 시각의 교통 정체보다 유일하게 반갑지 않은 사실은 로빈슨의 휴대폰에 남아 있는 크래비스의 초대장이었다. 로빈슨은 크래비스에게 전화를 했다. 휴대폰의 통화 상태가 좋지 않았지만 크래비스가 전하려던 메시지는 선명했다.

"제안을 하나 드릴까 합니다."

제안 내용은 다음과 같았다. KKR가 RJR 나비스코를 인수한다. 대신 시어슨은 KKR로부터 1억 2500만 달러의 수수료를 받고 아울러 이 회사의 지분 10퍼센트를 살 수 있는 권리를 받는다. 그리고 이 제안에 대한 답변을 자정까지 듣고 싶다고 했다.

제임스 로빈슨은 다른 사람의 지갑을 보고 흥분하는 유형은 아니었다.

"10퍼센트면 어째 좀 작아 보이는군요."

로빈슨은 우선 그렇게 대답한 다음에 이따가 전화를 주겠다고 했다.

그리고 몇 분 뒤, 시어슨의 이사회에 참석하고 나오던 코언도 크래비스로부터 똑같은 전화를 받았다. 코언은 별말 하지 않았다. 하지만 크래비스는 코언의 목소리에서 묻어나는 느낌으로, 자기 제안이 그다지 환영받지 못한다는 사실을 알 수 있었다.

로스 존슨은 어디 있을까?

시어도어 포스트먼은 벌써 두 시간째 존슨을 기다리고 있었지만 존슨이 연락해 올 기미는 없었다.

포스트먼은 하루 온종일 고심한 끝에 마침내 크래비스와 정크 본드를 물리치기 위한 성전에 나서기로 마음을 굳혔다. 포스트먼 리틀의 여러 컴퓨터들이 RJR 나비스코 관련 공개 정보들을 수집했다. 골드만 삭스 출신의 분석가들로 이루어진 여러 팀들이 거래의 숱한 조건들을 조합해서 시뮬레이션을 했고, 그 결과 포스트먼이 예상하던 내용을 뒷받침했다. 즉 한 주당 90달러에 산다 하더라도 RJR 나비스코 인수는 상당히 남는 장사라는 결론이 나왔던 것이다.

포스트먼 리틀의 전략은 선명했다. 적어도 첫 번째 단계에서는 그랬다. 크래비스의 성급한 공개 매입 선언으로 포스트먼 리틀이 이 거래에 발을 들여놓고 나아가 RJR 나비스코를 '구원'할 수 있도록 문을 열었다. 크래비스는 'LBO 분야의 독점권' 발언으로 이미 언론으로부터 매를 맞고 있었다. 포스트먼에게 자문하는 사람들은 그런 상황을 적절히 활용하라고 조언했다. 제프 보이시는 포스트먼에게 말했다.

"우리는 애플파이와 모성애로 감쪽같이 변장해야 합니다."

보이시가 제안한 작전에 포스트먼은 전적으로 동의했다.

이제 그들에게 필요한 것은 오로지 로스 존슨뿐이었다.

존슨은 토밀슨 힐을 대동하고 포스트먼 리틀을 찾아갔다. 6시 30분이었다. 포스트먼은 이들과 악수를 나눈 뒤에, 이들 뒤에 한 사람 더 있다는 사실을 알았다. 제3의 인물이었다.

포스트먼은 힐을 데리고 한쪽으로 가서 작은 소리로 물었다.

"저 친구는 또 누굽니까?"

힐은 약간 미안해하는 표정을 드러냈다.

"별로 신경 쓰지 않아도 됩니다. 그냥 존슨을 따라다니는 사람입니다. 이 일과는 아무 상관 없어요."

포스트먼은 경호원이겠거니 하고 생각했다. 하지만 경호원을 데리고 다니는 건 포스트먼 리틀의 방식과 맞지 않았다. 괜히 예감이 좋지 않았다.

얼굴 가득 미소를 머금은 존슨이 회의실 테이블의 상좌를 차지하고 앉으면서 말했다.

"방금 경쟁 회사 사람을 만나고 오는 길입니다."

"뭐라고요?"

포스트먼이 물었다.

"방금 크래비스를 만나고 오는 길이라고요."

존슨의 말에 포스트먼은 화가 났다. 그리고 화가 났다는 사실을 굳이 숨기지 않았다.

"뭐 하러 그랬습니까?"

그러자 토밀슨 힐이 끼어들었다.

"어쩌다 보니 그렇게 할 수밖에 없었습니다. 사실, 아무것도 아닙니다. 난 거기에 별 의미를 두지 않습니다."

존슨은 그냥 듣기만 하고 왔을 뿐 아무 제안도 하지 않았으며 또한 어떤 정보도 흘리지 않았다고 힐이 주장했다.

크래비스라는 이름이 언급되자마자 흥분한 포스트먼은 정크 본드의 사악함과 헨리 크래비스가 저지른 갖가지 죄악들, 그리고 포스트먼 리틀이 월스트리트를 구할 방법에 대해 30분 가까이 열변을 토했다. 그는 그날 아침 《월스트리트저널》에 실린 자기 글을 특별히 언급하면서 강조했다. 존슨은 그가 하는 말을 잠자코 듣기만 했다. 그리고 속으로 재미있어 하며 생각했다.

《월스트리트저널》의 자기 기사를 무척 자랑스럽게 여기는군.'

존슨은 자신이 포스트먼의 세계관을 충분히 이해한다고 생각했다.

'헨리 크래비스는 악마이고 자기는 천사이다, 자기 고객들은 완벽하다, 그리고 수수료에 관심이 없다, 자기는 신을 대신해서 공개 기업을 인수하려는 사람들을 돕는다……. 그래, 어떤 인물인지 충분히 알겠어.'

포스트먼이 말을 마치자 그의 동생과 또 한 명의 파트너인 스티븐 클린스키가 존슨에게 RJR 나비스코에 대해 질문하기 시작했다. 담배 사업의 전망을 어떻게 보는가? 어떤 사업 부문을 매각할 수 있는가? 존슨의 대답은 산만했다. 또 그의 태도는 매우 부산했다. 급해 보였다. 이런 모습을 보며 포스트먼은 거래의 압박이 짓누르기 때문이라고 생각했다.

토밀슨 힐이 전화를 받으려고 방에서 잠깐 나갔다. 코언이었다. 1억 2500만 달러를 수수료로 주겠다는 크래비스의 제안을 전해 주기 위한 전화였다.

"그 정도면 우릴 파트너로 인정해 주는 게 아닌 것 같은데요?"

"내 생각도 그래요."

하지만 힐은 그 제안이 매력적이라는 사실을 알 수 있었다. 그 정도의 수수료면 시어슨이 1987년 한 해 동안 인수 합병과 관련된 자문 활동을 통해 벌어들인 수입의 절반 가까이 되는 액수였다. 시어슨의 사사분기 수익은 떨어질 전망이었고, 힐은 코언이 그 문제로 심각한 압박을 받고 있다는 걸 알고 있었다. 1억 2500만 달러를 한꺼번에 받을 수 있다는 점도 매력적이었다. 하지만 그 제안을 받아들이지 말아야 할 이유가 있었다. 그 이유를 힐은 코언에게 말했다.

"말할 필요도 없긴 하지만, 그 돈을 받으면 앞으로 우리 머천트 뱅킹 사업 부문은 볼장 다 봅니다. 우리가 어느 정도의 돈만 챙기면 언제든 물러난다는 걸 인정하는 게 되니까요. 아무리 그럴듯하게 치장해도 선수들끼리는 뻔히 다 알 수밖에 없는 거 아닙니까? 그 돈을 받아서는 안 됩니다. 절대로."

•————◌◌◌————•

"또 그 친구들이 전화를 했네요."

다시 회의실로 돌아온 힐이 말했다.

"그 친구들이 우리 시어슨에 정말 모욕적인 제안을 했습니다."

포스트먼은 혼란스러웠다. 힐이 '그 친구들'이라고 한 건 분명 KKR 진영이었다.

힐 이 친구가 자기 휴대폰으로 직접 크래비스와 협상을 한다는 말인가?

도대체 어떻게 돌아가는지 사태를 파악하려고 골똘하게 생각하는 포스트먼 뒤로 포스터가 한 장 붙어 있었다. 아이러니하게도 포스터에는 '시간을 허비하지 마라. 쓸데없는 이야기 백날 해 봐야 돈 한 푼 안 생긴다'라는 글귀가 적혀 있었다.

힐이 존슨에게 말했다.

"우리는 이 문제를 놓고 이야기를 나누어야 합니다. 이 제안은 비록 우리에게는 모욕이지만 당신에겐 모욕이 아니기 때문입니다."

존슨과 힐은 곧 떠났고, 시어도어 포스트먼과 그의 동생은 혼란에 빠져 어떻게 해야 좋을지 갈피를 잡지 못했다. 존슨이 크래비스와 협상을 하는 중인가? 만일 그렇다면 존슨은 왜 포스트먼 리틀과 대화를 하겠다는 것일까? 어쩌면 이런 의문들은 나중에 풀릴 수도 있다고 생각했다. 자리를 떠나기 전에 힐이 포스트먼 리틀 사람들더러, 저녁때 RJR 사무실에서 만나 손잡고 일할 가능성을 구체적으로 검토해 보자고 말했기 때문이다.

저녁때 만나서 할 이야기의 세부 사항들을 검토하던 중에 스티븐 클린스키가 시어도어 포스트먼에게 물었다.

"그 사람이 정말 제정신이라고 확신합니까?"

포스트먼은 존슨이 보여 준 이상한 행동은 흥분해 있기 때문에 나타난 것이라고 말했다. 그러면서 이런 모습들은 존슨뿐만 아니라 다른 사람들에게서도 여러 번 봤다고 했다. 한 기업을 책임지고 있는 최고경영자가 월스트리트의 도무지 알 수 없는 온갖 움직임들 때문에 혼란스러울 때면 흔히 나타나는 모습이라고 했다.

"워낙 심한 압박을 받아서 그런 거요. 어려운 상황에 있잖아요. 나도 이 세계에 있는 같은 최고경영자의 한 사람으로서 충분히 이해해요."

하지만 클린스키의 생각은 달랐다.

"글쎄요. 내가 보기에는 완전히 정신 나간 사람 같던데요?"

❖

크래비스가 1억 2500만 달러의 제안을 하고 한 시간이 지난 뒤, 리처드 비티가 시어슨에 있던 로버트 밀러드와 전화로 연결되었다.

"우리가 한 제안 들었지?"

"물론 들었지."

밀러드는 그 제안에 대한 시어슨의 반응을 전했다. 비티가 기대했던 반응이 아니었다. 코언은 크래비스의 제안에 모욕을 받았다고 생각해 길길이 뛴다고 했다. 그렇게 화내는 모습은 처음 본다는 말도 덧붙였다.

"코언은 자기가 그깟 뇌물 한 조각에 만족할 것 같으냐고 말하던데……."

"분위기가 어떤지 알 만해."

거기까지 말한 비티는 한숨을 쉬었다.

—————◆◆◆◆◆—————

존슨은 솔로 빌딩 48층으로 돌아왔다. 코언이 기다리고 있었다. 코언은 크래비스의 제안을 받고 잔뜩 화가 나 있었다. 곧이어 힐이 들어왔다. 크래비스를 욕하면서 사무실 안을 왔다 갔다 하는 힐의 얼굴이 얼마나 시뻘겋게 달아올랐던지, 존슨은 힐이 심장마비로 갑자기 쓰러지지나 않을까 걱정할 정도였다. 얼마 뒤 제임스 로빈슨도 합류했다.

크래비스의 제안은, KKR가 전날 아침 RJR 나비스코 인수를 공개적으로 선언한 뒤로 시어슨과 존슨 사이에 그동안 드러나지 않았던, 그리고 인정하지도 않고 있던 삐걱거림을 수면 위로 올려놓았다. 존슨은 여전히 시어슨과 함께 가겠다는 확약을 해 주지 않고 있었다. 로빈슨과 코언은 비록 입 밖으로 표현하지는 않았지만 존슨이 크래비스와 만났다는 사실이 마음에 걸렸다. 존슨이 과연 시어슨과 끝까지 함께 갈까, 아니면 KKR 진영으로 넘어갈까?

로빈슨이 존슨에게 말했다.

"로스, 만일 당신이 그 친구들과 함께 가겠다면 우린 말릴 수 없습니다. 그건 전적으로 당신 자유니까 말입니다."

코언도 제임스의 말에 동의했다. 하지만 존슨은 그 문제를 다음과 같이 정리했다.

"젠장, 그 이야기는 일단 접어 둡시다. 이 문제는 우선 우리 내부에서 먼저 검토해야 하니까. 그런 다음에 어떻게 해야 할지를 결정합시다."

해 질 무렵이 되자 48층에는 이들 외에도 많은 사람들이 모여 있었다. 시어슨과 데이비스 포크, 잭 너스바움의 법률 회사, 그리고 RJR에서 온 팀들이 다들 저마다 바쁘게, 크래비스의 입찰가보다 높은 가격으로 입찰하기

507

위해 여러 주 동안 했던 분석 작업을 다시 정리했다. 한편 존슨은 자기 방으로 RJR 나비스코의 경영진을 불러 모았다. 에드워드 호리건, 해럴드 헨더슨, 존 마틴 등이 헐렁한 옷을 걸치고 모였다. 존슨은 우선 크래비스가 했던 제안을 이들에게 설명해 주고는 말을 이었다.

"현재 상황이 이렇습니다. 나는 독단적으로 결정을 내리지는 않을 겁니다. 투표로 결정합시다. 여러분이 원하는 대로 할 겁니다. 각자 어떻게 하는 게 좋다고 생각하는지 이야기를 들어 보고 싶습니다. 어떤 방식을 제안하든 상관없으니까 뭐든 얘기해요. 헨리하고 갈 수도 있고, 제임스하고 갈 수도 있습니다."

존슨은 방에 모인 사람들을 둘러보았다. RJR 나비스코의 인수라는 대장정을 함께하기 위해 자신이 직접 뽑은 사람들이었다.

"헨리 크래비스와 손잡으면 어떻게 된다는 건 다들 잘 알 겁니다."

모두 고개를 끄덕였다. 하지만 시어슨과 손잡을 때 우리가 이길 가능성은 결코 높지 않다는 걸 염두에 둬야 한다고 존슨이 경고했다.

"만일 시어슨과 함께 갈 경우, 어쩌면 우리 모두 개털이 될 수도 있다는 거 다들 잘 알 겁니다."

시어슨이 크래비스를 꺾을 가능성은 그다지 많지 않았다. 그 누구도, 심지어 코언 쪽 사람들조차 크래비스와 전쟁을 치르는 데 필요한 자금을 모을 수 있을 것이라고 확신하지 못했다. 만일 시어슨과 손을 잡았다가 크래비스에게 깨지고 나면, 아무런 보상도 받지 못한 채 지금 가지고 있는 지위와 혜택을 내놓아야 했다.

존슨의 말을 듣고 있던 에드워드 호리건은, 존슨이 시어슨과 함께 가기로 했던 방침을 진지하게 재검토하길 바라고 있다는 사실을 알아차렸다. 두 사람은 이 모임이 있기 전에 따로 만났었다. 그때 호리건은 존슨에게 크래비스와 만나 어떤 대화가 오갔는지를 물었고, 존슨이 시어슨과 KKR 사이에서 모호한 태도를 취하는 것을 보고 깜짝 놀랐었다. 그때 존슨은 이렇게 말했었다.

"크래비스와 로버츠, 이 친구들은 거물입니다."

"그래요?"

호리건은 존슨의 말을 믿을 수가 없었다. 호리건은 여섯 층 아래에서 존슨과 크래비스 사이에 무슨 일이 있었는지 캐물었다. 한국전쟁의 영웅으로 공격적인 기질의 호리건은, 존슨이 벌써 크래비스와 어떤 거래를 해 버린 게 아닌가 의심했던 것이다. 그리고 또 한편으로는 얼마 전까지만 해도 크래비스를 두려움과 혐오의 대상으로 바라보다가 갑자기 태도를 바꾸어 그 '개새끼'를 우리 편으로 껴안자고 하는 존슨의 태도를 이해할 수가 없었다. 언제나 느긋하고 자유로운 존슨이야 그처럼 쉽게 태도를 바꿀 수 있을지 모르지만, 그런 성격이 아닌 호리건으로서는 도저히 그렇게 할 수 없었다. 그래서 대놓고 이렇게 말했다.

"난 당신이 무슨 얘기를 하는지 모르겠습니다. 아무튼 난 마음에 들지 않습니다."

그 말에 존슨이 대꾸했다.

"정말 모르겠습니까? 우리는 지금 전 세계에서 가장 큰 거래를 하고 있는 중입니다. 잘 알잖아요?"

호리건은 자기 입장을 분명하게 밝히려고 애썼다.

"우선 이 모든 게 이사회에 어떻게 비칠지 생각해 봅시다. 회사 경영진이 회사의 자산 가치를 깎아내릴 게 뻔한 크래비스와 거래를 하면서 어떻게 주주들의 이익을 대변한다고 말할 수 있겠습니까? 이사회에서 당장 들고일어나 우리 엉덩이를 걷어찰 게 뻔하지 않습니까?"

존슨은 이 말에 동의하지 않았다.

"크래비스가 제안한 한 주당 90달러면 주주들의 이익은 이미 충분히 대변했다고 볼 수 있습니다. 이제는 이 입찰 경쟁이 정상적으로 이루어지도록 하고, 아울러 부채가 너무 많아서 나중에 회사 경영이 불가능할 정도까지 나아가지 않도록 하는 게 중요하다고 봅니다."

호리건은 크래비스를 싸고도는 말은 더 이상 들으려 하지 않았다.

"그들은 적입니다. 그런데 그들과 손을 잡자니 나로서는 도무지 이해가 안 됩니다."

여기까지가 전체 경영진이 모이기 전에 호리건과 존슨이 먼저 따로 만나서 나눈 대화 내용이었다. 전체 경영진이 모인 뒤에도 호리건의 이런 입장은 바뀌지 않았다. 그는 이길 가능성이 얼마나 있느냐를 떠나 시어슨과 끝까지 손을 잡고 함께 가는 게 옳은 일이라고 주장했다.

"그럼 당신은 당신 좋을 대로 해요. 우리는 죽든지 살든지 시어슨과 함께 갈 거니까요."

헨더슨, 에드워드 로빈슨, 세이지 등 다른 사람들도 호리건의 의견에 동의했다. 존 마틴은 이렇게 말했다.

"우리는 파트너를 정했고, 일은 벌써 진행되고 있습니다. 파트너와 함께 계속 가야 합니다."

위기는 해소되었다. 경영진 회의가 끝난 뒤 존슨은 코언을 불렀다.

"당신들이 우리가 어떻게 나갈지 걱정하는 거 잘 알고 있습니다. 그래서 다시 이야기하지만, 시어슨은 우리에게 매우 관대한 제안을 했고, 그 점은 고맙게 생각하고 있습니다. 그리고 우리가 한 배를 타고 있다는 사실을 다시 한 번 확인해 주고 싶습니다."

코언은 대단히 만족스러워했다.

이런 혼란의 와중에 시어도어 포스트먼이 48층에 도착했다. 엘리베이터에서 내리는 순간, 포스트먼은 느낌이 별로 좋지 않다는 생각을 했다. 사람들이 너무 많았던 것이다. 대부분 변호사로 보였다. 포스트먼의 입에서 신음 소리가 절로 나왔다.

'사공이 너무 많은데 일이 잘될까?'

시어도어 포스트먼은 동생인 닉과 변호사 스티븐 프레이딘, 골드만 삭스의 제프 보이시를 함께 데리고 왔다. 이들 역시 분위기가 무척 혼란스럽다는 것을 느꼈다. 투자은행가들을 상대로 거래하는 일에 익숙하던 보이시는, 코언이나 로빈슨 같은 최고경영자들이 나서서 돌아다니는 걸 보고 당황했다.

'그렇다면 여기에서 누가 최종 책임자라는 말이지?'

포스트먼 일행은 창문이 하나도 없는 회의실로 안내되었다. 회의실 안에는 버찌색의 커다란 회의용 탁자가 놓여 있었고, 열서너 명의 변호사와 투자은행가들이 자리를 잡고 앉아 있었다. 시어슨 사람들은 곧바로 포스트먼에게 질문을 퍼붓기 시작했다. 질문 내용은 제각각이었지만 핵심은 헨리 크래비스와 맞서서 어떻게 싸울 작정이냐는 것이었다. 하지만 포스트먼은 의기투합해서 같은 편으로 손을 잡기 전에는 그런 질문이나 혹은 거기에 대한 답변은 아무런 의미가 없다고 말했다. 포스트먼은 그날 적어도 두 번째의 장황한 연설을 쏟아 냈다.

우선 크래비스를 비난하는 것부터 시작했다. 정크 본드도 브리지론도 안 된다고 했다. 포스트먼은 존슨이 회의실에서 빠져나가는 걸 보고는 점점 더 힘을 주어 말했다. 적대적인 공개 매입도 안 된다고 했다. 숱한 금기들을 입에 올리며, 이런 모든 미친 짓들은 절대로 안 된다고 했다. 얼마 뒤 코언도 회의실 밖으로 나갔고, 포스트먼은 다음과 같이 결론 내렸다.

"난 개수작 같은 거 안 부립니다. 우린 뭐든 '얼씨구나' 하고 덥석 물지 않아요. 그런데 이번 일이 그렇습니다. 다들 내 말 이해하겠죠?"

포스트먼이 주위를 둘러보았다. 그런데 회의실이 거의 텅 비다시피 한 모습이 그제야 눈에 들어왔다. 자기 일행을 제외하고는 세 사람밖에 남아 있지 않았다. 포스트먼은 신경질적으로 머리를 긁었다. 그때 시어슨 소속의 젊은 투자은행가 한 명이, 포스트먼 리틀의 도덕관을 훼손하지 않고도 정크 본드를 사용해 포스트먼 리틀의 목표를 달성하는 몇 가지 방안들을 제시하기 시작했다. 그의 발언은 길게 이어졌다.

포스트먼은 짜증이 났다. 도대체 이 친구는 내가 한 말을 귓구멍으로 들었나, 아니면 콧구멍으로 들었나? 오늘 아침 《월스트리트저널》에 난 기사를 읽어 보지도 않았나?

"아, 잠깐만요, 잠깐만!"

포스트먼은 화가 나서 젊은 투자은행가의 발언을 제지했다.

"내가 한 말을 정말 못 알아듣겠습니까? 난 그런 거 안 한다고 했잖아요!"

포스트먼은 소리친 뒤 잠시 입을 다물었다가 이렇게 물었다.

"다들 어디 갔습니까?"

아무도 아는 사람이 없었다. 그리고 남아 있던 시어슨의 투자은행가들도 모두 회의실에서 나갔다. 포스트먼은 도무지 무슨 영문인지 알 수가 없었다. 포스트먼은 그 자리에서 기다렸다. 하지만 한 시간이 지나도 존슨과 코언, 제임스 로빈스 혹은 토밀슨 힐이 나타날 기미는 보이지 않았다. 제프 보이시가 인내심의 바닥을 드러내며 화를 내기 시작했다. 그러고는 포스트먼에게 경고했다.

"여기서 뭔가 수상한 일이 벌어지고 있나 본데, 조심해야겠습니다."

저녁 시간 내내 코언은 크래비스와 연락을 취하려고 애썼다. 그전에 코언과 존슨은 1억 2500만 달러의 '뇌물'은 완전히 실망스러운 수준이라는 메시지를 크래비스에게 전하는 게 중요하다는 사실에 동의했었다. 존 마틴은 택배로 죽은 생선 한 마리를 보내 이쪽에서 어떤 생각을 하는지 정확하게 알려 줘야 하는 거 아니냐는 말까지 했다. 코언은 크래비스의 아파트에 전화해서 통화할 수 있으면 좋겠다는 메시지를 여러 차례 남겼다. 또한 리처드 비티에게도 전화해서 크래비스가 어디에 있는지 물었다. 비티는 알면서도 일부러 모른다고 거짓말을 했다.

그 시각에 크래비스는 사실 인근의 프렌치 레스토랑 '라 그르누이'에서 화려한 만찬을 즐기고 있었다. 이 만찬은 탤런트 에이전트인 스위프티 러자르가 헨리 키신저를 위해 마련한 자리였다. 그곳에서 크래비스는 투자은행 라저드 프레어스의 투자은행가이면서 현재는 찰스 휴걸의 특별위원회를 위해 일하는 필릭스 로아틴, 살로먼의 존 굿프렌드와 수다를 떨고 있었다. 이 자리에서 단연 인기가 있었던 화제는 RJR 나비스코의 인수 합병이었다. 크래비스와 한 테이블에 앉은 굿프렌드는 테이블의 다른 사람들이 이 자그마한 금융인에게 질문하는 모습을 바라보며 미소를 지었다. 굿프렌드는 자기의 살로먼이 RJR 나비스코라는 사냥감을 두고 KKR와 한판 싸움을 치를 뻔했다는 이야기는 물론 입에 올리지 않았다. 크래비스와 함께 만찬을 즐기면서 그가 했던 이야기는 크래비스를 언급한 언론 기사에만 철저하게 한정했다.

"내가 기억하기로 금융인이 《월스트리트저널》과 《뉴욕타임스》 1면에 같은 날 동시에 기사 주인공이 된 사례는 처음이 아닐까 싶은데요……."

굿프렌드의 말에 헨리 크래비스는 그냥 웃기만 했다. 그는 존 굿프렌드를 그다지 좋아하지 않았다.

•————∞∞————•

만찬을 마친 뒤에 크래비스는 자기 아파트로 돌아가 코언의 전화를 기다렸다. 그의 집 서재에서는 솔로 빌딩 48층에 불이 환하게 켜져 있는 것이 보였다.

'저 친구들은 아직도 저기에 있나 보군.'

12시 15분에 전화벨이 울렸다. 존슨이었다. 그의 목소리는 평소처럼 원기왕성하지 않았다.

"헨리, 난 정말 실망했습니다. 시어슨에 한 제안은 너무 심하지 않았습니까? 공정하게 바라보고 판단할 줄 알았는데…… 전혀 공정하지 않았습니다. 옳지 않았습니다."

그러고 나선 대화의 여지는 남아 있지만 그 조건으로는 안 된다, 만일 좀 더 공정한 제안을 할 용의가 있다면 통로는 아직도 열려 있다고 덧붙였다.

크래비스는 전혀 놀라지 않았다. 언제나 그랬듯 비티의 예상이 정확하게 맞아떨어졌기 때문이다. 하지만 그는 토론할 기분이 아니었다.

"알겠습니다. 그렇게 받아들인다면 어쩌겠습니까."

크래비스는 그렇게만 말했다.

•————∞∞————•

존슨은 수화기를 내려놓고 골드스톤을 바라보았다. 두 사람은 존슨의 사무실로 통하는 대기실에 앉아 있었다. 대기실 바깥에서는 코언이 서성거리고 있었다.

골드스톤은 자기 고객이 하는 행동이 마음에 들지 않았다. 존슨의 개성은 첨예한 대결 상황에선 맞지 않는 구석이 있었다. 너무 쾌활한 데다 좋은 게 좋다는 식으로 흐르다 보니, 민감한 상황에서 정작 해야 할 말을 제대로 하지 못하는 경우가 있었다. 이번이 바로 그랬다.

"로스, 만일 헨리에게 파트너를 바꿀 의향이 없다는 메시지를 줄 생각이었다면, 그 메시지를 제대로 전달한 것 같지 않습니다. 다시 전화해서 좀 더 확실하게 언질을 주는 게 좋겠습니다."

"아무래도 확실하게 말하지 않은 것 같죠?"

"그런 것 같습니다. 좀 모호했습니다."

"다시 전화를 해야겠죠?"

"예. 내가 보기에는 그렇습니다."

5분 뒤, 존슨은 다시 크래비스에게 전화를 했다.

"헨리, 한 가지 분명하게 하지 않은 게 있어서 말입니다. 나는 시어슨과 같이 갈 겁니다. 솔직히 우리 두 사람이 파트너가 될 수 없다고 당신이 생각하길 원하지는 않아요. 하지만 그렇다고 내가 내 파트너들을 버릴 것이라곤 기대하지 않는 게 좋습니다."

크래비스는 존슨이 왜 다시 전화를 했는지 의아했다. 누군가 존슨을 조종하고 있구나, 그렇게 결론 내렸다. 그는 경영진을 실질적으로 장악한 사람이 누구인지 궁금했다. 그런 생각을 하면서 크래비스가 대답했다.

"물론 그런 기대는 하지 않습니다. 로스, 한 가지 사실을 분명하게 말씀드리죠. 당신들을 이간질해서 갈라서게 할 생각은 전혀 없습니다. 그건 우리 의도가 아닙니다."

거짓말이었다. 하지만 로스 존슨을 따돌린다거나 불편하게 만들어서는 안 되었다. 전화를 끊고 나자 걱정이 되었다. 그래서 곧바로 조지 로버츠와 리처드 비티에게 전화해서 의논했다. 제안이 거부당한 것은 좋지 않은 결과라는 게 공통된 의견이었다. 적어도 서류상으로 한 주당 90달러의 공개 매입은 그럴듯하게 보였다. 하지만 회사 사정을 속속들이 잘 아는 경영진의 도움을 받지 않고 대규모의 인수 합병 사업을 한 번도 해 본 적이 없다는 사실을 크래비스는 뼈저릴 정도로 잘 알고 있었다. 인정하고 싶지 않았지만 인정할 수밖에 없는 현실이었다. 그러나 한 가지는 분명했다. 그에게는 로스 존슨이 필요하다는 사실이었다. 게다가 이 정도 규모의 인수 합병 전쟁에서 입찰이 벌어질 경우 설령 이긴다 하더라도 수십억 달러의 비용을 피할 수 없었다. 크래비스와 로버츠는 새로운 접근이 필요하다는 데 의견을 모았다.

크래비스가 솔로 빌딩에 있는 존슨에게 전화를 걸었다. 그리고 1분 뒤에 코언과 연결되었다.

"피터, 우리끼리 만나서 이야기를 좀 해야 하지 않을까 싶네요. 우리는 당신들을 이간질해서 쪼개려고 하는 거 아닙니다. 여기에 대해 이야기를 해야 하지 않나, 그런 생각이 들어서 말입니다."

"좋죠, 이야기합시다."

"아침에 만나는 게 어떻습니까?"

"아니요. 만나고 싶으면 지금 당장 봅시다."

코언은 시어도어 포스트먼이 뒷방에서 자기를 기다리고 있다는 사실은 언급하지 않았다.

"지금 당장요? 밤 12시 30분인데……."

"말하고 싶은 게 있으면 지금 이야기해요. 내일 아침이면 너무 늦을지도 모르니까."

크래비스는 전화를 끊고 비티에게 전화를 했다.

"저쪽에서 만나자고 합니다."

"내일 몇 시에요?"

비티는 이미 잠자리에 들어가 있었다.

"내일이 아니라 오늘 밤에요."

"오늘 밤에요?"

•———◎◎◎———•

비티는 얇은 점퍼를 걸쳐 입고 5번가 아파트를 나서 택시를 불렀다. 그리고 가는 길에 칼라일 호텔 현관 입구에서 기다리던 로버츠를 태우고, 다시 파크애버뉴 아파트에서 크래비스를 태웠다. 늦은 시각이라 길은 한적했고 택시는 막힘없이 달렸다. 세 사람은 솔로 빌딩 앞에 내렸다. 그런데 길가에는 리무진들이 길게 줄을 지어 주차해 있었다.

"젠장, 세상 사람들이 48층에 다 모였나 보군."

크래비스가 머리를 절레절레 흔들며 말했다.

•———◎◎◎———•

시어슨의 부회장 조지 샤인버그는 새벽 1시 조금 지난 시각에 크래비스가 엘리베이터에서 나오는 걸 보았다. 사진작가이기도 했던 그는 평소 카메라를 들고 다녔는데, 마침 이 광경을 보고 역사의 한 장면이 될 수도 있다는 생각에 카메라를 들어 올렸다. 하지만 곧 사진 찍기를 포기했다. 미신을 믿는 사람은 아니었지만 그래도 혹 사진을 찍는 행위 때문에 그날의 만남이 어그러질까 두려웠기 때문이다.

크래비스와 로버츠, 비티가 엘리베이터에서 나오자 시어슨의 제임스 스턴이 손을 흔들며 이들을 맞았다. 스턴은 그 시각까지 줄곧, 포스트먼이 앉아 있는 회의실에서 3미터 정도밖에 떨어져 있지 않은 다른 회의실에서 살로먼의 투자은행가들과 논의하고 있었다. 닫혀 있는 두 개의 회의실 문은 살로먼과 포스트먼 리틀이라는 두 투자 회사 사람들이 서로 부닥치지 않도록 보장해 주는 최고의 장치였다. 스턴은 살로먼 사람들에게 서둘러 돌아왔다. 그리고 이제 한 무대에서 세 가지 묘기가 동시에 펼쳐지는 아슬아슬한 서커스가 시작되는구나, 하고 생각했다.

시어슨 사람들이 크래비스를 기다리던 존슨의 사무실 안 분위기는 긴장 그 자체였다.

코언은 말할 것도 없고 제임스 로빈슨과 토밀슨 힐을 포함한 다른 여섯 명도 초조하게 사무실 안을 서성였다. 특히 시어슨의 최고경영자는 헨리 크래비스와 시어도어 포스트먼이 혹시라도 마주칠까 봐 안절부절못했다. 만일 그렇게 된다면, 그 뒤에 어떤 사태가 벌어질지는 아무도 모를 일이었다.

존슨의 사무실은 담배 연기로 가득했다. 존슨의 아랫입술에는 시가릴로가 떨어지지 않았고, 코언도 늘 물고 다니던 시가로 연기를 뿜어 댔다. 답답한 실내 공기 중에는 연기로 이루어진 층 하나가 떠 있었다. 하지만 신경 쓰는 사람은 아무도 없어 보였다. 팔려고 내놓은 회사 혹은 이제 곧 들이닥칠 손님이 사려고 하는 회사가 담배 회사인데 뭐 어때, 하는 분위기였다. 존슨의 책상 뒤 책장에는《손자병법》이 놓여 있었다. 하지만 그렇다고 해서 존슨이 이 책을 읽었다고 볼 수는 없었다. 벽의 한쪽은 창문이 이쪽 끝에서 저쪽 끝까지 이어져 있었다. 이 창문을 통해서, 불이 꺼진 RCA 빌딩†과 투자

---

† 록펠러센터를 이루고 있는 21개 빌딩군 가운데 가장 높은 건물로 70층이다. '30 록 펠러 플라자'라고 하며 1933~1988년까지는 'RCA 빌딩', 1988~2015년까지는 'GE 빌딩', 그 이후로는 '콤캐스트 빌딩'이란 이름으로 불리고 있다.

은행 페인웨버 빌딩의 붉은 네온 사인 너머 멀리 남쪽으로 로어맨해튼까지 바라다보였다.

크래비스와 로버츠, 비티는 안내를 받으며 앤드루 세이지의 텅 빈 사무실 곁을 지나고 여러 개의 칸막이 공간을 지나 존슨의 사무실로 들어섰다. 세 사람이 방 안으로 들어오면서 잠시 의례적인 인사와 농담이 오갔다. 잭 너스바움은 잠옷에 그냥 점퍼 하나만 걸치고 나온 것 같은 비티를 보고 농을 걸었다.

"딕, 자다가 한잔하러 나온 것 같은데요?"

방 안 가득한 담배 연기에 조지 로버츠가 불편해했다. 로버츠는 자기 앞으로 퍼져 오는 담배 연기를 보고 본능적으로 손을 홰홰 저었다. 담배 연기 때문에 눈물까지 질금질금 나왔다. 그는 이런 불편함을 대수롭지 않게 여기려고 했다. 하지만 결국에는 에드워드 호리건에게 이렇게 말할 수밖에 없었다.

"제발 다들 담배 좀 그만 피웠으면 좋겠어요. 담배 연기 때문에 미치겠습니다."

로버츠의 발언이 잠시 사람들을 당황스럽게 만들었다. 존슨과 호리건은 놀란 눈빛을 서로 교환했다.

'이 사람이 방금 담배 연기 때문에 미치겠다고 한 거 맞죠?'

미국에서 가장 큰 담배 회사를 사겠다는 사람이 담배 연기 때문에 미치겠다니 도저히 믿을 수 없는 고백이었다. 로버츠의 이런 적절하지 못한 발언은 그날 저녁 그 장소에 있는 모든 사람들이 맞닥뜨리게 될 당혹함의 전주곡이었을 수도 있다.

"담배 연기가 정말 싫다면 끌게요."

코언이 말했다.

"예, 싫습니다."

"정말 골 때리게 아름다운 장면이네."

호리건이 중얼거렸다. 코언은 방에서 나갔다가 금방 다시 돌아왔는데 그의 손엔 불붙이지 않은 시가가 들려 있었다. 그리고 존슨의 책상 뒤로 돌아가서 비어 있던 의자에 앉았다. KKR의 사람들이 오기 전에 코언과 제임스 로빈슨은 만일 크래비스가 도착하면 로빈슨은 뒤로 빠지는 게 좋겠다고 미리 약속했었다. 로빈슨 부부와 크래비스 부부가 승마 친구임을 코언은 알고 있었고, 그 바람에 로빈슨의 판단이 흐려질지도 모른다는 생각에 이런 제안을 했던 것이다.

로빈슨과 존슨이 자리를 비켜 줄 채비를 했고, 존슨은 나머지 사람들에게 말했다.

"그럼 이제 우리는 퇴장하고 투자은행가들끼리 정답게 이야기를 나누어야겠습니다. 그게 좋겠지요? 이야기 잘해서 좋은 물건 하나 만들어 내십시오. 멀리 안 갈 테니까, 필요하면 언제든 부르고요."

존슨의 말이 끝나자 로빈슨도 한마디 거들었다.

"자, 다들 명심합시다. 많은 사람들이 여러분의 논의를 지켜본다는 걸 말입니다. 아마 의회에서도 지켜볼 겁니다."

그러자 조지 로버츠가 약간 꼬인 말로 받았다.

"그토록 사랑하고 높이 평가하며 공들인 일인데, 여기 있는 누군들 망치고 싶겠습니까?"

로빈슨과 존슨이 나갔다. 코언은 자기와 힐이 어떻게 KKR의 세 사람을 요리해야 할지 잘 알고 있었다. 사실 월스트리트의 협상에서는 언제나 같았다. '착한 경찰'과 '나쁜 경찰' 역할을 나누어 맡아서 때리고 어르는 것이었다. 여러 해 동안 코언은 시티그룹 회장 샌디 웨일의 나쁜 경찰 역할을 했었다. 이 역할을 얼마나 잘했던지 곧바로 그의 두 번째 천성이 될 정도였다. 오늘 밤에는 외교관이라는 새로운 역할을 멋지게 소화해야지, 하고 코언은 마음속으로 다짐했다.

크래비스의 '뇌물'에 여전히 화가 나 있던 그는 출발이 좋지 않았다. 코언은 존슨의 책상 뒤에 서서 시어슨은 지금도 여전히 KKR와 손잡고 파트너의 길을 갈 수도 있다는 사실을 강조했다. 그의 말투는 평탄했지만 전투적인 본능이 곧 밖으로 튀어나왔다.

"이건 우리가 주인공인 거래입니다. 뒤로 비실비실 물러날 생각이 없다는 말입니다. 당신들이나 다른 어떤 회사가 개입하든 거기에 빌붙어서 보조 역할만 하진 않을 겁니다. 로스가 우리 편이라는 사실이 얼마나 유리한 건지는 다들 잘 알 겁니다."

KKR의 제안에 대해서도 코언은 못을 박았다.

"우리는 뇌물 몇 푼 받아 챙기는 데는 관심이 없습니다. 제안했던 금액의 두 배를 준다 해도 안 받습니다. 그건 모욕입니다. 화가 나는 일이죠."(나중에 코언은 스스로도 자기는 정치가 자질이 없다고 인정했다.)

비티 옆자리의 카우치 소파에 앉아 있던 로버츠가 입을 열었다. 그는 무릎에 두 손을 올려놓고 있었는데, 말을 하는 동안 두 손의 위치를 단 한 번도 바꾸지 않았다. 그의 발언은 냉정했다.

"피터, 우리는 사업하는 사람으로서 사업가답게 이 문제를 논의하려고 이 자리에 왔습니다. 그러니 우리가 손잡고 함께 갈 수 있는 방안을 제시해주는 게 어떻습니까? 그래야 우리도 가능성을 타진하고 또 우리가 할 수 있는 부분을 찾아낼 수 있으니까요."

하지만 아직 시어슨의 공격이 끝난 게 아니었다. 토밀슨 힐이 남아 있었다. 냉정하고, 옷을 잘 차려입고, 또 두려움을 모르는 힐이 나쁜 경찰 역할로 싸움에 끼어들었다.

"조금 전에 RJR 나비스코의 경영진은 시어슨 리먼과 끝까지 함께 간다고 결정을 내렸습니다. 시어슨 리먼과 KKR 사이가 지금 이 시각 이후로 어떻게 되든 간에, 우리가 절대적으로 유리한 국면으로 접어들었다는 사실을 알려 드리는 겁니다."

힐은 크래비스가 시어슨을 상대로 총력전을 벌이겠다고 선택할 때 감당해야 할 위험성을 분명하게 일러두고 싶었다.

"헨리, 당신들은 지금 한 번도 가 보지 않은 영역으로 발을 들여놓으려고 합니다. 이번 거래는 매우 특이합니다. 경영진이 그쪽 편이 아니라는 점에서 말입니다. 상당히 복잡하고 어려운 문제들이 한두 가지가 아닐 겁니다. 특히 자산 평가와 관련된 정확한 수치를 파악하기 어렵겠죠."

이 지점에서 힐은 깊이 쐐기를 박았다.

"이런 상황은 또한 당신들의 입지를 규정합니다. 우호적이냐 아니면 적대적이냐 하는 당신들의 성격 말입니다. 물론 당신들은 적대적 인수 합병에 나서는 것이고, 이 점에 대해 KKR의 투자자들은 말들이 많을 겁니다. 그리고 미래의 경영진이 당신들을 어떻게 대할지도 크게 영향받을 수밖에 없을 겁니다. 또 있습니다. 잘 알겠지만, RJR 나비스코는 남부와 캐롤라이나 지역에 사업체를 운영하고 있습니다. 여기에는 막강한 영향력을 행사하는 의원들이 많습니다. 예를 들면 제시 헬름스† 같은 사람 말입니다. 제시 헬름스는 이 회사의 미래나, 지역 사회에서 이 회사가 해야 할 역할에 대해 지대한 관심을 가질 게 분명합니다."

이런 협박들은 틀린 게 아니었다. 힐이 말을 끝내자 세 사람이 동시에 입

---

† 1973~2003년까지 노스캐롤라이나주의 공화당 상원의원을 지낸 보수파 지도자.

을 열었다. 특히 크래비스가 잔뜩 골을 냈다.

"톰, 만일 우릴 협박할 생각으로 그런 말을 했다면 정말 웃기지도 않네요. 그런 협박을 들으려고 한밤에 여기 찾아온 게 아니니까, 그만 가 봐야겠네요."

로버츠도 거들었다.

"제시 헬름스에게 전화하고 싶으면 그렇게 해요. 여긴 자유 국가니까."

비티도 손바닥이 보이게 두 손을 펼쳐서 앞으로 내밀며 말했다.

"톰, 우리한테 뭘 원하는 겁니까? 얘기를 하자는 겁니까, 말자는 겁니까?"

이때 코언이 끼어들었다.

"잠깐, 잠깐! 이렇게 되면 오늘 이 자리에 모인 보람이 없잖아요. 우리가 이 자리에 모인 건, 함께 손을 잡고 갈 수 있는 방안이 없나 찾아보려고 모인 것 아닙니까?"

비티는 코언이 화해의 손을 내밀자 내심 기뻤다. 힐이 말을 마치면 끼어들려고 코언이 줄곧 기다리고 있었다는 사실을 비티는 간파했던 것이다.

2시가 조금 지난 시각이었다. 포스트먼이 있는 회의실로 심부름꾼이 들어왔다. 로스 존슨이 포스트먼 일행을 보자고 한다는 말을 전했다. 포스트먼은 프레이딘도 함께 가야 하느냐고 물었고, 심부름꾼은 변호사는 함께 가지 않아도 된다고 했다.

이미 지친 지 오래인 시어도어 포스트먼과 그의 동생 닉 포스트먼이 자리에서 일어났다. 그리고 심부름꾼 뒤를 따라 불 꺼진 사무실 몇 개를 지나에드워드 호리건의 이름이 걸린 문을 열고 안으로 들어갔다. 거기에는 존슨과 제임스 로빈슨, 호리건이 있었다. 로빈슨은 턱시도를 입었는데 나비넥타이는 풀려 있었다.

"무슨 일 있어요?"

포스트먼의 물음에 로빈슨이 대답했다.

"테드, 무슨 일인지 알려 드릴 텐데, 있는 그대로 얘기할 수밖에 다른 도리가 없네요."

"뭔데요, 대체?"

"우리 쪽 사람이 지금 헨리 크래비스를 만나고 있습니다, 다른 회의실에서요."

포스트먼은 로빈슨을 바라보았다. 그의 시선은 로빈슨의 이마 한 지점에 고정되었다. 마치 명치 부분을 한 대 강타당한 느낌이었다. 잠시 동안 포스트먼은 할 말을 잊은 듯 멍하니 있다가 닉이 앉은 카우치 소파에 자리를 잡고 앉았다.

이때 포스트먼이 느낀 감정은 단지 실망이라는 단어 하나만으로는 부족했다. 배신감도 포함되어야 했다. 그는 이 사람들이 원칙이라는 걸 가지고 있길 바랐었다. 자기처럼 이 사람들도 크래비스의 본질을 꿰뚫어 보길 바랐었다. 하지만 자기가 잘못 생각했었다는 사실을 그제야 깨달았다.

포스트먼의 머릿속으로 온갖 욕들이 줄을 지어 차례로 지나갔다.

'개자식들. 후레자식들. 개 똥구멍 같은 후레자식들. 내가 왜 여기 왔는데? 하고많은 사람들 가운데서 하필이면 저 난쟁이 똥자루 같은 크래비스야? 왜 그 자식과 얘기를 하고 있단 말이야!'

하지만 포스트먼은 입 밖으로는 아무 말도 하지 않았다.

로빈슨이 계속해서 말을 이었다.

"테디, 우리가 하는 건 최상의 선택이지요. 물론 옳은 건 아닙니다. 단지 현명하게 사업을 하자는 것일 뿐입니다."

포스트먼은 여전히 입을 다물고 아무 말도 하지 않았다.

"저들과 잘되리라곤 생각하지 않습니다."

존슨이 끼어들었다.

"맞아요, 잘될 게 없습니다. 뭐가 잘되겠습니까? 경영진도 저들과 손을 잡지는 않을 겁니다."

존슨의 말을 들으며 포스트먼은 생각했다.

'그렇다면 왜 저들과 이야기를 하고 있지?'

포스트먼은 거짓말을 듣고 있기가 지겨웠다. '뺑치지 마, 개자식들아!'라는 말이 목구멍까지 치밀었지만, 꾹 눌러 참았다. 화를 내는 순간 협상에서 지고 거래를 놓치고 만다는 이야기는 자기가 포스트먼 리틀의 파트너들에게 늘 하던 말이 아니었던가. 참자. 그런 생각을 하며 포스트먼은 로빈슨을 바라보았다.

"예, 그건 뭐 당신들 일이고 내 일은 아니니까요. 하지만 어쨌거나 난 당신들 생각에는 동의하지 못하겠네요."

이 말만 하고 자리에 일어서고 싶었다. 하지만 그렇게 할 수가 없었다. 계속해서 다음 말이 그의 입에서 나왔다.

"저들은 진짜 삼류 양아치입니다. 자기들이 양아치라는 사실을 수없이 증명해 왔지 않습니까?"

다시 포스트먼이 로빈슨을 바라보았다. 포스트먼의 눈빛은 자기가 던진 질문에 대한 대답을 찾고 있었다. 로빈슨이 대답했다.

"저들과는 사회적으로 친구 사이입니다. 오로지 사회적인 측면에서만 저 사람들을 알고 있다, 이 말입니다."

여기까지 말한 뒤에 로빈슨은 잠시 쉬었다가 다시 말했다.

"어쨌든 저들 때문에 걱정할 건 전혀 없습니다. 제대로 진행되지 않을 테니까요."

"이것 보시오 제임스, 제대로 진행될지 말지 따지기 전에 왜 그렇게 하느냐 이 말입니다. 정말 이해할 수 없습니다. 우리가 당신들과 손잡고 일을 해보자고 여기 와 있는데 어떻게 저따위 인간들을 상대로 따로 협상을 할 수 있느냐 이 말입니다. 우리가 원하는 수익률은 9퍼센트밖에 안 됩니다. 그러니 당신들은 정크 본드를 쓸 필요도 없지 않습니까? 크래비스 따위는 필요 없지 않습니까? KKR가 나타나지 않았더라면 우리는 당신들을 열심히 응원하고 지원했을 거요."

이어서 네 사람은 테니스나 골프 등을 화제로 얼마 동안 어색한 시간을 더 보냈다. 그런 다음에 포스트먼이 이런 말을 했다.

"어쨌든 사실대로 얘기해 줘서 고맙소."

"예, 그러니 최소한 그 점에서는 우리를 믿어 주기 바랍니다."

존슨이 당부하자 포스트먼은 알겠다고 말했다.

포스트먼 형제는 보이시와 프레이딘이 기다리고 있는 회의실로 돌아와 '도저히 믿을 수 없겠지만'이라는 말로 서두를 꺼낸 다음, 현재 벌어지는 상황을 전했다. 이야기를 다 들은 프레이딘이 자리에서 일어섰다.

"그만 가죠."

프레이딘은 자기들을 이런 식으로 대하는 사람들과 일을 도모하려고 계속 앉아서 기다릴 이유가 없다고 했다. 어리석은 줄타기를 해서는 안 되며 또한 그렇게 하는 사람들과 손을 잡아서도 안 된다는 말을 덧붙였다.

"여기서 더 얼쩡거리지 않는 게 좋겠습니다."

프레이딘은 운동장에서 친구와 싸운 조카를 타이르는 마음씨 좋은 삼촌처럼 말했다. 8년 동안 시어도어 포스트먼의 일을 봐주었던 프레이딘은 포스트먼을 보호해야 한다는 생각을 마음 한구석에 가지고 있었다. 포스트먼은 월스트리트에 대해 많은 점에서 순진할 정도로 우직했다. 그는 코언이나 크래비스 같은 사람들과는 거래하지 않았다. 그리고 그들을 비판하는 만큼이나 그들을 제대로 이해하지 못했다. 포스트먼은 사람들을 있는 그대로 믿었고, 그 바람에 여러 번 낭패를 당했었다. 그날 밤도 그런 경우였다.

"그래요, 가자고, 젠장!"

포스트먼도 프레이딘의 말에 동의했다. 그런데 제프 보이시가 그를 막았다.

"잠깐만요, 테드. 우리 모두 다 이 자리에서 벗어나길 바랍니다. 하지만 이 상황은 지금 우리한테 유리하게 바뀔 수도 있습니다. 여기서 나가지 않고 계속 있으면 말입니다."

골드만 삭스의 투자 담당 책임자인 보이시는 그 혼란스러운 분위기의 본질을 파악했다. 당혹해하는 얼굴들 그리고 코언과 로빈슨 같은 거물들이 한자리에 있는 상황 등이 자기들에게 기회가 돌아올 수 있음을 암시한다고 보았던 것이다. 그는 시어슨 팀에서 절망감을 포착했고, 이것이 자기들에게는 기회가 된다고 보았다.

"이들은 지금 진창 속에서 허우적거리고 있습니다. 만일 KKR와 뭔가를 해낼 수 없으면 당연히 우리를 필요로 하게 될 겁니다. 그러면 우리가 칼자루를 쥐고 마음대로 흔들어 댈 수 있습니다."

포스트먼은 갈등했다. 사실 크래비스와 싸워서 정크 본드의 실상을 세상에 낱낱이 알리고 싶은 마음이 간절했다. 하지만 존슨은 포스트먼 리틀과 KKR의 차이, 다시 말해 옳은 것과 그른 것의 차이를 가려낼 능력이 없어 보였다. 그게 자꾸만 걸렸다.

결국 그들은 기다리기로 했다.

⌘

담배 연기 자욱한 48층의 존슨 사무실에서는 여전히 논의가 진행되고 있었지만 겉돌기만 했다. 논리적으로 보자면 손을 잡는 게 양쪽 모두에 유리했다. 공개적으로 긴 싸움을 벌인다면 양쪽 다 잃을 게 너무 많았다. 그러나 손을 잡는다는 것은 해석하는 주체에 따라 내용이 확연히 달랐다. 코언은 크래비스가 제안한 지분 10퍼센트를 모욕으로 받아들였고, 크래비스는 50 대 50은 절대 안 된다고 했다. 크래비스가 말했다.

"우리한테는 그런 전례가 없습니다. 그리고 그런 전례를 만들고 싶지도 않습니다."

그러자 토밀슨 힐이 나섰다.

"언제든 처음은 있게 마련 아닙니까? 200억 달러라면 얼마나 많이 남겠습니까? 우리 모두가 한몫 챙기기에 충분하지 않습니까?"

제시 헬름스를 언급하며 힐이 협박했던 사실에 여전히 골이 나 있던 크래비스가 힐을 쏘아보았다.

"경영권 행사를 포기하는 거래는 할 생각이 없습니다. 그렇게 할 수가 없습니다."

한 시간 동안 논의했지만 어느 한 가지 사항에서도 합의가 이루어지지 않았다. 그렇다고 해서 양쪽 다 자리를 박차고 나갈 만큼 노골적으로 대립하지도 않았다.

"그렇다면 말입니다, 코언, 당신은 이 거래에서 어떤 역할을 하면 좋겠다고 생각합니까?"

"우리는 자금을 모을 겁니다. 거래 전체를 관장할 겁니다."

그러자 크래비스가 눈알을 굴렸다.

"거래 관장을 우리가 하면 안 되겠습니까? 시어슨은 지분 파트너로 들어오는 겁니다. 그래도 상관없잖아요? 공정한 수수료 몫을 챙기면 되니까 말입니다."

그러다가 어느 시점에선가 크래비스와 로버츠는 시어슨이 어떤 조건으로 존슨과 약속했는지 다시 한 번 물었다.

"거참……, 우리가 손을 잡을지 말지 결정도 하지 않았는데 어떻게 그런 얘기를 해 줄 수 있겠습니까?"

그러자 로버츠가 되받아쳤다.

"시어슨이 존슨과 어떤 조건으로 어떤 거래를 했는지 알지도 못하는 상태에서 어떻게 손을 잡을지 말지를 결정하란 말입니까?"

그러자 코언은 뭉뚱그려서 모호하게 존슨과 경영진에 약속한 사항을 설명했다.

하지만 그것도 양측의 논의가 합의점을 찾는 데는 아무짝에도 쓸모가 없었다.

조지 로버츠가 한 가지 타협안을 제시했다. 시어슨이 RJR 나비스코를 인수한 뒤에 식품 사업 부문을 KKR에 팔라는 것이었다. 설명하는 데만도 족히 10분은 걸릴 정도로 어지러운 세제 혜택의 미로가 포함된 아주 복잡한 제안이었다. 로버츠는 토밀슨 힐에게 시어슨은 RJR의 식품 사업 부문을 얼마에 매각하고 싶은지 물었다.

"150억…… 155억 달러."

로버츠가 바로 그 말을 받았다.

"자, 바로 여기에 해결해야 할 문제가 하나 있습니다. 식품 사업 부문의 자산 가치는 140억 미만이라는 겁니다."

그러자 코언과 힐은 잠시 방을 나가서 의견을 모은 뒤에 다시 돌아와 로버츠의 제안을 즉각 거부했다.

논의는 그런 식으로 공전을 거듭했다. 양쪽 모두 상대방의 제안을 거부할 것들은 넘치고 또 넘쳤다. 예를 들면 어떤 투자은행이 채권 발행을 할지를 놓고도 의견이 대립했다. LBO 투자에 대한 수익이나 회계 장부 운용 방식 혹은 주도권의 소재 외에도, 채권 발행은 RJR 나비스코의 인수에서 투자은행으로 돌아가야 할 핵심 사항이었다. 그랬기 때문에 크래비스는 정크 본드 시장을 창출하고 또 오랫동안 지배해 온 드렉설이 이런 업무를 맡아야 한다고 보았다. 하지만 코언은 여기에 반대했다.

"우리는 드렉설에 양보할 생각이 없습니다. 그건 협상 대상에도 넣을 수 없는 사항이죠."

게다가 드렉설이 곧 연방 법원으로부터 유죄 판결을 받을지도 모른다는 사실을 코언은 강력하게 제기했다.

"드렉설에 아무 일도 생기지 않는다는 보장을 누가 어떻게 하겠습니까?"

3시 가까이 되면서 어떤 합의도 가능하지 않다는 게 분명해졌다. 이제 손님으로 온 사람들이 돌아가는 일만 남았다. 크래비스와 로버츠가 자리에서 일어설 때 코언은 비티를 데리고 한쪽으로 갔다.

"당신이 영향력을 발휘할 수 있는데 왜 가만히 있기만 합니까? 너무 늦기 전에 어떻게든 합의점을 찾아야 합니다. 이러다간 결국 누구도 감당하지 못하는 사태가 일어날 수도 있습니다."

솔로 빌딩 앞, 크래비스와 로버츠는 택시를 불렀다.

택시 안에서 헨리 크래비스는 여전히 토밀슨 힐의 목을 어떻게 조를지 생각했다. 비티가 따라 내려가며 아무리 달랬지만 소용없었다. 제시 헬름스 운운하던 협박에 아직도 분이 풀리지 않았다. 그는 씩씩거리면서 로버츠를 바라보고 말했다.

"그 자식이 우리를 협박했어, 말이 돼?"

로버츠는 힐이 최악의 인간 망종이라고 생각했다.

"톰 힐이 어떤 인간인지 잘 알면서 왜 그래. 그 인간이 무슨 말을 할지 미리 각본을 쓸 수 있잖아, 안 그래?"

———————❀———————

로스 존슨은 자신이 다시 자기 사무실로 돌아올 때쯤에는 크래비스와의 갈등 상황이 종료되어 있을 줄로만 알았다. 하지만 협상은 결렬되었고 크래비스는 가고 없었다. 이 사실을 알고 존슨은 충격을 받았다. 코언은 사무실 안에서 산만하게 서성이면서 크래비스 욕을 해 댔다.

"도저히 안 되는 일이에요! 그 친구들하고는 절대 함께할 수 없어요!"

존슨은 이런 결과를 모두지 믿을 수 없었다. 코언의 말을 듣자면, 코언으로서는 어떻게 해도 크래비스와의 타협점을 찾을 수 없었다. 도대체 무슨 말을 어떻게 했기에 이런 결과가 빚어졌을까? 누구를 상대로 하든 금방 친해질 수 있다고 자부하던 존슨이었기에, 코언이 그처럼 결정적인 순간에 협상을 성공적으로 이끌지 못했다는 사실을, 그리고 그 이유를 도무지 헤아릴 수 없었다. 크래비스와 코언은 각자 비활성이지만 함께 섞이면 폭발하고 마는 화학 물질과 같았다. 존슨은 그날 오후에 크래비스를 만났을 때 크래비스가 다루기 어려운 인물은 아니라고 파악했었다.

존슨은 크래비스가 얼마나 비합리적인지 설명하는 코언의 말을 잠자코 들었다. 그런데 존슨은 코언이 하는 말을 들으면서 크래비스와 결렬된 걸 그가 오히려 반기는 게 아닌가 하고 의심했다. 코언의 어조를 놓고 판단할 때 왠지 그런 것 같았다. 크래비스를 최대한 끌어안으려 했다는 알리바이를 만드는 한편으로 RJR 나비스코의 인수를 독차지하기 위한 방편으로 크래비스와는 단지 협상하는 척만 했다는 불길한 예감이 그의 뇌리를 스쳤다. 존슨은 코언의 등록상표인 '마초주의'를 의심하기 시작했다. 코언이 거친 자기 면모를 이용해 장난치는 게 아닐까 하는 생각이 들었던 것이다. 정말 그럴지도 모른다.

'제길, 뭔가 심각하게 잘못 돌아가는 거야.'

그때 누군가 사무실 문을 열고 안으로 머리만 쏙 내밀었다. 그 순간 존슨의 공상은 깨어졌다. 머리를 내민 사람이 시어도어 포스트먼이 떠나려 한다는 말을 전했던 것이다.

"오 마이 갓! 테디가 아직도 있었단 말이야?"

제임스 로빈슨이었다. 코언을 비롯해 몇몇이 포스트먼을 붙잡으려고 나갔고, 존슨과 로빈슨은 그냥 자리를 지키고 있었다.

"정신병동에는 환자가 탈출하지 못하도록 지키는 사람들이 있죠? 지금 내가 그런 사람이 된 느낌입니다."

존슨이 한 말이었다.

제프 보이시는 이제 1분도 더 참을 수 없었다. 포스트먼의 전투적인 투자은행가인 보이시는 자리를 박차고 일어나 창문 하나 없는 회의실 바깥으로 나갔다. 그는 마치 특수 임무를 띤 전사처럼 용감하고 단호했다. 바깥에는 아무도 보이지 않았다. 그는 방을 하나씩 뒤졌다. 모두 빈방이었다. 그러다 한 방에서 자기가 찾던 목표물을 보았다. 시어슨의 중역인 제프 레인과 조지 샤인버그였다. 두 사람은 책상에 걸터앉아 이야기를 나누던 중이었다. 보이시는 머리만 안으로 들이밀고 말했다.

"딱 한 가지만 말하겠습니다. 이 분야에서 18년 동안 일했지만 오늘처럼 더러운 경우는 처음이네요. 이건 말이 안 되는 겁니다. 다시는 우릴 이런 식으로 대하지 마시오. 더는 참을 수가 없네요."

여기까지 말한 뒤 보이시는 머리를 빼고 문을 쾅 닫았다.

•————❄❄❄————•

시어도어 포스트먼으로서는 할 만큼 했다. 포스트먼과 그의 일행은 코트를 집어 들었다. 그리고 잘 있어라 우리는 간다 하고 말해 줄 사람을 찾았다. 작별 인사를 들어줄 사람이 없으면 그냥 갈 참이었다.

그런데 갑자기 복도 저 끝에서 코언을 필두로 대여섯 명이 우르르 달려왔다. 포스트먼 일행이 밤이 다 새도록 기다렸던 회의실 앞에서 양측이 마주 보고 섰다.

"왜들 이러십니까?"

코언은 두 팔을 내밀어 포스트먼을 안았다.

"자, 들어갑시다. 들어가서 얘기합시다."

포스트먼은 곧바로 사태를 파악했다. 크래비스와의 협상이 깨졌구나, 그래서 이제 포스트먼 리틀을 필요로 하는구나.

그날 밤 두 번째로 포스트먼은 큰 소리로 비명을 지르고 싶었다. 그는 코언을 바라보았다. 그리고 자기가 외치고 싶은 말이 정확하게 뭔지 알았다.

'너 때문에 화가 나서 미치겠다, 내가!'

하지만 포스트먼은 코언의 팔을 뿌리칠 수 없었다. 그 순간 고등학교 때 읽었던 청춘 소설 속의 한 장면과 비슷한 장면이 자기 앞에 전개된다는 생각이 들었다고, 나중에 포스트먼은 당시를 회상하면서 말했다. 여자에게 작별을 고할 경우 다시는 그 여자에게 돌아가지 못한다는 사실을 잘 아는 상황에서 작별을 고해야 할지 말아야 할지 결단을 내려야 하는 장면이었다.

533

만일 그 자리에서 코언의 팔을 뿌리치고 RJR 나비스코 사무실을 떠난다면 다시는 돌아오지 못한다는 것을 포스트먼은 알았다. 그렇게 되면 결국 헨리 크래비스는 역사 속에서 좀 더 큰 보상을 얻을 것이고, 역사에 묻혀 버린 진실을 아는 사람은 아무도 없을 터였다. '임금님은 벌거숭이'라는 사실을 아는 사람은 아무도 없을 터였다. 결국 포스트먼은 남기로 마음먹었고, 두 집단은 모두 회의실로 들어갔다.

포스트먼은 감정을 다스리려고 했지만 늘 그랬듯이 그런 데는 서툴렀다. 논의를 진전시키기 전에, 다시 말해 서로를 동반자로 인식하기 전에 포스트먼 리틀이 무엇을 하고자 하는지 코언이 알아듣도록 설명하지 않고는 견딜 수가 없었다. 포스트먼 리틀과 KKR가 근본적으로 어떻게 다른지를 사람들에게 이해시켜야 했던 것이다.

"포스트먼 리틀과 KKR를 동격으로 취급하면 안 됩니다. 그런 쓰레기 같은 회사는 포스트먼 리틀과 비교 대상도 되지 않습니다. 10년 전에 내가 처음 이 사업을 시작할 때 나는 이 분야의 최고가 되고 싶다고 했습니다. 우리 회사가 이 분야에서 가장 큰 회사가 되지 못한다고 해도 좋습니다. 만일 가장 큰 회사가 좋다고 생각한다면, 가시오. 가서 크래비스 바짓가랑이를 잡고 늘어지란 말입니다. 우리의 수익률은 그 친구들이 거짓말로 뻥을 치는 수익률보다도 서너 배 더 높습니다."

포스트먼이 더 장황하게 들어가기 전에 제임스 로빈슨이 말을 끊었다.

"물론 우리도 잘 압니다. 알고말고요. 그러니까 우리가 지금 여기 함께 있는 것 아닙니까."

몇 분 뒤에 로스 존슨이 회의실로 들어왔다. 그러자 포스트먼이 존슨에게 말했다.

"내가 말하고 싶은 것은, 만일 당신이 아직도 크래비스에게 미련이 남아 있다면 난 손을 떼겠다는 겁니다."

모 아니면 도를 선택하라는 말이었다. 크래비스의 힘을 조금이라도 빌리려는 생각을 가지고 있는 사람과는 손잡을 수 없다는 것이었다. 제프 보이시는 바로 이때가 자기가 나서야 할 때라고 생각했다.

"확실한 언질을 받아야겠습니다. 우리와 손잡고 싶다면 그 사람들과 더는 타협할 생각이 없다고 확실하게 말해 주기 바랍니다."

보이시는 같은 말을 서너 번 반복해서 포스트먼 리틀의 메시지를 사람들이 충분히 알아듣도록 했다.

그러고는 존슨을 바라보았다. 존슨은 오른손으로 머리를 받친 자세로 의자에 늘어져 있었다. 머리가 테이블과 거의 수평이 될 정도로 축 늘어져 있었다. 온몸에 힘이 다 빠져나간 듯 힘이 없어 보였다. 그는 이따금 투명한 액체가 담긴 유리잔을 입으로 가져갔다. 스티븐 프레이딘은 존슨의 발음이 어쩐지 분명하지 않다는 느낌이 들었다. 그러고 보니 유리잔에 담긴 액체가 어쩌면 보드카일 수도 있다고 생각했다. 보이시가 계속해서 말을 이었다.

"로스, 테디는 당신이 크래비스와 확실히 청산했다는 확신을 가지고 싶어 합니다. 테디는 당신이 자기 눈을 똑바로 바라보면서 확실하게 결심했다고 말하길 바랍니다. 테드에게 그렇게 말하십시오. 아니면, 우린 일어나겠습니다."

포스트먼이 끼어들었다.

"그 친구들과 확실히 끝났습니까? 끝나지 않았다면, 우리가 끝냅니다."

마침내 존슨이 입을 열었다.

"그 친구들과 손잡을 일은 없습니다. 진작 그렇게 결정했어야 하는 일인데, 아무튼 이제는 깨끗이 정리되었습니다. 우린 당신 도움이 필요합니다. 손을 잡고 같이 일하고 싶습니다."

이어서 헨리 크래비스의 적대적인 인수에 대응할 수 있는 최상의 전략과 전술을 놓고 약간의 이야기가 더 오갔다. 그런데 누군가가, 4시가 다 되어 가는데 다들 다음 날 할 일이 많지 않느냐고 했다. 그 말에 사람들은 자리에서 일어나 악수를 하고 엘리베이터로 향했다. 그런데 시어도어 포스트먼은 자기를 창문도 없는 회의실에서 무려 세 시간씩이나 기다리게 한 점에 대해 그 누구도 사과하지 않았다는 사실이 찝찝하게 마음에 걸렸다.

포스트먼 리틀의 일행은 솔로 빌딩 밖으로 나왔다. 서늘한 새벽바람이 이들을 맞았다. 잠시 네 사람은 각자 자기 생각에 몰두해서 아무 말도 하지 않고 57번가에 우두커니 서 있었다. 보이시가 침묵을 깨고 시어도어 포스트먼에게 물었다.

"정말 저 친구들과 일을 함께할 생각입니까?"

"경영진 쪽이잖소. 거기에서 우리는 시작해야지. 최소한 그들과 협력하려고 노력할 필요가 있어요. 당신 생각은 그렇지 않소?"

"투자 자문을 하는 사람 입장에서 말씀드리죠. 내 생각은 이렇습니다. 저 친구들에게 우선 무척 화가 났다고 말해 두는 게 좋을 것 같습니다. 진심입니다. 오늘 이 건물 48층에서 일어난 일들이 우리에게는 정말 불쾌했다고 말할 필요가 있습니다."

보이시의 의견은 분명했다. 피터 코언과 관계를 맺고 싶지 않다는 것이었다. 하지만 그때 보이시는 나름대로 복안을 가지고 있었다. '프록터 앤드 갬블'을 포함한 골드만 삭스의 최고 우량 고객들이 이 거래에서 한몫 얻어 챙기려고 침을 흘리고 있음을 염두에 두고 있었던 것이다.

"테디, 다른 대안이 있다는 생각은 안 합니까?"

"그게 무슨……?"

"우리와 뭔가를 도모하겠다는 생각은 안 하느냐고요."

보이시가 '우리'라고 한 건 골드만 삭스였다.

"제프, 나에게는 대안이 세 개 있소. 우선 이 친구들과 손을 잡는 게 첫 번째 대안이고, 또 하나는 당신네와 손을 잡는 것이오. 이 두 가지는 확실한 대안이 맞아요. 또 한 가지 대안은 아무것도 하지 않는 겁니다."

포스트먼의 말에 프레이딘은 웃음을 터뜨렸다. 수수료를 좇아 바쁘게 이리저리 뛰어다니는 월스트리트의 세계에서 아무것도 하지 않는다는 발상은 포스트먼이 유일하게 할 수 있는 상상이라는 뜻이었다.

"제프, 내가 하는 말 농담으로 하는 말 아니오. 아무것도 하지 않는다는 말은, 할 게 아무것도 없으면 내가 아무리 뭔가를 하고 싶어도 아무것도 못 할 수밖에 없다는 거요."

그러자 제프 보이시가 말했다.

"그런 이야기를 코언에게 해야 한다는 게 내 생각입니다."

보이시의 말에 포스트먼이 대꾸했다.

"자문을 맡은 사람으로서는 마땅히 그렇게 말해야겠죠. 코언 쪽과는 될 수 있으면 적게 얽히길 바라는 게 내 마음이오."

11장

진영 내부 암투는
갈수록 치열해지고

* * *

평화 회담은 끝났다. 코언의 부대는 전쟁을 치를 준비를 했다. 크래비스가 한 주당 90달러 제안을 내놓은 상태였기 때문에 한 주당 75달러 제안을 전제로 한 모든 가정은 폐기되어야 했다. 수정 분석은 이미 이루어지고 있었다. 새로운 기업 분할 계획이 진행되고 은행권으로부터 150억 달러를 확보하기 위한 접촉과 논의가 재개되었다. 시어슨 사람들은 입찰 가격을 최대한 높이려고 시도했다. 침몰하는 배에서 살아남으려고 필사적으로 발버둥 치는 사람들처럼 존슨의 장난감들을 버리기 시작했다. 당시 상황을 토밀슨 힐은 다음과 같이 회상한다.

"회사 소유의 비행기, 고급 저택, 프리미어, 골프장 회원권, 그리고 애틀랜타의 본사 건물까지 모두 공격을 받아야 했습니다."

시어슨은 KKR로부터 심각하게 허를 찔렸을 뿐 아니라, KKR와 그 자문 회사인 드렉설과 메릴린치에 비해 자기네가 재정적인 정교함도 한참 뒤떨어진다는 사실을 시어슨 사람들은 깨달았다. 한 주에 11달러씩 총액으로 거의 25억 달러나 되는 현물지급증권을 입찰에 동원하는 크래비스의 수완은 시어슨으로서는 도저히 따라갈 수 없을 정도로 높은 수준이었다. 2년 동안 대니얼 굿이 관리하는 기업 사냥꾼들을 지원한 여파로, 지금 당장 절실하게 필요한 정크 본드 부서의 전문 인력도 턱없이 부족했다. 코언으로서는 낭패가 아닐 수 없었다. 정크 본드로 전환이 가능한 현물지급증권의 세계 시장은 당시 약 25억 달러였는데, 크래비스의 제안은 이 규모를 어렵지 않게 두 배로 키울 터였다. 그런 식의 역량은 하룻밤 사이에 생긴 게 아니었다. 토밀슨 힐로서는 자신이 아무리 노력해도 한 주당 5달러 이상 높아지는 가격을 시장이 소화할 수 있을 것 같지 않았다(하지만 나중에 힐은 이 수치를 5달러가 아니라 8달러로 수정한다).

코언은 포스트먼과의 거래를 잠시 늦추었다. 포스트먼은 이미 여러 차례 전화를 걸어 그를 괴롭히고 있었다.

"우리는 빨리 움직여야 합니다! 크래비스가 그냥 가만히 앉아서 기다리기만 할 줄 압니까?"

포스트먼과 대화를 하려면, 우선 크래비스가 세상을 멸망시키려 한다는 이야기를 적어도 20분 동안은 들어야 했다.

수요일 아침, 살로먼과 손잡는 방안이 가장 좋은 대안으로 떠올랐다. 존슨은 그날 늦게까지 자다가 일어나서, 배터리파크시티에 있는 시어슨의 사무실로 달려가 코언과 살로먼의 굿프렌드 및 스트라우스를 만났다. 나중에 코언은 존슨에게 살로먼과 손을 잡자고 요청했다.

"나야 이 문제에 관해서는 당신 의견을 따라야지요. 그런데 살로먼은 파티에 무엇을 가지고 참석하겠답니까?"

"많은 걸 가지고 올 겁니다."

일단 30억 달러를 가져온다고 했다. 입찰 가격은 시어슨이 안전하게 동원할 수 있는 수준을 넘어서고 있었다. 만일 살로먼이 존슨 진영에 합류하고 또 나중에 존슨 진영이 입찰 전쟁에서 이긴다면, 살로먼 역시 정크 본드의 판매를 통해 자금 동원 역량을 월스트리트에 입증할 수 있었다.

"살로먼이 들어오는 데 이견 없습니까?"

코언의 질문에 존슨이 딱 부러지게 대답했다.

"전혀 없습니다. 당신네가 돈이 필요하니까 그렇게 해야죠."

포스트먼 리틀과 시어슨이 손을 잡으려면 우선 많은 일들이 해결되어야 했다. 그날 저녁 닉 포스트먼은 그랜드 아미 플라자를 지나 솔로 빌딩의 RJR 나비스코 사무실로 향했다. 기대하는 대로 커다란 수익을 가져다줄 사업의 첫걸음이었다.

형보다 여덟 살 아래이고 1년 내내 보기 좋게 그을린 피부에 영화배우처럼 잘생긴 닉 포스트먼 역시 정크 본드와 헨리 크래비스 때문에 커다란 손실을 맛보았었다. 그가 막 솔로 빌딩으로 들어서려던 순간, 안에서 크래비스와 로버츠가 바깥으로 나오려 하고 있었다. 닉은 미소를 지었고, 그걸 크래비스가 보았다. 크래비스는 닉이 어디로 가는지 알고 있었다. 닉이 회전문 안으로 들어서자 크래비스는 갑자기 회전문이 돌아가지 못하게 붙잡았다. 그러고는 하얀 이를 드러내 보이며 씩 웃었다. 그는 경쟁자들을 골려 먹는 걸 무척 좋아했다.

짧은 순간이었지만 회전문 안에 갇혀 있다가 로비로 발을 들여놓은 닉의 얼굴은 시뻘겋게 달아올랐다. 그런 닉을 향해 크래비스가 말했다.

"여기는 웬일이오, 닉? 이 일에 함께 엮여서 무슨 이득을 보려고?"

닉은 존슨의 사무실로 가는 엘리베이터가 아닌 전혀 다른 쪽의 엘리베이터를 향해 걸어갔다. 크래비스는 닉이 자신들을 속이려 한다고 생각하면서 킬킬거리며 웃었다(닉 포스트먼은 크래비스 일행을 속이려고 일부러 엉뚱한 엘리베이터를 향해 걸어간 적이 없다고 말한다). 그러고는 입가에 가득 미소를 지으면서 말했다.

"왜 저렇게 멍청할까?"

• ———— ◐◐◐ ———— •

수요일 저녁, 존슨은 뉴욕 '보이스 클럽'이 올해의 인물로 찰스 휴걸을 선정하는 행사의 사회를 맡아서 보았다. 존슨은 뉴욕에서 일하기 시작했던 초기 시절부터 이 자선 단체에 몸을 담아 왔으며, 휴걸을 후보자로 추천한 사람도 바로 존슨이었다.

존슨은 만찬장에서 완벽한 연설을 했다. 그가 한 농담은 최고였다. 그러면서 휴걸을 주물렀다. 휴걸은 존슨의 LBO 제안을 이사회에서 최종적으로 판단하고 결정할 인물이었다. 그 거래와 관련된 사람들도 꽤 많이 그 자리에 참석해 있었다. RJR 나비스코의 존 그리니스와 제임스 웰치, 라저드 프레어스의 아이라 해리스, 걸프+웨스턴의 마틴 데이비스 등이 그런 인물들이었다. 존슨은 농담으로 만찬을 시작했다.

"특별위원회 회의에 참석하신 것을 환영합니다."

행사가 끝난 뒤에 존슨은 제임스 로빈슨의 아파트에 가서 밤늦게까지 대화를 나누었다. 존슨은 술잔을 들고 야경을 내려다보며 달콤한 휴식의 시간을 즐겼다. 80달러대 초반에도 마음이 편치 않았는데 이제는 90달러대 초반을 바라보아야 했다. 일에 대한 열정이 갑자기 잦아드는 것 같았다.

그 가격 수준에서 거래가 이루어진다면 회사가 떠안아야 할 부채의 짐은 무척 버거울 터였다. 애틀랜타, 프리미어, 고급 저택들과 아파트들, 비행기들……. 이 모든 것을 정리해야 하나? 이런 생각을 하니 갑자기 진저리가 쳐졌다. 만일 싸움에서 이기는 게 기업계 생활의 모든 걸 잃는 것을 의미한다면, 차라리 그는 지기를 바랐다.

"얼마나 높이 올라갈까요?"

존슨이 소리 내어 물었다.

"돈이 문제예요, 가장 중요한 문젭니다. 지미, 당신도 잘 알잖아요, 기업이라는 것은 자기가 낳을 수 있는 것만 낳습니다. 아무리 우량 기업이라고 한들 너무 비싸게 사면 결국 손해 아니겠습니까."

존슨이 마음속의 공포를 스티븐 골드스톤에게 털어놓았을 때, 이 변호사는 시어슨에 대한 진실을 알려 주려고 노력했다.

"그래 봐야 그건 그 사람들 돈입니다. 그들이 쓰고 싶다고 하면 그냥 쓰게 내버려 둬요."

그런데 한잔 술을 마시면서 제임스 로빈슨과 이런저런 이야기를 나누다가 갑자기 존슨은 자기의 '위대한 모험'에 대한 통제력을 점차 놓치고 있다는 생각이 들었다. 그 생각을 떨칠 수 없었다. 이런 혼란스러운 느낌 속에서 존슨은 아메리칸 익스프레스의 회장에게 물었다.

"지미, 얼마나 많은 광기가 홍청거릴까요?"

아주 많은 광기가 홍청거렸다.

복잡하고 괴로운 존슨의 마음이 풀려 갈 즈음에 RJR 나비스코 사무실에서는 한 차례의 크지 않은 혼돈이 연출되고 있었다. 시어슨과 살로먼의 투자은행가들이 닉 포스트먼, 그리고 제프 보이시가 이끄는 골드만 삭스 사람들을 만났다. 토밀슨 힐은 한 달 동안 부대낀 끝에 어떤 식으로 일을 풀어 가야 할지, 어떤 사업 부문을 매각해야 할지, 그리고 존슨이 하려는 것과 하지 않으려는 것이 무엇인지 이미 파악한 상태였다. 하지만 보이시는 힐의 생각과 상관없이 자기 나름대로의 독자적인 생각을 가지고 있는 게 분명했다. 보이시는 더 많은 자산을, 그것도 신속히 매각해야 한다고 말했다. 그러자 힐이 역정을 냈다. 두 사람의 목소리는 점점 커져 갔고, 마침내 두 사람 사이에 불꽃이 일었다.

닉 포스트먼은 두 사람의 자아가 함께 존재하기에는 너무 좁다는 사실을 깨달았다. 보이시는 계속해서 힐을 들볶았다. 그리고 힐은 자신이 책임지고 진행하는 거래를 다른 사람이 넘보려 한다는 사실에 위협을 느꼈다. 그러자 닉이 나섰다. 그는 힐을 데리고 한쪽으로 가서 작은 소리로 말했다.

"톰, 이건 잔디 까는 문제가 아니잖아요, 그렇지 않습니까? 어떻게 하면 우리가 이 문제를 잘 풀 수 있을까 하는 차원에서 나온 이야긴데……."

그러면서 같은 편끼리는 날을 세우면서 싸우지 말자고 제안했다.

그런데 나중에 닉이 보이시와 함께 엘리베이터를 타고 내려올 때, 그가 힐과 따로 얘기를 나눈 일로 보이시가 무척 화가 나 있음이 드러났다.

"왜 그랬습니까? 톰에게 무슨 말을 했습니까?"

닉은 투자은행가들의 마초적인 기질과 이 기질로 인한 줄다리기를 더는 참을 수 없었다. 그래서 톰에게 했던 말을 똑같이 보이시에게 했다.

"제프, 이건 잔디 까는 일이 아니잖아요. 일을 제대로 잘해 보자는 거 아닙니까?"

——— ◐◑◐ ———

목요일 아침, 살로먼의 이인자 토머스 스트라우스 사장은 일인자 존 굿프렌드 회장의 아르데코 디자인 사무실에서 두 명의 투자은행가와 함께 RJR 나비스코를 놓고 이야기를 나누고 있었다. 굿프렌드는 전날 밤에 지사 개점 행사에 참석하려고 마드리드에 가면서 RJR 나비스코 거래와 관련된 최고 지휘권을 스트라우스에게 부여했다. 스트라우스에게 인수 합병은 처음이었다. 그는 주로 정부 채권을 거래하는 일만 해 왔기 때문이었다. 그는 늘 객장 책상에서 굿프렌드 곁을 지켰었다. 수십억 달러의 채권 거래를 하는 사람들이 외치는 고함 소리를 들을 때, 스트라우스는 마치 집에 있는 것처럼 편안함을 느꼈다. 그즈음 그는 그의 부하 투자은행가들이 하는 충고에 주로 의존했다.

갑자기 굿프렌드의 전화기가 울렸다.

"헨리 크래비스입니다."

비서가 말했다. 스트라우스가 전화를 받으려는데 또 다른 전화가 울렸다. 이번에는 유럽에 가 있는 굿프렌드였다. 스트라우스는 비서에게 굿프렌드의 전화를 먼저 받겠다고 했다. 그러면서 수화기를 집어 들었는데, 수화기에서는 퉁명스러운 굿프렌드의 목소리 대신 헨리 크래비스의 목소리가 들렸다. 선이 헷갈려 잘못 받은 것이었다.

크래비스가 단 한마디도 하기 전에 스트라우스는 이미 불쾌한 통화가 될 것 같다는 느낌이 들었다. 두 사람은 벌써 20년째 아는 친구 사이였다. 하지만 그즈음 두 사람 사이에는 팽팽한 긴장이 감돌았다. 1970년대에 토머스 스트라우스와 보니 스트라우스 부부는 헨리 크래비스와 그의 첫 번째 아내인 헤디 크래비스와 친하게 지냈었다. 다음은 스트라우스와 절친하게 지내던 친구가 증언한 내용이다.

"헨리가 헤디와 이혼할 때 톰과 보니는 두 사람을 가까이서 지켜보고 있었죠. 그리고 두 사람은 헤디와 계속 친하게 지냈습니다. 그리고 헨리가 재혼하면서 결정적으로 톰과 보니 부부와 헨리 사이가 벌어졌죠. 헨리는 톰과 보니가 자기를 배신했다고 느꼈습니다."

나중에 스트라우스는, 이혼과 같은 일이 벌어지면 아내들끼리는 계속 친한 사이로 남는 게 당연한 일 아니냐면서 자기와 크래비스 사이가 소원해진 것을 인정했다. 하지만 이런 과거의 문제가 자신이 RJR 나비스코 거래에 뛰어든 일과는 아무 상관이 없다면서 스트라우스는 다음과 같이 말했다.

"헨리는 내가 그런 일로 앙심을 품고 싸우려 들기에는 너무 거물입니다."

두 사람을 동시에 아는 친구들은 그의 발언에 동의하지 않는다. 스트라우스와 크래비스 사이의 감정적인 응어리가 거래와 관련된 핵심적인 여러 협상 테이블에 영향을 미쳤다는 것이다. RJR 나비스코 거래와 관련해 두 사람이 보여 준 행보를 지켜본 친구들 가운데 한 사람은 이렇게 말했다.

"거래가 끝나고 나면 금이 간 우정도 다시 회복됩니다. 대개는 그랬습니다. 하지만 톰과 헨리는 그럴 것 같지 않네요."

그날 아침 크래비스는 옛 친구 토머스 스트라우스에게서 무언가를 기대하고 바랐다. 그래서 크래비스는 어느 모로 보나 오랜 친구처럼 부드럽고 타협적이었다.

"톰, 난 당신이 이 일에 뛰어들까 어쩔까 생각하는 거 다 이해해요. 하지만 그러지 않겠다고 해 준다면 정말 고맙겠어요. 우리는 가까운 친구 사이 아닌가요. 당신이 일을 복잡하게 만들지 않는다면 정말 좋겠어요, 또 그렇게 믿고 싶고요."

스트라우스는 크래비스가 너무 뻔뻔하다고 생각했다. 살로먼으로서는 머천트 뱅킹 부문에 확실하게 뿌리를 내리는 데서 RJR 나비스코가 더할 나위 없이 좋은 기회였다. 게다가 크래비스는 이 거래를 위해 네 개의 은행을 고용했는데 살로먼은 끼지도 못하지 않았던가. 스트라우스가 크래비스에게 품었던 좋지 않은 감정은 해묵은 것이었다. 단지 RJR 나비스코 때문만이 아니었다. 당시 상황을 살로먼의 투자 담당이던 찰스 '채스' 필립스는 다음과 같이 회상했다.

"KKR는 여러 해 동안 살로먼에 엿을 먹였습니다. 그들은 투자 수수료로 5억 달러씩 지출했습니다만, 살로먼에 돌아간 것은 그중 1퍼센트도 되지 않았으니까요. 살로먼이 맡은 일은 다른 은행들은 원하지도 않던 시시한 것들 뿐이었죠."

스트라우스는 워낙 신사여서, 그날 아침에 크래비스에게 한마디 욕도 하지 않았다. 대신 기분 좋은 목소리로 말했다.

"이건 우리에게 상당히 괜찮은 거래 같아요, 헨리. 우리도 당신처럼 한 다리 못 낄 건 없잖아요."

스트라우스는 서둘러 이 불쾌한 대화를 끝내려 했다. 그러는 동안 유럽의 굿프렌드는 계속 수화기를 붙잡고 스트라우스를 기다렸다.

"배신자 같으니라고!"

크래비스가 수화기를 내려놓으면서 고함을 질렀다.

최근 몇 년 동안 그는 여러 개의 주요 사업들을 살로먼 쪽으로 돌렸었다. 그런데도 스트라우스는 자기를 도와줄 생각은 눈곱만큼도 하지 않았다. 게다가 자기와 맞서는 진영에 가담하면서 양해 전화 한 통 하지 않았다. 이런 생각을 하자 새삼스럽게 다시 화가 치밀었다.

크래비스는 스트라우스 일을 잊어버리려고 애썼다. 그 일 말고도 신경 써야 할 더 중요한 일들이 많았다. 그의 공개 입찰은 다음 날인 금요일부터 공식적으로 시작될 터였다. 그리고 얼마 지나지 않아 코언과 존슨이 새로운 입찰 가격을 제시할 터였다. 이런 일이 진행될 때를 대비해 더 높은 가격을 써낼 준비를 해야 했다. 그전에 존슨의 회사에 대한 정보를 아주 많이 확보해야 했다. 존슨이 자기편에 가담하지 않는다면 상당히 불리한 입장에서 싸움을 진행해야 했다. 따라서 크래비스는 RJR 나비스코를 잘 아는 사람, 그것도 현명한 사람이 필요했다.

이런 일이 있기 며칠 전에 그는 제임스 월터로부터 전화를 받았다. 월터는 1987년에 크래비스가 인수한 탬파의 건설 회사 창업자였다. 또한 타일리 윌슨과 함께 '앵커 글래스'의 이사진이었는데, 그가 크래비스에게 제안하기를 윌슨이 RJR 나비스코의 자산을 분석하는 데 도움이 될 수 있을지 모르겠다고 말했다. 크래비스는 망설였다. 그는 윌슨이 어떤 인물인지 알지 못했다. 하지만 자꾸 날짜가 지나면서 존슨이 자기 진영에 가담할 가능성이 점차 희박해지자 마음을 바꾸었다.

크래비스는 먼저 윌슨에게 전화를 했다. RJ 레이놀즈 인더스트리스의 전 회장이던 윌슨은 최고경영자 자리에서 쫓겨난 뒤에 플로리다의 잭슨빌로 이사를 가서 줄곧 거기에서 살고 있었다. 전화를 받은 사람은 윌슨의 비서였다.

"아마 당신과 이야기를 나누고 싶어 하실 겁니다."

비서는 윌슨이 곧 전화를 줄 것이라고 크래비스에게 약속했다.

몇 분 뒤, 윌슨은 '아메리칸 헤리티지'의 이사회 회의를 하던 도중에 빠져나와서 크래비스에게 전화했다. 크래비스는 윌슨에게 말했다.

"한번 만나뵙고 싶습니다. 상당히 흥미로운 대화가 되지 않을까요?"

"그거 좋죠."

윌슨의 대답은 시원했다. 그리고 두 사람은 다음 날인 금요일 아침 10시에 만나기로 약속을 정했다.

·————∞∞∞————·

스미스 베이글리는 쉽게 화를 내는 사람이 아니었다. 뿔뿔이 흩어진 R.J. 레이놀즈 가문의 인물들 가운데서 가장 돋보였던 그는 붙임성이 많았고, 조지타운의 살롱들과 낸터킷의 해변 집들을 오가며 평온하게 살고 있었다. 그는 196센티미터의 큰 키였지만 마치 자기의 큰 키로 다른 사람을 놀래지 않으려고 배려하는 듯 걸음걸이와 말이 느렸고, 언제나 조금 구부정한 자세였다. 그리고 그의 머리는 마치 개구쟁이 초등학생처럼 1년 내내 헝클어져 있었다.

하지만 이랬던 베이글리가 RJR 나비스코의 LBO 소식에 완전히 돌변했다. 거의 미친 사람처럼 변했다. R.J. 레이놀즈의 외손자이자 RJR 주식을 100만 주 넘게 가지고 있는 주주로서, 그는 자신이 레이놀즈 가문의 망토를 물려받은 인물이라고 생각했다. 따라서 자기 가족이 그토록 힘들게 쌓아올린 회사를 로스 존슨이 훔치는 걸 가만히 앉아서 바라보고만 있을 수 없었던 것이다. 수요일 오후에 베이글리는 자기 변호사 사무실로 달려갔다. 그는 '아널드 앤드 포터'의 워싱턴 사무실의 엄숙한 침묵을 두 팔로 휘저으면서 고함을 질렀다.

"그 개자식들이 말이야! 그 별 볼 일 없는 중역이란 작자들이 말이야! 그 더러운 인간이 회사를 주주에게서 훔쳐 내서는 자기네 뱃속에 모두 처넣으려 한다는 게 말이 되냐고요! 그 돈은 주주들의 돈입니다. 이건 완전히 잘못된 겁니다. 뭔가 조치를 취해야 합니다!"

하지만 어떻게?

그때까지 스미스 베이글리는 회사에 적극적인 관심을 보이지 않았었다.

549

그는 코네티컷의 그리니치에서 성장했다. 시어도어 포스트먼 가족이 살고 있는 곳에서 얼마 떨어지지 않은 곳이었다. 그는 윈스턴살렘을 그다지 좋아하지 않았다. 문화적으로 뒤떨어진 곳이라 여겼기 때문이다. 베이글리는 평생을 살면서 거의 대부분의 세월을 기업계와는 가까이하지 않았다. 몇 차례 기업계에 몸담았던 경험들은 그에게 썩 즐겁지 않았다. 1970년대에 그는 '워싱턴 그룹'이라는 이름의 회사를 운영했다. 하지만 회사는 파산했고 그는 법정에서 주가 조작 혐의로 재판을 받기도 했다. 그 뒤로 그는 자선사업가로 변신해 RJR 주식에서 나오는 수익으로 자선 재단을 운영하는 데 시간과 노력을 쏟았다. 그는 'Z. 스미스 레이놀즈 재단'의 이사장직을 맡고 있었다. 또한 민주당 전국위원회의 재정위원회 부위원장이기도 했다. 게다가 당시는 마이클 듀카키스의 대통령 선거 운동이 막바지를 향해 치닫고 있던 때였다. 베이글리 입장에서 볼 때 존슨의 시도를 견제하기 위한 시기로서는 최악이었던 셈이다.

그럼에도 불구하고 베이글리는 존슨의 시도를 어떻게든 막아야겠다고 결심했다. 그 일이 레이놀즈 가문의 한 사람으로서 자기가 마땅히 해야 할 의무라고 생각했다. 그의 어머니 낸시 레이놀즈는 R. J. 레이놀즈의 세 번째 자식이었는데, 공식적으로 관계를 마감한 이후에도 오랫동안 회사를 마음 깊은 곳에서 걱정했다. 1970년대 초에 낸시는 회사 이름에서 '레이놀즈'라는 이름을 빼려는 계획에 맞서 싸웠다. 이사회에 편지를 써서 "내 눈에 흙이 들어가기 전에는" 절대 안 된다고 말하기도 했다. 1980년대 중반에는 타일리 윌슨 사람들에게, 20년 동안 먼지를 뒤집어쓰고 있던 회사의 역사를 정리한 문건을 출판하라고 압력을 넣었다. 몇몇 사람들이 이 기업사가 너무 독단적이라고 생각해 그녀의 제안을 묵살했지만, 결국 그녀는 이 책의 출간을 죽기 전에 보았다. 1985년이었고, 같은 해에 그녀는 땅에 묻혔다.

베이글리는 자기 어머니와 마찬가지로 회사에서 은퇴한 중역들을 이따금 만나 대화 나누는 일을 잊지 않았다. 해마다 한 번씩은 꼭 타일리 윌슨과 점심을 함께했다. 그는 개인적으로 윌슨을 좋아했다. 존슨과 약속을 잡으려고 1년 동안 노력한 끝에 마침내 베이글리는 그해 여름 민주당 전당 대회에서 존슨을 만났다. 하지만 그때의 인상이 좋지 않았다. 그래서 더욱 분개했다.

"그 개자식은 회사를 애틀랜타로 옮기더니, 이제는 회사를 팔아먹으려고 설쳐? 그렇게는 못 하지!"

그렇게는 못 한다. 하지만 어떻게?

베이글리는 이미 윈스턴살렘의 한 변호사와 LBO를 합법적으로 막을 방안이 없는지를 상의했다. 하지만 제3의 입찰 집단을 만들어 경쟁하는 수밖에는 다른 방도가 없다는 말을 들었다. 베이글리는 '아놀드 앤 포터' 법률 회사 소속 변호사들과 그 가능성을 타진했다. RJR 나비스코의 직원들과 퇴직자들은 전체 주식의 약 5퍼센트를 가지고 있었다. 이 사람들이 과연 반(反) 존슨 전선에 결집할까? 어쩌면 그렇게 될 수도 있다고 한 변호사가 말했다.

"가족의 지분은 어떻게 됩니까?"

레이놀즈 가문이 가지고 있는 지분은 5퍼센트에서 8퍼센트 정도였다. 이 주식들을 레이놀즈 가문이 지원하는 입찰 주체에 밀어주는 방안이 베이글리가 보기에는 괜찮았다. 하지만 그 역시 이런 일이 가능하리라곤 생각하지 않았다. 그와 그의 어머니를 제외하고 다른 가족들은 수십 년 동안 회사 경영 문제에 적극적인 관심을 보이지 않았던 것이다.

비록 스스로 고백했듯이 주가가 오르는 걸 보면서 혼란스러운 감정이 들지 않았던 것도 아니지만, 회사가 매각되는 걸 바라지는 않았다. 하지만 굳이 매각되어야 한다면 존슨에게 가장 유리한 가격이 아니라 주주에게 가장 유리한 가격으로 매각되길 바랐다. 그런 점에서 존슨이 헨리 크래비스와 희롱질하는 모습이 공개적으로 드러나자 베이글리는 엄청나게 놀랐다.

베이글리는 여러 해 전에 크래비스를 만난 적이 있었다. 그리고 크래비스에 대해서는 좋은 인상을 가지고 있었다. 만일 자기가 크래비스에게 레이놀즈 가문의 승인과 회사를 속속들이 잘 아는 사람의 도움을 제공한다면, 과연 존슨과의 달콤한 거래를 막을 수 있을까? 가능성은 희박했지만 베이글리로서는 잃을 게 별로 없었다.

베이글리는 자기 사무실로 돌아와 뉴욕에 있는 크래비스에게 연락을 취했다. 그리고 물었다.

"대체 무슨 일을 하려는 거요?"

"당신 가족의 회사를 어떻게 해 보려고 하는 중이죠."

그리고 두 사람은 토요일 뉴욕에서 함께 아침을 먹기로 했다.

그러고 나서 베이글리는 잭슨빌에 있는 타일리 윌슨에게 전화를 했다.

"회사 매각 건에 깊숙이 관계하게 되었습니다. 나와 내 변호사를 만나볼 의향이 있습니까?"

타일리 윌슨은 그 일에 관심이 있었을까? 지난날 150억 달러짜리 회사의 정상에 앉아 있었던 윌슨은 당시 두 가지 일을 하고 있었다. 1인 컨설팅 회사를 운영하는 것과 해안 산책로를 걷는 일이었다. 최근 2년 동안 윌슨은 옛 동료들과 직원들로부터 존슨이 회사를 가지고 제멋대로 장난을 친다고 하소연하는 전화를 수도 없이 받았다. 덕분에 윌슨은 경박한 플레이보이 하나가 훌륭한 미국 기업 하나를 결딴내고 있다는 사실을 알 수 있었다.

윌슨은 자기가 쫓겨난 건 순전히 이사진을 상대로 정치하는 걸 거부했기 때문이라고 합리화했었다. 이런 맥락에서 그는 친구들에게 이렇게 말하곤 했다.

"내가 미쳤어? 그 인간들 똥구멍이나 빨아 주는 일을 하게?"

윌슨은 퇴직금 가운데 일부를 떼어 요트를 한 척 사서 '인테그러티호The Integrity'라고 이름을 붙였다. '성실함, 정직함'이라는 뜻이었다. 이제 존슨을 새로운 지도자로 옹립했던 일이 얼마나 어리석었는지는 백일하에 드러났다. 그런데 오랫동안 잊혔던 사람이 복귀해서 부패한 지배로부터 회사를 구해 낸다면 그로서는 더할 나위 없이 만족스러운 일이 될 것이다.

타일리 윌슨은 과연 그 일에 관심이 있었을까? 있었다. 지독할 정도로 관심이 많았다.

"내일은 어떻소?"

윌슨이 베이글리에게 물었다. 베이글리는 좋다고 했다. 의전과 관련된 딱 한 가지 질문이 남아 있었다. 그 질문을 윌슨이 했다.

"리무진을 타시겠습니까?"

"아, 물론이죠."

베이글리와 그의 변호사는 다음 날 잭슨빌로 날아갔다. 공항에서는 리무진이 기다리고 있었다. 윌슨은 넥타이를 맨 와이셔츠 차림으로 두 사람을 반갑게 맞았고, 저녁 먹기 전 칵테일 시간에는 한잔하겠느냐고 물었다. 그리고 얼마 뒤 크래비스가 전화해서 아침에 제트기를 보내 주겠다고 했다. 그날 밤 윌슨과 베이글리는 윌슨의 클럽에서 저녁 식사를 했다. 그리고 베이글리는 RJR의 전 최고경영자로부터 듣고 싶었던 말을 실컷 들었다. 존슨이 회사의 재산을 얼마나 심하게 낭비하는지에 대한 온갖 사례를 들을 수 있었던 것이다. 윌슨은 그 이야기를 하면서 '지독한'이라는 말과 '구역질 나는'이라는 말을 수없이 했다.

"위대한 전통을 가지고 있는 위대한 회사가 구역질 나는 인간 하나 때문에 무너지려 하고 있다, 이 말입니다."

윌슨의 말에 베이글리가 맞장구쳤다.

"크래비스는 믿을 만한 경영자로 당신을 필요로 합니다. 당신은 그 사람에게 경영을 제공할 수 있고, 나는 우리의 레이놀즈 가문을 제공할 수 있습니다. 그렇게만 된다면 존슨을 쳐낼 수 있습니다."

동맹이 결성되었다. 그날 밤 베이글리는 윌슨의 집으로 갔다. 윌슨의 아내 퍼트리샤가 두 사람을 맞았다. 세 사람은 밤늦도록 레이놀즈의 옛 시절 일화를 나누었다. 다시 한 번 쌍권총을 허리에 차고 옛날의 영화를 재연할 수 있다면 얼마나 멋있을까? 세 사람은 그렇게 꿈에 젖었다.

●————◌◌◌————●

금요일 아침, 크래비스는 윌슨이 뉴욕에 오기를 기다리면서 《월스트리트저널》을 읽었다. 그러다가 깜짝 놀랐다. 거기에 KKR가 윌슨을 특별 자문 위원으로 고용한다는 기사가 실렸기 때문이었다.

"도대체 어디에서 이런 말이 샜지?"

크래비스가 로버츠에게 물었다. 로버츠 역시 알 길이 없었다. 두 사람이 알기로는, 윌슨은 이미 북쪽으로 날아오고 있는 제트기에 몸을 싣고 있었다. 비행기 조종사 짓일까?

크래비스와 로버츠가 여전히 고개를 갸웃거리며 어디에서 정보가 샜는지 궁금해하고 있을 때 찰스 휴걸이 전화를 걸어왔다. 크래비스는 스피커폰으로 전환해서 통화를 했다. 휴걸도 방금 그 기사를 보았다고 했다.

"헨리, 만일 당신이 정말 그렇게 할 생각이라면, 한 가지만 말해 두죠. 하지 말라는 겁니다. 만일 그랬다간 모든 사람이 그만둘 겁니다. 당장 문을 박차고 나가 버릴 거라는 얘깁니다. 회사 경영 걱정은 안 해도 됩니다. 회사 안에 좋은 사람들이 널려 있으니까요. 인재를 찾는 일은 내가 나서서 돕겠소. 하지만 타일리 윌슨을 고용하는 것은 엄청난 실수란 걸 알아야 합니다."

크래비스는 도움말을 줘서 고맙다고 했다. 그리고 늦은 아침 시각에 크래비스와 로버츠는 윌슨을 만나 두 시간을 함께 보냈다. 두 사람은 회사에 대한 윌슨의 지식이 이미 낡은 것이며 또 윌슨이 존슨에 대한 복수심을 강하게 가지고 있다는 사실을 확인했다. 그리고 정보를 흘린 것도 윌슨 본인이었을 것이라고 결론 내렸다.

'언론에 정보를 흘리는 빌어먹을 짓거리나 하고!'

크래비스는 정보 누설에는 진작부터 신물이 났다. 그런 짓을 하는 사람에게도 신물을 내던 터였다. 윌슨이 돌아간 뒤에 크래비스와 로버츠는 윌슨과 잡았던 손을 빠르게 그리고 비누로 깨끗이 씻기로 마음먹었다. KKR의 특별 자문 위원이라는 타일리 윌슨의 직함은 시작도 되기 전에 폐기되었다(윌슨은 언론에 그 사실을 흘린 것은 자기가 아니라고 부인한다).

⋅⸺◈◈◈⸺⋅

목요일 오후, 피터 코언은 리무진에 몸을 싣고 토머스 스트라우스를 태우러 갔다. 함께 시어도어 포스트먼을 만나러 가기 위해서였다. 살로먼은 50 대 50이라는 조건으로 시어슨과 힘을 합치기로 이미 동의했고, 그날 오후에 공식적인 발표가 나갈 예정이었다. 시내로 가던 길에 스트라우스는 크래비스와 했던 통화 내용을 짐짓 놀라는 척하면서 코언에게 이야기했다.

포스트먼의 사무실로 안내를 받아 들어가며 코언은 미술품과 가족사진, 책 등 주변에 놓여 있거나 걸려 있는 것들을 꼼꼼하게 살폈다. 포스트먼은 시어슨의 회장 코언이 자기 공간을 평가하고 있음을 깨달았다. 새로운 친구를 얻기 위한 기회로 따지자면 포스트먼의 수집품 혹은 전시품은 완전히 실패였다. 하지만 포스트먼은 이런 사실을 몰랐다. 무엇보다 그는 어서 빨리 크래비스를 깨부술 전투에 참가하고 싶어 안달이 나 있었다. 그리고 아나나

555

다를까, 크래비스를 욕하는 내용으로 자기 이야기의 상당 부분을 채웠다. 포스트먼은 죽을 때까지 계속 자기주장을 저렇게 하면서 살 것이라고 스트라우스는 생각했다.

제프 보이시도 그 자리에 있었다. 토밀슨 힐은 이미 코언에게 골드만 삭스의 이 투자은행가가 의심스럽다는 말을 해 둔 뒤였다. 보이시와 그의 일행은 나비스코 사업 부문에 대한 확실한 정보를 얻는 데 특히 예민하게 촉각을 세우고 있었다. 힐이 보기에는 지나칠 정도로 예민한 촉각이었다. 힐은 보이시가 '프록터 앤드 갬블' 및 다른 쪽들과 접촉하고 있는 걸 몰랐다. 하지만 혹시 보이시가 포스트먼에게 자문 역할을 해 주는 것 말고도 다른 속셈을 가지고 있을지 모른다고 의심했다. 그래서 힐은 자기 쪽 사람들에게 보이시를 비롯한 골드만 삭스 사람들에게는 자료를 지나치게 많이 제공하지 말라고 이미 지시를 해 놓은 터였다.

코언도 지난 화요일 밤 솔로 빌딩 48층에서 처음 봤을 때 보이시의 거만한 태도가 마음에 들지 않았다. 그리고 이제는 그가 포스트먼의 자문 역할을 한다는 것 자체도 의심했다. 보이시가 왠지 모호하고 정체가 의심스러워 보이자 코언은 힐의 말이 맞을지도 모른다고 생각했다. 골드만 삭스가 중심이 되어 진행하는 제3의 입찰 세력에 도움이 될 만한 정보를 캐내는 작업을 보이시가 하고 있을지도 몰랐다.

코언과 스트라우스는 포스트먼의 사무실을 뒤로하고 떠나면서 제프 보이시의 동기에 깊은 의심을 품었다.

———◦◦◦———

금요일 아침, 보이시는 기사가 운전하는 자동차를 타고 롱아일랜드의 집을 출발해서 맨해튼 거리를 달리고 있었다. 그는 신문을 보고 있었다. 신문들마다 시어슨이 살로먼을 파트너로 맞음으로써 천군만마를 얻었다는 내용의 기사들로 도배되어 있었다. 하지만 그 어디에도 포스트먼 리틀은 언급되지 않았다. 보이시는 화가 났다. 지난 화요일 밤에도 그랬지만 자기 고객을 우습게 봐도 너무 우습게 본다는 생각이 들었다.

보이시는 카폰으로 포스트먼에게 전화를 걸었다. 포스트먼은 단잠을 자다가 깨어나서 전화를 받았다. 보이시는 코언에게 분명하게 얘기할 때가 되었다고 했다.

"이 인간에게 우리가 정당한 대우를 받고 있지 않다는 사실을 확실히 알려 주는 게 좋겠습니다. 이 인간은 당신을 그저 돈주머니로밖에 보지 않습니다. 말로는 '파트너' 어쩌고저쩌고 떠들지만 파트너가 진짜 어떤 것인지는 전혀 모르나 봅니다. 전화를 걸어서 제대로 좀 가르쳐 줘야겠어요."

코언은 집에 있었다. 외투를 걸치고 현관으로 나가려는데 전화벨이 울렸다. 그래서 식당 쪽으로 돌아와 전화를 받았다. 보이시였다. 보이시의 목소리에 날이 서 있었다.

"테디가 굳이 힘을 보탤 필요는 없을 것 같군요. 일이 옳은 방향으로 진행되지 않는다면, 우리는 빠질 수도 있습니다. 무슨 말인지 알겠죠? 당신이 테디의 도움을 받지 못하게 된다, 이 말입니다. 테디가 다른 대안을 전혀 가지고 있지 않다는 생각은 안 하는 게 좋을 겁니다. 테디에게는 대안이 있으니까요. 그리고 우리는 완벽하게 그를 도울 수 있습니다."

"지금 그게 무슨 말이오?"

"설령 우리가 당신네와 손잡지 않는다 해도 다른 방식으로 얼마든지 이 거래에 참가할 수 있다는 말입니다."

"잠깐, 잠깐! 다른 방식이라니, 그게 무슨 말이죠?"

코언은 그게 무슨 뜻인지 정확히 알았다. 힐이 옳았다. 골드만 삭스는 독자적으로 RJR 나비스코 인수 경쟁에 뛰어들 생각을 가지고 있었던 것이다. 코언에게 보이시는 시어슨의 최고 전략 회의에 침투해서 정보를 캐내려는 첩자였다. 코언은, 그가 즐겨 쓰는 표현을 빌리자면, '꼭지가 돌았다'.

"내 말 잘 들어요. 우리는 당신이 필요 없어요. 테디도 필요 없고, 아무도 필요 없어! 우리는 독자적으로 우리 길을 갈 거요. 우리는 모든 자료를 당신 네에게 개방했소, 모든 비밀을 다 줬단 말이오! 그런데 이제 와서 다른 대안을 가지고 있다고 말해? 이런 행동은 여태까지 당신이 우리에게 말했던 것과 전혀 다르잖아!"

코언은 전화를 끊어 버렸다. 하지만 골드만 삭스의 이 투자은행가와는 나중에 또 통화하게 될 것이라 생각했다. 그리고 얼마 뒤 사무실에 도착한 코언은 포스트먼에게 전화를 걸었다. 포스트먼은 몇 시간 뒤 시어슨에 오기로 약속이 되어 있었다.

"어떤 사람들을 데리고 올 겁니까?"

포스트먼은 자기 동생, 제프 보이시, 그리고 올빼미 같은 변호사 스티븐 프레이딘을 데리고 올 것이라고 대답했다.

"보이시를 빼면 안 될까요?"

"무슨 말이오, 피터? 그 사람은 우리 자문을 해 주는 사람인데?"

"아, 좋습니다, 정 그러시다면. 하지만 나는 그가 연락해 와도 전화를 받지 않을 겁니다. 말하는 게 마음에 안 들어요."

그날 오후에 보이시를 포함한 포스트먼 일행이 시어슨을 찾아올 때까지 코언은 여전히 화가 나 있었다. 사람들은 모두 19층의 화려한 도서관에 자리를 잡았다. 코언은 보이시를 쳐다보면서 곧바로 요점을 말했다.

"나는 당신들이 비밀엄수서약서에 서명했는지 알고 싶네요. 싫다고 마음대로 가 버릴 수 있는 겁니까? 비밀엄수서약서에 서명하지도 않았다면,

어떻게 이 자리에 우리와 함께 앉아 있을 수 있는지 난 도무지 이해가 안 되는데. 서명했습니까?"

"아니요."

보이시가 대답했다. 포스트먼 리틀이나 골드만 삭스는 그런 서약서를 작성하지 않았다고 했다. 하지만 보이시는 자기는 시어슨의 비밀을 염탐해서 다른 데 넘길 생각은 조금도 없다고 강조했다.

"피터, 내 말을 믿어야 합니다."

"변호사로부터 그 말을 듣고 싶네요."

보이시의 얼굴이 굳어졌다.

"잠깐만요, 그러니까 내 말로는 부족하다 이겁니까?"

"변호사로부터 듣고 싶다는 것뿐이오."

말을 마친 코언이 프레이딘에게 시선을 돌렸다. 프레이딘은 맞은편의 카우치 소파에 앉아 있었다.

"거기 변호사 선생, 말해 봐요."

도수 높은 안경알 너머로 프레이딘의 두 눈이 껌벅거렸다. 그는 코언이 자기를 으른다는 것을 알았다.

"나한테 말씀하시는 겁니까? 질문이 뭐였습니까?"

"비밀엄수서약서에 서명했습니까? 서명을 하고 이런 논의에 참석하는지 그걸 알고 싶네요."

프레이딘은 아무 말도 하지 않았다. 한동안 침묵이 흘렀다. 그러다 마침내 그가 차분하게 입을 열었다.

"두 가지로 대답을 드리죠. 먼저 하나는, 나는 당신의 변호사가 아닙니다. 따라서 당신에게 법률적인 조언을 해야 할 의무가 없습니다. 그 질문은 당신 변호사들에게 하시죠. 잭 너스바움에게 물어보십시오. 훌륭한 변호사니까요. 그리고 또 하나는, 나는 늘 내 고객에게 이렇게 말합니다. 어떤 사업이든 자유롭게 추진하라고요."

코언은 아무런 반응도 보이지 않았다. 그리고 곧 잠시 실례한다면서 방을 나갔다.

포스트먼은 두 사람이 나눈 대화 내용이 믿기지 않았다.

"'거기 변호사 선생, 말해 봐요'라니? 도대체 코언은 자기가 어떤 존재라고 생각하는 걸까? 커다란 시가를 물고 있는 작고 터프한 남자. 정신과 의사라면 누구든 연구 대상으로 삼고 싶겠어.'

포스트먼이 보기에 코언은 분명 착각했다. 포스트먼 리틀은 RJR 나비스코 비밀 자료를 누설하지 않겠다는 내용의 비밀엄수서약서를 작성한 상태였다. 하지만 시어슨과는 그런 약속을 하지 않았다. 그 회사 경영진의 어떤 구성원과도 그런 약속을 하지 않았다. 그런 게 있을 리가 없었다.

코언은 한참 만에 돌아왔다. 컴퓨터로 출력한 서류 한 부를 가지고 왔는데, 시어슨과 살로먼 그리고 포스트먼 리틀의 공동 제안 내용 가안을 작성한 것이라면서 포스트먼에게 건넸다.

포스트먼은 그 서류를 한 장씩 넘기며 살폈다. 서류에 적힌 숫자들은 그에게 아무런 의미도 없었다. 온통 정크 본드였고 이해할 수 없는 표현들로 가득했다. 그리고 그 서류 어딘가에 포스트먼 리틀의 30억 달러라는 숫자가 정크 본드 숫자들 사이에 끼여 있었다. 그걸 보자 소름이 돋았다.

상황은 더 나빠졌다. 포스트먼 리틀이 전체 입찰을 지배하지 못한다는 건 분명했다. 시어슨의 제안은 포스트먼 리틀을 견제하는 내용의 온갖 조항들로 가득했다.

코언이 서류를 한 장씩 넘기는 포스트먼의 안색을 살폈다. 싫은 표정이 역력했다.

"물론 이게 완벽한 최종 제안은 아닙니다. 그쪽 제안을 반영해야죠, 적극적으로요."

포스트먼은 고개를 저었다.

"이건 안 되겠는데요."

포스트먼은 포스트먼 리틀이 투자자들과 한 약속에 따르면, 포스트먼 리틀이 입찰 집단의 주도권을 쥐어야 한다는 사실을 코언이 이해하도록 애썼다. 포스트먼 리틀이 수행하는 모든 거래에서 37퍼센트는 돈을 빌려준 사람에게 돌아가기로 되어 있다, 그리고 10퍼센트에서 15퍼센트는 경영진에 판다, 설령 나머지 53퍼센트를 가지고 쪼갠다 하더라도 포스트먼과 포스트먼의 뒤를 봐주는 쪽이 과반수 지분을 가져야 한다, 그런데 이게 보장되지 않으면 아무런 의미가 없다, 하는 게 그의 입장이었다.

"언짢게 생각지 말아요, 피터. 이건 안 되겠습니다."

"알겠습니다. 다시 작업하죠."

코언은 일어나서 방을 나갔다.

코언이 나가자 포스트먼은 보이시 쪽으로 몸을 돌렸다.

"제프, 이래 가지고 뭐가 되겠소? 얘기가 통하질 않잖아. 닭 뼈다귀를 아무리 주물럭거린다고 닭고기가 나오는 건 아니잖소. 협상할 건더기가 있어야지. 안 되겠습니다."

네 사람은 회의를 했다. 그리고 포스트먼이 직접 자기가 원하는 자본 구조를 시어슨에 제안하는 게 좋겠다고 결론 내렸다. 포스트먼은 좋은 아이디어라고 생각했다. 게다가 그는 꼬박 이틀 동안 쉬지 않고 분석 작업을 해서 너무 지쳐 있었다. 그는 자리에서 일어나 코언을 찾으러 밖으로 나갔다. 코언은 담배 연기가 자욱한 회의실에서 시가를 뿜어 대고 있었다. 변호사들과 투자은행가들은 웃옷을 벗은 채로 분주히 움직이고 있었다.

"피터, 이래 가지고는 안 되겠습니다. 난 너무 지쳤어요. 그만 돌아가겠습니다. 출발점도 합의를 못 하고 있잖습니까. 우리가 안을 하나 만들어서 보내 드리기로 하죠."

코언도 동의했다.

포스트먼 리틀 일행은 바깥으로 나왔고, 포스트먼과 보이시는 포스트먼의 검은색 메르세데스 뒷좌석에 탔다. 두 사람은 대화에 열중했고, 메르세데스는 웨스트사이드 하이웨이로 접어들었다. 그런데 갑자기 포스트먼의 눈이 휘둥그레졌다. 승용차 하나가 메르세데스로 바짝 다가오는 걸 보았던 것이다. 포스트먼은 '제프, 머리 숙여!'라고 외치고 싶었지만, 이미 때는 늦었다. 그 승용차가 메르세데스의 왼쪽 뒷부분을 들이받았고, 메르세데스는 그 충격으로 덜컹거렸다.

다행히 가벼운 접촉 사고로 그쳤고 다친 사람은 아무도 없었다. 하지만 상대편 운전자가 보험에 가입하지 않아 경찰관이 올 때까지 기다려야 했다. 느낌으로는 족히 몇 시간은 기다린 것 같았다. 아무튼 그날은 시어도어 포스트먼의 날은 아닌 것 같았다.

· ———— ∞ ———— ·

스페인 여행은 성공적이었지만 뉴욕으로 돌아올 때는 고생을 했다. 비행기는 원래 파리로 가기로 되어 있었는데 날씨가 좋지 않아서 리옹으로 바꾸었지만 역시 여의찮았고, 런던도 안개가 너무 짙었다. 결국 비행기는 브뤼셀에 착륙했다. 굿프렌드는 뉴욕으로 가는 1시 30분 사베나 벨기에 항공기를 타고 6시 조금 덜 된 시각에 케네디 공항에 내렸다.

헐렁한 코르덴 바지에 티셔츠 차림의 굿프렌드는 시어슨이 준비한 헬리콥터를 타고 15분 만에 월스트리트에 있는 살로먼 본사에 도착했다. 이곳의 한 회의실에서 그는 자문 역할을 해 주는 두 사람을 만났다. 한 사람은 오랜 세월 법률 고문을 맡아 온 호리호리한 피터 대로였고, 또 한 사람은 말솜씨 좋은 살로먼의 투자은행가 마이클 짐머먼이었다.

"이건 절대 믿지 못할 겁니다."

문건 한 부를 내밀면서 짐머먼이 말했다. 굿프렌드는 그 문건을 읽고 깜짝 놀랐다. 코언과 RJR 나비스코의 경영진이 합의한 그 문건은 코언이 언질을 준 것보다 훨씬 더 경영진에 유리했다. 그가 제대로 해석했다면, 존슨의 7인 그룹은 10억 달러 혹은 어쩌면 그 이상을 받게 되어 있었다. 게다가 세금도 붙지 않는 돈이었다. 대로가 굿프렌드와 함께 합의문 내용을 하나씩 읽어 나갔다. 이들로서는 자신들이 놓인 현재 상황을 정확히 파악하는 게 중요했다.

약 30분 뒤, 시어슨에 도착한 굿프렌드는 오래 기다리지 않고 코언을 만났다. 굿프렌드는 합의 문건을 코언에게 건넸다.

"나로서는 앞으로 상당한 어려움을 겪을 것 같군요. 그리고 한 팀으로 우리가 상당한 어려움을 겪을 것 같고요. 그 합의 내용을 수정해서 왕창 깎지 않으면 말입니다."

굿프렌드는 잠시 말을 끊었다가 다시 이었다.

"너무 말이 안 되잖아요. 꼴사납고."

그러자 코언이 대답했다.

"존, 내가 약속하지요. 그 문제는 잘 처리될 겁니다."

하지만 그렇게 말한 뒤, 입찰 가격을 어느 정도로 정하는 게 좋을지 좀 더 정확하게 감을 잡을 때까지는 그 합의 내용을 손보는 건 그다지 중요한 일이 아니라고 덧붙였다.

그렇다면 다행이고 또 얼마든지 기다릴 수 있다고 굿프렌드가 동의했다.

시어슨과 살로먼 사람들은 금요일 밤늦게까지 그리고 토요일 하루 종일 작업을 했다. 두 회사 모두 런던과 도쿄에 있는 인력을 총동원해 외국 은행들로부터 자금을 끌어모을 태세를 갖추었다. 제임스 스턴이 이끄는 또 다른 팀은 포스트먼이 받아들일 수 있는 적절한 자본 구조를 열심히 모색했다.

토요일에 코언은 포스트먼을 찾느라 많은 시간을 보냈다. 사무실에 전화를 하고 또 집에도 전화를 했다. 포스트먼은 점심을 먹는다고 했다. 그리고 오후에는 밖에 나가고 없다고 했다. 코언은 포스트먼이 메시지를 받고서도 전화해 주지 않는다는 사실을 알고 있었다. 지난 한 주 내내 포스트먼은 빨리빨리 서둘라고 코언을 다그쳤었다. 그런데 정작 자기가 가장 필요한 순간에는 연락이 되지 않다니……. 코언은 포스트먼이 일부러 관심이 없는 척한다고 추측했다.

"그 사람, 지금 열심히 재롱을 부리는 거죠."

코언이 토머스 스트라우스에게 한 말이다.

———⬦⟨∞⟩⬦———

코언이 남긴 전화 메시지가 계속 쌓였지만 포스트먼은 무시했다. 점심을 길게 먹었고 오후에는 이스트리버 건너편 퀸스에서 테니스를 즐겼다. 코트를 뛰어다니면서 그는 코언과 RJR 나비스코에 대해 생각했다. 그는 이 거래가 진행되는 방식이 마음에 들지 않았다. 어딘가 불편했다.

'내 생각에 우리는 틀렸어. 시간을 너무 낭비하고 있단 말이야. 크래비스는 과연 시간을 낭비하고 있을까? 서둘러서 빨리빨리 움직여야 하는데 말이야!'

테니스 코트를 빠져나오면서도 포스트먼은 사흘 동안 뇌리에서 떠나지 않고 괴롭혔던 생각을 여전히 떨쳐 버릴 수 없었다. 크래비스를 두들겨 부수고 싶지만, 아무래도 이 거래는 포스트먼 리틀의 거래가 아닌 것 같다는 생각이었다.

'이번 예감은 정확한 것 같은데…….'

포스트먼이 다시 아파트로 돌아갔을 때 전화벨이 울렸다.

"계속 연락했잖아요!"

코언이었다. 목소리로 짐작하건대, 애가 바짝 달아 있었다. 코언이 뭐라고 말했지만 포스트먼은 그의 말을 듣고 있지 않았다. 대신 마음속으로 혼잣말을 했다.

'나는 이런 친구와 한 배를 타고 싶지 않아. 난 이 친구가 싫어. 이 친구는 어째서 짐 로빈슨의 반도 따라가지 못할까? 당신은 지금 사기꾼 꽃뱀을 요조숙녀로 만들려 하고 있어. 근데 그게 잘되겠난 말이야.'

"하루 종일 바깥에 있느라고 말입니다."

그러자 코언은 자신이 오해를 했다면서 사과했다.

"좋은 소식 몇 가지를 알려 드릴 수 있게 됐습니다. 난 지금 토미 스트라우스의 집에 있는데, 당신이 불만스럽게 생각하던 부분을 말끔하게 해결할 수 있는 방법을 찾아냈습니다. 우린 할 수 있어요. 솔직히 이렇게 될 줄 알고 있긴 했지만 말입니다."

코언과 스트라우스는 뉴욕 아몽크에 있는 스트라우스의 집에 있었다. 코언이 비공식 만찬을 즐기던 중에 슬쩍 빠져나와 포스트먼에게 전화를 건 것이었다.

포스트먼의 수화기로 개들이 짖는 소리와 어린아이들이 깔깔거리며 웃는 소리가 들렸다. 그리고 누군가 우스꽝스러운 말투로 "개 좀 저리 데려가 줘!"라고 말하는 소리도 들렸다. 코언의 목소리 같았다.

그 순간 포스트먼은 코언에게 강하게 이끌린다는 느낌이 들었다. 코언을 너무 심하게 대했던 것도 미안했다.

'바로 이건데. 개들과 아이들. 이런 게 좋은 거야, 가족적인 느낌. 포스트먼 리틀다운 것.'

코언은 새롭게 설정한 자본 구조를 포스트먼에게 간략히 설명했다. 살로먼과 시어슨이 각각 전체 소요 자금의 25퍼센트씩 맡고 포스트먼 리틀이 나머지 50퍼센트를 부담한다. 그리고 기업의 지배권은 투자한 만큼 가지기로 하는데, 포스트먼 리틀이 50퍼센트의 지분을 가진다. 그리고 전날 제안했던 내용보다 정크 본드의 비중을 대폭 줄이고, RJR 경영에 관해서는 포스트먼 리틀의 목소리가 가장 강하게 반영될 수 있도록 보장한다. 그리고 또하나 중요한 사항으로, 포스트먼 리틀은 후순위채가 아니라 선순위채[†]를 받는다. 이 둘의 차이는 약식 차용증과 아메리칸 익스프레스 카드의 차이라고 할 수도 있었다.

"자, 이 정도면 어때요, 테드?"

포스트먼은 깜짝 놀랐다.

"피터, 정말 엄청나게 달라졌네요. 아주 좋습니다."

"그럼 일단 내일 만납시다."

코언이 말했다.

그리고 그날 밤늦게까지 포스트먼 직원들은 코언의 제안을 분석해 썩 괜찮은 내용이라고 결론 내렸다. 포스트먼은 롱아일랜드로 가서 디너파티를 즐기고 있던 보이시를 만나 이 소식을 전했다. 그때는 이미 자정이 넘은 시각이었다.

그날 저녁 포스트먼의 파트너인 브라이언 리틀이 극동 지역으로 떠났던

[†] 다른 부채에 비해 변제 우선순위가 선순위가 되는 채권.

휴가를 마치고 샌프란시스코에 도착했다. 리틀은 홍콩과 태국, 발리 등 휴가지에 머물 때마다 RJR 나비스코 거래의 진행 상황을 물었었다. 그리고 비행기가 미국 땅에 내리자마자 리틀은 포스트먼에게 전화했다. 포스트먼은 그때까지 진행된 코언과의 협상 내용을 설명했다.

리틀은 시어슨과 손잡아야 한다는 걸 탐탁지 않게 여겼다. 그는 10년 전부터 코언을 알았다. 두 사람의 주말 별장은 햄프턴스에 가까이 있었다. 리틀은 코언이 월스트리트에서 최악의 인물이라고 생각했다. 함께 일하기에는 너무 짜증스럽고 수수료만 지독하게 챙기는 교활한 인물로 보았던 것이다. 그래서 코언과 함께 일한다는 게 내키지 않았다.

"테디, 그 친구 살인청부업자 같은 인간이란 말이야."

포스트먼은 자기들이 계획하는 거래는 '포스트먼 리틀의 작품'이 될 것이라고 리틀을 안심시켰다. 하지만 브라이언 리틀은 여전히 꺼림칙했다. 그래서 전화를 끊기 전에 마지막으로 포스트먼에게 모욕이나 다름없는 말로 코언과 손잡는 것을 강력하게 반대한다는 의사 표시를 했다.

"나라면 차라리 그 인간보다는 헨리 크래비스와 손을 잡겠어."

미국에서 기업은 대부분 대변인이라는 직책을 둔다. 대변인은 발표 내용이 유독성 폐기물 무단 방류 사건에 대한 회사의 입장이든 아니면 분기별 실적 발표든 간에 회사의 공식적인 입장을 앵무새처럼 그대로 반복한다. 그래서 기자들은 이들을 다소 비아냥거리는 표현으로 '대공포flak'라고 부르는데, 이들이 수행하는 기본 임무는 기자들을 상대로 회사의 입장을 전달하는 것이다. 하지만 월스트리트에서는 다르다. 온갖 가십과 내부 정보가 끊임없이 흘러 다니기 때문에 많은 수의 홍보 관련 전문가가 필요하다. 이들의 역할이 중요하게 대두된 사정은 충분히 이해할 수 있다. 경제 분야 관련 보도가 1980년대의 대형 인수 합병을 둘러싼 싸움에 좀 더 많이 치중함에 따라 이 부분을 다루는 인력이 점차 중요해진 것이다. 따라서 1980년대 말이 되면서 인수 합병 전쟁에 나서는 회사들은 모두 투자은행가나 변호사 외에도 홍보 회사를 따로 고용했다.

여러 해 동안 월스트리트의 이 분야 사업은 '켁스트 앤드 컴퍼니'라는 단일 회사 및 이 회사의 창업자인 거숀 켁스트가 지배했다. 켁스트의 대변인들은 대부분의 주요 인수 합병 때 고용되어 통상적인 언론 담당 활동을 했을 뿐 아니라 경쟁자와 관련된 나쁜 소문을 퍼뜨렸다. KKR가 거의 10년 가까운 세월 동안 언론 매체의 머리기사에 오르지 않은 것도 거숀 켁스트의 충고를 충실히 따랐던 덕분이다.

그런데 1980년대 후반에 오랜 세월 동안 지켜졌던 켁스트 원칙이 처음으로 도전을 받았다. 린다 로빈슨은 결코 평범하지 않은 '대공포'였다. 그녀는 키가 크고 윤기 흐르는 붉은 금발의 박식한 여성이었다. 그리고 무언가 알고 있는 듯한 미소를 지으며, 무척 바쁜 일정을 소화했고, 수다를 무척 즐겼다. 그녀는 1940년대의 인기 라디오 프로그램 〈에이머스 앤 앤디Amos 'n' Andy〉에서 에이머스 역을 맡았던 배우의 딸로 캘리포니아에서 성장했으며, 한때 사교계에도 몸담았지만 1970년대에 결혼에 실패한 뒤 수많은 직업을 전전했는데 침술원에서 일하기도 했다.

완고한 보수주의자이자 공화당원이던 그녀는 1980년 로널드 레이건의 대통령 선거 운동 때 언론 담당 부특보 자리를 꿰찼다. 그리고 나중에는 교통부 장관을 역임했던 드루 루이스가 경영하는 회사에서 일하다가 제임스 로빈슨을 만나 결혼까지 했다. 그리고 한 무리의 친구들과 함께 뉴욕에 홍보 회사를 세웠다. 그 뒤부터 린다 로빈슨이 남편에게 쏟는 애정은 정기적으로 사람들에게 공개되었다. 예를 들면 이런 식이었다. 그녀는 여성 기자에게 함께 있는 제임스 로빈슨을 가리키며 "이 사람, 귀엽지 않나요?"라고 물으면서 로빈슨의 이두박근을 직접 만져 보라고 했다.

얼마 안 있어 그녀는 중요 인사가 되었다. 그리고 이렇게 된 이유가 순전히 제임스 로빈슨의 아내이기 때문이라고 누가 넌지시 암시하기만 해도 그녀는 발끈 화를 내곤 했다. 텍사코도 그녀의 주된 고객 가운데 하나였는데, 그녀는 텍사코가 칼 아이칸과 길고 긴 싸움을 벌일 때 도움을 주었다. 드렉설의 마이클 밀컨도 그녀의 고객이었다. 그리고 NBC 방송국 앵커 토머스 존 브로코, ABC 방송국 앵커 다이앤 소여, ABC 방송국 앵커 바버라 월터스 등과 친구 사이로 지냈으며, 1988년에 《월스트리트저널》의 편집장 결혼식에 그녀가 참석했을 때 이 신문사의 기자는 1면의 인물 단평란에 다음과 같이 적었다.

35세인 그녀는 일류 변호사들과 이미지 메이커들이 행사하는 영향력에 근접하는 막후의 강력한 영향력을 행사할 모든 준비를 갖춘 것 같다.

로스 존슨은 LBO를 선언한 지 몇 시간 뒤에 린다 로빈슨을 고용했다. 그런데 그녀는 존슨의 홍보 부문이 엉망이라는 사실을 깨달았다. 주제도 없었고, 감동적인 울림도 없었고, 근거도 없었다. 오랜 친구이던 로스 존슨의 일을 맡은 첫 주에 그녀는 홍수처럼 쏟아지는 적대적인 전화에 대응하는 데 주력했다. 그리고 존슨 경영진의 수석 대변인으로서 끊임없이 기자들에게 전화를 걸어 홍보 사항들을 제공했다.

이런 활발한 활동 덕분에 그녀는 살로먼 브라더스의 수석 홍보 담당이던 사우스캐롤라이나 출신의 로버트 베이커를 이내 멀찌감치 따돌렸다. 베이커는 린다 로빈슨이 말을 너무 많이 한다고 생각했다. 린다 로빈슨이 중간에서 교통정리를 해서 코언 및 RJR과 필립 모리스의 거래에 관련된 월스트리트 인물들에 대한 소개 기사가 작성되고 이것이 《뉴욕타임스》에 실렸는데, 이런 행태를 베이커는 신랄하게 공격했었다.

"그게 바로 거래가 끝났을 때 당신들이 하는 일입니다. 린다, 이런 것들이 내 눈에는 모두 여피족†의 한심한 장난질로밖에 보이지 않거든요."

두 사람의 대결은 계속 이어졌다. 린다 로빈슨이 코언을 ABC 방송국의 일요일 아침 시사 대담 프로그램인 〈디스 위크〉에 출연시키려는 음모를 꾸민다고 베이커가 의심하면서 두 사람 사이의 관계는 최악으로 치달았다. 베이커는 자기 회사 사람의 장점을 부각시키려고 살로먼의 고참 투자은행가 로널드 프리먼을 시어도어 포스트먼과 나란히 출연하도록 조율해 두었는데, 프리먼을 빼고 코언으로 대체하려는 움직임을 간파하고는 이를 저지하려고 나섰다.

"린다, 우리 살로먼은 이 일을 당신이 어떻게 처리하는지 두고 볼 겁니다. 당신은 회사를 경영하는 사람이니까요. 난 당신이 아메리칸 익스프레스 회장과 잠자리를 함께한다는 이유로 시어슨 편을 들 것이라고 주장할 생각은 전혀 없습니다. 표면적으로는 이 문제가 이해 충돌로 비칠 수 있겠지만, 나는 그걸 이야기하려는 게 아닙니다. 이건 협박이 아닙니다. 하지만 기억해 두기 바랍니다. 이 거래 뒤에도 인생은 계속된다는 걸 말입니다."

베이커의 말에 그녀는 거의 이성을 잃을 뻔했지만 이런 하찮고 요식적인 싸움에 시간을 낭비하지 않으려고 애썼다. 그녀는 좀 더 큰 물고기를 잡으려고 했다. 로빈슨 부부의 사회 활동 일정은 아주 빡빡했다. 이런저런 크고 작은 행사들에 참석해야 했다. 그래서 린다는 자기 부부는 2주에 한 번씩

---

† 고학력으로 전문적인 직업을 가지고 높은 소득을 올리며 사는 젊은 계층.

하루 밤낮을 함께 보내려고 노력한다는 농담을 하기도 했다. 로빈슨 부부가 가깝게 지내던 친구들 가운데는 헨리 크래비스 부부도 포함되어 있었다. 이들 두 부부의 코네티컷 농장은 20분 거리밖에 떨어져 있지 않았다. 그리고 린다는 크래비스를 설득해 경주마 사업에 관심을 가지도록 만들었다. 그래서 두 사람은 말을 함께 샀다. 두 사람은 이 말에 '트릴리언'이라는 이름을 붙였다. 비록 몇 주 뒤에 크래비스가 '쿠키 크럼블스'라는 별명을 붙이긴 했지만…….[†]

크래비스가 RJR 나비스코 공개 입찰을 발표한 뒤로 린다 로빈슨은 줄곧 은밀하게 크래비스에게 존슨과 손잡으라고 로비를 했었다. 크래비스의 한 측근은 다음과 같이 말한다.

"린다는 예전부터 늘 헨리와 꼭 붙어 다녔습니다. 이 사람들을 이해해야 합니다. 두 사람은 서로 함께하고 싶어 합니다. 헨리는 날마다 린다의 전화를 받고 하루를 시작합니다. 그리고 린다에게 많은 것을 이야기합니다. 그녀는 말하자면 경기에서 작전을 짜는 사람과 같은 역할을 했습니다."

린다 로빈슨이 크래비스와 나누는 대화 내용은 철저한 비밀이었다. 남편인 제임스 로빈슨이나 로스 존슨도 몰랐다. 오로지 스티븐 골드스톤만이 그 가운데 일부를 알았다. 골드스톤은 점점 걱정되었다. 월스트리트의 능력 있는 수많은 사람 가운데 굳이 홍보 책임자이자 대변인을 크래비스와 절친한 사람으로 삼는 게 과연 현명한 일일까? 그래서 한번은 린다 로빈슨에게 이런 말을 했다.

"조심해야 합니다. 경영진이 아직 동의하지도 않은 내용을 앞서서 밝힌

[†] '트릴리언trillion'은 숫자 '1조'를 뜻하고, '쿠키 크럼블스cookie crumbles'는 '어쩔 수 없이 받아들여야 하는 안 좋은 상황'을 뜻한다.

다거나 해서는 안 됩니다. 그런 일이 벌어지길 원하지는 않죠?"

그때 린다 로빈슨은 이 변호사에게 걱정하지 말라고 대답했다. 자기가 무얼 하고 있는지 잘 안다면서.

—⟨∞⟩—

일요일 아침의 텔레비전 시사 대담 프로그램에서 패널로 나온 ABC 방송국 기자 샘 도널드슨이 살로먼의 베테랑 투자은행가이지만 LBO에 대해서는 전혀 전문가가 아닌 로널드 프리먼을 몰아붙이자 프리먼의 얼굴은 새파랗게 변해 갔다.

"요즘 진행되는 LBO들의 도덕성에 대해 한 말씀 해 주시죠. 옛날에는 물건을 생산하고 사람을 고용하고 또 주주들에게 이익을 주려고 회사를 세웠습니다. 하지만 지금은 많은 사람들이 돈을 최대한 많이 챙겨서 멀리 튀려고 회사를 부수고 있습니다. 이게 도덕적입니까?"

그러자 프리먼은 이렇게 대답했다.

"그건 LBO의 한 단면만을 묘사하는 거라고 생각합니다. 구조 조정은 기업마다 제각기 다르게 나타납니다. 예를 들어 미국에서 가장 크고 또 유명한 몇몇 기업들은 구조 조정을 통해 놀라운 성공을 거두었습니다. '애틀랜틱 리치필드'가 좋은 예가 될 수 있습니다. 'AT&T'도 그렇고요. 극단적인 사례들은 전체적인 구조 조정의 물결 속에서 아직 일부에 지나지 않습니다."

곧바로 도널드슨의 반격이 이어졌다.

"한 단면만을 묘사했다는 점은 인정합니다. 하지만 분명히 사람들이 이런 말을 미리 하는 경우들이 있지 않습니까? '우리는 그 회사를 집어삼킬 것이다, 그다음에는 그 회사를 깨 버릴 것이다, 그대로 두느니 쪼개서 팔아 치우는 게 더 돈이 되니까, 이렇게 해서 마련한 돈을 들고 튈 거다'라고요. 포스트먼 씨, 이런 게 바람직합니까?"

데이비드 브링클리가 진행하는 이 뉴스쇼에 나오기 전에 포스트먼이 딱 하나 조건으로 내걸었던 게 있었다. RJR 나비스코의 거래와 관련된 토론은 하지 않겠다는 것이었다. 비록 그가 이 거래에 관심 있다는 사실은 여러 신문을 통해 보도되었지만, 실제로 그 논의 바깥에 있는 사람 가운데 그가 얼마나 깊이 관여하고 있는지 아는 사람은 아무도 없었다. 포스트먼이 대답했다.

"글쎄요, 때로는 바람직하기도 합니다. 늘 나쁘기만 하지는 않죠."

"그렇다면 노동자 입장에서 보면 어떻습니까?"

"네, 그 사람들은……."

"그 사람들은 어떻게 됩니까? 내 말은, 만일 그들이 일자리를 잃으면 어떻게 되느냐는 겁니다."

"아뇨, 핵심은 그게 아닙니다. 다시 말씀드리지만, 나는 신문에 기고한 글에서 규율이 없다면 노동자도 고통받을 수 있는 집단 가운데 하나라고 썼습니다. 규율이라는 것을, 그러니까 투자의 규율이라는 것을 놓고 토론해야 합니다. 그게 핵심입니다. 초기에 이런 생각을 했던 개혁가들은, 물론 나도 그중 한 사람이긴 합니다만, 상당히 높은 수준의 규율을 가지고 있었습니다. 그런데 수백 명의 얼치기들이 이 분야로 몰려들었습니다. 그리고 이 얼치기들이 들어오면서 규율이 흐트러졌습니다. 그리고 마침내 말도 되지 않는 쪼개 팔기 같은 것들이 나타난 겁니다."

포스트먼의 말이 끝나자 곧 도널드슨이 반격했다.

"나는 당신을 비난하는 게 아닙니다. 당신이 키워 놓은 사람들, 그러니까 아까 표현하신 대로 얼치기들을 비난하고 있는 겁니다. 도대체 어째서 이들이 아무런 제재도 받지 않고 불로소득을 얻도록 내버려 두어야 하지요?"

"글쎄요, 나는 불로소득이라곤 생각하지 않습니다. 토론할 시간이 충분하다면 더 깊이 파고들 수 있을 텐데……. 악의 근원은 사람들이 새로운 자금 원천을 만들었다는 데 있습니다. 이른바 정크 본드라는 자금 원천을 말입니다."

녹화를 마친 뒤에 포스트먼은 프리먼에게 자기 아파트로 가지고 했고, 두 사람은 포스트먼의 아파트에서 함께 자신들이 나온 프로그램을 보았다. 프리먼이 장모에게 전화를 했을 때, 장모는 프리먼에게 말했다.

"자네하고 함께 출연한 그 남자 참 귀엽더라. 근데 그 사람 유대인이야?"

커피를 마시면서 포스트먼은 RJR 나비스코 이야기를 꺼냈다. 전날 밤에 보여 주었던 그의 열정은 사라지기 시작했다.

"론(로널드의 애칭), 나는 우리가 함께할 수 있을지 잘 모르겠네요. 당신들이 정말 잘못하고 있거든요. 정크 본드, 현물지급증권 또 뭐 이런 거 저런 거……. 미친 짓이지. 존슨과 어떤 거래를 했나요?"

프리먼이 대답했다.

"나는 모릅니다. 우리는 지휘부에 속하지 않으니까요. 우리는 그저 조용히 거드는 사람들일 뿐입니다."

"아무튼 여기 역사상 최대 규모의 거래가 앞에 있는데, 크래비스는 이걸 삼키려 하고 있어요."

도로에서 연쇄 추돌 사고가 일어나는 바람에 시어도어 포스트먼은 그날 오후에 약속했던 시각보다 한 시간 늦게 시어슨에 도착했다. 그의 동생 닉 그리고 스티브 프레이딘이 포스트먼을 수행했다. 세 사람은 안내를 받아 수많은 투자은행가들 사이를 지나서 회의실로 들어갔다. 거기에는 피터 코언

과 존 굿프렌드가 기다리고 있었다. 포스트먼은 일부러 보이시를 데리고 오지 않았다. 그의 전술이었다.

사람들이 모두 모여 있었다. 하지만 포스트먼은, 그날의 논의로 모두 힘을 합쳐 크래비스와 싸우자거나 혹은 곧장 인수로 나아가자거나 하는 식의 합의가 이루어질 줄은 몰랐다. 하지만 몇 분이 지나면서 그림은 분명하게 드러났다.

코언이 가장 먼저 발언했다.

"우선 지난밤에 내가 말을 잘못했다는 점부터 얘기하겠습니다. 조금 혼동하는 바람에……. 이 자리에서 정확히 다시 말씀드리겠습니다."

그러고 나서 코언은 시어슨이 생각하는 자본 구조의 안을 내놓았다. 이 안은 전날 밤에 제안했던 것과 완전히 달랐다. 우선 포스트먼 리틀은 선순위 채권자가 아니라 후순위 채권자였다. 그 차이는 엄청난 것이었다. 포스트먼은 전날 밤에 코언이 의도적으로 자기를 안심시켰다가 이제 와서 뒤통수를 친다는 사실을 믿지 않았다.

'고의는 아니겠지. 설마 일부러 그렇게 할 사람이 누가 있을까?'

포스트먼은 코언의 경험 미숙 때문이라고 생각했다. 그러고는 코언이 말을 마칠 때까지 기다렸다가 입을 열었다.

"피터, 이건 어젯밤에 했던 이야기와 전혀 다르잖아요. 이걸 놓고 가타부타 논의를 하기 전에, 어제 한 이야기와 완전히 다르단 말입니다."

"예, 나도 압니다."

시어도어 포스트먼은 융통성의 표본이라고 할 수도 있는 사람이었다. 하지만 마음속으로 이제 정말 더는 참을 수 없을지도 모른다고 생각했다. 그렇지만 코언이 경영진과 합의했던 구체적인 내용들을 처음으로 자세히 설명할 때 포스트먼은 잠자코 귀를 기울였다. 코언의 설명을 듣고 있자니,

한쪽에서 추진하는 모든 것에 대해 다른 쪽에서 거부권을 행사할 수 있다는 내용이었다. 자신이 정확하게 들은 거라면, 존슨과 그의 경영진은 해고에 대해서도 거부권을 행사할 수 있다는 내용이었다.

'정신 나간 사람들이군. 야구의 야자도 모르는 아마추어들이 월드 시리즈에 나가서 야구를 하겠다는 건가? 수십억 달러의 돈을 쏟아 넣으면서도 경영진을 제거하지 못한단 말이야? 그러면서 나더러 자기들 장단에 맞춰 함께 춤을 추자고?'

코언이 말을 마치고 나자 잠시 침묵이 흘렀다. 이윽고 굿프렌드가 입을 열었다.

"이보다는 훨씬 더 나을 거라고 우린 생각합니다. 이건 어디까지나 현재 우리가 와 있는 지점이니까요."

말을 마친 살로먼의 최고경영자가 프레이딘을 보았다.

"어떻게 생각해요, 스티브?"

프레이딘은 굿프렌드와 코언이야말로 존슨과의 합의 내용이 외부 사람들에게 어떻게 비칠지 전혀 모르는 것 같다고 생각했다. 이들은 큰 그림을 놓치고 있었다.

"이 거래의 규모가 워낙 크다 보니까 정치권과 의회가 나서서 샅샅이 조사를 하리라 생각합니다. 그리고 그들의 반응이 이 방에 자리하고 있는 각 회사에 영향을 미칠 것이라고 생각합니다. 우리는 그 점을 분명히 마음에 새기고 있어야 할 겁니다."

그는 잠시 뜸을 들였다가 말을 이었다.

"내 계산으로는 경영진에 돌아가는 금액이 대충 20억 달러는 되는 것 같은데, 맞습니까right?"

"아냐, 아냐, 아냐!"

포스트먼이 말을 가로채고 나섰다.

"그건 맞지 않아요!"

그가 말한 뜻은 '그건 말도 안 된다'는 뜻이었다.

"내 생각에는 맞습니다."

프레이딘이 다시 한 번 힘주어 말했다. 굿프렌드가 좌중을 돌아보며 물었다.

"그렇습니까?"

사람들은 수치를 더해 보았다. 모든 인센티브를 합치자 금액은 19억 달러였다.

"이 정도 금액이면 경영진으로서는 엄청난 수익입니다."

프레이딘의 말에 모두들 동의했다. 그러자 코언이 경영진과 합의한 사항은 수정할 수 있다고 한 번 더 강조했다. 그러자 시어도어 포스트먼이 말했다.

"수수료에 대해서 얘기해 주시오."

굿프렌드가 빙그레 웃었다.

"우리는 테디가 그 질문을 할 줄 알았습니다."

코언이 그와 관련된 내용을 읽었다. 우선 성공 수수료가 있다, RJR 나비스코를 성공적으로 인수할 경우 시어슨과 살로먼은 각각 1억 2000만 달러를 받는다, 그리고 지분을 가지고 있는 모든 당사자에게 5퍼센트의 수수료가 돌아간다.

"그건 또 무슨 명목의 수수료죠?"

포스트먼이 묻자 코언이 말을 받았다.

"아, 그건 포스트먼 리틀에도 해당됩니다."

시어슨은 LBO 이후 RJR 나비스코 자산을 매각할 때의 수수료로 약

1억 300만 달러를 생각하고 있었다. 거기에는 후순위 부채에 대한 수수료 2300만 달러도 포함되어 있었다. 포스트먼 리틀은 후순위 채권을 떠안는 몫으로 3000만 달러의 수수료를 받는 것으로 되어 있었다.

포스트먼은 그런 내용들이 끝도 없이 이어질 것이라고 생각했다. 그는 질문을 몇 개 던지면서 대답을 받아 적는 척만 했다. 그의 옆에 있던 프레이딘이 코언에게 몇 가지 질문했다.

"정크 본드로 강을 건넌 뒤에는 정크 본드에서 수익이 발생하겠죠?"

"그럼요. 우리는 3.5퍼센트 수수료를 챙길 겁니다."

그것만 해도 약 4억 2500만 달러였다.

프레이딘은 포스트먼 형제가 당혹한 눈빛을 주고받는 것을 보았다.

"브리지론 수수료도 있죠?"

프레이딘이 물었다. 수십억 달러의 브리지론이 수수료 없이 나오지 않는다는 걸 알고 있었다. 코언이 고개를 끄덕였다.

"그건 또 뭐요?"

포스트먼이 물었다. 회의실 한쪽에 서 있는 시어슨의 정크 본드 책임자 스턴은 한 주 내내 잠을 못 잔 티가 역력했다. 그가 말했다.

"굳이 15억 달러에 대한 위험을 고스란히 감수하겠다면, 기꺼이 그렇게 하도록 해 드리죠."

포스트먼은 빈정거리는 스턴을 쏘아보았다.

"난 댁이 누군지 모르겠는데……. 피터, 저 사람은 누구요?"

포스트먼은 미칠 것 같았다. 얼굴에서 핏기가 싹 가시는 듯한 느낌이 들었다. 그는 스턴을 바라보며 계속 말했다.

"당신은 내가 어떤 사람인지 잘 모르겠지만, 아무튼 당신은 지금 15억 달러 인수 자금이라고 했지만 나는 30억 달러를 영원히 처박아 넣는 걸 이야기하고 있는 거야."

포스트먼의 분노는 점점 커져 갔다. 그리고 그 방에 있는 사람 그 누구도 그가 흥분해서 정크 본드를 저주하는 장황한 연설을 시작하기를 바라지 않았다. 코언이 나섰다.

"저 사람 내보낼까요? 아웃시켜요?"

포스트먼은 코언이 마치 마피아 두목 같다고 생각했다.

"아뇨, 아닙니다. 그냥 있게 둬요."

수수료 논의가 다시 이어졌다. 계속해서 프레이딘의 질문이었다.

"그렇다면 은행에 주는 수수료는 어떻습니까?"

이 질문에도 코언이 대답했다.

"그것도 물론 있어요."

2.5퍼센트의 수수료를 상업 은행에 주는 것으로 시어슨은 설정하고 있었다. 약 3억 7500만 달러였다.

"뭐요? 2.5퍼센트나?"

이번에는 닉 포스트먼이었다. 그는 자기 형에게 눈알을 굴려 보였다.

"2.5퍼센트라……."

프레이딘이 다시 한 번 반복했다. 계산하지 않고 그냥 느낌으로만 판단해도 엄청난 금액일 것 같았다.

코언의 말은 아직 끝나지 않았다.

"그리고 법률 자문 수수료로 7500만 달러를 예상하고 있어요."

그러고는 프레이딘을 바라보면서 말했다.

"내 생각엔 당신도 이 거래가 무척 마음에 들지 않을까 싶은데."

그러자 프레이딘이 맞받았다.

"글쎄요, 이건 내 방식이 아니라서요."

이런 식의 논의가 진행되던 중에 닉 포스트먼이 나섰다.

"잠깐! 잠깐만요. 피터, 우리가 이 회사에 얼마를 지불해야 한다는 겁니까? 도무지 이해가 되지 않아서 그러는데 말입니다. 만일 내 계산이 옳다면, 당신들은 우리한테 필요한 금액보다 더 많은 돈을 빌리자는 걸로 보이는데, 아닙니까?"

닉 포스트먼이 숫자를 계산해 본 결과 코언이 했던 말과 아귀가 맞지 않았다. 자신이 제대로 들었다면, 시어슨은 첫 불입액을 지불한 뒤에 190억 달러를 모을 것을 제안했지만 RJR 나비스코를 사는 데는 165억 달러밖에 들지 않는다는 것이었다.

"우리가 25억 달러를 더 모아야 한다는 말인데, 왜 그렇게 해야 합니까?"

"그 계산이 맞습니까?"

존 굿프렌드가 물었다.

닉 포스트먼은 건너편의 스티븐 프레이딘을 흘끗 바라보았다. 닉은 굳이 대답할 필요를 못 느꼈다.

'도대체 이 사람들은 자신들이 무얼 하는지 알고나 있을까?'

잠시 쉬었다가 논의를 계속하기로 했다. 닉 포스트먼은 다른 방으로 가서 시어슨과 살로먼의 투자은행가 10여 명과 함께 덧셈을 다시 했다. 시어도어 포스트먼과 프레이딘은 복도에서 회의를 했다. 프레이딘이 보기에 코언이 제시한 안에는 동의해 줄 구석이 전혀 없었다.

프레이딘은 혼자 회의실로 돌아왔다. 그리고 사람들에게 말했다.

"저기요, 테디가 몇몇 항목들을 다시 검토하고 싶다고 하네요. 예를 들면 수수료, 자본 구조, 로스 존슨의 위치, 그리고 인수 이후의 경영진 구성 문제 등이오."

간단히 말해서 모든 걸 다시 생각하겠다는 말이었다.

"그리고 우선주로 현물지급†하겠다는 것도 걸립니다. 알겠지만 테디는 그런 식으로 안 해 봤거든요."

"알겠소."

코언이 고개를 끄덕였다.

얼마 뒤, 코언과 토밀슨 힐이 전략을 재검토할 때 포스트먼 일행은 건물 밖으로 나와서 기다리고 있던 차에 올랐다. 프레이딘이 다음 행보를 어떻게 해야 할지 모르겠다고 말하자 시어도어 포스트먼이 대꾸했다.

"다음 행보? 보이시에게 전화해서 우리가 어디 있는지 말해 줘야지."

"우리가 어디에 있는데요?"

"모르겠소, 스티브? 우린 지금 밖으로 나왔잖아요."

---

† 유가 증권 발행자가 만기 시에 투자자에게 현금이 아닌 우선주라는 현물로 지급하는 것.

12장

끝내 결렬된
200억 달러짜리 평화 협정

*
*
*

어떤 점에서 보자면 LBO는 중고차를 사는 것과 많이 비슷하다. LBO의 목
표 대상 기업의 연차 보고서나 공시 내용은 중고차 광고란에 실린 광고에
비유할 수 있다. 광고처럼 구매자에게 유용한 정보가 들어 있기 때문이다.

중고차를 사려는 사람은 광고에 나온 내용보다 더 많은 정보를 원한다.
그는 자동차 소유자와 이야기를 나누어 보고 싶고, 엔진이나 에어컨을 자세
히 살펴보고 싶고, 또 가능하다면 시운전을 해서 동네를 한 바퀴 돌아보고
싶다. 기업을 인수하려는 주체의 입장에서도 그 기업을 철저히 조사하는 작
업이 결정적이라고 할 정도로 중요하다. 어떤 제품이나 서비스를 구매할 때
보다 더 철저하게 구매 대상을 살펴야 하는 게 바로 LBO 분야이다. 대상 기
업이 얼마나 많은 부채를 감당할 수 있으며, 어느 정도의 비용을 삭감할 수
있고, 또 부채를 신속하게 청산하기 위해선 어떤 사업 부문을 매각할 수 있

는지 등을 얼마나 정확히 파악하느냐에 따라 LBO의 성패가 갈린다. 중고차를 구매하는 사람에 비유하자면, LBO에서 구매자는 앞으로 그 자동차가 몇만 킬로미터나 더 달릴 수 있는지, 그리고 얼마나 많은 부품을 교환해야 하는지 사소한 부분까지 정확히 예측하고 파악해야 한다. 까딱 잘못해서 엔진 수명이 다 되었다거나 크랭크축에 금이 가 있는 줄 몰랐다면 그야말로 망하는 지름길이다. LBO에서도 상황은 이와 비슷하다. 계산이나 예측을 잘못했다가는 사는 쪽이나 파는 쪽 모두 쪽박을 차고 빚더미에 올라앉을 수도 있다.

그런데 만일 당신이 헨리 크래비스인데, 중고차 소유주들이 팔려고 내놓은 자동차의 엔진을 보여 주기는커녕 타이어조차 건드리지 못하게 한다면 당신은 어떻게 할 것인가?

바로 이게 크래비스가 처한 딜레마였다. 입찰 경쟁에 나선 존슨과 코언은 카드를 다 쥐고 있었다. 이들은 회사의 모든 정보에 접근할 수 있을 뿐 아니라 이를 분석할 수 있는 경영진까지 확보하고 있었다. 회사 재산의 마지막 1달러가 어디에 있는지조차 알았다. 그리고 어떤 비용을 줄일 때 해당 사업 부문에 해를 끼치지 않을 수 있는지, 또 어떤 공장을 가동 중지해도 생산량을 유지할 수 있는지 속속들이 알았다. 정확한 정보는 성공의 열쇠이다. 그런데 크래비스는 그 정보를 바깥에서 들여다보아야 했다.

특별위원회에 부과된 가장 중요한 임무 가운데 하나는 크래비스가 RJR 나비스코를 파악할 수 있도록 도움을 주는 것이었다. '라저드 프레어스'와 '딜런 리드'의 투자은행가들은 공정한 경기가 치러질 수 있도록 경기를 조율하는 심판들이었다. 최소한 이론적으로는 크래비스가 존슨과 동등하게 경쟁할 수 있었다. 하지만 실제로는 그렇지 않았다.

LBO의 구매자가 대상 기업의 실제를 조사하는 과정, 다시 말해서 팔려고 내놓은 기업에 대한 정보가 사실인지 아닌지 확인하는 '실사' 과정을 '상당한 주의 의무due diligence'라고 부른다.† 그런데 크래비스가 경영진의 도움을 받아 이 작업을 할 때 경영진이 제대로 보고해 줄 리가 없었다. 경영진은 기업의 가치를 최대한 부풀리려고 최선을 다했다. 크래비스는 회사의 어느 부문을 줄이고 버려야 할지 아니면 계속 가져가야 할지 등을 만족할 정도로 파악할 때까지 수많은 회계사와 변호사 그리고 투자은행가를 동원해 회사 구석구석을 조사해야 했다. 매우 지루하고 힘든 작업이었지만 KKR가 LBO 분야에서 성공을 거둘 수 있었던 것은 이 작업을 잘했기 때문이다.

10월 27일 목요일, 크래비스와 로버츠는 찰스 휴걸을 만나 실사가 신속하게 진행될 수 있도록 협조를 다하겠다는 약속을 받았다. 존슨 진영 사람들을 포함한 RJR 나비스코의 중역들은 KKR 실사팀으로부터 면접 조사를 받아야 했다. 많은 상장기업들이 그렇듯, RJR는 델라웨어의 법률 아래 설립되었다. 델라웨어의 판례에 따르면, 이사회는 크래비스의 실사에 중역들을 내보내 응하도록 해야 했다. 하지만 실사에 응하는 사람들이 협조적이어야 한다는 의무는 없었다.

특별위원회는 뉴욕의 플라자 호텔에서 10월 31일 월요일 아침부터 이틀 동안 크래비스가 RJR의 중역들을 상대로 면담 조사를 할 수 있도록 일정을 마련했다. 존슨은 부른다고 해도 나오지 않을 게 분명했다. 에드워드 호리건은 참석을 거부했다. 크래비스의 팀은 주말 내내 이 면담 조사를 준비했다.

존슨의 중역들은 엄청난 시련을 겪을 터였다. 크래비스는 대기실에서 중역들을 한 사람씩 따로 맞이한 다음 자기 회사의 철학을 설명하고 나서, 만일 크래비스가 이길 경우 회사에 계속 남아 달라는 식으로 말하기로 계획

---

† 실사 보고서는 'due diligence report'라고 한다.

을 세웠다. 그런 다음에 이 사람들을 면담이 진행될 방으로 안내하면, 거기에서 폴 래더와 KKR와 가깝게 지내는 인사들이 이들을 구워삶기로 했다. 그런데 래더는 면담이 시작되기도 전에 벌써 기분을 잡쳤다. 특별위원회가 RJR의 재무 자료를 담은 첫 번째 상자를 월요일 아침에야 보냈고, 그 바람에 질문을 준비할 시간이 전혀 없었기 때문이다. 날카로운 질문을 할 생각이었지만 이런 바람은 물거품이 되었다.

9시 30분에 첫 번째 중역으로 '플랜터스'의 사장인 존 폴리크론이 나타났다. 크래비스는 폴리크론과 악수를 나눌 때 폴리크론 뒤에 한 사람이 더 있다는 사실을 깨달았다. 해럴드 헨더슨 측의 변호사들 가운데 하나였다. 존슨의 감시와 위협이 진행되고 있는 게 아닐까 하는 의심이 그의 뇌리를 스쳤다. 이 사람은 첩자인가? 면담 조사를 받는 사람들을 위협해서 비밀을 발설하지 못하도록 하는 게 이 사람의 임무인가? 크래비스로서는 알 수가 없었다. 그런데 몇 분 뒤 이 사람은 자리를 떴고, 마침내 폴리크론만 남았다.

다음으로 나비스코의 최고경영자 존 그리니스와 그의 측근인 빌 맥나이트가 10시에 도착했다. 크래비스는 두 사람이 편안한 마음이 들도록 최대한 노력했다. 그런데 그는 깜짝 놀라고 말았다. 그리니스가 이렇게 말했던 것이다.

"이걸 알아 두세요. 나는 로스 존슨 집단에 속한 사람이 아닙니다. 그 일곱 명 가운데 한 사람이 아니라고요."

크래비스는 그리니스를 래더가 면담하는 방으로 안내한 뒤 래더에게 귓속말로 말했다.

"이 사람을 잘 지켜봐요. 어쩌면 우리가 활용할 수 있는 틈새가 있을지도 모릅니다. 우리한테 도움이 될 거 같아요."

래더는 잔뜩 기대했다. 하지만 면담을 막 시작하려고 할 때, 라저드 소속의 젊은 직원이 들어와서 그리니스에게 메시지를 전했다.

"면담이 끝난 뒤에 길 건너편 솔로 빌딩 48층으로 가시면 됩니다."

분위기가 갑자기 망가졌다. 래더는 존슨이 보낸 메시지가 그리니스를 위협하기 위한 것이라고 의심했다. 고도의 심리전이었다. 그리니스 역시 폴리크론과 마찬가지로 질문에 성실하게 답변했고 많은 도움을 주는 것 같았지만 실질적으로 그다지 큰 도움은 되지 않았다.

해럴드 헨더슨은 5시에 면담 조사를 받기로 예정되어 있었다. 헨더슨은 담배 소송과 관련된 상세한 사실들을 다 알고 있는 인물이었기 때문에 특별히 많은 도움이 될 수 있었다. 5시가 거의 다 되었을 때 헨리 크래비스와 리처드 비티는 면담이 진행될 객실 바깥에서 헨더슨을 만났다. 그는 자기소개를 하고 크래비스와 악수를 나누었다.

"잠시 얘기 좀 할 수 있을까요, 미스터 크래비스?"

두 사람은 비어 있던 스위트룸으로 들어갔고, 비티는 바깥에서 기다렸다. 얼마 뒤 크래비스가 방에서 나왔다. 뒤따라 나온 헨더슨이 복도 반대편으로 걸어갔다.

"여태까지 내가 들은 말 가운데 최악이었어요."

"뭐라고 했는데요?"

"까놓고 말하더군요. 자기는 로스 편이라고. 이겨도 로스와 함께 이기고 져도 로스와 함께 지겠다고. 우리한테는 입을 열지 않겠대요."

시간이 흘러 저녁이 되면서 래더는 점점 짜증이 나기 시작했다. 존슨 사람들이 집단으로 기억 상실증에 걸려 있었기 때문이다. 쉬운 질문에는 대답했지만 어느 부분의 비용을 깎을 수 있을지와 같은 좀 더 심도 깊은 질문에는 다들 하나같이 생각이 잘 나지 않으니 나중에 얘기해 주겠다고 대답했던 것이다.

　존슨 사람들의 행렬은 화요일까지 이어졌다. 화요일 오후, 국내 담배 사업 부문의 책임자인 돌프 본 악스와 그가 이끄는 세 명의 간부들이 면담 조사를 받았다. 악스는 크래비스가 RJR 나비스코를 인수하면 회사를 떠나겠다는 말을 했고, 이런 내용이 전날 《월스트리트저널》에 실렸었다. 따라서 크래비스의 입장에서 악스는 별로 효용 가치가 없었다. 크래비스는 악스가 대기실에 나타나자 그에게 말했다.

　"내가 이 자리에서 무슨 말을 할지는 아마 들어서 잘 알 겁니다. 그리고 나도 별로 할 이야기가 없군요. 내가 신문에서 읽기로는 간부 여덟 명과 함께 회사를 떠나겠다고 했던데요."

　그러자 악스는 말했다.

　"그런 게 아닙니다. 인용된 내용을 다시 읽어 보세요. 나는 그 사람들 편을 드는 게 아닙니다."

　"내가 이 회사를 인수하면 회사를 떠날 겁니까?"

　"나는 경영진에 충성을 다할 겁니다, 당신이 기대하는 대로 말입니다. 하지만 나는 내 지위를 다시 평가하고 싶군요."

　이처럼 쉽게 배를 갈아탈 수 있다니 참 신기하다고 크래비스는 생각했다. 델몬트의 리처드 카보넬 같은 사람들은 함께 이야기하는 것 자체가 즐거웠고 또 상당히 협조적이었다. 하지만 다른 사람들은 심지어 자기 이름조차 생각나지 않는다고 할 정도였다. 그 가운데서도 에드워드 로빈슨은 최악이었다. 존슨의 최고재무책임자인 그는 정보의 보고가 될 수도 있었다. 회사의 해외 자금 운용에 관해 그가 가지고 있는 세부적인 정보는 크래비스에게 무한한 가치가 될 수도 있었지만, 결국 헛된 바람이 되고 말았다.

　화요일 오후 5시에 나타난 로빈슨은 크래비스에게 아무것도 원하는 게 없었다. 그의 몸에서는 한여름의 햇살과 같은 적의가 뿜어져 나왔다.

"내가 이 자리에서 당신네 사람들에게 반복해서 말했던 말을 듣고 싶습니까?"

"아뇨, 말하지 않아도 충분히 잘 압니다."

면담 자리에서 로빈슨은 공공연히 적대적으로 굴었다. 질문마다 모른다거나 나중에 답변해 주겠다고 대답했다. 한번은 래더가 RJR 나비스코의 리스 자회사에 대해 물었다. 이런 회사가 존재한다는 사실을 래더는 크래비스가 받은 편지를 통해 알았다. 편지 내용은 크래비스에게 그 회사를 사 달라고 제안하는 것이었다. 질문을 받은 로빈슨은 이렇게 대꾸했다.

"무슨 회사요? 리스 회사요?"

이런 식의 질문과 답변이 계속 이어지자, 래더의 측근 가운데 한 사람인 스콧 스튜어트도 두 손을 들고 항복했다. 로빈슨이 래더에게 물었다.

"스무고개를 계속해야 합니까? 그만 집에 가는 게 낫지 않겠습니까?"

거기에서 로빈슨을 상대로 한 질문은 끝났다. 그리고 마지막 순서가 기획 담당 책임자이던 딘 포스바였다. 포스바도 로빈슨보다 나을 게 하나도 없었다. 래더는 마치 전범을 상대로 심문하는 것 같다고 생각하면서 포스바가 적어도 이름과 계급, 군번은 대겠거니 기대했다. 그게 래더의 최고 기대 수준이었다. 면담 조사 일정이 모두 끝나자 래더는 조금이라도 빨리 해방감을 만끽하기 위해 호텔의 객실을 박차고 나갔다. 그는 라저드 프레어스의 투자은행가인 조슈아 고트바움에게 이렇게 투덜거렸다.

"쓸모없는 짓이야. 이 사람들은 도무지 입 열 생각을 않아요."

포스트먼은 월요일 아침에 코언과 굿프렌드에게 전화로 작별을 고한 뒤에, 일이 제대로 풀리지 않았다고 해서 유감스러운 건 전혀 아니라고 자기 자신에게 말했다. 시어슨과 협상하는 과정은 평생 경험했던 그 어떤 일보다 실망스러운 경험이었다. 정크 본드를 동원하는 집단들과 일하느니 차라리 손을 털고 싶었다. 그가 유일하게 아쉬워한 점은 유력한 경쟁자가 없는 한, 크래비스가 역사상 최대 규모의 거래를 성사시킬 것이라는 사실이었다. 시어슨은 크래비스를 막을 수 없었다. 그리고 이 양쪽은 결국에 가서는 손을 잡을 것이라고 포스트먼은 예측했다. 그리고 그 둘은 그럴 만한 가치와 자격이 있다고 생각했다.

그런데 골드만 삭스의 제프 보이시가 전화해서 자기는 RJR 나비스코를 포기할 마음이 없다고 했다. 보이시에게는 이 거래를 통해 RJR 나비스코의 개별 사업 부문을 인수하려고 안달이 난 고객이 셋 있었다. '프록터 앤드 갬블'은 RJR의 과자 사업 부문을 몹시 원했고, 세인트루이스의 '랠스턴 퓨리나'는 RJR의 수많은 식품 브랜드를 탐냈다. 그리고 식품 회사 '돌'의 모회사인 '캐슬 앤드 쿡'의 최고경영자인 데이비드 머독은 돌의 라이벌인 델몬트를 손에 넣고 싶어 안달이 나서 죽을 지경이었다. 고객들이 RJR 나비스코의 개별 사업 부문을 그토록 강력하게 원하는데, 보이시로서는 이 거래를 원하지 않을 까닭이 없었다.

시어슨과 마찬가지로 골드만 삭스는 막 수십억 달러의 투자 자금을 세상에 공개할 참이었다. 비록 브리지론을 위한 자금으로 설정된 것이긴 했지만, 이 자금으로 이제 골드만이 처음으로, 시어슨이나 메릴린치와 같은 자금이 넘쳐나는 대형 투자 회사와 육탄전을 벌일 수 있었다. 이 자금은 보이시가 탄생시킨 아기였다. RJR 나비스코 입찰이 이 아기의 데뷔 작품이 될 수도 있었다.

보이시가 생각하고 있던 컨소시엄은 그야말로 드림팀이었다. 그에게 마지막으로 필요한 성원은 담배 사업 부문을 원하는 존재였다. 시어도어 포스트먼이 바로 그 존재가 될 수 있었다. 포스트먼은 거의 설득한 거나 다름없었다. 게다가 보이시는 어느 버튼을 어떻게 눌러야 그를 조종할 수 있을지 이미 알고 있었다.

보이시는 그날 하루 종일 그들이 이 거래를 처음 시도했을 때의 온갖 이유들을 상기시키면서 포스트먼을 졸라 댔다. 크래비스가 《포천》 선정 500대 기업을 모두 위태롭게 만들기 전에 크래비스를 저지해야 한다고 보이시는 주장했다.

"만일 KKR가 이 싸움에서 이기면, 이제 아무도 그들을 막지 못할 겁니다. 이들은 분 피컨스나 칼 아이칸, 그리고 모든 기업 사냥꾼들을 하나로 합친 존재보다 더 거대한 존재가 될 겁니다."

미국의 기업들이 모두 일어나서 정크 본드 카르텔과의 싸움을 지지하고 응원할 것이다. 누구든 크래비스를 꺾는 사람은 이 진흙탕 싸움의 진정한 영웅이 될 것이다. 그 영웅은 바로 시어도어 포스트먼이 되어야 한다. 오로지 포스트먼만이 이 일을 해낼 수 있는 수완과 힘을 동시에 가지고 있다.

"회장님은 본인이 얼마나 강력한 존재인지 모르십니다."

포스트먼 리틀의 '싼' 돈이야말로 다른 모든 경쟁자들을 물리칠 수 있는 강점이라고 했다.

"회장님은 회장님의 돈이 얼마나 힘이 센지 모르십니다. 회장님의 돈이야말로 전체 거래를 성공적으로 풀어 나갈 열쇠입니다."

포스트먼은 보이시가 던진 미끼를 물기 시작했다. 크래비스와 정크 본드 추종자들을 응징한다는 말은 포스트먼에게는 매우 강력한 미끼였다. 그리고 프록터 앤드 갬블 같은 블루칩 회사들과 손잡고 일하자는 청은 그 누구도 거절할 수 없는 것이었다. 결국 포스트먼은 RJR 나비스코 인수 전쟁에 뛰어들 것을 진지하게 생각하기 시작했다.

"만일 우리가 실사 과정에 들어가고 이것이 정말 경제적으로 실행 가능하다면, 당신이 불러 모은 사람들은 공격적인 참가자들이 될 거요. 그리고 이렇게 모은 사람들은 모두 다 진짜 돈을 가지고 투자하죠. 외계에서 오는 사람은 아무도 없어요. 정크 본드 카르텔에 소속된 사람은 아무도 없어. 그렇다면…… 이것만으로도 멋진 일이 되겠죠?"

맞습니다, 그리고 위험할 것도 없습니다, 하고 보이시가 말했다.

"회장님은 위험을 무릅쓰는 일은 하지 않는다는 걸 잘 알고 있습니다. 회장님이 설정하는 기준들이 어떤 것인지도 압니다. 하지만 이걸 생각하셔야 합니다. 만일 이 거래가 회장님의 기준과 맞아떨어질 때, 회장님이 얼마나 많은 걸 성취할 수 있는지 생각해 보십시오. 정크 본드 녀석들은 최근 3, 4년 동안 살판났다고 설쳐 대지 않았습니까? 이런 흐름을 바꾸어 놓을 수 있습니다."

포스트먼의 머리에 정크 본드를 앞세운 적대적 인수에 무릎 꿇은 최초의 사례인 다국적 화장품 기업 레블론이 떠올랐다. 그때 로널드 페럴먼은 정크 본드를 앞세워 포스트먼 리틀을 젖히고 레블론을 인수했었다. 그때의 아픔이 다시 한 번 포스트먼의 가슴을 찔렀다. 그때는 처절하게 패했었다. 하지만 지금은…….

포스트먼의 머리에 어떤 이미지 하나가 펼쳐졌다. 정크 본드를 앞세운 야만인들이 도시의 문 앞에서 서성이는 이미지였다.

'우리는 이들을 저지할 수 있다. 영원히 물리칠 수 있다. 우리가 이 야만인들을 물리쳐야 한다. 얼마나 경이로운 일인가!'

해야 할 것 같았다.

코언을 비틀어 버려라. 우리에게는 그가 필요 없다. 코언은 경험이 너무 없어서 크래비스를 도저히 이기지 못한다. 이것은 포스트먼과 크래비스의 싸움이다. 프록터 앤드 갬블, 랠스턴, 캐슬 앤드 쿡이라는 좋은 친구들과 드 렉설 버넘과 메릴린치라는 정크 본드의 나쁜 놈들이 벌이는 한판 승부이다.

"몇 가지 조건은 알고 있겠죠? 정크 본드는 안 됩니다. 그 미친 지랄 같은 종이쪽지는 안 된다는 말입니다. 그리고 이사회 특별위원회가 입찰에 응해 달라고 우리를 초대해야 합니다."

"좋습니다."

그리고 포스트먼은 컨소시엄을 구성해 RJR 나비스코 인수 전쟁에 뛰어드는 집단 내부에서 포스트먼 리틀이 거부권을 가질 수 있어야 한다고 덧붙였다. 이 점에 대해서도 보이시는 동의했다.

---·———∞∞———·---

입찰 준비와 관련해 존슨 쪽에서도 서서히 움직이기 시작했다. 주말을 애틀랜타에서 보낸 존슨은 월요일 오후에 뉴욕으로 돌아와 텍사스의 투자자 로버트 배스의 대리인들을 한 시간 동안 만났는데, 이들은 코언이 자기편으로 끌어들일 생각을 하고 있는 여러 고려 대상들 가운데 하나였다. 그 뒤에 존슨은 호리건을 비롯한 RJR 나비스코의 중역들과 함께 시어슨과 살로먼 사람들을 만나 저녁을 함께 먹었다. 장소는 벽지를 페이즐리로 장식한 시어슨의 만찬장이었다.

가장 좋은 방법은 일단 두 갈래로 가닥이 잡혔다. 굿프렌드와 스트라우스가 지휘하는 살로먼 팀은 즉각 입찰에 나서야 한다는 것이었다. 세상 사람들과 RJR 나비스코 이사회에 자기들이 실질적인 입찰자임을 보여 주어야 한다는 게 핵심이었다. 그리고 이들은 입찰 가격을 크래비스의 한 주당 90달러를 조금 상회하는 92달러 정도로 잡았다. 그것은 '빠르게 달려들어라, 경쟁자보다 조금이라도 높은 가격을 제시하라, 그리고 어떻게 되는지 지켜보면서 기다려라'라는 접근으로서 기업을 거래하는 사람의 본능에 충실한 것이었다.

그런데 스티븐 골드스톤과 토밀슨 힐이 이끄는 다른 쪽에서는 그런 방식을 근시안적이라고 판단했다. 크래비스와 입찰 가격 경쟁을 하다 보면 결국 인수 가격은 터무니없이 올라가게 될 것이라는 게 이들의 판단이었다. 이들은 공매야말로 마지막 수단이 되어야 한다고 보았다. 하지만 어쨌거나 그들은 크래비스와의 경쟁 상황에 신속하게 종지부를 찍어야 했다. 크래비스를 찌그러뜨리고 이사회를 확실히 장악할 수 있는 단 한 방의 예리한 결정타를 날려야 했다. 한 주당 100달러도 힐이나 골드스톤은 불가능한 선택은 아니라고 보았다. 그리고 밤이 깊어갈 때쯤 골드스톤은 대세가 자기 의견으로 모인다고 느꼈다.

화요일 아침에 골드스톤은 이사회 의장인 휴걸과 함께 일하는 변호사 피터 앳킨스로부터 전화를 받았다. 크래비스가 RJR를 사겠다고 공식적으로 제안한 지 딱 한 주가 되는 날이었으며 크래비스 쪽의 실사가 진행되는 중이던 터라, 존슨 쪽에서 언제 입찰에 나설지 궁금했기 때문이다. 골드스톤은 앳킨스를 슬쩍 떠볼 요량으로, 만일 존슨 쪽에서 파격적으로 높은 가격을 제시하면 이사회가 곧장 합병 동의서를 작성하는 절차로 들어갈 수 있을지 물었다. 그 경우 이사회는 일단 높은 가격을 확보할 것이라는 말도 덧붙였다. 하지만 앳킨스는 이런 제안에 그다지 큰 의미를 부여하는 것 같지 않았다. 그의 메시지는 간결했다. 일단 가격과 조건을 제시하라는 것이었다.

나중에 골드스톤은 그 생각을 좀 더 곱씹었다. 이사회가 예상도 하지 못하던 파격적으로 높은 가격과 합병 동의서의 맞바꿈······. 골드스톤은 이 방법이 마음에 들었다. 존슨도 이게 합당하다고 생각했다. 하지만 어떻게 하면 앳킨스가 이 미끼를 물게 할 수 있을까? 골드스톤은 존슨의 이야기를 듣고 자기 판단에 자신을 가졌다.

존슨은 휴걸과 대화를 나눈 끝에 이사회는 경영진 쪽이 KKR 진영과 협상해서 경쟁의 여지를 없애 버리고 터무니없이 낮은 가격에 인수가 이루어질까 봐 무척 두려워한다는 사실을 파악했다고 했다. 그렇다면 양측이 손잡을 가능성을 아예 차단한다는 방법으로 이사회가 높은 입찰 가격을 그대로 받아들일 여지는 충분히 있다고 골드스톤은 추론했다.

골드스톤은 수요일 아침에 다시 앳킨스와 통화했다.

"내가 생각하고 있는 게 하나 있는데 말입니다, 우리는 합병 계약을 당신과 협상하고 싶습니다. 일단 최저 가격선을 제시할 겁니다. 분명히 말하지만, 여기에 기꺼이 응하기만 하겠다면 아주 높은, 아주아주 높은 가격을 제시할 겁니다. 더 이상 경쟁이 가능하지 않을 그런 가격요."

그러자 앳킨스가 말했다.

"그렇다면 지금 그 가격을 나한테 애기해 줄 수 있나요? 이사회에서는 당신네에게서 나올 입찰 가격에 무척 관심이 많은데."

말을 하면서 앳킨스는, 이런 사실을 미리 알고 있었을까 하고 생각했다.

"하지만 피터, 그렇게 단순한 게 아니잖아요. 확실한 보장도 없는데 우리가 그걸 애기할 수는 없죠, 우리로서는 건질 게 없는데……. 우리는 지금이라도 경쟁자와 협상에 들어갈 수 있습니다. 만일 그래서 협상이 이루어진다면, 가격은 지금보다 훨씬 더 내려갈 겁니다. 경쟁자와 협상할 여지가 완전히 사라지기 전까지는 우리가 제시할 입찰 가격을 애기할 생각은 없습니다."

물론 그건 뺑이었다. 골드스톤은 존슨이 크래비스와 협상을 하러 나설지 전혀 아는 바가 없었다. 언론 매체를 통해 보도되는 설전은 점차 뜨거워질 텐데, 그렇게 되면 협상 가능성은 더욱 희박해질 게 뻔했다. 하지만 앳킨스는 그걸 알지 못했다. 골드스톤은 이런 상황을 최대한 이용해야 했다.

12장 끝내 결렬된 200억 달러짜리 평화 협정

"흠, 지렛대를 이용하시겠다?"

앳킨스가 이어 말했다.

"스티브, 그러니까 당신은 지금 확실히 우리에게 어떤 인센티브를 보장하겠다 이거죠?"

골드스톤은 속으로 쾌재를 불렀다.

"그렇습니다."

"알겠습니다. 우리 쪽에서도 생각을 해 봐야겠네요. 이야기를 나누어 보고 다시 연락을 드리죠. 계약 내용에 대해서는 정리된 게 있죠?"

"물론입니다."

"그걸 나한테 보내 주겠습니까?"

골드스톤은 신이 났다. 그는 조수인 조지 베이슨에게 오후에 경영진과의 합의서 내용을 한 부 보내 주라고 일러준 뒤 시어슨으로 점심을 먹으러 달려갔다.

골드스톤이 코언의 사무실에 갔을 때 살로먼의 최고 사령부인 굿프렌드와 스트라우스는 이미 와 있었다. 이들은 코언의 식당으로 가서 점심을 먹었고, 그 자리에서 골드스톤은 앳킨스와 나누었던 대화 내용을 알렸다.

하지만 굿프렌드는 회의적이었다. 그렇게 나가다가는 인수 가격이 한 주당 90달러를 훌쩍 넘을 것이라고 말했다.

"그렇게 높일 이유가 뭐가 있나요? 돈을 낭비할 이유가 어디 있느냐는 말입니다. 왜 그래야 되죠? 우리가 그렇게 나갈 때 계약이 가능하다고 자신 있게 말할 수 있습니까?"

"가능성은 반반이거나 그 이하입니다."

골드스톤은 솔직하게 인정했다. 인정을 하면서도 내심 당황스러웠다. 이틀 전만 해도 이 사람들은 확실하게 높은 가격을 제시해야 한다고 하지 않왔던가? 골드스톤은 코언의 심중을 헤아리려고 애썼다. 하지만 도무지 알수가 없었다. 그는 코언의 변호사인 잭 너스바움이 굿프렌드와 마찬가지로 지나친 가격에 인수하는 걸 걱정한다고 생각했다.

점심을 먹고 골드스톤은 자기 사무실로 돌아왔다. 그리고 걱정했다. 앳킨스에게는 전화하지 않았다. 그는 자기가 속한 집단, 특히 굿프렌드가 전혀 지킬 의사도 없는 약속을 했다는 사실을 비로소 깨달았다. 초조했다. 굿프렌드는 가장 기본적인 입찰 전략조차 모르는 것 같았다. 그제야 골드스톤은 신중하게 움직여야 한다는 사실을 알았다. 어쩌면 그는 벌써 너무 멀리까지 나가 버렸는지도 몰랐다.

———◦◦◦———

화요일 저녁, 실사 과정은 끝났다. 크래비스는 우울한 마음으로 플라자 호텔에서 자기 사무실로 돌아왔다. 다음 행보를 어떻게 할지 로버츠와 논의할 예정이었다.

그들의 입찰은 갈림길에 서 있었다. 싸움의 주도권은 한 주 전에 잡았지만 그 효과는 점점 약해지고 있었다. 제대로 진행되는 게 아무것도 없는 듯했다. 실사는 참담한 수준이었다. 크래비스와 로버츠는 RJR 나비스코에서 일하다 퇴직한 사람이 알고 있는 것보다 RJR 나비스코에 대해 더 많이 아는 것도 없는 상황에서 일생 최대의 인수 전쟁을 벌여야 할 처지였다.

그런데 두 사람을 힘들게 하는 건 이뿐만이 아니었다. 투자자들 사이에서 불만이 일어나고 있었던 것이다. 지난 금요일에는 KKR의 최대 투자자들 가운데 몇몇이 크래비스가 선택한 공격적인 전술을 불편해한다는 내용의 기사들이 신문마다 실렸었다. 연기금이 '적대적' 인수 합병에 관여되었다는 내용이 머리기사로 떠올랐고, 오리건과 미시건 그리고 매사추세츠에서는 이를 두고 정치권에서 싸움이 일어났다(미시건과 매사추세츠의 각 주 정부 연기금 관리자는 남아프리카공화국에서의 RJR 투자를 예로 들면서 RJR 나비스코 거래에서 크래비스를 지지하지 않았다). 크래비스는 자기가 직접 그리고 다른 사람들을 동원해서 투자자들을 안정시키려 했지만 소용이 없었다. 압력은 더욱 커져 갔다. 그래서 크래비스는 심지어 모건 스탠리의 인수 합병 담당자인 에릭 글리처를 통해 휴걸에게 부탁하기도 했다. KKR는 적대적 인수를 하려는 게 아니라는 사실을 자기 투자자들에게 말해 달라는 것이었다.

크래비스는 토밀슨 힐과 RJR의 경영진이 자기 뒤에서 모종의 협상을 벌이고 있을지 모른다고 의심했다. 그의 생각은 옳았다. 매사추세츠와 오리건, 아이오와 등의 주 정부를 포함해 크래비스의 가장 큰 투자자들 다수를 상대로 막강한 영향력을 행사하는 연기금 운용자인, 로스앤젤레스에 본사를 둔 '윌셔 어소시에이츠'의 더글러스 레번은 크래비스의 뒤를 받쳐 주는 유력한 인물이었다. 크래비스가 주무르는 투자금의 약 25퍼센트가 레번의 고객들에게서 나왔다. 그런데 크래비스가 RJR 나비스코를 인수하겠다는 발표를 하자마자 윌셔의 고객들은 이런 움직임을 취소하라는 압력을 사방에서 받았다. 레번도 RJR 나비스코의 중역들로부터 성난 목소리의 전화를 여러 통 받았다. 이 가운데는 해럴드 헨더슨도 포함되어 있었는데, 그는 윌셔가 고객들과 맺은 계약서에 분명히 적대적 인수 합병에는 투자하지 않는다는 조항이 들어 있지 않느냐고 격렬하게 항의했다.

하지만 크래비스가 괴로워했던 모든 고뇌 가운데 가장 힘든 것은 언론에서 비롯되었다. 언론은 KKR를 무자비하게 두들겨 댔다. 크래비스가 했던 '독점적인 권리'라는 발언을 놓고 한 주 내내 논전이 벌어졌고, 월요일에는 마침내 주요 언론이 최초로 집중적인 관심을 보였다. 《비즈니스위크》의 표지 기사 제목은 '빚으로 흥청망청, 인수 합병 지나치지 않은가?'였다. 《타임》

도 '대형 인수 합병'이라는 제목으로 한몫 거들었다. 기업계의 유력 인사들도 LBO의 행태를 비난하며 미국과 미국의 기업이 빚더미에 올라앉을 것이라고 경고했다. 그리고 이런 사실을 보도하는 모든 기사는 크래비스의 사진을 한두 장 함께 실었다. 《뉴스위크》는 최악이었는데, 본 기사 옆에 오스카 더 라 렌타가 크래비스에게 롬을 정직한 여성으로 만들라고 했던 일화 등을 밝힌 별도의 기사까지 나란히 함께 실었다. 이 기사의 제목은 '뉴욕 슈퍼 부부의 고전압高電壓 인생'이었다.

언론의 공격은 크래비스에게 깊은 상처를 주었다. 캘리포니아에서 일반에 그다지 공개되지 않은 삶을 살던 조지 로버츠 역시 상처를 입긴 마찬가지였다. 칵테일파티에 모인 친구들은 그에게 다가가서, 그가 하는 일이 정말 미국 경제에 이로운 것이냐고 물었다. 13년 동안 일하면서 두 사람이 인수 합병 문제와 관련해 언론으로부터 그처럼 뜨거운 조명을 받은 건 이번이 처음이었다. 크래비스가 비록 오랜 세월 명사 동정란에 빠지지 않고 소개되곤 했지만, 《뉴스위크》나 《타임》에 컬러 사진과 함께 기사가 실리는 건 전혀 다른 문제였다. 이런 식의 유명세는 사업을 망칠 수도 있었다. 워싱턴에 미운털이 박힐 수도 있었다. 로버츠로서는 결코 원하지 않는 일이었다.

"여기 뉴욕 인간들은 다들 미쳤어. 정말 끔찍한 동네야. 실제로 물어뜯고 싸우잖아."

로버츠의 말에 크래비스도 동의했다. 다시 로버츠가 말했다.

"될 수 있으면 빨리 샌프란시스코로 돌아가야겠어. 여긴 미친 곳이야."

실사 과정은 참혹하게 끝났고, 투자자들이 격정하는 가운데 언론은 마구 두들겨 대는 이런 상황을 반전시켜야 했다. 어쩌면 존슨과 대화를 시작해야 할 시점이 아닐까 하는 데 두 사람의 의견이 일치했다. 이런 논의를 하다 보니 어느새 크래비스의 논조는 힘을 합쳐 인수할 때 누릴 수 있는 이득을 합리화하고 있었다.

"우리는 짐 로빈슨을 좋아하잖아. 어쩌면 피터 코언도 좋아하는지 몰라. 아마 그럴 거야. 네가 이런 식으로 좀 더 적극적으로 생각하는 것도 그다지 나쁘지 않을 것 같은데……."

로버츠도 존슨에 대한 경멸을 잠시 접고 바라보니 사촌이 하는 말이 일리가 있었다. 시어슨이 먹고살기 위해 식품 회사들을 인수하려는 게 아니지 않는가, 하는 데까지 생각이 미쳤다. 코언은 일단 수수료를 받고 나면 흥미를 잃을 것이다.

"그래 코언에게 반을 떼어 주자. 나중에 우리가 그걸 다시 사들일 수 있을 거야."

존슨에게 고개를 숙이고 들어가는 게 아무리 역겨운 노릇이라 해도 그길이 옳은 길이라는 걸 크래비스는 알았다. 내키지 않았지만 그 길뿐이었다. 크래비스는 무거운 마음으로 전화 메시지들을 확인했다. 린다 로빈슨이 여러 차례 전화를 했었다. 제임스 로빈슨의 아내 린다는 언제든 존슨을 만나 무슨 이야기든 할 수 있는 사람이었다. 게다가 린다라면 다른 속셈을 가지고 있을 리 없었다. 생각이 여기까지 미치자 크래비스는 더 이상 망설이지 않고 전화기를 들었다.

⎯⎯⎯ ⚬⚭⚬ ⎯⎯⎯

린다 로빈슨은 크래비스의 말을 듣고 무척 좋아했다. 그녀로서도 상대방에게 손가락질하고 욕을 하는 이전투구를 감당하기가 점점 힘들어지던 상황이었다. 크래비스가 이 거래를 시어슨 및 살로먼과 함께하지 못할 이유가 없었다. 대신 함께해야 할 이유는 수도 없이 많았다.

그 모든 것이 자존심의 문제라는 것을 린다 로빈슨은 알고 있었다. 그녀는 월스트리트의 고객들을 으르고 달래는 남다른 재주가 자기에게 있다고 생각했다. 월스트리트에서 자주 있는 일이긴 하지만, 피터 코언과 토머스 스트라우스, 그리고 헨리 크래비스와 나머지 사람들은 궁극적인 목표 대상, 이번 경우에는 RJR 나비스코를 완전히 시야에서 놓쳐 버렸다. 어느 순간에서부턴가 RJR 나비스코가 더는 문제가 아니게 되어 버렸다. 그들이 의견을 하나로 모을 수 없었던 것은 주식의 인수 가격과 여러 조건이 아니었다. 극단적인 경쟁심 덩어리들인 파크애버뉴의 마초 실업가들 사이의 자존심과 기 싸움이 문제였다. 따라서 코언은 절대 크래비스에게 항복하지 않을 것이고 크래비스 역시 코언에게 항복하지 않을 것임을 그녀는 잘 알았다. 그리고 크래비스는 스트라우스와 협상하려 들지 않을 게 분명했다. 각자 다들 자기가 최고라고 혹은 최고가 될 것이라고 생각하기 때문이었다.

'누군가 나서서 교통정리를 확실하게 해야 해'라고 그녀는 혼잣말을 했다. 감정이 계획적이고 복잡하게 얽힌 게 아닌 이상 매듭 푸는 일은 그리 어렵지 않을 터였다. 인수 합병을 둘러싼 싸움에도 여성의 손길이 필요했다.

그녀가 크래비스에게 말했다.

"우리가 뭔가 할 수 있을 것 같네요. 로스를 포기하지 마세요. 우리가 두 사람을 한 배에 태워 줄 테니까요."

그러자 크래비스가 말했다.

"글쎄, 난 잘 모르겠네요, 린다. 현재로서는 서로 멀기만 하니까."

하지만 린다는 강하게 그리고 자신 있게 말했다.

"두 사람이 손잡을 길이 분명 있을 거예요. 로스는 대단한 인물입니다. 당신들 둘이 손을 잡으면 엄청날 거예요. 지금 이런 모습은 말도 안 되고 너무 우습잖아요."

그 점은 크래비스도 동의했다.

"좋아요. 어쩌면 우리가 손을 잡는 게 이치에 맞을지도 모르겠군요."

그러자 린다가 다시 한 번 다짐했다.

"내가 한번 손을 써 볼게요."

수요일 아침, 린다 로빈슨은 존슨에게 전화를 걸었다.

"내 생각에는 한 번 더 협상을 시도해 봐야 하지 않을까 싶어요. 무슨 수가 나지 않을까요? 당신 생각은 어때요?"

존슨도 그녀의 생각이 마음에 들었다. 크래비스와 손잡지 않을 이유가 없었다. 코언이 뭐라고 말하든 간에 크래비스는 악마가 아니었다. 크래비스와 손잡지 않을 경우 잃는 게 너무 많았다. 그리고 솔직히, 존슨은 시어슨이 크래비스와 맞붙을 수 있는 제대로 된 입찰 제안을 할 능력이 있는지도 점점 의심스러워졌다. 앤드루 세이지가 상업 은행들의 꽁무니를 쫓고 있었지만 전망은 비관적이라고 생각했다.

"좋죠. 못 할 이유가 없죠."

린다의 질문에 대한 존슨의 대답이었다.

캐럴라인 롬이 플라자 호텔에서 2시에 다음 해 봄을 준비하는 패션쇼를 연다고 말한 뒤 린다는 말했다.

"난 거기에 가서 헨리를 만날 거예요. 그 사람한테 뭐라고 할까요?"

"헨리에게 최고위층에서 결단을 내리는 게 옳다고 얘기하세요. 지난번에는 제임스와 내가 빠진 상태에서 이야기가 진행되었잖아요. 그게 실수였습니다. 제임스와 내가 논의에 참석해야 합니다. 다른 사람은 안 됩니다. 그렇게 하자고 전해 주세요. 마지막으로 한 번 더 시도해 보자고요. 아 참!"

존슨은 한 가지 더 있다고 했다.

"이건 완전히 비밀로 해야 합니다."

이런 접촉에 대해서는 아무도 알지 못해야 한다고 했다. 심지어 코언에게도 비밀로 해야 한다고 했다. 어쩌면 특별히 코언에게는 비밀로 해야 한다는 말일 수도 있었다. 코언과 힐은 성격이 너무 급하기 때문에 이 논의에 참가하면 곤란하다고 했다. 존슨은 심지어 자기 변호사인 스티븐 골드스톤에게조차 이 협상을 알리지 않겠다고 했다.

존슨은 린다 로빈슨에게 일을 곧바로 추진하라고 최종적으로 말하기 전에 린다의 남편 제임스 로빈슨에게 전화했다. 그리고 이런 사실과 이유를 설명했다. 제임스 로빈슨도 동의했다.

⎯⎯◌◉◌⎯⎯

2시가 거의 다 되어 갈 무렵 크래비스는 엘리베이터를 타고 건물을 내려간 다음 길을 건너서 플라자 호텔로 갔다. 호텔의 그랜드볼룸에는 많은 사람들이 운집해 있었다. 카메라 플래시가 연이어 터졌다. 롬의 봄 컬렉션이 과연 어떤 것일까 기대하는 분위기로 실내는 한껏 들떠 있었다. 크래비스의 눈에 전문 파티 연출가 제롬 집킨이 보였다. 그리고 사교계의 명사인 앤 배스와 블레인 트럼프가 나란히 앉아 있는 모습도 보였다.

하지만 크래비스에게는 패션쇼보다 더 중요한 문제가 있었다. 크래비스는 실내를 계속 둘러보았다. 그리고 마침내 키가 큰 붉은 금발 여성 린다 로빈슨을 찾았다. 제임스 로빈슨의 아내는 롬을 친한 친구로 생각했을 뿐 아니라 그녀의 열렬한 팬이기도 했다. 크래비스는 린다에게 다가간 뒤 구석진 곳으로 이끌었다. 그러곤 주변을 둘러보며 사람들 눈에 띄지 않으려고 애썼다.

"어떻게 되어 갑니까?"

"잘 진행하고 있죠. 잘될 것 같아요. 내가 그랬잖아요, 당신들 두 사람은 손잡을 수 있다고요. 당신과 조지, 그리고 로스와 짐, 이렇게 네 사람이 만나도록 자리를 만들어야 해요."

"좋은데요. 건설적으로 들려서."

"그런데 이걸 알아야 해요."

린다 로빈슨이 다시 한 번 다짐했다.

"감정적으로 나가지 말고 이성적이고 합리적으로 나가야 해요. 이 점에 대해서는 저쪽에도 똑같이 말할 거예요."

크래비스는 최선을 다하고 또 조심하겠다고 약속했다.

"헨리, 난 이게 그냥 허풍으로 끝나지 않았으면 해요. 왜냐하면 만일 그렇게 될 경우 당신은 나 말고 다른 창구를 통해야 할 테니까요."

패션쇼는 곧 시작될 참이었다. 크래비스는 그녀에게서 떨어져 나와 맨 앞줄에 마련된 자기 자리로 가서 앉았다. 오스카 더 라 렌타의 옆자리였다. 린다 로빈슨도 자기 자리로 가서 앉았다. 두 사람의 뒷자리였다. 라이브 음악이 연주되자(음악은 〈조지아〉와 〈히트 더 로드, 잭〉이었다) 롬의 모델들이 가벼운 걸음으로 무대 위를 걸을 때마다 붉은색, 짙은 감색, 흰색 등의 짧은 스커트 정장, 헐렁한 바지와 각진 재킷, 가죽 재킷이나 치렁거리는 케이프가 달린 점프 슈트가 선을 보였다. 늘 그랬듯이 롬 작품의 장점은 비스듬한 재단의 우아한 잠옷에서 한껏 발휘되었다. 무늬가 없거나 줄무늬가 있는 실크 소재의 잠옷, 시폰을 곁들인 가는 울 크레이프 소재의 잠옷, 그리고 홀쭉한 턱시도 드레스가 압권이었다. 이날 발표된 작품에서 비평가들이 꼬집은 것은 오로지 액세서리들뿐이었다. 예를 들어 《위민스웨어데일리》는 다음 날 '브로치들에 힘이 너무 많이 들어갔고, 스카프가 너무 강했으며, 핸드백은 차라리 없는 게 나았다'고 했다.

크래비스는 모든 게 굉장하다고 생각했다. 패션쇼가 진행되는 동안 그는 줄곧 더 라 렌타와 함께 웃으며 나지막이 이야기를 했다. 모델들이 나와서 마지막 인사를 할 때 롬도 무대에 올라 인사를 하고, 특히 남편에게는 손을 흔들었다. 키가 크고 호리호리한 그녀는 매혹적이었다. 관객의 박수를 받고 만족스러워하는 그녀에게 크래비스도 손을 흔들어 주었다.

패션쇼가 진행되는 동안 사진 기자들은 크래비스 주변에서 크래비스의 일거수일투족을 여러 각도에서 잡았다. 그 와중에 한번은 린다 로빈슨이 크래비스 쪽으로 상체를 기울여 그의 귀에 대고 속삭였다.

"헨리, 당신이 이번 인수 합병 거래에 성공할 때 얼마나 많은 사진 기자들이 당신을 둘러쌀지 한번 상상해 보세요."

패션쇼장의 떠들썩함과 화려함을 뒤로하고 크래비스는 다시 길을 건너 솔로 빌딩의 42층 자기 사무실로 돌아왔다. 패션쇼가 진행되는 동안 로버츠는 존슨과의 협상에 대해 다른 파트너들은 어떻게 생각하는지를 확인했다. 다들 긍정적이었다. 크래비스와 로버츠는 존슨을 만나 어떤 내용을 주장할지 정리했다. 그리고 린다 로빈슨에게 전화했다. 그녀는 패션쇼가 끝난 다음 무대 뒤로 가서 롬에게 축하한다며 뺨에 키스해 준 뒤 곧바로 호텔 밖으로 나와 길을 건넜다. 그리고 솔로 빌딩의 48층 RJR 나비스코의 사무실에 가 있었다.

"린다, 그런데 몇 가지 문제들을 미리 조율해 두지 않고는 만나 봐야 별 소득이 없을 것 같아서요."

"어떤 문제들요?"

크래비스는 회사의 지분을 자기들이 더 많이 가지고 또 이사회 구성도 자기 사람들이 더 많아야 한다고 했다. 하지만 그녀가 둘 다 반반으로 해야 한다고 주장하자 곧바로 동의했다. 그럴 수밖에 없었다. 평화를 얻는 대신 치러야 할 대가였기 때문이다. 하지만 세 번째 문제에 대해서는 크래비스가 타협하려 들지 않았다. 채권 발행은 드렉설이 맡아서 해야 한다는 것이었다. RJR 나비스코라는 거대한 회사를 인수하려면 드렉설이 반드시 이 역할을 해야만 한다는 것이었다. 그것이 거래의 성사를 보장하는 유일한 방법이라고 했다.

"내 말 들어 봐요, 린다. 이건 아주아주 중요합니다. 이걸 이해해야 합니다. 드렉설이 이 역할을 하게 될 겁니다. 꼭 그렇게 되어야 합니다. 만일 이게 문제가 된다면, 이 거래는 성사되지 못합니다."

그러자 그녀가 말했다.

"드렉설에 대해서는 살로먼이 매우 민감하게 생각한다는 거 알잖아요."

드렉설과 살로먼은 채권 거래 분야에서 선두 자리를 놓고 치열한 경쟁을 벌이고 있었다.

"로스는 이 거래를 성사시키고 싶어 해요. 로스는 그게 누구든 최고와 함께 가길 원해요. 그러니 드렉설이 하느냐 못 하느냐가 판을 깰 정도로 문제가 될 수는 없어요."

결국 마지막 쟁점도 합의했다. 크래비스와 린다 로빈슨은 일이 신속하게 진행되자 한껏 고무되었다. 그런데 전화를 끊기 전에 크래비스가 사소한 문제 하나를 제기하며 물고 늘어졌다. 린다는 그가 다시 합의 이전 상태로 돌아가려 한다고 생각했다.

"헨리, 이건 확실하게 해야 해요. 여기서 우리가 어떤 합의를 하고 나면, 절대로 물리거나 다시 논의하자고 할 수 없다는 거 말이에요."

"알았어요, 알았어. 충분히 알았습니다."

"그 말 확실히 믿어도 되죠?"

"그럼요. 나도 당신 말 확실하게 믿어도 되죠? 그쪽 사람들도 이 문제에 대해 다들 동의합니까?"

"네, 문제될 건 아무것도 없어요."

그리고 이제 정상들끼리 만나는 일만 남았다는 데 두 사람은 동의했다.

•——◦◉◦——•

존슨은 린다 로빈슨이 크래비스와 대화하고 합의한 내용을 듣고 흡족했다. 여러 가지 조건들이 합리적인 것 같았다. 한 주 전에는 지분을 90 대 10으로 나누지 않을 거라면 협상 이야기는 꺼내지도 말라고 하더니 이제는 두 손을 번쩍 들고 5 대 5로 나누자는 사실이 만족스러웠다. 만나기로 한 시각은 정각 6시였다.

"헨리가 보안을 철저히 지켜야 한다고 하네요. 자문을 받는 투자은행가들에게 말하지 않을 거라고 합니다. 아무에게도 말하지 않는다고요."

존슨은 고개를 끄덕였다. 그건 존슨도 바라는 바였다. 그는 이번 협상이 지난번에 코언이 크래비스를 만났을 때처럼 물거품으로 끝날 가능성은 전혀 없다고 보았다. 크래비스가 자기 투자은행가들이 일 진행의 구체적인 사정을 모르게 하고 또 자기에게 유순하게 굴도록 다루는 방식이 존슨은 존경스러웠다. 투자은행가들이 아는 게 적을수록 이들이 실수를 저지를 가능성은 줄어든다는 사실을 존슨은 깨달았다. 사실 그는 코언과 굿프렌드를 그런 식으로 다룰 수 있으면 좋겠다는 생각을 하지 않았던 게 아니었다.

"그런데 문제가 하나 있어요. 글리처 씨 부부 집에서 오늘 파티가 있는데, 짐과 내가 그 자리에 참석해야 하거든요. 우린 어떻게 하죠?"

만일 모건 스탠리의 인수 합병 책임자인 에릭 글리처가 정상들끼리 만난다는 사실을 눈치 채면, 이 소문은 금방 월스트리트에 쫙 퍼질 게 분명했다. 존슨이 안을 하나 냈다.

"그냥 가만히 있다가 8시쯤 전화해서 일이 생겨 파티에 참가하지 못하게 되었다고 해요. 글리처에게는 절대 다른 말을 하면 안 됩니다. 우리가 만난다는 사실을 알면, 아마 꼭지가 돌아 버릴 테니까요."

그녀는 무례를 범하는 게 싫었지만 달리 방법이 없었으므로 그렇게 하기로 했다.

"자, 이제 헨리에게 직접 전화해요."

하지만 그녀가 먼저 크래비스에게 전화를 했다.

"이제 로스가 당신에게 전화해서 합의한 사항들을 확인할 거예요. 됐죠? 나한테 더 얘기할 거 없죠?"

"예. 내가 엉뚱한 소리를 해서 판을 깨겠습니까? 걱정 마요."

"그럼요, 안 그럴 줄 알고 있어요."

"그럼."

크래비스가 전화를 끊었다. 몇 분 뒤 존슨이 크래비스에게 전화했다.

"헨리, 우리 다시 한 번 해 봅시다."

RJR 나비스코의 경영진 쪽에서는 존슨과 로빈슨이 나오고 KKR 쪽에서는 크래비스와 로버츠가 나오기로 한 사실을 확인했다.

"좋습니다. 하지만 이건 우리 말곤 아무도 모르는 사실입니다. 만일 이와 관련된 이야기가 다른 쪽에서 흘러나온다면, 그쪽에서 흘렸다고 생각할 겁니다. 우리는 절대 그러지 않을 테니까요."

플라자 호텔에서 만나기로 했다. 존슨이 이 이야기를 제임스 로빈슨에게 전달하자, 그는 그 자리에 코언도 참석해야 한다고 주장했다. 코언이 자기만 쏙 빼고 자기의 원수와 마주 앉아서 협상했다는 사실을 나중에라도 알게 될 경우 그 뒷감당을 어떻게 하겠느냐는 게 그의 주장이었다. 존슨은 내키지 않았지만 그렇게 하자고 했다.

전화를 끊은 뒤에 존슨은 코언에게 전화했다. 정상 회담과 관련된 그동안의 논의 내용을 매우 조심스럽게 전해야 했다.

"헨리와 통화를 했습니다. 헨리가 만나고 싶어 하는데, 내가 어떻게 하면 좋겠습니까?"

"그래야죠. 당신은 그래야 할 책임이 있잖아요. 당신 자신에게 그리고 또 당신 사람들에게 말입니다. 그래야 옳다고 생각합니다."

6시 전에 코언과 로빈슨이 솔로 빌딩에 왔다. 존슨은 이들 두 사람과 함께 플라자 호텔로 들어가면서 코언에게 제발 자존심은 꼭꼭 접어서 잘 챙겨 두라고 당부했다.

"오늘 만남은 감정을 최대한 절제해야 합니다. 산통 깨는 일이 있어서는 절대로 안 됩니다."

크래비스와 로버츠는 5층의 스위트룸에 먼저 와 있었다. 이 방은 플라자 호텔의 새 주인인 도널드 트럼프와 이바나 트럼프의 자존심이자 자랑이었다. 그날 밤 플라자 호텔에는 빈방이 없었다. 하지만 크래비스는 이바나로부터 이 방을 간신히 빌렸다. 그것도 다음 날 아침 8시까지는 비우기로 약속해야 했다. 그 시각에 홍보 소책자에 넣을 사진을 찍기로 예정되어 있었기 때문이다.

기다리는 동안 크래비스는 초조하게 방 안을 서성거렸다. 그런데 이상한 소리가 들렸다. 새가 지저귀는 소리 같았다. 크래비스는 침실로 가 보았다. 새장이 있었고 새장 안에는 잉꼬 한 쌍이 들어 있었다. 존슨을 만나 담판을 짓는 동안 내내 잉꼬가 내는 소리를 들어야 할 모양이었다.

　6시에 존슨은 코언, 로빈슨과 함께 방으로 들어섰다. 이들을 맞이하던 로버츠는 코언이 함께 온 걸 보고 놀랐다. 하지만 로버츠는 어색한 분위기를 누그러뜨리려고 일부러 쾌활하게 시어슨의 회장을 맞았다. 그러고는 그에게 몬테크루스 시가 박스를 내밀었다.

　"평화를 보장해 준 데 대한 답례품입니다. 하지만 여기서는 피우지 말았으면 하는 바람입니다."

　그러자 코언이 싱긋 웃었다.

　"연기가 그쪽으로 안 가게 저기 구석 자리에 앉아서 피우죠."

　출발은 좋았다. 협상 논의의 첫 발언은 존슨이 했다.

　"자, 우리가 원점에서 다시 시작할 수 있을지 맞춰 봅시다. 좀 우습긴 합니다만, 짐과 나 그리고 피터는 의미 있는 타협점을 찾을 수 있으리라고 봅니다. 물론 당신들이 원하는 최상의 결과는 아닐 겁니다. 우리가 원하는 최상의 결과도 아닐 거고요. 하지만 유익한 결과가 될 것은 분명합니다. 어느 쪽도 자기가 원하는 모든 것을 얻지는 못할 겁니다."

　30분 뒤에 주요 합의 내용이 나왔다. RJR 나비스코의 이사회는 양쪽 진영에서 동일한 영향력을 행사할 수 있도록 구성한다. 회사의 지분 역시 양쪽 진영이 반반씩 가지며, 존슨의 지분은 시어슨 쪽에서 나눈다. 린다 로빈슨이 사전에 비밀리에 의견을 조율했다는 사실을 알지 못했던 코언으로서는 합의가 그처럼 신속하게 이루어질 수 있다는 사실에 깜짝 놀랐지만, 그런 내색은 하지 않았다.

　수수료와 관련해서 크래비스는 네 개의 투자은행에 각각 2500만 달러씩 지급할 계획이라고 말했다. 아울러 KKR는 통상적인 수수료 1퍼센트를 자기 몫으로 챙길 것이라고 했다. 따로 계산기를 두드릴 필요도 없이, 그것만 해도 2억 달러가 넘었다. 과거 월스트리트에서 이루어졌던 인수 합병 수수료의 세 배나 되는 금액이었다.

"아, 잠깐!"

로빈슨이 제동을 걸고 나섰다. 그는 세상의 이목이 자기들에게 쏠려 있다는 사실을 잘 알고 있었다. 따라서 세상 사람들에게 탐욕스러운 존재로 비치면 안 된다고 경고했다. 그런데 놀랍게도 크래비스는 자기들이 받을 수수료를 조정할 수 있다는 데 순순히 동의했다.

그리고 크래비스는 인수에 필요한 자금을 마련할 채권 발행은 드렉설이 해야 한다고 말했다. 그러자 코언이 발끈했다.

"왜 드렉설입니까?"

로버츠가 나서서 답변했다.

"20억 달러 규모의 자금을 조성해야 하는데, 만일 브리지론이 확실하지 않으면 어디서 이런 거금을 모으겠습니까?"

로버츠는 살로먼이 설령 시어슨과 힘을 합한다 하더라도 그 일을 해낼 것이라고는 믿을 수 없다고 했다.

"만일 우리가 이 인수 작업을 독자적으로 한다 해도, 우리는 당신네를 염두에 두지 않을 겁니다."

코언은 드렉설의 속박을 받아 가며 채권을 팔아야 한다는 게 마음에 들지 않았다. 그리고 이 말을 그대로 했다.

"그들이 어떤지는 잘 알잖아요. 드렉설이 한 다리 끼어 들어오면 독식하려 들 거란 말입니다. 당신들에게 아무것도 주지 않으려 할 거요."

"그렇게는 되지 않을 겁니다. 당신네가 수수료의 절반을 먹습니다. 당신네는 채권을 단 한 장도 팔지 않고 수수료 절반을 먹는다고요. 그래도 문제 있습니까? 됐죠?"

로버츠의 말에 코언도 더는 자기주장을 하지 않았다.

그리고 다른 쟁점들도 제기되었다. 시어슨이 RJR 나비스코의 모든 자산에 대한 매각 권리를 가지길 바란다고 코언이 말했다. 토밀슨 힐은 여기에서 1억 300만 달러의 수수료가 발생할 것이라고 예측했다. 그러자 로버츠가 나섰다.

"그건 말이 안 되죠. 각 사업 부문은 해당 산업 분야에 경험이 많은 투자사에 나누어 주어야죠."

"그렇다면 우리는 최소한 공동 자문 역할은 하고 싶은데요."

"굳이 수수료를 이중으로 지출해야 할 필요가 있습니까?"

"아니, 아니, 아니! 당신은 몰라서 그런 말을 합니다. 그게 중요한 게 아닙니다. 중요한 것은 묘비에 이름을 올리는 겁니다."

모든 주요 인수 합병 때 진행되는 이른바 '묘비 광고'에는 관련된 자문 회사들이 이름을 올리게 되어 있다. 거기에 시어슨의 이름을 올리겠다는 것이었다. 코언은 설령 시어슨이 수수료를 받지 못한다 해도 이 거래에 시어슨의 이름을 올리고 싶어 했다. 그 문제는 일단 다음에 다시 논의하기로 하고 넘겼다.

이렇게 해서 한 시간 만에 이야기는 모두 끝났다. 세 가지 주요 쟁점들에 대해 합의가 이루어진 것이다. 이제 변호사들을 합석시켜 세부적인 논의를 하는 일만 남았다.

존슨은 짜릿했다. 체증이 내려간 것처럼 시원했다! 이렇게까지 올 수 있었던 데는 린다 로빈슨의 힘이 컸다. 그는 빙그레 웃으면서 이런 생각을 했다.

'완벽하지는 않지만 적어도 싸움에 지지 않은 것만은 분명해. 아니, 어쩌면 이긴 것일지도 모르지. 회사를 계속 경영할 수 있게 되었으니까……'

존슨과 로빈슨과 코언은 방문을 나서려고 했다. 모든 사람들의 얼굴이 활짝 피어 있었다. 방문을 나서기 전에 로빈슨은 자기 아내의 승마 친구인 크래비스 곁으로 다가가 빙그레 웃으면서 말했다.

"내 아내에게 커다란 꽃바구니 하나 보내는 게 좋을 겁니다. 당신 때문에 예의에 어긋나는 몹시 난처한 상황에 몰리는 일까지 자진해서 감수했으니까 말이오."

•———ᏇᏇ———•

그때까지 정상 회담에 대해 아는 사람은 여섯 명뿐이었다.

그런데 스티븐 골드스톤은 점점 의심스러운 마음이 들었다. 어디에서도 존슨을 찾을 수 없었기 때문이다. 코언도 보이지 않았다. 두 사람 모두 솔로 빌딩에는 없는 것 같았다. 그는 시어슨의 토밀슨 힐에게 전화했다.

"무슨 이야기 들은 것 없습니까?"

"없는데……, 왜요?"

"아뇨. 하지만 무슨 일이 진행되는 것 같은데…….."

•———ᏇᏇ———•

스위트룸에 남아 있던 로버츠와 크래비스는 입이 찢어질 듯 기분이 좋았다. 크래비스는 변호사인 리처드 비티에게 전화했다. 조수인 케이시 코거트와 함께 있던 비티는 플라자 호텔의 레스토랑 '오크 룸'에서 두 사람을 만나 저녁을 먹었다. 변호사 두 사람은 생선 요리를 시켰고, 크래비스와 로버츠는 자축하는 의미에서 축하용 스테이크를 시켰다. 식성이 까다로운 로버츠는 후추가 너무 많이 들어갔다면서 포크와 나이프를 내려놓았다. 크래비스는 식사를 하면서 조금 전에 있었던 협상 내용을 변호사들에게 빠르게 설명했다. 한 시간 뒤 다시 5층의 스위트룸에서 만나기로 했기 때문이다.

"이상적인 해결책은 아니지만, 어쨌거나 해결책이긴 합니다."

613

로버츠가 변호사들에게 말했다. 위층으로 올라가면서 크래비스는 코언으로부터 걸려 온 전화를 받았다. 통화는 금방 끝났다.

"재밌군."

휴대폰을 주머니에 넣으며 크래비스가 말했다.

"뭐가요?"

비티가 물었다.

"토머스 스트라우스를 데리고 오겠다고 하네요. 굿프렌드를 데리고 올 줄 알았죠?"

"스트라우스?"

비티가 깜짝 놀랐다.

"빌어먹을, 왜 토머스 스트라우스를 데리고 와? 젠장, 그 친구가 이런 일에 대해 뭘 안다고?"

크래비스는 자기 느낌을 이야기하지 않아도 되었다. 비티에게, 그가 옛날 친구를 상대해야 할 일은 없다는 사실만큼은 분명했다.

다시 휴대폰 벨이 울렸다. 이번에는 '오크 룸'에서 걸려 온 전화였다. 예약한 사람은 '미스터 브라운'이지만 식사 비용을 로버츠라는 사람이 지불했는데 그래도 되느냐고 했다. 로버츠는 빙그레 웃으며 그래도 된다고 말했다. '미스터 브라운'은 그들이 쓰던 암호명이었다.

<hr/>

플라자 호텔에서 길 건너편에 있는 솔로 빌딩 48층에서 존슨은 플라자 호텔로 돌아갈 사람들이 너무 많아 점점 걱정이 되었다. 골드스톤에게는 전화한 상태였다. 굿프렌드와 스트라우스도 마찬가지였다. 이들 역시 동행하기를 바라는 건 분명했다. 존슨은 논의에 참가할 인원을 가능하면 줄이고

싫었다. 보안을 유지하기 위해서도 그랬고, 또 사람이 너무 많다 보면 뜻하지 않게 말이 많아져서 불필요한 논쟁이 길어질 수도 있었다. 게다가 크래비스가 살로먼의 굿프렌드나 스트라우스를 그다지 달가워하지 않는다는 사실을 알았기 때문이다.

존슨은 제임스 로빈슨에게 둘 중 한 사람만 데려가자고 했다. 이렇게 해서 스트라우스가 선택되었다. 그리고 시어슨 측의 변호사 잭 너스바움까지 포함해 모두 여섯 명이었다. 그 정도면 괜찮을 것 같아서 마음이 놓였다.

골드스톤이 도착하자 존슨은 크래비스와 했던 논의를 열심히 설명했다. 그리고 마지막으로, 모든 것이 최상으로 진행되고 있다고 했다.

"이제 헨리가 현재의 경영진과 합의한 사항을 보자고 할 거요."

골드스톤은 곧바로 의심이 들었다. 2주 동안 그는 그 비밀을 철저히 지켜왔다. 골드스톤은 제임스 로빈슨과 마찬가지로, 그 내용이 언론에 노출될 경우 경영진이 세상 사람들에게 어떻게 비칠지 잘 알고 있었다. 그래서 그는 그것을 크래비스에게 보여 주는 일은 매우 위험한 도박이라고 경고했다.

"만일 협상이 결렬될 경우, 크래비스는 협상 내용을 언론에 흘려 우리를 여지없이 망가뜨릴 겁니다."

하지만 존슨은 골드스톤의 걱정을 대수롭지 않게 여겼다.

"무슨 걱정이 그렇게 많아요? 그 친구들은 이제 우리와 동반자라고요. 당신과 마찬가지로요. 모든 걸 논의 테이블에 올려놓고 다루어야 해요. 설령 문제가 있다면 바로잡으면 되잖아요."

존슨은 골드스톤이 너무 경직되어 있다고 했다. 결국 골드스톤은 존슨이 주장하는 대로 크래비스에게 경영진과의 합의 내용 사본을 보여 주는 데 동의했지만 그 결정이 끝까지 마음에 들지 않았다.

존슨 일행 여섯 명은 9시경에 플라자 호텔로 되돌아갔다. 그리고 20분 쯤 뒤에는 모든 것이 순조롭게 진행되면서, 법률상의 세부 사항에는 관심을 보이지 않던 존슨은 점차 들뜨기 시작했다. 존슨이 보기에는 세부적인 단서 조항들만 빼고는 거의 다 끝난 듯싶었다. 그래서 그는 골드스톤에게 물었다.

"내가 처리해야 할 일이 또 남았나요?"

"그럴 만한 건 없습니다."

유쾌한 기분으로 솔로 빌딩 사무실로 돌아온 존슨은 샌드위치 하나를 게걸스럽게 먹어치우고 세이지와 호리건에게 그날 밤에 있었던 일을 간략히 설명했다.

그러고는 두 구역을 걸어서 자기 아파트로 가서 샤워와 면도를 하고 캐주얼 재킷을 걸친 다음, 다시 사무실로 돌아갈 준비를 했다. 거기에서 파티를 벌일 참이었다.

"함께 가지 않을래?"

존슨은 아내 로리에게 물으며 이 말을 덧붙였다.

"당신도 가야 해. 신나는 일을 경험할 거야. 아주 재밌을 거야."

•———◇◇◇———•

살로먼 브라더스의 수석 법률 고문인 피터 대로는 브루클린하이츠의 집에서 느긋한 시간을 보내고 있었다. 그런데 살로먼의 마이클 짐머먼이 전화를 걸어왔다. 대략 10시쯤이었다.

"굿프렌드 회장님이 솔로 빌딩 48층에 있답니다. 지금 당장 거기에서 보자고 하네요."

대로는 곧바로 RJR 나비스코 사무실로 달려갔다. 거기에는 화가 나서 콧김을 뿜어 대고 있는 존 굿프렌드 말곤 아무도 없었다. 살로먼의 회장은 파티를 하고 싶은 마음이 아닌 게 분명했다. 대로는 여태껏 그가 그처럼 화내는 모습을 본 적이 없었다.

"도대체 뭐가 어떻게 돌아가는지 잘 모르겠지만, 플라자 호텔에서 지금 어떤 회의를 하고 있어요. 나만 쏙 빼놓고 말이야. 이유는 나도 모르겠어요. 당신이 가서 무슨 이야기를 하는지 알아봐요. 지금 당장!"

"알겠습니다, 걱정하지 마십시오."

대답은 그렇게 했지만 걱정이었다. 굿프렌드조차 끼지 못한 비밀회의 자리에 어떻게 낄 수 있을지 도무지 알 수가 없었다. 굿프렌드가 스위트룸의 방 번호가 적힌 종이쪽지를 대로에게 넘겼다.

대로는 솔로 빌딩을 빠져나가 길을 건너 플라자 호텔로 갔다. 그리고 곧바로 엘리베이터를 타고 5층으로 올라갔다. 굿프렌드가 준 방 번호를 두 번이나 확인했지만 그런 방은 없었다. 어떻게 해야 하나 하고 여기저기 헤매는데, 커다란 덩치의 남자 한 명이 더블도어 앞을 지키고 서 있는 게 보였다. 대로는 혹시나 하는 마음으로 그에게 다가가 물었다.

"여기가 헨리의 스위트룸이죠?"

"예, 그렇습니다. 안으로 들어가시죠."

남자는 고맙게도 문까지 열어 주었다. 대로가 안으로 들어가자 토머스 스트라우스가 보였다. 그는 크래비스, 로버츠와 열띤 논쟁을 벌이고 있었다. 대로로서는 당시 전혀 알지 못했지만, 로스 존슨이 조심스럽게 이룩한 200억 달러짜리 평화 협정에 첫 금이 가는 순간이었다.

"이건 우리의 자본입니다. 근데 이걸 우리 아닌 다른 사람이 주무른다면 우리로서는 반대할 수밖에 없습니다."

스트라우스의 목소리는 열정으로 떨렸고, 그의 주장은 명료했다. 살로먼과 시어슨이 채권을 발행해야 한다고 했다. 살로먼은 이 일을 할 준비가 되어 있고 또 그럴 의지와 전문성을 가지고 있으며 따라서 그럴 권리를 요구한다고 했다. 또한 자기들은 벌써 몇 주째 준비를 해 왔는데, 이걸 드렉설에 넘겨준다는 것은 결코 공정한 처사라고 아니라고 했다.

"이건 우리가 해야 합니다. 왜 우리를 믿지 못합니까?"

크래비스는 이젠 지쳤다는 표정이었다. 하지만 그는 드렉설이 왜 믿음이 가고 또 드렉설에 맡기는 게 얼마나 중요한지 설명했다.

"드렉설은 우리가 인수 합병 작업을 할 때마다 함께 일했고 그때마다 늘 훌륭하게 처리했습니다. 최고로 말입니다. 비어트리스도 해냈습니다. 다른 어떤 데서도 가능하다고 말하지 않았음에도 불구하고 말입니다. 드렉설은 최곱니다. 그리고 수수료가 싸기도 하고요. 지금 이 거래는 역사상 최대 규모입니다. 만의 하나 조금이라도 잘못되면 일은 그르치고 맙니다. 그렇게 될 가능성을 헐렁헐렁 그냥 넘어갈 수는 없다 이 말입니다."

스트라우스는 살로먼의 자본 조달을 인정해 달라는 주장을 줄기차게 해댔다. 하지만 방 안에 있던 사람들은 누구나 할 것 없이 그가 정말 반대하는 것이 무엇인지 잘 알았다. 살로먼은 드렉설을 증오했다. 역사상 최대의 거래에 필요한 자금을 조달하는 일을 원수 같은 경쟁자에게 빼앗긴다는 것은 살로먼으로서는 당혹스러운 일이 아닐 수 없었다. 다른 모든 채권 분야에서 강세를 보였던 살로먼은 지난 5년 동안 고도로 전문적인 그리고 매우 수익성 높은 정크 본드 분야에 파고들어 자리를 잡으려고 시도했지만 번번이 실패하고 말았다. 이런 실패의 결과는 참혹했다. 그리고 드렉설이 정크 본드 시장을 독점하다시피 하면서 굿프렌드는 좌절의 아픔을 곱씹어야 했다. 크래비스가 이런 아픈 과거를 상기시켰다.

"당신들을 깎아내리려는 건 아니지만, 솔직히 당신들은 안 됩니다. 이 분야에서 실적이 없잖아요. 실적이라고 내세울 게 뭐 있습니까?"

스트라우스는 살로먼은 지난 주말에 채권 담당 직원 60명을 동원해서 채권 판매 방안을 철저히 논의했다는 말까지 했다.

"이렇게까지 했는데 그럼 내가 이 사람들에게 뭐라고 말해야겠습니까?"

로버츠와 크래비스가 서로를 바라보았다. 그리고 입을 연 사람은 크래비스였다.

"당신네 사람들이 주말에 무얼 했건 그게 무슨 상관입니까? 우리하고는 아무 상관 없습니다. 우리는 검증된 최고 집단과 일할 수밖에 없습니다."

피터 코언은 입장이 난처했다. 앞서 스트라우스가 없는 자리에서 드렉설 편을 들었던 터라 적극적으로 스트라우스 편에 설 수가 없었다. 사실 코언으로서도 드렉설을 불신하는 나름대로의 이유가 있었다. 시어슨은 5년째 드렉설과 소송을 벌이고 있었다. 또 다른 인수 합병 거래에서 드렉설이 약속을 어겼다고 코언이 생각하면서 시작된 소송이었다. 드렉설이 계약을 성실히 이행하지 않는 바람에 코언은 1985년 수익에 대해 5000만 달러의 부담금을 책임져야 했다. 이런 일도 있고 해서 드렉설은 시어슨이 편한 마음으로 미래를 맡길 회사가 아니라는 말까지 코언은 그 자리에서 했다.

곧 크래비스와 스트라우스는 똑같은 말을 다시 소리 높여 반복했다. 이들이 벌인 논쟁의 열기가 서서히 식으면서, 그 자리에 있던 사람들 가운데 살로먼의 비타협적인 모습을 지나치게 걱정한 사람은 아무도 없었다. 이런 대형 거래에서는 언제나 몇몇 단서 조항들을 놓고 끈질긴 줄다리기가 있게 마련이기 때문이다. 아무튼 결국에는 어떤 타협점에 도달할 것이라고 생각했다. 그리고 좀 더 중요한 문제가 남아 있었다. 경영진 쪽과의 합의 사항이었다.

골드스톤이 그 내용이 담긴 사본을 꺼내 크래비스 앞에 흔들었다.

"여기에 서명해 주셨으면 하는 게 우리의 바람입니다."

"그걸 리처드에게 보여 주세요."

비티는 골드스톤이 자기가 보여 주고 싶은 부분을 찾아 엄지손가락에 침을 발라가며 문건을 한 장씩 넘기는 걸 지켜보았다. 골드스톤이 마침내 그 부분을 찾았는지 문건을 내밀었다.

"이 부분입니다. 이 부분을 읽어 보고 충분히 숙지하시기 바랍니다."

인수 합병 거래와 관련해 존슨이 전면적인 지배권을 가진다는 부분이었다. 골드스톤 옆에 선 비티는 무의미한 내용이라고 생각했다. 만일 협정이 맺어진다면 크래비스가 모든 지배권을 장악하고 감독할 것임을 알고 있었기 때문이다. 다른 가능성이 있을 수 없을 만큼 뻔한 길이었다.

비티는 아무 말도 하지 않고 문건을 가지고 구석으로 가서 케이시 코거트와 함께 검토했다. 골드스톤은 초조했다.

"이 문건을 이번 거래와 관련된 이외의 용도로는 사용하지 않겠다고, 그리고 다른 누구에게도 그 내용을 누설하지 않겠다고 약속해 주시기 바랍니다."

몇 분 뒤 비티는 크래비스와 로버츠에게 눈짓을 했고, 코거트를 포함한 네 사람이 침실로 들어갔다. 비티가 크래비스에게 문건을 내밀면서 말했다.

"어떤 내용을 담고 있는지 도저히 믿지 못할 겁니다."

비티는 문건 전체를 빠르게 읽으면서 놀라운 사실을 확인했다. 존슨이 거부권을 가지고 있으며, 또 더욱 놀라운 사실은 시어슨이 천문학적인 액수의 수익을 존슨에게 약속하고 있다는 점이었다.

"헨리, 이런 식으로 도저히 안 됩니다."

비티가 말했다. 코거트도 동의했다.

"만일 우리가 이 거래에 서명하면 로스가 모든 걸 다 좌우하게 됩니다.

동의할 수 있는 내용이 도저히 못 됩니다."

크래비스로서는 충격적이었다. 그는 코언이 머천트 뱅킹 분야 진입을 갈망하는 줄로 알고 있었다. 그런데 존슨에게 거래의 지배권을 넘긴다? 여태까지 수없이 많은 LBO를 봐 왔지만 이런 경우는 없었다.

"말도 안 되는 건데, 코언이 어떻게 이런 내용에 서명했을까?"

코거트와 살로먼 측의 변호사 피터 대로는 브루클린하이츠의 같은 구역에 사는 이웃이었다. 두 사람은 RJR 나비스코의 드라마는 '한 동네'를 위해 좋은 거라는 농담을 했었다. 여기서 그들이 말한 동네는 월스트리트가 아니라 자기들이 사는 가든플레이스였다. 코거트는 침실에서 나왔다. 그리고 협상이 깨질 조짐이 보이자 대로에게 눈짓해서 침실로 불러들였다. 침실에서는 크래비스 진영이 회의를 하고 있었다. 비티가 대로에게 문제의 문건을 가리키며 물었다.

"당신도 이걸 봤습니까?"

대로는 고개를 끄덕였다.

"그럼에도 불구하고 로스 존슨과 한 배를 탄단 말입니까?"

대로는 골드스톤이 그 문건을 꺼내는 걸 보는 순간, 자기에게 그 질문이 날아올 줄 알았다. 그래서 그때 곧바로 굿프렌드에게 전화해서 어떻게 하면 좋을지 물었다. 하지만 딱히 뾰족한 방법이 없었다. 대로로서는 위험한 줄타기를 할 수밖에 없었다. 만일 살로먼이 크래비스와 손을 잡게 될 거라면, 굿프렌드가 '꼴사납다'고 했던 그 문건에 대해 자기네도 불편하게 생각하고 있음을 알려야 했다. 하지만 협상이 결렬될 경우, 크래비스는 살로먼이 존슨의 경영진에 제시한 내용을 불편하게 생각한다는 사실을 무기 삼아 공개적으로 경영진을 공격할 게 뻔했다.

대로는 그 문건이 '명백하게 잘못된 문제들'을 담고 있다고 인정하는 한편, 결국 수정될 수밖에 없지 않겠느냐는 의견을 내놓았다. 대로로서는 그 말밖에 달리 할 말이 없었다. 몇 분 뒤, 비티가 거실로 나와 골드스톤을 데리고 한쪽 구석으로 갔다. 그리고 이렇게 물었다.

"이런 혜택을 받을 경영진이 모두 몇 명이라고 했죠?"

"일곱 명, 현재로서는요."

하지만 존슨은 수백 명의 직원들에게도 수익의 혜택이 돌아가도록 하겠다고 마음먹고 있었다.

"정말 엄청난 수익이네요, 그렇죠?"

"거기에 관해서는 로스와 얘기해야 할 겁니다."

"에……, 여기에 대한 우리의 입장은 일단 보류해야겠네요. 시간을 가지고 충분히 살펴본 다음에라야 예스나 노라고 대답을 할 수 있겠습니다."

골드스톤은 고개를 끄덕이면서 엄밀하게 살펴보라고 했다.

"중요한 문제니까 심사숙고하셔야 할 겁니다."

회의는 일단 중단되었다. RJR 나비스코 사무실에서 한 시간 뒤에 다시 모이기로 했다. 그런데 이런 어수선한 분위기 탓에 골드스톤이나 잭 너스바움 모두 그 문건을 비티에게서 회수할 생각을 하지 못했다. 이와 관련해 나중에 케이시 코거트는 말했다.

"아무도 그 문건을 달라고 하지 않더군요. 그래서 우리가 계속 가지고 있었죠 뭐."

• ——— ⟨⟨⟩⟩ ——— •

48층에서 엘리베이터에서 내린 크래비스와 로버츠, 비티와 코거트는 깜짝 놀랐다. 사람들이 수도 없이 북적거렸기 때문이다. 협상과 아무 상관도 없는 사람들이 바쁘게 오갔다. 린다 로빈슨은 보도 자료 초안을 살펴보고 있었다. 크래비스는 로리 존슨을 소개받고는 어찌할 바를 몰랐다. 한 손에 스카치 잔을 든 존슨은 여유롭게 유쾌해 보였다. 가슴 주머니에는 손수건까지 꽂고 있었다. 크래비스는 에드워드 호리건과도 인사를 나누었다. 테니스 스웨터를 입은 호리건은 매우 말끔해 보였다. 다시 빡빡한 협상 테이블에 앉아야 한다는 생각만 하고 왔던 크래비스 일행은 마치 사교 클럽의 행사장에 발을 디딘 것 같아서 잠시 어지럼증을 느꼈다.

크래비스와 로버츠는 존슨의 사무실로 안내를 받아서 갔다. 일주일 전에 협상을 하러 왔다가 잘 풀리지 않아 돌아갔던 바로 그 사무실이었다. 한껏 들떠 있는 존슨은 두 사람에게 술을 권했다. 하지만 두 사람은 사양했다. 비티는 존슨의 비서에게 자신이 급하게 휘갈겨 쓴 경영진과의 합의 내용 초안을 건네면서 타이핑을 부탁했다. 코언이나 스트라우스는 보이지 않았다.

크래비스와 로버츠는 협상이 시작되길 기다리면서, 존슨이 이제 공동으로 소유하게 된 회사에 대해 두서없이 주절거리는 이야기를 가만히 듣기만 했다. 존슨이 하는 이야기 소재의 폭은 종잡을 수 없을 정도로 넓었다. 존슨은 흥분한 듯 연신 웃음을 거두지 못하면서 프리미어, 애틀랜타의 본사 사옥, 그리고 장차 매각하게 될 나비스코 사업 부문의 전망 등을 이야기했다. 존슨은 새로운 파트너들을 맞이하게 된 그 시간이 무척 즐거웠다. 제임스 로빈슨과 에드워드 호리건이 곁에 앉아 존슨의 말을 듣기도 하고 또 자기들끼리 일상적인 주제로 잡담을 나누기도 했다.

거의 한 시간 가까이 그들은 RJR 나비스코의 좋은 점들을 이야기했다. 그런데 도중에 골드스톤이 소속된 법률 회사 '데이비스 포크'의 테리어처럼 생긴 변호사 조지 베이슨이 방문을 열고 안으로 머리를 디밀었다.

"변호사도 없이 계시면 어떡합니까?"

베이슨은 비티를 견제했다. 그는 자기 고객을 보호해야 한다는 의무에 충실했지만, 최소한 겉으로 보기에 화기애애하던 분위기를 깨고 말았다. 덕분에 크래비스는 자기들이 너무 오랜 시간 동안 기다리고 있었다는 사실을 깨달았다.

"왜 이렇게 오래 걸리는 겁니까?"

"나는 잘 모릅니다."

하지만 존슨은 마무리 과정은 시간이 많이 걸리게 마련이라는 생각에 일이 잘못될지도 모른다는 염려는 전혀 하지 않았다.

베이슨이 문을 닫고 돌아간 직후에 코언이 왔다. 그는 그때까지 스트라우스, 굿프렌드와 함께 채권 발행 문제를 놓고 논의를 했었다.

"입장이 어떻게 정리되었습니까?"

로버츠가 물었다.

"아직도 여전히 그 문제를 놓고 논의하는 중입니다."

코언의 설명이었다. 사실 코언은 아무런 성과도 얻지 못했다. 한 시간 동안 그는 드렉설에 대한 살로먼의 반대 의견을 깊이 헤아리면서 타협점을 찾으려 했지만 아무런 성과도 거두지 못했다. 코언은 살로먼 같은 회사의 거래 방식이나 문화를 접한 적이 없었다. 그쪽 출신이 아니었던 것이다. 그래서 때로 굿프렌드가 주장하는 세세한 내용들을 이해하지 못했다. 무척 시간이 걸리는 일이었고, 그 때문에 코언은 지쳤다.

❖━━━❀❀❀━━━❖

길고 긴 밤샘 논의에 참가했던 사람들은 나중에 이른바 '드렉설 문제'를 저마다 다르게 이야기한다. 제임스 로빈슨은 드렉설이 검찰에 기소될 것이라는 점을 지적했다. 한편 살로먼이 기본적으로 관심을 가지고 또 걱정한 것은, 자기네가 조성한 자금을 다른 회사의 손에 넘겨주게 되지나 않을까 하는 것이었다. 이건 매우 흥미로운 사실인데, 왜냐하면 바로 자기들이 시어슨을 상대로 그렇게 하겠다는 계획을 세웠기 때문이다. 한편 존슨은 크래비스가 드렉설의 지배를 받고 있었다는 특이한 주장을 하게 된다.

그로부터 여러 달이 지난 뒤에 토머스 스트라우스는 당시 중심적인 쟁점이 무엇이었는지를 밝혔다. 그 쟁점은 채권 거래라는 은밀한 세계와 관련된 문제였다. 둘 이상의 은행이 채권 발행에 들어가는 비용을 부담할 때, 선도적인 한 은행을 선정해 모든 채권 관리를 맡겨야 한다. 따라서 채권 판매와 관련된 모든 기록이 이 은행에 남으며, 이 은행은 일반적으로 채권 관련 모든 활동을 지휘하게 된다. 이 주관 은행은 《월스트리트저널》이나 기타 금융 관련 출판물에 게재되는 일련의 '묘비 광고'에서 맨 앞부분에, 정확히 말하면 맨 왼쪽에 이름을 올린다. 묘비 광고 맨 왼쪽에 이름을 올린다는 것은 채권 거래 세상에서는 매우 강력한 상징적인 의미를 띤다.

평화 협상이 진행되면서 크래비스가 들어오기 전에, 스트라우스와 코언은 살로먼과 시어슨이 공동으로 채권을 발행하기로 합의했었다. 묘비 광고에는 시어슨의 이름을 왼쪽에, 살로먼의 이름은 오른쪽에 싣기로 했었다. 즉 시어슨이 채권 관련 사항을 주관하기로 했었다. 이런 합의 사항에 대해 살로먼은 전혀 개의치 않았다고 스트라우스는 설명했다. 왜냐하면 채권 세계에서 살로먼의 영향력이 시어슨을 워낙 크게 압도하기 때문에, 아무리 시어슨이 '왼쪽에 있다' 하더라도 실제로 자금을 동원하는 주체가 누구인지 모르는 사람은 없을 터이기 때문이었다.

하지만 채권 세계의 강자인 드렉설이 '왼쪽에 있을 때'는 문제가 전혀 달랐다. 사람들이 인식할 메시지가 시어슨의 경우와는 달라지기 때문이었다. 여기에 대해 스트라우스는 다음과 같이 말했다.

"드렉설이 왼쪽에 놓일 경우, 사람들은 우리를 별 볼 일 없는 곁다리로밖에 바라보지 않았을 겁니다.”

결국 이 문제가 핵심 쟁점이었다. 존슨처럼 회사를 인수하려는 사람에게는 이런 문제는 사소한 것이었다. 그동안 합의한 내용을 바꿀 만큼 중요한 문제가 결코 아니었다. 비록 살로먼이 존슨의 거래에 중심적인 파트너로 참가했음에도 불구하고, 또 머천트 뱅킹에 대해 깊이 논의했음에도 불구하고, 살로먼의 기본적인 과제는 예컨대 ‘오레오’와 같은 브랜드를 사들이는 게 아니었다. 살로먼은 채권을 파는 회사였다. 따라서 경쟁사인 드렉설의 들러리만 서게 된다면 존슨의 이익에 등을 돌릴 수도 있었다. 어쩌면 거래 자체가 성사되지 못하도록 훼방을 놓을 수 있었다. 남자답게 통 크게 하자고 큰소리를 치기도 하고 조금이라도 이익을 더 보겠다고 안달복달하기도 하고 또 주주의 가치를 지켜야 한다는 입에 발린 말을 하기도 했지만, 결국 모든 문제는 이것으로 귀결되었다. 그래서 만일 살로먼이라는 이름이《월스트리트저널》과《뉴욕타임스》의 주식시세표 중간에 실릴 묘비 광고 왼쪽이 아니라 오른쪽에 놓이게 된다면, 굿프렌드와 토머스 스트라우스는 역사상 최대 규모의 인수 합병에 재를 뿌릴 수 있었다. 얼마든지 그럴 준비가 되어 있었다.

새벽 2시, 그때까지도 코언은 존슨의 사무실과 ‘어항’(유리창으로 되어 있어 바깥에서 안이 보이기 때문에 붙여진 별칭이다) 회의실 사이를 부지런하게 오가며 의견을 조율하려고 애썼다. 존슨의 사무실에는 크래비스와 로버츠가 있었고, 회의실에는 살로먼 사람들이 있었다. 코언은 타협점을 찾으려고 열심히 노력했다. 비록 코언이 수수료와 관련해서 크래비스에 대해 의심을 품고 있었지만, 적어도 그때만큼은 양측을 화해시키려고 그는 최선을 다했다.

하지만 굿프렌드는 어떤 타협책도 받아들일 것 같지 않았다. 살로먼의 회장은 단호했다.

"우리는 절대로 드렉설에 양보 못 해요. 물론 나도 드렉설이 도와준다면 반갑죠. 하지만 피터, 우리가 드렉설에 양보하려고 지금 여기까지 온 건 아니지 않습니까?"

시간이 점차 흐르자 코언은 친구인 스트라우스를 바깥으로 따로 불러내 허심탄회한 대화를 하려고 몇 번 시도했다. 하지만 그때마다 마이클 짐머먼이나 살로먼의 투자은행가들이 대화에 끼어들었다. 코언은 살로먼의 중역들이 어디를 가든 함께 움직이는 '줄줄이 소시지'라고 생각하기 시작했다. 잠시라도 누군가를 따로 떼어 내 그 사람과 일대일로 대화를 할 수가 없었다.

이 과정에서 딱 한 번 코언은 이성을 잃고 화를 냈다. 짐머먼이 다음과 같이 말했을 때였다.

"우리는 살로먼 브라더스입니다. 자기들이 뭔데 우리를 이런 식으로 대한답니까? 이래도 되는 겁니까?"

코언은 더 이상 참지 못하고 목소리를 높였다.

"무슨 말도 안 되는 소리요? '레브코'를 인수했지만 도산했죠? '사우스랜드 코퍼레이션' 때도 기관 투자자들이 위험하다면서 거들떠보지도 않았잖소! 저 친구들이 걱정 안 하겠어요? 도대체 지금 우리가 뭘 하려고 하는지 알기나 하고 그따위 소리를 지껄이는 거요?"

코언은 자기가 생각해 낼 수 있는 모든 대안들을 다 제시하고 시도했다. 살로먼을 채용함으로써 추가로 발생하는 비용을 크래비스에게 변제해 주는 방안을 제시했고, 세 회사가 공동으로 채권을 관리할 수 있는 거래소를 특정 회사가 아닌 중립 지역에 마련하는 방안을 제시했다. 하지만 어느 것도 먹히지 않았다. 살로먼의 태도에 변화가 보일 때마다 코언은 숨을 멈추고 다음 반응을 기대했다. 하지만 합의점에 가까이 도달했다 싶으면 누군가 불쑥 튀어나와 드렉설을 욕하기 시작했다.

"우리가 지금 무슨 얘기를 하는 겁니까? 저자들은 사기꾼들입니다. 사기꾼들이라고요!"

그러면 갑자기 가까이 다가갔던 합의점에 등을 돌리고는 단체로 드렉설을 성토했다.

죽을 지경이었다. 협상안을 마련하는 일은 코언이 여태까지 살면서 시도했던 그 어떤 일보다 힘들었다. 정력에 관한 한 자신감이 넘쳤던 코언이지만 지쳤다고 인정할 수밖에 없는 지경으로까지 몰렸다. 2주 동안 그는 쉬지 않고 싸워 왔다. 잠이 부족했다. 역사상 가장 규모가 큰 인수 합병의 가장 중요한 쟁점들을 놓고 새벽 2시에 협상을 벌이다니, 도대체 말이 되지 않았다. 저 친구들은 왜 여기 있지?

밤이 깊어 가자 존슨은 점점 더 크래비스의 금융적인 세련됨에 깊은 인상을 받아 크래비스 쪽으로 기울기 시작했다. 그래서 그는 코언에게 말했다.

"드렉설이 가장 믿을 만한데 드렉설과 함께 가지 못할 이유가 없잖아요? 피터, 우리는 최고로 유능한 사람들이 이 일을 맡아야 한다고 봅니다. 그게 누구든 무슨 상관입니까? 만일 이게 더 좋은 생각이라면, 이쪽으로 갑시다."

존슨의 행동이 크래비스에게 용기를 주었다. 그가 존슨의 등을 떠밀었다.

"직접 나서서 타협점을 마련해 보시죠. 어쨌거나 당신이 그 사람들 고객이잖아요. 저절로 해결될 때까지 손 놓고 기다리겠다는 겁니까?"

"알겠소. 한번 해 보죠."

존슨이 살로먼 사람들에게 갔다. 그리고 20분 뒤에 다시 돌아왔다.

"얘기했습니다."

"그랬더니요?"

크래비스가 물었다.

"근데 난 지금도 도대체 뭘 가지고 그렇게 난리를 치는지 모르겠습니다."

"여기서 결정을 내리는 사람은 도대체 누굽니까?"

크래비스의 속에서도 화가 점점 커지고 있었다.

"글쎄, 모르겠네요. 살로먼 사람들이 저러고 있으니……."

그러자 줄곧 자리를 지키고 있던 제임스 로빈슨이 나서서 해결책을 하나 제시했다.

"굿프렌드는 아마 플라자 호텔 논의에 자기가 배제된 것 때문에 화가 난 것 같습니다. 직접 마주 앉아서 함께 이야기해 보는 게 어떻습니까?"

그러자 크래비스가 반색을 했다.

"그거 좋군요. 오라고 합시다."

하지만 잠시 뒤 굿프렌드가 보이지 않는다는 소식이 존슨의 사무실로 날아왔다. 사라져 버렸다는 것이었다.

"도대체 어디 있는 거야?"

존슨이 사무실을 나갔다. 가장 먼저 보안과에 물었다. 보안 담당자들은 굿프렌드가 잠시 산책하러 나간 것 같다고 대답했다.

만일 굿프렌드가 삐쳤다면 다른 사람을 보낼 경우 오히려 사태가 악화될지 모른다고 생각한 존슨은 자신이 직접 그를 찾으러 나섰다. 굿프렌드는 57번가에서 시가를 피우고 있었다. 그는 깊은 생각에 잠긴 듯했다.

"갑시다, 존. 헨리하고 직접 이야기를 한번 해 봅시다. 이야기가 잘 풀릴 것 같네요."

새벽 3시가 다 된 시각, 존슨의 사무실에서 조금 떨어진 작은 방에 크래비스와 로버츠가 굿프렌드와 마주 앉았다. 크래비스가 먼저 입을 열었다.

"우리는 지금 가능하면 합리적이어야 한다고 생각합니다. 살로먼이 이 거래를 책임지고 수행해야 하는 중요한 이유가 도대체 뭡니까?"

"우리에게는 그럴 능력이 있다고 생각하기 때문이죠. 여태까지 우리 임직원들은 이 일에 상당히 많은 시간을 쏟았습니다. 우리는 이 일을 완벽하게 할 수 있고, 또 해야 합니다. 우리가 이 거래를 맡아야 하는 이유를 대자면 끝도 없습니다. 우리 회사는 최근에 눈부신 실적을 올리고 있습니다."

그건 크래비스도 알고 있었다. 사실 살로먼에 '왼쪽 자리'를 내주지 않으려고 하는 이유 중에는 이것도 포함되어 있었다. 굿프렌드는 계속해서 말을 이었다.

"나도 드렉셀의 마이크 밀컨을 존경합니다. 대단한 사람이죠. 하지만 그렇기 때문에 더욱더 우리 살로먼 브라더스는 양보할 수 없다 이 말입니다."

굿프렌드가 입장을 바꾸지 않을 게 분명했다. 하지만 그건 크래비스도 마찬가지였다. 굿프렌드가 방을 나가자 로버츠는 우울해졌다. 바 옆에 서서 우울한 기분으로 로버츠가 크래비스와 잠시 이야기를 나누는데 리처드 비티가 안으로 들어왔다. 비티를 보자 로버츠가 목소리를 높였다.

"이거 정말 미친 짓 아닙니까? 묘비 왼쪽에 누구 이름을 올리느냐 하는 문제로 밤을 새우고 있습니다. 이래 가지고서야 어떻게 실질적인 쟁점에서 합의를 이끌어 낼 수 있겠습니까? 설령 합의를 하고 거래를 성사시킨다 한들 이런 사람들과 어떻게 일을 같이할 수 있겠습니까? 모든 사람들이 거래를 성사시키는 것만 빼고 모든 것에 다 아주 깊은 관심을 보이고 있네요. 간판과 자존심 때문에 치고 받고 난리가 아닙니다."

말하는 도중에 로버츠는 점차 비관적인 쪽으로 기울었다.

"여기 올 때는 우리가 뭔가 일을 구체적으로 진행시킨다고 생각했는데, 지금은…… 이게 뭐냐 이거죠."

"맞아 조지. 자네 말이 전적으로 맞아."

크래비스도 동의한다면서 고개를 끄덕였다. 비티도 자기 고객들의 실망에 맞장구쳤다.

"논의를 뒤로 미루었던, 경영진이 제시한 합의서 초안도 문제가 많잖아요. 만일 우리가 이걸 유리하게 풀어 가지 못하면, 앞으로 그 어떤 것도 유리하게 풀어 가지 못할 겁니다."

그러자 로버츠가 말했다.

"집에 가서 잠이나 잡시다. 이건 미친 짓이니까."

크래비스는 코언을 따로 불러 다음 날 다시 만나서 논의를 계속하는 게 어떠냐고 했다. 채권과 관련된 문제는 다음 날 아침 7시에 드렉셀의 피터 애커먼과 아침을 함께 먹으면서 타협점을 모색해 볼 계획이었다. 애커먼은 밀컨의 측근이었다. 어쩌면 애커먼이 굿프렌드가 동의할 만한 대안을 가지고 나타날 수도 있었다. 이런 내용의 말을 들은 코언은 두 사람의 제안에 동의했다.

"다시 논의할 준비가 되면 집으로 전화를 주시오."

그런데 크래비스 일행이 엘리베이터로 걸어갈 때, 굿프렌드가 종종걸음으로 이들을 따라가면서 비티를 불렀다.

"딕! 딕! 잠깐만! 잠깐만 얘기 좀⋯⋯."

비티는 살로먼의 회장을 진정시키려고 애썼다.

"존, 지금 우리는 논의를 진전시킬 수 없는 상태입니다."

비티가 '어항' 안에 북적거리는 살로먼 사람들과 이야기를 하러 돌아가자 크래비스와 로버츠는 그 자리에서 기다렸다.

회의실 안으로 들어간 비티에게 10여 개의 질문이 한꺼번에 쏟아졌다. "도대체 드렉셀을 싸고도는 이유가 뭡니까? 드렉셀은 업계 거물입니다. 자기들이 충분히 알아서 잘할 수 있잖아요."

그러자 비티는 말했다.

"보십시오. 밤새 피터 코언이 당신들을 변호했습니다. 드렉설은 우리 파트너입니다. 여태껏 우리에게 많은 도움을 주었단 말입니다. 우리는 드렉설을 버릴 생각이 없습니다."

비티는 살로먼이 LBO 영역에 들어오려고 여러 차례 시도하면서 실패했던 사실을 굳이 장황하게 열거하지는 않았다. 또 크래비스가 살로먼에 그 일을 맡기느니 차라리 자기 어머니에게 그 일을 맡길 것이라고 했다는 말도 하지 않았다. 그뿐 아니라 크래비스는 스트라우스가 배신했다고 느낀다는 말도 하지 않았다. 하지만 그 모든 요인들이 복합적으로 작용하고 있었다.

크래비스와 로버츠가 떠날 무렵, 존슨은 이미 먼저 가고 없었다. 베이슨은 존슨이 남긴 각서를 가지고 있었다. 양측이 합의를 하면 서명하도록 한 각서였고, 존슨의 서명은 이미 되어 있었다. 존슨은 크래비스와 살로먼 사이의 갈등이 적어도 아침까지는 해결될 것이라고 확신했던 것이다. 솔직히 그는 시어슨의 접근법보다 크래비스의 접근법이 더 마음에 들었지만 어느 쪽이든 상관없었다. 어느 쪽으로든 합의가 이루어지기만 하면 만족할 수 있었다. 그런데 마지막 세부 사항들을 조율하기가 그렇게 어려웠다.

시어슨 사람들 가운데 다수가 새벽 5시까지 48층에 남아 이날 밤에 있었던 일을 놓고 마음을 졸였다. 살로먼의 피터 대로와 마이클 짐머먼은 새벽에 밖으로 나왔다가 대기시켰던 택시가 아직도 기다리고 있는 것을 보고는 깜짝 놀랐다. 무려 여덟 시간이나 기다렸던 것이다. 요금이 엄청나게 많이 나왔음은 말할 것도 없었다. 택시 기사는 두 사람을 브루클린하이츠에 내려 줄 때 정중하게 부탁했다.

"저…… 죄송합니다만, 증거가 될 만한 거 하나만 적어 주시겠습니까? 아무도 내 말을 믿지 않을 것 같아서요."

코언이 5번가의 자기 아파트에 도착했을 때 어둠이 서서히 걷히기 시작했다. 곧바로 잠자리에 들까 생각했지만, 쉽게 잠이 올 것 같지 않았다. 너무 많은 일이 있었다. 침실에서 아내 캐런이 일어났다. 그녀가 걱정스러운 얼굴로 어떻게 되었느냐고 물었다. 코언으로서는 이처럼 분통 터지게 화난 적이 예전에 별로 없었던 것 같았다. 싸우는 두 쪽 사이에 다리를 놓아 화해시키지 못한 건 이번이 처음이었다. 싸움을 말리고 타협하게 하는 재주는 남다르다고 자신하던 그였다. 부부는 거의 한 시간 가까이 침대에 앉아 그날 밤에 있었던 온갖 일들을 정리하고, 분류하고, 이해했다. 그런 다음 조용히 잠들었다.

• ———— ∞ ———— •

머리맡에 놓아두었던 휴대폰이 요란하게 울리며 코언을 깊은 잠에서 깨웠다. 코언은 뜨이지 않는 눈을 겨우 뜨고 벽시계를 보았다. 8시 정각이었다. 리시버를 귀에 꽂자 헨리 크래비스의 서늘한 목소리가 들렸다. 만날 준비가 되어 있다고 했다.

코언은 크래비스를 다시 보는 게 반갑지 않았다. 맑은 머리로 그를 만날 수 있을 것 같지 않았다. 코언은 제임스 로빈슨에게 전화했다.

"지금 무얼 하고 계시든 간에, 당장 집어던지고 나오십시오. 솔로 빌딩에서 보십시다."

그러고 나선 제프 레인에게 전화했다. 시어슨의 이인자이던 레인은 그동안 RJR 나비스코 거래와 관련된 일에 그다지 깊이 관여하지 않았다. 코언이 신경 쓰지 못하는 동안 회사 일을 도맡아야 했기 때문이다. 하지만 지금 코언에게는 레인이 필요했다.

"난 정말 완전히 지쳤소. 냉정하고 치밀하게 생각해야 하는데 도저히 그렇게 할 수가 없을 것 같네요. 머리가 생생하게 팽팽 돌아가는 사람이 필요해요."

9시가 되어 존슨 사무실에 모인 사람은 몇 되지 않았다. 굿프렌드와 스트라우스만 살로먼을 대표해 나와 있었다. 크래비스와 로버츠는 몇 분 뒤에 왔다. 이들은 협상을 재개할 준비가 되어 있었다. 코언은 두 사람에게 존슨이 올 때까지 그들의 사무실로 내려가 있는 게 어떠냐고 제안했다. 그래서 두 사람은 42층으로 돌아갔다. 그러고도 10여 분이 지났지만 존슨은 여전히 나타나지 않았다. 누군가가 그의 집으로 전화했는데, 존슨은 그때까지도 자고 있었다. 9시 15분쯤 코언이 크래비스의 사무실로 내려갔다. 코언은 너무 피곤해서 사물이 제대로 보이지 않을 정도였다. 크래비스와 로버츠는 리처드 비티와 함께 있었다. 아침을 먹으면서 피터 애커먼은, 만일 크래비스가 원한다면 드렉설은 그 거래에서 빠질 수도 있다는 말을 했었다. 하지만 크래비스는 그렇게 되는 걸 원치 않았다. 타협점을 찾아보라는 말을 들은 애커먼은 굿프렌드가 충분히 받아들일 수 있을 거라고 여길 만한 방안을 찾아냈다. 채권 발행 사업을 두 개로 쪼개는 것이었다. 드렉설이 시어슨을 이끌고 먼저 반을 담당하고, 그다음에는 살로먼 역시 시어슨을 이끌고 나머지 반을 담당하게 하자는 안이었다. 비슷한 방안은 전날 밤에도 이미 나왔었다. 하지만 크래비스는 이 방안이 가장 합리적이라고 생각했다.

코언은 이 방안을 이해하려고 노력했지만 제대로 이해하는지는 자신이 없었다. 내려간 지 30분도 되지 않아 코언은 다시 48층으로 돌아와 크래비스의 타협안을 사람들에게 설명했다. 코언이 없는 동안 잭 너스바움과 제임스 로빈슨, 스티븐 골드스톤이 와 있었다. 존슨은 여전히 나타나지 않고 있었다. 굿프렌드와 다른 사람들이 애커먼의 계획에 대해 질문을 던지자 코언은 대답할 말이 궁했다. 그 제안의 내용을 온전히 꿰뚫지 못하고 있었던 것이다. 코언은 힘없이 두 손을 들었다 내려놓으며 말했다.

"난 항복! 누구 다른 사람이 이 복잡한 암호 좀 풀어 주면 좋겠소. 나 대신 42층으로 내려갈 사람 없습니까?"

제프 레인과 잭 너스바움이 내려가기로 했다. 크래비스는 두 사람을 다른 방으로 보내 시어도어 애먼을 시켜 자신이 생각하고 있는 방안을 설명하게 했다. 그러면서 크래비스는 깜짝 놀랐다. 자기들이 말하는 내용을 레인과 너스바움이 조금도 이해하는 것 같지 않았기 때문이다.

•———◁◦▷———•

뉴욕 현대미술관 위에 있는 아파트 '뮤지엄 타워'에서 린다 로빈슨은 전화벨 소리에 잠을 깼다. 비서가 건 전화였다.

"헨리 크래비스가 방금 전화했습니다. 중요한 일이라고 합니다."

그녀는 채 세 시간도 자지 못했다. 새벽 6시에 베개에 머리를 눕히면서 그녀는 자기가 잠에서 깨어날 때쯤에는 모든 협상이 끝나 있으면 좋겠다고 바랐었다. 하지만 그 바람대로 되지 않은 게 분명했다. 크래비스에게 전화를 걸었다. 전화는 금방 크래비스에게 연결되었다.

"감독님, 이제 나는 어떻게 하면 됩니까?"

크래비스의 질문에 그녀는 졸린 목소리로 대답했다.

"나도 몰라요, 헨리. 지금 9시 반인데, 어떻게 되어 가고 있나요?"

"방금 만나서 회의를 했습니다. 일은 잘되어 갔습니다만, 글쎄요 상황이 어떤지는 잘 모르겠네요."

그녀는 크래비스가 슬쩍 떠보며 탐색하려고 전화했다는 걸 알았다. 크래비스와 통화를 마친 그녀는 RJR 나비스코 사무실로 전화를 걸었다. 그리고 크래비스가 드렉설이 거래에 참가해야 한다고 주장하는 바람에 협상이

635

결렬을 향해 치닫고 있다는 말을 들었다. RJR에 있던 모든 사람들이 크래비스를 비난하고 있었다.

'오, 이런!'

그녀는 존슨에게 전화했다. 존슨은 아직도 집에 있었는데, 솔로 빌딩 상황이 급속하게 악화되고 있다는 사실을 몰랐다. 존슨은 늦잠 자는 버릇이 있었는데, 200억 달러가 달린 협상도 그의 이런 버릇을 고쳐 놓지는 못했다.

"상황이 좋지 않은 것 같아요. 깨지는 쪽으로 흘러가고 있어요."

마지막으로 그녀는 크래비스에게 전화를 했다.

"다들 미쳤네요. 우리 쪽 사람들 만났을 때 무슨 일이 있었던 겁니까?"

"그쪽 사람들이 너무 거칠더군요."

"근데 그 사람들은 당신한테 잘못이 있다던데요?"

존슨은 10시쯤 사무실에 도착했다. 그가 도착했을 때 코언과 굿프렌드를 비롯해 모든 사람들이 화가 잔뜩 나 있었다. 크래비스가 드렉셀이 공동으로라도 채권 발행 업무를 맡아야 한다고 계속 주장할 뿐 아니라 경영진과의 합의 내용에 대해서도 문제를 제기했다고 했다.

"그쪽에서는 그것까지도 흔들려 하고 있어요."

존슨은 누군가 자기를 화나게 만들려고 할 때는 언제나 그런 낌새를 알아차렸다. 지금은 코언이 자기가 크래비스에게 화를 내길 바란다고 생각했다. 분명했다. 대형 회의실에서 사람들은 어떻게 하면 크래비스의 코를 납작하게 만들어 버릴지를 놓고 열띤 토론을 벌였다. 존슨은 그들을 물끄러미 지켜보면서 점점 혼란스러워졌고 또 점점 화가 더 났다. 다들 크래비스를 욕하고 있었다.

"자기들이 다 먹으려 하고 있잖아!"

"우리만 호구가 되는 거야!"

"우리만 좆 되는 거 아냐!"

존슨으로서는 도무지 이해할 수 없었다. 아무리 생각해 봐도 모든 건 누가 수수료를 더 많이 먹을 것인가 하는 문제였다. 그가 몇 가지 질문을 했지만, 월스트리트 사람들만 알아들을 수 있는 난해한 대답만 돌아왔고, 그럴수록 쟁점은 더욱더 이해하기 힘들었다. 대략 30분 동안 그러고 있던 존슨은 자기가 돌아 버릴지도 모른다는 생각을 했다.

"젠장, 뭐야……. 무슨 소리인지 하나도 모르겠잖아, 뭐야 대체?"

스트라우스가 나서서 다시 설명했다. 채권 발행을 두 회사가 나누어 한다는 것은 말도 안 되는 소리라고 했다.

"빌어먹을! 상식이 통하지 않는 인간들입니다. 우리끼리 우리 길을 갑시다. 저 인간들하고는 도저히 한솥밥을 먹을 수 없습니다."

존슨은 불쾌한 얼굴로 자기 사무실로 돌아갔다. 별로 중요하지도 않다고 생각하는 문제에는 직접 끼어들고 싶지 않았다. 묘비 광고 왼쪽에 이름을 올리느냐 아니면 오른쪽에 이름을 올리느냐 하는 따위의 웃기지도 않는 사소한 문제로 협상이 깨질 수도 있다는 사실을 도저히 믿을 수 없었다. 사람들은 그를 따라 사무실로 들어서면서 왜 이렇게 일이 술술 풀리지 않느냐면서 불평했다. 존슨의 말투도 점차 험하게 바뀌었다.

"개떡 같은 소리야! 회사를 걱정하고 신경 쓰는 사람은 하나도 없잖아! 직원들은 어떻게 되든 신경도 안 쓰잖아! 젠장! 회사를 운영해야 할 거 아니냐고! 직원이 자그마치 14만 명이야, 이 사람들을 생각해야지! 잘 이끌고 나가야 할 거 아니냔 말이야!"

시간은 자꾸만 흘렀다. 그동안 존슨은 어떤 일이 일어나 주길 바랐다. 어떤 일이든 상관없었다. 협상이 깨지지 않는 일이면 뭐든 상관없었다. 협상이 깨지는 일은 절대 일어나지 말아야 했다. 이런 위기는 곧 아무 일 없었다는 듯 해소될 것이라 믿었다.

하지만 회의실 안에서는 사태가 빠르게 악화되었다. 크래비스가 계속 드렉설을 고집하는 한 함께할 수 없고, 그렇다면 당장 독자적으로 입찰 제안을 해야 한다는 데까지 의견이 모였다. 크래비스가 인수 가격으로 한 주에 90달러를 제안한 지 벌써 열흘이 지났지만 아직까지 경영진 쪽에서는 입찰 제안을 하지 않고 있다고 굿프렌드와 스트라우스가 말하면서 당장 92달러로 제안해야 한다고 주장했다. 다음은 스트라우스가 했던 말이다.

"우리가 입찰 제안을 해야 우리 존재가 분명해집니다. 입찰에 참가하는 구체적인 행동으로 우리 모습을 드러낼 필요가 있습니다."

가격을 얼마로 정할 것인가 하는 문제에 대해서는 코언이나 로빈슨 모두 아무런 반론을 제기하지 않았다. 그 자리에 있는 사람들 가운데 진지하게 문제 제기를 한 사람은 스티븐 골드스톤뿐이었다.

92달러의 전술은 업계 사람들에게 이른바 '엿 먹이는 입찰'로 통하는 것임을 골드스톤은 잘 알고 있었다. 코언과 굿프렌드는 크래비스에게 너무 화가 난 나머지 크래비스에게 물 먹이는 일만 생각했다. 골드스톤은 속으로 이들과 이들의 자존심에 저주를 퍼부었다.

골드스톤은 그 제안에 반대한다고 말했다. 발언하는 동안 그의 목소리는 점점 커졌다. 그는 경영진 쪽이 깜짝 놀랄 인수 가격을 제시할 것을 약속하며 경영진 쪽과의 합의 내용을 받아 달라고 특별위원회의 앳킨스를 줄곧 설득해 왔는데 달랑 2달러 더 올려서 가격을 제시하는 것은 말도 안 된다고 했다. 더욱이 일단 입찰 가격을 제시하면, 특별위원회를 활용할 수 있는 기회까지 함께 날아가 버린다고 했다. 앳킨스와 휴걸은 자기들이 경영진 진영의 코를 꿰고 있음을 알 것이고, 따라서 가능한 한 모든 걸 유리하게 이끌려 할 것이라고 했다.

"달랑 2달러 더 불러선 헨리를 쫓아내지 못합니다. 헨리는 절대 물러서지 않을 겁니다. 오히려 화를 북돋워서 더욱더 전투적으로 만들 겁니다. 92달러 입찰은 헨리의 꼭지가 돌게 만들고 특별위원회도 돌아서게 만들 뿐입니다. 우리가 현재 가지고 있는 전략적인 강점을 결과적으로 포기하는 행위가 될 뿐입니다."

굿프렌드는 골드스톤의 주장을 그다지 중요하게 받아들이지 않았고, 또 그런 식으로 발언했다. 로스 존슨이 수표를 발행하겠지만 그것은 살로먼과 시어슨의 통장에 든 돈이라고 굿프렌드는 주장하면서 쏘아붙였다.

"그건 당신 돈이 아니오, 알겠소? 우리는 이제 우리가 어떻게 나가야 할지 알고 있습니다."

몇 분 동안 골드스톤은 입찰 전략과 관련해 굿프렌드와 스트라우스를 상대로 뜨거운 논박을 주고받았다. 골드스톤은 이때 토밀슨 힐이라도 있으면 얼마나 좋을까 생각했다. 힐은 분명 자기를 거들고 나설 터였다. 하지만 그는 '필스버리'의 이사회에 참석하느라 미니애폴리스에 가 있었다. 마침내 골드스톤과 같은 법률 회사 소속의 파트너인 데니스 허시가 허리를 굽혀 골드스콘의 귀에 대고 소곤거렸다.

"열 받지 마요. 저 사람들은 이미 마음을 정했으니까. 당신이 저 사람들에게 법률 자문을 해 주는 거 아니잖아요."

골드스톤은 회의실을 빠져나와 존슨의 사무실로 가서 현재 진행되는 상황을 침을 튀겨 가며 설명했다. 그리고 사람들이 크래비스의 입찰에 대항하는 입찰을 준비한다는 말도 덧붙였다.

"아주 심각하고 또 심각한 실수입니다. 그렇게 되면 모두 상처를 입을 겁니다. 하지만 난 도저히 저 사람들을 막지 못하겠습니다. 내 말은 들으려고도 하지 않습니다. 나를 아주 원수 보듯 합니다."

골드스톤이 굿프렌드에 대해 계속 뭐라 말했고, 존슨은 그 말을 잠자코 듣기만 했다. 존슨은 그때까지도 심각하게 생각하지 않았다. 모든 협상은 뜨겁게 달구어지게 마련이고, 또 시간이 지나면 다 해결될 것이라고만 믿었다.

• ────◈◈◈──── •

11시가 다 된 시각. 로빈슨과 코언, 너스바움이 마지막으로 KKR 사무실로 내려갈 사절단으로 선정되었다. 세 사람은 크래비스의 사무실로 안내되었고, 로빈슨이 먼저 입을 열었다.

"우리는 당신이 협상에 성실하게 임해 준 것을 높이 평가합니다. 우리 양측은 합의를 이끌어 내려고 노력했습니다. 모든 사람이 열심히 했습니다. 하지만 해결할 수 없는 문제들이 있는 것 같습니다. 만일 당신이 입장을 바꾸지 못하겠다면, 더 이상의 논의는 무의미합니다. 각자 따로 자기 길을 갈 수밖에 없습니다."

크래비스는 당혹스러웠다.

"아침에 우리가 피터에게 제시한 방안에 대한 반응은 어땠습니까?"

로빈슨은 철두철미한 외교관이었다. 그래서 별 소용이 없었다는 말만 하고 자세한 내용은 이야기하지 않았다. 그리고 마지막으로 거대한 폭탄 하나를 떨어뜨렸다.

"우리는 독자적으로 입찰 가격을 제시할 겁니다. 당장 언론에 발표할 겁니다."

"뭐라고요?"

크래비스는 황당했다. 그로서는 아직도 협상이 진행되고 있다고 생각했던 것이다.

"왜요? 이유가 뭡니까?"

"우리는 이길 수도 있고 질 수도 있습니다. 하지만 우리가 진다면, 그건 아마도 우리가 우리 회사와 투자자들을 위한 최선의 선택을 했기 때문일 겁니다."

로빈슨 일행이 가고 나자 크래비스는 자리에서 벌떡 일어났다. 로버츠도 마찬가지였다. 로버츠는 얼굴을 잔뜩 구긴 채 투덜댔다.

"빌어먹을! 로스 존슨은 자기가 직접 내려와서 우리 얼굴을 보고 그런 말을 할 배짱도 없나 보지? 차라리 잘됐어, 저런 인간들하고 엮이지 않게 됐으니까 말이야. 협상해 봐야 나올 것도 없었어."

코언은 크래비스의 사무실에서 나온 뒤, KKR의 손님 대기실에서 48층으로 전화를 걸었다.

"당장 시작합시다."

그리고 몇 분 뒤 경영진이 RJR 나비스코를 한 주에 92달러에 인수하겠다고 나섰다는 소식이 〈다우존스뉴스서비스〉를 타고 보도되었다.

• ⎯⎯ ⟨⊙⊙⊙⟩ ⎯⎯ •

이 소식에 깜짝 놀란 사람은 크래비스만이 아니었다. 존슨은 거의 기절할 정도였다. 자기 사무실에 앉아 있던 존슨은 회의실에서 진행되는 논쟁이 순전히 관념적이라고만 생각했다. 골드스톤이 경고했음에도 불구하고 그는 진짜로 누군가 입찰 제안을 할 것이라곤 생각도 하지 못했다. 크래비스와의 협상이 거의 다 끝나 간다고 본 데다, 또 자기가 승인하지도 않은 상황에서 그런 일이 일어날 줄은 상상도 하지 못했던 것이다.

존슨은 〈다우존스뉴스서비스〉로 그 소식을 접하고는 골드스톤에게 대뜸 화부터 냈다.

"도대체 뭐요, 이게! 이런 멍청한 짓이 어디 있냐고! 협상이 다 깨져 버렸다면, 입찰하는 게 무슨 소용이 있냐 이거야! 인수 합병 동의서도 얻어내지 못할 텐데!"

크래비스의 화만 돋울 뿐이라는 게 존슨의 생각이었다.

린다 로빈슨이 48층으로 달려왔고, 정오경에 전화로 크래비스와 통화를 했다. 크래비스는 시퍼렇게 화가 나 있었다.

"그런 짓을 하다니 믿을 수가 없습니다. 좀 더 노력해 볼 수도 있었잖아요!"

크래비스는 몇 분 동안 계속 흥분해서 떠들었다. 그의 분노가 거침없이 쏟아졌다. 린다는 가만히 듣고 있을 수밖에 없었다. 그녀는 자기 진영 사람들이 한 행동이 당혹스러웠다. 짜증이 나기도 했다.

존슨은 국면이 그 지경으로 변하자 충격을 받고 사무실에 틀어박혀 나오지 않았다. 그는 굿프렌드나 코언을 상대로 얘기할 수도 없었다. 그들은 크래비스에게 한 방 먹인 걸 가지고 너무 좋아하고 있었다. 존슨은 크래비스와도 얘기할 수 없었다. 크래비스가 (존슨의 표현을 빌리자면) '성질을 싸질러 대고' 있었기 때문이다. 겨우 열일곱 시간 전에 그는 어렵게 크래비스를 협상 테이블로 불러들였다. 그는 스트라우스나 코언 혹은 월스트리트의 그 어떤 인물도 부르고 싶지 않았었다. 그렇게 했어야 옳았다. 모든 게 탐욕 때문에 망치고 말았다. 순수하고 또 단순한 탐욕이었다. 그런데 중요한 건 이게 전부가 아니라는 사실이었다. 함께 일하자고 부른 사람들이 존슨 자신에게는 물어보지도 않고 자기들끼리 제멋대로 200억 달러짜리 입찰을 진행하고 있었던 것이다. 저녁 시간에 번쩍거리는 턱시도 차림으로 의기양양하게 카지노에 들어갔다가 다음 날 아침 넝마 차림으로 쫓겨나는 사람이 있다면, 자신이 바로 그런 사람이라고 존슨은 생각했다. 자기 운명에 대한 결정권을 잃어버리고 만 것이었다. 최악의 상황이었다.

존슨이 침울하게 있는 모습을 보고, 골드스톤은 내키지 않지만 피터 앳킨스에게 전화를 걸어 자기들이 새로운 입찰을 냈다고 알렸다. 앳킨스는 스캐든 압스에서 특별위원회 회의를 하다가 나와서 전화를 받았다. 골드스톤은 자기 목소리에서 상대방이 불만의 감정을 찾아내지 못하도록 최대한 노력했다. 겨우 하루 전에 엄청나게 높은 가격을 제시하는 방안, 즉 '블록버스터'를 놓고 함께 얘기를 나눈 뒤 주당 92달러 제안을 했다는 사실을 알리기가 무척 부끄러웠다.

골드스톤은 그 소식에 앳킨스가 비록 아무렇지도 않은 듯 대꾸했지만 내심 깜짝 놀랐다는 사실을 그의 목소리로 간파할 수 있었다. 골드스톤은 일이 그렇게 된 상황을 설명하고 싶었지만, 분위기상 도저히 그렇게 할 수가 없었다. 말을 마치고 나자 잠시 동안 두 사람 사이에 어색한 침묵이 흘렀다. 앳킨스는 그런 낮은 가격에 대한 놀라움을 어떻게 다스릴지 몰라 나름대로 애쓴다는 걸 골드스톤은 알 수 있었다. 마침내 앳킨스가 입을 열었다.

"네, 잘 들었습니다."

존슨 쪽 사람들 가운데 92달러 입찰을 좋지 않게 생각하는 사람은 골드스톤만이 아니었다. 토밀슨 힐도 있었다. 그는 필스버리 이사회 회의를 하다가 잠시 나와서 코언의 전화를 받았는데, 이때 그 소식을 들었다. 그리고 한 말은 이것이었다.

"실수하신 겁니다."

이제 자기들은 경매장에 들어섰고, 경매장에서는 경매인이 모든 입찰자를 지배한다는 게 그의 생각이었다. 여러 달이 지난 뒤에 힐은 그때를 회상하면서 다음과 같이 말했다.

"우리가 일단 입찰 가격을 제시하고 나자, 이사회에서는 자기들이 이제 우리의 약점을 잡고 지배하게 되었다고 생각했죠. 물론 그건 틀린 생각이 아니었습니다."

얼마 뒤 48층에 있던 사람들은 모두 흩어졌다. 코언은 뉴욕증권거래소 이사회 회의에 참석하는 걸로 오후 시간을 보냈다. 스트라우스와 굿프렌드는 살로먼 고객들과 주말을 함께 보내기 위해 비행기를 타고 팜비치로 날아갔다. 존슨은 자기 사무실에서 꼼짝도 하지 않았다. 린다 로빈슨은 솔로 빌딩에서 나가기 전에 42층의 크래비스 사무실에 들렀다.

"우리가 뭔가를 해야 해요. 협상을 다시 원래 자리로 돌려놓아야 해요."

그러나 크래비스는 부정적이었다.

"어떻게 하면 협상이 다시 제자리로 돌아갈 수 있을지 모르겠네요."

크래비스는 모든 게 끝났다는 것을 사실로 받아들였다. 협상이 한창 진행되고 있는 와중에 피터 코언이 기관총을 뽑아 들고 난사한 것이나 다름없다면서, 이런 사람과 어떻게 협상을 할 수 있겠느냐고 했다.

"당신들은 독자적으로 입찰 제안을 했습니다. 이제 독자적으로 자기 갈 길을 가는 일만 남았습니다."

재무 관련 연구를 하는 건 프랭크 베너벤토의 천직이었다. 존슨과 세이지에게 재무 관련 자문을 하는 사람으로서 베너벤토는 숫자와 씨름하는 자기 일을 '재무 공학'이라고 즐겨 불렀다. 최근에 베너벤토는 월스트리트의 주요 자문 위원들의 수수료 구조를 연구했었다. 월스트리트에서 일반적으로 통용되는 백분율 수수료 구조에 따라, 그리고 거래에 참가한 투자은행가나 변호사가 받는 엄청난 수수료를 참고해 베너벤토는 자기가 받을 수수료를 계산했다.

그것은 2400만 달러나 되었다.

존슨은 까무러칠 뻔했다. 모든 사람들이 자기 몫을 챙기려 하고 있었다. 크래비스와 살로먼뿐 아니라 프랭크 베너벤토까지 엄청난 금액을 수수료로 원했던 것이다. 무려 2400만 달러나 되는 금액을…….

베너벤토가 그렇게 많은 돈을 받을 이유는 없다고 존슨은 생각했다. 원하는 게 있으면 무엇이든 회사 이름으로 사라고 하지 않았던가. 모든 게 다시 정상으로 돌아가면 이 문제도 처리해야겠다고 존슨은 생각했다.

금요일 아침, 존슨은 우울한 마음으로 뉴욕을 떠나 올버니 외곽에 있는 병원으로 갔다. 이날 오후 존슨은 의식 불명 상태에 빠져 있는 아들 곁에서 네 시간을 보냈다. 브루스 존슨의 상태는 웨스트체스터에서 올버니로 이송된 이후 심각하게 악화되었다. 체온이 올라간 것이었다. 웨스트체스터의 의사들은 괜찮아질 것이라고 말했지만, 올버니의 의사들은 환자를 옮기지 말았어야 했다고 말했다. 금요일 오후 존슨은 의사들과 이야기하며 한나절을 보냈지만, 사실 할 이야기는 그다지 많지 않았다.

사정은 크래비스도 비슷해서, 그 역시 아들과 함께 금요일을 보냈다. 매사추세츠에 있는 미들섹스고등학교에서 이날 어버이날 행사가 있었다. 크래비스는 이 행사에 참석하려고 자동차를 몰아 학교로 갔다. 그러고는 다시 시골집으로 돌아온 뒤에 밤새워 했던 협상의 나쁜 결과와 언론의 무차별적인 난사를 잊으려고 노력했다. 언론의 공격으로 그는 완전히 사면초가의 절박한 심정이었다. 이런 상황에 놓이다 보니 크래비스는 자기가 RJR 나비스코를 그토록 절실하게 원하는 것일까 하는 의문을 품었다.

'과연 사회에서 추방당하는 걸 감수하면서까지 RJR 나비스코를 차지해야 할 가치가 있을까?'

금요일 오후에 크래비스는 최악의 공격을 받았다. 이날의《비즈니스위크》표지 기사는 크래비스를 '헨리 국왕'이라고 불렀다. 그리고 본문에 실린 기사의 제목은 'KKR의 크래비스가 설령 RJR 나비스코의 싸움에서 이긴다 하더라도 몰락의 길을 걸어갈 수밖에 없는 이유'였다. 캐럴라인 롬은 이 기사를 7번가의 자기 사무실에서 보고 몸서리를 쳤다.

크래비스는 마치 아동 성폭행범 딱지가 붙은 사람처럼 반응했다. 자기 내면으로 침울하게 움츠러들었다. 롬은 주말 내내 그의 울적한 기분을 바꾸어 주려고 애썼다. 일부러 바보 같은 말을 하고 또 깔깔거리며 웃었지만 소용이 없었다. 심지어《비즈니스위크》의 표지를 포스터 크기로 확대해서 거실에 걸어 두자는 농담까지 했지만 아무 소용 없었다. 린다 로빈슨이 전화를 걸어 위로했다. 그래도 나아지지 않았다. 아무것도 소용이 없었다. 크래비스는 여전히 충격에서 벗어나지 못했다.

그런데 그가 최악의 상태에 빠져 있던 이 시기에 중요한 일이 일어났다. 이 일을 그가 제대로 파악했더라면 울적한 마음을 훌훌 털고 환하게 웃었을 것이다. 하지만 아직까지 그는 이 일을 알지 못했다. 일반 사람들의 정서가 빠르고도 강력하게 그의 편으로 돌아서고 있었던 것이다.

———— ✆ ————

숱한 논란에도 불구하고, 크래비스의 손으로 들어갔던 경영진 쪽과의 합의서 내용은 2주 동안 전혀 바뀌지 않았다.

굿프렌드가 '꼴사납다'고 불평했음에도 불구하고, 제임스 로빈슨이 수정을 제안했음에도 불구하고, 그리고 관련된 모든 사람들이 수정되어야 마땅하다고 동의했음에도 불구하고, 그 내용은 수정되지 않은 채 계속 유지되었다. 피터 코언으로서는 이보다 더 크게 걱정해야 할 거리들이 많았기 때문이었다. 그래서 코언은 이 내용의 수정과 관련된 책임을 잭 너스바움에게 미루었고, 너스바움은 이것을 다시 같은 회사의 동료에게 미루었다. 이 문제에 대한 협상은 성가실 뿐 아니라 무척 많은 시간이 걸릴 게 분명했고, 모든 사람이 크래비스와 싸우느라 정신없이 바빴기 때문이다.

굿프렌드는 경영진과의 합의 내용은 수정될 것이라는 다짐을 받았기 때문에 서두르지 않았다. 이런 내용을 주도적으로 정리했던, 법률 회사 데이비스 포크 소속의 존슨 변호사들도 전혀 서두르지 않았다. 흥미롭게도 스티븐 골드스톤은 이 수정 작업을 존슨에게 넘겼다. 이와 관련해서 골드스톤은 나중에 다음과 같이 말했다.

"로스는 세상을 알 만큼 아는 성인입니다. 로스도 그걸 포기해야 한다는 걸 알았죠. 그건 본인이 결정해야 할 일이었습니다."

이 합의 내용에 대한 일상적인 책임은 골드스톤의 조수인 조지 베이슨이 맡았다. 베이슨은 자기가 해야 하는 일은 존슨의 이익을 지키는 것이라 파악하고, 코언이 굿프렌드에게 뭐라고 약속을 했건 상관없이 그 내용을 신성불가침의 계명처럼 지키려고 했다. 살로먼이 인수 합병 대열에 참가한 뒤 한 주 동안 베이슨은 굿프렌드의 측근들에게 이를 인정하라고 끈질기게 성화를 해 댔다.

"아직도 서명 안 했습니까? 서명하셔야죠."

베이슨은 자기 뜻대로 되지 않자 골드스톤에게 불평했다.

"저 친구들은 우릴 엿 먹이고 있잖아요!"

베이슨의 성화에 짜증이 난 살로먼의 수석 법률 고문인 피터 대로 역시 골드스톤에게 불평을 터뜨렸다.

"당신이 데리고 있는 친구가 이걸 가지고 계속 나를 두들겨 대는 거 압니까? 그 사람은 그 내용이 수정되지 않을 거라고 믿나 보던데…… 아닙니다, 분명히 수정이 있을 겁니다."

골드스톤은 싸우는 데는 관심이 없었다. 그래서 이렇게 말했다.

"동의합니다."

기다렸다가 나중에 하자는 말이었다.

그러나 서둘러 수정하자는 사람도 많지는 않았지만 분명 있었다. 예를 들면 제임스 로빈슨과 린다 로빈슨이 그랬다. 이들은 세상의 이목에 가장 예리하게 촉각을 곤두세우고 있던 사람들이었다. 둘 다 그 합의서 내용이 존슨의 면전에서 터질 위험한 시한폭탄임을 알고 있었다. 하지만 내용 수정을 압박할 수 있는 사람들 가운데 하나였던 제임스 로빈슨은 그렇게 하지 않았다. 그 결과 아무 일도 일어나지 않았다. 경영진이 제시한 합의서 내용은 아무런 수정도 되지 않은 채 방치되었다. 그러다 마침내 금요일 오후, 이 시한폭탄이 터졌다.

린다 로빈슨이 전화를 받았다. 《뉴욕타임스》의 베테랑 기자 제임스 스턴골드였다. 그는 토요일자 신문에 경영진 쪽이 제시한 합의서 내용을 다루는 기사를 실으려고 준비하고 있었다. 그가 하는 말로 봐서는 경영진에 돌아갈 불로소득 20억 달러며, 여기에 대한 살로먼의 반대까지 모든 걸 다 아는 것 같았다. 린다 로빈슨은 이 문제를 공개적으로 드러내 놓고 처리하는 게 옳다고 판단했다. 하지만 언론을 경계하는 타입이었던 골드스톤이 그녀의 판단을 뒤집었다. 린다 로빈슨이 스턴골드가 전화했었다는 말을 미국의 경제 대통령이던 남편에게 전하자, 그는 단 한마디로 반응했다.

"좆 됐다."

———◆◇◆———

금요일 오후 늦은 시각, 피터 코언은 리무진을 타고 집으로 돌아가는 중이었다. 정말 길고 힘든 한 주였다. 하지만 평화 협상이 결렬되었음에도 불구하고 여전히 그는 존슨과 크래비스가 손을 잡을 수 있을 것이라는 희망을 가지고 있었다. 양 진영 사이에 영원히 해결될 수 없는 적대 관계는 없었다. 그리고 드렉셀과 살로먼 사이의 충돌로 평화 협상의 판 자체가 깨진다는 것도 말이 안 되었다.

코언은《뉴욕타임스》이야기를 전해 듣는 순간 즉각 보통 일이 아님을 깨달았다. 만일 관련 사실들이 세상에 알려진다면 출처는 단 한 군데뿐이었다. 코언은 곧바로 비티에게 전화를 걸었다.

"젠장! 어떻게 된 겁니까?"

"나도 잘 모르죠. 짚이는 데가 하나 있긴 합니다만……. 아무튼 내 입에서 나간 건 아닙니다."

"당신이 스턴골드한테 다 꼰질렀잖아!"(코언은 그때 말투가 전혀 격하지 않았다고 회상한다. 하지만 비티가 회상하는 내용은 그렇지 않다. 이 부분은 주로 비티가 회상한 내용을 바탕으로 구성했다.)

"피터, 난 아닙니다. 내가 그랬을 리가요. 그 사본은 내가 가지고 있어요. 지금, 서류 가방에요."

서류 가방은 비티의 발 옆에 열려 있었다.

"피터, 나는 모든 걸 통제하는 위치에 있지 않습니다. 헨리가 모든 걸 다 주무르는 거 알잖아요."

사실 크래비스는 목요일 오후에 자문을 해 주던 투자은행가들을 모아 놓고 회의를 했었는데, 이 자리에서 합의서 내용을 상세히 공개했다. 크래비스는 이들이 모두 입이 무거운 사람들이라곤 믿지 않았다. 하지만 이들도 내용을 알아야 할 것 같아서 이야기했던 것이다. 그런데 이들 가운데 한 사람이 기자에게 발설하고 말았다. 이것이 비티가 추정하는 내용이었다.

코언은 전화를 끊었다. 몹시 화가 났다. 그리고 불안했다. RJR 나비스코를 놓고 벌이는 싸움이 한층 격화되며 새로운 국면으로 치닫고 있었다. 그리고 순풍이던 바람도 서서히 역풍으로 바뀌고 있었다.

•————◦◉◦————•

금요일, 시어도어 포스트먼 진영도 수면 위로 나설 준비를 마쳤다. 처음에 휴걸의 특별위원회는 회사의 민감한 재무 관련 정보를 가장 강력한 경쟁자들에게 제공하는 것과 관련해서 매우 조심스러운 태도를 취했다. 그래서 포스트먼 진영을 환영하고 나서는 일에 갑자기 난색을 보였던 것이다. 하지만 제프 보이시가 끈질기게 매달린 끝에 상당한 결실을 이루어 냈다. 실사 과정에서 포스트먼 사람들이 검토하게 될 모든 서류들을 보안 수준에 따라 등급을 정하고 실사에 참가한 사람들 가운데 특정 인물들만 그 서류들을 보는 걸로 합의를 이끌어 냈던 것이다.

하지만 이 과정에서 무엇보다 중요하게 작용했던 것은, 존슨과 크래비스가 손잡을 경우 포스트먼 리틀이 대항마가 될 수 있다는 휴걸의 판단이었다. 휴걸은 존슨과 크래비스가 손을 잡을 것이라고 확신했다. 그렇게 되지 않을 것이라고 전망하는 게 오히려 이상할 정도였으니까. 아무튼 이들이 손잡을 경우, 포스트먼이 대항마로 존재해야 조금이라도 더 인수 가격을 높일 수 있다는 게 휴걸의 판단이었다.

물론 포스트먼은 자신이 입찰에 참가하는 것은 쉽지 않을 것임을 이사회에 분명히 밝혔다. 금요일 하루를 그는 라저드의 록펠러센터 사무실에서 컨소시엄 결성과 관련된 보도 자료 내용을 놓고 이사회와 협상하느라 보냈다. 이 과정에서 그는 자기 진영이 입찰에 이사회로부터 '초대'를 받는다는 표현이 들어가야 한다고 주장했다. 포스트먼이 백기사 자격을 얻을 수 있다면 더할 나위 없이 좋았다. 하지만 피터 앳킨스가 이런 제안을 거부했다. 이 사회는 중립을 지켜야 했기 때문이다. 이사회가 포스트먼에게 아무리 많은 것을 원한다 해도 포스트먼을 편드는 것으로 비치게 할 수는 없었기 때문이다.

하지만 포스트먼이 완강하게 고집을 부리자 마침내 앳킨스가 약한 모습을 보였다. '환영한다'는 표현을 쓰는 건 어떠냐고 앳킨스가 제안했고, 포스트먼은 동의했다. 이렇게 해서 RJR 나비스코 이사회는 포스트먼의 관심을 '환영'하게 되었다.

회의를 멈추고 잠시 쉬는 동안 포스트먼은 사무실로 전화를 걸었다가 제임스 로빈슨이 메시지를 남겼다는 사실을 알았다. 몇 분 뒤에 그는 로빈슨에게 전화를 걸었고, 곧 부드럽고 느린 조지아식 발음을 들을 수 있었다.

"테디, 내가 당신을 얼마나 존경하는지는 잘 알고 있을 겁니다. 당신은 당신 나름대로 사업을 하고, 나 역시 마찬가지입니다. 당신이 하는 사업을 내가 이래라저래라 말할 생각은 없습니다. 하지만 당신과 제프 보이시가 손잡고 뭔가를 추진한다는 소문이 도는데, 우리 쪽 사람들이 무척 불편해한다는 사실은 알고 있죠? 이런 사실을 깊이 알아주었으면 해서요."

완곡한 표현이었지만 코언이 굉장히 화가 났다는 메시지는 분명하게 파악할 수 있었다. 로빈슨이 계속해서 말을 이었다.

"이 사람들은 당신이 이번 거래와 관련해서 아무 일도 하지 않겠다고 말한 것으로 생각합니다. 관망자 입장에 선다는 데 당신이 동의했었다고 하더군요."

포스트먼은 우선 심호흡부터 했다.

"지미, 이건 매우 까다롭고 힘든 일입니다. 내가 정직한 사람이란 걸 아시리라 믿습니다."

포스트먼은 자기가 세 가지의 선택 방안, 즉 시어슨과 함께 가는 방안, 혼자 가는 방안, 물러서는 방안을 가지고 있다고 코언에게 강조했었다고 로빈슨에게 말했다.

"솔직히 말해서 나는 마지막 방안에 가장 많이 끌렸습니다. 툭툭 털고 잊어버리고 싶었죠. 하지만 지금은 어떻게 될지 나도 장담할 수 없습니다."

"그렇군요. 하지만 사이드라인에 서 있겠다고 분명히 말씀하지 않았습니까?"

포스트먼은 '사이드라인'이라는 표현을 어떤 의미로 썼는지 설명하려고 애썼다. 하지만 그래 봐야 아무 소용이 없다는 걸 알았다.

"짐, 앞으로 우리가 어떻게 할지 현재로서는 잘 모릅니다. 만일 우리가 행동에 나선다면 가장 먼저 알려 드리죠."

두 시간 뒤 포스트먼은 다시 로빈슨에게 전화했다. 그리고 컨소시엄을 구성해 입찰 제안을 한다는 내용의 보도 자료를 읽어 주었다. 그러자 로빈슨은 껄껄 웃었다.

"야단났네요. 내 전화에 불이 나겠군요."

로빈슨으로서는 뭐라 할 말이 없었다. 두 사람 다 서로에게 행운을 빌었다.

"행운이 함께하기를 빕니다."

"예, 행운을 빕니다."

·———⚬⚬⚬———·

존슨은 애틀랜타의 집에서 토요일 늦게까지 잠을 잤다. 그리고 오전 늦은 시각에 《뉴욕타임스》를 집어 들고 경제면을 훑었다. 곧 그의 시선은 하단의 왼쪽에 난 기사에 고정되었다. 기사 제목은 다음과 같았다.

'나비스코 경영진이 인수 합병 과정에서 막대한 이익을 챙긴다.'

합의서 내용이 탐욕의 상징이라고 말들이 많았지만 존슨은 한 번도 그런 생각을 해 본 적이 없었다. 그래서 그런 기사 제목이 황당하기만 할 뿐이었다. 기사는 경영진이 손에 넣을 수익은 20억 달러나 된다고 적었다. 하지만 존슨은 이 수치가 터무니없다고 여겼다. 모든 인센티브가 다 충족되면 그렇게 될 수도 있었지만, 주당 인수 가격을 92달러로 제시해 놓은 지금 상황에서는 도저히 있을 수 없는 수치였다. 게다가 그 합의서 내용이 수정될 것이라는 건 모두가 다 아는 사실이었다.

"이런 말도 안 되는 개소리가 어딨어?"

존슨은 큰 소리로 말했다. 도대체 누가 이걸 믿겠어? 어떤 골 빈 인간이 믿겠냐고……

존슨은 코네티컷에 있는 로빈슨 부부에게 전화를 걸었다.

"제정신이 있는 사람이라면 이런 개소리를 믿지 않을 겁니다. 개떡 같은 소리잖아요."

린다 로빈슨은 기사가 존슨이 생각하는 것만큼 크게 빗나갔다고는 생각하지 않았다. 하지만 이런 자기 생각을 존슨에게는 말하지 않았다.

"로스, 이건 오해에서 비롯된 단순한 문제가 아니에요."

그녀는 자신들에게 부닥친 문제가 얼마나 거대하고 엄청난 것인지 존슨이 제대로 이해할 수 있게 해 줘야 했다.

"이건 실제 사실에 입각한 문제예요. 당신은 이해를 못 하고 있어요. 그냥 아무 일도 아닌 것처럼 무시할 수가 없어요. 이것 때문에 모든 일이 수포로 돌아갈 수도 있다고요."

그날 존슨의 전화는 불이 났다. 앤드루 세이지도 일찍부터 전화를 했다. 세이지는 그 합의서를 설계한 인물이었다. 세이지는 문제의 기사를 읽었지만 대수롭지 않게 여겼다.

"전부 추측해서 쓴 거잖아요. 누가 그걸 진짜로 받아들이겠습니까?"

세이지는 은행 상황에 대해 이야기하고 싶었다. 시어슨이 은행권의 자금 모집을 제대로 잘 해내지 못할 것이라고 걱정했다.

"내가 해도 그 친구들보다는 잘할 것 같습니다. 그들이 잘 해낼 것이라는 생각이 들지 않습니다."

그건 존슨이 듣고자 했던 말이었다. 존슨의 눈에 파트너인 시어슨과 살로먼의 한계가 뚜렷하게 보이기 시작했던 것이다.

"조지와 헨리가 하는 걸 보고 또 듣고 나니까 우리가 조금 처진다는 생각이 든단 말이야……."

•————∞∞∞————•

같은 날 아침, 코네티컷 집에서 《뉴욕타임스》의 기사를 읽은 찰스 휴걸 역시 수많은 전화를 받았다. 전화를 건 사람들은 이사들이었고, 이들은 존슨에게 해명을 들어야 한다고 요구했다. 만일 기사 내용이 사실이라면 이사진들은 그 내용에 대해 여태 아무것도 모르는 바보인 셈이었다. 휴걸은 비록 그 기사의 신빙성을 의심했지만 의아하긴 다른 사람들과 마찬가지였다. 그래서 애틀랜타에 있던 존슨에게 전화했다.

"오, 찰리, 개소리입니다. 한마디도 믿지 마십시오."

두 사람은 잠시 기사가 사실과 동떨어진 것이라는 내용으로 대화를 나누었다. 그러다가 휴걸이 존슨에게 요청했다.

"나한테 확인서를 보내 주겠소? 전화들을 워낙 해 대서 말입니다."

존슨은 그러겠다고 했다. 다음 날 골드스톤은 존슨이 휴걸 앞으로 보내는 확인서를 작성했다. 이 확인서에 존슨이 서명했다. 확인서는 다음과 같이 시작되었다.

토요일자《뉴욕타임스》는 나와 경영진에 속하는 다수 중역들이 우리가 추진하는 인수 합병을 통해 막대한 수익을 올린다고 했지만 이것은 정확하지 않은 내용입니다. 이 기사 내용은 사실과 다르며, 나는 이와 관련된 오해가 바로잡히길 바랍니다.

계속해서 존슨은 자기들이 받을 보상은 LBO에서는 언제나 있는 것이라고 주장했다. 더 나아가 LBO를 추진하는 주체가 받을 지분 가운데 상당 부분이 수많은 직원들에게 돌아갈 것이라고 했다.

지분 할당 문제에 관해서 재무 관련 파트너들과 합의했을 때, 나는 뉴욕 그리고 윈스턴살렘에 있는 우리 변호사들에게 이 주식을 직원들에게 나누어 줄 수 있는 방안을 연구하라고 지시했습니다. 그리고 현재 이 변호사들은 이와 관련된 작업을 활발히 진행하고 있습니다.

찰스 휴걸은 존슨의 편지를 주의 깊게 읽었다. 휴걸은 3주 동안 존슨과 대화를 해 왔지만, 직원들이 주식을 받게 될 것이라는 말은 처음 들었다. 불과 하루 전에도 존슨은 그런 말을 하지 않았던 것이다.
휴걸은 로스 존슨이 거짓말을 한다고 생각했다.

《뉴욕타임스》의 기사 가운데 가장 놀라운 것은 경영진이 제시한 합의서에 살로먼이 불만을 품고 있다는 내용이었다. 굿프렌드는 토요일에 존슨에게 전화를 걸어 이런 사실을 부인하면서 살로먼의 중역들 가운데 그 기자와 직접적으로나 간접적으로 대화를 나눈 사람은 한 사람도 없다고 했다.
"글쎄요 조니, 어딘가에 밀고자가 숨어 있나 보죠."

존슨은 그 문제를 그냥 그렇게 두었다. 그 문제를 놓고 전면적인 대결을 벌일 준비가 되어 있지 않았기 때문이다.

하지만 스티븐 골드스톤은 존슨과 달랐다. 살로먼이 불만을 품고 있다는 내용에 골드스톤은 엄청나게 화가 났다. 그의 머리를 스친 첫 번째 생각은, 살로먼이 합의서 내용을 바꾸기 위한 방편으로 일부러 이 합의서를 유출시켰다는 것이었다. 하지만 골드스톤은 이런 생각을 곧 지웠다(골드스톤은 나중에 다음과 같이 말했다. "만일 살로먼이 정말 이런 일을 꾸몄다고 생각했다면, 아마 나는 양손에 칼을 들고 또 허리춤에도 칼을 차고 살로먼으로 쳐들어가서 그 사람들을 처단했을 겁니다, 나 혼자서라도 말입니다."). 굿프렌드가 그 정도로 어리석지는 않다는 게 그의 판단이었다.

그날 오후에 골드스톤은 코언에게 불만을 토로했다.

"우리는 샐리(살로먼의 애칭)와 입을 맞추어야 합니다. 만일 기존에 설정했던 어떤 것을 바꾸어야 할 때는 연락을 취해 서로 잘 알도록 합시다. 같은 진영에 속한 회사들이 각기 다른 말을 낼 경우, 우리 진영이 심각하게 분열을 일으키는 것으로 비칠 겁니다. 이렇게 되면 안 됩니다. 우린 망합니다."

코언은 살로먼은 아무 문제가 되지 않을 것이라고 주장했다. 하지만 골드스톤은 그 점에 대해서는 확신이 서지 않았다. 나중에 그는 자기가 코언에게 보내려고 생각하고 있던 편지를 조지 베이슨이 대신(즉 조지 베이슨의 이름으로) 보내게 했다.

친애하는 피터.

최근의 여러 언론 보도들에서 경영진의 금융 파트너들이 로스와 우리 모두가 합의한 합의서 초안을 전폭적으로 지지하지 않는다고 주장합니다. 그 바람에 우리의 격정은 점점 커지고 있습니다. 로스와 그의 중역들은 당신과 톰(스트라우스)이 확실히 보장했기 때문에 기사 내용이 사실과 다르다고 확신하고 있습니다. 하지만 그럼에도 불구하고 온갖 소문들이 계속 신문에 오르내리고 있어 우리 모두에게 피해를 주고 있습니다. 이런 상황을 맞아 나는 시어슨과 살로먼 모두 각자 현재 확인된 내용을 찬성하고 지지한다는 간략한 확인서를 작성해 주기를 부탁드립니다. 아울러 새로운 제안 사항이 있을 때는 기존의 사항들은 얼마든지 논의의 대상이 될 수 있다고 우리 모두 알고 있음을 확인합니다.

조지 R. 베이슨 주니어

토요일에 시어도어 포스트먼은 자신들이 새로운 입찰자로 나선다는 사실을 공식적으로 알리려고 존슨에게 연락을 취했지만 연결이 되지 않았다. 그래서 마지막으로 코네티컷에 있던 제임스 로빈슨에게 연락했다.

"짐, 로스와 통화하고 싶은데, 로스의 모든 전화번호를 다 갖고 있지 않아서 말입니다. 내가 통화하고 싶다고 로스에게 좀 전해 주겠습니까?"

"당신이 직접 먼저 전화해야 합니다."

로빈슨은 기분이 좋은 듯했다.

"그럼요, 당연히 그래야죠."

로빈슨은 포스트먼 중심의 새로운 집단에 대해 언급하면서 다음과 같이 말했다.

"우리와 함께할 수 있습니까, 테드? 그러니까 다시 한 번 시도해 볼 수 있는가 이 말입니다. 가능하겠습니까?"

어떤 생각 하나가 포스트먼의 뇌리를 스쳤다. 존슨이 자기들과 손잡을 수 있지 않을까? 이렇게 된다면 시어슨도 어떤 역할을 할 수 있다. 포스트먼 리틀을 억지로 시어슨의 구조 안으로 밀어 넣는 대신, 포스트먼 리틀이 '진짜 돈'을 가지고 하는 거래에 시어슨의 자리를 마련할 수도 있지 않을까?

"물론이죠. 얼마든지 가능합니다. 전혀 문제없습니다. 그런데 포스트먼리틀의 방식대로 해야 합니다. 정크 본드 없이 말입니다. 무슨 말인지 아시죠? 엿 같은 건 빼고 하잔 말입니다. 그렇게만 된다면 얼마든지 함께할 수 있습니다."

로빈슨은 포스트먼에게 존슨의 전화번호를 가르쳐 주었다. 그리고 존슨은 토요일 오후에 포스트먼이 남긴 메시지를 보고 전화를 했다. 먼저 포스트먼이 시작했다.

"로스, 우선 내가 지금 하려는 게 전적으로 허용되는 일이란 사실을 이해해 주기 바랍니다. 그동안 있었던 진짜 일들을 알려 주고 싶었어요. 근데 그동안 당신을 볼 수가 없었습니다. 젠장, 당신과 이야기를 할 수 없었단 말입니다."

존슨은《뉴욕타임스》이야기를 꺼냈다.

"내가 하려는 거래가 언론에 새 버렸습니다. 테드, 당신은 여기에 대해 아는 게 없겠죠?"

포스트먼은 존슨이 무엇을 궁금해하는지 놓치지 않았다.

"로스, 나는 아무것도 하지 않았습니다. 약속합니다. 그따위 짓거리를 난 싫어하잖아요. 치사하고 더러운 짓거리 말입니다."

"그럼요, 압니다. 만일 크래비스가 그랬다면, 그에게 어떻게 해야 할지 나도 방법이 있습니다."

포스트먼은 자기를 중심으로 해서 묶인 컨소시엄으로 화제를 돌렸다.

"로스, 나는 우리 집단이 이 거래에서 최고라고 생각합니다. 우리는 당신들과 같은 부류입니다. 내가 어디에서 돈을 마련하는지 알잖아요. GM, IBM, GE……."

그러자 존슨이 GE와 IBM의 최고경영자 이름을 들먹였다.

"예, 잭 웰치, 존 에이커스……. 그 사람들과 가끔 골프를 칩니다."

"당신이 정크 본드 친구들과 함께 가는 걸 비난하진 않겠습니다만, 내가 하는 거래에서 정크 본드는 없습니다. 가짜 돈은 다루지 않는단 말입니다."

그러자 존슨이 웃었다.

"내 포트폴리오에도 정크 본드는 한 푼도 없습니다."

존슨의 반응이 호의적으로 들렸던 터라 포스트먼은 한껏 고무되었다.

"그런데…… 짐이 우리가 함께 손잡을 수 있을지를 묻더군요. 할 수 있다고 했죠. 나는 누구의 손이든 뿌리칠 생각은 없습니다. 가짜 돈을 가지고 설치지만 않는다면 말입니다. 우리의 명성은 그렇게 해서 쌓은 겁니다."

"그야 나도 잘 알고 있습니다."

"로스, 내가 말하는 걸 진지하게 고려해야 합니다. 지미하고 얘기해 봐요. 지미는 솔직한 사람입니다. 그가 당신에게 말해 줄 겁니다. 만일 우리가 손을 잡으면, 굉장할 겁니다. 이 일을 가능하게 할 수 있는 열쇠는 당신이 쥐고 있습니다. 함께할 수 있기를 기대하겠습니다."

"생각을 좀 해 보죠."

포스트먼은 마지막으로 개인적인 정서까지 동원했다.

"아들 일은 안됐습니다. 뭐라고 위로할 말이 없네요."

존슨은 고맙다고 했다. 그러자 포스트먼이 다시 말을 이었다.

"알죠? 이 일 이후에도 우리는 함께할 수 있습니다. RJR 나비스코를 인수하는 일보다 더 중요한 일들은 많으니까요."

"맞습니다."

"우리가 친구로 계속 남는다는 게 중요합니다."

"그럼요."

하지만 존슨은 시어도어 포스트먼의 새로운 집단과 힘을 합할 의도가 전혀 없었다. 그는 그 집단을 '다리 다섯 개의 코끼리'라고 불렀다. 존슨의 생각으로는 포스트먼이 이 싸움에서 이길 가능성은 거의 없었다.

• ——— ◦◦◦ ——— •

일요일에는 다들 쉬었다. 존슨은 애틀랜타에서 신문을 수북이 쌓아 놓고는 텔레비전으로 미식축구와 골프를 보았다. 헨리 크래비스는 코네티컷에서 침울한 기분으로 RJR 나비스코의 이사회에서 《뉴욕타임스》 기자에게 정보를 흘린 게 아닐까 하고 생각했다. 크래비스는 포스트먼 중심의 새로운 집단은 거들떠보지도 않았다. 경험상으로 볼 때 컨소시엄은 구조적으로 너무 성가셔서 인수 합병 싸움의 승자가 될 수 없었기 때문이다. 그리고 피터 코언은 뉴저지에서 아들을 데리고 뉴욕 자이언츠 경기를 보러 메도랜즈 경기장으로 갔다. 그런데 이날 경기장에 아들과 함께 온 아버지 가운데 네 쿼터 동안 내리 잠을 잔 사람은 아마 코언밖에 없었을 것이다.

그날 저녁, 한 무리의 투자은행가들과 변호사들이 5번가에 있는 코언의 아파트에 모였다. 다음 주에 구사할 전략을 짜기 위해서였다. 코언은 제프 보이시와 시어도어 포스트먼 때문에 무척 화가 나 있었다. 독자적으로 RJR 나비스코 인수에 뛰어들지 않겠다고 몇 번씩 다짐해 놓고 결국 말을 뒤집었기 때문이다. 법정 소송 가능성도 따져 보았지만, 그 방안은 폐기했다. 잭 너스바움이 불쾌하게 생각한다는 이쪽의 심정을 편지로 써서 보내자고 제안했다. 골드스톤과 피터 대로는 별 의미가 없다고 했다. 그러나 코언은 반드시 호된 대가를 치르게 할 참이었다.

• ——— ◦◦◦ ——— •

일요일 저녁에 시어도어 포스트먼은 이스트리버 옆 아파트에서 한때 이탈리아 테니스 국가 대표팀에 고용되어 일하기도 했던 마사지사로부터 격렬한 마사지를 받았다. 마사지를 받는 동안 몇 차례 전화가 걸려 왔다. 전화를 건 사람은 홍보 분야 자문을 맡고 있는 사외 고문 데이비스 웨인스톡이었다. 그는 기자들의 적대적인 질문 톤으로 볼 때, 시어슨이 포스트먼 리틀을 대단히 불쾌하게 여기는 게 틀림없다고 말했다.

"이 사람들은 당신이 뭔가를 했다고 주장하는데, 나는 그게 뭔지 모르겠습니다."

포스트먼은 잠시 생각에 잠겼다. 경영진이 제시한 합의서 초안을 누설했다고 비난하는 게 분명했다.

'만일 크래비스 개자식이 그게 다 내가 한 짓이라고 사람들이 믿게 만들어 버린다면……?'

웨인스톡의 전화를 받으려고 몸을 일으킬 때마다 마사지사는 난처하다는 표정을 지었다.

"자꾸 일어나시면 마사지를 해 드릴 수가 없잖아요."

"마우리시오, 그건 나도 알아요. 마사지의 문제지. 하지만 나는 그 문제보다 훨씬 더 크고 심각한 문제를 처리해야 한단 말이오."

마침내 포스트먼은 실제로 어떤 일이 있었는지, 그 비밀 사항을 누가 언론에 누출시켰는지 알아내기로 마음먹었다. 그러고는 애틀랜타에 있는 존슨에게 전화를 걸었다. 로리 존슨이 전화를 받았다.

"안녕하세요, 로리. 시어도어 포스트먼입니다."

"어머 테드, 잘 지내시죠?"

진심으로 반기는 눈치였다.

"예, 그럼요. 잘 지냅니다. 로스 있습니까?"

"전화 회의를 하는 중이에요."

"30초면 되는데……, 전화 좀 받으라고 해 줄래요?"

로리는 수화기를 내려놓고 잠시 후에 다시 돌아왔다.

"회의가 끝나는 대로 전화를 드리겠다고 하네요."

"알겠습니다."

전화를 끊기 전에 로리가 한마디 더 했다.

"거기 날씨는 어때요?"

날씨 이야기는 바로 디프데일 골프장의 그린 이야기로 옮겨 갔다. 두 사람은 거의 10분 가까이 수다를 떨었는데, 포스트먼은 수화기를 내려놓으면서 존슨은 참 멋진 아내를 잘 얻었다는 생각을 했다.

로리가 포스트먼과 수다를 떠는 동안 그녀의 남편은 다른 회선으로 코언 및 골드스톤과 전화 회의를 했다. 두 사람 다 포스트먼이 전화했다는 사실에 깜짝 놀랐다. 그것이 의미하는 바는 하나밖에 없었다. 크래비스가 그랬던 것처럼 존슨을 자기편으로 만들겠다는 의도였다. 두 사람이 우려할 만했다.

"피터, 난 당신 편이오. 당신이 바라지 않는다면 그 어떤 사람과도 협력하지 않을 겁니다."

"그럼 우리가 테드에게 전화를 걸어 그런 의사를 전달할까요?"

골드스톤이었다. 그는 존슨이 포스트먼을 단호하게 쳐 내지 못할까 봐 걱정스러웠다.

"그러죠 뭐. 여러분이 최선이라고 생각하는 방식대로 처리해요."

골드스톤은 곧바로 동안의 조수 베이슨에게 전화를 걸어 일을 맡겼다.

그로부터 30분 뒤 시어도어 포스트먼의 전화가 요란하게 울렸다. 포스트먼은 존슨이 건 전화라고 생각했다. 그는 이미 존슨에게 할 말을 준비해 두고 있었다.

'로스, 분명히 확인해 둘 게 있습니다. 나는 이번의 더러운 기밀 누설에 대해 아무 관련이 없습니다. 우리는 그따위 더러운 짓거리를 좋아하지 않습니다. 나도 끔찍하게 생각합니다.'

하지만 수화기를 들었을 때 거기에서 들리는 목소리는 낯설었다. 그 목소리는 전화를 받은 사람이 시어도어 포스트먼임을 확인한 뒤 다음과 같이 말했다.

"저는 데이비스 포크 앤드 워드웰이라는 법률 회사의 조지 베이슨입니다. 우리는 존슨 씨 부부를 대변하며, 우리 고객을 더 이상 성가시게 하지 말라고 통고를 드리는 바입니다. 당신은 존슨 씨 부부의 집에 전화를 걸어 두 사람을 부담스럽게 하고 있습니다. 앞으로 존슨 씨에게는 직접 전화를 거실 수 없습니다. 용건이 있으면 반드시 저를 거치셔야 합니다."

포스트먼은 깜짝 놀랐다. 하지만 이내 사태를 파악하고 쏘아붙였다.

"난 댁이 누군지 몰라요. 하지만 이 말은 해야겠소. 나는 존슨 씨에게 얘기하려고 전화했는데 그렇게 하지는 못했고, 대신 존슨 부인과 골프와 골프장을 화제로 이야기를 나누었소. 그 골프장은 내가 이사진에 이름을 올리고 있는 곳이고, 또한 내가 로스 존슨을 소개해서 회원으로 이름을 올린 곳이오. 그리고 어제는 짐 로빈슨이 나에게 존슨에게 전화를 걸라고 요청했고, 그 요청에 따라 나는 어제 존슨과 통화를 하기도 했소."

포스트먼의 말은 계속 이어졌다. 피터 코언과 그가 피우던 시가, 헨리 크래비스, 변호사들, 그리고 정크 본드 등에 대한 불만과 반감이 한꺼번에 부글부글 끓어올랐다.

"또 하나 이야기를 더 하리다. 나는 이따위 가소로운 일을 누가 꾸몄는지 잘 아는 만큼 변호사에 대해서도 충분히 잘 알고 있소. 이건 로스 존슨이 지시한 일이 아니오. 그래 맞아, 이제 보니 변호사들이 다 접수했군. 맙소사!

12장 끝내 결렬된 200억 달러짜리 평화 협정

이러니 세상이 똑바로 돌아갈 수가 있나. 댁 같은 시시한 인간들이 되지도 않는 음모나 꾸며 대지."

하지만 그러고도 포스트먼은 성이 차지 않았다.

"나는 이런 행위가 대단히 무례하다고 생각하오. 분명히 말하지만, 이번 일이 끝난 뒤에 존슨 부부와 무릎을 맞대고 앉아 댁이나 댁 뒤에서 이 일을 시킨 사람들이 얼마나 무례하게 굴었는지 밝힐 거요."

거기까지 말하고는 전화를 끊었다.

13장

이사회가 전면에 나서고
언론은 집중포화를 퍼붓다

*
*
*

11월 7일 월요일 아침, RJR 나비스코의 이사들이 스캐든 압스에 모였다. 이들은 모두 언짢았다. 3주 동안 로스 존슨이 200억 달러짜리 서커스판으로 자신들을 이끌고 들어가는 광경을 바라보며 마음속에서 공포가 점차 커지는 걸 경험했기 때문이다. 또 이들 가운데 많은 사람들은 이런 일이 벌어지도록 방기한 자기 자신이 바보였다고 자책하기도 했다. 경영진 쪽의 합의서 초안 내용이 드러나자 이사들은 대부분 경악했다. 그리고 월요일이 되면서 이사회 내부에서 반反존슨 정서가 빠르게 형성되었다. 스티븐 골드스톤이 옳았다. 이사들은 이제 더 이상 존슨의 친구들이 아니었다. 존슨의 편을 들어 줄 생각이 없었다. 그뿐 아니라 자기들을 대중적인 분노의 표적으로 만든 존슨에게 악감정까지 품게 되었다.

버넌 조던을 비롯한 여러 명은 합의서의 자세한 내용을 접하고는 화들짝 놀라 주말 동안에 찰스 휴걸에게 전화까지 했다. 존 매콤버는 도덕적인 점에서 상당히 불쾌하다며 침을 튀겨 가면서 말했다.

"너무 상스러워요……. 너무 부적절해요……."

휴걸은 마틴 데이비스에게 직접 전화했다.

"《뉴욕타임스》 봤습니까?"

데이비스는 아직 보지 않았다. 하지만 가까이에 그 신문이 있어, 그 자리에서 문제의 기사를 읽었다. 그리고 분개했다.

'젠장, 빌어먹을!'

"믿을 수 있겠습니까? 이렇게 끔찍할 수가 있습니까? 그 사람은 잘못되었다고, 사실이 아니라고 합니다만, 글쎄요 나는 모르겠습니다."

존슨의 비밀 협약은 회사 직원과 주주 사이에 존재하던 반 존슨 정서를 이미 감지하고 있던 이사회에 결정타가 되었다. 이런 정서는 언론에도 퍼져 있었다. 그리고 언론은 조만간에 지축을 흔들 만큼 큰 소리로 존슨을 규탄하게 될 터였다.

존슨을 때리는 신문 기사들이 줄지어 나왔다. 5250만 달러의 '황금 낙하산', 우호적인 RJR 중역들에게 나누어 준 5000만 달러 가치의 '양도제한조건부주식' 52만 6000주, 존슨 자신은 어떤 경우에도 결코 손해 보지 않도록 설정한 상황 등이 그런 내용들이었다. 설상가상으로 언론은, 이사 각각이 모두 1500주씩 받은 양도제한조건부주식과, 컨설팅 계약을 통해 이사들이 받기로 되어 있는 두둑한 컨설팅 수수료 등 존슨이 이사회에 부여한 온갖 혜택까지 포착했다. 겉으로 볼 때 너무나 분명한 존슨의 엄청난 탐욕과 RJR 나비스코 인수를 둘러싼 입찰자들 사이의 추잡한 다툼 때문에, 그렇지 않아도 연이어 일어나는 인수 합병 사태가 빚어내는 불안정한 환경에 진저리를 치던 미국 사회는 크게 요동쳤다. 사실 RJR 나비스코의 LBO 이야기가 처음 나올 때부터, 존슨에 반대하고 LBO에 반대하는 우편물들이 휴걸 앞으로 쇄도했었다.

담배 사업 부문의 중견 노동자는 다음과 같이 썼다.

이것은 '내부자' 거래의 궁극적인 결과입니다. 이 내부자 집단에 RJR 나비스코 회사의 향후 경영이 위탁되었습니다. 그에 대한 답례로 우리는 거짓말을 들어야 하고, 속임을 당해야 하고, 또 이용되어야 합니다. 우리에게 거짓말을 하고 우리를 속이고 이용하는 주체는 자기들의 이익만을 좇는 소규모의 내부자 집단입니다. 내가 보기에 로스 존슨이 하는 일은 무장 강도 행위와 전혀 다를 바 없습니다. 딱 하나 다른 게 있다면, 사람들이 자신의 이익을 위해서 존슨을 좇아낼 것이라는 사실입니다.

이외에도 많은 편지들이 존슨과 전체 경영진을 깡그리 해고해야 한다고 청원했다. 그리고 윈스턴살렘의 한 기업가는 다음과 같이 썼다.

"여하튼 이 세상에는 주가보다 더 소중한 가치가 있어야 합니다."

존슨에 대한 분노와 반감은 RJR 나비스코 내부에 한정되지 않았다. 예를 들어 내슈빌의 한 주주는 다음과 같이 썼다.

"개 호로새끼들의 탐욕이 회사나 직원 혹은 주주의 이익을 진심으로 돌아볼 리 없습니다. 할 수 있다면, 싸워서 쫓아내 버리십시오!"

또 보스턴에서는 이런 내용의 편지가 왔다.

이 사람들이 현재 자리에 있는 동안 주주의 이익을 대변하기 위해 한 일이 도대체 무엇입니까? 온갖 것들을 조작해서 자기 호주머니에 회사 돈을 빼돌리는 짓 말고는 아무것도 한 게 없습니다. 윈스턴살렘에서 지역 공동체를 위해 무엇을 했습니까? 지역 공동체에 내리고 있던 회사의 뿌리를 뽑은 것밖에 더 있습니까? 공장을 짓고 더 많은 사람들을 고용하고 훈련시켜 더 질 좋고 값싼 제품을 소비자에게 제공하기 위해 이들이 한 일이 뭐가 있습니까?

이사들은 스미스 베이글리가 보낸 편지를 받았다. 레이놀즈 가문의 성난 상속인은 '이사회의 몇몇 이사들과 존슨의 밀접한 관계'를 고려할 때 과연 이사회 산하의 특별위원회가 진정으로 주주의 이익을 지켜낼 수 있을지 의심스럽다고 문제를 제기하며, 회사의 인수 합병 과정이 공정하게 진행될 수 있도록 심판 역할을 할 특별위원단을 만들라고 요구했다. 베이글리의 주장은 비록 실현되지 않았지만, 편지가 언론에 공개되면서 존슨과 이사회에 대한 압력을 한 단계 더 높이는 역할을 했다.

파장은 전국적인 차원으로 확대되었다. RJR 나비스코를 둘러싼 싸움은 LBO로 인해 기업이 떠안게 될 부채의 위험성을 주제로 하는 새로운 논쟁을 촉발했다. 인수 합병 전문 변호사로 유명한 마틴 립턴은 고객들에게 보내는 편지에서 다음과 같이 경고했다.

우리나라는 지금 눈을 감은 채 낭떠러지를 향해 질주하고 있습니다. 튤립 버블[†]이나 사우스 시 버블[‡] 혹은 피라미드 투자 신탁이나 과거 모든 금융 부문의 광포함이 그랬던 것처럼, 결국엔 추락이라는 참담한 결말을 맞을 것입니다.

연방준비제도이사회의 앨런 그린스펀 의장도 LBO 대출이 경기 후퇴기에 어떻게 될지 은행들이 심각하게 재고하도록 하라고 의회에 촉구했다.

11월 중순, 업계의 주요 보험 회사인 메트로폴리탄 생명보험과 ITT의 하트퍼드 보험이 하루 차이로 연이어 RJR 나비스코를 고소했다. 두 회사가 가지고 있던 RJR 채권이 주가가 오르면서 곤두박질쳤던 것이다. 이와 관련

[†] 17세기 네덜란드에서 고급 저택 한 채 값이던 튤립 가격에 거품이 빠지면서 경제 공황이 발생했다.

[‡] 18세기 초 영국 사우스 시South sea 회사의 주식을 둘러싼 투기 사건.

해 메트로폴리탄 생명보험의 최고경영자 존 그리던은 다음과 같이 말했다.

"채권을 가지고 있던 사람들이 손해를 본 만큼 RJR 나비스코의 경영진과 LBO를 추진하는 사람들은 부당하게 이득을 보았다."

연방준비제도이사회 의장을 역임했던 폴 볼커는 이 발언을 환영하며 한마디로 '브라보!'라고 말했다. 그리고 ITT의 회장 랜드 애러스코그도 LBO가 일반적으로 '비윤리적'이라고 비난했는데, 그는 자기 회사의 연금 관리자들에게 LBO 펀드에는 절대로 투자하지 말라고 지시했다.

《비즈니스위크》가 게재한 사설 〈RJR 서커스가 그토록 위험한 이유는 무엇일까?〉는 LBO의 문제를 다음과 같이 지적했다.

이 대형 볼거리는 단지 꼴사나울 뿐 아니라 위험하기까지 하다. 자유로운 시장을 불필요한 규제로 속박하고자 하는 사람들을 유리하게 해 주는 것이 바로 이런 유형의 행위이다. RJR의 경우를 포함한 LBO는 몇몇 개인의 유치한 행동이 아니라, 재무 상태 및 기타 부분의 강점과 약점을 기반으로 이루어져야 한다.

많은 사람들이 불안해하긴 했지만, 이 인수 합병을 둘러싸고 날로 격화되는 싸움을 그 누구보다 초조한 마음으로 지켜보던 사람들이 있었다. 바로 RJR 나비스코의 직원들이었다. 애틀랜타에선 사무실에서 일하던 직원들이 점심시간에 회사가 발행하는 일간 뉴스 요약본을 우울한 마음으로 읽었다. 소외감과 분노를 느끼며 불확실한 미래를 걱정하던 직원들은 하루 종일 월스트리트에서 벌어지는 일들에 촉각을 곤두세우며 틈나는 대로 존슨에 반대하는 정서를 확산하는 데 힘을 쏟았다. 예를 들어 이들이 제작한 홍보물에는 존슨을 패러디한 캐릭터가 있었는데, 이 캐릭터는 다음과 같이 말했다.

"모든 것은 캐나다 매니토바의 작은 레모네이드 가판대에서 시작되었습니다. 정신을 차리고 보니 어느 틈엔가 나는 나의 어머니를 팔아 버렸습니다. 그런데 그다음부터 나머지를 팔아 치우는 일은 껌 씹는 것보다 더 쉽더군요."

본사 직원들도 스탠더드 브랜즈 계열의 존슨 지지파와 레이놀즈의 '버섯 농민' 계열의 반대파로 나뉘었다. 그리고 마음을 정하지 못하고 어정쩡하게 있던 사람들 가운데 많은 수가 《뉴욕타임스》의 경영진 합의서 내용 폭로를 계기로 반대 진영에 가담했다. 한 관리자는 불만 가득한 말투로 비꼬았다.

"우리는 황야를 달리는 마차들을 호위하고 있었는데 그 안에 인디언들이 타고 있었던 거죠."

———✦———⚭⚭⚭———✦———

《애틀랜타컨스티튜션》의 만평 하나가 특히 널리 퍼졌다. 만평 내용은 이랬다. '슈레디드 위트'(시리얼의 한 브랜드) 상자처럼 보이는 것의 겉면에 시리얼 그릇 안에 한 무리의 불운한 사람들이 들어 있는 그림이 그려져 있었고, 상자에는 'RJR 나비스코 슈레디드 노동자, 가격은 2500달러'라고 적혀 있었다.

전국의 RJR 나비스코 직원들은 자기 일자리를 보전할 수 있는 방안을 모색했다. 윈스턴살렘의 담배 공장에 있는 2교대 노동자들은 계산기를 꺼내 들고 14만 명이 힘을 합쳐 입찰에 참가하는 경우를 계산했다(이들은 이런 방안을 스미스 베이글리와 협의했지만, 이런 노력이 구체적인 결실로 나타나지는 않았다). 시카고에서는 나비스코 제빵 관리자들이 14개 제빵 공장을 38억 달러에 인수하자는 방안을 내놓기도 했다.

그런데 다른 어떤 지역보다 윈스턴살렘의 노동자들이 크게 낙담했다. 애초에 유서 깊은 담배 사업 부문을 존슨과 호리건이 맡는다는 점에 대해 노동자들은 나쁘지 않다고 생각했었다. 그런데 이 두 사람이 시험 과정도 거치지 않고 출시했던 연기 나지 않는 담배 프리미어는 비참하게 죽어 가고 있었다. 프리미어는 레이놀즈 역사상 처음으로 환불 반품된 제품이었다. 이 것은 시험 출시 중이던 세인트루이스와 애리조나에서 통근 시간대의 라디 오 방송 프로그램 진행자들의 농담거리가 되었다. 레이놀즈 타바코의 위대 한 희망이고자 했던 이 제품은 모든 역사를 통틀어 가장 참혹한 실패를 맛 본 신제품으로 통했다. 그리고 관리자들이 이를 지켜 내려고 필사적으로 노 력할 때 호리건과 존슨은 뉴욕에서 LBO 전쟁을 벌이고 있었다.

에드워드 호리건은 자기 집에 경비를 세우고 《뉴욕타임스》의 기사가 '추 측에 따른 불확실한 내용'이라고 깎아내리는 성명을 발표했다. 호리건의 성 명은 패러디되었고, 패러디가 원본보다 더 많은 사람들에게 읽혔다. 이 패러 디는 "우리는 돈을 챙겨 튀기로 결정했습니다"로 시작하는데, 마지막 부분 은 다음과 같다. "그간 멍청이들이 우글거리는 회사에서 최고경영자로 지낸 일은 정말 최고로 훌륭한 경험이었습니다. 로스와 나를 부자로 만들어 줘서 여러분에게 무척 고맙게 생각합니다. 여러분이 없었다면 아마 우리는 이 일 을 해내지 못했을 겁니다."

특별위원회를 구성하는 다섯 명 가운데 존슨에 대한 평가의 편차가 가 장 컸던 사람은 아마도 휴걸일 것이다. 애초부터 존슨의 동기를 알지 못했 던 휴걸은 시간이 갈수록 점차 존슨을 의심하게 되었다. 이 과정에서 나타 났던 일련의 불안한 사건들, 즉 자기 몫을 최대한 챙기려는 입찰, 경영진 진 영과의 합의서 초안, 그리고 회사의 주당 주식 가치가 82달러에서 111달러 사이라고 주장하는 익명의 문건 등이 이런 사정을 더욱 가속화시켰다. 휴걸 이 존슨에게 이 문서를 제시했을 때, 존슨은 그것은 하나의 가설일 뿐이며 중간 관리자들이 작성한 것이라고 주장했다. 하지만 휴걸은 그의 말을 곧이

곧대로 믿지 않았다.

그런데 월요일 아침, 휴걸의 곤혹스러움은 더욱 커져 갔다.《뉴욕타임스》가 포스트먼 리틀이 입찰에 참가하는 것에 대해 존슨 진영이 소송을 벌일 수도 있다는 기사를 게재했던 것이다. 휴걸은 포스트먼 리틀이 이 싸움에 끼도록 자신이 전력을 다했다고 느꼈다. 그래서 존슨과 코언이 포스트먼을 상대로 소송을 제기하는 것을 가만히 보고만 있을 수 없었다. 그는 그날 아침 곧바로 존슨에게 편지를 썼다.

> 본 특별위원회는 당신들이 그런 행동을 하는 것을 분명히 반대한다는 사실을 알려드립니다. 당신들이 어떤 불평을 하든 상관없이 본 위원회는 포스트먼 리틀이 RJR 나비스코의 믿음직한 입찰자라고 생각합니다. 이 회사가 당신들의 방해를 받지 않고 인수 합병 과정에 자유롭고도 적극적으로 참가할 때 RJR 주주들의 이익이 최대한 보장된다고 봅니다. …… 소송 행위를 하지 않겠다는 확인을 즉각 나에게 해 주기 바랍니다.

이런 요청에 대해 골드스톤이 썩 내키지 않는 마음으로 곧바로 답장을 보냈다. 소송을 제기하지는 않겠지만 자기 진영의 권리는 분명히 지키겠다는 내용이었다.

새롭게 드러나는 모든 사실들이 그동안 휴걸이 가지고 있던 존슨의 이미지를 바꾸었다. 휴걸은 모교인 라퍼엣칼리지의 운영이사회 이사장이기도 했는데, 존슨이 자선 기금으로 라퍼엣칼리지에 거의 돈을 내놓지 않았다는 사실도 그즈음에 알았다. 휴걸은 한 여자와 36년 동안 결혼 생활을 해 오고 있었는데, 그가 존슨에게서 본 여러 변화들이 로리 때문에 비롯된 것이라고 봐야 할지 의아했다. 돈 많고 늙은 사람이 젊고 예쁜 여자와 재혼하는 현상을 사람들은 '제니퍼 신드롬'이라고 불렀다. 휴걸은 나이 많은 남자가 젊고 예쁜 새 아내를 맞는 것을 어리석은 행위라고 생각하는 사람이었다. 그는 로리 존슨이나 수전 굿프렌드, 린다 로빈슨, 그리고 캐럴라인 롬과 같은 야망을 가진 여자들은 새로 맞이할 남편이 자기를 최고의 자리에 올려다 줄 수 있을지 계산한다고 느꼈다.

위원회의 다른 위원들 가운데 예일대학교를 졸업하고 '브룩스 브라더스' 브랜드 옷을 입던 존 매콤버는, 매니토바에서 공부를 하고 '카시니'를 입는 존슨을 오랫동안 신뢰하지 않았었다. 매콤버는 셀라니스에서 퇴직할 때 200만 달러의 위로금을 받았는데, 존슨이 무려 20억 달러를 받기로 한 것을 알고 엄청나게 놀랐다. 휴걸과 마찬가지로 그는 기초 분야 사업의 가치를 신봉하는 사람이었는데, 존슨이 진행하는 일을 옳지 않다고 생각했다. 또 그는 이사회가 특전을 누려야 한다는 사실을 철저히 신봉했다. 그는 존슨이 자기들에게 어떤 사실을 숨기거나 혹은 갑자기 알리는 따위의 행태를 지독하게 싫어했다.

존슨이 가장 까다롭게 여기던 이사 매콤버는 자기와 가장 죽이 잘 맞는 친구가 될 것이라 생각한 사람을 만났다. 존슨이 한 해 전에 '걸프+웨스턴'의 최고경영자 마틴 데이비스를 이사진에 넣었던 것이다. 하지만 데이비스는 누구의 편도 아니었다. 그는 브롱크스 출신의 고등학교를 중퇴한 무뚝뚝한 남자였는데, 샘 골드윈의 사환으로 출발해 영화 사업에서 성공을 거두어 걸프+웨스턴과 이 회사의 영화 사업 단위 '파라마운트'를 지휘하는 자리까지 올랐다. 그는 사람들을 해고하고 협박하는 것으로 무서운 명성을 쌓았다. 덕분에 《포천》이 선정한 '미국에서 가장 거친 경영자' 대열에 끼었다. 걸프+웨스턴의 최고경영자로서 그는 칼 아이칸과 같은 수많은 기업 사냥꾼들과 당당히 맞서 싸웠다. 또한 그는 주력 분야 없이 덩치만 큰 걸프+웨스턴을 미디어 및 금융 부문의 강자로 성장시켰다. 그는 기업을 평가하는 법을 알았고, RJR 나비스코의 주식이 한 주에 75달러라고 하는 것은 이 회사를 모욕하거나 잘못 평가하거나 혹은 둘 다라고 생각했다.

'내셔널 캐시 레지스트'의 회장 윌리엄 앤더슨은 정크 본드니 기업 사냥 꾼이니, 혹은 기업이 기업 활동을 하지 못하게 가로막는 현대적인 모든 개념과 행위를 좋아하지 않았다. 그는 대기업에 삶을 의존하는 직원, 납품업체, 지역 사회 등의 모든 이해 관계자를 돌보아야 한다는 기업 철학을 강조했다. 앤더슨은 심지어 이런 발상을 다른 이사진에도 전파했다. 그 역시 RJR 나비스코의 인수 합병을 둘러싸고 벌어지는 일들에 점차 피곤함을 느꼈다.

모든 이사 가운데 앨버트 버틀러는 인수 합병의 열기를 누구보다 예민하게 느꼈다. 윈스턴살렘에 있던 집에서, 이사회가 마을과 마을 노동자를 팔아 버렸다고 느끼는 존슨 반대파들의 보고를 받음으로써 최신 정보들을 확보했다. 한번은 와코비어의 존 메들린과 시내의 한 식당에서 점심을 먹다가 우연히 폴 스틱트를 만났다. 스틱트는 무척 화가 나 있었다.

"존슨이 그런 짓을 하도록 이사회가 어떻게 가만 내버려 둘 수 있습니까? 어떻게 그럴 수가 있지요?"

버틀러와 메들린은 자기들에게는 선택의 여지가 없었다는 사실을 열심히 설명했지만 스틱트는 그런 말은 듣고 싶지 않다고 했다.

그런 말을 듣고 싶지 않았던 건 버틀러와 메들린도 마찬가지였다.

————◦◦◦————

월요일에 특별위원회가 회의를 할 때쯤에는, 일의 진행이 위원회의 통제권 밖으로 이미 벗어났다는 점에 대한 암묵적인 동의가 이루어졌다. 이사들은 이제 이사회가 전면에 나서야 할 때가 되었다고 말했다. 그때는 이미 데이비스와 매콤버의 주창으로 이사회가 고용한 투자은행가들이 독자적으로 회사 조직을 재편하는 계획을 추진하고 있던 중이었다. 형식적인 차원에서 보자면 이사회는 독자적으로 입찰에 나설 수 있으며, 독립적으로 회사를 재편해 자산 매각에서 나오는 돈을 주주들에게 나누어 줄 수 있었다. 하지만 실질적으로 이사회는 존슨과 크래비스가 손잡을 경우 이에 대한 대안으로 기업 재편이 필요했다.

그런데 이날 회의에서 가장 중요한 안건은 입찰과 관련된 일련의 형식적인 지침들을 마련하는 것이었다. 피터 앳킨스는 존슨, 크래비스, 그리고 포스트먼이라는 세 진영이 입찰을 할 때 절차상 따라야 하는 지침들을 제시했다. 모든 규정은 참가자들에게 동등하게 적용되며, 입찰에 참여하는 측은 며칠 안으로 이러한 사항에 대해 동의의 뜻을 전달해야 했다. 그리고 가장 핵심적인 내용은 마감 시한이었는데, 11월 18일 금요일 오후 5시로 정해졌다. 열하루 뒤였다.

그날 오후에 이런 지침들이 발표되자 존슨은 신음 소리를 낼 정도로 괴로워했다. 경매 형식이라면 모든 입찰자들이 동일한 조건에 놓인다. 존슨으로서는 전술적인 강점을 박탈당한 셈이었다. 그는 휴걸에게 전화를 걸어 인수와 관련해서 경영진이 합의한 내용에 대해 오해를 풀겠다고 설명했지만 별무소득이었다. 이사회의 기업 재편 논의를 존슨은 허풍이라고 생각했다.

"찰리, 아무리 그래 봐야 절대로 90달러대까지 올리지 못합니다."

LBO를 반대하는 여론이 점차 고조되자 크래비스로서는 회사의 명성이 타격을 입지 않을까 점점 더 걱정스러웠다. 크래비스와 로버츠는 거숀 켁스트와 마틴 립턴이라는 오랜 친구들에게 이런 여론의 역풍에 어떻게 대응하면 좋을지 의견을 물었다. 하지만 뾰족한 수는 나오지 않았다. 신문의 머리기사는 의원들의 관심을 끌었다. 그리고 적어도 이번 거래가 끝난 뒤에 LBO를 규제하는 법안을 만들 게 분명했다. 그는 이런 생각을 머리에서 지우려고 애썼다.

"그래 봐야 언론이 우리를 십자가에 못 박기까지밖에 더 하겠어? 이거야 뭐 그렇지 않더라도 우리가 계속 당하고 있는 거니까."

《비즈니스위크》의 표지 기사 때문에 괴로워하던 크래비스는 아내로부터 언론을 다루는 방법에 대해 강의를 들었다. 아내 롬은 명성을 추구하던 과정에서 언론으로부터 돌팔매를 맞은 경험이 숱하게 많았기 때문이다.

"당신이 언론을 좋아하든 싫어하든 상관없이, 어쨌거나 당신은 언론을 상대해야 해요. 그렇다면 적극적으로 나가요. 당신이 지금 이해하지 못하는 사실은, 다른 쪽 사람들이 적극적으로 언론 플레이를 하게끔 언론을 내버려 두고 있다는 점이에요. 당신도 적극적으로 나서야 해요. 그렇지 않으면 기사는 절대로 당신 편이 되어 주지 않아요."

"하지만……."

"'하지만' 같은 거 없어요. 당신은 지금 무자비하게 두들겨 맞고 있잖아요. 당신에게 유리한 기사가 나가도록 해야 해요. 안 그러면 기사는 당신 편이 아니라 상대방 편이 되고 마니까요."

롬의 충고대로 크래비스와 로버츠는 그 주에 《뉴욕타임스》기자 한 사람을 만나기로 했다. 이 기자는 광범위한 내용을 다루려고 마음먹고 있었다. 하지만 크래비스는 자신이 피터 코언에게 '독점적인 권리'라는 말을 쓴 적이 없다는 사실을 분명히 설명한 뒤에, 거기까지만 하자면서 곧바로 인터뷰를 끝내 버렸다. 켁스트의 대변인인 톰 데일리가 두 사람이 스트레스로 진이 빠진 상태라 그랬다며 갑작스럽게 인터뷰를 중단한 일을 사과했다.

크래비스는 언론만 걱정한 게 아니었다. RJR 나비스코의 실상을 깊이 파악할 수 있도록 안내해 줄 사람이 필요했다. 하지만 그런 사람을 구하지 못한 상태였다. 게다가 입찰 마감까지는 열하루밖에 남지 않았던 것이다. 절망적이라는 생각이 그의 머리를 계속 두들겼다. 이때 에릭 글리처가 하나의 안을 냈다. 농업 분야의 거대한 기업인 '콘아그라'의 회장 찰스 M. 하퍼를 만나 RJR 나비스코에 대해 물어보라는 것이었다. 그렇게 했지만 소득은 없었다. 크래비스는 또 펩시의 중역들과도 두 차례 회의를 했다. 펩시는 RJR 나비스코의 몇몇 사업 부문을 인수한다는 조건이 충족되기만 하면 이번 거래에 낄 수 있던 회사였다. 펩시는 분명 나중에 RJR 나비스코 경영에 도움을 줄 수 있었다. 하지만 문제는 지금 당장 도움이 되지 않는다는 점이었다. 그러다가 크래비스는 폴 스틱트라는 이름을 들었다.

크래비스와 전화 통화를 하며 스틱트는 LBO에 대한 반감과 로스 존슨에 대한 반감 사이에서 균형을 잡으려고 노력했다. 스틱트는 LBO를 '오로지 소수의 탐욕스러운 사람들에게만 이익이 돌아가는 국가적인 차원의 불명예'라고 여겼다. 하지만 윈스턴살렘의 맹렬한 반 존슨 정서 덕분에(심지어 스틱트의 이발사조차 크래비스를 지지했다!) 스틱트는 크래비스를 돕는 게 옳은 일이라고 설득당했다.

스틱트와 크래비스는 월요일 오후 4시에 리처드 비티의 법률 회사인 '심슨 대처 앤드 바틀릿'에서 만났다. 스틱트가 혹시 로비나 엘리베이터에서 존슨과 부닥칠까 두려워서 솔로 빌딩으로는 발길을 하지 않으려 했기 때문이었다. 크래비스는 스틱트가 진정한 퇴직자이며 진정한 신사임을 알아보았다. 타일리 윌슨이 존슨에게 가지고 있던 악감정 따위는 전혀 가지고 있지 않았던 것이다. 스틱트는 진정으로 회사와 회사에 속한 직원들을 염려했다. 하지만 새로 생긴 RJR 나비스코와는 그간 완전히 소원한 상태였기 때문에 그가 가지고 있는 정보는 5년 전의 낡은 정보였다. 그러나 크래비스는 가장 단순한 진리를 깨달았다. 자기가 가지고 있는 것은 그나마 스틱트가 전부라는 진리였다. 크래비스와 스틱트는 악수를 나누었다. 이렇게 해서 폴 스틱트는 KKR 진영으로 들어갔다.

이 소식을 나중에 전해 들은 존슨은 다음과 같이 말했다.

"누가 가서 헨리 체온 좀 재어 봐. 정상이 아닌 게 틀림없어."

•————℃————•

피터 코언이 포스트먼 리틀에 보낸 다음 편지는 일종의 경고였다. 그리고 이 편지는 언론에 유출되었다.

친애하는 테드,

정말 실망이 큽니다. 솔직히 뭐라고 말하기도 힘들 정도입니다. RJR 나비스코를 인수하기 위해 구성된 컨소시엄을 당신이 이끈다는 보도를 접했기 때문입니다.

2주 전 당신이 제임스 로빈스, 로스 존슨, 그리고 나에게 접근한 일을 기억할 겁니다. RJR 나비스코를 인수하기 위한 입찰을 준비하고 있던, 경영진이 이끄는 집단에 참가해 중요한 역할을 수행하겠다는 게 그때 당신의 태도였습니다. 그때 당신은 우리에게 합류하겠다면서, 그렇게 결심한 몇 가지 이유를 말했습니다. 그 이유가 무엇인지 잘 기억하리라 믿습니다.

당신이 워낙 우리와 손을 잡고 싶어 했고 또 아래에 열거하는 여러 사항들에 자기 목소리를 내고 싶어 했기 때문에, 우리는 거래와 관련된 모든 사항을 당신과 솔직하게 논의하기로 합의했습니다. 그 내용에는 세부적인 자금 조달 계획이나 입찰 전략 등이 모두 포함되어 있었습니다. ……

우리는 당신의 대리인으로 골드만 삭스가 우리 대화에 참여하도록 허용했습니다. 당신이 서명한 비밀엄수서약서의 조항을 철저히 지키겠다고 당신과 골드만 삭스의 당신 자문 위원이 분명히 밝혔기 때문입니다. 그런데 골드만 삭스는 몇몇 식품 회사들을 꾀어 당신 주변으로 불러 모았습니다. 이 과정에 당신이 우리에게서 빼낸 정보를 사용했을 것은 분명합니다.

당신이 현재 진행하고 있는 행위를 조심스럽게 재고하기를 나는 강력하게 촉구합니다. 상도의라는 게 있습니다. 윤리적으로 해선 안 되는 일은 하지 말아야 합니다. 우리와 논의하면서 얻은 정보는 다른 곳에서 발설하지 말아야 합니다. RJR 나비스코의 중역들과 시어슨은 약속하고 서명한 사항들을 충실하게 존중하고 지킬 생각입니다. 그러니 당신도 그렇게 하기를 기대합니다.

나는 당신이 이 편지의 내용을 신중히 받아들이기를 강력하게 희망합니다.

피터

코언의 편지를 읽은 포스트먼은 예상했던 대로 행동했다. 다음 날 곧바로 답장을 보냈던 것이다.

친애하는 코언 씨,

1988년 11월 7일자의 당신 편지와 이 편지를 언론사에 돌리는 행위를 통해 당신은 골드만 삭스와 포스트먼 리틀의 도덕성을 공격하는 무책임하고 잘못된 행위를 도발했습니다. 아울러 당신은 RJR 나비스코 인수와 관련해서 우리와 손을 잡은 '프록터 앤드 갬블' '랠스턴 퓨리나' '캐슬 앤드 쿡'의 도덕성도 공격하고 있습니다. 잘 알겠지만 우리의 명성에 흠집을 냄으로써 당신은 우리에게 가장 소중한 것을 공격하고 있습니다. 우리를 RJR 나비스코 입찰 대열에서 몰아냄으로써 시어슨 리먼과 RJR 나비스코의 몇몇 중역들이 이 회사를 좀 더 싼 가격에 인수하겠다는 발상에서 당신의 이런 행위가 비롯되었다고 우리는 생각합니다. 당신이 손잡고 있는 RJR 나비스코 경영진은 RJR 나비스코 주주들의 이익을 보호해야 하는 의무를 지고 있다는 점을 상기하면, 당신이 이런 '전술'을 구사한다는 것 자체가 무척 실망스럽습니다. ……

당신도 분명히 기억하리라 확신합니다만, 논의 과정에서 만일 우리가 당신과 최종적인 합의를 이끌어 내지 못할 경우 독자적으로 나설 권리가 우리에게 있다는 사실을 분명히 당신에게 밝혔습니다. 그리고 우리는 여러 차례 반복해서 우리가 선택할 길은 세 가지가 있음을 당신에게 분명히 밝혔습니다. 첫째는 당신이 추진하는 거래가 우리가 설정한 기준에 맞을 경우 당신네와 손을 잡는 것이고, 둘째는 RJR 나비스코의 인수 합병 거래에서 완전히 손을 떼는 것이고, 셋째는 이사회의 특별위원회가 초청할 경우 우리가 독자적으로 인수 제안을 하는 것이었습니다. 특별위원회가 우리의 관심을 환영한다는 사실을 우리에게 알린 뒤에 우리는 우리가 가지고 있던 세 가지 선택 사항을 놓고 고심한 끝에 세 번째 방안을 선택하기로 했습니다. ……

RJR 나비스코에 포스트먼 리틀 진영이 관심을 가지는 것은 RJR의 주주들에게 분명 이득입니다. 그리고 RJR 이사회의 특별위원회도 우리의 선택을 환영한다는 입장을 표명했습니다. 하지만 정밀하게 검토한 뒤에 이 거래가 우리가 설정한 엄격한 금융 관련 기준에 부합하지 않는다는 판단이 들 경우 우리는 입찰에 나서지 않을 것입니다. 하지만 포스트먼 리틀 및 우리와 함께하는 파트너들의 이익을 침해하는 당신의 협박 행위는 어떤 경우에도 좌시하지 않을 것입니다.

포스트먼 리틀 앤드 컴퍼니라는 회사는 고도의 기업 윤리와 성실함을 무기로 여태까지 운영되어 왔습니다. 이번 거래와 관련해서도 이런 우리의 기준을 성실하게 적용해 왔습니다. 이 점에 관해서는 당신의 충고가 우리에겐 필요없습니다.

이런 입장 표명을 통해 당신이 만들어 낸 거짓 이야기들과 그로 인한 쓸데없는 논의가 모두 사라지길 바라는 바입니다. 우리는 당신과 달리 이 편지를 언론에 흘리지 않을 겁니다.

시어도어 J. 포스트먼

코언은 비슷한 편지를 포스트먼의 파트너들에게도 보냈다. 골드만 삭스의 존 L. 웨인버그도 그중 하나였다. 웨인버그가 코언에게 보낸 답장은 마치 형이 동생을 꾸짖는 것 같았다.

피터에게.

당신이 보낸 1988년 11월 7일자 편지를 받았습니다. 그런데 거의 같은 시각, 신문 사에서 이 편지와 관련해 전화를 걸어왔습니다. 이런 상황에서 나는 당신이 우리와 의사소통을 하는 게 목적이 아니라 언론 플레이를 할 목적으로 이 편지를 썼다는 사실을 분명히 알 수 있었습니다. 그리고 또한 당신은 나를 잘 알지 못한다는 사실도 분명합니다. 나를 잘 안다면 모욕 혹은 위협으로써 당신의 시간과 나의 시간을 허비하는 짓은 하지 않았을 테니까 말입니다. 특히 실제 사실을 정확하게 이해하지도 못한 상태에서 말입니다.

내 판단으로는, 당신 편지는 답장할 가치도 없습니다. 하지만 동료들이 서면으로 당신에게 답장 형식으로 내 의견을 밝히는 것이 온당하다 했고, 이들의 조언을 받아들여 이 글을 쓰고 있습니다.

당신의 편지는 사실 관계도 정확하지 않을뿐더러 전혀 근거 없는 이야기들로 가득 차 있습니다. 골드만 삭스는 포스트먼 리틀이 RJR 나비스코와 맺은 비밀엄수서약서의 합의 사항 가운데 그 어떤 것도 어긴 적이 없습니다. 당신이 잘 알 겁니다만, 나는 개인적으로 그 자리에 함께 있지 않았습니다. 하지만 우리가 당신에게 보낸 일관된 메시지는 우리는 RJR 나비스코 경영진이나 시어슨과 독립적으로 일을 진행할 수도 있다는 내용이었고, 실제로 우리는 그 가능성을 적극적으로 검토하고 있었습니다. 골드만 삭스는 RJR 나비스코와 이 회사의 주주들이 우호적으로 받아들일 수 있는 인수 제안을 하는 등의 대안적인 행동을 하면 안 된다는 어떤 합의도 시어슨이나 RJR 나비스코 경영진과 한 적이 없습니다.

이런 견해는 그 회사의 독립 이사들로 구성된 특별위원회도 충분히 알고 있었습니다. 이 위원회가 오늘 공식적으로 확인을 했습니다만, 위원회는 포스트먼 리틀과 골드만 삭스, 그리고 우리가 함께 손을 잡은 고도의 윤리적인 기업들이 함께 표명할 수 있는 관심을 줄곧 환영해 왔습니다.

당신은 표면적으로 골드만 삭스와 우호적인 관계를 가지고 있다고 말하지만 그 말을 곧이곧대로 받아들이기는 어렵다고 생각합니다. 비록 불가능하다고까지 말할 수는 없겠지만 말입니다. 당신이 11월 7일자 편지에 쓴 것처럼 우리를 매도하는 행위, 혹은 우리와 의사소통하거나 우리의 답장을 받아보기도 전에 언론에 공개함으로써 당신이 어떤 이익을 추구하는 행위는 우리 사이의 관계에 전혀 도움이 되지 않습니다. 이런 편지의 교환이 누구에게도 이익이 되지 않는다는 게 우리의 생각입니다. 그래서 이 편지의 사본을 언론사에 보낼 생각도 없습니다.

나는 당신 편지의 내용이나 어조에 강력하게 이의를 제기합니다. 당신이 어떤 내용에 대해서든 나나 제프 보이시 혹은 골드만 삭스에 무언가를 가르치겠다고 나설 아무런 이유도 없습니다. 나아가 당신의 이런 행위는 많은 사람들이 우리 업계에 대해

가지고 있는 부정적인 인상을 강화시킬 뿐이라는 게 내 생각입니다. 그러니 그런 말도 안 되는 전술은 당신이 이제 그만 접을 것이라 믿습니다.

존 L. 웨인버그

이 세 통의 편지를 모두 읽은 제임스 로빈슨은 코언에게 전화를 걸어 시어슨의 편지를 더 읽고 싶은 마음이 없다는 뜻을 확실하게 전했다.

✦━━━◍◍◍━━━✦

수요일 아침, 델몬트의 사장 로버트 카보넬이 존슨의 뉴욕 사무실 문을 박차고 들어왔다. '엘 수프리모'는 무척 화가 나 있었다. '교황' 존슨은 그가 그처럼 크게 화내는 모습을 본 적이 없었다.

"로스, 내가 진짜 말도 안 되는 일을 당했다는 사실을 도저히 믿지 못할 겁니다."

포스트먼 리틀이 수행하는 실사 과정의 하나로 플라자 호텔에서 '돌'의 중역들로부터 질문 공세에 시달리다 왔다고 했다. 그들이 하는 질문으로 볼 때, 돌이 선적 일정이나 생산량 예측 등 모든 분야의 델몬트 기밀 정보 가운데 상당 부분을 알아낸 것이 분명하다는 게 카보넬의 판단이었다. 그러면서 카보넬은 델몬트의 경쟁력 있는 지위가 심각하게 훼손되고 말았다고 결론 내렸다.

두 사람은 이런 정보가 특별위원회에서 나온 게 분명하다고 보았다. RJR가 자랑하는 보안 체계가 제대로 작동하지 않았고, 그 결과 돌이 특별위원회의 묵인 아래 델몬트의 일급 보안 문서들까지 입수한 것이었다. 존슨은한 달 만에 처음으로 이성을 잃을 만큼 화를 냈다. 크래비스나 코언과 싸우는 일은 참을 수 있었다. 그 싸움은 당연하고 정당한 것이었다. 하지만 누군가의 게으름과 무능 때문에 뒤통수를 맞는 일은 참을 수 없었던 것이다.

휴걸은 하루 전에 러시아로 가고 없었다. 하지만 존슨은 휴걸과 전화 통화를 할 수 있게 연결하라고 지시했다. 존 마틴이 ABC 스포츠 방송국 사장룬 알러지에게 전화해서 모스크바 지국으로 연락하게 했다. 모스크바에 있던 휴걸은 호텔에서 나와 바람 불고 어두운 밤거리를 지나 ABC의 모스크바 지국으로 찾아가 존슨의 전화를 받았다. 러시아에서조차 휴걸은 RJR 나비스코에서 벗어날 수 없었다. 자기가 머물던 호텔 로비에서 펩시의 거물급 중역 한 사람을 만났고, 또 크렘린에서는 소련 상무위원회 의장을 포함한 거물급 인사도 여러 명 만났는데, 이들 모두 월스트리트에서 진행되는 대형 싸움이 어떻게 펼쳐지는지 궁금해하면서 휴걸에게 질문 공세를 퍼부었던 것이다.

존슨이 특별위원회에 대한 분노를 쏟아 내는 동안 휴걸은 잠자코 듣기만 했다.

"그 인간들, 다 개명청이들입니다! 2800만 달러나 받으면서 말입니다! 실사 과정이 전혀 공정하게 진행되지 않잖아요. 이건 심각한 문젭니다. 보통 심각한 문제가 아닙니다, 찰리. 델몬트가 제대로 된 회사인지 아닌지 파악하는 데 그 많은 정보가 필요할 이유가 전혀 없잖아요? 당신들이 그 인간들을 하도 부추긴 끝에 결국 어떻게 됐습니까? 실사를 받는 회사를 죽이고 있단 말입니다! 이게 공정하다고 봅니까?"

휴걸은 조사를 해 보겠다고 말했다. 그리고 나중에 특별위원회 실무 책임자는 존슨에게 '기술적인 혼란'이 있었다면서 사과했다. 이 일화에는 에필로그가 하나 달려 있는데, 내용은 다음과 같다. 몇 주 뒤에 카보넬이 택배 상자 하나를 받았다. 돌 본사에서 잘못 보낸 게 분명했다. 그런데 상자 안에 들어 있던 서류는 델몬트의 재무 자료들을 복사한 것이었다. 존슨이 보기에 돌이 그 자료를 전 세계의 자기네 중역들에게 보내고 있었던 것이 분명했다. 하지만 물론 그때는 이미 무엇을 하기에는 시기적으로 너무 늦은 때였다.

• —— ∞ —— •

뉴욕 공립도서관이 그랜드센트럴 역 남쪽 맨해튼의 더러운 거리들 위로 마치 파르테논 신전처럼 모습을 드러내고 있다. 온전하게 두 블록을 차지하는 이 석조 건물은 뉴욕이 자랑하는 최고의 건축물 가운데 하나로 꼽히는데, 이 도서관의 거대한 입구 앞에는 '인내'와 '불굴'이라는 이름을 각각 가지고 있는 두 개의 돌사자상이 놓여 있다.

11월 10일 목요일. 이날은 이 도서관에 특별한 날이었다. 가장 화려한 빛을 발하는 문학계 인사 스무 명에게 경의를 표하는 기금 모금 연례행사인 '문학의 별 만찬'이 있는 날이었다. 수상자들인 아트 벅월드, 조지 히긴스, 리처드 리브스 등과 같은 작가들뿐 아니라 애스터, 트럼프, 배스 등과 같은 뉴욕 사교계의 화려한 별들이 '인내'와 '불굴'의 두 사자상 사이로 걸어 들어 갔다. 칵테일이 마련되어 있었고, 열람실 세 곳에서 만찬이 예정되어 있었으며, 그다음에는 배우 크리스토퍼 플러머가 스티븐 리콕의 단편 소설을 낭독하는 순서가 마련되어 있었다.

달이 떠오르자 영예의 주인공들과 손님들이 턱시도와 번쩍이는 드레스 차림으로 건물 3층에 길게 조성된 석조 홀 '맥그로 로툰다'로 모였다. '모든 사람들'이 거기에 다 있었다. 헨리 키신저 부부가 왔고, 흰색과 검은색이 조화를 이룬 옷을 입은 매력적인 재클린 오나시스도 거기 있었다. 이 도서관의 재무 책임자 역할을 하는 존 굿프렌드도 아내 수전과 함께 모습을 드러냈다. 수전은 빈티지풍의 발렌시아가 드레스로 보는 사람들을 황홀하게 만들었다. 굿프렌드는 크래비스가 캐럴라인 롬과 팔짱을 끼고 걸어오는 모습을 보고는 이들에게 손을 흔들었다.

갑자기 실내에 작은 웅성거림이 일렁였다. 카메라 플래시들이 일제히 번쩍거렸다. 사람들이 몰려들었다. 이들은 모두 어떤 일이 일어나기를 기대했다. 크래비스는 그런 흥청거림 속에서 다름 아닌 피터 코언과 얘기를 주고받았다. 두 사람은 카메라를 향해 미소 지으면서 작은 소리로 대화를 나누었다.

"엄청나군요."

크래비스가 운집한 군중을 바라보면서 말했다.

"우리 둘 사이에 일이 제대로 잘 풀리지 않아 유감입니다."

코언이 자기들은 언제나 열려 있다고 말하자 크래비스가 대꾸했다.

"우리가 어떻게 할지는 나도 잘 모릅니다. 솔직히, 모릅니다."

두 사람은 뉴욕 사교계의 화려한 조명 아래 얼어붙은 듯 한동안 그렇게 서 있었다. 하지만 각자 최선의 모습을 보이려고 애썼다. 다시 크래비스가 말했다.

"일이 그런 식으로 진행되어 여기까지 온 것도 유감입니다. 당신은 당신이 해야 할 일을 할 테고, 우리는 또 우리가 해야 할 일을 하겠죠."

크래비스는 코언에게서 떨어져 롬과 다시 팔짱을 끼고 만찬장으로 향했다. 그런데 크래비스의 눈에 뉴욕 《데일리뉴스》의 칼럼니스트 빌리 노리치가 보였다. 노리치는 9월에 있었던 크래비스 부부의 메트로폴리탄 미술관 파티에 초대를 받지 못했는데, 이 일로 앙심을 품고 자기 칼럼에 크래비스가 '언론 혐오증'을 가지고 있다고 썼다. 크래비스는 언론을 싫어했는데 특히 노리치를 싫어했다. 그가 자기 아내 롬을 무차별 깎아내림으로써 쾌감을 즐긴다고 생각했기 때문이다.

롬은 곧 어떤 소동이 일어날 것을 예감했다. 남편이 그 소동의 주인공이 되는 걸 보고 싶지 않았다. 그래서 그의 귀에 대고 속삭였다.

"안 돼요, 헨리. 그냥 밥 먹으러 가요."

하지만 이미 늦었다. 크래비스는 노리치를 보는 순간 얼굴이 시뻘겋게 달아올랐다. 노리치가 두 사람 앞으로 걸어왔다. 노리치와 크래비스가 짧은 대화를 주고받았다. 크래비스가 먼저 노리치에게 '개자식'이라고 욕하고는 이어 목소리를 높여 말했다.

"조금만 기다려, 네 무릎을 아주 아작내 줄 테니까, 양쪽 다! 알았어?"

많은 사람들이 그가 한 말을 들었고, 두 사람을 향해 고개를 돌렸다.

바로 그 순간, 브룩 애스터†가 다가와 두 사람에게 말을 걸었다.

"술 한잔하셨나요?"

"예, 했습니다."

크래비스가 대답했다.

"당신한테 묻지 않았어요. 빌리에게 물었지."

일부러 그랬든 혹은 모르고 그랬든 간에 애스터가 끼어들면서 살벌하게 펼쳐질 수도 있었던 두 남자의 싸움은 흐지부지되었다. 크래비스는 그 자리를 떠나 만찬을 계속 이어 갔다. 이들의 대화를 듣고 있던 리처드 비티는 크래비스가 농담하는 것이라고 생각했다. 하지만 노리치와 함께 있던 영국인 작가 메러디스 에서링턴-스미스는 이 일을 놓고 《위민스웨어데일리》에 다음과 같이 말했다.

"깜짝 놀랐죠. 그런 행동은 저속한 사람들이 술판에서나 벌이는 줄 알았지, '문학의 별 만찬'과 같은 자리에서 내 눈으로 직접 보게 될 줄은 상상도

---

† 뉴욕 사교계의 여왕으로 군림했던 인물로 2007년 105세의 나이로 사망했다.

하지 못했으니까요."

• ——◦◦◦—— •

경영진 내부에서도 점차 긴장이 고조되었다. 여태까지의 일 처리가 형편없었다는 사실을 놓고 볼 때 비난과 분란은 불을 보듯 뻔했다. '줄줄이 소시지들'이라는 별명을 가지고 있던 살로먼의 투자은행가들은 시어슨의 토밀슨 힐을 혐오하기 시작했다. 살로먼 사람들을 경멸한다는 사실을 구태여 숨기려 하지 않았기 때문이다. 소시지들은 힐이 전화 메시지를 받고도 전화를 해 주지 않는다고 불평했다. 심지어 힐은 살로먼의 투자은행가 마이클 짐머먼을 (어느 은행가의 표현을 빌리자면) '휴대용 도우미'로 다루었다. 소시지들은 힐이 너무 기계적이고, 너무 와스프[†]적이며, 너무…… '토밀슨 힐스럽다'고 생각했다.

"이 '개자식 힐'은, 다들 힐을 그렇게 부르잖아요, 월스트리트 최고의 인수 합병 부서를 지휘하고 있습니다."

살로먼의 찰스 필립스가 어느 날 동료들에게 한 말이다.

"그런데 그가 지휘하는 이 부서가 4년 전에는 살로먼의 부서보다 훨씬 더 작았다는 사실을 굳이 말할 필요가 있을까요?"

그러자 살로먼의 투자은행가들은 필립스를 미친 사람 보듯 바라보았다.

코언은 이 소시지들이야말로 자기를 끊임없이 실망시키는 존재라고 여겼다. 어느 날 오후, 자기 사무실이 살로먼 사람들로 가득 찬 것을 보고 코언은 개인 비서 앤드리아 패러스에게 물었다.

"이들이 대체 뭐 하는 사람들인지 알아요?"

[†] 미국 사회에서 엘리트 집단인 앵글로색슨계 백인 신교도를 가리키는 용어.

코언은 또 굿프렌드를 한구석으로 데리고 가서 이렇게 묻곤 했다.

"저들은 어디 출신이죠? 저 많은 친구들이 하는 일이 도대체 뭐죠? 우리 그냥 간편하게 몇 명만 모여서 회의를 할 순 없을까요?"

그렇게 할 수는 없었다.

존슨도 끊임없이 이어지는 투자은행가들의 행렬에 놀라긴 마찬가지였다. 코언 역시 보좌 역할을 하는 사람들을 마치 웨딩드레스의 긴 주름 장식처럼 길게 달고 다녔다. 그래서 존슨이 한번은 이런 말까지 했다.

"젠장 피터, 당신네가 홍해에서 길을 잘못 든 것도 다 이유가 있었군요."

굿프렌드는 스티븐 골드스톤이 특별위원회와의 창구 역할을 한다는 점을 달갑지 않게 생각했는데, 이런 감정의 골이 점점 깊어졌다. 골드스톤은 피터 앳킨스와의 유일한 접촉 창구였고, 굿프렌드는 스캐든 압스 법률 회사 소속의 이 변호사로부터 직접적인 지침을 받을 수 없다는 사실에 화가 나 직원들을 시켜 골드스톤의 뒷조사를 했다. 그리고 골드스톤에게는 이렇다 할 명성이 없다는 점을 알아냈다. 굿프렌드는 여러 차례에 걸쳐 코언에게 살로먼의 법률 고문 피터 대로가 앳킨스와 직접 접촉할 수 있어야 한다고 주장했다. 하지만 아무 소득이 없었다. 사실 살로먼의 경영진은 존슨의 팀 전체에 환멸을 느꼈으며, 경영진 합의서와 관련된 엄청난 낭패의 책임을 물으며 존슨을 비난했다. 그리고 존슨의 탐욕과 관련된 이야기들이 무성하게 퍼지면서 몇몇 사람들은 존슨 덕분에 얻을 수 있는 것보다 존슨 때문에 잃는 게 더 많지 않느냐는 말까지 할 정도로 불평의 수위를 높였다.

존슨의 7인 경영진 그룹의 솔로 빌딩 생활은 초현실적인 모습으로 빠르게 변해 갔다. 보안에 결벽증적인 모습을 보였던 존슨은 도청 장치를 찾아야 한다면서 날마다 48층 전체를 뒤집으면서도 크래비스의 사무실을 도청하자는 제안은 물리쳤다. 그리고 시도 때도 없이 울리는 휴대폰 벨소리 때문에 회의가 제대로 진행되지 않았다. 그래서 존 마틴의 비서인 빌 리스는 자기가 늘 만나는 사람들은 다 그렇게 한다면서 모든 경영진이 삐삐를 휴대하는 게 어떠냐는 제안을 내놓기도 했다.

이런 야단법석 속에서도 존슨의 측근 가운데 많은 사람들은 시어슨과 살로먼이 다음 주에 있을 입찰에 참가하는데 자기들만 어딘지 모르게 소외된다는 기분이 들었다. 세이지는 "어떤 투자은행가가 자금을 모으자는 이야기를 할 때 이 사람은 당신 아래에 있습니다. 하지만 이 사람이 수표를 발행하기 시작하면 이 사람은 당신 위에 있게 됩니다"라는 말을 하곤 했는데, 사실 그의 말대로 된 것 같았다. 세이지는 무료한 나머지 사무실에 텔레비전을 들여놓기까지 했다.

한편 존슨은 갈수록 낙담이 깊어졌다. 이른바 '위대한 모험'의 진행 상황 가운데서 계획대로 되는 건 아무것도 없었다. 크래비스의 매복과 기습, 실패한 평화 협상, 경영진 합의서를 비난하는 들끓는 여론, 델몬트의 기밀 자료 누출, 날마다 들볶아 대는 언론 등……. 게다가 설상가상으로 시어슨이 거래의 지휘권을 휘두르고 있었다. 이 싸움은 도무지 재미있는 구석이라곤 없었다. 그래서 존슨은 다음과 같이 투덜댔다.

"해가 지기 전에는 아무 일도 없다가, 해가 지고 나면 엿같이 인간들이 모여들기 시작한단 말이야. 이렇게 사람들이 꼬이면 밥을 먹고 또 회의랍시고 끝도 없이 주절주절 떠들어 댄단 말이지. 나는 사무실에서 저녁을 먹는 게 진짜 싫다고."

하지만 무엇보다 가장 존슨을 괴롭힌 문제는 입찰 가격이었다. 그렇게 해서 설령 싸움에 이겨 RJR 나비스코를 인수한다 하더라도 회사의 빚을 갚으려면 페라리도 내놓아야 했으며 또한 적어도 몇 년 동안은 운전기사 없이 직접 운전대를 잡아야 했다. 그러니 신이 날 턱이 없었다. 당연히 지루한 표정의 찡그린 얼굴이 나올 수밖에 없었다. 그래서 전략 회의를 할 때 투자은 행가 한 사람은 에드워드 호리건을 바깥으로 따로 불러내, 존슨을 격려하고 힘을 북돋우는 발언을 의도적으로 좀 하라는 주문을 하기도 했다. 한 집단 의 정신적인 지도자가 싸움을 포기하면 어떡하느냐는 게 투자은행가의 요 지였다.

호리건은 존슨에게 이렇게 말했다.

"우리는 여기서 피해 갈 수 없습니다. 피하느니 차라리 두들겨 맞고 피를 흘리며 무릎 꿇는 게 낫습니다. 고통을 최소화하면서 이 회사를 운영할 수 있는 사람이 있다면 그건 바로 우립니다. 만일 우리가 질 수밖에 없다면, 그 냥 물러서는 게 아니라 마지막 순간까지 처절하게 싸워야 한다는 게 내 생 각입니다. 난 그러고 싶습니다. 당신은 이길 수 있습니다. 당신은 훌륭한 명 성을 가지고 있기 때문에 지려고 해도 질 수가 없습니다."

그러나 만일 '싸움닭' 호리건이 싸움에 나선다면 존슨은 빠르게 몰락할 수밖에 없었다. 이런 상황을 존슨은 호리건에게 다음과 같이 말했다.

"이건 포커 게임이나 마찬가집니다. 자존심만 앞세운다고 되는 일이 아 니란 말입니다."

11월 10일 목요일, 존슨은 주말을 조용히 보내고 싶어 주피터에 있는 콘 도로 갔다. 애틀랜타에 들러 찰리 브라운 공항에서 열리는 새로운 격납고 개장식에 참석할 수도 있었지만 그렇게 하지 않았다. 성가시고 귀찮았기 때 문이다. 사실 계획했던 축하 행사는 초라하게 끝나고 말았다. 초대받은 사 람들이 거의 대부분 참석하지 않았던 것이다. 애틀랜타의 공무원들이 그랬 고, 인근 격납고에서 일하는 사람들도 그랬다. 심지어 RJR 나비스코의 고위 간부들도 그랬다. 이들은 자기가 입은 상처를 추스르기도 바빴다. 그 누구 도 존슨과 무언가를 함께하기를 바라는 것 같지 않았다. 그래서 이날의 행사는 간략하게 진행되었고, 남은 음식들은 행사를 준비하고 또 이 행사에 참석한 직원들이 집으로 싸 가지고 갔다.

주말에 존슨은 휴걸의 전화를 받았다. 휴걸이 막 모스크바에서 돌아온 뒤였다. 그는 RJR 나비스코가 작성한 새로운 회계보고서 사본을 보고 존슨이 앤드루 존슨의 연봉을 25만 달러에서 50만 달러로 올렸다는 사실을 알자마자 곧바로 전화한 것이었다. 휴걸은 이 인상안을 이사회에서 승인한 적이 없다고 확신했다. 하지만 존슨의 말은 달랐다.

"아닙니다. 6월에 승인했습니다."

6월 이사회 회의록을 찾아보았지만 거기에는 그 인상안을 승인했다는 기록이 없었다. 휴걸은 다시 존슨에게 전화를 걸어 따졌다. 그러자 존슨은 6월이 아니라 9월에 승인했으며, 이 결정은 6월 이사회에 소급해서 적용되었다고 했다.

찰스 휴걸은 존슨이 하는 말을 믿지 않았다. 그는 한 주에 벌써 두 번째로 로스 존슨이 거짓말하는 현장을 포착했다고 생각했다.

"조니, 난 당신을 부자로 만들어 줄 거야."

존슨의 말은 여전히 그의 귓가에 맴돌았다. 존 그리니스는 그 말이 너무나 비현실적이었다. 하지만 그렇다고 해서 허무맹랑한 제안이라고 내팽개치지도 못했다. 존슨과의 운명적인 만남 이후로 그가 선택한 길은 상식을 벗어난 것이었다. 하지만 결코 피할 수 없는 길이었다. 나비스코의 자기 사람들에게 충성을 다하느냐 아니면 이 사람들이 망망대해에 표류하게 하려는 사람에게 충성을 다하느냐의 양자택일 문제였다.

'난 당신을 부자로 만들어 줄 거야.'

과연 존슨이 자기를 부자로 만들어 줄지 의심스러웠다. 그리고 돈만 생기면 다 좋은가 하는 생각도 했다. 존 그리니스의 동기는 돈이 아니었다. 나비스코를 기름칠 잘한 멋진 기계로 만드는 것이었다. 그런데 지금 존슨은 이 기계를 부품으로 분해해서 팔려 하고 있었다.

존슨을 마지막으로 만난 뒤에 그리니스는 완전히 마비 상태에 빠져 있었다. 이런 마비 상태는 서서히 분노로 바뀌었다. 시간이 지나자 모든 것이 뚜렷하게 보였다. 존슨이 나비스코와 델몬트를 독립적이고 팔기 쉬운 작은 사업 단위로 재조직한 이유를 알 수 있을 것 같았다. 그해 여름에 양도제한 조건부주식을 담배 사업 부문 사람들에게는 30만 주나 주면서 나비스코 사람들에게는 거의 주지 않았던 이유[†]나, 호리건이 늘 자기가 원하던 것을 손에 넣는 이유도 알 수 있을 것 같았다. 존슨은 아주 오래전부터 이 일을 준비해 오면서 다른 사람들에게는 거짓말을 했던 것이라고 그리니스는 결론 내렸다. 그런데 이랬던 존슨이 이제 와서 자기에게 두둑한 돈과 다른 회사에 정착할 수 기회를 마련해 주겠다고 약속한 것이다. 그리니스는 이제 두 번 다시 존슨을 믿지 않으리라 마음먹었다.

그리니스는 LBO 자체를 싫어했기 때문에 LBO 움직임 그 자체에 화가 났다. 또한 동시에 자신이 7인 그룹에 속하지 못했다는 사실에도 똑같은 정

[†] [원주] 양도제한조건부주식을 대규모로 허용한 일은 담배 사업 부문의 중역들에게서도 나비스코 중역 못지않은 반감을 불러일으켰다. 최고위 경영진은 풍족한 주식을 부여받았지만 그 밖의 많은 관리자들은 8월에 강압적인 분위기 속에 주식 옵션을 포기해야 했기 때문이다. 당시 회사는 주당 53.50달러에 옵션(주식매입선택권)을 내놓았다. 모든 직원이 이 가격에 주식을 살 수 있었다. 그런데 에드워드 호리건은 이 옵션을 파는 게 더 나을 거라는 말을 퍼뜨렸다. 하지만 이 말을 믿은 사람은 몇 주 뒤에 주가가 훌쩍 뛰어오르면서 큰 손해를 봤다. 이 일을 두고 호리건은 나중에, 자기도 5만 9000주에 대한 옵션을 포기했다고 말하면서 자기는 사람들을 속일 의도가 전혀 없었다고 주장했다. 하지만 그는 그 시기에 제한부주식 5만 주를 받았다.

도로 화가 났다. 심하게 꼬인 감정적인 문제였다. 하지만 언제나 그렇듯 격렬한 분노를 냉정한 이성으로 다스렸다.

'성질내 봐야 소용없어. 침착하게 복수하자!'

그리니스는 LBO가 발표된 다음 날 뉴저지의 나비스코 본사로 날아갔다. 그리고 며칠 뒤 비밀 문건을 만들어 찰스 휴걸에게 우송했다. 우편물의 겉면에는 '기밀-긴급'이라는 글자가 적혀 있었다.

그리니스는 환상적인 작전을 계획했는데, 우편물은 이 계획의 첫 번째 작업이었다. 그는 존슨이 회사를 손에 넣을 것이라고 거의 확신했다. 존슨은 다른 경쟁자들이 알지 못하는 것들을 많이 알고 있는 데다, 이사회도 주무르고 있었기 때문이다. 하지만 만일 이사들이 일급 기밀 사항을 알게 되어 존슨의 진면목을 파악하고 나면 사정이 달라질 것이라고 그는 생각했다. 그리고 다른 입찰자가 존슨보다 더 나은 조건을 제시할 경우, 그는 적을 부추기고 도울 생각이었다.

그리니스는 나비스코의 최고재무책임자인 래리 클라인버그를 자기 사무실로 불러들여 나비스코를 해체해서 더욱 빠르게 돌아갈 수 있는 구조로 재편하자고 말했다. 비용을 어떻게 절감하고 또 현금 흐름을 어떻게 강화할지 보여 줌으로써 나비스코를 보기 좋게 꾸며 대형 파티의 주인공으로 만들자고 했다. 만일 다른 입찰자들이 나비스코의 진정한 잠재적 가치를 파악하면 존슨의 시도를 꺾을 수 있을 것이라고 했다. 비록 장기적인 싸움이 되겠지만 그게 자기들로서는 회사를 살릴 수 있는 유일한 길이라고 했다.

"이건 서바이벌 게임입니다. 우리, 힘닿는 데까지 최대한 노력해 봅시다."

그리니스는 은밀히 게릴라전을 준비하면서 자기 휘하의 병력을 최대한 행복하게 해 주려고 애썼다. 그의 사무실에서는 존슨을 비난하는 만평들이나 글들이 꾸준히 생산되어 침울한 분위기에 빠진 나비스코 중역들을 유쾌하게 해 주었다. 한 만평은 이혼 법정의 판사가 이혼 신청을 한 부부의 아이에게 이렇게 묻는다.

"얘야, 너는 엄마와 아빠 가운데서 담배 피우는 사람을 따라갈래 아니면 담배 피우지 않는 사람을 따라갈래?"

이에 대해서 그리니스는 다음과 같은 해답을 내놓았다.

"담배를 피우지 않는 쪽이 더 나을 거 같아요."

크래비스가 무대에 등장하자 그리니스는 반 존슨 운동에 박차를 가했다. 특별위원회를 대변하는 딜런 리드와 라저드 프레어스의 투자은행가들을 소개받았을 때 그리니스는 RJR 나비스코와 관련해서 사실인 것처럼 인정되고 있지만 사실이 아닌 온갖 이야기들로 그들을 즐겁게 해 주었다.

"RJR 나비스코가 관리하는 팀의 구성원이 모두 몇 명이나 되는지 압니까?"

그러면 그들은 여덟 명, 열 명 혹은 열두 명이라고 대답했다. 그러면 그리니스는 기다렸다는 듯이 이렇게 말했다.

"스물아홉 명이거든요? 그리고 여기에 들어가는 돈이 한 해에 700만 달러에서 1000만 달러인데, 이건 몰랐죠?"

그는 유명한 사람들, 예를 들면 잭 니클라우스와 그의 100만 달러짜리 거래뿐 아니라, 사람들이 잘 알지 못하는 이들의 이야기로 딜런과 라저드의 투자은행가들을 즐겁게 했다.

"비제이 암리트라지(인도의 테니스 국가 대표)가 누군지 압니까? 이 사람이 어떻게 '나비스코팀'에 들어오게 되었는지 모르죠?"

그는 또 캐슬파인스의 빌라, 팜스프링스의 저택, 뉴욕의 여러 호화 아파트 이야기도 해 주었다. 그가 이렇게 한 데는 물론 이유가 있었다. 이사회를 대변하는 투자은행가들이 비용 삭감 부분을 더욱 많이 찾아낼수록 그들이 요구할 수 있는 '공정한' 가격은 그만큼 더 올라갈 것이라는 게 그리니스의 계산이었던 것이다.

3주 동안 이런 작업을 한 뒤에 그리니스는 마침내 행동에 나섰다. 그는 자기 생각을 라저드의 조슈아 고트바움에게 알렸고, 고트바움은 즉각 이 의미를 파악했다.

"우리는 이러한 사실들을 특별위원회에만 알려야 합니다. 경영진이나 로스의 귀에 들어가면 안 됩니다. 까딱하다간 우리가 대가를 치러야 하는 일이 발생할 수도 있으니까요."

그리니스의 말에 고트바움은 절대로 존슨의 귀에 들어가는 일이 없도록 하겠다고 보장했다.

그리니스가 특별위원회에 참석해서 발언할 날은 11월 14일 월요일로 잡혔다. 장소는 스캐든 압스 사무실이었다. 그런데 공교롭게 이날 존슨도 이사회의 실사 과정 가운데 하나로, 특별위원회에 출석하기로 되어 있었다. 이날 아침 그리니스는 이사회 회의에 가던 중에 존슨이 부르는 소리를 들었다.

"조니!"

존슨은 그리니스를 보고 큰 소리로 불렀다.

"지금 특별위원회에 어떤 식으로 대응해야 할지 전략을 짜고 있는데, 같이 갈래요?"

그리니스는 깜짝 놀랐지만 내색하지 않고 존슨의 뒤를 따라 벽면이 유리로 된 회의실로 들어갔다. 골드스톤과 경영진 그룹이 원탁을 가운데 두고 열린 토론을 벌이고 있었다. 존슨이 근 한 달 만에 참석하는 특별위원회 자리라서 회의실에 모인 사람들은 다들 어떤 전략을 구사해야 할지 나름대로 의견을 가지고 있었다. 호리건은 평소와 다름없이 전투적인 접근법을 주장했다. 그 빌어먹을 인간들에게 새로운 정보를 단 하나도 주지 말자는 게 그의 의견이었다. 존슨은 강경 노선과 온건 노선 사이에서 망설였다. 한편 그리니스는 자기 본모습이 발각될까 봐 바짝 얼어서 꼼짝도 않고 앉아 있었다.

마침내 스캐든 압스에 갈 시간이 되었다. 그런데 미처 자동차를 준비하라는 지시를 미리 내리지 못했던 존슨이 그리니스를 돌아보았다. 그리니스는 나비스코의 리무진을 대령했다. 두 사람은 함께 스캐든 압스로 갔다. 도착한 뒤에는 작은 대기실에 함께 앉아 있었다. 휴걸이 존슨을 특별위원회 회의장으로 데려가려고 대기실로 들어오자, 그리니스도 자리에서 일어났다. 두렵고 혼란스러웠다. 큰 용기를 내어 여태까지 작업을 해 왔지만, 존슨이 보는 앞에서 자기가 준비했던 말들을 꺼내 놓을 용기는 도저히 없었다.

휴걸이 의아하다는 눈빛으로 그리니스를 응시했다.

"존, 당신은 경영진 그룹에 속하지 않잖아요."

"아, 예……. 그렇습니다."

"좋아요, 그럼 여기서 기다려요."

그리니스는 가슴을 쓸어 내리며 자리에 앉았다.

"이 자리에 배신자가 한 명 앉아 있습니다."

휴걸은 회의실을 뚜벅뚜벅 걸으면서 말했다. 그의 눈은 참석자들을 한 명씩 차례로 쏘아보았다.

"배신자가 있습니다. 그가 누구인지 찾아낼 겁니다."

그날 아침 이사회 구성원들은 존슨이 오기를 기다리면서 모두 기분이 좋지 않은 상태였다. LBO가 제기된 지 27일째였으며, 그들은 모두 자기들이 LBO의 볼모라고 느꼈다. 휴걸의 분노는 곧바로 언론에 새 나갔고, 이런 일은 3주 전에 있었던 첫 번째 위원회 회의 이후 줄곧 계속되었다. 라저드의 투자은행가 필릭스 로아틴은 휴걸에게 화를 누르라고 강력하게 조언했다. 그리고 언론에 이런 사실이 유출되는 것은 어떤 경로로든 일어날 수 있으며 또한 마녀 사냥은 자기들이 느끼는 긴장을 더욱 증폭시킬 뿐이라고 주장했다.

개인적으로 여러 이사들은 휴걸이 위선자라는 생각을 조금씩은 가지고 있었다. 이들은 존슨이 휴걸과 정기적으로 대화를 나누는 줄 알고 있었는데, 이런 사실은 다른 경쟁자들이 누리지 못하는 유리한 점이었다. 그래서 특별위원회 위원들은 까딱하다간 소송을 당할 수도 있다는 생각을 했다. 이사회가 고용한 자문 위원들은 휴걸에게 이 문제를 두 번이나 제기했지만 달라진 건 아무것도 없었다. 휴걸은 신문과 가진 여러 차례의 인터뷰에서 정크 본드나 기타 여러 증권들보다는 현금을 가장 많이 지불하는 입찰자를 이사회가 우호적으로 생각할 것이라고 말했는데, 이 일로 가벼운 질책을 받기도 했다.

그런데 이날 아침 회의 분위기가 영 딱딱한 데는 '브리티시 제너럴 일렉트릭'의 부회장인 영국인 이사 로널드 그리어슨이 보낸 편지도 한몫했다. 모든 이사들이 다 아는 사실이었지만, 그리어슨은 소송을 당할까 봐 무척 걱정했다. 런던에서 스피커폰을 통해 회의에 참석한 그는 사소한 문제까지도 꼬치꼬치 따져 물으면서 회의 진행을 더디게 했다. 그래서 휴걸은 여러 차례 그의 말을 잘랐다. 하지만 다른 이사들은 그리어슨의 걱정에 공감했다. 이사회의 모든 구성원들이 나중에 법정에 출두하라는 소환장을 받고 싶지 않으면 메모를 남기지 말라는 조언을 이미 들은 터였다.

그리어슨은 존슨을 포함한 7인의 경영진 그룹이 모두 사임할 것을 요구하고 나섰다. 이들이 회사를 인수하려 들면서 계속 회사를 경영한다는 것은 '매우 부적절하다'는 게 그의 주장이었다. 휴걸은 나중에 그리어슨과 따로 이야기해서 이 주장을 철회하도록 할 수 있었지만, 일단 그때는 아니었다.

13장 이사회가 전면에 나서고 언론은 집중포화를 퍼붓다 사람들이 모두 짜증을 냈다. 이사회가 대오를 흐트러뜨릴 때가 아니었던 것이다. 그럴 여유가 없었다.

이런 분위기는 존슨과 호리건이 발언을 하기 위해 회의실로 들어설 때까지 나아지지 않았다. 경영진이 제시한 합의서 문건과 관련된 질문을 받은 존슨은《뉴욕타임스》의 기사는 잘못된 것이며, 자기가 얻는 수익은 다른 LBO 사례와 비교할 때 결코 큰 차이가 나지 않는다고 대답했다. 담배 사업 부문의 비용을 절감할 수 있는 방안에 대한 질문을 받고, 존슨과 호리건 모두 달리 더 비용을 줄일 데가 없다고 잘라 말했다. 이들의 태도는 거의 적대적이라고 할 정도였고, 위원회 사람들은 이들의 태도에 냉담했다.

그러다가 어느 한 시점에서 존슨과 휴걸 사이에 점차 넓어지던 간극이 격렬한 논쟁으로 불붙었다. 이사회는 어떤 입찰자이든 입찰이 끝나기 전에 RJR 나비스코의 자산을 외부 주체에 매각해선 안 된다는 주장을 여러 차례 반복했다. 존슨이 자기를 포함한 경영진은 그럴 생각이 전혀 없다고 하자 휴걸이 냉소를 띠며 말했다.

"모든 사람이 다 사전 판매를 하거든요."

그러자 존슨이 곧바로 쏘아붙였다.

"내 말을 못 믿겠다는 겁니까? 그건 정말 잘못된 생각입니다. 그 발언을 철회해 주기 바랍니다. 어쩌면 살로먼이나 시어슨은 그럴지도 모르지만, 우리는 그럴 생각이 없다는 사실을 분명히 말씀드립니다."

그러자 휴걸이 뒤로 물러났다. 하지만 다가올 공매 과정에서 여러 사람의 우정이 깨지고 말 것이라는 점은 누가 보더라도 분명했다.

•———❀———•

성공적인 LBO의 요체는 수익과 매출액, 그리고 가장 중요한 요소인 현금 흐름 등에 대한 설계에 있다. 이런 요소들이야말로 한 회사가 안정을 유지하는 가운데 갚아 나갈 수 있는 부채의 규모를 가리키기 때문에 이런 요소들을 예측해서 설계하는 작업은 입찰 준비의 핵심이라고 할 수 있다. 그리고 적정한 입찰 가격을 제시하는 것은 LBO의 모든 것이라고 말할 수 있다. 가격이 높을수록 회사가 부담해야 할 빚은 그만큼 늘어나기 때문이다. 빚이 너무 많을 경우 건강하던 회사도 한순간에 몰락의 나락으로 떨어질 수 있다.

크래비스는 플라자 호텔에서 RJR 나비스코 실사를 한 뒤에는 믿어도 좋을 설계안을 마련할 수 있기를 기대했지만 더욱더 깊은 수렁으로 빠지고 말았다. 입찰을 나흘 앞둔 월요일이 되어서야 크래비스는 델몬트에 대해서는 제법 많이 알았고, 나비스코에 대해서는 아주 약간 알았다. 하지만 호리건의 담배 사업 부문에 대해서는 거의 아무것도 알아낸 게 없었다.

KKR 진영의 여러 설계안을 정리하는 작업은 KKR의 유한 책임 파트너인 스콧 스튜어트가 맡았다. 스튜어트는 서른 살이었고 맨해튼의 어퍼웨스트사이드의 아파트에 사는 미남이었다. 그는 하루에 무려 열여덟 시간씩이나 일한 끝에 마침내 네 개의 설계안을 마련했다. 각각 모두 새로운 것일수록 더 나았다. 적어도 그 자체만 놓고 볼 때는 그랬다.

그는 특별위원회를 통해 얻은 RJR 나비스코 재무 자료를 가지고 작업을 시작했다. 어쩌면 이 수치들은 존슨에게서 직접 나온 것인지도 몰랐다. 그게 의심스러웠다. 통상적인 작업 과정으로 보자면 스튜어트는 이 수치들을 정확히 다듬기 위해 몇 주에 걸쳐 경영진과 논의한 끝에 비용을 절약할 수 있는 부분을 찾아냈다. 다른 기업을 대상으로 한 LBO에서는 그렇게 했다. 하지만 경영진으로부터 조언을 받을 수 없었기 때문에 그는 드렉셀과 메릴린치의 담배 산업 전문 분석가들에게 의존했다. 그리고 모건 스탠리와 와서스타인 퍼렐라의 투자은행가들의 도움을 받아 한결 정교하게 만들었다. 이런 과정을 거쳐 스튜어트는 깔끔한 결과물을 뽑아냈다. 그는 이렇게 해서 나온 결과물이 충분히 믿어도 좋기를 바랐지만, 한편으로는 사실과 동떨어진 추측에서 비롯된 것이 아닐까 무척 두려웠다.

스튜어트의 분석에는 커다란 구멍들이 숭숭 뚫려 있었다. 핵심이라고 할 수 있는 수치들을 확보할 수 없었기 때문이었다. 완벽함을 추구하자면, 적절한 수치들을 확보하지 않고 설계안을 마련한다는 건 있을 수 없는 일이었다. 하지만 시간적인 제약 때문에 선택의 여지가 없었다. 3주 동안 스튜어트는 딜런과 라저드의 투자은행가들에게 정확한 수치를 얻으려고 매달려 봤지만 소용이 없었다. 처음에는 그들이 존슨 진영과 한패가 되어 자기들을 방해하려고 그런다고 생각했다. 하지만 스튜어트도 나중에는 RJR 나비스코 자체에 문제가 있다는 사실을 깨달았다. 최고위층에 있지 않은 사람은 누구도 전체적인 그림을 알지 못했다. 그리고 에드워드 로빈슨처럼 전체적인 그림을 아는 사람들도 이름과 계급과 군번만 댈 뿐 다른 정보는 전혀 주지 않았다.

월요일이 되면서 스튜어트는 입술이 바짝바짝 타들어 가기 시작했다. 그는 날마다 사라진 숫자들을 찾기 위해 딜런 리드 사람들에게 고함을 지르고, 라저드 프레어스 사람들에게 고함을 지르고, 또 애틀랜타에 있는 자료실을 뒤지고 있는 회계사들과 변호사들에게 고함을 질렀다.

'자료실? 하, 웃겨!'

자료실에 생각이 미치자 스튜어트는 헛웃음이 나왔다. 물론 자료실의 자료는 많았다. 너무 많아서 제대로 된 기초 자료를 찾는 데는 몇 주, 아니 어쩌면 몇 달이 걸릴 수도 있었다. 따라서 없는 거나 마찬가지였다.

스튜어트가 찾는 숫자들은 복잡한 게 아니었다. RJR 나비스코의 현금 보유액 추정치, 전체 부채 추정치, '황금 낙하산'으로 불리는 퇴직 수당으로 존슨의 경영진에 지불하게 될 금액의 추정치였다. 크래비스와 로버츠가 입찰 가격을 결정하는 데 근거로 삼을 가장 기본적인 수치만 있으면 되었다. 스튜어트는 완성된 설계안을 책상에 올려놓지 못하는 자신의 무능력에 대해 크래비스와 로버츠가 점차 참을성을 잃어 가고 있다는 사실을 잘 알았다.

찾아내지 못한 숫자들도 문제였지만, 확보한 숫자들도 스튜어트는 완벽하게 이해하지 못했다. 특히 한 가지 항목의 숫자가 가리키는 내용은 도무지 알 수가 없었다. RJR 나비스코로부터 얻은 항목 가운데 '기타 용도 현금'이라는 게 있었다. 이 항목은 10년째 계속 이어지는 것이었을 뿐 아니라 해마다 3억 달러에서 5억 달러 규모로 집행되었다. 스튜어트는 이 항목이 가리키는 게 무엇인지 도무지 알 수 없었다.

'기타 용도라는 게 뭐지? 들어오고 나가는 현금 흐름인가? 이걸 포함시켜야 하나? 빼야 하나? 무시해야 하나?'

5억 달러나 되는 금액을 무시하고 설계안을 마련할 경우 크래비스가 좋아할 리 없었다. 이 금액을 넣을 때와 뺄 때의 차이는 10억 달러이고, 이 정도면 한 주당 가격을 산출하는 데 무려 4달러씩이나 차이가 날 수 있었다. 3주 동안 '기타 용도 현금'이라는 이 수치들은 스튜어트의 IBM 컴퓨터의 검은색 바탕 모니터 위에서 하얗게 작열하던 일련의 신비로운 석탄들이었다. 전혀 풀 수 없는 미지의 항목이었다. 플라자 호텔의 실사 과정에서 에드워드 호리건에게 이것이 무어냐고 물었을 때 호리건은 전혀 모르는 내용이라고 발뺌했다. 특별위원회 사람들도 아무도 몰랐다. '기타 용도 현금'은 스튜어트가 앞으로 나흘 안에 풀어야 할 수수께끼들 가운데 맨 첫 번째 문제였다.

그런데 월요일에 스튜어트는 딜런 리드의 파트너인 블레어 에프런으로부터 전화를 받았다. 혹시 존 그리니스를 만나 보지 않겠느냐는 것이었다.

그리니스는 방금 특별위원회에 참석했다가 나온 길이라고 했다.

"이 사람이 당신의 궁금증을 풀어 주고 싶어 하는 눈친데요."

스튜어트는 곧바로 이 제안을 폴 래더에게 전했다. 스튜어트는 조심스러웠지만 래더는 반색했다.

"좋죠, 뭐 어때서요? 처음에 유일하게 도움이 되었던 인물인데."

오후에 만나기로 약속을 잡았다. 장소는 칼턴 하우스 호텔이었다. 래더는 스튜어트와 다른 파트너 한 명을 데리고 약속했던 방으로 들어갔다. 그리니스는 이미 와 있었다. 래리 클라인버그도 함께 있었다. 사람들은 원탁을 가운데 두고 둘러앉았다. 본론으로 들어가기 전에 그리니스가 분명히 하고 싶은 게 있다면서 말문을 열었다.

"물어보고 싶은 게 몇 가지 있습니다."

"이야기하세요."

래더가 대답했다.

"당신들 혹시 지금도 경영진 7인 그룹과 협상하고 있는 건 아닙니까?"

"그런 거 없습니다."

"로스 존슨과도요?"

"없습니다."

"앞으로 협상하겠다는 계획 같은 거라도 혹시?"

"내가 아는 한 그런 건 없습니다."

"좋습니다."

본격적인 이야기로 들어가기 전에 모든 것들은 깨끗이 정리되었다.

"얘기할 게 제법 많은데 말입니다."

이렇게 시작한 존 그리니스의 이야기는 두 시간 반 동안 이어졌다. 그가 한 이야기는 래더가 10년 동안 LBO 작업을 하면서 들었던 그 어떤 것보다 놀라웠다. 단 한 방에 나비스코의 전략과 비밀, 약점 등이 모두 까발려졌다.

"여태까지 그 누구도 나비스코에 돈을 많이 벌라는 요구를 한 적이 없습니다."

나비스코는 필요하다면 단 한 해 만에 영업 이익†을 40퍼센트로 높일 수 있다고, 그리니스는 자신 있게 말했다. 이익률도 현재의 11퍼센트에서 15퍼센트로 올릴 수 있고, 현금 흐름도 현재의 8억 1600만 달러에서 한 해 만에 11억 달러로 올릴 수 있다고 했다.

"에이, 그건 좀 과장이……."

래더가 못 믿겠다며 고개를 절레절레 흔들었다.

"아뇨, 당신은 모릅니다. 우리의 목적은 이 회사가 꾸준히 나가도록 하는 것입니다. 수익이 15퍼센트나 20퍼센트씩 증가하게 할 이유가 없었습니다. 사실 그런 요구를 받았다면 나는 무척 힘들었을 겁니다. 나는 분기당 12퍼센트로 여태까지 생각해 왔습니다. 그리고 다음 분기에 내가 처리해야 할 가장 큰 문제는 나비스코에서 창출한 추가적인 현금 잉여를 처분하는 겁니다. 수익은 자꾸만 더 늘어나고……. 젠장, 그러니 영업 이익을 낮추려면 어떻게든 돈을 써야 합니다."

이렇게 할 수밖에 없었던 것은 월스트리트가 예측 가능성을 몹시 선호하기 때문이라고 설명했다.

래더는 할 말을 잃었다.

"그럼 그 돈을 어디에다 씁니까?"

"제품 홍보, 마케팅에다요."

"그 돈이 제대로 쓰입니까?"

---

† 매출액에서 판매 원가와 판매 관리비를 뺀 금액.

13장 이사회가 전면에 나서고 언론은 집중포화를 퍼붓다 그리니스는 킬킬거리며 웃었다.

"전혀요."

그는 40억 달러를 들여 나비스코의 기계 설비를 현대화하려는 존슨의 계획에 대해서도 이야기했다.

"기술을 위한 기술일 뿐이죠."

그리니스는 콧방귀를 뀌면서, 어떻게 처분해야 할지 몰랐던 담배 사업 부문의 현금을 지출하기 위한 방편이었다고 했다.

"이 돈을 꼭 다 쓸 필요는 없습니다. 그냥 갖다 버리면 되니까요."

그리니스는 존슨이 아끼는 황금 송아지들을 한 마리씩 차례대로 끄집어내서 도륙했다. '나비스코팀'은 쓰레기일 뿐이고, 골프 대회는 우스꽝스러운 헛짓거리라고 했다.

"다이나 쇼어 골프 대회에 해마다 1000만 달러씩 돈을 써야 합니까? 이런다고 과자가 더 많이 팔린답니까? 아니죠. 하지만 하라고 하니까 어쩔 수 없이 한 겁니다. 위에서 시키니까요."

그리니스를 보내고 돌아서는 래더의 머리는 어지럽게 펑펑 돌았다. 바로 자기들이 기다려 왔던 수수께끼의 열쇠였다. 그리니스 및 클라인버그와 헤어지면서 래더는 두 사람에게 말했다.

"그 숫자들을 잘 간직해요. 그대로 달성해야 할지 모르니까요."

이 말이 의미하는 내용은 분명했다. 만일 크래비스가 이 싸움에서 이기면 나비스코를 팔지 않겠다는 말이었다. 그리니스는 흐뭇한 마음으로 칼턴 하우스를 나섰다.

래더도 서둘러 사무실로 돌아와 그리니스에게 들은 이야기를 크래비스에게 전했다.

"글쎄요……."

크래비스는 그리니스가 존슨이 파놓은 함정일지도 모른다고 의심했다.

"아닙니다. 그 사람, 진짭니다."

래더가 말했다. 크래비스는 그리니스가 어떤 유형의 인물일지 생각했다. 배신자일까, 영웅일까?

"좋습니다. 그 친구를 믿어 봅시다. 그렇다면 이제 우리가 존슨의 갑옷에서 찢어진 부분을 찾아낸 셈이네요."

크래비스나 래더에게는 거의 2주 만에 찾아온 좋은 소식이었다. 래더는 곧바로 그리니스의 제보 내용을 입찰 가격 산정 모델에 반영했다. 그리고 다음 날 결과가 나왔다. 그리니스가 말한 내용이 모두 사실이라면, KKR는 입찰 가격을 주당 90달러대 초반에서 100달러선까지 올릴 수도 있었다.

화요일, 존슨은 대통령을 만나러 워싱턴으로 날아갔다. 그는 그날 로널드 레이건을 만나기로 되어 있던 여러 최고경영자 가운데 한 사람이었다. 이들은 모두 1987년 미국 헌법 제정 200주년을 기념했던 위원회에 소속된 사람들이었고, 존슨은 이 위원회의 부의장이었다. 점심을 먹고 나서 집무실로 안내된 존슨은 레이건 대통령의 손을 잡았다.

"로스, 요즘 상당히 유명해졌던데요?"

대통령의 말에 존슨은 그저 미소만 지었다. 그때만큼은 따로 멋있는 말을 미처 준비하지 못했기 때문이다. 대통령과 사진을 찍은 뒤에 존슨 일행은 케네스 두버스타인 육군 참모총장을 만나고 또 콜린 파월 국가 안보 담당 보좌관을 만났는데, 두 사람 다 존슨에게 RJR 나비스코 인수에 대해 물었고 존슨은 대답 삼아 월스트리트의 방식에 대해 몇 가지 농담을 했다.

하지만 대통령과의 면담이라는 굉장한 이벤트에도 불구하고 존슨의 기분은 조금도 나아지지 않았다. 자꾸 불길한 쪽으로만 생각이 기울었다. 행사가 끝나고 뉴욕행 비행기를 타러 가기 전에 존슨은 드웨인 앤드리어스 앞에 섰다. 그는 그 위원회의 의장이자 식품 가공업체 '아처 대니얼스 미들랜드'의 회장이고, 존슨에게는 친구였다. 존슨은 앞으로 더 자주 만나면 좋겠다고 했다.

"드웨인, 2주쯤 뒤에는 내가 무척 한가할 것 같은데, 자주 좀 보면 좋겠네요."

• ——— ⚭ ——— •

시어도어 포스트먼의 책상 위에 놓인 컴퓨터 모니터가 냉혹한 사실을 전했다. 한 주에 85달러면 포스트먼은 별로 힘들이지 않고 RJR 나비스코에 입찰할 수 있었다. 자금은 포스트먼 리틀의 방식대로 정크 본드 없이 현금으로만 조달할 수 있었다. 한 주에 90달러라고 해도, 투자자들에게 돌아가는 수익이 급격히 줄어들긴 하겠지만 불가능한 건 아니었다. 기관 투자자들은 최소 35퍼센트의 수익 약속을 믿고 포스트먼에게 자금을 맡겼는데, 인수 가격이 한 주에 90달러보다 높다면 투자자들에게 기껏해야 20퍼센트의 수익밖에 주지 못할 터였다.

'젠장! 티빌T-bill†의 수익률도 11퍼센트인데……, 미치겠군!'

방법이 없는 건 아니었다. 그 정도의 가격에도 수익률을 보장할 수 있는 방법이 딱 하나 있었다. 골드만 삭스가 정크 본드로 마련한 자금을 브리지론으로 받는다면 가능했다. 하지만 포스트먼은 그러기가 싫었다. 그런데 제프 보이시가 그렇게 하자고 끈질기게 포스트먼을 졸랐다. 포스트먼은 보이

---

† 재무부가 발행하는 단기 채권.

시의 간곡한 부탁으로 한 주 내내 정크 본드에 대해 집중 강좌를 들어야 했다. 하지만 그는 골드만 삭스의 젊은 투자은행가가 하는 말을 이해할 수 없었다. 그래서 그는 투덜거렸다.

"나는 영어를 하는데 이 친구가 하는 이야기는 중국어란 말이야."

하지만 아무리 모른다 해도 브리지론이 위험하다는 사실은 충분히 알 수 있었다. 골드만 삭스가 채권을 제대로 팔지 못하면 부채에 대한 이자는 눈덩이처럼 불어날 터였다. 만일 모든 게 잘 돌아간다면, RJR 나비스코의 현금 흐름을 가지고 부채를 갚을 수 있었다. 하지만 어떤 이유로 해서든 골드만 삭스가 채권을 팔지 못할 경우 포스트먼 리틀은 그 부채를 모두 떠안아야 했다. 실질적으로 포스트먼 리틀은 골드만 삭스가 채권을 팔 수 있느냐 없느냐에 모든 걸 걸어야 한다는 뜻이었다. 포스트먼 리틀의 역사에서 찾아보기 어려운 위험한 선택이었다.

하지만 보이시는 포스트먼 리틀이 브리지론을 하기를 간절히 바랐다. 그래서 포스트먼에게 안전하다는 사실을 세 번 네 번 강조하고 다짐했다. 골드만 삭스가 채권을 팔지 못하는 일이 벌어질 가능성은 천 번에 한 번도 되지 않는다고 했다.

"그렇다면, 그렇게 쓰는 건 어떻소?"

계약서에 명시하자는 말이었다.

"아니죠, 그건……. 비상사태가 발생할 경우 우리도 빠져나갈 구멍이 있어야 하잖아요."

논의가 막다른 길에 다다르자 포스트먼은 점점 불안해졌다. 담배 사업 부문에 대한 논의가 그를 언짢게 만들었다. 10대 청소년을 상대하는 시장에 대한 미래의 수요를 논의할 때는 자기가 마약 판매상이 된 것 같은 기분이 들었다. 은행권과의 논의는 잘 진행되었다. 일요일 오후에 포스트먼은 청바지를 입고 '매뉴팩처러스 하노버' 은행 강당의 연단에 서서 강당을 가득 메운 회색 양복의 투자은행가들에게 자기에게 필요한 100억 달러의 자금을 마련해 달라고 간곡하게 호소했다. 사람들의 반응으로 보건대 어렵지 않을 것 같았다.

그러나 결국 문제는 정크 본드였다. 정크 본드 때문에 논의는 다시 원점으로 돌아갔다. 끊임없이 논의를 하고 또 했지만 언제나 그 자리였다. 한번은 보이시가 항복했다는 동작으로 두 손을 번쩍 들고는 말했다.

"도대체 회장님은 수도승입니까? 정크 본드에 대해 혹시 종교적 신념을 가지고 있습니까?"

보이시의 도발적인 질문에 포스트먼은 자기 생각을 설명하려고 애썼다.

"제프, 이건 원칙의 문젭니다. 내가 비록 싸움꾼이긴 해도 이건 할 수가 없어요."

그는 자기가 쓴 기사가 실린《월스트리트저널》을 보이시에게 흔들며 말했다.

"나는 이걸 정말 믿는 사람입니다."

두 사람은 화요일에 열띤 토론을 벌였고, 이때 브라이언 리틀이 포스트먼을 한쪽으로 데리고 갔다.

"내 생각으로는 자네하고 닉, 그리고 나 이렇게 셋이서 이야기를 해야 할 것 같은데……."

두 사람은 포스트먼 리틀 사무실로 돌아왔다. 닉도 자리를 함께했다.

이 세 파트너는 자기들이 처한 현재 위치가 눈 덮인 인적 없는 들판처럼 매우 황량하다는 사실을 알고 있었다. 정크 본드를 쓰지 않는 한 예상 수익률은 변변찮은 수준이었다. 하지만 세 사람 가운데 정크 본드를 바라는 사람은 아무도 없었다. 설령 정크 본드를 바란다 해도 이제는 그렇게 할 수가 없었다. 정크 본드에 대해 시어도어 포스트먼이 격렬하게 비난해 왔던 터라 달리 선택할 수 있는 여지가 없었던 것이다. 그 시점에서 정크 본드로 모은 자금을 브리지론으로 빌린다면 사람들의 웃음거리가 될 뿐이었다.

"하지만 객관적인 사실은, 정크 본드 없이는 불가능하다는 점이지."

리틀의 말에 분위기는 침울하게 가라앉았다.

"이 일은 여기서 접어야 하지 않을까 싶군."

시어도어 포스트먼의 말이었다.

그는 이 소식을 보이시와 컨소시엄에 참가한 다른 파트너들에게 알렸다. 그리고 이런 결정을 최종적으로 내렸을 당시의 격한 감정이 가라앉은 뒤에, 포스트먼 리틀이 이 거래에서 손을 뗄 수밖에 없는 여러 가지 이유들을 제시하고 설명하는 장황한 보도 자료를 작성했다. 그는 이것을 다음 날 아침에 발표할 작정이었다. 그날 저녁 그는 피터 앳킨스에게 전화를 걸어 자기가 발표할 보도 자료를 읽어 주었다.

앳킨스는 포스트먼이 이 보도 자료를 발표하게 해서는 안 된다는 사실을 직감했다. 보도 자료가 LBO 부채와 LBO 금지 법안에 민감하게 반응하고 있는 은행권과 정크 본드 구매자들에게 부정적인 메시지를 전달할 수도 있다고 보았던 것이다. 입찰 마감이 사흘밖에 남지 않았는데 은행권이 겁먹고 뒷걸음질치게 할 수는 없었다. 포스트먼은 빠질 수 있었지만, 앳킨스로서는 그의 이런 선택이 남은 두 진영이 입찰에 참가하는 것을 방해하게 할 수는 없었다.

포스트먼은 주장을 꺾지 않았다. 자기가 원칙적으로 이 거래에서 발을 뺀다는 사실을 세상에 알려야겠다는 것이었다. 다급해진 앳킨스는 인터콘티넨털 호텔에서 컴버스천 엔지니어링의 이사회 회의에 참석하고 있던 휴 걸을 불러냈다.

"보도를 막아야 합니다. 보도가 나가면 정말 최악입니다."

휴걸은 자기가 처음에 원칙에서 벗어나면서까지 해 가며 포스트먼을 끌어들인 게 잘못이라고 느꼈다. 그리고 포스트먼이 발을 빼려는 상황에서 앳킨스 못지않게 당황했다. 이와 관련해 휴걸은 나중에 다음과 같이 말했다.

"우리 말 하나가 죽어 가는 상황이었습니다. 그것도 세상 사람들이 다 보는 앞에서 말입니다."

결국 휴걸은 직접 나서서 포스트먼과 머리를 맞대고 싸웠다. 두 사람은 언론에 보도 자료를 돌리는 문제를 놓고 몇 시간을 다퉜다.

"나는 발표해야 합니다."

포스트먼은 고집을 꺾지 않으려고 했다. 그는 포스트먼 리틀에는 지켜야 할 명예가 있다는 말을 계속 반복했다. 하지만 휴걸도 지지 않았다. 협박까지 했다.

"그렇다면 우리가 따로 보도 자료를 내면 어떡할 겁니까?"

"무슨 말입니까, 그게? 뭐라고 보도 자료를 낼 겁니까?"

"당신네가 적대적이고 비윤리적인 방식으로 행동했다고."

"그렇게는 못 할걸요?"

"두고 보면 압니다. 내일 신문에 분명히 그렇게 납니다."

다음 날 아침, 포스트먼 리틀 앤드 컴퍼니는 한 문장의 간결한 보도 자료를 발표했다. RJR 나비스코에 입찰에서 빠진다는 내용이었다. 따로 한마디 설명도 없었다.

14장

임박한 마감 시한과
절정으로 치닫는 혼란과 긴박감

*

*
*

월요일 아침, 스캐든 압스의 회의실에서 피터 앳킨스는 자기가 생각하는 방향으로 특별위원회를 이끌고 있었다. 애초에 설정했던 대로 공매 형식으로 일은 매끄럽게 진행되고 있었다. (포스트먼의 포기 발표가 아직 나오기 전이었던 터라) 세 진영의 투자 집단은 마감 시한인 금요일을 코앞에 두고 바쁘게 움직였다. 앳킨스는 이들이 입찰할 내용이 점차 들뜨기 시작하는 주주들뿐 아니라 이사회까지 모두 만족시킬 것이라고 확신했다. 비밀엄수서약서도 작성된 상태였고, 실사 과정도 진행 중이었다. 모든 것이 제대로 통제된 상태여서 앳킨스는 흡족했다. 그런데 편지 한 통이 회의실로 전달되었고, 그 편지가 앳킨스 앞에 놓였다.

그는 편지를 건성으로 훑어보았다. 그는 편지가 담고 있는 제안이 무모하고 게다가 또 너무 늦었다고 생각했다. 당시 그의 머리에 떠오른 단어는

'모호함'과 '덧없음'이었다.

앳킨스는 이런 따위의 일을 피하고 싶었다. '퍼스트 보스턴'의 로고가 찍힌 편지지 다섯 장으로 이루어진 편지는 마치 앳킨스가 애지중지하는 기계의 기어를 단호하게 내리치는 멍키 렌치 같은 것이었다. 요컨대 그의 계획을 방해하는 장애물이었던 것이다. 운이 좋으면 이 제안을 쉽게 털어 낼수 있을 거라고 앳킨스는 생각했다. 하지만 당시에 앳킨스로서는 이 일이얼마나 어려울지 전혀 알 길이 없었다.

편지를 내려놓은 앳킨스가 좌중의 이사들을 바라보면서 말했다.

"우리가 논의하고 처리해야 할 게 하나 더 생겼습니다."

• ⸰⸰⸰ •

미국 최대 기업들이 어쩔 수 없이 합병하며 1980년대 내내 월스트리트를 자극하는 과정에서, 월스트리트의 한 회사가 다른 어떤 회사보다도 많은 대규모 인수 합병을 주도했고 또 전술적인 혁신 방안들을 수없이 개발했다. '퍼스트 보스턴'이었다. 1934년에 설립된 이 회사는 1970년대 말까지는 이류 증권회사였지만, 브루스 와서스타인과 조지프 퍼렐라의 두뇌와 뻔뻔스러움에 크게 힘입어 주요 투자은행으로 급부상했다.

파크애버뉴에 있는 퍼스트 보스턴의 유리 건물 본사 사무실에 배불뚝이에 머리가 헝클어지고 셔츠 자락이 단정치 못하게 펄럭이는 와서스타인과키가 크고 박식한 퍼렐라가 있었다. 이 두 사람은 인수 합병 시대에 최초의슈퍼스타가 되었다. '게티' '듀폰' '걸프' 등 1980년대에 있었던 거의 모든 주요 인수 합병에서 이들의 발자국을 찾아볼 수 있다. 이 두 사람은 졸리는 신사의 사업이던 투자은행 사업이 오늘날과 같이 화려하고 요란한 사업으로변모하는 데 혁혁한 공을 세웠다.

1988년, 성촉절이던 2월 2일은 무척 추운 날이었다. 와서스타인과 퍼렐라는 몇 개월에 걸쳐 비밀 공작을 한 다음, 이날 퍼스트 보스턴의 최고경영자 사무실로 들어가 변호사들이 준비해 준 성명서를 읽고는 회사에서 나가겠다고 발표했다. 두 사람이 나가자 그때까지 월스트리트에서 가장 크고 유명하던 인수 합병 부서는 지리멸렬해지고 말았다. 와서스타인이 직접 뽑은 핵심 역량이라 할 수 있는 스무 명이 넘는 퍼스트 보스턴의 딜메이커도 두 사람의 뒤를 따라 '와서스타인 퍼렐라 앤드 컴퍼니'에 합류했다. 퍼스트 보스턴의 최고 고객들 가운데 이들을 따라간 개인 투자자나 회사도 많았다.

헨리 크래비스가 RJR 나비스코를 인수하겠다고 처음 발표할 당시 브루스 와서스타인은 그의 오른팔 노릇을 하고 있었다. 당시에 월스트리트의 거의 모든 주요 투자은행 그리고 수많은 군소 투자은행이 이 거래에 한 다리 낄 수 없을까 하고 달려들었다. 사실상 퍼스트 보스턴만 빼고 월스트리트의 모든 회사가 나섰다고 볼 수 있다. 와서스타인이 없는 퍼스트 보스턴은 별 볼 일 없는 회사로 몰락할 운명을 맞았다. 적어도 그렇게 보였다. 아서 왕이 자신의 궁전 캐멀롯을 떠나자 아서 왕의 원탁이 아무 힘도 발휘하지 못하던 것과 마찬가지 모습이었다. 퍼스트 보스턴에는 이제 실력이 형편없는 기사들만 남아 시끄럽게 고함을 지르며 어설프게 창을 휘둘러 대는 것 같았다.

•———∞———•

앳킨스가 그 편지의 사본들을 이사들에게 나누어 줄 때, 이 편지를 쓴 사람은 다섯 구역 떨어진 곳에서 가슴을 졸이며 앉아 있었다. 서른여덟 살의 제임스 마는 자기 인생에서 가장 힘든 여덟 달의 기간을 보내고 있던 중이었다. 와서스타인이 떠난 뒤, 퍼스트 보스턴의 기업 투자 및 인수 합병 부서의 공동 책임자로서 사태를 수습하는 일이 그의 책임으로 떨어졌다.

경쟁자들이 마를 침몰하는 타이태닉호의 선장에 비유한 것도 놀라운 일이 아니었다. 하지만 퍼스트 보스턴을 구하는 것은 마에게 단순히 업무 이상의 의미가 있었다. 와서스타인과 퍼렐라는 10년 동안 마의 상사였을 뿐 아니라 가장 친한 친구이기도 했다. 이들이 떠났을 때 그는 분노와 혼란에 휩싸였다. 와서스타인 퍼렐라와 퍼스트 보스턴 사이에 벌어진 치열한 경쟁은 마의 상처에 오히려 모욕만 더했다. 마에게 살아남는다는 것은 이제 과거 10년 동안 친구처럼 지내 왔던 사람들을 상대로 날마다 전투를 벌여야 한다는 것을 의미했다. 또 퍼스트 보스턴에 남아 있는 딜메이커들에게는 과거의 두 상사를 꺾자는 것이 슬로건으로 자리를 잡았다.

와서스타인과 퍼렐라가 떠난 지 여덟 달이 된 지금, 마는 절망적인 상태였다. 인수 합병 부서의 책임자로 있던 짧은 기간 동안 오르막도 있었고 내리막도 있었다. 하지만 대부분 내리막이었다. 그리고 그 결과는 퍼스트 보스턴이 RJR 나비스코의 인수에 유일하게 끼지 못한 은행이라는 사실로 남았다. 모욕도 이보다 더한 모욕이 있을 수 없었다. 역사상 유례없는 대형 인수 합병을 그저 구경만 해야 하는 퍼스트 보스턴의 모습은 다른 경쟁자들과 고객들에게 퍼스트 보스턴은 이제 끝났다는 참담한 메시지를 보내는 것이나 다름없었다. 마는 자기가 책임지고 있는 부서의 미래가 백척간두에 놓였다는 현실을 똑바로 바라보았다.

입찰 마감을 나흘 앞두고 나온 마의 제안은 그야말로 모험을 건, 어쩌면 승산이 거의 없는 시도였다. 금요일에 특별위원회는 크래비스와 코언으로부터 이들이 각자 몇 주에 걸쳐 깊이 고민한, 그리고 자금 동원 계획이 충실하게 뒷받침된 제안을 받을 터였다. 그에 비해 퍼스트 보스턴은 아직 은행권에는 이야기도 하지 않은 상태였다. 그러나 퍼스트 보스턴에도 한몫 떨어지기라도 하면 자기 부서를 구할 수 있다는 사실을 마는 잘 알고 있었다. 반면에 실패하면 세상의 웃음거리가 될 것임은 의심할 여지도 없었다.

마가 처음 이 부서의 책임자로 임명되었을 때, 어떤 사람들은 뉴잉글랜드 출신의 골초 마는 퍼스트 보스턴의 인수 합병 전문가들 170명을 이끌 인물로는 뜻밖의 선택이라고 생각했었다. 그는 타고난 리더도 아니었고 응원단장도 아니었다. 그의 특성은 꾸준함이었다. 그의 꾸준함은 사람들에게 경탄의 대상이었다. 어떤 사람들은, 마가 온화하고 자기를 낮추는 유머 감각을 가지고 있으며 화를 내는 경우가 거의 없는 금욕주의자라고 생각했다. 하지만 그와 가까운 친구들은 그의 턱에 정맥이 부풀어 오르면 곁에서 멀어지는 게 상책이라는 사실을 잘 알고 있었다. 월스트리트에서는 찾아보기 힘든 덕목인 겸손한 태도를 갖춘 그는 머리를 매끈하게 뒤로 넘겼는데, 머리카락이 왠지 그의 머리에 잘못 놓인 것처럼 보였다.

마는 매사추세츠 중부 지역에서 중산층 가정의 아들로 성장했다. 체격도 다부졌다. 그의 아버지는 기계 제작 회사의 사장이었다. 그는 1975년에 컬럼비아대학교의 비즈니스스쿨에 입학했는데, 당시 그가 영업 간부로 일하던 자전거 부품 회사는 자전거 핸들 지지부의 불량으로 인한 대규모 리콜 사태 때문에 망해 가던 때였다. 나중에 그는 퍼스트 보스턴에 입사해 아직은 걸음마 단계이던 인수 합병 부서에 배치되었다. 잘나가던 다른 동료가 이 부서를 장래성이 없다고 봤기 때문에 회피했던 자리를 그가 대신 메웠던 것이다. 그런데 그의 입사 일자는 와서스타인보다 딱 한 주 뒤였다. 회색 플란넬 바지와 밤색 멜빵으로 대표되는 퍼스트 보스턴의 문화 속에서 헝클어진 머리에 끊임없이 움직이는 와서스타인은 마를 매료시켰다. 그 당시를 마는 다음과 같이 회상했다.

"나는 브루스가 어떤 인물인지 몰랐죠. 다른 별에서 왔다고 생각할 정도였죠. 정말 칠칠치 못하다는 점에서 특이한 사람이었습니다."

두 사람의 명성이 점차 높아지면서 와서스타인은 툭하면 마에게 개인적인 문제나 기타 이해관계가 얽힌 문제를 가지고 도움을 청했다. 그래서 와서스타인은 마를 '미스터 판사'라 부르기도 했다. 마는 퍼스트 보스턴에서 와서스타인에게 고함지를 수 있는 몇 안 되는 인물 가운데 한 명이었다. 마가 와서스타인의 사무실 문을 박차고 나오면서 '똥머저리!'라고 고함지르는 일은 심심치 않게 있었다. 브루스 와서스타인보다 더 제임스 마를 미치게 만들 수 있는 사람은 아무도 없었다.

마가 냉정하고 분별력이 있긴 했지만 와서스타인은 마를 일류 딜메이커라고 여긴 적이 한 번도 없었다. 와서스타인이 볼 때 마의 인수 합병 전술에는 과단성이 부족했다. 대형 인수 합병 거래에서는 시간이 생명이었다. 하지만 마는 전략을 선택하는 데 몇 시간 혹은 심지어 며칠씩 고민했던 것이다. 이처럼 과단성이 부족해 보였기 때문에 와서스타인과 여러 동료들은 마를 '햄릿'이라고 불렀다.

와서스타인과 퍼렐라가 성공을 거두면서, 이 두 사람과 퍼스트 보스턴 경영진 사이에는 필연적으로 갈등이 생겼다. 퍼스트 보스턴을 이끌던 사람은 피터 뷰캐넌이었다. 스테이션왜건을 타고 다니며 뉴저지에 있는 같은 집에서 20년이나 살아온, 언제나 진지한 전직 증권 거래인이었다. 포르셰를 여러 대 몰고 또 햄프턴스에 고급 맨션을 여러 채 가지고 사는 와서스타인과 퍼렐라의 삶의 방식을 뷰캐넌이 이해하기는 힘들었을 것이라고 많은 사람들이 말한다. 1987년 여름이 되면서 와서스타인은 자기와 퍼렐라가 퍼스트 보스턴의 가장 중요한 자산이라고 믿기 시작했다. 사실 그건 어느 정도 타당한 평가이기도 했다. 와서스타인은 퍼스트 보스턴의 무게 중심을 증권 거래에서 탈피해 머천트 뱅킹으로 옮기려고 시도했는데, 이런 시도는 화약고에 불을 붙이는 행위였다. 와서스타인과 퍼렐라는 뷰캐넌을 필두로 한 경영진과 한바탕 크게 싸운 뒤에 1987년 가을에는 회사를 떠날 가능성을 타진하기 시작했다. 그때 두 사람은 인수 합병 부서의 부하 직원들도 자기네를 따를 것이라고 보았다.

퍼렐라가 계속 머천트 뱅킹 쪽으로 무게 중심을 옮겨야 한다고 주장하고 와서스타인이 회사를 떠날지도 모른다고 시위할 때, 마는 이들이 회사를 떠나선 안 된다는 목소리를 가장 크게 냈다. 겨우내 마는, 와서스타인이 회사에 남는 것이 마 자신뿐 아니라 와서스타인 본인이 뽑아 채용한 투자은행가들에 대한 의무를 다하는 것이라고 주장했다. 마는 개인적으로 와서스타인이 새로운 회사를 빠르게 뚝딱 설립하지 않을까 두려워했다. 마는 또한 퍼스트 보스턴의 이익을 염두에 두지 않던 '그룹'의 다른 구성원들, 예를 들면 토밀슨 힐이나 에릭 글리처 같은 인물들이 와서스타인더러 회사를 떠나라고 부추기지나 않을까 의심했다. 두 사람이 떠나면 퍼스트 보스턴이 허약해질 테고, 여태까지 찾아볼 수 없었던 최고의 기회를 누리게 된 경쟁자들만 박수를 치며 좋아할 터이기 때문이었다.

와서스타인으로서는 더 이상 참을 수 없었던 마지막 지푸라기 하나의 무게가 1988년 1월에 그의 등을 짓눌렀다. 뷰캐넌이 길고 긴 정책 논의의 결과를 공개하면서 회사의 무게 중심을 머천트 뱅킹 쪽으로 옮기는 일은 없을 것이라고 천명했던 것이다. 뷰캐넌의 방침에 염증을 느낀 와서스타인과 퍼렐라는 회사는 떠나기로 마음을 굳혔다. 마가 이들과 결별하는 마지막 순간의 무대는 일식집이었다. 와서스타인과 그의 가장 가까운 조언자들이 새로운 회사를 설립하는 문제를 놓고 벌써 몇 시간째 논의하고 있었다. 와서스타인은 모래에 금을 하나 긋고는 이렇게 말했다.

"우리는 결정을 내렸습니다. 선 이쪽으로 넘어올 사람?"

퍼렐라, 턱수염의 딜메이커 빌 램버트, 그리고 그 서클의 다섯 번째 구성원이던 척 워드가 차례로 와서스타인을 따르겠다고 했다. 하지만 마는 망설이지 않고 반대했다.

"난 빠질게요."

마는 자신의 이런 말이 와서스타인의 열정에 찬물을 끼얹을 줄 알았다. 하지만 그건 착각이었다. 잠시 후 와서스타인이 자리에서 일어나며 말했다.

"자, 그럼 우리는 한잔 더 하면서 이 문제에 대해 심층적으로 논의를 해야겠네요."

아무도 말을 하지 않았지만, 마가 그 집단에서 제외되었다는 사실은 분명했다.

"무슨 이야기를 했는지 나중에 알려 줘요."

마의 말에 와서스타인은 냉담하게 대꾸했다.

"글쎄요……, 이제는 우리와 한편이 아니니까."

그 말이 마의 가슴을 아프게 때렸다. 그동안의 우정이 한순간에 무너지는 순간이었다. 하지만 바로 이것이 바로 와서스타인에게 마가 기대하던 모습이기도 했다. 와서스타인의 냉정함 때문에 마는 두 사람의 슈퍼스타를 따라 함께 행동하지 않았던 것이다. 마는 그 뒤 여러 달 동안 와서스타인의 그 말을 씹고 또 씹었다. 나중에 마는 그것이 전형적으로 브루스 와서스타인적인 모습이라고 말했다.

척 워드가 마지막으로 마를 설득하려고 노력은 했었다. 하지만 그것도 반은 농담이었다.

"우리와 같이 행동해야 합니다. 여기서 브루스를 통제할 수 있는 사람은 당신밖에 없잖아요."

1988년 2월 2일 아침에 사직서를 낼 때 마는 43층의 자기 사무실에서 책상을 정리하고 있었다. 마는 친구들과 새로운 출발을 하지 않기로 했지만 그렇다고 해서 그들이 떠난 뒤에 뒷수습하는 일을 하고 싶지도 않았다. 퍼스트 보스턴의 그간 인수 합병 관련 노력은 온전히 와서스타인과 퍼렐라의 것이었다. 그들이 오기 전에는 그 분야에 관한 역량이 아무것도 없었다. 또 마찬가지로 그들이 떠나고 난 뒤에도 아무것도 없을 것 같았다. 그게 두려웠다. 마는 자기가 무엇을 해야 할지 몰랐다. 하지만 그렇다고 해서 그 사무실에 더 머물 수도 없었다.

마가 사직서를 낼까 말까 고민하는데 피터 뷰캐넌이 전화를 했다. 그러고는 곧장 본론으로 들어갔다. 와서스타인 대신 인수 합병을 포함한 기업 투자 부분을 맡아 달라는 것이었다. 마는 고민했지만, 뷰캐넌은 마의 충성심에 호소하고 길 잃은 동료들을 두고 떠날 수 없지 않느냐며 책임감에 호소하는 등 마의 약한 부분을 파고들었다. 마는 어떻게 해야 할지 몇 시간을 두고 고민했다. 와서스타인과 퍼렐라가 퍼스트 보스턴을 떠났다는 소식이 퍼지면서 회사 내외로 혼돈이 확산되고 있었다. 더 큰 피해를 막으려면 빠르게 결단을 내려야 했다. 그는 아내에게 전화를 했다. 그리고 심호흡을 한 번 한 다음 뷰캐넌의 제안을 받아들였다.

하지만 후유증은 마가 예상한 것보다 훨씬 심각했다. 퍼스트 보스턴이 보유하고 있던 최고의 딜메이커들이 열 명 이상 자기 스승을 찾아 새로운 회사로 자리를 옮겼다. 몇 주 동안 거의 매일 마의 친구들이 한 명씩 사무실로 들어와 사직서를 내고 돌아섰다. 지난 10년 동안 구축해 왔던 부서가 전면적인 공격을 받는 것이나 다름없었다. 마는 금요일 저녁의 맥주 파티, 격려 연설, (와서스타인 퍼렐라 앤드 컴퍼니를 향해) "'노'라고 말하라"라는 문구를 박은 티셔츠 따위의 늘 해 왔던 사기 진작 도구들을 동원해 이 공격에 맞서 싸웠다.

마가 이 전선의 선두에 서서 싸울 때 와서스타인은 퍼스트 보스턴의 최고 고객들을 대상으로 공격을 감행했다. 그중 많은 고객이 와서스타인 퍼렐라 쪽으로 돌아섰다. '타임'과 투자자 로널드 페렐먼도 그 무리에 포함되어 있었다. 글리처와 힐은 마에게 위로의 전화를 하면서 다른 한편으로는 측근들을 시켜 마의 부하 직원들에게 전화를 걸어 그들을 빼내 가려는 공작을 펼치고 또한 퍼스트 보스턴이 곧 몰락할 것이라는 말로 이 회사의 고객을 빼돌리려고 시도했다.

바쁘게 돌아갈 인수 합병 시즌에 퍼스트 보스턴에서 일어난 그 소동이 이 회사의 수익률에 큰 타격을 주리라는 것은 피할 수 없는 사실이었다. 그런데 특이하게도 처음에는 이런 정황이 오히려 마에게 유리하게 작용했다. 경쟁자들은 마가 심각하게 타격을 입어 절망적인 상태로 무언가를 도모할 것이라고 추측했다. 그리고 퍼스트 보스턴의 고객을 만날 때 당연히 고려해야 할 사항이라고 판단했다. 토밀슨 힐은 이것을 알았다. 시어슨의 인수 합병 책임자이며, 유서 깊은 전동 공구 및 주방용품 회사인 '블랙 앤드 데커'의 대형 변기 제조 회사 '아메리칸 스탠더드'에 대한 적대적 인수에 관여했던 힐은 마가 마지막 구조 작전을 펼치는 것을 보고 놀랐었다. 퍼스트 보스턴의 고객인 '퀠소 앤드 컴퍼니'가 블랙 앤드 데커보다 높은 입찰 가격을 제시하며 아메리칸 스탠더드를 인수하겠다고 나서는 일이 벌어졌던 것이다. 힐의 고객은 계속 싸워야 할지 아니면 물러나야 할지를 결정해야 했다. 이때 힐이 그 고객에게 말했다.

"지미는 자기가 안고 있는 문제들을 알고 있기 때문에, 내가 보기에는 계속 그런 식으로 나갈 게 분명합니다. 이 거래는 퍼스트 보스턴으로선 엄청나게 중요한 의미가 있는 겁니다."

마가 무슨 수를 쓰든 이기고 말겠다고 나설 것을 안 힐은 고객에게 그

거래에서 빠지는 게 좋겠다고 조언했다. 마와 마의 병사들에게 그 승리는 와서스타인 없이도 얼마든지 살아남을 수 있다는 최초의 명확한 증거였다.

하지만 퍼스트 보스턴은 다른 싸움들에서는 좋은 성적을 내지 못했다. 마의 시카고 사무실은 일리노이의 곡물 회사인 '스탤리 콘티넨털'을 방어하지 못하고 영국 회사의 적대적 인수의 제물이 되는 것을 지켜보아야 했다. 위기는 혼자 오지 않았다. 6월에는 마의 전체 LBO 조직이 독립적인 회사의 지위를 잃어버렸다.

최악의 상황은 퍼스트 보스턴이 가장 오래된 고객 가운데 하나로 꼽던 '코퍼스'를 방어하는 데 실패한 일이었다. '비저'가 토밀슨 힐의 지휘를 받으며 공개 매입에 나섰을 때였다. 마 밑에 있던 스물일곱 살짜리 구조 조정의 귀재 브라이언 핀이 코퍼스의 여러 사업 단위들을 세 개의 회사에 분리 매각하는 것을 포함한 복잡한 방어 계획을 마련했지만, 코퍼스 이사회는 이 계획에 불확실한 점이 너무 많다고 판단해서 기각하고는 경쟁자의 품으로 달려갔던 것이다.

밤마다 마는 지치고 무거운 발걸음으로 터벅터벅 걸어서 리버사이드 드라이브 아파트의 집으로 퇴근했다. 그의 아내와 네 명의 아이들을 제외하고는 그가 얼마나 피곤해했는지 아는 사람이 거의 없었다. 마는 겉으로 이런 내색을 조금도 내비치지 않았다. 그는 여전히 인수 합병 부서에서 가장 믿음직한 상사였다. 어려운 일이 있으면 가장 먼저 찾아가 의논하고 싶은 사람이었다. 마의 친구 가운데 한 사람이 했던 표현을 빌리자면, '모든 배들이 정박하고 싶어 하던 부두'였다.

새로운 경쟁자들에게 조금씩 잠식당하면서 퍼스트 보스턴의 상태는 점차 악화되었다. 그해 여름에 와서스타인의 측근 가운데 한 명이 익명으로 《월스트리트저널》과 인터뷰를 하며, 인수 합병 분야에서 퍼스트 보스턴이 입은 일련의 손실들에 대해 다음과 같이 말했다.

"우리가 거기 있었다면 그런 일은 결코 일어나지 않았을 겁니다. …… 하지만 퍼스트 보스턴에서는 수수료가 계속 들어오는 한 그 누구도 그런 문제에 신경 쓰지 않을 겁니다."

기사를 접한 마는 분통을 터뜨렸다. 그의 가장 친한 친구들은 그가 신의를 저버렸다고 비난했다. 그런데 마의 부하 직원이던 킴 페너브레스크가 반격을 가했다. 《인베스트먼트딜러스다이제스트》와 인터뷰를 하면서 다음과 같이 말했던 것이다.

"와서스타인 퍼렐라 앤드 컴퍼니는 물론 좋은 회사이기는 하지만 기본적으로 딱 한 가지 상품밖에 없는 회사입니다. …… 이 회사의 투자은행가 서른 명은 브루스 와서스타인이 모든 고객의 거래를 정말 잘해낸다는 이미지를 만들어 내려고 온갖 시도를 다 합니다."

페너브레스크는 '좋은 회사fine firm'라는 표현이 와서스타인을 따라간 사람들에게 심정적인 괴로움을 줄 것임을 알았다. 그의 논평을 놓고 퍼스트 보스턴의 동료들은 마치 그가 마지막 역전 터치다운을 성공하기라도 한 듯 그의 등을 치고 하이파이브를 하며 좋아했다.

페너브레스크의 발언에 대한 반응은 곧바로 나왔다. 와서스타인의 측근인 척 워드가 마에게 전화를 걸어 신경질적으로 따졌던 것이다.

"부하 직원 관리를 좀 잘할 수 없습니까?"

그리고 한번은 퍼스트 보스턴에 가짜 문서 하나가 나돌았다. 간부가 일반 직원에게 보내는 문건 형식이었지만 여러 가지 정황으로 보건대, 와서스타인 퍼렐라의 워드가 작성한 게 틀림없었다. 온갖 빈정거림으로 가득 찬 이 문서가 겉으로 주장하는 내용은, 퍼스트 보스턴을 떠나 와서스타인 퍼렐라로 가지 말라는 것이었다.

여기에서는 옮겨야 할 중요한 가방들이 무척 많습니다. 하지만 가방을 들고 갈 사람들은 많지 않습니다. …… 이 일에 지원하는 사람들은 치약과 무릎 보호대와 바셀린을 휴대하는 게 좋습니다. 만일 당신이 왜 이렇게 해야 하는지 이유를 모른다면, 당신은 이 회사에서 일이 어떻게 돌아가는지 아직 파악을 못 했다고 보면 됩니다.

가을이 되면서 퍼스트 보스턴 내의 사기는 더 떨어졌다. 사람들의 눈에 이제 퍼스트 보스턴은 와서스타인에게 버림받은 집단, 곧 월스트리트의 최하층 집단으로 추락하고 말 불쌍한 집단으로 비췄다. 퍼스트 보스턴의 인수 합병 부서는 부서를 일으킨 사람이 떠난 지 일곱 달 뒤 일감이 고갈되기 시작했다. 파이프라인을 통해 제공되던 물이 말라가기 시작한 것이다. 일감을 구해서 살아남으려면 와서스타인 퍼렐라라는 신흥 강자와 날마다 싸워야 했다.

신규 사업을 개발하는 일을 책임지고 있던 서른일곱 살의 페너브레스크는 마가 가장 신뢰하는 심복이었다. 입심 좋은 와스프 변호사인 페너브레스크의 장난기 넘치는 유머 감각은 마의 진중함을 훌륭하게 보완하는 기능을 했다. 가을이 되면서 페너브레스크는 인수 합병 담당 부서가 '키 없는 배' 신세가 되고 말았다고 느꼈다. 페너브레스크는 당시를 다음과 같이 회상했다.

"극적인 무언가를 할 수 있는 반전의 기회가 필요했습니다. 우리 선장은 아직 거친 바다를 겪어 보지 않았습니다. 또 직원들은 과연 우리가 그런 능력을 가지고 있는지 의심스러워했습니다."

그러던 차에 10월 17일, 와서스타인이 떠난 이후 퍼스트 보스턴의 인수 합병 부서는 가장 지독한 시련을 맞았다. 필립 모리스가 크래프트를 110억 달러에 공개 매입을 하겠다고 나선 것이다. 역사상 최대 규모의 이 공개 매입 제안은 기업계만 깜짝 놀라게 한 게 아니었다. 필립 모리스가 와서스타인 퍼렐라를 수석 자문 회사로 선정함으로써 여태까지 단골 자문 회사였던 퍼스트 보스턴의 턱에 강타를 날린 셈이었다.

제임스 마는 당시 자기 사무실에서 신입사원 후보를 상대로 면접을 보고 있었다. 오후 6시가 조금 못 된 시각이었는데, 그의 책상 위에 놓여 있던 컴퓨터 모니터에 흐르던 자막 뉴스가 그의 눈을 사로잡았다.

"필립 모리스, 공개 매입 선언, 대상은······."

〈다우존스뉴스서비스〉 자막은 거기서 잠시 멈추었다.

"오오, 안 돼······, 제발······ 제발!"

짧은 순간 마의 시선은 모니터에 고정되었다. 필립 모리스가 공개 매입에 나선 대상이 아주 작은 회사이기를 간절히 바랐다. 하지만 곧바로 이어진 내용은 그의 바람을 무참하게 짓밟았다.

"필립 모리스, 공개 매입 선언, 대상은 크래프트."

"오오, 이런 씨발!"

마가 느낀 고통은 퍼스트 보스턴이 역사상 최대 규모의 적대적 인수와 관련된 거래에서 배제되었다는 사실을 아는 것 이상이었다. 와서스타인에게 몇 번째인지도 모를 만큼 많이 당했다는 것 이상이었다. 필립 모리스가 퍼스트 보스턴을 배제했다는 사실은 마에게 뼈아픈 굴욕이었다. 담배 산업의 거인 필립 모리스는 그의 것이었다. 마는 필립 모리스가 1985년에 '제너럴 푸즈'를 인수할 때도 개인적으로 자문을 했었다. 와서스타인이 자신의 최대 고객 가운데 하나를 가로채 간 지금, 마로서는 다른 누구도 아닌 스스로를 탓할 수밖에 없었다. 퍼스트 보스턴의 인수 합병 부서에만 신경 쓰다 보니 당연히 했어야 할 기본적인 의무까지 무시해 버렸던 것이다. 이 사건은 부서 차원에서도 치명적인 일격이었다. 그동안 최고의 고객이었던 회사들도 이제 퍼스트 보스턴에 등을 돌릴 수 있다는 사실이 적나라하게 드러났다.

마는 자기가 개인적으로 잘 아는 필립 모리스의 고위 간부 에후드 후미너에게 전화를 걸었다. 그러고는 최대한 감정을 억제하려고 노력하면서 말했다.

"에후드, 이렇게 불알을 찰 수 있습니까?"

후미너는 여러 가지 말로 마를 달랬지만 다음에 일을 함께하자는 약속은 끝내 하지 않았다. 마는 그 주 내내 필립 모리스의 중역들에게 전화했지만 반응은 한결같았다.

•———◦◦◦———•

로스 존슨이 한 주당 75달러 가격에 RJR 나비스코를 인수하겠다고 나섰다는 소식이 자기 책상 위의 모니터에 흐르는 것을 보았을 때, 페너브레스크는 잠시 이 보도가 잘못된 것이라고 생각했다. 누군가 장난을 쳤다고 생각했다. 순간적으로 그는 영화 〈위험한 게임War Games〉에 나오는 컴퓨터 천재를 머리에 떠올렸다.

'미치광이 천재 해커가 내 쿼트론에다 장난을 친 거야. 이게 사실일 리가 없어.'

마는 곧바로 공격 계획을 세우기 위해 회의를 소집했다. 월스트리트의 다른 모든 투자은행과 마찬가지로 퍼스트 보스턴도 이 거래에 끼어들어 한몫 챙기려고 했다. 특별위원회 편에 붙어도 좋고 인수자 편에 붙어도 좋았다. 어느 편이든 수수료를 챙길 수 있었기 때문이다.

그 뒤 며칠 동안 RJR 나비스코의 자산을 인수할 가능성이 있는 투자 주체를 찾아 수백 통의 전화를 했다. 처음에 마는 설마 퍼스트 보스턴이 이 거대한 드라마에 출연하지 못할 것이라곤 생각도 하지 않았다. 그런 걱정은 조금도 하지 않았다. RJR 나비스코는 워낙 큰 회사여서 수십 개의 회사가 투자은행을 고용해 인수 전략을 분석할 것이므로 당연히 퍼스트 보스턴도 한 자리를 차지할 것이라고 믿었다. 이런 생각을 하면서 마는 소매를 걷어 붙이고 말보로 담배를 입에 문 채 부지런히 전화기의 버튼을 눌렀다.

우선 그는 RJR 나비스코의 이사회를 대변할 수 있을지 알아봤다. 하지만 그 자리는 이미 라저드와 딜런이 차지하고 있었다. 마는 토밀슨 힐에게 전화를 걸어 시어슨이 혹시 인수 자금을 더 필요로 하지 않은지를 물었다. 힐은 그럴 일이 없다고 했다. 마는 다시 시어도어 포스트먼과 제프 보이시에게 전화를 걸었다. 두 사람 모두 마가 기대하던 대답을 하지 않았다. 모든 문들이 마 앞에서 차례로 큰 소리를 내며 닫혔다.

존슨의 발표가 있은 지 하루가 지난 뒤 마가 데리고 있던 베테랑들이 투덜거리기 시작했다. 금요일 오후 늦은 시각, 게리 스웬슨이 페너브레스크의 사무실로 들어섰다. 스웬슨은 퍼스트 보스턴에 20년 동안 몸담아 온 베테랑이었고, 롱아일랜드 출신의 페너브레스크로서는 저항할 수 없는 중서부 지역 특유의 냉정함을 가지고 있는 인물이었다.

"배는 떠나 버리고 우리만 오리알 신세요 지금."

"무슨 말입니까?"

"월스트리트에서는 다들 한 다리씩 걸치는데 우리만 빠졌어요. 우리만 쏙 빠졌다고. 난 우리가 무얼 해야 하는지 알아요. 투자자들을 모아서 우리끼리 하자고. 통째로 다 사 버리는 거요. 지금 필요한 건 바로 이거요. 완전히 역전시킬 수 있어."

처음에 페너브레스크는 스웬슨의 생각이 터무니없다고 보았다. 규모가 너무 컸다. 자력으로 통째로 산다는 건 미친 생각이었다. 하지만 스웬슨이 계속 입에 거품을 물며 이야기하자 일리가 있는 것 같았다. 그래서 몇몇 사람들에게 전화를 걸어 보았다. 그 가운데는 데이비드 배튼도 포함되어 있었다. 그는 인수 합병 부서에 발령을 받은 지 이제 막 한 주가 지난 퍼스트 보스턴의 중역이었다.

배튼은 스웬슨의 생각에 동조했다. 나흘 전에 런던 지사에서 돌아왔던 그는 회사 분위기에 자신감이 많이 부족하다는 사실을 깨달았던 점을 상기했다. 그는 스웬슨과 페너브레스크에게 말했다.

"지금 우리에게 필요한 것은 자신감을 회복할 수 있는 계기요. 젠장, 우린 아직도 최고잖아. 다른 누구보다 잘할 수 있어. 안 그래요?"

세 사람은 페너브레스크의 사무실에서 계획을 다듬었다. 스위스에 있는 자매 회사인 '크레디트 스위스' 및 두 회사의 런던 합작 회사를 동원할 수 있었다. 이 세 회사가 힘을 합쳐 전 세계에서 자금을 모으고 또 입찰에 함께 할 집단을 모을 수 있을 것이라는 데까지 추론했다. 그리고 이런 시도를 하는 것은 자신들의 당연한 의무라고 생각했다.

페너브레스크는 흥분해서 마에게 전화를 걸었고, 마도 내려와서 합류했다. 페너브레스크가 계획안을 내놓았다.

"될 것 같지 않습니까?"

마는 잠시 생각에 잠겼다. 그러더니 이렇게 말했다.

"반대할 마음은 없군요."

페너브레스크는 마의 전형적인 이런 반응에 화가 났다.

'반대할 마음이 없다? 무슨 반응이 이따위야? 이게 얼마나 죽여주는 아이디어인데!'

하지만 그건 마의 특이한 개성 가운데 하나였다. 페너브레스크는 분통이 터졌지만 참아야 했다. 페너브레스크는 마에게, 직원들 앞에서 책상 위에 올라가 즉석 연설로 직원들을 격려하는 따위의 이벤트라도 제발 해 달라고 몇 번이나 얘기했지만 마는 그렇게 하지 않았다. 마에게는 그런 열정이 없었다.

14장 임박한 마감 시한과 절정으로 치닫는 혼란과 긴박감 페너브레스크는 일단 일을 추진하기로 의견을 모은 다음, RJR 나비스코 인수를 위한 컨소시엄 구성에 관심을 가질 만한 주체들에게 전화를 걸기 시작했다.

❋

좋은 소식을 목마르게 기다리던 마에게 마침내 그다음 주에 그런 소식이 날아들었다. 필립 모리스에 대한 끈질긴 시도가 마침내 결실을 본 것이었다. 여전히 크래프트를 인수하기 위한 싸움에 매여 있던 필립 모리스가 RJR 나비스코 입찰 가능성을 분석해 달라고 퍼스트 보스턴을 고용한 것이었다. 마는 필립 모리스가 RJR를 인수할 가능성은 낮다고 보았다. 하지만 어쩌면 로스 존슨과 이야기가 잘 풀리면 크래프트 입찰 가격을 낮출 수도 있지 않을까 하고 기대했다. 만일 그렇게만 된다면 RJR 나비스코를 인수하는 컨소시엄의 중심적인 주체로 필립 모리스를 이용할 수도 있었기 때문이다 (존슨이 RJR 나비스코를 인수하겠다고 발표한 직후, 처음 며칠 동안 필립 모리스의 최고경영자 해미시 맥스웰은 최소한 한 차례 이상 로스 존슨을 만나 필립 모리스와 RJR 나비스코의 합병 문제를 논의했다. 존슨은 나중에 자기는 맥스웰이 RJR 입찰에 진심으로 어떤 열정을 보이리라고는 전혀 기대하지 않았다고 말했다. 그리고 두 사람이 아무리 합의에 가까이 갔다 하더라도 반독점과 관련된 여러 가지 이유로 합의가 성사되지는 못했을 것이다).

마 입장에서 보자면 필립 모리스의 일을 맡는 것은 특별한 의미가 있었다. 크래프트에 매달리는 와서스타인이 죽 쑤게 만들고 동시에 RJR 나비스코 싸움에서 한몫 차지할 수 있었기 때문이다. 일거양득의 쾌거였던 것이다.

"이건 정말 죽입니다!"

페너브레스크는 열광했다.

"크래프트 건으로 브루스에게 엿 먹이고, RJR 건으로 한 번 더 엿 먹이는 거잖아요. 필립 모리스와의 관계도 정상화되고, RJR 거래에도 한몫 낄 수 있고……. 끝내줍니다, 뷰티플!"

그런데 페너브레스크가 중심이 되어 컨소시엄을 구성할 주체를 수소문했지만 별 소득이 없었다. 페너브레스크가 억만장자 투자자인 존 클루거의 측근들을 여러 차례 만났으나 성과는 없었다. 경영진 쪽과의 합의서 내용이 드러나자 클루거는 경영진의 탐욕에 손을 내저으며 물러앉고 말았던 것이다.

그리고 며칠 뒤 마는 필립 모리스가 곧 크래프트와의 계약을 매듭짓고 RJR 나비스코 건은 손을 뗄 것이라는 사실을 알았다. 클루거와도 이야기가 잘 진행되지 않은 데다 필립 모리스까지 돌아선다는 소식은 마에게 충격적인 복부 강타였다. 세기의 거래에서 월스트리트의 주요 투자은행 가운데 유독 퍼스트 보스턴만 빠지고 만다는 최악의 시나리오를 피할 수 없을 것 같았다.

며칠 동안 퍼스트 보스턴의 RJR 팀은 실의에 빠져 있었다. 당시 정크 본드 책임자이던 그레그 맬컴은 동료들에게 이렇게 말했다.

"개가 달려가는 버스를 쫓고 있어요. 그 개가 우리야."

당시의 회사 분위기를 정확하게 표현하는 말이었다. RJR 싸움에 퍼스트 보스턴이 완전히 소외되고 말 것이라는 예상이 지배적이었다. 다들 그렇게 생각했다.

이런 패배적인 분위기 속에서 퍼스트 보스턴의 방향성에 대한 의심이 또다시 회사에 퍼졌다. 페너브레스크는 참담한 전망에 몸서리를 치며 인수 합병 대상이 될 만한 작은 기업이라도 물색하려고 미네소타로 날아갔다. 비행기를 타고 가던 그는 이런 생각을 했다.

'과연 우리가 옛날로 돌아갈 수 있을까? 브루스는 우리가 특별한 존재라고 우리 스스로 느끼게 만들었었는데……. 그땐 영광을 누리며 정말 행복했었는데……. 우리가 특별한 존재라는 느낌을 다시 한 번 느낄 수 있을까?'

페너브레스크와 달리 마가 얼마나 끔찍한 지옥을 느꼈는지 아는 사람은 거의 없었다. 다른 사람이 보기에 그는 예전과 다름없었다. 하지만 속으로는 공포에 떨고 있었다. RJR 나비스코 거래에 한 다리를 걸치기 위해 자기가 알고 있는 모든 수단과 방법을 동원했지만 아무 성과도 거두지 못했다. 사람들이 등 뒤에서 뭐라고 쑤군거리는지 그는 알고 있었다. 퍼스트 보스턴은 이제 끝났어. 와서스타인이 없는데 옛날과 같을 수 있겠어? 이때의 상황을 마는 다음과 같이 회상했다.

"퍼스트 보스턴의 모든 게 걸려 있었죠. 어떻게든 그 거래에 끼어들어야 했습니다."

마에게는 아직 남은 카드가 있었다. 한 가지 아이디어가 특히 그의 머릿속에서 떠나지 않았다. 어느 금요일 오후에 브라이언 핀이 사무실로 들어왔다. 핀은 흥분한 얼굴로 들어서면서 마의 비서에게 어떤 전화가 와도 절대로 연결하지 말라고 고함을 질렀다.

"보스도 마찬가집니다. 만일 전화를 받으면 내가 엉덩이를 걷어찰 테니까 그렇게 알아요. 자, 그럼 이야기를 할 테니, 귀 쫑긋 세우고 잘 들어 봐요."

마는 핀에게 특별한 애정을 가지고 있었다. 핀은 퍼스트 보스턴에서 똑똑한 젊은 별들 가운데 하나로 꼽히던 인재였다. 월스트리트를 컴퓨터 및 통신 분야로 비유하면 핀은 해커와 같은 존재였다. 그는 몇 시간씩 혼자 앉아서 인수 합병과 관련해 온갖 숫자들이 동원되는 복잡한 전술들을 계산하곤 했다. 어린 시절에 뉴욕 메츠의 열렬한 팬이기도 했던 그는 타율을 계산하면서 숫자에 대한 사랑을 키웠었다. 퍼스트 보스턴에서 적대적 인수에 대항하는 구조 조정 전문가로 있던 핀은, 기업의 대차 대조표를 비틀어 다시 구성하는 방식으로 이미 용인된 합병 전략들을 무디게 함으로써 적대적 인수 합병 시도를 창조적으로 방어하는 데 일가견이 있었다. 앳되어 보이는 얼굴과 덥수룩한 밤색 머리카락, 구겨진 양복, 그리고 빠르게 돌아가는 머리까지 모두 젊은 브루스 와서스타인을 연상시켰다. 실제로 와서스타인이 총애하던 인물이었으며, 떠나려던 와서스타인과 남겠다는 마가 서로 놓아주지 않으려고 다투던 인물이었다. 마는 핀과 함께 드라이진 한 병을 다 비우면서 저녁 내내 대화를 나눈 끝에 결국 그를 붙잡았다. 이에 대해 핀은 이렇게 말했다.

"약자 입장이던 지미를 걷어찰 수가 없었던 거죠."

핀의 두 쪽짜리 보고서가 마의 책상 위에 놓여 있었다. 마는 아직 그 보고서를 읽지 않았다. 핀이 아침에 보냈던 문건이었다. 그 문건 속에 담긴 전략은 복잡하고, 불완전하고, 또 믿을 수 없을 정도로 무모했다.

핀이 제시하는 전략은, 앞으로 두 달 뒤인 12월 31일에 보완될 세법의 맹점을 이용하는 것이었다. 핀의 계획으로 보자면, 첫 번째 단계에서는 퍼스트 보스턴이 분할불입어음†으로 RJR 나비스코의 식품 사업 부문을 인수해야 한다. 그다음에는 이 어음을 은행에서 현금으로 바꾼다. 그런데 이 발상의 최고 강점은, 어음에 대한 세금은 10년 혹은 20년 동안 연기될 수 있다는 법의 맹점을 이용함으로써 40억 달러에 가까운 세금을 일단 내지 않고 확보할 수 있다는 점이었다. 두 번째 단계에서는 공매 과정을 거쳐 나비스코를 팔아치움으로써 수익의 80퍼센트를 RJR의 주주들에게 주고 나머지를 챙긴다. RJR의 이사회도 수십억 달러를 절약할 수 있고 이 초과 소득을

---

† 채무액을 다 갚을 때까지 일정 기간에 걸쳐 원금과 이자를 나누어 상환하도록 한 어음.

무과세로 주주들에게 돌려줄 수 있다. 그리고 퍼스트 보스턴은 RJR의 나머지 담배 사업 부문을 기존의 LBO 방식대로 150억 달러에 인수한다.

1986년과 1987년의 세법 규정에 대한 대응으로 월스트리트의 납세 관련 자문 위원들이 발견한 분할불입어음의 허술한 법망은 캐나다의 부동산 투자 회사 '캠포 코퍼레이션'이 1988년에 '페더레이티드 디파트먼트 스토어스'를 인수하는 과정에서 여러 개의 하부 사업 단위들을 매각할 때 이용했다. 그런데 이 수법이 세금을 합법적으로 내지 않는 데 매우 유용했기 때문에 의회는 그해 9월에 이 맹점을 보완하는 법률을 의결했다. 그러면서 유예 기간을 두었는데, 그 기간이 바로 12월 31일까지였던 것이다. 덕분에 퍼스트 보스턴이나 그 밖의 다른 기업 인수 주체들은 남은 두 달 동안 그 맹점을 이용할 수 있었다. 핀이 제시한 전략은 문이 닫히기 직전에 이 기회를 이용하자는 것이었다.

마는 핀의 제안에 회의적이었다. RJR 나비스코 인수 합병이라는 대형 거래를 하기에는 허점이 너무 많다고 보았기 때문이다. 여태까지 분할불입어음은 그 정도의 대규모 거래에서는 사용된 적이 한 번도 없었다. 핀이 제시한 초안 상태의 계획이 구체적으로 진행되려면 수백 가지의 의문점들을 해소해야 했다. 그 점은 핀도 인정했다.

"물론 해결해야 할 문제가 많긴 합니다."

"그렇다면, 해결해 봐요."

존 클루거와 이야기가 잘 풀리지 않으면서 입찰 파트너를 찾는 퍼스트 보스턴의 노력도 시들해지고 말았다. 그런데 그로부터 약 한 주가 지난 11월 9일, 리언 캘버리아가 데이비드 배튼의 유리벽 사무실로 들어오면서 투덜거렸다.

"빌어먹을! 하지만 그렇다고 포기하진 맙시다."

캘버리아는 시가를 즐겨 무는 로디지아 출신으로, 한동안 퍼스트 보스턴에 돈을 대줄 투자자 파트너를 찾으려고 노력했지만 아무런 성과를 거두지 못하고 있었다. 캘버리아와 배튼은 파트너가 될 만한 회사를 뽑은 목록을 살피고 또 살폈다. 하나씩 이름을 불러가며 확인하다가, 마침내 배튼이 빠뜨렸던 '리소스 홀딩스'를 캘버리아가 손가락으로 짚었다.

"여기는 어떻습니까?"

"누군데요?"

"제이 프리츠커."

배튼은 별로였다. 하얏트 호텔들을 거느리고 있는 시카고의 존경받는 투자자 프리츠커는 최고 높은 금액을 써내면서까지 기업을 인수할 마음은 없는 사람으로 알려져 있었기 때문이다. 그래서 퍼스트 보스턴에서는 프리츠커 쪽에는 아예 전화도 해 보지 않았었다. 하지만 시간이 촉박했다. 입찰 마감 기한은 아흐레밖에 남지 않았다.

"밑져야 본전인데 전화 한번 해 보죠 뭐."

그날 캘버리아는 리소스 홀딩스의 최고경영자인 제리 세슬로와 통화를 했다. 미국의 희극 배우 그라우초 막스의 눈썹을 가진 마흔두 살의 세슬로는 전직 회계사로 살이 통통하게 찐 체형이었는데, 월스트리트에서는 그다지 이름난 사람이 아니었다. 그는 대형 회계 법인인 '피트, 마위크, 미첼 앤드 컴퍼니'에서 11년 동안 근무했는데, 여기서 프리츠커와 같은 대형 투자자들의 의뢰를 받아 일했었다. 이 회계 법인에서 나온 뒤에는 독자적으로 소규모 투자 회사를 설립했는데, 이 회사가 바로 리소스 홀딩스였다. 리소스 홀딩스는 프리츠커와 덴버의 억만장자 필립 앤슈츠 등의 고객 투자금을 관리하는 데 많은 시간을 보냈고, 그 외의 시간에는 인디애나폴리스 쇼핑몰의 황제 멜빈 사이먼과 신시내티의 투자자 칼 린드너 등을 비롯한 수많은 다른 투자자들을 위해 일했다. 월스트리트에서 세슬로는 마이너리거로 통했는데, 고객들 덕분에 가끔 한 번씩 홈런을 치곤 했다.

세슬로는 인내심을 발휘해서 캘버리아의 설명을 끝까지 들었다. 그는 이 젊은 로디지아인이 마음에 들었다. 그리고 퍼스트 보스턴이 이 거래에 뛰어들고 싶어 안달이라는 사실도 알았다. 하지만 세슬로가 보기에 캘버리아의 전략은 어쩐지 절망적이고 필사적인 느낌이었다.

"당신들 완전히 미친 거 아닙니까? 우리더러 지금 그렇게 가자고요? 너무 늦었어요, 너무 늦었어. 리언, 그냥 집으로 돌아가요."

캘버리아가 매달렸지만 세슬로는 더 이상 들으려 하지 않았다.

"안 돼요, 그냥 잊어버리고 돌아가라니까요."

하지만 캘버리아는 끝내 물러서지 않았다. 캘버리아는 다음 날 다시 세슬로에게 전화해서 브라이언 핀이 제안했던 특이한 전략을 소개했다(이 전략은 나중에 '핀의 세금 전략'으로 통하게 된다).

"제리, 우리한테는 비장의 무기가 있습니다. 우리는 세금 쪽을 줄여서 주주들에게 추가로 8달러에서 10달러까지 얹어 줄 수 있습니다. KKR나 시어슨은 도저히 할 수 없는 그런 방식입니다. 정식으로 제대로 된 설명을 들어 보지 않겠습니까?"

그 말에 완강하던 세슬로도 한결 누그러졌다.

"좋아요, 어디 한번 들어 보죠."

다음 날 아침 페너브레스크와 캘버리아는 한 시간에 걸쳐 세슬로에게 설명했다. 그러면서 자기들에게는 '펩시'와 같은 굵직한 고객들이 함께 갈지 모른다는 말을 슬쩍 내비치는 일도 잊지 않았다. 한껏 고무된 세슬로는 두 사람이 제시한 전략을 전향적으로 한 번 더 살펴보겠다고 했다. 그러면서 이 말을 덧붙였다.

"2주 전에만 연락을 줬어도 좋았을 텐데……."

•———◍◍◍———•

제이 프리츠커는 뉴욕에서 전화선을 타고 날아오는 세슬로의 말에 귀를 기울였다.

예순여섯 살의 프리츠커는 미국에서 가장 예리한 투자자들이라고 인정받고 있는 집단을 거느리고 있었다. 그는 왜소하고 깡마른 체구였다. 게다가 인공 혈관을 이식하는 심장 수술을 받았음에도 불구하고 여전히 힘이 넘쳤다. 1881년 키예프에서 시카고로 이민 온 러시아 출신 약사의 손자인 프리츠커는 40년이라는 세월 동안 거대한 기업 제국을 건설했다. 이 제국은 다양한 모습뿐 아니라 높은 수익을 올리는 것으로도 유명했다. 이 제국의 핵심 사업 부문은 하얏트 호텔 체인과 마먼 그룹이었다. 마먼 그룹은 레미콘 사업에서부터 '티켓마스터'까지 무려 60개가 넘는 사업 부문으로 구성된 비밀스러운 공룡 기업이었다. 감정을 절제하고 언론 노출을 극도로 꺼리는 프리츠커는 1980년대 중반에 파산한 '브래니프 에어라인스'를 소생시키려는 대담한 시도로 세상을 놀라게 했었다(하지만 이 시도는 결국 실망스럽게 끝나고 말았다).

그 주 금요일에 제이 프리츠커는 제리 세슬로가 자세히 설명하는 퍼스트 보스턴의 특이한 세금 전략에 회의적인 반응을 보였다.

"제리, 시간이 너무 없잖소."

입찰 시한은 딱 한 주밖에 남지 않았다. 하지만 세슬로는 끈질기게 프리츠커를 설득했다(RJR 나비스코 건을 제이 프리츠커에게 제시한 사람은 제리 세슬로가 처음이 아니었다. 스미스 베이글리가 수많은 다리를 거치고 거쳐 그의 측근 가운데 한 사람을 만나 제안하는 데까지는 성공했지만, 더 이상의 진척은 없었다). 그런데 경쟁자들인 시어슨과 크래비스를 언급하는 과정에서 세술로는 프리츠커의 마음이 조금 움직이는 걸 포착했다. 프리츠커는 오랫동안 헨리 크래비스는 대단한 인물이라고 생각해 왔는데, 그가 RJR에 관심을 가지고 있다는 사실에 마음이 흔들렸다.

"만일 헨리가 관여하고 있다면 생각을 달리 해 볼 수도 있겠는데……"

───◌◌◌───

억만장자는 친구를 사귀는 법도 보통 사람과 달랐다.

프리츠커가 가깝게 지내는 친구이자 자문 위원 가운데 멜빈 N. 클라인이라는 사람이 있었다. 텍사스의 코퍼스크리스티에 사는 붙임성 많은 투자자로, 1970년대 초에 월스트리트에서 일하면서 헨리 크래비스와 친한 사이가 되었다. 1988년 초에 클라인은 '유나이티드 테크놀로지스'의 전직 회장이던 해리 그레이와 함께 투자운용사를 설립하고 펀드를 조성했다. 그런데 이 회사의 세 번째 파트너가 바로 제이 프리츠커였다. 그해 봄에 '그레이 클라인'은 새로 조성한 5억 달러의 자금을 가지고 '페더레이티드 디파트먼드스토어스'를 비롯한 수많은 유명한 인수 합병에 투자했다.

그리고 2월에는 그레이 클라인의 유한 책임 파트너인 대니얼 러프킨이 프리츠커와 그레이 클라인에 RJR 나비스코의 LBO를 검토해 보라고 제안했다. 이 계획에는 '연막작전'이라는 암호명이 붙었다. 클라인과 프리츠커 측 사람들은 여러 달에 걸쳐 이 사업의 가능성을 분석했다. 그런데 아무도 로스 존슨과 개인적인 친분을 가지고 있지 않았다. 그래서 클라인이 크래비스와 손잡고 일을 전개하는 게 좋겠다는 안을 내놓았고, 프리츠커의 동의를 얻은 클라인이 크래비스를 만났다. 5월 4일이었고, 아침을 함께 먹는 자리였다. 그런데 이 자리에서 크래비스는 자기가 예전에 존슨을 만났지만, 존슨은 그럴 생각이 전혀 없더라는 사실을 전했다.

"씨알도 먹히지 않았습니다."

이렇게 해서 '연막작전'은 없던 것이 되고 말았다.

존슨의 최초 발표가 있은 뒤인 10월에 클라인은 크래비스에게 다시 전화해서 자기도 KKR 진영에 참여할 수 있으면 좋겠다고 제안했고, 크래비스는 생각해 보겠다고 대답했었다.

금요일 오후에 프리츠커는 텍사스에 있는 클라인에게 전화를 했다.

"멜(멜빈의 애칭), RJR에 대해 우리가 헨리 크래비스에게 제안한 건 어떻게 되어 갑니까?"

클라인은 현재로선 아는 게 없는데 확인해 보겠다고 대답했다. 그날 오후, 프리츠커가 퍼스트 보스턴과 손을 잡을까 말까 고민하던 즈음에 클라인은 크래비스와 통화를 했다.

"솔직하게 까놓고 말하면, 제이 프리츠커는 퍼스트 보스턴과 손을 잡고 RJR 나비스코 입찰에 나설 것 같아요."

크래비스는 이렇게 대답했다.

"고맙습니다, 멜. 알려 줘서."

그 주 금요일 오후에 마가 자기 사무실에서 회의를 소집했을 때, 퍼스트 보스턴이 기대할 수 있는 희망의 촛불은 위태롭게 꺼져 가고 있었다. 퍼스트 보스턴이 RJR 나비스코 거래에 완전히 소외되어 무시당하는 최악의 사태를 피할 수 있는 유일한 기회는 핀이 제시한 문제투성이의 구조 조정 제안이었다. 마는 핀을 비롯한 몇몇을 불러 일이 어떻게 진행되는지 확인했다. 창밖으로 해가 지고 있었다. 해가 진다······. 그것이 퍼스트 보스턴의 운명을 암시하는 것일지도 모른다는 불길한 예감이 마의 뇌리를 스쳤다.

핀은 이날 회의 자료로 기존의 계획에 살을 붙여 좀 더 자세한 계획을 만들어 가지고 왔다. RJR 나비스코를 인수하는 데 분할불입어음을 사용할 경우 2000년까지 세금 납부를 유예한다고 칠 때 40억 달러나 되는 돈을 따로 챙길 수 있을 것이라고 예측했다. 모든 것이 정확하게 맞아떨어지기만 하면 퍼스트 보스턴은 수수료로만 3억 달러를 벌 수 있다고 핀은 주장했다. 그것은 역대 최고의 인수 합병 수수료와 비교해도 네 배나 많은 금액이었다. 하지만 마가 수수료 이상의 것을 바란다는 사실을 핀은 알았다. 그래서 보고서에 "추가적인 이득으로 인수 합병 분야 시장 점유율을 획기적으로 바꿀 수 있으며, 회사의 이미지 제고의 가치도 돈으로 따질 수 없을 정도로 크다"라고 적었다. 요컨대 이번 거래를 성사만 시킨다면 다시는 브루스 와서스타인에 대한 이야기를 듣지 않아도 된다고 핀은 마지막으로 요약해서 설명했다.

하지만 핀도 인정한 것처럼 몇 가지 제거되어야 할 문제들이 있었다. 우선 적게 잡아도 35억 달러나 되는 금액의 세금을 유예하는 일은 유례없는 것이었다. 핀의 계산에 따르면, 연방 정부 예산 부족액을 2퍼센트나 늘리는 수치였다. 그러니 만일 퍼스트 보스턴이 이런 제안을 할 경우 RJR 나비스코의 이사회로서는 정치적인 파장을 고려하려 들 게 불을 보듯 뻔했다. 핀도 이 문제의 심각성을 인정했다.

"네, 그렇습니다, 워싱턴이 펄쩍 뛰겠죠. 그건 분명합니다."

하지만 어쨌거나 분할불입어음의 유예 기간을 1988년 12월 31일로 정한 게 자신들이므로 의회가 개입하지는 않을 것이라는 게 젊은 투자은행가의 주장이었다. 그리고 공매가 이루어지는 시기에는 의회가 열리지 않을 것이라고 했다.

"의회의 특별위원회가 소집되어 LBO를 치겠다고 나선다면?"

"그럴 수는 없죠."

핀의 계획을 실행에 옮기는 데 따로 파트너가 필요한지 여부는 여전히 의문이었다. 어떤 사람들은 단독으로 하자고 주장했다. 마는 그렇게 해도 가능할지 확신이 서지 않았다. 어떤 존경받는 회사가 파트너로 참가할 경우, 어쩌면 퍼스트 보스턴으로서 가장 절실하게 필요한 요소일지도 모르는 합법성과 정통성이 좀 더 많이 담보될 것이라는 게 그의 생각이었다.

마의 소원이 막 실현되려는 순간이었다. 창밖으로 어둠이 깔릴 무렵, 리언 캘버리아의 휴대폰이 울렸다. 제리 세슬로였다. 목소리로 판단하건대, 그는 흥분해 있었다.

"리언, 그 제안을 제이 프리츠커하고 얘기했어요. 이제 됐어요. 어서 움직이자고요!"

핀은 더럽고 음침한 회의실에 앉아 록펠러센터 전경을 내려다보면서 화가 나서 씨근거렸다.

'빌어먹을! 이 친구들은 왜 이렇게 잔소리를 해 대는 거지? 우리 때문에 자기들도 훨씬 잘되고 좋을 텐데, 젠장!'

화요일 아침이었다. 금요일의 마감 시한까지는 딱 사흘밖에 남지 않았다. 핀과 세 사람의 퍼스트 보스턴 동료들은 특별위원회 측에 자신들의 제안을 자세히 설명하려고 라저드 사무실로 왔다. 핀은 라저드의 사무실을 볼 때마다 놀랐다. 쥐새끼들이 밤마다 파티를 벌일 정도로 지저분해 보였기 때문이었다. 바닥의 카펫은 1932년에 깐 뒤로 한 번도 바꾸지 않은 것 같았다.

퍼스트 보스턴은 자기들의 제안이 담고 있는 전략은 인수 전략이라기보다는 구조 조정 전략이라고 말했다. 마는 RJR 나비스코의 이사회가 거래를 마친 이후에도 회사가 독립적으로 존재하기를 본능적으로 바랄 것이며, 따라서 비록 근본적이긴 해도 구조 조정이 크래비스나 코언이 제시하는 방안보다 받아들이기 쉬울 것이라고 확신했다. 퍼스트 보스턴과 프리츠커 사람들은 식품 사업 부문을 매각하고 여기에서 나오는 수익을 주주들에게 분배함으로써 담배 사업 부문은 다치지 않고 그대로 남기는 일을 돕겠다고 제안했다.

회의가 진행되는 동안 핀은 탁자 건너편에 있는 두 사람을 평가했다. 라저드의 루이스 리날디니는 예리하고 달변이었다. 떠오르는 스타인 자신과 비슷했다. 그에 비해 딜런 리드의 존 멀린은 1970년대 초반의 역사적 유물처럼 촌스러웠다. '하얀 운동화를 신은 옛날식 범생이'가 눈이 어지러울 정도로 빠르게 핑핑 돌아가는 1980년대 중반의 월스트리트에서 애쓰는군, 하고 핀은 속으로 말했다. 발언은 리날디니가 하고 있었다.

"우리는 이사회가 당신들이 제시한 복잡한 거래를 원할 거라고는 보지 않습니다. 정치적으로도 위험하고요."

라저드의 투자은행가는 머리까지 절레절레 흔들면서 했던 말을 반복하며 자기주장을 강조했다.

"너무 위험해요. 이건 그 사람들 방식이 아닙니다. 물론 우리도 당신들을 실망시키고 싶지는 않지만 말입니다."

'실망시키고 싶지 않기는, 젠장, 입에 침이나 바르시지.'

핀은 속으로 그렇게 말했다. 일이 어떻게 돌아가는지 알 수 있었다.

'이 친구들은 화가 난 거야. 자기들 일을 우리가 나타나서 망치려 한다고 보는 거야. 자기들이 여태까지 해 온 일을 물거품으로 만든다고 생각하는 거야.'

핀은 진짜 문제가 무엇인지 알 것도 같았다.

'우리가 자기들이 해야 하는 일을 대신 해 주는데…….. 사실 이런 전략은 자기들이 생각해 냈어야 하는 거잖아. 그래, 이 친구들은 우리가 자기들 일 자리를 뺏으려 한다고 생각하는 거야.'

특별위원회는 퍼스트 보스턴이 보이는 관심을 환영하기는커녕 무시하는 것처럼 보였다. 핀은 자기가 예상했던 것보다 일이 훨씬 어렵게 진행될지도 모른다는 두려움을 안고 돌아섰다.

⚬⚬⚬

마는 피터 앳킨스의 편지를 읽었다. 불쾌했다. RJR 나비스코의 이사회는 퍼스트 보스턴이 실사할 수 있는 기회를 주지 않겠다는 내용이었다. 연차 보고서와 증권거래위원회에 보고된 회사의 연례운영보고서만 보고 입찰 가격을 제시하라는 것이었다. 마가 보기에 이런 처사는 결코 공정하지 않았다.

실망한 마는 입찰 마감일 이틀 전인 수요일에 앳킨스에게 말했다.

"우리는 당신들이 금요일에 논의할 문건을 제출할 겁니다. 이 입찰 문건은 당신들의 삶을 좀 더 편하게 할 수도 있고 또 아닐 수도 있겠죠."

하지만 앳킨스는 확실한 의견 대신 어물쩍 넘겼다.

"당신들이 하고 싶은 대로 하면 됩니다."

⚬⚬⚬

퍼스트 보스턴이 특이한 제안을 했다는 사실은 목요일 아침 언론에 보도되었다. 자세한 내용이 소개되지 않았던 이유도 있었지만, 이런 사실을 심각하게 받아들이는 사람은 아무도 없는 것 같았다. 브루스 와서스타인은 만나는 사람마다 퍼스트 보스턴의 발상은 기가 막힌 코미디라고 농담을 했다. 금요일에 이름을 밝히지 않은 이사회의 한 자문 위원은《월스트리트저 널》에 퍼스트 보스턴의 제안은 그저 '미키 마우스'와 같은 것일 뿐이라며 깎 아내렸다.

시어슨의 토밀슨 힐도 퍼스트 보스턴의 제안을 경멸하긴 마찬가지였다. 마가 오죽 답답하고 절망적이면 그런 시도까지 할까 하는 게 그 제안에 대 한 그의 가장 우호적인 생각이었다. 분할불입어음이라는 장치는 RJR 나비 스코처럼 대형 거래에서는 결코 먹히지 않을 것이라고 그는 믿었다. 그는 이런 제안을 거들고 나선 세슬로가 진정한 프로가 아니라 아마추어에 지나 지 않는다고 생각했다. 그래서 심지어 이런 농담까지 했다.

"이 거래에는 애벗과 코스텔로† 빼고는 모두 다 참가하는데, 사실 이 두 사람은 죽고 없거든."

힐과 살로먼의 '줄줄이 소시지들'은 제이 프리츠커가 RJR 나비스코에 갑 자기 관심을 보이며 나선 배경에는 아이라 해리스가 있다고 감지했다. 현재 이사회를 대변하고 있는 해리스는 프리츠커와 워낙 가까운 사이라서 힐은 이 두 사람을 가리켜 '피를 나눈 형제'라고까지 불렀다. 프리츠커가 이 싸움 에 뛰어든 것은 결코 우연한 일이 아니라고 힐은 판단했다. 특별위원회로서 는 포스트먼 리틀이 빠진 상황에서 마라톤의 페이스메이커 역할을 해 줄 위 장 입찰자가 필요했을 것이고, 해리스가 나서서 프리츠커를 끌어들였을 거 라고 보았던 것이다. 한편 RJR 나비스코의 존 마틴은 '뚱보 아이라'가 거래 를 망쳐 놓는다며 흥분해서 고함을 질렀다. 사실 해리스는 지난 월요일에 있 었던 특별위원회 회의에서도 퍼스트 보스턴과 프리츠커가 무슨 말을 하는 지 들어 보아야 하는 것 아니냐고 강력하게 주장했다. 그가 이런 주장을 한

---

† 1940~1950년대 미국의 유명한 코미디언 듀오.

것은 프리츠커와 통화한 뒤였다. 그러나 해리스의 설득에도 불구하고 앳킨스는 새로 등장한 진영에 어떤 정보도 주지 않았다.

이제 이틀이 남았다.

마감 기한이 다가오자 존슨의 마음속에서 막연한 불안감이 스멀스멀 기어나오기 시작했다. 언론의 공격이 이사회에 어떤 영향을 미칠지 점점 걱정스러웠다. 그래서 수요일에는 휴걸에게 전화를 했다.

"찰리, 한 가지 부탁을 하고 싶은데 말입니다. 만일 우리가 최고의 제안을 했을 때 이걸 놓고 무책임하게 다른 쪽 사람들과 협상하려 들지는 않을 거라고 약속해 주면 좋겠습니다."

"그러죠."

"입찰 내용을 전부 공개할 겁니까? 일이 우습게 되기를 원하지 않는데……"

"정 그렇게 걱정스러우면 이사들에게 전화를 걸어 직접 설명하는 게 좋지 않을까요?"

존슨은 휴걸의 충고대로 다음 날 이사들에게 전화를 하기 시작했다. 그가 말한 내용은 모두 같았다.

"내 양심은 깨끗합니다. 나는 내가 나쁜 짓을 하지 않았다고 생각하기 때문에 밤에 잠도 푹 잘 잡니다. …… 어쨌든 간에 경영진은 주가를 올렸고, 그게 중요한 것 아닙니까?"

그리고 경영진 쪽이 마련한 합의서 내용은 중요한 게 아니며, 자신의 의도는 인수 합병 과정에서 발생하는 수익을 사람들에게 골고루 나누어 주는 것이라고 강조했다.

마감 기한인 금요일 며칠 전부터 존슨은 저녁마다 제임스 로빈슨 부부의 아파트에서 오랜 시간 머무르며 가격 책정 전략을 다듬었다. 로빈슨 부부의 아파트 아래층에 있던 회사 소유 아파트에 살던 호리건도 거의 매일 이들과 함께 있었고, 린다 로빈슨은 이들에게 마실 걸 부지런히 날랐다. 존슨은 스카치를 마셨고, 제임스 로빈슨은 포도주가 좋다고 했으며, 호리건은 린다가 '어른들이 마시는 음료수'라고 말하던 위스키를 고집했다. 한편 린다는 딸기 맛이 나는 페리에(프랑스의 생수 브랜드)를 홀짝였다.

올빼미 기질의 존슨은 보통 새벽 2, 3시까지 로빈슨 부부의 집에서 죽쳤다. 밤이 늦어지면 린다는 거실의 카우치 소파에 엎드려 팝콘을 씹거나 세 마리나 되는 반려견을 쓰다듬었다. 이 개들의 이름은 모두 인기 라디오 프로그램 〈에이머스 앤 앤디〉에 등장하는 캐릭터의 이름이었다. 킹 찰스 스패니얼은 앨곤퀸 J. 캘훈이었고, 나머지 두 마리는 루비 비고니어와 레이시였다.

남편과 존슨이 함께 뒷방으로 들어가면 린다는 이 두 사람이 합의서 내용을 수정하기 위한 협의를 하러 가는 줄 알았다. 합의서 내용이 처음 나올 때는 매우 격렬한 논쟁을 통해 탄생했지만 재협상은 로빈슨과 존슨의 밤 늦은 시각 일대일 대면으로 부드럽게 진행되었다. 제임스 로빈슨은 자기가 원하는 것을 얻기 위해 군이 강하게 압박할 필요가 없었다. 존슨과 경영진이 탐욕스럽다는 언론의 공격이 그가 할 일을 대신했기 때문이었다.

11월 16일 수요일, 개정된 합의서 내용이 피터 코언의 사무실에서 진행된 회의에서 승인되었다. 존슨은 경영진의 몫을 2퍼센트 낮춘 6.5퍼센트로 하고 인센티브 보너스를 대폭 삭감한다는 데 동의했다. 그리고 RJR 나비스코의 1만 5000명 직원에게 주식을 나누어 주는 것과 관련된 세부 조항도 마련되었다. 나중에 존슨을 비롯한 7인 그룹은 이런 사실을 들어, 그리고 존슨이 자기 몫까지 기꺼이 떼어 내서 양보했다고 주장하며, 자기들이 개인적인 잇속을 채우려 했던 게 아니라고 항변한다.

하지만 이런 주장은 사실과 달랐다.

"당시에 존슨은 자기 몫이 아닌 다른 사람들 몫의 돈을 포기했습니다."

스티븐 골드스톤이 증언하는 내용이다. 애초부터 줄곧 존슨과 호리건은 지분의 1퍼센트를 자기들 몫으로 챙길 심산이었다. 골드스톤은 이 지분의 가치가 5년에서 7년 뒤에는 7500만 달러에서 1억 달러 사이가 될 것이라고 평가했다. 그리고 골드스톤에 따르면, 존슨은 개정된 합의에서도 여전히 지분의 1퍼센트를 자기 몫으로 챙기려고 계획했다.

골드스톤과 그의 조수 베이슨은 농담 삼아 존슨에게 될 수 있으면 제임스 로빈슨을 멀리하라고 했다.

"짐 로빈슨과 둘이서 속닥속닥 대화를 할 때마다 5000만 달러씩 깎이잖아요."

존슨이 11월 19일 주말을 로빈슨의 코네티컷 농장에서 보낼 예정이라는 말을 들은 골드스톤은 한숨을 내쉬며 고개를 저었다.

"안 가는 게 좋겠습니다. 이번에는 홀랑 다 털릴지도 모릅니다."

존 그리니스의 폭로로 크래비스 진영은 쾌재를 불렀지만, 그 효과는 오래가지 않았다. 수요일 밤 스콧 스튜어트는 딜런 리드와 통화하면서 그동안 가지고 있던 많은 의문점들을 해소했다.

스튜어트가 들은 내용은 놀라웠다. 그는 RJR 나비스코의 가용 현금을 4억 5000만 달러나 더 많이 추정했다. '황금 낙하산' 지불금은 3억 달러로 그가 추측한 것보다 많았다. 그리고 '기타 용도 현금'에 대해 그가 우려했던 최악의 사태가 현실로 나타났다. 그가 설계한 것보다 훨씬 많은 금액인 5억

5000만 달러가 빠져나가고 있었던 것이다. 스튜어트는 따로 계산기를 두드리지 않고도 13억 달러나 되는 돈이 자기가 설계한 내용과 차이 난다는 것을 알 수 있었다. 한 주당 가격으로 치면 무려 6달러의 차이였다. 스튜어트가 이런 사실을 알리자 폴 래더는 깜짝 놀랐다.

"어떻게 된 거요, 이게?"

스튜어트는 어떻게 해야 할지 알 수가 없었다.

언론의 비판에 이미 만성이 된 크래비스였지만, 목요일 아침에 이런 사항을 스튜어트로부터 보고받았을 때는 크게 당황할 수밖에 없었다. 물론 예상 가격에 대한 차이는 충분히 떠안고 갈 수 있었다. 그러나 예상 가격에 대한 타격보다 자신감에 대한 타격의 충격이 더 컸다. 가장 기본적인 수치들조차 이렇게 헛짚고 있다면, 나머지 다른 것들에 대한 추정치를 도대체 어떻게 믿을 수 있단 말인가? 지금까지 거의 한 달 가까운 시간 동안 분석하고 정리했던 모든 것들에 자신이 없었다. 그 모든 것들이 갑자기 의심스러워졌다. 무서워서 발이 얼어붙을 여유가 잠시 있으면 좋았겠지만 크래비스에게는 그럴 여유조차 없었다. 입찰 마감 시간이 채 서른여섯 시간도 남지 않았던 것이다.

금요일 아침, 크래비스가 자기 사무실에 사람들을 소집했다.

"맙소사! 우리가 도대체 이 회사에 대해 아는 게 얼마나 되지?"

조지 로버츠였다. 다른 사람들도 같은 생각이었다. 역사상 최대 규모인 인수 전쟁의 마지막 결판을 내야 하는데 정작 대상 기업인 RJR 나비스코에 대해 아는 게 얼마나 되는지조차 모르고 있었던 것이다. 한 번도 이 회사의 공장에 가 보지 않았다. 기껏해야 몇 명밖에 되지 않는 이 회사의 중역들과 이야기를 나누었을 뿐이다. 그들이 가지고 있는 것이라곤 연차 보고서와 정부에서 작성한 문건, 그리고 이제는 믿을 수조차 없게 되어 버린 컴퓨터 분석 자료들이 전부였다.

이들의 의심은 또 다른 걱정들을 낳았다. 이런 거대한 규모의 거래가 안전하게 이루어질 수 있을까? LBO 부채에 대해 이미 신경이 바짝 곤두선 은행들이 자금을 제대로 지불해 줄까? 역시 예민하게 신경을 곤두세운 정크본드 구매자들이 KKR의 채권을 살까? 로버츠는 삶의 방식에 대해 문제를 제기했다. 여태까지 평온하고 깔끔하게 살아왔지만 RJR 나비스코를 인수할 때 사람들의 입방아에 오르내리고 청문회에 불려 나가야 하고 또 전력을 다해 회사를 운영해야 할 텐데, 과연 그럴 가치가 있느냐는 것이었다.

"이 회사는 장기적인 과제가 될 겁니다. 솔직히 말해 봅시다, 우리에게 정말 이런 성가시고 짜증 나는 게 꼭 필요합니까?"

폴 래더도 거들고 나섰다.

"맞습니다. 우리가 진짜 이걸 바라는지 생각해 봐야 합니다."

이들이 모여서 회의를 할 때면 보통 가장 신참인 스콧 스튜어트나 클리프턴 로빈슨부터 발언을 시작했고 한 바퀴 돌아 로버츠에게서 끝이 났다. 각자 자기 생각을 이야기하는 동안 사람들은 점점 더 비관적이 되었다. 애초에 크래비스와 래더가 가장 낙관적이고 적극적이었다. 두 사람은 97달러나 98달러 선의 입찰이 괜찮다고 보았다. 하지만 로버츠는 소극적이었다. 93달러가 넘어가면 불안하다고 보았다.

"91달러나 92달러로 안 될 게 뭐 있습니까? 왜 괜히 위험을 무릅써요?"

2시 30분쯤에 리처드 비티가 사무실로 머리를 들이밀었다. 그는 거의 애원하다시피 빨리 결론을 내려 달라고 했다.

"서둘러서 최종적인 결론을 내려 주지 않으면 입찰에 끼지도 못합니다.

지금 당장 저쪽에 전화해서 시간을 조금만 연장해 달라고 해야 할 정도라는 거, 제발 좀 알아주기 바랍니다."

마치 초등학교 교사가 운동장에서 놀고 있는 아이들에게 이제 그만 교실로 들어가자고 말하는 것 같았다. 비티의 재촉에 누군가가 대답했다.

"오케이, 딱 15분만!"

·————∞∞————·

입찰 준비는 변호사들이 해야 했다. 이 작업은 가장 판에 박은 뻔한 일이었다. 그런데 법률 회사를 택해 이 일을 시키는 게 퍼스트 보스턴으로서는 문제가 되었다. 거의 모든 주요 법률 회사들이 RJR 나비스코 일에 매달린 것 같았다. 마는 여러 군데 의뢰했지만 번번이 퇴짜를 당했다. 그래서 마의 측근들은 미국 전역에 사무실을 두고 있는 저렴한 법률 회사인 '재코비 앤드 마이어스'에 의뢰해야 하는 것 아니냐고 농담을 했다. 마침내 마는 제법 알려진 회사인 '윈스럽 스팀슨 퍼트넘 앤드 로버츠'를 선택했다. 이 회사가 가장 먼저 해야 할 일은 금요일 오후에 발송할 공식 입찰서를 작성하는 것이었다. 그런데 법률 회사를 찾는 데 시간을 너무 많이 허비하는 바람에 핀은 목요일 밤에야 변호사들에게 입찰 내용을 설명했다.

윈스럽의 변호사들이 금요일 아침 8시 정각에 초안을 가지고 퍼스트 보스턴에 나타났다. 마와 그의 동료들이 초안을 읽는 동안 변호사들은 '참 잘했어요!'라는 배심원의 평결이 나오길 기대하며 초조하게 기다렸다. 그리고 얼마 뒤, 배심원의 평결은 만장일치로 결정되었다.

"이건 쓰레기요, 쓰레기!"

페너브레스크가 닫힌 문 너머에서 고함을 질렀다. 핀도 고개를 내저으며 그의 말에 동의했다.

"어떤 쓰레기도 이보다는 나을 겁니다. 무슨 말인지 도무지 알 수가 없잖아요."

마는 변호사들과 퍼스트 보스턴의 담당자들에게 회의실로 들어가 다섯 쪽짜리 그 문건을 새로 작성하라고 지시했다. 쉽지 않은 작업이 될 게 분명했지만 마는 크게 걱정하지 않았다. 아직 하루 온종일이라는 시간이 남아 있었기 때문이다.

하지만 그의 낙관은 전혀 근거 없는 것이었다. 회의실 상황은 점점 더 나빠지기만 했다. 여섯 명의 윈스럽 변호사들은 초안을 바탕으로 일부만 수정하려 했고, 퍼스트 보스턴 사람들은 자기들 나름대로 새로 쓰려고 했다. 새 변호사들이 줄지어 들어왔다. 퍼스트 보스턴 사람들도 새로 들어오기도 하고 나가기도 했다. 수많은 초안들이 나왔다가 쓰레기통에 처박혔다. 정오쯤에 제리 세슬로와 그의 파트너들이 도착해서 이 소동에 합류했다. 점심은 주문해서 해결했다. 오전보다 더 많은 초안들이 다시 나왔다가 역시 쓰레기통으로 들어갔다. 모호한 조항들의 내용을 정리하는 문제를 놓고 열띤 공방이 오갔다. 한 번씩 수정을 가할 때마다 그리고 새로운 주장이 나올 때마다 속기로 기록하는 핀의 비서만이 유일하게 입을 다문 침묵의 섬이었다. 시간이 점점 흐르면서 열띤 토론을 하는 사람들 머리 위로 담배 연기의 두꺼운 층이 자욱하게 깔렸다. 사람들은 점차 화를 내기 시작했다. 논의의 핵심이 섰다가도 어느새 실종되기 일쑤였다. 논의는 중구난방이었다. 일관성도 없었고 한데 모이지도 않았다. 누군가가 던진 종이비행기 하나가 담배 연기 자욱한 회의실 공간을 가르며 날았다.

세슬로는 이런 광경을 본 적이 없었다. 퍼스트 보스턴 사람들은 가장 단순한 사실에도 동의할 줄 모르는 것 같았다. 이 사람들이 과연 RJR 나비스코 전체를 인수하겠다는 것인가, 아니면 식품 사업 부문만 인수하겠다는 것

749

14장 임박한 마감 시한과 절정으로 치닫는 혼란과 긴박감

인가? LBO를 하겠다는 것인가, 아니면 구조 조정을 하겠다는 것인가? 이런 생각을 하면서 세슬로는 한구석으로 물러났다. 당혹스럽기 짝이 없었다. 그는 제이 프리츠커와 그의 아들 토머스 프리츠커 측의 변호사 해럴드 핸들스 먼을 떠올렸다. 이들은 시카고에 있었다.

"그들이 이런 꼴을 보지 않아 얼마나 다행인지 모르겠군."

누구도 최종적인 책임을 지는 것 같지 않았다. 이런 황당한 모습을 바라보면서 세슬로는 혼잣말로 중얼거렸다.

"완전히 개판이야, 개판……."

만일 제이 프리츠커가 회의실 문을 열고 들어서서 이 광경을 지켜본다면 당장 손을 떼겠다고 말할 것이라는 사실은 의심할 여지가 없었다. 세슬로는 파트너들 가운데 한 사람에게 말했다.

"틀림없습니다. 뒤도 돌아보지 않고 가 버릴 겁니다."

하지만 그날 프리츠커와 여러 차례 전화 통화를 하면서도 세슬로는 모든 게 잘되어 간다고 말했다. 세슬로는 프리츠커를 이 거래에 끌어들인 사람이 자기임을 통렬할 정도로 인식하고 있었다. 그러니 막판으로 몰리기 전까지는 절대로 그냥 돌아설 수 없었다.

시간이 흐를수록 점차 퍼스트 보스턴이 200억 달러 규모의 인수 합병을 제대로 해내지 못할 것 같다는 세슬로의 의심은 더욱 커졌다. 그는 자기가 데리고 온 한 파트너에게 다음과 같이 솔직한 속마음을 털어놓았다.

"와서스타인이나 퍼렐라가 훨씬 더 믿음이 갑니다. 이들은 옛날의 그들이 아니라, 그냥 껍데기로만 남았을 뿐입니다."

5시를 두 시간 남겨둔 시점에서 수정된 입찰서가 마의 책상 위에 놓였다. 마는 말없이 이 문건을 검토했다. 핵심적인 초점도 없고, 논점은 지리멸렬했다. 군더더기가 많아서 퍼스트 보스턴이 이사회에 바라는 것이 한 건의 거래인지 세 건의 거래인지 분명하지 않았고, 또 인수하겠다는 것인지 구조 조정을 하겠다는 것인지 분명하지 않았다.

마는 마호가니 책상 다리를 구둣발로 걷어차고 주먹으로 컴퓨터를 내리쳤다.

"이건 내가 여태까지 읽어 본 입찰서 가운데 최악이야! 우리가 이것도 제대로 못합니까? 이건 도무지 말도 안 되잖아요!"

마는 문건을 집어 들고 비서의 책상 옆을 지나 3층 위에 있는 회의실까지 단숨에 올라갔다. 핀은 이를 악문 마를 보고 그가 단단히 화났음을 한눈에 알아보았다. 시끌벅적하던 회의실이 이내 조용해졌다. 그러자 마가 입을 열었다.

"여러분은 핵심을 놓치고 있습니다. 내 말 잘 들어요, 이게 우리가 하려는 겁니다."

그러고는 30분에 걸쳐 핀의 비서에게 새로운 입찰서를 구술했다. 누군가 반대되는 의견을 가지고 끼어들기라도 하면 목소리를 높여 설득했다. 세슬로는 자기 눈앞에 펼쳐지는 그 장면을 믿을 수 없었다. 마는 마치 교단에 서서 초등학교 2학년 학생을 가르치는 교사 같았다. 한동안 그는 프리츠커에게 전화를 걸어 퍼스트 보스턴과 함께 가는 이번 입찰은 빠지는 게 좋겠다고 말을 할까 어쩔까 망설였다.

마감 시간이 다가오고 있었지만 마와 변호사들은 여전히 RJR 나비스코 전체를 인수 대상으로 삼을지 담배 사업 부문만 대상으로 삼을지 정하지 못하고 갑론을박을 계속했다. 당시의 모습을 세슬로는 다음과 같이 회상했다.

"이때 논의된 것은 단어나 철자 혹은 문맥의 문제가 아니었습니다. 우리가 어떤 형태의 입찰에 나설지, 다시 말해 우리가 무엇을 인수할 것인가 하는 근본적인 문제였습니다."

5시가 되기 직전에 마는 스캐든 압스로 전화를 걸어 앳킨스에게 입찰서가 조금 늦을 것이라고 양해를 구했다. 마가 전화를 끊고 돌아서자 세슬로가 다가가서 말했다.

"입찰서 내용은 프리츠커에게도 확인받아야 하는 거 알죠?"

마로서는 정말 감당하기 어려운 주문이었다.

"시카고? 시카고에 있는 사람한테 확인을 받으라고요? 이건 그냥 입찰서일 뿐이잖아요, 제발 좀 봐주시오!"

"미치겠네 진짜, 언제 끝낼 작정들입니까?"

에드워드 호리건은 입에 거품을 물기 직전이었다. 존슨 진영 사람들은 벌써 두 시간째 페이즐리 무늬 벽지를 바른 시어슨의 우아한 식당에서 흰 제복을 입은 사람들의 시중을 받으며 점심을 먹고 있었다. 제복을 입은 사람들이 부지런히 커피와 빵을 날랐다. 원래 입찰 내용에 대해 토론하기로 되어 있었지만, 여태까지 그들이 한 일은 차림표를 돌리는 것뿐이었다.

존슨은 그런 모습을 믿을 수 있었다. 언제나 그랬듯 사람들이 넘치고 넘쳤다. 시어슨 사람만 해도 열 명이 넘었고, 여기에 굿프렌드가 이끄는 살로먼 사람들이 아홉 명, 또 존슨을 포함한 RJR의 경영진도 함께 있었다. 그 자리에 오기 전에 샌드위치와 스티로폼 컵으로 수프를 잔뜩 먹었던 살로먼 사람들은 따로 떨어져 앉았다.

"우리는 당신들이 식사하는 모습을 구경하러 왔습니다."

굿프렌드가 유머랍시고 한 말이었다.

존슨과 호리건, 세이지는 그날 아침 코언의 사무실에 갔었다.

"어서들 오십시오. 가격은 어떻게 되겠습니까?"

코언의 질문에 존슨은 웃으면서 농담으로 받았다.

"오줌발 봐서요."

코언은 비서에게 누군가를 전화로 연결하라고 지시했다. 호리건은 그가 또 무슨 꿍꿍이를 꾸미는지 궁금했다.

'어떤 비밀 무기를 동원했을까?'

잠시 뒤 코언이 수화기를 들었다.

"여보세요?"

호리건은 귀를 쫑긋 세웠다.

"예, 아내와 함께 그 문제를 상의했습니다. 코트는 관둬요. 우리는 재킷을 입고 갈 겁니다."

세 시간 뒤에도 그들은 여전히 본격적인 회의에 들어가지 못했다. 점심은 끊임없이 이어졌다. 마침내 1시 30분이 되었고, 존슨도 점차 참을성을 잃어 갔다.

"자, 그만 시작합시다, 피터!"

세이지도 더 이상 참지 못하겠다는 듯 불쑥 내뱉었다.

"돌겠네 진짜, 숫자를 정해야 하는데, 시간은 자꾸 가고 까딱하다간 늦는다고."

"숫자요, 제발 빨리 좀……, 네?"

조지 베이슨이 애원하듯 말했다. 스티븐 골드스톤은 그의 말에서 조바심을 읽을 수 있었다. 벌써 2시가 지났지만 아직 시어슨 진영은 최종 제안 가격을 결정하지 못했다.

골드스톤은 정오 직후에 논의가 어떻게 진행되었는지 확인하려고 데이비스 포크 사무실을 나서서 시어슨으로 향했었다. 그런데 코언과 굿프렌드를 포함해 모두 서른 명이 넘는 사람들이 식탁에서 도자기로 된 식기로 웨이터의 시중을 받으며 느긋하게 식사를 하면서 회의를 하고 있었다. 그 모습을 본 골드스톤은 깜짝 놀랐다. 전략 회의 자리라기보다는 연회장 같았다.

"조바심 내지 마요, 곧 나올 테니까."

"서둘러야 합니다, 제발⋯⋯."

휴대폰을 통해서 애원하는 베이슨의 목소리는 잔뜩 긴장해 있었다.

"시간이 없단 말입니다. 빨리 가격을 결정하지 않으면 입찰을 못 하게 될지도 모른다고요!"

그 말이 과장이 아님은 골드스톤도 알았다. 세 시간도 되지 않는 시간 안에 베이슨은 무려 열 가지가 넘는 서류들을 작성해야 했는데, 이 작업은 최종 입찰 가격이 나와야만 할 수 있었기 때문이다. 베이슨은 세 군데의 법률 회사에 워드 작업을 언제라도 할 수 있도록 대기시켜 놓고 있었다.

베이슨은 3시가 넘어선 직후에 최종 입찰 가격을 받았다. 맨해튼 전역에 있는 여섯 개 은행들, 법률 회사들, 그리고 회계 회사들에서 사람들이 손가락을 바쁘게 움직이며 이자율과 기타 핵심적인 여러 비율들, 지불 일정 등을 계산했다. 3시 45분에 변호사들은 은행 관련 숫자들이 모두 채워지는 걸 확인했다. 하지만 55번가에 있는 스캐든 압스까지 가는 시간을 고려하면, 3인치 두께의 바인더에 빽빽하게 들어갈 입찰 서류들을 모두 제시간에 준비할 수 있을 것 같지 않았다.

월스트리트의 모든 법률 회사들은 시간에 맞추어야 하는 일에 다들 익숙한 터라 어떤 교통편을 이용해야 하는지에 대해서도 이미 방침이 서 있었다. 우선 지하철은 제외되었다. 혹시 예상치 못한 일이라도 생기면 지하에서 꼼짝없이 몇 시간이고 갇힐 수 있기 때문이었다. 게다가 휴대폰이 터지지 않을 수도 있었다. 그리고 스캐든 압스에서 가장 가까운 지하철역도 무려 네 구역 바깥에 있다는 사실을 베이슨은 알고 있었다. 그래서 택시를 타고 이스트 리버를 따라 달리기로 했다.

4시에 베이슨은 살로먼의 수석 법률 고문인 피터 대로, 데이비스 포크의 직원인 스물여섯 살의 리처드 트루스델과 두 명의 다른 변호사더러 함께 택시를 타고 가라고 일렀다. 이들이 가지고 가는 서류들 가운데 핵심적인 몇몇 서류가 아직 완성되지 않았기 때문에 택시를 타고 가면서 마저 작성해야 했다. 시티뱅크와 뱅커스 트러스트에 각각 소속된 변호사들은 대출 관련 최종 서류들을 가지고 스캐든 압스에서 만나기로 했다. 그들이 나갈 때 베이슨은 트루스델에게 휴대폰을 건넸다. 지금부터 그 휴대폰으로 자기와 연락을 취하자는 말도 함께 건넸다.

15분 뒤, 네 명의 변호사들이 정신없이 서류의 빈칸을 메우는 가운데 택시는 14번가에서 발이 묶였다. 길이 너무 막혔다. 데이비스 포크에서 베이슨은 간절히 기도하는 마음으로 연신 시계를 보았다. 골드스톤이 시어슨에서 돌아와 베이슨과 합류했다. 존슨과 호리건도 동행했다. 유일하게 느긋하던 존슨은 싱긋 웃으면서 이렇게 말했다.

"최소한 우리는 이걸로 짜릿한 재미는 맛볼 수 있겠군."

골드스톤은 5분마다 트루스델에게 전화를 걸었다.

"지금 어디야? 얼마나 남았어?"

변호사들을 태운 택시가 4시 30분대와 40분대를 꼼짝도 못 한 채 그냥 서서 보내자 데이비스 포크에서도 긴장이 감돌았다. 그리고 15분이 지난 뒤에 택시가 정체 구간을 빠져나가자 안도의 한숨을 쉬었다. 하지만 10분 뒤에 다시 택시는 멈춰 섰다. 금요일 오후의 퇴근 시간 교통 정체가 다시 택시를 꼼짝 못 하게 붙들었다.

골드스톤은 머리가 터질 것 같았다. 호리건도 제정신이 아니었다.

"왜 이렇게 오래 걸려?"

골드스톤은 부들부들 떨리는 손가락으로 전화기 번호판을 눌렀다.

"택시에서 내려서 뛰어!"

골드스톤이 고함을 질렀고, 네 명의 변호사들은 택시에서 내려 스캐든 앞스까지 길고 긴 두 구역을 있는 힘을 다해 달렸다. 한편 존슨은 배꼽을 쥐고 미친 듯이 웃었다.

"우리 변호사들이 크로스컨트리 경주 선수면 참 좋겠는데 말이야. 아무리 해도 5시까지는 도착하기 어려워 보여, 안 되겠어."

골드스톤의 시선은 시계에 고정되어 있었다. 아무래도 5시까지 도착하기는 어려울 것 같았다. 그는 베이슨더러 앳킨스의 조수인 마이클 기쟁에게 전화를 걸게 했다. 베이슨이 전화기에 대고 다급하게 말했다.

"입찰서를 팩스로 보냅니다! 지금 들어갑니다!"

팩스가 입찰서를 한 장씩 밀어 넣을 때 골드스톤은 휴대폰으로 트루스델의 가쁜 숨소리를 듣고 있었다.

"한 구역만 더 가면 됩니다!"

시간은 자꾸 흘렀다. 그때 찰스 휴걸이 존슨에게 전화를 걸어 걱정스럽게 물었다.

"그쪽 입찰서는 왜 안 옵니까?"

그러자 존슨은 재미있다는 듯이 최대한 정중한 어조로 대답했다.

"실은 아직도 고민하는 중입니다."

존슨은 농담하고 있었지만, 호리건은 새파랗게 넘어갔다.

"말도 안 돼, 이건 말도 안 돼!"

나중에 합류한 앤드루 세이지도 이런 광경에 놀라긴 마찬가지였다.

"뭐야 이게, 영화도 아니고……."

트루스델 일행이 가쁜 숨을 몰아쉬며 스캐든 압스에 도착했을 때는 신문사와 방송국 기자들이 다시 이들을 가로막았다. 그들은 네 사람을 둘러싸고 질문을 퍼부었다. 네 사람은 대꾸도 하지 않고 미식축구 선수들처럼 기자들의 장벽을 뚫고 로비로 들어갔다.

하지만 안에는 은행 쪽 변호사들이 보이지 않았다.

"어딨지?"

은행 쪽 변호사들의 얼굴을 아는 유일한 사람인 대로는 동물원에서 길을 잃은 미아처럼 로비를 정신없이 뛰어다니며, 금방이라도 울음을 터뜨릴 듯한 얼굴로 사람을 찾았다.

몇 초 뒤 골드스톤이 트루스델에게 전화했다.

"지금 어디야, 리처드?"

"엘리베이터!"

34층에서 안내 직원이 네 사람더러 한 층 더 올라가라고 했다.

"잠깐, 잠깐, 잠깐!"

베이슨의 높고 날카로운 목소리가 트루스델의 휴대폰으로 들렸다. 베이슨은 우선주의 배당률을 다시 한 번 확인하라고 지시했다. 그 수치를 재확인하는 동안 소중한 시간이 다시 째깍째깍 흘러갔다.

트루스델과 베이슨을 포함한 네 명의 변호사가 위층의 엘리베이터에서 튀어나왔다. 하지만 보안 요원들이 이들을 가로막았다. 1분 뒤, 트루스델은 접수장으로 안내되어 피터 앳킨스에게 입찰 서류 꾸러미를 건넸다. 그런데 은행 쪽 서류들은 아직 도착하지 않았다. 45분 뒤에야 도착할 터였다.

대로는 자기 시계를 보았다. 5시 1분이었다. 역사상 최대 규모의 공개 입찰에 지각을 한 것이었다. 그는 이런 사실을 아무도 모르길 기도했다.

케이시 코거트가 KKR의 입찰 서류 꾸러미를 겨드랑이에 낀 채 취재진에 들키지 않고 스캐든 압스의 로비로 들어선 시각은 5시 5분 전이었다. 그리고 위로 올라가서는 보안 요원의 제지를 살짝 피해 통과한 뒤 앳킨스에게 전화를 걸어 몇 분만 시간을 내 달라고 부탁했다. 앳킨스가 왔을 때, 코거트는 복도 바닥에 앉아 마지막으로 수정된 내용을 서류에 기입하고 있었다.

보안 요원이 접수 지역 안으로 들어오는 것을 막고 있는 모습이 보였다. 아무도 들어올 수가 없었다. 스캐든 압스의 파트너 한 사람도 보안 요원이 잘못 알고 들여보내 주지 않자 고함을 질러 댔다.

"나도 파트너란 말이야! 이 회사 파트너라고! 당장 들여보내 줘!"

얼마 뒤 코거트는 앳킨스에게 입찰 서류 꾸러미를 넘겨주고 그 자리를 떠났다.

접수 마감 시각이 두 시간이 지난 7시, 퍼스트 보스턴은 아직도 입찰서를 내지 않았다. 마는 시카고의 제이 프리츠커에게 입찰서 초안을 팩스로 전송했었다. 프리츠커와 그의 변호사들은 여전히 세부적인 몇몇 사항들을 수정할 것을 요구했다. 마감 시간을 넘기자 중압감이 오히려 줄어드는 느낌이었다. 하지만 마의 인내심은 한계점에 다다랐다.

'아마추어들도 아니고 이게 뭐야 도대체, 빨리 입찰서를 보내야 하는데…….'

시카고에서는 프리츠커가 퍼스트 보스턴의 역량을 줄곧 의심하고 있었다. 그러다가 결국 7시쯤에는 손을 털고 물러앉는 게 낫지 않겠느냐고 세슬로에게 물었다.

"당신이 보기에는 퍼스트 보스턴이 이 일을 해낼 수 있겠소?"

세슬로는 프리츠커가 손을 떼기 일보 직전이라는 걸 알았다. 프리츠커는 오후 내내 나중에 낭패를 당하고 싶지 않다는 말을 세슬로에게 했었다. 마감 시각이 지나고 입찰서 수준이 기대에 미치지 못하자 시카고 투자자의 걱정은 더욱 커졌다.

"걱정하지 마십시오. 저 사람들이 옛날처럼 그렇게 훌륭하지 않다는 건 분명한 사실입니다. 하지만 객관적으로 수준을 따지자면 지금도 여전히 훌륭합니다. 제안 내용이 훌륭하다니까요?"

그러자 프리츠커가 재차 물었다.

"내가 정말 이 사람들과 손을 잡고 가야 한다고 생각하시오? 만일 우리가 지금 포기하고 물러서면 얼마나 우스워질 것 같소? 정말 계속해야겠소? 짐 싸들고 돌아서는 게 맞지 않겠소?"

하지만 세슬로도 끈질겼다.

"저 사람들이 결국에는 해낼 것이라고 생각합니다. 그냥 밀고 나가시죠."

세슬로는 말은 이렇게 하면서도 내심 불안했다.

9시쯤에 마는 질릴 대로 질려 버렸다. 마는 프리츠커의 변호사들이 뉴욕에 있었다면 혼란스러운 사태는 일어나지 않았을 것이라고 프리츠커에게 말한 뒤, 입찰 서류를 접수하라고 지시했다.

최종 사본을 인쇄하는 동안에도 변호사들은 수정할 게 있다고 했다. 그들의 주장은 묵살당했다. 그리고 외교적 표현이 말끔하게 제거된 고함 소리가 퍼스트 보스턴의 텅 빈 복도를 요란하게 울렸다.

"됐어! 이제 그만, 끝! 그런 건 다 잊자고! 자, 서둘러요, 서둘러! 빨리 챙겨서 나가요!"

기자들이 철수한 지 이미 오래된 시각, 퍼스트 보스턴의 투자은행가 브라이언 핀과 스콧 린제이가 스캐든 압스를 향해 무거운 발걸음으로 걸어갔다. 9시 30분이었다. 날씨도 무척 추웠다. 두 사람은 왠지 처량한 기분이 들었다. 입찰서 접수대가 있는 곳을 찾아갔지만 아무도 없었다. 핀과 린제이가 앳킨스의 사무실로 걸어가는 동안 스캐든 압스 법률 회사의 복도는 두 사람의 발소리 외에는 소음 하나 없이 조용했다. 그야말로 정적 그 자체였다.

앳킨스는 사무실에 없었다. 핀이 기다리겠다고 하자 앳킨스의 비서가 앳킨스는 지금 회의를 하고 있으며 회의 도중에 절대로 자기를 찾지 말라고 지시했었다고 했다. 핀은 비서에게 입찰서를 건넸다. 그리고 전화번호를 남긴 뒤에 두 사람은 서둘러 그곳을 빠져나왔다.

15장

퍼스트 보스턴의 입찰 참여로
전황은 요동치고

*
*
*

RJR 나비스코 인수에 관심을 가지고 있던 사람은 로스 존슨과 헨리 크래비 스만이 아니었다. 택배 회사와 팩스를 통해 여러 군데서 입찰을 했다. 전혀 기대하거나 바라지 않았던 이상한 내용의 입찰들이었다. 말하자면 장난 전화 같은 것이었다. 입찰 마감 시간이 지난 뒤, 휴걸의 특별위원회는 수많은 재미있는 입찰 내용들을 보며 유쾌하게 즐겼다. 물론 이런 것들은 딜런 리드나 라저드 프레어스의 손을 거쳐 특별위원회 논의 테이블에 올라온 것들이었다. 메릴랜드에 사는 한 남자는 한 주당 126달러를 제시했다. 인수금 총액으로 따지면 284억 달러였다. 하지만 근소한 차이로 이 가격을 누른 사람이 있었다. 윈스턴살렘의 증권 거래인이 한 주당 127달러를 제시했던 것이다. 그는 당시에 다음과 같이 썼다.

"비록 현재로서는 아직 주요 투자은행을 못 잡고 있지만, 이사회에서 이 제안을 받아들이는 순간 자금 동원 문제는 금방 해결될 것입니다."

휴걸이 가장 유쾌하게 생각했던 입찰 내용은 토론토의 한 투자은행가가 제안한 것이었다. 휴걸은 47층 회의실을 서성거리는 이사들 그리고 딜런과 라저드의 투자은행가에게 그 입찰서 사본을 돌렸다. 그 사람은 한 주당 123달러를 제시했다. 게다가 비책을 가지고 있었다. 특별위원회 위원들이 "오랜 기간 회사를 위해 일해 온 노고에 존경심을 표현하기 위해" "자기에게 표를 던지는 특별위원회 위원들"에게 7억 달러를 줄 것이며, 그렇지 않은 이들에게는 5억 달러를 주겠다고 제안한 것이었다.

입찰서들이 도착하면 피터 앳킨스는 자기 사무실에서 이 입찰서들을 평가하는 회의를 했다. 그런데 이날 앳킨스를 그림자처럼 따라다니는 인물이 있었다. 마이클 미첼이라는 법정 전문 변호사였는데, 정리가 제대로 되어 있지 않아 어수선한 그의 사무실은 복도 끝에 있었다. 앳킨스는 그날 밤에 일어나는 일들이 나중에 언젠가 법정에서 재연될 것임을 잘 알고 있었다. 그랬기 때문에 앳킨스는 모든 일을 규정대로 정확하게 진행할 수 있도록 그 자리에 미첼을 불렀다.

미첼은 구석 자리에 서 있었고, 메시지를 전달하는 사람, 변호사, 투자은행가, 이사 등이 앳킨스의 사무실을 부지런히 들락거렸다. 이런 모습을 바라보는 미첼의 머릿속에 찰리 채플린의 영화가 문득 떠올랐다. 경영진의 은행 관련 서류가 도착하는 데는 거의 한 시간 가까이 걸렸다. 그리고 대략 10분 간격으로 제임스 마가 전화를 해서 퍼스트 보스턴의 입찰 서류가 곧 도착할 것이라고 말했다.

크래비스 진영과 존슨 진영이 각각 제시한 입찰 가격을 확인한 변호사들 사이에서는 이제 됐다는 안도감이 퍼졌다.

양측의 가격 차이는 결코 근소하지 않았다.

크래비스가 제시한 가격은 한 주당 94달러였고 총액으로 따지면 216억 2000만 달러였다.

하지만 존슨은 한 주당 100달러라는 가격으로 크래비스를 압도했다. 총액으로 따지면 230억 달러였다.

쉽게 끝날 것 같았다. 9시 정각에 앳킨스는 투자은행가들을 보내고 이사들에게도 그날은 집으로 가도 될 것 같다고 말했다. 그리고 일요일 아침에 만나 존슨이 승자임을 공식적으로 선언하기로 잠정적인 결론을 내렸다. 그 사이 토요일에는 두 입찰자 측을 대표하는 사람들을 불러 자기들이 동원하고자 하는 유가 증권에 대해 설명을 듣기로 했다. 양측 다 대규모의 현물지급증권을 자금 동원 계획에 넣고 있었는데, 일요일 아침 회의 때 이와 관련된 확실한 평가를 내릴 수 있도록 미리 준비할 필요가 있다고 판단했던 것이다. 물론 형식적인 절차일 수도 있었지만, 앳킨스는 만반의 준비를 다해 모든 것을 확실하게 할 생각이었다.

퍼스트 보스턴의 제안서는 나중에야 앳킨스에게 전달되었다. 그는 제안서를 꼼꼼하게 읽었다. 처음에는 이 제안서도 다른 '장난 전화들'처럼 한 번 웃고 던져 버릴 생각이었다. 그가 보기에 마의 제안은 아직 아이디어 차원에서 벗어나지 못한 미완성이었다. 하지만 퍼스트 보스턴은 브라이언 핀의 분할불입어음 전략을 활용한 구조 조정 작업을 전제로 할 때 한 주당 105달러에서 118달러 사이에 RJR 나비스코를 인수하겠다고 제안했다.

이 제안의 핵심은 세금 문제였다. 그런데 앳킨스는 세금 분야의 전문가가 아니었다. 하지만 얼핏 보기에도 이 제안을 쉽게 내팽개칠 수는 없을 것 같았다. 만일 마가 입찰서에 적은 대로 해낼 수만 있다면, 존슨이 제시한 가격보다 30억 달러나 더 많은 금액을 받을 수 있었다. 하지만 세금 분야 전문가가 아닌 자기로서는 도저히 판단할 수가 없었다. 스캐든 압스의 세금 전문가가 판단해야 할 문제 같았다.

이 계획을 검토하는 동안 앳킨스와 열 명이 넘는 그의 스캐든 압스 동료들은 회의실에서 저녁을 먹으면서 마가 제시한 이상한 발상에 대해 논의했다. 배달된 중국 음식 상자가 뾰족하게 깎은 수십 개의 연필이 준비되어 있는 오크 나무 재질의 탁자에 놓였다. 회의실 한쪽에는 벤자민 나무가 이들을 지켜보고 있었고, 창밖으로는 맨해튼의 어퍼이스트사이드와 그 너머 할렘이 주말을 맞을 채비를 하고 있었다. 마의 아홉 쪽짜리 제안서 사본이 사람들에게 돌려졌고, 변호사들은 음식을 먹으면서 이 문건을 검토했다.

11시쯤에 매슈 로즌이 합류했다. 서른여섯 살의 세금 문제 전문가였다. 그는 이탈리아제 양복, 끈이 없는 캐주얼 구두, 현대 미술 작품으로 가득 차 있는 사무실, 간편화 등으로 대변되는 스캐든 압스의 이른바 '30대 집단'의 한 사람이었다. 1970년대에 목소리 높은 선동가였던 그는 이제 인수 합병과 관련된 법의 허점을 찾아내는 일로 수백만 달러를 벌어들였으며, 이런 사실을 스워스모어칼리지 동창회에서 밝히기가 곤혹스럽기도 한 그런 인물이었다.

마이클 미쳴이 로즌에게 물었다.

"역사상 최대 소송에서 증인으로 나설 생각 없습니까?"

"무슨 말입니까, 그게?"

미쳴은 로즌에게 퍼스트 보스턴의 입찰서를 건넸다.

"읽어 봐요, 전부 세금 이야깁니다."

로즌은 잠깐 동안 그 문건을 읽은 뒤에 마가 제시한 필사적인 제안의 내용을 좀 더 정밀하게 살펴보기 위해 회의실로 들어갔다. 퍼스트 보스턴이 제안하는 내용의 핵심은 실행 가능성이 확실하지 않은 세금과 관련된 여러 가정들을 전제로 하고 있었다. 로즌은 그 제안의 운명, 나아가 전체 공매의 운명이 그 제안이 세우고 있는 여러 가정들의 신뢰성에 대한 자기 판단에 달려 있음을 곧 깨달았다. 40억 달러나 되는 세금의 납부를 유예하는 게 실질적으로 가능한지를 앳킨스와 미첼에게 조언하는 일이 그에게 맡겨진 것이었다. 회사 간부들도 자기가 내리는 판단을 그대로 받아들일 게 확실했다. 만일 마의 제안이 제대로 된 것이라면, 새로운 후보가 강력한 다크호스로 부상하고 따라서 전체 과정은 아마도 혼란의 소용돌이에 휩쓸릴 게 분명했다.

로즌은 자기에게 맡겨진 일이 얼마나 엄청난 것인지 머리에서 지우려고 애썼다. 오로지 자기 앞에 놓인 제안서에만 집중하려고 했다. 하지만 마가 설정한 세금과 관련된 여러 가정들을 하나씩 검토하는 로즌은 점점 불편해졌다. 이 불편함은 단순한 걱정이 아니었다. 퍼스트 보스턴의 제안서를 읽으면서 그는 피할 수 없는 사실에 직면했다. 세금 납부 유예를 포함한 핵심 내용들이 사실은 자기 작품이었기 때문이다.

사실 로즌은 이런 일이 일어날까 봐 두려웠었다. 12월 31일이 점차 가까워지자 월스트리트에서는 분할불입어음의 판매가 대단한 인기를 끌었다. 거의 모든 투자은행들이 이 방법을 시도하고 있었다. 사실 퍼스트 보스턴의 브라이언 핀도 이 방법을 동원해 최소한 네 건의 인수 합병을 시도하고 있었다. 그런데 핀이 주로 자문을 구하던 세금 관련 전문 변호사가 매슈 로즌이었다.

핀과 로즌은 관심사가 같아서 지난 몇 년 동안 가까운 친구 사이가 되었다. 구조 조정과 관련해서 핀이 낸 해결책들 가운데 많은 것들이 특이한 세금 전략들을 내세운 것이었는데, 핀과 로즌은 이 문제를 놓고 몇 시간씩 끝장 토론을 하곤 했다. 특히 핀이 카폰을 산 뒤로는 더욱 자주 그리고 오래 토론했다. 핀은 아무리 어려운 세금 문제라 할지라도 창조적으로 해결책을 찾아내는 로즌의 능력을 높이 평가했다. 한편 로즌은 핀의 빠른 판단을 높이 평가했다. 이 젊은 세금 전문 변호사는 병에 액체를 넣는 펩시의 시설을 인수하길 바라던 '제너럴 시네마'에 대한 분할불입어음 판매와 관련해서 이미 퍼스트 보스턴과 일하고 있었다. 그러니 자기가 직접 만들어 낸 것이나 다름없는 발상에 대한 판단을 내려야 했던 셈이다. 로즌은 마음속에서 두려움이 점점 커지는 걸 느꼈다.

로즌과 핀은 RJR 나비스코를 놓고 구체적으로 토론한 적이 없었다. 두 사람은 그런 식으로는 일하지 않았다. 핀이 어떤 가설을 세워 '이러면 어떨까?' 하는 시나리오를 로즌에게 넘기면 로즌은 자기 생각을 덧붙여 다시 핀에게 넘긴다. 보통 이 과정에서 자기가 어떤 회사를 대상으로 삼아 토론을 하는지는 알지 못했다. 하지만 퍼스트 보스턴의 제안을 보자마자 로즌은 그 내용이 핀과 최근에 나누었던 대화의 결과물임을 쉽게 알 수 있었다.

공적인 입장과 사적인 입장의 상충……. 로즌은 생각하기도 싫었다. 하지만 그게 바로 자기 자신의 문제라는 걸 알았다. RJR 나비스코 싸움의 추악한 속성을 고려할 때 시간이 지나면 언젠가는 자기가 핀의 전략과 관련 있다는 사실이 밝혀질 게 뻔했다. 로즌은 마음속으로 어디까지나 공정할 것이라고 다짐했다. 친구를 도우려고 자기 경력에 먹칠할 수는 없는 일이라고 다짐하고 또 다짐했다. 하지만 대형 인수 합병의 첨예한 대립 분위기에서는 아무리 실질적으로 공정했다 하더라도 겉으로 보이는 부적절함을 당해 낼 수 없는 법이다.

로즌은 자신이 얼마나 어려운 처지에 빠져 있는지 생각했다. 45분쯤 지난 뒤에 앳킨스가 로즌 앞에 나타났다. 퍼스트 보스턴의 제안이 실행 가능한지 조금이라도 빨리 확인하고 싶은 조바심 때문에 더는 기다릴 수 없었던 것이다.

"당신 생각은 어떻소?"

로즌은 심호흡을 크게 한 번 했다.

"그게, 몇 가지 기술적인 문제가 있습니다. 문제들이 몇 개 꼬여 있습니다. 그렇다고 충분하지 않다고 단정할 수도 없습니다. 그리고 이 제안이 가능한지 묻는다면, 몇 가지를 수정한다는 전제하에 충분히 가능하다고 말할 수는 있습니다."

여기까지 말한 뒤 로즌은 핀과의 관계를 앳킨스에게 털어놓았다. 그는 앳킨스를 신뢰했다. 그랬기에 여섯 달 전에 있었던 결혼식에도 앳킨스를 초대했었다.

"잘 알잖아요, 나는 이런 분야는 빠삭합니다. 이런 종류의 제안과 관련해서 퍼스트 보스턴과 굉장히 많이 작업을 해 왔죠."

앳킨스는 로즌의 걱정은 일단 옆으로 제쳐 두었다.

"그 제안에 대해서 얘기해 봐요. 그걸 실제로 진행하는 데 어떤 문제들이 있죠?"

로즌은 몇 가지를 나열했다. 그 가운데 가장 먼저 지적한 것은 자금 조성 방안이 마련되어 있지 않다는 문제였다. 퍼스트 보스턴이 특별 유예 기간이 끝나는 12월 31일 이전에 자금 조성을 매듭지을 수 있느냐 하는 실질적인 문제가 남아 있었다. 앞으로 42일밖에 남지 않았던 것이다. 이처럼 짧은 기간이라면 당장 그날부터 카운트다운이 시작되어야 했다. 따라서 만일 퍼스트 보스턴이 연방거래위원회FTC로부터 반독점 조사를 길게 받아야 하는 일이 벌어지기라도 하면 낭패를 보게 된다. 그리고 퍼스트 보스턴과 협의해서 정리해야 할 세부적인 사항들도 많이 남아 있었다.

"이건 별나거나 엉뚱한 게 아닙니다, 적어도 내가 봤을 때는 말입니다. 기본적으로 내가 늘 생각하고 다루던 내용이니까요."

로즌은 그 분야의 일이 너무나 익숙하고 편안하다고 생각했다.

"만일 내가 제기하는 대여섯 개의 문제들이 순조롭게 해결된다면, 이 제안은 합법적으로 성사 가능할까요?"

로즌은 잠시 말을 멈추었다가 다시 이었다.

"예, 이루어질 수 있습니다."

———— ❊ ————

피터 앳킨스는 로즌을 신뢰했다. 그는 이 젊은 변호사가 공적인 입장과 사적인 입장 사이의 이해 상충 때문에 고민하는 것은 전혀 걱정하지 않았다. 솔직히 자신이 볼 때 그런 건 비밀이라고 할 수도 없었다. 하지만 누군가 나서서 부적절하다는 지적을 강력히 제기할지도 모르므로 거기에 대비해, 라저드와 딜런 측 한 변호사에게 조언을 듣는 형식을 취하라고 앳킨스는 충고했다. 다음 날 아침에 그렇게 하겠다고 로즌은 약속했다.

밤이 깊어 가는 시각에 로즌은 일급 법정 변호사인 미첼을 포함한 동료 변호사들에게 준엄한 반대 심문을 받았다. 그들은 각자 이 문제와 관련된 로즌의 결함을 확인할 수 있는 근거와 로즌이 문제가 많은 퍼스트 보스턴의 제안을 무시할 수 있는 근거를 집요하게 찾았다. 하지만 로즌은 자기주장을 끝까지 굽히지 않았다. 퍼스트 보스턴의 제안이 실행 가능성이 없다고는 말할 수 없었던 것이다.

시간이 자정을 넘어가자 변호사들은 하나둘 집으로 돌아갔다. 새벽 4시의 스캐든 압스 사무실은 아무런 움직임도 없이 고요했다. 바깥의 거리도 정적에 싸여 있었다. 회의실에는 일회용 그릇들이 어질러져 있었고, 그 안에 먹다 남은 중국 음식은 차갑게 식어 있었다.

앳킨스와 미첼, 두 사람만 남았다. 두 사람은 앳킨스의 사무실에 있었다.

로즌도 가고 없었다. 가기 전에 다음 날 아침에 브라이언 핀과 이야기를 해 보겠다고 약속했었다. 로즌이 핀을 만난 다음에도 자기 견해를 바꾸지 않는 다면, 자기들이 어디로 향할지 알 수 있을 터였다.

"나는 우리가 달리 뭘 할 수 있을지 잘 모르겠어."

미첼이 말했다. 그의 시선은 앳킨스의 책상에 놓인 퍼스트 보스턴의 입 찰서에 고정되어 있었다.

"솔직히 이런 걸 어떻게 무시해 버릴 수 있겠냐고."

앳킨스도 고개를 끄덕였다. 그는 미첼을 바라보며 한숨을 쉬었다.

"아마도 이 길이 우리가 가야 할 길이 아닌가 싶네."

몇 초 동안 침묵이 이어졌다. 두 사람은 오랜 친구 사이였다. 처음 법률을 사랑하게 될 때부터 사귀었던 친구 사이였다. 로즌이 핀을 만나 이야기를 해 본다고 했지만 두 사람은 이미 마음을 굳힌 상태였다. 일요일 아침에 특별위 원회 회의에서 승인을 받는 일만 남았다. 미첼은 그게 얼마나 중요한 일인지 잘 알고 있었다. 그랬기 때문에 중압감을 떨치려고 애써 미소 지으며 이렇게 말했다.

"이런 일이 일어나리라고는 생각도 못 했는데 말이야, 안 그래?"

금요일 저녁에 크래비스는 자기 진영이 다음 날 아침 스캐든 앱스로 호 출 통보를 받았다는 소식을 듣고 흥분했다. 특별위원회가 바라는 게 무엇인 지는 분명하지 않았지만, 존슨 진영과는 따로 만나 논의하지 않았다는 말이 돌았다. 갑자기 94달러 입찰 제안으로 인한 막연한 불안감이 걷혔다.

"그래, 좋은 분위기야."

그런데 이런 분위기는 단숨에 뒤집혔다. 드렉설의 입찰 관련 유가 증권의 핵심 인물인 피터 애커먼이 베벌리힐스로 돌아가는 비행기를 탔다는 소식이 전해졌던 것이다. 크래비스 진영은 잠시 공황 상태에 빠졌다. 하지만 애커먼이 스피커폰으로 연결해 특별위원회의 질문에 대답하기로 하면서 안도의 한숨을 쉬었다. 그런데 브루스 와서스타인이 또 다른 딜레마였다. 언론에 정보가 유출되는 사건 이후 크래비스는 와서스타인을 신뢰하지 않았다. 그래서 그가 토요일 아침 회의에 참석하는 걸 바라지 않았다. 와서스타인의 조수인 맥 로소프를 와서스타인 대신 회의에 참석하게 해서 특별위원회가 묻는 유가 증권 관련 질문에 대답하게 하면 된다고 시어도어 애먼이 리처드 비티에게 설명하며 이렇게 덧붙였다.

"로소프에게 전화해서 브루스 대신 나오라고 해요."

"내가? 왜 하필 내가 해야 하죠?"

"해야 하니까요."

"안 돼, 싫어요."

비티는 웃음을 터뜨리면서 말했다.

"당신이 해요. 당신의 투자은행가잖아요. 난 아무것도 안 할 겁니다."

이렇게 해서 와서스타인은 회의에 참석하지 않아도 된다는 통보를 받았다(하지만 와서스타인 자신은 '실무적인 문제를 처리하는 팀'에 속하지 않기 때문에 스캐든 압스에 갈 이유가 없었다면서 이런 사실을 부인한다).

토요일 아침 7시, 투자은행가와 변호사 모두 합해서 스무 명 가까운 사람들이 KKR의 사무실에 모였다. 그리고 두 시간 뒤에 크래비스는 이들을 이끌고 스캐든 압스로 갔다. 스캐든 압스 사무실에 도착한 이들은 존슨의 경영진이 와 있는지 눈을 예리하게 번뜩이며 살폈다. 크래비스는 복도에 있는 아이라 해리스의 사무실 안으로 들어가 해리스와 잡담을 나누며 그의 표정과 어깨를 으쓱하는 동작 하나까지 주시하면서 자기 진영의 위치가 존슨 진영의 위치와 비교해 어떤지, 그리고 존슨 진영도 소환했는지를 파악하려고 애썼다. 하지만 해리스는 해독이 불가능한 암호문이었다.

KKR 사람들은 대형 회의실로 안내되었다. 거기에는 투자은행가 둘이 기다리고 있었다. 라저드 프레어스의 로버트 러브조이와 딜런 리드의 존 멀린이었다. 와서스타인의 측근인 맥 로소프는 두 사람을 보자 갑자기 나쁜 예감이 들었다.

'펠릭스 로아틴은 어디 갔지? 아이라 해리스는?'

회의실에서 자기를 맞은 두 사람이 2군임을 로소프는 한눈에 알 수 있었다. 느낌이 좋지 않았다.

크래비스 역시 이런 사실을 깨달았다. 투자은행가 두 사람 외에 윌리엄 프랭크라는 스캐든 압스의 젊은 변호사가 있는 것을 보고는 깜짝 놀랐다.

'이 친구가 이번 거래에 대해 도대체 뭘 알고 있을까? 앳킨스는 어디 가고 보이지 않는 거지?'

그 순간 크래비스는 존슨 진영을 상대로 하는 회의가 다른 곳에서 동시에 진행되고 있음을 깨달았다. 점점 초조해졌다.

한 시간이 넘도록 KKR 사람들은 입찰 가격을 상세히 설명했다. 특히 유가 증권에 대해 강조했다. 이것은 월스트리트에서는 기본 사항이었다. 회의는 특별한 내용 없이 단조롭고 길게 이어졌고, KKR 사람들은 자기들이 자랑하는 전문성을 설명했다.

그런데 스콧 스튜어트가 KKR의 설계안을 설명하는 중에 러브조이가 "잠깐만요!" 하면서 말을 막았다. 스튜어트가 읽고 있던 수치 자료가 러브조이가 가지고 있는 문건의 수치 자료와 일치하지 않았던 것이다. 특별위원회가 관련 자료를 배포한 이상 모든 수치는 일치해야 옳았다.

"그쪽 자료는 가장 최근 자료가 아닌 것 같네요?"

이렇게 말하는 러브조이의 얼굴에 불안한 기색이 나타났다가 사라졌다. 스튜어트는 특별위원회가 어떤 자료를 쓰느냐고 물었고, 두 사람은 두 자료의 수치를 놓고 비교했다. 전혀 달랐다. 두 사람 다 혼란스러웠다.

멀찍이 떨어져서 이 광경을 지켜보던 리처드 비티의 머릿속에서 경고음이 요란하게 울렸다. 비티는 메모지에 뭐라고 휘갈겨 쓴 다음, 곁에 앉은 클리프턴 로빈슨에게 보여 주었다.

'우리가 가진 수치는 잘못된 겁니다. 뭔가 조치를 취해야 합니다.'

로빈슨이 고개를 끄덕였다.

크래비스 진영에서는 대혼란이 일어났다. 로비에서 그리고 엘리베이터에서 스캐든 압스와 존슨 진영을 성토하는 비난과 욕설이 난무했다.

"녀석들이 장부를 조작했어!"

"나쁜 놈들!"

비티도 화가 나서 펄펄 뛰었다.

"장부를 조작하는 게 어디 있어! 이건 말도 안 되는 개수작이야! 빌어먹을! 우리한테는 완전히 틀린 정보를 줬잖아, 개자식들이!"

크래비스와 로버츠와 비티는 로비에 잠시 멈추어 서서 어떻게 해야 할지 생각했다. 자기들이 존슨 진영에 뒤질 때 어떻게 해야 할지는 이미 논의를 해 두었었다. 비록 아무리 성가시다 하더라도 제대로 된 정보를 제공받지 못했다는 사실은 언제든 활용할 수 있는 비장의 무기였다. 공정성의 문제를 제기하며 항의할 수 있기 때문이었다. 만일 KKR 측이 정확한 정보를 제공받지 못했다면, 공개 입찰 과정이 정당하게 진행되지 않았다고 볼 수 있다. 이게 사실이라면 더 멀리 가기 전에 모든 과정을 중단하고 이의를 제기해야 했다.

비티는 그랜드센트럴 역 건너편의 자기 사무실로 돌아와 짧은 편지를 구술한 뒤에 곧바로 피터 앳킨스에게 보냈다. 편지의 일부를 소개하면 다음과 같다.

우리는 존 멀린과 밥 러브조이로부터 우리가 RJR 경영진으로부터 재무 관련 자료와 관련해서 정확하지 않은 정보를 제공받았다는 사실을 알았습니다. …… 만일 그렇다면, 좀 더 정확한 정보를 가지고 우리의 입찰 가격을 새로 제시하는 게 옳다고 생각하며 그렇게 하고자 합니다.

말은 부드러웠지만 내용은 비수처럼 예리했다. 얼마 뒤 앳킨스가 비티에게 전화를 했다. 목소리로 보건대 앳킨스는 무척 초조해했다. 헨리 크래비스의 경고를 결코 무시할 수 없었기 때문이다. 앳킨스는 비티의 항의가 깨끗이 진행될 수도 있었던 공개 입찰 과정에 지울 수 없는 오점이 될지도 모른다는 사실에 애가 탔다.

"말로 하면 될 텐데 굳이 서면으로까지 했습니까? 나도 이 문제를 심각하게 받아들이고 있습니다."

하지만 앳킨스는 당장은 새로운 정보를 KKR에 전달하고 싶지 않았다. 러브조이와 멀린이 정보 전달 과정에는 아무런 문제가 없다고 주장했기 때문이다(이 점을 비티는 매우 이상하다고 생각했다). KKR 진영으로서는 혼란스럽기도 하고 화가 나기도 했지만 이사회의 결정을 기다리는 것 말고는 달리 방도가 없었다.

그날 오후 비티는 앳킨스로부터 두 번째 전화를 받았다.

"딕, 오늘 밤에는 당신들을 볼 필요가 없겠네요. 집으로 돌아가도 되겠습니다."

비티는 깜짝 놀랐다. 이런 놀라움은 그의 말에서 고스란히 묻어났다.

"다…… 다른 쪽도 마찬가집니까?"

"예."

마음이 놓였다, 조금은.

·————∞————·

피터 코언의 사람들 역시 이날 아침 스캐든 압스에서 비슷한 곤욕을 치렀다. 아이라 해리스가 이끄는 세 사람의 특별위원회 자문 위원들이 유가 증권과 관련된 예리한 질문들을 퍼부었던 것이다.

회의가 끝나갈 무렵 라저드의 루이스 리날디니는 토밀슨 힐에게, 자기들이 유가 증권을 평가하는 데 매우 유용한 자료가 될 수 있다면서 현금 흐름의 설계안 사본을 달라고 했다.

"그건 안 되죠."

존슨 진영의 비밀 무기이기 때문이었다.

리날디니는 왜 안 되느냐고 물었다. 힐은 대답했다.

"설계안은 우리의 자산입니다. 이걸 당신들이 KKR에 넘길지도 모르잖아요."

"아, 정말 왜 이럽니까?"

·————∞————·

토요일 아침, 제임스 마는 잠자리에 일어나며 퍼스트 보스턴이 이길 가능성은 별로 없다는 생각을 했다. 사실 퍼스트 보스턴의 제안이 채택될 가능성은 없다는 것을 그는 이미 알고 있었다. 기껏해야 이사회 사람들의 관심을 끌어 최종적인 결정을 뒤로 미루도록 하는 것이었다. 아니, 그럴 가능성도 아주 적었다. 아무튼 자기들이 제출한 제안이 힘을 쓸 수 있는 한계는 거기까지라고 생각했다.

아침 내내 그는 자기 아파트 안에서 서성이면서 전화가 오기를 기다렸다. 11시쯤 전화가 왔다. 피터 앳킨스였다.

"지미, 편지를 보냈습니다. 당신의 제안에 대해 물어볼 게 무척 많습니다. 몇몇 문제들을 좀 더 분명하게 확인하고 싶어서요."

언제나 그랬듯이 앳킨스의 심중을 읽기란 힘들었다. 마는 전화를 끊으면서 앳킨스의 이런 반응을 좋은 징조라고 여겼다.

'괜히 전화할 사람이 아니니까……'

하지만 마음 한편에는 앳킨스가 자기 제안을 기각할 명분을 찾으려 하는지도 모른다는 찜찜한 생각이 똬리를 틀고 떠나지 않았다.

정확히 5분 뒤에 인편으로 편지가 도착했다. 질문들은 기본적이고 기계적인 것이었으며, 세금과 관련된 내용이었다. 하지만 대부분 실사 과정을 거치지 않고서는 답할 수 없는 질문들이었다. 퍼스트 보스턴이 자기네 제안이 온전하게 가능하도록 확실하게 보장할 수 있으려면 RJR 나비스코에 대해서 좀 더 많은 정보를 확보해야 했다.

그날 오후에 앳킨스는 몇 차례 더 전화를 해서 또 다른 질문들을 했다. 이 모든 질문들이 복잡한 세금 관련 사항이었는데, 마는 이 문제들은 협상을 통해 정리해야 할 사항이라고 느꼈다. 그래서 분명히 못을 박았다.

"피터, 이 문제들 가운데 몇몇에 대해서는 명확하게 우리 입장을 밝힐 수 없습니다. 우리 사람들과 그쪽 사람들을 마주 앉힌 다음에 풀어야 할 문제 같거든요."

그러고는 브라이언 핀에게 전화해서 앳킨스가 보낸 편지를 읽어 주었다. 핀은 썩 달가워하지 않았다.

"우리 제안을 받아들일 수 없다는 근거와 기록을 남기려고 하는 것처럼 들리는데요……."

"내 생각은 달라요. 앳킨스와 대화를 하면서 느낀 거지만, 그건 아니라고 봐요."

"그러면 좋겠습니다만……."

두 사람은 앞으로 어떻게 할지를 토론했다. 통상적인 관례로 보자면 앳킨스의 편지에 서면으로 답하거나, 아니면 퍼스트 보스턴의 세금 자문 위원이 스캐든 사람을 직접 만나 회의를 하도록 해야 했다. 그런데 두 가지 다 좋아 보이지는 않았다. 회의는 한 차례로 끝나지 않을 테고, 이렇게 회의를 여러 차례 하다 보면 시간이 걸릴 수밖에 없는데, 시간을 줄이는 게 급선무였기 때문이다.

핀은 퍼스트 보스턴에는 매슈 로즌이라는 비장의 카드가 있다고 생각했다. 핀은 로즌이 자기와 개인적으로 친할뿐더러 자신이 제안한 내용의 기본적인 전략을 속속들이 알고 있다는 점이 유리하게 작용할 것이라고 말했다.

"그냥 내가 직접 로즌에게 전화를 걸어 그 질문들을 처리하는 게 어떨까요?"

전화로 해결하는 게 관료적인 형식주의가 시간을 잡아먹는 과정을 생략할 수 있다고 판단했던 것이다. 마도 그게 좋겠다고 했다.

핀이 전화를 했고, 스캐든 압스에 있던 로즌과 연결되었다. 정오 무렵이었다. 로즌은 지친 것 같았다. 핀은 우선 조심스럽게 탐색부터 했다.

"좀 거슬릴지도 모르는 질문인데……, 우리가 보기엔 그쪽에서 우리 제안을 기각할 명분을 쌓고 기록을 남기려 하는 것 같은데, 아닌가?"

"지금 우리가 어떤 상황인지 말할 수 없다는 걸 일단 이해해 주면 좋겠고, 분명히 말하지만 네 생각이 틀렸어. 그렇지 않아."

핀은 일단 안도의 한숨을 내쉬었다. 로즌이 자기에게 거짓말하지는 않는다고 믿었다. 로즌은 핀에게 수십 가지 질문을 던졌다. 하지만 대부분의 질문에 대해 핀은 뭐라고 대답할 수 없다고 했다.

"실사 작업을 하지 않고서는 대답할 수가 없어. 우리가 그걸 어떻게 알겠어?"

핀은 한 시간 넘게 이 말을 반복하며 로즌에게 그 사실을 주입시켰다.

"이봐, 우리는 서로를 잘 알잖아. 우리가 해내지도 못할 걸 내세워서 괜히 신문에 이름이나 내려고 이러고 있는 게 아니란 거 잘 알잖아. 제발 우리가 일단 문 안으로 발을 들여놓게 좀 해 줘. 그래야 돼. 실사를 해 봐야 우리 제안이 진짜 실행 가능성이 있는지 없는지 알 거 아니냐고."

전화를 끊고 나서도 핀은 여전히 불안했다. 퍼스트 보스턴의 제안이 매력적이라는 건 로즌도 알고 있다고 핀은 생각했다. 하지만 과연 200억 달러가 걸린 이 거래에서 로즌이 퍼스트 보스턴의 손을 들어 줄까?

토요일은 제임스 로빈슨의 쉰다섯 번째 생일이었다. 그래서 로빈슨 부부는 코네티컷에 있는 14만 제곱미터(약 4만 평)짜리 농장에 가서 입찰 사정 결과를 기다렸다. 그런데 3시쯤, 놀랍게도 존슨 부부가 찾아왔다.

로빈슨 부부는 이들을 반갑게 맞았다. 잠시 도시에서 벗어나서 보니 더 좋았다. 로리는 로빈슨 부부와 함께 운동실에서 운동을 했다. 운동실에는 웃지 않는 얼굴로 바벨을 들어 올리고 찍은 제임스 로빈슨의 사진이 걸려 있었다. 한편 로스 존슨은 카우치 소파에 비스듬히 누워 신문을 보고 대학 미식축구 중계방송을 보았다. 하지만 네 사람 모두의 머릿속에는 온통 특별위원회의 논의 결과뿐이었다. 이들은 오후 내내 그리고 저녁을 먹은 뒤까지 전화를 기다렸지만 전화는 오지 않았다.

저녁 메뉴는 중국 음식이었다. 린다는 식탁에까지 전화기를 챙겨 놓았다. 로빈슨 부부의 전화 회선은 다섯 개였는데, 이 가운데 세 개 회선의 전화기를 식탁에 올려놓았던 것이다. 식사하는 동안 로스 존슨과 로빈슨 부부는 여기저기 전화를 걸어 정보를 수집했다. 퍼스트 보스턴의 입찰 내용에 대한 소문들이 떠돌고 있었다. 하지만 이들은 퍼스트 보스턴의 제안이 장차 어떤 충격을 줄지 전혀 알지 못했다.

마침내 핵심을 파악한 사람은 존슨이었다. 특별위원회와 전체 이사회가 다음 날 회의를 열기로 되어 있다는 사실은 이미 다들 알고 있었다. 위원회가 추천하면 이사회는 무조건 찬성을 할 터였다. 존슨은 특별위원회 회의와 전체 이사회 회의에 대해 더 많은 내용을 알고 싶어 RJR 나비스코 운항 부서에 몸담고 있던 한 측근(이 사람은 존슨 곁에서 무려 29년 동안 일했던 충실한 직원이었다)에게 전화를 했었다. 그리고 이 사람을 통해 존슨은 이사들을 태우고 뉴욕으로 가기로 되어 있던 회사 비행기의 비행 계획이 취소되었다는 사실을 알아냈다. 전체 이사회 회의가 취소된 게 분명했다.

"이상하군요. 왜 이사회 소집을 취소했을까요?"

존슨은 특별위원회의 추천이 보류되었거나 아니면 특별위원회 내부에서 의견이 모이지 않았을 것이라고 추론했다. 이는 입찰 가격의 차이가 근소하거나, 아무도 최종적인 승자가 되지 못했다는 것을 의미했다. 존슨과 로빈슨 부부는 특별위원회가 모든 입찰안을 거부하고 구조 조정을 단행하기로 결정했을지도 모르는 희박한 가능성, 혹은 퍼스트 보스턴의 이상한 입찰 따위를 포함해 일을 이처럼 망쳐 놓을 수 있는 여러 가지 가능성들을 따져 보았다.

"무언가 아주, 아주 많이 특이해요."

존슨이 한 말이었다. 하지만 이유야 어찌 되었든 간에 회의 결과의 발표가 늦어진다는 것은 자기들에게 결코 좋은 소식이 아니라고 존슨은 로빈슨 부부에게 말했다.

린다 로빈슨이 이 소식을 코언에게 전했다. 코언은 아내가 플로리다에 친구들을 만나러 간 동안 맨해튼의 아파트에서 혼자 있다가 그녀의 전화를 받았다. 존슨이 비관적으로 생각했지만 로빈슨의 농장에 있던 다른 사람들은 여전히 낙관적이었다. 이사진의 비행 일정 소식을 가지고 확실한 결론을 내리기에는 무리가 아니냐는 게 그들의 의견이었다.

저녁을 먹은 뒤 린다 로빈슨이 활짝 웃으면서 남편의 생일 케이크를 내왔다. 흰색 당의를 입힌 홍당무 케이크였으며, '오레오' 쿠키, 통밀 크래커, 그리고 나비스코가 꿀과 계피, 초콜릿을 넣어 만든 새로운 쿠키 '테디 그레이엄' 등으로 장식한 것이었다. 하지만 케이크에서 무엇보다 빛난 것은 초, 아니 처음 얼핏 봤을 때 초처럼 보였던 어떤 것이었다. 하지만 자세히 보면 그것은 초가 아니라 담배였다. 윈스턴과 살렘이었다. 불이 붙은 담배는 연기를 모락모락 피워 올렸다. 보는 것만으로도 유쾌한 케이크였다.

휴걸이 일요일 아침 10시 15분에 특별위원회를 소집했을 때 회의실에 참석한 사람들은 자기들이 무엇을 해야 할지 잘 알았다. 세금과 관련해서 매슈 로즌이 내놓은 의견은 퍼스트 보스턴의 제안을 무시할 수 없다는 말이나 다름없었다. 또 이 제안이 약속하는 주식 인수 가격은 한 주당 최대 118달러나 된다는 사실도 알았다. 그리고 마 진영이 구체적인 안을 만들 수 있는 시간을 주려면 2차 공매를 실시한다고 결정해야 했다. 존슨 진영을 승리 일보 직전까지 데리고 갔던 한 주당 100달러라는 제안을 포함한 모든 제안을 없던 걸로 하고 다시 시작해야 했다.

앳킨스와 미첼은 로즌이 핀과 대화를 나눈 뒤인 토요일 오후에 최종 결정을 내렸었다. 이 결정에 모두가 좋아했던 것은 아니다. 딜런 리드의 프리츠 홉스는 마의 제안이 경솔하고 무모하기 짝이 없다 생각했고 또 이런 자기 생각을 사람들 앞에서 밝혔다. 하지만 언제나 그렇듯이 변호사들과 목소리를 높여 가면서 싸우려는 이사는 아무도 없었다. 자기들이 누리는 지위를 단번에 날려 버릴 수 있는 소송과 맞서 싸워야 할지도 몰랐기 때문이다. 비티의 성난 편지도 이런 결정을 내리는 데 지렛대 역할을 일정 부분 수행했다. 까딱하다간 크래비스 측으로부터 소송을 당할 수도 있었는데 2차 공매 결정을 내림으로써 스캐든 압스의 변호사들은 안도의 한숨을 쉴 수 있었다.

휴걸은 2차 공매를 썩 달갑게 여기지 않았다. 퍼스트 보스턴의 제안은 불확실한 의문투성이였고, 존슨이 크래비스와 손잡을 것으로 확신했다. 다음은 당시에 휴걸이 했던 말이다.

"만일 일정을 연장하고 퍼스트 보스턴이 입찰을 포기하면, 그 두 사람이 손잡을 게 분명한데 그러면 우리는 어떻게 되겠소? 그들이 한 주당 93달러로 들이대면 어떻게 하겠느냐는 말이오."

그러자 마틴 데이비스가 날카로운 반박을 했다. 공매 과정을 최대한 길게 끌고 가는 게 위원회로서는 가장 유리하다는 게 그의 주장이었다. 입찰자들이 진땀을 빼게 만들고 경쟁을 치열하게 만들면서 이사회가 구조 조정 방안을 마련할 시간을 벌어야 한다는 것이었다.

이 쟁점으로 이미 두 사람 사이에는 한 차례 갈등을 빚었었다. 그 일은 지난 목요일 오후에 있었다. 휴걸이 금요일 시한은 확고하며 이 시한을 연장해서는 안 된다고 래더에게 통고한 내용을 데이비스가 보고 곧바로 휴걸에게 전화해서 다음과 같이 고함을 질렀었다.

"이게 도대체 뭡니까? 그건 우리의 견해가 아닙니다, 옳지 않아요!"

데이비스는 휴걸을 믿지 않았다. 휴걸이 너무 순진하거나, 아니면 존슨이 휴걸을 뒤에서 조종하고 있다고 보았던 것이다. 어쩌면 둘 다일 수도 있었다. 하지만 마틴 데이비스는 확실하게 둘 다 아니었다. 그는 특별위원회 내부에서 강경파를 대표하는 인물로, 존슨 진영을 특별히 봐줄 이유가 없으며 어느 쪽이든 비싼 가격을 제시하는 쪽을 선택해야 한다는 입장이었다. 그는 비티의 편지가 2차 공매를 실시할 수 있는 근거라고 주장할 준비를 갖추고 회의에 임했다.

이사들은 커다란 논란 없이 합의점에 도달했다. 공매를 연장하는 결정은 위험하긴 하지만 이런 부담은 감수할 수밖에 없다는 것이었다. 로즌이 나서서 세금과 관련된 여러 가지 사항들을 설명했다. 하지만 이 자리에서 브라이언 핀과의 개인적인 친분은 따로 언급하지 않았다(이 두 사람의 친분 관계는 퍼스트 보스턴이 다른 거래와 관련해 로즌에게 일을 맡아 줄 것을 요구하면서 그다음 주에 사람들에게 알려졌다. 핀과 로즌에 따르면, 앳킨스는 절차상의 하자 문제가 대두되는 것을 피하려고 로즌을 고용하는 것을 거부했다고 한다). 휴걸과 다른 이사들은 로즌의 의견을 의심했지만 결국 그의 조언을 따랐다. 그들이 아무리 이 일을 마무리짓고 싶었다 하더라도 쉽게 끝나지 않을 듯 보였다. 회의는 1시에 휴회했는데, 그전에 앳킨스는 회의실을 빠져나가 마에게 시간이 얼마나 필요한지 물었다.

토요일 저녁에 마는 한 차례 안도의 한숨을 쉬었었다. 앳킨스의 목소리로 보건대 퍼스트 보스턴이 일단 문 안으로 발은 집어넣은 것 같았기 때문이다. 그런 이유로 월요일 오전에 앳킨스가 다시 전화했을 때도 마는 그다지 놀라지 않았다.

앳킨스는 이사회가 퍼스트 보스턴에 기회를 주기로 했다는 말을 전하면서 마에게 물었다.

"시간이 얼마나 필요합니까?"

마는 2주를 원했지만 그렇게는 되지 않을 것 같았다. 앳킨스는 다음다음 주 월요일이 어떻겠느냐고 물었다. 앞으로 여드레였다. 마는 추수감사절 휴일이 끼여 있어 자금 조성 방안을 구체적으로 마련하기 힘들 것 같다면서 하루만 더 주면 좋겠다고 했다.

"좋습니다."

이렇게 해서 마감 시한은 다시 11월 29일 화요일 오후 5시가 되었다.

마는 수화기를 내려놓으며 빙그레 웃었다. 그리고 속으로 말했다.

'나더러 미키 마우스라고 했지? 그래, 미키 마우스가 어떤 인물인지 보여 줄 테니까 두고 봐라.'

•———❦———•

일요일 아침, 제리 세슬로는 롱아일랜드의 집에서 일요일자 신문을 보며 스캐든 압스에서 진행되는 일들을 일부러 생각하지 않으려고 애썼다. 억수같이 내리는 비 때문에 집에 가만히 있는 게 오히려 마음 편했다. 그런데 전화벨이 울렸다. 마의 측근 가운데 한 사람인 스콧 린제이였다.

"피터 앳킨스가 당신더러 들어와서 비밀엄수서약서에 서명해 달라고 합니다. 드디어 우리가 문 안으로 발을 들이미는 데 성공했습니다!"

세슬로는 너무 좋아서 자기가 어떻게 옷을 입고 또 어떻게 자기 승용차 BMW 325ii에 올라타 빗물이 흘러넘치는 도로를 달리는지도 몰랐다. 한 시간 뒤에 그는 스캐든 압스에서 브라이언 핀을 만났다. 그런데 앳킨스의 기분이 폭풍우가 거세가 몰아치는 날씨만큼이나 사나웠다.

앳킨스는 노골적으로 적대적이었다. 공매를 연장한 일로 욕을 얻어먹어 그렇다고 세슬로는 생각했다. 앳킨스는 무척 지쳐 보였다. 당장이라도 사무실에서 나가 집으로 가고 싶은 얼굴이었다. 아마도 72시간 동안 한숨도 자지 못한 게 틀림없었다. 그리고 한구석에는 앳킨스의 조수인 마이클 기쟁이 마치 봉제 인형처럼 축 늘어진 채 서 있었다.

"자, 좋습니다. 당신은 이제 RJR 나비스코 거래의 현장 안으로 발을 들여 놓았습니다. 우리가 당신네를 진지하게 생각한다는 말입니다. 무슨 말인지 알죠? 우리는 또 다른 포스트먼 리틀이 나타나길 바라지 않습니다. 그 사람들은 말만 요란하게 했다가 결국에는 발을 빼 버리더군요. 우리는 당신네를 믿습니다. 이제 안으로 들어왔으니, 제대로 해 봅시다."

세슬로는 고개를 끄덕였다. 물론 제대로 해 볼 참이었다.

"여기에 서명해 줘요."

앳킨스가 세슬로 앞에 비밀엄수서약서를 내밀었다.

"변호사가 먼저 검토하기 전에는 서명할 수 없습니다."

"그럼 관두든가요."

앳킨스가 퉁명하게 받았다.

"난 못 합니다. 할 수 없습니다."

"해야 합니다."

세슬로는 프리츠커의 변호사 해럴드 핸덜스먼에게 팩스를 보내 확인부터 받고 싶다고 했다. 핸덜스먼은 시카고에 있었다. 앳킨스는 정 그러면 서둘러 확인을 받으라고 했다.

얼마 뒤 전화로 연결된 핸덜스먼은 서약서의 몇 부분을 수정해야 한다고 했다. 세슬로는 눈을 부릅뜨고 바라보는 앳킨스를 흘낏 쳐다보곤 핸덜스먼과 싸울 채비를 했다.

"행크(해럴드의 애칭), 난 지금 전투가 벌어지는 현장에 있습니다. 지금 당장 여기서 서명하거나 아니면 집에 돌아가야 합니다. …… 아닙니다, 지금 당장, 여기서 해야 합니다. 3초 여유를 줄 테니까 대답해 줘요. 피터 앳킨스가 지금 내 옆에 서 있습니다. 예, 지금 당장 서명해야 합니다."

· ——— ∞ ——— ·

정오에 KKR 사무실로 한 무리의 사람들이 모였다. 하지만 기다리는 것 말고는 달리 할 일이 없었다. 투자은행가나 변호사는 대부분 회의실에 모여 뉴욕 제츠가 버펄로 빌스를 상대로 벌이는 아이스하키 경기를 응원했다. 누군가가 팝콘을 만들어 사람들에게 돌렸다. 로스앤젤레스에 도착하자마자 곧바로 다시 뉴욕으로 돌아왔던 드렉설의 피터 애커먼은 회의실 바깥으로 나가더니 책을 한 아름 안고 들어왔다. 하루 종일 사무실에서 서성이며 시간을 보낸 크래비스가 줄곧 반복해서 던졌던 질문은 이것이었다.

"빌어먹을! 대체 언제쯤 되어야 무슨 얘기든 우리가 들을 수 있는 거야?"

가끔 폴 래더가 리처드 비티에게 전화를 걸어 상황이 어떻게 돌아가는지를 물었다. 비티는 집에 있으면서 리처드 로즈의 《원자폭탄 만들기》에 아무 생각 없이 푹 빠지려고 애쓰던 중이었다.

"어떻게 돼 갑니까?"

"나도 모릅니다. 어떻게 하면 좋겠소, 내가 저쪽에 전화를 한번 해 볼까요?"

"아뇨, 걸지 마요."

래더가 화들짝 놀라면서 말했다. 그들이 가장 원하지 않는 것은 남에게 성가신 존재가 되는 것이었다.

· ——— ∞ ——— ·

로빈슨의 농장에서도 존슨의 하루는 초조하게 흘러갔다. 네 사람 가운데 존슨만이 유일하게 특별위원회의 결정 사항에 초연한 듯 보였다. 그는 하루 대부분의 시간을 소파에서 신문을 읽으며 보냈다. 오후가 다 가도록 아무 연락이 없었지만 존슨은 평소의 유쾌한 모습을 잃지 않았다. 하지만 린다 로빈슨은 특별위원회가 내린 판정 결과를 알고 싶어 안달했다. 안주인의 이런 모습을 보면서 존슨은 느긋하게 타이르기까지 했다.

"린다, 조바심 낼 것 없습니다. 시간이 지나면 결국 우리한테 알려 줄 것 아닙니까."

말은 그렇게 했지만 존슨의 마음은 점차 비관적인 쪽으로 기울었다. 이사회 회의가 취소된 사실이 마음을 무겁게 눌렀다. 그 소식으로만 보자면 판정이 명쾌하게 나지 않은 것 같았다. 적어도 오늘까지는 그런 것 같았다. 존슨은 KKR 측과 막상막하의 무승부를 기록한 게 아닐까 하고 추측했다. 만일 그렇다면, 온 세상이 알아 버린 합의서 내용을 놓고 볼 때 결코 유리한 입장이 아니었다.

"입찰 가격이 비슷하다면 우리가 진 겁니다. 이사회는 우리 편을 들어 주지 않을 테니까요."

4시쯤에 두 부부는 뉴욕으로 돌아갈 채비를 했다. 바깥에는 비가 억수같이 쏟아지고 있었다. 헬리콥터를 타고 갈 예정이었지만 기상 상태가 좋지 않아 포기해야 했다. 비가 계속 퍼붓자 사람들은 두 대의 차에 나누어 탔다. 로빈슨 부부가 먼저 나섰고, 존슨 부부는 마침 그날 농장으로 찾아온 존 마틴의 흰색 레인지로버를 얻어 타고 돌아가기로 했다.

비 때문에 허친슨 파크웨이의 교통 정체가 심했고, 두 대의 자동차는 천천히 나아갔다. 앞차에 탄 린다는 휴대폰으로 연신 여기저기 전화해 가며 정보를 얻으려고 시도했다. 두 대의 자동차가 뉴욕주 경계선을 넘을 때 린다의 휴대폰이 울렸다. 특별위원회가 발표할 보도 자료 사본을 손에 넣은 기자가 한 전화였다. 기자가 읽어 주는 내용을 듣고 있던 린다 로빈슨의 눈이 놀라움으로 동그래졌다. 몇 분 뒤 그녀는 휴대폰을 내려놓고 남편을 바라보았다.

"당신은 내가 하는 말을 믿으려 들지 않을 거예요."

15분 동안 린다 로빈슨은 마틴의 레인지로버로 전화 통화를 시도했지만 실패했다. 악천후 때문에 연결되지 않았던 것이다. 그러다가 마침내 마마로넥을 지날 무렵에 연결되었다. 그 순간 레인지로버 안에서 비통한 고함 소리가 터져 나왔다.

"승리를 강탈당했잖아! 강도를 당한 꼴이라고요!"

마틴이 고래고래 소리를 질렀다. 존슨은 눈 깜박할 사이에 승리에 대한 모든 기대가 물거품이 되어 사라지는 것을 보았다. 존슨은 낮은 목소리로 아내에게 말했다.

"끝났어. 이제 안녕이야."

린다 로빈슨은 이 소식을 다른 신문 기자에게 전했고, 그 기자는 곧바로 여전히 집에 있던 리처드 비티에게 전했다. 비티는 이파전을 예상하고 있던 싸움에서 삼등을 했다는 말을 듣고는 경악했다.

"이런 씨발!"

기자가 소식을 모두 전한 뒤 전화를 끊을 때, 다른 사람이 보낸 호출 신호가 들렸다. 비티는 전화를 끊고 두 번째 전화를 연결했다. 피터 앳킨스였다. 비티는 앳킨스가 뭐라고 하기도 전에 먼저 말했다.

"피터, 당신이 나한테 무슨 말을 하려고 하는지 맞혀 볼까요?"

그러고는 세 군데의 입찰 내용을 설명하고 새로 정한 마감 시한을 말했다. 한 달 만에 처음으로 비티는 앳킨스가 평정심을 잃고 하는 말을 들었다.

"빌어먹을……, 그거 어떻게 알았습니까?"

비티는 그저 웃기만 했다.

·———∞∞———·

존슨과 로빈슨은 각자 아내를 집에 내려 주고 나서 RJR 나비스코의 경영진과 합류했다. 그들은 잭 너스바움의 법률 회사 '윌키 파 앤드 갤러거'에 모여 있었다. 거기에는 살로먼의 '소시지들'도 화가 나서 씨근거리며 있었다. 살로먼의 투자은행가들은 아이라 해리스가 퍼스트 보스턴-프리츠커 진영을 끌어들여 자기들이 따놓은 승리의 월계관을 빼앗았다며 예전 동료이던 해리스를 성토했다.

"그 뚱땡이 개자식!"

"우릴 엿 먹이려고 나간 거야! 우릴 엿 먹이려고 개지랄을 떨었어!"

제임스 로빈슨은 평소의 정치인과 같은 기질을 발휘해 사람들을 진정시키려고 노력했다. 너스바움은 사태를 오히려 낙관적으로 보려고 애썼다.

"하지만 우리가 확실하게 유리한 위치에 있는 건 분명합니다. 퍼스트 보스턴은 어차피 나가떨어질 거고, 그러면 우리가 여전히 우위에 있습니다."

하지만 존슨이 나서서 찬물을 끼얹었다.

"난 그렇게 생각하지 않아요. 다들 우리가 부를 수 있는 최대 가격을 알아 버렸습니다. 우리가 어디쯤 서 있는지 안다, 이 말입니다."

그리고 이 일은 이사회 내부에서 훨씬 더 조짐 나쁜 일들이 일어나고 있음을 나타낸다는 말도 했다.

"어떤 조건에서도 경영진이 이길 수는 없을 것 같습니다."

존슨은 이제 포기하고 집으로 돌아가려 했다.

"언제나 그랬지만 우리에게는 입찰을 하지 않을 선택권이 있습니다. 빌어먹을! 우리는 할 만큼 했습니다. 우리는 너무 정직하게 굴었습니다. 그래서 웃음거리가 된 겁니다. 우리 얼굴에 대고 오줌을 갈기겠죠, 빌어먹을! 그 냥 손 털어요. 그들더러 주주들에게 모두 설명하라고 두고."

물론 그건 과장이었다. 하지만 피터 코언은 존슨의 말이 맞을지 모른다 는 생각이 들면서 두려웠다. 처음으로 코언은 존슨이라는 존재가 엄청나게 불리한 조건이 되어 버렸음을 깨달았다. 어쩌면 이사들이 회사를 존슨에게 넘겨주기를 원하지 않을지도 모를 일이었다.

존 굿프렌드가 존슨에게 물었다.

"이사회가 정말 당신을 반대한다고 생각합니까?"

"그럼요. 관계가 너무 멀어져 버렸습니다."

소송에 대한 두려움 때문에 가장 친한 친구까지 내팽개치는 게 현실이 었다.

"그 사람들은 나를 반대하는 게 아닙니다. 자신들을 보호하려는 거지요. 이건 좆같이 엄청난 차이가 있는 겁니다."

◦──◉◉◉──◦

솔로 빌딩에서 크래비스는 땅을 쳐야 할지 아니면 만세를 불러야 할지 도무지 종잡을 수가 없었다. 사실 자기네는 패자가 되는 게 마땅했다. 존슨 과 코언의 연합군에 깨끗이 졌었다. 크래비스는 상대방이 한 주당 100달러 를 제시할 줄은 상상도 하지 못했다. 하지만 퍼스트 보스턴의 가격 제안이 너무나 무모하다는 사실을 확인하면서 오히려 그의 분노는 빠르게 안도의 한숨으로 바뀌었다.

"신이시여 고맙습니다, 덕분에 우리가 목숨을 건졌습니다."

그날 오후 크래비스와 로버츠는 퍼스트 보스턴이 제안한 내용을 자세히 파악했다. 가히 충격적이었다. 크래비스가 큰 소리로 물었다.

"도대체 이 친구들은 달나라에 살다가 온 거야, 뭐야?"

처음에 두 사람은 마가 도대체 무엇을 하려는지 이해할 수 없었다. 상세하게 파고들수록 허술하기 짝이 없었다. 마에게 기회를 준 이사회의 결정을 도무지 이해할 수 없었다. 크래비스가 판단하기로는 연말까지 퍼스트 보스턴이 모든 계획을 실행으로 옮겨 마무리할 가능성은 없었다. 전혀 없었다. 그런데도 현실에서는 이사회가 그 가능성을 보았고, 실제로 일이 이렇게까지 진행되었다. 이 점에 대해 크래비스는 그저 고마울 따름이었다. 그는 롬에게 전화를 걸었다. 그리고 평온한 목소리로 말했다.

"최소한 우리는 아직 살아남았어."

그날 오후 늦은 시각에 크래비스와 로버츠, 비티가 크래비스의 사무실에 모여 다음 행보를 논의했다. 표면적으로 볼 때 자신들이 가장 불리한 입장이라는 데는 다들 의견이 같았다.

"하지만, 잠깐."

로버츠가 입을 열었다. 로버츠는 자기들이 처한 어려운 상태를 놓고 곰곰이 생각한 끝에 삼등이라는 위치가 그다지 나쁘지 않다는 결론에 도달했다.

"사실 우리가 원하는 정확한 그 위치에 서 있는 거 아닌가?"

그의 말에 크래비스와 비티가 동시에 그를 바라보았다. 그게 무슨 말이지?

"죽은 척 납작 엎드리자고. 앞으로 어떻게 할지 모른다는 말을 퍼뜨리는 거야. 뭐, 그게 사실이잖아. 이 입찰에 계속 나설 생각이라고 떠벌리고 다닐 필요는 없단 말이지. 세상 사람들에게 우리가 다음에는 그 자리에 서지 않을 것이라고 믿게 만들자는 거야."

그래 맞아, 크래비스가 맞장구쳤다.

"우리가 전혀 할 필요가 없는 행동이 바로 사람들 앞에 나서서 북을 치며 떠드는 거지. 특히 다시 입찰을 시도할지 어떨지도 모르는 상황에서."

완벽하게 일리 있는 말이었다. 저편에서 2차 공매 때 강하게 나온다면 그냥 그렇게 두는 것이다. 가능성이 희박하지만 상대방이 입찰을 포기할 경우 당황할 필요도 없다.

로버츠는 머릿속에 계획의 윤곽이 잡히자 미소를 지었다. 그에게는 위장 정보 작전을 펼칠 수 있는 완벽한 근거지가 확보되어 있었던 것이다. 그 근거지는 바로 브루스 와서스타인을 비롯해 내부 정보를 쉽게 흘리는 경향이 있는 투자은행가들이었다.

"브루스를 위해 멋진 쇼를 준비해야 하겠지?"

첫 단계는 언론에 제공하는 보도 자료였다. 일요일 저녁에 KKR는 다음과 같이 발표했다.

"우리는 제공받을 수 있는 새로운 정보를 바탕으로 앞으로 우리가 선택할 수 있는 대안을 신중하게 살펴야 합니다. 그다음 단계에 대한 판단은 그때 가서 할 수 있을 것입니다. 우리가 다음 단계를 밟는다면 말입니다."

집에 도착했을 때 크래비스는 무척 피곤하고 풀죽어 보였다. 그리고 싸움을 포기해야 할지 모른다는 말도 했다. 여성의 직감을 믿는 캐럴라인 롬이 남편의 안색을 살피며 진심을 알아내려 했다.

'이 사람이 진심으로 이런 말을 하는 걸까? 일생일대의 사냥감을 포기한다는 말이 진심일까?'

겁먹고 꽁무니를 빼는 것은 절대로 크래비스의 모습이 아니었다. 지친 듯한 그의 말 이면에서 그녀는 어떤 새로운 결심을 발견했다. 그럼 그렇지, 이 사람이 사냥감을 두 번씩이나 그냥 놓치지는 않지, 하고 생각했다. 한 번 더 생각해 봐도 자기 판단이 맞는 것 같았다. 확실했다.

'이 사람은 뭔가 꿍꿍이를 가지고 있는 게 분명해!'

16장

크래비스의 연막전술과
퍼스트 보스턴의 악전고투

*
*
*

입찰자들이 죽었다 살아나서 새로 월요일 아침을 맞을 때 월스트리트 전역에는 기묘한 정적이 감돌았다. 금융 시장은 조용했다. 투자은행가들의 발걸음은 조심스럽고 느렸다. 월스트리트의 거대한 인수 합병 기계는 비밀리에 멈춰 섰다. 이유는 단순했다. RJR 나비스코 공매의 최종 승리자에게 150억 달러 혹은 그보다 더 많은 금액을 제공하게 될(정확하게 말하면 그렇게 되기를 바라는) 상업 은행들이 모두 전투 준비를 하느라 RJR 이외의 다른 인수 합병은 손을 놓았던 것이다. 모든 사람들의 눈이 RJR 나비스코로 향하면서 대부분의 거래가 보류되었다. 정보에 굶주린 아버트라저(차익 거래자)들 역시 사태의 추이를 지켜보는 것 말고는 달리 할 게 없었다. 무법자들이 최후의 대결을 앞두고 있을 때 마을 사람들이 서둘러 집 안으로 몸을 숨기는 서부 영화의 한 장면과 비슷한 상황이 연출되었던 것이다.

제임스 마가 사무실에 모인 사람들을 바라보며 미소를 지었다. 그리고 이렇게 말했다.

"여러분, 미키 마우스가 마이티 마우스가 되었습니다!"

월요일 아침, 월스트리트는 정적에 싸여 있었지만 퍼스트 보스턴은 예외였다. 마의 병사들은 단순히 열광만 하는 게 아니었다. 이들은 엄청난 에너지로 충전되어 있었다. 그들은 아무도 예상하지 못했던, 심지어 자기 자신들조차 확신하지 못했던 성공을 거두었던 것이다.

아침 8시, 마의 최측근들이 승리를 축하하고 또 눈이 핑핑 돌아갈 정도로 바쁘게 펼쳐질 한 주를 준비하기 위해 그의 사무실에 모였다.

"버스를 쫓던 개가 드디어 버스를 따라잡았습니다."

정크 본드 책임자 그레그 맬컴이었다. 그의 말에 왁자한 웃음이 사무실 공기를 흔들었다. 마는 이런 분위기가 좋았다. 지금 필요한 건 바로 이런 단결심이었다. 이 사업을 완수하기 위해서는 특히 그랬다. 그들이 과연 해낼 수 있을지 마는 확신할 수 없었다. 하지만 열심히 노력할 것임은 분명했다.

웃음소리가 가라앉자 마는 일 이야기로 들어가 각 팀의 책임자들에게 각자 해야 할 일을 할당했다. 월스트리트 역사상 가장 복잡하고 또 가장 규모가 큰 인수 합병을 위한 입찰 기한은 여드레밖에 남지 않았다. 마는 이번 일이 퍼스트 보스턴의 인수 합병 부서가 앞으로 살아남을 수 있을지, 다시 말해 브루스 와서스타인 없이도 여전히 정상의 자리를 유지할 수 있을지 판가름하는 최종적인 시험대임을 알고 있었다.

재치 있는 말솜씨를 가진 마의 오른팔 킴 페너브레스크가 나비스코를 매각할 경우 퍼스트 보스턴이 얼마를 받을 수 있을지 평가하기 위해 나비스코의 자산 분석 작업을 지휘하는 일을 맡았다. 브라이언 핀은 단독으로 책임지는 팀을 맡지 않고 각 팀들을 모두 자문하는 일을 맡았다. 그레그 맬컴은 누구보다 어려운 일을 맡았다. 자금 모집팀을 지휘하는 일이었다. 이 팀은 대부분의 은행들이 LBO 대출 때문에 이미 심각한 어려움에 빠져 있는 시기에 RJR 나비스코의 담배 사업 부문을 인수하는 데 필요한 150억 달러 자금을 조성해야 할 뿐 아니라, 핀의 분할불입어음 전략에 생명의 숨결을 불어넣어 줄 은행도 찾아야 했다. 그야말로 위험하고 아슬아슬한 일이었다. 이런 일은 과거에 단 한 번도 시도된 적이 없었다. 맬컴은 퍼스트 보스턴이 발행하게 될 분할불입어음과 관련해 150억 달러를 퍼스트 보스턴에 빌려달라고 은행을 설득해야 했다. 이 일이 자기네가 맞닥뜨린 일 가운데 가장 어려운 일이라는 것은 방 안에 있는 사람들 모두 다 알고 있었다.

측근들과 회의를 마친 마는 44층의 회의실로 갔다. 여기에서 제이 프리츠커와 함께 점심을 먹기로 약속되어 있었다. 프리츠커는 그날 아침 시카고에서 비행기를 타고 뉴욕에 왔으며 퍼스트 보스턴으로 오기 전에 제리 세슬로를 만났었다. 프리츠커는 금요일에 목격한 자기네 진영의 '키스톤 캅스'[†] 공연 같았던 야단법석 때문에 여전히 기분이 좋지 않았다. 프리츠커는 이렇게 쏘아붙였다.

"그 친구들 지금 이 일을 재기를 위한 연습쯤으로 생각하는 거 아니오?"

회의실에서 세슬로는 페너브레스크를 한쪽으로 데리고 가서 단도직입적으로 물었다.

"이 일로 나는 낭패를 보고 싶지 않습니다. 제이도 마찬가집니다. 나는

[†] 미국 슬랩스틱 코미디의 아버지로 불리는 맥 세네트가 1912~1917년에 만든 영화들에 등장하는 우스꽝스럽고 무능한 경찰들 캐릭터.

당신들 때문에 아주 위험한 처지에 놓였습니다. 무슨 뜻인지 알죠? 달콤한 말은 다 잊어버려요. 당신들은 이 일을 진짜 진지하게 대하고 있습니까?"

페너브레스크는 그렇다고, 자신들은 웃음거리가 되려고 이 일을 하는 게 아니라고 대답했다.

점심을 먹으면서 마는 프리츠커에게 그동안 있었던 일들을 설명하고 RJR 나비스코에 잠겨 있는 자산 가치를 놓고 토론했다. 그런데 프리츠커의 측근 자문 위원인 코퍼스 크리스티 출신의 멜빈 클라인이 헨리 크래비스와는 오랜 친구이며 그와 줄곧 연락을 취하고 있다고 말했고, 이 말에 마는 깜짝 놀랐다. 크래비스는 일요일 저녁에 클라인에게 이렇게 말했었다.

"앞으로 어떻게 해야 할지 잘 모르겠네요. 아무튼 어떻게 할지 판단은 해야겠죠."

점심 식사 자리에 있던 사람들 모두 크래비스가 입찰을 하지 않을지도 모른다고 생각했다. 1차 때 제시한 94달러는 경쟁자들이 제시한 가격과 비교하면 그야말로 농담 수준이었기 때문이다. 그들은 크래비스가 이전투구의 추한 싸움과 이번 거래의 정치적인 측면, 그리고 세간의 이목 등을 부담스러워하는지도 모른다고 정리했다. 그러자 클라인은 크래비스가 이 문제를 어떻게 바라보든 간에 자기는 크래비스를 만나 손을 잡을 수 있는지 여부를 알아보고 싶다고 했다. 프리츠커도 그게 좋겠다고 했다. 그러자 퍼스트 보스턴 사람들이 의심의 눈빛을 보냈다.

"당신들이 바라지 않는 일을 할 생각은 전혀 없어요. 그저 그 사람과 얘기를 해 봐야 하는 거 아닌가, 하는 생각입니다."

마도 동의했다. 잘되면 좋겠다는 생각이었다. 아니, 그 이상이었다. 250억 달러나 되는 돈을 크래비스와 나눌 수 있다면…… 상상만 해도 짜릿했다.

"우리도 기본적으로 투자하고자 하는 집단인데, 그건 아무 문제도 안 됩니다. 우리 입장에 대해서는 아무 걱정 하지 마십시오."

프리츠커가 원하는 것이 하나 더 있었다. 자기 이름이 언론에 크게 보도되지 않기를 바랐다. 따라서 이후로는 '퍼스트 보스턴 진영'이라는 이름으로 표기되면 좋겠다고 했다. 프리츠커는 그 말을 할 때 손으로 탁자를 탕탕 치면서 강조했다. 그러나 프리츠커가 이런 요구를 한 게 겸손함에서 비롯된 것인지 아니면 혹시 나중에 망신을 당하는 게 두려웠기 때문인지는 아무도 알지 못했다.

⊷⊶⊷

월요일, 존슨은 기분이 더러웠다. 그는 휴걸에게 불평을 했다.

"찰리, 우리가 속았어요. 누가 봐도 뻔한데 말이오."

"로스, 나도 정말 속이 상합니다. 하지만 우리가 할 수 있는 거라곤 아무것도 없었어요. 이런 식으로 진행될 수밖에 없었습니다."

"내 생각은, 우리가 속았다는 겁니다."

"변호사들 때문에 어쩔 수 없었습니다. 잠정적인 수치이긴 하지만 한 주에 110달러라는 높은 가격을 제안했는데 떨어뜨릴 수는 없다고 말입니다."

휴걸이 어떤 말을 하더라도 부글부글 끓어오르는 존슨의 분노를 누그러뜨릴 수는 없었다. 생각하면 할수록 더욱 화가 났다. 이사회 사람들은 모두 자기와 친구라고 그리고 자기와 한 몸이라고 생각했었다. 그런 사람들에게 뒤통수를 맞았다는 사실을 참을 수 없었다. 골드스톤이 옳았다. 그들은 이제 더 이상 친구가 아니었다. 골드스톤이 그 말을 했을 때 존슨은 인정하고 싶지 않았다. 지금도 마찬가지였다. 그러나 인정하고 싶지 않지만 부정할 수 없는 사실임을 존슨은 가슴 깊이 알고 있었다. 이제 이사회의 지원을 기대할 수는 없었다.

매콤버는 이해할 수 있었다. 매콤버는 오랜 세월 동안 존슨에게 원한을 품어 왔었다. 하지만 마틴 데이비스는? 존슨이 들은 바로는 데이비스가 가장 강경한 쪽에 섰다고 했다. 윌리엄 앤더슨은? 앨버트 버틀러는? 존슨은 이들을 '사이비 독립' 위원회라 부르곤 했다. 이들은 모두 특히 존슨이 '웃는 아이'라 부르곤 했던 무뚝뚝한 변호사 앳킨스를 포함한 월스트리트 조련사들의 포로들이었다. 하지만 누구보다 존슨의 마음을 아프게 한 사람은 아이라 해리스였다. 존슨은 해리스가 전국의 골프장을 돌아다니면서 자기를 헐뜯는다는 말을 들었다. 해리스를 안 지 벌써 15년이었다. 15년 친구가 등 뒤에서 자기 욕을 한다는 사실에 마음이 무척 아팠다.

화요일이 되자 존슨의 심정은 이사회 사람들의 목을 모두 비틀어 버리고 싶은 정도로 격해졌다. 존슨은 아내 로리에게 회사 소유 아파트를 슬슬 정리하고 비우자는 말을 했다. 두 사람은 함께 자기들 소유의 물건을 정리했다. 어떤 것은 애틀랜타로 보내고, 어떤 것은 콜로라도의 집으로 보내고, 또 어떤 것은 플로리다로 보내기로 따로 표시했다.

2라운드 준비로 챙겨야 할 건 별로 없었다. 100달러도 충분히 높은 가격이었고, 더 높은 가격이 가능한지 알아볼 여유가 없었다. 존슨은 제임스 로빈슨에게 말했다.

"우리가 어떻게 하든 간에 처음 생각했던 수준보다 별로 높아질 방도는 없을 것 같습니다. 당신은 현금 부분을 어떻게 손봐서 입찰 가격을 조금 더 올리고 싶겠지만, 지금보다 그다지 많이 올라가지는 않을 겁니다."

화요일 오후, 존슨의 마음이 다시 한 번 요동쳤다. 존슨은 이사회를 제어할 수 있는 아이디어 하나를 생각해 내곤 골드스톤을 솔로 빌딩의 사무실로 불러 이렇게 말했다.

"그 사람들에게 만일 확실하게 약속하지 않겠다면 빠져 버린다고 전해요. 우리를 이렇게 열 받게 만드는데 우리라고 자기들을 열 받게 못 할 거 뭐 있어요? 안 그래? 우리는 입찰자로서 우리가 가지고 있는 힘을 쓰지 않는데, 자기들은 모든 규칙을 자기들 마음대로 정하고 있잖아요. 규칙은 자기들만 정하나? 그 규칙을 우리도 정하자고요!"

하지만 강경책을 쓰기에는 너무 늦었음을 골드스톤은 알고 있었다. RJR 나비스코의 공매는 모르는 사람이 없었다. 이미 너무 멀리 와 버렸던 것이다. 그래서 골드스톤은 앳킨스에게 전화하는 걸 미루었고, 다음 날인 수요일에는 성급하게 일을 저지르지 않는 게 좋겠다고 존슨을 설득했다. 수요일 오후에 존슨은 짐을 싸서 걸프스트림 제트기를 탔다. 플로리다에서 추수감사절을 보내기 위해서였다.

• —— ◦◦◦ —— •

자욱했던 먼지가 가라앉자 첩보 활동이 시작되었다.

월요일 아침, 로버트 비티는 시어슨의 로버트 밀러드에게 전화했다. 친구 사이이던 두 사람은 거의 다섯 주 동안 막후 대화를 해 오고 있었다. 밀러드는 비티에게 더할 수 없이 소중한 정보 자산이었다. 밀러드는 비티, 나아가 크래비스에게 피터 코언의 움직임을 정확하게 파악하는 최상의 통로였다.

이날 아침 비티의 목소리는 전에 한 번도 볼 수 없었을 만큼 풀이 죽어 있었다.

"축하해. 그쪽 사람들이 제일 높은 가격을 불렀더군."

화제는 곧바로 퍼스트 보스턴의 '기적적인' 제안으로 옮겨 갔다. 비티가 말했다.

"퍼스트 보스턴의 제안은 완전히 협잡이야. 우리가 자세히 살펴봤는데,

도저히 불가능하더라고. 말도 안 되는 거야."

밀러드는 KKR에서는 다음 행보를 어떻게 할지 물었다. 비티는 모른다고 대답했다. 그리고 퍼스트 보스턴의 세금 전략에 대해 자세히 알려 주겠다고 먼저 말을 꺼냈다.

"거기에 대해서 우리는 많은 걸 알거든……. 우리가 도움이 될 수 있다면 도와줄 수도 있어."

그런 제안을 받고 밀러드는 깜짝 놀랐다. 그런 말을 하는 비티의 어조 역시 놀라웠다. 패배를 완전히 인정한 것 같았다. 다시 싸울 의지라곤 찾아볼수 없었다. KKR가 2차 입찰에 나서지 않겠다는 뜻으로 읽었다. 그래서 밀러드는 슬쩍 찔러 보았다.

"그럼 피터에게 전화를 해 보지 그래? 축하도 해 줄 겸……. 아마 무척반가워하고 좋아할 텐데……."

피터 코언과의 대화가 무척 유익할 거라고 밀러드는 판단했다.

그날 오후, 코언은 비티가 자기에게 전화했다는 걸 확인하고 곧바로 비티에게 전화를 했다. 그는 리무진을 타고 JFK 공항으로 가던 중이었다. 다음 날 브뤼셀에서 있을 카를로 데 베네데티 소유 기업인 '소시에테 제네랄레 데 벨지크'의 이사회 회의에 참석할 예정이었다.

"피터, 그쪽이 이겼네요. 축하합니다. 설마 100달러로 나올 줄은 몰랐습니다."

"아 예, 고맙습니다. 퍼스트 보스턴의 제안은 어떻게 생각합니까?"

"돌았죠. 그건 되지도 않습니다. 우리가 나름대로 분석을 좀 해 봤거든요. 될 수가 없습니다. 올해 안으로는, 절대로 안 됩니다. 장담합니다."

"우리도 그렇게 생각합니다. 솔직히 우리도 깜짝 놀라긴 했지만……. 근데 그쪽은 어떡할 작정입니까?"

"글쎄요, 모르겠습니다. 여기 사람들은 다들 풀이 죽어서 말이죠……. 2차 때는 어떻게 해야 할지 지금으로선 모르겠습니다. 참여하지 않을 수도 있고요. 아무튼 다들 휴가를 떠날 생각입니다. 조지(로버츠)는 샌프란시스코로 돌아가고, 헨리는 스키를 타러 가지 않을까 싶네요."

"나도 한 며칠 떠나 있으려고 합니다. 하지만 주중에는 돌아올 겁니다. 캐런과 함께 이스트 햄프턴에 가려고요. 여기에서 좀 벗어나려고요, 완전히 지쳤거든요."

전화를 끊은 뒤에 비티는 전화기를 한동안 들여다보았다. 자기는 거짓말한 게 아니었다. 의도적으로 코언이 잘못 판단하도록 유도한 게 아니었다. 크래비스가 앞으로 무얼 어떻게 할지 모른다는 것은 사실이었다. 그리고 코언이 자기 말을 의심하는 기색은 조금도 찾아볼 수 없었다. 만일 코언이 크래비스가 2차 입찰에 참가하지 않을 거라는 인상을 받았다 하더라도 아무 상관 없었다.

로버트 비티는 이 통화가 피터 코언과 오랜 기간 나누어 왔던 정중한 대화의 마지막이 될 줄은 아직 알지 못했다.

일반 대중의 눈에 RJR 나비스코의 입찰은 미친 짓으로 비쳤고, 제3 진영의 등장은 이 입찰을 누구나 참여할 수 있는 경주로 만들었다. 하지만 라저드 프레어스와 딜런 리드의 복도와 사무실은 차분해서 이런 열광적인 분위기를 찾아볼 수 없었다. 이사회 자문 위원들에게 퍼스트 보스턴의 입찰은 전혀 좋은 소식이 아니었다. 퍼스트 보스턴이 여드레라는 짧은 기간 안에 구체적인 제안을 마련할 수 있으리라고 생각한 사람은 별로 없었다.

특히 염려되는 부분은 크래비스 진영의 낮은 입찰 가격이었다. 이들이 제시한 94달러에 다들 곤혹스러워했다. 도대체 무슨 생각으로 그랬을까? 일부러 지려고 그렇게 낮은 가격을 제시했던 것일까? 게다가 2차 입찰에 참가하지 않을 수도 있음을 시사한 이들의 일요일 발언은 불길한 전조로까지 비쳤다.

애초부터 특별위원회의 임무는 두 마리의 말을 경쟁시키는 것이었다. 그런데 말이 두 마리 생기자 이번에는 세 마리로 만들고 싶었다. 경쟁하는 말은 많으면 많을수록 좋았다. 요컨대 주주에게 더욱 높은 가격을 보장하면 할수록 좋았다. 만일 퍼스트 보스턴이나 KKR가 두 번째 입찰에 나서지 못할 경우, 대안은 로스 존슨의 경영진 쪽 하나뿐이었다.

이런 사실이 특별위원회를 위해 일하는 투자은행가들의 수장 격인 필릭스 로아틴을 불편하게 만들었다. 추수감사절 이전 며칠에 걸쳐 딜런 및 스캐든과 함께 로아틴은 두 가지 행동 방안을 마련했다. 하나는 KKR 진영을 구하는 것이었다. 어떤 대가를 치르더라도 이들이 다음 주 화요일에 두 번째 입찰서를 가지고 나타나도록 만들어야 했다. 그렇게 하려면 자료와 조언을 듬뿍 제공해야 했다. 그래야 강력한 경쟁 체제를 유지할 수 있었다. 또하나는 특별위원회가 자본 재조정 계획을 마련하는 것이었다. 최악의 상황이 벌어져 존슨이 단독으로 입찰했을 때를 대비해야 했던 것이다. 이 계획에는 대출과 자산 매각을 통해 확보한 자금으로 주주들에게 일시에 대규모 금액을 지불하는 내용이 포함되었다.

KKR를 구하는 작업은 월요일에 시작되었다.

"당신들이 다시 사냥에 나서는 데 필요한 게 뭡니까?"

로버트 러브조이는 그날 오후 전화 회의를 하면서 폴 래더에게 물었다.

분석 작업을 총괄하던 래더는 자기들이 2차 입찰에 의욕을 가지고 참가할 수 있으려면 좀 더 실질적인 정보가 많이 필요하다고 대답했다.

"우선 담배 사업 부문 사람들을 만나고 싶습니다. 에드 호리건은 꼭 있어야 합니다. 이 사람이 담배 사업 부문을 앞으로 어떻게 운영할 생각인지 물어보고 싶습니다. 만일 진짜로 거기에 현금을 모아 둔 게 없다면, 그 이야기를 호리건에게 직접 듣고 싶습니다."

래더는 존 그리니스가 나비스코를 통해 얼마나 많은 현금을 확보할 수 있는지 들어서 잘 알고 있었다. 그래서 호리건이나 존슨이 담배 사업 부문에서도 이런 방안을 가지고 있으면서도 밝히지 않는 것이라는 의심을 품고 있었다. 래더는 이런 생각을 모두 러브조이에게 말했다. 그러자 러브조이는 말했다.

"글쎄요, 그런 비책이 있는지는 우리도 모릅니다. 만일 그런 게 있다면 우리한테 거짓말한 거겠죠. 아무튼 그런 건 하늘에 맹세코 없다고 했습니다."

월요일 밤에 러브조이는 한 무리의 일행을 이끌고 KKR의 사무실로 가서 래더와 스콧 스튜어트를 만났다. 라저드의 팀은 RJR 나비스코로부터 받은 정보를 하나도 남기지 않고 모두 챙겼으며, 또 그 주에 존슨의 입찰서를 통해 확보한 새로운 자료들까지 모두 챙겨 가지고 갔다. KKR 진영에 매우 유용한 정보가 될 것이 틀림없었다. 그리고 라저드의 투자은행가들은 존슨의 회사에는 눈에 보이는 것보다 훨씬 더 많은 것이 있다는 메시지도 KKR 측에 확실히 전했다.

서른 살 전후의 라저드의 투자은행가 조슈아 너스바움은 래더에게 담배 사업 부문에서 한 해에 추가로 1억 5000만 달러를 저축할 수 있을 것이라고 주장했다. 이게 사실이라면 매우 놀라운 정보였다. 10년 동안 모을 경우 총액을 한 주당 가격으로 환산하면 8달러나 9달러가 되고, 그렇다면 KKR

진영의 입찰 가격을 한 주당 100달러 이상으로 끌어올릴 수 있었다. 러브조이는 상대편 사람들의 표정을 바라보며 자기들이 전한 메시지가 효과가 있다고 판단했다.

사실 래더는 그 주장을 완전히 믿지는 않았다. 라저드 사람들은 KKR라는 말이 죽지 않고 계속 살아서 뛰는 데만 관심이 있다는 것을 그는 잘 알고 있었다. 그래서 그들이 하는 이야기를 액면 그대로 받아들이지 않고 반은 뚝 잘라 들었다. 그러다가 어느 한순간 라저드의 투자은행가 스티븐 골럽이 래더를 한쪽으로 데리고 가서 귓속말을 했다. 두 사람은 여러 해 전부터 알던 사이였고, 래더는 골럽을 신뢰했다.

"이런 회사는 정말 처음 봅니다. 이렇게 낭비 많은 회사는 진짜 처음 봤다니까요? 나는 GM에도 있어 봤잖아요."

GM은 과다 지출로 유명한 회사였다.

"그런데 이들이 하는 걸 보면 GM은 어린애 장난입니다. 돈이 그냥 바닥에 굴러다닙니다. 어떤 식으로 하든 간에, 절대 보수적으로 판단하면 안 됩니다. 너무 조심스럽게 굴면 안 됩니다."

• ⚬⚬⚬ •

"신사 여러분, 자리에서 일어나지 않아도 됩니다."

호리건이 사람들로 빽빽한 회의실로 들어오면서 말했다.

"나를 포함해서 여기 있는 사람들은 모두 우리가 왜 여기에 모였는지 잘 알죠."

화요일 아침의 RJR 나비스코 뉴욕 사무실, 크래비스 진영의 질문 공세에 대비해 호리건은 완전 무장을 갖추었다. KKR에서 온 투자은행가와 변호사가 열 명이 넘었고 특별위원회 사람들도 체리 나무 테이블에 함께 자리했다. 호리건은 화가 단단히 나 있었는데 그 이유는 금방 드러났다.

"당신들이 오늘 아침에 나를 해고한 걸 이해합니다."

호리건은 오려낸 신문 기사를 탁자 위에 올려놓으면서 말했다. 이날 아침에 《그린스버로뉴스앤드레코드》가 만일 크래비스가 공매에서 이기면 존슨과 호리건은 '제거될 것'이라고 보도했었다. 게다가 호리건으로서 더욱 화가 날 수밖에 없었던 것이, 이 말이 호리건과 불구대천의 원수인 폴 스틱트와의 인터뷰에서 나왔다는 사실이었다.

"우리는 거기에 대해 아는 바가 전혀 없습니다."

크래비스가 차분한 어조로 대꾸했다.

"폴 스틱트가 말한 거 알고 있습니다. 그 기자한테 들었거든요."

하지만 크래비스는 다시 똑같은 말을 반복했다.

"아는 바가 전혀 없습니다. 무책임하고 완전히 잘못된 내용입니다."

호리건은 스틱트를 비난하는 장광설을 쏟아 냈다. 스틱트가 담배 사업 부문을 어떻게 말아 먹었는지를 말하고, 자기와 자기 부하 직원들이 이 사업 부문을 어떻게 다시 소생시켰는지를 말했다.

"만일 당신이 그 멍청한 바보 노인병 환자가 말을 타고 마을로 다시 돌아올 거라고 생각한다면, 행운을 빌어 주죠. 아마 길은 그 노인네보다 말이 더 잘 알 겁니다. 노인네는 눈도 잘 보이지 않으니까요. 스틱트와 한 거래는 당신네가 실수한 겁니다."

"그건 좋습니다. 그건 됐고, 우리는 담배 사업 부문에 대해 이야기하려고 왔습니다."

크래비스의 말에 호리건은 잠시 담배 산업과 레이놀즈에 대해 이야기했다. 그리고 그가 말을 마치자 크래비스를 대표하는 사람들이 질문 공세를 퍼부었다. 하지만 호리건이 그들에게 전혀 도움이 되지 않을 거라는 사실은 이내 드러났다.

"비용을 줄이려면 어떻게 하면 됩니까?"

클리프턴 로빈슨이 물었다.

"줄일 데가 없습니다."

이번에는 폴 래더가 나서서 물었다.

"당신과 로스는 담배 사업 부문을 어떻게 운영할 겁니까? 계획이 뭡니까? 저축해 둔 게 상당히 있을 텐데요?"

"없습니다. 하나도 없습니다. 우리는 매우 절약하고 있다고 생각합니다. 짜게 돌리고 있다는 말입니다. 쓸데없이 새 나가는 돈은 없습니다."

다시 로빈슨이 물었다.

"그렇다면 이렇게 많은 사람들은 다 뭡니까?"

"아니죠. 본사에는 사람이 없잖아요."

호리건은 바위로 된 성벽이었고 도저히 넘을 수가 없었다. 크래비스를 비롯해 여러 사람들이 동일한 질문들을 네댓 가지 방식으로 다르게 해 봤지만, 호리건은 그때마다 비용을 삭감할 구석은 한 군데도 없다고 대답했다.

"그렇다면 수치를 놓고 이야기해 봅시다."

로빈슨이 미리 입수한 미완성의 개략적인 설계안을 놓고 말했다.

"이보다 더 낫게 할 수 있습니까?"

"없습니다."

"더 낫게 할 수 없다고요?"

"없습니다. 우리는 지금 최선을 다하고 있습니다."

그러자 크래비스가 끼어들었다.

"그러면 이 설계안은 뭡니까?"

"우리가 더 잘할 수 있는 방안은 없습니다. 그게 전부입니다. 우리는 더 잘할 수도 없고, 더 못할 수도 없습니다."

이어 호리건은 연기 나지 않는 담배 '프리미어'와 그가 진행하고 있는 여러 사업들이 얼마나 중요한지 장황하게 설명했다. 그의 말이 끝난 뒤 다시 로빈슨이 물었다.

"시어슨 사람들에게 준 다른 분석 자료는 없습니까?"

"없습니다."

"시어슨 사람들에게는 주고 우리한테는 주지 않은 자료가 없냐고요."

"전혀 없다니까요."

그리고 로빈슨이 '도럴'(저가 담배 브랜드)의 가격을 인상할 수 있을지 묻자 호리건은 쏘아붙였다.

"하고 싶으면 그렇게 해요. 아마 마룻바닥이 지하실까지 꺼질 겁니다. 참 보기 좋겠군요."

그러고는 KKR의 그 젊은 파트너에게서는 질문을 더 받지 않겠다고 했다. 크래비스가 물었다.

"정말 환상적이군요. 지금의 경영 상태가 최상이고, 어떤 곳에서도 비용을 삭감할 수 없다고요? 좋습니다. 만일 그렇다면 우리가 제시한 한 주당 94달러도 지나치게 높은 가격이 되겠네요? 만일 당신들이 비용을 삭감할 수 없다면, 어떤 곳에서도 비용을 삭감할 수 없다면……."

크래비스가 채 질문을 하기도 전에 호리건이 그의 말을 잘랐다.

"없습니다. 전혀 없습니다."

"아, 그래요? 그렇다면 우리가 지난번 입찰 가격을 너무 높게 냈군요. 다음번에는 입찰을 어떻게 해야 할지 도무지 모르겠네요."

<hr />

"젠장! 빌어먹을!"

호리건이 보여 준 태도가 머리에 떠오르자 저절로 욕이 나왔다. 크래비스는 아래층으로 가던 길이었다. 제이 프리츠커, 멜빈 클라인, 제리 세슬로와 함께 점심을 먹을 예정이었다. 크래비스는 이 자리에서 많은 것을 얻을 거라는 기대는 하지 않았다. 클라인은 벌써 며칠째 두 진영이 손을 잡으면 얼마나 멋지겠느냐면서 한번 만나는 자리를 갖자고 졸라 댔었다. 크래비스는 두 편이 손잡을 가능성은 희박하다고 생각하면서도 마 측의 움직임을 얼마나 진지하게 고려해야 할지 판단하는 데 도움이 될 것이라 여겨 만날 약속을 잡았던 것이다.

스파게티를 먹으면서 멜빈 클라인은 RJR 나비스코와 이 회사의 현금 흐름을 침까지 튀겨 가며 이야기했다. 그는 한동안 퍼스트 보스턴의 세금 전략을 이야기하고 또 이 전략이 잘 먹혀들기를 간절히 바란다고 했다. 그리고 이 전력이 성과를 거둘 수 있는 유일한 길은 프리츠커가 헨리 크래비스와 손잡는 것이라고 했다.

"퍼스트 보스턴은 어떻게 하고요?"

크래비스가 물었다.

"그쪽도 반길 겁니다."

"그렇군요. 그렇다면 몇 대 몇으로 생각을 합니까?"

"우리는 동반자니까, 5 대 5."

크래비스는 고개를 저었다.

"그럴 일은 아마 없을 겁니다. 만일 우리가 관심을 가진다 하더라도, 내 생각에는 그럴 가능성이 없다고 봅니다만, 그쪽은 25퍼센트 이하가 되어야 할 겁니다. 그리고 그쪽은 우리에게 투자하는 것입니다. 일을 진행하고 결정을 내리는 건 모두 우리가 알아서 하고 말입니다."

"그건 아니죠."

프리츠커가 나섰다.

"그렇게는 못 합니다. 그런 조건이라면 우리는 전혀 관심 없습니다."

손잡을 여지가 없는 건 분명했다. 크래비스는 프리츠커가 자기와 손잡기를 바란다는 사실로부터 이들이 승리를 확신하지 못하고 있다는 사실을 간파했다. 점심을 먹은 뒤에 크래비스는 리처드 비티에게 전화해서 방금 있었던 프리츠커와의 회동 내용을 전하며 웃었다.

"그쪽 동네는 아무것도 아니야."

화요일 오후, KKR 사람들은 추수감사절 휴가를 보내려고 뿔뿔이 흩어졌다. 로버츠는 샌프란시스코행 비행기를 탔고, 시어도어 애먼은 도미니카의 휴양지로 떠났고, 스콧 스튜어트는 카리브해의 바베이도스를 선택했다. 래더는 플로리다의 로스트트리에서 가족과 함께 보낼 계획이었다. 그리고 크래비스는 수요일 오후 2시 30분에 롬과 세 아이와 함께 콜로라도의 베일에 갈 계획이었다.

크래비스가 떠날 채비를 하고 있을 때 전화가 왔다. 린다 로빈슨이었다. 그녀는 코네티컷으로 가는 리무진에서 전화를 걸어 왔다. 그녀는 사업 관계로 전화한 게 아니라고 했다. 두 사람은 공동으로 말 한 마리를 처음 살 때 두 번째 말도 함께 사기로 했었는데, 그녀는 그 이야기를 했다.

"이번 주말에 우리는 그 결정을 내려야 해요. 다른 사람들이 그 말을 사려고 벌써 줄을 서서 기다리거든요."

그녀는 거기까지 말한 뒤에 신음 소리를 냈다.

"으으으…… 정말 끔찍해요, 그렇지 않아요? 이렇게 길게 늘어지다니 말이에요."

"RJR 말입니까?"

"네."

"내가 보기에는 전혀 끔찍하지 않은데요?"

"어머 세상에, 왜요? 말도 안 돼……."

크래비스는 그녀가 말 때문에 전화했다는 말을 믿지 않았다. 그녀는 자기가 다시 입찰에 나설 건지 알고 싶었던 것이다. 처음으로 크래비스는 과장을 좀 해야겠다고 마음먹었다. 그가 다음 입찰에서는 빠질 것 같다고 린다가 남편에게 전해 주길 바라면서 입을 열었다.

"아뇨, 난 전혀 그렇게 생각하지 않아요. 우린 지금 다들 홀가분한 심정이니까요. 삼등이면 대단한 등수잖아요."

크래비스는 이 명백한 반어법이 제대로 효과를 발휘해 주길 기대하면서 진지한 어투로 계속 말을 이어 갔다.

"이제 지쳤습니다. 오후에 뉴욕을 떠나려고요. 롬과 함께 아이들을 데리고 베일로 가서 추수감사절을 보낼 생각입니다. 기다릴 수가 없네요. 우리 쪽 사람들한테는 다들 떠나 있는 동안 이 일은 생각도 하지 말라고, 머리에서 깨끗이 지워 버리라고 했습니다. 다음 주에 우리가 어떻게 해야 할지 진짜 모르겠네요. 어쩌면 입찰에서 빠질지도 모르겠습니다."

몇 달 뒤에 린다 로빈슨은, 크래비스가 입찰에 빠질 것이라는 사실을 절대 믿지 않았고 주장했다.

"나는 헨리가 뺑을 쳐서 나를 속이려 한다고 생각했어요. 자기 말을 믿게 하려고 무지 열심히 노력하는 걸로 보였거든요."

———— ∞ ————

수요일 오후, 존 마틴의 조수 빌 리스가 RJR 나비스코와 거래하는 광고 대행사의 한 미디어 바이어†로부터 전화 한 통을 받았다. 그 회사는《타임》과 거래하는 주요 광고 대행사들 가운데 하나였는데, 이 바이어는《타임》과 통화하면서, 이 잡지가 '월스트리트의 탐욕'이라는 제목으로 표지 기사를 준비하고 있으며 표지에 실을 인물이 바로 로스 존슨이라는 말을 들었다는 것이었다.《타임》광고국은 자기 잡지 지면이 준비하는 부정적인 내용의 기사에 대해서는 광고 대행사를 통해 해당 기업에 미리 정보를 알려 주는 게 관행이었다. 물론 광고주로부터 물량을 확보하려는 일종의 서비스였다.

리스가 존 마틴에게 전화했고, 마틴은 다시 린다 로빈슨에게 이 소식을 전했다. 세 사람 모두 가슴에 돌을 매단 듯 마음이 무겁고 답답했다. 입찰 기한이 앞으로 일주일도 남지 않았던 터라 어떻게 하든 이 기사를 막아야 했다. 로빈슨과 마틴은 자신들이 가지고 있는 유일한 수단은 결국 존슨뿐이라는 데 의견을 모았다. 주요 언론사치고 존슨에게 인터뷰 요청을 하지 않은 곳이 없었다. 하지만 여태까지 한 군데도 수락을 받은 곳은 없었다. 그래서 두 사람은 리스에게 존슨의 독점 인터뷰를 하게 해 주겠다는 조건으로《타임》과 협상해 보라고 했다. 잘만 하면 존슨의 사진을 표지에서 빼 줄 수도 있었다.

리스는 입장이 난처했다. 왜냐하면 특별위원회가 발족한 뒤로 줄곧 이 위원회의 공식적인 대변인 역할을 해 왔기 때문이다. 하지만 리스는 존슨에게 충성을 다하는 인물이었다.

수요일 밤, 리스는 로빈슨과 마틴이 시킨 대로《타임》의 애틀랜타 지국장 조 케인에게 전화를 걸어, 표지에서 존슨 사진을 빼 준다면 존슨의 독점

---

† 광고 매체의 시간이나 지면을 구입하는 담당자.

인터뷰를 보장하겠다고 제안했다. 케인은 자기가 결정을 내릴 수 있는 사안이 아니라는 말로 거절했다. 리스는 존슨의 사진을 표지가 아니라 '포토 갤러리'란에만 실어도 된다고 애원했다. 이렇게 하면 최소한 존슨이 두드러지지는 않을 것이라고 로빈슨과 마틴, 리스는 판단했던 것이다. 하지만 케인은 핑계를 대고 거절하면서 뉴욕 본사에 직접 전화해 보라고 했다.

전혀 생각도 않고 있다가 플로리다에서 갑작스럽게 인터뷰를 하게 된 존슨은, 그해 8월에 캐슬파인스의 떠들썩한 파티에 참석한 적이 있는《타임》의 전 출판인인 잭 마이어스에게 전화를 걸어 조언을 구했다.

"잭, 당신이 생각하기에 이것이 그러니까 할 만한 가치가 있는 겁니까?"

마이어스가 알아본 결과, 담당 기자는 베테랑 프레더릭 언지히어였다.

"로스, 내가 보기엔 불리할 게 별로 없는 것 같네요."

하지만 존슨은 이미 포기 상태였다. 이보다 더 나빠질 게 어디 있냐는 의미로 마이어스의 말에 동의했다.

"솔직하게 다 말해 버릴 겁니다."

언지히어는 금요일 아침에 플로리다 주피터로 날아왔다. 마틴과 린다 로빈슨이 존슨에게 인터뷰를 어떻게 해야 할지 장황하게 코치했다. 욱해서 감정적으로 나가지 말 것, 주주 몫의 가치를 강조할 것, 경영진 쪽과의 합의서에 관련해서 혹독한 질문이 쏟아질 테니 충분히 예상하고 있을 것 등이었다. 그날 밤 로빈슨은 존슨이《타임》과 인터뷰한다는 이야기를 피터 코언에게 전했고, 코언은 당연히 깜짝 놀랐다. 코언은 브뤼셀에서 이미 돌아와 있었으며(유럽에서는 내내 잠만 잤었다) 추수감사절은 자기 집 정원에서 퍼팅 연습을 하며 보냈었다. 도무지 예측 불가능한 인물인 존슨이 무슨 말을 불쑥 해 버릴지 불안하긴 스티븐 골드스톤뿐 아니라 코언도 마찬가지였다. 하지만 로빈슨은 존슨에게 코치를 잘했으니 염려하지 말라고 했다.

다음 날 아침, 존슨은 주피터 힐튼에서 언지히어를 만났다. 언지히어와 마주 앉은 존슨은 평소와 다름없이 쾌활했다. 기사는 이틀 뒤인 월요일에 가판대에 깔릴 예정이어서 인터뷰가 끝난 뒤 언지히어는 원고를 쓰기 위해 서둘러 떠났고, 린다 로빈슨은 존슨에게 전화를 걸어서 어땠느냐고 물었다.

"젠장! 내가 알기로는 말입니다, 기자는 기잡니다. 이 친구들은 자기가 끄집어내고 싶은 건 뭐든 다 끄집어내니까요."

마는 휴일을 가족과 함께 보낸 뒤 금요일 아침에 퍼스트 보스턴 사무실로 출근했다. 직원들 대부분은 추수감사절을 사무실에서 보냈다. 칠면조 요리도 인근 식당에서 일회용 스티로폼 용기에 담긴 걸로 대신했다. 사무실은 마치 일요일 아침의 대학교 남학생 클럽처럼 어질러져 있었다. 피자 상자며 중국 음식 포장 용기 따위가 아무렇게나 내팽개쳐져 있었고, 열 자루가 넘는 연필이 천장에 박혀 있었다. 밤늦은 시각까지 머리를 쥐어짜는 과정에서 일어난 일이 분명했다.

나비스코 담당 팀에서는 일이 착착 진척되고 있었다. 사흘 전에 존 그리니스가 나타난 덕분이었다. 그리니스는 KKR 진영에 나비스코의 사정을 낱낱이 설명했는데, 이번에는 똑같은 일을 퍼스트 보스턴에 했다. 그동안 킴 페너브레스크는 그리니스를 그림자처럼 따라다녔다. 페너브레스크는 그리니스를 굉장히 중요한 인물로 여겼기 때문에, 만일 퍼스트 보스턴 진영이 이기면 그를 나비스코의 사장으로 영입하겠다는 말을 하기도 했다.

타일리 윌슨도 퍼스트 보스턴 팀에 합류했다. 윌슨과 스미스 베이글리는 화요일 아침에 페너브레스크를 만났다. 베이글리는 퍼스트 보스턴 진영으로부터 투자자가 되어 달라는 제안을 받았다. 퍼스트 보스턴 측에서 베이글리의 얼굴이 상당한 가치가 되어 줄 것이라고 여겼던 것이다. 그리고 윌슨은 차기 최고경영자로 지명하겠다는 제안을 받았다. 두 사람은 각자 받은 제안을 곰곰이 생각한 끝에, 베이글리는 거절하고 윌슨은 수락했다.

타일리 윌슨은 퍼스트 보스턴으로 배달된 산더미처럼 많은 RJR의 서류들을 공격했다. 수치들을 해석하고, 함정들을 가려내고, 유리한 점들을 탐색했다. 윌슨은 비록 퍼스트 보스턴이 이길 가능성은 그다지 많지 않다고 보았지만 그럼에도 불구하고 싸움에 다시 낄 수 있다는 사실이 기뻤다. 한편 페너브레스크는 비록 타일리 윌슨을 신뢰하지 않았지만 그럼에도 불구하고 그로부터 신뢰를 얻었다는 사실이 기뻤다. 페너브레스크는 나중에 이렇게 회상했다.

"기본적으로 윌슨은 윈스턴살렘으로 영광스럽게 돌아가기를 원했습니다. 이 사람이 우리에게 바랐던 것은 '퇴직 최고경영자 염증'이라는 질병을 치료할 수 있는 약이었죠."

하지만 타일리 윌슨에게는 넘어설 수 없는 한계가 있었다. 이사들을 상대로 로비를 해야 할 때 그 한계가 곧바로 문제로 나타났다. 이사회에 남아 있던 사람들 가운데 그가 친구라고 여길 수 있는 사람은 존 메들린과 존 클렌드닌 두 사람뿐이었던 것이다. 윌슨은 그들에게 부탁했다.

"휴걸에게 이 사람들이 진지하게 임하고 있다고 전해 줘요. 이들은 정말 흥미로운 발상을 가지고 있소. 물론 계획이 제대로 꼴을 갖추려면 시간이 좀 걸리겠지만, 현재 논의되고 있는 다른 제안들에 비하면 엄청나게 죽이는 제안이지요."

실사 과정의 하나로서 담배 사업 부문의 중역들을 상대로 면담과 질문을 할 수 있는 기회가 주어졌을 때, 퍼스트 보스턴은 윌슨더러 그 자리에 함께 참석해 달라고 요청했다. 그러자 윌슨이 말했다.

"그건 아니죠. 만일 내가 면담장의 문을 열고 들어가면, 사람들은 곧바로 입을 다물어 버릴 거요. 호리건이 뒤에 떡하니 버티고 있는데 조금이라도 가치 있는 정보를 나한테 줄 거라 생각해요? 그건 절대 아닙니다."

그의 한계가 여실히 드러나는 대목이었다.

일의 진척이 상당한 수준으로 진행되고 있었지만 마의 걱정은 여전히 깊었다. 다른 준비를 아무리 잘한다 하더라도 그레그 맬컴의 은행 담당 팀이 핀의 전략을 현실화할 수 있는 자금을 계획대로 조성하지 못하면 아무 소용이 없기 때문이었다. 그리고 우려했던 대로 맬컴이 맡은 일은 제대로 진행되지 않았다. 그때까지 많은 은행들을 접촉했지만 어떤 은행도 핀의 전략에 돈을 대겠다고 나서지 않은 것이었다. 주요 은행들은 모두 세 개의 주요 입찰 진영에 동시에 손을 대고 있거니와, 게다가 그 시기에 추수감사절 휴일까지 끼여 있었기 때문이다. 시티뱅크는 뻔뻔스럽게도 퍼스트 보스턴 진영의 계획을 검토하는 비용으로 500만 달러를 먼저 내놓으라고 요구했다. 전망이 전혀 좋아 보이지 않았다.

마는 자기 사무실에 앉아 생각에 잠겼다. 어쩌면 이제 물러설 수 없을 만큼 너무 멀리 왔는지도 모른다. 거래 하나가 월스트리트의 개인이나 회사의 운명을 갈라놓는 분수령이 된다는 것을 마는 잘 알고 있었다. 지금은 거의 잊었지만 카보런덤과 풀먼 그리고 코노코와 같은 인수 합병 거래들이 와서스타인과 퍼렐라가 이 분야에 우뚝 서도록 만든 분수령으로 작용했었다. 이 거래들을 성사시킴으로써 오늘날의 퍼스트 보스턴, 아니 최소한 와서스타인과 퍼렐라가 떠나기 전의 퍼스트 보스턴이 있을 수 있었다. 마는 RJR 나비스코가 과거의 이 영광을 재현해 주길 희망했다. 하지만 지금은 이 희망의 구름이 빠른 속도로 흩어지고 있었다.

'어쩌면 지금 손을 털고 물러나는 게 옳을지 모른다. 그나마 손실을 최소

화하는 게 옳을지 모른다.'

포기할 수도 있다는 가능성 때문에 마는 주춤했다. 그래, 굴욕은 잠시뿐이잖아……. 마는 하루 종일 마음속의 숱한 악마들과 싸웠다. 그런데 금요일 오후에 희망의 불빛이 반짝였다.

그레그 맬컴의 전화 목소리는 흥분해 있었다. '체이스 맨해튼 은행'이 제안서를 적극 검토하기로 했다는 것이었다.

"그 목소리나 말투로 보면 확실히 승산이 있습니다!"

마는 마음속으로 간절히 행운을 빌었다.

•————∞∞∞————•

금요일 오후에 존슨은 골프를 한 라운드 즐겼다. 그리고 아내 로리에게 존 그리니스를 초대해 함께 저녁을 먹는 게 어떠냐고 물었다. 존슨은 자기의 충실한 부하가 나비스코의 장래를 걱정하는 걸 알고 있었고, 또 자기가 그를 잊지 않고 있으며 잘 챙겨 주겠다는 약속을 확실히 해 주고 싶었던 것이다.

"사실 그 친구한테는 좀 심했지. 그동안 힘들었을 거야."

플로리다에서 날마다 페너브레스크와 붙어 있던 그리니스는 팜비치의 브레이커스 호텔에서 추수감사절을 보내다가, 존슨의 연락을 받고 콘도로 찾아왔다. 그때 시각이 7시 30분이었다. 두 사람은 지난 2주 동안 한 번도 길게 대화를 나눈 적이 없었다. 그리니스는 바짝 얼었다. 혹시라도 존슨이 그동안 무얼 하며 지냈느냐고 물을까 봐 전전긍긍했다.

콘도 안으로 들어서자 정면으로 대서양이 드넓게 펼쳐진 전경이 보였다. 그리고 뒤쪽으로는 '인트러코스털 워터웨이' 골프장의 푸른 전경이 보였다. 존슨은 언제나 그랬던 것처럼 쾌활한 모습이었다. 방금《타임》기자와 인터뷰를 마쳤다고, 또 어쩌면 자기 얼굴이 표지에 실릴지도 모르겠다고 존슨이 말했다.

"표지에 말이야! 멋지지 않나요?"

존슨은 흥분했다. 아무나《타임》표지에 얼굴을 올리지 못한다는 말도 했다.

"나야 호메이니에 비하면 악당도 아니잖아요. 그런데 호메이니는 표지에 얼굴이 실렸잖아."

존슨은 평소처럼 대화를 독점했다. 그는 그리니스를 앉혀 놓고 자기에게 닥친 기회, 나비스코가 매각될 수도 있는 믿을 수 없을 정도로 놀라운 기회에 대해 줄기차게 이야기를 쏟아 냈다.

"설령 우리가 조금밖에 못 먹는다 해도, 가능하면 나비스코를 적당한 회사에 매각하고 싶어요. 그렇게 된다면 당신이나 당시 사람들이 그 회사에서 핵심이 될 수도 있단 말이야."

존슨과 스탠더드 브랜즈의 마피아는 이미 두 번이나 그렇게 하지 않았던가! 정말 멋진 기회가 아닌가!

그리니스는 계속 고개를 끄덕이며 듣기만 했다.

"당신이 확실히 자리 잡을 수 있게 할 거야, 난 그렇게 될 수 있다고 확신해요. 존, 당신이 이끄는 사람들을 위해서도 멋진 기회야. 어딜 보더라도 당신은 아주 많이 앞서 있거든. 크래프트나 필립 모리스나 네슬레나 유니레버나, 아무튼 어느 곳이 나비스코를 인수하든 간에, 나비스코에 관한 한 당신만 한 인물은 어디에서도 찾지 못할 테니까 말이야."

나비스코와 레이놀즈와 델몬트는 하나로 묶여 있던 게 아니었다고 존슨은 말했다. 공통점이 없었으며, 한 지붕 아래 있긴 했어도 시너지 효과를 발휘하지 못했다고 했다. 생각이나 사람의 교류가 이루어지지 않았다고 했다.

그러니 따로 갈라놓는 게 이치에 맞다고 했다.

"무슨 말인지 이해하죠? 안 그래요?"

그리니스는 다시 고개를 끄덕였다. 존슨은 이를 자기 말에 동의하는 것으로 받아들였다.

밤이 깊어 가고 있었다. 존슨은 그리니스가 마치 '7인 그룹'에 속한 사람이라도 되는 것처럼 곧 있을 2차 공매에 대한 내밀한 걱정거리까지 모두 털어놓았다. 한 주당 100달러도 엄청나게 높이 제시한 가격인데, 이보다 더 높은 가격을 어떻게 제시할 수 있을지 모르겠다는 말도 했다.

"조니, 난 말이야, 솔직히 확신이 안 서요. 이렇게 높이 가야 하는 건지 모르겠어. 이사회는 많은 현금을 원하는데……. 가장 큰 문제는 그렇게 높이 불러서 과연 투자자들을 붙잡을 수 있느냐 하는 거야. 존 굿프렌드처럼 단기 거래를 하는 사람은, 다른 쪽에선 겨우 94달러밖에 더 불렀느냐는 거야. 뭐라는지 알아요? '빌어먹을, 왜 또다시 100달러냐고! 97달러나 98달러로 해서 안 되는 이유가 뭐냐고!' 이런단 말이야."

아무튼 존슨은 한 주당 100달러보다 더 높이 부를 생각은 하지 않는다고 했다. 금융적인 관점에서 보자면 아무 의미가 없다는 것이었다.

"1라운드에서 이미 우리의 최대치를 보여 줘 버렸잖아요. 그런데 그 뒤 지금까지 나는, 이보다 더 높이 불러야 할 어떤 변화나 이유도 새로 발견하질 못했거든."

이미 자정이 한참 지났다. 가야 할 시간이 되자 그리니스는 가슴을 쓸어내렸다. 다섯 시간 동안 함께 있으면서 존슨은 그리니스에게 단 한 번도 그동안 무엇을 하고 지냈느냐고 묻지 않았던 것이다.

나중에 이날 밤 그리니스가 했던 말 가운데 존슨이 유일하게 기억한 것은 다음 말이었다.

"로스, 그렇게 되기를 나도 기도하고 있습니다."

⎯⎯⎯∞∞∞⎯⎯⎯

금요일에 폴 래더는 샌프란시스코의 집에 있던 조지 로버츠에게 전화를 했다. 2라운드를 잔뜩 기대하고 있던 래더는 로버츠가 2라운드에 대해 얼마나 기대하고 있는지 알아보고 싶었다.

"글쎄요, 난 잘 모르겠습니다. 그 생각은 일부러 안 하려고 합니다. 그 이야기라면 이제 질렸습니다."

"헨리하고는 이야기해 봤습니까?"

"헨리요? 우리는 서로 그 이야기는 피하고 있습니다."

로버츠가 문제라고 래더는 생각했다. 돌이켜 보면 로버츠는 RJR 나비스코를 인수하기 위한 회사의 열의에 전적으로 동조한 적이 없었다. 그는 크래비스의 엔진을 통제하는 존재로서 자부심을 가지고 있는 듯했다. 그랬기에 RJR 나비스코를 먹으려는 싸움에서 로버츠는 줄곧 조심스러운 태도로 KKR의 속도를 늦추려 했고, 그 바람에 결국 지난번 입찰에서는 삼등밖에 하지 못했다. 최종 입찰에서도 로버츠가 계속 이런 태도로 일관할까 봐 래더는 걱정스러웠다.

"근데 말입니다 조지, 우리는 105달러까지 높게 부를 수도 있습니다. 그러고도 충분한 수익을 남길 수 있거든요."

하지만 로버츠는 조심스러웠다. 래더는 자기 말이 그에게 어떤 긍정적인 영향을 미쳤는지 알고 싶었지만 도저히 알 길이 없었다.

⎯⎯⎯∞∞∞⎯⎯⎯

크래비스는 두 팔을 뻗어 기지개를 켜고 심호흡을 크게 했다. 콜로라도의 공기가 서늘했다. 로스 존슨과 힘겹게 씨름하는 일에서 벗어나니 더없이 좋았다. 이틀 동안 크래비스는 머릿속에서 RJR 나비스코를 지워 버렸다. 래더나 로버츠와도 이야기를 많이 하지 않았다. 아예 신경을 끊어 버렸다.

새로 마련한 베일의 집에서 두 번째로 맞는 추수감사절이었다. 조용히 묻혀 있기에는 이보다 더 좋은 장소가 없을 것 같았다. 2년 전 크래비스는 이곳 베일에서 스키 휴가를 보내던 중에 뉴욕의 아내에게 전화를 걸어 베일에 오두막집 하나를 장만하는 게 어떠냐고 했다. 아내 롬도 스키를 무척 좋아했던 터라 그녀의 대답은 곧바로 나왔다. 아주 좋은 생각이네요! 이들이 집을 구하면서 내세운 유일한 조건은 스키를 탄 채 집 안을 드나들 수 있어야 한다는 것이었다. 두 사람은 함께 집을 구하러 다녔지만 조건에 맞는 완벽한 집은 좀처럼 찾지 못했다. 그러다가 언덕 위에 있는 집 한 채를 발견했다. 언덕 위에 덩그러니 놓인 집은 왠지 위태로워 보였다. 적어도 다른 사람들 눈에는 확실히 그랬다. 하지만 두 사람 눈에는 그 집이 마음에 들었다. 하지만 그 집에 발을 들여놓지는 않았다. 곧바로 그 집을 허물고 새로 집을 지었던 것이다.

이렇게 해서 석재와 목재와 유리로 만든 티롤†식 집이 완성되었다. 한 해전 추수감사절 직전이었다. 부부는 이 집에 '우드헤븐Woodhaven'이라는 이름을 붙였다. 크래비스는 이 집이 무척 마음에 들었다. 포플러들이 집 주변을 둘러싸고 있고, 주변 공기에선 소나무 냄새가 났다. 거실에는 거대한 17세기식 난로가 놓여 있었고, 높이가 7미터나 되는 아치형 창문들을 통해서는 슬로프를 굽어볼 수 있었다. 서재의 판벽은 하와이 아카시아를 소재로 했는데, 오스트리아 출신의 장인이 이 일에만 여러 달 매달렸었다.

---

† 오스트리아 서부 알프스 산맥의 산간 지대에 위치한 주의 지명.

크래비스는 이 집에 도착하는 순간부터 RJR 나비스코 이야기는 입 밖으로 내지 않았다. 딱 한 번 롬이 얘기를 꺼낸 적이 있었다.

"어떻게 할 생각이에요?"

"글쎄, 모르겠어요."

롬은 남편의 얼굴에서 어떤 단서를 포착하려고 했지만 아무것도 읽을 수 없었다. 나중에 롬은 다음과 같이 회상했다.

"그 사람은 포커페이스를 유지했던 겁니다. 연기를 아주 잘했죠. 나도 깜박 속았으니까요."

추수감사절에 그들은 세 번째 결혼기념일을 축하했다. 아내는 남편에게 태어난 지 2주 된 검은색 래브라도 리트리버를 선물했다. 정확하게 얘기하면, 자기가 그 강아지를 품에 안고 찍은 사진을 선물로 건넸다. 크래비스에게는 이미 노란색 래브라도가 있었다. 이름은 크리스티였다. 두 해 전 크리스마스 때 그녀가 남편에게 준 선물이었다.

"개 이름을 뭘로 지을 거예요?"

세 아이 가운데 하나가 물었다. 크래비스는 잠시 생각했다가 말했다.

"만일 우리가 RJR 나비스코에 입찰을 해서 이기면 나비스코라고 짓자. 하지만 실패하면 그때 가서 다시 생각해 보자."

아이들은 나비스코를 별로 좋아하지 않았다. 그래서 한 아이가 이렇게 말하기도 했다.

"오레오라고 지으면 안 돼요?"

토요일 아침, 크래비스가 스키를 타러 나가려는데 전화가 왔다. 폴 래더였다.

"조지와 아직도 통화 안 했습니까?"

"안 했는데…… 해 봤습니까?"

"예, 어제."

"어떻습디까?"

"하고 싶어 하는지 확실하지 않습니다."

"당신은요?"

"내가 어떤지는 잘 알잖아요. 이 문제에 관한 한 조지보다는 낙관적이잖아요, 강경파."

두 사람은 로버츠가 얼마나 비타협적인 태도를 가지고 있는지 잠시 이야기한 뒤 월요일에 만나서 전략을 짜기로 하자고 결론 내렸다. 그리고 크래비스는 로버츠의 상태가 어떨지 래더에게 일러 주었다.

"아마 로버츠는 월요일 아침이 되어도 떠나지 않으려 할 겁니다."

로버츠는 뉴욕이라면 질색이었다. 그래서 마지막 1분까지도 샌프란시스코에 머물러 있으려 할 게 분명했다.

"월요일 밤에는 꼭 함께 있어야 합니다."

래더가 한 번 더 다짐을 했다.

---•‑◉◉◉‑•---

주말이 되면서 추수감사절 전 며칠 동안 조용하게만 울렸던 북소리가 점점 커지기 시작했다. 시어슨 사람들과 RJR 나비스코의 경영진은 주말 내내 곳곳에서 전해지는 똑같은 메시지들을 들었다.

"크래비스는 빠질 모양이더라."

"크래비스는 포기했다고 하던데?"

"크래비스는 돌아오지 않을 거야."

이런 소문은 크래비스의 투자은행가나 변호사를 통해 무성하게 퍼져 나갔다. 코네티컷에서 느긋한 시간을 보내던 제임스 로빈슨과 린다 로빈슨도 이 소문을 들었다. 그리고 두 사람은 린다가 크래비스와 나누었던, 왠지 이상했던 대화를 떠올렸다. 피터 코언은 햄프턴스에서 이 소문을 듣고 리처드 비티와 나누었던 대화를 떠올렸다. 토밀슨 힐은 롱아일랜드의 북쪽 기슭에 있던 집에서 이 소문을 듣고 브루스 와서스타인과 나누었던 대화를 떠올렸다. 소문은 살로먼의 '소시지들' 귀에도 들어갔고, 라저드 프레어스와 딜런 리드 사람들의 귀에도 들어갔다. 존슨은 플로리다에서 린다 로빈슨으로부터 이 소문을 전해 들었다. 이들이 들은 소문의 내용은 한결같았다. 크래비스는 입찰에 참여하지 않을 가능성이 높으며, 참여한다 해도 낮은 가격을 제시할 거라는 것이었다.

그런데 문제는, 과연 그 소문을 믿어도 되느냐 하는 것이었다.

제임스 마의 팀은 화요일이라는 마감 시한을 바라보면서 주말 내내 열심히 뛰었다. 이들이 모은 잡다한 투자자들 가운데는 영국의 설탕 회사 'S&W 베리스퍼드'도 포함되어 있었다. 제이 프리츠커가 이 회사의 지분을 11퍼센트 가지고 있었는데, 이 회사는 제리 세슬로에게 금융 컨설팅을 받고 있기도 했다.

세슬로는 이 영국 회사가 퍼스트 보스턴이 증권으로 필요로 하는 12억 달러 가운데 1억 달러를 투자할 것으로 일단 예상하고 있었다. 그런데 토요일에 세금 관련 변호사들이 나비스코를 인수하는 데 드는 2억 5000만 달러 규모의 증권 가운데 최소한 반은 프리츠커 그룹이나 퍼스트 보스턴의 자회사가 아닌 제3 집단에서 나와야 한다고 결론 내렸다. 세슬로는 곧바로 베리스퍼드를 떠올렸다.

이 영국 회사의 고위직 중역 두 사람이 뉴욕에 있었지만 무슨 일인지 누구도 이 둘이 어디에 있는지 찾을 수 없었다. 도무지 연락이 닿지 않았다. 세슬로는 런던에 있는 베리스퍼드의 최고재무책임자에게 전화했다. 그러자 그가 두 사람을 찾을 수 없는 이유를 설명했다. 두 사람은 독실한 유대인이어서 안식일에는 절대 일하지 않고, 심지어 전화조차 받지 않는다고 했다. 세슬로는 하루 종일 기다렸다. 해가 진 직후에 하워드 저커먼이 전화를 해 왔다. 베리스퍼드의 미국 지사장이었다.

"하워드, 이틀 안으로 확답을 해 줘야 할 일이 있습니다."

"그렇게 급한 일이라면 오늘 밤에 당장 만날까요?"

"그럼 좋죠. 당장 봅시다."

두 사람은 퍼스트 보스턴을 찾아왔고, 페너브레스크가 이들을 맞았다. 그는 이들을 회의실로 안내할 때 퍼스트 보스턴의 젊은 파트너 한 사람이 휘파람을 부는 소리를 들었다. 아니, 들은 것 같았다. 확실치는 않았다. 페너브레스크는 고개를 돌려 베리스퍼드의 사장인 에프럼 마귤리스를 보았다. 그 순간 방금 들었던 휘파람의 곡조가 무엇인지 알아차렸다. 앨프리드 히치콕 감독이 1950년대에 연출했던 텔레비전 프로그램의 주제곡이었다. 마귤리스가 영국의 유명한 감독 히치콕과 빼닮은 듯 똑같았기 때문이었다.

페너브레스크의 나비스코 전담 팀은 45분에 걸쳐 프레젠테이션을 했다. 프레젠테이션이 끝난 뒤 페너브레스크는 흡족했다. 표정으로 보건대 베리스퍼드 사람들이 화요일까지는 긍정적인 결정을 내려 줄 것 같았기 때문이었다. 그런데 20분 뒤, 하워드 저커먼이 페너브레스크를 한구석으로 데리고 갔다.

"우리가 하죠."

페너브레스크는 무슨 뜻인지 알아듣지 못했다.

"하다니…… 뭘요?"

"우리가 1억 2500만 달러를 투자한다고요."

페너브레스크는 도무지 믿을 수가 없었다. 그가 놀라서 멍하니 바라보는 사이에 저커먼은 버려진 피자 상자를 주워 들고는 날개 부분을 찢어, 베리스퍼드의 런던 본사가 투자할 것을 약속한다는 확약의 글을 휘갈겨 썼다. 페너브레스크는 이처럼 일을 빠르게 처리하는 사람을 여태까지 본 적이 없었다.

브라이언 핀이 해럴드 핸들스먼을 바라보곤 돌아서서 웃으면서 말했다.

"도대체 이 사람들, 자기들이 뭘 하는지 알고 이러는 걸까요?"

그러자 핸들스먼이 대답했다.

"모르죠, 전혀요. 왜요?"

"말이 안 되잖아요. 1억 2500만 달러나 되는 돈을……. 왜 저러죠?"

핸들스먼은 그런 바보 같은 질문이 어디 있느냐는 듯한 표정으로 핀을 바라보았다.

"제이가 부탁을 했으니까 그렇죠."

월요일 아침, 필릭스 로아틴은 라저드의 회의실 32층에 이사회 자문 위원들끼리만 모이는 회의를 소집했다. 라저드에서 32층은 회의실의 여왕으로 불렸다. 그곳은 장식용 나무 판재로 온통 뒤덮여 있었다.

마감 시간까지 남은 서른여섯 시간 동안 해야 할 일은 많았다. KKR와 관련한 걱정스러운 소문은 모두 들어 알고 있었다. 그뿐이 아니었다. 퍼스트 보스턴에서도 불길한 이야기들이 나오고 있었다. 마감 시간까지 입찰하지 못할 것이라는 소문이었다.

이제 그 어느 때보다 구조 조정의 가능성을 면밀히 검토해야 했다. 그동안 루이스 리날디니는 많은 시간을 들여 이에 관한 계획을 세웠었는데, 그는 자기가 세운 계획이 분명 효과가 있을 거라고 확신했다. 로아틴을 비롯한 다른 사람들이 보기에는 앞일이 불투명하기만 했다. 구조 조정을 한다 해도 그 뒤에는 회사가 어떻게 될까? 그리고 가장 중요한 문제, 도대체 누가 회사를 경영할 것인가? 로아틴은 이런 걱정을 과장된 수사로 표현했다.

"경영진도 없이 어떻게 재생 타이어recap†를 굴릴 수 있겠습니까?"

만일 존슨이 유일하게 리더십을 발휘할 수 있는 후보를 알았다면 아마 그는 미소를 지었을 것이다. 그 후보는 존 매콤버였다. 특별위원회 위원으로 현재 존슨의 제안을 판단하려고 앉아 있으며 또 최소한 두 번이나 RJR 나비스코를 지휘하려고 시도했다가 실패한 바로 그 존 매콤버였다. 구조 조정 문제가 몇 주 전에 대두되었을 때 매콤버는 휴걸에게 다가가 만일 존슨의 의도대로 이루어지지 않을 경우 자기가 회사를 경영해 보겠다며 자청했었다(매콤버는 이런 사실이 없다고 부인한다). 매콤버가 다섯 명의 특별위원회 위원들 중에서 자본 재조정이라는 방안을 가장 강력하게 지지한 사실은 결코 우연이 아니었다.

자문 위원들은 위험을 무릅쓰기로 했다. 만일 자본 재조정이 한 주당 100달러로 평가될 수 있다는 걸 확신한다면, 입찰자들에게 이런 방침을 알려 주지 못할 이유가 어디 있느냐는 것이었다. 100달러 미만의 입찰은 무조건 실격이라는 새로운 규칙이 마련되었음을 명시적으로 밝히자는 것이었다. 하지만 따지고 보면 일종의 허세였다. 기본적으로는 존슨 진영을 향한 메시지였으며, 아울러 모든 입찰자들이 공정한 규칙 아래 게임을 하게 될 것이라는 메시지였다. 그런데 바로 여기에 문제가 있었다. 한 주당 100달러

---

† '리캡recap'은 '자본 재조정'을 뜻하는 recapitalizaion의 약자이기도 하다.

라는 명시적인 선을 그을 때 세 마리의 말 가운데 최소한 하나는 지레 겁을 먹고 나가떨어질지도 모른다는 점이었다.

•————◦◦◦————•

자문 위원들의 막판 강경책에 제동을 걸고 나선 것은 존슨 진영이었다. 토밀슨 힐이 이끄는 시어슨–살로먼의 대표자들이 찾아와 이사회의 자문단을 만났다. 장소는 딜런 리드의 사무실이었고, 시각은 월요일 12시 30분이었다.

딜런과 라저드는 힐 쪽 사람들에게 여러 개의 메시지를 전달했다. 그중 하나가 유가 증권을 강화하라는 것이었다. KKR 측의 유가 증권과 달리 시어슨의 유가 증권은 이른바 '리셋reset' 메커니즘이 없기 때문에 사실상 오랜 시간에 걸쳐 여러 번 거래될 수 있는 가능성을 보장하지 못했다.† 또 시어슨의 유가 증권은 시세 등락폭이 커서 증권 구매자들이 시장의 변덕에 고스란히 노출될 수 있었다. 게다가 이사회 자문 위원들은 한 주당 100달러의 자본 재조정 계획을 내놓으며, 그 이하 가격의 입찰은 기각될 것이라고 주장했다.

힐은 이런 내용에 대해 고맙게 생각하기보다는 자문단 측에서 내놓은 모든 주장에 반발했다. 자신들의 유가 증권은 아무런 문제가 없다고 했다.

"자본 재조정을 한다고요? 뻥치지 마시지……."

그날 힐은 모든 카드는 자기네가 다 들고 있는 것으로 생각했다. 하지만

---

† '리셋'은 일반적으로 두 당사자가 정기 지불 날짜의 정산 금액을 계산하기 위해 기준 금리를 결정하고 기록하는 것을 의미한다. 이자율 스왑에서 가장 많이 사용되는데, 각 기간의 변동 이율 지불 가치를 결정하는 것이다. 양 당사자는 참조 이율에 대한 출처 (일반적으로 정보 공급 업체 시스템을 활용하지만 신문이나 정부 간행물과 같은 공개 도메인도 활용한다)를 합의한 다음, 합의된 날짜의 기준 값을 조회하고 기록한 뒤 그 요율에 따라 지불액을 계산한다.

자문단은 곧바로 반박했다. 힐이 자기네 말을 무시하면 그날이 바로 힐의 장례일이 될 거라고.

월요일 오후, 필릭스 로아틴은 비슷한 내용의 메시지를 제임스 로빈슨과 헨리 크래비스에게 전했다. 크래비스는 일요일 밤에 뉴욕으로 돌아와 있었다. 메시지를 전달받은 크래비스는 로아틴에게 말했다.

"우리가 어떻게 할지 뭐라고 확실하게 밝힐 수가 없네요. 입찰에 나서게 될지 어떨지도 모르겠습니다. 이 일로 괜히 이미지만 버렸고……."

로아틴은 크래비스더러 입찰을 해 보라고 강력하게 권고했다.

"이기기만 하면 이미지는 회복할 수 있어요. 솔직히 망가질 대로 다 망가지지 않았습니까? 입찰에 빠지는 것보다 입찰에 참여해서 이기는 게 이미지라는 측면에서는 더 낫다고 보는데요."

월요일 오후, 이제 스물네 시간이 남은 상황에서 크래비스 진영 사람들은 뿔뿔이 흩어져 있었다. 플로리다에서 돌아온 래더는 딸을 새로 들어간 사립 학교에 태워다 주려고 뉴잉글랜드로 가는 바람에 없었다. 그날 아침 그는 버몬트의 맨체스터에 있는 철물점에서 딸이 쓸 생활필수품들을 샀다. 그리고 정오쯤에는 딸의 기숙사 방 벽에 걸개용 못을 여러 개 박았다. 로버츠는 중서부 지역의 상공을 날고 있었다. 두 사람 다 늦게야 사무실에 도착할 예정이었다.

그날 저녁 크래비스는 로버츠와 래더, 그리고 회사 직원 10여 명에게 저녁을 대접했다. 런던데리 후작의 초상화 아래에 모인 이들은 자신들이 만일 이번 싸움에 이길 경우 회사가 어떻게 될지를 이야기했다. 금융적인 측면의 자세한 사항은 입에 올리기 꺼렸지만, 워싱턴 정가로부터의 압력이나 언론의 집중 조명, 그리고 RJR 나비스코와 같은 거대한 회사를 삼키는 데 따르는 실질적인 어려움 따위가 주된 화제였다. 실제로 KKR에 몸담고 있던 딜메이커는 열다섯 명뿐이었기 때문이다.

그런데 로버츠의 얼굴이 무척 어두웠다. 이런 사실을 확인한 래더는 내심 긴장하고 있었다. 아니나 다를까 결국 로버츠가 폭탄 발언을 했다.

"입찰에 참가하지 맙시다."

"안 돼요, 조지, 잠깐만……."

래더가 나섰다.

"그렇게는 할 수 없습니다. 만일 다른 내용으로 제안하지 않을 거라면, 기존 내용을 가지고서라도 그대로 들어갑시다."

사람들은 중구난방으로 떠들었다. 하지만 어떻게 해야 할지는 결국 정해지지 않았다. KKR의 선택이 어떻게 될지는 내일만이 알고 있었다.

•————ᴈᴈᴐ————•

월요일, 퍼스트 보스턴이 조심스럽게 준비해 왔던 것들이 헝클어지기 시작했다. 이런 움직임의 첫 번째 주자는 제리 세슬로였다. 비록 비공식적이기는 하지만 그는 투자자들로부터 6억 달러의 투자 약정을 받아냈다. 이는 그가 필요로 했던 4억 달러를 50퍼센트나 초과한 금액이었다. 그런데 이 투자금의 거의 대부분이 퍼스트 보스턴을 만나 RJR 나비스코의 금융 자료를 검토하는 것을 조건으로 달고 있었다. 그래서 세슬로는 월요일 오후에 퍼스트 보스턴에서 프레젠테이션을 하는 것으로 일정을 조정했다. 이 프레젠테이션이 끝난 뒤에 공식적인 약정서를 작성할 계획이었다.

사전 판매에 대해 늘 까다롭게 구는 스캐든 압스도 세슬로의 계획을 승인하면서 단서를 달았다. 프레젠테이션에 참가하려면 비밀엄수서약서에 서명해야 한다는 것이었다. 그런데 이 서약서 사본을 투자자들에게 팩스로 보내자마자 이런 방침에 반대한다는 항의가 빗발쳤다.

서약서 조항 가운데 RJR의 주식을 판매하는 것을 제한하는 내용이 들어 있었던 것이다. 세슬로가 모은 투자자들은 거의 대부분 주식 거래를 했고, 따라서 RJR의 주식을 대량으로 가지고 있었다. 뉴욕의 투자자인 마틴 그루스 같은 사람들은 세슬로에게, 그 서약서에 서명할 경우 자신들은 현재의 투자 포지션에 발이 묶여 한껏 올라간 주가가 내려가면 막대한 피해를 입을 수밖에 없다면서 반발했다. 결국 세슬로의 투자자들은 차례대로 돌아서기 시작했다. 그 충격파 속에 세슬로는 고통스럽게 신음했다.

"안 돼, 안 돼……. 젠장! 이래도 안 되고 저래도 안 되는 이런 엿 같은 게 어딨어! 다들 퍼스트 보스턴을 만나기 전에는 투자하지 않겠다고 하는데, 미치겠네 정말. 빌어먹을!"

스캐든 압스는 비밀엄수서약서에 관한 한 입장을 바꿀 생각이 없었다. 세슬로는 자신이 선택할 수 있는 유일한 방안을 택할 수밖에 없었다. 겁에 질린 채 이리저리 날뛰는 것이었다. 그는 월요일 내내 그리고 화요일까지 어떻게든 해 보려고 동분서주했다. 돌아가는 사정이 이렇게 되고 보니 마와 프리츠커는 5시까지 세슬로가 투자자들의 돈을 가지고 돌아오기를 초조하게 기다릴 수밖에 없었다.

하지만 최소한 은행권과 관련된 상황은 괜찮았다. 악조건 속에서도 그레그 맬컴이 이끄는 퍼스트 보스턴의 은행 담당 팀은 성공의 문턱까지 다가섰다. 결코 쉬운 작업이 아니었다. 미국의 모든 주요 은행은 이미 크래비스 측이나 존슨 측에 돈을 대기로 되어 있었다. 퍼스트 보스턴의 미심쩍은 제안에 돈을 대려고 나서는 열성적인 은행은 한 군데도 없었다. 그런데 일본계 은행들은 나름대로의 문제를 안고 있었다. 한 일본인 투자은행가는 퍼스트 보스턴의 데이비드 배튼에게 말했다.

"우리는 당신들과 함께하고 싶소. 하지만 우리는 이미 다른 두 진영과도 함께하고 있소. 게다가 우리는 영어를 능숙하게 구사하는 인력이 바닥난 상태요."

또 맬컴은 '크레디트 스위스'와 프랑스 은행 하나로부터도 수십억 달러를 투자하겠다는 약속을 어렵사리 얻어냈다. 이것만 하더라도 담배 사업 부문에 들어갈 투자액의 절반이었다. 이제 '체이스 맨해튼 은행'을 상대로 한 자금 조달 작업을 마무리하는 일만 남아 있었다.

월요일 오후, 맬컴은 데이비드 멀레타로부터 전화를 받았다. 그는 은행권 자금 조성 계획에서 연락 업무를 맡고 있던 보스턴 직원이었다. 맬컴은 체이스 맨해튼이 마침내 서명했다는 소식을 내심 기대했다.

"망했습니다!"

"뭐가요?"

"체이스가 안 하겠답니다."

맬컴은 가슴이 철렁 내려앉는 걸 느꼈다.

"농담이죠?"

"아닙니다."

"뭐요, 왜?"

결재 계통을 따라 층층이 위로 올라갔는데 막판에 신용 담당 고위 책임자가 틀었다는 게 멀레타의 설명이었다. 맬컴은 몸에서 힘이 쫙 빠졌다. 보고를 들은 제임스 마는 눈을 감아 버렸다.

"최대 고비군……."

•———<del>@@@</del>———•

월요일, 《타임》이 가판대에서 불티나게 팔렸다. 결과는 린다 로빈슨이 우려했던 것보다 더 심했다. 로스 존슨이 손으로 턱을 만지며 생각에 잠겨 있는 사진 위쪽으로 '탐욕의 게임'이라는 제목이 큼지막하게 박힌 표지였다. 그 제목 아래 이런 문구가 적혀 있었다.

이 남자는 역사상 최대 규모의 기업 인수를 통해 1억 달러를 자기 호주머니에 챙겨 넣을 수도 있다. 인수 합병의 광풍이 지나친 것 아닐까?

표지 자체도 최악이었지만, 기사 본문의 내용은 더 심했다. 그리고 늘 그랬듯, 그건 존슨이 자초한 것이기도 했다.

경영진 쪽과의 합의서 내용이 너무 후한 것 아닙니까? "내 사람들을 최대한 챙기는 일은 협상을 통해 당연히 내가 해야 할 일이죠." 최고경영자가 이런 보상을 받을 자격이 있습니까? "일종의 뭐랄까 모노폴리 게임의 돈과 같은 거죠." 많은 사람들이 일자리를 잃게 되지 않습니까? "그럴 겁니다. 하지만 내가 데리고 있는 사람들, 특히 애틀랜타의 사람들은 다들 전문직 종사자들입니다. 회계사, 변호사, 비서……. 난 이 사람들을 무료 급식소로 내모는 게 아닙니다. 우리는 고용 계약 해지와 관련해서 훌륭한 약정을 이미 해 둔 상태입니다."

하지만 그건 전혀 사실이 아니었다. 특별위원회는 입찰자들에게 직원을 보호하는 내용을 인수 합병 동의서에 포함시키길 바랐는데, 존슨 진영에서는 여기에 강력하게 반발했다. 이 점은 상당히 중요했다. 왜냐하면 장기 근속자들이 직원 보호를 주장하며 강력하게 로비를 벌이고 있었기 때문이다.

특별위원회의 총무인 워드 밀러는 오랜 기간 존슨의 수석 법률 책임자였다. '걱정의 부사장'이라 불리던 그도 이제 존슨에게 맞설 참이었다. 밀러는 1961년 로스쿨을 졸업하자마자 스탠더드 브랜즈에 합류했다. 그런데 이제 그는 나비스코가 쪼개지면서 수많은 오랜 동료들이 일자리를 잃게 되자 안절부절못했다. 1차 입찰과 2차 입찰 사이의 일시적인 소강 상태에서 그는 무언가를 할 수 있는 기회를 잡았다.

밀러는 이사들 각각을 상대로 여러 가지 사항들이 보장되어야 한다고 주장했다. RJR 나비스코 직원들에게 3년 동안의 임금과 기타 복지 혜택을 보장할 것, 만일 RJR의 새로운 경영진이 해고되지 않고 남은 직원을 현재의 작업장에서 35마일(약 56킬로미터) 이상 떨어진 작업장으로 근무지를 바꿀 경우 상당 수준의 추가 보상과 함께 퇴직할 수 있는 권리를 보장할 것, 퇴직자의 의료 보험 혜택을 계속 보장할 것 등이 그가 주장한 내용이었다.

KKR 측의 변호사들은 밀러의 이런 주장이 마음에 들지 않았지만 협상에 임했다. 하지만 존슨 진영은 양보할 생각을 하지 않았다. 그러자 밀러는 이사회 구성원들에게 이런 사실을 알렸다. 존슨이 관심을 보인 듯한 유일한 직원은 존 마틴이었다. 그는 1월에 입사한 사람에게는 두둑한 수당을 줘야 한다는 내용으로 이사들을 상대로 로비를 벌이기 시작했다.[†]

월요일 오후, 존슨은 휴걸에게 말했다.

"나는 이게 공정한 입찰이 될지 당신에게 물어보고 싶은 마음도 들지 않습니다. 만일 당신이 나에게 특별위원회 사람들을 신뢰하느냐고 묻는다면, 내 대답은 '아니요'입니다."

휴걸은 모든 과정이 공정하게 진행될 것이라고 설명했다. 하지만 휴걸이 자본 재조정 이야기를 꺼내자마자 존슨은 그의 말을 잘랐다.

"찰리, 왜 이럽니까…… . 그 이야기 지겹지 않습니까?"

화요일 이른 아침, 휴걸은 호텔의 자기 방에서 존슨이 건 전화를 받고 깜

[†] 존 마틴 자신이 1988년 1월에 입사했다.

짝 놀랐다. 시계를 보니 6시 10분이었다.

"이 시간에 웬일입니까?"

휴걸이 알기로, 그 시각에 존슨이 깨어 있는 경우는 밤을 꼴딱 새울 때뿐이었다.

"웬일이냐고요? 입찰이 어떻게 되어 가는지 알고 싶어서요."

그러고 나서 시어슨 진영에서는 의견이 둘로 쪼개졌다고 말했다. 사람들은 대부분 KKR는 입찰에 빠질 거라고 생각했다. 하지만 존슨을 포함한 적지 않은 사람들은 크래비스가 엄청나게 높은 가격을 제시할지도 모른다고 두려워했다.

"그 친구들이 어떻게 할지 난 정말 모르겠습니다."

존슨의 말에 휴걸은 다음과 같이 대답했다.

"나한테 지금 뭘 원하는 겁니까? 나도 모릅니다, 그러니 부를 수 있는 만큼 최고 높은 가격을 부르면 되잖아요."

화요일 아침, 퍼스트 보스턴의 입찰 참가 여부는 여전히 불확실한 상태였다. 세슬로는 여러 차례에 걸쳐 마에게 자기가 맡은 몫은 확실히 정리해서 준비하겠다고 했었다. 세슬로가 동부서주하는 동안 멜빈 클라인은 프리츠커 부자父子에게 진행 상황을 수시로 보고했다. 제이 프리츠커는 마이애미에 정박해 있던 유람선에서 협상을 진행하고 있었고, 토머스 프리츠커는 스쿠버 다이빙을 하다가 귀를 다쳐 로스앤젤레스의 호텔에 머물고 있었다. 이들 부자는 만일 세슬로가 실패할 경우, 퍼스트 보스턴 쪽에서 세슬로가 약속했던 자금을 자기들에게 내놓으라고 나설까 봐 걱정이 되었다. 아무리 제이 프리츠커라도 4억 달러는 푼돈이 아니었다. 그날 아침에 클라인이 프리츠커에게 다짐을 놓았다.

"결정을 내릴 준비를 해야 합니다. 오늘이 바로 그날입니다."

그날 아침 마와 그의 측근들은 자금 제공에 제동을 걸었던 체이스 맨해튼의 고위 책임자를 붙들고 늘어졌다. 하지만 아무 소득도 없었다. 클라인의 파트너인 해리 그레이는 이 은행의 회장과 통화를 했다. 하지만 그는 한 시간 안에 러시아행 비행기를 타야 했고, 그동안의 시간을 신용 담당 책임자의 판단을 뒤집는 데 들이고 싶은 마음이 없었다.

마는 깊은 상처를 입었다. 은행권이 자금을 제공해 주지 않는다면 핀의 아이디어는 그저 아이디어로만 남을 수밖에 없었다. 마는 눈높이를 낮추기로 했다. 은행이 나서 주지 않는다면 다른 대안을 찾아야 했다. 핀의 아이디어를 현실화하는 데 필요한 자금을 제공해 줄 누군가를 찾아야 했다. 핀의 아이디어가 실행 가능성이 있다는 사실을 이사회가 이해하고 받아들일 수 있게 하려면 무엇이든 할 필요가 있었다.

멜빈 클라인은 '뱅커스 트러스트'와 접촉했지만 여유 인력이 하나도 없다는 말만 들었다. 그런데 정오에 해리 그레이가 다시 한 번 시티뱅크에 시도했다가 놀라운 대답을 들었다. 2시쯤에 퍼스트 보스턴에 자기 팀 하나가 도착할 것이라는 대답이었다.

이제 막바지로 접어들고 있었다.

•————◌◌◌————•

퍼스트 보스턴의 산만한 여러 문서와 자료를 3인치 두께의 바인더에 하나로 뭉뚱그려 정리하는 힘든 작업은 결코 달가운 일이 아니었다. 이 일은 서른한 살의 고든 리치에게 떨어졌다. 리치는 가느다란 갈색 머리에 키가 작고 쉽게 흥분하는 성격이었다.

월요일 오후까지도 리치는 자기 회사의 입찰 제안이 기본적으로 어떤 것인지 전혀 알지 못했다. 인수 제안을 하는 것인지 혹은 구조 조정 제안을 하는 것인지 그도 아니면 또 다른 제안을 하는 것인지 전혀 알 수 없었다. 그는 마의 사무실에 모인 사람들에게 다음과 같이 말했다.

"나에게는 지금 시간이 부족합니다. 나는 내 사무실에 가서 이 작업을 할 겁니다. 그런데 여러분이 입찰 제안의 기본적인 성격을 알려 주지 않으면, 나는 여러분이 합의한 내용이 아니라 내 생각대로 정리해서 그대로 제출할 겁니다."

리치는 이렇게 말하고는 나가 버렸다.

화요일 새벽 1시에 리치가 44층 회의실에서 변호사들을 모아 회의를 소집했을 때도 그는 여전히 마음을 가라앉히지 못하고 있었다. 변호사들이 한 사람씩 돌아가면서 리치가 작업한 입찰서를 놓고 코멘트를 했다. 그저 그렇고 그런 변호사들의 발언은 진절머리가 날 정도로 길게 이어졌다. 고든 리치는 변호사들이 도대체 몇 명이나 되는지 세어 보았다. 서른여섯, 서른일곱, 서른여덟……. 거기까지 세고는 더 이상 참지 못했다. 폭발하고 말았다.

"잠깐만요! 치명적일 정도로 중요한 게 아니라면 더 듣고 싶지 않습니다. 다들 관둬요! 소소한 문제들은 신경 쓰지 않겠습니다. 이건 내 식대로 정리할 테니까 그렇게 아십시오!"

월요일 밤 내내 그리고 화요일로 접어들어서까지 리치는 앳킨스에게 보내야 할 제안 내용을 내놓으라며 퍼스트 보스턴의 복도를 서성였다. 그래서 더는 참지 못하고 변호사들에게 고함을 질렀던 것이다.

"입 좀 닥쳐요! 이게 우리가 일하는 방식입니다. 불만이 있으면 미스터 마한테 가서 말해요!"

화요일 낮 2, 3시쯤 되자 리치는 미쳐 버릴 것 같았다. 작업한 내용을 마감 시한 24시간 전에 제출해 달라고 나흘 동안이나 사람들에게 누누이 당부했었다. 그런데 마감 시한이 몇 시간 남지 않았음에도 불구하고 그때까지 들어온 건 필요한 문서의 반밖에 되지 않았다.

리치는 하도 답답하고 초조하던 나머지, 마치 동화 속에 나오는 괴물 트롤처럼 자기 사무실 앞에 서서 지나가는 사람마다 붙잡고 그 사람이 속한 부서에서 보내 주기로 한 문서가 언제쯤 완성되어 자기 손에 들어올 수 있는지를 묻기도 했다. 미쳐 버리기 직전에 리치는 브라이언 핀을 보았다. 그리고 무슨 이유에선지 핀을 붙잡고 이야기해야만 한다는 생각이 들었다. 일의 성패를 가름할 만큼 결정적으로 중요하다는 생각이 들었다. 리치는 그때 자기가 왜 그런 생각을 했는지 그 이유는 지금도 모르겠다고 말한다. 아무튼 이렇게 해서 리치는 핀을 자기 사무실 안으로 데리고 들어갔다. 그런데 마이클 로스펠드라는 변호사가 문을 열고 머리를 디밀더니 핀더러 좀 봐야겠으니 나오라고 했다. 그러자 리치는 격렬하게 화를 냈다.

"안 돼, 나하고 할 얘기가 있어요! 당장 꺼져요!"

그런데 핀은 나가려고 자리에서 일어섰다. 그 순간 리치는 자제력을 잃고 책상 위에 있던 회색 수화기를 집어 들어 전화기 본체에 있는 힘껏 내팽개쳤다. 본체와 수화기 모두 박살이 나 버렸고, 놀란 핀과 로스펠드는 서둘러 그 자리를 떴다.

리치는 자기 사무실에서 나와 41층의 텅 빈 사무실들을 어슬렁거리며 돌아다녔다. 너무 피곤해 그 건물에서 빠져나가고 싶다는 생각밖에 들지 않았다. 그리고 문득 자기가 곧 해고될 것임을 알고는 사무실로 돌아가 그 통보를 기다렸다.

시티뱅크 사람들은 2시 정각에 퍼스트 보스턴에 도착했다. 무슨 이유에 선지 이 사람들은 뉴욕의 북쪽 근교에 있는 한 사무실에서 오는 길이었다.

앞으로 세 시간밖에 남지 않았기 때문에 페너브레스크는 따로 격식을 차릴 여유가 없어 비어 있는 공간을 찾다가 이들을 식당으로 안내했다.

"몇 시간 뒤에는 입찰 제안을 해야 합니다. 그런데 은행 하나가 막판에 헛소리를 하면서 틀어 버리는 바람에 낭패를 봤습니다만, 필요한 자금을 조성하는 건 별문제가 없다고 확신합니다. 일단 막힌 데가 뚫리기만 하면 은행권의 자금은 무난히 들어올 것이라고 우리는 확신하고 있습니다. 여러분의 약속이 우리에게 강력한 힘이 되어 주기를 기대합니다."

페너브레스크는 시티뱅크의 직원들을 상대로 90분 동안 퍼스트 보스턴의 전략을 설명했다. 사람들이 잘 이해하지 못할 때는 자기가 썼던 자금 조성 요청서를 보여 주면서, 이런 겁니다, 하고 덧붙이기도 했다. 자기들이 하는 제안은 아무런 문제가 없다는 말을 강조했다.

◆────◇◇◇────◆

이날 브라이언 핀은 하루 종일 샌드위치로 허기를 달래면서 이 방 저 방 돌아다니며 온갖 질문에 대답했다. 그가 해야 할 일들은 이미 오래전에 끝났다. 이제 남은 건 돈 문제뿐이었다. 3시쯤에 핀은 복도에서 프리츠커의 변호사 해럴드 핸덜스먼을 만났다. 핸덜스먼의 얼굴이 일그러져 있었다.

"핀, 문제가 있습니다. 큰 문제요."

"무슨 문젠데요?"

"2억 5000만 달러가 부족합니다."

"뭐…… 뭐라고요? 무슨 말입니까 그게?"

"세슬로가 못 구했습니다."

함께 걸으면서 핸들스먼은 자기들이 처한 곤란한 상황을 설명했다. 두 사람은 마의 사무실 밖에 있는 빈 책상 곁에 멈추어 섰다. 마의 사무실 안에 세슬로의 모습이 보였다. 대화가 들리진 않았지만, 풀죽은 세슬로가 자신이 잘못했다는 말을 하는 게 분명했다. 세슬로는 사무실에서 나와 핀과 핸들스먼이 서 있는 곳으로 걸어왔다. 그러고는 두 사람 앞에 멈춰 섰다가 이내 가 버렸다. 핀은 핸들스먼의 표정을 살폈다. 세슬로의 뒷모습을 노려보는 그의 시선에는 엄청난 악의가 담겨 있었다.

세슬로가 시야에서 사라지자 핸들스먼이 핀을 바라보았다.

"제이에게 돈을 만들어 보라고 할 수는 있지만, 그다지 자신은 없네요."

"거기에 대해서는 모르겠습니다. 하지만 약속했던 금액의 유가 증권이 없다면 입찰서를 내지 못합니다."

만일 프리츠커 부자가 돈을 마련하고 또 입찰 경쟁에서 이긴다면 이들이 며칠 안에 신디게이트†를 결성할 수 있을 것이라는 사실을 두 사람은 잘 알고 있었다. 은행권과 기관 투자자들이 자기 몫을 달라고 시끄럽게 떠들어 대겠지만 그런다고 해서 돈이 그들 주머니에 들어갈 순 없었다.

핀이 말했다.

"다른 방법이 없습니다. 제이에게 전화해요. 안 그러면 우리는 탈락입니다. 약속했던 금액의 유가 증권이 있다고 해도 힘든 싸움인데, 그게 없다면 승산은 전혀 없습니다."

마 역시 유가 증권이 확보되지 않으면 입찰에 나설 생각이 없다고 했다. 첫 번째 불입금도 없이 기업을 인수하겠다고 나서는 건 세상이 웃을 코미디였으니 마의 판단은 당연한 것이었다.

---

† 거액의 유가 증권 인수 때 결성되는 일시적 조직인 금융업자들의 인수 단체.

멜빈 클라인이 자기 펀드의 투자자들에게 전화해서 여기서 500만 달러, 저기서 1000만 달러 돈을 모았다. 그야말로 푼돈들이었다. 마감이 한 시간 앞으로 다가왔지만 여전히 2억 달러가 부족했다. 클라인, 마, 핀, 핸덜스먼 등 모든 사람들은 부족한 그 돈이 나올 데라곤 단 한 군데밖에 없다고 생각했다.

제임스 마의 책상에 놓인 시계가 4시 15분을 가리킬 때 멜빈 클라인은 마침내 프리츠커 부자와 동시에 전화 연결을 하는 데 성공했다.

클라인은 상황을 빠르게 설명했다.

"지금 우리는 매매 계약을 해야 합니다. 5분 안에 자금을 쏴 줄 수 있는 데는 아무도 없습니다."

침묵이 이어졌다. 아무 소리도 들리지 않았다. 클라인이 다시 말했다.

"제이, 톰. 우린 준비가 되어 있습니다. 따로 2억 달러가 필요합니다."

마침내 제이 프리츠커가 입을 열었다.

"멜, 다른 대안은 없소?"

2억 달러면 프리츠커 가족이 여태까지 가장 많이 썼던 돈의 두 배였다. 이런 사실을 클라인은 잘 알았다. 클라인은 창문 너머로 시선을 향한 채 말했다.

"제이, 당신은 플로리다에 있습니다. 그리고 톰, 당신은 캘리포니아에 있습니다. 두 분의 눈에 해가 지는 게 보일지 모르겠습니다."

클라인은 마 쪽으로 돌아섰다. 마는 굳은 얼굴로 자기 책상 옆에 서 있었다.

"난 지금 지미 마를 보고 있습니다. 지미가 듣고 싶은 말은 딱 하나뿐입니다. 퍼스트 보스턴의 제안을 저들에게 들이댈 수 있게 해 주겠다는 말, 그거 하나뿐입니다. 두 분이 '리소스 홀딩스' 유가 증권 뒤에 서겠다는 말을 듣는 게 우리로서는 간절히 필요합니다."

다시 침묵이 흘렀다.

"멜, 그건 적은 돈이 아닙니다."

이번에는 토머스 프리츠커였다.

"나도 압니다. 그러니까 지금 두 분에게 부탁하는 거 아닙니까?"

"다른 대안은 없소?"

제이 프리츠커가 아까 했던 질문을 다시 했다.

"이 시점에서는 전혀 없습니다."

"우리가 이 일과 관련해서 퍼스트 보스턴에 도의적으로 책임져야 할 일이 있습니까?"

토머스 프리츠커였다. 클라인은 잠시 생각하더니 마를 바라보면서 대답했다.

"예."

"당신이 보기에, 우리가 그 유가 증권을 가지고 나서는 게 옳다고 퍼스트 보스턴이 생각합니까?"

"예."

이번에는 아까보다 더 긴 침묵이 흘렀다. 팽팽한 긴장감 때문에 클라인은 들이마신 숨을 내쉴 수도 없었다.

"아버지……."

"그래, 알겠다. 됐어, 해 보자."

클라인은 그제야 참았던 숨을 내쉬었다. 안도의 한숨이었다.

"감사합니다!"

클라인은 전화를 끊고 마 쪽으로 돌아섰다. 마는 책상 옆에 마치 옛날 담배 가게 앞에 서 있던 아메리칸 인디언 목각상처럼 뻣뻣하게 굳어 있었다.

"됐습니다. 프리츠커 부자가 전부 다 대겠다네요."

마의 얼굴은 그날 처음으로 밝게 펴졌다.

•———∞———•

화요일 오전 11시, 로버츠와 크래비스는 자기 회사의 투자은행가들을 소집해서 그날 있을 입찰에 자기들이 참여할지 말지를 아직 결정하지 않았다고 말했다. 두 사람은 각자 나름대로 생각을 가지고 있었지만, 투자은행가들에게는 이런 사실을 조금도 밝히고 싶지 않았다. 운이 좋으면, 누군가이 잘못된 정보를 의식적으로든 혹은 무의식적으로든 바깥으로 흘려 피터코언의 귀에 들어가게 할 수도 있었다.

아무도 퍼스트 보스턴을 경계하지 않았다. 크래비스는 은행권과 접촉하면서 마가 자금을 제대로 조성하지 못해 애먹는다는 걸 알았다. 멜빈 클라인도 계속 자기에게 전화를 했었다. 그리고 이제는 퍼스트 보스턴이 KKR에 빌붙어 아주 작은 지분이라도 확보할 수 있으면 그나마 다행이라고 생각하는 것처럼 보였다. 크래비스는 회심의 미소를 지었다. 그리고 또 다른 채널을 통해 앳킨스와 이사회 측 변호사들 사이에서 퍼스트 보스턴의 자금 조달계획이 거의 실현 불가능하다는 인식의 공감대가 형성되고 있다는 사실도이미 확인했었다. 또한 리처드 비티가 세금 분야를 전문으로 하는 변호사들을 따로 불러 퍼스트 보스턴의 제안과 똑같은 내용을 제시하면서 검토해 보라고 했는데, 이들은 불가능한 방안이니까 시간 낭비하지 말라고 대답했었다. 이 역시 흐뭇한 소식이었다.

크래비스와 로버츠는 크래비스의 사무실에서 따로 비공식적인 회의를했다. 유한 책임 파트너들은 이 논의가 이제 너무 지겨운 나머지 이런 자리를 '딸딸이 모임'이라고 불렀다. 스콧 스튜어트부터 시작해 차례로 마지막입찰에 대한 의견을 발표했다. 입찰에 참여해야 하는가, 말아야 하는가? 스튜어트와 클리프턴 로빈슨은 찬성 쪽에 손을 들었다. 시어도어 애먼은 관망했다. 샌프란시스코의 무한 책임 파트너인 리처드 맥도널은 오레오, 나비스코, 리츠와 같은 브랜드들이 가지고 있는 가치를 장황하게 설명하면서 강력하게 찬성 쪽을 주장했다. 폴 래더는 당장이라도 입찰서를 가지고 뛰어갈 태세였다.

헨리 크래비스도 마찬가지였다. 그는 한 주 내내 자기 생각을 밖으로 드러내지 않았지만 그날 있을 마지막 입찰을 지휘할 준비가 되어 있었다. 이런 사실에 대해 놀란 사람은 그 방에 아무도 없었다. 크래비스를 아는 사람이라면 이렇게 덩치 큰 사냥감을 그냥 내버려 둘 것이라곤 절대 믿지 않았던 것이다. 크래비스는 힘주어 강조했다.

"우리가 입찰에 참여한다면, 이기기 위해 나서는 겁니다."

그리고 마지막으로 로버츠가 입을 열었다.

"우리는 모두 스스로에게 다음 질문을 해야 한다고 생각합니다. '이 모든 일이 과연 머리 썩여 가면서 해야 할 가치가 있는가? 우리는 정말 이 일을 원하는가?'라고요. 우리는 워싱턴으로부터 엄청난 압력을 받을 겁니다. 파트너들로부터도 엄청난 압력을 받을 겁니다."

로버츠는 방 안에 있는 사람들을 하나하나 차례로 바라보면서 말을 이어 갔다.

"내가 정말 일어나지 않기를 바라는 게 하나 있습니다. 그건 이 일로 우리 회사가 곤경에 빠지는 것입니다. 모든 게 끝장날 수 있습니다. 모든 게 다 말입니다. 그렇기 때문에 우리가 이 거래를 해야 한다는 생각이 영 편안하지만은 않습니다."

로버츠의 발언에 사람들은 난감해했다. 공개 석상에서 로버츠와 크래비스의 의견이 갈리는 일은 흔하지 않았다. 사람들 사이에서 걱정스러운 시선이 오갔다. 어떡하지?

"자, 여러분."

크래비스가 입을 열었다.

"우리가 이 회사를 세울 때, 조지와 나는 모든 사항에 만장일치 제도를 적용하는 걸 원칙으로 삼았습니다. 어떤 일이든 누구 한 사람이 반대하면 그 일은 하지 않기로 했습니다."

여기까지 말한 뒤 크래비스는 로버츠를 바라보았다.

"회의를 여기서 잠시 중단하고 우리 둘이만 따로 이야기하는 게 좋을 것 같은데……."

로버츠가 고개를 끄덕였다. 방 안에 동요가 일었다. 그때 제이미 그린이 나섰다. 제이미는 샌프란시스코의 유한 책임 파트너였고 RJR 나비스코를 인수하는 데 필요한 은행권 자금 수십억 달러를 조성하는 책임을 지고 있었다.

"잠깐만요, 잠깐만! 조지, 나는 이 거래를 당연히 해야 옳다고 생각합니다. 물론 우리가 이긴다 하더라도 이 거래는 우리에게 큰 부담이 될 겁니다. 하지만 이번 건은 정말 멋진 거래 아닙니까? 이런 걸 우리가 해야 하는 거 아닙니까?"

이 발언은 로버츠가 그동안 찾고 있던 유일하게 용감무쌍한 발언이었다. 그린의 발언이 회의 분위기를 완전히 바꾸었다. 몇 분 지나지 않아 논의 내용은 입찰에 참여할 것인가 말 것인가가 아니라 입찰 가격을 얼마로 제시할 것인가로 바뀌었다.

"좋습니다."

로버츠가 말했다.

"만일 가겠다면, 안전해야 합니다. 우리가 여태까지 논의했던 것보다 현금을 훨씬 더 줄여야 합니다. 이사회에서는 현금 3, 4달러 더 받는 건 신경도 쓰지 않을 겁니다. 가능하면 높은 입찰 가격을 기대할 겁니다. 그리고 그 기대에 근접하면, 우리가 이깁니다."

몇 시간째 재무 구조를 정교하게 가다듬고, 현물지급증권 부분을 늘림으로써 안정성을 강화하고, 또 주주들에게 실제로 지급될 현금을 축소하는 방안을 논의했다. 회의를 진행하는 동안 리처드 비티는 몇 번이나 문을 열고 머리를 디밀었다.

"젠장! 빨리 얘기해 줘요, 얼마로 들이댈지! 시간이 없단 말입니다!"

로버츠는 싱긋 웃으면서 말했다.

"잠깐만요. 숫자 몇 개만 바꾸면 되니까 걱정 말아요. 조금만 있으면 알게 될 겁니다."

• —— ∞ —— •

화요일 오후, 피터 코언도 시어슨에서 존슨 진영 사람들을 소집했다. 다들 입찰 가격을 얼마나 해야 할지 나름대로 안을 가지고 있었다. 존슨의 심복인 베너벤토와 세이지는 한 주당 110달러를 이야기했지만, 늘 그랬듯이 두 사람의 의견에 귀 기울이는 사람들은 아무도 없었다. 코언과 존 굿프렌드가 낸 안들만 놓고 논의를 했다.

자기는 102달러나 103달러를 주장했다고 나중에 코언은 밝혔다. 용의주도한 굿프렌드는 열기가 식었다는 사실을 근거로 오히려 가격을 97달러나 98달러로 내려서 제시하기를 바랐다. 그리고 이 두 사람의 주장은 100달러에서 타협이 되는 듯했다. 하지만 지난번과 똑같은 가격을 제시하는 것은 이사회를 물 먹이겠다는 의도로 받아들여질 수 있다는 의견이 대두되었다. 입찰 마감 시한을 연장하면서까지 노력한 이사회의 체면을 세워주기 위해서라도 조금은 가격을 올려야 한다는 데 동의했다. 《타임》에 실린 존슨의 인터뷰도 있고 한데 이사회를 더 자극해서 이사회와 등질 이유는 없었다. 결국 코언과 굿프렌드는 한 주당 101달러라는 가격을 제시하기로 합의했다.

나중에 이 전략은 뜨거운 논쟁의 대상이 된다. 코언이나 다른 사람들은 모두 크래비스가 입찰에 참여하지 않을 것이라고 진정으로 믿었을까? 코언의 변호사이던 잭 너스바움은 당시를 다음과 같이 회상했다.

"우리가 감쪽같이 속았다는 점은 의심할 여지가 없습니다. 전혀요. 그렇지 않았다면 어떻게 그런 결론을 내릴 수 있었겠습니까?"

너스바움에 따르면, 리처드 비티가 코언에게 전화를 걸어 했던 말이 결정적인 역할을 했다고 한다.

"거기에 우리가 속았던 겁니다. 비티는 분명 자기들은 참여하지 않을 거라고 했습니다. 그리고 그 말을 피터가 믿었던 거죠. …… 우리는 크래비스는 없을 거라고 생각했습니다. 퍼스트 보스턴만이 유일한 경쟁자라고 믿었습니다."

살로먼의 투자은행가인 찰스 필립스도 다음과 같이 회상했다.

"KKR가 참가하지 않는다고 해서 토밀슨 힐은 아주 기운이 펄펄 났습니다. 헨리가 가족과 함께 베일에 간다는 말을 듣고는 관심이 식었다고 생각했던 겁니다. 그건 정말 끝내주는 속임수였습니다."

힐은 코언에 대해 다음과 같이 말했다.

"피터는 KKR가 입찰에 참여하지 않을 것이라고 철석같이 믿었습니다. 진심으로요."

힐은 또 코언이 브뤼셀에서 뉴욕으로 돌아왔을 때를 회상하면서 이렇게 말했다.

"리처드 비티가 했던 발언으로 미루어 볼 때 KKR는 입찰에서 빠질 것이라고 믿을 만큼 충분한 근거가 있다고 피터는 말했습니다."

힐과 너스바움, 그리고 다른 사람들이 이렇게 회상함에도 불구하고 코언 자신은 크래비스가 포기했다고 믿은 적이 없다고 주장한다.

"나는 그가 참가할 것으로 봤습니다. 그 생각을 한 번도 하지 않은 적이 없습니다. 토밀슨 힐은 잘난 체하는 경향이 있는데 헨리가 입찰에서 빠질 거라고 확신했죠. 그래서 나는 이렇게 말해 주었습니다. '그런 가정은 설정할 수 없다'라고요. 헨리가 입찰에 참여할 것이라 믿었던 거죠. …… 그는 추수감사절에는 해마다 베일에 갑니다(하지만 실제로 크래비스가 추수감사절에 베일에 간 것은 그때가 두 번째였다). 사실 팩스만 있으면 거기서라도 얼마든지 일은 할 수 있으니까요."

그러나 어쨌든 간에 KKR 진영의 행보에 대해 존슨 진영이 예상한 결과물은 최종 입찰 가격이었다. RJR 나비스코를 인수하고자 하는 입찰자는 당연히 예전에 제시된 한 주당 100달러를 상회하는 가격을 제시할 터였다. 이런 상황에서 코언이 제시한 101달러는 지난번처럼 이번에도 경쟁자가 없을 거라고 예상했음을 묵시적으로 드러낸 가격이었다.

"그것은 우리가 저지른 치명적인 실수였습니다."

잭 너스바움이 나중에 한 말이다.

퍼스트 보스턴에서 페너브레스크는 오후 내내 시티뱅크 사람들과 씨름했다. 그가 필요한 것은 핀의 아이디어가 실행 가능하다는 확인서였다. 페너브레스크는 분만실에 아내를 들여보낸 남편의 심정이 바로 자기의 심정과 똑같을 것이라고 생각했다. 전화기는 10분마다 한 번씩 요란하게 울렸고 재촉은 빗발쳤다.

"확인서 아직 안 나왔어요? 왜 안 나오는 거야!"

"잠깐만요…… 노력하고 있으니까 잠깐만……."

시티뱅크의 책임자가 식당에서 나온 건 4시 30분이 지나서였다. 페너브레스크는 바깥에서 초조하게 서성이고 있다가 그가 건네는 확인서를 받았다.

"고맙습니다!"

페너브레스크는 그의 손을 잡고 진심으로 고마워했다.

확인서가 첨부된 입찰 서류는 곧바로 스캐든 압스로 향했다. 결과에 대해 마는 이제 초연한 상태였다. 최종 입찰 내용은 애초에 자신이 하려던 것과 엄청나게 차이가 났다. 자금 조성 계획도 처음에 기대했던 것에 미치지 못했다. 마는 용감하게 싸우고 노력했다며 스스로를 달랬다. 하지만 이길 확률은 극히 낮았다. 사실 이미 오래전에, 정확히 말하면 아흐레 전에 이미 졌다고 생각했다.

"빌어먹을! 3라운드에서 또 새로 시작하자는 건 아니겠지……."

⦁———∞∞∞———⦁

5시가 되기 몇 분 전, 조지 로버츠는 KKR의 회의실로 들어갔다. 그의 표정은 침울했다. 그는 한숨을 쉬며 머리를 숙였다.

월스트리트에서 가장 높은 보수를 받는 투자은행가 10여 명이 KKR가 과연 얼마에 입찰했는지 궁금하다는 듯 조바심을 내며 기다리고 있었다. 그들은 모두 똑같은 생각을 하고 있었다. 로버츠와 크래비스가 어차피 질 거라 생각하고 지난번처럼 낮은 가격을 제시한 게 아닐까? 아니면 정말 이기려고 나섰을까? 나중에야 저마다 자기가 크래비스에게 결정적인 조언을 했기 때문이라고 공치사를 하기 바쁠 테지만, 현재로서는 이들 가운데 로버츠와 크래비스가 어떻게 나갈 것이라고 예상할 만한 단서를 조금이라도 가지고 있는 사람은 거의 없었다. 경우에 따라선 그 방에 있던 투자은행가 각각이 1억 달러의 수수료를 받을 수도 있고 또 이런 거금이 그저 한낱 꿈으로 사라져 버릴 수도 있었다.

크래비스 옆에 선 로버츠는 낙담 그 자체였다. 목은 푹 꺾였고, 머리는 천천히 좌우로 흔들고 있었으며, 두 손은 호주머니에 깊이 찔러 넣고 있었다. 그러고는 마치 장례식장에서 조사를 낭송하는 어조로 말했다.

"안타깝습니다. 모든 걸 없는 걸로 하기로 결정했습니다. 잃을 게 너무 많습니다."

여기서 잠시 말을 끊었다. 자기가 한 말을 다들 충분히 받아들이고 이해할 수 있도록 하기 위한 배려였다.

"도저히 입찰에 참여할 수 없습니다."

방 안은 일순 침묵에 싸였다. 한 사람당 1억 달러의 수수료가 물거품이 되어 사라지는 순간이었다. 로버츠는 한숨을 깊이 쉬었다. 그러고는 크래비스를 바라보며 물었다.

"헨리, 우리가 얼마를 제시했지? 100에다가 6을 더 붙였던가? 106달러?"

크래비스가 고개를 끄덕이며 대답했다.

"아마 그랬던 것 같지?"

투자은행가들이 '와아!' 하고 환호성을 질렀다. 한쪽 구석에 서서 이런 열광적인 모습을 지켜보았던 리처드 비티는 당시의 상황을 나중에 다음과 같이 회상했다.

"그 사람들 눈에서 에스에 작대기 두 개를 그은 달러화 부호가 마구 쏟아져 나오는 것 같았습니다. 대단했죠."

그리고 사람들은 들뜬 마음으로 결과가 나오기를 기다렸다.

17장

승패는 갈렸지만
승부는 아직 끝나지 않았다

*
*
*

시어슨 쪽에서도 사기는 높았다.

《타임》표지 기사에도 불구하고, 또 여론이 급격하게 나빠졌음에도 불구하고, 그리고 이사회 안에서 확연히 드러나는 반감에도 불구하고, 코언과 힐은 자신들이 이길 것으로 확신했다. 크래비스 진영 때문에 염려하는 사람은 아무도 없었다. 오로지 퍼스트 보스턴만이 문제였다. 만일 이사회가 제임스 마의 기괴한 인수 제안을 받아들인다면 퍼스트 보스턴이 이기겠지만, 그런 일이 일어나리라고 믿는 사람은 별로 없었다. 만일 정말 그런 일이 일어난다면 어쩔 수 없는 일이었다. 그 누구도 마가 약속하는 수익과 경쟁할 수는 없었기 때문이다. 잭 너스바움은 당시를 회상하며 다음과 같이 말했다.

"정말이지 느낌이 좋았습니다. 우리가 퍼스트 보스턴에 지거나, 아니면 우리가 이기는 거였습니다.”

입찰서를 제출하고 한 시간 뒤에 존슨 진영은 흩어졌다. 코언은 8시쯤 결과를 들을 수 있으리라 생각하고, 아내와 자녀들을 데리고 스무 번째 결혼기념일을 자축하기 위해 사람들 사이에서 빠져나왔다. 그리고 8시에는 잭 너스바움의 법률 회사 ‘윌키 파’의 사무실로 갔다. 존 굿프렌드는 한 무리의 살로먼 투자은행가들과 함께 시내의 스테이크하우스인 ‘크라이스트 셀러’로 갔다. 이들 역시 8시에는 윌키 파로 돌아왔다.

6시까지 연락이 없었다.

7시가 되어도 연락이 없었다.

8시가 되어도 여전히 연락은 없었다.

하지만 윌키 파에 있던 이들 가운데 조금이라도 걱정한 사람은 아무도 없었다. 굿프렌드와 제임스 스턴은 포커판을 벌였고, 살로먼의 몇몇 투자은행가들은 구석 자리에 앉아 《카앤드드라이버》와 《로드앤드트랙》 최신호를 뒤적였다.

9시가 되자 코언과 너스바움은 골드스톤에게 전화했다. 골드스톤은 살로먼 사람들과 따로 떨어져 시내의 자기 사무실에 있었다. 세 사람 모두 조금씩 걱정되기 시작했다. 만일 크래비스가 참가하지 않았고 퍼스트 보스턴이 헛방망이질을 했다면 지금쯤은 연락이 와야 했다. 그런데 아무 연락도 없었다. 불안했다. 굿프렌드 역시 비록 포커판에서 제임스 스턴과 뱅커스 트러스트의 리처드 오브라이언으로부터 400달러 가까이 따긴 했지만 점점 조바심이 나서 견딜 수가 없었다. 굿프렌드는 장차 어떤 일이 일어날지 아무것도 모른 채 마냥 기다리는 걸 특히 못 참는 성미였다. 그는 신음을 토해 내면서 말했다.

“어째서 우리한테 아무 얘기도 안 해 주는 거야……. 답답해 미치겠네.”

제임스 로빈슨과 린다 로빈슨 부부는 그날 저녁 맨해튼의 메리엇 마키 호텔에서 열리는 파티에 참석했다. 린다의 친구이자 고객인 텍사코의 최고경영자 제임스 키니어가 '보이스 클럽'이 주최하는 행사에서 상을 받기로 되어 있었다.

로빈슨 부부가 앉은 테이블에는 모건 스탠리의 에릭 글리처도 함께 앉아 있었는데, 그는 텍사코를 위해서도 일하고 있었다. 글리처는 제임스 로빈슨의 턱시도 주머니에 삐죽 튀어나온 휴대폰의 안테나를 보고 얼굴을 찌푸렸다.

식사를 하기 전에 린다 로빈슨은 분위기를 누그러뜨리려고 글리처에게 말을 걸었다.

"근데 그쪽에서는 얼마에 입찰했나요?"

글리처는 대답하지 않겠다고 했다. 그는 그녀가 장난을 친다고 생각했다. 하지만 그녀는 헨리 크래비스가 입찰 가격을 얼마로 써냈는지 이야기해 줄 거라 생각하고 한 번 더 물었다.

"그러지 말고요. 이제 끝났으니 얘기해도 되잖아요."

글리처는 어깨를 한 번 으쓱했다. 상대방이 장난을 치려고 나온다면 자기도 그렇게 대꾸해야겠다고 생각했다. 그래서 정색을 하며 말했다.

"94달러요. 1차 때에서 한 푼도 올리지 않고 그대로, 94달러요."

글리처는 잠시 뜸을 들인 뒤에 이번엔 거꾸로 그녀에게 물었다.

"당신네는 얼마를 썼습니까?"

"맞혀 봐요."

"지난번하고 똑같지 않나요?"

"네, 비슷해요."

KKR 사무실에 모여 있던 사람들에게도 기다리는 건 고역이었다.

복도에는 초조하게 서성이는 사람들로 붐빌 지경이었다. 기다리는 것 말곤 할 게 아무것도 없었다. 두 시간이 지난 뒤 피자를 주문했다.

그런데 9시가 조금 못 된 시각에 리처드 비티가 전화를 받았다. 피터 앳킨스였다.

"당신과 당신 쪽 사람들 몇이 이쪽으로 와 주었으면 합니다."

비티는 하마터면 환호성을 지를 뻔했다. 하지만 간신히 참으면서 물었다.

"우리만 부르는 겁니까, 아니면 다른 쪽도 함께 부르는 겁니까?"

"그 질문에는 대답해 줄 수 없습니다."

두 사람은 스캐든 압스에 어떤 사람들이 가야 할지를 놓고 잠시 이야기를 나누었다. 앳킨스는 변호사들과 유한 책임 파트너들만 있으면 된다고 했다. 세부 사항을 다루는 실무자들이었다. 비티는 피자가 들어오는 걸 바라보면서 마지막으로 한 가지 더 물었다.

"거기 가면 저녁 못 얻어먹죠?"

"예, 우린 먹었습니다."

비티는 앳킨스와 나눈 통화 내용을 크래비스에게 전했다. 크래비스 역시 벅차오르는 감격을 억누르며 참았다. 크래비스와 네 명의 무한 책임 파트너들은 스캐든 압스에 가지 않아도 된다는 사실을 확인하고 이스트사이드의 이탈리아 식당 '캄파뇰라'에 갔다.

한편 비티는 서둘러 스캐든 압스에 갈 변호사와 투자은행가, 그리고 유한 책임 파트너를 모았다. 일행은 두 명씩 나뉘어 나갔다. 한꺼번에 우르르

Babarians at the gate

몰려 나가면 혹시라도 1층 로비에서 같은 건물을 쓰는 존슨 진영 사람들 눈에 띄어 의심받을 수도 있었기 때문이다.

일행 중 한 명인 클리프턴 로빈슨은 1층에서 경비원에게 혹시 존슨이 나가는 걸 보면 즉시 그 사실을 크래비스에게 알려 주라고 따로 당부했다.

•———⟨⟨⟨⟩⟩⟩———•

크래비스가 막 음식을 주문했을 때, 카운터에서 전화를 받으라고 했다. 비티였다.

"이 사람들이 당신을 보자고 하네요. 45분쯤 뒤에 이리 오면 됩니다."

"지금 주문했는데, 먹고 가면 시간이 맞겠네요."

"분위기 좋습니다. 썩 괜찮습니다. 필릭스가 당신이 오기를 기다리고 있습니다."

크래비스는 처음으로 승리를 예감했다. 테이블로 돌아온 크래비스는 일행에게 그 기쁜 소식을 전했다. 모든 사람들이 승리는 이제 손안에 들어왔다고 생각했다.

크래비스가 반쯤 식사를 했을 때 다시 전화가 걸려 왔다. 이번에도 비티였다.

"빌어먹을, 지금 어딥니까?"

"저녁 먹는다고 했잖아요."

"필릭스가 성질을 내고 난리네요."

"간다고 해요, 금방 갑니다."

"빨리요, 헨리. 이 사람들은 빨리 끝내고 훌훌 털어 버리고 싶은 모양입니다."

"알겠습니다. 1분만 기다리라고 해요."

크래비스는 약간 짜증이 나서 자리로 돌아왔다.

"우리를 당장 보자고 하네요. 아마도 필릭스가 오늘 밤에 일찍 집에 들어가야 할 일이 있나 보지?"

무한 책임 파트너 다섯 사람은 서둘러 식사를 마치고 크래비스의 파란색 메르세데스 500에 끼여 탔다. 그리고 최대한 빠르게 달려 몇 분 뒤 스캐든 압스에 도착했다. 크래비스와 로버츠, 래더가 회의실로 안내되었다. 거기에는 필릭스 로아틴과 아이라 해리스, 피터 앳킨스가 있었다.

크래비스는 존슨 진영의 사람들이 와 있는 흔적이 있는지를 살폈다. 흔적조차 없었다. 로아틴이 질문을 쏟아내기 시작했다. 라저드와 딜런이 크래비스가 입찰서에 제시한 유가 증권에 대해 좀 더 자세한 사항을 알고 싶어 한다고 말했다. 그리고 또 다른 질문들도 있었지만 대부분 사소한 것들이었다. 그리고 마지막에 로아틴이 이렇게 물었다.

"이게 그쪽이 제시할 수 있는 최상의 제안입니까?"

"그렇습니다."

"좋습니다. 우리가 검토해서 자금 동원 계획에 문제없다는 판단을 하면, 당신네가 제출한 입찰안을 특별위원회에 추천하겠습니다."

크래비스와 로버츠는 빙그레 웃었다.

'이겼다! 우리가 이겼어!'

•────◍◍◍────•

여섯 주 만에 크래비스와 로버츠는 승리의 문 앞에 섰다. 이제 남은 건 두 가지 사항에 대한 협상뿐이었다. 크래비스 측의 변호사 로버트 스패트가 합병 관련 사항을 협상하기 위해 회의실로 향했다. 투자은행가들은 입찰과 관련된 유가 증권을 설명하기 위해 다른 방으로 들어갔다. 라저드와 딜런이 이들에게 수많은 질문을 던졌다. 마지막에는 만일 드렉설이 기소될 경우에는 어떻게 할 것이냐고 물었다.

운이 좋으면 이 두 가지 협상이 몇 시간 안에 끝날 것이라고 크래비스는 전망했다. 위원회는 다음 날 최종적으로 추천을 완료할 예정이었다. 크래비스와 로버츠는 따로 할 일이 없었으므로 느긋하게 기다렸다.

두 곳에서 논의가 진행되자 앳킨스는 사무실로 올라갔다. 자기가 없는 동안 전화해 달라는 메시지가 많이 쌓여 있었다. 그가 가장 먼저 전화한 사람은 제임스 마였다. 퍼스트 보스턴의 제안은 질풍노도처럼 달렸지만 가장 먼저 탈락했다. 12월 31일까지라는 짧은 기간을 포함해 이 제안이 담고 있는 거의 모든 핵심적인 문제점들이 전혀 해결되지 않았기 때문이다. 그 가운데서도 가장 치명적인 약점은 자금 조성을 할 수 있다는 확실한 보장을 은행권으로부터 받지 못했다는 점이었다. 퍼스트 보스턴의 서류들을 놓고 특별위원회 측의 투자은행가들은 실소를 금치 못했다. 페너브레스크가 그토록 노력한 끝에 얻어낸 시티뱅크 측이 낸 확인서는 시티뱅크의 공식 용지가 아니었다. 용지 윗부분에 적힌 시티뱅크의 회사명과 소재지, 전화번호는 인쇄된 것이 아니라 타이프로 친 것이었다. 게다가 그것도 뉴욕 해리슨의 머메러넥에 있는 시티뱅크 지점에서 발행된 것이었고, 서명도 부사장이 한 것이었다. 특별위원회가 원하던 것과는 한참 거리가 있었다.

웨스트사이드의 집에 있던 마는 입찰 결과를 기다리는 무거운 중압감을 도저히 견딜 수 없었다. 그래서 피터가 전화를 걸었을 때 이렇게 말했다.

"피터, 정말 죽겠습니다. 계속 기다려야 합니까? 아니면 그냥 자는 게 좋겠습니까?"

"아, 그냥 자도 되겠습니다."

마는 그게 무슨 뜻인지 알았다. 그가 바라던 기적은 일어나지 않았다.

"네, 정말 아쉽네요."

마는 전화를 끊은 뒤 고든 리치에게 전화를 걸었다.

"끝난 거 같아요. 다 끝났어요, 우린."

———————◆∞◆———————

'전화는 언제 올까? 앳킨스는 어디에 있는 거지?'

밤은 점점 깊어 가고, 스티븐 골드스톤은 자기 사무실 안에서 초조하게 서성였다. 무소식이 희소식이라는 말을 떠올리며 애써 마음을 가라앉히려고 했지만 잘 되지 않았다.

'뭔가 잘못된 게 분명하다. 어쩌면 퍼스트 보스턴을 심각하게 고려하는 게 아닐까? 혹시 크래비스가 입찰한 건 아닐까? 도대체 어떻게 된 걸까?'

사무실 안을 서성거리며 골드스톤은 초조할 때면 늘 하던 버릇을 했다. 언제나 주변에 있는 사람들을 질색하게 만들던 버릇이었다. 긴장이 최고조에 이르면 연필을 거꾸로 잡고 책상 따위에 대고 눌러 연필 꼭지에 달린 지우개를 찌그러뜨리는 버릇이었다. 어떤 때는 너무 세게 누르고 있다가 놓는 바람에 연필이 튀어올라 다른 사람의 이마를 맞힌 적도 있었다. 그날 밤 그의 사무실 바닥에는 떨어져 나간 연필 꼭지 지우개들이 전투에 패한 군대의 시체처럼 어지럽게 널려 있었다.

9시 30분이 되자 골드스톤은 그 긴장을 더는 지탱할 수 없었다. 어떻게든 알아보지 않고는 배길 수가 없었다. 그래서 같은 회사 소속 파트너인 데니스 허시에게 전화를 걸었다. 허시는 집에 있었다. 골드스톤은 허시에게, 자기가 스피커폰 상태로 해서 앳킨스와 통화할 테니 들어 봐 달라고 부탁했다. 그리고 앳킨스에게 전화했다. 하지만 앳킨스는 전화를 받지 않았다. 얼마 뒤, 이미 골드스톤이 전화했었다는 사실을 확인한 앳킨스가 제임스 마와 통화를 끝내고 골드스톤에게 전화를 했다. 골드스톤이 말했다.

"피터, 내 주변에서 많은 사람들이 기다리고 있습니다. 오늘 밤에 결정을 내릴 겁니까? 우리가 계속 기다릴 필요가 있습니까?"

"오늘 밤에 당신들이 기다릴 이유는 없습니다. 내일 연락을 줄 겁니다."

앳킨스의 그 말이 골드스톤의 얼굴에 얼음장처럼 차갑게 뿌려졌다.

"무슨 말이죠? 그게 무슨 뜻입니까?"

골드스톤의 목소리에는 두려움이 묻어 있었다.

"우리가 떨어졌습니까?"

앳킨스는 냉정했다.

"더 이상은 말할 수 없습니다."

골드스톤은 물러서지 않고 다시 물었다.

"우리가 떨어졌습니까?"

앳킨스는 잠시 아무 말도 하지 않다가 마침내 입을 열었다.

"내가 해 줄 수 있는 말은, 오늘 밤에는 당신들을 볼 일이 없다는 겁니다. 그러니 사람들에게 집에 가도 된다고 해요."

•———◉◉◉———•

골드스톤이 윌키 파에 전화해서 이런 사실을 알렸다. 윌키 파에 모여 있던 사람들은 충격에 싸였다. 포커판은 뒤집혔고 자동차 잡지는 내팽개쳐졌다. 결코 대답을 찾을 수 없는 물음들이 너스바움의 사무실 허공에 떠돌았다.

"그게 무슨 뜻일까?"

"어떻게 돌아가고 있는 거지?"

몇 분 뒤, 사람들은 아까보다 더 큰 충격을 받았다. 기자 하나가 너스바움에게 전화해서 KKR 측이 방금 스캐든 압스로부터 부름을 받았다는 소식을 전했던 것이다.

"그쪽도 그런 연락을 받았습니까?"

"아니요, 우리는 아직……."

너스바움은 벼락을 맞은 듯한 느낌이었다.

'크래비스?'

그 말을 믿을 수 없었다. 피터 코언 역시 마찬가지였다. 갑자기 그는 일이 심각하게 잘못되었음을 깨달았다.

윌키 파에 있던 자문 위원들 사이에서도 혼란이 일었다. 무슨 일이 일어났는지, 그리고 이제 어떻게 해야 하는지 모두 잘 알고 있었다. 굿프렌드는 그 와중에 포커로 딴 돈을 주머니에 집어넣으면서도 길길이 화를 내며 제일 먼저 눈에 띈 사람에게 당장 스캐든 압스에 가 보라고 지시했다.

너스바움은 빠르게 머리를 굴렸다. 무언가를 해야 했다, 그것도 신속하게.

'그래, 편지다.'

많은 변호사들이 누군가를 원망할 때 그러듯, 너스바움은 자신들의 분노를 편지로 작성하는 게 중요하다는 걸 알고 있었다. 코언과 투자은행가들이 주변에서 길길이 뛰고 욕할 때 그는 편지를 쓰기 시작했다.

───────◦◦◦───────

코미디의 황제 밥 호프가 '보이스 클럽'의 만찬에서 저녁 프로그램을 거의 마쳐 갈 무렵, 호텔 종업원이 린다 로빈슨을 찾아와 급한 전화가 왔다고 했다. 그녀는 호텔 주방으로 달려가 전화를 받았다.

에릭 글리처가 전화를 받고 온 그녀의 표정을 읽었다.

'이제 우리가 얼마를 제시했는지 알았나 보군.'

글리처의 얼굴에는 저절로 미소가 피어올랐다.

프로그램이 끝나자마자 로빈슨 부부는 자리에서 일어났다. 린다 로빈슨은 떠나기 전에 모건 스탠리의 투자은행가 글리처 앞에 섰다.

"이 빌어먹을 거짓말쟁이……."

그녀의 입술에 얼핏 미소가 스쳤다. 글리처는 제임스 로빈스의 아내를 정색하고 바라보았다.

"린다, 아직도 모르겠습니까? 이사회가 그 회사를 로스 존슨에게 넘길 리 없잖아요."

존슨과 호리건, 그리고 RJR 나비스코의 나머지 중역들은 솔로 빌딩에서 술을 마시며 시간을 보내고 있다가 이 소식을 들었다. 그리고 뒤이어 다른 소식들이 하나씩 들어왔다. 모두 나쁜 소식들뿐이었다. 앳킨스는 골드스톤에게 그만 집에 가도 된다고 말했었다. 그런데 크래비스는 스캐든 압스의 부름을 받고 갔다. 게다가 특별위원회의 대변인 격인 빌 리스가 전화해서, 크래비스가 다음 날 아침에 있을 기자 회견 준비를 하라는 요청을 받았다고 전했다. 모든 정황으로 미루어 볼 때 입찰에서 떨어진 게 틀림없었다. 존슨이 말했다.

"끝났어요, 조명 아웃, 끝! 누가 내 생각을 묻는다면, 이렇게 말하겠어, 사요나라."

크래비스가 스캐든 압스에 가 있다는 말을 들었을 때 골드스톤은 곧바로 앳킨스에게 다시 전화를 했다. 200억 달러가 날아가고 자기를 포함해 수많은 사람들의 경력에 오점이 찍히는 일이 코앞에 닥쳤던 터라 골드스톤은

망설일 것도 없었고 눈치 볼 것도 없었다. 앳킨스는 스피커폰으로 설정하고 골드스톤과 통화했다. 곧 그의 사무실에는 고뇌에 찬 골드스톤의 시끄러운 말들이 어지럽게 날아다녔다.

골드스톤은 자기네가 사기를 당한 거나 마찬가지라고 주장했다. 미치광이 같은 퍼스트 보스턴의 입찰 때문에 자신들의 제안이 뒤집히고, 결국 승리를 도둑맞은 거라고 했다. 1차 입찰에서 일등을 했기 때문에 입찰 가격을 더 올릴 이유가 없었다고 했다. 가격을 더 올린다는 것은 자기 정당성을 스스로 부정하는 것이나 마찬가지였다고 했다. 이 모든 사항을 고려할 때, 전체 입찰 과정이 공정해지기 위해선 마지막으로 한 번 더 입찰해야 한다고 골드스톤은 주장했다. 그는 연필 지우개들이 어지럽게 흩어져 있는 사무실 안을 서성이면서 굽히지 않고 주장했다.

"우린 아직 진 게 아닙니다! 피터, 우리는 더 높은 가격을 부를 수 있습니다. 얼마든지요! 시작해 놓고선 한 시간 만에 끝내 버리는 이따위 엉터리 공매가 어디 있느냐고요! 이 공매 절차에는 규칙도 없잖아요! 우리는 입찰서를 제시하면서 더 높은 가격을 부를 수 있다고 했습니다. 얼마든지 그렇게 할 수 있습니다. 어떻게 하겠습니까? 이렇게 끝내 버린다는 건 공정하지 않다고요!"

앳킨스가 흥분한 골드스톤을 진정시키려 했지만 아무 소용 없었다.

"피터, 입찰 내용을 공개한 채 공매해야 합니다. 경매장에 안 가 봤습니까? 입찰 가격을 공개하고 끝까지 가서 마지막에 가장 높은 가격을 제시하는 사람이 이기는 걸로 해야 합니다!"

45분 동안 골드스톤은 똑같은 이야기를 계속했다. 그리고 앳킨스는 그의 주장을 고려하겠다고 사무적인 태도로 답했다. 하지만 다음 날 아침 특별위원회 회의가 열리기 전까지는 앳킨스가 할 수 있는 것은 아무것도 없었다. 개인적으로 앳킨스와 스캐든 압스의 변호사 마이클 미첼이 보기에, 골드스톤의 주장은 지난 여섯 주 동안 접했던 다른 어떤 주장들보다 특별히 설득력 있어 보이지는 않았다. 그가 주장하는 핵심은, 존슨의 경영진 쪽은 지난번 입찰에서 일등을 했는데 다시 해서 이번에는 이등을 했으니 마지막으로 한 번 더 기회를 가져야 하는 것 아니냐는 내용이었다.

11시가 다 되어 가는 시각, 골드스톤은 앳킨스를 상대로 열정적인 독백을 쏟아 내던 중에, 앳킨스 앞으로 잭 너스바움이 작성한 항의 편지 한 통이 갈 것이라고 언급했다. 골드스톤은 자신의 요청 덕분에 편지의 어조는 많이 부드러워졌다고 했다.

"하지만 피터, 이건 알아야 합니다. 여기 사람들 모두 몹시 흥분했습니다. 꼭지가 완전히 돌아 버렸다고 보면 됩니다."

11시 정각에 앳킨스의 사무실에 편지가 배달되었다.

"아, 그러잖아도 지금 편지가 도착했네요."

앳킨스의 목소리에 화색이 돌았다. 지긋지긋하게 매달리고 애원하는 골드스톤의 통화에서 벗어날 구실이 될 수 있었기 때문이다.

앳킨스는 전화를 끊고 너스바움의 편지를 보았다. 편지지는 너스바움이 소속되어 있는 '윌키 파 앤드 갤러거' 법률 회사의 공식 용지였다.

신사 여러분께,

…… 지난 몇 시간 동안 우리는 언론으로부터 오늘 경영진이 제출한 입찰 내용의 정확한 성격과 관련하여 자주 여러 차례 이야기를 들었습니다. 아울러 당신들 혹은 당신네 대표자들이 다른 입찰 진영을 대표하는 사람들을 저녁때 만났다는 이야기도 들었습니다. 우리가 들은 이야기가 정확하다면, 다른 진영이 제출한 입찰 내용은 시간이 지나면서 점점 개선되었습니다.

우리는 경영진 쪽이 전체 과정에서 불이익을 당했다고 믿고 있습니다. 그렇기 때문에 우리는, 당신네가 다른 입찰자들을 만나 그들이 입찰 내용을 개선할 수 있도록 기회를 준다면, 당연히 우리에게도 우리가 제출한 것보다 나은 입찰안에 대한 우리의 입장을 검토하고 수정할 수 있는 기회를 주어야 한다고 주장합니다.

오늘 당신들에게 보내는 편지에서 우리는 우리의 제안이 담고 있는 모든 측면에 대해 기꺼이 새로 논의할 수 있음을 밝힙니다. 우리는 이런 입장을 반복해서 밝히는 동시에, 입찰 과정을 계속 이어 갈 수 있는 기회가 주어지기를 기대합니다. 만약 이것이 타당하다면 모든 진영에 알려진 현재 입찰안들의 상세한 내용을 낱낱이 공개하기를 바랍니다.

경영진 측 사람들은 아래에 서명한 사무실에 있습니다. 이 편지를 읽은 뒤, 곧바로 전화해서 입장을 밝혀 주기 바랍니다.

잭 너스바움

편지를 내려놓는 앳킨스의 얼굴은 찌푸려져 있었다. 또 한 번의 길고 긴 밤이 될 것 같았다.

•————∞∞————•

월키 파에 있던 사람들은 일단 항의서를 전달한 뒤 반응을 기다렸다. 지친 사람들의 한 무리가 복도에 서서 이야기를 나누었다. 너스바움의 회의실에서 굿프렌드는 한구석에 앉아 최신호 《맨해튼주식회사》를 읽고 있었다. 제법 많은 사람들이 꾸벅꾸벅 졸았다. 시어슨의 조지 샤인버그가 시가를 가지고 나타나 사람들에게 돌렸다. 한 시간 동안 월키 파에서는 조용한 평화가 이어졌다.

한편 로빈슨 부부는 솔로 빌딩에 있는 호리건의 사무실에서 경영진 사람들과 합류했다. 로빈슨 부부의 정장을 보고 존슨은 대뜸 농담을 했다.

"웨이터, 백포도주 한 병과 적포도주 한 병 부탁해요."

여기에서도 기다리는 것 말고는 달리 할 게 없었다. 가끔 존슨은 휴걸이 있는 호텔로 전화해서 휴걸과 통화하려고 했다. 휴걸이라면 현재 진행되고 있는 상황을 소상히 알고 있을 것 같았다.

휴걸은 저녁 시간을 놓치는 바람에 쫄쫄 굶었다. 11시가 지난 직후에 그는 스캐든 압스를 나와 자기 스위트룸이 있는 리전시 호텔로 향했다. 호텔에 도착해서는 문 연 식당을 찾아 두리번거렸다. 하지만 아무 데도 문을 연데가 없자 자기 방으로 올라갔다. 배에서는 꼬르륵 소리가 났지만 참으면서 잘잘 준비를 했다. 그런데 몇 분 뒤 전화벨이 울렸다. 존슨의 비서 목소리가 들렸다.

"미스터 존슨이 통화를 하고 싶답니다."

휴걸은 수화기를 든 채 존슨과 연결되기를 기다렸다. 그런데 다른 회선의 전화가 왔음을 알리는 불빛이 전화기에서 반짝거렸다. 휴걸은 존슨의 비서에게 잠깐 기다리라 한 뒤 새로 걸려 온 전화를 받았다. 피터 앳킨스였다. 앳킨스는 휴걸에게 골드스톤이 화를 내며 이야기했던 통화 내용을 간략하게 전하고는 경영진 쪽에서 잔뜩 화가 나서 접촉을 시도하려 할지도 모른다고 경고했다.

"그 사람들 완전히 꼭지가 돌아 버렸습니다."

그 말을 듣고 휴걸은 생각했다.

'그게 바로 존슨이 원하는 거지……'

존슨과 연결되어 있음을 알리던 불빛이 어느 사이엔가 꺼져 있었다. 앳킨스와 통화를 마친 휴걸은 솔로 빌딩으로 전화를 걸었다.

목소리로 보건대 존슨은 화가 나 있었다. 하지만 그의 입에서 나온 첫말은 사상 최대 규모의 인수 합병 전쟁에서 당한 패배와 아무 관련이 없는 내용이었다.

17장 승패는 갈렸지만 승부는 아직 끝나지 않았다

"우리가 듣기로는 '황금 낙하산'을 취소할 예정이라던데, 맞습니까?"(하지만 존슨 자신은 이때 퇴직 보상금과 관련된 이 질문을 한 적이 없다고 주장한다.)

휴걸은 깜짝 놀랐다. 자기가 존슨이 한 말을 제대로 들었는지 의심스러울 정도였다. 황금 낙하산? 자기 회사의 운명이 백척간두에서 위태로운데 존슨은 자기가 받을 퇴직금 걱정을 하고 있단 말인가? 휴걸은 에드워드 호리건이 옆에서 부추겨 이런 질문을 하는 것이 아닐까 의심했다. 정말이지 존슨이 아니라 호리건이 말하는 것 같았다.

"말도 안 되는 소리를……. 우리가 그렇게 한다는 생각을 어째서 하게 됐습니까? 로스, 아무튼 지금 그 문제에 대한 관심이나 걱정은 내 머릿속에 있지 않습니다. 회사의 미래를 걱정해야 할 때가 아닌가 싶네요."

존슨은 휴걸과 논쟁을 벌이고 싶지 않았다. 그래서 얼른 화제를 돌렸다. 본능적인 작용이었다.

"어떻게 돌아가고 있습니까? 우리 측 사람들은 집에 가서 자도 된다고 했다면서요? 조금만 더 살을 붙여서 알려 주면 안 됩니까?"

그러자 휴걸이 키득키득 웃었다.

"오늘 아침 통화한 내용 기억하죠?"

"예."

"저쪽에서 입찰서를 냈습니다."

"블록버스터 가격이었습니까?"

"예."

"얼마를 썼는데요?"

"그것까지는 말할 수 없죠."

두 사람이 대화를 나누는 것만도 공매 절차상의 규정을 위반하는 행위였다. 이런 사실을 두 사람 다 잘 알고 있었다.

"5달러 안팎?"

존슨이 물었다.

"예."

"106달러?"

"예, 맞습니다."

존슨은 믿을 수 없다는 듯 콧김을 뿜었다.

"예, 알겠습니다. 우린 떨어졌네요. 그 사람들에게 신의 가호가 있기를 빕니다."

호리건의 사무실에서 제임스 로빈슨과 함께 있던 존슨은 수화기를 내려 놓았다. 잠시 침묵이 흘렀다. 그리고 마침내 존슨이 입을 열었다.

"끝났어요."

두 사람은 함께 호리건의 사무실에 붙어 있는 곁방으로 들어갔다. 거기에는 호리건, 린다 로빈슨, 그리고 여러 사람들이 초조하게 소식을 기다리고 있었다.

"새로운 소식 있습니까?"

"휴걸이 뭐라고 합니까?"

존슨은 나직한 목소리로 말했다.

"우린 떨어졌습니다. 다 끝났습니다."

여러 개의 질문이 한꺼번에 존슨에게 쏟아졌다.

"그게 무슨 말입니까?"

"뭐라고요?"

"그 사람이 뭐라고 했는데요?"

"저쪽에선 얼마를 썼답니까?"

다 끝났다는 존슨의 말이 떨어지자마자 호리건은 이사회와 크래비스,

그리고 모든 사람과 모든 걸 욕했다. 방에 있던 사람들 모두 휴걸이 뭐라고 했는지 그리고 무슨 일이 일어났었는지 알고 싶어 했다.

"내가 다 얘기할 수 없다는 거 잘 알잖아요. 나로서는 찰리의 입장을 생각해야 합니다."

그러고는 잠시 말을 끊은 다음 이렇게 덧붙였다.

"하긴 뭐 곧 다 퍼질 이야기이긴 하죠."

몇 분 뒤에 존슨은 피터 코언과 월키 파에 있는 사람들에게 전화를 했다. 잭 너스바움은 회의실에서 스피커폰 상태로 통화했다.

"끝났어요. KKR가 이겼습니다."

존슨의 말이 끝나자마자 회의실 사람들은 곧바로 존슨에게 질문을 퍼부었다. 호리건의 사무실에서 방금 전에 펼쳐졌던 상황과 똑같았다.

"그들이 이겼다는 게 무슨 뜻입니까? 그들 조건은 뭡니까? 도대체 어떻게 된 겁니까?"

코언이 숨도 쉬지 않고 몇 개의 질문을 한꺼번에 던졌다.

"말할 수는 없습니다만, 우리보다 훨씬 높은 가격을 제시한 걸로 알고 있습니다."

코언을 비롯한 많은 사람들이 분을 참지 못한 채 좀 더 자세한 이야기를 해 달라며 계속 캐물었다. 그러자 존슨은 최종적으로 다음과 같이 말했다.

"말할 수 없습니다. 하지만 우리보다 4, 5달러 더 높은 가격을 쓴 것으로 알고 있습니다. 5달러나 차이가 난다면 도저히 어떻게 해 볼 수가 없습니다. 저쪽에서는 막강 화력을 동원했습니다."

• —— ⧬ —— •

존슨의 지시로 린다 로빈슨이 기자들에게 전화를 걸기 시작했다. 그때가 밤 12시 30분이었다. 그녀가 기자들에게 한 말은 다음과 같았다.

"모든 게 끝났습니다. 우리는 떨어졌습니다. 추가로 입찰에 나설 생각은 없습니다."

⎯⎯∞⎯⎯

12시 30분, 피터 앳킨스가 골드스톤에게 전화를 했다.

"스티브, 당신 의견을 우리 쪽 사람들과 논의해 봤는데 말입니다, 공정성 문제를 제기하는 당신의 의견은 이번 공매 과정에선 전혀 해당되지 않는다는 말밖에 해 줄 수 없습니다. 당신 고객이 1차 입찰에서 아무리 일등을 했다 하더라도 이번 입찰에서 일등을 하지 못하면 어쩔 수 없는 겁니다. 공정성의 문제는 전혀 없다는 말입니다."

그러자 골드스톤이 차분하게 반박했다.

"나도 이 문제를 강력하게 제기할 수는 없다는 거 압니다. 하지만 당신에게는 우리가 수정 제안하는 가격을 들어야 할 법적인 의무가 있습니다. 이사회 이사들에게도 그 의무가 있습니다. 이 시점에서 우리에게 등을 돌릴 순 없다는 말이죠. 우리는 한 번 더 가격을 제시하고 싶습니다."

어떤 점에서 보면 골드스톤의 말이 틀린 것도 아니었다. 공매 과정에 관한 한 일관된 규정이 마련되어 있지 않았기 때문이다. 1980년대 중반에 있었던 일련의 인수 합병 전쟁 동안 그 규정은 계속 바뀌는 과정에 있었던 것이다. 판례들, 특히 델라웨어 법정의 판례가 공정한 공매를 진행하기 위해 이사들이 책임져야 할 사항들을 규정했는데, 이 규정에는 공매를 어떻게 마감할 것인가 하는 문제에 관한 사항이 포함되어 있지 않았다. 1980년대 후반의 수많은 인수 합병 전쟁 속에서 각각의 이사회들은 이 문제를 붙들고 가장 합리적으로 해결하려고 노력했지만 이런 시도는 늘 실패로 끝났다.

1988년 초에 있었던 60억 달러 규모의 '페더레이티드 디파트먼트 스토어스' 공매도 여러 주 동안 진행되었었다. 대부분의 공매가 다른 경쟁자들이 더 높은 가격을 제시하지 못할 때까지 계속 진행되었던 것이다.

앳킨스와 골드스톤은 거의 한 시간 동안 같은 이야기를 주고받았다. 그런데 아이러니한 사실은, 골드스톤은 시어슨이나 살로먼이 재입찰에 나설 의지를 가지고 있는지 전혀 모르는 상태였다는 점이다. 존슨은 재입찰에 나서지 않을 게 분명했다. 설령 그렇다 하더라도 다시 공모를 진행할 수 있는 기회를 완전히 닫아 버려서는 안 된다고 골드스톤은 생각했다.

• ⌘ •

존슨이 뭐라고 말한다 해도 피터 코언으로서는 이제 와서 물러서기에는 너무 많은 게 걸려 있었다.

존슨과 통화한 뒤에 코언은 기자들 그리고 크래비스의 입찰 가격에 관한 정보를 알지도 모른다고 생각하는 사람들에게 모두 전화했다. 그는 계속해서 싸우길 바랐다. 하지만 먼저 그가 알아야 할 것은 투쟁의 대상이었다. 도대체 얼마나 더 높은 가격을 제시해야 할지, 그리고 어떤 조건을 새롭게 마련해야 할지 알아야 했다. 곧 코언은 KKR의 입찰서 내용에 관한 여러 가지 소문들을 확보했다. 크래비스는 시어슨에 비해 유가 증권을 늘리고 현금을 줄이는 방법으로 입찰 가격을 올린 게 분명했다.

처음에 코언은 크래비스의 이런 방식을 이해할 수 없었다. 존슨은 휴결이 '현금이 왕이다'라고 했다는 말을 얼마나 자주 했던가? 만일 크래비스의 입찰 내용이 유가 증권으로 채워져 있다면, 현금이 최고라는 원칙이 바뀐 게 분명하다고 코언은 생각했다.

생각이 여기까지 미치자 코언은, 크래비스가 했는데 시어슨이 못할 이

유가 없다는 결론 내렸다. 그래서 곧바로 개인 비서 앤드리아 패러스에게 전화해, 유가 증권 부분을 늘리고 현금 부분을 줄여 새로운 입찰 가능 가격을 뽑아 보라고 지시했다. 새로운 입찰 가격을 얼마로 정할지 생각하기에는 너무 일렀다. 그건 나중에 해도 얼마든지 할 수 있는 일이었다. 하지만 코언에게 모든 가능성을 점검하는 일은 시급했다.

코언이 보기에 분명한 사실이 또 하나 있었다. 여기서 두 손 들고 물러나는 것은 시기상조라는 것이었다. 코언은 존슨에게 전화해 손을 떼고 물러나겠다는 보도 자료 배포를 보류하라고 했다. 그러자 존슨이 말했다.

"이젠 늦었습니다, 피터. 다 끝났다고요."

"아닙니다. 이건 선거하고 같은 겁니다. 포기할 수밖에 없다고 누가 자신할 수 있습니까? 아직은 모릅니다. 우리가 졌을지도 모릅니다만, 좀 더 확실한 사실을 알 때까지 기다려 봅시다."

"피터, 빌어먹을 싸움은 이제 끝났다니까요?"

존슨의 목소리에는 짜증이 묻어 있었다.

"대체 어떻게 하자는 겁니까? 새로 어떤 내용의 보도 자료를 내자는 겁니까, 예?"

"재입찰을 할 수도 있습니다."

"도대체 어떻게 그렇게 할 수 있다는 겁니까?"

"우리가 원하는 한 계속 가격을 제시할 수 있잖아요."

"그럼 얼마를 제시하겠다는 말입니까?"

코언은 거기에 대해서는 아직 의견이 없었다. 단지 기회를 열어 두고 싶을 뿐이었다. 존슨은 당혹스러웠다. 그는 시어슨이 이 늦은 시각에 어떻게 입찰을 재개할 수 있다고 생각하는지 도무지 알 수가 없었다. 어쨌거나 자기로서는 그럴 마음이 전혀 없었다.

존슨은 골드스톤에게 전화했다. 골드스톤은 앳킨스와 통화하면서 주장했던 입장에서 조금도 바뀌지 않았고, 그런 맥락에서 존슨에게 조언했다.

"이건 그 사람들 돈입니다. 그 사람들이 하고 싶다면 그렇게 하도록 내버려 두어야 합니다. …… 이 단계에서, 회사를 경영하고 싶은 마음이 없지 않는 한, 그 사람들이 재입찰을 하게 내버려 두어야 합니다."

"하지만 그건 끝났는데……."

"아닙니다, 그렇게 말하면 안 됩니다. 계속 붙잡고 늘어져야 합니다. 그 사람들이 오늘 밤에 얼마를 부르든 새로운 가격을 불러야 합니다. 내일은 안 됩니다. 내일은 없습니다."

존슨은 이 모든 과정이 정말 바보 같다고 생각했다. 지난 여섯 주 동안의 일들이 그런 것처럼 어렴풋하고 덧없게만 보였다. 내키지는 않았지만 새로운 보도 자료를 발표하기로 했다. 밤 1시 30분, 린다 로빈슨이 아까 발표했던 내용을 취소하려고 다시 기자들에게 전화를 걸기 시작했다. 몇몇 기자들은 벌써 잠들어 있었다. 그래서 《뉴욕타임스》를 비롯한 소수의 신문만 가까스로 새로운 보도 자료 내용을 실었다.

새로운 보도 자료가 나갈 즈음 프랭크 베너벤토가 허둥지둥 존슨에게 달려왔다. 그는 흥분해 있었다. 현금 부분을 줄인다면 유가 증권 부분을 엄청나게 늘릴 수 있다고 말했다. 그래서 위험 수준을 높이지 않고도 입찰 가격을 훨씬 더 높일 수 있다는 게 그가 흥분한 이유였다.

하지만 존슨은 회의적이었다. 가치가 의심스러운 유가 증권으로 현금을 대체한다는 건 그가 보기에 도무지 말이 안 되었다.

"프랭크, 도대체 그 가치를 어떻게 평가할 수 있다는 거요?"

"당신이 보기에 그렇겠지만, 확실히 그렇습니다."

"무슨 개소리요. 말이 안 된다고. 찰리는 여태까지 줄곧 현금이 왕이라고 말해 왔어요. 제정신을 가지고 있는 사람이라면 누가 당신처럼 생각하겠어요?"

3시쯤 존슨은 사무실에서 나와 아파트로 향했다. 이젠 더 기다릴 것도 없었다. 재입찰의 불씨를 살리려는 코언과 베너벤토, 그리고 주변 사람들의 노력이 모두 부질없어 보였다. 존슨은 너무 많은 에너지를 소진했고 또 잠이 너무 부족했다. 지쳤고, 좌절했다. 이런 존슨에게 코언이나 베너벤토가 무언가를 기대한다는 것 자체가 무리였다.

존슨이 보기에 뱀은 이미 죽어 나자빠진 지 오래였다. 단지 꼬리 부분만 살아남아 힘들게 꿈틀거리고 있을 뿐이었다.

●————◐◐◐————●

스티븐 골드스톤은 자기 사무실에 혼자 있었다. 그는 쉽게 포기하고 싶지 않았다.

'존슨이 무슨 말을 하든 또 무엇을 원하든 신경 쓰지 말자. 이기려면 입찰 가격을 새로 제시해야 해. 그것도 지금 당장……'

월키 파에서 스피커폰을 켠 채 골드스톤은 앳킨스에게 자기주장을 계속 밀어붙였다. 하지만 앳킨스는 공매 과정을 더 이상 연장하고 싶은 마음이 별로 없었다.

"그렇다면 당신네가 제시할 수 있는 최고 가격을 결정해요. 그리고 그 가격을 내봐요, 지금 당장. 그런 다음 위원회에서 부르길 기다려요. 거기까지입니다. 그게 끝입니다. 말은 필요 없습니다. 행동으로 보여 줘요. 편지 따위는 보내지 말고, 최고의 입찰 가격을 제시하란 말입니다, 지금 당장!"

"잠깐만요!"

굿프렌드가 나섰다.

"우리는 지금 뭐가 어떻게 돌아가는지 모릅니다. 다른 쪽에서 얼마를 썼는지도 모르는데, 우리한테 불리한 상황에서 가격을 새로 제시할 순 없습니다."

굿프렌드는 코언과 마찬가지로 누구보다도 이번 싸움에서 이기고 싶었다. 이기고 싶은 마음이 간절했다. 하지만 수십억 달러를 추가로 더 거는 문제이기 때문에 이 두 사람의 최고경영자는 KKR 측이 제시한 가격이 얼마인지 정확히 모르는 상태에서, 다시 말해 눈을 감은 상태에서 무조건 가격을 제시하고 싶진 않았다. 그들이 알고 있는 건 KKR 측이 제시한 가격이 자기들 가격보다 아주 조금밖에 높지 않다는 사실뿐이었다. 따라서 왠지 내키지 않았다. 만일 한 주당 가격을 5달러 올린다면 전체 인수 금액으로 볼 때 10억 달러 넘는 돈이 더 들어가야 한다는 뜻이어서 엄청난 모험을 하는 셈이었다. 잘못하다간 세상 사람들에게 바보 소리를 듣고 자기 회사의 이사들에게 엄청난 비판을 받을 수도 있었다. 물론 심한 경우에는 소송도 당할 수 있었다.

"우리가 어떤 가격을 상대로 해서 싸우는지 알기 전에는 새로운 입찰 가격을 제시할 수 없습니다."

굿프렌드가 다시 같은 말을 반복했다. 그는 한동안 크래비스 측이 105달러나 106달러를 썼다는 사실을 믿지 않았다. 너무 높은 가격이었다. 살로먼의 회장은 무려 여섯 주 동안이나 위원회가 무엇을 바라는지 간파하지 못하는 골드스톤의 무능력 때문에 속을 끓였었다. 그리고 존슨이 과연 그가 입 밖으로 낸 것보다 더 많은 사실을 알고 있는지도 의심스러웠다. 그래서 그는 골드스톤에게 말했다.

"나는 당신네 회사 데이비스 포크가 로스 존슨과 짜고 우리에게는 정보를 온전히 다 제공하지 않는 게 아닐까 하는 걱정스러운 생각이 듭니다. 로스는 저쪽의 입찰 가격이 얼마인지 알고 있어요. 나도 그 가격을 알고 싶다 이 말입니다. 그러니까 로스에게 전화해서 물어봐요."

"아뇨, 로스는 모릅니다."

골드스톤은 즉각 아니라고 했다. 사실 골드스톤은 거짓말하는 게 아니었다. 존슨은 휴걸과 나눈 대화 내용을 골드스톤에게 모두 상세히 말하지는 않았기 때문이다.

"그러지 말고 그냥 가격을 제시하세요."

"잠깐, 스티브. 헨리가 얼마를 제시했는지 우리는 알아야 합니다."

토밀슨 힐이 끼어들었지만, 골드스톤은 곧바로 맞받아쳤다.

"우리가 그 가격을 어떻게 알아냅니까? 그걸 알 수 있는 방법은 없습니다. 그리고 지금 우리가 이러고 있는 동안 KKR는 밤을 새워 인수 합병 협상을 매듭지을 겁니다. 지금 당장 움직여야 한다니까요?"

논의는 길게 이어졌다. 도무지 끝날 것 같지 않았다. 그러자 골드스톤은 시어슨과 살로먼이 새로운 가격을 제시하도록 압박하려면 크래비스가 얼마를 썼는지 알아내는 수밖에 없다는 걸 깨달았다. 골드스톤은 앳킨스에게 전화했다. 골드스톤의 말은 거의 악을 쓰는 수준이었다.

"말도 안 되잖아요! 저쪽에서 얼마를 썼는지 말해 줘야 하는 거 아닙니까! 한 차례 입찰은 끝났습니다! 그러니 새로 입찰하려면 그전에 우리가 상대편 가격을 알아야지요!"

"로스 존슨한테 이야기를 해 보지 그래요? 난 아무것도 더는 얘기할 수 없으니까, 그렇게 알고 존슨하고 얘기해 봐요. 휴걸에게 무슨 얘기를 들었을 테니까."

골드스톤은 전화를 끊었다. 혼란스러웠다.

'어째서 앳킨스는 존슨에게 전화하라고 할까? 존슨은 아무것도 모르는

데……. 아니, 뭔가를 알고 있나?'

골드스톤은 솔로 빌딩에서 나가기 전에 존슨에게 전화했다.

"휴걸과 통화하면서 무슨 일이 있었습니까? 도대체 어떻게 돌아가는 겁니까?"

존슨은 여전히 휴걸을 보호하려고 골드스톤의 질문을 회피했다. 계속해서 아까 말했던 것처럼 4달러나 5달러 정도의 차이가 난다고만 했다. 그리고 덧붙였다.

"스티브, 이제 다 끝났어요."

존슨과 통화를 마친 골드스톤은 월키 파에 전화하기가 두려웠다. 굿프렌드가 날을 세울 게 분명했다. 살로먼의 중역들이 자기를 무능하다고 경멸할 게 뻔했다. 하지만 그럼에도 마지막으로 전화를 걸었다.

"저쪽의 정확한 가격을 알 필요는 없습니다. 그냥 써서 내요."

하지만 그의 말은 먹히지 않았다. 수화기를 내려놓으려 할 때 동료인 데니스 허시의 목소리가 들렸다.

"이런, 스티븐. 당신은 지금 대법원 법정에 있는 게 아닌데……. 하지만 시도는 좋았어요."

아예 파자마로 갈아입고 커피를 마셔 대던 허시는 스피커폰을 통해 그가 악쓰는 걸 내내 듣고 있었던 것이다.

3시가 되자 월키 파에 있던 사람들은 다들 지쳐서 나가떨어졌다. 싸워 이기겠다는 투지는 사라지고 잔뜩 찡그린 얼굴들뿐이었다. 해가 뜰 무렵이면 KKR 측이 인수 합병 협상을 매듭짓고 박수를 칠 것임을 알고 있었다. 어쩌면 이미 다 끝났을지도 모를 일이었다. 사람들이 천천히 빠져나가기 시작했다.

굿프렌드가 코언에게 다가갔다.

"피터, 우리가 여기까지 온 것만 해도 굉장한 팀플레이였습니다. 즐거웠고…… 많이 배우기도 했죠. 다음을 노려 봐요."

코언도 화답했다.

"다음번에는 우리가 잘할 수 있을 겁니다."

· ———— ∞∞ ———— ·

네 구역 떨어진 곳에 있는 스캐든 압스의 사무실에서는 새벽까지 협상이 이어지고 있었다. 변호사들과 투자은행가들이 세부 사항들을 마지막으로 손질하는 동안 크래비스와 로버츠, 래더는 회의실에 앉아 느긋하게 시간이 가기를 기다리고 있었다. 거래는 이제 다 끝난 거나 다름없었다.

그런데 시간이 자꾸 흘러가면서 세 사람은 점차 초조해지기 시작했다.

'왜 이렇게 오래 걸리지?'

그런데 자정이 막 지난 시각, 브루스 와서스타인이 도쿄에 가 있던 그의 파트너 조 퍼렐라로부터 전화를 받았다. 옆에서 지켜보던 로버츠가 농담을 했다.

"글로벌 기업인 와서스타인 퍼렐라가 축전을 날려 주시려나 보지?"

하지만 농담은 거기에서 멈추었다. 퍼렐라는 KKR의 입찰과 관련된 좋지 않은 뉴스 속보를 본 뒤에 전화를 걸었기 때문이었다. 와서스타인이 수화기를 크래비스에게 넘겼다. 퍼렐라의 이야기를 듣고 있던 크래비스의 얼굴이 금세 굳었다. 그리고 몇 분 뒤 팩스가 한 장 날아들었다.

팩스 내용은 다음 날 아침 《월스트리트저널》에 실릴 기사였다. 기사는 존슨의 경영진 그룹의 입찰 가격이 101달러였고 KKR 진영의 입찰 가격은 103달러 혹은 그보다 약간 높은 수준이었는데, 존슨 진영이 재입찰을 할 것이라고 했다.

"재입찰이라니? 다 끝났잖아!"

크래비스가 소리를 질렀고, 로버츠는 화가 나서 길길이 뛰었다. 특별위원회의 누군가가 정보를 흘리고 있으며, 이는 존슨 진영으로부터 더 높은 가격을 이끌어 내려는 수작임이 분명했다. 공매의 모든 절차는 최종 추천만 남기고 모두 끝난 걸로 알고 있었는데…… 크래비스나 로버츠는 들러리가 될 생각은 추호도 없었다.

크래비스를 비롯한 사람들이 회의실로 들어갔다. 회의실에서는 이사회 측 투자은행가들이 KKR 측 제안 중 유가 증권과 관련해 부족한 부분을 두고 작업을 벌이고 있었다.

"도대체 뭡니까!"

로버츠가《월스트리트저널》기사를 돌리면서 목소리를 높였다.

"지금 우릴 가지고 놀자는 겁니까?"

라저드와 딜런의 투자은행가들은 뒤로 비실비실 물러났다. 리처드 비티는 케이시 코거트와 함께 앳킨스를 찾아 나섰다. 이건 보안상의 심각한 문제였다. 만일 퍼렐라가 도쿄에서 이 기사를 보았다면 시어슨이나 살로먼 역시 보았을 수 있다. 만일 경영진 쪽에서 새로 입찰 가격을 제시하려 한다면, 그들은 얼마를 써야 할지 명확하게 아는 상태에서 달려들 수 있다는 뜻이었다. 비티는 이런 상황이 걱정스러웠다.

비티와 코거트는 라저드의 로버트 러브조이와 딜런의 프리츠 홉스의 안내를 받아 앳킨스를 만나러 위층으로 올라갔다. 러브조이와 홉스 역시 그런 정보가 언론에 알려졌다는 사실에 적잖이 당혹스러워했다. 스캐든 압스의 변호사 마이클 기쟁이 사무실 문 앞에 서서 안으로 들어가지 못하게 막는 바람에, 네 사람은 앳킨스의 사무실 앞에서 30분 가까이 기다렸다.

그러다가 결국 기다리다 못한 러브조이와 홉스가 기쟁을 밀치고 사무실 안으로 들어섰다. 사무실 안에서는 열 명이 넘는 변호사들이 열띤 논쟁을 벌이고 있었고, 앳킨스는 온갖 서류들이 어지럽게 널린 자기 책상 뒤에 앉아 있었다. 앳킨스는 두 사람에게 골드스톤이 전의를 불태우며 강력하게 항의하고 있다는 것과 골드스톤의 주장을 간략히 설명했다.

예전에 변호사 활동을 하기도 했던 러브조이는 마지막 순간까지 눈곱만큼의 가능성을 붙잡고 늘어지는 변호사의 속성을 잘 알고 있었다. 그래서 그러려니 할 수 있었다. 하지만 아래층에 두고 온 조지 로버츠의 분노가 마음에 걸렸다.

"당신들 도대체 경영진 쪽에 무슨 얘기를 해 준 겁니까? 그 사람들과 얘기하면 안 되잖아요. KKR와 거래하기로 되어 있잖아요! 그따위 협박은 아무것도 아닌데, 왜 심각하게 생각하느냐고요!"

앳킨스는 러브조이에게는 별말 하지 않았다. 대신 그는 아래층으로 가서 크래비스와 로버츠를 만나려고 자리에서 일어났다.

한편 앳킨스의 사무실 문 바깥에서 기다리던 비티와 코거트는 마이클 미첼과 다른 변호사들이 걱정스러운 얼굴로 사무실을 들락거리는 걸 보고는 당혹한 시선을 주고받았다.

'무슨 일이지?'

비티는 짐작 가는 데가 있었다. 비티가 기쟁을 붙잡고 물었다.

"다른 진영이 문제죠?"

기쟁의 표정에서 비티는 시어슨이 반격하고 있다는 사실을 간파했다. 몇 분 뒤 앳킨스가 나오자 비티가 그 앞을 막아섰다. 그러자 앳킨스는 다시 사무실 안으로 들어가려는 듯한 동작을 취하면서 말했다.

"몇 가지 문제가 있습니다. 우리가 어떤 사람들을 무지 화나게 만들었거든요."

앳킨스는 KKR의 변호사들을 따라 크래비스와 로버츠 등의 사람들이 기다리고 있는 아래층 회의실로 갔다. 비티는 시어슨 측을 자극할 수도 있는 정보 유출을 KKR는 그냥 넘기지 않겠다고 엄포를 놓았다.

"우리가 제시한 입찰 가격은 다른 쪽 사람들에게 보여 주라고 있는 게 아닙니다. 이건 말도 안 되는 겁니다. 더는 참을 수 없습니다."

비티는 앳킨스의 사무실 앞에 있을 때, 이사회 총무인 워드 밀러가 이사들에게 전화를 걸어 7시 30분 특별위원회 회의나 11시 정각의 이사회 전체 회의에 참석해야 할 테니 알고 있으라고 전하던 통화 내용을 엿들었었다.

이번에는 래더가 나섰다.

"7시 30분? 빌어먹을, 엿 먹으라고 해요! 뭐 하자는 겁니까, 지금? 이 자리에서 끝내자고요, 지금 당장! 자, 이 자리에서 서명하고 끝내자고요."

하지만 앳킨스는 단호하게 고개를 저었다.

"그렇게는 안 됩니다. 사람들이 다들 자고 있습니다."

그러자 크래비스가 핏대를 세웠다.

"우리는 규칙과 절차에 따라 입찰을 했습니다. 그런데 젠장 누군가가 우리 입찰 가격을 빼돌렸잖아요. 우리는 지금 이용당하고 있단 말입니다!"

"그런 거 아닙니다. 분명히 얘기하지만, 절대로 그런 거 아닙니다."

"빌어먹을! 이걸 보고도 그런 말을 합니까?"

크래비스가 팩스로 받았던 《뉴욕타임스》 기사를 앳킨스의 얼굴 앞에 흔들면서 고함을 질렀다.

"이거 보라고요. 어떻게 이럴 수가 있습니까?"

앳킨스는 여전히 고개만 저을 뿐이었다. 크래비스와 로버츠는 다음에

어떻게 움직여야 할지 논의하기 위해 다시 회의실로 돌아갔다. 와서스타인
도 그 자리에 끼려고 뒤를 따랐지만, 크래비스가 와서스타인을 신뢰하지 않
는다는 사실을 알고 있던 케이시 코거트는 그를 가로막은 뒤에 회의실 문을
닫았다.

"미안합니다. 통제 구역입니다."

코거트는 진지하게 말했고, 래더는 웃음을 터뜨렸다(크래비스는 와서스타
인에 대해 다음과 같이 말했다. "우리는 그 사람이 우리 가까이 있는 걸 원하지 않았
습니다. 초기에 있었던 일이 똑같이 재현될까 봐 겁났던 거죠. 벡과 와서스타인이 언
론에 전화해서 내부 정보를 누출시켰던 일 말입니다.")

시어슨이 반격할지 모른다는 위험은 실제 상황이라고 크래비스 진영은
판단했다. 처지가 바뀌었다면 당연히 자기들도 그렇게 할 터였다. 코언이
입찰 가격을 새로 제시하는 걸 막을 길은 없었다. 이런 사실을 잘 알고 있기
때문에 크래비스와 로버츠는 최종 판단의 시한을 정함으로써 이사회로 하
여금 될 수 있으면 빠르게 결정을 내리도록 촉구하는 게 지금 할 수 있는 최
선의 방안이라는 데 의견을 모았다. 그 시각을 다음 날 아침 이사회 회의가
시작된 지 두 시간 뒤인 오후 1시로 정했다. 존슨의 경영진 쪽에서 보자면
앞으로 여덟 시간이 남아 있었다. 하지만 운이 좋으면 저쪽에서 이미 포기
했을 가능성도 있다고 크래비스는 생각했다.

하지만 크래비스의 기대는 빗나갔다.

코언이 아침에 일어났을 때, 그의 육체를 구성하는 모든 뼈와 근육은
RJR 나비스코를 차지하기 위한 싸움은 아직 끝나지 않았다고 아우성치며
전의에 불탔다. 코언은 앤드리아 패러스에게 전화했다. 패러스는 코언이 지

시했던 것들을 이미 확인해 두고 있었다. 유가 증권 부분을 늘리고 현금을 줄임으로써 실제로 지불해야 할 금액을 실질적으로 올리지 않고도 입찰 가격을 상당한 수준으로 높일 수 있다는 사실을 확인했던 것이다. 코언은 살로먼의 토머스 스트라우스와 협의한 뒤에 살로먼 역시 싸울 준비가 되어 있음을 확인했다.

이어서 그는 너스바움의 집으로 전화를 했다.

"우리가 새로 입찰 가격을 제시하는 데 어떤 문제가 있습니까?"

"아무런 문제도 없습니다."

"그렇다면 내가 지금부터 하려는 일이 뭔지 말할 테니까 잘 들어요."

18장

112달러 대 109달러,
끝장 승부의 최종 결과는?

*

*

*

피터 앳킨스가 발언을 시작했다.

"오늘 이사회는 과거의 그 어떤 날보다도 명쾌하고 사려 깊은 판단을 내려야 합니다."

11월 30일 수요일 아침, 7시 45분이었다. 이사들이 스캐든 압스로 모여들자 앳킨스는 이들을 35층 회의실로 인도했다. 창문이 없는 회의실이었다. 비구상 현대 미술품 두 점이 회의실 양쪽 벽에 서로 마주 보고 걸려 있었다. 말굽형의 긴 탁자가 놓여 있었고, 탁자 위에는 심을 날카롭게 깎은 연필이 수북하게 놓여 있었다. 맨 상석에는 찰스 휴걸이 앉았다. 휴걸은 기분이 좋아 보였다. 그는 으르렁거리는 속을 달래려고 과일 노점에서 사과 한 개를 사서 먹었었다.

휴걸의 오른쪽에 마틴 데이비스가 앉았고 왼쪽에는 앳킨스, 윌리엄 앤더슨, 앨버트 버틀러, 존 매콤버가 앉았다. 네 명의 사외 이사 로버트 섀벌, 후아니타 크렙스, 버넌 조던, 존 메들린도 참석했다. 탁자 맨 끝에는 딜런 리드와 라저드 프레어스의 투자은행가들이 앉았다. 그리고 투자은행가들 뒤로는 뷔페 식탁이 놓여 있고, 거기에 크루아상, 베이글, 크림치즈, 오렌지 주스 병들, 커피 포트들이 마련되어 있었다.

앳킨스의 말이 계속 이어졌다.

"우리는 주주들의 이익을 최대한 보장할 수 있는 최종 결론을 내리기 위해 노력해야 합니다. 이 과정을 두고 문제 제기가 있을 수 있습니다. 어쩌면 입찰에 참가한 측에서 소송을 제기할 수도 있습니다."

그러고는 '한 가지 기본적인 주의 사항'을 말하겠다면서, 앞으로 진행될 일에 대해 외부 사람들에게는 '노코멘트'로 일관하는 게 가장 적절한 태도라고 당부했다.

"어떤 대가를 치르더라도 보안은 반드시 지켜야 합니다."

이어 앳킨스는 전날 밤에 있었던 일들을 이사들에게 보고했다. 잭 너스바움이 보낸 편지를 낭독하고, 골드스톤이 미친 듯 고함을 지르며 했던 주장을 자세히 설명했다. 그리고 퍼스트 보스턴 측 제안은 일찌감치 떨어뜨렸다는 것도 설명했다. KKR 측의 유가 증권 관련 협상과 함께 〈다우존스뉴스서비스〉에서 비롯된 KKR 측의 강력한 항의와 불만도 설명했다.

"아울러 KKR 측은 우리에게 최후통첩을 보내왔습니다. 오늘 오후 1시까지 최종 추천을 받지 못하면 자신들의 제안을 철회하겠다는 내용이었습니다."

필릭스 로아틴은 이사들의 얼굴에서 KKR를 승자로 선택할 수 있어 안심이라는 표정을 읽었다. 참석한 이사들은 회의가 시작되기 전에 《타임》의 표지 기사를 두고 걱정스러운 대화를 나누었는데, 다들 이 웅성거림을 들었다.

"끔찍하더군요."

"그 사람들 어쩌면 그렇게 멍청할 수 있죠?"

"맞아요, 그 사람이 폭탄이 될지도 모르는 발언을 할 수 있다는 걸 왜 몰랐을까요?"

"그 사람을 파타고니아에 안 보낸 이유를 모르겠네요."

로스 존슨은 거대한 탐욕의 상징이 되어 있었다. 방에 모인 사람들 가운데 존슨에게 회사를 넘겨주고 싶은 마음이 있는 사람은 아무도 없었다. 만일 존슨 진영이 제시한 가격이 압도적으로 높았다면 존슨을 승자로 선언하는 수밖에 다른 도리가 없었겠지만 실제로는 그렇지 않았다. 그래서 많은 사람들은 어느 쪽을 밀어야 할지 확실하게 마음을 정했고, 또 그런 상황이 내심 기뻤다.

이사들과 자문 위원들은 세 시간에 걸쳐 지난 열흘 동안 있었던 일들을 검토했다. 라저드와 딜런은 양측 입찰자들이 제시한 내용 가운데 특히 유가 증권의 운용에 초점을 맞추어 입찰 내용을 자세히 설명했다. 런던에 있으면서 스피커폰으로 연결된 로널드 그리어슨은 사소한 사항들과 관련해서 수십 개의 질문을 던졌다. 나중에 소송을 당할까 봐 두려워서 그런다는 사실은 다들 알고 있었다. 11시가 거의 다 되어 갈 무렵에 휴걸이 동료 이사들에게 몇 가지 소식을 알렸다. 잠시 휴회한 뒤에 헨리 크래비스와 조지 로버츠를 이사회에 부르기로 했다는 것이었다. 그러고는 이렇게 덧붙였다.

"아 참, 존슨도요."

존슨은 아침에 일어나면서 가슴을 무겁게 짓누르고 있던 커다란 짐 하나를 덜어낸 듯한 느낌을 받았다. 어찌 보면 싸움을 끝내는 게 좋다는 생각도 들었다. 어쨌거나 최소한 모든 사람들이 다 자기 삶을 잘 살 수 있으니까……. 그래서 그는 아내 로리에게 다음과 같이 말했다.

"우리가 뭘 해야 할지 생각했는데 말이오, 오늘은 이사회 회의에 참석하고 내일은 애틀랜타로 가는 거요."

9시경에 존슨은 자기 사무실로 갔다. 사무실에 도착하자 곧바로 코언이 전화를 했다. 그의 목소리는 흥분해 있었다.

"우린 지금 입찰 가격을 새로 제시하려고 합니다. 가격을 올려서 제시하는 것에 대해 어떻게 생각합니까?"

그러면서 코언은 유가 증권 부분은 늘리고 현금 부분은 낮추는 방안을 설명했다.

"우리가 생각하는 가격이면 충분합니다. 어떻습니까, 찬성합니까?"

존슨은 이미 오래전에 코언에 대한 신뢰를 접었다. 그의 입에서 어떤 말이 나오더라도 존슨은 전혀 놀라지 않을 준비가 되어 있었다.

"96달러나 94달러만 해도 충분할 거라고 하지 않았던가요?"

"아무튼 지금은 현금을 덜 쓰게 될 거니까 장기적으로 볼 땐 별문제가 없습니다."

존슨은 짧은 순간 생각을 했다. 그러고는 말했다.

"아무려면 어떻습니까. 가서 올리고 싶으면 올려요."

그러고는 한 가지 단서를 붙이겠다고 했다. 자기 경영진은 그 가격으로는 인수를 통해 이득을 남길 만큼 비용 삭감을 할 수 있다고 보장하진 못한다는 내용이었다.

"기적을 기대하진 말아요. 왜냐하면 우리가 서 있는 곳이 바로 온갖 기적이 다 일어나는 곳이니까 말입니다."

존슨은 전화를 끊었다. 마치 자기 장례식장에 문상객으로 참석한 느낌이었다. 입찰은 이제 자기 손을 떠났다. 그리고 시어슨이 주인공으로 나선 게임이었다.

존슨이 이사회 회의에 참석하기 위해 호리건, 해럴드 헨더슨, 제임스 웰치, 리처드 카보넬 등의 새로운 '유쾌한 친구들'을 대동하고 스캐든 압스에 도착한 시각은 11시가 조금 덜 된 때였다. 비록 자신들이 경쟁에서 지긴 했지만 존슨은 그 순간을 즐겼다. 코언이 수류탄으로 불꽃놀이하는 장면이 어서 빨리 펼쳐지기를 고대했다. 탐욕적인 기업가의 상징으로 웃음거리가 된 지 한 달, 존슨은 자기 이사들이 진땀 흘리는 모습을 볼 수 있는 기회를 기꺼이 환영했다. 그는 자동차를 타고 스캐든 압스로 가는 동안 이런 말을 하면서 낄낄거리고 웃었다.

"당나귀들이 당나귀 같은 짓을 하고선 쩔쩔매는 모습이 볼 만할 거야. 어서 빨리 가서 그들이 어색하게 몸 비트는 모습을 보고 싶어, 안 그래요?"

코언의 팀도 준비되어 있었다. 잭 너스바움은 스캐든 압스의 로비에서 11시 직전에 존슨을 만나기로 했다. 전날 밤에 보낸 항의 편지에 대한 답신을 아직 받지 못한 상태에서 그는 공매를 재개해 줄 것을 요구하는 두 번째 항의 편지를 가지고 있었다. 그뿐 아니라 너스바움과 존슨은 이사회 회의실로 쳐들어가 어떻게든 공매가 재개될 수 있도록 틈을 비집어 놓을 참이었다.

스캐든 압스의 로비에 도착했지만 존슨은 어디에서도 찾을 수가 없었다. 10분을 기다렸다가 위층으로 올라갔다. 존슨 일행은 이사회가 열리고 있던 층에서 세 층 아래인 33층의 한 회의실에서 기다리고 있었다.

존슨은 이사회 회의실로 입장하라는 승낙이 떨어지기를 기다리는 동안 농담을 나누며 웃고 떠들었다.

"이거 정말 죽이지 않나요?"

존슨이 너스바움을 보고 물었다. 존슨은 이사회에 무엇을 기대해야 할지 몰랐다. 하지만 너스바움에게 한 가지만은 확실하게 약속했다.

"우리가 받기로 했던 생살 1파운드†는 반드시 받아 낼 생각입니다."

너스바움은 농담할 기분이 아니었다. 기다리는 동안 너스바움은 줄곧 초조하게 회의실 안을 서성거렸다. 시계를 보았다. 11시 15분이었다. 이사회가 예정대로 진행된다면 KKR의 제안을 놓고 최종 투표가 진행될 시각이었다. 너스바움은 더 이상 기다릴 여유가 없었다. 시간이 없었던 것이다.

그는 앳킨스의 사무실에 전화를 걸어 메시지를 남겼다. 내용은 간단했다. 만일 이사들이 존슨을 회의에 들여보내지 않으려 한다면 이사회에 편지만 제출하겠다는 내용이었다. 너스바움은 전화를 끊고 다시 15분을 더 기다렸지만 전화는 오지 않았다.

너스바움은 시어슨에 있는 코언에게 전화를 걸었다. 그의 목소리는 눈에 띄게 긴장해 있었다.

"철저하게 가로막고 있습니다. 존슨을 들여보내지 않고 있다고요. 이사회 회의는 우리 없이 그냥 진행될 건가 봅니다. 만일 우리가 좀 더 높은 가격으로 입찰하려면 지금 당장 해야 할 것 같습니다."

코언이 대답했다.

"내가 이따가 전화하겠소."

⎯⎯⎯◌◌◌⎯⎯⎯

11시 12분, 크래비스와 로버츠가 래더와 비티를 대동하고 이사회 회의장으로 들어갔다.

---

† 셰익스피어의《베니스의 상인》에 나오는 일화에 비유한 표현.

네 사람은 이날 아침 9시 45분에 스캐든 압스에 도착했다. 인수 합병 계약서에 서명을 하고 RJR 나비스코를 사들이는 일만 남았다고 생각했다. 그런데 두 사람은 응접실로 안내되었다. KKR 진영의 투자은행가들이 속속 도착했다. 와서스타인이 왔고, 글리처가 왔다. 글리처는 전날 밤에 자기는 초대를 받지 못했다면서 잔뜩 화가 나 있었다. '미친개' 제프리 벡도 유배 생활을 마치고 참석해 있었다. 잠시 뒤 케이시 코거트는 로버츠와 크래비스, 래더가 회의를 할 수 있는 방이 있는지 찾아보러 나섰다. 입이 싼 사람들을 옆에 둔 채 은밀하고 중요한 이야기를 나눌 수는 없었기 때문이다.

세 사람 모두 초조했다. 그날 아침에 신문들은 존슨 진영이 완전히 손을 든 게 아니라고 보도했었다. 게다가 아직까지는 존슨 진영에서 새로운 입찰을 포기한 기미가 보이지 않았다. 기다리는 동안 세 사람은 이사회가 어떻게 돌아가는지 걱정스러웠다. 마침내 휴걸이 와서 이사회 회의장에 들어가 발언해 달라고 했다.

크래비스와 로버츠는 회의장으로 들어가면서 철저하게 사업적인 차원에서 접근해야 한다는 생각을 가지고 있었다. 존슨이나 다른 사람에게 불만을 제기할 계제가 아니었다. 그건 싸움에서 이기고 난 뒤에 할 일이었다. 데이비스, 휴걸, 매콤버 등을 상대로 KKR의 제안이 가장 안전하며 직원과 주주의 권익을 최대한 보장한다고 설득해야 했다.

이사들의 웅성거림이 잦아들자 로버츠는 자기들이 제안한 내용을 간략하게 설명했다. KKR는 RJR 나비스코를 해체하려 온 게 아니라고 했다. 될수 있으면 현재의 모습 그대로 둘 생각이며, 회사 자산 가운데 약 20퍼센트만 매각할 것이라고 했다. 주주는 담보 형태로 지불될 25퍼센트의 주식 지분을 통해 발생하는 수익의 혜택을 누릴 것이라고 했다. 로버츠는 이번이 안전한 거래가 될 것이라는 점을 강조했다. 월스트리트 역사상 가장 큰 규모의 LBO가 허약한 보상 비율을 가지고 도박을 벌일 시간적인 여유가 없다고 했다. 직원에 대해서는 특히 더 많은 관심을 가질 것이라고 했다. KKR가 주요 지분을 가지고 있는 여러 회사들에 소속된 직원은 30만 명 가까이 되는데 이들이 행복한 생활을 할 수 있도록 뒷받침하는 게 KKR에게는 매우 소중한 가치라고 강조했다.

듣는 사람의 마음을 사로잡기 위한 매우 깔끔한 연설이었다. 이어 다시 15분 동안 로버츠와 크래비스는 질문을 받았다.

"폴 스틱트에게는 어떤 역할을 맡길 겁니까?"

스틱트는 순전히 과도기 최고경영자의 역할을 수행할 것이라고 로버츠가 대답했다.

"인간관계는 얼마나 견실합니까?"

"아주 견실합니다."

로버츠가 대답했다. 이어서 크래비스도 한마디 거들었다.

"여기 계신 분들과도 가능하면 서로 끈끈한 관계를 유지할 수 있기를 기대합니다."

이사회에서의 발언을 마치자 휴걸과 앳킨스는 KKR의 대표 일행을 다른 방으로 데리고 갔다. 휴걸은 마지막 과정인 투표를 하기에 앞서 상당한 수의 쟁점들에 관한 협상을 먼저 매듭지어야 한다고 생각했다. 이 쟁점들은 이른바 '스케줄 투Schedule Two'라는 것으로, 이주비 등을 포함한 직원 복지와 관련된 문제였다. 20분 동안 이들은 직원이 얼마나 먼 곳으로 이주해야만 보상받을 수 있는 권리를 취득하는가 하는 따위의 사항들, 래더가 '좀스럽기 짝이 없다'고 말한 사항들을 놓고 벌이는 복잡한 협상을 진행했다. 이 과정에서 로버츠는 따로 떨어져 있던 크래비스를 바라보며 짜증과 조바심이 어린 눈짓을 했다.

KKR가 최후통첩 시한으로 정한 시각이 한 시간 앞으로 다가왔다.

이주비처럼 쉽지 않은 문제는 일단 젖혀 두기로 하고, 비티는 크래비스와 로버츠를 비어 있던 방에 들여보낸 뒤 이사회의 최종 투표 결과를 기다리라고 했다. 그 방은 전략적인 측면에서 위치가 좋았다. 이사회 회의장에서 6미터밖에 떨어져 있지 않아 회의장으로 누가 드나드는지 감시하기 좋았던 것이다. 몇 분 뒤 비티가 이 작은 방에서 나왔다. 그는 커다란 켄시아 야자나무 화분 뒤에 서서 회의장을 지켜보기 시작했다.

30분 동안 그는 변호사들과 투자은행가들이 회의장 안으로 들락거리는 걸 지켜보았다. 이렇게 드나드는 이들 가운데 많은 사람들이 비티와 알고 지내던 사이여서 비티는 이들을 붙잡고 진행 상황을 물어볼 수 있었다. 정오가 다 되어 가던 시각에 갑자기 이상한 분위기가 감지되었다. 걱정스러운 얼굴을 한 변호사들이 마치 개미들처럼 회의장 안을 부지런하게 들락거렸다. 비티가 이들 중 한 사람의 소매를 붙잡고 물었다.

"왜 그럽니까? 무슨 일 있습니까?"

"로스와 너스바움이 왔다네요."

비티의 입에서는 저절로 욕이 튀어나왔다. 화가 났지만 놀라지는 않았다. 사실 앳킨스와 이사들은 열두 시간 넘게 두 사람을 기다려 왔던 것이다. 존슨이 새로운 가격을 제시하는 것은 단지 시간문제일 뿐이었다. 비티는 로버츠와 크래비스가 초조하게 기다리는 작은 방 안으로 돌아갔다.

로버츠는 펄펄 뛰었다.

"빌어먹을, 뭐 하자는 거야, 도대체! 우린 어젯밤 9시 30분에 여기 왔단 말이야, 지금이 몇 시야? 이것들이 우릴 가지고 노는 거야, 뭐야!"

시어슨의 코언 사무실은 벌집처럼 부산했다. 토밀슨 힐과 열 명 가까운 사람들이 사무실을 부지런히 들락거렸다. 코언은 자기 책상 옆에 서서 시가를 입에 문 채 새로운 입찰 가격을 산출해 내는 컴퓨터 프로그램을 지켜보고 있었다. 최종 가격을 막 뽑아냈을 때 너스바움이 전화를 했다. 코언은 살로먼의 아르데코 사무실에 틀어박혀 있던 굿프렌드와 스트라우스에게 이 가격을 확인했다. 이제 존슨의 승인을 받는 일과, 만약 이 싸움에서 이길 경우 경영진과 합의한 내용을 추가로 손보겠다는 약속을 받는 일만 남았다.

코언은 이 두 가지 일을 데이비스 포크에 있던 스티븐 골드스톤에게 넘겼고, 골드스톤은 스캐든 압스에 있던 존슨에게 전달했다. 존슨은 코언이 생각하는 입찰 가격이 얼마인지 듣고서는 소리를 내어 웃기 시작했다.

"이봐요 스티브, 당신 농담하는 거죠?"

하지만 존슨은 일의 중심에서 완전히 떨어져 있던 터라 코언이 바라는 대로 모두 승인하고 또 약속했다.

10분 뒤, 코언이 다시 너스바움에게 전화를 했다.

"이 가격을 넣어요."

그러면서 현금, 증권 등과 관련된 일련의 숫자들, 그리고 최종적으로 새로 제시할 입찰 가격을 불러 주었다. 너스바움은 갑자기 숨이 멎는 듯했다.

"오케이!"

입찰 가격은 한 주당 108달러, 총 인수 금액 250억 달러였다.

너스바움은 마음이 급했다. 새로 입찰을 하고 싶다는 것과, 새로운 입찰 가격으로 이사들의 마음을 사로잡는다는 것은 전혀 다른 문제였다. 이들이 스캐든 압스에 온 지 벌써 한 시간이 지났지만 그럼에도 불구하고 여전히 부름을 받지 못하고 있었다. 어떻게든 입찰을 받아 주도록 압력을 넣어야 했다. 너스바움은 시계를 보았다. 정오를 지나고 있었다.

"피터, 이 인간들이 우리를 반기지 않는 것 같습니다. 왠지 숨기는 게 있는 것 같은데……. 수상한 냄새가 납니다."

그러자 코언이 말했다.

"그들이 입찰을 받지 않겠다면 도저히 받지 않을 수 없도록 해 줘야죠."

이사회도 공식적으로 발표된 내용을 무시하지는 못할 터였다. 기자들에게 한 주당 108달러를 제시했다는 내용으로 보도 자료를 낼 생각이었다.

몇 분 뒤 너스바움은 앳킨스의 사무실로 두 번째 전화를 걸었다. 그리고 비서에게 말했다.

"미스터 앳킨스에게 전해 줘요. 우리가 새로운 입찰안을 가지고 있으며, 이것을 지금 언론에 발표하려 한다고요."

너스바움은 자신의 전술이 효과를 발휘할 것이라고 생각했다.

———————❦———————

역시 그랬다.

너스바움이 전화를 하고 몇 분 뒤, 앳킨스는 이 메시지를 이사회에 전했다. 앳킨스는 마이클 미첼을 데리고 KKR의 투자은행가들이 무료하게 서성이는 대기 지역을 표시 나지 않게 지나쳐 엘리베이터가 아닌 계단으로 향했다. 두 사람은 계단을 이용해 32층까지 내려간 다음 복도로 들어갔다. 너스바움이 책상 하나와 전화기 한 대만 덩그러니 놓인 방에 혼자 서 있는 모습이 보였다. 의자도 없었고 벽에는 그림 한 점 붙어 있지 않았다. 방에 있는 거라고는 두 구역 떨어져 있는 퀸스버러 다리가 바라보이는 멋진 전망뿐이었다.

앳킨스는 한눈에 보아도 초조한 모습이었다.

"자, 여기 편지입니다. 내 고객들이 작성한 항의 편지요. 일단 이 편지를 받아요. 하지만 편지는 무시해도 좋습니다. 내가 정말 주고 싶은 건 우리의 새로운 입찰 가격입니다."

아무도 메모장을 가지고 있지 않았다. 미첼이 수첩에서 종이 한 장을 찢어 너스바움이 불러 주는 가격을 받아 적었다. 한 주당 가격은 108달러이고 이 가운데 현금은 84달러, 우선주는 20달러, 그리고 전환무담보채권은 4달러. 이렇게 해서 인수 금액 총액은 250억 달러. 그리고 너스바움은 마지막으로 덧붙였다.

"이 구성 내용이나 108달러라는 가격은 나중에 얼마든지 새로 협상할 수 있다는 점을 강조하고 싶습니다."

너스바움은 고개를 끄덕였다. 앳킨스와 미첼은 방을 나가면서 은밀한 미소를 교환했다.

"정말 흥미로운 하루가 되겠는데요?"

미첼이 한 말이었다.

두 사람이 나간 뒤에 너스바움은 곧바로 코언에게 보고했다.

"일이 어떻게 돌아가는지는 나도 모릅니다. 하지만 일단 우리가 다시 싸움판 속으로 머리를 들이민 것 같습니다."

———— ∞ ————

이사회가 열리는 회의장 바깥에서 비티는 정보를 얻으려고 서성였다. 아직 존슨이나 존슨 진영 사람들을 직접 보지 않았기 때문에 그들이 스캐든 압스에 와 있다는 소식은 확인되지 않았다. 그러던 중에 앳킨스가 너스바움을 만나고 돌아오던 길에 비티의 눈에 띄었다. 비티는 존슨과 너스바움이 뭘 하려 하느냐고 물었다. 물론 반응을 보기 위해 던진 일종의 미끼였다.

"그쪽에서 제시한 걸 검토해 볼 생각입니다."

"뭘 제시했는데요?"

"그건 말할 수 없습니다."

"왜 이럽니까, 피터, 우리 쪽 사람들은 어제 저녁부터 여기서 밤을 새웠습니다. 이용만 당하는 게 아니냐고 난립니다. 최상의 조건을 제시한 우리 제안을 논의하는 중이잖아요. 분명히 말하지만, 계속 이렇게 나오면 다 접고 철수할 겁니다. 그럼 저쪽에서는 이제 자기들 마음대로 요리할 수 있게 됩니다. 이건 당신이나 나나 다 잘 아는 사실 아닙니까?"

"알겠습니다."

앳킨스는 그렇게만 말하고 회의장 안으로 들어갔다.

그날 아침 멜빈 클라인을 비롯한 프리츠커의 측근 네 사람은 라과디아 공항에서 '아메리칸 에어라인스'의 시카고행 비행기를 탈 준비를 했다. 그런데 이 비행기에 네 사람이 함께 탈 좌석이 모자라 다음 비행기를 타기로 했다. 클라인은 시간을 때우기 위해 '해군 제독 클럽'으로 가면서 마에게 전화를 했다.

마는 입찰 전쟁이 아직 끝나지 않았다는 소식을 멜빈에게 전했다. 크래비스가 한 주당 106달러를 제시한 듯한데, 아마도 자기가 이길 것 같다고 했다. 그 소식에 프리츠커 사람들은 흥분하기 시작했다.

멜빈은 이런 생각을 했다. 아직 우리가 선택될 여지가 남아 있을까? 그렇다면 제이 프리츠커나 토머스 프리츠커와 연락이 될까? 연락이 되지 않는다면 현금 부분을 우리가 감당할 수 있을까?

몇 분 뒤 그들은 괜히 헛물만 켰다는 걸 깨달았다. 마가 이렇게 말했기 때문이다.

"미안합니다. 다 끝났습니다."

⸺⸺◍⸺⸺

1시 20분 전, 크래비스와 로버츠가 기다리고 있던 작은 방으로 앳킨스가 들어왔다.

"우리는 새로운 제안을 받았습니다. 그래서 그쪽에서 정한 최종 시한인 1시를 지킬 수 없게 되었습니다. 시간을 좀 더 주세요."

방 안의 공기가 싸늘하게 식었다. 크래비스가 앳킨스를 노려보며 대답했다.

"그건 안 되죠."

로버츠의 반응 역시 냉랭하긴 마찬가지였다.

"그렇게는 하지 않을 겁니다."

로버츠는 화를 낼 때면 입술을 작게 오므렸는데, 이번에도 역시 그랬다. 크래비스는 로버츠의 성난 얼굴을 한 번 바라본 다음에 말했다.

"피터, 우린 시간 낭비할 생각 없습니다. 어젯밤에 당신은 이사회에 우리를 추천할 생각이라고 말했잖습니까. 아무 문제가 없었습니다. 그런데 우리 입찰 가격을 다 까발려 놓은 다음에 다른 쪽에서 또 다른 제안을 받고 우리에게 시간을 더 달라니. 단 1분도 시간을 더 줄 수 없습니다."

"잠깐, 잠깐만요!"

비티가 끼어들었다. 그는 앳킨스를 쳐다보며 말을 이었다.

"피터, 우리끼리 얘기 좀 할까요?"

앳킨스가 방에서 나갔다. 그가 나가고 문이 닫히자 비티는 크래비스와 로버츠를 진정시키려 애썼다.

"조지, 헨리, 일단 진정들 해요. 저 사람들은 지금 엄청난 압박을 받고 있습니다. 돌다리를 두드리는 심정으로 모든 걸 확실히 하고 싶어 합니다. 그러니 우리가 뭐 어떻게 하겠습니까? 그러니까……."

⸺◦◦◦◦⸺

12시 50분, 〈다우존스뉴스서비스〉의 자막이 흘렀다. 미국 전역의 거래소 객장에서 주식 중개인들과 투자자들이 놀란 눈으로 그 자막을 바라보았다.

"RJR의 경영진이 한 주당 108달러를 제시."

그 직후 갑자기 전화가 오는 바람에 비티는 크래비스와 로버츠를 상대로 이어 가던 얘기를 중단했다. KKR의 유한 책임 파트너가 건 전화였다.

"저쪽에서 새로 가격을 제시했답니다."

"저쪽이라니, 누구 말이오?"

"경영진 쪽이오."

"뭐요?"

"경영진 측에서 새로 입찰했다고 〈다우존스뉴스서비스〉에서……. 108달러입니다."

"말도 안 돼. 혹시 농담하는 거 아니오?"

"농담 아닙니다."

비티는 전화를 끊고 로버츠와 크래비스를 향해 몸을 돌렸다.

"도저히 믿지 못하겠지만, 저쪽에서 108달러를 불렀답니다."

크래비스는 도저히 서 있을 수가 없어 의자를 찾아 앉았다. 우려했던 최악의 상황이 발생한 것이었다. 인정할 수밖에 없는 사실이지만, 마음 한편으론 어느 정도 예상했던 일이었다. 존슨은 밤새 그리고 오전 내내 새로운

895

입찰을 준비했던 것이다. 그러기에는 충분한 시간이었다.

승리가 바로 코앞이었는데, 20분을 남겨 두고 모든 게 바뀌어 버렸다.

이제는 정말 끝났다. RJR 나비스코는 자기들의 것이 아니었다. 세상은 공정하지 않았다.

그리고 갑자기 자신들이 일등 자리에서 밀려났다. 108달러 대 106달러로 밀린 것이었다.

작은 방 안에는 욕설이 난무했다. 그리고 래더는 시계를 보며 말했다.

"개새끼들이 우리하고는 서명을 안 할 거야, 나쁜 놈들! 빌어먹을, 지금 당장 어떻게 하면 좋죠?"

하지만 분노는 타오를 때만큼이나 빠르게 식었다. 크래비스와 로버츠 둘 다 코언이 했던 일을 머리에 떠올렸다. 열두 시간 만에 그들은 비로소 경영진 쪽이 얼마나 앞서 있는지 알았다. 자기들보다 2달러 많은 108달러였다. 그리고 그들은 어쩌면 이 상황을 유리하게 활용할 수도 있다는 사실을 깨달았다. 그러려면 교묘한 책략이 필요했다. 모든 걸 접고 포기하겠다고 협박하는 건 이제 먹히지 않을 게 분명했다. 이들은 25분 동안 회의를 한 뒤, 1시 15분에 앳킨스에게 전화를 했다.

"최종 시한을 연장해 줄 수 있습니다. 단, 한 가지 조건이 있습니다. 여태껏 우리가 사용한 비용을 지불해 준다면 한 시간 더 줄 수 있습니다."

그럴듯한 주장이었고, 칼자루는 자신들이 쥐고 있다고 크래비스는 믿었다. 자기들의 제안과 관련된 유가 증권 부분 협상은 이미 끝났지만, 경영진의 유가 증권 부분은 아직 협상을 완전히 마치지 않았다는 것을 알고 있었다. 따라서 서둘러 가격을 새로 올릴 이유가 전혀 없었다. 그건 필요하다면 나중에라도 얼마든지 할 수 있는 일이었다. 비용을 요구함으로써 이사회를 압박할 수 있고, 최악의 결과가 나온다 하더라도 얼마간의 전리품은 챙길 수 있기 때문이었다.

"그렇다면 비용은 얼마나 됩니까?"

앳킨스가 물었다. 래더는 이 비용을 미리 계산해 두었었다. 총비용은 4억 달러 가까이 되었다. 하지만 래더는 지나치게 압박한다는 인상을 주지 않으려고 4500만 달러만 요구했다.

"이사회에서도 받아들일 거라 생각합니다."

휴걸이 회의장으로 안으로 들어갔다가 몇 분 뒤에 다시 나와서 이사회가 승인했다고 전했다. 그 내용을 노란색 법정 용지에 적고 서명을 했다. 비티가 미소를 지었다. 이렇게 된 이상 일이 어떻게 결론이 나든 자기는 수수료를 받을 수 있었기 때문이다.

60분을 기다리는 데 4500만 달러면 괜찮은 거래였다.

잭 너스바움은 텅 빈 방에서 퀸스버러 다리를 바라보며 45분을 기다렸다. 그동안 이따금 코언과 전화 통화를 하기도 하고 또 위원회의 투자은행가들로부터 기술적인 여러 질문들을 받기도 했다.

그런데 1시 조금 지나서 앳킨스의 전화를 받았다.

한 주당 108달러를 제시하면서 너스바움은 이 가격은 얼마든지 다시 협상할 수 있다고 강조했었다. 그런데 앳킨스가 전화를 해서 최종적으로 그 내용을 매듭짓자고 나섰다.

"당신네가 제시할 수 있는 최고 최상의 안을 원합니다. 가능하면 15분 안에 제시해 주길 바랍니다."

"그보다는 좀 더 걸리겠는데요."

"좋습니다. 최대한 빨리."

18장 112달러 대 109달러, 끝장 승부의 최종 결과는?

너스바움은 곧바로 코언에게 전화했다.

"됐습니다. 완전히 문 안으로 들어갔습니다. 이사회가 최고 최상의 입찰안을 지금 당장 내라고 합니다."

"시간은 얼마나 주어졌습니까?"

"15분."

"시간이 좀 모자라는데……."

"나도 압니다."

한편 존슨은 새로운 입찰이 들어갔다는 소식을 듣고 박수를 쳤다. 새 입찰 가격에 대한 걱정은 이미 오래전에 접은 터였다. 그랬기에 너스바움에게 이렇게 말할 수 있었다.

"까짓것. 질러요 막 질러!"

이제 코언 차례였다. 코언은 심호흡을 크게 한 번 했다.

그날 두 번째로 코언은 해도海圖에도 나와 있지 않은 바닷길을 항해했다. 그는 아직도 KKR 측의 입찰 가격을 모르고 있었다. 사무실에 있던 힐이나 다른 사람들과 서둘러 상의한 다음 살로먼의 굿프렌드에게 전화했다. 굿프렌드가 더욱 공격적으로 나가야 한다고 해서 코언은 깜짝 놀랐다. 코언은 빠르게 판단해야 했다. 지금 시점에서 얼마를 부르든 간에 경영진과 합의한 내용을 수정해 부족한 돈을 메워야 했다. 존슨에게 양보를 얻어 내는 일이 필수적이었다. 그래서 코언은 골드스톤에게 전화했다.

"우리는 115달러까지 올릴 수도 있어요. 솔직히 그렇게 해야 하는 게 아니냐는 생각이 드는데……. 완전히 기를 꺾어 버려야 하거든요. 이걸로 끝내고 싶어요."

골드스톤은 꿈을 꾸고 있는 게 아닌가 싶어 자기 팔을 꼬집었다.

'115달러?'

6주 전에 시어슨은 존슨과 75달러 이야기를 했었다. 그런데…….

KKR를 꺾으려면 경영진이 받기로 한 몫을 더 깎아서 4퍼센트로 할 수밖에 없다고 코언은 설명했다. 4퍼센트면 원래 이야기한 것의 절반밖에 되지 않았다.

"로스가 이걸 승낙할지 알고 싶소."

골드스톤은 코언의 115달러 발언과 존슨에 대한 요구가 터무니없다고 생각했다. 하지만 이런 내용을 존슨에게 그대로 전했고, 존슨은 그 말을 듣자마자 킬킬거리며 한참을 웃었다.

"세상에, 끝내주는군! 과연 얼마나 남는 장사가 될까? 당신 생각은 어때요?"

골드스톤은 자신이 판단하는 내용을 분명하게 일러 주어야 한다고 생각했다.

"이걸 알아야 합니다. 시어슨은 이 회사를 사들인다는 것 말고도 이 거래를 통해 노리는 게 많습니다."

골드스톤은 거래가 성공적으로 이루어질 경우 시어슨이 받을 선불 수수료 2억 달러를 언급했다. 그리고 역사상 최대 규모의 LBO를 성사시킴으로써 거두어들일 수 있는 막대한 부가적인 혜택과 이점에 대해서도 말했다. 존슨의 문제는 그가 줄곧 실제 세상, 실질적인 돈, 그리고 실질적인 투자 차원에서 생각하기를 주장하는 것이었다. 골드스톤은 이건 실제 세상이 아니라고 말했다. 이것은 월스트리트에서 일어나는 일이라고 했다. 하지만 존슨은 자기 생각을 굽히지 않았다.

"글쎄요, 내가 보기에는 끝내주는데."

다른 문제가 있다고 골드스톤은 말했다.

"만일 당신이 여기에 동의한다면, 저쪽에서는 경영진에 대한 보상 조건을 새로 정하자고 나설 겁니다. 엄청나게 깎아 낼 거라는 말입니다. 그래도 하겠습니까?"

이렇게 물으면서 골드스톤은 존슨의 진심을 알아낼 수 있는 순간이라고 생각했다.

"그럼요, 왜 안 해요?"

존슨은 그렇게 말하면서 껄껄 웃었다. 반어적인 웃음이었다. 그는 모든 걸 내주었다. 처음 시어슨과 논의할 때 합의했던 경영진의 몫은 8.5퍼센트였다. 그건 LBO 이후의 RJR 나비스코 주식의 20퍼센트에 해당하는 규모였다. 하지만 이제는 4퍼센트로 줄어들었다.

"그러나 계속 더 나간다면 우리 몫을 더 많이 내놔야겠죠?"

그렇게 말하고 존슨은 키득키득 웃었다.

"근데 말이오, 스티브."

"예."

"이걸 알아야 돼요. 우리는 절대로 믿지지 않아요."

골드스톤은 전화를 끊은 뒤 곧바로 코언에게 전화했다.

"됐습니다. 그대로 가요."

••———◎◎◎———••

코언은 마지막으로 한 번 더 숫자들을 확인한 뒤 스캐든 압스에 있는 너스바움에게 새로운 입찰 가격을 전했다. 와튼 비즈니스스쿨, 컬럼비아 로스쿨, 뉴욕의 여러 최대 법률 회사의 파트너 등 화려한 이력을 가진 잭 너스바움이 피터 코언이 제시한 새로운 입찰 가격을 들은 뒤에 보인 반응은 아주 간결했다.

"죽이네요."

그는 이 내용을 앳킨스에게 전했다. 로스 존슨, 시어슨 리먼, 그리고 살로먼 브라더스가 입찰 가격을 한 주당 112달러로 올린다고 전했다. 골드스톤은 따로 계산해 볼 시간도 없었기 때문에 전체 인수 금액이 257억 6000만 달러가 된다는 사실도 알지 못했다. 1시 24분에 앳킨스는 이 소식을 이사회에 전했다.

시어슨이 제시한 새로운 가격은 앳킨스의 일을 한층 복잡하게 만들었다. 양손에 든 두 개의 떡 가운데 하나를 선택해야 했다. 한 손에는 KKR 진영의 한 주당 106달러 제안이 있었다. 크래비스의 유가 증권은 모든 검토와 협상을 마쳤기 때문에 자문 위원들은 이 제안의 가치가 크래비스가 말했던 것과 근접한다는 사실을 확인했고, 이 점은 우선 마음이 놓였다. 건실한 제안이었다.

그런데 다른 한 손에는 경영진 진영의 한 주당 112달러 제안이 있었다. 코언이 내놓은 제안의 유가 증권은 KKR 측의 유가 증권만큼 아직까지는 확실하지 않았다. 게다가 이 제안은 갑작스럽게 나온 것이라 자문 회사인 딜런과 라저드로부터 충분한 조언을 받지 않은 것 같았다. 그만큼 경영진 쪽의 유가 증권 가치는 너무나 불확실했다. 코언은 자기가 제시한 가격을 112달러라고 했지만 앳킨스가 파악한 가치는 105달러였다. 정확한 가치를 평가하려면 시간이 필요했다. KKR 측이 정한 최종 시한인 2시까지는 30분밖에 남지 않았다. 시간이 부족했다.

앳킨스는 크래비스가 어쩌면 허풍을 쳤을 수도 있다고 생각했다. 과연 250억 달러가 걸린 거래를 두고 철수할까? 아닐 거라고 믿었다. 그렇다면 2시로 정한 시한을 다시 연장해 달라고 크래비스를 압박해야 했다.

회의장 문 앞에 서 있던 리처드 비티의 연푸른 눈동자에 앳킨스와 다른 이사회 자문들이 서둘러 회의장 안의 작은 방으로 들어가는 모습이 찍혔다.

'뭔가 진행하고 있는 게 분명해.'

마음 같아선 따라 들어가고 싶었지만 비티는 간신히 참았다.

그 방 안에서는 자문 위원들이 열띤 토론을 벌였다.

"KKR에 뭔가 맛있는 걸 좀 던져 주어야 합니다."

이사회의 투자은행가들과 일하는 변호사 데니스 블록이었다.

"이미 논의 테이블 위에 올라와 있는 건 지켜야 할 거 아니냐고요. KKR가 가 버리고 다른 입찰자가 하나도 남지 않은 상태에서 존슨의 경영진 쪽과 협상할 수는 없잖아요."

존슨 진영의 유가 증권을 검토하고 협상하는 동안 KKR 진영을 붙잡아 둘 수 있는 방법을 찾아야 했다. 이미 4500만 달러를 비용으로 지불하기로 했다. 이제 또 무엇을 더 주어야 할까?

아이라 해리스가 아이디어를 냈다. 시한을 한 주 연장하되, 만일 그사이 존슨 진영이 KKR 진영보다 높은 가격을 제시할 경우 4억 달러에 이르는 모든 비용 전액에 한 주당 1달러, 즉 2억 3000만 달러를 계약 결렬 수수료로 지불하겠으며, 아울러 KKR에 한 번 더 가격을 제안할 수 있는 기회를 주겠다고 하자는 것이었다.

"예, 좋네요. 그렇게 하면 KKR를 계속 붙들어 둘 수 있겠네요."

블록이 반색했다. 하지만 스캐든 압스의 변호사 마이클 미첼은 고개를 갸웃했다.

"108달러라는 이야기가 〈다우존스뉴스서비스〉 자막에 다 떴습니다.

KKR도 알 거란 말입니다. 그러니 이 사람들은 우리가 시어슨으로부터 더 많은 걸 짜내려고 자기들을 이용하려 든다 생각하지 않겠습니까?"

미첼의 우려가 일리는 있었지만, 그래도 유일한 방법은 그것밖에 없는 것 같았다. KKR로서는 비용 전액을 보장받으면서 아무것도 내주지 않아도 되므로 전혀 손해 보는 일이 아니었다. 하지만 그 제안을 받아들일 수밖에 없었던 가장 확실한 이유는 모든 사람들이 손목에 차고 있는 시계에 있었다. 시간이 없었던 것이다.

2시가 되기 직전에 앳킨스는 일행을 데리고 크래비스와 로버츠가 기다리고 있는 작은 방으로 들어갔다. 앳킨스가 보기에 굳은 표정으로 어금니를 꽉 깨문 두 사람은 마치 냉동 창고 안에 있는 사람들 같았다.

미첼이 그 제안을 설명했다.

"제안을 받겠습니까?"

"당연히 못 받죠."

크래비스가 대답했다.

"도대체 빌어먹을 뭔 소리를 지껄이는 겁니까, 지금? 우리는 여기 RJR라는 회사를 사러 왔습니다. 거래를 하고 싶단 말이오. 만일 우리가 저 문을 열고 바깥으로 나가면 다시는 돌아오지 않습니다."

언제나 그랬듯이 비티는 냉정했다.

"저쪽에서 제시한 가격은 얼맙니까? 이걸 그쪽에도 똑같이 제안하는 겁니까?"

대답이 없었다. 비티가 다시 물었다.

"〈다우존스뉴스서비스〉에 경영진 쪽에서 108달러를 제시했다고 나온 걸 봤습니다. 맞습니까?"

비티는 사태를 정확히 파악하지 못하고 있었다. 앳킨스는 비티가 진실에서 많이 비켜나 있었지만 코언이 112달러로 바꾸었다는 사실을 입 밖으로 낼 수는 없었다. 앳킨스가 대답했다.

"뭐든 확실하다고 가정해서는 안 될 겁니다."

비티는 미첼이 제안한 내용을 검토할 수 있게 몇 분만 시간을 달라 했고, 앳킨스 일행은 방에서 나갔다.

크래비스는 앳킨스가 허풍을 친다고 생각했다. 물론 코언은 여전히 108달러일 게 분명했다. 거기에서 가격을 다시 더 높였을까? 그랬을 것 같지는 않았다. 앳킨스는 마지막까지 조금이라도 더 쥐어짜려고 벼랑 끝 전술을 구사하는 게 분명하다고 크래비스는 결론 내렸다. 그렇다면 자기들도 똑같이 108달러를 제시하면 어떨까? 그래도 자기들이 이길 것 같았다.

"같은 가격이면 우리가 이겨요. 우리 쪽 유가 증권이 더 낫잖아. 신뢰성도 저쪽보다 우리가 나아. 이사회는 《타임》 인터뷰 기사 때문에 존슨에게 완전히 등을 돌렸어요. 그러니 같은 가격이면 무조건 우리가 이기는 거야."

자기들이 강력하게 밀어붙이기만 하면 이사회는 항복할 수밖에 없다고 크래비스는 보았다. 이사회 입장에서 KKR의 입찰은 손 안에 든 새처럼 확실한 것이므로, 이를 잃어버릴 수도 있는 모험을 하진 못할 것이기 때문이었다.

래더와 시어도어 애먼이 무담보채권의 상환 연장과 현물지급증권으로 한 주당 2달러를 더 올릴 수 있다는 안을 가지고 왔다. 이건 금융상의 야바위나 다름없었지만 이사회에는 이것을 놓고 논박할 시간이 없다는 사실을 이들은 알았다. 만일 크래비스가 2달러 가치가 있다고 말하면, 이사회는 무조건 그를 믿을 수밖에 없었다. 여기까지 논의한 뒤, 2시 5분에 앳킨스를 불러 말했다.

"그 제안은 받아들이지 못하겠습니다."

앳킨스는 그저 미소만 지을 뿐 다른 반응은 내비치지 않았다. 대신 이렇게 물었다.

"그렇다면 당신네 제안에 수정을 가할 생각이 있습니까?"

"있죠."

크래비스는 입찰 가격을 106달러에서 108달러로 올린다는 말과 함께 추가분의 2달러를 어떻게 조달할지 설명했다. 앳킨스가 돌아가자 크래비스와 로버츠는 이사회가 서둘러 결정을 내려 주길 기대했다.

———— ❧ ————

앳킨스와 이사회 자문 위원들은 놀라서 어리벙벙했다. 이들은 줄곧 KKR 진영이 입찰 가격을 올릴 것이라고 확신했었다. 그런데 과연 얼마로 올릴 것인가가 문제였다.

2시 10분, 휴걸이 이사회를 속개했고, 앳킨스는 KKR가 새로운 제안을 해 왔음을 알렸다. 한 주당 108달러인데 현금으로 80달러, 우선주로 18달러, 그리고 무담보채권으로 10달러의 제안이었다.

그때 데니스 블록이 아무도 생각하지 않고 있던 걸 지적했다.

"마감 시한 설정이 있었습니까?"

앳킨스는 잠시 생각한 뒤에 입을 열었다.

"없었네요."

행운이었다. 크래비스와 로버츠는 마감 시한을 새로 정한다는 걸 깜박 잊었다. 라저드와 딜런의 투자은행가들이 경영진의 제안 속에 포함된 유가증권을 검토해서 평가하는 데는 몇 시간이 족히 걸릴 터였다. 크래비스 측이 잠시 깜박하는 덕분에 그 시간을 벌 수 있었다.

하지만 우선 경영진 그룹이 시어슨 측과 작성한 합의서 문제가 있었다.

만일 경영진 쪽을 인수 합병의 주체로 진지하게 생각할 경우, 이사회는 이른바 '스케줄 투'를 포함해 크래비스가 동의했던 사항을 코언 역시 동의할 것이라는 보장을 받아야 했다. 그래서 너스바움이 서명할 합의서 초안을 만들었다. 다음은 휴걸의 말이다.

"만일 저쪽에서 여기에 서명하지 않으면 우리는 KKR와 갑니다. 만일 서명하면, 우리는 무얼 해야 할지 조언을 들어야겠죠."

마이클 기쟁이 노란색 법률 용지에 휘갈겨 쓴 스물한 줄짜리의 합의서 초안을 들고 너스바움이 기다리고 있는 32층으로 갔다. 너스바움은 합의서를 읽어 본 뒤 코언에게 전화를 했고, 코언은 살로먼 브라더스에 있던 굿프렌드 및 스트라우스와 전화 회의를 했다. 그리고 여기에 대한 동의는 신속하게 이루어져서, 너스바움은 몇 가지 사소한 사항들을 수정해 다시 기쟁에게 돌려주었다.

크래비스의 자리는 이사회 회의장으로 드나드는 사람들을 관찰하기 좋을 뿐 아니라 남자 화장실로 가는 길목에 위치해 있었다. 그래서 회의장에서 어떤 이사든 나와서 화장실에 가면 곧바로 사람을 따라 보내 말을 걸게 해서 정보를 얻어냈다. 마침내 이 '화장실 순찰' 덕을 톡톡하게 보는 일이 생겼다. 휴걸과 버넌 조던이 화장실에 갈 때 로버츠가 두 사람을 막아섰다.

벌써 3시가 지났고, 로버츠와 크래비스는 마지막으로 기다리기 시작한 때부터 또 한 시간 가까이나 기다렸다.

"도대체 지금 뭐 하자는 겁니까?"

이사회가 아직 KKR가 새로 제안한 안을 심의하는 작업에 들어가지 않았다고 휴걸이 대답했다.

"아니, 그게 무슨 말입니까?"

로버츠는 너무 화가 나서 두 사람을 따라 화장실 안까지 들어갔다. 그리고 두 사람이 변기 앞에 서서 볼일을 보는 동안에도 뒤에 서서 계속 따졌다.

"이사회가 심의하지 않는다면 도대체 여태 그 안에서 뭘 했다는 말입니까?"

휴걸은 채무 이행의 법정 유예 기간에 관한 말을 모호하게 중얼거렸다. 잠시 후 두 사람이 화장실에서 나오고 그 뒤에서 로버츠가 따라나올 때, 이번에는 크래비스가 이들을 가로막고 섰다.

"뭡니까? 지금 장난하자는 겁니까?"

휴걸은 크래비스와 로버츠에게 앞뒤로 포위된 상태에서 잠시 아무 말도 하지 않았다.

"제발 진정들 좀 하고, 조금만 더 시간을 줘요."

"시간은 많이 주지 않았습니까?"

크래비스가 말했다.

"금방 결론을 내릴 겁니다. 다 됐습니다."

"얼마나 기다리면 되겠습니까?"

"두 시간. 딱 두 시간만 줘요. 그때까지는 다 끝낼 테니까."

휴걸은 미소 지으면서 180센티미터가 훌쩍 넘는 키에 건장한 체구의 조던을 흘낏 바라보았다. 조던은 왜소한 로버츠와 크래비스 사촌 형제를 굽어보고 있었다. 휴걸이 싱긋 웃으면서 말했다.

"로스가 통제 불가능해질 경우를 대비해 건장한 사람을 한 명 구해 놨죠."

32층에서는 존슨과 아직 남아 있던 경영진 사람들이 농담을 하면서, 그리고 정신없이 빠르게 일어나는 일들을 파악하고 보조를 맞추려 애쓰면서 시간을 보내고 있었다. 시간이 흐르면서 이들은 처음 예상했던 경로와 전혀 다른 길로 일을 몰아가는 월스트리트의 놀라운 힘에 경탄했다.

그 가운데 특히 존슨은 현물지급증권이라는 정크 본드의 변종이 어떻게 구사되는지에 놀라고 또 많은 것을 배웠다. 현금 대신 현물지급증권을 강조하기로 한 경영진 쪽의 판단에 존슨은 여전히 어리둥절하고 놀랍기만 했다. 그래서 그는 이런 말까지 했다.

"우리, 회사를 새로 하나 시작하는 게 어떨까요? 전부 다 현물지급증권으로만 자금을 동원해서 말이야. 《타임》 광고면도 이걸로 살 수 있지 않을까 싶은데. 이것만으로 회사 하나 만들 수 있지 않을까요?"

그는 계속해서 말했다.

"무슨 말이냐 하면, 우리는 미국의 조폐청 인쇄기보다 더 나은 인쇄기를 발견했다 이거요. 이 죽이는 인쇄기가 지금 월스트리트에 깔렸어. 그런데 아무도 몰라. 아마 세계은행도 이건 모를걸? 이것만 있으면 제3세계가 안고 있는 해외 부채도 몽땅 갚아줄 수 있어요. 이건 완전히 새로운 화폐 제조기야."

존슨은 자기 이야기에 흥분한 나머지 인쇄기 돌아가는 소리를 흉내 냈다.

"쉬익 철커덕, 쉬익 철커덕, 쉬익 철커덕! 인쇄해서 그냥 날리기만 하면 돼."

새로운 회사의 설립 강령도 금방 만들 수 있다고 했다.

"회사 이름은 '현물지급증권 주식회사'로 하자고요. 그리고 이 강령에는 '월스트리트의 세 가지 규칙'이 포함되어야 해. 아, 물론 내가 이름 붙인 거지. 세 가지 규칙이 뭐냐고? 들어 봐요. 첫째, 규칙을 절대로 지키지 말 것. 둘째, 현금 지급을 절대로 하지 말 것. 셋째, 진실을 절대로 말하지 말 것. 어때, 괜찮지 않아요?"

회의장에서 휴걸과 이사들은 이제 경영진 쪽의 유가 증권을 평가하는 작업에 들어갔다. 누구도 길고 지루한 협상을 바라지 않았다. 데니스 블록이 한 가지 제안을 했다. 코언은 KKR와 합의했던 내용에 대해서는 자기도 그대로 합의하겠다고 말했으니까 유가 증권에 대해서도 똑같이 합의를 하겠노라 동의해 달라고 하는 게 어떻겠느냐는 것이었다. 블록이 이런 내용으로 합의서를 작성했고, 로버트 러브조이가 이 합의서를 가지고 32층의 너스바움에게 내려갔다. 그리고 몇 분 뒤 러브조이는 다시 회의장으로 돌아왔다.

"동의할 수 없답니다."

이사회는 곤혹스러웠다. 세 시간 전만 하더라도 RJR 나비스코는 거의 KKR 진영의 손안에 들어갔었다. 설령 존슨이 112달러를 제시했어도 회의장의 이사들은 크래비스의 손을 들어 주기를 바라는 눈치였고, 이런 사실은 모든 사람들이 알고 있었다. 하지만 문제는 입찰 가격의 차이였다. 112달러와 108달러, 무려 4달러나 차이가 났다. 상황이 이렇다 보니 마이클 미첼도 다음과 같이 말했다.

"저쪽에서 112달러라고 하니, 자세히 검토하고 평가를 하기 전까지는 비록 모든 사람들이 원한다 하더라도 108달러의 손을 들어 줄 순 없는 노릇입니다. 그러니 경영진 쪽의 제안을 놓고 과연 이게 정말 112달러의 가치가 있는지 확인할 수밖에 없습니다."

긴장과 압박은 강했다. 이에 대한 반응은 이사들마다 제각각 달랐다. 찰스 휴걸은 통풍痛風 증세가 심해져서 절뚝거리며 걸어야 했다. 통풍약 먹는 걸 잊어버렸던 것이다. 앨버트 버틀러는 8년 전에 심장 수술을 받은 뒤로 담배를 끊었지만 어느 순간부터 담배 연기를 뿜고 있던 존 메들린에게 손을 내밀었다.

"아아, 정말 못 참겠으니까 담배 한 개비만 줘요."

노스캐롤라이나 출신의 두 사람은 담배 한 갑을 다 피운 뒤 다른 사람의 담배에까지 손을 뻗었다.

결국 코언 쪽 사람과 협상하는 것 말곤 달리 방법이 없었다. 4시 10분, 라저드 프레어스의 루이스 리날디니가 이끄는 투자은행가 일행이 경영진 쪽의 유가 증권을 검토하기 시작했다.

• ⟨∞⟩ •

크래비스와 로버트는 초조함을 참지 못하고 바깥으로 산책을 나가기로 했다. 두 사람은 스캐든 압스를 나와서 파크애버뉴 남쪽으로 걸었다. 그러고는 오른쪽으로 돌아 솔로 빌딩으로 갔다. 함께 거닐면서 로버츠는 행인들이 무슨 담배를 피우는지 관찰했다. 많은 이들이 윈스턴이나 살렘을 피웠지만, 그보다 두 배나 많은 사람들이 말보로를 피웠다.

"셋 가운데 한 명이면 나쁘지 않네."

42층 사무실로 돌아온 크래비스는 자신이 없는 동안 자기에게 전화 건 사람들에게 전화를 했다. 그중에는 퍼스트 보스턴의 제임스 마도 포함되어 있었다.

"축하하려고 전화했었죠."

"그랬습니까? 난 거기에선 더 있을 수가 없어 솔로 빌딩에 와 있습니다."

크래비스는 피곤했지만 정중하게 고맙다는 인사를 했다.

"아 참, 덕분에 우리가 지금 여기까지 왔습니다. 정말 고맙습니다."

"빚이라 생각하세요, 하하하."

크래비스와 로버츠는 5시쯤에 다시 스캐든 압스로 돌아왔다. 옛날에 미식축구를 하다가 다쳐서 요통을 달고 사는 리처드 비티는 바닥에 드러누워 잠들어 있었다. 폴 래더는 《월스트리트저널》을 읽으려고 애쓰다 비티의 코고는 소리를 참지 못하고 다른 방으로 피신했다가, 두 사람을 맞았다.

"특별한 거 없었습니까?"

"없었습니다."

로버츠는 비티를 들들 볶으며 앳킨스를 찾아보라고 했다.

"제발 피터 좀 찾아봐요. 우리가 이게 지금 무슨 꼴입니까?"

몇 분 뒤 비티가 복도에서 앳킨스를 간신히 붙잡았다.

"피터, 헨리와 조지가 그만 가겠답니다. 농담 아닙니다. 입찰 포기하고 빠지겠답니다. 진짭니다."

"딕, 조금만 참아 달라고 해 줘요."

하지만 앳킨스는 비티의 손을 뿌리치며 돌아섰다.

비티는 이사회 회의장 바깥에서 다시 보초를 섰다. 투자은행가들이 줄지어 회의장 문과 계단으로 이어지는 통로를 오갔다. 갑자기 이사회가 코언 및 존슨과 협상을 벌이고 있다는 생각이 퍼뜩 들었다. 크래비스와 로버츠도 이 말을 듣고는 두 눈으로 직접 확인하겠다며 나왔다.

세 사람이 함께 이사회 회의장 앞으로 올 때 이사회 회의가 막 정회해서 이사들이 문밖으로 나와 화장실로 향했다. 라저드의 투자은행가 로버트 러브조이가 로버츠와 래더에게 다가왔다.

"더디다는 거 잘 압니다. 하지만 다 되어 갑니다."

조지 로버츠는 충분히 참을 만큼 참았다. 로버츠는 자기가 낼 수 있는 모든 화를 한꺼번에 다 내면서 러브조이를 비난했다.

"씨발, 뭐냐고요! 내가 돌아 버리는 거 보고 싶어요? 당신들이 지금 뭐 하는지 다 알아! 저쪽으로 내려가서 존슨과 협상하는 거 모를 줄 알아? 더는 도저히 못 참아!"

갑자기 터져 나온 난폭한 비난에 러브조이는 어리벙벙한 채 로버츠를 진정시키려고 애썼다.

"그게 아닙니다. 내 말 들어 봐요. 우리는 지금 당신네와 가장 가깝게 협상하는 중입니다. 당신네는 전혀 불리한 위치에 있는 게 아닙니다. 실질적으로 한발 앞서 있다니까요?"

"내가 보기에는 전혀 아냐! 입장을 바꿔 놓고 한번 생각해 보라고. 우린 어젯밤 9시 30분에 여기 왔어, 근데 지금 도대체 몇 시야?"

러브조이는 황급하게 돌아섰다. 돌아서기 전에 그가 한 말은 래더도 들었다.

"미치겠네, 정말……. 곧 다시 오겠습니다."

5분 뒤, 러브조이가 필릭스 로아틴을 대동하고 빈방에 있던 크래비스와 로버츠를 찾았다. 로버츠가 막말로 행패를 부린 게 효과가 있었던 모양이었다. 로아틴이 차분한 말로 로버츠를 설득했다.

"우린 지금 존슨과 협상하는 게 아닙니다. 단지 그쪽의 제안이 실제로 어느 가격인지 알아보는 중입니다. 그냥 설명만 듣는다고요."

크래비스와 로버츠는 성난 콧김을 뿜으며 자리에 앉았다. 다시 기다리기로 했다.

세 층 아래에 있던 존슨 역시 초조하긴 마찬가지였다. 시간이 갈수록 더 초조해졌다. 그래서 바깥으로 산책을 나가기로 했다. 그다지 유쾌한 얼굴이 아닌 '유쾌한 친구들'도 함께 나섰다. 스캐든 압스를 나설 때 그는 너스바움 그리고 이사회와 유가 증권을 놓고 협상을 벌이는 여러 사람들의 얼굴에 걱정이 잔뜩 묻어 있는 것을 보았다. 산책하는 동안 존슨은, 지금쯤이면 스티븐 골드스톤, 시어슨의 제임스 스턴, 그리고 살로먼의 찰스 필립스도 너스바움과 함께 있을 텐데 잘하고 있을까 하는 생각을 했다. 하지만 존슨은 이들이 하는 일에 끼어들지 않았다. 다만 그런 상황을 놓고 농담만 했을 뿐이다.

"'리셋'이 반갑다며 악수를 해도, 난 걔가 뭔지 모를 거요."

7시쯤 되자 이제 존슨도 참을 만큼 참았다. 그래서 골드스톤에게 자기가 필요한지 물었다. 골드스톤이 아니라고 하자 존슨 일행은 호리건이 자주 가던 식당인 이스트 52번가의 '스카를라티'에 가기로 했다. 가기 전에 존슨은 존 마틴에게 전화를 걸었다. 당시 마틴은 솔로 빌딩에 남아 있었다. 이길 가능성이 얼마나 되느냐고 마틴이 묻자, 존슨이 대답했다.

"그 사람들이 회사를 우리에게 넘겨주려고 하지 않아요."

몇 분 뒤 존슨이 빌딩 로비에서 바깥으로 나서자 기자들이 몰려들어 시끄럽게 질문 공세를 퍼부었다.

"누가 이겼습니까?"

"어느 쪽이 이겼습니까?"

그러자 존슨은 망설이지 않고 대답했다.

"주주들요."

이사회 회의장 안에 있는 사람들은, 크래비스 사람들이 회의장 문을 향해 하루 종일 천천히 소리 없이 다가왔던 것 같다는 느낌이었다. 언제부턴가 회의장 문을 나선다는 것은 크래비스 사람들에게 시달린다는 뜻이 되었다. 심지어 앨버트 버틀러는 화장실에 가면서 사열을 받는다는 느낌을 받았다. 그래서 이사들은 대부분 화장실에 가고 싶어도 될 수 있으면 참았다. 하지만 생리 현상을 무한정 참을 수는 없었다. 마침내 휴걸이 이사들이 화장실에 갔다 올 수 있도록 잠시 정회를 했다.

화장실 변기 앞에서 볼일을 보던 휴걸 옆에 크래비스의 젊은 유한 책임 파트너 스콧 스튜어트가 섰다.

"어떻게 되어 갑니까?"

휴걸은 곧바로 두 손을 위로 펼쳐 보이며 '누가 압니까 그걸?'이라고 말하고 싶었지만, 그렇게 했다간 당황스러운 일이 벌어질 수도 있었기 때문에 참았다. 대신 말로만 다음과 같이 대꾸했다.

"걱정 마요, 곧 끝날 테니까."

회의는 6시 10분에 속개되었다. 루이스 리날디니는 자신들의 논의 내용을 가지고 경영진 쪽과 협의했다. 경영진 측은 이사회가 바라는 사항을 대부분 수용했지만 중요한 문제 하나는 예외였다. 코언과 굿프렌드는 자기들의 유가 증권에 리셋 조항을 설정하는 것에는 한사코 반대했다. 수십억 달러의 비용이 추가로 발생할 수 있기 때문이었다. 대신에 시어슨과 살로먼 측에서 증권이 정해진 가격에 거래될 수 있도록 '최선을 다해' 노력하겠다고 주장했다.

필릭스 로아틴은 이런 상황을 다음과 같이 이사회에 보고했다.

"리셋이 불가능한 110달러 플러스 알파와 가능한 108달러의 싸움입니다. 하지만 리셋이 가능하지 않은 110달러는 진짜 110달러 가치가 되지 못합니다. 여기에서 얼마를 빼야 합니다. 경영진 쪽의 제안이 유리하다고는 라저드나 딜런 어느 회사도 선뜻 말하지 못할 것이라고 나는 확신합니다."

이사들은 경영진 쪽에 이 문제를 마지막으로 한 번 더 제기하기로 했다. 리날디니가 시어슨의 제임스 스턴에게 전화를 했다.

"마지막으로 묻겠습니다. 리셋 조항을 설정하지 못하겠습니까?"

"못 하겠습니다."

스턴은 끝내 이사회 측의 요구를 거부했다.

이제 KKR와 협상할 시간이었다.

시어슨 측의 대답을 듣기 전에 이미 앳킨스는, 여섯 시간 전 너스바움에게 그랬던 것처럼 크래비스에게도 마지막으로 입찰 가격을 새로 제안할 수 있는 기회를 주기로 마음을 먹었었다. 녹초가 될 정도로 지친 이사들은 자기들이 쉽게 판단하고 일을 처리할 수 있도록 크래비스가 '훨씬 유리한' 제안을 해 주길 내심 바랐다. 앳킨스가 일행을 이끌고 회의장을 나갈 때 메들린이 말했다.

"그 사람들에게 말해 줘요, 자기들 쪽으로 방향을 돌릴 수 있는 아주 적은 현금이 우리에게는 필요하다고 말이오."

앳킨스가 이사회의 협상팀을 이끌고 KKR 측 사람들이 기다리는 방으로 들어갔다. 크래비스는 등나무 소파에 앉아 오른손으로 머리를 긁적이고 있었다. 지친 모습이 역력했지만 속마음을 읽을 수 없는 표정이었다. 로버츠는 어금니를 꽉 깨문 채 크래비스 옆에 앉아 있었다. 두 사람의 머리 위에는 파란색의 거대한 청새치가 한 마리 걸려 있었다. 그 방의 주인이던 변호사가 여름휴가 때 챙긴 전리품이었다. 래더와 세 명의 유한 책임 파트너들도 비티와 코거트와 나란히 벽을 따라 서 있었다. 그리고 알록달록한 물고기들이 헤엄치는 유리 수조가 방 한쪽에서 거품을 뽀글뽀글 일으키고 있었다.

앳킨스는, 원한다면 KKR에 마지막으로 새로운 가격을 제시할 수 있는 기회를 이사회가 줄 것이라고 말했다.

"만일 당신네가 아직도 최고 수준의 가격을 아껴 두고 있다면, 이번이 마지막 기회가 될 겁니다."

그 말을 듣는 순간 크래비스와 로버츠는 놀라서 아무 말도 못했다. 비티와 코거트도 당혹한 눈빛을 주고받았다.

'마지막 기회? 최고 수준의 가격? 그걸 우리는 이미 다섯 시간 전에 제시했는데?'

필릭스 로아틴의 목소리가 침묵을 깼다.

"이건 매우 진지한 제안입니다. 이기고 싶으면 아껴 두었던 마지막 카드를 내야 합니다."

그러고는 크래비스의 눈을 바라보면서 말했다.

"당신이 가지고 있는 가장 높은 마지막 제안을 원합니다."

그러자 크래비스는 고함을 꽥 질렀다.

"그건 다섯 시간 전에 했잖아요! 정말 사람 돌아 버리게 만드네."

· ———— ∞ ———— ·

30분 뒤, 비티와 코거트가 수조가 있는 방을 나와서 앳킨스를 찾았다. 앳킨스는 이사회 회의장의 바깥벽에 기대고 서 있었다.

KKR 측이 마지막 제안을 내놓기 전에 두 개의 조건을 달겠다고 비티는 말했다. 첫 번째 조건은 합병 합의서를 작성해 KKR 측 제안의 일부로 이사회에 제출해야 한다는 것이었다.

"왜냐하면 이게 정말 마지막이 되길 바라니까요."

두 번째 조건은 정말 중요한 것이라고 운을 뗀 뒤, 비티는 다음과 같이 요구했다. 만일 자기들이 가격을 제시할 경우 존슨은 물론이고 경영진 쪽의 어느 누구도 마지막 이사회 회의장에 들여보내지 않겠다는 약속을 해 달라는 것이었다.

"만일 존슨이나 경영진 쪽의 그 누구든 우리의 제안 내용을 볼 수 있는 상황이 일어난다면, 우린 이전보다 더 높은 가격을 새로 제안하지 않겠습니다."

"왜 그래야 합니까?"

앳킨스가 물었다. 그러자 이번에는 코거트가 불쑥 끼어들었다.

"다 알잖아요, 나중에 로스가 또 가격을 더 올릴 거 아닙니까? 우리가 얼마를 부르면 존슨은 거기에다 더하기 얼마를 부를 테고…… 계속 반복되는 거 아닙니까?"

앳킨스는 그들의 주장이 일리 있다는 사실을 인정해야 했다. 미처 생각하지 못했던 문제라면서, 다른 사람들과 협의한 뒤에 대답을 해 주겠다고 했다.

5분 뒤, 앳킨스는 마이클 미첼과 데니스 블록을 데리고 빈방으로 들어가서 문을 닫았다. 세 사람은 월스트리트에서 가장 경험 많은 베테랑들이었다. 하지만 KKR 측의 요구로 아주 난처한 상황에 빠지고 말았다. 이사회 회의에 어떻게 그 회사의 최고경영자를 부르지 않을 수 있단 말인가?

"내가 보기에는 로스를 회의장으로 들어오지 못하게 막을 근거가 없을 것 같습니다."

블록이었다. 책장에 꽂혀 있던 온갖 법률 서적들을 꺼내 찾아보았지만 뾰족한 해결책이 없었다. 존슨이 회의에 참석하겠다고 주장할 권리는 얼마든지 있었다. 존슨을 막을 경우 나중에 소송이 제기될 수도 있었다.

"로스를 막을 길이 없습니다."

이번에는 미첼이 말했다.

그러는 사이 10분이 흘렀다.

이사회 결정으로 존슨을 해고하는 방안도 생각해 봤지만 너무 복잡했다.

앳킨스는 점점 초조해졌다. 250억 달러짜리 거래의 운명이 어떤 식으로 전개될지 아무도 모르는 상황이었다.

그때 미첼이 질문을 던졌다. 너무나 쉽고 뻔한 질문이었다.

"그 사람들에게 이사회 회의에 참석할 계획을 가지고 있는지 물어보죠?"

아마도 존슨은 참석하려 하지 않을 터였다. 앳킨스의 눈에 복도에 있던 골드스톤이 보였다. 앳킨스는 아무런 배경 설명 없이, 이사회 회의에 참석해서 추가로 의견을 발표할 사람이 있는지, 지나가는 말투로 대수롭지 않은 듯이 물었다.

"잠깐만요, 확인 좀 해 보고요."

골드스톤은 몇 분 뒤에 돌아와서 이렇게 물었다.

"KKR에서는 누가 참석합니까?"

"아뇨, 아무도."

"그쪽에서 참석하지 않는다면 우리도 안 합니다."

앳킨스는 안도의 한숨을 내쉬었다. 이렇게 해서 골드스톤은 크래비스가 양 진영 통틀어 마지막으로 입찰 가격을 제안할 수 있는 길을 터 주고 말았다.

존슨에게 그의 마지막 이사회 회의에 참석할 생각이 있는지 물어본 사람은 아무도 없었다. 그때쯤 존슨과 그의 '유쾌한 친구'들은 멀리 떨어진 곳에서 술잔을 돌리고 있었다.

•———∞∞∞———•

뉴욕 정치계에서도 활발한 활동을 하던 리처드 비티와 필릭스 로아틴은 이사회 회의장 바깥벽에 기대서서 앳킨스를 기다리는 동안 학교 환경 개선 문제를 놓고 잠시 토론을 했다. 이윽고 앳킨스가 돌아와서 말했다.

"경영진 쪽에 속하는 그 누구도 이사회 회의장에 들어가지 않을 겁니다."

비티는 기대고 섰던 벽을 등으로 밀어내고 크래비스와 로버츠가 기다리고 있는 방으로 돌아갔다.

•———∞∞∞———•

"자, 이번에는 얼마로 써야 하죠?"

이번에는 팽팽한 긴장감 속에 논의가 진행되었다. 이번에 제안할 가격에 이 거래의 운명이 달려 있었다. 어쩌면 KKR의 운명이 좌우될 수도 있었다. 50센트로 승패가 결정될 수도 있었다. 앞서 제시했던 108달러라는 가격도 무모하다고 할 정도로 결코 만만한 수준이 아니었다. 크래비스와 로버츠는 다시 한 번 이 거래에서 손을 떼고 물러서는 문제를 놓고 맞섰다. 자칫 잘못하다간 치명상을 입을 수도 있기 때문이었다.

스콧 스튜어트는 로버츠와 나란히 카우치 소파에 앉아 컴퓨터로 출력한 자료를 뒤적이면서, 크래비스가 방 안을 서성거리며 던지는 질문들에 대답했다.

"그냥 빠집시다. 더 올렸다가는 숨도 못 쉴 겁니다."

스콧 스튜어트였다. 폴 래더는 반대였다. 하지만 어느 부분을 얼마나 더 올릴 수 있을지 명쾌한 근거를 대지는 못했다.

사람들은 계속 방 안을 서성거렸다. 그리고 어느 한순간 이들은 발을 멈추었고, 한 번 더 가격을 올리자는 쪽으로 의견이 모였다. 이런 결정에 아무도 놀라지 않았다. 만장일치 같았다. 마지막으로 한 주당 50센트를 더 올린다, 현금으로…… 전체 금액으로 따지면 대략 1억 1500만 달러였다.

"여기에 대해서 아무도 이의 없습니까?"

로버츠가 물었다. 다들 고개를 끄덕였다. 그때…….

"이의 있습니다."

샌프란시스코의 유한 책임 파트너 제이미 그린이었다. 이틀에 걸쳐 두 번째로 그린은 전략 수정을 제안하고 나섰다.

"우리가 왜 이렇게 해야 하는지 난 모르겠습니다만, 이왕 할 거라면 50센트가 아니라 1달러로 합시다, 물론 현금으로요. 우리는 어렵게 여기까지 왔습니다. 여기까지 온 만큼 이기고 싶지 않습니까?"

"맞는 말이라고 생각합니다."

로버츠가 맞장구를 치고 나섰다.

"그게 바로 우리가 바라는 겁니다. 우리는 어렵게 멀리 여기까지 왔습니다. RJR를 먹겠다고 마음을 굳혔던 거 아닙니까? 당장 눈앞만 보지 말고 멀리 봅시다."

크래비스도 동의했다. 이렇게 해서 그런의 최종 의견인 1달러 인상이 채택되었다.

그리고 마지막 논의 쟁점은 마감 시한이었다. 이 마감 시한을 잠깐 깜박하는 바람에 최종 결정이 무려 여섯 시간이나 늘어졌던 것이다. 이번에는 그런 실수를 저지르지 말아야 했다. 누군가 30분을 제안했고, 로버츠는 15분을 제안했다. 그러자 비티가 고개를 저었다.

"그건 아니죠, 아무리 그래도 어떻게 15분 안에 결정할 수 있겠습니까?"

그래서 30분을 마감 시한으로 제시하기로 결론 내렸다.

이런 논의 결과를 전달하기 위해 비티가 앳킨스와 로아틴을 불렀다. 두 사람이 들어오자 카우치 소파에 앉아 있던 크래비스가 속사포처럼 빠른 말을 던졌다.

"우리의 마지막 제안을 클리프(클리프턴의 애칭)가 읽어 줄 겁니다."

수조 옆 의자에 앉아 있던 클리프턴 로빈스가 큰 소리로 새로운 입찰 가격을 읽었다. 그리고 로버츠와 크래비스가 서명한 합병 합의서를 앳킨스에게 건넸다. 만일 KKR 측의 최종 제안이 받아들여지면, 앳킨스는 그 합의서에 휴겔의 서명을 받아 수조가 있는 방으로 돌아올 터였다.

"30분이 지나기 전에 거기에 서명을 받아 돌아오기를 바랍니다."

로버츠의 말에 크래비스가 한마디 더 보탰다.

"30분 뒤에 우리는 갑니다."

무표정한 얼굴의 앳킨스가 돌아섰고, 로아틴이 그 뒤를 뒤따랐다. 그때 시각이 8시 15분이었다.

이제 도화선에 불은 붙었고, 폭탄이 터지기 전까지 남은 시간은 30분이었다.

· — ❊ — ·

세 층 아래에 있던 스티븐 골드스톤은 배가 고파 죽을 지경이었다. 하루 종일 아무것도 먹지 못했으니 그럴 만도 했다. 기다리는 동안 렉싱턴애버뉴 맞은편에 있는 중국집에 다녀오기로 했다.

나가는 길에 골드스톤은 잭 너스바움을 보고 물었다.

"무슨 생각 합니까?"

"......"

"KKR?"

너스바움이 고개를 끄덕였다.

· — ❊ — ·

최종 입찰안을 손에 든 로아틴과 투자은행가들은 회의장에 딸린 작은 방으로 몰려 들어갔다. 비전문가들이 보기에는 112달러를 제시한 존슨 진영이 109달러를 제시한 KKR 진영을 누르고 이길 게 뻔했다. 하지만 월스트리트에서는 이렇게 간단히 정리되는 경우가 정말 드물다. 코언과 굿프렌드가 리셋 조항을 거부했기 때문에 112달러에서 얼마를 빼야 했다. 과연 얼마를 빼야 할지 투자은행가들은 그 계산을 해야 했다.

몇 분 뒤 로아틴이 이사회 회의장에서 다음과 같이 발표했다.

"양측이 제시한 가격은 108달러에서 109달러 사이입니다. 자세히 살펴보면, 그리고 유례없을 정도로 많은 비중을 차지하는 유가 증권을 놓고 보면, 나의 전문적인 소견으로 판단할 때 양측이 제시한 가격은 근본적으로 동일합니다. 재무적인 관점에서도 양측 모두 아무 하자가 없습니다. 따라서 어느 쪽이 더 유리하다고 말할 수가 없습니다."

무승부라는 말이었다.

이사들로서는 정말 듣고 싶지 않았던 결과였다. 이제 판단을 내리는 일만 남았다. 이사들 모두 다른 사람들이 어떤 생각을 하는지 다 알았다. 하지만 법률적으로 아무 문제가 없는, 다시 말해 진 쪽에서 나중에 소송을 제기했을 때 충분히 방어할 수 있는 법률적인 근거가 필요했다.

이사들이 결정을 내리는 일을 돕기 위해 로아틴은 양측이 제시한 제안의 여섯 가지 차이점을 설명했다. 이사들이 줄곧 요구했듯이 KKR는 주식의 25퍼센트를 주주의 몫으로 남기겠다고 약속했다. 하지만 시어슨은 이사회의 투자은행가들이 여러 차례 반복해서 강조했음에도 불구하고 15퍼센트밖에 남기지 않았다(나중에 토밀슨 힐을 포함해 많은 사람들은, 특별위원회가 주주들에게 돌아갈 주식을 많이 남겨야 할 필요성에 대해 강조한 적이 없다고 주장했다. 하지만 증거를 보면 이들의 주장이 사실이 아님을 알 수 있다. 라저드와 딜런의 투자은행가들이 월요일에 힐과 회의하는 자리에서 분명히 그런 필요성을 강조했다고 여러 사람들이 증언하기 때문이다. 이 회의에 참석했던 살로먼의 찰스 필립스도 투자은행가들이 이와 관련해서 경고하기도 했지만 자기 진영이 승리를 확신하면서 그 경고를 받아들이지 않으려 했다고 인정했다. 그는 이렇게 말했다. "기본적으로 우리는 그걸 무시했습니다.") 크래비스는 나비스코의 일부분만 매각하겠다고 약속했지만, 시어슨은 모두 팔아 치우겠다고 했다. 시어슨은 리셋 조항을 거부함으로써 채권의 안정적인 수익성을 보장하지 않았다. 또한 부서 이동에 따른 보상금 지급 등과 같은 직원 혜택 부분을 보장하는 문제에서도 경영진 쪽의 유연성이 떨어졌다. 코언은 RJR 나비스코 인수가 끝난 뒤에 이런 문제들을 협상할 수 있다며 나중으로 미루었었다.

이제 각각의 이사들은 자기 선택을 정당화할 수 있는 근거가 무엇인지 깨달았다. 존 메들린은 리셋 문제를 선택했다.

"'최대한 노력하겠다'는 시어슨의 약속은 부족합니다. 250억 달러짜리 거래를 하면서 그렇게 말하면 안 되죠. 우리는 그 유가 증권들이 나중에 얼마에 거래될지를 알아야 합니다."

이사들이 고개를 끄덕였다. 앨버트 버틀러는 친구들이 윈스턴살렘의 주식을 가지고 있는 것을 생각하고는 주식의 불일치 문제를 지적했다. 후아니타 크렙스는 직원을 좀 더 공정하게 처우하겠다고 한 KKR의 약속을 높이 평가했다. 윌리엄 앤더슨도 크렙스와 마찬가지였다.

"KKR가 직원을 더 잘 처우할 것이라고 믿을 수 있겠죠?"

아까보다 더 많은 이사들이 고개를 끄덕였다.

스캐든 압스의 보안과 직원들이 마침내 하루 종일 응접실에 갇혀 시끄럽게 떠들어 대던 KKR 측의 투자은행가들을 풀어 주었다. 글리처, 와서스타인, 벡을 포함한 월스트리트의 인수 합병 분야 핵심 인물들은 농담을 하고 온갖 소문들을 주고받으며 그 긴 시간을 보냈었다. 풀려난 투자은행가들은 로버츠와 크래비스가 대기하고 있던 방으로 한꺼번에 몰려갔다. 하지만 케이스 코거트는 다시 한 번 매정하게 이들 앞에서 문을 닫았다.

이사회의 최종 결과를 기다리는 동안 크래비스와 로버츠는 팽팽한 긴장감을 달랠 생각으로 짓궂은 장난을 치기로 했다. 방에 있던 사람들이 웃으며 서류 등 소지품을 챙겨 방에서 나왔다. 그리고 마치 모든 게 끝나 철수하는 사람들처럼 아무 말도 하지 않고 투자은행가들을 지나쳐 아래로 내려갔다.

하지만 투자은행가들은 한순간도 그걸 사실이라 믿지 않았다.

아무도 떠날 생각을 하지 않았다.

◆────◍────◆

약속했던 30분이 거의 다 되었다. 필릭스 로아틴은 이사회 회의장을 빠져나와 크래비스와 로버츠가 기다리는 방으로 달려갔다.

"10분만 더 줘요."

로버츠가 나섰다.

"또 왜 이럽니까? 우린 이제 못 하겠습니다."

"조금만 참아 줘요. 지금 상황으로 볼 때, 만약 그냥 간다면 엄청난 손해를 볼지 모르는데요?"

"이번에는 정말 딱 10분이죠?"

크래비스가 물었다.

"예."

"좋습니다. 그렇게 하죠."

크래비스는, 여태 기다려 왔는데 겨우 10분이라는 시간 때문에 250억 달러를 잃고 싶지는 않았다.

◆────◍────◆

5분 뒤, 회의장 안에서 벌어지는 토론에는 열정이 떨어졌다.

"시간이 다 되어 갑니다. 이제 정합시다."

마틴 데이비스가 먼저 자기 의견을 밝혔다.

"KKR를 추천합니다."

"재청합니다."

"찬성하시는 분?"

휴걸의 질문에 수많은 손들이 허공을 찔렀다.

"반대하시는 분?"

아무도 손을 들지 않았다. 휴걸이 최종 선포를 했다.

"만장일치로 가결되었습니다."

애킨스는 한 무리의 이사회 자문 위원들을 이끌고 KKR 진영이 기다리는 방으로 갔다. 그의 손에는 합병 합의서 사본이 들려 있었다. 얼굴에 아무런 표정도 드러내지 않은 채 애킨스는 합의서 사본을 펼치며 승인이 필요한 세부 조항을 가리켰다. 크래비스는 애킨스가 왜 왔는지 그리고 무얼 하려고 하는지 알지 못했다.

"왜요? 이게 뭡니까?"

비티가 고개를 숙여 바뀐 부분을 검토했다. RJR 나비스코 중역들을 위한 퇴직금과 관련된 내용이었다. 비티는 흔쾌히 대답했다.

"예, 동의합니다."

애킨스는 필요한 사항을 최종적으로 확인한 다음, 크래비스에게 합의서를 건넸다.

"여기, 당신이 서명한 합의서입니다. 이제 이 회사는 당신네 소유입니다."

크래비스는 머릿속이 갑자기 하얘지는 느낌이었다. 얼마나 긴 시간 동안 싸워 왔던가. 지난 6주 동안 몸무게가 4킬로그램 가까이 줄었다. 그는 합의서를 받아 들었다.

"멋지군요."

로버츠는 거의 말을 하지 않았다. 속으로 그는, 앞으로 해야 할 일이 산더미구나, 하는 생각만 했다.

사방에서 축하한다는 소리들이 들려왔다. 곧바로 크래비스는 클리프턴 로빈스에게 지시했다.

"지금 당장 모든 투자은행가들을 회의실에 모이라 하고 그 사람들과 함께 있어요. 그리고 한 가지, 아무도 휴대폰을 쓰지 못하게 해요. 특히 와서스타인, 알죠?"

• ——— ∞ ——— •

앳킨스 일행은 크래비스 측 사람들에게 이사회 결과를 알려 준 뒤 세 층 아래에 있는 시어슨 사람들에게 갔다. 그리고 너스바움과 스턴을 포함한 여러 사람들이 기다리고 있던 회의실 앞에 도착한 뒤에는 앳킨스만 안으로 들어갔다. 스티븐 골드스톤은 중국집에 있다가 스피커폰 상태로 연결되었다. 전화를 받는 순간 골드스톤의 위장이 뒤틀리기 시작했다. 앳킨스의 목소리가 장례식장의 조사처럼 들렸다.

"스티브? 나 피터요."

"예."

"미안합니다. 이사회는 KKR와 합병 합의서를 작성하고 서명했습니다. 양측이 제시한 가격으로만 보면 무승부였습니다. 하지만 여러 가지 근거를 바탕으로 해서 이사회는 KKR 측의 손을 들었습니다."

골드스톤은 온몸이 그 자리에서 굳어 버리는 것 같았다. 하지만 무슨 말이든 해야 했다. 따져야 했다.

"여러 가지 근거라는 게 구체적으로 무엇을 가리키는지 얘기해 줄 수 있습니까?"

앳킨스는 모든 사실은 며칠 안에 나올 증권거래위원회 문서에 자세히 정리되어 실릴 거라고 설명했다. 그러고는 어깨를 한 번 으쓱한 뒤 회의실에서 나갔다.

———◇◇◇———

존슨은 '스카를라티' 레스토랑 카운터에서 골드스톤의 전화를 받았다.

"결과가 어떻게 나왔는지 맞혀 봐요."

골드스톤의 목소리만 듣고도 모든 걸 알 수 있었다.

"놀랍군요."

쾌활함은 어느 틈엔가 그에게서 사라지고 없었다. 그는 무척 피곤했다.

"KKR가 이겼단 말이죠."

잠시 말이 없다가 다시 입을 열었다.

"그럼 다들 솔로 빌딩에서 보도록 하죠."

존슨은 식탁으로 돌아와서 나쁜 소식을 전했다.

"갑자기 입맛이 없어졌네요. 돌아가서 우리 병사들 얼굴이나 보자고요."

———◇◇◇———

축하한다는 말과 등 두들김이 난무하는 가운데 찰스 휴걸은 크래비스를 붙들고 빈방 하나를 찾아서 들어갔다.

"축하합니다. 당신네가 사들인 회사가 굉장하다는 거 알죠? 근데 딱 한 가지 실수를 했더군요."

"그게 뭡니까?"

"폴 스틱트. 그 사람을 조심해야 합니다. 그 얘기를 처음 들었을 때 이사회 사람들이 한동안 난리를 쳤었죠. 그럴 만한 이유가 있다는 걸 알아야 합니다."

크래비스는 고개를 끄덕였다.

"이제 신중하게 천천히 해요. 좋은 사람들이 더 많이 있으니까요. 과도기 동안 내가 도울 일이 있다면 기꺼이 돕겠습니다."

크래비스와 헤어진 뒤에 휴걸은 통풍으로 아픈 다리를 질질 끌다시피 해서 1층 로비로 내려왔다. 1층에서는 건물 바깥에서 진치고 있는 기자들을 피할 수 있게 보안과 직원이 휴걸을 뒷문으로 안내했다. 그런데 휴걸이 간신히 차에 다다랐을 무렵 기자들이 그를 발견하고 우르르 달려왔다. 이를 본 보안과 직원이 서둘러 자동차 문을 닫았는데, 그 문이 미처 들어가지 못한 휴걸의 발을 쳤다. 그런데 운이 없게도 통풍으로 아픈 발이었다. 비명을 지르고 싶을 정도로 아팠다. 고통스러운 과정에 걸맞은 고통스러운 마침표라고 휴걸은 생각했다.

이런 소동이 벌어지는 틈을 타 크래비스와 로버츠는 기자들의 눈에 띄지 않고 정문으로 빠져나와 인근에 있던 이탈리아 음식점 '일 니도'에서 자축하며 저녁 시간을 보냈다.

———— ∞ ————

캐럴라인 롬은 파크애버뉴의 아파트에서 전화기 옆에 앉아 크래비스가 전화해 주기만을 기다렸다. 그리고 마침내 기다리던 크래비스의 전화가 왔다. 그 시각을 롬은 분 단위까지 기억했다. 밤 10시 36분이었다.

"우리가 먹었어!"

롬은 두 팔을 쭉 뻗으며 환호성을 질렀다.

"이예에!"

패장이었지만 존슨은 부하들에게 인자했다. 솔로 빌딩에 도착한 그가 가장 먼저 한 일은 바를 여는 것이었다. 그는 스카치 병을 손에 든 채 중역 한 사람 한 사람과 이야기를 나누고 이들의 등을 두드려 위로하고 또 멋지게 싸운 걸 축하했다. 제임스 로빈슨이 자기 아내 그리고 스티븐 골드스톤과 함께 나타나자 존슨은 그에게 말했다.

"우리는 이제 가장 확실한 길을 가게 될 겁니다. 이 사람들에게는 새로운 주인이 생겼습니다. 힘들고 고통스러운 일이 많이 일어나지 않기를 우리는 바라고 있죠. 게임은 끝났습니다. 사실 좀 더 일찍 끝날 수도 있었는데 우리가 시간을 많이 끌었죠. 저쪽 사람들이 당신 눈을 팔꿈치로 때리든 엉덩이를 걷어차든, 그건 중요하지 않습니다. 세상일이란 게 다 그런 거 아닙니까? 그냥 우리 인생을 열심히 살자고요."

하지만 존슨처럼 모든 사람들이 패배를 선선히 받아들이지는 않았다. 밤이 깊어지면서 에드워드 호리건의 심정은 점차 비통함으로 바뀌었다. 오랜 세월 여러 회사와 직업을 전전했던 존슨과 달리 호리건은 처음부터 '레이놀즈맨'이었다. 그는 윈스턴살렘에서 언제나 거물 인사였다. 존슨은 혹시 자기들이 질지 모른다는 말을 했지만, 정말 그런 일이 일어나리라곤 꿈에도 생각하지 않았다.

"우리는 완전히 속았습니다."

호리건이 존슨에게 불평했다.

"에드, 우린 지금까지 엄청 욕을 먹어 왔잖아요. 젠장, 난 피뢰침처럼 욕을 도맡아 들었고요. 하지만 이제 하던 일을 계속 해야죠. 돌아가서 사업이 잘 유지되게 해야죠."

존슨은 계속해서 말했다.

"틀림없이 엄청난 변화가 회사에 불어닥칠 겁니다. 물론 한동안은 괜찮겠죠. 하지만 머지않아 사람들은 새 주인에게 우르르 달려가겠죠. 왕은 죽었습니다. 국왕 만세!"

호리건의 분노는 눈덩이처럼 점점 커졌다. 그러다가 어느 시점에선가 호리건은 복도에서 존 마틴과 싸웠다. 싸움은 존슨이 말려야 할 정도로 격렬했다. 속죄양을 찾던 호리건이 마틴이 '언론 플레이'를 제대로 하지 못했다며 타박한 게 시발점이었다.

"당신은 이 지구상에 발을 딛고 걸어 다니는 사람들 중에서 제일 무능한 개새끼야, 알아?"

호리건의 고함에 마틴이 응수했다.

"말 다 했어? 좋아 그래, 할 말이라면 나도 많아!"

두 사람은 주먹다짐까지 벌일 태세여서 존슨은 황급히 두 사람 사이에 끼어들어 뜯어 놓았다.

"지금 우리가 싸울 때가 아닌데 왜들 이래요? 우린 여태까지 훌륭한 한 팀이었잖소. 우린 잘해냈습니다. 잘못한 게 있으면 그건 다 내 탓입니다."

그 와중에도 호리건과 마틴은 잡아먹을 듯이 서로를 노려보았다.

"제발……, 왜들 이러시나? 자자, 악수!"

호리건은 존슨의 손을 뿌리쳤다.

"내가 저 좆같은 인간의 손을 잡고 악수할 일은 없습니다."

자정을 훌쩍 넘긴 시각, 다들 집으로 돌아가고 골드스톤과 로빈슨 부부 그리고 존슨 부부만 남았다. 다섯 사람은 벽면이 유리로 된 회의실의 원탁을 가운데 두고 둘러앉았다. 린다 로빈슨이 존슨을 도와 다음 날 아침에 발표할 보도 자료 작성하는 일을 함께했다.

골드스톤은 존슨의 몸과 마음에서 긴장이 서서히 풀리기 시작한다는 걸 알 수 있었다. 존슨이 골드스톤을 바라보며 빙긋 웃었다. 그리고 이렇게 물었다.

"그때 기억나요? 단둘이 앉아서 이 일에 관해 이야기하던 때."

골드스톤의 입가에 미소가 피어올랐다. 골드스톤은 베란다에 앉아 플로리다의 낙조를 바라보던 그날을 떠올렸다. 아주 오래전 일이었다. 어쩐지 실제보다 훨씬 더 오래된 옛날 일 같았다.

존슨이 웃음을 터뜨렸다.

"정말 고통스러웠어요, 당신이 말한 것처럼. 하지만 난 그때 내가 당신에게 했던 것과 똑같은 말을 지금도 할 수 있어요. 나로서는 내가 선택한 길이 옳다고 생각해요. 주주들을 위해서는 최상의 방법이었죠. 당연히 해야 했던 옳은 일이었어요."

존슨의 운전기사 프랭크 맨시니가 회의실 바깥에 나타났다. 그는 사람들이 이제 그만 헤어지길 기다렸다. 존슨이 자리에서 일어나며 말했다.

"자, 다들 집에 갑시다."

LBO의 쇠퇴와 함께
한 시대가 저물고

*
*
*

다음 날 아침, 로스 존슨은 애틀랜타행 비행기를 탔다. 떠나기 전에 그는 언론에 배포하는 보도 자료를 구술하며, '최상의 입찰안'이 승리를 거두었다는 말을 특히 강조해서 넣었다. 린다 로빈슨이 이 보도 자료 초안을 피터 코언에게 보냈다. 코언은 벌컥 화를 냈다. 그러고는 스티븐 골드스톤에게 고함을 질렀다.

"이게 나가면 우린 죽습니다! 우리를 죽일 셈입니까?"

순간 골드스톤은 혼란스러웠다.

'우린 이미 죽은 거 아니었나? 아닌가? 아직 끝나지 않았다는 말인가? 입찰은 다 끝났는데……'

골드스톤은 전화를 끊은 뒤 남쪽을 향해 날아가는 비행기 안의 존슨에게 전화를 했다. 몇 분 뒤 존슨은 코언에게 전화를 걸어 6주 만에 처음으로 단호한 입장을 취했다.

"피터, 이젠 끝났어요. 내가 끝냈습니다. 그래서 어쩌려고요? 회사와 주주들은 이미 우리 손을 떠났는데…… 다 끝났다고요."

하지만 코언과 힐, 시어슨의 다른 딜메이커들은 그 뒤로도 며칠 동안 크래비스를 거꾸러뜨릴 방법을 찾았다. 소송을 제기하는 방안도 모색했다. 하지만 결국 아무것도 하지 못했다. 닷새 뒤 크래비스는 승자의 월계관을 썼고, 시어슨 리먼 허턴은 성명서를 통해 RJR 나비스코 인수 전쟁이 끝났음을 공식적으로 인정했다.

──── ∞ ────

수요일 밤, 킴 페너브레스크가 제임스 마의 사무실로 뛰어들어왔다.

"존 그리니스가 와 있습니다. 우리와 할 이야기가 있다고 하네요."

아래층 회의실에 있다고 했다. 마는 페너브레스크가 이끄는 대로 끌려가듯 방으로 들어갔다. 그 순간 방이 좁을 정도로 모여 있는 사람들이 입을 모아 외쳤다.

"축하합니다아!"

깜짝 파티였다. 마는 그날이 자기 생일이란 사실을 깜박 잊고 있었다. 방에는 색색의 풍선들이 가득했고 케이크와 샴페인이 마련되어 있었다. 페너브레스크가 축배를 들었다.

"나는 여태까지 12월에 우리 대장을 위해 건배할 기회를 단 한 번도 그냥 보낸 적이 없습니다. 물론 이건 월스트리트의 1월 보너스를 조금이라도 더 많이 받겠다는 의도와는 전혀 무관한 일입니다."

사람들이 '와아!' 하고 웃었다.

"지난 2주 동안 열심히 일한 모든 사람들을 대표해서, 창조적인 영감이 넘치는 우리 대장의 리더십을 높이 평가하며, 자랑스럽게 생각합니다. 우리 대장을, 위하여!"

RJR 나비스코 인수 전쟁 경험은 마의 부서에 좋은 약이 되었다. 많은 사람들이 퍼스트 보스턴은 끝났다고 말했지만, 1989년 상반기에는 월스트리트의 다른 어떤 은행보다 많은 인수 합병 거래를 성공적으로 이끌었다. 퍼스트 보스턴은 주로 프리츠커와 손잡고 일했으며, 특히 1989년에 퍼스트 보스턴과 프리츠커가 손잡고 '아메리칸 메디컬 인터내셔널'을 16억 달러에 인수한 일은 압권이었다. 1990년 9월에 마는 퍼스트 보스턴의 부회장이 되었다.

⎯⎯ ❀ ⎯⎯

그동안 자신이 이루었던 일 가운데 가장 커다란 일을 해낸 다음 날, 크래비스는 어머니의 여든 번째 생일을 축하하기 위해 플로리다로 날아갔다. 그리고 그다음 날에는 애틀랜타로 갔다. 피 말리는 싸움을 통해 새로 인수한 회사를 점검했다. 패배 속에서도 꿋꿋하게 일어선 존슨이 공항으로 그를 마중하러 나갔다.

"어서 와요, 친구. 당신은 정말 죽여주는 회사를 산 겁니다."

존슨은 자신의 메르세데스에 크래비스를 태우고 RJR 나비스코의 본사 건물인 갤러리아로 갔다. 그리고 본사의 여러 부서를 안내하고는 자기 사무실은 당장 비우겠다고 했다.

"내가 지금 여기 있는 이유는 당신이 원하는 모든 것을 다 하기 위해서입니다. 비행기도 당신 거고, 회사도 당신 겁니다."

"아아, 로스, 왜 이럽니까……. 천천히 하자고요."

크래비스는 로스에게 앞으로 몇 달 동안은 사람이 바뀌는 일 없이 그대로 갈 거라고 했다.

"그러니 여태까지 해 왔던 대로 계속 회사를 경영해 주면 됩니다."

그날 오후 크래비스는 윈스턴살렘으로 가서 에드워드 호리건을 만났다. 호리건 역시 존슨만큼이나 친절했다. 하지만 곧 드러난 사실이지만 존슨과는 다른 이유에서였다. 과거에 존슨이 그랬던 것처럼 크래비스는 호리건의 담배 산업 분야 전문성을 필요로 했다. 그래서 호리건은 크래비스의 권고를 받아들여 KKR 팀의 임시 멤버가 되었던 것이다.

일주일 뒤에 크래비스는 뉴욕에 있으면서 호리건의 전화를 받았다.

"이 말은 꼭 해야겠습니다. 난 이제 이인자 노릇은 그만 할 생각입니다. 이제는 역사 속의 인물이 되어 버린 세 사람, 누군지 알죠, 폴 스틱트, 타일리 윌슨, 그리고 로스 존슨, 이 세 사람 아래에서 이인자로만 있었습니다. 최고경영자가 되고 싶습니다. 그게 아니면 여길 떠나겠습니다."

이렇게 해서 두 사람 사이에는 갈등의 이인무二人舞가 펼쳐지기 시작했다. 자금을 빌려주는 은행들을 상대로 하는 주요 프레젠테이션이 있을 때마다, 호리건은 최고경영자가 될 것도 아닌데 그런 자리에 자꾸 나서는 게 옳지 않다고 생각한다는 말을 하며 뒤로 빠지곤 했다. 자신이 회사와 함께 갈 것도 아닌데 자기가 나서서 설명회를 하면 은행 사람들이 오해하고 잘못 판단할 수도 있다는 게 그가 내세운 이유였다. 하지만 그때마다 크래비스도 교묘하게 한 발짝 옆으로 비켜나며 호리건의 미래는 아직 확정된 게 없다는 점을 분명하게 했다. 하지만 결국 크래비스가 더는 참지 못하고 이렇게 말했다.

"나도 당신이 꼭 나서야 한다고는 생각하지 않습니다. 그만 물러나는 게 어떻겠습니까?"

2월 중순에 호리건은 사직서를 냈다. 회사를 나오면서 그가 받은 것은 윈스턴살렘에 있는 비서가 딸린 호화로운 사무실, 그가 살고 있는 뉴욕의 회사 아파트와 팜비치 외곽의 집을 살 수 있는 권리(이 권리를 그는 즉각 행사했다), 그리고 4570만 달러어치의 '황금 낙하산'이었다. 나중에 호리건은 이 돈의 일부로 애틀랜타에 있는 사탕 회사를 샀다.

• ──────ооо────── •

1989년 2월 9일 오전 8시, 크래비스는 엄청난 돈이 쏟아져 나오는 수문水門을 열었다. 이날 아침 드렉설 버넘 램버트는 50억 달러의 수표를 건넸다. KKR에 제공하겠다고 약속했던 브리지론이었다. KKR는 20억 달러를 자기네 은행 계좌에서 RJR 나비스코로 이체시켰다. '매뉴팩처러스 하노버 트러스트 컴퍼니'는 전 세계의 은행권에서 119억 달러를 조성한 뒤, 이 돈을 KKR를 위한 에스크로 계정†에 넣었다.

모두 189억 달러로 인수에 필요한 현금 지불 부분이었다. 이 금액은 미국의 금융 시스템에서 단일하게 흘렀던 현금의 물줄기로 치자면 역사상 가장 커다란 홍수였다. 연방준비은행은 10억 달러가 넘는 돈에 대해서는 송금을 할 수 없었다. 따라서 여러 연방준비은행 지점들이 나서서 8억 달러에서 9억 5000만 달러까지 나누어서 돈을 옮겼다. 현금의 이동이 워낙 크다 보니 미국의 통화 공급 통계가 일시적으로 왜곡되는 현상이 나타나기도 했다.

리처드 비티의 법률 회사 '심슨 대처 앤드 바틀릿'의 30층 회의실에서는 200명이나 되는 변호사들과 투자은행가들이 빽빽하게 자리해서 이른바

---

† 에스크로 계정escrow account은 둘 이상의 거래 당사자가 거래를 완료하는 동안 자금을 신탁하는 계정이다. 이는 신뢰할 수 있는 제3자가 신탁 계정의 자금을 보호하는 것을 의미한다. 자금은 계약을 이행한 후 판매자에게 지급된다. 판매자가 의무를 이행하지 않으면 자금은 구매자에게 반환된다.

에필로그: LBO의 쇠퇴와 함께 한 시대가 저물고

'금융 공병단'의 임무를 수행했다. 이들은 현금이 흘러가는 과정을 꼼꼼히 감시하며 현금이 지류에서 본류로 흘러들어갈 때 현금의 흐름을 막기로 하고 풀기도 하면서 모든 일이 차질 없이 진행되도록 관리했다. 이 일은 오전 10시 45분에 모두 끝났다. 현금은 모두 가야 할 곳으로 갔고, RJR 나비스코의 임자도 바뀌었다.

존슨은 이날 공식적으로 사임했다. 그리고 5300만 달러로 평가되는 '황금 낙하산'도 받았다(이 평가액은《비즈니스위크》가 계산했다). LBO 전쟁 이전에 존슨이 주문했던 최신예 걸프스트림 제트기의 처녀비행은 존슨을 주피터로 태워 주는 것이었다. 존슨은 떠나기 전에 마지막 성명을 발표했다.

"우리가 지난 10월에 시작했던 과정은 회사의 주주들에게 이익을 안겨 주었으며 또한 우리의 다양한 사업 부문들이 가지고 있는 금융적인 힘을 입증했습니다."

그러나 RJR의 주주들이 가장 많이 모여 있는 노스캐롤라이나의 윈스턴살렘은 엄청난 돈이 흘러들어 왔음에도 불구하고 존슨에게 고마워하지 않았다. 전쟁에서 크래비스가 이기자마자 "잘 가 로스, 어서 와요 KKR"라고 쓴 현수막들이 나붙기 시작했다. 2월 말에는 무려 20억 달러에 이르는 수표가 윈스턴살렘으로 우송되었다. 윈스턴살렘은 '벼락부자의 도시'가 되었다. 돈의 홍수는 마지막 남아 있던 RJR의 주식을 몽땅 쓸어갔다. 수많은 사람들이 주식을 팔지 않겠다고 우겼다.

"나는 절대 안 팔 겁니다! 돌아가신 아버지가 RJR 주식은 절대 팔지 말라고 했단 말이오!"

그 바람에 윈스턴살렘의 주식 중개인들은 이들을 설득하느라 애를 먹었다. 이젠 팔아야 한다고, 세상이 바뀌었다고.

윈스턴살렘에 수표가 들어와 거액의 현금이 넘쳐나자 타지의 금융 컨설턴트들이 대거 몰려들어 어떻게 하면 새로 생긴 돈을 가장 잘 쓸 수 있을지 상담하기 시작했다. 레이놀즈의 주차장에 놓인 전단을 통해, 혹은 시도 때도 없는 전화를 통해, 그리고 '홀리데이 인'에서 열리는 숱한 강연회를 통해 주식 중개인들은 갑자기 뚝 떨어진 현금을 효율적으로 시장에 재투자하게 해 주겠다고 떠들었다. 이런 모습에 대해 당시에 사람들이 가장 많이 보여 주었던 못 믿겠다는 듯한 반응은, "나더러 '주식'을 사라고요?"였다.

은퇴한 주식 중개인 내비 암필드 주니어는 이렇게 말했다.

"이걸 알아야 합니다. 레이놀즈는 주식이 아니었습니다. 그건 종교였습니다."

암필드는 심지어 윈스턴살렘 사람들이 느끼는 좌절감을 표현해 사람들 사이에서 엄청난 인기를 끌었던 노래 가사를 녹음해 두고 있었다. 이 노래는 크리스마스 캐럴인 〈프로스티 더 스노맨Frosty the Snowman〉을 개사한 것인데, 가사 일부를 소개하면 다음과 같다.

F. 로시 눈사람은 10억 달러를 벌어들일 꿈을 꾸었죠.
당신들은 탈지 우유를 가질 수 있어요, 내가 크림으로 그걸 만들어 줄게요.
이봐요, 시골 사람들, 여기 정말 멋진 거래가 있어요.
당신들은 밀 쭉정이를 가지고 난 밀 알갱이를 가질 게요.

12월에 존슨은 이사들에게 "모두 멋지게 잘해낸 걸 축하합니다. 주주들이 이겼습니다"라는 메모와 함께 장미꽃 열두 송이를 보냈다. 그리고 마지막 이사회 회의에 참석하기 전에 이들과 식사를 함께했다. 그 자리에서 다들 정중한 대화를 나누었지만 보상에 관해서는 아무런 말도 하지 않았다. 이사회의 존 매콤버는 존슨에게 보복해야 한다는 마음에 1988년 경영진이 받을 보너스를 취소해야 한다고 제안했다. 전 회장 로버트 섀벌은 나비스코의 매각 이야기를 할 때 눈물까지 흘렸다. 마틴 데이비스는 특별위원회의 위원들이 각자 25만 달러씩 수수료를 받아야 한다는 생각을 억눌러 가라앉혔다.

윈스턴살렘 이사들에게는 여론의 비난이 집중적으로 쏟아졌다. 사교계의 한 부인은 크리스마스 파티 초청자 명단에서 존 메들린과 앨버드 버틀러를 빼 버렸다. 담배 회사의 한 직원은 어느 날 메들린에게 가서 이렇게 말했다.

"솔직히 내가 당신 은행에 100만 달러를 예치해 두고 있다면 정말 좋겠습니다. 그래야 이 돈을 빼내서 당신에게 조금이라도 상처를 줄 수 있을 테니까요."

하지만 다른 이사들은 상관없었다. 오히려 더 즐거웠다.《유에스에이투데이》는 찰스 휴걸을 1988년의 기업계 영웅들 가운데 한 사람으로 선정했다. 그의 '컴버스천 엔지니어링 컴퍼니'는 다음 해 스웨덴 회사에 매각되었고, 휴걸은 새로운 주인 아래 명예회장이라는 직함을 받았다. 존 매콤버는 미국수출입은행의 회장이 되었다. 버넌 조던은 유임된 메들린과 함께 새로 구성된 RJR 이사회의 이사가 되었다.

폴 스틱트는 RJR의 회장으로 세 번째 임기를 시작했다. 그리고 취임하자마자 RJR의 본사가 애틀랜타에서 윈스턴살렘으로 이전될 것이라고 발표함으로써(이건 잘못된 발표였다) 엄청난 소동을 일으켰다. 그는 그토록 좋아하던 제트기를 타고 바쁘게 날아다녔다. 그리고 자신이 쓰던 '유리 동물원'의 옛날 사무실을 되찾았다. 그는 로스 존슨의 몰락을 보는 게 즐거웠다. 하지만 치러야 했던 대가가 적지 않았음은 그도 인정했다. 다시 RJR 회장이 되고 며칠이 지난 뒤 한 방문객에게 이런 말을 했던 것이다.

"솔직히 기분이 좋지 않죠. 차라리 이런 일이 일어나지 않으면 좋았을 텐데……."

스틱트는 물론 과도기의 허울뿐인 최고경영자였다. 크래비스는 스틱트 주변에 KKR의 유한 책임 파트너들을 포진시켰으며, RJR 중역들에게 스틱트가 해악을 끼치지 않게 통제하는 일을 맡겼다. 그리고 앞으로 계속 최고 경영자 자리를 맡아 줄 수 있는 사람을 찾아 나섰다.

3월 9일 화요일 저녁, 제임스 로빈슨은 아파트에서 전화를 한 통 받았다. 오랜 세월 아메리칸 익스프레스에서 그의 이인자로 있던 루이스 거스트너였다.

"아침에 좀 뵈었으면 합니다."

로빈슨은 일정이 꽉 차서 힘들겠다고 했다. 거스트너는 긴급한 일이므로 꼭 만나야 한다고 했다. 그래서 다음 날 새벽에 로빈슨의 아파트로 거스트너가 찾아오기로 했다. 그런데 이날 거스트너는 폭탄선언을 했다. RJR 나비스코의 차기 회장이 될 거라고 했다.

그날 아침 로빈슨이 리무진을 타고 출근하던 길에 전화 한 통이 걸려 왔다. 크래비스였다. 크래비스는 거스트너를 빼 가게 되어 미안하다면서 아메리칸 익스프레스를 곤란하게 만들 의도는 전혀 아니라고 했다. 로빈슨은 더 없이 외교적인 발언을 했다.

"헨리, 훌륭한 판단을 내린 걸 축하합니다. 그런데 한 가지 실수를 했습니다. 나한테도 그 자리에 앉을 생각이 있는지 물어봤었어야죠."

두 사람은 함께 웃었다. 하지만 두 사람 사이에 아직 앙금이 남아 있다는 사실은 누구도 부인할 수 없었다.

월스트리트는 좁은 동네다. 크래비스는 곧바로 지난 싸움의 과정에서 생긴 상처들을 치료하는 데 나서 2월에는 피터 코언과 화해했다. 실제로 토밀슨 힐에게는 '노스웨스트 에어라인스'의 인수 가능성 여부를 타진하는 일을 맡기기도 했다. 크래비스와 토머스 스트라우스 사이의 관계는 여전히 껄끄럽게 남았다. RJR 나비스코의 인수 전쟁 직후 스트라우스는 파크애버뉴 아파트로 이사했는데, 크래비스 부부의 집이 바로 아래에 있었다. 그리고 스트라우스가 아파트 내부를 개조하는 공사를 할 때 크래비스 부부의 집 벽에 금이 가는 일이 있었다.

크래비스는 린다 로빈슨과의 관계도 예전처럼 회복했다. 거스트너의 일이 있고 난 직후 그녀는 크래비스가 자기에게 전화했다는 메시지를 받았지만 무시하고 전화를 걸지 않았다. 며칠 뒤 그녀는 크래비스로부터 작은 도자기 개집을 선물로 받았다. 예쁜 메모지 한 장이 딸려 있었다. 메모지에는, 자기는 로빈슨 부부의 개집에 살고 있다고 쓰여 있었다. 린다 로빈슨은 며칠을 더 기다린 뒤에 크래비스에게 20파운드짜리 개 사료 한 포대를 선물로 보냈다. 이렇게 해서 과거의 모든 일은 용서되었다. 두 사람은 지금도 여전히 경주마 '트릴리언'을 공동으로 소유하고 있다.

물론 월스트리트의 상처를 다스리기 위해 막대한 금액의 수수료들이 나갔음은 말할 것도 없다. RJR 나비스코 싸움에서 운 좋게 승자 쪽으로 줄을 잘 선 회사들은 돈벼락을 맞았다. 드렉셀 버넘은 35억 달러의 브리지론으로 2억 2700만 달러의 수수료를 거두어들였다. 드렉셀이 번 돈은 그게 전부가 아니었다. 정크 본드를 팔아서는 이보다 더 많은 돈을 벌었다. 메릴린치는 브리지론 조달 과정에서 한 역할로 1억 900만 달러를 받았다. 200개 은행 연합은 145억 달러를 대출해 줘서 3억 2500만 달러를 벌었다. KKR는 투자자들로부터 수수료로 7500만 달러를 벌어들였다. 모건 스탠리와 와서스타인 퍼렐라는 각각 2500만 달러를 받았다. 심지어 크래비스는 자기로 인해 마음의 상처를 받았을 사람들에게까지 넉넉히 베풀었다. 제프 보이시의 골드만 삭스에는 '델몬트'를 공매하는 일을 맡겼고, 필릭스 로아틴의 라저드 프레어스에는 'ESPN'의 지분을 사들이는 일을 맡겼다.

RJR 나비스코 인수를 기념하기 위한 만찬은 오랫동안 기억될 것이다. 이

행사는 피어 호텔의 그랜드볼룸에서 열렸는데, KKR의 변호사와 투자은행가, 친구 400명이 참석했다. 랍스터가 나오고, 까마중 소스를 곁들인 송아지 고기가 나오고, 높이가 1미터 가까이 되는 케이크가 나왔다. 케이크는 RJR 나비스코에서 만든 온갖 제품들을 그대로 본떠 만든, 먹을 수 있는 모사품들로 장식되어 있었다. 이 케이크 위로 동 페리뇽이 흘렀다.

리처드 비티가 이 행사의 개식사를 했다.

"오늘 밤 KKR의 모든 친구들을 볼 수 있어 정말 기쁩니다. 우리 모두 이 자리에 모일 수 있도록 하는 데 수수료만 10억 달러가 들었습니다."

비티는 평소와 다르게 적과 친구를 똑같이 놀렸다.

"아, 저기 우리의 '미친개' 제프 벡이 있네요. 제프, 오늘 이 자리에서 벌어지는 일은 모두 기밀 사항이니까 딴 데 가서 얘기하면 안 됩니다, 알죠?"

사람들이 와아 하면서 웃음을 터뜨렸다. 그러자 벡이 고함을 질렀다.

"나 아냐! 와서스타인에게 얘기해요, 와서스타인에게!"

RJR 나비스코를 둘러싼 전쟁은 '미친개' 벡이 마지막으로 활약한 무대로 남았다. 1990년 1월에 《월스트리트저널》은 벡의 화려한 이력 가운데 상당 부분이 허구라는 기사를 실었다. 벡이 베트남 전쟁에서 훈장을 받은 전사이며 10억 달러의 유산을 받은 상속자라는 따위의 이야기들은 실제 사실로 여러 차례 사람들 입에 회자되었다. 이런 일화들 가운데 몇몇은 원래 이 책 초고에 실려 있었다. 하지만 사실을 확인하는 과정에서 근거를 확인할 수 없어 최종 원고에는 빠졌다. 벡의 과거가 허구일지 모른다는 내용이 앞서 언급한 《월스트리트저널》에 기사로 발표되었다. 이 기사가 나온 뒤에 벡은 드렉셀에서 사임했다.

승리를 거두고 몇 달 동안 크래비스는 단연 돋보였다. 파티장이나 사교계 모임에서 사람들은 '헨리 왕이 납신다, 길을 비켜라!' 하며 축배를 들었다. 5월에 그는 아내 롬과 몇몇 친구들을 데리고 인도로 여행을 가서 인도 총리 라지브 간디, 자이푸르의 상징적 통치자인 마하라자와 함께 식사하는 호사를 누렸다. 크래비스와 롬은 재스민, 월하향, 장미 등으로 만든 두툼한 화환을 목에 걸고, 황금과 색색의 옷으로 단장한 코끼리들이 행진하는 코끼리 축제에서 손님으로 융숭한 대접을 받았다. 배를 타고 강을 유람했으며, 시타르†를 켜며 부르는 노래를 들었고, 또 모닥불에 구운 음식을 먹었다. 마하라자의 저택에서는 재스민을 얹은 얼음덩이를 통과한 시원한 선풍기 바람을 쐬었다. 당시에 오스카 더 라 렌타는 이렇게 말했다.

"이게 우아한 게 아니면, 도대체 우아한 게 뭐가 있을까?"

이처럼 인생은 즐거웠다.

하지만 크래비스의 승리는 오래 지속되지 않았다. 1989년 8월, 크래비스와 제리 콜버그 사이의 불화가 한층 깊어진 끝에 마침내 제리 콜버그가 여러 건의 LBO 투자에서 비롯된 수익금 분배에서 자기는 배제되었다면서 KKR를 상대로 소송을 제기했다. 이 소송은 1990년 초에 취하되었다. 하지만 합의금은 확정되지 않았다. 콜버그가 소송을 제기한 직후 크래비스는 처음으로 문제가 불거져 언론에 보도되는 상황을 맞았다. 채무 변제 시한을 연장하지 않으면 '오언스-일리노이'를 포함한 세 건의 LBO와 관련된 부채 지급을 하지 못하게 되는 상황으로 내몰렸던 것이다. 당시 《뉴욕타임스》가 내걸었던 표제는 '빚으로 지은 집에 금이 가다'였다.

크래비스는 근거 없이 떠드는 공연한 법석이라고 주장하며 유럽 회사들을 인수하는 일에만 관심을 집중했다. 하지만 RJR 전쟁이 벌어진 지 1년 뒤, 크래비스는 새로운 LBO를 시작해야 했다. 경쟁은 여전히 치열했다. RJR 전

---

† 인도의 전통 현악기.

쟁 때 여론에 호되게 당한 뒤로 크래비스는 '노스웨스트 에어라인스'처럼 여론의 관심이 쏠리는 사냥감에 손대기를 주저했다. 언론과 경쟁자들은 크래비스의 솜씨가 옛날과 달라진 게 아니냐고 공개적으로 떠들고 나섰다.

한편 RJR의 최고경영자가 된 거스트너는 신속하게 존슨의 제국을 허무는 일에 착수했다. 거스트너는 리처드 비티를 법률 고문으로 두고 제트기 여덟 대 가운데 일곱 대를 매각했으며, 열 채가 넘는 회사 소유의 아파트와 저택을 매각했다. 존슨이 자랑하던 격납고는 팔 수가 없었다. 구매자가 나서지 않았기 때문이다. 그래서 비티는 1989년 9월에 다음과 같이 불평하기도 했다.

"그건 너무 호화로워서 도저히 팔아 치울 수가 없습니다."

'매킨지 앤드 컴퍼니'의 컨설턴트들이 애틀랜타의 본사로 떼 지어 몰려가서 모든 것을 대상으로 자산 평가 작업을 실시했고, 이 가운데 많은 것들을 매각했다. 직원들은 마치 점령군의 군화에 짓밟히는 듯한 느낌을 받았다. 많은 사람들은 이런 상황을 더 이상 견디지 못했다. 4월에 크래비스는 본사를 뉴욕으로 옮긴다고 발표했는데, 관리자급 직원 가운데 겨우 10퍼센트만 뉴욕으로 따라가겠다고 나섰다. 이렇게 저항했던 이들 중 한 사람은 당시에 이런 말을 했다.

"이제는 내가 회사를 위해 일한다는 생각이 들지 않습니다. 투자를 위해 일한다는 생각밖에 들지 않습니다."

얼마나 훌륭한 투자가 될 것인지는 여전히 불확실했다. 회사는 1989년에 33억 4000만 달러의 부채를 갚고 11억 5000만 달러의 순손실을 기록했다. 1990년 상반기에는 3억 3000만 달러의 적자를 기록했다. 하지만 무엇보다 중요한 현금 흐름은 튼튼했고, 몇몇 식품 사업 부문을 매각해서 50억 달러를 챙겼다(델몬트의 통조림 식품 사업부는 로버트 카보넬이 포함된 한 무리에게 매각되었고, 카보넬은 이 새로운 회사의 사장이 되었다).

존 그리니스는 자기 입으로 했던 약속을 지켰다. 1989년에 나비스코의 영업 이익을 50퍼센트 늘리고 현금 흐름을 세 배로 증가시켰던 것이다. LPGA 대회인 다이나 쇼어의 예산도 반으로 줄였으며, PGA 대회에 대한 후원 비용도 대폭 줄였다. 'RJR 나비스코팀'에 속한 사람들도 대폭 추려 냈다. 이런 식으로 확보한 나비스코의 수익은 계속 유지하기 힘들다는 사실이 밝혀졌지만, 그리니스는 크래비스의 신임을 받아 RJR 나비스코의 이사회 이사로 이름을 올렸다.

하지만 '레이놀즈 타바코'의 상황은 악화되었다. 1989년 3월에 RJR는 연기 나지 않는 담배 프리미어 사업을 폐기했다. 그리고 그 뒤 몇 달 동안 2300명의 직원을 해고했다. 이런 혼란을 틈타 필립 모리스는 RJR와의 격차를 한층 더 벌렸다. 건강 옹호론자들의 공격도 한층 거세졌다. RJR는 철저하게 흑인 흡연자를 목표 고객으로 설정해 출시한 '업타운'이라는 새로운 브랜드를 폐기해야 했다. 시민 단체의 항의를 받은 보건부 장관 루이 설리번이 업타운을 맹비난하고 나섰기 때문이다. 게다가 윈스턴살렘의 이웃 도시인 그린즈버러도 금연 조례 제정이라는 새로운 흐름에 합류했다.

하지만 그럼에도 불구하고 담배 사업 부문은 여전히 엄청난 현금을 벌어들였다. 새로 임명된 사장은 마흔세 살의 뉴욕 투자은행가 제임스 존스턴이었다. 예전에 레이놀즈 타바코에서 마케팅의 귀재로 통했던 존스턴은 1984년에 '밀어내기' 관행에 반대하다가 해고되었다. 그는 복귀한 뒤에 이 관행을 없애고 3억 4000만 달러를 결손 처리했다. 대신 공장과 유통의 효율성을 대폭 끌어올렸다. 이런 변화와 아울러 강력한 비용 절감 덕분에 1990년대 상반기 담배 사업 부문의 영업 이익은 전년도에 비해 46퍼센트나 증가했다.

1990년에는 RJR 나비스코가 최초로 심각한 도전을 맞는 상황이 빚어 졌다. 역설적이게도 이 도전은 월스트리트에서 비롯되었다. 존슨 진영을 상 대로 한 입찰 전쟁 막바지의 필사적인 싸움에서 그토록 중요하게 기능했던 '리셋' 조항 때문에, 1991년 4월까지 40억 달러가 넘는 채권을 이자율을 인 상해 원래의 액면가대로 되돌려야 하는 사태가 발생한 것이다. 그 날짜가 점 점 다가오면서 채권들은 대폭 할인된 가격에 거래되었고, '리셋'을 온전히 하는 데 들어가는 비용은 수십억 달러가 될 수도 있었다. 회사를 파산시키 고도 남을 정도로 어마어마한 금액이었다. 이런 상황을 놓고 로버츠는 '문 앞의 야만인들'이 까딱하다간 '쫓겨 도망치는 훈족'이 될지도 모른다는 비유 법을 구사했다.

하지만 KKR는 이름에 걸맞게 그 위기에서 빠져나왔다. 1990년 6월, 69억 달러의 자금을 마련해 채권을 환매하고 부담이 적은 채권으로 대체한 다고 발표했다. 이렇게 비싼 대가를 치르고 나자 KKR 입장에서는 RJR 인수 가 엄청난 이익을 안겨 준 것도 아니며 또한 엄청난 재앙을 안겨 준 것도 아 님이 확연하게 드러났다. 하지만 이 과정에서 많은 돈을 챙긴 사람은 투자 은행가와 변호사였다. 원래의 거래에서 숫자만 조금 바꾸는 땅 짚고 헤엄치 기로 2억 5000만 달러의 수수료를 챙겼으니까.

결국에는 크래비스가 성공했다는 이야기를 들을 수 있는 날이 요원함은 분명했다. 설상가상으로 필립 모리스는 RJR가 휘청거린다는 사실을 파악하 고 RJR에 치명타를 날리기 위해 빠르게 움직였다. 그리고 수많은 핵심 시장 에서 RJR에 매서운 주먹을 연달아 날렸다. 영업 인력을 늘리고, 가격 인하 에 나서며, 새로 개발한 두 개의 저가 상품으로 RJR의 강력한 저가 담배 브 랜드 '도럴'을 공격했던 것이다. 분석가들은 1989년에 RJR의 담배 판매량 은 7퍼센트에서 8퍼센트 감소하고 필립 모리스의 판매량은 증가할 것이라고 전망했다. KKR의 클리프턴 로빈스도 1989년 10월에 다음과 같이 인정했다.

"필립 모리스가 우리 밥그릇을 뺏어 먹고 있습니다. 말보로는 막아 세울수 없는 기계입니다. 우린 해야 할 일이 많습니다."

———— ∘∞∘ ————

1990년이 되었을 때 월스트리트의 파티는 이미 끝난 상태였다. 대규모 인수 합병이나 LBO의 기억은 하루가 다르게 퇴색했다. RJR 나비스코 이후 LBO 활동은 급격하게 줄어들었다. 그래서 1989년 가을까지 KKR나 포스트먼 리틀은 단 한 건의 대규모 인수 합병도 성사시키지 못했다. RJR 싸움이 한창일 때 발의되었던 반反 LBO 법안이 곧 제정될 것이라는 전망 때문에 수많은 거래들이 유예되었다. 게다가 나중에 '로스 존슨 요인'이라는 표현으로 일컬어질 요소도 많은 거래들을 무산시켰다. 존슨처럼 여론의 질타 속에서 패배자가 되어 쓸쓸히 퇴장해야 하는 경로를 밟고 싶은 최고경영자는 별로 없었기 때문이다.

하지만 월스트리트를 얼어붙게 만든 건 채권 시장에 대한 불안감이었다. 1989년 1월부터 8월까지 여덟 달 동안 발생한 정크 본드 채무 불이행 및 지불 유예의 규모는 40억 달러에 육박했다. 이런 상황은 특히 미국의 소매 유통 체인점을 LBO로 매입했던 캐나다의 금융업자 로버트 캠포를 곤경에 빠뜨렸다. 게다가 10월에는 유나이티드 에어라인스가 67억 9000만 달러에 매각되었다는 소식이 월스트리트를 충격 속으로 몰아넣었다. 그 바람에 다우존스 산업 평균 지수는 200포인트 가까이 떨어졌으며, 사람들은 시장 붕괴의 공포에 떨었다.

시어도어 포스트먼이 말했던 것처럼 정크 본드는 잘만 쓰면 유용한 도구가 될 수 있었다. 그런데 지나치게 많이 쓴다는 게 문제였다. 정크 본드의 슬럼프는 길고 깊게 이어졌고, 월스트리트의 인수 합병 분야의 엔진을 가동할 연료는 그만큼 줄어들었다. 월스트리트의 은행들이 드렉설 버넘을 압박하자, 밀컨 사건으로 6억 5000만 달러의 벌금 때문에 비틀거리던 정크 본드 시대의 총아이던 이 회사는 법정 관리를 신청하며 청산 절차를 밟는다고 발표했다.

드렉설이 몰락하고 금융계의 거물이던 아이번 보스키와 마이클 밀컨이 내부자 거래로 유죄가 인정되자 월스트리트와 1980년대의 광적인 탐욕을 바라보는 여론은 싸늘하게 변했다. 이런 역풍은 금융 기반의 악화와 맞물려 한 시대에 종지부를 찍었다. 이 과정은 과거 월스트리트의 역사에서는 유례가 없을 정도로 신속하고도 분명하게 이루어졌다.

새로운 바람이 불고 있었다. 20세기 마지막 10년의 새벽이 밝을 때, MBA 출신 젊은 인재들이 가장 선호하는 분야는 재무 구조 조정, 즉 1980년대에 진행되었던 인수 합병의 문제점을 해결하는 것으로 바뀌었다. 서른 살 미만의 수많은 백만장자들을 포함한 월스트리트 사람들 수천 명이 일자리를 잃고 몇 해 동안 계속될 불황의 늪으로 미끄러져 들어갔다. 살로먼 브라더스에서 일하던 젊은 채권 판매자 마이클 루이스가 1980년대의 월스트리트를 풍자적으로 회고한 《라이어스 포커Liar's Poker》가 공전의 히트를 기록하며 1년 가까이 베스트셀러 자리를 지켰다. 사람들은 투자은행가들과 이들과 손잡은 인수 합병 전문가들을 전쟁 범죄자를 대하듯 냉랭한 눈으로 바라보았다. 사람들은 인수 합병이라는 말을 공공연하게 조롱했다. 심지어 그걸로 돈을 번 사람들조차 그랬다.

'그룹'에 속한 사람들은 대부분 난파선에서 탈출해 비참한 꼴을 당하지 않았다. 토밀슨 힐은 1990년 9월에 시어슨 리먼의 투자은행 사업 단위의 공동 최고경영자가 되었다. 에릭 글리처는 모건 스탠리를 떠나 '글리처 앤드 컴퍼니'라는 회사를 차렸는데, 곧바로 '콘아그라'가 헨리 크래비스로부터 '비어트리스'를 13억 4000만 달러에 인수하는 일을 맡아 횡재했다. 스티븐 워터스는 글리처가 떠난 뒤 모건 스탠리를 지휘하는 두 명의 투자은행가 가운데 한 사람이 되었다. 브루스 와서스타인은 여러 차례의 실망스러운 거래에서 수행했던 역할 때문에 언론으로부터 집중 공격을 받았다.

그 시대의 마지막까지 살아남지 못한 사람 가운데 우선 꼽을 수 있는 사람이 피터 코언이다. 그는 1990년 1월에 심한 압력을 받고 시어슨의 회장 자리에서 물러났다. 코언과 제임스 로빈슨의 관계는 RJR 나비스코 싸움 직후 이미 깊은 골이 생겼다. 이런 상황은, 시어슨이 당시 사장이던 제프 레인이 사임하게 만들었던 형편없는 구조 조정 작업을 포함한 여러 개의 실착들 속에 허우적거리면서 1989년에 급격히 악화되었다. 그리고 이 책이 발간되자마자 코언은 린다 로빈슨이 헨리 크래비스와의 비밀 협상 과정에서 수행했던 온갖 사항들을 알고는 깜짝 놀랐다. 이런 사실은 코언에게 매우 민감했다. 그는 이런 내용이 자신의 명성을 훼손하고 또 결국 로빈슨이 자기에게서 등을 돌리게 만들었다고 느꼈다. 나중에 그는 이 책이 자기를 공정하지 않게 묘사했으며 또 로스 존슨이 받을 혜택을 포함해 나비스코 싸움에서 자기가 내렸던 모든 판단에 제임스 로빈슨이 관여했다고, 만나는 사람들마다 이야기했다.

시어도어 포스트먼은 정크 본드의 시대가 붕괴하자 자기주장이 옳았으며 또한 응분의 보상을 받았다고 느꼈다. 그는 일련의 언론 기사에서 영웅이었다. 어둠의 시대에 탐욕과 맞서 외로운 목소리로 정의를 외치던 영웅이었다. 그의 자문자들은 포스트먼에게 냉정하고 침착하게 이런 찬사를 대하라고 말했고, 실제로 어느 정도는 그렇게 했다. 하지만 그는 모든 찬사의 영광을 마음껏 즐겼다. 물론 그는 그럴 자격이 있었다. 그리고 마지막 역설은 1990년에 일어났다. 헨리 크래비스가 RJR 나비스코를 근근이 꾸려 나갈 때, 포스트먼은 다시 LBO 작업을 왕성하게 하기 시작했던 것이다. 인수 합병 사례가 많지는 않았지만 당시 LBO 분야에서는 누구보다 왕성하게 활동했다. 정크 본드의 열풍이 사라지고 난 뒤에 포스트먼의 '진짜 돈'이 전면에 나섰던 것이다. 여러 해 만에 처음으로 시어도어 포스트먼은 월스트리트라는 동네에서 각광받는 최고 멋쟁이가 되었다.

애틀랜타에서 존슨은 경기 후퇴에 대해 삐딱한 자부심을 과시했다. 1989년 5월에 그는 낄낄거리면서 다음과 같이 말했다.

"내가 겁을 줘서 몽땅 벽장 속으로 쫓아 버렸죠. 월스트리트 회사 가운데 80~90퍼센트가 LBO 연구를 했습니다. 그런데 이제 그 사람들은 나에게 이렇게 말합니다. '로스, 우리가 가지고 있던 파일들은 이제 다 태워 버렸어요'라고요."

여느 사람들과 달리 존슨은 지난 일을 곰곰이 생각하지 않았다. 특별히 따로 직장을 가지고 있지 않은 그는 갤러리아에 있는 다른 건물의 사무실에 나갔다. 그의 사무실은 컨트리뮤직 방송국과 한 층을 나누어 썼다. 그가 존 마틴과 파트너 자격으로 새로 시작한 사업체는 'RJM 어소시에이츠'였다. 두 사람은 이 회사가 무슨 일을 하는지 설명해야 할 때면 늘 할 말이 없어 쩔쩔맸다. 이 회사는 그들이 알고 있는 친구들에게 1년에 1달러의 수수료를 받고 컨설팅해 주는 사업을 했다. 마틴 역시 1820만 달러의 '황금 낙하산'을 받았으므로 존슨처럼 따로 수입이 없어도 괜찮았던 것이다.

존슨은 몇몇 오랜 친구들과 함께 나비스코의 극동 지사를 인수하는 사업에 투자했다. 그는 또 골프와 스키를 즐기는 중간중간, 자신이 이사회 이사로 이름을 올리고 있는 일곱 개 회사를 어슬렁거리며 다녔다. 아래 로리와 함께 영화를 보러 갔으며, 아들 브루스의 병상에서 밤을 새우는 일도 계속했다. 브루스는 의식 불명 상태에서 깨어났지만, 뇌 손상 때문에 말은 하지 못했고 이제 막 글자를 써서 의사소통을 하기 시작했다. 존슨 부부에게는 그나마 얼마나 다행인지 몰랐다. 그래서 존슨은 1990년 여름에는 이렇게 말했다.

"우리는 지금 무척 고무되어 있습니다."

비록 존슨이 은퇴한 거나 다름없는 생활을 즐기고 있다고 공언하지만, 친구들은 그가 계속 그렇게 살지는 의심스럽다고 한다. 그렇게 사는 건 그의 성미에도 맞지 않았다. 친구들은 비록 그가 명예를 회복하려면 어느 정도 시간이 걸리겠지만 이 시간이 지나고 나면 반드시 현업에 복귀할 것이라고 말했다. 존슨도 자기 무덤의 묘비명에 남을 수도 있는 말을 함으로써 친구들의 이런 전망을 부정하지는 않았다.

"나는 언제나 쓰임새 있는 인물입니다. 변화가 필요한 데는 내가 필요합니다."

윈스턴살렘 사람들에게는 엄청난 변화가 일어났다. 그럼에도 불구하고 크래비스를 비난하는 사람은 드물었다. 오히려 존슨을 비난했다. 더 넓은 시각을 가지고 있는 사람은 그리 많지 않았다. 은퇴하기 전에 RJR의 연금 관리자였던 진 후츠는 다음과 같이 말했다.

"만일 로스 존슨이 없었다면, 월스트리트는 이 사람과 똑같은 인물을 만들어 냈을 겁니다."

어떤 점에서 보면 맞는 말이다. 존슨이라는 인물은 그 시대의 산물이었다. R. J. 레이놀즈가 자기 시대의 산물이었던 것과 마찬가지다. '호황의 80년대'는 새로운 황금시대였다. 승자는 어떤 대가를 치르고도 찬양받았다. 필릭스 로아틴은 이 시대에 '카지노 사회'라는 이름을 붙이기도 했다. 투자은행가들은 도박판의 진행을 돕는 사람이기도 했고 또 연금술사이기도 했다. 이들은 황당한 계획을 세우고, 또 이런 계획을 합리화하기 위해 컴퓨터로 하는 복잡한 계산 결과를 뽑아내 그럴듯하게 포장했다. 그리고 마지막에는 회사의 중역들 앞에서, 존슨이 즐겨 쓰던 표현을 빌리자면, 이른바 '악마의 춤'을 추며 유혹을 흩뿌려 댔다. 존슨이 RJR를 두고 처음 시작했던 그 춤은 관점에 따라 그 시대가 도달한 최고치라 할 수도 있고 최저치라 할 수도 있다.

RJR 나비스코가 당시에 그런 계기를 제공한 것은 우연이 아니었다. 그 전쟁 이전 마지막 10년 동안 이 회사는 거대한 기업이라기보다는 꿈을 생산하는 거대한 기계였다. 담배 사업 부문이 엄청나게 벌어들이던 돈 때문에 사람들은 미쳐 날뛸 수 있었고 모든 환상을 실제 현실로 바꿀 수 있었다. 폴 스틱트는 왕들과 함께 걸었고, 에드워드 호리건은 왕처럼 살 수 있었고, 또 이사들은 왕처럼 대우를 받았다.

경매대에 오른 이 회사는 하나의 거대한 프리즘이었다. 이 프리즘을 통해 월스트리트에 발을 디디고 있던 무리들은 자신들의 영광이 투영된 모습을 바라보았다. 제임스 마는 퍼스트 보스턴의 위대함을 회복할 수 있었다. 시어도어 포스트먼은 마지막 성전을 치를 수 있었다. 피터 코언은 행정가라는 꼬리표를 떼고 머천트 뱅킹의 왕자가 될 수 있었다. 헨리 크래비스는 제국의 황제가 될 수 있었다.

RJR 창립자와 나비스코 창립자가 다시 살아나 그 광경을 보았더라면 무슨 일이 벌어지는지 도무지 알 수 없었을 것이다. 마음의 눈으로 바라보면 R. J. 레이놀즈와 어돌퍼스 그린이 LBO 전쟁의 참혹한 살육 현장을 서성거리는 모습을 쉽게 볼 수 있을 것이다. 두 사람은 당혹스러운 눈으로 서로를 바라보며 이렇게 묻는다.

이 사람들은 왜 공장에서 나오는 것에는 별로 신경을 쓰지 않고 컴퓨터에서 나오는 것에만 신경을 쏟까? 왜 이 사람들은 건설보다 파괴에 더 관심이 많을까? 그리고 마지막 질문, 도대체 이 모든 것이 사업을 하는 것과 무슨 관련이 있다는 말일까?

후기

20년 후 야만인들과
그들이 만든 세상

*
RJR 나비스코의 LBO 거래가 이루어진 뒤로
이 거래와 관련된 사람들은 하나같이 모두 쓰라린 고통만 당했다.
- 스티븐 골드스톤, RJR 나비스코 최고경영자(1995~2000년)

사상 최대 인수 전쟁 20년 뒤, 로스 존슨은 어디에 있을까? 그는 독자도 충분히 짐작할 만한 곳에서 은퇴 생활을 즐기고 있었다. 플로리다의 한 골프장에 이탈리아식으로 지은 커다란 저택이 바로 그곳이었다.

"오오, 어서 와요 친구들!"

존슨은 현관에서 우리를 맞아 서재로 안내했다. 서재의 실내 벽은 떡갈나무 판재로 마감되어 있었다. 서재의 벽과 책장에는 그가 받았던 온갖 상장과 상패, 그리고 가족 및 두 명의 대통령(아버지 부시와 닉슨)과 찍은 사진들이 질서정연하게 전시되어 있다. 그런데 놀랍게도 이 사진들 속에는 '탐욕의 게임'이라는 제목이 번득이는 저 유명한 《타임》의 표지 사진도 들어 있다. 이 사실을 우리가 지적하자 존슨은 말한다.

"아, 그거요? 이름을 철자도 틀리지 않고 정확하게 잘 썼잖아요, 그러니 뭐 어떻습니까."

카키색 바지에 체크무늬의 수수한 옷을 입은 존슨이 책상 뒤의 자기 자리에 앉는다. 뒤쪽 벽에는 그의 커다란 사진이 걸려 있다. 한창 잘나가던 1980년대 시절의 모습이다. 사진 이미지는 현재의 모습과 왠지 조화를 이루지 못한다. 사진 속의 존슨은 본인의 트레이드마크인 텁수룩한 수염을 기른 채 안경을 쓰고 《월스트리트저널》을 들고 있다. 이 모습은 우리가 20년 전에 보았던 활력 넘치는 최고경영자의 이미지이다. 예전보다 마르고 또 햇볕에 탄 그의 걸음걸이는 어딘지 모르게 뻣뻣해 보인다. 노래를 부르는 듯 낭랑한 저음의 목소리는 우리가 기억하는 것보다 더 낮고 또 느려졌다는 느낌이 든다. 하지만 여전히 숱이 많은 백발을 자랑한다. 장난기 어린 미소는 예전과 다름이 없다. 서재에서 미닫이문을 열면 퍼팅 그린이 곧바로 나온다. 그 곁에 야외 수영장이 있고, 이 수영장 너머로 흰 옷을 입은 노부부가 잘 손질된 그린 위로 숨을 헐떡이며 걸어가는 게 보인다.

존슨이 RJR 나비스코 거래의 후유증에 시달렸다는 이야기를 우리는 여러 해 동안 줄곧 들었었다. 이런 시달림은 지금까지도 충분히 이어질 수 있다. 이 점에 대해 존슨은 묻지도 않았는데 먼저 말을 꺼냈다.

"주주들 말입니다, 이 사람들은 여전히 나를 좋아합니다. 결국 그 거래가 자기들한테 엄청난 이익이었다는 사실이 밝혀졌으니까요."

실제로 존슨은 언젠가 한 번, 그의 표현을 빌리자면 '전설적인 다른 최고경영자들'과 비교할 때 자기가 얼마나 훌륭하게 회사를 이끌었는지 밝히는 연구 사업을 용역 회사에 맡기기도 했다. 여기에서 나온 연구 결과를 보면, 최고경영자로 있는 동안 그가 기록한 평균 수익률은 22퍼센트였는데 이 성적은 전체 대상자들 가운데서 5위였고, 1위는 제너럴 일렉트릭의 잭 웰치였다.

"이 정도면 나쁘지 않잖아요. 안 그래요?"

존슨의 친구들 말로는, 존슨은 여러 해 동안 걸핏하면 도표 한두 개를 들이밀며 자기가 주주들을 위해 일을 제대로 했다는 사실이야말로 수치가 말해 준다고 설명을 늘어놓았다고 한다. 하지만 그가 품었던 모든 쓰라린 감정들은 나이 들면서 무디어지고 편안해진 것 같다.

"최고경영자라면, 사람들은 늘 까댑니다. 무조건 말이죠. 만일 댁들이 최고경영자라면 사람들은 댁들을 증오할 겁니다. 하지만 다른 사람들이 아무리 그래봐야 본인이 한 점 부끄러움이 없다면, 설령 실수를 했다고 하더라도 그건 정직한 실수일 뿐이죠."

존슨 자신은 철저하게 할 일을 했다고 말한다. 그리고 미국 기업사에서 가장 유명한 사건들 가운데 하나로 꼽힐 LBO 거래에서 주역으로 활약했다는 사실을 흐뭇하게 여기는 것 같다. 존슨은 또 이 책에 대해서도 다음과 같이 말한다.

"아마도 수백만 독자들이 엄청난 충격을 받았지 않았을까 싶군요. 책과 영화 덕분에 모든 사람들이 내가 누구인지 알아봅니다. 20년이나 지났는데도 말입니다! 하지만 사람들은, 세상 사람들은 나를 스타로 생각합니다, 인기 스타 말입니다! 나는 그 책에 사인을 해 주는 게 일입니다. 아무리 적어도 한 달에 한 번씩은 꼭 그 책을 들고 와서 사인해 달라는 사람을 만납니다. 심지어 카센터에서도 그런다니까요? 그 책은 전 세계의 도서관에 다 있습니다. 죽이잖아요? 비즈니스스쿨에서도 이 책을 가르친다는데!"

존슨은 자기가 한 행동을 여전히 솜씨 좋은 영업 사원의 미사여구로 치장한다. 그 행동들이 빚어낸 엄청난 혼란을 제대로 보지 못하는 것 같다. 이런 점과 관련해, 오랜 세월 그의 곁에서 비서 역할을 했던 피터 로저스는 이렇게 말한다.

"로스는 합리화하는 데는 귀신입니다. 이런 능력이 로스에게는 엄청난 도움이 되지요. 로스는 자신이 주주들을 부자로 만들어 주었다고 믿습니다. 자기 가까이 있던 사람들은 다 잘 되었다고 보지요. 자기가 정말 잘 해냈다고요. 그냥 겉으로만 쓰윽 훑는 겁니다."

하지만 존슨이 정말 비관적이던 시절이 있었다. RJR 거래로 존슨은 회장이라는 직위와 함께 개인 회사나 다름없던 회사를 잃었다. 그리고 화려하던 명성도 땅에 떨어졌다. 전용기들도 하루아침에 사라져 버렸다. 회사에서 제공받았던 여러 채의 아파트도 그랬고, 최고경영자만이 누릴 수 있는 자부심과 특권도 그랬다. 자기는 절대로 미련을 가지고 뒤돌아본 적이 없다고 말한다. 탐욕스러웠다는 오점에 대한 회한은 없을까?

"그거요? 그건 그 거래가 끝난 뒤에 내 머릿속에서 바로 지워졌습니다. 맹세하죠."

전용기 대신 항공사 비행기를 타는 것은?

"일반 항공사 비행기 참 좋죠! 아무도 나를 방해하지 않습니다. 옆 사람이 신문을 내 무릎 위에까지 펼치는 일은 없습니다. 알다시피 나는 기업계에 38년 동안 몸담았습니다. 그리고 정말 멋지게 살았고요. 나는 이런 말을 했습니다. '공인으로 사는 건 그 정도면 충분해'라고요. 한때는 내 아래로 직원이 12만 명이었지만 네 명으로 줄었죠. 지금은 세 명입니다. 여기 플로리다로 이사 올 때도 운전기사 없이 내가 직접 운전을 해서 왔으니까요."

RJR 나비스코 거래는 그의 결혼 생활에도 영향을 미쳤다. 그는 1995년에 로리와 이혼했다. 찰스 휴걸은 당시를 회상하면서 다음과 같이 말한다.

"그때 내가 로스에게 이런 말을 했습니다. 그 엄청난 사건이 처음 시작될 때였죠. 만일 일이 잘못되어 아파트며 비행기며 다 잃어버리면 로리가 떠나 버릴지도 모른다고요."

존슨은 로리와 웃으면서 헤어졌다고 말한다.

"그냥 사는 방식이 달라진 것뿐입니다. 로리는 훌륭한 여자예요."

로리는 재혼해서 애리조나에 살고 있었다. 존슨도 재혼했다. 수전이라는 여성이다. 현재 10년 동안 존슨과 함께 살고 있는 수전이, 우리가 자기 남편과 이야기하고 있을 때 늙은 닥스훈트를 데리고 나갔다가 돌아왔다. 동물 병원에 다녀오는 길이라고 했다.

존슨은 자기가 만일 월스트리트의 게임을 좀 더 빈틈없이 잘해서 똑똑하게 선택했더라면 20년 전에 벌어졌던 일들은 완전히 다르게 진행되었을 것이라고 말한다.

"맞아요, 만일 내가 드렉설 버넘과 손을 잡았더라면 모든 게 달라졌을 겁니다. 그런데 다 알다시피 이 사람들이 헨리와 그 친구들 쪽에 섰단 말입니다. 드렉설 버넘만 빼냈어도 우릴 당해 내지 못했을 텐데……. 그런데 이 친구들이 헨리에게 붙고 나자 모든 사람들이 우리를 쪼아 대기 시작했죠."

하지만 존슨은 후회하거나 반성하는 인물이 결코 아니다. 플로리다의 기후처럼 언제나 밝은 사람이다. 원한 따위는 전혀 품지 않았다. 다른 사람이 그에게 원한을 품을 수는 있어도 그는 다른 사람에게 원한을 품지 않았다. 승리 자체를 즐기며 모든 사람을 친구라고 여긴다. 한번은 이런 일이 있었다. 휴걸은 오랜 세월 동안 존슨과 연락을 하지 않고 지내다가 어떤 파티에 참석했는데, 거기서 '교황'이 파티에 참석해 있다는 말을 들었다. 그 말을 듣는 순간 휴걸은 존슨이 자기를 어떤 얼굴로 대할지 잠깐 걱정했다. 하지만 그럴 필요가 전혀 없었다.

"로스는 나를 힘껏 안더니 이럽디다. '친구여! 당신은 정말 멋진 사람입니다. 덕분에 내가 부자가 되고 유명해졌잖아요!'라고요."

헨리 크래비스 측의 변호사이던 리처드 비티도 비슷한 경험을 했다. 몇

후기: 20년 후 야만인들과 그들이 만든 세상

년 전에 한 기업이 이사를 공개 모집한 일이 있었다. 비티가 여기에 응모했는데, 면접을 받으려고 가 보니 로스 존슨이 면접관으로 앉아 있었다. 비티를 본 존슨이 고함을 질렀다.

"헤이, 딕(리처드의 애칭)!"

존슨은 비티의 손을 잡고 반갑게 흔들었다. 그러고는 다른 이사들에게 비티를 적극적으로 추천했다.

"친구들, 이 사람은 기업계 쪽에서는 최고의 변호사입니다. 우리는 바로 이런 사람을 뽑아야 합니다!"

결국 리처드 비티는 존슨의 적극적인 추천을 받아 이사가 되었다.

존슨은 은퇴 생활에 잘 적응했다. 퇴직 수당 5300만 달러로 애틀랜타에서 'JRM 파트너스'라는 소규모 투자 회사를 설립했다. 그리고 20년이 지난 지금, 그의 주요 투자 수단으로 남아 있는 이 회사는 아들 닐이 맡아 운영하고 있다. RJR 나비스코를 둘러싸고 싸움이 벌어지던 당시에 자동차 사고를 당했던 둘째 아들 브루스는 여전히 애틀랜타에 있었다. 존슨은 만족스럽다는 듯 큰 소리로 웃으면서 말했다.

"그 녀석은 아직 거기 있죠. 권총이나 다름없는 녀석입니다. 걷지도 못하고 말하지도 못하고 먹지도 못합니다. 녀석에게는 간호사가 다섯 명이나 붙어 있습니다. 하지만 어쨌거나 녀석은 아직 거기 있습니다."

존슨은 '유쾌한 친구들'을 새로 만들었다. 몇몇은 이 모임에 새로 들어왔다. 예를 들면 전직 코카콜라 회장이었으며 영업의 귀재이던 돈 커 같은 사람이 그랬다. 은퇴를 눈앞에 둔 시기였던 1993년에 커는 우연히 존슨을 만났는데, 지나가는 말로 사무실로 쓸 공간을 찾고 있다고 했다. 그러자 존슨이 말했다.

"마침 내가 있는 사무실이 아주 널찍합니다."

이렇게 그는 커에게 편의를 베풀었고, JRM과 커의 투자 회사 지점이 같은 공간을 쓰게 되면서 이 공간은 늙은 사자들이 모이는 소굴이 되었다.

이 모임의 구성원들 가운데 대부분은 기존 구성원들이었는데, 그 가운데 일명 '엘 수프리모'로 불리던 로버트 카보넬은 JRM이 지배권을 행사하던 몬트리올의 공기청정기 회사 '바이오네어'의 사장으로 존슨이 채용했다. 존슨은 늙은 사자가 젊은 시절 버릇을 버리지 못하는 것처럼 바이오네어가 골프 대회를 후원하는 데 적지 않은 돈을 지출해야 한다고 주장했는데, 작은 회사가 그런 지출을 하는 것을 두고 말다툼이 벌어지기도 했지만 결국 존슨의 뜻이 관철되었다. 그런데 존슨은 RJR에서 중심적인 역할을 하던 몇몇 동료들과는 오랫동안 소원했다. 에드워드 호리건의 근황을 묻자 아는 게 없다면서 이렇게 말했다.

"아마 어디선가 세상을 원망하고 있겠죠."

실제로 호리건은 작은 담배 회사인 '리게트 그룹'의 최고경영자로 일하다가 지금은 노스캐롤라이나의 윌밍턴에서 은퇴 생활을 하고 있다.

JRM이 가장 크게 투자한 사업은 나비스코의 한 극동 지사를 인수한 일이었다. 하지만 이 회사의 유능한 최고경영자가 공금 횡령에도 유능한 재주를 가지고 있다는 사실이 드러나는 바람에 이 투자에서 별로 재미를 보지 못했다. 지금은 이미 세상을 떠나고 없는 이 사람은 싱가포르에서 재판을 받고 유죄 판결을 받았었다. 하지만 이것을 제외하고 존슨의 투자 사업은 그럭저럭 괜찮았다. 특히 애틀랜타의 부동산 사업에서, 사무실과 호텔을 지어 팔던 그 지역의 개발업자와 손을 잡고 투자해 큰돈을 벌었다. 존슨은 38년 동안 기업계에 몸담고 있으면서 JRM으로 번 것보다 두 배는 더 많은 돈을 벌었다고 주장한다.

하지만 존슨은 RJR를 떠난 이후에도 수많은 회사에서 이사로 이름을 올

후기: 20년 후 야만인들과 그들이 만든 세상

려놓음으로써 기업계와의 끈을 유지하고 있었다. 예를 들어 아메리칸 익스프레스에서는 정년을 보장받았던 2005년까지 이사직을 수행했다. 이런 활동들 외에도 경영자로 나서 달라는 제안을 받았지만 거절했다고 존슨은 말한다.

"그런 제안을 많이 받았죠. 하지만 싫다고 했습니다. 여기서 이렇게 사는 게 너무 좋은데요 뭘."

존슨은 1995년에 플로리다로 이사했다. 그가 새로 지은 집은 20년 전 스티븐 골드스톤이 찾아와서 LBO를 말렸던 주피터 콘도에서 2, 3킬로미터밖에 떨어지지 않은 곳에 있다. 존슨은 1년에 여덟 달을 이 집에서 보내고, 여름은 토론토 외곽에 있는 대지가 약 4만 5000제곱미터(약 1만 4000평)인 저택에서 보냈다. 토론토에 있는 회사 한두 개에서도 존슨은 이사로 일한다. 그리고 예전처럼 많이 하지는 않지만 이따금 강연을 하기도 한다. 하지만 요즘 들어서는 골프를 많이 하지 않는다. 그래도 1년에 두 번은 꼭 제임스 로빈슨과 골프를 하고, 크래비스와도 그동안 한두 차례 골프를 했다. 월 스트리트의 동향에도 여전히 귀를 기울인다. 하지만 한때 미국식 탐욕의 상징으로 사람들에게 손가락질을 받았던 그는 현재의 거래 자금 규모에 비하면 자기 경우는 그야말로 새 발의 피밖에 되지 않는다고 말한다.

"요즘의 투자은행가들은 진짜 엄청나게 법니다."

존슨은 고개를 절레절레 저으며 말을 이었다.

"빌어먹을 정도로 많은 돈을 말입니다. 거의 역겨울 정도죠. 이 사람들 돈벌이 하는 걸 보면 절로 구역질이 나죠!"

❮─────❮❮❮❯─────❯

헨리 크래비스는 예전의 그 자리에 그대로 있었다. 우리는 솔로 빌딩

42층에 있는 KKR 사무실에서 크래비스를 만났다. 회사 복도는 크래비스의 세 번째 아내인 프랑스계 캐나다인 경제학자 마리–조세가 직접 고른 현대 미술품과 짙은 색깔의 목재로 장식되어 있다. 헨리 크래비스와 캐럴라인 롬은 1994년에 이혼했다. 미국 최대 부자 가운데 한 명으로 손꼽히는, 현재 예순네 살의 크래비스도 늙어 가고 있다. 하지만 그의 회사는 예전과 다르지 않고, 깔끔하고 진지하며 가벼운 잡담에는 좀 어색해하는 그의 모습도 예전과 조금도 다르지 않다.

KKR라는 회사의 이름을 유명하게 만들었던 그 거래가 끝난 지 20년이 지났지만 이 회사는 여전히 월스트리트의 거인으로 남아 있다. 이 회사가 소유하고 있는 자산은 무려 520억 달러나 된다. 처음 이 회사는 본사와 지사를 합쳐 두 개의 영업점과 30명의 직원으로 시작했지만 지금은 런던과 파리뿐 아니라 베이징과 뭄바이에 이르는 전 세계에 열두 개의 영업점을 갖추고 있으며 모두 해당 방면의 전문가들인 직원이 400명이나 된다. 2007년에는 텍사스에 있는 전력 공급 회사인 'TXU'를 다른 회사들과 함께 450억 달러에 인수함으로써 역대 최대 규모의 인수 합병 기록을 세웠다.

크래비스는 원탁에 자리를 잡고 앉는다. 왼쪽에는 홍보 담당 여직원이 함께 앉아 있다. 캘리포니아에 있는 조지 로버츠가 스피커폰으로 연결되었다. 크래비스의 태도는 예전과 다름없이 딱딱하고 사무적이었다. 하지만 로버츠는 비록 유선으로 연결되어 있었음에도 불구하고 우리를 대하는 따뜻한 마음을 고스란히 느낄 수 있다. 《문 앞의 야만인들》이나 20년 전의 RJR 인수 이야기는 이 사람들에게 별로 흥미롭지 않은 듯하다. 사실 그 사업은 KKR로서는 악몽이나 마찬가지였다. 1988년 그 여섯 주의 기억이 흐뭇한지 아니면 쓰라린지 묻자 로버츠는 이렇게 대답한다.

"그 두 감정이 조금씩 다 드는 게 아닌가 싶네요. 헨리나 나나 유명해지고 싶은 마음은 조금도 없었습니다. 하지만 대단히 요란스러웠죠. 특히 헨리 같은 경우가 더 그랬죠. 우리 둘은 그저 사람들 눈에 띄지 않는 게 좋았고, 그렇게 되길 바랐는데 말입니다."

"아멘!"

크래비스가 맞장구를 치고는 말을 받는다.

"그 어떤 것보다 우리에게 상처를 준 게 있었는데, 그건 바로 '야만인들'이라는 책 제목이었습니다. 말도 안 되는 거였습니다. 하지만 그렇게 굳어 버렸죠. 심지어 지금도 불쑥불쑥 튀어나옵니다. 이 야만인이라는 딱지를 털어내는 데 엄청 많은 시간이 걸렸습니다. 툭하면 이런 말을 들어야 했습니다. '이런 빌어먹을, 이 사람들이 바로 그 야만인들이잖아!'라는 말을요."

그러자 로버츠도 거들고 나선다.

"경쟁자들은 일부러 그 단어를 들먹이며 우릴 헐뜯었습니다. 솔직히 그걸 극복하기 위해 엄청 힘들게 싸워야 했습니다."

하지만 진짜 힘든 싸움은 RJR 나비스코에서 수익을 내는 일이었다. 크래비스와 로버츠는 오랜 탐색 끝에 결국 아메리칸 익스프레스에서 루이스 커스트너를 빼내 그 회사를 맡겼다. 첫 번째 맞은 위기는 RJR 나비스코라는 회사 자체가 아니었다. 바로 채권이었다. 드렉설 버넘이 인수 자금을 마련하려고 발행했던 채권, 여러 차례 원금 조정이 가능한 프랑켄슈타인과 같은 리셋 채권이었다. 1991년에 그것들은 마침내 리셋이 되었고, KKR는 새로운 채권으로 수십억 달러를 살 사람들을 찾아야 했다. 하지만 저축 및 대부 시장이 얼어붙는 바람에 그 채권을 원하는 사람은 아무도 없었다. 아무도……. 당시를 회상하면서 크래비스는 말한다.

"채권 시장이라는 게 아예 서질 않았습니다. 그때 그 변호사들이 생각납니다. 그중에 특히 한 사람, 마티 립턴이라는 사람이 있었는데, 우리더러

RJR의 파산 절차를 밟으라고 했습니다."

그러자 로버츠가 덧붙인다.

"우리는 또 하나의 거대한 폭풍을 만났습니다. 채권을 팔 수가 없었기 때문에 우리는 결국 RJR의 지분을 더 늘렸습니다. 처음에는 13억 달러를 넣었고 추가로 17억 달러를 더 넣었죠. 리셋을 하려고, 다시 말해 그 채권들을 우리가 사들이려고 말입니다."

더 새롭고 더 수익성이 높은 곳에 투자했어야 할 20억 달러 가까운 돈을 그렇게 쓸 수밖에 없었던 이 일은 KKR로서는 뼈아픈 경험이었다. 게다가 모두 합해서 30억 달러라는 거금 투입은 실제로 위험을 초래했다. 과자 사업 부문인 나비스코가 비틀거리기 시작했던 것이다. 인수 합병 과정에서 RJR 나비스코는 200억 달러라는 추가 부채를 짊어지게 되었는데, 이 부채는 회사의 앞날에 어두운 그림자를 드리웠다. 이자만 10억 달러나 되었다. 나비스코의 낡은 공장들을 유지하는 비용으로 들어가야 할 돈으로 이자를 냈다. 그리고 나비스코에서 나오는 현금은 애초부터 그들의 계획에서 핵심 요소였는데, 이 돈줄이 막히기 시작한 것이다.

KKR는 나비스코의 여러 사업 단위들을 개별적으로 쪼개서 매각하지 않고 RJR과 나비스코 둘로 나누기로 계획을 잡았다. 두 회사가 했던 합병을 없었던 일로 돌리자는 전술이었다. 하지만 이렇게 하려면 꼬박 5년을 기다려야 했다. 그 이전에 분리하면 엄청난 세금 폭탄을 맞아야 했기 때문이라고 조지 로버츠는 말한다. KKR로서는, RJR 나비스코의 각 사업 단위들이 무너지지 않고 적어도 200억 달러의 부채에 대한 이자를 갚을 정도로만 현금을 마련해 주길 간절히 바라면서 1990년대 초반이 지나가기를 기다리는 수밖에 없었다. 그리고 마침내 1993년에 5년이라는 기한이 끝났다. 크래비스와 로버츠는 회사 분리를 발표할 모든 준비가 되어 있었다. 그런데 바로 이때 이른바 '말보로 금요일'이라는 재앙이 터졌다.

• ———— ∞ ———— •

RJ 레이놀즈 타바코의 몇몇 사람들은 재앙이 닥칠 것임을 미리 예견했다. 레이놀즈의 전직 임원이었던 한 사람은 다음과 같이 회상한다.

"인수 합병이 이루어지던 바로 그날, 나는 우리가 차지하는 시장 점유율이 급격히 떨어질 것이라고 말했습니다. 그때까지만 해도 우리는 마케팅과 영업에 초점을 맞추고 있었지만, 이제는 모든 것을 걱정하고 신경 써야 했습니다. 나는 필립 모리스가 이런 상황을 적절히 활용하려 들 것이라 예견했던 겁니다."

그가 말한 대로였다. 레이놀즈의 32퍼센트보다 높은 40퍼센트라는 시장 점유율을 차지하고 있던 1위 담배 회사 필립 모리스는 2위와의 격차를 벌려 나가려는 조짐을 보였다. 우선 도매상에 보상금을 후하게 주는 것으로 포문을 열고, RJR가 지배하던 남동부 지역 공략에 돌입했다. 하지만 당시 레이놀즈는 LBO 거래가 끝난 직후여서 회사의 규모를 줄여야만 했다. 우선 1600명의 직원을 해고했다. 당시 상황을 한 임원은 다음과 같이 회상한다.

"인원 감축을 하러 세 사람이 왔습니다. 그리고 대화는 30초밖에 걸리지 않았습니다. 우리 부서에 직원이 85명 있었는데 이 가운데 18퍼센트를 자르라고 하더군요. 그중 하나가 이렇게 말했습니다. '사흘 줄 테니까 명단을 제출해요'라고요."

1년 반에서 2년마다 그 정도 규모의 인원 감축은 계속 이어졌다.

1991년까지 필립 모리스는 시장 점유율을 44퍼센트까지 늘렸다. 이에 비해 레이놀즈의 점유율은 28퍼센트로 줄어들었다. 레이놀즈의 고위 간부들은 업계 1위 자리를 되찾아야 한다는 용감한 말들을 계속했다. 하지만 RJR

의 가장 일차적인 과제가 시장 점유율을 회복하는 게 아니라 빚을 갚는 것임이 분명해지자 이런 말들은 쑥 들어가고 두 번 다시 나오지 않았다. 레이놀즈의 경영이 잘못된 게 아니었다. 모회사의 최고경영자이던 거스트너는 레이놀즈를 계속 주시했다. 정기적으로 윈스턴살렘으로 가서 레이놀즈 임원들과 협의를 하면서 그들을 두렵게 만들었다. 임원들이 거스트너를 묘사하는 데 동원할 수 있는 가장 부드러운 표현은 '명석하게 거만하다'였다.

제임스 존스턴이라는 레이놀즈의 전직 고위 간부는 호리건에게 쫓겨난 뒤 몇 년 동안 금융권에서 일하다가 다시 레이놀즈로 돌아왔다. 그가 맡은 임무들 중 하나는 구 경영진이 잘못해 놓은 일들을 바로잡는 것이었다. 여기에는 이른바 '밀어내기' 관행을 없앰으로써 레이놀즈의 체중을 줄이는 일도 포함되어 있었다. 그것은 한 분기가 끝나기 직전에 고객들로 하여금 대량 주문을 하도록 해서 단기간에 매출액을 끌어올리는 행위였다. 말하자면 미래의 매출액을 현재의 매출액으로 미리 끌어다 쓰는 것이었다. 이런 관행은 RJR의 영업 사원들을 위한 음험한 보상 수단이었을 뿐 아니라 고객들에게 특별 할인가로 제품을 제공하는 수단으로도 작용했다.

그런데 1993년 4월 2일 금요일, 필립 모리스가 전면적인 반격을 가했다. 말보로의 가격을 20퍼센트, 즉 한 갑에 40센트 깎는다고 발표한 것이다. 경쟁사의 이런 공격으로 RJR가 가지고 있던 가격 우위 요소는 거의 소멸하고 말았다. 이른바 '말보로 금요일'로 불리는 이 사건은 RJR를 엄청난 궁지로 몰아넣었다. RJR로서는 소송을 제기할 수밖에 없었고, 또 자체 프리미엄 브랜드 상품들의 가격을 20퍼센트씩 내릴 수밖에 없었다.

튼튼한 1위와 빚더미에 짓눌려 신음하는 2위의 차이는 너무나 분명했다. 필립 모리스는 이 싸움에 가격 인하로 인한 손실액인 20억 달러를 최고의 고객들이 담배 연기로 도넛을 만드는 것만큼이나 쉽게 쏠 수 있었다. 하

후기 : 20년 후 야만인들과 그들이 만든 세상

지만 레이놀즈에 6억 달러라는 추가 비용은 엄청난 것이었다. 특히나 이익금으로 빚을 갚아야 했던 처지에 있던 레이놀즈로서는, 한 해의 영업 이익 30억 달러에서 6억 달러라는 추가 비용을 부담해야 하는 것은 실로 막대한 타격이었다.

당시 멀리 안전한 곳에서 지켜보던 로스 존슨은 킬킬거리고 웃으면서 KKR의 '빌어먹을 인간들'이 무슨 꿍꿍이인지 생각했다. 그건 바로 할인 폭을 키움으로써 황금알을 낳는 경쟁사의 거위를 죽이려는 것이었다. 그리고 존슨은 우리를 만났을 때 이렇게 설명했다.

"레이놀즈는 엉덩이를 걷어차이면서도 계속해서 돈을 벌어들일 수 있다고 생각했습니다. 그들은 자기들이 필립 모리스보다 더 강력한 판매 촉진 효과를 발휘할 수 있다고 생각한 겁니다. 하지만 젠장, 상대가 그렇게 덩치가 클 때는……."

그 대목에서 존슨은 두 손을 높이 쳐들고 거인과 싸우는 자세를 취했다.

"그리고 상대가 몽둥이를 들고 있을 때는, 상대 주위를 조심스럽게 돌아야 합니다. 그럼에도 불구하고 가격 전쟁을 시작한다는 것은 거인을 향해서 무턱대고 돌진하는 거와 같죠."

만일 RJR 나비스코의 다른 반쪽, 즉 나비스코가 제대로 돌아갔더라면 KKR는 '말보로 금요일'의 충격을 버텨 냈을 것이다. 하지만 나비스코 역시 잘 돌아가지 않았다. RJR 나비스코를 인수함으로써 수익을 낼 수 있다는 전망의 핵심은, 나비스코의 현금 흐름으로 모든 빚을 털어 내게 만들 수 있다고 했던 존 그리니스의 약속이었다. 하지만 존슨은 애초에 나비스코의 여러 사업 단위들을 매각할 계획을 세웠었다. 존슨은 이렇게 말한다.

"수많은 사업체들, 특히 식품 관련 사업체들을 프록터 앤드 갬블, 레버 브라더스, 네슬레 등에 매각함으로써 6년 안에 대부분의 빚을 청산할 수 있을 것이라고 나는 생각했습니다. 엄청난 가격에 팔아 치울 수 있었으니까요."

하지만 크래비스와 로버츠는 존슨이 생각했던 방식을 따르지 않고, 존 그리니스의 말을 믿었다. 다음은 존슨이 하는 말이다.

"그리니스가 핵심이었습니다. 만일 헨리를 유일하게 물 먹인 사람이 있다면, 그건 바로 존이라고 할 수 있죠."

———————⊗⊗⊙———————

RJR 나비스코 인수를 둘러싼 대결에서 진정한 승자와 패자가 가려지는 데는 몇 년이라는 시간이 걸렸다. 이 대결 결과의 증인 중 한쪽이 로스 존슨 이라면 상대 쪽은 존 그리니스라고 할 수 있다. 처음에는 나비스코의 최고경 영자가 이긴 듯했다. KKR가 원하던 대로 RJR 나비스코를 인수할 수 있도록 결정적인 도움을 주었을 뿐 아니라 미국 최대 제과 회사의 최고경영자 자 리를 지켰기 때문이다. 회사를 산산조각 내겠다는 존슨의 계획에 놀랐던(그 리고 자신을 회사 매각 주체인 경영진 그룹에 넣어 주지 않아서 무척 실망했던) 그 리니스는 자기 운명을 걸었다. 그래서 나비스코의 방만하기 짝이 없는 지출 행태와 관련된 중요한 정보를 KKR에 전달했다. 그리고 긴축적으로 회사를 운영하기만 하면 훨씬 더 많은 현금 흐름을 확보할 수 있다고 크래비스를 설득했다.

그리니스의 정보는 KKR의 입찰 가격과 경매 결과에 강력한 영향력을 행사했다. RJR 나비스코의 이사회에서 실질적으로 동일한 가격을 써냈을 때 KKR는 훨씬 유리한 고지에 섰다. 우선 존슨의 입장과 다르게, 이사회가 바라는 대로 회사를 잘게 쪼개서 매각하지 않겠다는 입장을 취했던 것이다. 이런 전략은 회사의 대외적인 이미지에도 보탬이 되는 것이었다. 결국 KKR 는 RJR 나비스코를 손에 넣었고, 그리니스는 나비스코에서 가장 높은 자리

후기: 20년 후 야만인들과 그들이 만든 세상

에 자기 책상을 둘 수 있었다. 하지만 문제가 하나 있었다. 그 문제는 사소한 것이 아니라 대단히 중요한 것이었다. 그리니스는 회사를 이끌어 나가는 경영자라기보다 장밋빛 희망을 약속하는 사람일 뿐이었다는 사실이다.

처음에는 그렇게 보이지 않았다. 나비스코는 LBO 거래 이후 2년 동안 연속해서 20퍼센트가 넘는 수익률을 기록했다. 이런 성과를 낸 공식은 간단했다. 가격을 공격적으로 올리고 마케팅 비용은 대폭 삭감하는 것이었다. 하지만 그것은 치명적인 실수였다. 리츠나 오레오처럼 강력한 장수 브랜드 상품들을 가지고 있을 때 이런 조치들은 어느 기간까지는 효력을 발휘한다. 하지만 나중에 가면 아무리 충성도가 강한 소비자라 할지라도 나비스코의 제품들과 키블러 등의 경쟁사 제품들 사이에 30퍼센트에서 50퍼센트까지 벌어지는 가격 차이를 도저히 무시하지 못한다.

나비스코는 한때 미국 내 10대 쿠키 및 크래커 제품들 가운데 아홉 개를 석권했었다. 따라서 나비스코의 시장 점유율은 엄청날 수밖에 없었다. 그런데 이런 철옹성 같았던 점유율이 무너지기 시작했다. 물론 수익 증가율도 떨어지기 시작했다.

나비스코는 신제품 출시로 이런 위기를 타개할 수도 없었다. 저지방의 '스낵웰' 제품군이 한동안 크게 인기를 끌 것처럼 보였다. 그러나 저지방이 저칼로리와 동일한 개념이 아니라는 것을 소비자들이 깨달으면서 스낵웰의 매출은 떨어지기 시작했다. 곰 모양의 크래커 '테디 그레이엄스'도 해결책이 되지 못했다. 이 제품은 1980년대 말에 출시되어 열여덟 달 동안 1억 5000만 달러의 매출액을 올렸다. 하지만 나비스코의 다른 제품들과 마찬가지로 마케팅 부문의 지원을 받지 못했다. 그 결과 테디 그레이엄스는 연간 2500만 달러 매출 수준으로 주저앉았다.

그리니스는 눈속임을 동원했다. 존슨은 40억 달러라는 현금을 비축해 두었는데, 그리니스는 이 돈에서 필요한 돈을 빼내 손익 계산서에서 자신이 바라는 숫자들을 맞추었던 것이다. 또한 그는 밀어내기를 시작했다. 제임스 존스턴이 레이놀즈를 감량하기 위해 없애려 했던 바로 그 관행이었다.

그리고 가장 의심스러웠던 것이 그리니스의 리더십이었다. 그의 리더십은 현장에 밀착해 있지 않고 멀리 떨어져 있었다. 전투가 치열해지는 상황에서 그는 인수 합병 전쟁 때 그랬던 것처럼 자기 부하들을 조직적으로 편재해서 전투에 투입하지 못했다. 때로 그는 자기가 설정한 불가능한 과제들이 부하들의 잘못이기라도 한 양 부하들을 호되게 몰아세웠다. 이런 과정에서 존경받던 간부들이 무리 지어 회사를 떠났다.

그리니스는 예전보다 더 오래 자기 사무실에 틀어박힘으로써 두 개의 서로 연관 있는 약점을 더욱 악화시켰다. 우선 그는 MBA 이론을 너무 깊이 신봉했다. 그리고 이 이론을 실제 현실에 적용할 때 빠질 수 있는 함정에 눈을 감았다. 컨설팅 회사 매킨지에 회사의 비용을 추가로 절감할 수 있는 방안을 찾아 달라고 의뢰하면서 재앙은 시작되었다. 매킨지의 분석가들은 나비스코의 매출액과 공급 체계를 연구한 뒤에 공급 비용이 지나치게 부풀려져 있다는 결론 내렸다. 경쟁사들은 중간 도매상을 통해 소매점으로 제품을 공급하는 데 비해, 나비스코는 자체 물류 창고와 운송 체계 그리고 영업 사원을 두고 있었다. 하지만 소매점까지 직접 제품을 공급하는 이런 체계 덕분에 회사는 신제품을 더욱 빠르게 소매점의 진열대에 올려놓을 수 있었고, 또 소매점의 다양한 주문에 신속하게 대응할 수 있었다. 또한 나비스코 직원들은 목 좋은 진열장에 직접 자기 상품들을 놓을 수 있었고, 무엇보다 중요한 점은 가게의 지배인과 친밀한 관계를 유지할 수 있었다는 점이다.

하지만 여기에 들어가는 비용이 너무 비쌌다. 매킨지의 조언에 따라 그리니스는 이 모든 것들을 없애 버렸다. 트럭 운송 단위를 없애고, 배달 횟수를 줄였으며, 고액 연봉을 받는 경험 많은 직원을 내보내고 임금이 싼 신참 직원들도 그 자리를 채웠다. 그러자 나비스코의 하강 곡선은 빠르게 진행되었다. 소매업계 고객들은 분노했다. 오래 이어져 왔던 관계가 한순간에 끊어져 버렸기 때문이었다. 게다가 주문을 해도 제품이 제때에 공급되지 않았다. 결국 고객들은 나비스코에 등을 돌리고 키블러로 돌아서기 시작했다. 피터 로저스는 당시 시카고의 한 식품점에 갔다가 점장이 흥분해서 나비스코를 욕하던 일을 생생하게 기억한다. 그 점장은 다음과 같이 고함을 질렀다.

"멍청한 인간들 같으니라고! 자기 선반의 반을 거저 내주는 바보가 어디 있어?"

로저스는 나중에 이 점장이 왜 그렇게 화를 냈는지 이유를 들었다. 점장이 아무리 불만을 제기하고 항의해도 본사에선 묵묵부답이더라는 것이었다. 로저스는 그때 나비스코가 비용 몇 푼 아낀다는 명목으로 그런 중요한 자산들을 헛되이 낭비해 버린 일을 생각하면서 지금도 고개를 절레절레 젓는다. 로저스뿐 아니라 업계의 많은 전문가 혹은 정보통들도 로저스와 같은 입장이었다. 예컨대 제임스 M. 킬츠는 《중요한 해결 과제Doing What Matters》에서 다음과 같이 썼다.

"나비스코는 탄알을 장전하고, 조심스럽게 조준한 뒤, 정확하게 자기 발을 쏘았다."

그리니스는 1997년에 물러났고, '크래프트'에 있던 킬츠가 그리니스의 뒤를 이었다. 그리니스의 공식적인 사임 이유는 건강이 좋지 않다는 것이었다. 거짓말은 아니었다. 대장염 때문에 활력을 잃었고, 무엇보다 출장을 다니기 어려웠다. 하지만 그의 사임이 순전히 자발적이었다고만 믿는 사람은 아무도 없었다.

누구도 예상하지 못했던 일이 또 일어났다. 한때 존슨의 변호사였던 스티븐 골드스톤이 1995년에 RJR 나비스코의 새로운 최고경영자로 임명되었던 것이다. 골드스톤은 나비스코나 그리니스를 어떻게 해야겠다는 복안을 전혀 가지고 있지 않았다. 그래서 그는 이 둘을 가장 잘 아는 사람을 찾아갔다. 그가 바로 로스 존슨이었다. 뉴욕에서 긴 시간 함께 저녁을 먹으며 존슨은 골드스톤에게 '전에도 이야기했지만'이라는 말로 시작해서 몇 가지 중요한 도움을 주었다. 골드스톤이 기억하는 바로는, 이 자리에서 많은 술이 없어졌고 많은 웃음이 터져 나왔다.

"로스는 예전에 나에게 했던 말, 즉 한 주당 92달러로 해서 매각할 경우 결코 이 회사를 제대로 운영할 수 없다고 했던 말을 상기시켰습니다. 그 말이 맞았습니다."

존슨은 그 자리에서 또한 회사가 처한 상황에 경악했다는 말도 했다. 존슨은 당시를 회상하면서 마음속의 분노를 골드스톤에게 토로했던 일을 다음과 같이 말한다.

"최고의 인재들을 다 잃어버렸잖아요, 내 사람들을 말입니다. 나비스코에서 가장 중요한 문제는, 잘 알겠지만 경영진이었습니다."

그리니스가 마케팅 부문의 비용을 줄임으로써 나비스코의 최고 브랜드 제품들이 힘을 잃어버리는 결과가 나타났다고 존슨은 말한다.

"앞서 있을 때 다른 놈들이 따라오지 못하도록 돈을 써야 하잖아요. 그런데 어떤 빌어먹을 바보가 그 비용을 잘라 버린 거예요. …… 그리니스의 판매 조직 재편은 꼭지가 돌 정도로 미친 짓이었습니다. 그게 바로 나비스코의 힘이었는데 말입니다."

사람들은 모두 그리니스가 나가야 한다고 의견을 모았다. 존슨에게 그것은, 한때 자기가 후견인이 되어 돌보았던 사람이 인수 합병 전쟁 와중에 자기 등에 칼을 꽂은 행위에 대한 조용한 응징이었다. 그리니스는 나비스코에서 나온 뒤 업계에서 사라졌고, 지금은 뉴저지 외곽에서 살고 있다.

• ◦◦◦ •

'말보로 금요일'의 충격으로 빚어진 혼란은 크래비스와 로버츠가 5년 동안 기다리며 세웠던 RJR과 나비스코의 분리 계획을 산산조각으로 만들었다. 상당한 수익을 거둘 수 있으리라 생각했던 두 사람의 꿈도 산산조각이 났다. 로버츠는 당시를 다음과 같이 회상한다.

"회사를 둘로 나누려던 계획을 불과 다섯 달 앞두고 있었는데 그런 일이 터졌죠. 담배 사업 부문은 완전히 혼란 상태에 빠졌습니다."

허약할 대로 허약해진 RJR를 따로 독립시키겠다는 계획이 매력을 잃은 것은 단순히 '말보로 금요일' 때문만은 아니었다. 그 무렵 전체 담배 산업에 대한 공격의 움직임도 점차 힘을 키워 가고 있었다. 금연 운동이 대규모로 조직되었고, 연방 정부 차원에서 이 운동을 지원하고 심지어 앞장서서 이끌기까지 했다. 식품의약국FDA 책임자이던 데이비드 케슬러는 담배를 마약의 일종으로 여겨서 단속하겠다는 뜻을 비쳤으며, 또 환경보호국EPA은 간접 흡연이 암을 유발한다는 발표를 했던 것이다.

한편 의회는 일곱 개 담배 회사의 수장들을 청문회장으로 불렀다. '일곱 난장이들'이라는 별명이 붙은 이들 가운데는 RJR의 제임스 존스턴과 당시 리게트 그룹에 있던 에드 호리건도 포함되어 있었다. 이들은 모두 차례대로 불려 나가 의원들 앞에서 경멸의 뭇매를 맞았다. 존스턴은 흡연이 건강에 해롭다는 결정적인 증거가 없다면서 항변했다. 그리고 이렇게 덧붙였다.

"사실 따지고 본다면 콜라에서 '트윈키'(과자 상표명)에 이르기까지 소비자의 건강에 해가 되지 않는 게 어디 있습니까?"

그러자 청문회 위원장이던 공화당의 헨리 왁스먼이 되쏘았다.

"그 말도 일리가 있습니다만, 담배와 트윈키의 차이는 죽느냐 사느냐 하는 문제입니다."

그런데 금연 운동의 가장 위험한 측면은 다른 데 있었다. 담배 회사들을 상대로 한 소송이 엄청나게 늘어나고 있었던 것이다. 피해 보상을 요구하는 소송 서류는 마치 담배 회사 창고의 담뱃잎처럼 많이 쌓여 있었다. 수십 년 동안 담배 회사들을 상대로 흡연 때문에 병을 얻었거나 사망한 사람들의 대리인으로 나서서 소송을 제기했지만 번번이 지기만 했던 변호사들도 이제는 담배 회사들이 허약해졌다는 걸 깨달았다. 전국의 주 정부 검찰청 연합도 마찬가지였다. 이들은 흡연자의 건당 문제로 메디케이드[†]가 부당하게 부담했던 비용에 대한 보상을 요구하고 나섰다.

KKR는 이런 상황에서 RJR 나비스코를 둘로 분리한다면 사기성 양도 행위를 했다는 혐의를 받고 또 다른 소송에 휘말릴지 모른다고 판단했다. 이소송에서 만일 재판부가 KKR가 담배의 해로움을 잘 아는 상태에서 RJR 나비스코를 분리했다고 판단한다면, 회사는 수십억 달러의 돈을 내놓아야 할지도 몰랐다. 당시를 회상하면서 조지 로버츠는 이렇게 말한다.

"비록 우리가 담배 회사를 사기는 했지만, 담배 회사는 우리 KKR의 간판이 아니었습니다. 그래서 만일 분리할 수 없다면 그냥 우리가 빠져나가자고 판단했습니다."

1995년에 KKR는 백기를 들고 RJR 나비스코 주식을 회사가 지배하던 다른 회사인 '보든'의 주식과 맞바꾸었다. KKR가 얻은 수익은 지극히 적었다 (이걸 계산하려면 복잡한 미적분학을 동원해야 한다). 다시 로버츠가 하는 말이다.

"죽지 않을 만큼 맞으면 그만큼 강해지는 법입니다. 지금 우리 회사는 그

---

† 65세 미만의 저소득자와 장애인을 대상으로 하는 미국의 국민 의료 보조 제도.

후기 : 20년 후 야만인들과 그들이 만든 세상

때 그 쓰라린 경험을 했지만 예전보다 훨씬 더 강합니다. 경험을 통해 많은 걸 배웠으니까요."

크래비스와 로버츠는 RJR 나비스코가 안고 있는 수많은 문제들을 고스란히 남겨둔 채 기꺼이 무대를 떠났다. 그 문제들을 누구에게 남겼을까? 남기긴 했지만 그 문제들을 받은 사람은 아무도 없었다. 루이스 거스트너는 이미 1993년에 회사를 떠나고 없었다. '콘아그라 푸즈'의 최고경영자를 역임한 적이 있던 마이크 하퍼가 은퇴 생활을 접고 거스트너의 뒤를 이어 RJR 나비스코를 맡았다. 그리고 1995년 말에 하퍼는 다시 은퇴 생활로 돌아가기로 결심하면서 앞날이 깜깜한 회사를 리더 없이 팽개치고 떠났다. 100억 달러의 빚더미에 올라앉아 힘겹게 버텨 나가는 RJR과 나비스코라는 두 사업 단위의 회사는 그렇게 버림받았다. 그런데 바로 이때, 기업을 경영해 본 경험이 전혀 없던 스티븐 골드스톤이 침몰하는 배를 구조하겠다고 나섰다.

━━━⟨∞⟩━━━

RJR 나비스코 싸움에 관여했던 이들 가운데 골드스톤만큼 그 뒤로 파란이 많았던 사람은 없을 것이다. 그가 우리를 맞은 곳은 콘아그라 푸즈의 맨해튼 사무실이었다. 골드스톤은 현재 콘아그라 푸즈의 비상임 회장으로 일하고 있다. 햇볕에 그을린 얼굴에, 회색이 감도는 흰색 터틀넥 스웨터 차림이고, 파마를 한 머리카락은 목뒤로 흘러내린다. RJR 이후 지금까지 골드스톤은 그럭저럭 지냈다. 코네티컷 북서부 지역에 '볼더스'라는 작지만 화려한 호텔도 하나 가지고 있다.

RJR 나비스코 전쟁이 경영진 진영의 패배로 끝난 뒤에 골드스톤은 법률 회사인 '데이비스 포크 앤드 워드웰'의 기업 관련 변호사 생활로 돌아왔다. 다소 궁벽한 생활이었다. 그런데 4년 뒤, 루이스 거스트너의 법률 고문이 그에게 크래비스와 로버츠가 방침으로 정한 RJR 나비스코의 분리 방안을 검토해 보라는 일을 맡겼다. 이어서 거스트너 대신 마이크 하퍼가 최고경영자로 들어섰을 때, 하퍼는 골드스톤을 매우 높이 평가하면서 그를 RJR 나비스코의 법률 고문으로 고용했다. 하지만 하퍼가 갑자기 다시 은퇴 생활로 돌아가는 바람에 골드스톤이 이사회에 참석했던 기간은 채 1년도 되지 않았다. 이때 하퍼의 갑작스러운 은퇴 사실보다 더욱 놀라웠던 것은, 하퍼가 자기 후임으로 골드스톤을 지목했다는 사실이었다.

골드스톤은 최고경영자 직위를 수락했다. 그리고 심호흡을 크게 한 번 하고는 잘 알지도 못하던 RJR 나비스코를 이끌었다. 골드스톤은 당시를 회상하면서 이렇게 말한다.

"그 회사는 내가 생각하던 회사와 전혀 딴판이었습니다. 솔직히 가장 큰 문제는 채무 압박이었습니다. 담배 사업 부문은 허약했고, 점점 더 허약해지고 있었죠. 필립 모리스만 살판이 났습니다. '말보로 금요일' 이후로 RJR는 혼란 속에서 허둥지둥하면서 헤맸습니다. 해외 사업 부문은 자본을 충분히 대지 못해 지역 경쟁자들에게 밀리고 있었습니다. 나비스코도 상황이 좋지 않긴 마찬가지였습니다. 이 회사는 예전의 그 회사가 아니었죠. 이름도 같고 로고도 같지만 전혀 다른 회사였습니다. 규모를 반으로 줄였어도 빚은 여전히 100억 달러로 남아 있었습니다. 힘들고 골치 아팠습니다."

골드스톤도 KKR의 크래비스나 로버츠와 같은 생각이었다. 유일한 탈출 전략은 나비스코에서 RJR를 분리하는 것이었다. 그런데 담배 관련 소송이 줄을 잇고 있는 가운데 과연 어떻게 그럴 수 있을까?

골드스톤은 최고경영자로 취임한 직후에 RJR 및 나비스코의 여러 공장들을 돌아보면서 그 문제를 곰곰이 생각했다. 그런데 당시 담배 산업이 직면해 있던 가장 뜨거운 비판들 가운데 하나가, RJR를 포함한 담배 회사들이 담배의 중독성을 강화하려고 니코틴 함량을 조작했다는 것이었다. 하지만 골드스톤은 RJR의 제1공장이라고 할 수 있는 윈스턴살렘의 공장에 직접 가서 보고 그런 조작 자체가 불가능하다는 사실을 확인했다. 점검과 보안 및 확인 단계가 워낙 철저하기 때문에 비난의 뭇매를 맞고 있던 그런 불미스러운 일은 도저히 일어날 수 없었다. 그 어떤 곳보다 현대적인 설비가 갖추어져 있었던 것이다. 바로 그때 아이디어 하나가 그의 머리에 떠올랐다.

담배 산업은 이미 오래 전부터 정부가 어떤 식으로든 규제를 가하는 것 자체를 반대해 왔었다. 하지만 담배 공장이 이처럼 안전하고 현대적이라면 그리고 남에게 내보여 한 점 거리낌이 없을 정도로 떳떳하다면, 정부 관계자들을 공장으로 초대하지 못할 일이 뭐가 있겠느냐 하는 아이디어가 떠올랐던 것이다. 정부 관계자가 담배를 생산하는 현장을 방문한 뒤 만족해한다면, 담배 소송 공세에 대한 반격의 든든한 발판을 마련할 수 있다고 생각했다. 골드스톤은 이 아이디어를 매끈하게 정리했다. 자신이 어떻게든 다른 담배 회사들을 설득해 소비자 및 정부와 타협을 이끌어 내기만 한다면 최종적으로 RJR와 나비스코를 분리해 낼 수 있었다. 또한 봇물처럼 터지는 소송, 담배의 안전성에 대한 여론의 우려, 그리고 심지어 RJR 나비스코의 미래까지 모든 게 해결될 수 있었다. 논의의 패러다임 자체를 바꾸는 놀라운 기회가 될 수 있었다. 미국에서 두 번째로 큰 담배 회사의 최고경영자인 스티븐 골드스톤은 워싱턴에서 금연 운동을 벌이던 핵심 인물 데이비드 케슬러와 기본적으로 생각이 같았다. 하지만 골드스톤이 자기 생각을 밖으로 펼쳐 낸다면, 이는 미국 남침례교회에 속한 목사가 윈스턴살렘에서 신도들 앞에 나서서 자기는 이제 신과의 관계를 끊고 악마를 추종한다고 말하는 것과 마찬가지 행위가 될 터였다.

하지만 이런 발상에 내포된 아이러니도 엄청나게 컸다. 소송에 합의해서 어마어마한(나중에야 확인되지만 자그마치 2060억 달러나 되는) 합의금을 물고자 한다는 사실 자체가 결과적으로는 250억 달러 규모의 인수 합병이 실패로 돌아갔음을 인정하는 것이었다. 허약할 대로 허약해진 RJR로서는 예전처럼 모든 소송들을 놓고 마지막까지 싸울 여력이 남아 있지 않았다. 그러기엔 제기된 소송이 너무 많았다. 거의 250건 가까이 되었다. 과거 10년 동안 제기되었던 소송 건수를 모두 합해도 이것의 3분의 1 정도밖에 되지 않았다. 회사가 현재의 지위를 계속 유지하려면 레이놀즈의 변호사들이 이 모든 재판에서 다 이겨야 했다. 하지만 원고 측은 단 한 번만 제대로 돌파해서 이기기만 해도 되었다. 물론 그렇다고 해서 그 사례가 새로운 판례의 기준으로 대번에 자리 잡지는 못하겠지만, 빚더미로 인한 압박 때문에 허약해진 RJR가 파산의 길을 걸어가야 할 만큼 충분히 강력한 타격을 줄 수는 있었다. 하지만 첫발을 떼는 것조차 힘들었다. 왜냐하면 골드스톤은 무리한 강수를 택하는 대신 일반적인 통념을 따르고 싶었고, 또 자기의 회사 내 변호사들을 깊이 신뢰했는데 이들 가운데 많은 수가 RJR를 상대로 소송을 제기한 원고와 합의하기를 거부하며 경력을 쌓아 온 변호사들이었기 때문이다.

만일 골드스톤이 평화를 원한다면 은근히 신호를 보낼 필요가 있었다. 그런데 이런 기회가 저절로 찾아왔다. 업계 7위이던 리게트 그룹이 2006년 3월에 다른 담배 회사들과 행동을 통일했던 대열에서 이탈해 금연 관련 소송 두 건에서 원고와 합의한 것이다. 이런 일이 있은 직후에 골드스톤은《파이낸셜타임스》와 인터뷰를 했다. 리게트의 합의를 어떻게 바라보느냐는 질문에 골드스톤은, 자기는 합의라는 단어를 좋아하지 않는다면서 이렇게 말했다.

"그렇다고 해서 이 말이 행정부나 입법부, 그리고 정치권과 사회 단체 등이 모두 나서서 이 문제를 해결할 수 없다는 뜻은 아닙니다. 또한 담배 회사들이 합리적이고 명백한 문제 해결 방안을 무시한 채 죽기 아니면 살기로 달려들 만큼 정신적으로 문제가 있다는 뜻도 아닙니다."

그러고는 담배 관련 소송을 개별적으로 하나씩 처리하는 것은 '합리적이지 못한' 방안이라는 의견을 냈다.

그의 발언은 엄청난 파장을 불러일으켰다. RJR의 홍보 부서는 즉각 성명서를 발표해 골드스톤이 단지 '가설적인 차원'에서 그런 발언을 했을 뿐이라며 의미를 축소하고, 다음과 같이 밝혔다.

"회사는 현재 회사가 관련된 그 어떤 소송에서도 합의할 의도가 조금도 없다. 우리가 소송에서 이길 것이라고 확신하기 때문이다."

RJR의 주가가 20퍼센트 오르자 골드스톤은 자신의 취지를 계속 밀어붙이는 데 필요한 힘을 얻었다. 여섯 달 뒤 보스턴에서 했던 한 연설에서 그는 소송 합의뿐 아니라 담배 산업에 대한 규제를 언급하며 이런 방침에 대한 자신의 입장을 한 번 더 밝혔다. 당시를 회상하면서 골드스톤은 다음과 같이 말한다.

"이 발언은 여론으로부터 상당한 반향을 얻었고, 담배업계의 다른 지도자들과 함께 밀도 있는 논의를 할 수 있었죠."

골드스톤은 자기 입장을 굽히지 않고 동료들에게 말했다.

"담배 산업은 여태까지 기민하게 규제를 피하면서 성공 가도를 달려 왔습니다. 하지만 그 바람에 신뢰를 잃고 말았습니다. 우리는 지금 사회로부터 따돌림을 당하는 자리에 서 있습니다."

레이놀즈 내의 소송 담당자들은 골드스톤을 담배업계의 네빌 체임벌린†이라 여겼다. 당시 레이놀즈의 고위 간부였던 한 사람은 다음과 같이 말한다.

---

† 영국 총리이던 그는 전쟁을 피하기 위해 독일의 히틀러를 만나서 여러 가지 사안들을 양보했지만, 히틀러는 결국 2차 세계대전을 일으켰다.

"그의 주장은 잘 먹혀들지 않았습니다. 사람들이 잘 이해하지도 못했고 요. 사람들은 50년 동안 이렇게 잘해 왔는데 굳이 방침을 바꿀 필요가 뭐 있 느냐라고 생각했던 겁니다."

RJR의 법률 고문이던 로버트 샤프가 사임하고, '데이비스 포크 앤드 워 드웰'의 파트너인 빌 로소프가 그 자리에 임명되었다. 담배를 과자 트윈키 와 비교했던 레이놀즈의 최고경영자 제임스 존스턴 역시 사임했다.

레이놀즈에서 평생을 몸담은 사람들과 업계의 고참들이 골드스톤을 쫓 아내고 그가 세운 방침을 무력화하려고 아무리 애썼지만 상황은 골드스톤 이 바라던 대로 흘러갔다. 담배 회사 '브라운 앤드 윌리엄슨'의 전 연구 책임 자였던 제프리 위건드는 이 회사의 최고경영자 토머스 샌드퍼가 담배의 중 독성을 알면서도 이런 사실을 외면하고 1994년 의회 청문회에서 거짓말했 다는 내용을 증언했다. 나중에 영화 〈인사이더〉의 모델이 되기도 하는 내부 고발자 위건드는 회사가 니코틴의 효과를 높이려고 담배에 여러 가지 화학 물질을 사용했다고 주장했다. 브라운 앤드 윌리엄슨은 또 하나의 악재를 만 났다. 이 회사가 고용한 법률 회사에서 사무관으로 일하던 직원이 소송에 대비해 회사가 수집한 4000매 분량의 자료를 금연 운동 진영으로 빼돌린 것이다. 이 문서로 인해 담배의 위험에 대해 회사가 공식적으로 밝히는 내 용과 실제로 인지하는 내용 사이에 일치하지 않는 점이 너무 많다는 사실이 세상에 드러났다.

1997년 봄이 되면서 포위 공격을 받던 담배업계로서는 골드스톤의 해 결책에 동의할 수밖에 없는 상황으로 몰렸다. 그리고 주요 담배 회사들이 소송의 일괄 협상을 위해 주 정부의 검찰들과 협상을 벌이기 시작했다. 담 배 회사들은 식품의약국의 규제를 기꺼이 받아들이겠다고 했다. 이 규제를 받아들일 경우 광고 및 공급에 새로운 제약을 받아야 했고 또 소송을 포기하는 조건에 대한 보상으로 막대한 돈을 내놓아야 했다. 마침내 그해 6월, 최종 합의 내용이 발표되었다. 담배 회사들은 3600억 달러를 25년에 걸쳐 주 정부에 낼 것, 옥외 광고를 하지 말 것, 더욱 강력한 건강 관련 경고 문구를 넣을 것, 청소년 흡연 예방에 힘쓸 것 등이었다. 아울러 만일 청소년 흡연율이 충분하다고 인정할 만큼 떨어지지 않을 경우 담배 회사들은 추가로 벌금을 더 내기로 한다는 조항에도 동의했다.

또한 이 합의를 유효하게 유지하기 위해 담배 회사 임원들은 담배의 위험성에 대해 예전과는 전혀 다른 발언을 해야 했다. 이 대열의 맨 앞에 선 사람이 골드스톤이었다. 골드스톤은 의회 청문회 자리에서 니코틴은 '사람들이 일반적으로 쓰는 바로 그런 의미의 중독성을 가지고 있다'고 증언했다. 또한 플로리다에서 벌어진 한 소송에서도 '흡연이 폐암 발생의 한 가지 원인으로 작용한다'고 증언했다. 그리고 레이놀즈가 10년 역사를 자랑하던 조 카멜[†]이 등장하는 광고를 중단하도록 지시했다. 금연 운동 단체들은 이 광고가 청소년들을 대상으로 기획된 것이라고 주장했었다.

이런 일들이 계속 이어지자 레이놀즈에 평생을 몸담았던 사람들과 골드스톤 사이는 점점 더 벌어졌다. 프랭크 콜비라는 연구자는 한 잡지와 인터뷰하면서 다음과 같이 말했다.

"나는 그 사람을 '미스터 묘비'라고 부릅니다. 흡연이 죄악이라는 데 동의하는 사람이라면, 도의적인 차원에서 볼 때 솔직히 담배 회사에선 중간 간부로도 일할 수 없습니다. 그렇지 않습니까? 그건 부도덕한 짓입니다."

하지만 골드스톤은 RJR 나비스코가 살아남으려면 어쩔 수 없이 합의라는 과정을 거쳐야 한다는 걸 알고 있었다. 그런데 1998년 4월에 합의가 깨

---

† 카멜 담배의 광고용 마스코트로 몸은 사람이고 머리는 낙타다.

지고 말았다. 수많은 상하원 의원들이 정치 후원금이나 반려동물 보호 운동
비 같은 온갖 명목으로 합의 지지 비용을 받았음에도 불구하고 합의 내용
을 비난하고 나섰던 것이다. 결국 합의 내용을 다시 정하는 과정이 시작되
었다. 그리고 담배 회사들은 5060억 달러를 내야 했다. 골드스톤은 깜짝 놀
랐다. 그리고 국회의사당에서 자기 말을 들으려는 사람에게는 누구나 할 것
없이, 그 정도 규모의 합의금을 요구할 경우 RJR는 파산하고 말 것이라고
말했다. 일이 그 지경으로 흘러가는 건 애초에 그가 바란 내용이 아니었다.
골드스톤은 담배 회사들로부터 최대한 많이 뜯어내겠다고 단단히 마음먹
은 수많은 강력한 이익 집단들과 맞서 싸웠다.

마침내 1998년 4월, 잠정적인 합의안이 나온 지 거의 열 달이 지나서 골
드스톤은 합의가 무산되었다는 발표를 했다. 내셔널프레스클럽NPC†에서 가
진 기자 회견에서 그는 '고속도로 한가운데서 뒤집힌 현금 수송 트럭'을 바
라보는 듯한 탐욕스러운 눈으로 담배 회사들을 바라보지 말라고 말했다. 또
한 RJR는 계속 협조할 것이라고 밝혔다. 그 직후에 다른 담배 회사들도 그
런 발표를 했다. 그런데 미국 전역에서 고소인의 의뢰를 받은 변호사들이
담배 회사들을 겨냥해 대공세를 준비했다. 소송으로 촉발된 압력으로 마침
내 미네소타 주 정부의 법무부 장관인 허버트 험프리 3세가 담배 회사들을
기소했다. 이 소송이 심리에 들어가자 레이놀즈의 최고경영자 앤드루 신들
러와 필립 모리스의 최고경영자 제프리 바이블은 증언대에 서서 생선이 석
쇠 위에서 굽히듯 엄한 추궁을 받았다. 이 재판에서는 담배 회사들이 담배
에 내포된 숱한 위험들을 다 알고 있으면서도 일부러 외면했다는 사실을 밝
히는 결정적인 증거들을 원고인 미네소타 주 정부가 공개했다. 그런데 미네

---

† 1908년에 설립된 미국의 언론 분야 전문가들의 친선 단체.

소타 주 정부가 최후 진술을 하기 직전에 피고 측은 61억 달러 규모의 합의 금에 동의했다. 하지만 그렇다고 해서 염려가 완전히 사라진 건 아니었다. 또 다른 담배 회사인 '로릴러드'의 최고경영자 로런스 티시는 나중에 다음 과 같이 말했다.

"만일 우리 회사가 그런 경우를 당했더라면 배심원의 평결까지 들었을 겁니다. 그리고 패소하면 항고했을 겁니다. 하지만 RJR는 그렇게까지 하기 에는 버텨 낼 힘이 없었을 겁니다."

미네소타에서의 소송이 그렇게 결말이 나면서 한 가지 좋은 일이 생겼 다. 잘못 하다간 언제라도 이런 판결이 나올 수 있다는 경종으로 작용해 담 배 회사들이 주 정부의 검찰과 다시 협상에 나선 것이다. 1998년 11월에 여 섯 개 담배 회사와 마흔여섯 명의 주 정부 관리들은, 담배 회사들이 새로 조 정된 합의금 2060억 달러를 25년에 걸쳐 낸다는 데 동의했다. 워싱턴의 정 치인들과 관계 당국자들로 이루어진 '중간 브로커'들을 제외함으로써 담배 회사들은 2540억 달러를 절약했으며, 또한 처음 나왔던 합의 내용이 담고 있던 성가신 의무 조항들 몇 가지도 함께 삭제했다.

이런 합의가 나옴으로써 RJR가 회생할 수 있는 여지가 생겼다. 1999년 3월 9일, 골드스톤은 마지막 단계로 RJR의 해외 담배 사업부를 80억 달러 에 매각하겠다고 발표했다. 헨리 크래비스와 조지 로버츠가 막대한 빚을 끌어다가 성사시킨 인수 합병이 마무리된 지 꼬박 11년이 지난 후, 골드스 톤이 그 빚을 모두 없애 버린 셈이었다. 그리고 바로 그날, RJR 나비스코는 RJR와 나비스코라는 두 개의 독립된 회사로 분리될 것이라고 발표했다. 이 로써 골드스톤의 일은 끝났다.

따지고 보면 최악의 결과였다. 로스 존슨에게 RJR 나비스코의 LBO가 결코 좋은 생각이 아니라고 경고했던 사람이 그 덜떨어지고 불운한 거래를 최종적으로 잠재운 것이다. 이 책에 등장한 모든 극적인 인물들에 비하면 개성이나 경력 면에서 가장 보잘것없는 인물이 거들먹거리며 잘난 체하던 모든 야만인들보다 오래 견디고 또 이 야만인들을 물리친 것이다.

골드스톤은 고인이 된 RJR의 전 회장 보면 그레이가 예전에 사유지로 가지고 있던 땅에 위치한 '그레이린 컨퍼런스 센터'에서 열린 한 파티에서 레이놀즈가 독립했음을 선언했다. 이날 밤 행사의 절정은 골드스톤이 R.J. 레이놀즈의 유화 초상화를 가지고 와서 최고경영자인 앤드루 신들러에게 전해 주는 장면이었다. 그 초상화는 그때까지 오랜 세월 동안 뉴욕 본사에 걸려 있었다. 드디어 '미스터 알제이$_{RJ}$'가 고향으로 돌아온 것이다.

"이 초상화는 여기에 있어야지요."

골드스톤이 한 말이었다. 그러자 신들러는 이렇게 외쳤다.

"마침내 자유를 되찾았습니다!"

------◆◆◆------

20년 전, RJR 나비스코를 놓고 벌어진 싸움에 참가했던 월스트리트 사람들 대부분은 지금도 여전히 월스트리트에 남아 있다. 무대에서 사라진 몇 안 되는 사람들 가운데는 드렉셜 버넘의 '미친개' 제프 벡도 끼어 있다. 그는 센트럴파크에서 조깅하다가 심장 발작을 일으킨 뒤 1995년 1월에 사망했다. 제이 프리츠커는 1999년에 사망했다. 그의 나이 일흔여섯 살이었다. 짧은 기간 크래비스에게 도움을 주었던 RJR 레이놀즈의 전 최고경영자 폴 스틱트는 2007년 3월, 여든아홉 살에 사망했다.

피터 코언은 1990년에 시어슨에서 쫓겨났다. 현재 그는 소규모 자산 운용 회사를 경영하고 있다. 제임스 로빈슨은 제약 회사 '브리스톨 마이어스'의 비상임 회장으로 있으며, 자기 개인 돈을 투자하고 있다. 린다는 여전히 자기 소유의 홍보 회사 회장으로 남아 있다. 로빈슨 부부는 두 명의 아이를 입양했다. '심슨 대처 앤드 바틀릿'에 남아 있는 리처드 비티는 어느 날 자기 딸이 린다와 그녀의 두 아이들과 함께 놀아 주기로 했다는 말을 듣고 씨익 웃었다. 제임스 마, 브라이언 핀, 에릭 글리처, 토밀슨 힐과 같은 사람들은 모두 다른 회사로 자리를 옮겼지만 지금도 여전히 지분 거래 관련 일을 하고 있다. 피터 앳킨스나 잭 너스바움 같은 변호사들은 여전히 대형 인수합병과 관련된 일을 하고 있다.

그리고 시어도어 포스트먼⋯⋯. 포스트먼은 여전히 솔로 빌딩 건너편 제너럴 모터스 빌딩에 있다. 지금도 은발이 무성하고, 조금은 화가 난 듯하다. 한마디로, 20년 전 RJR 나비스코의 문 앞에 서성이던 야만인들을 쫓아내려고 분기탱천하던 모습 그대로이다. 사실 그가 이 책의 독자들이 알아주면 좋겠다고 바라는 게 하나 있는데, 그건 바로 이 책의 제목을 정한 사람이 자기, 즉 시어도어 포스트먼이라는 점이다. 포스트먼은 RJR가 자기에게 그렇게 큰 의미는 없었다고 주장한다.

"그 거래가 입찰 과정에 관련되었던 사람들이나 언론에는 중요했을지 모르지만 나에게는 아니었습니다. 기억에서 쉽게 사라졌습니다."

RJR 이후 포스트먼 리틀은 호황을 누렸다. 브라이언 리틀은 은퇴했고, 은퇴 직후에 세상을 떠났다. 하지만 LBO 사업 대상은 여전히 널려 있었다. 포스트먼은 당시를 회상하면서 다음과 같이 말한다.

"RJR 이후 우리는 회사 역사상 최고의 전성기를 누렸습니다. 걸프스트림과 제너럴 인스트루먼트 등을 포함해 수많은 회사들을 거래했습니다. 1999년까지 8년에서 9년이라는 기간은 환상적이었죠."

하지만 걸프스트림에 투자한 뒤 포스트먼은 사업에 대한 자기 열정이 식었다는 사실을 깨달았다.

"이제는 지겹고 피곤했습니다."

포스트먼의 젊은 파트너들은 좀 더 큰 거래를 하고 싶어 했지만 포스트먼은 그렇게 할 수가 없었다. 그는 당시를 회상하면서 이렇게 말한다.

"다른 많은 회사들은 덩치를 불려 가고 있었습니다. 해외로도 확장하고 말입니다. 하지만 나는 그렇게 하고 싶지 않더군요. 회사라는 건 끊임없이 변합니다. 파트너들이 회사와 함께 변하고 싶어 하더군요. 이들은 모든 사람이 다 하는 걸 하고 싶어 했습니다."

그리고 우여곡절 끝에 포스트먼은 회사에서 나와 그 뒤 4년 동안 오로지 자선 사업에 매달렸다. 포스트먼은 자신이 마련한 장학 재단이 지금까지 가난한 학생 10만 명에게 학교에 다닐 수 있도록 도왔다고 추산한다. 그는 다이애나 왕세자비와 데이트를 하기도 하고 〈오프라 윈프리 쇼〉에 출연해 자기가 하는 자선 사업을 놓고 잡담을 나누며 인생을 느긋하게 즐기면서 살았다.

하지만 포스트먼이 빠진 포스트먼 리틀은 번성하지 못했다. 이 회사는 두 개의 사업을 추진했는데 둘 다 잘못되었고, 포스트먼은 실망했다. 포스트먼 리틀이 LBO 사업에서 처음으로 실패를 기록했기 때문이었다. 이어서 나쁜 일이 또 일어났다. 상처에 모욕까지 보태는 일이었다. 투자자 가운데 하나였던 코네티컷 주 정부가 소송을 제기해 2년 동안 당혹스러운 법정 싸움을 벌여야 했기 때문이다. 그 소송은 2004년이 되어서야 모두 마무리되었다. 하지만 이제 예전의 포스트먼 리틀이 아니었다. 최고의 직원들은 모두 더 큰 회사로 빠져나갔다. 포스트먼은 벌써 5년 넘게 독자적으로 새로운 사업을 추진하지 못하고 있었다. 게다가 그러고 싶은 마음도 없었다.

세상은 변했다. KKR와 같은 LBO 전문 회사도 이제는 스스로를 '사모펀드 회사'라고 부른다. 이 용어에 포스트먼은 눈이 휘둥그레진다.

"1980년대의 이른바 정크 본드 과잉 현상은 지난 5, 6년 동안 신용 시장에서 진행된 것들과 비교하면 그야말로 새 발의 피밖에 되지 않습니다. 은행들은 말입니다, 이제 무엇이든 걸기만 하면 무조건 돈을 빌려줍니다. 알다시피 이런 은행들은 오전 9시부터 오후 5시까지 영업을 합니다. 정오까지는 그래도 합법적으로 일을 합니다. 그런데 오후 4시 15분이 넘어가면 다른 일을 해야 합니다. 뭔지 알죠? 그러니까 이런 서브프라임 모기지 혼란이 생긴 겁니다. 은행에선 상환 능력이 없는 사람들에게까지 돈을 빌려줍니다. 어떻게 그럴 수 있느냐고 물으면 이럽니다. '전혀 문제 되지 않습니다. 뭔가를 담보로 잡았으니까요'라고요."

포스트먼은 21세기의 월스트리트를 혐오스러워하면서도 여전히 20억 달러를 투자 자금으로 가지고 있다.

"나는 여기에 앉아서 이런 생각을 했습니다. '사람들은 내가 무척 똑똑하고 또 내가 투자를 해서 돈을 잃은 적이 단 한 번도 없다는 사실에 대해 글을 쓰곤 했다'라고요. 하지만 나는 그 사람들이 내 묘비에 '그는 바보처럼 인생을 마감했고, 왜 그랬는지 우리는 이유를 알지 못한다'라고 적기를 바라지 않았습니다."

이렇게 말하고는 빙그레 웃으며 다시 말을 잇는다.

"그래서 기본적으로 사람들에게 이렇게 말했습니다. '나는 이 일을 할 것이다'라고요."

현재 포스트먼 리틀은 세 개의 새로운 대형 회사의 소유주임을 자랑스럽게 여기고 있다. 이 가운데 하나인 'IMG'는 스포츠 매니지먼트 및 컨설팅 회사인데 포스트먼이 회장으로 앉아 있다. 세 회사 모두 엄청난 수익을 가져다줄 것이라고 포스트먼은 자신한다. 그리고 씨익 웃으면서 이렇게 말한다.

"내가 무슨 말을 하겠습니까? 내가 아는 건 이런 일인데요. 이게 바로 나한테 주어진 작은 재능이지요."

<hr/>

R. J. 레이놀즈의 동상은 지금도 윈스턴살렘 시청 인근에 자랑스럽게 서 있고, 로스 존슨은 여전히 욕을 먹고 있다. 타바코빌 공장에 있는 거대한 기계는 여전히 윈스턴과 살렘이라는 이름의 담배를 무더기로 쏟아내고 있다. 하지만 윈스턴살렘에서는 지난 20년 동안 엄청나게 많은 변화가 있었다. 시내에서는 이제 담배 냄새가 나지 않았다. RJR 나비스코 싸움이 끝난 직후에 시작되었던 규모 감축의 일환으로 시내에 있던 오래된 RJ 레이놀즈 공장들이 모두 문을 닫았기 때문이다. 회사는 수천 개의 일자리뿐 아니라 명성까지 함께 날려 버렸다. 이 회사는 자회사이던 '브리티시 아메리칸 타바코'와 2004년에 합병해 지금은 '레이놀즈 아메리칸'이라는 이름으로 불린다.

이렇게 할 수밖에 없었던 건 RJR가 나비스코와 분리된 이후 줄곧 내리막길을 걸었기 때문이다. 46개 주에 1년에 20억 달러씩 보상금을 내야 하는 부담은 고스란히 고객들에게 돌아갔다. 레이놀즈는 1999년부터 2003년까지 담배 가격을 일곱 차례나 인상했다. 다른 주요 담배 회사들 역시 보상금 때문에 꾸준하게 담배 가격을 인상해 왔다.

이런 압박 현상 때문에 이른바 '작은 담배 회사'(직원 수 350명 미만)라 불리는 새로운 유형의 담배 회사들이 나타났다. 이 회사들은 대형 담배 회사들을 짓누르던 보상금 부담이 없으므로 가격 책정 측면에서 훨씬 유리했다. 덕분에 이 회사들은 2003년에 전체 시장 가운데 12퍼센트를 차지했다. 그해 상반기에 레이놀즈의 매출액은 전년도에 비해 18퍼센트 떨어졌고, 영업 이익도 59퍼센트나 줄어들었다.

2003년 9월, 레이놀즈는 전체 인력의 40퍼센트인 2600명을 정리 해고

후기 : 20년 후 야만인들과 그들이 만든 세상

하겠다고 발표했다. 광고도 카멜과 살렘만 함으로써 광고비를 줄이겠다고 했다. 한때 미국 최고의 브랜드였으며 지명을 딴 이름으로 그 지역의 자랑거리였던 윈스턴은 이제 일류가 아닌 이류로 떨어졌다.

그날은 로스 존슨이 본사를 윈스턴살렘에서 애틀랜타로 옮겨 갔던 날 이후로 가장 우울한 날이었다. 아마도 이것은 레이놀즈의 최고 고객들이었던 버스 터미널 역시 마찬가지였을 것이다.

그로부터 얼마 지나지 않아 레이놀즈 아메리칸을 탄생시킨 합병이 있었고, 이 합병으로 회사는 안정을 회복했다. 하지만 현재 이 회사는 고용주로서나 지역 사회에서 영향력을 행사하는 주체라는 점에서 볼 때 아주 작은 규모로 초라하게 존재한다.

레이놀즈 아메리칸의 고위 임원들 대부분은 켄터키주 루이빌 출신이다. 루이빌은 브리티시 아메리칸 타바코의 한 사업 단위인 브라운 앤드 윌리엄슨이 있던 곳이다. 이 사람들은 한때 RJR의 리더십으로 자동적으로 이어지던 지역 리더십을 확보하려는 역사의식이나 정통성에 대한 생각은 전혀 가지고 있지 않다. 그런 데는 아예 관심조차 없다.

레이놀즈가 붕괴하면서 일으킨 충격을 다른 기업들도 심각하게 받았다. 오랜 세월 레이놀즈와 손잡고 함께 번영을 누렸던 와코비어 은행도 윈스턴살렘에서 철수했다. 이 은행을 노스캐롤라이나의 샬럿에 있던 금융 지주 회사 퍼스트 유니언이 인수했는데, 이 은행의 본사도 이제는 윈스턴살렘에 있지 않다. 레이놀즈의 전 최고재무책임자이던 제리 건즌하우저는 당시를 회상하면서 다음과 같이 말한다.

"지역 공동체는 충격과 정신적 외상의 시기를 보내야 했습니다. 그 누구도 상상하지 못했던 일이 일어났으니까요. 옛날 같지 않으리라는 생각은 누구나 했지만, 정확히 어떻게 될지는 아무도 몰랐습니다. 사람들이 한결같이 가지고 있던 질문은 '앞으로 어떻게 하면 좋지?'였습니다."

레이놀즈의 일자리가 대량으로 없어졌다는 시각으로 그 도시를 바라보게 되는 것도 어떤 점에서는 레이놀즈가 남긴 유산 가운데 하나라고 할 수 있었다. 1950년대에 레이놀즈가 이곳으로 옮겨 온 웨이크포리스트대학교는 부속 메디컬 센터를 공격적으로 확장했다. 그중 가장 큰 건물은 레이놀즈의 회장이었던 보먼 그레이의 이름으로 불리며, 노인병 센터는 폴 스틱트의 이름으로 불린다. 두 사람 다 대학 측에 거금을 기부했었다. 웨이크포리스트대학교는 시내에 생명공학 단지를 조성하는 데 중심적인 역할을 했다. 19세기의 리처드 조슈아 레이놀즈처럼 대담하게 새로 떠오르는 기회를 포착하려는 21세기의 역동적인 기업가들을 이 단지로 끌어들이려 하고 있다.

이 생명공학 단지의 선도 기업은 '타가셉트'인데, 이 회사는 생물약제학 분야에서 세상 사람들을 깜짝 놀라게 하겠다는 포부를 가지고 있다. 레이놀즈 가문의 한 과학자가 설립하여 2000년에 모회사에서 분리 독립한 이 회사는 이미 주식 시장에 상장되어 있으며, 125명의 직원을 거느리고 있다.

타가셉트는 니코틴을 기반으로 하는 약제들을 개발하는 단계이기 때문에 아직 본격적인 시장 생산 체제에는 들어가지 않았다. 하지만 알츠하이머병과 정신분열증을 치료할 약을 시험하는 단계까지 와 있다. 제약업계의 거인인 '아스트라제네카'가 이 시험 단계에 자금을 대고 있다. 또한 '글랙소스미스클라인'도 타가셉트의 다른 약제에 대해 비슷한 계약을 맺고 있다.

윈스턴살렘 시내의 느낌은 예전과 다르다. 약 4만 8600제곱미터(약 1만 5000평) 넓이의 생명공학 단지가 있고, 예전에 담배 창고이던 곳이 '피드먼트 리프 로프츠'라는 이름의 콘도로 바뀌었고, 또 그 밖에도 여러 가지 변화들이 있었기 때문이다. 아직 불사조는 잿더미를 박차고 날아오르지 않았지

후기: 20년 후 야만인들과 그들이 만든 세상

만, 부산스러움 속에서 그럴 기미가 엿보인다.

"생명공학 단지는 윈스턴살렘의 구원자가 되지는 못하고 있습니다. 굉장히 많은 산업체들이 들어와야겠죠. 하지만 기업가가 큰 뜻을 품을 수 있는 환경이 조성된다면 그런 일은 얼마든지 가능합니다. 우리는 그 일을 위한 선전 포스터 속 이미지죠."

한때 과학자였다가 타가셉트의 최고경영자로 변신한 돈 드베서지가 하는 말이다. 또한 그는 오늘날 더욱 다채로운 모습을 보여 주는 윈스턴살렘 소재 업체들을 대표하는 이미지이기도 하다. 드베서지는 현재 자선 단체 '유나이티드 웨이'의 이사진에 이름을 올리고 있는데, 예전에 이런 자리는 RJR나 그 회사의 자회사 출신 임원들이 독차지했었다. 하지만 이제 그런 일은 없다. 놀랍게도 윈스턴살렘에서 현재 최고의 기업가로 왕성한 영향력을 행사하는 사람은 자동차 딜러 돈 플로다. 컴퓨터 회사 '델'이 윈스턴살렘에 공장을 세운 것도 일정 부분은 그의 공이다.

레이놀즈가 남긴 유산 가운데 또 하나 중요하고도 유익한 것이 있다. 그건 바로 돈이다. RJR 나비스코의 LBO로 윈스턴살렘에는 돈벼락이 내렸다. 윈스턴살렘에 흘러넘치고도 남았던 돈은 이 도시가 스스로를 개조하는 동안 도시 경제를 떠받쳤다. 게다가 레이놀즈에서 해고된 사람들 모두 퇴직수당을 두둑하게 받았다. 다음은 제리 건즌하우저가 하는 말이다.

"검소하게 살던 이 도시 사람들에게 엄청난 돈이 떨어졌습니다만, 사람들은 미쳐서 돌아다니지 않았습니다. 그 돈을 다시 투자한 겁니다."

이런 재투자는 여러 가지 형태로 전개되었다. 폴린 카터라는 여성이 남긴 유산에서 이런 사례를 잘 알 수 있다. 그녀는 레이놀즈의 구내 식당에서 30년 가까이 일했다. 비록 처음 일을 시작할 때는 주급 12달러밖에 받지 못했지만, 이 얼마 되지 않는 벌이 가운데 일부를 떼어 직원들을 위한 레이놀즈 'A' 주식을 샀다.

카터는 1965년에 퇴직했다. 하지만 수수한 집에서 낡은 자동차를 몰고 검소하게 살면서 그녀는 1980년대까지 계속해서 그 주식을 샀다. 카터는 두 명의 남편과 사별했고 자식이 없었다. 그래서 그랬는지 레이놀즈를 가족처럼 생각했다. 그녀의 조카 찰스 헬릭은 다음과 같이 말한다.

"고모는 레이놀즈를 믿었습니다. 회사는 언제나 고모에게 잘해 주었으니까요."

그러다가 회사가 KKR에 팔리자 카터는 분통을 터뜨렸다. 회사는 어떻게 되고 또 자기가 가지고 있는 주식은 어떻게 될까 걱정이 되어 거의 정신이 나갈 정도였다고 조카는 증언한다. 조카는 그녀를 진정시키려고 애썼다.

"내가 그랬죠. 어쩌면 이 일은 우리가 바라던 일이 아닐지 모르지만, 그래도 일이 터졌으니까, 어찌 되었든 회사가 책임을 질 거라고요."

정말 그랬다. 카터는 그동안 RJR 주식 4만 2500주를 모아 두고 있었다. 카터에게 떨어진 돈은 세금을 빼고도 300만 달러였다. 카터는 그 뒤로도 계속 검소하게 살다가, 2000년 사망하기 직전에 270만 달러를 윈스턴살렘 재단에 기부했다. 이런 기부와 자선 행위가 지역 사회에 많은 기여를 하는데, 특히 카터의 기부금은 주로 웨이크포리스트 메디컬 센터의 어린이 병원에 있는 자선 단체 '로널드 맥도널드 하우스'로 들어갔다.

폴린 카터나 돈 드베서지와 같은 사람들의 성공 사례는 많다. 이런 이야기를 들으면 RJR 나비스코의 LBO 거래가 실제로 윈스턴살렘에 뿌린 긍정적인 결과가 적지 않음을 알 수 있다. 또한 머지않아 윈스턴살렘이 다시 세련된 도시로 거듭날 것임을 예견할 수 있다. 비록 이 도시 안에 세워졌던 회사는 빛이 바래 사라졌지만, 그리고 비록 이 도시가 이제 더는 어떤 회사의 도시가 아니긴 하지만……

RJR 나비스코를 둘러싼 활극의 충격은 더욱 넓은 세상으로 확산되었다. 1990년대의 10년 세월은 그 나름의 방식대로 1980년대의 10년만큼이나 거칠었다. 미국의 최고경영자들은 처음 미국이라는 거대한 기업의 문 앞에서 서성거리는 야만인들의 실체를 확인하고 충격과 공포에 휩싸였다. 그러다가 이 야만인들을 끌어안았으며, 마침내는 로스 존슨의 흉내를 내려고 했다. 이런 사람들은 RJR 나비스코의 LBO 사례를 보고 자기들에게 주어진 조건을 잘만 활용하면 엄청난 재산을 끌어모을 수 있다는 사실을 배웠다. 그리고 구체적인 행동에 나서기 시작했다.

'타이코 인터내셔널'의 데니스 커즐라우스키나 '월드컴'의 버니 에버스 같은 차세대의 허풍선이들은 존슨이 개척했던 '회사의 이익을 도모하지 않는 최고경영자'라는 개념을 한층 더 발전시켰다. 이들은 훨씬 더 큰 규모로 놀았다. 때마침 시장도 호황이었고 기술주 거품도 잔뜩 끼어 있던 1990년대였다. 따라서 판돈의 규모는 엄청나게 컸다. 로스 존슨이 설정했던 5300만 달러의 이른바 '황금 낙하산'도 이들이 주물렀던 돈에 비하면 푼돈이었다(물론 이들은 존슨보다 훨씬 더 멀리 나간 바람에 수갑을 차고 교도소까지 들어가야 했다).

어떤 점에서 이 책이 다룬 내용은 단지 RJR 나비스코라는 한 회사가 몰락하는 이야기만은 아니었다. 장차 미국 기업의 구석구석까지 스며들게 되는 '나도 한몫 챙겨야지' 풍조가 바야흐로 시작되는 이야기였다. 심지어 한때 착실하던 회계 법인들의 회계사들조차 스스로를 회계 감사인이 아니라 도박판의 딜러로 여기기에 이르렀다. 죽어 가던 회계 법인 '아서 앤더슨'의 회장 폴 볼커는, 자기 회사 직원들이 '엔론'의 공범이 되었던 이유는 그런 회사들과 그 직원들이 누리는 엄청난 부를 부러워했기 때문이라고 말한다. 볼커는 다음과 같이 설명했다.

"회계사들은 이런 식으로 생각했습니다. '우리가 저 사람들보다 못한 게 뭐 있어. 게다가 일은 우리가 다 하잖아'라고요. 돈은 먼저 집는 사람이 임자라는 생각이 팽배해 있었습니다."

RJR 나비스코의 LBO 거래가 몰고 온 파장은 월스트리트 구석구석까지 미쳤다. 이 거래로 KKR는 큰 손해를 보았으며 정치인들은 이 일을 격렬하게 비난했다. 그래서 LBO 회사들은 한동안 자제하며 그 뒤로 몇 년 동안 대형 거래는 하지 않으려고 했다.

"RJR 거래는 밥 비먼의 멀리뛰기 기록과 비슷했습니다."

'베인 캐피털'의 스티븐 패글리우카가 오랜 기간 동안 깨어지지 않을 대기록이라는 뜻으로 하는 말이다. 밥 비먼은 1968년 멕시코 올림픽에서 멀리뛰기 종목에 출전해 8미터 90센티미터라는 대기록을 세웠는데 이 기록은 1991년까지 무려 23년 동안 깨어지지 않았다.

250억 달러라는 인수 대금 기록은 17년 동안 깨어지지 않았다. 여기에는 여러 가지 이유가 있었다. 우선 금융 세계에 변화가 있었다는 점을 들 수 있다. 드렉설 버넘의 붕괴로 값싼 정크 본드의 시대가 가고, 주된 돈줄로 자리 잡은 상업 은행들은 레버리지(차입금) 규모를 줄여야 한다고 주장했다. 예컨대 KKR는 RJR 나비스코를 10퍼센트의 지분으로 인수했지만 1990년대에는 LBO 사업에 자금을 대는 상업 은행 측에서 두 배 이상을 요구했다. 그리고 정치적인 이유도 작용했다. 다트머스대학교의 턱 비즈니스스쿨 부속 연구 센터를 운영하는 콜린 블레이던은 다음과 같이 말한다.

"LBO 회사들에는 RJR 사건 이후로 강간하고 약탈하고 방화하는 악당 이미지가 씌워졌습니다. 그리고 이 회사들은 이제 대규모 인수 합병을 도끼

눈으로 바라보며 가혹한 세금을 물리는 법안을 만들려는 의회를 상대해야 했던 겁니다. 무지막지한 야만적 행동은 현실과 동떨어진 것이라고 보았습니다. 점잖게 행동할 수밖에 없었습니다. 그래서 1990년대의 LBO 거래는 상대적으로 친절하고 부드러웠던 겁니다."

LBO 업계에서는 이미지 개선 작업까지 했다. 그래서 스스로를 '사모펀드 회사'라 부르기 시작했다. 이 표현이 'LBO 전문가'라는 말보다 훨씬 우아하게 들렸기 때문이다. KKR가 누리던 업계 선두 지위를 노리던 회사들은 자신들의 기존 실적이 낮다는 점, 그리고 월스트리트에서 멀리 떨어져 있다는 점을 중요한 강점으로 내세웠다. 텍사스의 북부 도시 포트워스에 본사가 있는 '텍사스 퍼시픽 그룹'의 최고경영자 데이비드 본더먼은 언론의 인터뷰에 응하기보다는 차라리 투자자들에게 돈을 돌려주는 쪽을 선택했다. 신생 야만인들은 《문 앞의 야만인들》에서 늙은 사자들의 경험을 곰곰이 살피고는 이런 질문을 던졌다. 이름을 날린다고 해서 도대체 무슨 도움이 될까?

한때 업계를 지배했던 KKR는 몸을 바짝 웅크렸다. 비록 여전히 중심적인 업체이긴 했지만 예전처럼 선두 주자는 아니었다. 1990년대 내내 헛발질을 하거나 대상을 잘못 택해 발길질을 하는 바람에, 그것도 여러 차례 연속해서 하는 바람에 비틀거릴 수밖에 없었다. 그리고 KKR의 사촌 형제 크래비스와 로버츠는 회사 내의 다른 파트너들로부터 회사의 권력을 자기들끼리만 너무 많이 가진다는 비난을 받았고, 이런 비난을 날렸던 젊고 총명한 파트너들은 회사에서 배겨 내지 못하고 뛰쳐나갔다.

1980년대에는 눈에 잘 띄지도 않던 '블랙스톤 그룹'과 '칼라일 그룹'이 세기가 바뀔 무렵 자산 규모 기준으로 KKR를 추월했다. 헨리 크래비스는 이제 이들과 협력해야만 했다. 대형 LBO 사업의 새로운 경향은 여러 업체들이 결합해서 컨소시엄을 형성하는 이른바 '클럽 투자' 방식이었기 때문이다. '이건 내 거야. 아무도 손대지 마'라는 방식은 이미 사라지고 없었다. 마치 드렉설 버넘처럼······.

대략 2003년쯤에 우아하기 짝이 없는 새로운 자금 조달 체계가 LBO의 새로운 황금기를 열었다. 이 체계는 부채담보부증권†이라는 번거로운 이름으로 통했다. 하지만 그 효과는 놀라웠다. 투자은행으로부터 자금을 싸게 그리고 풍부하게 공급받을 수 있었던 것이다. 이것은 LBO 전문가들 혹은 사모펀드 회사들에 효율 높은 연료가 되었다.

2000년부터 2004년까지 LBO 회사들은 LBO 거래를 하면서 146억 달러의 지분을 투자했다. 이에 비해 2004년부터 2007년까지는 투자 규모가 1480억 달러로 늘어났다. RJR 나비스코가 세웠던 250억 달러라는 기록은 2006년에 깨어졌다. KKR와 베인 캐피탈, 메릴린치가 한데 모인 '클럽'이 병원 운영 업체 '호스피털 코퍼레이션 오브 아메리카'를 330억 달러에 인수했던 것이다. 그리고 믿을 수 없게도 그해에 새로운 기록이 여섯 번 더 세워졌다.

2007년에 헨리 크래비스는 사모펀드의 황금기라고 선언했다. 하지만 그와 경쟁 관계에 있던 블랙스톤 그룹의 최고경영자 스티븐 슈워츠먼이 월스트리트를 휘젓는 무절제한 정복자의 상징적인 자리를 크래비스에게서 빼앗았다. 슈워츠먼은 그해 2월에 있었던 60번째 생일 잔치에 인기 가수 로드 스튜어트와 패티 러벨을 불러서 흥을 돋우는 호사를 누리는 데 3억 달러를 썼다. 또한 그해 6월에 블랙스톤 그룹을 주식 시장에 상장해 개인적으로 6억 8400만 달러를 챙겼다.

---

† 회사채나 금융 회사의 대출 채권 등을 담보로 삼아 한데 묶어 유동화시키는 파생 금융 상품.

슈워츠먼의 행보가 대세였다. 2주 뒤에 KKR도 주식을 공개하겠다는 신청서를 당국에 제출했다. 하지만 불행하게도 그 직후에 서브프라임 모기지 시장이 무너지기 시작했다.

LBO 거래에 즐거운 마음으로 그리고 무차별적으로 부채담보부증권을 발행해 왔던 투자은행들이 서브프라임 모기지의 주요 관련자들이었다. 유동성 흐름이 막히기 시작하자, 이들은 우선 LBO에 들어가던 부채담보부증권 발행을 중단했다.

이렇게 해서 사모펀드의 황금기는 끝이 났다. 2007년 하반기의 LBO 거래는 상반기에 비해 63퍼센트 수준으로 떨어졌다. KKR의 주식 공개는 보류되었다.

이 주식 공개는 잠복기를 거친 뒤 다음해인 2008년 7월에 다른 형태로 나타났다. 주식 시장에 공개되어 있던 네덜란드의 자회사 'KKR 프라이빗 이쿼티 인베스터스 LP'를 긴급히 구제하기 위해 KKR는 어쩔 수 없이 주식을 공개해야 했다. 네덜란드의 이 자회사는 2006년에 주식을 공개한 이후 시장 가치를 60퍼센트 가까이 잃었는데, 이런 추세가 계속 이어지고 있었던 것이다.

상황이 이러했기 때문에 주식을 공개한다는 것은 매우 복잡한 거래였다. 하지만 결과는 단순했다. 모회사는 지분의 21퍼센트를 공개 시장에서 소유했고, 이 회사의 주식은 뉴욕증권거래소에서 거래되었다. 이런 해결책이 재정적으로 고통스럽던 문제를 해결해 주었지만, 새로운 문제를 일으켰다. 문화적인 문제였다. 자신들과 극소수의 투자자들끼리 모든 문제를 해결하는 데 익숙해 있던 사촌 형제들이 과연 일반 주주들에게 보고해야 하는 새로운 상황에 적응할 수 있을까 하는 문제였다.

크래비스와 로버츠는 어떻게든 이런 상황에 적응해야만 했다. 자회사의 긴급 구제 문제도 그랬지만, 시대가 그런 변화를 요구했기 때문이다. 회사는 이제 한 가지 재주만 가지고서는 존재할 수 없게 되었다. KKR가 LBO 거래에 집착하는 동안 블랙스톤 그룹은 부동산이나 헤지펀드 분야로 확장함으로써 KKR를 훌쩍 추월해 사모펀드계의 제왕이 되어 있었다. 하지만 KKR도 이제는 공개된 주식이라는 자신의 통화를 가지게 되었다. 이 무기를 가지고 자산 관리나 인프라 투자 등 새로운 분야로 다각화를 해야 했다.

슈워츠먼을 따라잡으려면 반드시 해야만 하는 일이었다. 우선 부진에서 벗어나야 했다. 그래야 훗날 다시 대결을 도모할 수 있기 때문이다. 이게 바로 KKR가 의도한 것이었다고 헨리 크래비스는 단언했다. 그 사실을 알리던 날 크래비스는 다음과 같이 선언했다.

"우리는 현금 보유를 중시할 것입니다."

그 뒤로 이어진 시기는 RJR 나비스코 거래가 끝난 직후인 1990년대 초를 섬뜩할 정도로 연상시키며, 다음 질문을 던진다.

과연 월스트리트 사람들은 RJR 나비스코의 거래를 통해 무언가 소중한 교훈을 얻기나 한 것일까?

전혀 그렇지 않다고 콜린 블레이던은 힘주어 말한다.

"그런 상황이 일어나고 모든 사람들이 자기가 제대로 알지도 못하는 시장으로 떼 지어 달려갈 때, 금융 시장은 늘 과열됩니다. RJR 나비스코와 비슷한 거품들은 여기저기 숱하게 널려 있습니다."

지금도 여전히 야만인들은 문에서 조금 떨어진 곳에 앉아 자기들이 입은 상처를 닦고 있다. 그러면서 다시 때가 오기를, 한 번 더 문을 박차고 들어갈 기회가 오기를 기다리고 있다. 이 사실을 우리 모두 명심해야만 할 것이다.